Springer-Lehrbuch

Springer
Berlin
Heidelberg
New York
Barcelona
Hongkong
London
Mailand
Paris
Tokio

W. Stroebe K. Jonas
M. Hewstone (Hrsg.)

Sozialpsychologie

Eine Einführung

Übersetzt von M. Reiss

Vierte, überarbeitete und erweiterte Auflage

Mit 139 Abbildungen und 17 Tabellen

Springer

Professor Dr. WOLFGANG STROEBE
University of Utrecht, Department of Social and Organizational Psychology
PO Box 80140, 3508 TC Utrecht, The Netherlands

Professor Dr. KLAUS JONAS
Technische Universität Chemnitz, Institut für Psychologie,
09107 Chemnitz, Deutschland

Professor Dr. MILES HEWSTONE
University of Oxford, Department of Experimental Psychology,
South Parks Road, Oxford OX1 3UD, United Kingdom

Übersetzer:
Dr. MATTHIAS REISS, Stadtfeld 7, 26127 Oldenburg, Deutschland

Titel der englischen Originalausgabe: Introduction to Social Psychology.

1. Nachdruck 2003

ISBN 3-540-42063-0 4. Auflage Springer-Verlag Berlin Heidelberg New York

ISBN 3-540-61268-8 3. Auflage Springer-Verlag Berlin Heidelberg New York

Die Deutsche Bibliothek – CIP-Einheitsaufnahme
Sozialpsychologie: eine Einführung/Hrsg.: Wolfgang Stroebe ... – 4.,
aktualisierte Aufl. – Berlin; Heidelberg; New York; Barcelona; Hongkong;
London; Mailand; Paris; Tokio: Springer, 2002
(Springer-Lehrbuch)
ISBN 3-540-42063-0

Springer-Verlag Berlin Heidelberg New York
ein Unternehmen der BertelsmannSpringer Science+Business Media GmbH

http://www.springer.de

Printed in Germany

Umschlaggestaltung: de'blik, Berlin
Satz: K+V Fotosatz GmbH, Beerfelden

Gedruckt auf säurefreiem Papier SPIN: 10903049 26/3130SM – 5 4 3 2 1

Vorwort

Dies ist die vierte und erneut umfassend überarbeitete Ausgabe des europäischen Lehrbuchs der Sozialpsychologie. Wie auch in den früheren Ausgaben, haben wir uns bemüht, die Kapitel sowohl im Niveau als auch im Umfang der Bearbeitung vergleichbar zu machen. Wir haben wiederum darauf geachtet, dass alle angesprochenen Themen auch in ausreichendem Detail behandelt werden, und dass Forschungsergebnisse stets im Zusammenhang mit den Theorien dargestellt werden, die diese Forschung stimulierten. Die größere Verarbeitungstiefe sowie die umfassendere Behandlung der europäischen Literatur ist, neben der geographischen Herkunft unserer Autoren, sicherlich das, was den europäischen Charakter dieses Lehrbuchs prägt. Obwohl die europäischen und die nordamerikanischen Sozialpsychologen in den Jahren seit der ersten Auflage dieses Buches noch weiter zusammengewachsen sind, gibt unser Lehrbuch eine umfangreichere Darstellung als gängige amerikanische Lehrbücher von solch „europäischen" Themen wie dem Einfluss von Minderheiten oder den Beziehungen zwischen Gruppen. Dass dieses Buch im echten Sinne ein europäisches Lehrbuch ist, lässt sich weiterhin an der Tatsache erkennen, dass es inzwischen nicht nur in sieben europäische Sprachen übersetzt wurde (deutsch, englisch, griechisch, italienisch, polnisch, spanisch, ungarisch), sondern dass in einigen dieser Länder auch jede der Neuausgaben publiziert wurde. Allerdings beschränkt sich der Leserkreis dieses Lehrbuchs nicht auf Europa. So wird die englischsprachige Ausgabe von einer wachsenden Anzahl von amerikanischen und australischen Universitäten benutzt. Weiterhin erschien vor einigen Jahren auch eine japanische Ausgabe.

Dieser Erfolg bestätigt die Konzeption dieses Lehrbuchs, insbesondere die Entscheidung für eine Herausgabe statt eines durch einen einzelnen Autor verfassten Bandes. Gegenüber einem durch einen Einzelautor oder eine kleine Autorengruppe verfassten Band hat die Herausgabe bedeutende Vorteile: Wie auch in anderen Wissenschaftsgebieten sind die führenden Forscher im Bereich der Sozialpsychologie Spezialisten. Kaum jemand überschaut mehr das gesamte Gebiet. Indem wir die Form der Herausgabe wählten, konnten wir aus der Elite der europäischen Sozialpsychologie für jedes Kapitel Autoren oder Autorinnen wählen, die für das entsprechende Gebiet durch eigene Forschungsarbeiten hervorragend ausgewiesen sind. Damit konnte sichergestellt werden, dass die jeweilige Fragestellung auf hohem Niveau und unter Berücksichtigung der neuesten internationalen Literatur abgehandelt wurde. Ein weiterer Vorteil der Herausgabe ist darin zu sehen, dass die Kapitel nahezu gleichzeitig und während eines relativ kurzen Zeitraumes verfasst oder überarbeitet werden können. Ein Einzelautor ist gewöhnlich gezwungen, die verschiedenen Kapitel über viele Jahre hinweg zu schreiben und läuft damit Gefahr, dass der Großteil der Kapitel zum Zeitpunkt der Veröffentlichung bereits veraltet ist. Die potentiellen Nachteile der Herausgabe, die in der geringen Integration der Kapitel oder der Unterschiedlichkeit des Stiles liegen können, konnten durch strikte herausgeberische Kontrolle sowie durch die hohe fachliche Kompetenz unserer Autoren weitgehend vermieden werden.

Das Ausmaß der Neubearbeitung ist daraus ersichtlich, dass nur 10 der 17 Kapitel von denselben Autorenteams geschrieben wurden, wie in der letzten Ausgabe. Aber selbst diese Kapitel wurden grundlegend überarbeitet. Auf Anregung der Dozent(inn)en und Studierenden, die dieses Lehrbuch benutzen, haben wir auch vier strukturelle Veränderungen durchgeführt: (1) Im zweiten Teil („Konstruktion der sozialen Welt") gibt es statt der jeweils zwei Kapitel über Einstellungen sowie soziale Kognition jetzt nur noch jeweils ein umfangreicheres Kapitel über jedes der zwei Gebiete (Kapitel 5: „Soziale Kognition" und Kapitel 8: „Einstellungen"). Durch Aufhebung der eher künstlichen Trennung dieser Gebiete in jeweils zwei Untergebiete, ermöglichten wir es den Autoren, eine integriertere Übersicht über Theorien und Forschung zu diesen Themenbereichen zu geben. (2) Weiterhin haben wir das Kapitel über „Emotion" (Kapitel 6) in den zweiten Teil genommen, um die Verbindung zwischen Emotionen und der Verarbeitung sozialer Informationen deutlicher hervorzuheben. (3) Im dritten Teil („Soziale Interaktion und zwischenmenschliche Beziehungen") haben wir nicht nur die Kapitel neu geordnet, sondern auch das Kapitel über Kommunikation wegfallen lassen und erneut ein Kapitel über Kooperation und Wettbewerb (Kapitel 11) aufgenommen. Diese Veränderungen spiegeln die Tatsache wider, dass nur noch wenige Vorlesungen der Sozialpsychologie das Thema „Kommunikation" behandeln (was nicht nur für Nicht-Sozialpsychologen überraschend sein dürfte), während menschliche Interdependenzstrukturen und soziale Konflikte so wichtige Themen sozialpsychologischer Vorlesungen sind, dass uns eine integrierte Behandlung notwendig schien. (4) Im vierten Teil ersetzten wir das allgemeine Kapitel über Anwendungen der Sozialpsychologie durch zwei Kapitel, die sich mit zwei spezifischen Anwendungsgebieten befassen, zu denen Sozialpsychologen seit langem wichtige Beiträge geleistet haben, nämlich Organisationspsychologie und Gesundheitspsychologie. Damit trugen wir der Tatsache Rechnung, dass sich die Anwendungsorientierung der Sozialpsychologie in den letzten Jahrzehnten weiterhin verstärkt hat.

Wir haben auch die didaktische Konzeption dieses Lehrbuchs weiterentwickelt und vereinfacht. Insbesondere die Reaktion auf die Einführung von Lernfragen zu Beginn von Kapiteln und Kapitelabschnitten war so positiv, dass wir diese inzwischen auch in die englische Ausgabe übernommen haben. Als weitere Strukturierungshilfe werden nun die Glossarbegriffe nicht nur im zusammenfassenden Glossar, sondern auch in den Randspalten wiedergegeben. Hingegen haben wir weitere Zusammenfassungen und Hinweise in der Randspalte sowie die Boxen im Text wieder aufgegeben. Beides schien weder zur Strukturierung noch zur Erhöhung der Verständlichkeit des dargestellten Materials beizutragen.

Bei einem Projekt wie diesem gilt unser Dank vielen, insbesondere natürlich den Autoren der Kapitel, die nicht nur hervorragende erste Fassungen lieferten, sondern auch ohne großes Murren zu mehrfachen Überarbeitungen ihrer Manuskripte bereit waren, um die stilistische Homogenität sowie inhaltliche Integration zu gewährleisten. Herr Dr. Matthias Reiss erwies sich als Glücksfall für die Übersetzung; dies betrifft seine sprachliche und für einen Übersetzer ungewöhnliche inhaltliche Kompetenz, seine Flexibilität und Motivation. Frau Renate Scheddin vom Springer-Verlag hat die deutsche Neuauflage sehr kooperativ und entgegenkommend betreut. Frau Meike Seeker hat die reibungslose Produktion des Bandes – mit einem Maximum an Kompetenz und Motivation – für die Herausgeber stressreduzierend organisiert. Danken möchten wir insbesondere Frau Petra Fladerer, Frau Katja Hartmann, Frau Kristin Maaß und Frau Maya Reimer, dem Chemnitzer Team, für ihren engagierten und zuverlässigen Einsatz beim Korrektur lesen und Recherchieren von Literaturangaben. Alle Genannten haben dazu beigetragen, dass die vierte deutsche Auflage für die Herausgeber zu einem erfreulichen Erlebnis wurde!

Wolfgang Stroebe
Klaus Jonas
Miles Hewstone

Inhaltsverzeichnis

Teil I Einführung

Teil V Anwendungen

Mitarbeiterverzeichnis

Archer, J., University of Central Lancashire, Preston, United Kingdom
Bierhoff, H.-W., Ruhr-Universität Bochum, Deutschland
Bless, H., Universität Mannheim, Deutschland
Bohner, G., University of Kent, Canterbury, United Kingdom
Brown, R., University of Kent, Canterbury, United Kingdom
Buunk, B. P., University of Groningen, The Netherlands
De Dreu, C. K. W., University of Amsterdam, The Netherlands
Durkin, K., University of Western Australia
Fiedler, K., Universität Heidelberg, Deutschland
Fincham, F., State University of New York, Buffalo, USA
Graumann, C. F., Universität Heidelberg, Deutschland
Hewstone, M., University of Oxford, United Kingdom
Jonas, K., Technische Universität Chemnitz, Deutschland
Manstead, A. S. R., University of Amsterdam, The Netherlands
Mummendey, A., Friedrich-Schiller-Universität, Jena, Deutschland
Otten, S., Friedrich-Schiller-Universität, Jena, Deutschland
Scherer, K., University of Geneva, Switzerland
Semin, G. R., Free University of Amsterdam, The Netherlands
Stroebe, W., University of Utrecht, The Netherlands
Van Avermaet, E., University of Leuven, Belgium
Van de Vliert, E., University of Groningen, The Netherlands
Van Lange, P. A. M., Free University of Amsterdam, The Netherlands
VanYperen, N. W., University of Groningen, The Netherlands
Wilke, H., University of Leiden, The Netherlands
Wit, A., University of Leiden, The Netherlands

Teil I
Einführung

1 Eine historische Einführung in die Sozialpsychologie

Carl F. Graumann

INHALT

Um den Beitrag der Sozialpsychologie und das zu verstehen, was daran bedeutsam ist, müssen wir ihren historischen Ursprung verstehen. Soziales Denken entwickelte sich vor dem Aufkommen der Sozialwissenschaft entlang zweier Fragestellungen: (1) dem Einfluss der Gesellschaft auf ihre individuellen Mitglieder, (2) der Rolle des Individuums als Bestandteil der Gesellschaft. Diese beiden Schwerpunkte spiegeln sich immer noch in den modernen Konzeptionen der Sozialpsychologie wider. Zwei europäische Schulen des Denkens, die der Sozialpsychologie vorausgingen, werden kurz beschrieben: die Völkerpsychologie und die Massenpsychologie. Obwohl die moderne Sozialpsychologie hauptsächlich eine amerikanische Entwicklung ist, hatten die Flüchtlinge aus Europa einen großen Einfluss auf die Entwicklung der Sozialpsychologie in der Form, wie wir sie heute kennen. Dieses Kapitel beschreibt den beträchtlichen Beitrag, den die amerikanische Sozialpsychologie zur Entwicklung und Institutionalisierung des Fachs in Europa nach dem Krieg leistete, und hebt auch einige theoretische Folgen dieses Einflusses hervor. Am Ende werden einige Tendenzen in der Forschung, von denen man annimmt, dass sie eher europäischer Prägung sind, kurz zusammengefasst und bewertet.

1.1 Einleitung

Warum sollten wir uns näher mit der Geschichte der Sozialpsychologie befassen?

In der Alltagssprache bedeutet „Einführen", jemanden mit einer Person oder einer Sache vertraut oder bekannt machen. Deshalb ist eine Einführung der Anfang eines umfassenden, manchmal lebenslangen Wissenserwerbsprozesses, dessen Ende nicht absehbar ist. Es geht hier um die Anfangsphase eines Annäherungsprozesses, bei dem ein Neuling zum Wissen eines Wissenschaftsbereichs geleitet werden soll.

Je nach der Neuartigkeit und Zugänglichkeit eines Gegenstandsbereichs gibt es verschiedene Arten der Einführung, die sich mit dem Umfang und der Qualität des Vorwissens begründen lassen: Ist das Gebiet geschichtlich gesehen neu und hat es sich aus einer kürzlich gemachten Entdeckung oder Erfindung entwickelt, wie etwa der Molekularbiologie, der Astrophysik oder der Nanotechnologie, dann wird es hilfreich sein, die Grundprobleme genau zu definieren und an Beispielen zu veranschaulichen. Wenn man jedoch die Geschichte einer entscheidenden Entdeckung erzählt, so wird das wahrscheinlich Neugier wecken und ein Kennenlernen in Gang setzen. Ist aber der Gegenstandsbereich bereits wohl etabliert, jedoch hochspezialisiert und wegen seiner anspruchsvollen Terminologie nur eingeschränkt zugänglich, wird sich eine Einführung auf das Wissen des Neulings über den umfassenderen Gegenstandsbereich oder das Fach verlassen müssen, aus dem sich das betreffende Teilfach durch Spezialisierung entwickelt hat.

Und dann gibt es da noch wissenschaftliche Gebiete, über die jeder scheinbar gut Bescheid weiß, bevor er sich genauer damit beschäftigt hat. Nehmen wir die „Sozialpsychologie"; da macht es keinen Unterschied, ob es sich um ein altes oder um ein neues Fach handelt. Jeder Laie „weiß", worum es in der „Psychologie" geht und auch was „sozial" bedeutet. Wer die Massenmedien nutzt, muss zwangsläufig etwas hören, sehen und lesen über die „sozialen" Folgen oder Kosten der Globalisierung und über das „Psychologische" an den neuesten Höhen und Tiefen des Aktienmarkts. Im Unterschied zur Astrophysik und zur Hämatologie war „Psychologie" nie ausschließlich und unzweideutig der Name einer wissenschaftlichen Disziplin.

In der Alltagssprache bezieht sich Psychologie auf die innere, seelische (bewusste wie unbewusste) Dynamik, die wir Individuen, Gruppen, Typen, Institutionen und Völkern zuschreiben. Und in der Alltagssprache werden Wörter, die im Umgang zwischen Wissenschaftlern als Fachwörter verwendet werden, nicht fachspezifisch gebraucht. Beispiele hierfür sind die Begriffe „Einstellung", „Emotion", „Motivation", „Frustration". Dieses „Psychologisieren" ist ebenso verbreitet und beliebt, wie die Schlussfolgerungen daraus jenen der Psychologie als Wissenschaft widersprechen (Graumann, 1996). Die Verwendung psychologischen Jargons oder einer naiven Psychologie bzw. einer Psychologie des gesunden Menschenverstands kann selbst zum Forschungsthema der Sprach- und der Sozialpsychologie werden (Heider, 1958), sollte im Übrigen aber streng vom fachlichen Denken und Diskurs getrennt werden.

Da wir alle zu Laienpsychologen geworden sind, bevor wir je mit der wissenschaftlichen Disziplin in Kontakt kamen, die man als „Sozialpsychologie“ bezeichnet, gewinnt es eine besondere Bedeutung, in dieses Fach eingeführt zu werden: Um zu erfahren, worum es in der Sozialpsychologie geht, müssen wir nämlich verlernen, was wir bereits über das „Soziale“ und das „Psychologische“ wissen; zumindest sollten wir unser Vorwissen in Klammern setzen, bis sich erwiesen hat, ob es weiterhin gültig ist.

Gerade bei diesem Bemühen, unser Vorwissen und unsere Überzeugungen „im Zaum zu halten“, wird die Geschichte zu einem nützlichen Leitfaden für ein neues Gebiet. Als wissenschaftliche Disziplin gibt es die Sozialpsychologie erst seit etwa 100 Jahren; doch ihre geistigen Wurzeln reichen weit in die Geschichte zurück, bis in die Anfänge (westlichen) sozialen, aber auch psychologischen Denkens. Es waren die Vorstellungen über die Beziehungen zwischen dem, was man in modernen Zeiten allmählich „Individuum“ zu nennen begann, und der „Gesellschaft“, die die Sozialpsychologie und andere damit zusammenhängende Sozialwissenschaften hervorbrachten oder zumindest für sie Pate standen.

Von daher wird uns ein wenn auch kurzer Blick in die Geschichte des sozialen Denkens dabei helfen, die Identität der Sozialpsychologie sowohl im Kontext der Psychologie als auch in dem der Sozialwissenschaften besser zu verstehen.

1.2 Soziales Denken vor dem Aufkommen der Sozialwissenschaft

Wenn das „Individuum“ in der „Gesellschaft“ den allgemeinen theoretischen Rahmen für die Sozialpsychologie abgibt, wie setzte man sich mit diesem Verhältnis im vorwissenschaftlichen sozialen Denken auseinander?

Seit der Antike gab es unterschiedliche Systeme des Gemeinwesens, in denen sich einzelne (d. h. individuelle) Menschen zum gegenseitigen Nutzen zusammengeschlossen und solche Verbindungen aufrechterhalten haben. Probleme, die beim Eingehen solcher Verbindungen in Gemeinwesen auftreten (z. B. in der *Polis*, dem Stadtstaat im antiken Griechenland), ließen unterschiedliche Konzeptionen vom Wesen der Beziehung des einzelnen Menschen (den wir kurz als „Individuum“ bezeichnen werden) zum Gemeinwesen („Gesellschaft“) aufkommen. Für zwei Hauptrichtungen des sozialen Denkens haben sich über die Jahrhunderte hinweg die Begriffe „platonisch“ und „aristotelisch“ eingebürgert. Platon hatte den Vorrang des Staates gegenüber dem Individuum betont, das, um ein im echten Sinne soziales Wesen zu werden, unter der Verantwortung von Autoritäten erzogen werden müsse. Für Aristoteles ist das menschliche Wesen von Natur aus sozial, und der Natur könne man zutrauen, dass sie die Individuen in die Lage ver-

Gesellschaftszentrierter Ansatz („socio-centred approach"):
Jeder Ansatz zur Untersuchung individuellen und sozialen Verhaltens, der die bedingenden Funktionen des sozialen bzw. gesellschaftlichen strukturellen Kontexts unterstreicht.

Individuumszentrierter Ansatz („individuo-centred approach"):
Jeder Ansatz bei der Erforschung des Sozialverhaltens und der sozialen Funktionen, der ausschließlich oder weitgehend auf dem Studium individuellen Erlebens und Verhaltens beruht (s. **gesellschaftszentrierter Ansatz**).

Gruppengeist („group mind"):
Massenpsychologisches Konzept der überindividuellen Natur und der Unabhängigkeit des „kollektiven Geistes" sozialer Gruppen.

Individualismus („individualism"):
Die Lehre, die die Rechte, Wertvorstellungen und Interessen des Individuums betont, von denen die Rechte und Wertvorstellungen der Gesellschaft abgeleitet und über die sie gerechtfertigt werden müssen (ethischer und politischer Individualismus). Als methodologischer Individualismus die Annahme, dass alle Erklärungen für das Individuum oder für soziale Sachverhalte abzulehnen seien, wenn sie nicht vollständig aus individuellen, d. h. am Individuum gewonnenen Daten zu erklären sind.

setzt, zusammenzuleben und persönliche Beziehungen einzugehen, aus denen sich auf ganz natürliche Weise Familien, Stämme und schließlich der Staat entwickeln werden. In welchem Maße diese Vorstellungen wirklich auf Platon und Aristoteles zurückgehen oder auf spätere Interpretationen, soll uns hier nicht weiter interessieren. Es kommen hier zwei Traditionen sozialen Denkens zum Ausdruck, die in neuerer Zeit als **gesellschaftszentrierter Ansatz** und **individuumszentrierter Ansatz** unterschieden werden. Der erste hebt die bestimmende Funktion sozialer Strukturen (Systeme, Institutionen, Gruppen) für das individuelle Erleben und Verhalten hervor; im Gegensatz dazu betrachtet man beim zweiten soziale Systeme als durch individuelle Prozesse und Funktionen erklärbar.

In der Geschichte des sozialen Denkens hat die Auffassung vom Vorrang des Sozialen viele Formen angenommen. Für Hegel (1770–1831), den idealistischen deutschen Philosophen, ist der Staat nicht nur die höchste Ausdrucksform der Gesellschaft, sondern die Verkörperung des (objektiven) sozialen Geistes, an dem der Geist des Individuums aktiven Anteil hat. Später sind aus Hegels Auffassung sozialpsychologische Vorstellungen eines (dem Individuum übergeordneten) **Gruppengeists** (Massenseele) abgeleitet worden. Für uns heute, die wir meinen, die Sozialpsychologie konzentriere sich zu stark auf das Individuum, ist die Philosophie eines sozialen Geistes eine wichtige Modellvorstellung (s. Farr, 1996; Markova, 1982, 1983; Stephan et al., 1991; Stryker, 1995). Darum kann eine Gesellschaftstheorie als eine Rahmenvorstellung begriffen werden, in der sozialpsychologisches Denken seinen Ursprung haben sollte, wie dies explizit in der Sozialpsychologie von G. H. Mead (1934) und im damit zusammenhängenden „symbolischen Interaktionismus" (Manis & Meltzer, 1980) formuliert wurde.

Obwohl wir in der langen Vorgeschichte der Sozialpsychologie noch andere wichtige Theorien zum Vorrang des Sozialen und der Gesellschaft vor dem Individuum finden können, sollten wir uns nun einigen Beispielen für den umgekehrten Standpunkt zuwenden: philosophischen Vorläufern einer individuumszentrierten Sozialwissenschaft. Weil die Psychologie und damit auch die Sozialpsychologie grob gesagt darin besteht, individuelles Erleben und Verhalten zu untersuchen, sollten wir wesentliche Auswirkungen der verschiedenen Formen des **Individualismus** auf die Psychologie erwarten. Leider hat der Begriff „Individualismus" zu viele unterschiedliche Bedeutungen, um ohne weitere begriffliche Klärung von Nutzen zu sein (Lukes, 1973a). Eine derartige Klärung, die für Psychologen von entscheidender Bedeutung ist, ist die Vorstellung vom „abstrakten" Individuum; danach wird angenommen, dass grundlegende psychologische Merkmale des Menschen (Instinkte, Bedürfnisse, Sehnsüchte, Wünsche oder wie immer man sie nennen mag) „unabhängig vom sozialen Kontext vorgegeben sind" (1973a, S. 73). Da man voraussetzt, dass diese Merkmale invariant sind, ist demnach eine Gruppe lediglich eine Vereinigungsmenge oder ein Produkt derartiger individueller „Anlagen". Weil die Sozialpsychologie eine Teildisziplin der Psychologie ist, wurde sie von Anfang an als die wissenschaftliche Beschäftigung mit dem Individuum im sozialen Kontext definiert. Mit ihrer Konzentration auf das Individuum befindet sie sich in großer Nähe zur experimentellen Allgemeinen

Psychologie (wenn sie nicht sogar ein Teil von ihr ist). In letzter Zeit ist der Individualismus in der Psychologie als eine selbstbezogene „Leugnung des Anderen“ (Sampson, 1993) charakterisiert und kritisiert worden. So alt die Dualität zwischen gesellschafts- und individuumszentrierten Ansätzen im sozialen Denken auch sein mag, sie ist durch die Etablierung zweier unterschiedlicher Sozialpsychologien kodifiziert worden; eine davon, die gelegentlich als „psychologische Sozialpsychologie“ (Stephan & Stephan, 1990; Stephan, Stephan & Pettigrew, 1991) bezeichnet wird, hat sich im Kontext und innerhalb der Grenzen der Psychologie entwickelt. Der andere Zweig, auf den akzentuiert als „soziologische Sozialpsychologie“ Bezug genommen wird, hat sich innerhalb der Soziologie gebildet. Obwohl dieser soziologische Zweig der Sozialpsychologie in diesem Buch nicht explizit behandelt wird, ist die Koexistenz (weniger die Kooperation) beider Sozialpsychologien eine historische Tatsache.[1] Beide tragen etwas dazu bei, dass wir menschliches Erleben und Verhalten im sozialen Kontext verstehen.

Geschichtlich gesehen trat der Individualismus großenteils unter den Bezeichnungen Hedonismus und Utilitarismus in Erscheinung. Dem **Hedonismus** liegt als zentrale Annahme das *Lustprinzip* zu Grunde, nach dem wir handeln, um Lust sicherzustellen bzw. aufrechtzuerhalten und Schmerz zu vermeiden bzw. zu verringern. Seit Jeremy Bentham (1748–1832), der eine theoretische Transformation des Lustprinzips in ein Nutzenprinzip vornahm, hat der **Utilitarismus** – die Lehre, die für das Streben nach dem größtmöglichen Glück der größten Zahl eintritt – in das soziale Denken Einzug gehalten und hat dort Bestand. Neben vielen Varianten dieser Lehre und diversen Kombinationen von Individualismus, Utilitarismus und Liberalismus gibt es eine Tradition, die unmittelbar an die Fundamente der Psychologie heranführt. In den meisten modernen Konditionierungs- und Motivationstheorien, von denen viele als sozialpsychologische Theorien angesehen werden, sind die zu Grunde liegenden Auffassungen der individuellen Befriedigung (z.B. Verstärkung, Belohnung, Gewinn, Reduktion von Spannung, Dissonanz oder Unsicherheit) Variationen des Lust- oder Nutzenprinzips. Doch erst in der Mitte des 20. Jahrhunderts, als beispielsweise Edwards (1954) die Theorie des subjektiv erwarteten Nutzens einführte, wurde Nutzen zu einem psychologischen Konstrukt in Entscheidungstheorien. Später (von Winterfeldt & Edwards, 1986) konzipierte man Nutzen in einer multiattributiven Nutzentheorie als etwas Multidimensionales. Beide Varianten der Nutzentheorie wurden in Konzeptionen über den Zusammenhang zwischen Einstellung und Verhalten als hilfreich angesehen; die einflussreichsten von ihnen waren die „Theorie der überlegten Handlung“ (Ajzen & Fishbein, 1980) und deren Erweiterung, die „Theorie des geplanten Verhaltens“ (Ajzen, 1991; zu beiden s. Kap. 8). Nutzen und Befriedigung gehen auch in Theorien des **sozialen Austauschs** und der gegenseitigen Abhängigkeit ein (s. Kap. 11 und 12).

Hedonismus („hedonism“):
Die Lehre, dass jede Aktivität durch das Verlangen nach Lust und durch die Vermeidung von Schmerz motiviert ist.

Utilitarismus („utilitarianism“):
Die Lehre, dass die determinierende Bedingung einer individuellen und sozialen Handlung die (Erwartung der) Nützlichkeit ihrer Konsequenzen ist (psychologischer Utilitarismus). Die Lehre, dass das Ziel jeder sozialen Handlung das größte Glück der größten Zahl sein sollte (ethischer Utilitarismus).

Sozialer Austausch („social exchange“):
Nach sogenannten Austauschtheorien lerntheoretisch und ökonomisch beschreibbare, an Ertragsmaximierung bzw. -optimierung orientierte Interaktionsfunktionen und -strukturen.

Ein weiteres Dauerthema des sozialen Denkens, das in die Sozialpsychologie zurückkehrte (anstatt dort kontinuierlich zu existieren), ist

[1] Die Unverbundenheit beider Arten von Sozialpsychologie wurde im Detail von Wilson und Schafer (1978) untersucht.

Macht und ihre Rolle in sozialen Beziehungen. In der Sozialphilosophie taucht Macht, manchmal in enger Verbindung mit Egoismus, an ganz prominenter Stelle auf; bleibende Wirkungen hatten Machiavelli (1532/1955) und vor allem Thomas Hobbes' (1651/1984) Auffassung vom natürlichen Zustand der Spezies Mensch als dem „Krieg aller gegen alle" und die Vorstellung vom „Willen zur Macht" (Nietzsche, 1901/1959).

Macht („power"):
Als sozialpsychologisches Konstrukt bezeichnet Macht die tatsächliche oder auch nur angenommene Möglichkeit, das Verhalten anderer – auch gegen deren Willen – zu beeinflussen.

In der Sozialpsychologie fand die soziale Macht (und der soziale Einfluss) ihren geeigneten Bezugsrahmen in der Feldtheorie und der Theorie des sozialen Austauschs (vgl. Ng, 1980; Tedeschi, 1974). Im Kontext der Lewin'schen Feldtheorie (Lewin, 1951/1963) wurde „Macht" zu einer Bezeichnung für das Potenzial (eines Individuums oder einer Gruppe), andere zu beinflussen, während sich die Begriffe „Kontrolle" und „Einfluss" im Allgemeinen auf die Macht beim Handeln beziehen (vgl. Cialdini & Trost, 1998). Forschungsgebiete, in denen Macht oder – seit French und Raven (1959) – bestimmte Arten der Macht untersucht wurden, sind Aggression (s. Kap. 10), Konformität gegenüber Gruppendruck und Gehorsam gegenüber Autorität (s. Kap. 13) sowie – ganz aktuell – Macht durch Sprache (Ng & Bradac, 1993).

Soziologie („sociology"):
Sozialwissenschaft, die sich mit Strukturen und Systemen, wie sozialen Beziehungen, sozialen Institutionen sowie ganzen Gesellschaften, beschäftigt.

Positivismus („positivism"):
Ursprünglich eine wissenschaftliche Anschauung, nach der nur das (in der wissenschaftlichen Beobachtung) Gegebene als Grundlage der Wissenschaft akzeptiert wurde. Durch die Weiterentwicklung des klassischen Positivismus von Comte zum logischen Positivismus ist der Begriff heute mehrdeutig geworden. Er wird gerne kritisch gegenüber einer an der naturwissenschaftlichen Methodologie orientierten Sozialwissenschaft verwendet.

Kollektive Repräsentationen („représentations collectives, collective representations"):
Da laut Emile Durkheim (1898/1967) „soziale Tatsachen" außerhalb des individuellen Bewusstseins und in relativer Unabhängigkeit von ihm existieren, kommt auch den ihnen zugehörigen „kollektiven Repräsentationen" eine Eigenständigkeit zu. Auch wenn sie aus dem Zusammenhang und der Interaktion von Individu-

Zwei weitere geistige Entwicklungen im 19. Jahrhundert haben einen wichtigen Beitrag zur modernen Sozialpsychologie geleistet: die Soziologie und die Evolutionstheorie. Als Begriff und Programm wurde die **Soziologie** von Auguste Comte (1798–1857) geschaffen, der auch als Vater des **Positivismus** gepriesen und verachtet wurde. Für Comte (1830/1974) war der Positivismus ein philosophisches System, aus dem ein Modell evolutionären Fortschreitens menschlichen Wissens von einem theologischen über ein metaphysisches zu einem „positiven" Stadium wissenschaftlichen Wissens folgte, bei dem die Phänomene als real existent und gesichert angenommen werden. Dieses Wissen ist die Beschreibung solcher Phänomene und ihrer räumlichen und zeitlichen Reihenfolge in Form von Konstanzen und Variationen. In diesem System sollte die Soziologie die Krone der Wissenschaft sein, die Kulturen im Hinblick auf ihre unterschiedlichen Stadien in der sozialen Evolution miteinander vergleicht. Herkömmlicherweise wird jedoch Emile Durkheim (1858–1917) das Verdienst zugeschrieben, Begründer einer kontinuierlichen soziologischen Tradition zu sein. Er behauptete, dass „soziale Tatsachen" außerhalb des individuellen Bewusstseins und unabhängig von ihm existieren. Von daher kommt den **„kollektiven Repräsentationen"** einer bestimmten Gesellschaft eine eigenständige Existenz zu. Obwohl sie möglicherweise aus dem Zusammenschluss und der Interaktion zwischen Individuen entstanden sind, weisen sie andere Merkmale auf und sie sind unabhängig von denjenigen individueller Repräsentationen (Durkheim, 1898/1967). Während die relative Autonomie des Sozialen gegenüber dem Individuellen Durkheim dazu veranlasste, eine von der individuellen Psychologie unabhängige „kollektive Psychologie" zu fordern, richtete sich ein Großteil der frühen Auffassungen von der Sozialpsychologie um die Jahrhundertwende nach der Modellvorstellung einer Psychologie des Individuums. Erst sehr viel später nahm der französische Sozialpsychologe Moscovici (1981) den Gedanken wieder auf und revidierte Durkheims Theorie der kollektiven Repräsentationen (s. Flick, 1998; Moscovici, 1984). Es sollte hinzugefügt werden, dass „Positivismus", so häufig der Begriff immer noch verwendet wird, eine negative, kritische Bedeutung angenommen hat; in dieser negativen Bedeutung bezieht sich der Begriff auf eine Lehre, in der soziale und psychologische Phänomene wie (oder sogar als) natürliche „Tatsachen" behandelt werden. In diesem negativen Sinne kritisiert Farr (1996) den Positivismus sowohl der experimentellen Sozialpsychologie als auch ihrer Geschichtsschreibung.

en entstanden sind, weisen sie eigene Merkmale auf, die von denjenigen individueller Repräsentationen verschieden sind. Gegenüber diesem rein soziologischen Konstrukt hat Serge Moscovici (Farr & Moscovici, 1984) die „soziale Repräsentation" zu einem sozialpsychologischen Begriff gemacht (vgl. Flick, 1998).

Schließlich gibt es gegen Ende der langen Vorgeschichte den Einfluss der *Evolutionstheorie*, einer der weitreichendsten geistigen Neuerungen des 19. Jahrhunderts. Die Psychologie wurde in starkem Maße sowohl vom wichtigsten Vertreter der Evolutionstheorie, Charles Darwin (1809–1882), als auch von dessen Anhängern beeinflusst. Darwins vorweggenommener Beitrag zur Sozialpsychologie findet sich hauptsächlich in *Die Abstammung des Menschen* (1871, deutsch 1875) und dessen Zwillingsband über den *Ausdruck der Gemüthsbewegungen bei den Menschen und den Thieren* (1872, deutsch 1877). Der Mensch ist ein soziales Wesen, das die Fähigkeit ausgebildet hat, sich körperlich, sozial und geistig an eine sich verändernde Umwelt anzupassen, die teilweise sozial ist wie etwa der Stamm. Deshalb hat der Ausdruck der Emotionen eine soziale Funktion in der Kommunikation innerhalb der Art und zwischen den Arten (vgl. Buss, 1998). Der britische Philosoph und frühe Soziologe Herbert Spencer (1820–1903) hat die Evolutionstheorie vor allem auf das Gebiet des Sozialen verallgemeinert und popularisiert. Doch weil er die Evolutionstheorie mit der Lehre vom Individualismus und einer *Laissez-faire*-Einstellung (man solle der Evolution ihren Lauf lassen) zusammenbrachte, haben einige Historiker der Sozialpsychologie argumentiert, dass Spencer nur wenig dazu beigetragen hat, die Sozialpsychologie zu fördern. Selbst Darwins Anteil an der Begründung der Sozialpsychologie blieb lange Zeit unbemerkt (vgl. Farr, 1980). Inzwischen wird jedoch Darwins Rolle als direkter „Ahnherr" nicht nur von denen behauptet, die sich mit Emotionen beschäftigen (s. Kap. 6), sondern auch von Soziobiologen (Wilson, 1975) und von Humanethologen, die soziales Verhalten erklären (Hinde, 1974). Die **Evolutionspsychologie**, die psychologische „Mechanismen" zu ursprünglichen Funktionen des Verhaltens in Beziehung setzt, ist nach Buss (1995) zu einem neuen Paradigma der Psychologie geworden, das spezielle Anwendungen in der Sozialpsychologie hat (Buss, 1996; Buss & Kenrick, 1998; s. Kap. 2, 9 und 12 in diesem Band).

Evolutionspsychologie („evolutionary psychology")
Ein Ansatz in der Psychologie, der auf dem Prinzip der natürlichen Selektion basiert und im Vergleich zur Soziobiologie stärker die psychologischen Mechanismen und die Flexibilität betont.

1.3 Vorläufer der Sozialpsychologie

Sollten die Amerikaner Recht damit haben, wenn sie von einem europäischen Hintergrund der Sozialpsychologie sprechen, was kann dann „europäisch" anderes bedeuten als kulturelle Vielfalt?

Wenn wir bis jetzt auf die Vor- bzw. Frühgeschichte der Sozialpsychologie zu sprechen kamen, so geschah das, um zu betonen, dass die kurz diskutierten Auffassungen keine „Sozialpsychologien" im modernen Sinne des Wortes waren. Doch einige der Lehrmeinungen, auf die wir kurz eingegangen sind, haben zur heutigen Theoriebildung beigetragen. In diesem Abschnitt sprechen wir immer noch nicht von moderner Sozialpsychologie, sondern nur von Vorläufern; der Grund für diese Unterscheidung besteht darin, dass die noch zu besprechenden Vorboten ein Gebiet erkundeten und absteckten, das später zumindest teilweise von der Sozialpsychologie eingenommen wurde. Obwohl einige ihrer Forschungsaufgaben im Rahmen der Institutionalisierung der modernen Sozialpsychologie an andere Sozialwissenschaften abgegeben oder ihnen überlassen worden sind, kündigten ihre Forschungsprogramme (mit einer Betonung auf Programm, nicht so sehr auf Forschung) das Aufkommen einer Sozialpsychologie an.

Wir werden uns mit zwei wichtigen europäischen Ansätzen in der Sozialpsychologie näher beschäftigen:

1. mit der *Völkerpsychologie* von Moritz Lazarus (1824–1903), Herrmann Steinthal (1823–1899) und Wilhelm Wundt (1832–1920);
2. mit der *Massenpsychologie* der italienischen und französischen Autoren des späten 19. Jahrhunderts wie Gabriel Tarde (1843–1904) und Gustave LeBon (1841–1931).

In beiden Fällen handelt es sich um Konzeptionen einer Sozialpsychologie, die eher gesellschaftszentriert als individuumszentriert, eher beobachtend-interpretativ als experimentell sind. Und beide werden heutzutage wieder von denjenigen in ihre Überlegungen mit einbezogen, die versuchen, die Sozialpsychologie in Richtung auf eine (vergleichende) soziokulturelle Disziplin zu erweitern; dazu gehört die Untersuchung von Sprache, Moral, Sitten, materieller Kultur, kollektiven Entwicklungsrichtungen und sozialem Wandel.

1.3.1 Völkerpsychologie

Im englischsprachigen Bereich findet sich kein Pendant für diesen Begriff (s. Danziger, 1983). Wörtlich genommen handelt es sich um eine Psychologie der Völker; eigentlich handelt es sich um eine vergleichende und historische, soziale und kulturelle Psychologie. Statt einer Auflistung von Definitionen soll der Grundgedanke dieser Richtung kurz skizziert werden.

Völkerpsychologie („Völkerpsychologie")
Eine frühe (19. bis 20. Jahrhundert) Form einer historischen und vergleichenden soziokulturellen Psychologie, die sich mit den aus der sozialen Interaktion resultierenden kulturellen Produkten befasste (wie Sprache, Mythos, Sitten usw.).

Als wichtige Variante des „europäischen Hintergrunds" der Sozialpsychologie (Karpf, 1932) ist die **Völkerpsychologie** der Prototyp des deutschen sozialpsychologischen Denkens vom 18. bis zum 20. Jahrhundert. In dieser Tradition bestand die zentrale Annahme darin, dass die primäre Form eines Zusammenschlusses von Menschen die Kultur- und Sprachgemeinschaft *(Volk)* ist, innerhalb derer die *Bildung* der individuellen Persönlichkeit (im doppelten Sinne als Formung und als Erziehung) vor sich geht. Für Philosophen und Gelehrte wie Herder, Hegel und Wilhelm von Humboldt war die Sprache das Medium, durch das die Gemeinschaft ihre individuellen Mitglieder formt; diese wiederum tragen aktiv etwas zu ihrer Sprache bei, die als soziales Produkt angesehen wird (Markova,

1983). Während heutzutage die abstrakte „Gesellschaft" als der soziale Kontext des Erlebens und Verhaltens angesehen wird, war es für diese deutschen Gelehrten die nationale und kulturelle Gemeinschaft des *Volkes*, deren Geist *(Volksgeist)* als vereinheitlichendes geistiges Prinzip angenommen wurde.

Sowohl das *Volk* als auch der *Volksgeist* wurden zum Thema der neuen Disziplin, als sie 1860 von M. Lazarus und H. Steinthal in Form einer wissenschaftlichen Fachzeitschrift institutionalisiert wurde, der *Zeitschrift für Völkerpsychologie und Sprachwissenschaft.* Von Anfang an bestand kein Zweifel daran, dass die neue Disziplin in engem Zusammenhang mit den politischen Bestrebungen zum Zusammenschluss der deutschen Kleinstaaten zu einem gemeinsamen Staat stand und als Beitrag dazu gedacht war (Eckhardt, 1971). Viele heute noch in der Sozialpsychologie bestehende Fragen wurden aufgeworfen; doch weil der theoretische Rahmen ein nationaler und kein sozialer war, unterschieden sich die Fragen von denen der französischen Massenpsychologie (s. unten).

Wilhelm Wundt befasste sich mit der *Völkerpsychologie* als der Entsprechung und der Ergänzung der experimentellen Individualpsychologie (Wundt, 1900–1920). Für ihn war die *raison d'être* der Völkerpsychologie hauptsächlich eine methodologische, was für heutige Psychologen immer noch von Interesse ist. Da die geistigen Inhalte oder Kognitionen durch Sprache ausgedrückt, kommuniziert und vielleicht sogar geformt werden, wird eine angemessene Untersuchung des Geistes ihren Ausgangspunkt bei dessen wichtigsten Objektivierungen haben müssen wie der Sprache, dem Mythos und der Sitte (den Hauptthemen der Völkerpsychologie); eine solche Untersuchung wird auch den historischen und kulturellen Variationen dieser Objektivierungen Rechnung zu tragen haben. Genau darum muss die Experimentalpsychologie des aus dem Kontext gelösten „Subjekts" durch eine Untersuchung der wichtigsten Äußerungsformen des Geistes ergänzt werden. In dieser Hinsicht war die Völkerpsychologie, die vergleichende historische Untersuchung der objektiven Produkte sozialer Interaktion, die Vorläuferin einer kulturellen Sozialpsychologie (vgl. Fiske, Kitayama, Markus & Nisbett, 1998; Gergen, 1973).

Heutzutage ist es ein Leichtes, der Völkerpsychologie ihren Mangel an empirischer Methodik und Forschung anzukreiden. Aber wenn wir versuchen, in der Vorstellung die Perspektive umzukehren und, ausgehend von Wundts Standpunkt, einen Blick auf das Gebiet der heutigen Sozialpsychologie zu werfen, erkennen wir, wie sehr die kulturelle Breite des Gegenstands geschrumpft ist, während in methodologischer Sicht Fortschritte erzielt wurden (s. Jaspars, 1983, 1986). Im Rückblick gewinnt man den Eindruck, dass die Hauptthemen der Völkerpsychologie, wenn auch vielleicht nicht der gesamte Ansatz, den Nachbardisziplinen überlassen wurden, vor allem der Anthropologie und der Soziologie, und das alles, um vor kurzem von europäischen Sozialpsychologen wieder entdeckt zu werden. Jaspars (1986, S. 12) wagte sogar „eine Rückkehr zu dem frühesten wissenschaftlichen Ansatz, soziales Verhalten zu studieren, wie er von Lazarus und Steinthal vertreten wurde". Zumindest Wundts letzte Überzeugung, dass die experimentelle Psychologie nur eine Hälfte dessen ist, was die Psychologie sein kann, findet immer mehr Verfechter.

1.3.2 Massenpsychologie

Massenpsychologie („mass psychology"):
Die Untersuchung des Bewusstseins (s. auch **Gruppengeist**) und Verhaltens von Massen, vor allem des Erlebens von Individuen unter Massenbedingungen.

Suggestion („suggestion"):
Die Technik und/oder der Prozess, durch den eine andere Person dazu verleitet wird, etwas zu erleben und sich auf eine bestimmte Weise zu verhalten, d.h. so, wie es der suggerierend Handelnde, z.B. der Hypnotiseur, festgelegt hat.

Psychische Ansteckung („mental contagion"):
Hypothetischer Mechanismus der Ausbreitung von Affekten und Vorstellungen in Massen.

Der geistige und wissenschaftliche Hintergrund der **Massenpsychologie** ist vielschichtig. Zum einen gibt es die vielen Techniken und Konzeptionen der **Suggestion** wie etwa die Tradition (Kunst, Technik, Lehre und Kult) der Hypnose, d. h. der Auslösung eines schlafähnlichen Zustandes, bei dem die Zielpersonen mit bestimmten Einschränkungen Suggestionen durch den Hypnotiseur unterworfen sind. Anton Mesmer (1734–1815), der Menschen in Trance versetzen konnte, hatte behauptet, er beherrsche eine allen Lebewesen gemeinsame Energie („Magnetismus"), die auf Leben und Gesundheit einen stärkenden und kräftigenden Einfluss ausübe. Von der hypnotischen Suggestion, wie sie später genannt wurde, nahm man an, dass sie das Bewusstseinsniveau eines Patienten senken und damit seinen Geist in einen „primitiveren" Zustand versetzen werde. Diese Technik spielte in der berühmten Kontroverse zwischen den rivalisierenden französischen Medizinschulen in Nancy und der Salpétrière in Paris als eine diagnostische bzw. therapeutische Methode eine Rolle. Doch sie wurde auch zu einer der wichtigsten Modellvorstellungen für sozialen Einfluss, und die frühen Massenpsychologen machten sie sich zu eigen, um die angebliche Irrationalität, Emotionalität und „Primitivität" von Massen zu erklären (s. Barrows, 1981; Paicheler, 1985).

Eine andere medizinische Modellvorstellung, die von ihrem Ursprung und von ihrer Eigenart her sogar noch „pathologischer" war, wurde von der Epidemiologie übernommen. In einer Parallele zur bakteriellen Ansteckung, die kurz zuvor durch die Entdeckungen von „Mikrobenjägern" wie Louis Pasteur (1822–1895) and Robert Koch (1843–1910) zu einer wissenschaftlichen Tatsache geworden war, hielt man eine **psychische Ansteckung** für möglich und suchte damit die Ausbreitung von Affekten und die „Anomie" in mob-ähnlichen oder auf sonstige Weise erregten Massen zu erklären.[2] Obwohl LeBon den Begriff nicht selbst prägte (Nye, 1975), wurde psychische Ansteckung zu einem Schlüsselbegriff in seiner einflussreichen Massenpsychologie (LeBon, 1895); später wurde der Begriff als „zirkuläre Reaktion" (Allport, 1924) und als „gegenseitige Stimulierung" (Blumer, 1946) terminologisch modifiziert. Dadurch verlor er den theoretischen Bezug auf eine „ansteckende Krankheit" (Milgram & Toch, 1969). Die „medizinischen" Entstellungen des Bildes der Massen im Denken des 19. Jahrhunderts sind von Barrows (1981) und McPhail (1991) hervorragend dokumentiert und einer Kritik unterzogen worden. Was Barrows nicht ahnte, ist, dass der Gedanke von der emotionalen Ansteckung, der lange Zeit in Vergessenheit geraten war, bei heutigen Sozialpsychologen erneut eine Chance erhält (Hatfield, Cacioppo & Rapson, 1994).

Neben der Medizin war die Kriminologie die zweite wissenschaftliche Wurzel der Massenpsychologie. Was vom medizinischen Standpunkt aus ein unterbewusster und affektiver Zustand der Seele war, war aus dem Blickwinkel der Rechtsprechung die *verminderte Zurechnungsfähigkeit* des

[2] Anomie ist Durkheims Begriff für einen Zustand, bei dem die vorherrschenden sozialen Normen in Frage gestellt, ignoriert oder abgelehnt werden.

Individuums, das in die Masse oder gar in die „straffällige Masse“ (Sighele, 1891; Tarde, 1901) eintaucht. Die Grundannahme dieses medizinisch-juristischen Ansatzes besteht wiederum darin, dass das Individuum in der Masse primitiver und infantiler wird, als wenn es auf sich allein gestellt ist. Deshalb ist es weniger intelligent, weniger vernunftgeleitet und von daher in geringerem Maße für sein Tun verantwortlich. Obwohl all diese Gedanken bereits in einer Reihe italienischer und französischer Veröffentlichungen vor 1895 artikuliert worden waren, popularisierte sie LeBon in seinem Bestseller, ohne den Originalautoren seine Referenz zu erweisen. Und es war LeBon, auf den sich später Forscher im Bereich der Massenpsychologie und des Massenverhaltens als den Vater der Massenpsychologie bezogen (z.B. Freud, 1966; kritisch Nye, 1975; Moscovici, 1981).

Nimmt man beide Wurzeln zusammen, die medizinische und die kriminologische, so ist dieser „romanische“ Begriff von der Masse einer, der Anomalie entweder mit Krankheit oder mit Verbrechen verbindet und etwas bezeichnet, das bestenfalls mildernde Umstände verdient. Um zu verstehen, warum kollektives Verhalten und dessen psychische Korrelate als anomal oder „anomisch“ angesehen wurden, muss man den sozialen und politischen Kontext dieser Begriffsentwicklung betrachten. Zu den politischen Ereignissen, die der Entwicklung der Massenpsychologie förderlich waren, gehörten:

- die aufeinander folgenden Revolutionen in Frankreich (1789, 1830, 1871),
- radikale wirtschaftliche und soziale Veränderungen aufgrund einer schnellen Industrialisierung und Verstädterung,
- der Aufstieg und der „Aufstand der Massen“ (Ortega y Gasset, 1930/1984),
- die zunehmende Stärke der Gewerkschaften und der Sozialisten mit Streiks und Mai-Demonstrationen,
- Korruption und Skandale,
- der militärische Sieg Preußens über Frankreich im Jahre 1871,
- die revolutionäre Pariser Kommune und ihre blutige Unterdrückung.

All dies zusammen wurde zu einer Bedrohung der etablierten politischen, sozialen und moralischen Ordnung, vor allem der Bourgeoisie (van Ginneken, 1992). Wie Barrows (1981) überzeugend dargetan hat, gab es eine allgemeine Stimmung der *décadence* und des Abstiegs, die einer Erklärung bedurfte. Die Massen wurden als Ursachen der allgemeinen Misere „entdeckt“ (Moscovici, 1981) und gefürchtet; da brauchte man die Wissenschaft, um die kausale Beziehung zwischen Massenphänomenen und den gesellschaftlichen Missständen im Einzelnen zu analysieren. Sowohl eine kriminologische als auch eine medizinische (psychiatrische oder epidemiologische) Erklärung passten zum damals herrschenden Zeitgeist. Trotz unterschiedlicher Auffassungen über die „seelische Einheit der Masse“ (LeBon, 1895) und eine überindividuelle, einem Wesen gleichen „Massenseele“, die beide bis weit ins 20. Jahrhundert hineingetragen wurden (z.B. McDougall, 1920), ist es wichtig, zu erkennen, dass sich die romanische Massenpsychologie hauptsächlich mit dem Schicksal des „normalen“

Einzelnen beschäftigte, der unter dem sozialen Einfluss der Masse irgendwie „abnorm“ wurde. Während LeBon Mobs und Gerichte, Massendemonstrationen und Parlamente wie auch kriminelle und religiöse Versammlungen unter dem Oberbegriff „Massen“ abhandelte, differenzieren wir heute zwischen Massen, sozialen Bewegungen, Zuschauern und Institutionen. Bereits von Tarde (1901) und Park (1904/1972) wurde jedoch eine wichtige Unterscheidung gemacht, nämlich die zwischen der Masse und der Öffentlichkeit. Während die Masse körperlichen Kontakt und räumliche Grenzen impliziert, überschreitet die Öffentlichkeit, vor allem aufgrund der modernen Kommunikationsmedien (wenn auch damals nur in Form der Presse), die räumliche Nähe und breitet sich als „öffentliche Meinung“ aus.

Wie die Völkerpsychologie entwickelte sich die Massenpsychologie nicht im Kontext der akademischen Psychologie, nachdem McDougall (1920) einmal mehr einen überindividuellen „Gruppengeist“ (group mind) heraufbeschworen hatte. Doch im Unterschied zur Völkerpsychologie wurden einige der Hauptthemen der Massenpsychologie in die neue Sozialpsychologie aufgenommen, nachdem sie individualisiert und dadurch der experimentellen Forschung zugänglich gemacht worden sind. Dies ist der Fall, wenn man sich beispielsweise in den Untersuchungen über Aggression mit Phänomenen wie kollektive Gewalt und erklärenden Konstrukten wie Deindividuation beschäftigt oder wenn moderne Theorien der sozialen Identität oder der Selbstkategorisierung zur Erklärung von Massenwirkungen herangezogen werden (Turner, Hogg, Oakes, Reicher & Wetherell, 1987; s. auch Kap. 14 und 15). Ebenso erkennen wir beim Thema des sozialen Einflusses die Kontinuität dessen, was einmal als die Auswirkungen von Suggestion, Ansteckung und Nachahmung begriffen wurde (s. Moscovici, 1985; Paicheler, 1985; zur Geschichtlichkeit von Massen und anderen sozialen Phänomenen und Begriffen s. Graumann & Moscovici, 1986a, 1986b, 1987).

1.4 Orientierungen und Differenzierung innerhalb der modernen Sozialpsychologie

Trotz ihrer Ursprünge in Europa und des Einflusses der erzwungenen Emigration aus den von den Nationalsozialisten besetzten Ländern war es vorwiegend die amerikanische Sozialpsychologie, die den Europäern nach 1945 dabei half, ihr Fach zu entwickeln. Doch handelte es sich bei dieser dringend benötigten Unterstützung um eine Internationalisierung?

Die Sozialpsychologie, wie wir sie heute kennen, kann auf die Zeit um die Jahrhundertwende zurückgeführt werden. Viele amerikanische Lehrbuchautoren datieren ihren Beginn gerne mit 1898, dem Jahr des ersten sozialpsychologischen Experiments, und mit 1908, dem Erscheinungsjahr der ersten beiden Lehrbücher der Sozialpsychologie. Von der Sache her haben sich beide „Anfänge" als falsch erwiesen; aber es ist nicht sinnvoll, sie durch andere „Anfänge" zu ersetzen. Im späten 19. Jahrhundert gab es nicht nur die Völkerpsychologie und die Massenpsychologie. Es gab auch den Begriff „Sozialpsychologie", der für damalige Untersuchungen verwendet wurde, die sich mit dem Individuum in der Gesellschaft oder mit einer „Psychologie der Gesellschaft" beschäftigten (Graumann, 1989; Lindner, 1871; s. Lück, 1987). Doch seit den allerersten Programmen einer Sozialpsychologie finden sich zwei unterschiedliche Schwerpunkte, die wir bereits weiter oben eingeführt haben: (1) eine psychologische Sozialpsychologie, die wie jede Psychologie mit dem Individuum und mit intraindividuellen Prozessen zu tun hatte (z.B. McDougall, 1908; Simmel, 1908); (2) eine soziologische Sozialpsychologie, die sich auf die Rolle des sozialen (strukturellen) Kontextes für individuelle Prozesse konzentrieren sollte (z.B. Durkheim, 1898/1967; Lindner, 1871; s. Lukes, 1973b; Ross, 1908). Obwohl es sich bei den vielzitierten Büchern von 1908 nicht um die ersten Lehrbücher der Sozialpsychologie handelte, können sie durchaus stellvertretend für die beiden Schwerpunkte stehen. McDougalls *Introduction to Social Psychology* war ein (theoretisches) Buch über die „angeborenen Neigungen und Fähigkeiten des individuellen menschlichen Geistes" (1908, S. 18), d.h. ein individualistischer Zugang zur Sozialpsychologie mit Hilfe einer Instinkttheorie oder, in moderner Begrifflichkeit, einer Motivationstheorie (s. Farr, 1986). Der Soziologe Ross beschäftigte sich in *Social Psychology* mit den „Ebenen und Strömungen, die zwischen Menschen aufgrund ihres Zusammenlebens entstehen" (1908, S. 1). Sein Thema waren, teilweise in der Tradition der Massenpsychologie, die Gleichförmigkeiten, die sich aus dem sozialen Einfluss aufgrund von Interaktion ergeben. Mit seinen Überlegungen zur Geschichte der Sozialpsychologie hat Pepitone (1981, S. 974) Recht, wenn er sagt, dass „die kollektive Sozialpsychologie von der Art, wie sie durch Ross vertreten wurde, großenteils in der Soziologie verblieb", während für die Psychologie „das Individuum die einzige Realität war" und darum auch für eine Sozialpsychologie, die sich aus ihr entwickelte.

1.4.1 Sozialpsychologie in Nordamerika

Wir haben gesehen, dass der Individualismus der Sozialpsychologie seine Wurzeln in bestimmten Sozialphilosophien hat. Doch mit der Etablierung einer (psychologischen) Disziplin der Sozialpsychologie bekam dieser Individualismus eine methodologische Orientierung. Vielleicht kann das „Aufkommen der Sozialpsychologie als eigenständiges Gebiet empirischer Forschung ... als eine Generationenrevolte gegen die Lehnstuhlmethodik der Sozialphilosophie ... betrachtet werden" (Cartwright, 1979, S. 83). Aber es kam eindeutig hinzu, dass sich die individualistische Konzeption aus der Sicht und in der Arbeit eines der ersten modernen amerikanischen Sozialpsychologen, F.H. Allport (1924), mit einer methodologischen Konzeption, dem experimentell-verhaltensbezogenen Ansatz, deckte und sich mit ihr verband. Für Allport, den ersten Sozialpsychologen in der behavioristischen Tradition, wurde die Sozialpsychologie „die Wissenschaft, die das Verhalten des Individuums untersucht, soweit sein Verhalten das anderer Individuen anregt oder selbst eine Reaktion auf dieses Verhalten ist" (1924, S. 12). Während jedoch der „Verhaltensstandpunkt" nur eine Art und Weise darstellt, Tatsachen zu konzipieren, ist es die experimentelle Methode, die sie hervorbringt (S. *vi*). Mit der Verbindung des individualistischen Ansatzes, des „Verhaltensstandpunkts" und der experimentellen Methode beabsichtigte man, die Sozialpsychologie zu einer wissenschaftlich anerkannten Disziplin zu machen; für diese Leistung brauchte die Sozialpsychologie nach Cartwright (1979, S. 84) die ersten drei oder vier Jahrzehnte ihres Bestehens.

Obwohl dieser Prozess großenteils in Amerika vor sich ging und historisch auf das Modell von F. H. Allports frühen Experimenten zur sozialen Aktivierung (s. Kap. 14) zurückgeführt werden kann, sollte angemerkt werden, dass sich Allport (1924) selbst stark auf die experimentellen Arbeiten mehrerer Vertreter der Wundt'schen Schule stützte (s. Graumann, 1986). In diesem Zusammenhang spricht Pepitone (1981, S. 975) von „den deutschen Wurzeln der experimentellen Tradition innerhalb der Sozialpsychologie". „Europäische Wurzeln" wäre noch genauer gewesen; denn es gab nicht nur das übertrieben oft (und irrtümlich) zitierte Beispiel von Triplett, der im Jahre 1898 über ein Experiment zum Einfluss nebeneinander handelnder Personen auf die Geschwindigkeit und die Qualität der Arbeit eines Individuums berichtete (später wurde dieser Effekt unter dem Begriff „soziale Aktivierung" bekannt). Wie Haines und Vaughan (1979) gezeigt haben, gab es bereits vor 1898 Experimente, die es verdienten, als sozialpsychologisch bezeichnet zu werden; diese entstanden vorwiegend im Zusammenhang mit Binets und Henris Untersuchungen zur *Suggestibilität* (Binet & Henri, 1894), einem Thema, das aus der zuvor besprochenen Hypnosetradition übernommen worden war.

Sogar noch früher, in den Achtzigerjahren des 19. Jahrhunderts führte Ringelmann Untersuchungen zur Gruppenproduktivität durch (s. Kap. 14 und Kravitz & Martin, 1986). Historisch gesehen ist es jedoch weniger interessant, herauszufinden, welches das wirklich erste Experiment war (eine willkürliche Entscheidung), als zu beobachten, wie die Sozialpsychologen immer noch versuchen, ihre Geschichte stärker mit der experimentellen Methode gleichzusetzen als mit irgendeiner anderen Methodologie. Die Entwicklung des „Projekts einer experimentellen Sozialpsychologie" von der Massenpsychologie bis zur Zeit nach dem Zweiten Weltkrieg hat Danziger (1992) kritisch rekonstruiert.

Trotz der europäischen Wurzeln des Experimentalismus kam es hauptsächlich im sozialen und wissenschaftlichen Klima in den Vereinigten Staaten nach dem Ersten Weltkrieg dazu, dass sich die Sozialpsychologie stärker als anderswo zu einer „Wissenschaft vom Individuum" entwickelte (Allport, 1924, S. 4). Die Auswirkung dieser Beschränkung bestand darin, dass sich die Sozialpsychologie weitgehend aus der Untersuchung sozialer Fragen zurückzog (Katz, 1978, S. 780). Wie wir weiter unten sehen werden, hat sie zumindest in der Forschungspraxis ihre Versuchsteilnehmer aus deren sozialem Kontext herausgelöst, bis in wirtschaftlichen und politischen Krisen, wie der Weltwirtschaftskrise Ende der Zwanzigerjahre und dem Zweiten Weltkrieg, „die Dringlichkeit sozialer Probleme die Puristen in ihren Labors“ (1978, S. 781) doch noch überwältigte.

Die wichtigste Leistung in den Dreißiger- und Vierzigerjahren war die Untersuchung und vor allem die Messung von Einstellungen (s. Danziger, 1997a, Kap. 8), eine Haupttätigkeit, der in den Fünfziger- und Sechzigerjahren eine Schwerpunktbildung auf den Theorien zur Einstellungsänderung folgte (Petty & Wegener, 1998; s. Kap. 8). Für den Historiker sind weniger die vielen Techniken der Einstellungsmessung, die seit Mitte der Zwanzigerjahre entwickelt worden sind, von Interesse als die zunehmende Gewissheit, die durch jede neue Technik wieder bestätigt wurde, dass „Einstellungen gemessen werden können“ (Thurstone, 1928) und dass das wissenschaftliche Ansehen der Sozialpsychologie durch die Messbarkeit von Einstellungen zunahm. Diese Entwicklung wurde durch eine Reihe experimenteller Untersuchungen zum Meinungswandel im *Yale Communication Research Program* (z.B. Hovland, Janis & Kelley, 1953) untermauert. Heutzutage ist die Bevorzugung von experimentellen gegenüber Feldstudien und der Messung gegenüber der Beobachtung in den Studienordnungen und in den Kriterien zur Veröffentlichung von Forschungsartikeln institutionalisiert. Zudem hängen finanzielle Unterstützung und Projektgelder nicht unwesentlich vom Niveau der methodologischen Raffinesse ab. Aber auch das, was in den Siebzigerjahren als die „Krise“ der Sozialpsychologie bezeichnet wurde, bei der die soziale Bedeutungshaltigkeit und die Relevanz des größten Teils ihrer Forschungsarbeit aus unterschiedlichen Perspektiven in Frage gestellt wurden, hing weitgehend mit dem Primat der Methoden über die Probleme zusammen (s. Buss, 1979; Israel & Tajfel, 1972).

Historisch gab es immer dann Abweichungen von der in methodologischer Hinsicht bestimmenden Hauptströmung, wenn drängende soziale und politische Probleme die Kooperation und das Engagement von Sozialpsychologen erforderten. Dies war der Fall, als während der Dreißigerjahre die *Society for the Psychological Study of Social Issues* gegründet wurde. Es wiederholte sich in den Vierzigerjahren, als die Sozialpsychologen in den freien Ländern unter dem Druck der Vorherrschaft und des Terrors der Nationalsozialisten und der Faschisten nicht nur versuchten, dazu beizutragen, dass der Krieg gewonnen wurde, sondern auch die Vision einer besseren Welt mit demokratischen Gesellschaften verfolgten. Einer von ihnen war Kurt Lewin (1890–1947), ein jüdischer Flüchtling aus Berlin, ein Mitglied der Gruppe der Gestaltpsychologen, die die Sozialpsychologie direkt und indirekt auf verschiedene Weise beeinflussen sollte. Lewin, der genau wusste, was in Deutschland und dann in Europa geschehen war, hatte sich zum Sozialpsychologen entwickelt, als er seine *Feldtheorie* auf Gruppen anzuwenden begann (Lewin, 1953, 1982). Dieser Ansatz, der weniger eine Theorie als eine allgemeine Methodologie darstellt, konzentrierte sich auf das Prinzip der wechselseitigen Abhängigkeit und betonte den Primat des Ganzen (der Situation oder des Felds) über die Teile. Diese umfassende Methodologie erlaubte es Lewin und seinen Nachfolgern, Experimente mit Gruppen (als Prototypen von „Kraftfeldern“) durchzuführen, aber auch mit Gruppen im alltäglichen Gemeinschaftsleben zu arbeiten, um ihr Verhalten, ihre Moral, ihre Vorurteile, ihren Führungsstil etc. zu verändern – dies war ein Ansatz, der als *Aktionsforschung* bekannt wurde. Die Liste seiner Mitarbeiter und Studenten, angefangen von seinen Jahren an der *Child Welfare Research Station* der University of Iowa (1935–1944) bis zu jenen in seiner eigenen Stiftung, dem *Research Center for Group Dynamics* (damals am Massachusetts Institute of Technology, jetzt in Ann Arbor), stellt wahrscheinlich die eindrucksvollste und einflussreichste Ansammlung von Menschen dar, die nach Wundt je mit einem einzelnen Gelehrten in Verbindung stand (s. Festinger, 1980; Marrow, 1968; Patnoe, 1988).

Obwohl Lewin schon im Jahre 1947 starb, waren es weitgehend Lewin-Schüler wie Cartwright, Deutsch, Festinger, French, Kelley, Schachter und Thibaut, die die Sozialpsychologie in Amerika nach dem Zweiten Weltkrieg und anschließend in Europa geformt haben. Marx und Hillix (1979, S. 322) kamen sogar zu der Schlussfolgerung, „dass es kaum eine Übertreibung ist, die amerikanische Sozialpsychologie als eine Lewin'sche Entwicklung zu beschreiben". Nimmt man jene Amerikaner hinzu, die durch die anderen Emigranten beeinflusst wurden, war es auch keine Übertreibung wie Cartwright (1979, S. 85) zusammenfassend zu schreiben: „Wären nicht damals solche Menschen wie Lewin, Heider, Köhler, Wertheimer, Katona, Lazarsfeld und die Brunswiks in die Vereinigten Staaten gekommen, kann man sich kaum vorstellen, wie das Fachgebiet heute aussähe". Von diesen Emigranten ist Fritz Heider (1958) der zweiteinflussreichste Sozialpsychologe geworden. Ohne eine starke und produktive Gruppe von Schülern zu haben, von denen Lewin (vor und nach seiner Emigration) immer umgeben war, kam Heiders Einfluss auf die Sozialpsychologie der interpersonalen Beziehungen, der Konsistenz und der Attribution hauptsächlich durch einige wenige Veröffentlichungen zu Stande. Wenn wir Sherifs frühe Untersuchung über soziale Normen (s. Kap. 13) hinzunehmen, die den Begriff des Bezugsrahmens der Gestalttheorie (Sherif, 1936) und den Experimenten des Gestaltpsychologen Asch über Eindrucksbildung (Asch, 1936, s. Kap. 5) verdankt, ist das europäische Erbe der amerikanischen Sozialpsychologie klar ersichtlich. Es ist wichtig, dies im Hinterkopf zu behalten, wenn man in amerikanischen Texten gelegentlich liest, dass die Sozialpsychologie „primär ein amerikanisches Produkt" (Cartwright, 1979, S. 85) bzw. „weitgehend ein nordamerikanisches Phänomen" (Jones, 1985, S. 47) geworden sei. Der wahre Kern solcher Äußerungen besteht darin, dass nach der Ankunft der Emigranten viele Gedanken in die amerikanische Kultur integriert werden mussten und es auch wurden oder in einem Prozess der Anpassung an den neuen sozialen und wissenschaftlichen Kontext „amerikanisiert" wurden (s. Ash, 1985; Graumann, 1976, 1989). Ebenso wahr ist, dass Hitler den größten Teil Mitteleuropas von allem, was in der Sozialpsychologie Rang und Namen hatte, entleert hatte. In dieses Vakuum drang in den Jahren nach 1945 die „amerikanische Psychologie" ein. Eine Rückkehr der Emigranten gab es jedoch nicht.

Was eigentlich in den Jahrzehnten nach dem Zweiten Weltkrieg vor allem in Amerika, dann aber auch in Europa geschah, waren neben der weiter gehenden methodologischen Verfeinerung zwei theoretische Veränderungen: *von der verhaltensbezogenen zur kognitiven Sichtweise* und *von umfassenderen Theorien zu Theorien mittlerer Reichweite.* Zu Beginn des 20. Jahrhunderts waren diese beiden Entwicklungsrichtungen noch sehr einflussreich gewesen. Mittlerweile sind es weniger das beobachtbare Sozialverhalten und die Interaktionen, die von Interesse sind, als ihre kognitive Repräsentation. Aber auch der Begriff der sozialen Kognition hat seit dem frühen gestalttheoretischen Entwurf eine erkennbar andere Bedeutung angenommen. Deutlich wird dies bei einem Vergleich der unterschiedlichen Darstellungen des Begriffs in den aufeinander folgenden Ausgaben des Standardwerks *Handbook of social psychology*, das es seit Mitte des 20. Jahrhunderts gibt und das gegenwärtig in der vierten Auflage (Gilbert et al., 1998) vorliegt, und im kürzlich erschienenen *Handbook of basic principles* (Higgins & Kruglanski, 1996).

Zusammen mit der allmählichen Veränderung des Begriffs der sozialen Kognition sind wir Zeugen einer Ausbreitung und Geltungseinschränkung sozialpsychologischer Theorien. Für den Psychologiehistoriker handelt es sich hier um die Wiederkehr eines bekannten Musters. Genau wie sich in den besten Zeiten des Behaviorismus die Arten des Lernens „stark vermehrten", ist es nun der Begriff der Kognition, der anscheinend die vielen Minitheorien aus dem Boden sprießen lässt, die zur selben Zeit dazu neigen, sich über das Gesamtgebiet der Sozialpsychologie auszubreiten.

Eine weitere soziale Veränderung lässt sich an der Entwicklung der amerikanischen Sozialpsychologie während der letzten 25 Jahre ablesen, nämlich der Wandel von einer Disziplin mit relativ geringem Status und einer Randstellung innerhalb der Psychologie zu einer eher respektierten und zentraleren Stellung. Berscheid (1992, S. 531) hat sogar den Eindruck, „dass sich die Sozialpsychologie zum Angelpunkt für einen Großteil der zeitgenössischen Psychologie entwickelt hat", eine Bewertung, die, wenn sie überhaupt zutrifft, für viele neue Bereiche der angewandten Sozialpsychologie zutreffen mag: Gemeinde, Umwelt, Gesundheit, Recht, Organisation (s. Teil V dieses Bandes).

1.4.2 Sozialpsychologie in Europa

Ohne die Dialektik des transatlantischen Austausches ist die Situation der Sozialpsychologie im Nachkriegseuropa kaum verständlich. Da gibt es zum einen die „Einbürgerung" europäischer Einflüsse in den USA. Dass der europäische Beitrag begierig aufgenommen, verarbeitet und in etwas Amerikanisches umgewandelt, teils auch mit dem einheimischen Behaviorismus vermengt und mit einem gründlichen Schuss Individualismus versehen wurde, dies wurde von Koch (1985, S. 25) bezogen auf die Psychologie als Ganzes überzeugend belegt; dabei ist es gleichgültig, worin dieser europäische Beitrag historisch gesehen auch immer bestanden haben mag – in der britischen postdarwinistischen Vergleichenden Psychologie, in Russlands Pawlowscher Konzeption, in der Emigration der Gestalttheorie, in der Entdeckung Piagets, „sogar" in der Phänomenologie und natürlich in der neopositivistischen Philosophie des Wiener Kreises. Der Nachdruck, mit dem dies geschah, war durch eine frühe und massive Institutionalisierung ermöglicht worden. Koch ist wie andere vor ihm davon überzeugt, dass eine kulturelle Atmosphäre, die Pragmatismus und Experimentalismus in allen Aspekten des Lebens begünstigt, den Aufstieg der Psychologie als einer neuen Wissenschaft ermöglichte, „die die Vorhersage und die Kontrolle über die Angelegenheiten des Menschen zu versprechen schien" (Koch, 1985, S. 22). Die „eingebürgerte" und institutionell verankerte Psychologie in den Vereinigten Staaten übertraf schon bald die Anstrengungen in anderen Ländern zahlenmäßig und an Bedeutung. Die Psychologie wurde zu einer Exportware, wo immer Nachfrage danach bestand; und die Nachfrage war am stärksten im Nachkriegseuropa, wenn auch je nach Land in unterschiedlichem Ausmaß und aus unterschiedlichen Gründen. Was man später kritisch als die „Amerikanisierung"[3] der europäischen (z.B. der deutschen) Psychologie (s. Cartwright, 1979, S. 85) bezeichnete, war ursprünglich der wirklich erforderliche und dankbar entgegengenommene Wiederaufbau und die Internationalisierung der Sozialwissenschaften mit amerikanischer Hilfe. Lediglich bezogen auf Fälle, in denen Ideen, Probleme und ihre Lösungen mit einer unkritischen Einstellung rezipiert und verbreitet wurden, mag der Begriff „Amerikanisierung" gerechtfertigt sein. Aber im Allgemeinen war dieser Anpassungsprozess Teil einer globalen „Internationalisierung" der Wissenschaft, bei der es jedoch kaum wechselseitigen Austausch gab (vgl. Graumann, 1999; van Strien, 1997).

Wie lässt sich die Situation der Sozialpsychologie im Vorkriegseuropa beschreiben? Ohne eine angemessene Institutionalisierung gab es nur einzelne Wissenschaftler mit einem gewissen Interesse für die Sozialpsychologie. In England gab es beispielsweise Bartlett, dessen Hauptwerk über *Remembering* (1932) erst kürzlich unter kognitiven Sozialpsychologen wieder auf Interesse gestoßen ist. In der Schweiz gab es Piaget, der in seinen vielen Büchern über die Entwicklung des Kindes, vor allem durch seine Konzentration auf die moralische Entwicklung (Piaget, 1936), auch einen Beitrag zu unserer heutigen Vorstellung von Sozialisation (s. Kap. 3) geleistet hat. In Deutschland wirkte Moede, dessen frühe experimentelle Gruppenpsychologie (Moede, 1920) bereits Floyd Allport (1924) beeindruckt hatte; und da war Hellpach, der Gründer des (kurzlebigen) allerersten Instituts für Sozialpsychologie im Jahre 1921 und Autor des ersten systematischen deutschen Lehrbuchs der Sozialpsychologie (Hellpach, 1933). Doch war kein Wissenschaftler aus dieser Gruppe oder von den übrigen europäischen Wissenschaftlern der Begründer oder Vermittler einer sozialpsychologischen Tradition; sie bildeten auch keine wissenschaftliche Gemeinschaft von Sozialpsychologen. Nach 1933 trug Hitler dazu bei, dass sie voneinander getrennt wurden.

Dies war nach 1945 die Situation in Europa. Obwohl es Einzelne und Teams gab, die sozialpsychologische Forschung betrieben und an unter-

[3] Der Begriff „Amerikanisierung" wird in der Psychologiegeschichte auf zweierlei Weise verwendet: (a) Er bezieht sich auf die „Einbürgerung" und das „Heimischwerden" ursprünglich europäischen Gedankenguts in Nordamerika; (b) er bezieht sich auf den Import und die Rezeption ursprünglich US-amerikanischen Gedankenguts in (Nachkriegs-)Europa.

schiedlichen europäischen Universitäten lehrten, „wussten sie nichts von der Existenz des jeweils anderen, ... der Kommunikationsweg lief hauptsächlich zwischen jedem einzelnen Zentrum und den Vereinigten Staaten", wie im ersten Vorwort des Herausgebers des *European Journal of Social Psychology* im Jahre 1971 festgestellt wurde. Es war eine amerikanische Initiative in den Fünfzigerjahren, die ausgehend von Oslo Soziologen und Sozialpsychologen aus sieben europäischen Ländern zusammenführte, um die Themen Bedrohung und Zurückweisung interdisziplinär und kulturübergreifend zu untersuchen (Schachter et al., 1954). Um jedoch die Grundlage für eine permanente Gruppe europäischer Sozialpsychologen zu schaffen, war ein weiterer Anlauf erforderlich, der wiederum von amerikanischen Psychologen initiiert wurde.

Als im Jahre 1966 die *European Association of Experimental Social Psychology* (EAESP) gegründet wurde, wurde sie bald zum Kern einer wissenschaftlichen Gemeinschaft von Sozialpsychologen in Europa. Von einer kleinen Gruppe in der Mitte der Sechzigerjahre ist sie inzwischen zu einer großen Gemeinschaft herangewachsen, die zur überwiegenden Mehrheit aus europäischen Sozialpsychologen und einer zunehmenden Anzahl assoziierter Mitglieder von außerhalb Europas besteht; zur letzteren Gruppe zählten 1999 schon ca. 100 Personen.

Die ursprüngliche Abhängigkeit von der nordamerikanischen Sozialpsychologie wurde dankbar anerkannt. Doch bedauert wurde auch der Mangel an Gegenseitigkeit im transatlantischen Austausch der Ideen; dies traf vor allem auf diejenigen Gründer der europäischen Vereinigung zu, die sich eine Sozialpsychologie mit einer deutlicher europäischen Prägung erhofft hatten. Unter den Ersten, die dieses Unbehagen artikulierten und nach einer Identität der europäischen Sozialpsychologie suchten, waren Tajfel und Moscovici, die, jeder auf seine Art, für eine sozialere Sozialpsychologie plädierten, als sie in Amerika etabliert und entwickelt worden war. Kritiker der Letzteren haben wiederholt betont, dass sie eng mit dem „kulturellen Ethos" eines „auf sich selbst gestellten Individuums" (Sampson, 1977, S. 769; 1993) verbunden ist. Im Gegensatz dazu hoben Tajfel und seine Schüler die *soziale Dimension* des individuellen Verhaltens und des Gruppenverhaltens hervor, d. h. das Ausmaß, in dem unser Erleben und Verhalten in die Eigenheiten der Kultur und Gesellschaft, in der wir leben, eingebettet und von ihr geformt sind (Tajfel, 1981, 1984). Die Gesellschaft jedoch „hat ihre eigene Struktur, die sich nicht über die charakteristischen Eigenschaften der Individuen definieren lässt" (Moscovici, 1972, S. 54). Deswegen „kann und muss zur Sozialpsychologie in der Theorie und in der Forschung eine direkte Beschäftigung mit dem Zusammenhang zwischen der psychologischen Funktionsweise des Menschen und den umfangreichen sozialen Prozessen und Ereignissen gehören, die diese Funktionsweise formen und die von ihr geformt werden" (Tajfel, 1981, S. 7).

Vielleicht ist es die für Europa typische Vielfalt des sozialen und kulturellen Hintergrunds, die diese intensivere Befassung mit dem sozialen (d. h. kulturellen) Kontext sowohl des sozialen Verhaltens als auch mit deren psychologischer Untersuchung nahe legt. Die Befassung mit dem sozialen Kontext wird beispielsweise aus Tajfels eigenen Untersuchungen zu

Stereotypen, Vorurteil und Intergruppenverhalten deutlich wie auch aus Moscovicis Arbeit über sozialen Einfluss, Minderheiten und soziale Repräsentationen (s. auch Israel & Tajfel, 1972; Jaspars, 1986) und nicht zuletzt schließlich aus der verspäteten, aber wachsenden Befassung mit der Sprache und ihrer Rolle in der Kommunikation zwischen Personen und zwischen Gruppen; dazu leisten europäische Sozialpsychologen einen bedeutsamen Beitrag (s. das *Journal of Language and Social Psychology* und das *Handbook of Language and Social Psychology*, herausgegeben von Giles & Robinson, 1990). Zum Bild der Verschiedenheit gehört jedoch auch, dass viele Zentren der sozialpsychologischen Forschung in Europa vom europäischen Streben nach Identität unbeeinflusst blieben, sondern immer noch „auf Abstand und mit der unvermeidlichen Verzögerung dem ständigen Auf und Ab der jeweils bestimmenden Strömung der amerikanischen Sozialpsychologie folgen“ (Tajfel, 1981, S. 6); dabei unterscheiden sie sich in ihrer Theoriebildung sowie in ihrer Forschung kaum von irgendeinem Zentrum in Nordamerika. Aber ob es nun in Europa einen allgemeinen Orientierungswandel in der Sozialpsychologie gibt oder ob sich dieser auf einige seiner prominenten Hauptfiguren beschränkt, wie sich Jaspars (1986, S. 12) fragte, so kann man doch von der „Europäisierung“ der Sozialpsychologie zumindest sagen, dass sie insofern erfolgreich war, als sie zu einer häufigeren und lebendigeren Interaktion unter den Psychologen geführt hat. Das wichtigste Forum dafür sind die EAESP, ihre Treffen und ihre Sommerakademien, die Zeitschrift und die Monografien, die von ihr gefördert werden. Weitere positive Anzeichen sind europäische Lehrbücher der Sozialpsychologie mit Autoren aus unterschiedlichen europäischen Ländern und aus Nordamerika sowie die jährlich erscheinende Reihe *European Review of Social Psychology*, ein europäisches Pendant zu den erfolgreichen nordamerikanischen *Advances in Experimental Social Psychology*.

1.5 Zusammenfassung und Schlussfolgerungen

Eine Geschichte der Sozialpsychologie, die für ein europäisches Lehrbuch verfasst wird, ist offensichtlich aus europäischer Sicht geschrieben. Zusammenfassend bedeutet dies, dass wir, wenn wir den europäischen Hintergrund der zeitgenössischen Sozialpsychologie betonen, gleichzeitig anerkennen müssen, dass die Sozialpsychologie in ihrer modernen Form „weitgehend ein nordamerikanisches Phänomen“ (Jones, 1985) ist und dass dies auch auf internationaler Ebene der Fall ist. Der europäische Hintergrund findet sich nicht nur in den zuerst erwähnten philosophischen Problemen wieder, die später von der sozialpsychologischen Wissenschaft erneut aufgegriffen worden sind. Es sind auch die „deutschen Wurzeln der experimentellen Tradition“ (Pepitone, 1981) und nicht zuletzt der Einfluss solcher europäischer Emigranten wie Katona, Lazarsfeld, Heider, Köhler, Wertheimer und vor allem Lewin, die hauptsächlich über ihre einflussreichen amerikanischen Schüler die moderne Sozialpsychologie geformt haben.

Die Sozialpsychologie, wie sie in diesem Lehrbuch dargestellt wird, unterscheidet sich nicht grundlegend von der in Nordamerika (und das sollte auch nicht der Fall sein). Trotzdem kann man Unterschiede feststellen. Zumindest gibt es eine Tendenz in Amerika, die Sozialpsychologie individualistischer, ahistorischer, ethnozentrischer und stärker am Laborexperiment orientiert zu sehen, als sie in Europa betrachtet wird (Scherer, 1993); was die Forschungsthemen angeht, gibt es in Europa eine Vorliebe für die Beziehungen zwischen Gruppen, für soziale Identität und sozialen Einfluss (Scherer, 1992). In einem formelhaften Satz fasst Scherer (1993, S. 520) zusammen, was durchaus einige Geschichtsschreiber und Chronisten der Sozialpsychologie für den grundlegenden Unterschied zwischen der Psychologie in Amerika und der in Europa halten, nämlich: Dort „das Individuum und sein Funktionieren", hier „die sozialen und kulturellen Bestimmungsfaktoren der Kognition und des Verhaltens". Doch im Hinblick auf zwei unlängst aufgekommene theoretische Entwicklungen muss diese verbreitete Klassifikation unter zwei Aspekten, die sowohl Zeichen einer Wiederannäherung als auch Forschungsperspektiven sind, auf den neuesten Stand gebracht werden.

Die erste Entwicklung geht auf die zunehmende Bedeutung des *soziokulturellen Kontextes* (Fiske, Kitayama, Markus & Nisbett, 1998) zurück. Da sich aus dem Vorrang der experimentellen Methode die Notwendigkeit ergibt, soziale Phänomene aus ihrem Kontext zu lösen, kann eine explizite Befassung mit dem Kontext als Gegengewicht dienen, wie ja auch Wundts Völkerpsychologie als Ergänzung seiner Experimentalpsychologie gemeint war. Die Hereinnahme des Kontextes ist nicht nur in Anbetracht der untersuchten Phänomene erforderlich, sondern auch hinsichtlich der Untersuchung selbst. Die soziale Konstruktion des wissenschaftlichen Wissens von der Hypothesenbildung über die Auswahl der experimentellen Verfahren und die Interpretation der Ergebnisse bis hin zum Prozess der wissenschaftlichen Kommunikation stößt in einer Sozialpsychologie der Wissenschaft auf zunehmendes Interesse (Shadish & Fuller, 1994). Ein weiterer Aspekt der neueren „Kontextualisierung" ist die Einbeziehung einer feministischen Sichtweise (Denmark, 1994).

Die zweite Einschränkung beim angeblichen Unterschied zwischen amerikanischen und europäischen Forschungsvorlieben geht auf das kürzlich erwachte Interesse an der sozialen Konstruktion einer *gemeinsamen Wirklichkeit* zurück. Dieses Thema, das seinen Ursprung in der europäischen Phänomenologie und Soziologie hat, fehlte bis vor kurzem in den sozialpsychologischen Lehrbüchern. Beginnend mit Untersuchungen zu sozial geteilten Kognitionen (Resnick, Levine & Teasley, 1991) und mit der beharrlich gestellten Frage „Was ist *sozial* an der sozialen Kognition?" (Nye & Brown, 1996) hat sich das Forschungsinteresse auf die kognitiven und linguistischen Mittel konzentriert, mit deren Hilfe sich kommunizierende Individuen eine gemeinsame Realität schaffen (oder „konstruieren"). Es ist vor allem die Konzeption des wechselseitigen Einnehmens der Sichtweise des anderen, die Psychologen in die Lage versetzt, der gemeinsamen Realität eine sozialpsychologische Bedeutung zu verleihen (Harding & Higgins, 1996; Ickes & Gonzales, 1996; Krauss & Fussel, 1996); den Sozialpsychologen bietet sich dadurch eine vielversprechende Forschungsperspektive und eine Brücke zur Soziologie.

FRAGEN ZUM TEXT

1) Benennen und skizzieren Sie zentrale Themen, denen im sozialen Denken vor dem Aufkommen der Sozialpsychologie nachgegangen wurde.
2) Was war das Programm der Völkerpsychologie und worin bestanden ihre methodologischen Implikationen für die moderne Sozialpsychologie?
3) Was war der politische und soziale Kontext der Massenpsychologie des 19. Jahrhunderts?
4) Erörtern Sie den „europäischen Hintergrund“ und den amerikanischen Charakter der modernen Sozialpsychologie.
5) Ist „Amerikanisierung“ nur ein polemischer Begriff für bestimmte Entwicklungstrends in der Sozialpsychologie?
6) Wann trat die Sozialpsychologie erstmals als erkennbare Disziplin in Erscheinung?

Empfohlene Literatur

Berscheid, E. (1992). A glance back at a quarter century of social psychology. *Journal of Personality and Social Psychology, 63,* 525–533. Eine selektive und persönliche Rückschau auf das Wachstum der Sozialpsychologie in den Vereinigten Staaten zwischen 1965 und 1990, geschrieben von einer der führenden weiblichen Persönlichkeiten der sozialpsychologischen Forschung.

Danziger, K. (1992). The project of an experimental social psychology: historical perspectives. *Science in Context, 5,* 309–328. Eine Studie zu den historischen Veränderungen in der Auffassung und der Bewertung des Experimentierens für den Erwerb von Wissen über die soziale Realität. Probleme bei der Assimilierung der Lewin'schen Auffassungen durch die amerikanische Sozialpsychologie werden erörtert.

Farr, R.M. (1996). *The roots of modern social psychology 1872–1954.* Oxford: Blackwell. Eine europäische Alternative zu den nordamerikanischen Büchern über die Geschichte der Sozialpsychologie unter besonderer Berücksichtigung der Beziehung zwischen der Sozialpsychologie und anderen Sozialwissenschaften.

Gilbert, D.T., Fiske, S.T. & Lindzey, G. (Eds.). (1998). *The handbook of social psychology* (4th ed., Vol. 1, pp. 3–57). New York: McGraw-Hill. Von historischem Interesse sind vor allem die Kapitel von E.E. Jones und S.E. Taylor.

Patnoe, S. (1988). *A narrative history of experimental social psychology – the Lewin tradition.* New York: Springer. Zwei Generationen amerikanischer Schüler Lewins bzw. deren Schüler (insgesamt 20 Sozialpsychologen) wurden befragt und berichten über ihre Ausbildung in der „Lewin'schen Tradition“ sowie über ihre Beiträge zur Sozialpsychologie.

Sapsford, R., Still, A., Wetherell, M., Miell, D. & Stevens, R. (Eds.). (1998). *Theory and social psychology.* London: Sage. Als neueres Beispiel für die „kritische Sozialpsychologie“ konzentriert sich dieses Buch auf die Verschiedenheit in der Sozialpsychologie und auf die Rolle der Kultur in den Auffassungen des Fachgebiets.

Schlüsseluntersuchung

Cartwright, D. (1979). Contemporary social psychology in historical perspective. *Social Psychology Quarterly, 42,* 82–93.

2 Evolutionäre Sozialpsychologie

JOHN ARCHER

INHALT

Die evolutionäre Sozialpsychologie erklärt die heutigen Muster menschlichen Sozialverhaltens im Hinblick auf ihre Ursprünge als Lösungen für immer wieder auftretende Probleme, mit denen unsere Vorfahren in ihrer Umwelt konfrontiert waren. Im vorliegenden Kapitel beschäftigen wir uns mit einer Forschung, in der aus der Evolutionsbiologie stammende Prinzipien auf die Psychologie des Menschen angewandt werden. Dabei sollen zwei Fragen beantwortet werden:
1) Wie könnte kooperatives bzw. altruistisches Verhalten durch natürliche Selektion entstanden sein und
2) wie lässt sich eine Vielfalt psychologischer Unterschiede zwischen Männern und Frauen durch das Prinzip der sexuellen Selektion erklären?

2.1 Einleitung

Was ist evolutionäre Sozialpsychologie und wie unterscheidet sie sich von der herkömmlichen Form der Sozialpsychologie?

In den meisten Lehrveranstaltungen der Sozialwissenschaften an den Universitäten wird stillschweigend die Annahme gemacht, dass die menschliche Natur wenig oder gar nicht von Belang ist; denn menschliches Verhalten ließe sich weitestgehend dadurch erklären, dass man die gesellschaftlichen Rollen und die Kultur in die Überlegungen mit einbezieht.

Sozialpsychologen sehen die Ursprünge der Dispositionen und des Verhaltens von Menschen auf dem Hintergrund sozialer Rollen und der Sozialisation (Kap. 3).

Eine wachsende Zahl von Forschern, die menschliches Verhalten aus dem Blickwinkel der modernen darwinistischen Theorie sehen, stellt diese Annahmen infrage. Zu dieser anderen Sichtweise gehört auch eine andere Art und Weise, vertraute Probleme in der Sozialpsychologie zu betrachten. Das hat zu neuartigen Hypothesen geführt, aus denen eine große Zahl neuer Forschungen entstanden ist (Barkow, Cosmides & Tooby, 1992; Crawford & Krebs, 1998; Simpson & Kenrick, 1997) und die in der Öffentlichkeit auf großes Interesse gestoßen sind (z.B. Pinker, 1997; Wright, 1994).

Evolutionspsychologie („evolutionary psychology"): Ein psychologischer Ansatz, der auf dem Prinzip der natürlichen Selektion beruht. Stärker als in der Soziobiologie werden hier psychologische Mechanismen und Flexibilität betont.

Soziobiologie („sociobiology"): Die Anwendung der Darwin'schen Theorie der natürlichen Selektion auf die Erklärung der Ursprünge und Aufrechterhaltung des Sozialverhaltens.

Die Ursprünge der **Evolutionspsychologie** gehen auf die Schriften der Evolutionsbiologen in den Sechzigerjahren zurück; von besonderer Bedeutung war dabei das Buch *Sociobiology* von E. O. Wilson, in dem dieser jegliches tierische und menschliche Sozialverhalten anhand evolutionärer und biologischer Prinzipien erklärt. Seitdem sind diese Prinzipien auf viele Themen und Forschungsfragen in den Sozialwissenschaften angewandt worden. Die gegenwärtige, davon getrennte Tradition der Evolutionspsychologie entwickelte sich aus der **Soziobiologie**, unterscheidet sich jedoch in mehrerer Hinsicht von ihr. Sie erkennt die Flexibilität menschlichen Verhaltens an und beschäftigt sich speziell damit, momentan vorhandene Dispositionen und Verhaltenweisen zu erklären. Diese werden als psychologische Mechanismen angesehen, die die Aufgabe haben, die Umwelt der sich entwickelnden menschlichen Art zu bewältigen.

Die evolutionäre Sozialpsychologie stellt nicht irgendein weiteres Forschungsgebiet innerhalb der Sozialpsychologie dar. Es handelt sich um einen ganz anderen Blick auf das Gesamtgebiet der Sozialpsychologie, einen Blick, der Prinzipien umfasst, die sich aus der Evolutionsbiologie ableiten. Bevor man jedoch an Anwendungen denken kann, ist es daher notwendig, diese Prinzipien zu verstehen. Im vorliegenden Kapitel werden zwei Hauptthemen der Evolutionspsychologie behandelt: erstens die Frage, wie kooperatives oder Hilfeverhalten aus dem scheinbar egoistischen Prozess der natürlichen Selektion entstehen konnte, und zweitens, wie der Prozess der sexuellen Selektion genutzt werden kann, um eine Vielfalt von Unterschieden zwischen psychologischen Dispositionen und Verhaltensweisen von Männern und Frauen zu begreifen.

2.2 Altruismus und natürliche Selektion

2.2.1 Natürliche Selektion und Verhalten

Wie ist das Sozialverhalten durch natürliche Selektion geformt worden?

Der Gedanke, dass Lebewesen Eigenschaften besitzen, die sie wohlgestalt oder gut an ihre Umwelt angepasst werden lassen, war schon vor Darwins Zeiten bekannt. Man wusste beispielsweise, dass die Eigenschaften des

Herzens gut zu der Funktion passen, Blut durch den Körper zu pumpen. Darwins Prinzip der **natürlichen Selektion** erklärte, wie **Anpassungen** – Eigenschaften, die zeigen, dass man wohlgestalt war – ohne Eingreifen eines übernatürlichen Schöpfers entstehen konnten (Dawkins, 1986).

Darwin erkannte, dass in allen Umwelten einige vererbbare Variationen besser überleben und sich reproduzieren können als andere; sie besitzen, so sagt man, größere **Fitness** als ihre Artgenossen, weil sie besser an ihre Umwelt angepasst sind („fit"). Diese Individuen werden über die nachfolgenden Generationen hinweg einen größeren Fortpflanzungserfolg haben als andere und dies wird zu einer graduellen Veränderung in den Typen von Lebewesen führen, die in der Population vorkommen. Die sich daraus ergebenden Formen werden besser für das Leben in dieser Umwelt geschaffen sein als die früheren Formen; und auf lange Sicht lässt sich durch diesen Prozess der Ursprung der Arten erklären.

Darwin beschäftigte sich hauptsächlich mit der Entwicklung des Körperbaus, während moderne Darwinisten sich eher für die Evolution des Verhaltens interessieren (Cronin, 1991). Dennoch trifft das gleiche Grundprinzip, dass besser angepasste Formen selegiert werden, auf jegliches Merkmal zu, das auf einer vererbbaren Basis beruht, sei es nun ein Teil der Anatomie oder eine stabile Disposition, sich auf eine bestimmte Art und Weise zu verhalten. Die meisten Vögel und Säugetiere haben eine sehr stabile Disposition, enge emotionale Bindungen zu ihren Jungen auszubilden; dies kann als Anpassungsleistung verstanden werden, die sich bei allen Tieren finden lässt, die nur eine kleine Anzahl hilfloser Nachkommen innerhalb einer gefährlichen Umgebung hervorbringen. Es kam zu dieser Disposition, weil ohne eine solche Anpassung die Überlebenschance des Nachwuchses gleich null gewesen wäre. Eine spezifischere Verhaltensanpassung ist die Tendenz eines Silbermöwenjungen, den roten Punkt auf dem Schnabel seine Eltern anzupicken. Dies ist besonders adaptiv, weil es bei den Eltern den Fütterungsinstinkt auslöst. Ein Junges ohne dieses Verhalten würde wenig Futter bekommen, und deshalb hätte es eine geringe Überlebenschance, um später wiederum selbst Nachkommenschaft hervorzubringen.

Diese Beispiele erklären die Existenz der heute vorhandenen Verhaltensdispositionen damit, dass sie früher einen Beitrag zum Überleben und zur Fortpflanzung geleistet haben. Evolutionspsychologen erklären die heutigen Dispositionen des Menschen auf ähnliche Weise. Dass sich Menschen heutzutage von Schokoladenriegeln und Hamburgern angezogen fühlen, wird durch Zucker und Fette erklärt, die vom Nährwert her wichtige, aber in der für die Evolution bestimmenden Umwelt seltene Nahrungsmittel waren. Dass Männer aller Altersgruppen sich von jung aussehenden Frauen mit einem Verhältnis von Taille zu Hüftweite um etwa 0,7 angezogen fühlen, liegt daran, dass diese Merkmale in der evolutionären Umwelt ein Hinweis auf Gesundheit und Fruchtbarkeit waren. Es sollte hier jedoch angemerkt werden, dass diese Erklärungen spezifisch für die Ess- und Paarungsvorlieben und nicht Bestandteil eines allgemeinen Mechanismus der Art sind, wie er in der herkömmlichen Psychologie etwa zum sozialen Lernen kultureller Wertvorstellungen als Erklärung herangezogen wird.

Als die Evolutionsbiologen erstmals das Prinzip der natürlichen Selektion auf das Sozialverhalten anwandten, kam eine Reihe von Fragen auf,

Natürliche Selektion („natural selection"): Der Prozess, der Individuen mit bestimmten Merkmalen dazu verhilft, stärker in nachfolgenden Generationen repräsentiert zu sein, weil diese Merkmale besser an die jeweilige Umwelt angepasst sind.

Anpassung („adaptation"): Der Besitz von Eigenschaften, die Lebewesen besser befähigen, zu überleben und sich fortzupflanzen, als dies bei Lebewesen mit anderen Eigenschaften der Fall ist. Dabei wird angenommen, dass diese Eigenschaften besser als andere auf die jeweilige Umwelt zugeschnitten sind.

Fitness („fitness"): Die Fähigkeit eines Lebewesens, einen größeren Anteil seiner Erbanlagen an nachfolgende Generationen weiterzugeben als andere Individuen (s. auch **Gesamtfitness**).

die bei der Analyse der Evolution des Körperbaus nicht zutage getreten waren. Dazu gehörte zunächst einmal die folgende Frage: Wie kann ein so offensichtlich „eigennütziger" Vorgang, wonach Individuen, die mehr Ressourcen für sich erschließen, mehr Nachkommen hinterlassen als andere, überhaupt zu etwas anderem als eigennützigem Konkurrenzverhalten führen? Doch sowohl Menschen als auch Tiere arbeiten häufig zusammen und helfen sich gegenseitig. Die Antwort auf dieses Dilemma führte bei Biologen zu einem grundlegenden Wandel in der Art und Weise, wie sie den Evolutionsprozess sahen.

2.2.2 Altruistisches Verhalten

Warum ist altruistisches Verhalten ein offensichtliches Dilemma für Erklärungsansätze im Sinne der natürlichen Selektion?

Der Begriff **altruistisches Verhalten** wird in der Biologie für einen Vorgang verwendet, bei dem ein Tier die Fitness eines anderen Tiers trotz der eigenen Kosten (im Hinblick auf Fitness) vergrößert. Verhaltensweisen, auf die diese Definition zutrifft, finden sich im gesamten Tierreich (s. Tabelle 2.1). Wir können dieser Liste die vielen Umstände hinzufügen, unter denen Menschen anderen helfen: Sie geben vielleicht einem Fremden Geld, der auf der Straße bettelt, oder helfen jemandem, der auf einem belebten Platz zusammengebrochen ist, und selbstverständlich sind sie immer bereit, Verwandten, Freunden und Kollegen einen Gefallen zu tun.

Sozialpsychologen haben die Bedingungen untersucht, unter denen Menschen altruistisches Verhalten (auch **Hilfeverhalten** genannt) an den Tag legen. Sie haben solches Verhalten nicht unter dem Gesichtspunkt der Fitness definiert, sondern als die Bereitschaft, einer anderen Person in Situationen zu nützen, in denen auch andere Handlungsmöglichkeiten denkbar wären (s. Kap. 9 über **prosoziales Verhalten**). Untersuchungen auf diesem Gebiet beschäftigten sich mit dem Einfluss von Persönlichkeitsmerkmalen, sozialen Normen sowie Nutzen und Kosten spezieller Formen des Helfens.

Auf den ersten Blick scheint ein solches Verhalten schwer mit dem Vorgang der natürlichen Selektion vereinbar zu sein, der gemäß unserer bisherigen Beschreibung Merkmale beinhaltet, die das Individuum befähigen, eine größere Nachkommenschaft zu hinterlassen.

Eine Art und Weise, in der frühere Generationen von Biologen dieses Problem bewältigten, war, dass sie annahmen, Tiere handelten zum Wohl ihrer Gruppe oder Spezies. Handeln für das Wohl der Gruppe ist ein nobles Ideal, nach dem wir als Menschen häufig streben. Aber die Wirklichkeit ist, dass ein solches Verhalten anderen die Möglichkeit eröffnet, zu schmarotzen, Nutzen aus den uneigennützigen Handlungen anderer zu ziehen, ohne selbst etwas beizutragen. So ist es zumindest in der Tierwelt. Computersimulationen des Vorgangs der natürlichen Selektion haben gezeigt, dass Tiere, die nur zum Wohl der Gruppe handeln, in den nachfolgenden Generationen durch Individuen ersetzt werden, deren Verhalten

Altruistisches Verhalten („altruistic behaviour"):
In der Evolutionstheorie definiert als ein Verhalten, das trotz der Kosten für die Fitness des Helfenden zur Fitness eines anderen Individuums beiträgt. In der Sozialpsychologie bezieht sich dieser Begriff auf Verhalten, das durch Übernahme der Sichtweise eines anderen und Empathie gekennzeichnet ist; dies geschieht in der Absicht, einer anderen Person zu nützen, wenn der Helfende auch die Möglichkeit hätte, dies nicht zu tun.

Hilfeverhalten („helping behaviour"):
In der Biologie gleichbedeutend mit altruistischem Verhalten im allgemeinsten Sinne.

Prosoziales Verhalten („prosocial behaviour"):
In der Biologie gleichbedeutend mit altruistischem Verhalten. In der Sozialpsychologie enger definiert als Hilfeverhalten in dem Sinne, dass durch die Handlung beabsichtigt ist, die Situation des Rezipienten zu verbessern, und der Handelnde nicht verpflichtet ist, der Person, der geholfen wird, zu helfen.

Tabelle 2.1. Einige Beispiele für altruistisches Verhalten bei Tieren. (Aus McFarland, 1993; Wilkinson, 1988; Wilson, 1975)

1. Ein Anubispavianmännchen hilft einem anderen Männchen, einen Rivalen zu besiegen, trotz der Gefahr, selbst verletzt zu werden
2. Die Soldatenkaste einer Termitenkolonie verteidigt diese mit ihrem Leben
3. Ein mexikanischer Eichelhäher zeigt kooperatives Brutverhalten, indem er den Nachwuchs anderer Artgenossen füttert
4. Wildhunde jagen kooperativ und teilen ihre Nahrung mit Nichtjägern
5. Gut genährte Blattnasenfledermäuse füttern diejenigen Artgenossen, die bei der Nahrungssuche weniger erfolgreich waren

eher ihnen selbst als anderen nützte. Es hat daher den Anschein, als führe es zur Auslöschung der Helfer, wenn man anderen hilft. Falls das aber so ist, warum wurden dann die in Tabelle 2.1 aufgeführten Beispiele durch natürliche Selektion erhalten und warum helfen Menschen einander?

2.2.3 Gesamtfitness und die Bedeutung von Verwandtschaft

Warum helfen Individuen denjenigen, die mit ihnen verwandt sind?

Der Ausgangspunkt modernen darwinistischen Denkens ist die Erkenntnis, dass zur Fortpflanzung die Weitergabe von Kopien der Gene an die nächste Generation gehört. Es sind deshalb diese Gene (oder Pakete von ihnen), die die wirklichen Einheiten der Selektion darstellen. Sie sind die genetischen Instruktionen, die andere, uns ähnliche Menschen hervorbringen; und die naheliegendste Methode, wie das geschehen kann, besteht darin, dass sie an unsere Nachkommenschaft weitergegeben werden. Beim Vorgang der sexuellen Fortpflanzung verschmelzen die Gene eines Elternteils mit denen des anderen, sodass die Nachkommen im Durchschnitt nur die Hälfte der Kopien des Gensatzes jedes Elternteils gemeinsam haben. Dies ist derselbe Anteil, wie er Geschwistern gemeinsam ist. Fangen wir erst einmal an, miteinander verwandte Individuen im Hinblick auf die ihnen gemeinsamen Gene zu betrachten,[1] kann man die Betreuung des Nachwuchses durch die Eltern als einen Spezialfall einer allgemeinen Neigung erkennen, jedem Individuum, das eng mit ihm verwandt ist, zu helfen.

Lassen Sie uns an ein Gen denken, das die Neigung kontrolliert, engen Verwandten zu helfen, auch wenn dies ein gewisses Maß an Selbstaufopferung bedeutet. Kopien dieses Gens würden durch selektives altruistisches Verhalten dabei unterstützt werden, zu überleben und sich fortzupflanzen. Sie würden sich in der Population ausbreiten, und dies geschähe wesentlich besser als bei Genen für einen Altruismus, bei dem keine Unterschiede gemacht werden (Dawkins, 1979). Diese schlichte Logik wurde von

[1] Streng genommen sollten wir vom Anteil der Gene sprechen, die sie gemeinsam haben, zusätzlich zu den vielen Genen, die sie mit nicht verwandten Individuen teilen.

Hamilton (1964) mathematisch ausgearbeitet; er betonte, dass Altruismus selektiv auf Verwandte angewandt würde, und zwar im Verhältnis zu der Wahrscheinlichkeit, dass sie eine Kopie des Gens für durch Verwandtschaft herbeigeführten Altruismus besitzen, also für ihren genetischen Verwandtschaftsgrad. Er verwendete den Begriff **Verwandtschaftskoeffizient (r)** von Wright (1922); der Koeffizient bezeichnet den Anteil gemeinsamer Gene im Vergleich zu denen, die nicht miteinander verwandte Individuen gemeinsam haben. Für Eltern und Nachkommen beträgt *r* 0,5; dies ist auch bei Geschwistern der Fall, während der Koeffizient bei Vettern und Kusinen 0,125 beträgt. Im Sinne der Wahrscheinlichkeit, ein Gen für durch Verwandtschaft herbeigeführten Altruismus zu erhalten, hat es deshalb denselben Wert, das Leben eines jüngeren Geschwisters zu retten, das sein gesamtes reproduktives Leben noch vor sich hat, wie eines der eigenen Kinder im gleichen Alter zu retten. Rettet man einem Vetter oder einer Kusine das Leben, so bringt dies im Sinne der Aufrechterhaltung gemeinsamer Gene in der Population weniger Nutzen, weil er oder sie nur ein Achtel der gleichen Gene hat. Zusätzlich zu diesen Berechnungen müssen wir berücksichtigen, ob die Hilfe für den Verwandten anstelle oder zusätzlich zur Hilfe für den eigenen Nachwuchs erfolgt (Grafen, 1982). Im ersten Fall gibt es möglicherweise keinen Zuwachs bezogen auf die **Gesamtfitness**: Es kann sogar zu einer Abnahme kommen. Im zweiten Fall gäbe es bei der Hilfe für den Verwandten einen eindeutigen Nutzen – einen Zuwachs an Gesamtfitness.

Verwandtschaftskoeffizient („coefficient of relatedness"):
Der Anteil der gemeinsamen Gene, abgesehen von jenen, die man mit nicht verwandten Individuen gemeinsam hat.

Gesamtfitness („inclusive fitness"):
Dieser Begriff bezieht sich auf die Weitergabe der Gene eines Individuums an nachfolgende Generationen; dabei wird berücksichtigt, dass auch Hilfe gegenüber Verwandten zur Erreichung dieses Ziels beiträgt.

Bei den in Tabelle 2.1 (S. 29) aufgeführten Beispielen geht die Selbstaufopferung bei Insekten vollständig auf die sterilen Soldaten- und Arbeiterkasten zurück, die den Nachkommen der Königin bei der Fortpflanzung helfen; diese Nachkommen sind enger mit ihnen verwandt, als es ihr eigener Nachwuchs gewesen wäre (dies ist eine Folge der Mechanismen, nach denen die Geschlechtszugehörigkeit bestimmt wird; Dawkins, 1976, S. 184–191). Das Prinzip der Verwandtschaft liegt allen möglichen Arten von Allianzen zwischen sozialen Lebewesen zugrunde, wie etwa dem kooperativen Jagen bei Wildhunden. Dass Eltern ihren Kindern durch die elterliche Fürsorge beim Überleben helfen, ist natürlich auch darauf zurückzuführen: Dies kann als weiteres Beispiel für den durch Verwandtschaft herbeigeführten Altruismus angesehen werden.

Wendet man das Konzept der Gesamtfitness auf den Menschen an, so lässt sich erklären, warum verwandtschaftliche Bindungen in allen menschlichen Gesellschaften eine so große Rolle spielen (Daly, Simpson & Wilson, 1997) und warum Menschen Hilfe und Ressourcen für ihre nahen Verwandten zur Verfügung stellen (vgl. Kap. 12). Weil man bei Laborexperimenten in der Sozialpsychologie typischerweise auf nicht untereinander verwandte Personen zurückgriff (vgl. Kap. 4), trat die Frage der Verwandtschaftsbeziehung, die so zentral für ein darwinistisches Verständnis des Sozialverhaltens ist, in den Hintergrund. Die folgenden Beispiele zur Anwendung des Konzepts der Gesamtfitness auf menschliches Verhalten sind der evolutionspsychologischen Forschung entnommen.

Das vielleicht bekannteste Beispiel betrifft das Risiko von Kindesmisshandlung durch Stiefeltern. Da elterliches Verhalten mit Kosten verbunden ist, würde die Selektion Individuen stark begünstigen, die ein solches

Verhalten auf ihre eigene Nachkommenschaft beschränken (Daly & Wilson, 1988, S. 83). Man sollte erwarten, dass sich Ersatzeltern weniger um ihre Kinder kümmern, als dies die leiblichen Eltern tun, und dass diejenigen, die die geringste Wahlfreiheit für das Akzeptieren der Elternrolle hatten (also die Stiefeltern), sich am wenigsten um die Kinder kümmern. Ergebnisse von Umfragen und die Kriminalitätsstatistik in den USA und Kanada weisen auf eine sehr viel höhere Misshandlungsrate in Familien mit einem Stiefelternteil (fast immer einem Stiefvater) und einem leiblichen Elternteil als in solchen mit zwei leiblichen Eltern hin (Daly & Wilson, 1985, 1988). In den USA ist das Risiko einer Misshandlung mit Todesfolge für ein Kind in einer Familie mit einem Stiefelternteil ungefähr 100-mal größer.

Stiefeltern sind Teil eines umfassenden sozialen Problems in den westlichen Industrieländern, des Auseinanderbrechens und der Neubildung von Familien im Anschluss an eine Scheidung. Emlen (1997) argumentierte, dass Menschen an ein Leben mit engen Verwandten in erweiterten Großfamilien angepasst sind, die zur Kooperation neigen und sich auch weniger sexuell voneinander angezogen fühlen als nicht verwandte Individuen. Die sich neu bildende Familie der Gegenwart aus biologisch nicht miteinander Verwandten und die Stiefeltern neigen, wie wir gesehen haben, stärker dazu, den bereits vorhandenen Nachwuchs des Partners zu verletzen. Sie neigen auch eher dazu, ihn sexuell zu missbrauchen. Vergleiche zeigen, dass es Angehörigen von Familien mit Stiefeltern weniger gut geht als Angehörigen von intakten Familien: In diesen Familien kommt es beispielsweise häufiger zu Ehekonflikten und die Scheidungsrate ist höher. Stiefkinder verlassen das Elternhaus früher und es gibt mehr Konflikte zwischen Stiefgeschwistern als zwischen echten Geschwistern. Emlen führte an, dass diese Befunde Parallelen zu ähnlichen Befunden für neu gebildete Tierfamilien aufweisen und dass sich beide Phänomene durch ein ähnliches Prinzip – das der Gesamtfitness – erklären lassen.

Wenn man bedenkt, wie stark die Anzahl der sich neu bildenden Familien anwächst, dann verweisen die praktischen Schlussfolgerungen aus dieser Analyse auf alarmierende Ausmaße des Problems. Emlen ist der Auffassung, dass das stärkere Bewusstsein von den potenziellen Problemen zu Maßnahmeprogrammen führen kann, durch die die möglichen Konfliktfelder antizipiert und verhindert werden.

Daly und Wilson (1988) untersuchten außerdem anhand von Archivmaterial und ethnografischen Befunden Fälle gemeinsam verübter Tötungsdelikte im Hinblick auf Verwandtschaftsbeziehungen. Sie gingen von der Annahme aus, dass Tötung eine extreme Folge von Rivalität ist und gemeinsames Töten ein kooperatives Unternehmen mit hohem Risiko. Deshalb prognostizierten sie, dass die gemeinschaftlichen Täter näher miteinander verwandt sein müssten als jeder einzelne Täter mit dem Opfer. Sie fanden heraus, dass dies auf eine Vielfalt von Gesellschaften zutraf. Nach Gerichtsakten aus dem England des 13. Jahrhunderts, als zwei Drittel der Tötungsdelikte gemeinschaftlich begangen wurden, waren die Täter mit sechsmal höherer Wahrscheinlichkeit untereinander verwandt als Täter und Opfer.

Burnstein, Crandall und Kityama (1994) setzten herkömmlichere psychologische Methoden ein, um auf der Grundlage der Gesamtfitness eine weitere Hypothese zu überprüfen. Sie baten die Teilnehmer, sich beim Helfen zwischen einer Reihe hypothetischer Individuen zu entscheiden, die sich in Verwandtschaft und in Merkmalen wie Geschlecht, Alter, Gesundheit und Wohlstand unterschieden. In fünf Untersuchungen war bei der Entscheidung, wem geholfen werden sollte, vor allem der Verwandtschaftsgrad ausschlaggebend; dies war besonders bei Szenarien der Fall, in denen es um Leben oder Tod ging.

2.2.4 Reziproker Altruismus

Kann sich Altruismus gegenüber Fremden durch natürliche Selektion entwickelt haben?

Reziproker Altruismus („reciprocal altruism"): Altruistisches Verhalten, das von einem Tier oder einer Person gezeigt wird, wenn sich der Hilfeempfänger wahrscheinlich künftig gegenüber dem Helfenden altruistisch verhalten wird.

Obwohl sich viele Formen von Altruismus durch Verwandtschaft erklären lassen, gibt es einen weiteren evolutionären Grund dafür, nicht-verwandten Individuen zu helfen. **Reziproker Altruismus** (Trivers, 1971) kann als das Prinzip beschrieben werden, nach dem „eine Hand die andere wäscht". Wie bei allen evolutionären Prinzipien geht es nicht um Intentionen. Wir fragen vielmehr, unter welchen Bedingungen durch natürliche Auslese ein Hilfeverhalten zwischen Individuen entstanden sein könnte, in diesem Fall Individuen, die keine gemeinsamen Gene aufgrund gemeinsamer Abstammung haben. Trivers identifizierte einen recht eingeschränkten Satz von Bedingungen, unter denen Hilfeverhalten die Fitness verbessert: Der Empfänger muss den Gefallen später erwidern und dies setzt (offensichtlich) das Unterscheidungsvermögen voraus, wem man noch einen Gefallen „schuldet" und wem nicht. Trivers folgerte außerdem, dass Hilfeverhalten nur dann auftritt, wenn die Kosten des Helfens relativ gering sind, wenn der Nutzen relativ hoch ist und wenn es eine Möglichkeit gibt, die Individuen zu erkennen und auszuschließen, die Hilfe erhalten und sie nicht erwidert haben. Dieser zweite Punkt ist besonders wichtig, weil wechselseitiger Altruismus nur dann aufrechterhalten werden kann, wenn man in den meisten Fällen ausschließen kann, dass man es mit einem Betrüger zu tun hat. Tatsächlich hat die Forschung gezeigt, dass ein grundlegender Aspekt des menschlichen Denkens in sozialen Situationen auf einer Strategie der „Betrügersuche" beruht (Cosmides & Tooby, 1992).

Die für den reziproken Altruismus erforderlichen Bedingungen finden sich in vielen Beispielen des Hilfeverhaltens bei intelligenten sozialen Säugetieren, vor allem bei Primaten und selbstverständlich bei Menschen. Das Prinzip des wechselseitigen Altruismus trifft auf das erste Beispiel in Tabelle 2.1 (S. 29) zu: Ein männlicher Anubispavian hilft einem anderen Männchen beim Sieg über einen Rivalen. Und dies ist auch bei der Blattnasenfledermaus der Fall, wenn sie sich das Fressen mit anderen Artgenossen teilt (Wilkinson, 1988).

Menschen haben während des größten Teils der Evolutionsgeschichte in relativ kleinen Verbänden gelebt. Diese Bedingungen entsprechen besser den von Trivers identifizierten Bedingungen als die Situationen, die so häufig von Sozialpsychologen untersucht wurden; in letzteren geht es darum, ob Menschen Fremden helfen. Trotzdem weisen die Befunde immer noch darauf hin, dass Trivers' Prinzipien (Thompson, 1980) wirksam sind: Das Eingreifen von Zuschauern ist wahrscheinlicher in kleineren integrierten Gemeinschaften, in denen die Reziprozität üblicher ist als in größeren anonymen Gemeinschaften.

Ein umfassender Überblick über die Forschung zu zwischenmenschlichen Beziehungen hat gezeigt, dass das Prinzip der Reziprozität in ganz unterschiedlichen Beziehungen wichtig ist: von Ehepartnern bis zu Arbeitskollegen (Buunk & Schaufeli, 1999). Die Autoren argumentieren, dass die Konsistenz über viele unterschiedliche Arten von Beziehungen hinweg ein klarer Hinweis auf einen evolutionären Ursprung ist: Wir erwarten Reziprozität in persönlichen Beziehungen und wir reagieren negativ, wenn sie nicht vorhanden ist.

2.2.5 Kooperation und Konkurrenz

Können Kooperation und Konkurrenz zusammen auftreten?

Die Konzepte der Gesamtfitness und des reziproken Altruismus verweisen darauf, wie Hilfeverhalten aus dem offensichtlich eigennützigen Vorgang der natürlichen Selektion entstanden sein könnte. Ohne sie wäre jede weitere Anwendung der darwinistischen Theorie auf menschliches oder tierisches Verhalten ein vergebliches Unterfangen. Hinter dem Problem des Altruismus steht eine Reihe evolutionärer Modelle; für sie ist das Prinzip der natürlichen Selektion der Ausgangspunkt, um die genauen Bedingungen dafür herauszuarbeiten, bei welchen Gelegenheiten sich die Fitnessinteressen einzelner Individuen überschneiden (es also wahrscheinlich ist, dass sie miteinander kooperieren) und bei welchen Gelegenheiten ihre Interessen divergieren (es also wahrscheinlich ist, dass sie konkurrieren).

Konkurrenz („competition"): In der Evolutionsbiologie der Prozess, durch den ein Tier im Vergleich zu einem anderen mehr oder weniger Ressourcen bekommt, die zum Überleben und zur Fortpflanzung notwendig sind. In der Begrifflichkeit der Interdependenztheorie handelt es sich um ein Verhalten, das den relativen Vorteil gegenüber anderen maximiert.

Kooperation („cooperation"): Der Begriff beschreibt in der Evolutionsbiologie eine Situation, in der zwei Tiere eine Handlung ausführen, die sie in die Lage versetzt, Ressourcen zu bekommen, die beiden nützen.

In der natürlichen Selektion ist offensichtlich die Keimzelle für **Konkurrenz** enthalten. Da die für das Überleben und die Fortpflanzung wesentlichen Ressourcen begrenzt sind, bestehen die Gene derjenigen Individuen in den nachfolgenden Generationen fort, die am besten in der Lage sind, sich diese Ressourcen zu erschließen. Zur **Kooperation** kommt es durch Verwandtenselektion und auch zum gegenseitigen Nutzen, wenn Lebewesen zusammen etwas erreichen können, was sie allein nicht erreichen könnten. Der reziproke Altruismus ist ein Fall von gegenseitigem Nutzen, bei dem Geben und Nehmen zeitlich verschoben sind. Deshalb braucht der reziproke Altruismus Mittel und Wege, um sich davor zu schützen, dass die Reziprozität nicht gewährleistet ist.

Bei der gemeinsamen Verantwortung von Eltern für ihre Kinder handelt es sich um ein Standardbeispiel für eine Kooperation zwischen zwei Individuen zum gegenseitigen Nutzen. Eltern sind nicht verwandt, sodass es für sie keinen evolutionären Grund für Kooperation gäbe, wenn der eine Elternteil die Aufzucht des Nachwuchses dem anderen überlassen könnte. Bei vielen Arten werden jedoch zwei Elternteile zur erfolgreichen Aufzucht der Jungen benötigt: Geht einer von beiden, sinkt die Überlebenschance des Nachwuchses auf null. Beide Eltern sind gleichermaßen mit dem Nachwuchs verwandt, es stehen also die gleichen Fitnessinteressen für sie auf dem Spiel. Diese Überlegung liegt der Evolution des Verhaltensmusters zugrunde, bei dem beide Eltern die Versorgung des Nachwuchses sicherstellen. Dies ist charakteristisch für viele Vogelarten und einige Primaten einschließlich des Menschen (Lazarus, 1990; Maynard Smith, 1977).

Tiere können – wie Menschen auch – in ein und derselben Situation Elemente beider Verhaltensweisen, Kooperation und Konkurrenz, an den Tag legen. Eltern benötigen sich gegenseitig, um ihren Nachwuchs zu versorgen; wenn sich aber einem von beiden die Möglichkeit bietet, seine Fitness durch eine unbemerkte Paarung mit einem anderen Partner zu vergrößern, wird er oder sie diese Gelegenheit nutzen. Das gilt sogar für die Vögel, die einmal als sehr treu galten (Mock & Fujioka, 1990). Untreue beim Menschen ist natürlich ein wohl bekanntes Phänomen und die Verbreitung dieses Verhaltens ist wahrscheinlich größer als allgemein angenommen; darauf gehen 10 bis 30% der Nachkommen in stabilen Partnerschaften zurück (Bellis & Baker, 1990; Diamond, 1991). So kann ein Kooperationsverhalten mit einem Langzeitpartner zum Zwecke der gemeinsamen elterlichen Versorgung mit einem Untreueverhalten zusammenfallen, gegen das sich der andere Partner im Allgemeinen stellt. Zu zwischenmenschlichen Beziehungen, so wird weithin anerkannt, gehören sowohl uneigennützige Liebe als auch Konflikt, der durch Eigeninteresse zustande kommt. Evolutionäre Prinzipien können erklären, warum dies so ist.

2.3 Sexuelle Selektion und Geschlechtsunterschiede im Verhalten

2.3.1 Sexuelle Selektion

Warum verhalten sich Männer und Frauen unterschiedlich?

Sexuelle Selektion („sexual selection"): Eine Form der natürlichen Selektion, zu der Selektion von und Zugang zu Sexualpartnern gehört.

Darwin (1871) erkannte, dass die Selektion und der unterschiedliche Zugang zu Geschlechtspartnern eine Form der natürlichen Selektion darstellen (die **sexuelle Selektion**) und dass sie zur Herausbildung charakteristischer Geschlechterunterschiede geführt haben: Beispielsweise sah er die höhere Körpergröße der Männchen und ihre Spezialisierung auf das Kampfverhalten als eine Folge des direkten oder indirekten Konkurrenzverhaltens um die Weibchen. Weibchen wählen Männchen mit bestimmten Merkmalen aus. Dies führt dazu, dass die Männchen einer bestimmten Art, wie etwa der Pfau, kunstvoll optisch auf sich aufmerksam machen.

Trivers (1972) versuchte zu erklären, warum sexuelle Selektion im Allgemeinen die Form einer Konkurrenz unter Männchen und einer Auswahl

Tabelle 2.2. Eine zusammenfassende Darstellung von Trivers' elterlicher Investitionstheorie der sexuellen Selektion

1. Wo es keine weitere elterliche Investition gibt, führt der größere Aufwand, der im Vergleich zur Spermaproduktion mit der Bildung von Eizellen verbunden ist, zur Konkurrenz unter den Männchen und zur Auswahlentscheidung durch die Weibchen
2. Wo es eine weitere elterliche Investition gibt, tritt Konkurrenz innerhalb desjenigen Geschlechts auf, das den geringeren Investitionsbeitrag leistet (meist das männliche), also eine Konkurrenz um den Zugang zum anderen Geschlecht
3. Wenn beide Eltern gebraucht werden, um den Nachwuchs zu versorgen, sind sich die Geschlechter ähnlich
4. Konkurrenz unter Männchen geht mit größerer Variation beim Fortpflanzungserfolg einher
5. Wo die Vaterschaft zweifelhaft ist, entwickeln sich Gegenstrategien, wie z. B. das Bewachen der Partnerin

durch die Weibchen annimmt (vgl. Tabelle 2.2). Er argumentierte, dass dies nicht einfach nur eine Folge des Geschlechtsunterschieds ist, sondern eines Ungleichgewichts in der Verteilung der elterlichen Aufgaben, die gewöhnlich mit beiden Geschlechtern verbunden werden. Trivers gebrauchte den Begriff **elterliche Investition** für die Zeit und die Anstrengung, die zur Nahrungsproduktion für die Eizellen sowie zur Fütterung, zum Austragen und zum Schutz während der Entwicklung des Nachwuchses aufgewendet werden und die Teil einer erfolgreichen elterlichen Versorgung sind. Für das Weibchen ist dieser Aufwand gewöhnlich viel größer als für das Männchen. Es kostet das Weibchen viel mehr Zeit und Anstrengung, noch einmal neu zu beginnen, falls sein Beitrag zur Fortpflanzung vergebens war, zum Beispiel infolge der Paarung mit einem Männchen geringer Fitness. Das Männchen dagegen braucht für einen neuen Fortpflanzungsvorgang nur etwas mehr Sperma hervorzubringen, ein relativ wenig kostenintensiver Vorgang.

Elterliche Investition („parental investment"): Der Beitrag zur Ernährung, zum Austragen und zum Schutz des sich entwickelnden Nachwuchses im Hinblick auf Zeit und Energie.

Trivers erkannte, dass dieses Ungleichgewicht zu verschiedenen Methoden der Fitnessvergrößerung (oder **Fortpflanzungsstrategien**) innerhalb der beiden Geschlechter führen musste. Da Weibchen im Falle eines Neubeginns mehr zu verlieren haben, werden sie bei der Auswahl eines Männchens selektiver vorgehen und diejenigen Männchen mit den Anzeichen großer Fitness bevorzugen. Männchen können theoretisch viele Eizellen befruchten und somit viele Nachkommen zeugen. In der Praxis wird dies infolge der Konkurrenz zwischen den Männchen und infolge der Auswahl durch die Weibchen eingeschränkt; dies führt dazu, dass einige Männchen viele Nachkommen zeugen und andere gar keine. Die daraus resultierende größere Variation im Fortpflanzungserfolg der Männchen als in dem der Weibchen trifft auf die meisten Arten zu, einschließlich des Menschen. Dies veranschaulicht die größte verbürgte Kinderzahl eines Mannes, die über 1000 beträgt, verglichen mit dem Rekord von 69 direkten Nachkommen einer einzigen Frau (Daly & Wilson, 1988).

Fortpflanzungsstrategien („reproductive strategies"): Konsistente Muster sexuellen und elterlichen Verhaltens, die typischerweise zur Erzeugung lebensfähigen Nachwuchses führen.

Wo beide Eltern für das Überleben der Jungen benötigt werden, nähert sich die Investition des männlichen Elternteils der des weiblichen an und

Tabelle 2.3. Einige Beispiele für Anwendungen von Trivers' elterlicher Investitionstheorie der sexuellen Selektion auf menschliches Verhalten

1. Geschlechtsunterschiede in der bevorzugten Anzahl der Partner
2. Unterschiedliche Kriterien für die Partnerwahl bei Männern und Frauen
3. Größere Risikobereitschaft bei jungen Männern im Vergleich zum anderen Geschlecht und zu anderen Altersgruppen
4. Mehr Tötungsdelikte unter Männern als unter Frauen
5. Männer bedürfen der Vergewisserung hinsichtlich ihrer Vaterschaft
6. Männer zeigen ausgeprägte Eifersucht bei Anzeichen für sexuelle Untreue durch ihre langfristige Partnerin, was schnell zu Gewalt führen kann

Polyandrie („polyandry"):
Ein Paarungssystem mit einem Weibchen und mehreren Männchen. Der Begriff kann sich auch auf eine Form der Ehe beim Menschen beziehen.

(Zum) Hahnrei (machen) („cuckoldry"):
Wenn ein Mann für den Nachwuchs einer Partnerin sorgt, der nicht sein eigener Nachwuchs ist.

die Konkurrenz zwischen den Männchen ist reduziert. Bei einer Minderheit von Vogelarten leistet der männliche Elternteil die höhere elterliche Investition in Form des Brütens (Jenni, 1974): Dies hängt mit einem Paarungssystem zusammen, das als **Polyandrie** bezeichnet wird; dabei paart sich ein Weibchen mit mehreren Männchen. Bei solchen Arten sind die Weibchen auch größer und aggressiver als die Männchen. Diese Umkehrung der üblichen Geschlechtsunterschiede verweist darauf, dass es nicht das Geschlecht des Individuums, sondern die elterliche Investition ist, die zu Unterschieden zwischen Männchen und Weibchen im Hinblick auf Körpergröße und Verhalten führt.

Wo die Befruchtung im Körper des Weibchens erfolgt und beide Geschlechter die Jungen versorgen, ergibt sich durch weibliche Untreue die Möglichkeit, dass das Männchen für ein Junges sorgt, das von einem anderen Männchen abstammt; hier handelt es sich um eine Situation, die als „Hörner aufsetzen" („zum **Hahnrei** machen") bekannt ist. Das betrogene Männchen würde dann den Nachwuchs eines anderen großziehen. Die Selektion wirkt diesem Verhalten entgegen, wenn Reaktionen, um es zu überwinden oder zu verhindern, möglich sind. Verhaltensweisen wie die Tötung des bei einem Weibchen vorhandenen Nachwuchses vor der Paarung (z.B. Hrdy, 1979) bzw. Männchen, die ihre Partnerin in einer Weise bewachen, dass sie ein ausschließliches Zugangsrecht zu ihr haben (Parker, 1974), erfüllen bei vielen Arten ebendiese Funktion.

Die Anwendung der Prinzipien, um die es bei Trivers' Erklärung der sexuellen Selektion geht, auf menschliches Verhalten wird in Tabelle 2.3 zusammengefasst. In den nächsten vier Abschnitten wird genauer darauf eingegangen.

2.3.2 Geschlechtsunterschiede in der bevorzugten Anzahl der Partner

Haben Männer eine angeborene Tendenz zu sexuellen Zufallsbekanntschaften?

Der erste in Tabelle 2.3 aufgeführte Aspekt folgt aus dem Minimum an elterlicher Investition, das von beiden Geschlechtern geleistet werden kann. Ein Mann trägt vielleicht nur sein Sperma dazu bei, während der Aufwand für eine Frau notwendigerweise größer ist. Folgerichtig ist für Männer die Befruchtung vieler Frauen eine gangbare Strategie (solange sich jemand anders um den Nachwuchs kümmert), während bei einer Frau, wenn sie erst einmal befruchtet ist, weitere Paarungen unnötig sind.

In den meisten menschlichen Gesellschaften gibt es zwischen einem Mann und einer Frau langfristige sexuelle Beziehungen (**Monogamie**), eine Situation, die sich deutlich von den zeitweiligen Liebesverhältnissen bei unseren nächsten Verwandten - den Schimpansen und den Bonobos - unterscheidet. Interkulturelle Untersuchungen zeigen jedoch, dass viele Kulturen es Männern mit einem ausreichenden materiellen Hintergrund gestatten, mehr als eine Frau zu haben, eine Situation, die in der Tierwelt als **Polygynie** bekannt ist.

Monogamie („monogamy"): Ein Paarungssystem mit einem Weibchen und einem Männchen. Der Begriff kann sich auch auf eine Form der Ehe beim Menschen beziehen.

Polygynie („polygyny"): Ein Paarungssystem mit einem Männchen und mehreren Weibchen. Der Begriff kann sich auch auf eine Form der Ehe beim Menschen beziehen.

Es gibt ein oft zu vernehmendes Argument, dass das Vorhandensein institutionalisierter monogamer Beziehungen die unterschiedlichen sexuellen Eigenheiten von Männern und Frauen überdeckt (Ridley, 1994; Symons, 1979). Bei Monogamie handelt es sich um die im Allgemeinen von Frauen bevorzugte Option; Männer sind dagegen, wenn möglich, auf größere sexuelle Abwechslung aus. Typischerweise wird dies durch die Wahl der Frau und durch die Möglichkeit verhindert, die momentane Partnerin zu verlieren. Wo dies nicht der Fall ist, äußert sich diese Disposition im Verhalten des Mannes. Wo mächtige Männer Einfluss und Anziehung auf Frauen ausüben konnten, haben sie dies zu allen Zeiten getan (Betzig, 1992). Das Verhalten männlicher Film- und Rockstars sowie einiger Politiker ist die Art und Weise, wie sich diese Neigung heutzutage äußert. Frauen können von der Monogamie abweichen, wenn diese ihnen schlechte Aussichten im Hinblick auf Fitness und Ressourcen des männlichen Partners bietet: Gibt es große Unterschiede zwischen den zur Verfügung stehenden Männern, können Frauen die Polygynie vorziehen, und zwar in Form eines Mannes von höherem Status, der bereits eine Partnerin hat. Sind nur wenige geeignete langfristige Partner vorhanden, kann eine Frau auch kurzfristige Liebesbeziehungen vorziehen (Campbell, 1995).

Eine Fundquelle für Belege, die die Auffassung stützen, dass Männer und Frauen unterschiedliche sexuelle Eigenheiten haben, sind die bevorzugten sexuellen Strategien bei homosexuellen Liebesbeziehungen. Symons (1979) hat argumentiert, dies zeige, wie sich das jeweilige Geschlecht verhält, wenn es nicht davon beeinflusst wird, was das andere Geschlecht wünscht, wie es sich verhalten soll. Vor den Zeiten von HIV und Aids hatten Männer in der Schwulenszene der Vereinigten Staaten typischerweise eine große Zahl von Sexualpartnern, während Lesbierinnen

Beziehungen aufbauten, die jenen von heterosexuellen Paaren ähnelten, wenn sie nicht sogar stabiler waren. Symons folgerte daraus:

> Heterosexuelle Männer würden genauso wie homosexuelle Männer dazu neigen, sexuelle Kontakte am häufigsten mit Fremden zu haben, an anonymen Orgien in öffentlichen Bädern teilzunehmen und auf dem Nachhauseweg von der Arbeit wegen einer Fellatio für 5 Minuten an einer öffentlichen Toilette vorbeizuschauen, wenn Frauen sich für diese Aktivitäten interessieren würden. Aber Frauen sind nicht daran interessiert. (1979, S. 300)

Viele Untersuchungen, bei denen eher traditionelle sozialpsychologische Methoden verwendet werden, stützen Symons' Auffassung (Buss, 1994). Bei diesen Untersuchungen werden die Menschen typischerweise anonym befragt, was sie *gerne* tun würden, wenn sie es könnten und wenn es keine nachteiligen Konsequenzen für sie nach sich zöge. Nach einer Befragung unter Studienanfängern hätten Männer – im Vergleich zu Frauen – gern mehr Sexualpartnerinnen und wünschen schon kurze Zeit, nachdem sie eine Frau kennen gelernt haben, mit ihr ins Bett zu gehen (Buss & Schmitt, 1993). Bei Männern ist es viermal wahrscheinlicher als bei Frauen, dass sie angeben, sie hätten wirklich gerne Geschlechtsverkehr mit einer anonymen Angehörigen des anderen Geschlechts, die so attraktiv wäre wie ihre gegenwärtige Partnerin, wenn damit keine Risiken oder Konsequenzen verbunden wären (Symons & Ellis, 1989). Bei Frauen ist es zweieinhalb Mal wahrscheinlicher, dass sie sagen, sie würden dies bestimmt nicht tun.

Clark und Hatfield (1989) gingen darüber hinaus, Personen lediglich zu fragen, was sie gerne *täten*. Die Studentinnen und Studenten wurden von einer mittelmäßig attraktiven Person des anderen Geschlechts angesprochen, die ihnen eine von drei Fragen stellte, denen zur Gesprächsanbahnung der Satz voranging: „Ich habe dich schon auf dem Campus bemerkt und finde dich sehr attraktiv." Die Fragen lauteten: „Würdest du heute Abend mit mir ausgehen?", „Würdest du heute Abend bei mir in der Wohnung vorbeischauen?" und „Würdest du heute Abend mit mir ins Bett gehen?". 50% der Männer willigten in die Verabredung ein, 69% wollten in die Wohnung kommen und 75% Geschlechtsverkehr haben. Bei den Frauen stimmte etwa der gleiche Prozentsatz wie bei den Männern der Verabredung zu; die Antworten auf die beiden anderen Fragen dagegen waren deutlich davon verschieden: 6% willigten ein, in die Wohnung zu kommen, und keine der Frauen war bereit, Geschlechtsverkehr zu haben. Erneut legen die Befunde nahe, dass Symons die richtigen Schlussfolgerungen aus seiner Untersuchung homosexuellen Verhaltens gezogen hatte.

2.3.3 Kriterien bei der Partnerwahl

Entsteht Schönheit im Auge des Betrachters?

Ganz im Gegenteil, argumentiert Symons (1992, 1995), ihr liegen die Anpassungen des Betrachters zugrunde. Menschen bevorzugen Angehörige des anderen Geschlechts mit Hinweisreizen auf hohen Paarungswert, ebenso wie sie Nahrungsmittel bevorzugen, die auf einen hohen Nährwert hindeuten. Obwohl es infolge einer größeren elterlichen Investition durch die Frau Unterschiede zwischen Männern und Frauen in Bezug auf die Auswahlkriterien geben wird, werden beide Geschlechter Partner mit Anzeichen für eine gute Gesundheit und für gute Fortpflanzungsaussichten bevorzugen. Hamilton und Zuk (1982) argumentierten, dass Merkmale, die Widerstandskraft gegen Ansteckungen wie etwa durch Parasiten signalisieren, von Tieren bei der Partnerwahl im Allgemeinen hoch bewertet werden. Bei einer Analyse von 29 menschlichen Gesellschaften fanden Gangestad und Buss (1993) eine hohe Korrelation zwischen der Verbreitung pathogener Stoffe an einem Ort und der Bedeutung, die die Menschen dem Aussehen bei der Partnerwahl beimaßen. Bei einer Folgeuntersuchung fand man heraus, dass Frauen, wenn die Bedrohung durch pathogene Stoffe hoch war, eher dazu neigten, Hautmarkierungen zu verwenden; so werden etwa an Bauch oder Brust Narbenmuster oder Tätowierungen angebracht, um die Attraktivität zu erhöhen (Singh & Bronstad, 1997).

Abb. 2.1. Marilyn Monroe hatte das „optimale" Verhältnis zwischen Taille und Hüftumfang von 0,7

Abb. 2.2. Macht kann einen Mann, der nicht besondes attraktiv oder sogar unattraktiv ist, für Frauen attraktiver werden lassen

In Untersuchungen zu den Merkmalen, die bei der Partnerwahl genutzt werden, hat man immer wieder herausgefunden, dass Frauen sich über das Potenzial eines Mannes als Ernährer und Beschützer des künftigen Nachwuchses Gedanken machen, wie dies durch Status und Reichtum zum Ausdruck kommt, während Männer größeren Wert auf Hinweisreize legen, die eine Vorhersage der für die Fortpflanzung wichtigen Gesundheit einer Frau erlauben, vor allem also auf Anzeichen für Jugend und gutes Aussehen (Buss, 1994). Diese Unterschiede, die man in vielen verschiedenen Kulturen gefunden hat (Buss, 1989; Symons, 1995), können als Folge der größeren elterlichen Investition durch die Frau gesehen werden. Sie bedeuten jedoch nicht, dass Frauen vom Aussehen eines Mannes nicht beeinflusst sind. Zu Henry Kissingers berühmtem Satz „Macht ist das beste Aphrodisiakum" gab eine Frau den Kommentar ab, dass er das wohl besonders nötig habe. Im vergangenen Jahrzehnt sind eine Reihe wissenschaftlicher Veröffentlichungen erschienen, die gezeigt haben, dass Frauen besonders stark auf körperliche Reize reagieren, die mit Gesundheit und Fitness zusammenhängen.

Singh (1995) bat junge Frauen, Zeichnungen von männlichen Körperformen nach dem Kriterium der Attraktivität in eine Rangreihe zu bringen; sie unterschieden sich im Körperbau und im Verhältnis von Taille zu Hüftumfang (WHR oder waist-to-hip ratio; s. Abb. 2.3, S. 42). Sie bevorzugten normalgewichtige Figuren mit einem Verhältnis von Taille zu Hüftumfang von 0,9 gegenüber allen anderen (vgl. Abb. 2.4). Diese spezielle Körperform stimmt mit der überein, die durch einen hohen Testosteron- und einen niedrigen Östrogenspiegel herbeigeführt wird, und sie geht mit einem besseren Gesundheitszustand als bei einem anderen Körperbau und WHR einher. Bei einer zweiten Untersuchung wurden auch Informationen über den finanziellen Status der dargestellten Männer angeboten und man fand heraus, dass Reichtum die Attraktivität der abgebildeten Personen unabhängig vom WHR erhöhte. Dennoch wurde die Person, bei der beide Merkmale optimal waren, als die attraktivste angesehen, sowohl wenn man an eine Zufallsbekanntschaft als auch wenn man an eine langfristige Beziehung dachte. Selbst Wohlstand war jedoch kein Ausgleich für die Inattraktivität der am wenigsten bevorzugten Körperform.

Eine weitere Forschungsrichtung umfasste ein subtileres körperliches Merkmal, nämlich das Ausmaß, in dem der Körper von der vollkommenen bilateralen Symmetrie abweicht; dies wurde so erfasst, dass man die Anzahl bestimmter Merkmale auf der linken und der rechten Seite des Körpers miteinander verglich. Das wird als FA oder **fluktuierende Asymmetrie**[2] bezeichnet und sie stellt ein äußeres Kennzeichen für die **Instabilität der Entwicklung** dar, das Ausmaß, in dem die Entwicklung durch genetische Anomalien und umweltbedingte Unterbrechungen wie etwa durch Gifte oder Parasiten beeinflusst wurde. Bei einer ganzen Reihe von Tieren geht körperliche Symmetrie mit Anzeichen für Fitness wie etwa Überleben, Wachstumsgeschwindigkeit und Fruchtbarkeit einher (Gangestad & Thornhill, 1997a). Symmetrie kann daher als äußeres Kennzeichen für „gute Gene“ angesehen werden.

Fluktuierende Asymmetrie („fluctuating asymmetry“): Das Ausmaß, in dem ein Individuum von der perfekten bilateralen Symmetrie abweicht.

Instabilität in der Entwicklung („developmental instability“): Das Ausmaß, in dem die Entwicklung durch genetische Anomalien und umweltbedingte Unterbrechungen wie Gifte oder Parasiten in eine andere Richtung als zur bilateralen Symmetrie hin beeinflusst wird.

Studien beim Menschen zeigen, dass Frauen bei Männern Symmetrie als attraktives körperliches Merkmal betrachten: Symmetrie korreliert positiv mit der Anzahl der Sexualpartnerinnen, die ein Mann gehabt hat, und insbesondere mit der Anzahl derjenigen, die er zusätzlich zu einer bestehenden Beziehung gehabt hat (Gangestead & Thornhill, 1997a, 1997b). Symmetrie ist auch mit einem muskulösen Körperbau, Vitalität und sozialer Dominanz verbunden; hierbei handelt es sich um Merkmale, anhand derer sich frühe sexuelle Erfahrungen bei Jugendlichen vorhersagen lassen (Mazur, Halpern & Udry, 1994). Symmetrie bei Männern war auch ein guter Prädiktor dafür, wie häufig ihre Partnerin zum Orgasmus kam (Thornhill, Gangestad & Comer, 1995).

Wie stark sich Frauen vom Wohlstand und vom Status eines Mannes und von seinen körperlichen Eigenschaften angezogen fühlen, ist sowohl für lang- als auch für kurzfristige Liebesbeziehungen bedeutsam. Während ein Henry Kissinger vielleicht ein guter potenzieller Ernährer künftiger Kinder ist, ist man bei einem symmetrischen Mann mit einem Verhältnis von Taille zu Hüfte von 0,9, aber ohne Geld oder Status, immer

[2] Durch den Begriff wird die Fluktuation der Asymmetrie beschrieben, die innerhalb einer Population, aber nicht innerhalb desselben Individuums auftritt; dennoch zeigen einige Merkmale der Weichteile (etwa der Brüste) über die Zeit hinweg innerhalb der Individuen eine gewisse Variation im Hinblick auf Asymmetrie, was zu einer potenziellen Begriffsverwirrung beiträgt.

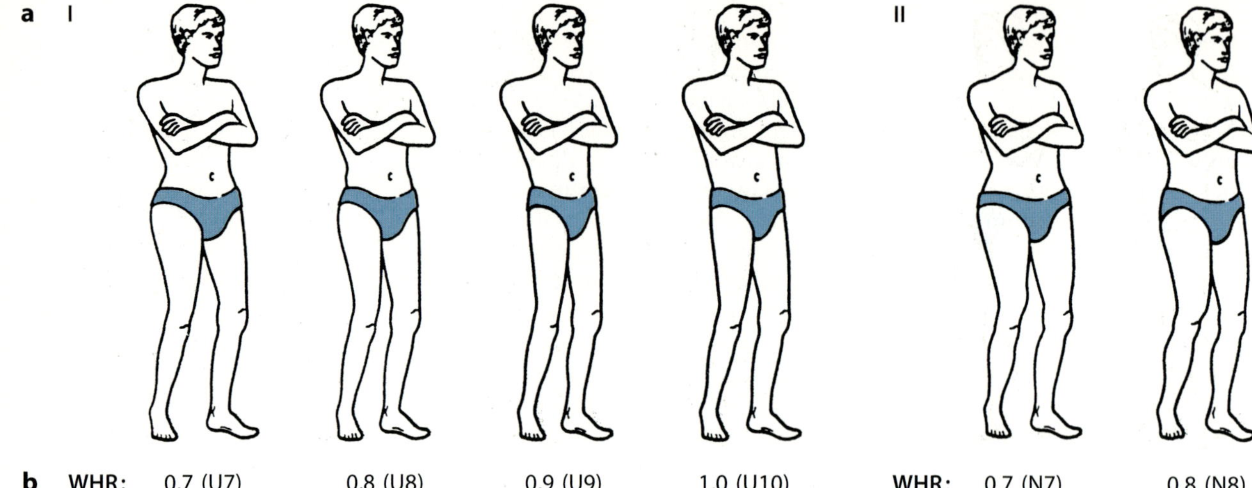

Abb. 2.3. Strichzeichnungen, wie sie von Singh (1995) verwendet wurden, um Folgendes darzustellen: **a** drei Kategorien des Körpergewichts, (I) Untergewicht (U), (II) „Normal"-Gewicht (N) und (III) Übergewicht (Ü) sowie **b** vier Verhältnisse von Taille zu

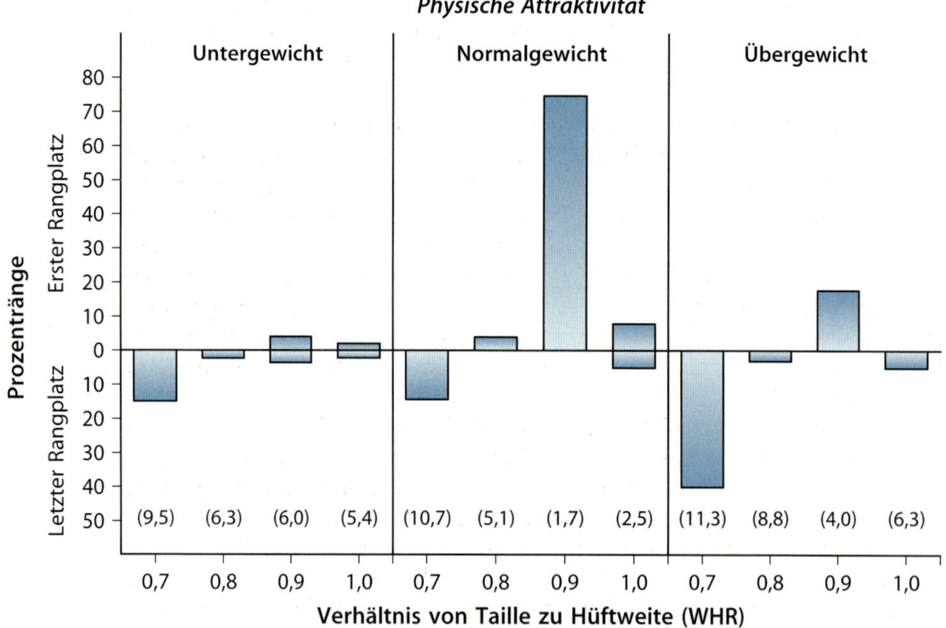

Abb. 2.4. Histogramme, in denen die prozentuale Häufigkeit des ersten (1) und des letzten Rangplatzes (12) im Hinblick auf die Attraktivität der in Abb. 2.3 dargestellten Bilder abgetragen ist. Die Zahlen in Klammern sind die mittleren Ränge bezogen auf die Attraktivität der Bilder. (Nach Singh, 1995, S. 1092)

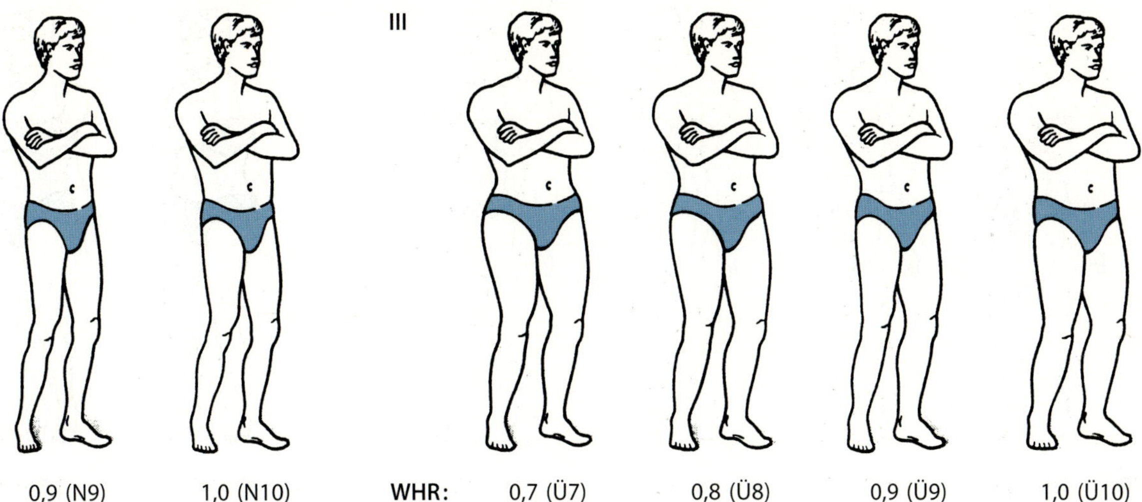

Hüftweite (WHR) bei Männern. Anhand der Buchstaben und Ziffern in Klammern lassen sich die einzelnen Zeichnungen im Hinblick auf die beiden Kategorien identifizieren. (Nach Singh, 1995, S. 1091)

noch auf der sicheren Seite, wenn es um sein genetisches Potenzial geht. Singhs Untersuchung zeigte jedoch, dass Männer, bei denen beides zusammen vorhanden ist, als kurz- oder langfristige Partner besonders attraktiv sind.

Symons (1995) argumentierte, dass die Hinweisreize, die Männer bei Frauen am attraktivsten finden, jene sind, die sich bei Frauen direkt nach der erstmaligen Menstruation, aber vor der ersten Schwangerschaft finden. In vormodernen Gesellschaften heiraten die meisten Frauen im Alter zwischen 15 und 18 Jahren und sind danach den Großteil der Zeit schwanger oder stillen. In den heutigen westlichen Gesellschaften werden die gleichen körperlichen Hinweisreize durch die Tatsache länger aufrechterhalten, dass sich das reproduktive Leben verändert hat und die Hinweisreize auf Attraktivität mithilfe von Kosmetika, Ernährung und sportlicher Betätigung verstärkt werden.

Ein WHR zwischen 0,67 und 0,80 ist ein reliabler Prädiktor für den Fortpflanzungserfolg einer Frau, vor allem für ihren Hormonstatus, ihre Fruchtbarkeit und ihre langfristige Gesundheit. Untersuchungen haben gezeigt, dass Männer unterschiedlichen Alters und aus unterschiedlichen ethnischen Gruppen diese Körperform bevorzugen, wenn sie in Form von Strichzeichnungen dargeboten wird (Abb. 2.5, S. 44; s. Singh, 1993; Singh & Luis, 1995). Auch die Gewinnerinnen des Wettbewerbs um den Titel der Miss America und Frauen, deren Bilder im *Playboy* abgedruckt werden, haben den optimalen WHR-Wert (Singh, 1993). Dies deutet darauf hin, dass sich diese Laborstudien auf die Welt außerhalb des Labors verallgemeinern lassen.

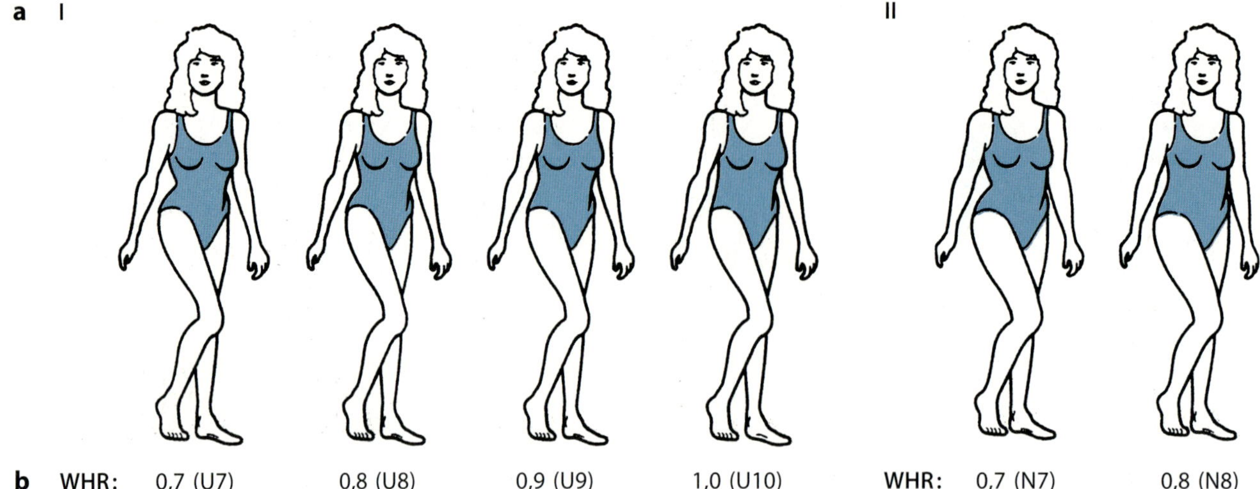

Abb. 2.5. Strichzeichnungen, wie sie von Singh (1993) verwendet wurden, um Folgendes darzustellen: **a** drei Kategorien des Körpergewichts, (I) Untergewicht (U), (II) „Normal"-Gewicht (N) und (III) Übergewicht (Ü) sowie **b** vier Verhältnisse von Taille zu

Dadurch, dass Evolutionspsychologen Hinweisreize für sexuelle Attraktivität mit Gesundheit und dem Erfolg bei der Fortpflanzung in Zusammenhang gebracht haben, haben sie die Auffassung infrage gestellt, dass sich das, was die Menschen am anderen Geschlecht als attraktiv empfinden, auf willkürliche kulturelle Werte, die über soziales Lernen vermittelt werden, zurückführen lässt. Sie haben dadurch außerdem eine weitere wichtige Verbindung zwischen der Sozialpsychologie und dem Thema Gesundheit hergestellt (s. Kap. 16).

2.3.4 Junge Männer: Risiko, Gewalt und Ehre

Warum neigen junge Männer zu riskantem und gewaltsamem Verhalten?

Überall auf der Welt fühlen sich junge Männer von riskanten Betätigungen angezogen, besonders von solchen, die ihnen unter Gleichaltrigen oder Älteren Status einbringen (Gilmore, 1990); bei ihnen besteht die größte Wahrscheinlichkeit, dass sie gewalttätig sind und einander töten. Der Hintergrund für diese Eigenschaften (vgl. Tabelle 2.3, S. 36) ist, dass Männchen bei Tieren (aber auch bei Menschen) eine kürzere durchschnittliche Lebenserwartung haben als Weibchen; das ist auf die direkten und indirekten Wirkungen der männlichen Konkurrenz zurückzuführen. Je stärker sich die Männchen einer Art im Hinblick auf den Fortpflanzungserfolg unterscheiden, desto stärker werden sie dazu neigen, im Kon-

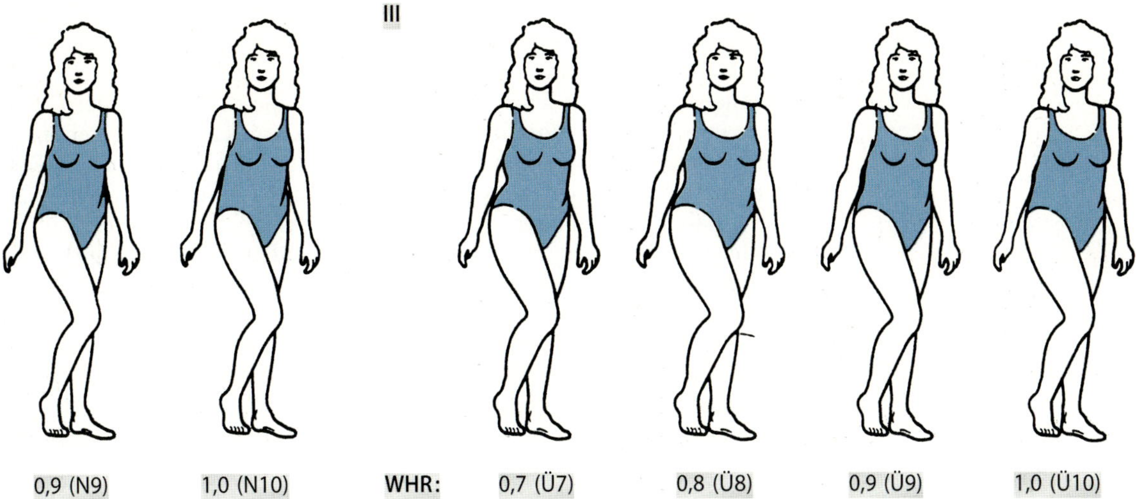

Hüftweite (WHR) bei Frauen. Anhand der Buchstaben und Ziffern in Klammern lassen sich die einzelnen Zeichnungen im Hinblick auf die beiden Kategorien identifizieren. (Nach Singh, 1993, S. 298)

Abb. 2.6. Ideales Verhältnis von Taille zu Hüftweite

kurrenzkampf mit anderen ihr Leben zu riskieren, um Zugang zu Weibchen oder zu Ressourcen, die für eine erfolgreiche Fortpflanzung erforderlich sind, zu bekommen (Daly & Wilson, 1988; Trivers, 1972).

Die meisten von uns leben in Gesellschaften, die den Regeln der Gesetze und individueller moralisch begründeter Zurückhaltung unterliegen. Wo diese beiden Merkmale nicht vorhanden sind und die Menschen Ressourcen haben, die leicht gestohlen werden können (wie etwa Schafe oder Rinder), haben die Männer viel zu gewinnen, wenn sie erfolgreich in einen scharfen Wettstreit mit anderen treten, und viel zu verlieren, wenn sie bei einem solchen Wettstreit zurückstecken müssen. In diesen Gesellschaften erlangt der Ruf eines Mannes, sich selbst verteidigen zu können, eine große Bedeutung. Untersuchungen über das Verhalten und die Einstellungen von Männern, die aus solchen Viehzüchtergesellschaften stammen, zeigen, dass sie auch heute noch das Vermächtnis dieser Kultur der Ehre beibehalten. Cohen (1996) verwendete historisches Material, um die Reaktion von Geschworenengerichten im Süden der Vereinigten Staaten auf Morde zu analysieren, die nach einer Ehrverletzung begangen worden sind. Cohen und Nisbett (1994) verwendeten Methoden der Umfrageforschung, um die heutigen Einstellungen in den Südstaaten zu erfassen. Sie führten auch Laborexperimente durch, an denen Studenten aus dem Norden und aus dem Süden teilnahmen; diese wurden von einem Konfidenten beleidigt, der körperlich mit ihnen zusammengeprallt war und auf vielfältige Weise ihre Reaktionen abtestete (Nisbett & Cohen, 1996). Beleidigte Südstaatler unterschieden sich in vielen Aspekten von der Kontrollgruppe, die nicht beleidigt worden war, sowie von beleidigten Nordstaatlern: Die Südstaatler tendierten dazu, nicht aus dem Weg zu gehen, wenn ihnen ein imponierend aussehender Mann entgegenkam; sie neigten eher dazu, bei einem Szenario mit sexuell begründeter Eifersucht ein gewaltsames Ende dazu zuerfinden; und sie hatten stärker den Eindruck, danach beurteilt zu werden, ob sie sich männlich verhielten, wenn ein anderer Mann sie dabei beobachtet hatte, als sie beleidigt worden waren (vgl. Abb. 2.7).

Die Kultur der Ehre beruht auf dem Prinzip der Vergeltung für die geringste Herausforderung – um anderen die Botschaft zu vermitteln, dass die Kosten einer künftigen Herausforderung unannehmbar hoch sein werden. Das Vergeltungsprinzip oder Prinzip des „Tit-for-tat" („Wie du mir, so ich dir") ist ein Prinzip, das sozialem Verhalten unter vielen Umständen zugrunde liegt. Computersimulationen der Evolution aggressiver Strategien zeigen, dass das Vergeltungsprinzip unschlagbar ist (Wright, 1994, S. 196–204). Es überrascht darum nicht, dass man in männlichen Subkulturen, in denen es bei Streitereien keinen Schiedsrichter zur Schlichtung gibt, immer wieder darauf stößt. Wir sollten darauf hinweisen, dass diese Erklärung allgemeiner ist als jene, die von Nisbett und Cohen angeboten wird. Sie führen hier historisch entstandene Einstellungen an, die ihren Ursprung in einer besonderen Lebensweise (Viehzucht) haben. Die Unterschiede im Hinblick auf Gewalt, wie sie sie zwischen Menschen aus dem Norden und aus dem Süden der Vereinigten Staaten fanden, konnten übrigens nicht durch andere Ansätze erklärt werden, etwa als Erbe der Sklaverei, mit der allgemeinen Einstellung zur Gewalt oder als Reaktion auf das heißere Klima (Nisbett & Cohen, 1996).

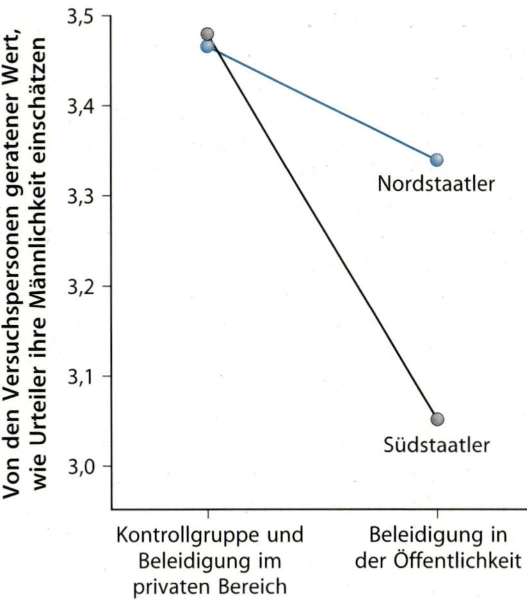

Abb. 2.7. Ratings von Befragten über die Einschätzung ihrer Männlichkeit durch andere; in Abhängigkeit von der Herkunftsregion der Befragten und in Abhängigkeit davon, ob sie beleidigt worden waren oder nicht. (Nach Nisbett & Cohen, 1996, S. 52)

2.3.5 Hahnrei und Eifersucht

Warum reagieren Männer so stark auf sexuelle Untreue?

Die letzten beiden in Tabelle 2.3 (S. 36) aufgeführten Merkmale sind Folgen einer Unsicherheit in Bezug auf die Vaterschaft. Mit dem Begriff „Hahnrei" wird der Fall eines Mannes beschrieben, der mit seiner Frau zusammen das Kind eines anderen Mannes aufzieht. In volkstümlichen Geschichten und in kodifizierten Gesetzen wird der Ehebruch einer Frau im Vergleich zu dem eines Mannes konsistent als schwerwiegender angesehen; dies wurde mit der Wahrscheinlichkeit dafür in Zusammenhang gebracht, dass ein Mann zum Hahnrei wird. Warum es psychologisch etwas ausmachen sollte, das Kind eines anderen Mannes großzuziehen, wird nur durch die Gesamtfitness vollständig erklärt. Untersuchungen, bei denen Kommentare von Verwandten darüber gesammelt wurden, welchem Elternteil ein neugeborenes Baby stärker ähnelt, deuten darauf hin, dass es in diesen Kommentaren eher darum geht, dass das Kind dem Vater als dass es der Mutter ähnelt; diese Befunde sind im Sinne eines Bedürfnisses interpretiert worden, den vermuteten Vater seiner Vaterschaft zu versichern (Daly & Wilson, 1982; Regalski & Gaulin, 1993).

Es ist seit langem bekannt, dass Ehebruch oder die Drohung damit vor allem bei Männern mit gefährlichen Emotionen verbunden ist. Motive sexuellen Besitzdenkens stehen ganz oben auf der Liste der Motive für die Ermordung einer Ehefrau (Wilson & Daly, 1992). Auch Laborstudien ha-

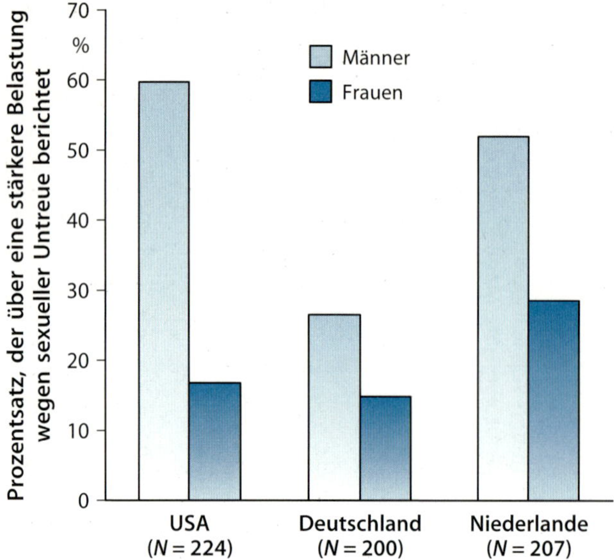

Abb. 2.8. Prozentsatz der Befragten aus drei Ländern, die eine größere Belastung angeben, wenn sie sich vorstellten, ihr Partner habe Vergnügen an einem leidenschaftlichen Geschlechtsverkehr mit einer anderen Person, als wenn sie sich vorstellten, ihr Partner entwickle eine enge emotionale Bindung an ein Mitglied des anderen Geschlechts. (Nach Buunk et al., 1996)

ben gezeigt, dass der Gedanke an die sexuelle Untreue der Partnerin bei Männern eine stärkere Belastung und physiologische Erregung hervorruft als bei Frauen der entsprechende Gedanke in Bezug auf den Partner (Buss, Larsen, Westen & Semmelroth, 1992; Buunk, Angleitner, Oubaid & Buss, 1996). Frauen sind dagegen stärker als Männer durch den Gedanken verstört, dass der Partner eine emotionale Bindung zu einer anderen Person ausbilden könnte. Abbildung 2.8 veranschaulicht diese Befunde aus drei unterschiedlichen Ländern.

2.4 Zusammenfassung und Schlussfolgerungen

Welchen Beitrag kann die Evolutionspsychologie für die Sozialpsychologie leisten?

Die Evolutionpsychologie liefert eine in sich stimmige Sicht von der Natur des Menschen. Es handelt sich um eine Methode, menschliches Sozialverhalten im Rahmen von Prinzipien zu verstehen, die sich aus der natürlichen Selektion ableiten. Diese Prinzipien führen uns zu folgenden Erwartungen: dass Menschen nicht unterschiedslos Hilfe leisten und anderen helfen werden; dass sie nicht ihre eigenen Kinder aufgeben und sich um jene von Fremden kümmern werden; dass Männer und Frauen nicht auf die gleiche Art und Weise eine sexuelle Beziehung beginnen und dass sie bei der Partnerwahl nicht auf die gleichen Merkmale achten; und dass sich junge Männer im typischen Fall nicht vorsichtig verhalten. Alle diese Aktivitäten *wären* im Bereich des Menschenmöglichen, da zu ihrer Ausführung weder Flügel noch eine übermenschliche Intelligenz noch Röntgenaugen erforderlich sind. Menschen verhalten sich manchmal vielleicht tatsächlich so. Der wichtige Punkt ist aber, dass die meisten Menschen in den meisten Gesellschaften es nicht tun und dass das Prinzip der natürlichen Selektion genau angibt, warum sie es nicht tun. Es liefert damit eine bestimmte Sichtweise der menschlichen Natur.

Der evolutionäre Standpunkt versetzt uns auch in die Lage, Umstände abzuleiten, unter denen menschliches Verhalten in besonderer Weise variiert. Wir haben einige Beispiele kennen gelernt, wie etwa Variationen in der Bedeutung körperlicher Attraktivität bei Populationen, die sich hinsichtlich des Ausmaßes pathogener Einflüsse unterscheiden. Immer wenn Umweltaspekte, die entscheidend für die Fitness sind, ungewiss oder variabel sind, entwickelt sich in Bezug auf die Reaktionen eine breit gefächerte Flexibilität, sodass das Verhalten besser an die Umstände angepasst werden kann. Die adaptive Flexibilität ist ein entscheidender Aspekt der modernen Evolutionspsychologie.

Die herkömmliche Sozialpsychologie hat einen Begriff nach dem anderen aus der Forschung darüber abgeleitet, wie sich Menschen tatsächlich verhalten. Im Gegensatz dazu hat die Evolutionspsychologie ein eindeutiges und vorrangiges Prinzip, von dem die Forschung geleitet ist. Dies hat zu neuartigen Befunden in Gebieten geführt, die zuvor noch unerforscht waren; dies betrifft beispielsweise das überproportionale Auftreten von Kindesmisshandlung bei Stiefeltern sowie den Zusammenhang zwischen Körpersymmetrie und Attraktivität. In einigen Fällen widersprechen die evolutionären Vorhersagen jenen, die sich aus einer nicht evolutionären Auffassung ableiten. So passt zum Beispiel die Theorie, dass es bei Konflikten zwischen Eltern und Nachkommen um Ressourcen gehen sollte, nicht zur Auffassung von Freud, dass sie auf sexueller Eifersucht beruhen (Daly & Wilson, 1988). Die Auffassung, dass Geschlechtsunterschiede im Sozialverhalten am besten durch das Prinzip der sexuellen Selektion erklärt werden können, widerspricht einer Erklärung im Sinne historisch erzeugter sozialer Rollen (Archer, 1996).

Der evolutionäre Ansatz kann dazu beitragen, bei sozialpsychologischen Untersuchungen über die üblichen Datenquellen hinauszugehen. Laborgestützte Forschung mit studentischen Versuchspersonen (s. Kap. 4) ist in vielen Studien, die auf dem evolutionären Ansatz beruhten, zum Einsatz gekommen; es bleibt jedoch immer der Verdacht, dass wir es hier mit einer speziellen Gruppe von historisch, geografisch und kulturell determinierten Individuen zu tun haben könnten. Die Notwendigkeit, solche Untersuchungen durch interkulturelle Daten zu ergänzen, ist inzwischen anerkannt und diese Studien wurden zu einem integralen Bestandteil der Evolutionspsychologie. Daly und Wilson überprüften ihre evolutionsgestützten Hypothesen zur menschlichen Gewalt anhand von Archivmaterial aus historischen, anthropologischen und kriminologischen Quellen. Die Tatsache, dass sie auf diesen Daten aufbauen konnten, liefert ein interessantes Zusatzargument in der Debatte über die Bedeutung der Einbeziehung historischer und kultureller Dimensionen in die Sozialpsychologie, wie sie von Gergen (1973; s. Kap. 4) begonnen wurde.

FRAGEN ZUM TEXT

1. In welchem Maße zeigt sich die Evolutionsgeschichte in heute vorhandenen psychologischen Dispositionen?
2. Worin bestünden, wenn es keine sexuelle Eifersucht gäbe, die Hauptunterschiede im Verhalten von Männern und Frauen?
3. Wie beeinflusst eine evolutionäre Perspektive unser Verständnis der sozialen Dynamik in Familien mit Stiefeltern?
4. Warum ist Verwandtschaft in der Evolutionspsychologie, nicht aber in der herkömmlichen Psychologie ein wichtiges Merkmal?
5. Wie kann die Evolutionspsychologie unser Verständnis gewalttätigen Verhaltens unter jungen Männern vertiefen?

Empfohlene Literatur

Buss, D.M. (1994). *The evolution of desire: Strategies of human mating.* New York: Basic Books. Eine spannende Zusammenfassung der Forschung zu Geschlechtsunterschieden im Zusammenhang mit Partnerwahl und gegenseitiger Anziehung; dies umfasst auch einen Großteil der eigenen Forschung des Autors.

Buss, D.M. (1999). *Evolutionary psychology: The science of the new mind.* Needham Heights, MA: Allyn & Bacon. Dieses Buch wird als erstes umfassendes Werk auf diesem Gebiet beschrieben; es enthält die aktuelle Forschung und präsentiert sie klar und engagiert mit vielen Beispielen aus den Bereichen Kultur und Medien. Darin sind auch Anwendungen der Forschung „auf studentisches Leben" zu finden!

Daly, M. & Wilson, M. (1988). *Homicide.* New York: Aldine de Gruyter. In diesem Buch wird die systematische Anwendung des Darwin'schen Denkens auf die Forschung zu Mord und Totschlag mithilfe kriminologischer, historischer und anthropologischer Quellen beschrieben. Es ist originell und provokativ und immer noch aktuell.

Demos Quarterly (1996), issue 10: *Matters of life or death. The worldview from evolutionary psychology.* Eine Essaysammlung über die Implikationen des darwinistischen Denkens für die Humanwissenschaften, von der Medizin bis zu den Wirtschaftswissenschaften, einschließlich der Psychologie. Alle Beiträge wurden von anerkannten Fachleuten ihres Gebiets geschrieben.

Dawkins, R. (1986). *The blind watchmaker.* London: Longman. Die Logik der natürlichen Selektion und die Gegenargumente zu Alternativerklärungen des Ursprungs des Menschen werden auf eine Weise erklärt, die sogar noch „The selfish gene" („Das egoistische Gen") hinsichtlich der populärwissenschaftlichen Qualität übertrifft.

Dawkins, R. (1989). *The selfish gene* (2. Aufl.). Oxford: Oxford University Press. Dieses klassische, erstmals 1976 veröffentlichte und 1978 auf dem deutschen Markt erschienene Buch erklärt die grundlegenden Prinzipien des damals neuen evolutionären Ansatzes im Bereich des Verhaltens. Es handelt sich um ein populärwissenschaftliches Sachbuch, in dem die Gedanken nicht verwässert, sondern so klar dargestellt werden, dass der Leser von der Logik der Argumente in den Bann gezogen wird.

Symons, D. (1979). *The evolution of human sexuality.* New York: Oxford University Press. Ein gut geschriebenes Buch über die Anwendung der sexuellen Selektion auf menschliches Verhalten. Es ist voller Ideen und Beispiele aus vielfältigen Quellen. Trotz des ungeheuren Anwachsens der Forschung auf diesem Gebiet hat das Werk nur wenig an Aktualität verloren.

Wright, R. (1994). *The moral animal: Evolutionary psychology and everyday life.* New York: Pantheon. Eine ausgezeichnete, lesbare und durchdachte Einführung in die evolutionäre Sozialpsychologie. Es wird ein neuartiger Ansatz verfolgt, bei dem alle relevanten Gedanken und Forschungsergebnisse in eine Teilbiografie von Charles Darwin eingestreut und in der die Prinzipien auf Ereignisse in seinem Leben angewandt werden.

Schlüsseluntersuchung

Buss, D.M., Larsen, R.J., Westen, D. & Semmelroth, J. (1992). Sex differences in jealousy: Evolution, physiology, and psychology. *Psychological Science*, *3*, 251–255.

3 Entwicklungssozialpsychologie

Kevin Durkin

INHALT

Die Entwicklungssozialpsychologie erforscht die Ursprünge und Entwicklungsverläufe menschlichen Sozialverhaltens von der Säuglingszeit bis ins hohe Alter. Dieses Kapitel beschäftigt sich mit vier Hauptthemen: mit den charakteristischen Merkmalen der Sozialisation, mit der Entwicklung von Beziehungen, mit der Sprachentwicklung und mit der Entwicklung sozialen Wissens. Es verdeutlicht, dass das Leben von Beginn an sozial ist und dass die Entwicklung durch die Verwobenheit mit anderen Menschen grundlegend beeinflusst wird. Es zeigt auch, dass das Sozialverhalten selbst durch den Entwicklungsstand der Beteiligten beeinflusst wird: Wo innerhalb der Lebensspanne wir uns befinden, hat einen Einfluss darauf, wie wir die Welt erleben, verstehen und auf sie reagieren, wie andere Menschen uns wahrnehmen und auf uns reagieren.

Wie gelangen wir überhaupt ursprünglich in die soziale Welt? Verändern wir uns, wenn wir uns in ihr fortentwickeln? Und wenn wir uns – beispielsweise durch Altern – verändern, wie beeinflusst das dann unser Sozialverhalten?

3.1 Einleitung

Wer sich mit der Sozialpsychologie befasst, wird viel über die Prozesse interpersonalen und Gruppenverhaltens nachdenken, über die Art und Weise, wie kognitive Aktivität das soziale Handeln beeinflusst und es widerspiegelt, über sozialen Einfluss, über Entstehung und Veränderung von Einstellungen sowie über die Kontexte, in denen sich Menschen aggressiv, großzügig, kompetitiv, kooperativ oder verführerisch verhalten. Schon ein kurzer Blick auf die folgenden Seiten zeigt, wie umfassend und detailliert sich die Fragestellung ausnimmt. Die Untersuchung des Sozialverhaltens beim Menschen hat viele Fassetten und ist reich an Herausforderungen selbst für Forscher, denen umfangreiche Forschungsmittel zur Verfügung stehen. Doch bei jedem einzelnen dieser Geheimnisse gibt es eine weitere Komplikation: die Tatsache, dass sich Menschen mit der Zeit entwickeln und verändern.

Auf andere Menschen zu reagieren, ihre Eigenschaften zu erkennen, ihre Vorzüge schätzen zu lernen und Abmachungen mit ihnen auszuhandeln, das sind keineswegs Phänomene, die sich auf die Welt der Erwachsenen beschränken. Unsere Entwicklungsgeschichte und -zukunft hat einen Einfluss auf viele Aspekte unseres Verhaltens; unser Wissen, unsere Einstellungen und Erwartungen verändern sich auf unserem Weg durchs Leben. Als soziale Wesen entwickeln wir uns über einen langen Zeitraum und erst der Tod setzt dieser Entwicklung ein Ende. Unsere interpersonale Welt orientiert sich außerdem nur selten ausschließlich an den Mitgliedern einer Altersgruppe. Als soziale Wesen verbringen wir einen Großteil unserer Zeit und Energie mit Menschen unterschiedlichen Entwicklungsstands. Denken Sie einmal an die Menschen in Ihrem eigenen Leben, die Sie als Eltern, Kinder, Lehrer, Laien, Experten, Vorgesetzte, Untergebene und Kollegen kennen. Aber wir *sind* nicht nur soziale Wesen, die sich entwickeln, sondern wir *leben auch unter* solchen Wesen.

Die Art und Weise, wie wir uns sozial entwickeln, und die Folgen der Entwicklungsveränderungen für unsere sozialen Aktivitäten und unser soziales Verständnis sind der neue und expandierende Gegenstandsbereich der Entwicklungssozialpsychologie. Die Entwicklungssozialpsychologie speist sich aus den beiden Unterdisziplinen, die in ihrer Bezeichnung enthalten sind. Sie zielt darauf ab, die Entwicklungsverläufe und die sozialen Kontexte des menschlichen Sozialverhaltens zu erforschen (Doise, 1996; Durkin, 1995). Zwangsläufig handelt es sich um ein Gebiet mit einem ungeheuren Potenzial, das vom Ursprung sozialer Kompetenzen über die Entwicklung von Beziehungen, den Einfluss von Institutionen, das Entstehen sozialer Vernunft bis zu den Veränderungen über die Lebensspanne hinweg und vielem mehr reicht. In dieser Einführung werden wir vier Hauptthemenbereiche der Entwicklungssozialpsychologie ansprechen. Erstens betrachten wir ausgehend von der Eingangsfrage, wie eine Person überhaupt zu einem Bestandteil der sozialen Welt wird, die charakteristischen Merkmale der **Sozialisation**. Zweitens untersuchen wir sowohl die Entwicklung von Beziehungen als auch die Entwicklung innerhalb von Beziehungen. Drittens betrachten wir die Entwicklung der Sprache als

Sozialisation („socialisation"):
Der Prozess, über den sich Menschen die Verhaltensregeln und die Überzeugungs- und Einstellungssysteme aneignen, die eine Person dazu befähigen, effektiv als Mitglied einer Gesellschaft zu funktionieren.

wichtigstem Medium der menschlichen Kommunikation. Schließlich untersuchen wir einzelne Aspekte der Ausbildung des sozialen Wissens. Das Funktionieren in der menschlichen Gesellschaft setzt die Fähigkeit zur Repräsentation, Interpretation und Reaktion auf das soziale Umfeld voraus. Entwicklungssozialpsychologen haben bei ihren Untersuchungen über diese Fähigkeiten hervorgehoben, dass die Erforschung von Entwicklungsprozessen und die Erforschung des sozialen Kontexts einen wechselseitigen Nutzen füreinander besitzen.

3.2 Sozialisation

Was meinen Sozialwissenschaftler, wenn sie von „Sozialisation" sprechen? Wie unterscheiden sich die Sozialisationsbegriffe im Einzelnen?

Sozialisation ist der Vorgang, bei dem sich Menschen die Verhaltensregeln und die Überzeugungs- und Einstellungssysteme aneignen, die einer Person ein Funktionieren als vollwertiges Mitglied der Gesellschaft erlauben. In einigen Gebieten der Psychologie und der benachbarten Sozialwissenschaften wird Sozialisation oft als ein Prozess verstanden, der die Menschen so formt und einschränkt, dass sie in die Gesellschaft passen, der sie angehören. Sozialisation wird als etwas angesehen, was mit einem formbaren Zielobjekt „gemacht wird", oder als eine potenzielle Bedrohung, um sicherzustellen, dass man sich annehmbar verhält. Die neueren Arbeiten in der Entwicklungssozialpsychologie haben diese Auffassung ernsthaft infrage gestellt.

Schaffer (1996) weist bei seiner Erörterung einiger begrifflicher Fragen darauf hin, dass in traditionellen Modellen die Sozialisation größtenteils als ein *unidirektionaler* Prozess angesehen wird, bei dem der Anstoß zur Veränderung und Regulation außerhalb des zu sozialisierenden Individuums liegt (z.B. Watson, 1928). Andererseits gibt es Theorien der Sozialisation, die dem Kind bei seiner Ankunft in der Gesellschaft eine Reihe von Instinkten und Grundbedürfnissen zuschreiben. Diese pflegt es zum Ausdruck zu bringen und zu befriedigen, ohne sich anfangs groß um die Gefühle und Bedürfnisse anderer zu kümmern (z.B. Freud, 1933).

Beide Theorien erscheinen einleuchtend. Zu Beginn des Lebens sind Kinder noch nicht in vollem Umfang über die kulturellen Werte der sie umgebenden Welt informiert. Es bleibt die Aufgabe der anderen, den Kindern diese Werte zu vermitteln. Wir wissen, dass Menschen, die auf der ganzen Welt in den unterschiedlichsten Gemeinschaften aufwachsen, auch sehr unterschiedliche Wertmaßstäbe und Verhaltensnormen erwerben (Super & Harkness, 1999; Triandis, 1994). Intuitiv betrachtet scheint es möglich zu sein, dass Menschen formbar *sind*, vielleicht ohne Einschränkung. Wenn Sie jedoch schon einmal versucht haben, ein zweijähriges Kind beim Anblick von Schokoladenpudding oder Bananenmilkshake unter Kontrolle zu halten, dann werden Sie mir zustimmen, dass junge Exemplare unserer Spezies durchaus ihren eigenen Willen besitzen und sich, falls notwendig, vehement jeglicher kulturellen Praxis widersetzen, die ihren unmittelbaren Zielen entgegensteht. Wir können ihren Willen im Endeffekt durch Zwangsmaßnahmen beugen; aber vielleicht heißt dies, dass menschliche Wesen tatsächlich ursprünglich impulsiv und hedonistisch *sind* und einer Einschränkung bedürfen. Führen Sie sich einmal vor Augen, dass unsere Intuitionen und unsere führenden Forscher zu zwei diametral entgegengesetzten Konzeptionen von Sozialisation gelangen: Menschliche Wesen sind unendlich formbar und menschliche Wesen sind schwer zu formen oder im Zaum zu halten. Dies deutet auf den zentralen Punkt: Die Erklärung alltäglicher Vorgänge wie z.B. der Sozialisation erweist sich als viel umstrittener als zunächst angenommen.

Wie bereits erwähnt, hängt vieles bei der Entwicklung und Überprüfung unserer Theorien davon ab, was wir uns zu beobachten entscheiden. In den letzten Jahren haben sich jedoch unsere Beobachtungsmöglichkeiten infolge des Aufkommens der Videotechnik verbessert. Diese Technologie erlaubt den Forschern genauere Einsichten gerade in die Anfangsphase der Sozialisation, nämlich in die frühen Interaktionen zwischen Kleinkindern und ihren Betreuungspersonen. Im Verlauf dieser Forschung gewann eine neue Auffassung über Sozialisation an Boden, die Schaffer (1996) als das **Wechselseitigkeitsmodell** bezeichnete. Im Gegensatz zu den beiden oben dargestellten unidirektionalen Theorien beschreibt das Wechselseitigkeitsmodell das Kind als aktiven Teilnehmer an seiner sozialen Entwicklung und betont die gegenseitige Beeinflussung von Eltern und Kindern in vielen ihrer sozialen Transaktionen. Es leugnet natürlich die Existenz von Eltern-Kind-Konflikten nicht (s. Rijt-Plooj & Plooj, 1993), aber es hebt hervor, dass die vielfältigen Prozesse, die während der sozialen Entwicklung stattfinden, von Beginn an durch gegenseitiges Ausloten und Stimulieren ausgehandelt werden. Die Anfänge dieser Prozesse sollen nun im Weiteren untersucht werden.

Wechselseitigkeitsmodell („mutuality model"):
Ein Sozialisationsmodell, in dem angenommen wird, dass die Betreuungsperson und das Kind wechselseitige Wirkungen auf das Verhalten der jeweils anderen Person haben.

3.2.1 Kinder als soziale Wesen von Geburt an

Neuere Erkenntnisse der Säuglingsforschung haben die Auffassung der frühen Behavioristen widerlegt, wonach das Kind bei seiner Geburt ein unbeschriebenes Blatt ist. Wir verfügen heute über eine Vielzahl von Belegen dafür, dass bereits Neugeborene Reflexe, Fähigkeiten und Veranlagungen mit auf die Welt bringen und dass sie auf die Menschen und Dinge um sie herum nicht nur reagieren, sondern diese auch explorieren und Aktionen in Gang setzen (Bremner, 1994). Untersuchungen, bei denen die Aufmerksamkeitspräferenzen und die Diskriminationsfähigkeit erfasst wurden, ergaben, dass Kleinkinder schon sehr früh besonders an solchen Formen sensorischer Erfahrung interessiert sind, die von anderen menschlichen Wesen ausgehen. Sie bevorzugen es z.B., wenn die Eltern sich bewegen und sprechen und mögen es nicht, wenn die Eltern (auf die Bitte des Versuchsleiters hin) still sitzen und die Anwesenheit der Kinder nicht zur Kenntnis nehmen (Gusella, Muir & Tronick, 1988; Legerstee, 1991). Bei visuellen Reizen bevorzugen sie Gesichter gegenüber anderen symmetrischen Formen (Johnson & Morton, 1991). Zusammenfassend lässt sich sagen, dass die Wahrnehmungsfähigkeiten des Kleinkindes gewährleisten, dass es sich seinen Mitmenschen zuwendet. Und seine Mitmenschen wiederum sind im Normalfall sehr am Verhalten von Kleinkindern interessiert, besonders natürlich am Verhalten ihrer eigenen. Dieses glückliche Zusammentreffen führt beim Kind zu sozialen Handlungen, die häufig kooperativ sind und synchron zum elterlichen Verhalten auftreten, und weniger zu solchen, die sich dem elterlichen Verhalten widersetzen oder ihm gegenüber zurückhaltend sind (Papousek & Papousek, 1989; Schaffer, 1996).

Die Betreuungspersonen schaffen schon früh Interaktionssituationen, indem sie physisch die Gelegenheiten für ein gegenseitiges Interesse maximieren: Sie halten das Baby so, dass sie direkten Blickkontakt mit ihm haben. Diese einfache Vorgehensweise macht sich das Interesse beider Seiten zunutze. Das Baby findet ein Gesicht und eine Stimme vor und beides wird so angenehm präsentiert, dass es seine Aufmerksamkeit darauf richten und sich damit vertraut machen kann; für die Betreuungsperson schafft dies die Gelegenheit, ausführlich diese überaus attraktive neue Person auf jegliche Anzeichen von Neugierde, Freude oder Kummer zu beobachten. Von größerem Interesse ist dabei, dass dadurch eine Aufteilung der Macht bewirkt wird. Obwohl der Erwachsene über ein breiteres Spektrum an Mobilität und Manipulationsmöglichkeiten verfügt, besitzt auch das Kleinkind Mittel zur Beeinflussung von Menschen; denn es kann die Intensität und den Rhythmus einer Interaktion dadurch lenken, dass es seinen Blick vom Gesicht der Betreuungsperson abwendet (Stern, 1992; Trevarthen, 1982). Dies fördert Verhaltensmuster mit wechselseitigen Einwirkungen im Unterschied zu Unidirektionalität. Während der ersten Wochen entwickeln Mutter-Kind-Dyaden einen Aktions-Pausen-Rhythmus; es scheint dabei fast so zu sein, als handelten sie nach einem der charakteristischen Merkmale der menschlichen Gesprächsinteraktion, nämlich nach dem „Turn-taking“ (ein Hin- und Herschalten zwischen den „Gesprächspartnern“). Auch bei anderen alltäglichen Interaktionen passen sich Eltern und Kleinkinder in ihren gegenseitigen Bewegungen aneinander an, fast wie Tanzpartner, die ihre Schritte aufeinander abstimmen (Stern, 1992). Etwa im Alter von fünf Monaten beginnen Kleinkinder die Initiative zu ergreifen, vor allem wenn es in der Interaktion um etwas besonders Interessantes geht, wie etwa um ein neues Spielzeug (Danis, 1997).

Frühe Interaktionen sind also in hohem Maße von Wechselseitigkeit geprägt. Von Anfang an ist das Kleinkind aktiv an seiner sozialen Entwicklung beteiligt. Zwar herrscht Uneinigkeit unter Forschern darüber, wie groß die relative Beteiligung der Betreuungspersonen und des Kindes an den hier zusammengefassten Prozessen ist (s. Kochanska, 1997; Schaffer, 1996), aber es besteht allgemeine Übereinstimmung darin, dass Entwicklungsfortschritte nur durch ein gewisses Maß *gemeinsamen* Handelns ermöglicht werden. Während der gesamten Kindheit ist diese bidirektionale Beteiligung charakteristisch für das Lernen über die soziale Welt (Durkin, 1995; Valsiner & Lawrence, 1997).

Das bedeutet nicht, dass der Sozialisationsbegriff damit ad acta gelegt wird, aber es wirft ein neues Licht auf die Anfänge des Sozialisationsprozesses. Das Kleinkind ist weder ein beliebig formbarer Tonklumpen noch ein eigenwilliges Tier, das im Zaum gehalten werden muss. Es ist vielmehr ein Teilnehmer am sozialen Geschehen – sicherlich mit geringeren Fertigkeiten ausgestattet und schlechter informiert als die anderen –, aber durch Veranlagungen und Umstände dazu bestimmt, sich *zusammen mit* anderen am kollektiven Aufbau der sozialen Welt zu beteiligen und damit zum Angehörigen der kulturellen Umwelt zu werden (Messer & Collis, 1996).

3.2.2 Sozialisation und Sozialpsychologie

Die gerade zusammengefassten Ergebnisse klingen für sich genommen interessant. Aber warum sollten sie für den Sozialpsychologen (der sich schließlich mit Menschen befasst, die bereits sozialisiert sind) von Belang sein? Tatsächlich gab es jedoch Zeiten, als man die Sozialisation für das zentrale Thema der Sozialpsychologie hielt (Sherif, 1948). Aus mindestens zwei Gründen muss der Stellenwert der Sozialisation heute neu überdacht werden: Zum einen ergibt sich das aus dem eingangs Gesagten: Mit der Sozialisation fängt alles an. Aus den oben beschriebenen sozialen Prozessen entwickeln sich Interaktionsmuster und -fertigkeiten, die während des gesamten Lebens grundlegend für alle unsere „Face-to-face"-Interaktionen sind.

Zweitens ist es in der Tat ein Irrtum, wenn man sich die Sozialisation nur als ein Phänomen der Kindheit vorstellt. Das Jugendalter z. B. ist in dieser Hinsicht eine besonders wichtige Zeit. Denn es handelt sich hier um ein Alter, in dem Erwachsene anfangen, ihren Beitrag zu diesem Prozess zu reduzieren und junge Leute bei der Organisation ihres Sozialverhaltens selbstständig werden (Emler & Reicher, 1995). Doch jede einzelne Phase des Erwachsenenalters bringt typischerweise neue Herausforderungen und neue Erwartungen hervor, die von außen an die sich entwickelnde Person gerichtet werden: Wir werden in berufliche Entwicklungen hinein sozialisiert, wir lernen und planen, mit den Herausforderungen durch neue Rollen umzugehen (Partner, Eltern, Großeltern, Staatsbürger, Rentner; s. Baltes & Staudinger, 1996; Smith, 1996). Während des gesamten Lebens – sei es nun als neu an einer Universität immatrikulierte Studierende, als Lehrlinge in einem Betrieb, als Manager oder als Ruheständler – sind wir immer wieder mit den Fragen konfrontiert, denen wir erstmals als Kleinkinder begegneten: Wie finden wir heraus, was da vor sich geht? Wo sind die Grenzen? Wie viel von dem, was wir tun, ist nur unsere eigene Angelegenheit und wie viel wird dadurch bestimmt, dass wir es mit anderen aushandeln? Die Fragen, mit denen sich die Sozialisationsforscher beschäftigen, wie etwa, ob wir konform gehen, Neuerungen einführen, etwas aushandeln oder gehorchen, stellen sich als etwas heraus, das zentral für die Sozialpsychologie ist (s. Kap. 13). Diese Fragen kehren in Bezug auf die anderen drei Hauptthemen der Entwicklungssozialpsychologie wieder, die hier angesprochen werden sollen, nämlich die Entwicklung von Beziehungen, die Entwicklung der Sprache und die Entwicklung sozialen Wissens.

3.3 Die Entwicklung von Beziehungen

Wie beeinflussen unsere Beziehungen zu anderen Menschen unsere Entwicklung? Gibt es im Muster der Beziehungen eine Kontinuität von der Säuglingszeit bis zum Jugendalter?

Wir haben gesehen, dass Säuglinge von Anfang an mit anderen Menschen in Beziehung stehen. Eines der Kernthemen, das sich aus den Untersuchungen zur sozialen Entwicklung kleiner Kinder herauskristallisiert, bezieht sich auf die Auswirkungen der ersten Beziehungen (zu den Betreuungspersonen) auf spätere Beziehungen (zu Gleichaltrigen und anderen Personen). Zahlreiche Untersuchungen belegen, dass das, was zu Hause geschieht, mit Ereignissen im Kindergarten und in der Schule in Verbindung steht (Hart, Nelson, Robinson, Olsen & McNeilly-Choque, 1998; Hinde & Tamplin, 1983; Turner, 1993). Beziehungen haben Auswirkungen auf andere Beziehungen (Duck, 1998; Fletcher & Fincham, 1991): Wenn ein Kind z.B. zu Hause wirklich belastende Beziehungen erlebt, dann nimmt die Wahrscheinlichkeit zu, dass es Schwierigkeiten haben wird, eine Beziehung zu Gleichaltrigen außerhalb des häuslichen Bereichs zu entwickeln (Hart et al., 1998; Hay, Vespo & Zahn-Waxler, 1998; Montagner et al., 1984).

Obwohl die Entwicklung von Beziehungen viele interessante Aspekte aufweist (s. auch Kap. 12), hat ein spezielles Thema einen besonders großen Einfluss auf das Gebiet der sozialen Entwicklung ausgeübt – die Erforschung von **Bindung**.

Bindung („attachment"): Ein dauerhaftes emotionales Band zwischen einer Person und einer anderen.

3.3.1 Bindung

Bindung ist ein spezifisches, emotionales Band, das sich zwischen einer Person und einer anderen bildet (Ainsworth & Bell, 1970). Das Entstehen einer Bindung spiegelt sich in einem Repertoire von Bindungsverhalten wider, das im Wesentlichen die Funktion hat, die Nähe zur Bindungsperson aufrechtzuerhalten. Beispiele von Bindungsverhalten sind bevorzugte Aufmerksamkeit, Berühren, Klammern, Rufen und Weinen in Abwesenheit der betreffenden Person bzw. Lächeln in ihrer Gegenwart. Solche Verhaltensweisen werden bei Kleinkindern gewöhnlich ab der zweiten Hälfte des ersten Lebensjahres beobachtet (Schaffer, 1996). Es sollte bei dieser Gelegenheit erwähnt werden, dass sich diese Phänomene keineswegs nur auf Kleinkinder beschränken. Zu Bindungen zwischen Individuen (sowie zu den meisten oben angeführten Bindungsverhaltensweisen) kommt es das ganze Leben über. Darauf werden wir noch zurückkommen. Für den Augenblick wollen wir uns jedoch auf Bindungsbeziehungen bei Kindern konzentrieren.

Die einflussreichste theoretische Erklärung zur Erklärung von Bindung war die, die von dem britischen Psychiater John Bowlby (1975, 1988) ausgearbeitet und von der amerikanischen Sozialentwicklungspsychologin

Abb. 3.1. Eine sichere Basis

Mary Ainsworth (Ainsworth, Blehar, Waters & Wall, 1978) weiterentwickelt wurde. In starker Anlehnung an ethologische Theorien und Forschungen interpretierte Bowlby Bindung als ein adaptives System des Verhaltens, das sich herausbildet, um die Überlebenschancen des Kleinkindes zu maximieren. Bindungsverhalten dient, wie wir gesehen haben, dazu, die Nähe zu einer potenziellen Betreuungsperson zu vergrößern und Reaktionen bei ihr hervorzurufen. Es verbessert die Chance für ein verletzliches oder leidendes Kind, Hilfe zu bekommen, und es trägt dazu bei, zu gewährleisten, dass das Kind über eine **sichere Basis** verfügen kann, d.h. über eine verlässliche, spezifische Person in der sozialen Umgebung, auf deren Aufmerksamkeit und Zuneigung es bauen kann, wenn es beginnt, die weitere Umgebung zu erkunden. In dieser Theorie wird nicht behauptet, dass die Lernerfahrungen mit den tatsächlichen Betreuungspersonen für die Entwicklung und die Auswirkungen einer Bindungsbeziehung belanglos sind. Aber sie besagt, dass die Fähigkeit zur Organisation von Verhaltensweisen, die Bindung fördern, von Natur aus gegeben und nicht Resultat einer Verstärkungskontingenz ist. Von Bedeutung ist, dass für Bowlby die sichere Basis einer stabilen Bindungsbeziehung entscheidend für das Wohlbefinden und die weitere Entwicklung ist.

Sichere Basis („secure base"):
Das Gefühl der Sicherheit und des Vertrauens, das mit einer bestimmten Person oder einem bestimmten Ort verbunden wird, wie z.B. die Orientierung eines Kindes an seiner primären Betreuungsperson.

3.3.1.1 Arten der Bindung

Untersuchungen an Kleinkindern und Eltern aus ganz unterschiedlichen sozialen Systemen auf der ganzen Welt belegen, dass das Ausbilden von Bindungsbeziehungen eine normative Entwicklung ist, die bei beinahe allen Kindern ungefähr innerhalb der gleichen Altersspanne auftritt (van Ijzendoorn, 1990). Wissenschaftler fanden jedoch bald heraus, dass es individuelle Unterschiede gibt im Hinblick auf die Beschaffenheit der Kleinkind-Betreuungsperson-Beziehungen und bezüglich der Reaktionen der Kinder darauf, dass die Betreuungsperson sich vom Kind trennt und dann wieder auftaucht. Um diese Unterschiede systematisch untersuchen zu können, entwickelten Ainsworth und ihre Kollegen eine einfache experimentelle Vorgehensweise. Sie wurde als **Fremde-Situation**-Test bekannt; hier wird ein Kind (zusammen mit einer Betreuungsperson) in ein Beobachtungszimmer gebracht. Hat sich das Kind daran gewöhnt, kommt eine fremde Person herein, die kurz danach eine Interaktion mit dem Baby beginnt. Zu einem bestimmten Zeitpunkt geht die Betreuungsperson hinaus und auch die fremde Person verlässt das Zimmer, nachdem sie versucht hat, mit dem Kind zu spielen. Kurz danach kommt die fremde Person zurück; am Ende kehrt die Betreuungsperson zurück und die fremde Person geht wieder hinaus.

Fremde Situation („strange situation"): Ein standardisiertes Verfahren, das in der Bindungsforschung verwendet wird, um die Reaktionen von Säuglingen auf die Trennung von ihrer Betreuungsperson und ihre Reaktionen auf Fremde zu testen.

Auf der Grundlage von Beobachtungsmaßen für die Reaktionen des Kindes auf jede einzelne dieser verschiedenen Belastungen und Situationen des Wiedersehens machten Ainsworth und ihre Kollegen drei Haupttypen von Bindungsbeziehungen aus, die sich allem Anschein nach in einer Stichprobe nach der anderen wiederfinden. Es handelt sich um

- *Typ A: Ängstlich/vermeidend* (die betreffenden Babys zeigen relativ wenig Kummer, wenn sich die Mutter von ihnen entfernt, und scheinen während der Wiedersehensphase des Versuchsablaufs kein Interesse an Interaktionen mit der Mutter zu haben);
- *Typ B: Sicher gebunden* (Babys, die aktiv versuchen, die Nähe zur Mutter und die Interaktion mit ihr aufrechtzuerhalten; sie laufen herum und erkunden selbstsicher ihre Umgebung, wenn sie anwesend ist; sie verleihen ihrem Kummer Ausdruck, wenn die Mutter sich entfernt, und begrüßen sie stürmisch, wenn sie zurückkommt);
- *Typ C: Ängstlich/ambivalent* (Babys, die ihrem Kummer Ausdruck verleihen, sobald sich die Mutter entfernt, Kontakt und Interaktion mit ihr während der Wiedersehensphasen jedoch ablehnen; sie wirken ambivalent hinsichtlich der Beziehung, d.h., sie suchen manchmal die Nähe zur Mutter, zeigen andererseits jedoch auch Verärgerung).

In den meisten Stichproben zeigen ungefähr 70% der Kleinkinder Beziehungen vom Typ B, ungefähr 20% fallen unter den Typ A und 10% unter Typ C (Ainsworth et al., 1978). Warum dies von Interesse sein könnte, wird vor allem deutlich, wenn wir daran gehen, die Korrelate des jeweiligen Bindungstyps genauer zu untersuchen.

In diesem Bereich sind viele Untersuchungen durchgeführt worden und die Interpretation der Befunde ist etwas strittig (Lamb & Nash, 1989).

Doch das in den meisten Veröffentlichungen vorkommende Ergebnis ist der Nachweis eines sozialen und entwicklungsmäßigen Vorteils von Typ-B-Kindern (sichere Bindung). Bei Kindern, bei denen man während des zweiten Schuljahres Typ-B-Bindungen festgestellt hatte, fand man neben anderen Aspekten, dass sie während ihrer Vorschul- und Kindergartenjahre höhere Werte bezogen auf Maße der interpersonalen Kompetenz, der Selbstwirksamkeit, der kognitiven Entwicklung, beim Spielen mit Spielzeug, bei explorierenden Fertigkeiten und bei der Lernmotivation aufwiesen (Meins, 1997; Suess, Grossmann & Sroufe, 1992; Youngblade & Belsky, 1992). Kirsh und Cassidy (1997) fanden heraus, dass sicher gebundene Vorschulkinder Illustrationen mit Darstellungen emotionaler Aspekte der Eltern-Kind-Beziehung mehr Aufmerksamkeit widmeten und sich besser an sie erinnerten, als dies bei unsicher gebundenen Gleichaltrigen der Fall war. Diese Ergebnisse stimmen mit den Annahmen der Bindungstheoretiker überein, dass es grundlegend für die spätere Entwicklung ist, wenn ein Kind über eine sichere Basis verfügt: Wie oben angemerkt haben Beziehungen Auswirkungen auf andere Beziehungen.

3.3.2 Beziehungen, soziale Entwicklung und Sozialpsychologie

In den Arbeiten von Sozialpsychologen nimmt die Erforschung von Beziehungen seit langem eine prominente Stellung ein. Sie ist eines der viel versprechendsten Gebiete fruchtbarer Zusammenarbeit zwischen Sozial- und Entwicklungspsychologen (Erwin, 1993; Hartup, 1991). Aber ist die Untersuchung von Bindungsbeziehungen im Besonderen nicht doch eher eine Sache der Entwicklungsforscher als der Sozialpsychologen? Sie scheint etwas mit Kindern zu tun zu haben und damit, ob sich heranwachsende Kinder in der Umgebung anderer Menschen wohl fühlen. Es gibt jedoch verschiedene Gründe, warum dieses Thema seitens der Sozialpsychologen größere Aufmerksamkeit verdient.

Zum Ersten ist eine Bindungsbeziehung bidirektional. Sie ist nicht nur für das Kind, sondern auch für die Betreuungsperson(en) von Bedeutung. Menschen berichten, wenn sie Eltern werden, über radikale Veränderungen im Hinblick auf viele Aspekte ihres Lebens (Ruble, Fleming, Hackel & Stangor, 1988); nicht zu unterschätzen ist dabei die emotionale und kognitive Einstellung auf die neuen Familienangehörigen. Hiervon ist nicht nur das das häusliche Umfeld betroffen: Diese Veränderungen erstrecken sich direkt auf die Orientierung der Eltern gegenüber dem umfassenderen gesellschaftlichen Rahmen, auf die beruflichen Orientierungen, die wirtschaftlichen Bedürfnisse und Aussichten, die Anforderungen an die Wohnung, die Erwartungen an das Bildungs-, Gesundheits- und Sozialsystem sowie vieles mehr. Der Entwicklungskontext und die Erwartungshaltungen des Individuums beeinflussen seinen sozialen Kontext und umgekehrt.

Ein zweiter Grund, aus dem Bindung für den Sozialpsychologen von Bedeutung ist, führt uns zu einem oben erwähnten Punkt zurück, demzufolge wir Bindungsbeziehungen unser ganzes Leben hindurch ausformen und diese für uns von großer Bedeutung sind (Berlin & Cassidy,

1999). Wie bei Kleinkindern bieten unsere Bindungen (an unseren Partner, unsere Familie, unsere engen Freunde) eine sichere Basis, die uns dabei hilft, die Gefahren in der weiteren Umwelt zu bewältigen. Junge Menschen z.B., deren Bindungen unzureichend ausgebildet oder durch familiäre Probleme zerbrochen sind, gehen ein größeres Risiko ein, im Jugendalter obdachlos zu werden (Tavecchio & Thomeer, 1999; s. auch Kap. 16 zur Bedeutung der sozialen Unterstützung für das Wohlbefinden). Bei sehr alten Menschen (über 85 Jahre) tragen Gelegenheiten zur Ausbildung neuer Bindungen, wie etwa gegenüber Urgroßenkeln, in wichtiger Weise zur Lebensqualität bei (Wagner, Schütze & Lang, 1999).

Interessante Studien von Shaver und seinen Mitarbeitern zeigen, dass die Orientierungen Erwachsener in Liebesbeziehungen in drei größere Muster einteilbar sind, die Ainsworths Typologie der Kleinkind-Betreuungsperson-Beziehung stark ähneln (Hazan & Shaver, 1987; Shaver, Hazan & Bradshaw, 1988). Erwachsene zeigen ebenfalls Merkmale sicherer, ängstlich/ambivalenter und vermeidender Bindung. Und genau wie Kleinkinder scheinen durch sichere Bindungsbeziehungen gekennzeichnete Partner einen Vorteil zu besitzen. Sie empfinden enge persönliche Kontakte als angenehm und lohnend. Sie denken einerseits, dass sie sich auf ihre(n) Partner(in) verlassen können, und lassen ihm/ihr jedoch andererseits genügend Spielraum als unabhängige Person. Ängstlich ambivalente Erwachsene sind unsicherer in ihren Beziehungen, sie sorgen sich, dass ihr(e) Partner(in) sie nicht genug lieben und sie verlassen könnte; sie verlangen Liebesbeweise, sind aber inkonsistent in ihren eigenen Liebesbekundungen. Vermeidende Partner fühlen sich in engen Beziehungen nicht wohl und halten sich dabei zurück, sich völlig auf ihre(n) Partner(in) festzulegen.

Feeny, Noller und Patty (1993) fanden in Untersuchungen zu Liebesbeziehungen von Studienanfängern heraus, dass ängstlich/ambivalente Personen dazu neigten, kürzere Beziehungen zu haben, und vermeidende Personen eher bereit waren, flüchtige sexuelle Beziehungen zu akzeptieren, vermutlich weil sie eine Beziehung ohne jegliche Verpflichtung bevorzugen, während der sichere Typ über befriedigende und lang anhaltende Beziehungen berichtete.

Drittens ist Bindung nicht nur für zwischenmenschliche Beziehungen von Belang, sondern auch für die Untersuchung der allgemeineren gesellschaftsbezogenen Orientierung von Individuen. Beispielsweise fanden Smith, Murphy und Coates (1999) heraus, dass Menschen unterschiedliche psychologische Reaktionen auf soziale Gruppen erleben, deren Mitglied sie sind: Einige sind sicher gebunden und haben positive Gefühle gegenüber ihrer Gruppe und deren Auswirkungen auf ihr Selbstwertgefühl, während andere mit Angst und Vermeidung reagieren; Letzteres ähnelt in starkem Maße den Reaktionen der Kleinkinder, die eine Beziehung zu ihren Eltern vom Typ A oder C haben. Silverberg, Vazsonyi, Schlegel und Schmidt (1998) kamen in einer Untersuchung an deutschen Jugendlichen zu dem Ergebnis, dass die Bindungsqualität des jungen Menschen an Erwachsene Vorhersagen im Hinblick darauf zuließ, wie optimistisch sie gegenüber ihrer künftigen beruflichen Entwicklung waren. Der Bindungstyp scheint auch mit Unterschieden in der Reaktion von Individuen auf soziale Ereignisse in Verbindung zu stehen, Krisen eingeschlossen. Mikulincer, Florian und Weller (1993) untersuchten die Reaktionen junger israelischer Erwachsener auf die irakischen Scud-Raketenangriffe zur Zeit des Golfkriegs. Während sichere Bindungstypen dadurch mit ihrem Trauma fertig wurden, dass sie bei anderen Unterstützung suchten, wurden ambivalente Personen emotional eher instabil, und vermeidende Menschen versuchten, sich psychisch von den Ereignissen zu distanzieren. Allgemein litten unsichere Menschen unter einer größeren psychischen Belastung; denn sie besaßen keine sichere Basis und empfanden es als schwieriger, mit gefährlichen Ereignissen fertig zu werden.

Es sollte betont werden, dass es Alternativerklärungen für den Ursprung von Bindungen und große Meinungsunterschiede über deren Folgen gibt (s. Birns & Hay, 1988). Dennoch erinnert uns dieses Forschungsgebiet daran, dass Menschen emotional und sozial verstrickte Wesen sind. Unser Leben wird stark von unseren Beziehungen zu anderen, von Gefühlen, Anziehung, Angst vor Verlust, von Abhängigkeiten und Verpflichtungen beeinflusst. Um das auf angemessene Weise zu untersuchen, ist eine Entwicklungssozialpsychologie erforderlich.

3.4 Die Sprachentwicklung

Wie tragen soziale Faktoren zur Entwicklung der für den Menschen charakteristischen kognitiven Fähigkeit bei – der Sprache?

Ein Großteil der Begeisterung für die Psycholinguistik, die in den Sechzigerjahren aufkam, hatte mit der Diskussion um den Ursprung der Sprache und um die Bedeutung der Sprache für das Verständnis des menschlichen Wesens zu tun. Im Anschluss an die frühen Schriften des amerikanischen Linguisten Noam Chomsky (1965) gibt es große Meinungsunterschiede bezogen auf die These, dass die grammatikalische Komplexität natürlicher Sprachen so groß sei, dass nur eine Spezies, die mit höchst spezifischem (angeborenem) Wissen ausgestattet ist, eine Sprache innerhalb eines Zeitraums weniger Jahre erwerben könne. Falls diese Hypothese zutrifft, trägt dies sicher in entscheidendem Maße dazu bei, die Begriffswelt derjenigen zu zerstören, die der Auffassung sind, dass menschliches Wissen durch Erfahrung zustande kommt und Kinder grenzenlos formbar sind. Aus dieser theoretischen Perspektive wird der Zeitpunkt, „an dem alles beginnt“, in der Tat sehr weit vorverlagert, nämlich in die genetische Veranlagung des Kindes hinein.

Die Sprache wirft wichtige Fragen für die Psychologie als Ganze auf. Zu einem großen Teil werden diese Fragestellungen jedoch von Forschern außerhalb der Sozialpsychologie behandelt, wie z. B. von Psycholinguisten. Auf den Spuren jener, die versuchten, den Spracherwerb zu erklären, gelangen wir jedoch bald zu Fragestellungen, die von größter Wichtigkeit für Entwicklungssozialpsychologen sind.

3.4.1 Soziale Faktoren beim Spracherwerb

Chomskys provozierende Ideen haben einen explosionsartigen Zuwachs von Untersuchungen über die ersten Phasen des Spracherwerbs ausgelöst. Viele sahen in der Kompliziertheit und Schnelligkeit der normalen Entwicklung einen Beleg für die Veranlagungshypothese; dies bleibt weiterhin die unter Linguisten einflussreichste Auffassung (s. Lightfoot, 1998). Andere waren gleichfalls beeindruckt von den frühen Sprachleistungen des Kindes, sahen aber Verbindungen zwischen Spracherwerb und anderen Entwicklungen, insbesondere der kognitiven Entwicklung; diese Perspektive übte auf viele Psychologen eine größere Anziehungskraft aus (Brown, 1973; Cromer, 1991; Sinclair-de-Zwart, 1967).

Soziale Aspekte der Sprachentwicklung wurden in diesem Zeitraum kaum untersucht, zumeist weil der Gedanke, dass interpersonale oder Umgebungsfaktoren relevant sein könnten, durch einige frühe Entdeckungen der entwicklungsorientierten Psycholinguisten widerlegt zu sein schien. Beispielsweise entwickeln Kinder Sprachformen nach Regeln, statt einfach das erwachsene Vorbild zu kopieren (z.B. produzieren sie Übergeneralisierungen wie „ich habe geschwimmt", „viele Kindern" oder „zwei Telefons"; dabei handelt es sich nicht um die Nachahmung der Äußerungen von Erwachsenen, sondern dem Phänomen scheint etwas Systematisches zugrunde zu liegen); Kinder sind oft unzugänglich für die Versuche der Betreuungspersonen, ihre sprachlichen „Fehler" zu verbessern (McNeill, 1970).

Browns (1973) detaillierte Langzeitstudie zur Sprache dreier amerikanischer Vorschulkinder zeigte jedoch, dass eines der fruchtbarsten Kriterien für die Untersuchung der Sprachentwicklung darin besteht, die spontane Sprache in ihren natürlich vorkommenden Kontexten zu untersuchen. Viele andere Forscher folgten nach und es wurde bald klar, dass das, was das Kind hervorbringt, mit seinen sozialen Erfahrungen *zusammenhängt*, nämlich mit dem, was andere Menschen sagen und tun, mit der Art und Weise, wie sie ihre Sprache dem Lernenden gegenüber anpassen, und mit den Sprachmöglichkeiten und -rückmeldungen, die sie zur Verfügung stellen. In den Achtzigerjahren setzte eine neue Welle von Forschungen zur Kindersprache ein, bei der die sozialen Kontexte der Sprachentwicklung analysiert wurden (Golinkoff, 1983; Snow, 1986).

Diese Art von Forschung brachte zum Vorschein, in welch vielfältiger Weise soziale Faktoren einen Einfluss auf die Sprachentwicklung haben. So fanden Forscher heraus, dass Babys Aufmerksamkeitsvorlieben für menschliche Stimmen und vor allem für jene zeigen, bei denen hohe Töne auftreten und die Intonation variiert wird (Fernald, 1989; Masataka, 1992); diese Ergebnisse sind mit anderen Befunden konsistent, wonach Kleinkinder ein Interesse an den charakteristisch menschlichen Merkmalen zeigen. Betreuungspersonen reduzieren gegenüber Kindern in einer frühen Phase des Spracherwerbs die Komplexität ihrer Sprache, indem sie langsamer sprechen, kürzere und einfachere Sätze bilden, stärkere Betonungen machen und häufiger wiederholen als bei Gesprächen unter Erwachsenen (Moerk, 1992; Snow, 1999). Betreuungspersonen geben sich viel Mühe, einen sinnvollen gemeinsamen Kontext zu entwickeln und ihn dann für Spracherfahrungen zu nutzen (Akhtar, Dunham & Dunham, 1991; Saxon, 1997; Tomasello, 1992): Sie verfolgen die Aufmerksamkeit des Kindes oder lenken sie auf etwas (z. B. auf ein interessantes Objekt) und versehen es dann mit einer passenden Bezeichnung („Guck mal – da ist ein Gorilla!", „Mami hat einen Keks für dich"). Der Spracherwerb ist keine Aufgabe, die das Kleinkind alleine unternimmt, sondern eine in hohem Maße interaktive Betätigung, die vom sozialen Kontext beeinflusst wird.

Diese Schlussfolgerung bestätigt sich, wenn wir Kinder auf ihrem Entwicklungsweg weiter verfolgen. Sprachliche Fortschritte äußern sich in formalen Eigenschaften (z. B. einer komplexeren Syntax, einer stärkeren phonologischen Kontrolle, einem rasch sich erweiternden Wortschatz), aber auch darin, zu was die kleinen Sprachverwender gegenüber anderen Personen fähig werden. Fertigkeiten im Gespräch stellen ein Schlüsselbeispiel dar. Während sehr frühe Gespräche stark von den Bemühungen der erfahreneren Betreuungsperson abhängen, sie in Gang zu bringen und ihnen Struktur zu geben, werden Kinder im Laufe der Vorschulzeit aktivere Gesprächspartner, die häufiger die Initiative ergreifen und dann länger beim Thema verweilen (McTear, 1985). In dieser Phase lernen Kinder auch Höflichkeitskonventionen bezogen auf das Gespräch: Sie lernen, dass es manchmal wirksamer ist, eine Bitte indirekt („Das ist ein schöner Keks, Papi") als sie direkt („Ich will einen Keks") zum Ausdruck zu bringen und dass es herkömmliche Floskeln wie „bitte" und „danke" im täglichen Leben leichter machen können, etwas auszuhandeln (Baroni & Axia, 1989; Ninio & Snow, 1999).

Einige der für ein Gespräch erforderlichen Fähigkeiten stellen eine besondere Herausforderung dar und entwickeln sich über einen langen Zeitraum hinweg. Wenn man beispielweise die Perspektive eines Gesprächspartners mit einbeziehen möchte, erfordert dies ein Bewusstsein vom Denken der anderen, die Fähigkeit, sich bei etwas eine andere Sichtweise vorzustellen, ein Verständnis dafür, wann und wie man Informationen verbal liefern sollte, das Entdecken möglicher Uneindeutigkeiten in dem, was gesagt worden ist, und die Fähigkeit, sowohl die eigene diesbezügliche Leistung als auch die Reaktionen der anderen zu überblicken (Robinson & Whittaker, 1986). Es überrascht nicht, dass es sich hier um Leistungen handelt, die nicht von heute auf morgen vorhanden sind. So testeten Lloyd, Camaioni und Ercolani (1995) englische und italienische Kinder und fanden heraus, dass weniger als 10% der Sechsjährigen und nur 20% der Neunjährigen in der Lage waren, Uneindeutigkeiten in einer Aufgabe zu entdecken, zu der es gehörte, Informationen mit einem Gleichaltrigen auszutauschen.

Es gibt viele andere Vorgänge, bei denen Sprache ein integraler Bestandteil des sozialen Lebens und der sozialen Entwicklung ist. Sprache dient im sozialen Bereich als charakteristisches Merkmal (Giles & Powesland, 1975), das die Gruppenzugehörigkeit einer Person (etwa zu einer sozialen Schicht, einer regionalen Herkunft, einer Ethnie) offenbart; Kinder und Jugendliche werden im Laufe ihrer Entwicklung immer sensibler für die Bedeutung dieser Informationen und stellen ihr Verhalten und ihre

Einstellungen gegenüber anderen darauf ein (Durkin, 1995; Ninio & Snow, 1999).

3.4.2 Sprache und Sozialpsychologie

Zweifellos sind diese Themen für Entwicklungspsychologen von entscheidender Bedeutung; aber haben sie einen Einfluss auf die Forschung von Sozialpsychologen? Auf einem allgemeineren Niveau treffen wir natürlich wieder auf das eingangs erwähnte Argument: Alle hier behandelten Aspekte der Sprache sind von Relevanz für die kommunikativen Prozesse bei Erwachsenen (und Erwachsene interagieren, wie zuvor betont, mit Individuen unterschiedlichen Entwicklungstands). Man kann nur dann ein vollständiges Verständnis von Sprache erreichen, wenn es eine plausible Erklärung der Sprachentwicklung umfasst.

Genauer gesagt haben sich sowohl Entwicklungspsychologen als auch Sozialpsychologen zunehmend für den Grenzbereich zwischen Sprache und sozialer Kognition interessiert: beispielsweise für Fragen, wie sich etwa unsere sozialen Ziele in unseren Sprachmustern widerspiegeln und wie die Strukturen der Sprache und der Wortschatz unsere sozialen Wahrnehmungen und unser soziales Verhalten beeinflussen können (Semin & Fiedler, 1992; Wigboldus, Semin & Spears, 2000; s. auch Kap. 5). Sozialpsychologen haben die Aufmerksamkeit auf Prozesse der Sprachakkommodation gelenkt (Giles & Coupland, 1991), bei denen wir uns in unserem Sprachstil auf die Sprache unseres Interaktionspartners einstellen – das eine Mal, indem wir ihm näher kommen (z.B. durch Übernehmen seines Dialekts) und ein andermal, indem wir auf Distanz gehen (z.B. durch Übertreiben eines regionalen Dialekts oder das Sprechen in einer Sprache, die die andere Seite nicht kennt). Diese Arbeiten werfen Fragen zum Ursprung derartiger Prozesse in der Entwicklung auf und zur Möglichkeit, dass sozialpsychologische Theorien einen allgemeineren Erklärungsrahmen für Phänomene bieten können, die Entwicklungspsychologen untersucht haben. Ein Beispiel ist die zuvor erörterte Art, wie Erwachsene ihre Sprache verändern, wenn sie mit ganz kleinen Kindern sprechen. Viele Erwachsene stellen sich ganz ähnlich auf die Situation ein, wenn sie ältere Leute ansprechen: Sie reden langsam zu ihnen, vereinfachen den Satzbau, heben die Stimme etwas und betonen oder wiederholen Schlüsselwörter (Coupland & Coupland, 1990; Kemper, Ferrell, Harden, Finter-Urczyk & Billington, 1998). Obwohl dies vielleicht in guter Absicht erfolgt, vermittelt diese Sprachakkomodation dem älteren Menschen die implizite Botschaft, dass er als weniger kompetent, fast kindähnlich wahrgenommen wird. Wenn man also die Sprachverwendung erforschen will, dann ist sowohl eine soziale Perspektive erforderlich (um den Einfluss zwischenmenschlicher Beziehungen und Erwartungen zu erklären) als auch eine Entwicklungsperspektive (um die Effekte bezogen auf das Alter des Angesprochenen zu erklären).

Sprache ist von grundlegender Bedeutung für unseren Umgang mit anderen. Sprache ist integraler Bestandteil der Gemeinsamkeit des kulturellen Verständnisses, des Ausdrucks und der Regelung von sozialem Status sowie der Aufzeichnung und Übermittlung der gesellschaftlichen Errungenschaften, Überzeugungen und Bestrebungen. Diese Prozesse sind unauflösbar entwicklungsbezogen und sozial bedingt; sie entwickeln sich über das ganze Leben hinweg weiter.

3.5 Die Entwicklung des sozialen Wissens

Wie entwickeln wir ein Verständnis für Menschen und für die Gesellschaft? Beeinflusst die Interaktion mit anderen kognitive Prozesse und deren Entwicklung? Wie entwickeln Kinder Präferenzen für sowie Antipathien gegen unterschiedliche Gruppen von Menschen?

Wie oben gesehen, muss man, um an der sozialen Welt teilhaben zu können, fähig sein, sich an anderen zu orientieren, zu einigen ausgewählten Personen Beziehungen aufzubauen und das lokal gültige Kommunikationssystem zu erlernen. Aber das reicht noch nicht aus. Man muss außerdem Mittel und Wege finden, seine Ideen den anderen mitzuteilen, zu erfahren, was sie wissen und gemeinsam Problemlösungen zu entwickeln. Man muss wissen, was Menschen sind, wie sie in psychologischer Hinsicht funktionieren und wie sie ihre sozialen Beziehungen organisieren. Dies ist u. a. die Hauptaufgabe für die Entwicklung sozialen Wissens oder der sozialen Kognition. Im folgenden Abschnitt untersuchen wir dieses Forschungsgebiet unter zwei Hauptaspekten: der sozialen Interaktion und dem sozialen Verständnis zum einen sowie dem Verständnis der sozialen Welt zum andern.

3.5.1 Soziale Interaktion und soziales Verständnis

Der große Schweizer Psychologe Jean Piaget (1896–1980) erkannte die Relevanz der Sozialpsychologie für seine bahnbrechenden Studien zur Entwicklung des Denkens bei Kindern (z. B. 1973b). Er vertrat beispielsweise die Auffassung, dass die Interaktion mit Gleichaltrigen ein entscheidender Faktor für die Herausbildung der Fähigkeit sei, über soziale Themen nachzudenken (z. B. für die Herausbildung des moralischen Urteils; Piaget, 1973a). In der Praxis jedoch konzentrierte sich der Großteil seiner Arbeit und der seiner Anhänger auf die kognitiven Errungenschaften des „einzelnen" Kindes. In dieser Theorie erscheint das Kind als eine Art kleiner Wissenschaftler, der sein Verständnis anhand logisch aufeinander folgender Stadien des Denkens entwickelt, überprüft und revidiert.

Wir wollen uns kurz Piagets grundlegende Erhaltungsexperimente ins Gedächtnis zurückrufen: Man konfrontiert ein Kind mit zwei identischen Mengen einer bestimmten Flüssigkeit. In der bekanntesten Variante befinden sich zwei gleiche Flüssigkeitsmengen in zwei gleichartigen Glasbechern. Nachdem das Kind bestätigt hat, dass die Mengen wirklich gleich sind, wird der Inhalt eines der ursprünglichen Gläser in ein drittes Glas von unterschiedlicher Form umgegossen – zum Beispiel höher und schmaler. Daraufhin wird das Kind gefragt, ob dieses neue Glas die gleiche Flüssigkeitsmenge enthält wie das verbliebene ursprüngliche Glas. Verblüffenderweise erklären Kinder unter sechs Jahren gewöhnlich, dass der Inhalt des neuen Bechers sich verändert hat, d.h., dass das Wasser entweder mehr oder weniger geworden ist. Oft fügen sie Erklärungen hinzu wie „weil der Becher größer ist" oder „dieser ist schmaler". Mit anderen Worten scheinen Kinder unfähig zu sein, den Inhalt der umgeschütteten Flüssigkeit geistig zu erhalten, und sie lassen sich stattdessen von der optischen Veränderung täuschen, die den Inhalt größer oder kleiner erscheinen lässt. Ein Kind, das eine derartige Antwort gibt, wird meist „Nichterhalter" genannt.

Piaget erklärte dies theoretisch damit, dass es dem nicht erhaltenden Kind nicht gelinge, mindestens zwei kritische geistige Operationen auszuführen. Erstens schafft es das Kind nicht, die Transformation umzukehren: Es scheint nicht zu bedenken, dass die aus dem ersten Glasbecher entnommene Flüssigkeit, wenn sie wieder dort eingefüllt wird, genauso viel Raum einnehmen wird wie vorher. Zweitens gelingt es dem Kind nicht zu **dezentrieren:** d.h. es konzentriert sich nur auf einen Aspekt der transformierten Flüssigkeit (wie etwa auf die neue Höhe) und ignoriert die Veränderungen auf anderen Dimensionen (wie etwa die neue Breite), die den ersten Aspekt ausgleichen.

Dezentrierung („decentration"): Die Fähigkeit, gleichzeitig unterschiedliche Aspekte einer Aufgabe einzubeziehen, statt sich ausschließlich auf einen Aspekt zu konzentrieren.

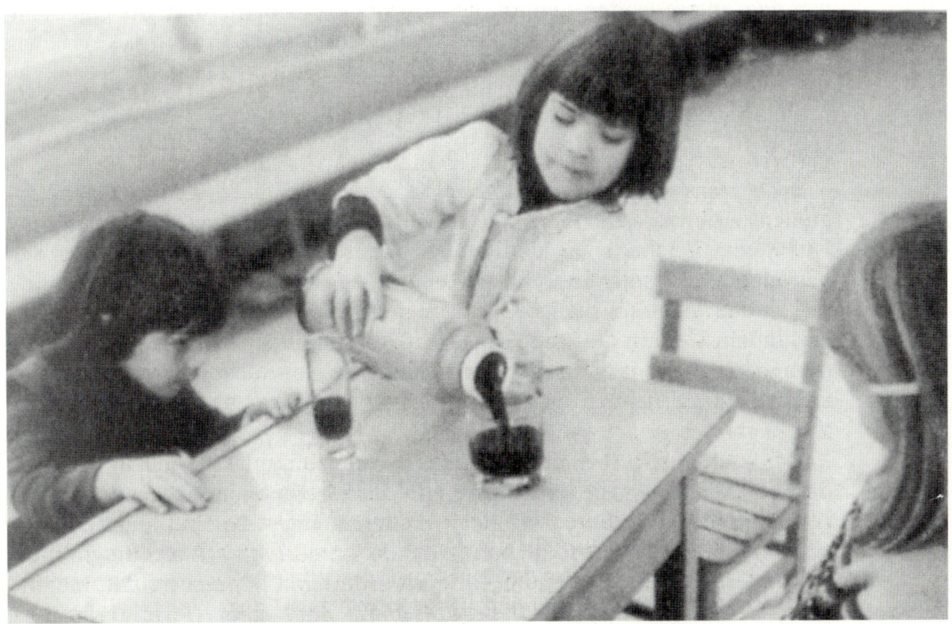

Abb. 3.2. Erhaltung und soziale Interaktion: Wenn man sich Saft teilt, können dadurch Aufmerksamkeit und Einsicht gefördert werden. (Aus Doise & Mugny, 1984)

Führt man dieses Experiment mit einem Fünfjährigen durch, wird man einen Eindruck von den reizvollen Fragen bekommen, die Piagets einfache, aber geniale Technik provozierte. Es herrscht große Uneinigkeit unter den Entwicklungspsychologen, ob Piagets Erklärung stimmt. So ist strittig, inwieweit bei Aufgaben wie z.B. dem Erhaltungstest die methodologische Vorgehensweise unsere Einsicht in die versteckten Fähigkeiten der Kinder verzerrt. Im Verlaufe dieser Arbeiten war die Interaktion des Kindes mit anderen Menschen nicht immer Schwerpunkt der Untersuchungen und die zentrale Frage lautete zumeist: „Wie packt der kleine Wissenschaftler dieses oder jenes logische oder mathematische Problem an?"

Neuere Entwicklungen der Entwicklungssozialpsychologie, besonders in Europa, lassen diese Fragen unter einer neuen, sozialeren Perspektive sehen. Eine Gruppe Genfer Psychologen und ihre Mitarbeiter haben das Interesse an Piagets (1973a) frühem Argument neu belebt, dass die fehlende kognitive Übereinstimmung zwischen Gleichaltrigen die kognitive Entwicklung fördere (Doise & Mugny, 1984; Doise & Palmonari, 1984; Perret-Clermont, 1980).

3.5.1.1 Interaktion zwischen Gleichaltrigen und kognitive Entwicklung

Der Ausgangspunkt dieser Forschung war eine Studie von Doise, Mugny und Perret-Clermont aus dem Jahre 1972. Ausgehend von einer Aufgabenstellung zur Erhaltung einer Flüssigkeitsmenge berichteten diese Forscher von dem interessanten Befund, dass Sechs- bis Siebenjährige bei einer Zusammenarbeit (das heißt zu zweit und dritt) bessere Ergebnisse erzielten als einzeln in den vorangegangenen Tests. Außerdem erzielten zuvor nicht erhaltende Kinder, die mit erhaltenden Gleichaltrigen zusammengearbeitet hatten, bei den nachfolgenden Tests bessere Ergebnisse als Kinder, die vorher nicht zusammengearbeitet hatten.

So bemerkenswert diese Ergebnisse auch sind, ließe sich vielleicht argumentieren, dass die Kinder lediglich gelernt haben, das Verhalten kompetenterer Gleichaltriger zu imitieren, statt wirklich ihr Verständnis der betreffenden kognitiven Problemstellung zu erweitern. Die Kinder konnten jedoch anspruchsvollere Erklärungen für ihre Urteile liefern als vorher, indem sie nun auch auf Dinge wie Reversibilität, Ausgleich für Veränderung in Höhe und Breite usw. Bezug nahmen, d.h. Antworten geben konnten, die erkennen ließen, dass sie Erkenntnisse hinzugewonnen hatten.

Dennoch gab es bei dieser Studie immer zumindest einen Beteiligten, der die „korrekte" Antwort wusste und die Erklärung an andere Gleichaltrige weitergeben konnte. Von noch größerem Interesse sind andere Experimente, die zeigen, dass nicht erhaltende Kinder von sozialer Interaktion mit anderen nicht erhaltenden Kindern profitieren können (s. z.B. Mugny, Levy & Doise, 1978; Rijsman, Zoetebier, Ginther & Doise, 1980). Es scheint, dass das Erzeugen widersprüchlicher Sichtweisen, auch wenn alle diese Sichtweisen falsch sind, das Dezentrieren fördern kann. Letzteres ist,

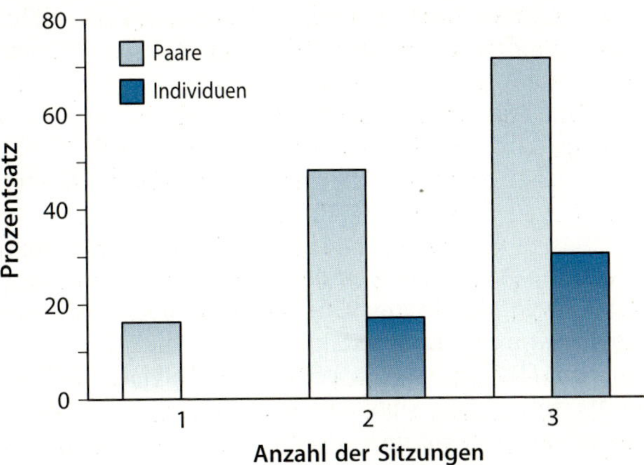

Abb. 3.3. Nach den einzelnen Sitzungen und Bedingungen aufgeschlüsselte Prozentsätze von Kindern, die bei einer komplexen Computeraufgabe erfolgreich waren. Es ist zu beachten, dass bei Sitzung 3 alle Kinder individuell arbeiteten, sodass „Paare" hier für jene steht, die *zuvor* in Paaren zusammengearbeitet hatten. (Nach Light et al., 1994)

wie wir oben gesehen haben, etwas, was individuelle Kinder bei einer Standarderhaltungsaufgabe nicht machen. Doise und Mugny behaupten, dass die soziale Interaktion für die kognitive Entwicklung grundlegend ist, weil „ein Konflikt erzeugt wird, durch den der Unterschied explizit wird" (1984, S. 160).

Die Vorteile eines **sozial-kognitiven Konflikts** beschränken sich nicht auf Kinder, die mit Erhaltungsproblemen ringen. Weitere wissenschaftliche Untersuchungen, die ein ähnliches experimentelles Paradigma verwendeten, zeigen, dass die Zugewinne, die man durch soziale Interaktion erzielt, auf andere Aufgaben verallgemeinert werden können (Perret-Clermont, 1980; Valiant, Glachan & Emler, 1982). Bessere Leistungen bei fortgeschritteneren kognitiven Aufgaben infolge sozialer Interaktion zeigten sich auch bei älteren Kindern und Jugendlichen (Blaye, Light, Joiner & Sheldon, 1991; Doise & Hanselmann, 1990; Howe, Tolmie & Rodgers, 1992). Beispielsweise fanden Light, Littleton, Messer und Joiner (1994) heraus, dass Elfjährige, denen man über mehrere Sitzungen hinweg eine komplizierte Computeraufgabe gestellt hatte, besser vorankamen, wenn sie zu zweit arbeiteten; von Bedeutung ist hierbei, dass dieser relative Vorteil bei Kindern, die gemeinsam gearbeitet hatten (in Sitzung 1 und 2 in Abb. 3.3), auch dann erhalten blieb, als sie anschließend nochmals individuell getestet wurden (Sitzung 3).

Sozial-kognitiver Konflikt („socio-cognitive conflict"): Die Mitteilung von Diskrepanzen zwischen den Perspektiven zweier oder mehrerer Teilnehmer bei einer Aufgabe, die im individuellen Verständnis der Teilnehmer Möglichkeiten schafft, sich der Defizite bewusster zu werden.

Diese Ergebnisse haben zu Meinungsverschiedenheiten unter Psychologen darüber geführt, welche Konsequenzen die sozial-interaktiven Prozesse nach sich ziehen. Doise und Mugny (1984) betonen den sozialkognitiven Konflikt (also den Konflikt mit anderen). Andere wiederum heben *intra*psychische Prozesse (also den Konflikt innerhalb des Selbst) hervor, die bei diesen Aufgaben vonstatten gehen können (Emler & Valiant, 1982; Howe et al., 1990). Obwohl die Debatte darüber andauert, hat sie den Charakter der Forschung zur kognitiven Entwicklung insofern beeinflusst, als soziale Prozesse in den Vordergrund traten (Azmitia, 1996; Durkin, 1995). In diesem Sinne ist sie ein anschauliches Beispiel dafür, wie die Entwicklungspsychologie begonnen hat, aus einer engeren Verbindung mit der Sozialpsychologie einen Nutzen zu ziehen. Wir wollen uns nun einem weiteren Beispiel zuwenden.

3.5.1.2 Perspektive Wygotskis im Bereich der sozialen Interaktion und des Wissens

Auch die Arbeit eines anderen einflussreichen europäischen Psychologen, Lew Wygotski (1896–1934), hat Entwicklungspsychologen dazu angeregt, soziokulturelle Einflussfaktoren auf die Genese des Wissens zu untersuchen (Rogoff, 1990; Wertsch & Tulviste, 1992). Wygotski vertritt die Auffassung, dass sich das Individuum durch die Teilnahme an sozialer Aktivität in Handlungsweisen vertieft, die seine eigenen Fähigkeiten allmählich transformieren. Er argumentiert, dass Kinder, indem sie etwas mit anderen machen, fortschreitend die Fertigkeiten und das Wissen ihrer kompetenteren Partner übernehmen, bis sie schließlich zur eigenständigen Ausführung in der Lage sind.

Zone der proximalen Entwicklung („zone of proximal development"): Der Abstand zwischen dem, was ein Kind ohne Hilfe leisten kann, und dem, was es in Zusammenarbeit mit anderen oder unter ihrer Anleitung leisten kann.

Eine von Wygotskis anregendsten Ideen ist die der **Zone der proximalen Entwicklung** (ZPE). Dieses Konzept bezieht sich im Wesentlichen auf das Potenzial des Kindes; es beschäftigt sich mit der Distanz zwischen dem, was das Kind leisten kann, wenn man ihm nicht hilft, und dem, was es in Zusammenarbeit mit oder unter Anleitung von anderen leisten kann. Wygotski nimmt an, dass eine zentrale Rolle dem sozialen Austausch zwischen einem Lernenden und seinen Partnern zukommt, die innerhalb der ZPE des Kindes arbeiten. Ein Großteil der Forschungen von Wygotski und seinen Nachfolgern konzentrierte sich darauf, wie diese Prozesse ablaufen. Dazu gehörten auch Untersuchungen darüber, wie Kinder ihre Fähigkeiten verbessern, aus dem Fachwissen fortgeschrittener Personen einen Vorteil zu ziehen, und wie Erwachsene das, was sie dazu beitragen, möglichst nahe am momentanen Funktionsniveau des Kindes organisieren (s. Lloyd & Fernyhough, 1999).

Man kann sehen, dass es einige Unterschiede und einige Ähnlichkeiten zwischen der Theorie Wygotskis und dem sozialen Ansatz innerhalb der Genfer Schule gibt. Wygotski betont die Anleitung und die Zusammenarbeit zwischen Tutoren und Lernenden (oder „Lehrlingen"), während Doise und Mugny den Konflikt und seine Lösung hervorheben. Doch hier handelt es sich möglicherweise eher um Unterschiede in der Schwerpunktsetzung als um Perspektiven, die einander ausschließen (Rogoff, 1990; Tudge, 1999). Jedenfalls besteht Übereinstimmung zwischen den beiden Schulen darüber, dass die sozialen Dimensionen der Entwicklung eine zentralere Rolle spielen sollten, als die herkömmliche Forschung zur kognitiven Entwicklung anerkennt; in dieser Hinsicht leisten beide einen wichtigen Beitrag zur Entwicklungssozialpsychologie.

3.5.2 Das Verständnis der sozialen Welt

Ein weiterer wichtiger Aspekt der Entwicklung sozialen Wissens ist das Verständnis sozialer Phänomene. In den letzten Jahren hat die Forschung über die Art und Weise zugenommen, wie Kinder andere Menschen, soziale Beziehungen und die soziale Struktur wahrnehmen und darüber denken.

3.5.2.1 Wie sich das Verständnis von den Eigenschaften, Gefühlen und geistigen Prozessen anderer Menschen entwickelt

Die Kenntnis der persönlichen Eigenschaften und geistigen Prozesse anderer Menschen ist eine Grundvoraussetzung für viele Aufgaben des sozialen Denkens. Das Kind muss begreifen lernen, dass andere Menschen einzigartige Eigenschaften haben, die uns dabei helfen, sie voneinander zu unterscheiden. Es muss eine Wertschätzung dafür entwickeln, dass die anderen Menschen denkende, wissende und fühlende Wesen sind. Dies hilft uns, mit ihnen zu interagieren. Dieses Wissen kann man nur in sozialen Kontexten erwerben. Die Beziehungen in der Familie und mit Gleichaltrigen bilden den Ausgangspunkt für Entdeckungen hinsichtlich der charakteristischen Eigenschaften anderer Menschen, einschließlich ihrer Überzeugungen, Absichten und Emotionen (Dunn, 1988; Meins, 1997).

Obwohl dieses Wissen schon früh im Leben eines Menschen entsteht, geht seine Entwicklung während der Kindheit, dem Jugendalter und auch später noch weiter. *Beschreibungen* von Personen konzentrieren sich mit zunehmendem Alter immer stärker auf innere psychologische Eigenschaften (Barenboim, 1981; Newman, 1991; Yuill, 1992). Anhand von Aufgaben, bei denen unterschiedliche Methodologien zum Einsatz kamen, wurde gezeigt, dass Kinder spätestens mit fünf Jahren Informationen über psychologische Eigenschaften einer Person nutzen können, um vorherzusagen, wie sich die betreffende Person in einer anderen Situation verhalten wird (Bennett, 1985–1986; Yuill, 1993). Auch schon vorher entwickeln Kinder eine „Bewusstseinstheorie“, d.h. ein Verständnis davon, über welche geistigen Prozesse wie etwa Denken, Wahrnehmen und Erinnern sie selbst und andere Menschen verfügen (Flavell, 1999; Mitchell, 1997).

Für kleine Kinder handelt es sich hier um komplexe, schwer fassbare Aufgaben. Schließlich können wir die geistigen Aktivitäten anderer Menschen oder gar ihre Emotionen nie unmittelbar beobachten. Bestenfalls werden wir Zeugen für äußere Korrelate oder Ergebnisse; und von diesen schließen wir auf das, was dem Verhalten einer Person zugrunde liegt. Obwohl es sich hier um eine schwierige Aufgabe handelt, machen Kinder Fortschritte in diesem Bereich und es scheint, dass das Lernen über die psychologische Welt entscheidend davon abhängt, wie stark man in soziale Kontexte einbezogen ist (Dunn, 1999; Newton, Reddy & Bull, 2000; Symons & Clark, 2000).

Ein interessantes Beispiel dafür, wie bedeutsam zwischenmenschliche Vorgänge für die Entwicklung eines Verständnisses von Emotionen sind,

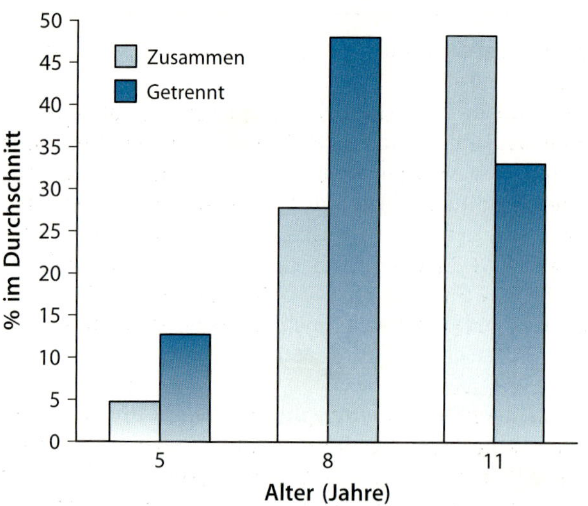

Abb. 3.4. Das Gefühl von Kindern für eine erweiterte Identität in Abhängigkeit vom Alter. (Nach Bennett et al., 1998) „Zusammen" = Überzeugung, dass Zuschauer ein Kind und seine Begleitperson zusammen wegen des Fehlverhaltens der Begleitperson beurteilen würden (z. B. „Sie meinen, dass wir beide Unruhestifter sind") „Getrennt" = Überzeugung, dass Zuschauer ein Kind und seine Begleitperson unabhängig voneinander beurteilen würden (z. B. „Sie meinen nur, dass meine Mami blöd ist")

Erweiterte Identität („extended identity"):
Das Bewusstsein, dass soziale Urteile über uns unsere Verbindungen zu anderen Menschen widerspiegeln.

liefert die Forschung zum Konzept der **erweiterten Identität** (Bennett, Yuill, Banerjee & Thomson, 1998; Semin & Papadopoulou, 1990). Semin und Papadopoulou baten Mütter, bei sich selbst und bei ihrem Kind einzuschätzen, wie sehr sie anlässlich kleinerer Missgeschicke im Alltag (wie etwa Fallenlassen einer Flasche im Supermarkt, Verkleckern der Suppe in einem Restaurant) peinlich berührt sein würden. Je älter das Kind, desto größer war die Verlegenheit, die die Mutter seitens des Kindes erwartete. Aber je geringer die Beschämung war, die die Mutter aufseiten des Kindes erwartete, desto stärker war die eigene Beschämung, die die Mutter antizipierte. Es scheint, dass Mütter sich und das Kind als eine Einheit verstehen und sich deshalb dafür verantwortlich fühlen, dass diese Einheit die Ansprüche der Öffentlichkeit erfüllt. Auf diese Weise können wir viel über Gefühle lernen durch die Beziehung zu anderen, die bereits über sie verfügen (s. Kap. 6). Bennett et al. fanden heraus, dass Kinder in der mittleren Kindheit ein Gefühl erweiterter Verantwortung und ein Gefühl der Verlegenheit für (Fehl-)Verhalten aufseiten ihrer Eltern, Spielgefährten oder kleinerer Kinder unter ihrer Aufsicht entwickeln (s. Abb. 3.4).

Die Aufgaben, bei denen es darum geht, andere Menschen zu verstehen, sind hoch motivierend und ausgesprochen adaptiv. Es ist von entscheidender Bedeutung, zu wissen, wer in der sozialen Umwelt welche Person ist und was verschiedene Personen für einen selbst tun bzw. einem antun werden. Kinder beginnen schon als Kleinkinder zwischen anderen Personen zu differenzieren. Doch von der Vorschulzeit an sind sie zunehmend besser in der Lage, die psychologischen Eigenschaften der Menschen mit einzubeziehen, Schlussfolgerungen über Absichten, Überzeugungen und Gefühle zu ziehen und abhängig davon allmählich zu der Einschätzung zu kommen, dass es sich hier um wechselseitige Prozesse handelt: dass auch andere Menschen versuchen, unseren geistigen Zustand und unsere Absichten zu interpretieren (Mitchell, 1997).

3.5.2.2 Die Kategorisierung nach Nationen und ethnischer Zugehörigkeit

Wenn wir zu noch umfassenderen Ebenen sozialer Strukturen übergehen, wie etwa zu Beziehungen zwischen unterschiedlichen Gesellschaften oder verschiedenen ethnischen Gruppen, dann erfordert das mehr als kognitive Berechnungen. Schon seit langem hat Tajfel (1981) betont, dass kognitive und affektive Faktoren in diesem Bereich untrennbar miteinander verwoben sind. Man kategorisiert Menschen nicht nur in unterschiedliche Gruppen, sondern die Menschen empfinden auch intensive Gefühle gegenüber ihrer Gruppenzugehörigkeit und gegenüber anderen Gruppen (s. Kap. 15).

Vorurteile sind eines der Kernthemen der Sozialpsychologie (Brown, 1995). Sie hat sich theoretischen Herausforderungen zu stellen, um zu erklären, warum Menschen aufgrund der Zugehörigkeit zu einer sozialen Gruppe abschätzige Einstellungen anderen gegenüber haben; und es gibt auf der Hand liegende praktische Gründe, warum wir die Ursprünge und Folgen dieser Feindseligkeit verstehen lernen müssen.

Menschen werden nicht ganz plötzlich im Erwachsenenalter vorurteilsbehaftet. Sicherlich können wir Vorurteile an Erwachsenen untersuchen, um zu erforschen, woher sie kommen; dennoch ist eine Entwicklungsperspektive unerlässlich. Wann fangen Kinder beispielsweise an, Menschen gemäß sozialen Kategorien zu klassifizieren? Wann bilden Kinder erstmals Vorurteile aus? Warum entwickeln einige Kinder anscheinend starke Vorurteile und andere nicht? Die Antworten auf diese Fragen sind nicht so einfach, wie man es zunächst erwarten könnte.

Kinder sind schon während der Vorschulzeit in der Lage, einige Aspekte der ethnischen Zugehörigkeit zu erkennen – vor allem die Hautfarbe. Clark und Clark (1947) fanden heraus, dass die Antworten kleiner Amerikaner eine überzufällige Genauigkeit aufwiesen, wenn diese gebeten wurden, eine „weiße" und eine „braune" Puppe in einem Sortiment von Puppen zu identifizieren, das von den Versuchsleitern dargeboten wurde; schon Dreijährige zeigten gute Leistungen bei dieser Aufgabe, Fünfjährige waren nahezu perfekt. Man könnte dagegen einwenden, dass es sich hier um nicht viel mehr als um einen Test des Wissens über Farben handelt. Doch die Clarks fanden auch heraus, dass die weißen und die schwarzen Kinder dazu neigten, sich selbst mit der Puppe der gleichen ethnischen Zugehörigkeit zu identifizieren. Die eben genannten und andere Forscher haben berichtet, dass Vorschulkinder dazu neigen, bei dieser Art von Aufgaben ethnische Vorlieben an den Tag zu legen (zu einer ausführlicheren Erörterung s. Brown, 1995; Nesdale, im Druck).

Kinder entwickeln auch Ansichten über die Bedeutsamkeit einer Kategorisierung nach Nationen. In einer frühen Untersuchung von Tajfel und Jahoda (1966) wurde aufgedeckt, dass bei Kindern etwa im Alter von sechs oder sieben Jahren die affektive Orientierung gegenüber unterschiedlichen Ländern deutlich ausgeprägt war, obwohl nur ein minimales empirisches Wissen darüber vorlag (so wussten sie z. B. nur wenig über Merkmale wie die relative Größe eines Landes); sie hatten recht feste Ansichten darüber, welche Länder sie mochten und welche nicht. In einer

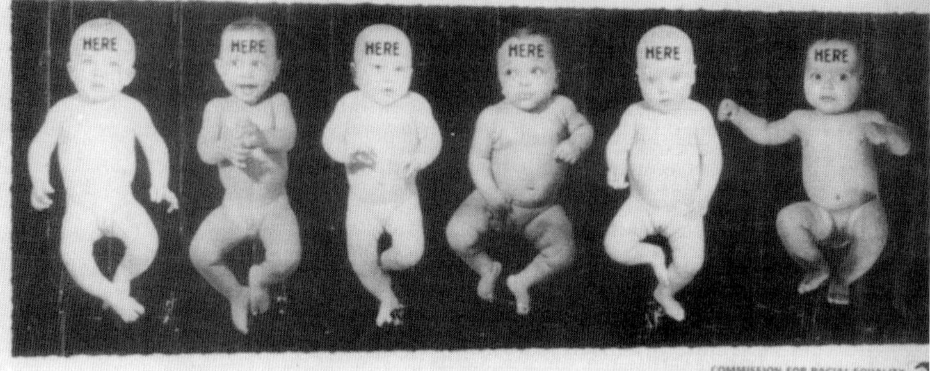

Abb. 3.5. Diese Anzeige ist Teil einer Antirassismus-Kampagne, die von der *Commission for Racial Equality* gestartet wurde, und wirft die Frage auf: „Wann entwickelt sich ein Vorurteil?"

Reihe von Untersuchungen an Sechs- bis Zwölfjährigen, die in England, den Niederlanden, Österreich, Schottland, Belgien und Italien durchgeführt wurden, baten Tajfel, Jahoda und ihre Mitarbeiter Kinder, aus einer Gruppe von Fotografien mit jungen Männern anzugeben, wen sie mochten und wen nicht; bei einer anderen Gelegenheit wurden die Kinder gebeten, zu unterscheiden, welche der Männer ihrer Auffassung nach Mitglieder ihrer eigenen nationalen Gruppe seien. Sie fanden heraus, dass kleinere Kinder eine klare Vorliebe für Männer aufwiesen, denen sie auch eine mit der eigenen übereinstimmende nationale Identität zuschrieben; diese Vorliebe war weniger deutlich ausgeprägt bei älteren Kindern, obwohl sie in einigen Ländern immer noch vorhanden war.

Für Tajfel liegt die Bedeutung dieser Art von Ergebnissen darin, dass sie „einen Nachweis für die große Sensibilität kleiner Kinder für die eher primitiven Aspekte der Wertesysteme ihrer Gesellschaften" liefern (1981, S. 206). Es scheinen jedoch noch andere Faktoren der Entwicklung nationaler und ethnischer Vorurteile zu existieren als die direkte Übernahme der Vorurteile von Erwachsenen (Aboud, 1988; Brown, 1995). Beispielsweise fand man in mehreren Untersuchungen, dass die Korrelationen zwischen den Vorurteilen der Kinder und jenen der Eltern eher gering waren (s. Brown, 1995). In einem Überblick über die Forschung zu kindlichen Vorurteilen über mehrere Jahrzehnte hinweg zeigt Aboud, dass die Ansichten der Kinder keine genauen Nachbildungen der Meinungen ihrer Eltern oder anderer salienter Informationsquellen in der Gemeinschaft sind. Im Alter von etwa vier oder fünf Jahren sind die ethnisch verzerrten Urteile sogar *stärker ausgebildet* als bei Erwachsenen. Aboud erklärt, dass dies auf dem frühen sozial-kognitiven Wissen beruhe, das sich auf Krite-

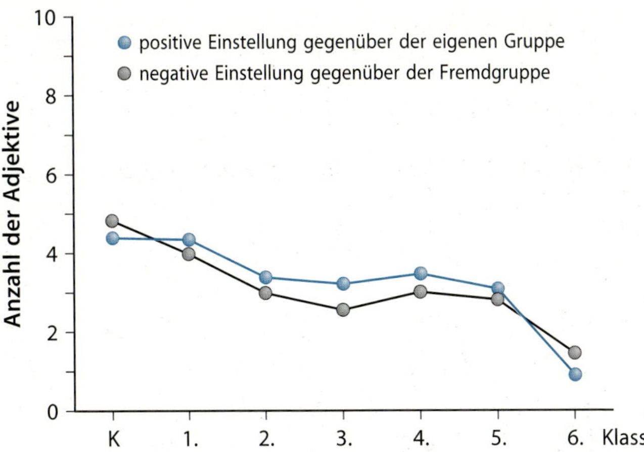

Abb. 3.6. Auffassungen von Kindern über die eigene und die Fremdgruppe vom Kindergarten (K) bis zur 6. Klasse. (Nach Doyle et al., 1988)

rien der Wahrnehmung verlässt (wie z.B. Hautfarbe, Kleidung, Sprache). Diese Kriterien liefern eine einfache Grundlage für den Vergleich zwischen der eigenen Person und den anderen. Wenn erst einmal eine Entscheidung getroffen wurde, scheint sie mit einer starken affektiven Orientierung einherzugehen – üblicherweise Vorsicht oder sogar Abneigung gegenüber der Fremdgruppe. Während ihrer weiteren sozial-kognitiven Entwicklung erweitern Kinder die Menge ihres Faktenwissens über andere soziale Kategorien und das Bewusstsein, dass Beziehungen zwischen Gruppen wechselseitig sind (d.h. wenn du für mich ein Fremder bist, dann bin ich dir vielleicht ebenso fremd). Dies kann dazu beitragen, die vereinfachten Auffassungen und krassen Vorurteile der kleineren Kinder wieder in den Hintergrund treten zu lassen (Doyle, Beaudet & Aboud, 1988; s. Abb. 3.6).

Abouds Arbeiten deuten demnach darauf hin, dass es bei der Ausbildung (und dem späteren Abklingen) von Vorurteilen eine starke kognitive Entwicklungskomponente gibt. Andererseits kann diese Theorie nicht vollständig erklären, warum einige Personen trotz einer normalen kognitiven Entwicklung die Vorurteile bis ins Jugendalter und darüber hinaus beibehalten. Einige Untersuchungen haben herausgefunden, dass Vorurteile gegenüber Fremdgruppen auf der Basis von Nationalität und ethnischer Zugehörigkeit während der mittleren Kindheit nicht abnehmen oder sogar zunehmen (Nesdale, im Druck), sich erst bei älteren Kindern entwickeln (über 10 Jahre alt; s. Rutland, 1999) oder sogar während der Studienjahre zunehmen (Hoover & Fishbein, 1999): Wie vielen Menschen mit rassistischen Vorurteilen sind Sie auf der Universität begegnet? Die sozial-kognitive Entwicklung von Kindern ist eine Fassette des Bildes, aber auch die Beziehungen zwischen Gruppen, die soziale Schichtung und die ideologischen Strukturen der gesellschaftlichen Umwelt scheinen eine wichtige Rolle bei der Ausbildung von Vorurteilen zu spielen.

Zusammenfassend heißt dies, dass ein Teil der Aufgabe der sich entwickelnden Persönlichkeit darin besteht, herauszufinden, wie die soziale Welt aussieht: Welche Eigenschaften haben die Menschen? Wie und nach welchen Regeln ist die Welt strukturiert? Und so weiter. Aber dies sind nicht einfach nur interessante intellektuelle Probleme für den Sozialpsychologen im Kleinformat, der sich auf das Erwachsenenleben vorbereiten will. Von Anfang an taucht das Kind in eine soziale Welt ein, lernt durch Teilnahme an ihr und diese Teilnahme beeinflusst den Inhalt und den Ablauf des Lernens. So ist es eine große Herausforderung für die Entwicklungssozialpsychologie, die dynamischen Spannungen zu erklären, die sich aus dem Zusammentreffen entwicklungsbedingter Veränderungen der Fähigkeiten mit den sozialen Kontexten ergeben, innerhalb derer eine Entwicklung erst zustande kommen kann.

3.5.2.3 Soziales Wissen und Sozialpsychologie

Was geht dies alles den Sozialpsychologen an? Anders gefragt, ist die Annahme nicht vernünftiger, dass Erwachsene diese Angelegenheiten bereits erledigt haben und zu dem Zeitpunkt, zu dem sie im Labor untersucht werden, bereits in vollem Maße funktionstüchtig und ausgereift sind? Wie bereits oben erwähnt, beruht ein Teil der Antwort auf dem zu Beginn des Kapitels dargestellten Argument: Eine umfassende Darstellung des menschlichen sozialen Denkens verlangt nach einer Erklärung des Ursprungs und der Entwicklung dieses Denkens. Beispielsweise nehmen einige Theorien zu Vorurteilen bei Erwachsenen an, dass einige Stereotype (wie etwa zur ethnischen Zugehörigkeit) wegen ihrer langen Entwicklungsgeschichte tief verwurzelt sind und daher automatisch als Reaktion auf relevante Stimuli aktiviert werden (z.B. eine Person aus einer bestimmten Gruppe), sogar bei Personen, die ausdrücklich nicht vorurteilsbehaftet sind (Devine, 1995). Neuere Untersuchungen der Entwicklungssozialpsychologie haben gezeigt, dass alle zentralen Prozesse, die für die Erforschung des sozialen Wissens Erwachsener von Interesse sind (im Einzelnen in Kap. 5 bis 8 behandelt), in der Tat komplizierte Entwicklungsgeschichten aufweisen (Durkin, 1995). Ebenso können Verzerrungen des sozialen Denkens Ausdruck von Strategien sein, die sich in früheren Phasen der Entwicklung als nützlich erwiesen haben. Es war beispielsweise eine frühe Entdeckung Piagets (1948) – dass das erste, was ein Kind über ein Land wissen wollte, dessen Name war –, die den Ausgangspunkt für Tajfels nachfolgende Studien über den Einfluss von Gruppenzugehörigkeit und Gruppenidentität auf soziale Urteile bildete (s. Kap. 15).

3.6 Zusammenfassung und Schlussfolgerungen

Als soziale Wesen entwickeln wir uns im Laufe der Zeit. In dem Maße, wie wir uns entwickeln, interagieren wir mit und lernen wir von anderen Menschen, die sich ebenfalls entwickeln. Die Untersuchung dieser Vorgänge erfordert eine Zusammenführung zweier Bereiche: zur Entwicklungssozialpsychologie.

Dieses Kapitel hat in einige der Fragestellungen eingeführt, die von Entwicklungssozialpsychologen erforscht werden. Wir haben uns ausführlich mit den charakteristischen Merkmalen der Sozialisation beschäftigt. Wir haben gesehen, dass herkömmliche Theorien, die kleine Kinder entweder als unendlich formbar oder als eigenwillige Tiere darstellen, die im Zaum gehalten werden müssen, durch Theorien ersetzt worden sind, die Wechselseitigkeit und Aushandeln als Grundlage dafür betonen, wie Kinder die soziale Welt entdecken. Die Forschung bringt an den Tag, dass Kleinkinder – von der Wahrnehmung her, kognitiv, emotional – sehr aktiv sind, wenn sie danach streben, ihrer Umwelt einen Sinn zu verleihen.

Von den ersten Monaten an ist es von grundlegender Bedeutung, Beziehungen zu anderen aufzubauen und aufrechtzuerhalten. Das beginnt in der Säuglingszeit, es beschränkt sich jedoch nicht auf diese Lebensphase: Beziehungen sind immer wichtig. Interessanterweise hat sich die neuere Forschung in der Sozialpsychologie stark von Entwicklungsmodellen der Bindung angezogen gefühlt, um ein besseres Verständnis der Ursprünge und Folgen unterschiedlicher Beziehungsmuster zu entwickeln.

Zu einem sozialen Wesen zu werden umfasst alle grundlegenden psychologischen Prozesse, einschließlich der Wahrnehmungsdiskrimination, der Kognition und der Kommunikation. Bei all diesen Vorgängen sind andere Menschen nicht nur als Objekte wichtig, über die man etwas erfahren kann, sondern auch als Akteure, mit denen wir zusammenarbeiten, und als Informationsquellen für unterschiedliche Standpunkte. Entwicklungspsychologen haben in den letzten Jahren zunehmend soziale Faktoren einbezogen, wie etwa die Ergebnisse sozial-kognitiver Konflikte oder die Vorteile einer „Lehrlingsbeziehung“ zu einem fähigeren „Meister“.

Wenn wir mehr über andere Menschen erfahren, fangen wir an, sie zu kategorisieren. Wir verlassen uns auf soziale Kategorien wie etwa die Zugehörigkeit zu einer ethnischen Gruppe oder einer Nationalität. Die Werte und Emotionen, die mit diesen Kategorien verbunden sind, entwickeln sich im Laufe der Zeit und wiederum scheint Entwicklung kognitive Veränderungen und Kontextvariablen zu umfassen (wie etwa die Werte und Vorurteile der Gemeinschaft).

Die Entwicklungsgeschichte ist hier nicht zu Ende. Vielleicht könnten Sie sich bei der weiteren Lektüre dieses Buchs oder anderer Werke zur Sozialpsychologie Folgendes fragen: Wann und wie setzt dieses soziale Phänomen ein? Wie könnten sich die Reaktionen des Individuums auf dieses soziale Dilemma in unterschiedlichen Stadien des Lebens verändern? Wie könnten sich diese zwischenmenschlichen Prozesse oder Intergruppenprozesse unterscheiden, je nach den unterschiedlichen Altersgruppen der Betreffenden? Diese Art von Fragen unterstreicht die Notwendigkeit einer Entwicklungssozialpsychologie.

FRAGEN ZUM TEXT

1. Beschreiben Sie die wichtigsten Unterschiede zwischen den Modellen unidirektionaler und wechselseitiger Sozialisation.
2. Skizzieren Sie einige der Wahrnehmungsfähigkeiten des kleinen Kindes und fassen Sie deren Bedeutung für die Beziehungen zu anderen Menschen zusammen.
3. Geben Sie einige der Merkmale des Bindungsverhaltens bei (a) Kleinkindern, (b) größeren Kindern und (c) Erwachsenen an. Welche Funktionen sind diesen Verhaltensweisen gemeinsam?
4. Haben die in der Säuglingszeit ausgebildeten Bindungsmuster einen Einfluss auf die sozialen Beziehungen im Erwachsenenalter?
5. Wie beeinflusst der Entwicklungsstand des Angesprochenen die Sprache des Sprechers?
6. Was ist ein sozial-kognitiver Konflikt und worin bestehen seine Auswirkungen?
7. Warum zeigen manche kleinen Kinder stärkere Vorurteile gegenüber bestimmten ethnischen Gruppen als ihre Eltern?
8. Wann hört die soziale Entwicklung auf? Bedenken Sie die Folgerungen, die sich aus Ihrer Antwort für die Sozialpsychologie ergeben.

Empfohlene Literatur

Aboud, F. (1988). *Children and prejudice.* Oxford: Blackwell. Ein Überblick über die Forschung zu ethnischen Vorurteilen bei Kindern und ein sozial-kognitives Modell zu Entwicklungsveränderungen.

Bennett, M. (Ed.). (1993). *The child as psychologist. An introduction to the development of social cognition.* New York: Harvester Wheatsheaf. Eine wertvolle Sammlung von Beiträgen über entwicklungsbedingte soziale Kognitionen.

Cassidy, J. & Shaver, P.R. (1999). *Handbook of attachment: Theory, research and clinical applications.* New York: Guilford. Ein fundierter Überblick und eine Zusammenstellung des momentanen Wissensstandes über Bindung an und Verlust von Menschen bei Kindern und Erwachsenen.

Doise, W. & Mugny, G. (1984). *The social development of the intellect.* Oxford: Pergamon. Die Standardeinführung in die Arbeit des sozialen Ansatzes innerhalb der Genfer Schule.

Durkin, K. (1995). *Developmental social psychology: From infancy to old age.* Oxford: Blackwell. Eine ausführlichere Behandlung der Themen, in die in diesem Kapitel eingeführt wird, und weiterer Schlüsselthemen der Entwicklungssozialpsychologie, einschließlich Geschlechterrollen, Medien, Aggression, prosoziales Verhalten, Moral und Entwicklung während des Erwachsenenalters.

Emler, N. & Reicher, S. (1995). *Adolescence and delinquency.* Oxford: Blackwell. Eine entwicklungssozialpsychologische Untersuchung zur Eigenart und zu den Ursachen der Kriminalität.

Ruble, D.N. & Goodnow, J. (1998). Social development from a lifespan perspective. In: D. Gilbert, S. Fiske & G. Lindzey (Eds.), *The handbook of social psychology* (4th ed., pp. 741–787). New York: McGraw-Hill. Eine ausführliche Übersicht über den Grenzbereich zwischen Entwicklungs- und Sozialpsychologie.

Schaffer, H.R. (1996). *Social development.* Oxford: Blackwell. Eine renommierte Abhandlung über die soziale Entwicklung in der Kindheit.

Schlüsseluntersuchung

Tajfel, H., Nemeth, C., Jahoda, G., Campbell, J. D. & Johnson, N. B. (1970). The development of children's preference for their own country: A cross-national study. *International Journal of Psychology, 6,* 245–253.

4 Methodologie in der Sozialpsychologie: Werkzeuge zur Überprüfung von Theorien

Anthony S.R. Manstead und Gün R. Semin

INHALT

In diesem Kapitel beschreiben wir die Hauptmethoden, die von Sozialpsychologen bei der Sammlung empirischer Informationen verwendet werden. Wir unterscheiden zwischen drei grundlegenden Arten der Forschung: der deskriptiven, der korrelativen und der experimentellen. Es sei angemerkt, dass die sozialpsychologische Forschung normalerweise experimentell oder quasiexperimentell vorgeht. Wir unterscheiden zwischen Forschungsstrategien und Techniken der Datenerhebung. Drei Forschungsstrategien werden beschrieben: die Umfrageforschung, Quasi-Experimente und echte Experimente mit Zufallszuweisung. Die experimentelle Methode wurde wegen ihrer herausragenden Stellung als Forschungsstrategie in der Sozialpsychologie für eine detaillierte Erörterung ausgewählt. Es lassen sich drei wesentliche Techniken der Datenerhebung ausmachen: Beobachtungsmaße, Selbstbeurteilungsmaße und implizite Maße. Schließlich sei noch angemerkt, dass es Sozialpsychologen gibt, die den Nutzen herkömmlicher Methoden und speziell von Labormethoden in Zweifel ziehen.

4.1 Einleitung

Wie entwickeln Sozialpsychologen ihre Theorien? Wie gehen Sozialpsychologen vor, um ihre Theorien zu überprüfen?

Verfahren zur Informationssammlung werden in jedem Fachgebiet als *Methoden* bezeichnet. Methoden sind ein Mittel, um die Vorstellungen eines Forschers in Handlungen zu übersetzen. Im Allgemeinen werden einem Forscher eine oder mehrere Fragen zu einem Phänomen durch den Kopf gehen. In der Sozialpsychologie wäre ein Beispiel für eine solche Frage: „Wie kann eine Gruppe von kompetenten Menschen eine Entscheidung treffen, die dumm ist und bei der man dies zum Zeitpunkt der Entscheidungsfindung hätte nachweisen können?" (Janis, 1982b, und Kap. 13 in diesem Buch). Ein Forscher, der sich für diese Frage interessiert, könnte eine Vermutung oder eine Theorie darüber haben, wie dieses Phänomen zu erklären ist. Beispielsweise könnte man sich vorstellen, dass die schwache Entscheidung auf die Tatsache zurückzuführen ist, dass die Gruppe einen mächtigen Anführer besitzt; dieser hat möglicherweise in einem frühen Stadium des Entscheidungsfindungsprozesses eine Präferenz zum Ausdruck gebracht und dadurch die systematische Bewertung besserer Alternativen unterdrückt. Um herauszubekommen, ob diese Vermutung zutrifft, wäre es notwendig, Informationen über Führungsstile in Gruppen zu sammeln, die schlechte Entscheidungen treffen. Methoden sind die Verfahren, an die sich der Forscher hält, um diese Informationen zu sammeln, und *Methodologie* ist ein Begriff, der für alle Aspekte der Anwendung von Methoden gebraucht wird. Obgleich sich dieses Kapitel vorrangig mit den Methoden beschäftigt, die von Sozialpsychologen zur Überprüfung der Gültigkeit ihrer Ideen herangezogen werden, erscheint es sinnvoll, zunächst der Frage nachzugehen, wo diese Ideen ihren Ursprung haben. Im klassischen Fall hat der Forscher eine **Theorie** über das Phänomen, das untersucht werden soll. Wie entstehen solche Theorien? Ein nahe liegender Ausgangspunkt ist die Beobachtung tatsächlicher Ereignisse. Zu Janis' (1982b) Theorie über die schlechte Qualität von Entscheidungsprozessen, wie sie bisweilen in Gruppen zu beobachten ist – selbst dann, wenn sich die Gruppen aus kompetenten und erfahrenen Personen zusammensetzen –, kam es durch Berichte darüber, wie die Regierung der Vereinigten Staaten ihre Entscheidung zur Invasion Kubas 1961 getroffen hatte. Diese Entscheidung wurde als „kompletter Fehlschlag" bezeichnet (Janis, 1982b, S. 14). Hier ist der Ausgangspunkt für Janis' Theorie der unzulänglichen Entscheidungsfindung in Gruppen zu sehen: ein rätselhaftes, aus dem Leben gegriffenes Phänomen, wie nämlich eine Gruppe hoch qualifizierter Individuen zu einer bemerkenswert schlechten Entscheidung kommen kann. Da Janis bereits zuvor eine Reihe von Untersuchungen zur Gruppendynamik durchgeführt hatte, war er mit den Mechanismen vertraut, die einen starken normativen Druck in Gruppen entstehen lassen können; dieser Druck führt dann dazu, dass freundschaftliche Beziehungen untereinander auf Kosten kritischen Denkens aufrechterhalten werden. Wenn kritisches und unabhängiges Denken in sozialen

Theorie („theory"): Eine Gruppe abstrakter Begriffe (d. h. Konstrukte) und Aussagen darüber, wie diese Konstrukte miteinander zusammenhängen.

Gruppen durch starken Uniformitätsdruck untergraben wird, bezeichnet Janis dies als „Gruppendenken" („group think"). Somit besteht in der Sozialpsychologie ein zweites, wichtiges Element in der Entwicklung von Theorien darin, dass man sich auf eine schon bestehende Theorie bezieht. Da Janis bereits mit der Forschung zu Gruppenprozessen und sozialen Einflüssen in Gruppen vertraut war, verfügte er über ein konzeptuelles Rüstzeug, das er zur Erklärung fehlerhaften Entscheidungsverhaltens in Gruppen einsetzen konnte.

Eine andere Form der Theorieentwicklung beginnt nicht mit einem rätselhaften Phänomen aus der Realität, sondern mit einer verwirrenden Vielfalt einander offensichtlich widersprechender Befunde aus der zuvor durchgeführten Forschung. Ein bekanntes sozialpsychologisches Beispiel hierfür ist Zajoncs (1965) Versuch, widersprüchliche Befunde aus früheren Studien miteinander in Einklang zu bringen. Er hatte sich damit beschäftigt, wie sich die Tatsache, dass man von anderen beobachtet wird, auf die individuelle Leistung auswirkt (s. Kap. 14). Wie Zajonc bemerkte, hatten manche Forscher herausgefunden, dass die Beobachtung durch Dritte günstige Auswirkungen auf die Leistung hatte. Andere wiederum zeigten, dass die Beobachtung durch Dritte zu schwächerer Leistung führte. Um diese einander widersprechenden Befunde zu erklären, bezog sich Zajonc auf Grundlagen, die er aus der Lerntheorie ableitete. Auch hier begann der Theoretiker also mit einem Phänomen, das einer Erklärung bedurfte, und bezog sich auf bereits bestehende theoretische Konzepte und Prozesse, um zu einer sinnvollen Erklärung zu kommen.

Auf welche Weise „erklärt" solch eine Theorie ein Phänomen wie fehlerhaftes Entscheidungsverhalten hoch qualifizierter Gruppen oder die widersprüchlichen Effekte der Beobachtung durch Dritte auf die Leistung? Sozialpsychologische Theorien setzen sich für gewöhnlich aus einer Reihe von Begriffen und einer Reihe von Aussagen zusammen, die die Beziehungen zwischen diesen Begriffen beschreiben. So besteht beispielsweise die Theorie von Janis (1982b) aus einem Satz von Begriffen, der die Anfangsbedingungen von Gruppendenken widerspiegelt, einem weiteren Satz von Begriffen, der die Symptome des Gruppendenkens beschreibt, und einem dritten Satz von Begriffen, der sich auf den Prozess bezieht, der Anfangsbedingungen und Symptome miteinander verbindet.

Ein Beispiel für eine Anfangsbedingung ist eine „kohäsive Gruppe", also eine Gruppe, in der die Mitglieder psychologisch von der Gruppe abhängig sind. Janis argumentiert, dass es aufgrund dieser Abhängigkeit von der Gruppe viel wahrscheinlicher ist, dass ihre Mitglieder mit dem, was sie als Konsens in der Gruppe ansehen, übereinstimmen. Ein Beispiel für ein Symptom von Gruppendenken ist die Anwesenheit von „Gedankenwächtern" („mind guards") in einer Gruppe. Janis beschreibt damit Gruppenmitglieder, die es sich zur Aufgabe machen, der Gruppe jene Informationen vorzuenthalten, die die Richtigkeit und moralische Rechtfertigung einer sich entwickelnden Entscheidung infrage stellen würden. Janis bezeichnete den vermittelnden Prozess als „concurrence-seeking tendency", also als starke Vorliebe für die Übereinstimmung mit den anderen Gruppenmitgliedern. Somit werden die Anfangsbedingungen von Gruppendenken über einen vermittelnden Prozess mit dessen Symptomen verbunden.

Konstrukt („construct"):
Ein abstrakter theoretischer Begriff (z.B. sozialer Einfluss).

Variable („variable"):
Bezieht sich auf die messbare Repräsentation eines Konstrukts (s. auch **unabhängige Variable** und **abhängige Variable**).

Operationalisierung („operationalization"):
Die Art und Weise, in der in einer bestimmten Studie ein theoretisches Konstrukt in eine messbare abhängige Variable oder eine manipulierbare unabhängige Variable überführt wird.

Hypothese („hypothesis"):
Eine vorgeschlagene Erklärung für eine beobachtete Beziehung zwischen Ereignissen.

An dieser Stelle müssen drei wichtige Begriffe vorgestellt werden. **Konstrukt** bezeichnet abstrakte Begriffe einer Theorie. Zum Beispiel sind die Begriffe der Gruppenkohäsion und der „concurrence-seeking tendency" (Vorliebe für die Übereinstimmung mit der Gruppe) in der Theorie von Janis rein theoretische *Konstrukte*. Der Begriff **Variable** bezieht sich auf die messbare Repräsentation eines solchen Konstrukts. Um beispielsweise das Konstrukt der Gruppenkohäsion zu erfassen, könnten wir eine oder mehrere der folgenden Variablen messen: Wie lange existiert die Gruppe bereits? In welchem Maß betrachten sich die Gruppenmitglieder untereinander als persönliche Freunde? Wie sehr sehen die Gruppenmitglieder die Mitgliedschaft in der Gruppe als wertvoll an? Wie viele Konflikte und abweichende Meinungen werden in der Gruppe zum Ausdruck gebracht? Dies macht deutlich, dass es verschiedene Möglichkeiten gibt, das Konstrukt der Kohäsion in einer Variable zu repräsentieren. In ihrer Forschung arbeiten Sozialpsychologen eher mit Variablen als mit Konstrukten, weil Variablen gemessen werden können. **Operationalisierung** bezieht sich auf die Art und Weise, in der ein Konstrukt in einer bestimmten Untersuchung in eine Messvariable überführt wird. Wenn wir uns dafür entscheiden, Gruppenkohäsion durch das Ausmaß zu messen, wie sehr die Gruppenmitglieder ihre Gruppenzugehörigkeit schätzen, ist dies eine andere Operationalisierung von Kohäsion als dann, wenn wir uns dafür entscheiden, zu messen, wie viel Dissens es in der Gruppe gibt.

Wie kann man eine Theorie als Steuerungsinstrument für die Forschung nutzen? Wenn erst einmal eine Theorie vorgeschlagen wurde, werden daraus in der Regel Vorhersagen abgeleitet. Eine Vorhersage, die logisch aus der Theorie von Janis abgeleitet werden kann, lautet, dass Gruppen, die sich durch ein hohes Maß an Kohäsion auszeichnen, wesentlich anfälliger für qualitativ schwache Entscheidungen sind als Gruppen mit einer geringeren Kohäsion. Mit einer solchen Vorhersage (oder **Hypothese**) ausgerüstet wird der Forscher schließlich versuchen, Belege für die Unterstützung seiner Vorhersage zu finden. Das Vertrauen in die zugrunde liegende Theorie wird in dem Maße gestärkt, in dem die Befunde mit der Vorhersage übereinstimmen. Genauso wird die Überzeugung in die zugrunde liegende Theorie geschwächt, wenn die empirischen Befunde nicht mit der Vorhersage übereinstimmen. Methoden sind die Mittel, mit deren Hilfe die Forscher ihre Vorstellungen überprüfen.

An dieser Stelle bietet es sich an, zwischen drei verschiedenen Vorgehensweisen von Forschung zu unterscheiden: der deskriptiven, der korrelativen und der experimentellen. Die *deskriptive Forschung* soll dem Forscher eine genaue Beschreibung des betreffenden Phänomens liefern („Tritt A auf?"). Zum Beispiel könnte sich ein Forscher (wie etwa Milgram, 1963) dafür interessieren, ob die meisten Erwachsenen den Anweisungen einer Autoritätsperson, einem Mitmenschen schmerzhafte und möglicherweise tödliche Stromstöße zu versetzen, Folge leisten (s. Kap. 13). Hier würde der Forscher zunächst beobachten und festhalten, wie groß der Anteil von Erwachsenen ist, der solchen Anweisungen einer Autoritätsperson gehorcht. Hier handelt es sich einfach um eine Phänomenbeschreibung. Sozialpsychologische Forschung endet aber nur selten an diesem Punkt. In der Regel will der Forscher auch wissen, *warum* sich

Menschen so verhalten. Wenn man wie Milgram herausfindet, dass 65% einer Stichprobe von Erwachsenen in vollem Umfang den Anweisungen zur Erteilung von Stromstößen Folge leisten, dann liegt die Frage nach dem *Warum* auf der Hand.

Korrelative Forschung hilft uns, diese Frage zumindest teilweise zu beantworten. Ziel ist hier, zu beschreiben, in welchem Ausmaß Variationen eines Verhaltens, etwa Gehorsam, in systematischem Zusammenhang zu Variationen eines anderen Faktors stehen („Steht *A* mit *B* in Zusammenhang?"). Lassen sich zum Beispiel diejenigen, die gehorchen, bestimmten *Typen* von Personen zuordnen (eher Männer als Frauen, eher Introvertierte als Extravertierte usw.)? Indem der Forscher solche Fragen stellt, versucht er, Zusammenhänge oder *Korrelationen* zwischen den gemessenen Variablen aufzufinden. Entdeckt er einen solchen Zusammenhang, kann dies dazu beitragen, das Auftreten eines bestimmten Phänomens zu erklären. Auf der Grundlage korrelativer Informationen lassen sich jedoch nicht eindeutig kausale Schlüsse ziehen. Warum dies so ist, wird am Beispiel korrelativer Informationen aus Milgrams (1965) Untersuchung zum Gehorsam deutlich. Man fand heraus, dass gehorsame Personen häufiger berichteten, dass sie sich während ihrer Teilnahme am Experiment angespannt fühlten. Wie ist diese Korrelation zu interpretieren? Ist die Anspannung ein Anzeichen von Furcht vor den möglichen Konsequenzen des Ungehorsams? Dies könnte bedeuten, dass Gehorsam durch die Befürchtungen des Individuums hinsichtlich der Konsequenzen von Ungehorsam „verursacht" wird. Könnte andererseits die Anspannung nicht einfach die Betroffenheit gegenüber dem möglichen Schaden für das „Opfer" zum Ausdruck bringen? Im ersten Fall wird die Beziehung zwischen Gehorsam (*A*) und Anspannung (*B*) durch „*B* führt zu *A*" erklärt, im zweiten durch „*A* führt zu *B*". Noch eine andere Möglichkeit bestünde darin, dass die Beziehung zwischen *A* und *B* durch eine dritte Variable *C* verursacht wird. Bei Milgrams Untersuchung besteht beispielsweise die Möglichkeit, dass sowohl Gehorsam als auch Anspannung durch Aggressivität verursacht werden. Dies würde bedeuten, dass die Beziehung zwischen Gehorsam und Anspannung keinesfalls kausal ist. Ohne zusätzliche Informationen jedoch ist jede dieser Interpretationen gleich plausibel. Deshalb ist es so gut wie unmöglich, aus korrelativen Untersuchungen kausale Schlüsse zu ziehen.

Experimentelle Untersuchungen werden mit dem ausdrücklichen Ziel durchgeführt, Informationen für kausale Schlüsse bereitzustellen. Das Ziel eines **Experiments** besteht darin, dass der Forscher beobachten kann, was mit einem Phänomen wie Gehorsam geschieht, wenn ein Merkmal des Kontextes, in dem das Phänomen stattfindet, absichtlich verändert wird („Verändert sich *A*, wenn ich *B* verändere?"). Da die Variation von *B* auf kontrollierte Weise vorgenommen wird, lassen sich mit höherer Stringenz kausale Schlüsse ziehen, wenn sich zeigt, dass *A* und *B* miteinander zusammenhängen. Anstatt einfach festzustellen, dass ein Mehr von *A* mit einem Mehr von *B* verknüpft ist, deckt der Experimentalforscher auf, ob *A* ansteigt, wenn *B* ansteigt, ob *A* abnimmt, wenn *B* verringert wird, ob *A* gleich bleibt, solange *B* nicht verändert wird usw. Derartige Ergebnismuster werden zu der Annahme führen, dass die manipulierten Veränderun-

Experiment („experiment"): Methode, bei der der Forscher in ein bestimmtes Setting absichtlich eine Veränderung einführt, um die Konsequenzen dieser Veränderung zu untersuchen.

gen von *B* die beobachteten Variationen von *A verursacht* haben. Die experimentelle Forschung wird später noch ausführlicher behandelt.

Deskriptive, korrelative und experimentelle Forschung sind allgemein übliche Arten von Forschungsmethoden, die keineswegs spezifisch für die Psychologie oder die Sozialpsychologie sind. Für welchen dieser Ansätze man sich entscheidet, hängt zu einem großen Teil von der Art der Fragestellung ab, die zur Beantwortung ansteht. Obwohl man in der sozialpsychologischen Forschung typischerweise eine bestimmte Vorhersage überprüfen will, gibt es auch Fälle, in denen der Zweck einer Untersuchung eher explorativ und deskriptiv ist. Die *Deskription* eines Phänomens (z.B. die Frage, ob es überhaupt existiert, unter welchen Bedingungen es auftritt usw.) erfordert andere Methoden als die *Überprüfung einer Hypothese* („hypothesis testing"). Es sei jedoch darauf hingewiesen, dass deskriptive Forschung oftmals die Vorstufe zur Überprüfung einer Hypothese ist. Beispielsweise kann im Verlauf einer deskriptiven Untersuchung festgestellt werden, dass ein Phänomen unter bestimmten Bedingungen häufig auftritt. Diese Beobachtung wiederum kann die Grundlage für eine Theorie über die Beziehung zwischen diesen Randbedingungen und dem Phänomen bilden. Danach werden aus der Theorie spezifische Vorhersagen abgeleitet und schließlich wird die Untersuchung geplant, die die Hypothesen überprüft. Das letztendliche Ziel eines Großteils der sozialpsychologischen Forschung ist *Erklärung*; dabei können als Schritte, die zu einer solchen Erklärung führen, unterschieden werden: (1) die Formulierung theoretischer Aussagen über die Beziehung zwischen Konstrukten und (2) die Durchführung empirischer Untersuchungen, in denen Belege für die vermuteten Beziehungen gesammelt werden. Diese Form der Forschungsbemühungen ist charakteristisch für das, was oft als „psychologische Sozialpsychologie" bezeichnet wird (s. Kap. 1).

Unser Hauptziel für dieses Kapitel besteht darin, einen Überblick über die von Sozialpsychologen verwendeten Forschungsmethoden zu geben. Letztendlich besteht das Ziel sozialpsychologischer Forschung in der Erklärung sozialer Phänomene. Zu diesem Zweck beobachtet man Beziehungen zwischen Konstrukten, stellt Theorien auf, um solche Beziehungen zu erklären, leitet aus diesen Theorien Vorhersagen ab und erhebt Daten, um diese Vorhersagen zu überprüfen. Dies sind die Forschungsmethoden, die in der sozialpsychologischen Forschung am häufigsten verwendet werden. Wir wollen es dem Leser ermöglichen, die in den folgenden Kapiteln vorgestellte sozialpsychologische Forschung zu beurteilen und zu bewerten. Darüber hinaus soll ihm eine erste Anleitung für die Durchführung dieser Form von Forschung gegeben werden.

Um die Beschreibung und die Erörterung von Forschungsmethoden verständlicher zu machen, werden wir zwei Aspekte der Forschungsmethodik getrennt behandeln. Zunächst werden wir verschiedene *Forschungsstrategien* erörtern. Damit ist die allgemeine Orientierung gemeint, mit der man eine bestimmte Fragestellung angeht. Wir werden uns dann besonders auf eine Forschungsstrategie – das Laborexperiment – konzentrieren, in Anbetracht der herausragenden Rolle, die es in der Sozialpsychologie spielt. Wir werden auch auf einige der wichtigsten Gefahren für die Validität von Schlussfolgerungen aus experimenteller Forschung eingehen. Danach werden wir einige der am häufigsten verwendeten *Techniken der Datenerhebung* vorstellen, also Vorgehensweisen zur Informationsgewinnung. Die Auswahl einer bestimmten Technik hängt zum Teil von den Zielen des Forschers und zum Teil von den verfügbaren Mitteln ab.

4.2 Wahl der Forschungsstrategie

Was sind die hauptsächlichen Forschungsstrategien, die Sozialpsychologen zur Verfügung stehen? Worin bestehen die Stärken und die Schwächen jeder einzelnen Strategie?

Die für die sozialpsychologische Forschung verfügbaren Strategien unterscheiden sich hinsichtlich verschiedener Eigenschaften. Im Folgenden werden wir auf drei davon näher eingehen: auf die *Repräsentativität* der erhobenen Daten, auf die *Echtheit* der Situation, in der die Daten erhoben werden und auf das Ausmaß der *Kontrolle* über die Situation. In diesem Abschnitt werden wir einen Überblick über die nach unserer Auffassung wichtigsten Forschungsstrategien geben, die Sozialpsychologen zur Verfügung stehen, und ihre unterschiedlichen Merkmale kurz beschreiben.

4.2.1 Umfrageforschung

Eine Strategie der Informationsgewinnung besteht darin, die öffentliche Meinung bzw. das öffentliche Verhalten mithilfe eines Interviews oder eines Fragebogens zu erheben. Diese Art von Forschungsstrategie wird als **repräsentative Befragung** bezeichnet und ist allgemein als Meinungsumfrage bekannt (Schwarz, Groves & Schuman, 1998). Diese Strategie beschäftigt sich weniger mit Fragen der Kausalität, sondern hat vielmehr zum Ziel, charakteristische Merkmale einer oder mehrerer Bevölkerungsgruppen zu beschreiben. Solche Beschreibungen können einfacher Art (z. B. Beschreibung des Prozentsatzes wahlberechtigter Personen eines Wahlbezirks, die angeben, einen bestimmten Kandidaten wählen zu wollen) oder auch komplexerer Art sein (z. B. Beschreibung der persönlichen und sozialen Besonderheiten, die mit illegalem Drogengebrauch von Kindern im Schulalter und Jugendlichen in Verbindung stehen). Während es sich bei der Ersteren um eine „reine“ Beschreibung handelt, betont die Zweite die Beziehungen zwischen Variablen, in diesem Fall zwischen Drogengebrauch auf der einen Seite und den Variablen Alter, Geschlecht, sozioökonomischer Status und Bildungsgrad auf der anderen Seite; Letzteres stellt korrelative Forschung dar.

Repräsentative Befragung („sample survey“): Eine Forschungsstrategie, bei der eine Stichprobe von Befragten interviewt wird (oder einen Fragebogen erhält), von der man annimmt, dass sie repräsentativ für die Population ist, aus der sie ausgewählt wurde.

Der Umfrageforscher achtet hier insbesondere darauf, dass die Befragten für eine bestimmte Population (Grundgesamtheit) repräsentativ sind (etwa Erwachsene, die in einer bestimmten Gemeinde, Region oder in einem bestimmten Land leben). Doch wie gehen Umfrageforscher mit dem Problem der Repräsentativität um? Eine Möglichkeit wäre, die gesamte infrage kommende Population zu befragen (wie es beispielsweise bei einer

Volkszählung bzw. einem Zensus der Fall ist). Hier wird das Problem der Repräsentativität dadurch umgangen, dass alle Mitglieder einer Population befragt werden: Denn, wenn die Möglichkeit besteht, die gesamte Population zu beschreiben, gibt es keinen Zweifel an der Repräsentativität der Befunde. In den meisten Fällen jedoch ist diese Vorgehensweise einer Gesamterhebung nicht möglich. Dann stellt sich die Frage, welche Mitglieder einer Population in die Umfrage einbezogen werden sollen. Den Prozess der Auswahl einer Teilmenge von Mitgliedern einer Population mit dem Ziel, die Population, aus der sie stammen, zu beschreiben, bezeichnet man als **Stichprobenziehung**.

Stichprobenziehung („sampling"):
Vorgang der Auswahl einer Untergruppe von Personen aus einer Population mit der Absicht, die Population zu beschreiben, aus der sie gezogen wurde.

Einfache Zufallsstichprobe („simple random sample"):
Eine Stichprobe, in der jedes Mitglied der Population die gleiche Chance hat, ausgewählt zu werden und in der jede mögliche Kombination der gewünschten Anzahl von Mitgliedern gleich wahrscheinlich ist.

In der Umfrageforschung werden zwei Hauptformen der Stichprobenziehung unterschieden: zufällige (probabilistische) und nicht zufällige (nicht probabilistische). Die einfachste Form der Stichprobenziehung, die auf dem Zufallsprinzip beruht, ist die **einfache Zufallsstichprobe**. Die einfache Zufallsstichprobe erfüllt zwei Bedingungen: Erstens, jedes Mitglied der Population hat die gleiche Chance, in die Stichprobe zu gelangen. Zweitens ist die Auswahl jeder möglichen Kombination der gewünschten Anzahl von Mitgliedern gleich wahrscheinlich. Ein Beispiel soll die zweite Bedingung verdeutlichen: Angenommen, eine Grundgesamtheit besteht aus 10 Elementen (z. B. Personen mit der Kennzeichnung A bis J) und die Stichprobe umfasst zwei Personen. Daraus ergeben sich 45 mögliche Kombinationen, wie sich die beiden Mitglieder der Stichprobe zusammensetzen können (A + B, A + C, A + D usw. bis I + J). Bei einer einfachen Zufallsstichprobe muss jede dieser 45 Kombinationen gleich wahrscheinlich sein. In der Praxis wird dies dadurch erreicht, dass jedem Mitglied der Grundgesamtheit eine Zahl zugeteilt wird. Mithilfe von Computer-generierten Zufallszahlen wird eine Stichprobe der gewünschten Größe gezogen. Das heißt, die erste zufallsgenerierte Zahl entspricht dem ersten Mitglied der Stichprobe, die gezogen werden soll, und so weiter, bis die Stichprobe vollständig ist. Selbst wenn kein Computerprogramm dafür zur Verfügung steht, enthalten die meisten Statistikbücher Tabellen mit Zufallszahlen, die für diesen Zweck verwendet werden können.

Quotenstichprobe („quota sample"):
Eine Stichprobe, die bestimmten im Vorhinein festgelegten Quoten entspricht und damit bestimmte Merkmale der Population (wie Alter oder Geschlecht) wiedergibt, die als für die Forschungsfrage relevant angesehen werden.

Da eine Zufallsauswahl meist viel Zeit und Geld kostet, wird für Forschungszwecke häufig eine nicht probabilistische Auswahl verwendet. Die klassischste Form einer nicht probabilistischen Auswahl ist die **Quotenstichprobe**. Das Ziel einer Quotenstichprobe besteht darin, eine Stichprobe zu ziehen, deren Merkmale den grundlegenden Merkmalen der Population entsprechen. Solche Merkmale können z. B. Alter und Geschlecht sein. Ist die Zusammensetzung der betreffenden Grundgesamtheit im Hinblick auf Alter und Geschlecht bekannt, kann man sicherstellen, dass die alters- und geschlechtsspezifische Zusammensetzung der Stichprobe der der Population entspricht. Der Begriff „Quote" bezieht sich auf die Anzahl von Personen mit einem bestimmten Merkmal (z. B. Frauen im Alter zwischen 55 und 60 Jahren), die befragt werden sollen. Der Vorteil dieses Quotenverfahrens besteht darin, dass die Interviewer so lange nach potenziellen Befragten suchen können, bis alle Quotenvorgaben erfüllt sind, ohne versuchen zu müssen, genau vorherbestimmte Befragte zu rekrutieren. Im Unterschied dazu sind beim Ziehen einer einfachen Zufallsstichprobe die zu Befragenden nach der Ziehung der Zufallszahlen genau festgelegt. In der Praxis macht dies jedoch oft wiederholte Anrufe und Besuche erforderlich, wenn sich herausstellt, dass manche der ausgewählten Personen schwer anzutreffen sind oder sich wenig kooperativ zeigen. Quotenverfahren sind für den Forscher im Vergleich zu Zufallsverfahren zeit- und kostengünstiger, aber dafür weniger genau. Eine tiefer gehende Diskussion der Vor- und Nachteile beider Verfahren würde den Rahmen dieses Kapitels sprengen. Für eine genauere Darstellung wird der interessierte Leser auf Schwarz et al. (1998) verwiesen.

4.2.2 Experimente und Quasiexperimente

Umfrageforscher interessieren sich nicht für die physischen oder sozialen Aspekte der Situation, in der die Daten erhoben werden (z.B. in der Wohnung des Befragten, im Kaufhaus oder an der Straßenecke); es wird angenommen, dass diese Aspekte nicht für die Umfrageergebnisse von Belang sind. Für andere Forscher hingegen ist die Situation, in der die Daten erhoben werden, von größerem Interesse. Das gilt insbesondere dann, wenn es um die Untersuchung von Beziehungen zwischen Besonderheiten der Situation und dem Verhalten von Individuen oder Gruppen geht. So werden Situationsmerkmale, die von sozialen Besonderheiten (z.B. ob eine öffentliche oder eine private Situation vorliegt) bis hin zu physikalischen Besonderheiten (z.B. ob es regnet oder wie warm es ist) reichen, mit bestimmten Aspekten individuellen oder gruppenbezogenen Verhaltens in Zusammenhang gebracht (z.B. wie konform die geäußerten Einstellungen sind, wie positiv die sozialen Urteile sind oder wie aggressiv das Verhalten ist). Diese Form der Forschung ist viel stärker auf kausale Erklärungen ausgerichtet als die Umfrageforschung.

Um kausale Fragestellungen zu untersuchen, verwenden Sozialpsychologen meist eine von vielen Variationen der allgemeinen experimentellen Methode. Die beiden am häufigsten verwendeten Spielarten sind das **Quasiexperiment** und das **echte Experiment mit Zufallszuweisung**. Sie unterscheiden sich voneinander hinsichtlich zweier Eigenschaften, die wir bereits erwähnten: bezogen auf die Echtheit der Situation, in der die Daten erhoben werden, und bezogen auf das Ausmaß an Kontrolle, die der Forscher über die Situation hat. Im klassischen Fall wird ein Quasiexperiment in einer natürlichen, alltäglichen Umgebung durchgeführt, über die der Forscher keine vollständige Kontrolle besitzt. Der Mangel an Kontrolle ist dadurch zu erklären, dass es sich um eine alltägliche Situation handelt. Dies bedeutet, dass die Echtheit der Situation relativ hoch und die Kontrolle relativ gering ist. Im echten Experiment mit Zufallzuweisung hat der Forscher hingegen die vollständige Kontrolle über die Schlüsselmerkmale der Situation. Dieser hohe Grad an Kontrolle geht jedoch gewöhnlich mit einem Verlust an Echtheit einher. Manchmal ist es möglich, ein echtes Experiment mit Zufallszuweisung in einer Alltagssituation durchzuführen; dies bezeichnet man dann als **Feldexperiment.**

Um den grundlegenden Unterschied zwischen Quasiexperiment und echtem Experiment besser nachvollziehen zu können, müssen wir zu-

Quasiexperiment („quasi-experiment"):
Ein Experiment, bei dem die Versuchspersonen nicht zufällig auf die verschiedenen Experimentalbedingungen verteilt werden (in aller Regel aufgrund von Faktoren, die nicht der Kontrolle des Forschers unterliegen).

Echtes Experiment mit Zufallszuweisung („true randomized experiment"):
Ein Experiment, bei dem die Versuchspersonen zufällig den unterschiedlichen Experimentalbedingungen zugewiesen werden.

Feldexperiment („field experiment"):
Ein echtes Experiment mit Zufallszuweisung in einem natürlichen Setting.

nächst definieren, was wir unter dem Begriff Experiment verstehen. Experimente sind Untersuchungen, in denen Forscher die Auswirkungen einer Klasse von Variablen (unabhängige Variablen) auf eine andere Klasse von Variablen (abhängige Variablen) untersuchen. In einem echten Experiment hat der Forscher sowohl Kontrolle über die unabhängige Variable als auch darüber, wer dieser Variable ausgesetzt wird. Noch wichtiger dabei ist, dass der Forscher in der Lage ist, die Versuchspersonen zufällig auf die unterschiedlichen Bedingungen des Experiments zu verteilen (Zufallszuweisung). Echte Experimente werden daher häufig unter Laborbedingungen durchgeführt, in denen die Forscher viele Aspekte der Situation kontrollieren können. Ein Quasiexperiment erlaubt es nicht, Einfluss darauf zu nehmen, wer mit der unabhängigen Variable konfrontiert wird. In einem typischen Quasiexperiment werden bereits bestehende Gruppen von Personen entweder der Manipulation ausgesetzt oder nicht. Quasiexperimente werden häufig unter natürlichen oder „Feldbedingungen" durchgeführt, in denen der Forscher weniger Kontrolle über die Situation hat. Die folgenden Beispiele sollen die wesentlichen Unterschiede verdeutlichen.

Sozialpsychologen, die sich für das Thema Aggression interessieren, untersuchen, ob gewalttätiges Film- und Fernsehmaterial einen Einfluss auf das anschließende Verhalten des Zuschauers hat (vgl. Kap. 10). Dieses Thema kann sowohl im Rahmen von echten Experimenten mit Zufallszuweisung als auch im Rahmen von Quasiexperimenten untersucht werden. Ein Beispiel für ein echtes Experiment zu diesem Thema ist die Studie von Liebert und Baron (1972): Jungen und Mädchen in zwei Altersgruppen wurden zufällig einer von zwei Experimentalbedingungen zugewiesen. Während sie in der einen Bedingung Filmausschnitte mit Gewaltszenen sahen, wurden ihnen in der anderen Bedingung Ausschnitte eines spannenden Sportwettkampfs gezeigt. Danach hatten beide Gruppen scheinbar die Möglichkeit, einem anderen Kind weh zu tun. Dabei zeigte sich, dass diejenigen Kinder, die die Gewaltszenen gesehen hatten, diese Möglichkeit häufiger nutzten als die anderen Kinder, die gewaltfreie Ausschnitte gesehen hatten. Da die Kinder zufällig auf die beiden Experimentalbedingungen verteilt worden waren, können die beobachteten Unterschiede mit ziemlicher Gewissheit eher auf das unterschiedliche Filmmaterial zurückgeführt werden als auf Unterschiede zwischen den Kindern.

Ein Beispiel für eine quasiexperimentelle Untersuchung zum gleichen Thema ist die Studie von Black und Bevan (1992): Hier sollten Personen einen kurzen Fragebogen ausfüllen, der die Bereitschaft, sich aggressiv zu verhalten, unter einer von vier Bedingungen messen sollte: während man vor dem Kino in einer Schlange ansteht, um einen gewaltsamen Film zu sehen, während man ansteht, um einen gewaltfreien Film zu sehen, wenn man gerade einen gewaltsamen Film gesehen hat, und nachdem man einen gewaltfreien Film gesehen hat. Die Forscher fanden heraus, dass diejenigen, die auf einen gewaltsamen Film warteten, eine größere Neigung zu gewaltsamem Verhalten zeigten, als wenn sie auf einen gewaltfreien Film warteten. Es stellte sich ferner heraus, dass diejenigen Befragten, die gerade einen gewaltsamen Film gesehen hatten, eine größere Tendenz zu Aggression zeigten als diejenigen, die warteten, um einen gewaltsamen

Film zu sehen. Es fanden sich jedoch keine Unterschiede zwischen denen, die gerade einen gewaltfreien Film gesehen hatten, und denen, die auf einen gewaltfreien Film warteten. Obgleich das Muster dieser Befunde mit der Folgerung übereinstimmt, dass gewaltsame Filme das Aggressionspotenzial erhöhen, lässt der Umstand, dass die Versuchspersonen nicht zufällig den unterschiedlichen Bedingungen dieser Untersuchung zugewiesen wurden, auch andere Erklärungsmöglichkeiten zu. Zum Beispiel könnte es sein, dass Gewaltfilme eine erhöhte Aggressionsbereitschaft nur bei solchen Personen hervorrufen, die sich für solche Filme interessieren.

Wenn man die Stärken und Schwächen von echten Experimenten und Quasiexperimenten vergleicht, zeigt sich, dass beide eine wichtige Rolle in der sozialpsychologischen Forschung spielen können. Ein bedeutender Vorteil echter Experimente liegt in der Zuverlässigkeit, mit der kausale Schlussfolgerungen aus den beobachteten Beziehungen zwischen unabhängigen und abhängigen Variablen abgeleitet werden können. Der größte Nachteil hingegen ergibt sich aus der oft künstlich hergestellten Situation, in der die Daten erhoben werden. Dies wirft die Frage auf, inwieweit die beobachteten Ursache-Wirkungs-Beziehungen auch in der Realität außerhalb des Labors gelten. Ein bedeutender Vorteil von Quasiexperimenten ist, dass sie unter relativ natürlichen Bedingungen durchgeführt werden können. Was jedoch das Ableiten kausaler Schlussfolgerungen anbelangt, ist das Quasiexperiment dem echten Experiment unterlegen. Das heißt, wenn Vorhersagen über Ursache-Wirkungs-Zusammenhänge überprüft werden sollen, ist das echte Experiment als Methode vorzuziehen. Eine Möglichkeit, die Vorteile dieser Vorgehensweisen zu verbinden, besteht darin, ein echtes Experiment in einer natürlichen Umgebung durchzuführen (d.h. ein Feldexperiment). Eine andere Möglichkeit ist die, sowohl echte Experimente als auch Quasiexperimente zu verwenden, um eine bestimmte Vorhersage zu überprüfen; das Vertrauen in die Gültigkeit der zugrunde liegenden Theorie steigt in dem Maße, in dem die Befunde beider Methoden übereinstimmen.

Die Tatsache, dass Quasiexperimente unter natürlichen Bedingungen durchgeführt werden können, ist nicht der einzige Grund, diese Strategie anzuwenden. Das Quasiexperiment ist oftmals die einzige Möglichkeit, eine experimentelle Studie zu einem sozialen Phänomen durchzuführen. Ethische und praktische Erwägungen machen es häufig unmöglich, Personen zufällig verschiedenen experimentellen Bedingungen zuzuweisen. Wenn man sich etwa wie Stroebe, Stroebe und Domittner (1988) für die Wirkungen von Partnerverlust auf die Gesundheit interessiert, ist es offensichtlich unmöglich, Personen zufällig den beiden Bedingungen „verwitwet" und „nicht verwitwet" zuzuweisen. Dieses Problem zeigt sich auch auf vielen anderen Forschungsgebieten. Soziale Interventionen, wie z.B. neue Lehrmethoden an Schulen, neue Behandlungsmethoden für Personen mit körperlichen oder psychischen Störungen, neue öffentliche Informationskampagnen und neue Führungstechniken haben gewöhnlich eins gemeinsam: Personen werden nicht zufällig dazu gebracht, sich an diesen Programmen zu beteiligen oder nicht. Entweder sie entscheiden sich selbst, an einem solchen Programm teilzunehmen (z.B. wenn sie sich freiwillig einer neuen psychologischen Behandlungsmethode unterziehen)

Tabelle 4.1. Wie gut drei Forschungsstrategien normalerweise im Hinblick auf drei Merkmale abschneiden

Merkmale	Forschungsstrategien		
	Umfragen	Experimente	Quasiexperimente
Repräsentativität der Daten	Hoch	Niedrig	Niedrig
Echtheit der Situation, in der die Daten erhoben werden	Niedrig	Niedrig	Hoch
Kontrolle über die Situation, in der die Daten erhoben werden	Niedrig	Hoch	Mittel

oder jemand anderes entscheidet über ihre Teilnahme, aber nicht aufgrund einer Zufallsziehung (z.B. wenn Direktoren einer Gesellschaft entscheiden, ein neues Führungssystem in einem Werk einzuführen, in einem anderen jedoch nicht). Die Auswirkungen solcher Maßnahmen können deshalb häufig nur quasiexperimentell untersucht werden. Die Wahl der Forschungsstrategie stellt sich dann leicht als Kompromiss zwischen dem Optimalen und dem praktisch Möglichen dar. Erfreulicherweise ist die Entwicklung einiger quasiexperimenteller Designs mittlerweile so weit fortgeschritten, dass es möglich ist, kausale Schlussfolgerungen zu ziehen (Judd & Kenny, 1981a).

4.2.3 Strategien im Vergleich

Nachdem wir uns näher mit den drei Hauptforschungsstrategien auseinander gesetzt haben, ist jetzt erkennbar, wie sie bei einem Vergleich hinsichtlich der drei Merkmale abschneiden, die wir am Anfang dieses Abschnitts erwähnt haben. Diese Merkmale sind in den Zeilen von Tabelle 4.1 dargestellt. Die drei eben beschriebenen Forschungsstrategien sind in den Spalten dieser Tabelle zu sehen. Die Einträge in den Zellen der Tabelle fassen unsere Auffassung zusammen, wie gut die Strategien im Hinblick auf jedes einzelne Merkmal sind. Es sollte klar sein, dass jede Strategie ihre eigenen besonderen Stärken und keine von ihnen im Hinblick auf alle drei Merkmale gleichzeitig hohe Werte hat.

4.3 Schlüsselmerkmale sozialpsychologischer Experimente

Was sind die Hauptbestandteile eines sozialpsychologischen Experiments?

Wie zuvor erwähnt, ist das Experiment die vorherrschende Forschungsmethode der Sozialpsychologie. Dies ist vor allem deshalb der Fall, weil es keine Alternative gibt, wenn Theorien überprüft werden sollen, die eine Kausalbeziehung zwischen Variablen vorhersagen. Standardlehrbücher der sozialpsychologischen Forschung (z.B. Aronson, Ellsworth, Carlsmith &

Gonzales, 1990; Aronson, Wilson & Brewer, 1998) behandeln das Experiment meist als bevorzugte Forschungsmethode. Wie wir noch sehen werden, gibt es jedoch begründete Zweifel daran, dass sich aus experimentellen Studien eindeutige kausale Schlussfolgerungen ableiten lassen. Zunächst werden wir jedoch die Hauptmerkmale des experimentellen Ansatzes in der Sozialpsychologie beschreiben. Dazu werden wir die bekannte Studie zum Gehorsam von Milgram (Milgram, 1965) als anschauliches Beispiel heranziehen, auf die bereits zu Beginn dieses Kapitels Bezug genommen wurde (zur eingehenden Darstellung dieser Untersuchung s. auch Kap. 13).

Experimentelles Szenario („experimental scenario"): „Verpackung", in der ein Experiment den Versuchspersonen dargeboten wird; in Feldexperimenten handelt es sich idealerweise um etwas, was auf natürliche Weise vor sich geht. Im Laborexperiment ist es wichtig, den Versuchspersonen ein realistisches und interessantes Szenario zu bieten.

Das **experimentelle Szenario** ist der Kontext, in dem die Untersuchung dargestellt wird. In einem Feldexperiment sollte dieses Szenario, ohne dass der Versuchsleiter mit Tricks arbeitet, der Realität entstammen. Im Labor dagegen ist es wesentlich, ein Szenario zu entwickeln, für das es eine überzeugende und gut durchdachte Begründung gibt. Denn die Situation sollte den Teilnehmern realistisch erscheinen und sie dazu bringen, sich wirklich zu beteiligen. Es versteht sich von selbst, dass die experimentellen Manipulationen und der Messvorgang den Versuchspersonen nicht „ins Auge springen" sollten. In gewissem Sinne ist das typische Laborexperiment wie eine Theateraufführung, mit der Ausnahme, dass die Rollen der Versuchspersonen nicht fest vorgeschrieben sind. Im Milgram-Experiment präsentierte man den Versuchspersonen das Szenario einer Untersuchung über die Auswirkungen von Bestrafung auf das Lernverhalten. Der Versuchsperson wurde scheinbar zufällig die Rolle des „Lehrers" zugewiesen, während ein Mitarbeiter des Versuchsleiters als weitere Versuchsperson ausgegeben wurde und die Rolle des „Schülers" übernahm. (An dieser Stelle sollte erwähnt werden, dass Mitarbeiter des Versuchsleiters, die in einem Experiment eine vorher festgelegte Rolle übernehmen, als **Konfident** oder **Strohmann** bezeichnet werden.) Die Aufgabe des Schülers bestand scheinbar im Auswendiglernen einer Liste von Wortpaaren. Aufgabe des Lehrers war es, jeweils das erste Wort jedes dieser Paare laut vorzulesen, zu prüfen, ob der Schüler sich richtig an das passende Wort erinnerte, und, wenn ihm dies nicht gelang (der Schüler war dazu instruiert worden, von Zeit zu Zeit „Fehler" zu machen), ihn mit einer Folge elektrischer Stromstöße von ansteigender Spannung zu bestrafen. Das experimentelle Szenario sollte die Versuchsperson davon überzeugen, dass die Stromstöße echt waren (was in Wahrheit nicht zutraf) und dass der Schüler tatsächlich eine weitere Versuchsperson war, die tatsächlich die Stromstöße erhielt. Was in Wirklichkeit eine Untersuchung zum Ausmaß war, mit dem die Versuchspersonen den Anweisungen des Versuchsleiters zum Verabreichen ständig höherer Stromstöße Folge leisten würden, wurde als Untersuchung über die Auswirkungen von Bestrafung auf das Lernverhalten präsentiert.

Konfident oder Strohmann („confederate" oder „stooge"): Komplize oder Mitarbeiter des Versuchsleiters, der scheinbar eine weitere Versuchsperson ist, in Wirklichkeit jedoch eine genau vorgeschriebene Rolle im Experiment spielt.

Die **unabhängige Variable** (UV) ist die Variable, die der Versuchsleiter absichtlich manipuliert. Alle anderen Aspekte des experimentellen Szenarios werden konstant gehalten, während die unabhängige Variable mit dem Ziel verändert wird, die Auswirkungen dieser Manipulation zu messen. Jede Manipulation der unabhängigen Variablen bewirkt eine neue experimentelle Bedingung: Eine einzige Veränderung schafft zwei Bedingungen, zwei Veränderungen führen zu drei Bedingungen usw. Im Milgram-

Unabhängige Variable („independent variable"): Variable, die ein Wissenschaftler systematisch verändert (manipuliert), um ihren Einfluss auf eine oder mehrere abhängige Variablen zu untersuchen.

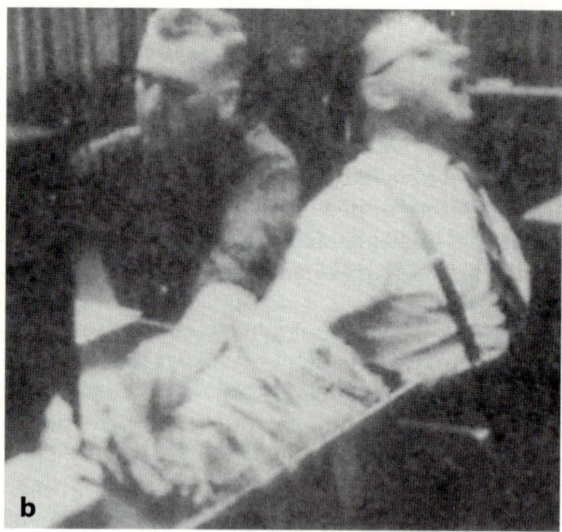

Abb. 4.1. a Allgemeine Versuchsanordnung für die Berührung-Nähe-Bedingung, **b** gehorsame Versuchsperson in der Berührung-Nähe-Bedingung von Milgrams Untersuchung (1963). (Aus dem Film „Obedience" © 1965 Stanley Milgram, mit freundlicher Genehmigung von Tavistock Publications)

Experiment war beispielsweise eine der wichtigsten unabhängigen Variablen die physische Nähe zwischen „Schüler" und „Lehrer". In einer Bedingung befanden sie sich in getrennten Räumen und der Lehrer konnte die Reaktionen des Schülers auf die Stromstöße weder sehen noch hören. In einer zweiten Bedingung konnte der Lehrer den Schüler hören, aber nicht sehen. In der dritten Bedingung konnte er die Reaktionen des Schülers sowohl hören als auch sehen. In der vierten Bedingung musste der Lehrer die Hand des Schülers auf eine Metallplatte drücken, um den Stromstoß zu erteilen (die Bedingung Berührung–Nähe, s. Abb. 4.1). Alle anderen Aspekte der experimentellen Situation wurden konstant gehalten, sodass Variationen des Verhaltens der Versuchspersonen (des Lehrers) in den vier verschiedenen Bedingungen ausschließlich der Veränderung der Nähe zwischen Lehrer und Schüler zugeschrieben werden konnten.

Die Qualität eines Experiments hängt häufig entscheidend davon ab, wie wirksam die Manipulationen der unabhängigen Variable sind. Unter *Wirksamkeit* versteht man

- das Ausmaß, in dem Veränderungen der unabhängigen Variable die wesentlichen Eigenschaften des Konstrukts erfassen, von dem man theoretisch annimmt, dass es einen kausalen Einfluss auf das Verhalten hat, und
- die Stärke der eingeführten Veränderungen.

Betrachten wir beispielsweise, wie angemessen die vier Bedingungen der Nähe in Milgrams Experiment die Dimension der Nähe erfassen: Was ganz offensichtlich manipuliert wird, ist die *physische* (im Gegensatz etwa zur psychologischen) Nähe. Sofern es dem Versuchsleiter gelingt, die Variable zu manipulieren, die er zu manipulieren beabsichtigte, verhält sich alles bestens. Wir sollten außerdem darauf achten, ob die Veränderungen zwischen den vier Bedingungen hinreichend groß sind, um einen Effekt hervorzurufen. In diesem speziellen Fall kann man sich kaum vorstellen, auf welche Weise die Variable der Nähe drastischer hätte manipuliert werden können. Wählt der Forscher allerdings schwächere Manipulationen, läuft er Gefahr, die vorhergesagten Effekte nicht nachweisen zu können, weil die Unterschiede zwischen den Stufen der unabhängigen Variablen zu gering sind, um sich nachweisbar auswirken zu können. Bei sozialpsychologischen Experimenten ist es mittlerweile gängige Praxis, Variablen mit aufzunehmen, die die Wirksamkeit der Manipulation messen. Diese Messinstrumente werden „Manipulationsüberprüfungen" genannt. Wir werden uns später noch genauer damit beschäftigen.

Wie wir bereits gesehen haben, ist es im echten Experiment wichtig, dass Versuchspersonen den verschiedenen experimentellen Bedingungen zufällig zugewiesen werden. Wird gegen diese Voraussetzung verstoßen, sind später keine kausalen Schlussfolgerungen mehr möglich. Im Milgram-Experiment fand man beispielsweise heraus, dass die Stärke der verabreichten Stromstöße in dem Maße stetig abnahm, in dem die Nähe zwischen Lehrer und Schüler zunahm. Dies zeigt offenbar, dass der Gehorsam gegenüber den Anweisungen des Versuchsleiters in dem Ausmaß sank, in dem die Schmerzen des Schülers für die Versuchsperson salienter wurden. Ein solcher Schluss dürfte *nicht* gezogen werden, wenn es Gründe für die Annahme gäbe, den vier Bedingungen seien unterschiedliche Typen von Versuchspersonen zugewiesen worden.

Um die Auswirkungen einer unabhängigen Variable beurteilen zu können, ist es erforderlich, dass der Versuchsleiter ein Merkmal des Verhaltens oder des inneren Zustands der Versuchsperson misst. Diese gemessene Variable wird als **abhängige Variable** (AV) bezeichnet, weil systematische Veränderungen dieser Variablen vom Einfluss der unabhängigen Variable *abhängig sein* sollten. Im Milgram-Experiment war die abhängige Variable die Stärke der Stromstöße in einer Sequenz von 30 Schritten, die der Lehrer durch Umlegen eines Schalters für jede Spannungshöhe vergeben konnte. Die Schlüsselfrage, die in Bezug auf jede abhängige Variable zu klären ist, lautet, inwieweit diese ein gutes Messinstrument für das zugrunde liegende theoretische Konstrukt darstellt. Ist beispielsweise die Bereitschaft zum Verabreichen scheinbar immer stärkerer Stromstöße an eine andere Person ein gutes Maß „destruktiven Gehorsams"? Zusätzlich zu der Frage der „Entsprechung" („fit") zwischen theoretischem Konstrukt und gemessener oder abhängiger Variable ist der Typ der zu verwendenden Messung ein weiteres wichtiges Problem bei der Planung der abhängigen Variablen. Dies soll später detaillierter erörtert werden.

Abhängige Variable („dependent variable"): Variable, von der man erwartet, dass sie sich in Abhängigkeit von den Veränderungen der unabhängigen Variable verändert. Gemessene Veränderungen der abhängigen Variable werden als abhängig von den manipulierten Veränderungen der unabhängigen Variable angesehen.

Neben den wichtigen abhängigen Variablen versucht man im Laufe des Experiments für gewöhnlich noch andere Maße zu erheben. Eines der wichtigsten zusätzlich erhobenen Maße ist die so genannte **Manipulationsüberprüfung**, die wir bereits früher als Maß für die Wirksamkeit der unabhängigen Variable erwähnt haben. Durch die typische Manipulationsüberprüfung wird erfasst, wie die Versuchspersonen die Eigenschaften des experimentellen Szenarios, die für die betreffende Manipulation relevant sind, wahrnehmen. Isen, Daubman und Nowicki (1987) beispiels-

Manipulationsüberprüfung („manipulation check"): Ein Maß für die Effektivität der unabhängigen Variable.

weise führten vier Studien zu den Auswirkungen positiver Stimmung auf die Kreativität beim Lösen von Problemen durch. Auf diese Weise sollte die Hypothese überprüft werden, dass positive Affekte Kreativität fördern. In ihrem zweiten Experiment manipulierten sie den Affekt auf zweierlei Weise (indem sie lustige Filme zeigten oder den Versuchspersonen Schokoriegel gaben). Anschließend wurde die Leistung in einem Kreativitätstest gemessen. Darüber hinaus überprüften sie die Wirksamkeit der Manipulation, indem sie den Versuchspersonen nach der Manipulation, jedoch vor dem Test, Fragen zu ihrer Stimmung stellten. Sie konnten feststellen, dass die Manipulation durch das Zeigen eines Films – im Gegensatz zum Schokoriegel – einen signifikanten Einfluss auf die Stimmung der Versuchspersonen hatte. Interessanterweise war die kreative Problemlösung in der Bedingung lustiger Film besser (im Vergleich zu den negativen und neutralen Filmbedingungen). Sie erwies sich jedoch unter der Bedingung Schokoriegel im Vergleich mit einer Bedingung ohne Geschenk als nicht besser. Die negativen Befunde in der Geschenkbedingung könnten also darauf zurückzuführen sein, dass die Manipulation zu schwach war. Eine wesentliche Funktion der Manipulationsüberprüfung besteht demnach darin, dass sich die Ergebnisse leichter interpretieren lassen, vor allem dann, wenn die unabhängige Variable nicht den vorhergesagten Effekt auf die abhängige Variable hat.

Es sollte erwähnt werden, dass bei Laborexperimenten oft ein gewisses Maß an Täuschung eingesetzt wird; damit ist gemeint, dass die Versuchsperson über einige Aspekte der Untersuchung in die Irre geführt wird. Das Ausmaß dieser Täuschung kann von einfachem Zurückhalten von Informationen über den wahren Zweck der Untersuchung bis zur absichtlichen Irreführung der Versuchspersonen reichen, sodass sie denken, die Untersuchung verfolge ganz andere Ziele als in Wirklichkeit. Der hauptsächliche Grund, warum man Täuschung einsetzt, besteht darin, dass die Versuchspersonen anders handeln würden, wenn sie das wahre Ziel der Untersuchung kennen würden. Wenn Milgrams Versuchspersonen von Beginn des Experiments an gewusst hätten, dass es sich um eine Studie zum Gehorsam gegenüber Autoritätspersonen handelte, dann hätten wir gute Gründe, anzunehmen, dass es häufiger zu Ungehorsam gekommen wäre: Wie die meisten Menschen hätten die Versuchspersonen vermutlich (sich selbst und anderen) demonstrieren wollen, dass sie in der Lage sind, den Befehlen, einem Mitmenschen zu schaden, Widerstand entgegenzusetzen. In den letzten 25 Jahren haben sich die Einstellungen zur Verwendung von Täuschung in der sozialpsychologischen Forschung in der Weise gewandelt, dass die absichtliche Irreführung von Versuchspersonen über die Eigenart eines Experiments heute negativer gesehen wird als früher. Diese Einstellungsänderung hat teils moralische Gründe (d.h., wo immer es möglich ist, sollte man vermeiden, eine andere Person zu täuschen, sei es nun im Kontext eines Experiments oder nicht) und teils praktische Gründe (wenn Versuchspersonen ständig absichtlich über einige Aspekte der Untersuchung in die Irre geführt werden, werden sie bei jeder künftigen Teilnahme mit der Erwartung kommen, dass sie in die Irre geführt werden sollen, was wiederum durchaus einen Einfluss auf ihr Verhalten haben kann). Es ist schwierig, die richtige Mitte zu finden zwischen dem

Wunsch, ehrlich und offen zu sein, und der Absicht, Menschen zu untersuchen, ohne dass deren Verhalten übermäßig durch ihr Wissen über die Eigenart und den Zweck eines Experiments beeinflusst wird. Versuchsleiter haben ein ureigenes Interesse, das sie dazu verleiten kann, Täuschung einzusetzen, wenn es nicht unbedingt notwendig ist. Deswegen gibt es an den meisten Universitäten in Europa, Nordamerika, Australien und Asien einen „Ethikausschuss" zur Kontrolle der Forschungsaktivitäten, an denen Menschen als Versuchspersonen beteiligt sind. Darüber hinaus haben sowohl die *American Psychological Association* als auch die *British Psychological Society* Richtlinien herausgegeben, an die sich die Mitglieder dieser Vereinigungen halten sollten, wenn sie Untersuchungen mit Menschen als Versuchspersonen durchführen.

Ein weiterer Aspekt des Milgram-Experiments, der Anlass für einige Kommentare war, ist der Stress, den viele der Versuchspersonen durchmachten. Einem Mitmenschen Stromstöße zu verabreichen ist nichts, was ein Durchschnittsbürger gelassen oder kühl tut und viele der Teilnehmer am Experiment waren recht aufgewühlt. Die nahe liegende Frage lautet dann, ob es zumutbar ist, Versuchspersonen für die Sache der sozialpsychologischen Forschung Stress auszusetzen. Auch bei dieser Frage hat sich das Meinungsklima gewandelt: Versuchsleiter achten sensibler auf das Bedürfnis, das Wohlbefinden und die Selbstachtung der Versuchspersonen zu schützen, als dies früher einmal der Fall war (obwohl erwähnt werden sollte, dass Milgram sich der ethischen Aspekte seiner Forschung durchaus bewusst war). Bestimmte Forschungsfragen lassen sich fast nicht untersuchen, ohne die Versuchspersonen einem gewissen Maß an Stress auszusetzen. Führt man beispielsweise eine experimentelle Studie über den Einfluss einer negativen Stimmung oder eines negativen Selbstwertgefühls auf die Durchführung einer Aufgabe durch, wird man bestimmte Versuchspersonen mit einer Vorgehensweise konfrontieren, die eine negative Stimmung oder ein negatives Selbstwertgefühl erzeugen soll. Ethikausschüsse werden die Zusicherung verlangen, dass die Forschungsfrage, mit der man sich beschäftigt, den Einsatz solcher Vorgehensweisen rechtfertigt und dass auch jeglicher negative Affekt, der von den Versuchspersonen erlebt wird, innerhalb angemessener Grenzen gehalten wird.

Der Königsweg, wie Versuchsleiter die ethischen Fragen im Zusammenhang damit angehen können, dass man Versuchspersonen täuscht oder sie Belastungen aussetzt, besteht darin, dass man eine **postexperimentelle Aufklärung** durchführt. Die postexperimentelle Aufklärung findet am Ende der Versuchssitzung statt und bezeichnet den Prozess der möglichst vollständigen Information der Versuchspersonen über Art und Zweck des Experiments sowie die Rolle, die ihre Teilnahme an der gesamten Untersuchung spielte. Obwohl die postexperimentelle Aufklärung eigentlich bei jeder Form der Forschung mit Menschen als Versuchsteilnehmern wichtig ist, ist sie von besonderer Bedeutung in den Experimenten, in denen die Versuchspersonen über den Zweck des Experiments bzw. Aspekte des experimentellen Verfahrens getäuscht wurden. So wurden die Versuchspersonen in Milgrams Experiment besonders sorgfältig darüber aufgeklärt, dass die von ihnen erteilten Stromstöße in Wirklichkeit nur vorgetäuscht waren und dass der Schüler keinen Schaden davongetragen hatte; auch

Postexperimentelle Aufklärung („debriefing"): Verfahren, bei dem den Versuchspersonen der Zweck des Experiments, an dem sie gerade teilgenommen haben, erklärt wird und bei dem alle Fragen beantwortet werden, die eine Versuchsperson haben könnte. Es ist besonders wichtig, die Versuchspersonen aufzuklären, wenn bei der experimentellen Vorgehensweise mit Täuschung gearbeitet wurde – in diesem Fall sollte bei der postexperimentellen Aufklärung auch erklärt werden, warum die Täuschung für notwendig gehalten wurde.

die Begründung für die Täuschung wurde sorgfältig erläutert. Im Idealfall vermittelt der Prozess der postexperimentellen Aufklärung den Versuchspersonen ein Verständnis für den Zweck der Untersuchung; dadurch können sie eine positive Vorstellung von ihrer Rolle im Experiment bekommen und die Selbstachtung wiedererlangen, mit der sie das Labor zu Beginn betreten haben.

4.4 Experimentelle Versuchspläne

Warum ist es wichtig, bei einem Experiment eine Kontrollbedingung einzuplanen? Was ist ein Interaktionseffekt?

Wir haben bereits erfahren, wie wichtig es ist, dass

- der Versuchsleiter alle theoretisch irrelevanten Merkmale der experimentellen Situation über die Bedingungen hinweg konstant hält sowie ausschließlich die unabhängige Variable manipuliert und
- die Versuchspersonen den verschiedenen Bedingungen eines Experiments zufällig zugewiesen werden.

Sind diese Bedingungen nicht erfüllt, wird es schwieriger, aus den Ergebnissen darauf zu schließen, dass die zwischen den Bedingungen beobachteten Unterschiede der abhängigen Variable auf die Veränderungen der unabhängigen Variable zurückgehen. Im Folgenden soll die Frage näher diskutiert werden, wie sich Experimente so planen lassen, dass Alternativerklärungen, so weit wie möglich, ausgeschlossen werden können.

Betrachten wir zunächst einen Versuchsplan, der als experimentell *erscheinen* mag, aber nicht als echtes Experimentaldesign gelten kann. Es handelt sich um die so genannte **One-shot-Fallstudie.** Nach Cook und Campbell (1979) verwenden wir das Symbol X für eine Manipulation (d.h. der unabhängigen Variable) und O für eine Beobachtung (d.h. die abhängige Variable). So ausgedrückt sieht das One-shot-Design wie folgt aus:

One-shot-Fallstudie („one-shot case study"): Forschungsdesign, bei dem Beobachtungen an einer Gruppe gemacht werden, nachdem ein Ereignis vorgefallen ist oder eine Manipulation durchgeführt wurde. Problematisch ist dabei, dass diese Beobachtungen mit nichts verglichen werden können, sodass das Design keinen Aufschluss darüber gibt, ob das Ereignis bzw. die Manipulation auch wirklich einen Effekt hatte.

▶ *X* *O*
→
Zeit

Um ein konkretes Beispiel zu nehmen: Man stelle sich vor, ein Erziehungswissenschaftler untersucht die Effekte einer neuen Unterrichtsmethode auf das Lernen. Er geht in eine Schulklasse, führt die neue Methode (X) ein und erfasst das Verständnis (comprehension) der Schüler für das gelernte Material (O). Welche Schlüsse kann man aus einem solchen Vorgehen ziehen? Im strengen Sinne gar keine, denn es gibt in diesem Fall keine Vergleichswerte für O, so dass der Erziehungswissenschaftler nicht folgern kann, die Lernleistung sei gut, schlecht oder mittelmäßig.

Eine einfache Erweiterung des One-shot-Designs erfüllt die Minimalanforderungen an einen echten experimentellen Versuchsplan und wird als **Nur-Nachtest-Kontrollgruppendesign** bezeichnet. Wenn R dafür steht, dass die Versuchspersonen zufällig den Bedingungen zugewiesen werden, und X und O, wie oben, für Manipulation und Beobachtung, ergibt sich folgendes Design:

Experimentalgruppe	*R*	*X*	O_1
Kontrollgruppe	*R*		O_2

Zeit

Im Vergleich zum One-shot-Design ergeben sich zwei bedeutsame Veränderungen: Zum einen sind zwei Bedingungen vorhanden. Unter der einen Bedingung werden die Versuchspersonen der Manipulation ausgesetzt (diese Bedingung wird üblicherweise als Experimentalbedingung bezeichnet und die Versuchspersonen dieser Bedingung nennt man **Experimentalgruppe**); die möglichen Effekte der Manipulation werden gemessen. Unter der zweiten Bedingung wird keine Manipulation durchgeführt (diese wird als Kontrollbedingung bezeichnet und die Versuchspersonen dieser Bedingung nennt man **Kontrollgruppe**); jedoch werden auch diese Versuchspersonen im Hinblick auf dieselbe abhängige Variable zum selben Zeitpunkt wie die Experimentalgruppe beobachtet. Jetzt *kann* die unter der Experimentalbedingung gemachte Beobachtung (O_1) mit etwas verglichen werden, nämlich mit der unter der Kontrollbedingung gemachten Beobachtung (O_2). In dem von uns verwendeten Beispiel könnte der Forscher zwei verschiedene Gruppen in Bezug auf ihr Verständnis des gelehrten Stoffs vergleichen: eine Gruppe, bei der die neue didaktische Methode verwendet wurde, und eine andere Gruppe, bei der man weiterhin die herkömmliche Methode verwendete. Die zweite wichtige Veränderung besteht in der zufälligen Zuweisung der Versuchspersonen zu den beiden Bedingungen; dadurch wird die Möglichkeit ausgeschlossen, dass Unterschiede zwischen O_1 und O_2 auf Unterschieden zwischen den beiden Gruppen von Versuchspersonen beruhen, die bereits vor der Einführung von X vorhanden waren. Daraus folgt: Wenn O_1 und O_2 sich deutlich unterscheiden, lässt sich daraus schließen, dass dieser Unterschied durch X verursacht wurde.

Obwohl das Nur-Nachtest-Kontrollgruppendesign ein in der Sozialpsychologie häufig verwendetes experimentelles Design ist, gibt es noch verschiedene andere verfeinerte und komplexere Designs. Jedes Einzelne von ihnen stellt einen stringenteren Versuch dar, die Möglichkeit auszuschließen, dass beobachtete Unterschiede zwischen den Bedingungen nicht aus der Manipulation der unabhängigen Variable resultieren (vollständige Darstellung s. Cook & Campbell, 1979). Das Hauptziel von experimentellen Versuchsplänen besteht also darin, die Gültigkeit der Schlussfolgerungen des Forschers sicherzustellen, d.h., dass die Unterschiede bezogen auf die abhängige Variable auf Veränderungen der unabhängigen Variable zurückgehen.

Ein häufig verwendetes Design in sozialpsychologischen Experimenten ist das **faktorielle Experimentaldesign**, bei dem innerhalb derselben Untersuchung zwei oder mehrere unabhängige Variablen manipuliert werden. Der einfachste Fall kann wie folgt dargestellt werden, wobei R für zufällige Zuweisung der Versuchspersonen zu den Bedingungen, X für eine

Nur-Nachtest-Kontrollgruppendesign („post-test only control group design"): Minimaldesign eines echten Experiments. Die Versuchspersonen werden zufällig einer von zwei Gruppen zugeteilt. Eine Gruppe wird der unabhängigen Variable ausgesetzt, die zweite (Kontroll-) Gruppe nicht. Beide Gruppen werden hinsichtlich der abhängigen Variable untersucht, und der Vergleich der beiden Gruppen zeigt, ob die unabhängige Variable einen Effekt hatte oder nicht.

Experimentalgruppe („experimental group"): Gruppe von Versuchspersonen, die der „Experimentalbedingung" im Gegensatz zur „Kontrollbedingung" eines Experiments zugewiesen werden; d. h. die Bedingung, in der die Versuchspersonen derjenigen Ausprägung der unabhängigen Variable ausgesetzt werden, von der man annehmen kann, dass sie ihre Gedanken, ihre Gefühle oder ihr Verhalten beeinflusst.

Kontrollgruppe („control group"): Gruppe von Versuchspersonen, die typischerweise nicht der/den in einem Experiment eingesetzten unabhängigen Variable(n) ausgesetzt werden. Messungen der abhängigen Variablen bei diesen Versuchspersonen werden mit denen der experimentellen Bedingung verglichen, die der unabhängigen Variable ausgesetzt waren (also mit der Experimentalgruppe). Dies stellt eine Grundlage für Schlussfolgerungen darüber dar, ob die unabhängige Variable einen bestimmenden Einfluss auf die Werte der abhängigen Variable hat.

Faktorielles Experiment („factorial experiment"): Ein Experiment, in dem zwei oder mehr unabhängige Variablen innerhalb des gleichen Designs manipuliert werden.

Variable mit zwei Ausprägungen (X_1 und X_2) und Y für eine andere Variable mit zwei Ausprägungen (Y_1 und Y_2) steht:

R	$X_1 Y_1$	O_1
R	$X_1 Y_2$	O_2
R	$X_2 Y_1$	O_3
R	$X_2 Y_2$	O_4

Zeit →

Haupteffekt („main effect"): Begriff für die separaten Effekte jeder unabhängigen Variable in einem faktoriellen Experiment.

Interaktionseffekt („interaction effect"): Begriff für einen kombinierten Effekt von zwei (oder mehreren) unabhängigen Variablen in einem faktoriellen Experiment, dessen Ergebnismuster von der Summe der Haupteffekte abweicht.

Das wichtigste Merkmal eines faktoriellen Designs besteht darin, dass es alle möglichen Kombinationen der unabhängigen Variablen umfasst. In dem oben dargestellten Design hat jede unabhängige Variable zwei Ausprägungen, was zu vier Bedingungen (2×2) führt. Würde man jeder Variable noch eine weitere Ausprägung hinzufügen, hätte man neun Bedingungen (3×3). Wenn stattdessen eine weitere Variable mit zwei Ausprägungen hinzugefügt würde, hätte man acht Bedingungen (2×2×2). Der wesentliche Vorteil eines faktoriellen Experimentaldesigns liegt darin, dass der Forscher die separaten und kombinierten Effekte von zwei oder mehr unabhängigen Variablen untersuchen kann. Die separaten Effekte der einzelnen unabhängigen Variablen werden als **Haupteffekte** bezeichnet. Wenn der kombinierte Effekt von zwei unabhängigen Variablen von der Summe der beiden Haupteffekte abweicht, wird diese Kombination als **Interaktionseffekt** bezeichnet.

Um eine solche Interaktion zu veranschaulichen, betrachten wir hypothetische Ergebnisse einer Studie zur Einstellungsänderung, in der zwei Variablen manipuliert wurden: Qualität der Argumente, z.B. ob eine persuasive Botschaft, die Versuchspersonen zum Lesen gegeben wird, aus starken oder schwachen Argumenten besteht und persönliche Relevanz, d.h., ob die Betroffenheit der Versuchspersonen hinsichtlich des Inhalts der Mitteilung hoch oder niedrig ist. Dieses Design überprüft eine Grundvorhersage, die aus dem „Elaboration-Likelihood-Modell der Persuasion" von Petty und Cacioppo (1986) abgeleitet ist (s. Kap. 8). Die Vorhersage geht davon aus, dass die Qualität von Argumenten einen stärkeren Einfluss auf die Einstellungen hat, wenn eine Person von dem Thema der Botschaft betroffen ist, als wenn sie es nicht ist. Abbildung 4.2 zeigt die hypothetischen Daten einer solchen Untersuchung. Wie man sehen kann, hat (Abb. 4.2 a) die Qualität der Argumente einen Haupteffekt auf die Einstellung der Versuchspersonen in der Richtung, dass starke Botschaften überzeugender sind als schwache. Betroffenheit hat keinen Haupteffekt auf die Einstellung (Abb. 4.2 b). Einstellungen variieren nicht in Abhängigkeit von der Betroffenheit der Versuchspersonen. Wenn man sich die kombinierten Effekte der beiden Variablen näher ansieht, wird jedoch klar, dass eine Interaktion vorliegt (Abb. 4.2 c): Denn der Einfluss der Argumentqualität ist, genau wie die Theorie vorhersagt, vergleichsweise wesentlich stärker bei großer als bei geringer Betroffenheit der Versuchspersonen. Da der vorhergesagte Effekt eine Interaktion ist, erfordert diese Vorhersage ein faktorielles Experiment.

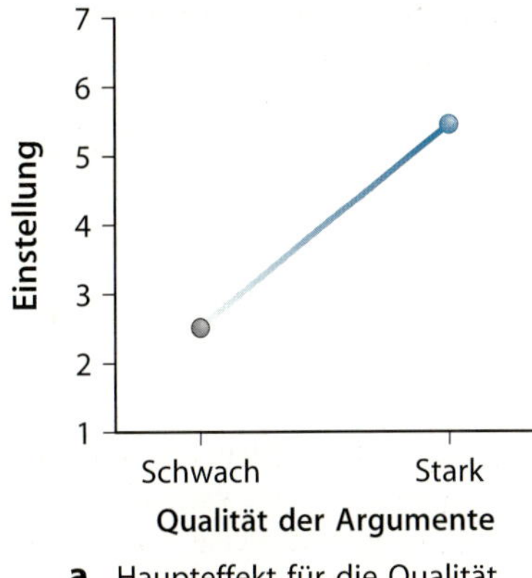

a Haupteffekt für die Qualität der Argumente

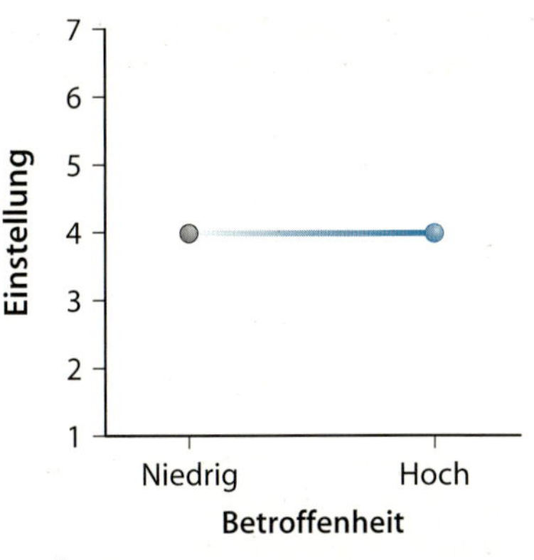

b Kein Haupteffekt für Betroffenheit

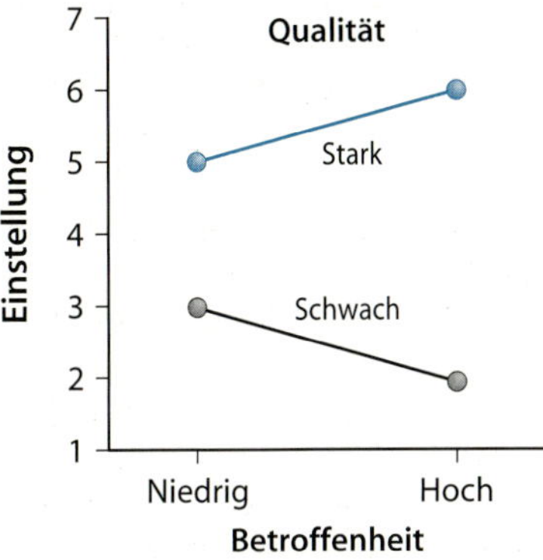

c Interaktion zwischen Qualität der Argumente und Betroffenheit

Abb. 4.2 a–c. Hypothetische Daten. **a** Haupteffekt für Argumentqualität, **b** kein Haupteffekt für Betroffenheit, **c** Interaktion zwischen Argumentqualität und Betroffenheit

4.5 Gefahren für die Validität in der experimentellen Forschung

Worin besteht der Unterschied zwischen interner und externer Validität? Was ist im Kontext experimenteller Forschung mit dem Begriff „Konfundierung" gemeint?

Der Begriff der Validität oder Gültigkeit bezieht sich im Rahmen der Forschung darauf, wie gerechtfertigt die Schlussfolgerungen sind, die aus den eigenen Befunden gezogen werden. Gute experimentelle Forschung maximiert drei Arten von Validität: interne, externe und Konstruktvalidität.

Die **interne Validität** bezieht sich auf die Gültigkeit der Schlussfolgerung, dass eine beobachtete Beziehung zwischen unabhängiger und abhängiger Variable eine *kausale* Beziehung ausdrückt; sie wird durch die Verwendung eines einwandfreien experimentellen Designs verbessert. Wir

Interne Validität („internal validity"): Bezieht sich auf die Gültigkeit der Schlussfolgerung, dass Veränderungen der unabhängigen Variablen zu Veränderungen der abhängigen Variable führen.

haben bereits gesehen, dass die interne Validität beträchtlich zunimmt, wenn man ein Kontrollgruppendesign verwendet; aber selbst wenn man eine Kontrollgruppe hat, gibt es noch zahlreiche Gefahren für die interne Validität (Cook & Campbell, 1979, Liste 13). Dazu gehört die Möglichkeit, dass sich die Gruppen, die man miteinander vergleicht, noch auf andere Weise unterscheiden, nicht nur in Bezug auf die unabhängige Variable, für die man sich interessiert.

Nehmen wir beispielsweise einmal an, dass Milgram in seinem Experiment für jede Bedingung einen anderen Versuchsleiter eingesetzt hätte, sodass Versuchsleiter 1 die Versuchspersonen unter der ersten Bedingung angeleitet hätte, Versuchsleiter 2 die unter der zweiten usw. Obwohl es einleuchtend erscheinen mag, die Arbeit des Versuchsleiters zwischen verschiedenen Personen aufzuteilen, würde diese Vorgehensweise eine ernst zu nehmende Gefahr für die interne Validität des Experiments mit sich bringen. Die vier Bedingungen ließen sich nämlich nicht mehr *ausschließlich* hinsichtlich der physischen Nähe zum „Opfer“ unterscheiden; sie würden sich auch in der Hinsicht unterscheiden, dass jede einzelne Bedingung von einem anderen Versuchsleiter durchgeführt worden wäre. Die unterschiedlichen Grade des Gehorsams, die unter den vier Bedingungen beobachtet wurden, *könnten* dann zwar möglicherweise auf dem kausalen Einfluss der unabhängigen Variable „Nähe“ beruhen, aber ein Einfluss des jeweiligen Versuchsleiters (oder sogar einer Kombination dieser beiden Faktoren) auf Gehorsam könnte nicht ausgeschlossen werden. Das Problem liegt in der möglichen **Konfundierung** der Variable der physischen Nähe mit einer zweiten Variable, nämlich der Person des Versuchsleiters. Es ist nicht möglich, die Effekte, konfundierter Variablen voneinander zu trennen.

Konfundierung („confounding“): Eine Variable, die aus zwei oder mehr potenziell trennbaren Komponenten besteht, ist konfundiert. Ist die unabhängige Variable konfundiert, hat der Forscher nur sehr wenig Möglichkeiten, eindeutige kausale Schlussfolgerungen zu ziehen.

Konstruktvalidität („construct validity“): Gültigkeit der Annahme, dass unabhängige und abhängige Variablen die theoretischen Konstrukte, die sie repräsentieren sollen, angemessen operationalisieren.

Selbst wenn wir darauf vertrauen, dass zwischen X und O ein Kausalzusammenhang in dem Sinne besteht, dass die interne Validität hoch ist, müssen wir die Eigenart der an dieser Beziehung beteiligten Konstrukte sorgfältig analysieren. Die **Konstruktvalidität** bezieht sich auf die Gültigkeit der Annahme, dass unabhängige bzw. abhängige Variablen die Variablen (oder Konstrukte), die sie repräsentieren sollen, angemessen erfassen.

Bei der Konstruktvalidität unabhängiger Variablen erhebt sich die Frage, ob die experimentelle Manipulation tatsächlich das gewünschte theoretische Konstrukt repräsentiert. Beispielsweise fanden Aronson und Mills (1959) in einem bekannten Experiment heraus, dass Versuchspersonen, die sich einer peinlichen Aufnahmeprozedur für die Teilnahme an einer Gruppendiskussion über sexuelle Fragen unterzogen hatten, die sich dann als langweiliges Gespräch über Sexualität im Tierreich herausstellte, im Anschluss daran die Gruppe positiver bewerteten als Versuchspersonen, bei denen die Aufnahmeprozedur weniger peinlich gestaltet worden war. Dies wurde im Sinne einer aus der Dissonanztheorie (s. Kap. 8) abgeleiteten Vorhersage interpretiert. Nach der Dissonanztheorie ist das Wissen, dass man leiden musste, um ein Ziel zu erreichen, inkonsistent mit dem Wissen, dass das Ziel die Mühe nicht gelohnt hat, und dies erzeugt kognitive Dissonanz. Nach der Dissonanztheorie reduzieren wir diesen – unangenehmen – Dissonanzzustand, indem wir das Ziel positiver bewerten.

Gerard und Mathewson (1966) haben darauf hingewiesen, dass die Befunde von Aronson und Mills tatsächlich eine ganze Reihe alternativer Interpretationen zulassen, die alle die Annahme gelten lassen, dass sich die beobachteten Unterschiede in der Bewertung der Gruppe auf die Manipulation der Aufnahmeprozedur zurückführen lassen. Die Autoren bestreiten jedoch, dass dieser Effekt aufgrund der unterschiedlichen Ausmaße von Dissonanz, die die Versuchspersonen angeblich erfahren hatten, zustande kam. Man könnte z. B. argumentieren, dass der eher langweilige Charakter der Diskussion in Wirklichkeit bei den Versuchspersonen, die sich einer peinlichen Aufnahmeprozedur hatten unterziehen müssen, ein Gefühl der Erleichterung auslöste und dass sie deshalb die darauf folgende Diskussion als angenehmer empfanden als Versuchspersonen, deren Aufnahmeprozedur weniger peinlich verlief. Um diese Alternativerklärung (und andere ähnliche Erklärungen) auszuschließen, dachten sich Gerard und Mathewson eine experimentelle Bedingung aus, unter der die Teilnahme an der Gruppendiskussion einer unangenehmen Erfahrung folgte, von dieser jedoch nicht abhängig war. Für die Alternativerklärung sollte es keinen Unterschied machen, ob die Diskussion von einer unangenehmen Erfahrung abhängt oder nicht; dagegen ist aus der Sicht der Dissonanztheorie die Beziehung zwischen dem „Leiden" und der Gruppendiskussion entscheidend. Gerard und Mathewson konnten zeigen, dass die positivere Einschätzung der Diskussionsgruppe nur dann eine positive Korrelation mit der Aversivität der vorangegangenen Erfahrung aufwies, wenn die Gruppenmitgliedschaft von dieser Erfahrung abhing.

Selbst wenn der Forscher allen Grund hat, mit der Konstruktvalidität einer unabhängigen Variable zufrieden zu sein, bleibt die Frage offen, ob die gemessenen abhängigen Variablen tatsächlich das messen, was sie messen sollen. Wie wir später sehen werden, ist die Entwicklung eines Messinstruments für ein sozialpsychologisches Konstrukt alles andere als einfach. Es gibt drei Arten von Gefahren für die Konstruktvalidität abhängiger Variablen im sozialpsychologischen Experiment: soziale Erwünschtheit, Hinweise aus der experimentellen Situation und die Versuchsleitererwartung.

Soziale Erwünschtheit („social desirability"): Ein Begriff, der dazu verwendet wird, die Tatsache zu umschreiben, dass Versuchspersonen gewöhnlich darauf aus sind, in einem positiven Licht gesehen zu werden und deshalb nur widerstrebend bereit sind, über negative Eigenschaften der eigenen Person zu berichten.

Soziale Erwünschtheit ist ein Begriff, der verwendet wird, um die Tatsache zu beschreiben, dass Versuchspersonen in der Regel gerne in günstigem Licht gesehen werden möchten und daher abgeneigt sein können, Befürchtungen, Ängste, Gefühle von Feindseligkeit, Vorurteile oder irgendetwas anderes zu äußern, was ihrer Meinung nach als negativ angesehen würde. Ebenso könnten die Versuchspersonen eigene Verhaltensweisen „zensieren", um nicht negativ beurteilt zu werden. In dem Ausmaß, in dem die Messinstrumente eines Forschers durch Effekte sozialer Erwünschtheit verfälscht sind, können sie das betreffende theoretische Konstrukt nicht erfassen. Das nahe liegendste Mittel zur Reduktion sozialer Erwünschtheit besteht darin, den Prozess der Messung möglichst nichtreaktiv („unobtrusive") zu gestalten. Dabei wird angenommen, dass die Versuchspersonen ihr Verhalten nicht verändern können, wenn sie nicht wissen, was eigentlich gemessen werden soll.

Hinweise aus der experimentellen Situation („demand characteristics"): Hinweisreize aus dem Experiment, die der Versuchsperson als Anhaltspunkt dafür dienen, welche Verhaltensweisen oder Reaktionen in einer experimentellen Situation von ihr erwartet werden, d. h. Hinweisreize, die zu einer bestimmten Art von Reaktion „auffordern".

Der englische Begriff „Demand characteristics" steht für **Hinweise aus der experimentellen Situation**, die der Versuchsperson einen Eindruck davon vermitteln, welche Hypothese der Versuchsleiter hat. Personen, die wissen, dass sie an einer Untersuchung teilnehmen, sind oft neugierig darauf, wofür sich der Versuchsleiter interessiert und welche Reaktionen er erwartet. Sie zeigen dann möglicherweise die erwarteten Reaktionen, um dem Versuchsleiter zu gefallen. Wenn Verhalten zum Ziel hat, den Hypothesen des Versuchsleiters zu entsprechen, spricht man von einer Reaktion auf Hinweise aus der experimentellen Situation. Orne (1962, 1969) hat zahlreiche Arbeiten über Hinweise aus der experimentellen Situation durchgeführt und verschiedene Methoden vorgeschlagen, wie man genauer bestimmen kann, welche Rolle sie in bestimmten Experimentalsituationen spielen. Beispielsweise empfiehlt er die Durchführung intensiver **postexperimenteller Befragungen** in Interviewform – vorzugsweise durch eine andere Person als den Versuchsleiter. Das Ziel dieser Befragungen ist es, herauszufinden, was nach Auffassung der Versuchsperson das Ziel des Experiments war, und das Ausmaß zu klären, in dem sich diese Auffassung auf das Verhalten während des Experiments auswirkte. Forscher sollten natürlich alles in ihrer Macht Stehende tun, um die Wirkung von Hinweisen aus der experimentellen Situation möglichst gering zu halten. Dies lässt sich durch Anwendung **nichtreaktiver Methoden** erreichen oder indem man den Versuchspersonen sagt, das Ziel des Experiments könne leider erst nach Abschluss der Untersuchung mitgeteilt werden und es sei bis dahin wichtig, dass sie *nicht* versuchten, die Hypothese zu erraten. Eine **„Coverstory"**, die die Versuchspersonen im Glauben wiegt, das Ziel des Experiments sei ein ganz anderes, als es das in Wirklichkeit ist, ist ein häufig eingesetztes Mittel, um die Effekte von Hinweisen aus der experimentellen Situation zu verringern. Eine wenig überzeugende Coverstory kann jedoch mehr Probleme hervorrufen, als sie löst; denn sie weckt in der Versuchsperson vielleicht erst Zweifel, die sonst nicht aufgetreten wären.

Die so genannte Versuchsleitererwartung bezieht sich auf die Hypothese, die der Versuchsleiter selbst hinsichtlich des Ergebnisses seiner Untersuchung hat. Diese Erwartung kann unwillentlich das Verhalten des Versuchsleiters gegenüber den Versuchspersonen in einer Weise beeinflussen, dass diese sich mit größerer Wahrscheinlichkeit hypothesenkonform verhalten. Rosenthal (1966) nannte dies den Effekt der Versuchsleitererwartung (s. **Versuchsleitereffekt**). Die Prozesse, durch die die Effekte der Versuchsleitererwartung vermittelt werden, sind komplex und haben sehr viel mit nonverbaler Kommunikation zu tun. Das Ausmaß, in dem die Erwartung des Versuchsleiters ein Phänomen beeinflussen kann, lässt sich durch den Einsatz mehrerer Versuchsleiter und die Manipulation ihrer Erwartungen hinsichtlich des Ergebnisses einschätzen. Eine nahe liegende Strategie zur Verringerung dieser Effekte besteht darin, die Versuchsleiter hinsichtlich der Hypothese, die überprüft werden soll, im Ungewissen zu lassen oder sie zumindest darüber im Unklaren zu lassen, welcher experimentellen Bedingung die jeweilige Versuchsperson zugewiesen wurde. Andere Möglichkeiten sind die Minimierung der Interaktion zwischen Versuchsleiter und Versuchspersonen oder eine möglichst weit gehende Automatisierung des Experiments. Auf jeden Fall sollten die Möglichkeiten des Versuchsleiters eingeschränkt werden, durchblicken zu lassen, welche Erwartungen er hat.

Postexperimentelle Befragung („post-experimental enquiry"):
Von Orne vorgeschlagene Technik zur Aufdeckung der Wirkung von Hinweisen aus der experimentellen Situation. Die Versuchsperson wird nach der Teilnahme an einem Experiment sorgfältig befragt, um Aufschluss über ihre Wahrnehmungen im Hinblick auf den Zweck des Experiments zu erhalten.

Nichtreaktive Methoden („unobtrusive measures", „non-reactive measures"):
Messmethoden, deren Anwendung die Versuchspersonen nicht bemerken und die daher ihr Verhalten nicht beeinflussen können.

Coverstory („cover story"):
Eine falsche, aber vermutlich plausible Erklärung für den Zweck eines Experiments. Dahinter steckt die Absicht, den Einfluss von Hinweisen aus der experimentellen Situation einzuschränken.

Versuchsleitereffekt, Effekt der Versuchsleitererwartung („experimenter effect", „experimenter expectancy effect"):
Effekt, der vom Versuchsleiter im Verlauf seiner Interaktion mit der Versuchsperson unbeabsichtigt hervorgerufen wird. Dieser Effekt entwickelt sich aus dem Wissen des Versuchsleiters über die Hypothese, die überprüft werden soll, und lässt die Wahrscheinlichkeit dafür ansteigen, dass sich die Versuchspersonen so verhalten, wie es der Hypothese des Versuchsleiters entspricht.

Selbst wenn es dem Versuchsleiter gelingt, alle genannten Gefahren für die interne Validität und die Konstruktvalidität abzuwenden, bleibt noch eine wichtige Frage zur Validität unbeantwortet: Wie weit kann die Kausalbeziehung zwischen X und O über die spezifischen Umstände eines Experiments hinaus verallgemeinert werden? Die **externe Validität** bezieht sich auf die Generalisierbarkeit eines beobachteten Zusammenhangs über die spezifischen experimentellen Umstände hinaus, die der Forscher beobachtet hat. Ein wichtiges Merkmal der experimentellen Situation betrifft natürlich den Typ von Personen, die sich als Versuchspersonen am Experiment beteiligen. In vielen Fällen nehmen Versuchspersonen freiwillig am Experiment teil. Zur Gewährleistung der externen Validität ist es wichtig, zu überlegen, ob die mit Freiwilligen erhaltenen Ergebnisse auf andere Populationen übertragbar sind. Es gibt viele Arbeiten über die Unterschiede zwischen freiwilligen und nichtfreiwilligen Versuchspersonen in psychologischen Untersuchungen (zu einem Überblick s. Rosenthal & Rosnow, 1975, und Cowles & Davis, 1987, als Beispiel für eine Studie). Die allgemeine Schlussfolgerung daraus lautet, dass es systematische Unterschiede zwischen den Persönlichkeiten von Freiwilligen und Nichtfreiwilligen *gibt*. Noch wichtiger ist Folgendes: In Untersuchungen wie etwa der von Horowitz (1969) wurde herausgefunden, dass die Effekte einiger Manipulationen in der Einstellungsforschung für Freiwillige und Nichtfreiwillige tatsächlich in die *entgegengesetzte* Richtung weisen. Dies wird damit erklärt, dass bei Freiwilligen die Sensibilität für Hinweise aus der experimentellen Situation und die Bereitschaft, sich dementsprechend zu verhalten, möglicherweise größer ist als bei Nichtfreiwilligen. Die externe Validität von Studien mit freiwilligen Versuchspersonen ist daher fraglich; die Lösung des Problems besteht in der Verwendung einer nichtfreiwilligen („captive") Population, vorzugsweise in einer Feldsituation. Eine weitere häufig geäußerte Kritik an sozialpsychologischen (und auch an ganz anderen) Experimenten geht dahin, dass es sich bei den Versuchspersonen oft um Universitätsstudenten handelt. Obwohl Studenten zweifellos keine sehr hohe Repräsentativität für die Allgemeinpopulation aufweisen, weil sie jünger, intelligenter und besser ausgebildet sind als der Durchschnittsbürger, handelt es sich hier meist *nicht* um eine Gefahr für die Validität der Untersuchung. Dies liegt daran, dass das Ziel vieler sozialpsychologischer Experimente eher darin besteht, den Prozess (oder die Prozesse) zu verstehen, die einem Phänomen zugrunde liegen (wie etwa der Einstellungsänderung oder der Bildung von Freundschaften), als die Allgemeinpopulation zu beschreiben (ein Ziel, für das sich die Umfrageforschung viel besser eignet). Jedenfalls gibt es häufig wenig oder gar keinen Grund für die Annahme, dass es bei den Prozessen, die einem Phänomen wie der Einstellungsänderung oder der Bildung von Freundschaften zugrunde liegen, irgendwelche fundamentalen Unterschiede zwischen Studenten und Nichtstudenten geben könnte.

Externe Validität („external validity"): Betrifft die Generalisierbarkeit von Befunden auf andere als die untersuchten Situationen und Populationen.

4.6 Techniken der Datenerhebung

Welches sind die hauptsächlichen Techniken der Datenerhebung, die in der sozialpsychologischen Forschung eingesetzt werden? Welches sind die Stärken und welches die Schwächen jeder dieser Techniken?

Gleichgültig für welche Forschungsstrategie man sich entscheidet, man wird immer eine oder mehrere Variablen messen müssen. In Korrelationsdesigns muss ein Forscher alle Variablen messen, von denen er eine Korrelation erwartet. In experimentellen Designs muss die abhängige Variable gemessen werden. In jedem dieser Fälle muss ein theoretisches Konstrukt (z.B. Aggression oder Attraktion) in eine messbare Variable überführt werden (z.B. Bereitschaft, jemanden zu verletzen oder jemandem zu helfen). In diesem Zusammenhang müssen zwei wichtige Themen angesprochen werden; denn jedes Messinstrument in der Psychologie sollte sowohl reliabel als auch valide sein. **Reliabilität** bezieht sich auf die Stabilität einer Messung. Angenommen, es wird die Körpergröße von Erwachsenen gemessen (und angenommen, dies geschieht sorgfältig), dann wird die Messung von einem Tag auf den nächsten und unabhängig davon, wer diese Messung vornimmt, sehr stabil bleiben. Die Kennzeichen eines reliablen Messinstrumentes sind: Es ist weder vom Zeitpunkt der Messung noch von der Person abhängig, die sie durchführt. Allerdings kann ein Messinstrument hoch reliabel sein und gleichzeitig eine geringe Validität aufweisen. Um noch einmal das Beispiel mit der Körpergröße aufzugreifen: Nehmen wir an, wir wollten *eigentlich* das Körpergewicht einer Person messen. Da jedoch keine gut funktionierende Waage und nur ein Metermaß zur Verfügung steht, entscheiden wir uns für die Messung der Körpergröße. Da Körpergröße und Körpergewicht natürlich miteinander korreliert sind, ist die Messung der Körpergröße sicherlich ein besseres Messinstrument für das Gewicht, als schlicht zu raten. Es ist jedoch klar, dass die Körpergröße kein besonders valides Messinstrument für das Körpergewicht darstellt. **Validität** bezieht sich nämlich auf das Ausmaß, in dem das zugrunde liegende Konstrukt durch die gemessene Variable erfasst wird.

Reliabilität („reliability"): Eine Messung ist reliabel, wenn sie bei mehrfacher Durchführung zum gleichen Resultat führt (d.h. zu unterschiedlichen Zeitpunkten oder bei Erhebung durch verschiedene Individuen).

Validität („validity"): Eine Messung ist valide, wenn sie genau das misst, was sie messen soll.

Das vorrangige Ziel des Forschers sollte demnach sein, genau anzugeben, was er festhalten will, um das Konstrukt auf sinnvolle Weise wiederzugeben. Stellen wir uns vor, man wolle aggressives Verhalten messen. Ist die im Verhalten ausgedrückte Bereitschaft, jemandem einen schmerzhaften Stromstoß zuzufügen, ein *valider* Indikator für Aggression, so wie sie vom Forscher definiert wird, oder wäre es besser, einen anderen Indikator wie etwa die Anzahl verbaler Angriffe gegen eine Person zu wählen (vgl. Kap. 10)? Nach der Entscheidung, welche allgemeine Form die gemessene Variable annehmen soll, besteht die nächste Aufgabe des Forschers darin, sicherzustellen, dass dieses Messinstrument auch *reliabel* ist. In der sozialpsychologischen Forschung entscheidet man sich üblicherweise dafür, eine Variable mithilfe von Beobachtungsmaßen, Selbstbeurteilungsmaßen oder (eine neuere Entwicklung) impliziten Maßen zu erfassen.

4.6.1 Beobachtungsmaße

Wenn es Gegenstand einer Untersuchung ist, Informationen über soziales *Verhalten* zu gewinnen, ist die Beobachtung eine nahe liegende Methode. Viele für Sozialpsychologen interessante Verhaltensweisen können ohne ausgeklügelte Apparaturen festgestellt werden, manifestieren sich in öffentlichen Situationen und eignen sich daher für Beobachtungen. Obwohl, wie wir sehen werden, Beobachtungsmethoden von verhältnismäßig informellen und unstrukturierten bis zu hoch formalisierten und strukturierten Verfahren variieren können, ist das Ziel in jedem Fall dasselbe, nämlich, im komplexen Strom sozialen Verhaltens die für die Forschungsfrage relevanten Handlungen zu isolieren und diese im Verlauf einer gewissen Zeitspanne möglichst umfassend festzuhalten (Weick, 1985).

Gelegentlich erfordert die Art der Forschungssituation oder des Forschungsthemas, dass man die Beobachtung in informeller und unstrukturierter Weise durchführt; dabei ist der Forscher gleichzeitig Mitglied der beobachteten Gruppe. Ein klassisches Beispiel für dieses Vorgehen ist die Untersuchung von Festinger, Riecken und Schachter (1956) zu der Frage, welche Konsequenzen es für Individuen hat, wenn ihre zentralen Meinungen klipp und klar widerlegt werden. Die Autoren fanden eine religiöse Sekte, die vorhergesagt hatte, dass die nördliche Hemisphäre zu einem bestimmten Zeitpunkt durch eine Flut untergehen würde. Dadurch, dass Mitglieder des Forschungsteams der Sekte beitraten, wurde es möglich, zu beobachten, was geschah, als die vorhergesagten Ereignisse nicht eintraten. Unter solchen Umständen muss die Beobachtung natürlich verdeckt und informell erfolgen: Hätten andere Sektenmitglieder Verdacht geschöpft, dass die Forscher keine *echten* Gläubigen waren, hätte die Möglichkeit zur Beobachtung nicht mehr bestanden. Diese Art von Beobachtung wird deswegen als **teilnehmende Beobachtung** bezeichnet, weil der Beobachter an den Aktivitäten der beobachteten Gruppe teilnimmt.

Teilnehmende Beobachtung („participant observation"): Beobachtungsmethode, bei der der Wissenschaftler die Zielgruppe oder -gemeinschaft als Teilnehmer am Gruppengeschehen beobachtet und seine Beobachtungen sorgfältig aufzeichnet.

Wenn es möglich ist, Handlungen, die für die Untersuchung von Belang sind, ohne Störungen des jeweiligen Verhaltens festzuhalten, können stärker formalisierte Beobachtungsmethoden angewendet werden. Ein Beispiel dafür ist Careys (1978) Untersuchungsreihe zu der Hypothese, dass sich zwei Fußgänger, die sich auf der Straße entgegenkommen, gemäß der Regel der „zivilen Unaufmerksamkeit" verhalten: Sie schauen sich gegenseitig an, bis sie etwa zweieinhalb Meter voneinander entfernt sind, und wenden dann den Blick voneinander ab. Diese Hypothese wurde zuerst von Goffman (1963) auf der Grundlage informeller Beobachtungen aufgestellt. Careys Ziel war es, diese Regel mithilfe formaler Methoden zu bestätigen und genaue Parameter anzugeben, wie etwa die Distanz zwischen den Fußgängern, bei der der Blick abgewendet wird. Verdeckt fotografierte er von höher liegenden Stockwerken aus Fußgänger, die sich einander näherten und aneinander vorbeigingen. Die Fotos wurden später nach Variablen kodiert, wie etwa der Distanz zwischen dem Paar, ob Kopf und Augenlider auf gleicher Höhe oder gesenkt waren und ob sich der Blick auf den Entgegenkommenden richtete oder sich von ihm abwendete.

Diesen beiden Beispielen ist gemeinsam, dass sich die jeweiligen Beobachtungsobjekte der Beobachtung nicht bewusst waren. Wenn man Personen nicht darüber informiert, dass sie ohne ihre Einwilligung an einem Forschungsprojekt teilnehmen, wirft dies natürlich heikle ethische Probleme auf. Dieses Vorgehen trägt aber dazu bei, ein Problem zu überwinden, das sich in jedem Bereich der Forschung stellt, in der Menschen der Forschungsgegenstand sind, nämlich, dass der Vorgang der Messung als solcher tendenziell einen Einfluss auf das Verhalten der Versuchspersonen hat. Dieses Phänomen wird als **Reaktivität** bezeichnet. Es ist durch viele Untersuchungen belegt, dass das bloße Wissen darüber, beobachtet zu werden, das vor Beobachtern gezeigte Verhalten beeinflussen kann. Das bekannteste Beispiel für diesen Effekt ist eine Untersuchung über die Produktivität von Arbeitern in der Hawthorne-Fabrik der *Western Electric Company* (Roethlisberger & Dickson, 1939). In ihr wurde gezeigt, dass die bloße Beobachtung von Arbeitern deren Motivation erhöhte und damit die Produktivität steigerte. Beispiele für einen solchen Einfluss werden unter der Bezeichnung **Hawthorne-Effekt** zusammengefasst. Weil man dieses Problem erkannt hatte, wurden in der Folgezeit nichtreaktive Methoden zur Beobachtung und Messung von Verhalten entwickelt. Webb, Campbell, Schwartz, Sechrest und Grove (1981) haben hierzu eine unterhaltsame und sehr nützliche Quellensammlung zu nichtreaktiven Methoden zusammengestellt.

Reaktivität („reactivity"): Ein Messvorgang ist reaktiv, wenn er die Eigenart dessen, was gemessen werden soll, verändert (d.h., wenn das beobachtete Verhalten oder die verbalen Äußerungen ganz oder teilweise dadurch determiniert sind, dass sich die Versuchsperson bewusst ist, dass Aspekte ihres Verhaltens beobachtet werden).

Hawthorne-Effekt („Hawthorne effect"): Begriff für den Effekt, der entsteht, wenn sich Menschen der Tatsache bewusst sind, dass ihr Verhalten beobachtet wird.

Die am stärksten formalisierte Beobachtungsmethode ist diejenige, bei der der Forscher ein vorher bestimmtes Kategoriensystem zur Bewertung sozialen Verhaltens verwendet. Ein bekanntes Beispiel für ein solches System ist die **Interaktionsprozessanalyse (IPA)** von Bales (1950), die zur Untersuchung von Interaktionen in sozialen Kleingruppen entwickelt wurde. Hier werden die Wortwechsel zwischen den Gruppenmitgliedern im Hinblick auf zwölf vorher bestehende Kategorien kodiert (z.B. „bittet um Informationen"). Die Werte für die Gruppenmitglieder können dann (neben anderem) dazu verwendet werden, zu bestimmen, wer der Anführer der Gruppe ist (s. Bales & Slater, 1955). Bei der Datenerhebung haben Beobachtungsmethoden im Vergleich zu den im nächsten Abschnitt behandelten Selbstbeurteilungsmaßen zwei grundsätzliche Vorzüge: Erstens können sie häufig nichtreaktiv erhoben werden; zweitens, selbst wenn die Personen wissen, dass sie beobachtet werden, nimmt das von ihnen ausgeführte Verhalten sie meistens so in Anspruch, dass sie weniger Gelegenheit finden, ihr Verhalten zu modifizieren, als beim Ausfüllen eines Fragebogens. Trotzdem gibt es Verhaltensweisen, die entweder gar nicht (weil sie bereits in der Vergangenheit stattfanden) oder nur sehr schwer (weil sie normalerweise im privaten Bereich stattfinden) direkt beobachtet werden können. Darüber hinaus sind Sozialpsychologen häufig an der Messung von *Wahrnehmungen, Kognitionen* oder *Bewertungen* interessiert, die mithilfe einfacher Beobachtungen nicht untersucht werden können. Aus diesen Gründen verwenden Forscher häufig Selbstbeurteilungsmaße.

Interaktionsprozessanalyse, IPA („interaction process analysis"): Von Bales entwickeltes formales System zur Messung von Beobachtungen durch Kodierung der Interaktionen von Mitgliedern kleiner Gruppen. Die Methode beinhaltet Kategorien und Verfahren zur Kodierung von Interaktionen im Hinblick auf diese Kategorien.

4.6.2 Selbstbeurteilungsmaße

Ein wesentliches Merkmal der Datenerhebung mithilfe von Selbstbeurteilungsmaßen besteht darin, dass Fragen zu Überzeugungen, Einstellungen, Verhaltensweisen des Probanden usw. direkt an ihn selbst gerichtet werden. Seine Antworten sind Selbstbeurteilungsdaten („self-reports"). Selbstbeurteilungsmessungen sind normalerweise schneller, billiger und einfacher durchzuführen als Beobachtungsmessungen. Der Forscher muss sich keine Laborsituation ausdenken oder eine natürliche Situation finden, um eine Verhaltensreaktion zu beobachten; zudem muss er in der Regel keine Beobachter schulen oder Aufzeichnungsgeräte verwenden, da Selbstbeurteilungen üblicherweise in schriftlicher Form von den Probanden selbst vorgenommen werden. Schließlich sind, wie bereits erwähnt, einige der für den Sozialpsychologen wichtigsten Variablen nicht direkt beobachtbar. Aus all diesen Gründen ist die Messung von Selbstbeurteilungen in der sozialpsychologischen Forschung weit verbreitet und es kommt gar nicht so selten vor, dass Untersuchungen ausschließlich anhand von Selbstbeurteilungen durchgeführt werden. Wir werden jedoch sehen, dass Selbstbeurteilungsmaße nicht unproblematisch sind.

Es gibt zwei grundlegende Methoden, Selbstbeurteilungsdaten zu sammeln: Fragebogen und Interview. Bei der Verwendung eines *Fragebogens* erhalten die Probanden eine Reihe von Fragen und zusätzlich Instruktionen dazu, wie sie ihre Antworten schriftlich festhalten sollen. Im *Interview* werden den Probanden von einem Interviewer Fragen gestellt, die Antworten zeichnet dieser dann auf. Interviews sind vor allem von Vorteil, wenn es Grund zu der Annahme gibt, dass die Fragen ohne Erklärung schwer verständlich sein könnten. Ein taktvoller und einfühlsamer Interviewer stellt eine Beziehung zu seinem Interviewpartner her und versichert sich, dass dieser, bevor er antwortet, die Frage wirklich richtig verstanden hat. Andererseits ist zur Durchführung von Interviews ein erheblicher Aufwand an Zeit und Geld erforderlich; schlecht geschulte Interviewer können die Antworten ihrer Gesprächspartner leicht durch Andeuten einer sozial oder anders erwünschten Antwort verfälschen. Fragebögen sind besonders dazu geeignet, mit minimalen Kosten bei einer großen Zahl von Personen Daten zu erheben. Die vergleichsweise hohe Anonymität des Vorgangs ist von Vorteil, wenn die Fragen heikle Themenbereiche berühren. Allerdings kann es vorkommen, dass viele Personen den Fragebogen nicht bzw. nur unvollständig ausgefüllt zurückgeben. Die Rücklaufquoten für mit der Post an zufällig ausgewählte Namen und Adressen verschickte Fragebögen liegen zwischen 10 und 50%. Da stets die Gefahr besteht, dass sich die Personen, die antworten, von denen, die nicht antworten, in bestimmten Aspekten systematisch unterscheiden, sind niedrige Rücklaufquoten unerwünscht. In der Praxis umgehen Sozialpsychologen dieses Problem häufig und verpflichten die Befragten quasi zur Teilnahme, indem sie die Fragebögen Personen geben, die die Beantwortung nicht ablehnen können, da sie bereits vorher ihr Einverständnis zur Teilnahme an der Studie erklärt haben, oder indem sie ihn in einem Hörsaal oder Labor ausfüllen lassen und den Probanden nicht nach Hause mitgeben.

In der sozialpsychologischen Forschung zählen Fragebögen zweifellos zu der am meisten verwendeten Form der Datenerhebung. Die Untersuchung von Folkman und Lazarus (1985) vermittelt eine Vorstellung von der Fülle und Vielgestaltigkeit von ausschließlich mit Fragebögen erhobenen Daten. Die Autoren verwendeten Fragebogentechniken, um zu untersuchen, wie Personen ein belastendes Ereignis (eine Prüfung) bewerteten, welche Gefühle sie empfanden, als das Ereignis näher rückte und vorbei war, und wie sie den damit verbundenen Stress bewältigten. Man kann sich kaum vorstellen, wie Folkman und Lazarus eine solche Studie ohne die Verwendung von Fragebögen hätten durchführen können. Es ist natürlich möglich, einen psychophysiologischen Stressindikator, z.B. den Herzschlag vor, während und nach einem schmerzhaften Reiz, wie z.B. einem Stromstoß, zu messen. Man kann aber nicht davon ausgehen, dass der kurzzeitige, im Labor durch einen Elektroschock hervorgerufene Stress dem lang andauernden, durch „natürliche" Ereignisse wie Prüfungen, Krankheit, Scheidung oder Verlust eines nahe stehenden Menschen verursachten Stress entspricht. Darüber hinaus könnten die persönlichen Bewertungen, Gefühle und Bewältigungsmechanismen ohne Verwendung von Selbstbeurteilungen nicht zufrieden stellend erfasst werden.

Die Entwicklung eines guten Fragebogens oder Interview-Leitfadens ist schwieriger, als es scheinen mag. Wie bei jedem psychologischen Messinstrument besteht das Ziel darin, Fragen hervorzubringen, die reliabel und valide sind. Reliabilität bedeutet in diesem Kontext, dass Fragen bei einer bestimmten Person, die mehr als einmal unter ähnlichen Umständen getestet wird, zu denselben Antworten führen. Validität bedeutet, dass die Fragen genau das messen, was der Forscher damit messen will. Obwohl es bei der Konstruktion eines Fragebogens viele potenzielle Ursachen mangelnder Reliabilität gibt, ist die größte Gefahr die *Mehrdeutigkeit*. Wenn eine Frage mehrdeutig ist, kann ein und derselbe Befragte sie bei verschiedenen Anlässen durchaus unterschiedlich interpretieren und so jedes Mal anders beantworten. Die größte Gefahr für die Validität besteht darin, dass die Forscher sich nicht ausreichend im Klaren über die *spezifischen Ziele* sind, die sie mit jeder Frage verfolgen. Je verschwommener die Absicht des Forschers bei der Formulierung einer bestimmten Frage ist, desto größer ist die Wahrscheinlichkeit, dass diese nicht die Informationen liefert, die für die Untersuchungsziele relevant sind. Selbst wenn eine Frage eindeutig und mit einem klaren Ziel vor Augen formuliert wurde, gibt es jedoch noch eine Reihe anderer Ursachen für mangelnde Reliabilität und Validität, die schwer zu kontrollieren sind. Eine einfache Faustregel in der Umfrageforschung lautet, niemals anzunehmen, dass die Antwort auf eine einzige Frage ein reliables oder valides Messinstrument für ein Konstrukt ist. Wenn der Mittelwert von zwei (oder vorzugsweise mehreren) Items als Messinstrument für ein Konstrukt verwendet wird, sollten sich die verschiedenen Faktoren (wie z.B. Mehrdeutigkeit der Frage, Missverständnis aufseiten der Versuchspersonen, der Kontext, der durch die direkt vorangegangene Frage hergestellt wird), die die Reliabilität und Validität einer Antwort auf eine einzelne Frage beinträchtigen, gegenseitig aufheben. Das daraus resultierende Messinstrument wird dann das zugrunde liegende Konstrukt unverfälschter wiedergeben.

Es ist schwierig, im Laufe der Konstruktion eines Fragebogens alle möglichen Fehlerquellen auszuschließen. Es gibt deshalb keine Alternative zur Durchführung von Pilotstudien, bei denen erste Entwürfe des Fragebogens an Gruppen von Befragten ausgetestet werden. Der Fragebogen wird dann aufgrund der Antworten und Kommentare aus den Pilotstudien bis zur endgültigen Version überarbeitet. Die Konstruktion eines vollständigen Fragebogens kann aus diesen Gründen ein zeitaufwändiger und mühsamer Prozess sein. Erfreulicherweise gibt es Sammlungen bereits entwickelter und vorgetesteter Fragebögen, wie etwa die von Robinson, Shaver und Wrightsman (1991). Bevor man sich daran macht, selbst einen Fragebogen zu konstruieren, lohnt es sich, diese Quellen zuerst zu prüfen. Falls noch kein geeigneter Fragebogen existiert, sollte man vor der Entwicklung eines neuen Fragebogens Texte zur Fragebogenentwicklung (z. B. Oppenheim, 1992) zurate ziehen. Es ist ebenfalls ratsam, sich mit der neueren Forschung zu den kognitiven Prozessen vertraut zu machen, die den Antworten von Befragten in einer Umfrage zugrunde liegen (s. Schwarz, 1990a).

Eine besonders wichtige Gruppe von Selbstbeurteilungsmaßen innerhalb der Sozialpsychologie ist jene, die das Ziel verfolgt, Einstellungen zu messen. Die Messung von Einstellungen kann in der Psychologie auf eine lange Tradition zurückblicken und geht auf das Jahr 1928 zurück, in dem Thurstone einen Artikel mit dem Titel „Attitudes can be measured" publizierte. Seitdem sind eine Reihe von Methoden zur Messung von Einstellungen entwickelt worden. Wer sich für die Lektüre eines umfassenden Überblicks zu diesem Thema interessiert, sollte bei Himmelfarb (1993) nachschlagen. Wir werden die Darstellung hier auf zwei Methoden beschränken, die in der heutigen sozialpsychologischen Forschung gewöhnlich eingesetzt werden. Die *Method of summated ratings* wurde von Likert (1932) entwickelt und wird meist als Likert-Skalierung bezeichnet. Um eine **Likert-Skala** beispielsweise zu Einstellungen gegenüber der Europäischen Union (EU) zu konstruieren, würde man zunächst einen großen Pool von (gewöhnlich als Items bezeichneten) Aussagen sammeln, die im Zusammenhang mit der EU von Belang sind. Hier könnte es sich um Ausdrucksformen der Meinung zur EU (z. B. „Die Europäische Union hat mit dazu beigetragen, dass der Lebensstandard in den Mitgliedsländern anstieg"), um Ausdrucksformen des Affekts im Hinblick auf die EU (z. B. „Die Höhe der Subventionen für die Landwirtschaft in der Europäischen Union ärgert mich") oder um Aussagen zum Verhalten handeln (z. B. „Ich beabsichtige, mich an den nächsten Wahlen zum Europäischen Parlament zu beteiligen"). Diese Items sollten den ganzen Bereich von einstellungsbezogenen Positionen widerspiegeln, die in der Bewertung von „sehr stark für" bis „sehr stark gegen" die EU gehen. Der nächste Schritt bei der Entwicklung einer Likert-Skala besteht darin, eine Gruppe von Befragten zu bitten, das Ausmaß ihrer Zustimmung oder Ablehnung bei jedem einzelnen dieser Items dadurch anzugeben, dass sie eine der folgenden Möglichkeiten auswählen:

Likert-Skala („Likert scale"): Eine von Rensis Likert entwickelte Technik zur Messung von Einstellungen. Das Schlüsselmerkmal dieser Methode besteht darin, dass die Befragten gebeten werden, das Ausmaß ihrer Zustimmung oder Ablehnung zu einer Reihe von Aussagen über den Einstellungsgegenstand einzustufen.

1	2	3	4	5
lehne stark ab	lehne ab	unentschieden	stimme zu	stimme stark zu

Das Muster von Zustimmung und Ablehnung bei einem großen Ausgangspool von Items wird dazu genutzt, Items für die endgültige Likert-Skala auszusuchen. Die Auswahl erfolgt über eine Itemanalyse. Das wichtigste Kriterium ist hier das Ausmaß, mit dem die Antworten auf ein bestimmtes Item mit dem Gesamtwert, der über alle Items aufsummiert wird, korrelieren. Items, die schwach oder gar nicht mit dem Gesamtwert korrelieren, werden ausgeschieden, sodass man am Ende eine kleinere Gruppe von beispielsweise 10 bis 20 Items hat, die dieselbe zugrunde liegende Einstellung messen. Diese Teilmenge der Items stellt die endgültige Likert-Skala dar. Die Antworten auf dieser endgültigen Skala werden ebenfalls im Hinblick auf die Stärke der Zustimmung bzw. Ablehnung erfasst und die Zustimmungseinstufungen des Befragten werden aufsummiert, um einen Wert zu erhalten, der seine Einstellung repräsentiert (deswegen die Bezeichnung *Method of summated ratings*).

Semantisches Differenzial („semantic differential"): Eine von Charles Osgood und seinen Kollegen entwickelte Technik u.a. zur Messung von Einstellungen. Das Schlüsselmerkmal dieser Methode besteht darin, dass die Befragten gebeten werden, den Einstellungsgegenstand auf mehreren bipolaren Adjektivskalen einzustufen.

Ein zweites, sehr beliebtes Verfahren zur Messung von Einstellungen ist das **semantische Differenzial**. Bei dieser Methode, die von Osgood, Suci und Tannenbaum (1957) entwickelt wurde, bittet man Befragte, das Einstellungsobjekt (z.B. die Europäische Union), wie unten dargestellt, auf einer Reihe von bipolaren Adjektivskalen einzustufen:

Die Europäische Union

gut	:___:___:___:___:___:___:___:	schlecht
schädlich	:___:___:___:___:___:___:___:	nützlich
angenehm	:___:___:___:___:___:___:___:	unangenehm
unsinnig	:___:___:___:___:___:___:___:	sinnvoll
richtig	:___:___:___:___:___:___:___:	falsch

Die Befragten werden gebeten, das Einstellungsobjekt einzustufen, indem sie für jede einzelne der Rating-Skalen einen Haken oder ein Kreuz an einer der sieben möglichen Stellen machen. Diese Einstufungen werden meist auf einer Skala von –3 bis +3 gewertet; dabei bekommen die Einstufungen auf der negativen Seite jeder einzelnen Skala ein negatives Vorzeichen. Dann werden die Skalenwerte aufsummiert oder gemittelt, um einen Gesamtindex für die Einstellung zu erhalten.

Bei der Entscheidung, welche dieser beiden Methoden der Forscher einsetzen soll, wird er sich von solchen Überlegungen leiten lassen wie der Notwendigkeit, unterschiedliche Fassetten einer zugrunde liegenden Einstellung zu erfassen, oder davon, wie leicht sich das betreffende Messinstrument einsetzen lässt. Wie unsere kurze Beschreibung der beiden Methoden verdeutlicht haben sollte, ist eine Stärke der Likert-Skala ihre Fähigkeit, unterschiedliche Aspekte einer Einstellung von Meinungen bis zum Verhalten zu erfassen. Es ist auch möglich, die Stärke von Zustimmung oder Ablehnung im Hinblick auf relativ komplexe Meinungsaussagen zu erfassen (z.B. „Die Europäische Union wird gestärkt, wenn sie Länder des früheren Ostblocks aufnimmt"). Im Gegensatz dazu konzentriert sich das semantische Differenzial auf einfache Werturteile (z.B. dass die Europäische Union „gut" oder „schlecht" ist) und es eignet sich für die Messung affektiver und verhaltensbezogener Aspekte von Einstellun-

gen. Die große Stärke des semantischen Differenzials ist die Einfachheit und Schnelligkeit, mit der es eingesetzt werden kann.

Selbstbeurteilungsmaße haben verschiedene Vorzüge; der wichtigste davon ist, dass sich mit ihrer Hilfe psychologische Konstrukte wie etwa Einstellungen auf eine relativ ökonomische Weise erfassen lassen. Doch worin bestehen ihre Nachteile? Der schwerwiegendste Nachteil liegt darin, dass es unmöglich ist, Selbstbeurteilungen völlig nichtreaktiv zu erheben: Die Befragten sind sich immer der Tatsache bewusst, dass man sie untersucht, und können ihre Antworten infolgedessen abändern. Insbesondere besteht die Gefahr, dass die Antworten der Befragten durch motivationale Faktoren wie z.B. soziale Erwünschtheit beeinflusst sind. Obwohl man einige Schritte unternehmen kann, um die Tragweite des Problems zu reduzieren, gibt es keine einfache Lösung. Erstens ist es wichtig, die Probanden möglichst immer darauf hinzuweisen, dass ihre Antworten anonym sind. Zweitens sollte man stets betonen, dass es keine „richtigen" und „falschen" Antworten gibt. Drittens kann man häufig die Motivation der Probanden, unverfälschte Antworten zu geben, dadurch erhöhen, dass man sie nicht als „Versuchskaninchen" behandelt, sondern als Forschungspartner.

4.6.3 Implizite Messinstrumente

Eine neuere Entwicklung in den sozialpsychologischen Forschungsmethoden besteht darin, dass zunehmend Techniken zur Erfassung von Wahrnehmungen, Kognitionen und Bewertungen eingesetzt werden, die nicht auf Selbstbeurteilungsmaßen der üblichen Art beruhen und dadurch die Nachteile dieser Messinstrumente umgehen. Diese Techniken werden häufig als **implizite Maße** bezeichnet (Greenwald & Banaji, 1995). Die Verwendung derartiger Messinstrumente hat in der Sozialpsychologie durchaus eine lange Tradition: Ein klassischer Artikel über die indirekte Erfassung von Einstellungen wurde vor einem halben Jahrhundert von Campbell (1950) veröffentlicht. Im Unterschied zu damals bedienen sich implizite Maße heute gewöhnlich der Computertechnologie. Computer werden hier nicht nur zur Darbietung des experimentellen Materials eingesetzt, sondern auch (und das ist wichtiger) zur genauen Messung unterschiedlicher Aspekte der Versuchspersonenreaktionen auf dieses Material. Ein Beispiel für ein implizites Maß ist die Verwendung von Reaktionslatenzen (d.h. wie lange es dauert, bis eine Versuchsperson auf eine bestimmte Frage antwortet). Solche Maße können neue Einsichten in kognitive Strukturen und Prozesse liefern. Beispielsweise wurde in der Studie von Gaertner und McLaughlin (1983) das automatische Wirken von Stereotypen durch die Geschwindigkeit (Reaktionslatenz) erfasst, mit der Versuchspersonen Urteile über Wortpaare fällten. Die Aufgabe der Versuchspersonen war es, „Ja" zu sagen, wenn es eine Assoziation zwischen den Worten eines Paars gab. Weiße Versuchspersonen reagierten signifikant schneller auf für Weiße positive Wortpaare (z.B. weiß – schlau) als auf für Schwarze positive Wortpaare (z.B. schwarz – schlau); dies legt nahe,

Implizite Maße („implicit measures"): Es handelt sich um Messungen von Konstrukten wie Einstellungen und Stereotypen, die aus der Art und Weise abgeleitet werden, wie sich Befragte verhalten (z. B. wie lange es dauert, bis sie eine Entscheidung fällen oder eine Frage beantworten), und nicht so sehr aus dem Inhalt ihrer Antworten auf explizite Fragen über diese Konstrukte. Sie gehören zur Gruppe der **nichtreaktiven Methoden**.

dass bei ihnen automatisch Stereotype über ethnische Gruppen aktiviert wurden.

Prinzipiell können implizite Maße Informationen liefern, die nicht durch Verzerrungen beeinflusst sind, wie sie eventuell einen Einfluss auf herkömmliche Selbstbeurteilungsmaße haben. Beispielsweise sind Studenten offenbar „auf der Hut", nicht rassistisch zu erscheinen, und bemühen sich deshalb darum, zu vermeiden, dass sie für Weiße positive Wortpaare positiver als für Schwarze positive Wortpaare bewerten. Computergestützte Techniken bieten auch die Möglichkeit, die Art und Weise zu untersuchen, wie kognitive Strukturen Prozesse auf unbewusstem (automatischem) Wege beeinflussen. Eine der hauptsächlichen Methoden zur Untersuchung sozial-kognitiver Prozesse stützt sich auf Priming-Techniken (s. Bargh & Chartrand, im Druck). Dazu gehört die zeitweilige Aktivierung einer Kategorie oder einer Repräsentation, die dann die Art und Weise beeinflusst, wie Menschen eine andere (oft mehrdeutige) Situation interpretieren, ohne sich bewusst zu sein, dass der aktivierte Kontext einen Einfluss auf ihre Interpretation hat (s. Kap. 5; Bargh, 1996; Higgins, Bargh & Lombardi, 1985). In einer weiteren Studie über das automatische Wirken von Stereotypen präsentierten Dovidio, Evans und Tyler (1986) den Versuchspersonen die Primes „schwarz" und „weiß", wobei klar war, dass sich diese Begriffe auf ethnische Gruppen bezogen. Hier handelt es sich um ein Beispiel für das, was Bargh und Chartrand (im Druck) als *konzeptuelles Priming* bezeichnen. Dazu gehört die Aktivierung einer internen geistigen Repräsentation des Gegenstands, der jeweils von Interesse ist. Dies geschieht so, dass sich die Versuchspersonen nicht des Einflusses bewusst sind, den dieses aktivierte mentale Konstrukt auf ihre Reaktionszeiten haben kann. Im Experiment von Dovidio et al. (1986) präsentierte man dann den Versuchspersonen die Zielwörter, die entweder für positive oder für negative Persönlichkeitsmerkmale standen. Die Aufgabe der Versuchspersonen war es, zu beurteilen, ob das angezielte Persönlichkeitsmerkmal „jemals zutreffen" könnte (also auf Schwarze oder auf Weiße, je nach Bedingung) oder „nie zutraf". In den Ergebnissen zeigte sich, dass die Versuchspersonen signifikant schneller auf positive Persönlichkeitsmerkmale reagierten, nachdem sie mit einem weißen Prime konfrontiert worden waren, als dies nach einem schwarzen Prime der Fall war. Weiterhin reagierten sie schneller auf negative Persönlichkeitsmerkmale, wenn ihnen der schwarze Prime voranging, als dies für einen weißen Prime der Fall war. Hier handelt es sich um ein weiteres anschauliches Beispiel für das automatische Wirken von Stereotypen sowie für die Art und Weise, wie sich Priming einsetzen lässt, um solche automatischen Prozesse nachzuweisen. Zusätzlich zu den konzeptuellen Priming-Techniken beschreiben Bargh und Chartrand (im Druck) *Mindset-Priming* und *sequenzielles Priming*. Das gemeinsame Element bei allen diesen Techniken besteht darin, dass sie die „unbeabsichtigten Folgen eines Aspekts der Umgebung auf die nachfolgenden Gedanken, Gefühle und Verhaltensweisen untersuchen" (S. 7, Manuskript).

Der Hauptvorteil impliziter Maße besteht darin, dass sie nichtreaktiv sind. Das heißt, dass implizite Maße keinen Verzerrungen wie etwa sozialer Erwünschtheit, Hinweisen aus der experimentellen Situation etc. unterliegen, weil sie Prozesse erfassen, die ihre Wirkung außerhalb des Bewusstseins entfalten. Es ist jedoch keineswegs sicher, dass solche Messinstrumente eine hohe Validität besitzen. Wie kann man beispielsweise wissen, ob eine schnelle Reaktionszeit das automatische Wirken eines Stereotyps widerspiegelt und nicht etwa individuelle Unterschiede im lexikalischen Wissen? Um sich mit Fragen wie diesen zu beschäftigen, braucht man idealerweise andere Messinstrumente (also z. B. Beobachtungsmaße), deren Ergebnisse mit der von den impliziten Maßen gelieferten Evidenz konvergieren. Prinzipiell tragen solche konvergenten Befunde (s. u.) dazu bei, die Validität beider Arten von Messinstrumenten sicherzustellen. Das Argument jedoch, dass implizite Maße Prozesse auf eine Weise angehen, die weniger durch Gedanken an Selbstdarstellung beeinflusst ist als andere Messinstrumente (vor allem Selbstbeurteilungen), wirft einige schwierige Fragen hinsichtlich der Kreuzvalidierung eines Messinstrumentes durch ein anderes auf.

4.6.4 Die Wahl des Messinstruments

Wir haben gesehen, dass alle drei behandelten Typen von Messinstrumenten bestimmte Vor- und Nachteile haben. Obwohl es keine festen Regeln für die Entscheidung gibt, welchem Vorgehen man den Vorzug gibt, sollte man doch bei der Beurteilung der Eignung eines Verfahrens zwei Dinge beherzigen. Zum einen lassen sich die drei Arten von Messinstrumenten – Beobachtung, Selbstbeurteilung und implizites Messinstrument – in vielen Bereichen der Forschung kombiniert einsetzen. Zum anderen unterscheiden sich die drei Arten von Messinstrumenten hinsichtlich der Informationen, die sie liefern. Im Folgenden werden wir beide Punkte genauer betrachten.

Nehmen wir an, wir interessieren uns für zwischenmenschliche Anziehung. Unter Labor- oder Feldbedingungen stellen wir zwei Personen, die sich vorher nicht kannten, einander vor und bitten sie, sich im Verlauf einer Unterhaltung von 15 Minuten miteinander bekannt zu machen. Will man nun messen, wie sympathisch sich die beiden am Ende der Unterhaltung sind, könnte man sich einfach auf Selbstbeurteilungsmaße verlassen, etwa auf Antworten darauf, wie sympathisch jeder Person die jeweils andere ist, ob sie dazu bereit wären, mit der anderen zusammenzuarbeiten usw. Man könnte auch Beobachtungsmessungen verwenden: Eine nichtreaktive Videoaufnahme würde es gestatten, verschiedene verbale (z. B. wie sehr die beiden Personen in ihren Interessen oder Einstellungen übereinstimmen) und nonverbale (z. B. wie oft sie einander zulächeln oder direkten Blickkontakt aufnehmen) Aspekte des Verhaltens zu messen.

Betrachten wir die Vorzüge des Einsatzes der jeweiligen Messmethode. Zum einen können wir die Beobachtungsdaten dazu verwenden, die Validität der Selbstbeurteilungen und der impliziten Daten zu überprüfen; es geht aber auch umgekehrt. Ebenso wie Fragebogendaten durch die Motivation des Befragten verzerrt sein können, können die Wahrnehmungen eines Beobachters durch die Art des verwendeten Kodierungssystems verzerrt sein; und obwohl implizite Daten von ihrer Eigenart her weniger anfällig für Verzerrungen sind, ist die genaue Bedeutung solcher Daten nicht immer klar. Wenn alle drei Datenarten jedoch in dieselbe Richtung weisen, würde dies das Vertrauen in ihre Validität erhöhen. Ein zweiter, möglicherweise bedeutsamerer Vorteil besteht darin, dass die Beobachtungsmaße Einsichten in die *Prozesse* liefern, über die das Ergebnis zustande kommt, während die in Selbstbeurteilungen und in impliziten Maßen berichtete Anziehung als *Ergebnis* der Interaktion betrachtet werden kann. Üblicherweise interessiert man sich nicht nur dafür, herauszufinden, ob sich Menschen gegenseitig mögen oder nicht, sondern auch, *warum* sie sich mögen oder nicht; die Untersuchung der im Verlauf der Interaktion gezeigten Verhaltensweisen könnte darauf eine Antwort geben.

Zusammenfassend kann man feststellen, dass die Verwendung von mehr als einer Methode in vielen Fällen hilfreich sein kann. Wenn Beobachtungs-, Selbstbeurteilungs- und implizite Maße derselben konzeptuellen Variable auf die gleiche Schlussfolgerung hindeuten, wird das Vertrauen in diese Schlussfolgerung gestärkt. Selbstbeurteilungs- und implizite Maße erfassen häufig das Ergebnis eines Prozesses; setzt man auch Beobachtungsmaße ein, kann man Einsichten in den Prozess gewinnen, auf den dieses Ergebnis zurückgeht.

4.7 Probleme beim Experiment

Was sind die Hauptkritikpunkte, die gegen die Verwendung von Experimenten in der Sozialpsychologie vorgebracht wurden? Was ist im Kontext sozialpsychologischer Forschung mit dem Begriff „vermittelnde Wirkung“ (Mediation) gemeint?

Man nimmt weithin an, das Experiment sei der „Königsweg“ zum Kausalschluss (vgl. Aronson et al., 1998). In Wahrheit ist der Kausalschluss aus Ergebnissen von Experimenten jedoch problematischer, als mancher zugestehen mag. Ein Problem betrifft das, was Gergen (1978) als die *kulturelle Einbettung* sozialer Ereignisse bezeichnet hat. Damit meint er, dass nur „wenige Stimulusereignisse isoliert betrachtet in der Lage sind, vorhersagbares soziales Verhalten auszulösen“ (S. 509). Daraus folgt, dass die Umstände, unter denen die unabhängige Variable X manipuliert wurde, eine zentrale Rolle bei der Entstehung eines Effekts auf die abhängige Variable O spielen können. Das gilt selbst dann, wenn die Tatsache, dass die Manipulation von X einen kausalen Effekt auf O hat, unter streng kontrollierten experimentellen Bedingungen nachgewiesen wird. Die Schlussfolgerung, dass „X die Ursache von O ist“, ist daher nur unter bestimmten Bedingungen wahr.

Ein damit verwandtes, ebenfalls von Gergen angesprochenes Problem besteht darin, dass es die experimentelle Methode angeblich gestattet, die Kausalkette von den Anfangsbedingungen bis zum fraglichen Verhalten zu verfolgen. Ob sie dies tatsächlich erlaubt, hängt davon ab, ob äußere Ereignisse in einer Eins-zu-Eins-Beziehung zu spezifischen Zuständen und Prozessen im Individuum selbst stehen. Gergen argumentiert: „Wenn wir uns mit menschlichen Wesen in einer sozialen Situation beschäftigen, ist es praktisch unmöglich, irgendeine Variable isoliert von allen anderen zu manipulieren. Selbst kleinste Veränderungen einer unabhängigen Variable können eine ganze Reihe intervenierender Reaktionen auslösen" (1978, S. 515). Daraus folgt, dass das, was der eine Wissenschaftler für den Nachweis eines Effekts von X auf O über den vermittelnden Prozess Z hält, von einem anderem Wissenschaftler durch einen anderen vermittelnden Prozess erklärt wird. In der Sozialpsychologie gibt es unzählige Diskussionen über konkurrierende Erklärungen bestimmter Befunde (s. Greenwald, 1975; Ostrom, 1977; Tetlock & Levi, 1982; Tetlock & Manstead, 1985) und manch einer ist zu dem Schluss gekommen, dass Experimente nicht dazu geeignet sind, solche Auseinandersetzungen zwischen Theorien zu entscheiden.

Der Kern des von Gergen erkannten Problems liegt darin, dass die Phänomene, für die sich Sozialpsychologen interessieren, häufig mit *Ketten* von Ereignissen einhergehen. Wenn wir diese Frage auf die wesentlichen Elemente reduzieren, können wir fragen, ob Variable X Variable O *direkt* beeinflusst oder ob die Beziehung zwischen X und O über eine weitere Variable Z vermittelt wird. Wenn wir ein Experiment durchführen, würden wir eventuell feststellen, dass es eine Kausalbeziehung zwischen X und O gibt; hätten wir jedoch auch Z gemessen, hätten wir herausfinden können, dass der Zusammenhang zwischen X und Z ebenfalls sehr hoch ist, wie auch der Zusammenhang zwischen Z und O. Tatsächlich finden wir möglicherweise heraus, dass der ursprünglich festgestellte Zusammenhang zwischen X und O verschwindet, wenn man die Zusammenhänge zwischen X und Z sowie zwischen Z und O statistisch in die Erklärung mit einbezieht. Hier handelt es sich um die Art von Situation, aus der man schließen kann, dass der Zusammenhang zwischen X und O durch Z *vermittelt* wird (Baron & Kenny, 1986). Eine Strategie, die dazu beiträgt, das Problem der von Gergen erkannten Alternativerklärungen zu überwinden, besteht in der Tat darin, Experimente zu planen, die die Erfassung möglicher **vermittelnder Variablen** mit einschließen.

Vermittelnde Variable („mediating variable"): Eine Variable, die den Zusammenhang zwischen zwei anderen Variablen vermittelt. Nehmen wir an, dass eine unabhängige Variable X und eine abhängige Variable O zusammenhängen. Hängt eine dritte Variable Z sowohl mit X als auch mit O zusammen und verschwindet der Zusammenhang zwischen X und O, wenn wir die Rolle von Z berücksichtigen, dann sagt man, Z vermittle den Zusammenhang zwischen X und O.

Bei der Auswertung derartiger Studien ist es wichtig, die folgenden Schritte zu beachten (s. Judd & Kenny, 1981b; Kenny, Kashy & Bolger, 1998). Stellen Sie erstens sicher, dass es einen klaren Zusammenhang zwischen der unabhängigen Variable (X) und der abhängigen Variable (O) gibt; demonstrieren Sie zweitens, dass es einen Zusammenhang zwischen X und der vermutlichen vermittelnden Variable (Z) gibt; zeigen sie drittens, dass Z mit O zusammenhängt, und viertens, dass Z den Zusammenhang zwischen X und O vollständig erklärt, d.h., dass der Effekt von X auf O nicht signifikant wird, wenn man Z kontrolliert. Ein letzter Schritt besteht darin, die so genannte „umgekehrte Vermittlung" zu überprüfen; dies umfasst eine Überprüfung, ob X Z über O beeinflusst; d.h., man kehrt die Rollen von O und Z in der gerade beschriebenen Auswertung um. Nehmen wir ein konkretes Beispiel: Stellen Sie sich vor, dass Sie ein Projekt über persuasive Kommunikation durchführen, bei dem Sie sich vom Elaboration-Likelihood-Modell von Petty und Cacioppo (1986b) leiten lassen (s. Kap. 8). Nach diesem Modell wird der Effekt der Manipulation der Argumentqualität (die X-Variable) auf die Einstellungsänderung (die O-Variable) durch den Anteil positiver Gedanken, die ein Individuum beim Lesen oder Hören einer persuasiven Kommunikation (die Z-Variable) hat, vermittelt. Somit sollte die Argumentqualität einen Einfluss auf die Einstellungsänderung haben; die Argumentqualität sollte auch den Anteil positiver Gedanken beeinflussen; der Anteil positiver Gedanken sollte mit der Einstellungsänderung zusammenhängen; und der Effekt der Argumentqualität auf die Einstellungsänderung sollte verschwinden, wenn man dabei den Anteil positiver Gedanken statistisch kontrolliert. Die Argumentqualität sollte schließlich *keinen* Einfluss auf die Gedanken vermittelt über ihre Auswirkung auf Einstellungen haben, wenn die Rollen der als Mediator angenommenen Variable (Gedanken) und der abhängigen Variable (Einstellungen) umgekehrt werden.

Ein weiteres Problem des Schließens in der experimentellen Forschung innerhalb der Sozialpsychologie ergibt sich auch aus der Tatsache, dass soziales Verhalten kulturell eingebettet ist. Es gibt in jeder Kultur Normen, die die Grenzen angemessenen Sozialverhaltens in bestimmten Situationen definieren. Daraus ergibt sich, dass sich die meisten Individuen in solchen Situationen recht ähnlich verhalten werden. Dieses Verhalten wird am besten als Ergebnis der Konventionen oder Regeln der jeweiligen Kultur betrachtet und nicht als Resultat intraindividueller psychischer Prozesse. Experimentelle Situationen sind nicht frei von Auswirkungen kultureller Normen; es gibt im Gegenteil gute Gründe anzunehmen, dass in Laborexperimenten die Häufigkeit normorientierten Verhaltens eher ansteigt (Semin & Manstead, 1979). Schwierigkeiten beim Schließen treten dann auf, wenn Verhalten in solchen Situationen ausschließlich in Begriffen (angenommener) innerer Prozesse interpretiert wird. So könnte man beispielsweise argumentieren, dass kulturelle Normen vorschreiben, die Instruktion eines Versuchsleiters nicht infrage zu stellen, und dass man, wenn man – offensichtlich zu wissenschaftlichen Zwecken – gebeten wird, einer anderen Person eine Reihe starker Stromstöße zuzufügen, dies auch tun sollte. Dass Menschen bereit sind, so etwas zu tun, selbst wenn die Stromstöße von potenziell tödlicher Intensität sind, ist keineswegs uninteressant; ob diese Tatsache jedoch etwas mit psychischen Prozessen zu tun hat, die Gehorsam gegenüber Autoritätspersonen vermitteln, steht auf einem anderen Blatt. Kurz gesagt, es ist wichtig der Versuchung zu widerstehen, kausale Gesetze über psychische Prozesse zu formulieren, wenn es Gründe für die Annahme gibt, dass die dadurch „erklärten“ Phänomene ihre Ursprünge in kulturellen Konventionen haben (vgl. Brandstädter, 1990; Semin, 1986; Smedslund, 1985).

In diesem Zusammenhang sollte noch ein letztes Problem erwähnt werden: Das Ziel der Sozialpsychologie besteht offenbar in der Anhäufung wissenschaftlicher Erkenntnisse in Form von Gesetzen oder Prinzipien sozialen Verhaltens, die über die Zeit hinweg gültig sind. Dennoch gibt es Gründe, daran zu zweifeln, ob das Experiment (oder überhaupt irgendeine andere Methode) die empirische Grundlage für solche Gesetze liefern kann. Warum dies in den Sozialwissenschaften so ist, nicht jedoch in den Naturwissenschaften, wird verständlich, wenn wir berücksichtigen, dass sich das Verhältnis zwischen dem Forscher und dem Gegenstand der Forschung in den beiden Wissenschaftsbereichen radikal unterscheidet. Die Überprüfung von Theorien in den Naturwissenschaften beschäftigt sich mit der Analyse und Erklärung der *Welt der Dinge*, einer Welt, die an der Konstruktion und Interpretation der Bedeutung ihrer eigenen Aktivität nicht beteiligt ist. Dies steht in klarem Gegensatz zu den Forschungsgegenständen in den Sozialwissenschaften: Als Menschen schreiben diese „Objekte" ihren Handlungen natürlich Bedeutung und Sinnhaftigkeit zu. Die Sozialpsychologie ist daher nicht eindeutig von dem zu trennen, was sie untersucht; Laien und Sozialpsychologen sind in gleicher Weise damit befasst, ihre soziale Umwelt zu verstehen und zu interpretieren. Laien sind in der Lage, sich sozialpsychologisches Wissen anzueignen und damit ihre eigenen Handlungen auf eine Art zu verändern, wie dies Atomen, Elementen und Teilchen nicht möglich ist. Giddens (1982) formulierte es so: „Die Tatsache, dass die ‚Befunde' der Sozialwissenschaften von denen aufgegriffen werden können, auf deren Verhalten sie sich beziehen, ist kein Phänomen, das vernachlässigt werden kann oder sollte, sondern es gehört zu ihrer ureigensten Natur. ... Menschliche Wesen ... sind nicht bloß träge Erkenntnisobjekte, sondern Handelnde, die dazu fähig – und bereit – sind, Theorie und Forschung in ihre eigenen Handlungen mit aufzunehmen" (S. 14–16). Eine Konsequenz daraus ist, dass man sozialpsychologische Theorien nicht als Verkörperung von Gesetzen verstehen sollte, die notwendigerweise über die Zeit hinweg Gültigkeit behalten: Wenn Menschen etwas über eine sozialpsychologische Theorie erfahren und dadurch veranlasst werden, genau das Verhalten zu ändern, das die Theorie zu erklären sucht, kommt der Theorie offensichtlich nur eine zeitlich begrenzte Gültigkeit zu. Der überzeugendste Vertreter dieser ernüchternden Ansicht ist Gergen (1973, 1978). Seine Argumente werden jedoch von Schlenker (1974) sowie von Semin und Manstead (1983, Kap. 5) infrage gestellt. An dieser Stelle sei angemerkt, dass eine Reihe von Problemen bei der Anhäufung von Wissen in der Sozialpsychologie durch die Anwendung von **Metaanalysen** gelöst werden kann. Dies ist ein vergleichsweise neues Verfahren, das es erlaubt, die Ergebnisse unabhängiger Studien zum selben Phänomen statistisch so zu integrieren, dass festgestellt werden kann, ob die Befunde über eine Anzahl unabhängiger Untersuchungen hinweg reliabel sind (s. Cooper, 1990; Hedges & Olkin, 1985).

Metaanalyse („meta-analysis"): Eine Reihe von statistischen Techniken, um Ergebnisse von unabhängigen Studien zu einem bestimmten Phänomen statistisch zu einem Gesamtergebnis zu integrieren. Ziel ist es, herauszufinden, ob sich aus den Befunden über alle Studien hinweg ein zuverlässiges Muster ergibt.

Welche Folgerungen ergeben sich aus diesen Problemen für die Stellung, die der experimentellen Methode in der sozialpsychologischen Forschung zukommt? Es sollte festgehalten werden, dass selbst entschiedene Kritiker des experimentellen Ansatzes nicht verlangen, das Experiment aufzugeben. Beispielsweise Gergen erkennt durchaus an, dass Experimente weiterhin eine wichtige Rolle bei der Aufklärung der Beziehung zwischen biologischen Prozessen (wie etwa physiologischer Erregung) und sozialem Verhalten spielen werden; dass Untersuchungen wie das Milgram-Experiment von Nutzen sind, um die verhängnisvollen Auswirkungen der gesellschaftlichen Beeinflussungsprozesse aufzudecken; dass Experimente den Einfluss von Theorien festigen können, indem sie anschauliche Beispiele für die Bedingungen liefern, unter denen eine Theorie zutreffende Vorhersagen macht; und schließlich dass Experimente für die Evaluierung sozialer Reformen, wie etwa für die Einschätzung der Effektivität von Maßnahmen zur Energieeinsparung, sinnvoll sind. So dreht sich die Diskussion über den Nutzen experimenteller Forschung um die Art von Schlussfolgerungen, die man aufgrund experimenteller Befunde vernünftigerweise ziehen kann, wobei „Traditionalisten" wie Aronson et al. (1998) die Ansicht vertreten, das Experiment sei eine sichere Grundlage der Erkenntnis und Kritiker wie Gergen diese Annahme bezweifeln.

4.8 Zusammenfassung und Schlussfolgerungen

Methoden sind Verfahren, nach denen sich Forscher beim Sammeln von Informationen richten; diese tragen dazu bei, Forschungsfragen zu beantworten. Der Begriff Methodologie bezieht sich auf alle Aspekte der Anwendung dieser Methoden. Die in einer Untersuchung verwendete Methode ist zu einem großen Teil von der Fragestellung abhängig, die untersucht werden soll. Wir unterschieden drei grundlegende Arten von Forschung – deskriptive, korrelative und experimentelle – und stellten fest, dass die sozialpsychologische Forschung üblicherweise experimentell oder quasiexperimentell ist. Damit wird das Ziel verfolgt, das erforschte Phänomen zu erklären.

Bei der Beschreibung der Methoden im Einzelnen unterschieden wir zwischen Forschungsstrategien und Datenerhebungstechniken. Es wurden drei Forschungsstrategien beschrieben:

- die Umfrageforschung,
- das Quasiexperiment und
- das echte Zufallsexperiment.

Die zwei Hauptunterschiede zwischen diesen Strategien sind

- das Ausmaß, in dem man in der Lage ist, die Ergebnisse auf eine Population zu übertragen, und
- der Grad, in dem man kausale Schlussfolgerungen ziehen kann.

Die experimentelle Forschung wurde detaillierter behandelt, da sie in den letzten vier Jahrzehnten die vorherrschende Forschungsstrategie der Sozialpsychologie war. Als grundsätzliche Merkmale experimenteller Forschung wurden beschrieben: das experimentelle Szenario, die unabhängige Variable, die abhängige Variable, die Manipulationsüberprüfung und die postexperimentelle Aufklärung.

Ein echtes experimentelles Design erlaubt es dem Forscher, den Schluss zu ziehen, dass Veränderungen der unabhängigen Variable Veränderungen der abhängigen Variable bewirken. Ein solches Design muss daher aus mehr als einer Bedingung bestehen, damit der Forscher Beobachtungen, die unter verschiedenen Bedingungen gesammelt werden, vergleichen kann. Das minimale Design eines echten Experiments ist das Nur-Nachtest-Kontrollgruppendesign, bei dem die Versuchspersonen zufällig einer von zwei Bedingungen zugewiesen werden, von denen nur eine der experimentellen Manipulation unterliegt. Unter den verschiedenen komplexeren Designs, die zur Verfügung stehen, wird insbesondere das faktorielle

Design am häufigsten verwendet, da es Vorhersagen über Interaktionseffekte erlaubt.

Will man aus sozialpsychologischer Forschung eindeutige Schlussfolgerungen ziehen, erfordert dies drei Arten der Validität: interne, externe und Konstruktvalidität. Konfundierung wurde als Gefahr für die interne Validität, Effekte sozialer Erwünschtheit, Hinweise aus der experimentellen Situation sowie Versuchsleitereffekte wurden als Gefahr für die Konstruktvalidität diskutiert. Unterschiede von Freiwilligkeit und Nichtfreiwilligkeit wurden als Gefahr für die externe Validität behandelt.

Es wurden drei grundlegende Methoden der Datenerhebung in der Sozialpsychologie identifiziert: Beobachtungsmaße, Selbstbeurteilungsmaße und implizite Maße. Beobachtungsmaße haben den Vorteil, weniger anfällig für Effekte sozialer Erwünschtheit zu sein; sie können darüber hinaus völlig nichtreaktiv durchgeführt werden. Dagegen sind mit ihrer Hilfe innere, kognitive Prozesse wie etwa Einstellungen, Kausalattributionen und Stereotype (s. Kap. 5–8) nicht erfassbar; zu diesem Zweck muss sich der Forscher auf Selbstbeurteilungsmaße verlassen, obwohl es eine zunehmende Tendenz gibt, implizite Maße zu verwenden. Bei Letzteren wird das Ziel verfolgt, Phänomene zum Vorschein zu bringen, die entweder außerhalb des individuellen Bewusstseins sind oder bei herkömmlichen Selbstbeurteilungsmaßen gern falsch berichtet werden; dies hängt mit Problemen der sozialen Erwünschtheit zusammen. Die Vorteile der kombinierten Verwendung dieser unterschiedlichen Arten von Methoden sollten nicht außer Acht gelassen werden.

Schließlich wurde von uns festgestellt, dass einige Sozialpsychologen den Nutzen konventioneller Methoden, insbesondere des Laborexperiments, infrage gestellt haben. Die kulturelle Einbettung sozialen Verhaltens, die Tatsache, dass soziales Verhalten durch vielerlei Faktoren determiniert wird, die Schwierigkeit der Unterscheidung zwischen Verursachung durch Normen und durch psychische Prozesse sowie die menschliche Fähigkeit, das eigene Verhalten im Licht sozialpsychologischer Theorien zu modifizieren, wurden als Gründe dafür erkannt, dass bezweifelt wird, experimentelle Forschung trage zu einem Erkenntniszuwachs im Hinblick auf die Gesetze sozialen Verhaltens bei.

FRAGEN ZUM TEXT

1. Ist es möglich, die Komplexität menschlichen Sozialverhaltens in Form eines Experiments festzuhalten?
2. Ist es ethisch vertretbar, Menschen im Namen der Wissenschaft Vorgehensweisen auszusetzen, die eine Täuschung bzw. Belastung darstellen?
3. Die beste Methode, um ein Phänomen zu verstehen, besteht darin, dass man damit beginnt, es sorgfältig zu beschreiben. Diskutieren Sie diese Auffassung.
4. Kann man Selbstbeurteilungsmaßen überhaupt trauen?
5. Was sollte man tun, wenn ein Selbstbeurteilungsmaß auf eine bestimmte Schlussfolgerung hindeutet, ein implizites Maß oder ein Beobachtungsmaß jedoch auf eine andere?
6. Richtet sich menschliches Sozialverhalten in gleicher Weise nach Gesetzen, wie dies beim Verhalten unbelebter Objekte der Fall zu sein scheint?
7. Nur Laborexperimente stellen eine angemessene Grundlage dafür dar, im Bereich der Sozialpsychologie kausale Schlüsse zu ziehen. Diskutieren Sie diese Auffassung.

Empfohlene Literatur

Aronson, E., Ellsworth, P.C., Carlsmith, J. M. & Gonzales, M.H. (1990). *Methods of research in social psychology* (2. Aufl.). New York: McGraw-Hill. Eine umfassende Einführung in die Forschungsmethoden der Sozialpsychologie; dabei wird der Schwerpunkt auf die experimentelle Vorgehensweise gelegt.

Cook, T. D. & Campbell, D. T. (1979). *Quasi-Experimentation: Design and analysis issues for field experimentation.* Chicago: Rand McNally. Eine von maßgeblichen Autoren verfasste Darstellung, wie man die Gefahren für die Validität durch eine sorgfältige Planung des Designs möglichst gering hält.

Gergen, K. J. (1978). Experimentation in social psychology: A reappraisal. *European Journal of Social Psychology, 8*, 507–27. Eine anregende Analyse von einem der führenden Kritiker der Anwendung des Experiments in der Sozialpsychologie.

Gilbert, D. T, Fiske, S. T. & Lindzey, G. (Eds.). (1998). *Handbook of social psychology* (4. Aufl., 2. Bde.). New York: McGraw-Hill. Die neueste Auflage dieses wichtigen Handbuchs, das Beiträge über die experimentelle Methode (Kap. 3), über Umfragemethoden (Kap. 4), über die Messung (Kap. 5) und über die Auswertung von Daten (Kap. 6) enthält.

Greenberg, J. & Folger, R. (1988). *Controversial issues in social research methods.* New York: Springer. Dieses Buch stellt die Debatten zu Schlüsselthemen der Forschung gut dar.

Greenwood, J.D. (1989). *Explanation and experiment in social psychological science: Realism and the social constitution of action.* New York: Springer. Eine interessante und kritische Abhandlung zum philosophischen Hintergrund der Forschungsmethoden.

Jones, R.A. (1985). *Research methods in the social and behavioral sciences.* Sunderland, MA: Sinauer. Hier handelt es sich um ein ungewöhnliches Buch: Es stellt die ganze Bandbreite der Methoden, die von Sozialwissenschaftlern eingesetzt werden, auf intelligente, informative und unterhaltsame Weise dar. Sehr empfehlenswert.

Schlüsseluntersuchung

Gergen, K.J. (1978). Experimentation in social psychology: A reappraisal. *European Journal of Social Psychology, 8*, 507–27.

Teil II
Konstruktion der sozialen Welt

5 Soziale Kognition

Klaus Fiedler und Herbert Bless

INHALT

Das vorliegende Kapitel beschäftigt sich mit der Verarbeitung sozialer Informationen und gibt einen Überblick über eine Reihe von Ansätzen in der Sozialpsychologie, die Begriffe und Methoden aus der kognitiven Psychologie eingeführt haben. Die kognitiven Prozesse, die an der Wahrnehmung, der Enkodierung, dem Denken, dem Schlussfolgern, dem Erinnern, dem Urteilen und dem Kommunizieren beteiligt sind, unterscheiden sich von den kognitiven Prozessen, die sich mit der physikalischen Welt auseinander setzen. In diesem Kapitel stellen wir die wichtigsten Forschungsfragen und Theorien der sozialen Kognition im Rahmen der unterschiedlichen Stufen der Informationsverarbeitung dar. Wir geben einen Überblick über die relevante Forschung zu einer Anzahl spannender Themen, einschließlich der Personenwahrnehmung und des Personengedächtnisses, der Stereotypisierung, kognitiver Verzerrungen, Urteilstendenzen und der sprachlichen Kommunikation. Weitere wichtige Abschnitte dieses Kapitels widmen sich der Anwendung dieser Module der sozialen Kognition auf die Überprüfung sozialer Hypothesen und auf adaptives Verhalten in einer komplexen Welt.

5.1 Einleitung

Welche Ideen hat die soziale Kognition von der kognitiven Psychologie entliehen? Wie lässt sich die soziale Kognition von der behavioristischen Tradition abgrenzen? Worin besteht das Wechselspiel zwischen Vorwissen und Stimulus?

Stellen Sie sich Harry Alt vor, einen 40-jährigen Personalchef. Er führt Vorstellungsgespräche mit Bewerbern um eine freie Stelle. Eine Bewerberin beschreibt sich selbst folgendermaßen: „Ich bin nicht ganz sicher, ob ich in der Lage bin, diese Aufgabe sofort auszuführen; doch ich habe eine sehr hohe Motivation und hoffe, dass ich es lernen kann." Wie könnte Harry Alt diese Aussage interpretieren? Zum einen könnte er daraus schließen, dass die Bewerberin für die Stelle nicht angemessen ausgebildet und deshalb in gewisser Weise unsicher ist. Zum anderen könnte er der Auffassung sein, dass die Bewerberin motiviert und ehrlich ist und ihre eigenen Fähigkeiten nicht übertrieben anpreist. Was meinen Sie? Wie wird Harry Alt die Aussage der Bewerberin interpretieren? Wird er sie einstellen?

Offensichtlich hängt Harry Alts Entscheidung nicht nur von der eigentlichen Aussage der Bewerberin ab, sondern auch von der Art und Weise, wie er diese Aussage interpretiert. Um ein soziales Urteil und ein Verhalten vorherzusagen, müssen wir die kognitiven Prozesse verstehen, die als Bindeglied zwischen einem gegebenen Stimulus (z. B. der Aussage der Bewerberin) und einer Reaktion (z. B. der Einstellungsentscheidung von Harry Alt) wirken. Psychologen sind nicht immer an der verborgenen Verbindung zwischen externen Reizen und Verhaltensreaktionen interessiert gewesen. Vor allem die Behavioristen (z. B. Skinner, 1938) haben argumentiert, dass man Verhalten besser im Sinne von Verstärkungskontingenzen (Belohnung und Bestrafung) als mithilfe vermittelnder kognitiver Prozesse erklären könne. Im Gegensatz dazu haben Gestalttheoretiker (z. B. Koffka, 1936; Wertheimer, 1957/1945) immer hervorgehoben, dass es nicht der Stimulus an sich ist, der unser Verhalten beeinflusst, sondern die Art und Weise, wie wir ihn sehen – mit anderen Worten, wie wir die Realität geistig konstruieren und repräsentieren. Die kognitive Verbindung zwischen Stimulus und Reaktion ermöglicht es, dass das soziale Verhalten weit sensibler auf den Kontext reagiert als rigide biologische Routinen. Diesen Zusammenhang aus der sozialpsychologischen Forschung auszublenden hätte ein ausgesprochen verkümmertes Bild vom menschlichen Verhalten zur Folge. Um Henri Tajfel (1969), einen der wichtigsten Vertreter der europäischen Sozialpsychologie, zu zitieren:

„Der größte Anpassungsvorteil des Menschen liegt in der Fähigkeit, sein Verhalten danach auszurichten, wie er eine Situation wahrnimmt und versteht" (S. 81).

Demnach wird soziales Verhalten nicht unmittelbar von der äußeren Reizsituation bestimmt, sondern über die innere mentale Repräsentation einer gegebenen Situation vermittelt. Insofern müssen wir, um soziales

Tabelle 5.1. Beispiele für Forschungsfragen im Bereich der sozialen Kognition

Wie wird unser Wissen über die Welt im Gedächtnis abgespeichert und von dort wieder abgerufen? *Wie bleiben Harry Alts Stereotype erhalten und wie sind sie organisiert? Welche Bedingungen führen dazu, dass sie zum Einsatz kommen?*
Wenn unterschiedliche Wissensstrukturen zur Verfügung stehen, bei welcher besteht die größte Wahrscheinlichkeit, dass sie in einer speziellen Situation verwendet wird? *Harry Alt z. B. hat vielleicht nicht nur ein sexistisches Stereotyp zur Unsicherheit von Frauen, sondern auch ein positives Stereotyp über die Universität, an der die Bewerberin ihren Abschluss gemacht hat. Von welcher Wissensstruktur wird seine Interpretation geleitet sein?*
Wie suchen Menschen nach neuen Informationen? *Welche Fragen wird Harry Alt stellen? Wird er eher Fragen zur Unsicherheit der Bewerberin stellen oder zu ihrer Motivation und Anpassungsfähigkeit?*
Auf welche Art und Weise aktivieren neue Informationen vorher bestehendes Wissen? *Macht es z. B. etwas aus, ob die Bewerberin die einzige Frau und die vielen anderen Bewerber Männer sind oder ob die Anzahl von Bewerbern und Bewerberinnen gleich ist?*
Wie verändern sich Wissensstrukturen angesichts widersprechender Informationen? *Könnte sich Harry Alts Erwartung, dass Frauen Männern unterlegen sind, ändern, wenn diese Bewerberin eingestellt wird und sehr gute Leistungen zeigt?*
Welche Aspekte der Situation haben einen Einfluss auf die Wirkung des Vorwissens im Vergleich zur Wirkung neuer Stimulusinformationen bezüglich der sich daraus ergebenden Interpretation der Wirklichkeit? *Würde Harry Alts Interpretation davon abhängen, ob er während des Vorstellungsgesprächs durch einen wichtigen Telefonanruf abgelenkt wird? Was wäre, wenn sich sein eigenes Gehalt danach bemessen würde, welche Leistungen die Bewerberin anschließend im Betrieb zeigt?*

Verhalten und die es vermittelnden Faktoren zu verstehen, begreifen, wie Individuen ihre subjektive Realität konstruieren. Genau mit dieser Frage beschäftigt sich die Forschung zur sozialen Kognition. Bei der sozialen Kognition geht es um die Untersuchung sozialen Wissens und der kognitiven Prozesse, die beteiligt sind, wenn Individuen ihre subjektive Realität konstruieren. Das Ziel besteht darin, zu erforschen, wie Informationen enkodiert, gespeichert und aus dem Gedächtnis abgerufen werden, wie soziales Wissen strukturiert und repräsentiert wird und um welche Prozesse es geht, wenn Individuen zu Urteilen kommen und Entscheidungen fällen (s. Tabelle 5.1 zu einer Zusammenfassung der Forschungsfragen, die dort auch auf die Entscheidung von Harry Alt angewandt werden).

Infolge der Betonung der Notwendigkeit, kognitive Strukturen und kognitive Prozesse zu erforschen, ist die soziale Kognition zu einem Schmelztiegel für theoretische Entwicklungen geworden: für einige der fruchtbarsten und beliebtesten Forschungsfelder der Sozialpsychologie, nämlich für Einstellungsänderung (s. Kap. 8), Attributionsforschung (s. Kap. 7) und Stereotype (s. Kap. 15). Es ist wichtig anzumerken, dass sich Forscher, wenn sie sich auf kognitive Strukturen und Prozesse konzentrieren, bei der Kognition keineswegs auf „kalte Rationalität" beschränken. Tatsächlich waren die Vertreter des Ansatzes der sozialen Kognition sogar

Abb. 5.1. Die Untersuchung der sozialen Kognition trägt zum Verständnis dessen bei, wie Informationen in sozialen Situationen, beispielsweise in einem Bewerbungsgespräch, verarbeitet werden

stärker an Affekten und Emotionen (s. Clore, Schwarz & Conway, 1994), irrationalem Verhalten (Kahneman, Slovic & Tversky, 1982) und an Beziehungen zwischen Gruppen interessiert als an den rein geistigen Prozessen des Denkens, Urteilens und Erinnerns (s. Fiske & Taylor, 1991; Wyer & Srull, 1994).

Wegen ihrer Konzentration auf die Informationsrepräsentation und auf mentale Prozesse hat die soziale Kognition viele Begriffe und Annahmen aus der kognitiven Psychologie entliehen (Anderson, 1976). Eine Grundannahme besagt, dass (soziale) Urteile nur teilweise durch die Reize in einer gegebenen Situation festgelegt sind, z. B. durch die Aussage der Bewerberin. Unsere Urteile werden auch stark vom *Vorwissen* abhängen, das wir in diese Situation einbringen. Infolgedessen könnte die Aussage der Bewerberin, abhängig davon, welches Vorwissen Harry Alt für seine Interpretation verwendet, zu einer Vielfalt unterschiedlicher Reaktionen führen. Je nachdem, ob sein sexistisches Stereotyp darin bestünde, dass Frauen im Allgemeinen unsicher und für die Stelle nicht geeignet sind oder dass Frauen oft hoch motiviert sind und sich rasch an neue Situationen anpassen können, wären seine Reaktionen vermutlich ganz andere. Je nachdem, von welchem Vorwissen seine Interpretation geleitet ist, wird Harry unterschiedliche Fragen stellen, seine Aufmerksamkeit auf unterschiedliche Situationseigenschaften richten und später andere Aspekte des Einstellungsgesprächs erinnern.

Eine zweite Grundannahme besteht darin, dass unser Denken stark durch die Begrenztheit der Verarbeitungskapazität beeinflusst wird. In vielen Situationen haben die Menschen nicht die Zeit und die Verarbeitungskapazität, jede einzelne relevante Information zu bedenken. Selbst wenn sie alle erforderlichen Verarbeitungsressourcen hätten, sind sie darüber hinaus oft nicht motiviert, über eine Situation tiefer nachzudenken. Durch die Verarbeitungskapazität und die Motivation von Individuen, so wird angenommen, ist festgelegt, wie intensiv ein Mensch über eine bestimmte Situation nachdenkt. Die Verarbeitungstiefe hängt in starkem Maße mit dem Einfluss des Vorwissens auf kognitive Prozesse zusammen. Je weniger Verarbeitungskapazität und Motivation vorhanden ist, desto stärker ist im Allgemeinen der Einfluss des Vorwissens auf neu eingehende Informationen (**Top-down-Verarbeitung**). Je mehr Verarbeitungsressourcen wir bereitstellen, desto größer ist umgekehrt die Wahrscheinlichkeit, dass neue Informationen unser bestehendes Wissen verändern werden (**Bottom-up-Verarbeitung**). Infolgedessen kann das Ausmaß oder die Tiefe der Verarbeitung einen starken Einfluss auf die sich ergebenden Urteile haben. Es überrascht deshalb nicht, dass der Begriff der Verarbeitungstiefe in den Theorien der sozialen Kognition eine Schlüsselrolle spielt.

Top-down-Verarbeitung (auch zielgesteuerte Verarbeitung; „top-down processing"): Informationsverarbeitung, die durch abstrakte, übergeordnete Wissensstrukturen im Gedächtnis (z. B. Schema, Erwartung) gesteuert wird, die die Wahrnehmung und Interpretation neuer Stimuli beeinflussen.

Bottom-up-Verarbeitung (auch datengesteuerte Verarbeitung; „bottom-up processing"): Informationsverarbeitung, die stärker von neu eintreffenden Stimulusinformationen als von abstrakten Wissensstrukturen im Gedächtnis gesteuert wird.

Drittens können sich kognitive Prozesse darin unterscheiden, wie automatisch und kontrollierbar sie sind (Shiffrin & Schneider, 1984). Einige Prozesse können leichter gesteuert werden als andere. Wenn erforderlich können sich Individuen einen bestimmten Inhalt ihres Gedächtnisses aktiv vorstellen, wie etwa die Leistung der Bewerberin in einem Assessment Center. Informationen können jedoch auch automatisch Eingang in Denkprozesse finden. Ordnen wir etwa eine Person einer Gruppe zu (beispielsweise die Bewerberin der Kategorie Frauen), können unsere allgemeinen Erwartungen im Hinblick auf diese Gruppe spontan aktiviert werden, ohne dass wir dies kontrollieren können (Devine, 1989; Fiske & Neuberg, 1990).

Das restliche Kapitel wird sich mit einigen der Hauptentwicklungen in der Forschung zur sozialen Kognition beschäftigen. Wir werden herausarbeiten, wie die obigen Annahmen mit der Struktur sozialen Wissens und mit der Sequenz kognitiver Prozesse verknüpft sind. Zuvor werden wir uns jedoch kurz mit der Frage beschäftigen, was an der sozialen Kognition sozial ist.

5.2 Was ist sozial an der sozialen Kognition?

Wie unterscheidet sich die soziale von der physischen Welt? Was macht die soziale Kognition so anfällig für Konstruktionen und Täuschungen?

Die Betonung der *kognitiven* Prozesse bei der sozialen Kognition ist nur die eine Seite der Medaille; die andere Seite besteht darin, dass der *soziale* Charakter der Informationsverarbeitung hervorgehoben wird. Angesichts der oben skizzierten Forschungsannahmen könnte man sich fragen, wie sich die soziale Kognition von einer Kognition über unbelebte Gegenstände unterscheidet. Zunächst einmal, und das ist vielleicht am offensichtlichsten, ist die Forschung zur sozialen Kognition wegen der sozialen Ei-

Abb. 5.2. Abstrakte und soziale Version des Wason-Karten-Problems

Welche Karten müssen umgedreht werden, um die Regel zu überprüfen:

Wenn sich ein Vokal auf der einen Seite befindet, steht auf der anderen Seite eine gerade Zahl.

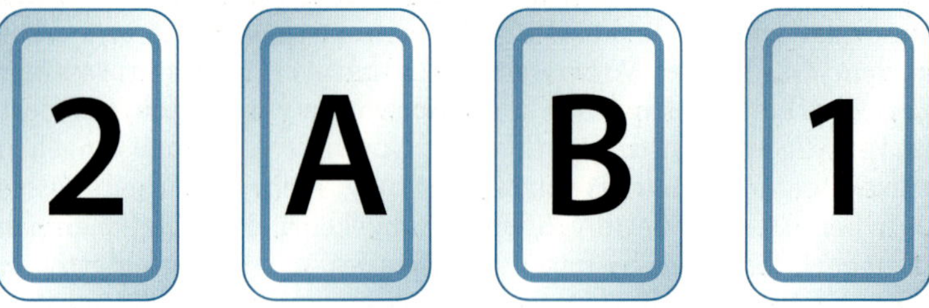

Welche Karten müssen umgedreht werden, um die Regel zu überprüfen:

Wer betrunken ist, muss sein Auto stehen lassen und ein Taxi nehmen.

genart des Stimulus und seiner Beziehung zum Wahrnehmenden etwas ganz Spezielles. Im Gegensatz zu Urteilen über Gegenstände sind Urteile über andere Personen gewöhnlich komplexer, und die Zielobjekte sozialer Urteile neigen dazu, sich mit der Zeit zu verändern – vor allem wenn das Zielobjekt weiß, dass es beobachtet wird. Außerdem besteht gewöhnlich eine engere Beziehung zum Selbst des Wahrnehmenden – was wiederum die Komplexität der Prozesse zunehmen lässt (s. Fiske & Taylor, 1991).

Der soziale Aspekt beschränkt sich jedoch nicht auf die Eigenart des Reizes als solchen. Ebenso wie ein kleines Kind wohl kaum nur mithilfe eines Radios sprechen lernen könnte und ebenso wie die soziale Interaktion in Gruppen von Gleichaltrigen eine notwendige Bedingung in Piagets (1952) Theorie der kognitiven Entwicklung ist (vgl. Kap. 3), besteht die wichtigste Botschaft, von der das vorliegende Kapitel geleitet ist, darin, dass die (soziale) Kognition ein wirklich sozialer Prozess ist.

Die Bedeutung der sozialen Komponente der menschlichen Intelligenz kann durch Cosmides' (1989) evolutionstheoretischen Ansatz zum logischen Denken veranschaulicht werden. Das ständige Versagen selbst hoch intelligenter Menschen bei Aufgaben zum logischen Denken geht auf die Tatsache zurück, dass Denkexperimente oft losgelöst vom sozialen Kontext sind, in dem sich die Denkfähigkeit entwickelt hat. In einem typischen Forschungsparadigma, wie es von Wason (1966) entwickelt wurde, werden vier Karten dargeboten, die die Symbole 2, A, B und 1 zeigen. Man informiert die Versuchspersonen, dass bei jeder Karte ein Buchstabe auf der einen und eine Zahl auf der anderen Seite steht (s. Abb. 5.2, oberer Teil). Die Aufgabe besteht darin, diejenigen Karten auszuwählen, die eine logisch zwingende Überprüfung für eine Regel zulassen wie etwa *Wenn sich ein Vokal auf der einen Seite befindet, steht auf der anderen Seite eine gerade Zahl.* Auf welche Karte muss dann angemessenerweise die Wahl fallen?

Die meisten Menschen wählen jene Karten aus, auf die die in der Regel erwähnten Merkmale zutreffen: A (Vokal) und 2 (gerade Zahl). Eine angemessene Entscheidung bestünde jedoch darin, sich die Karten anzusehen, auf die die Prämisse zutrifft (d.h. der Vokal A) und die die Konklusion negieren (d.h. die ungerade Zahl 1). Fast jeder begreift, dass man Karte A berücksichtigen muss. Dreht man die Karte mit dem A um, muss eine 2 zu sehen sein; kommt die 1 zum Vorschein, ist die Regel falsifiziert. Die Karte mit der 2 ist ziemlich irrelevant. Durch die Regel wird nicht ausgeschlossen, dass gerade Zahlen auch zusammen mit Konsonanten auftreten können. Die Karte mit der 1 jedoch, die die Negation der Konklusion repräsentiert, liefert eine entscheidende, aber weniger offensichtliche Überprüfungsmöglichkeit. Ist die ungerade Zahl 1 gegeben, dann darf der Buchstabe auf der Vorderseite kein Vokal sein; ansonsten könnte die Regel als falsifiziert gelten.

Zwei Jahrzehnte der Forschung mit dieser speziellen Aufgabe vermittelten ein ziemlich pessimistisches Bild von der menschlichen Fähigkeit zum schlussfolgernden Denken: Selbst wenn sich die Regel auf vertraute und bedeutungsvolle Inhalte bezieht, bleiben die Fehler im Schlussfolgern bestehen. Cosmides berichtet jedoch über einige sehr einflussreiche Untersuchungen, in denen nachgewiesen werden konnte, dass Personen keine Probleme haben, logisch gleichartige Aufgaben zu lösen, wenn die Regel einen sozialen Vertrag begründet, der an die sozialen Austauschprinzipien erinnert. Eine solche Regel lautet beispielsweise: *Wer betrunken ist, darf kein Auto fahren, sondern muss ein Taxi nehmen.* Unsere soziale Intelligenz sagt uns, dass wir sowohl Betrunkene als auch Autofahrer genau überprüfen müssen (Negation der Konklusion), um „Schwindler“ zu entdecken, die den sozialen Vertrag verletzen (Gigerenzer & Hug, 1991).

Ein weiteres Beispiel dafür, auf welche Weise soziales Engagement logisches Denken auslösen kann, zeigt sich in Schallers (1992) Arbeit über stochastisches Schlussfolgern. Wenn man Studenten statistische Tabellen vorlegt, in denen sich beispielsweise andeutet, dass die Leistungen von Frauen schlechter als die von Männern sind, dann übersehen sie meist den Scheincharakter einer solchen Korrelation. Denn der scheinbare Zusammenhang zwischen Geschlecht und Leistung kann von einer dritten Variable abhängen (z.B. müssen Frauen unter weniger günstigen Bedingungen arbeiten). Stochastisches Schlussfolgern kann allerdings erheblich verbessert werden, wenn die Befragten sozial oder emotional betroffen sind, z.B. wenn feministische Teilnehmerinnen von der Motivation geleitet sind, das eigene Geschlecht zu verteidigen.

Es gibt eine weitere gleichermaßen wichtige, aber weniger offensichtliche Antwort auf die Frage „Worin besteht das Soziale an der sozialen

Kognition". Während die physikalische Umwelt aus Reizeigenschaften wie Farbe, Größe oder Tonhöhe besteht, die der Wahrnehmung direkt zugänglich sind und für die wir Sinnesrezeptoren ausgebildet haben, erstreckt sich die soziale Umwelt auf zahlreiche Eigenschaften, die nicht direkt wahrgenommen oder objektiv beurteilt werden können. Die interessantesten Eigenschaften wie etwa *Risiko*, *Intelligenz*, *Ehrlichkeit*, *Liebe*, *Gefahr*, *Gewinne* und *Verluste* beziehen sich auf distale Dinge, die aus proximalen Hinweisreizen erschlossen oder konstruiert werden müssen und denen manchmal gar keine objektive Existenz zukommt. Deshalb sind die Begriffe, die man für die Ursachen, Ziele und Konsequenzen des Verhaltens verwendet, oft nur vage definiert. Beispielsweise beruht die in westlichen Kulturen häufige Verwendung von Eigenschafts- oder dispositionalen Begriffen wie „Extravertiertheit" oder „Unabhängigkeit" nicht auf konkreten Erfahrungen mit diesen Eigenschaften selbst, sondern auf indirekten Erfahrungen mit verhaltensbezogenen Hinweisreizen (z.B. Gesprächigkeit, Stimmqualität, Kleidungsstil etc.), die zur Konstruktion der „Wahrnehmung" solcher Eigenschaften herangezogen werden. Deshalb kann eine Scheinkorrelation etwa zwischen Extravertiertheit und Führungsqualitäten auf die Tatsache zurückgehen, dass beide Eigenschaften von den gleichen verhaltensbezogenen Hinweisreizen abgeleitet oder konstruiert worden sind (vgl. Shweder, 1975). Auf ähnliche Weise kann man auch die stereotype Auffassung des Personalchefs Harry Alt sehen, dass männliche Angestellte im Vergleich zu weiblichen rationaler und logischer sind. Es wird schwer sein, dies zu widerlegen, ganz einfach deshalb, weil die „Wahrnehmung" von Maskulinität auf den gleichen Hinweisreizen beruht (z.B. geringerer Ausdruck von Emotionen, tiefe Stimme, dominierender Gesprächsstil) wie die „Wahrnehmung" von Rationalität.

5.3 Die kognitiven Stufen der sozialen Informationsverarbeitung

Welche Stufen der Informationsverarbeitung kann man unterscheiden? Wie sind diese Stufen geordnet und in welcher Beziehung stehen sie zueinander?

Was besagen die uns zur Verfügung stehenden empirischen Befunde über die menschliche Informationsverarbeitung in einer so trügerischen Umwelt? Nach einem vertrauten Schema der kognitiven Psychologie können wir den Ablauf kognitiver Prozesse in die in Abb. 5.3 dargestellten, voneinander unterscheidbaren Stufen aufteilen. Zunächst müssen wir die beobachteten Reizereignisse *wahrnehmen*, dann müssen wir diese Wahrnehmung *enkodieren* und interpretieren. Der Enkodierungszustand wird bereits stark durch das im Gedächtnis gespeicherte Vor*wissen* beeinflusst. Die enkodierte Wahrnehmung wird im Gedächtnis abgespeichert und hat möglicherweise einen Einfluss auf die Bewertung künftiger Ereignisse. So-

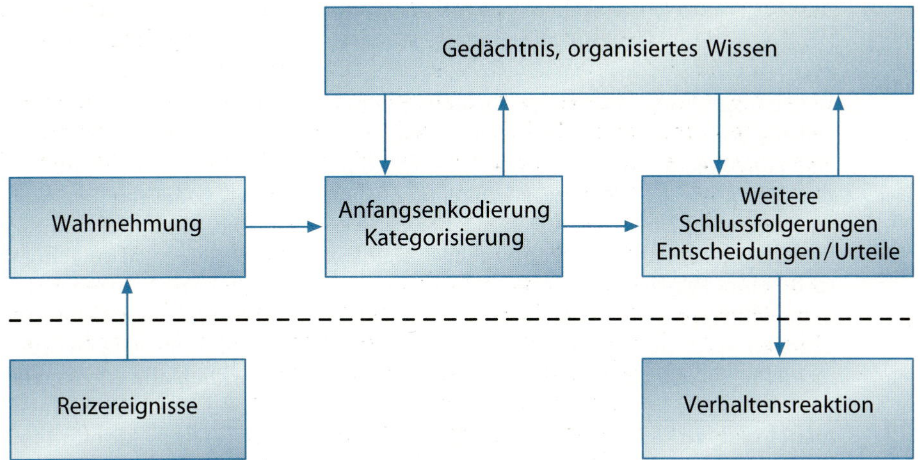

Abb. 5.3. Konzeptueller Rahmen der kognitiven Stufen der Informationsverarbeitung

wohl die neu enkodierte, eingehende Information als auch das alte Wissen im Gedächtnis werden dann die Grundlage für die weitere Verarbeitung darstellen, die zu *Schlussfolgerungen* und zu *Urteilen* führt. Manchmal, aber nicht immer zeigt sich das Endergebnis dieses kognitiven Prozesses in einer offen beobachtbaren *Verhaltensreaktion*.

Obwohl die unterschiedlichen Verarbeitungsstufen – vom Eingang in die Wahrnehmung bis zum Verhaltensergebnis – voneinander abhängig und durch verschiedene Rückkopplungsschleifen gekennzeichnet sind, beruht die Abfolge insofern auf einer soliden logischen Grundlage, als die späteren Stufen (z.B. Kategorisierung) auf früheren Stufen (z.B. Wahrnehmung) aufbauen. Der umgekehrte Einfluss ist nicht notwendig, aber doch möglich. Beispielsweise sind wir nicht in der Lage, ein Gesicht als zu einer bestimmten ethnischen Gruppe zugehörig zu enkodieren, ohne das Gesicht wahrgenommen zu haben, andererseits können wir aber unabhängig von der sozialen Kategorisierung Gesichtseigenschaften wahrnehmen. Entsprechend kann das Gedächtnis für Gesichter nicht nach dem Prinzip ethnischer Ähnlichkeiten organisiert sein, wenn die Gesichter nicht zunächst einmal enkodiert worden sind. Schließlich setzen Schlussfolgerungen eine organisierte Wissensstruktur voraus; der Abruf aus dem Gedächtnis behandelt Schlussfolgerungen und organisiertes Wissen als Input.

Trotzdem ist es wichtig, zu begreifen, dass die Bottom-up-Verarbeitung neuer Informationen von Anfang an durch altes Wissen, das das Individuum über die soziale und physische Welt erworben hat, beeinflusst und eingeschränkt wird. Bevor wir uns den interessanten Befunden zuwenden, die die Forschung zur sozialen Kognition über die Stufen der Wahrnehmung, der Enkodierung, der Organisation, des Abrufs und des Urteils erbracht hat, sollten wir uns kurz mit den grundlegenden Einheiten des allgemeinen Wissens beschäftigen, das Menschen nutzen, damit eine neue Reizinformation einen Sinn für sie ergibt.

5.3.1 Die Struktur allgemeinen Wissens

Kategorie („category"): Gruppierung von zwei oder mehr unterscheidbaren Objekten, die ähnlich behandelt werden. Klasse von in der Welt vorhandenen Objekten.

Stereotyp („stereotype"): Sozial geteilte Meinungen über Persönlichkeitsmerkmale und Verhaltensweisen von Mitgliedern einer sozialen Kategorie. Durch die Bildung von Stereotypen lässt man Individualität außer Acht.

Prototyp („prototype"): Das beste Exemplar einer gegebenen Kategorie. Eine abstrakte Repräsentation der Merkmale, die mit einer Kategorie assoziiert werden, die im Gedächtnis gespeichert ist und zur Organisation von Informationen dient.

Beispielbasierte Repräsentation („exemplar-based representation"): Die Repräsentation eines Begriffs (Gruppe, Kategorie) im Gedächtnis, die eher im Sinne konkreter Beispiele als abstrakter Merkmale erfolgt.

Wie ist das soziale und das Umweltwissen im Gedächtnis aufgebaut und welche Wisseneinheiten müssen voneinander unterschieden werden? Hier soll zunächst die grundlegende Terminologie geklärt werden. Der Terminus **Kategorie** bedeutet eine elementare Wissensstruktur, die das Pendant zu einem einzelnen Begriff oder einer Klasse von Gegenständen ist. Zu erkennen, dass ein wahrgenommenes Zielobjekt einer Kategorie angehört (z.B. eine Person als zur Kategorie Feministinnen gehörig), ermöglicht dem Wahrnehmenden, mehr Informationen zu erschließen, als tatsächlich gegeben sind. Solche auf Kategorien beruhenden Schlussfolgerungen sind in vielen Fällen gültig (weil vielen Feministinnen wirklich die Merkmale der Kategorie gemeinsam sein können). Kategorien werden jedoch manchmal zu fehlerhaften Schlussfolgerungen über Zielobjekte führen, die weniger typisch für die Kategorie sind. So mag die Schlussfolgerung, dass Feministinnen Gesetze zu Gunsten der Abtreibung unterstützen, auf bestimmte Frauen nicht zutreffen, die die Abtreibung aus ethischen Gründen ablehnen, obwohl sie in anderen Bereichen eine feministische Position haben. Da sich dieses Beispiel auf eine soziale Gruppe bezieht, dürfte es angemessener seien, den Begriff **Stereotyp** zu verwenden, wenn es um diese soziale Kategorie geht. Obwohl Stereotype oft emotionsgeladener sind und stärker persönliche Wertvorstellungen zum Ausdruck bringen, gehorchen sie ähnlichen Regeln wie alle anderen Kategorien.

Soziale Individuen gehen mit einer großen Anzahl von Kategorien auf die Welt zu, die auf dem basieren, was sie zuvor gelernt haben. Unser Personalchef Harry Alt hat Kategorien für weibliche und männliche Bewerber, für Feministinnen und Machos, berufsbezogene Kategorien, Kategorien für Werkzeuge und Instrumente, für politische Positionen, Hobbys, Musik und Schriftsteller. Mit einem solchen Weltwissen ausgestattet wird sich seine „Wahrnehmung" nicht auf objektiv vorhandene Reizinformationen beschränken.

Wie werden diese Kategorien im Gedächtnis repräsentiert? Es wurde ein Modell vorgeschlagen, nach dem Kategorien als **Prototypen** repräsentiert werden (Barsalou, 1985). Ein Prototyp wird definiert als der Mittelwert oder die zentrale Tendenz einer Kategorie (z.B. die durchschnittliche Einstellung oder das durchschnittliche Aussehen feministischer Frauen). Geht man von der zentralen Tendenz aus, können einige spezielle Exemplare verglichen mit dem Prototyp als ziemlich unähnlich wahrgenommen werden, obwohl sie immer noch als der Kategorie zugehörig angesehen werden. Obwohl z.B. Pinguine zur Kategorie der Vögel gehören, ähneln sie dem Prototyp dieser Kategorie nicht sehr (Rosch, 1978). Dem Gedanken, dass Kategorien durch ihren Mittelwert oder den Prototyp repräsentiert werden, wurde die Annahme gegenübergestellt, dass Kategorien durch spezielle Exemplare repräsentiert werden (**beispielbasierte Repräsentationen**; vgl. etwa Smith & Zaraté, 1992). In diesem Fall beruht das Wissen über Feministinnen auf Gedächtnisspuren für spezifische Exemplare (d.h. auf Begegnungen mit bestimmten Personen aus dieser Kategorie).

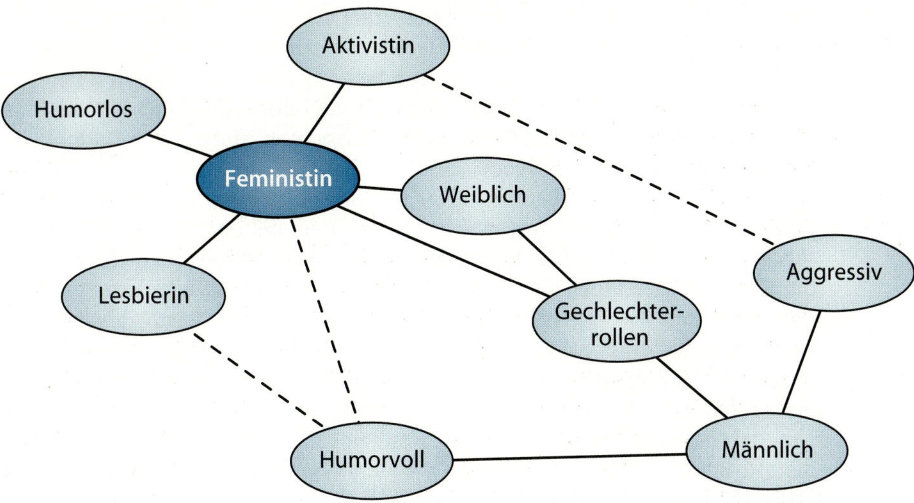

Abb. 5.4. Illustration eines assoziativen Netzwerkmodells

Der größte Teil des sozialen Wissens ist hierarchisch organisiert: vom Abstrakten zum Konkreten; abstraktes Wissen lässt eine größere Vielfalt von Schlussfolgerungen zu als konkretes Wissen. Neben unterschiedlichen Abstraktionsebenen können sich Kategorien auch auf unterschiedliche Inhalte beziehen. Wie oben beschrieben beziehen sich Stereotype auf die Merkmale, die einer sozialen Gruppe zugeschrieben werden. Darüber hinaus können sich Kategorien auch auf die Repräsentation der eigenen Person (Markus, 1977), von sozialen Rollen oder der Abfolge von Ereignissen beziehen. Wissensstrukturen, die standardisierte Abfolgen von Verhalten, Ereignissen und Zuständen beschreiben, werden als **Scripts** bezeichnet (Abelson, 1981). Zu in Scripts abgelegten Episoden gehören das Einchecken auf einem Flughafen, der Kirchenbesuch, das Aufsuchen eines Lokals oder die Weihnachtsfeier. Harry Alt hat zweifellos ein elaboriertes Script eines Einstellungsgesprächs; seine Bewertung der Bewerber wird vermutlich stark davon abhängen, ob eine Bewerberin sich in Übereinstimmung mit diesem Script verhält.

Script („script"): Wissensstruktur, die routineartige Handlungsepisoden in bestimmten Gegenstandsbereichen repräsentiert.

Der Einfluss gespeicherten sozialen Wissens hängt nicht lediglich von den Inhalten und dem Repräsentationsformat der individuellen Kategorien ab, sondern noch viel mehr von den Verbindungen zwischen ihnen. Das assoziative Netzwerk (s. Abb. 5.4), durch das viele Kategorien im Gedächtnis miteinander verknüpft sind, basiert zum größten Teil auf semantischer Ähnlichkeit. Kategorien ähnlicher Bedeutung (d.h. mit vielen gemeinsamen Eigenschaften) sind funktional näher beieinander als unähnliche Kategorien. Wenn Harry Alt also an eine Kategorie (Feministin) denkt, stellen damit zusammenhängende Kategorien (Aktivistin, Geschlechterrollen, Lesbierin) sehr enge Verwandte dar, die zu wissensbasiertem Schlussfolgern einladen.

Innerhalb dieses Rahmens liegt es auf der Hand, dass die Schlussfolgerungen aus einer bestimmten Wissensstruktur in starkem Maße von ihrer

Beziehung zu anderen Wissensstrukturen abhängen. Dieser Aspekt lässt sich gut durch Solomon Aschs (1946) klassische Arbeit veranschaulichen. Er legte seinen Versuchspersonen eine Liste mit Persönlichkeitseigenschaften vor und bat sie, sich einen Eindruck zu bilden. Er fand heraus, dass sich der Eindruck, der sich aus einer Liste von sieben Persönlichkeitseigenschaften (z. B. intelligent, geschickt, fleißig, warmherzig, entschlossen, praktisch veranlagt, umsichtig) ergeben hatte, deutlich ändern konnte, wenn ein einzelnes Merkmal durch ein anderes ersetzt wurde. Interessanterweise hatten einige Merkmale einen besonders starken Einfluss auf die Schlussfolgerungen für andere Merkmale. Beispielsweise hatte es einen größeren Einfluss, wenn man „warmherzig" durch „kühl" ersetzte, als wenn man „abenteuerlustig" durch „nicht abenteuerlustig" ersetzte. Asch nannte diese Züge zentrale Persönlichkeitszüge. Er fand auch heraus, dass Persönlichkeitszüge, die zu Beginn der Liste dargeboten worden waren, einen deutlicheren Einfluss auf die Eindrucksbildung hatten als die Züge, die am Ende der Liste dargeboten wurden. Dieser **Primacy-Effekt** kann jedoch auf Urteile begrenzt sein, die „online" in einer gegebenen Situation gebildet werden. Werden Urteile später auf Grundlage dessen gebildet, was aus dem Gedächtnis abgerufen wird („Offline-" oder „gedächtnisbasierte" Urteile; Hastie & Park, 1986), haben die Informationen am Ende der Liste manchmal wegen ihres Abrufvorteils einen besonders starken Einfluss (Anderson, 1976).

Primacy-Effekt („primacy effect"): Die Tendenz, dass früher eingehende Informationen einen stärkeren Einfluss auf die eigenen Urteile oder die Erinnerungen an Personen, Objekte oder Themen haben als später eingehende Informationen.

Im Folgenden soll nun die Art und Weise betrachtet werden, wie die gespeicherten Wissensstrukturen über die verschiedenen Stufen der kognitiven Verarbeitung hinweg mit eingehenden Informationen interagieren.

5.3.2 Wahrnehmung und Aufmerksamkeit

Stellen Sie sich vor, Sie befinden sich auf einer Party und sind zusammen mit vielen anderen Menschen im selben Zimmer. Mehrere Gruppen führen lebhafte Gespräche miteinander, und Sie stehen in einer jener Gruppen. In dieser Situation gibt es eine endlose Anzahl von Reizen, die Sie mit Ihren Sinnen aufnehmen könnten. Sie könnten Ihre Aufmerksamkeit auf das richten, was all die unterschiedlichen Menschen sagen, die verbalen und nichtverbalen Reaktionen ihrer Gesprächspartner, den Klang der Musik, den Geruch der unterschiedlichen Nahrungsmittel, den Geschmack des Weins und noch viel mehr.

Nach einer Grundvoraussetzung des Ansatzes der sozialen Kognition ist die Kapazität der menschlichen Informationsverarbeitung begrenzt. Wir können nicht alle Reize verarbeiten, die unser Sinnessystem erreichen. Nehmen wir einmal an, wir würden später gefragt, worüber die Gruppe in der anderen Ecke des Zimmers auf der Party gesprochen hat. Wahrscheinlich hätten wir keine Vorstellung davon. Augenscheinlich wäre uns die gesamte Konversation entschwunden, obwohl sie unsere Sinnesorgane erreicht hatte. Stellen Sie sich jedoch vor, Sie hätten mitbekommen, wie jemand in einer weiter entfernt stehenden Gruppe Ihren Namen

Abb. 5.5. Die Salienz der Stimulusmerkmale (z. B. ethnische Gruppe, Größe) variiert von einer Situation zur anderen und hängt davon ab, wer oder was gleichzeitig anwesend ist

erwähnt hätte. Auch wenn Sie sich immer noch mit Ihrer eigenen Gruppe unterhalten hätten, hätten Sie wahrscheinlich einen Teil Ihrer Aufmerksamkeit auf diese andere Unterhaltung gerichtet und wären später in der Lage, Teile davon wiederzugeben. Dieses Beispiel veranschaulicht, wie es uns die Fähigkeit, die eigene Aufmerksamkeit auf bestimmte Zielobjekte in der Umwelt zu richten, ermöglicht, mit der Begrenztheit unserer kognitiven Kapazität umzugehen (Broadbent, 1958). Dies führt zu der Frage, welche Objekte und Ereignisse unsere Aufmerksamkeit auf sich ziehen. Erstens kann ein spezieller Stimulus im Kontext anderer Stimuli *distinkt* sein. Beispielsweise wird eine kleine Person in einer Basketball-Mannschaft mit lauter großen Spielern oder umgekehrt die einzige große Person unter kleinen Turnern vermutlich unsere Aufmerksamkeit anziehen. Hierbei ist zu beachten, dass es nicht die Eigenschaft des Stimulus an sich ist, sondern seine Beziehung zum Kontext, die die **Salienz** hervorruft. Zweitens kann ein Stimulus unsere Aufmerksamkeit auf sich ziehen, weil er unerwartet auftritt. Und schließlich richten wir unsere Aufmerksamkeit auf Reize, die uns für unsere momentanen Ziele besonders relevant erscheinen (zur weiteren Lektüre s. Fiske & Taylor, 1991; McArthur, 1981).

Salienz („salience"): Die Unterschiedlichkeit eines Stimulus in Relation zum Kontext (z. B. ein Mann in einer Gruppe von Frauen; eine Gruppe von Leuten, einer davon steht im Mittelpunkt).

5.3.3 Enkodierung und Interpretation

Haben wir erst einmal einen speziellen Stimulus wahrgenommen, müssen wir ihn im Gedächtnis enkodieren, um ihm eine Bedeutung zu verleihen. Die Enkodierung besteht aus verschiedenen Prozessen, die vor sich gehen, wenn ein externer Stimulus in eine interne Repräsentation umgewandelt wird. Eine Enkodierung kommt dadurch zustande, dass der neue Stimulus zu dem, was wir bereits wissen, in Beziehung gesetzt wird. Stellen Sie sich vor, Sie fahren mit dem Auto die Straße entlang und sehen die weißen Buchstaben STOP auf rotem Grund. Sie können diesen eingehenden Stimulus in eine sinnvolle Kategorie einordnen, nämlich das Stoppzeichen, und ihre Vorinformation über diese Kategorie hilft Ihnen dabei, die Bedeutung des eingehenden Stimulus zu interpretieren. Wenn ein Stimulus erst einmal einer sinnhaften Kategorie zugeordnet ist, wird die Wahrnehmung mit einem vom Stimulus unabhängigen Wissen über diese Kategorie angereichert. Dieses „Hinausgehen über die gegebene Information“ (Bruner, 1957) wird auch deutlich, wenn die Kategorisierung einer Person als weiblich statt als männlich durch den sexistischen Personalchef Harry Alt dem Verhalten dieser Person eine völlig andere Bedeutung verleiht. Zum Beispiel wird möglicherweise das gleiche nachlässige Verhalten (z. B. Vergessen, um Erlaubnis zu fragen) bei männlichen Personen als Anzeichen für Selbstständigkeit, bei Frauen hingegen als Anzeichen für Nachlässigkeit interpretiert. So müssen wir anerkennen, dass die Wahrnehmung mit der **Zugänglichkeit** der Kategorien interagiert, mit denen der Wahrnehmende sein Weltwissen organisiert. Das Schicksal eines Reizereignisses hängt davon ab, welche Kategorie zum Zeitpunkt der Wahrnehmung gerade zugänglich ist, vor allem wenn der Stimulus nicht eindeutig ist und Raum für unterschiedliche Interpretationen offen lässt.

Zugänglichkeit („accessibility“): Die Leichtigkeit und Geschwindigkeit, mit der Informationen im Gedächtnis aufgefunden und abgerufen werden können.

Durch welche Faktoren wird die Wahrscheinlichkeit beeinflusst, dass eine Kategorie im Arbeitsgedächtnis des Wahrnehmenden zugänglich ist? Zum einen ist es wahrscheinlicher, dass *häufig* verwendete Kategorien eher zugänglich sind als selten genutzte Kategorien (z. B. Bargh & Pratto, 1986; Higgins, King & Marvin, 1982; s. Bargh, 1997). Zum zweiten sind Kategorien, die *erst vor kurzem* („recently“) benutzt wurden, wahrscheinlich eher zugänglich als Kategorien, die vor langer Zeit verwendet worden sind. Dieses Recency-Prinzip stellt die Grundlage für die so genannten **Priming**-Experimente dar, bei denen gezeigt wurde, dass kürzlich aktivierte Kategorien eine verstärkte Zugänglichkeit besaßen.

Priming-Effekt („priming effect“): Der Befund, dass ein Schema mit größerer Wahrscheinlichkeit aktiviert wird, wenn es vor kurzem präsentiert oder in der Vergangenheit verwendet wurde.

Ein bekanntes Experiment von Higgins, Rholes und Jones (1977) kann dazu dienen, den Begriff des Priming-Effekts zu veranschaulichen. Die Teilnehmer sollten sich einen Eindruck von einer Zielperson bilden, die in einer kurzen Beschreibung ihrer Persönlichkeit als äußerst selbstsichere Person dargestellt wurde, die an einer Reihe riskanter und gefährlicher Aktivitäten teilnimmt. Während der Gegenstand der Beschreibung klar definiert und offensichtlich mit Mut und Unabhängigkeit verbunden war, ließ die evaluative Dimension wegen der Mehrdeutigkeit sowohl positive als auch negative Interpretationen zu. Das gleiche Verhalten könnte sowohl als selbstsicher und ausdauernd als auch als unverantwortlich und leichtsinnig interpretiert werden.

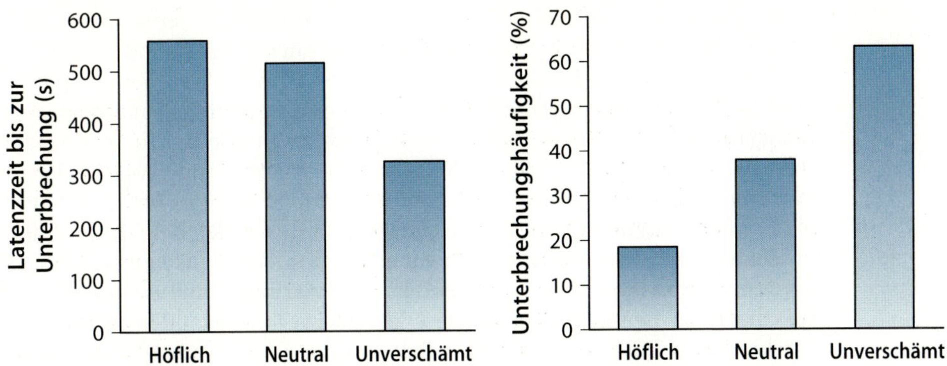

Abb. 5.6. Der Einfluss von Priming der Begriffe höflich, neutral oder unverschämt auf die Latenz und die Wahrscheinlichkeit, dass der Versuchsleiter während eines Gesprächs unterbrochen wird. (Nach Bargh et al., 1996)

Die Priming-Manipulation war in einer verbalen Lernaufgabe versteckt, die als Teil eines scheinbar unabhängigen Experiments der Aufgabe zur Eindrucksbildung vorausging. Die Teilnehmer mussten verschiedene Wörter erinnern (8 bis 10 Sekunden lang) und zur gleichen Zeit die Farben von Dias benennen. Die Wörter, die zu erinnern waren, unterschieden sich in Wertung und Anwendbarkeit hinsichtlich der Verhaltensbeschreibung und führten zu vier experimentellen Bedingungen. In der so genannten „Positiv-anwendbar"-Bedingung bezeichneten die Wörter positive Eigenschaften, die offenkundig für die Beschreibung der Zielperson relevant waren (d.h. abenteuerlustig, selbstsicher, unabhängig, ausdauernd). In der „Negativ-anwendbar"-Bedingung waren die Eigenschaftsbezeichnungen ähnlich relevant, hatten jedoch eine negative Bedeutung (unverantwortlich, überheblich, gleichgültig, stur). In den anderen beiden Bedingungen waren die für das Priming verwendeten Wörter entweder „positiv-nichtanwendbar" (gehorsam, ordentlich, lustig, dankbar) oder „negativ-nichtanwendbar" (respektlos, reglos, ungeschickt, hinterhältig).

Wenn dem Reizmaterial (d.h. der Kurzbeschreibung der Persönlichkeit) ein Priming von positiven Eigenschaftskategorien vorausging, wurden mehr positive Eindrücke über die Zielperson gebildet, als wenn negative Eigenschaftskategorien betont wurden. Dieser Effekt war nach einem 10–14-Tage-Intervall sogar noch stärker. Der Einfluss des Priming war jedoch ausschließlich auf die Anwendbarkeitsbedingung beschränkt, in der die Eigenschaftswörter für die konkreten Inhalte der Verhaltensbeschreibung relevant waren. Das Priming von nichtanwendbaren Kategorien hatte keinerlei Einfluss auf die Eindrucksbildung.

Die Konsequenzen des Priming sind nicht auf evaluative Urteile beschränkt. Priming-Effekte sind auch für eine ganze Vielfalt von Urteilen, Schlussfolgerungen, Gedächtnisaufgaben und Entscheidungen nachgewiesen worden (s. Higgins, 1996). Darüber hinaus hat die neuere Forschung gezeigt, dass Priming auch eine unmittelbare Auswirkung auf das Sozialverhalten haben kann (Bargh, 1997). Wenn man etwa das Priming mithilfe des Begriffs der Unverschämtheit durchführte, unterbrachen die Versuchspersonen den Versuchsleiter häufiger und schneller als Versuchspersonen, bei denen das Priming mithilfe eines neutralen Begriffs oder dem der Höflichkeit erfolgte (Bargh, Chen & Burrows, 1996; s. Abb. 5.6, S. 139).

Theoretisch kann der Einfluss des Kategorien-Primings innerhalb eines assoziativen Netzwerkmodells des menschlichen Gedächtnisses erklärt werden, in dem die Begriffe als Knoten repräsentiert sind und die Distanz zwischen den Knoten ihre Unähnlichkeit angibt (s. Abb. 5.4, S. 135). Je ähnlicher die Bedeutung zweier Konzepte ist, desto kleiner ist die Distanz zwischen ihren Knoten. Innerhalb eines solchen Rahmens kann „Priming" als ein Prozess sich ausbreitender Aktivierung von einem Knoten („Prime") zu benachbarten Knoten im Netzwerk verstanden werden; die Stärke dieses Effektes sollte mit zunehmender Distanz vom Ursprung der Aktivierung abnehmen. Dienen etwa die Knoten „unverantwortlich" und „leichtsinnig" als Prime (in einer verbalen Lernaufgabe), dann sollte sich die Aktivierung auf andere Knoten mit negativer Bedeutung im Zusammenhang mit abenteuerlustigem Verhalten ausbreiten. Infolgedessen sollten die negativen Begriffe leichter zugänglich werden und entsprechend sollten die nachfolgenden Urteile systematisch verfälscht sein.

Priming ist zu einem der wichtigsten methodologischen Hilfsmittel in der Forschung zur sozialen Kognition geworden (s. Bargh, 1996). Dadurch hat man auch einige wichtige einschränkende Bedingungen gefunden, wie etwa die Anwendbarkeit des Prime, den Zeitpunkt des Priming und das Bewusstsein von der Aktivierung. Wir werden uns nacheinander mit diesen Themen beschäftigen.

Zunächst wollen wir uns der Anwendbarkeitsbedingung zuwenden. Es erscheint nachvollziehbar, dass der Priming-Effekt im Experiment von Higgins et al. (1977) in der Anwendbarkeitsbedingung am deutlichsten ist, da die betonten Konzepte (unverantwortlich, leichtsinnig) und das aktivierte Stimulusverhalten (z.B. Fallschirmspringen, den Atlantik in einem Segelboot überqueren) zu eng miteinander verwandten Knoten gehören. Urteile zu diesen speziellen Aspekten sollten somit davon beeinflusst sein, dass speziell anwendbare Kategorienknoten gemeinsam aktiviert werden. Die Theorie schließt jedoch Effekte von nichtanwendbaren Primes, die nur eine positive oder negative Bewertung transportieren, aber deskriptiv irrelevant sind, nicht aus. Die Prime-Wörter, wie sie von Higgins et al. verwendet wurden, waren in ihrem Beschreibungsgehalt homogen und drehten sich um denselben Verhaltensgegenstand. Wenn dagegen im Allgemeinen positive oder negative Primes verwendet werden, die sich auf einen weiteren Bedeutungsbereich erstrecken, dann sollte der Priming-Effekt breiter und weniger spezifisch sein. **Evaluatives Priming** dieser Art sollte ein unbestimmtes Gefühl auslösen, dass die Zielperson wenig sympathisch (vs. sympathisch) ist.

Evaluatives Priming („evaluative priming"):
Die Darbietung eines positiven vs. negativen Stimulus fördert die anschließende Wahrnehmung und Verarbeitung eines anderen Stimulus der gleichen positiven bzw. negativen Valenz.

Eine weitere einschränkende Bedingung liegt in der zeitlichen Abfolge des Kategorien-Priming. Im oben erwähnten Experiment von Higgins et al. wurden die Eigenschaftskategorien *vor* der Darbietung und Enkodierung der Verhaltensbeschreibung aktiviert. Verschiedene Studien lassen den Schluss zu, dass gerade die Enkodierungsstufe besonders empfindlich auf Priming-Effekte reagiert. Srull und Wyer (1980) haben z.B. die Reihenfolge manipuliert, in der die Priming-Aufgabe, die Darbietung der Stimulusinformation und die Eindrucksbeurteilung erfolgten. Sie erhielten nur dann einen Effekt, wenn das Priming vor der Information über die Zielperson stattfand, jedoch keinen Effekt, wenn die Kategorien nach der Stimulus-Enkodierung betont wurden. Es gibt jedoch Belege, die darauf hinweisen, dass ein bereits bestehender Eindruck unter bestimmten Bedingungen durch *nachträgliches* Priming verändert werden kann. Dies konnten z.B. Snyder und Uranowitz (1978) zeigen, die ihren Versuchspersonen eine Persönlichkeitsbeschreibung über eine weibliche Zielperson namens Betty K. vorgelegt hatten, die zu einem mäßig positiven Eindruck führte. Danach erhielten die Versuchspersonen einer Bedingung zusätzliche Informationen über den lesbischen Lebensstil von Betty K. Die Aktivierung dieser Kategorie führte dazu, dass sich das Urteil über Betty K. grundlegend änderte. Der neue Eindruck war weniger positiv und dem Stereotyp entsprechend verzerrt. Nachträglich enkodierte Informationen können also im Prinzip eine rückwärtige Wirkung auf bereits bestehende Gedächtnisrepräsentationen haben (Beli, 1989; Tversky & Tuchin, 1989).

Damit Stimulusbeobachtungen im Sinne von Priming-Kategorien interpretiert werden, bedarf es keiner absichtlichen oder bewussten Prozesse. Bargh und Pietromonaco (1982) haben von Urteilsverzerrungen in Richtung auf semantische Kategorien berichtet, die so schnell präsentiert wurden, dass ein bewusstes Erkennen unmöglich war. Auf der anderen Seite kann ein zu hohes Maß an Bewusstheit den Effekt des Priming verringern oder gar ins Gegenteil verkehren. Wenn Versuchspersonen das Gefühl haben, dass eine offensichtliche Priming-Prozedur einen Einfluss auf ihre Eindrucksbildung haben könnte, schreiben sie ihren verzerrten Eindruck dem Versuch der externen Beeinflussung zu und korrigieren ihr Urteil in die entgegengesetzte Richtung. Lombardi, Higgins und Bargh (1987), die das gleiche Priming- und Stimulusmaterial wie in der Studie von Higgins et al. (1977) verwendeten, zeigten, dass Urteilsverzerrungen bei solchen Versuchspersonen verschwanden, die die aktivierten Konzepte aus der vorangegangenen verbalen Lernaufgabe erinnerten. Einen vergleichbaren Befund berichteten Strack, Schwarz, Bless, Kübler und Wänke (1993); sie fanden heraus, dass Priming-Effekte ausgeschaltet werden oder sogar umgekehrt werden können, wenn die Urteilenden an die Priming-Phase erinnert werden. Mit anderen Worten ist Bewusstheit keine Voraussetzung, sondern sie kann tatsächlich mit dem Priming-Effekt unvereinbar sein.

In einer großen Zahl von Studien wurde das Priming von Stereotypen untersucht; dabei wurde nachgewiesen, dass sie einen Einfluss auf die Enkodierung und Interpretation des Sozialverhaltens haben (zu einer Übersicht s. Hamilton & Sherman, 1994; Leyens, Yzerbyt & Schadron, 1994; s. auch Kap. 15 zu den Beziehungen zwischen Gruppen). Stereotype wirken auf eine Art und Weise, die anderen Wissensstrukturen ähnlich ist; sie helfen bei der Enkodierung einer speziellen Situation und können als „Energie sparende" Hilfsmittel dienen (Macrae, Milne & Bodenhausen, 1994). Man kann sich ein Gutteil der geistigen Anstrengung sparen, wenn man eine einzelne Person einer stereotypen Kategorie (z.B. Lesbierin) zuordnet. Diese Kategorie kann dann dazu verwendet werden, zu Schlussfolgerungen und Vorhersagen über die Person zu kommen. Solange Interesse und Verarbeitungsmotivation niedrig sind, beruhen soziale Urteile auf diesem Energie sparenden, Kategorie geleiteten Modus (Fiske & Neuberg, 1990). Nur unter bestimmten Umständen werden sich Urteilende auf eine aufwändigere Verarbeitung einlassen, bei der individuierende Informationen aufgenommen werden, die speziell auf diese besondere Zielperson zugeschnitten sind. In der Regel sind Stereotype von besonders starkem Einfluss, wenn die Verarbeitungsmotivation und -kapazität niedrig sind. Der Einfluss von Stereotypen nimmt ab, wenn Verarbeitungsmotivation und Verarbeitungskapazität ausreichend hoch sind (Fiske & Neuberg, 1990; Kruglanski, 1989). Neuberg und Fiske (1987) untersuchten die Rolle der *Verarbeitungsmotivation* und fanden heraus, dass das Stereotyp über Schizophrene den Eindruck von einer Person beeinflusste, die dieser Kategorie zugeordnet war. Der Einfluss verringerte sich jedoch, wenn die Versuchspersonen erwarteten, dass sie bei einer anschließenden Aufgabe mit der Zielperson zusammenarbeiten mussten. Vermutlich lässt die erwartete Interaktion die Bereitschaft bei den Versuchspersonen zunehmen, einen genaueren Blick auf die verfügbaren Daten zu werfen, als sich lediglich auf ihre zuvor bestehenden Stereotype zu verlassen. Im Hinblick auf den Einfluss der *Verarbeitungskapazität* liegen übereinstimmende Befunde vor. Stereotype haben einen größeren Einfluss, wenn der Zeitdruck (Kruglanski & Freund, 1983) oder die Komplexität der Aufgabe (Bodenhausen & Lichtenstein, 1987) die Verarbeitungskapazität geringer werden lassen.

Bodenhausen (1990) berichtet recht anschaulich darüber, welchen Einfluss die Verarbeitungskapazität auf die Wirkung von Stereotypen hat. Seine Untersuchung beruht auf der Annahme, dass Menschen unterschiedliche zirkadiane Rhythmen aufweisen, d.h., dass Menschen bezogen auf kognitive Fähigkeiten ihre Höhe- und Tiefpunkte zu unterschiedlichen Tageszeiten haben. Auf Grundlage einer Voruntersuchung teilte Bodenhausen die Versuchspersonen in „Morgenmenschen“ und „Abendmenschen“. Die Versuchspersonen sollten die Schuld einer Zielperson beurteilen, die angeblich eine andere Person körperlich angegriffen hatte. Die Zielperson wurde entweder als *Robert Garner* oder als *Roberto Garcia* beschrieben;

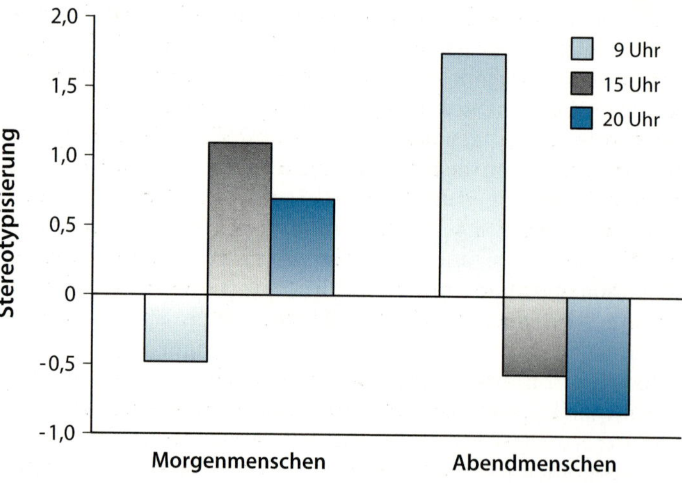

Abb. 5.7. Effekte von Stereotypen, wie sie sich in den unterschiedlichen Aggressionsbeurteilungen von „Roberto Garcia“ und „Robert Garner“ zeigen, sind zu den von einer Person nicht bevorzugten Tageszeiten am stärksten. (Nach Bodenhausen, 1990)

die Nennung des letzteren Namens dürfte bei den (US-amerikanischen) Versuchspersonen ihre Stereotype gegenüber Lateinamerikanern aktiviert haben. Da die Beschreibung des Vorfalls selbst konstant gehalten war, basierten unterschiedliche Bewertungen auf den beiden unterschiedlichen Namensversionen und in ihnen kam somit der Einfluss des Stereotyps zum Ausdruck. Die experimentellen Sitzungen waren entweder morgens, nachmittags oder abends angesetzt. Wie erwartet äußerten die Abendmenschen, wenn sie ihre Urteile morgens (9 Uhr) abgaben, im Vergleich zu Morgenmenschen mehr stereotype Urteile (d.h., sie hielten den Lateinamerikaner Roberto Garcia für aggressiver als Robert Garner; s. Abb. 5.7); umgekehrt gaben die Morgenmenschen mehr stereotype Urteile ab als Abendmenschen, wenn die Sitzungen später am Tag (3 Uhr nachmittags oder 8 Uhr abends) stattfanden. Vermutlich führte die reduzierte Verarbeitungskapazität der Abendmenschen in der Morgensitzung und die der Morgenmenschen in der Abendsitzung dazu, sich bei der Interpretation der Situation auf die Stereotype zu verlassen.

5.3.4 Organisation

Einen neuen Stimulus in einer gerade ablaufenden Situation zu verstehen und zu interpretieren ist nur ein Aspekt der Aufgabe eines sozial Wahrnehmenden. Die Menschen müssen diese Informationen im Gedächtnis organisieren und diese Organisation stellt die Grundlage für Verhalten in späteren Situationen dar. Hat die Bewerberin beispielsweise Harry Alts Verhalten als sexistisch interpretiert, könnte diese Interpretation nicht nur für ihr jetziges Verhalten in der momentanen Situation, sondern auch bei späteren Begegnungen mit Harry Alt hilfreich sein. Ausgehend von der Notwendigkeit, Informationen zu speichern und sie abzurufen, ist es für die Menschen wichtig, Informationen so zu speichern, dass sie bei Bedarf leicht abgerufen werden können. Ähnlich wie bei der Ablage von Informationen in einem Aktenschrank brauchen wir ein wirkungsvolles Organisationssystem, das es uns erlaubt, gespeicherte Informationen schnell zu finden, wenn wir sie brauchen. Die einfachste Form, soziale Informationen im Gedächtnis zu organisieren, besteht darin, Kategorien zu bilden. Die nahe liegendste Form einer Kategorie ist die einzelne Person. Wenn sich komplexe soziale Informationen in unregelmäßiger Reihenfolge auf Verhalten verschiedener Personen in unterschiedlichen Kontexten (z.B. Gruppendiskussionen, Partys etc.) beziehen, tendieren Menschen dazu, ihr Gedächtnis nach einzelnen Personen zu organisieren (Sedikides & Ostrom, 1988). Die Reihenfolge, in der Informationen abgerufen werden, weist eher auf Personengruppen hin als auf Themengruppen, d.h., Verhaltensweisen, die zu einer Person gehören, werden im Gedächtnis zusammengefasst.

Wenn die Menge an Informationen über individuelle Personen zu groß wird, ist es wichtig, die Informationen im Gedächtnis auf ökonomische Weise zu organisieren. Stellen wir uns vor, wir lernen jemanden kennen und erfahren im Gespräch mit dieser Person, welche Hobbys und Interessen sie hat. Nehmen wir an, sie erzählt uns von zwölf verschiedenen Interessensgebieten (z. B. Sport, Finanzgeschäfte), wobei sie für jedes dieser Gebiete vier Beispiele nennt, die sie in zufälliger Reihenfolge erwähnt (z. B. Tennis, Handball, Boxen, Rudern; Aktienkurse, Zinssätze, Kapitaleinlagen, Devisenkurse). Eine sehr effiziente Vorgehensweise, damit man sich eine nennenswerte Menge an Informationen in einer solch überfordernden Aufgabe merken kann, besteht in der Bildung eines Gedächtniscodes auf der Ebene von Kategorien. Anstatt vergeblich zu versuchen, sich alle 48 genannten Punkte zu merken, kann man die kategoriale Information speichern, wie etwa, *dass die Person an allen Sportarten interessiert ist* oder *an Themen aus dem Finanzbereich*. Nachdem die Belastung des Gedächtnisses von 48 konkreten Punkten auf zwölf eher abstrakte Einheiten reduziert worden ist, können sich Personen ihres Alltagswissens bedienen und die spezifischen Inhalte der Stimulusinformation rekonstruieren. Verschiedene Untersuchungen zeigen (z. B. Fiedler, 1986), dass übergeordnete Gedächtniscodes auf höchst rationelle und ökonomische Weise verwendet werden.

Die Organisation von Informationen im Gedächtnis wird in hohem Maße durch das Ziel der Informationsverarbeitung oder durch die Aufgabenstellung beeinflusst. In einer häufig zitierten Studie zeigten Hamilton, Katz und Leirer (1980) ihren Versuchspersonen Verhaltensbeschreibungen, die sich auf vier Themenbereiche bezogen (Sport, Geistiges, soziale Beziehungen, Religion). In der einen Bedingung des Experiments wurden die Versuchspersonen explizit aufgefordert, sich das Stimulusverhalten *zu merken*, hingegen hatte eine andere Gruppe der Versuchspersonen die Aufgabe, *sich einen Eindruck* von der Zielperson *zu bilden*. Obwohl die Versuchspersonen in der Bedingung Eindrucksbildung keinen Hinweis auf einen Gedächtnistest erhielten, war die Erinnerungsleistung höher als in der anderen Bedingung, in der die Versuchspersonen die Anweisung bekamen, sich so viel wie möglich zu merken. Dieser Vorteil des beiläufigen gegenüber dem zielgerichteten Lernen spiegelt die in sich konsistente Gedächtnisrepräsentation wider, die durch das *Ziel der Eindrucksbildung* hervorgerufen wird; eine solche Gedächtnisrepräsentation kann anschließend wiederum für einen effizienten Abruf genutzt werden.

5.3.5 Wie man Reizinformationen zu Vorwissen in Beziehung setzt – konsistente und inkonsistente Informationen

Beim Vorstellungsgespräch mit Bewerbern kann der Personalchef Harry Alt sowohl auf Informationen stoßen, die konsistent mit seinem Stereotyp sind, als auch auf solche, die damit inkonsistent sind. An welche Informationen wird sich Harry Alt zwei Tage später wahrscheinlich noch erinnern? Einerseits könnte man annehmen, dass er hauptsächlich Informationen abrufen wird, die mit seinem Stereotyp konsistent sind. Andererseits könnte man spekulieren, dass man ungewöhnliche Ausnahmen sehr gut erinnern kann. Die Antwort auf die Frage, welche Art von Informationen besser erinnert wird, ist weniger klar, als man erwarten könnte. Sowohl konsistente als auch inkonsistente Informationen haben einen Erinnerungsvorteil, wenn auch aus unterschiedlichen Gründen und unter unterschiedlichen Bedingungen.

Ein intuitiv überraschender Befund besteht darin, dass inkonsistente oder unerwartete Informationen oft besser erinnert werden als Informationen, die mit einer Erwartung übereinstimmen (Hastie, 1980). Wenn z. B. ein Priester eine alte Frau ausgeraubt hat oder ein Sportler körperlich behindert ist, ist es wahrscheinlicher, dass wir zu solchen überraschenden Ereignissen elaborieren, und unwahrscheinlicher, dass wir sie vergessen. Wie Srull (1981) zeigen konnte, verstärkt die ausdrückliche Instruktion, sich einen Eindruck zu bilden, diesen Vorteil inkonsistenter Information: Das Ziel, sich einen allgemeinen Eindruck zu bilden, macht es erforderlich, inkonsistente Informationen zu integrieren und zu verstehen, und zwingt dadurch den Einzelnen zu besonderer kognitiver Anstrengung bei der Verarbeitung inkonsistenter Informationen. Mit anderen Worten: Inkonsistente Beobachtungen werden tief gehender kognitiv elaboriert. Diese Erklärung wird durch weitere Befunde gestützt. Das bessere Gedächtnis für inkonsistente Informationen verschwindet, wenn sich das Reizverhalten auf Gruppen anstatt auf Individuen bezieht (Stern, Marrs, Millar & Cole, 1984). Es ist offensichtlich weniger kognitive Anstrengung erforderlich, um Inkonsistenzen zwischen verschiedenen Mitgliedern einer Gruppe zu überbrücken, als bei Inkonsistenzen innerhalb ein und desselben Individuums. In Übereinstimmung mit dieser Erklärung haben Bargh und Thein (1985) festgestellt, dass der Vorteil inkonsistenter Informationen dadurch eliminiert werden kann, dass eine tiefer gehende Verarbeitung durch eine entsprechend schnelle Reizdarbietung verhindert wird.

Die verstärkte Salienz und Erinnerung an überraschende und inkonsistente Informationen ist jedoch nur die eine Seite. Informationen, die konsistent mit dem Vorwissen sind, können ebenfalls einen starken Einfluss auf das Gedächtnis haben, wenn auch aus unterschiedlichen Gründen. Obwohl der Inkonsistenzeffekt auf die zusätzliche Aufmerksamkeit und die zusätzlichen kognitiven Anstrengungen zurückgeht, die man unerwarteten Stimuli entgegenbringt, haben konsistente Informationen den Vorteil, dass sie sich aus dem systematischen Wissen über die Welt ableiten lassen (Stangor & McMillan, 1992). Obwohl man den außergewöhnlichen Fall eines kriminellen Verhaltens bei einem Mönch wahrscheinlich nicht vergessen wird, lässt sich sein normales, wohlwollendes Verhalten aus dem allgemeinen Wissen über seine anderen Eigenschaften (religiös, moralisch, folgt Verhaltensregeln) erschließen. Mit anderen Worten: Im Inkonsistenzvorteil kommt die Bottom-up-Verarbeitung diskrepanter Stimuli zum Ausdruck (und tritt in den Hintergrund, wenn die Verarbeitungskapazität reduziert ist). Im Gegensatz dazu spiegelt die verbesserte Erinnerung an konsistente Informationen den Top-down-Einfluss übergeordneter Wissensstrukturen wider (und geht zurück, wenn keine Verbindungen zum semantischen Wissen vorhanden sind).

Eine Untersuchung von Macrae, Hewstone und Griffith (1993) verdeutlicht die unterschiedlichen Prozesse, die zum Abruf konsistenter und inkonsistenter Informationen führen können. Die Autoren nehmen an, dass der Erinnerungsvorteil von Informationen, die mit Erwartungen inkonsistent sind, nur beobachtet werden kann, wenn ausreichend Verarbeitungs-

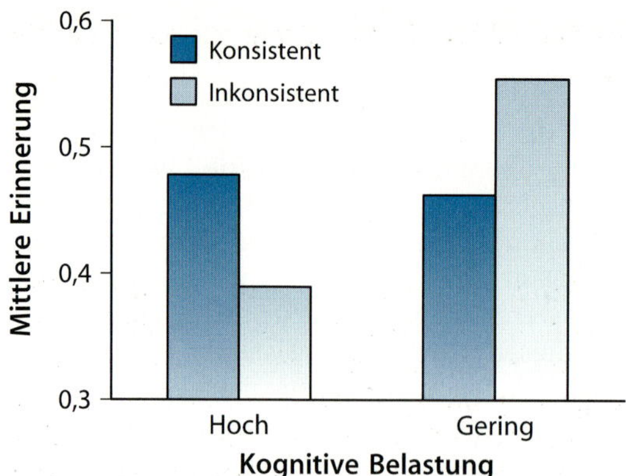

Abb. 5.8. Mittlere Erinnerung an erwartungskonsistente vs. erwartungsinkonsistente Informationen in Abhängigkeit von der kognitiven Belastung. (Nach Macrae et al., 1993)

kapazität zur Verfügung steht, während der Abruf konsistenter Informationen unabhängig ist vom Ausmaß der Verarbeitung während der Enkodierung. Die Versuchspersonen sahen sich ein auf Video aufgenommenes Gespräch zwischen zwei Frauen an, die über ihre Interessen, ihren Lebensstil usw. sprachen. Die dargebotene Information war entweder mit den Berufen der Zielpersonen (Ärztin und Friseuse) konsistent oder inkonsistent. Die Hälfte der Versuchspersonen musste sich beim Ansehen des Videos eine achtstellige Zahl einprägen (hohe kognitive Belastung), während die andere Hälfte keine zusätzliche Aufgabe hatte (geringe kognitive Belastung). Später wurden die Versuchspersonen gebeten, sich an das Gespräch zu erinnern. Die Teilnehmer mit einer geringen kognitiven Belastung erinnerten sich vorzugsweise an die Informationen, die mit dem Stereotyp inkonsistent waren. Die Teilnehmer jedoch, die einer hohen kognitiven Belastung ausgesetzt waren, erinnerten sich eher an konsistente als an inkonsistente Informationen (s. Abb. 5.8).

Schlussfolgerungen, die mit dem Wissen übereinstimmen, können die Aufmerksamkeit erweckende Bedeutung nicht damit übereinstimmender Informationen entwerten, sofern entsprechende Wissensstrukturen aktiviert wurden. Das ist dann der Fall, wenn soziale Stereotype beteiligt sind. Stereotype Erwartungen werden oft trotz widersprechender Beobachtungen aufrechterhalten. So könnte der sexistische Personalchef Harry Alt verschiedentlich beobachtet haben, dass Frauen sehr gute Leistungen in ihrem Beruf erbringen und besser sind als ihre männlichen Kollegen. Hinge die Erinnerung nur von der Abrufbarkeit einzelner Episoden ab, würde man sich an diese inkonsistenten Beobachtungen gut erinnern und sie würden Harry Alt dazu bringen, sein Stereotyp binnen kurzem zu modifizieren. Da sein Gedächtnis jedoch vermutlich in Form eines Netzwerks sexistischer Kategorien organisiert ist, wird er diese Kategorien als Anhaltspunkte für die Erinnerung verwenden. Das heißt, er wird sein Gedächtnis wahrscheinlich nach Beispielen weiblicher Naivität, Unzuverlässigkeit oder hysterischer Reaktion durchsuchen, und diese Anhaltspunkte könnten sehr wohl den ursprünglichen Erinnerungsvorteil von Beobachtungen reduzieren, die nicht mit dem Stereotyp konsistent sind. Die weiter oben beschriebene Wirkung des Kategorien-Priming auf Urteile über relevante Zielobjekte kann als Spezialfall dieses wissensgeleiteten Konsistenzeffekts angesehen werden.

5.3.6 Urteile

Die Beziehung zwischen Gedächtnis und Urteil wird oft als kausaler Einfluss des Gedächtnisses auf das Urteil interpretiert. In einem älteren Ansatz zur Einstellungsänderung von Hovland, Janis und Kelley (1953) wurde z. B. die persuasive Wirkung einer Botschaft als eine Funktion des Erinnerns von Pro- und Kontraargumenten gesehen (s. Kap. 8). Ebendiese einseitige Annahme hat auch lange in der Forschung über soziale Urteilsbildung vorgeherrscht. Die Annahme, dass die Erinnerung Urteile auslöst und nicht umgekehrt, hat auch das moderne Forschungsprogramm über **Urteilsheuristiken** (Kahneman, Slovic & Tversky, 1982) beeinflusst. Das Konzept einer Heuristik betont die Tatsache, dass kognitive Informationsverarbeitung selten erschöpfend oder an logischen Regeln orientiert ist, sondern man eher einen Kompromiss zwischen Rationalität und Ökonomie finden muss. Eine Heuristik ist ein kognitives Werkzeug, das soziale Individuen in die Lage versetzt, mithilfe vereinfachter „Faustregeln" Urteile zu treffen, die keinen großen Aufwand erfordern, jedoch häufig zu recht guten Ergebnissen führen. Der Preis einer solchen Ökonomie besteht darin, dass Urteile unter bestimmten Bedingungen systematisch verzerrt werden.

Urteilsheuristiken („judgmental heuristics"): Faustregeln, die auch unter großer Unsicherheit schnelle und ökonomische Urteile ermöglichen.

Die so genannte **Verfügbarkeitsheuristik** (Tversky & Kahneman, 1973) ermöglicht es zunächst einmal, Urteile über Häufigkeiten und Wahrscheinlichkeiten abzugeben, wenn es uns an aussagekräftigen statistischen Informationen mangelt. Selbst dann, wenn wir zum Beispiel die Zahl der Regen- und Sonnentage im Jahr 1999 nicht gezählt haben, können wir die jeweiligen Häufigkeiten aufgrund der Verfügbarkeit relevanter Informationen im Gedächtnis schätzen. Wenn ein kurzes Überfliegen des Gedächtnisses die gleiche Anzahl an sonnigen und regnerischen Tagen ergibt, werden unsere zahlenmäßigen Schätzungen gleich sein. Während dieses heuristische Vorgehen oftmals recht genau ist, können die daraus resultierenden Urteile zuweilen verzerrt sein, weil die Stichprobe im Gedächtnis verzerrt ist. Wenn die Erinnerung z. B. zum Angenehmen hin verzerrt ist und wir selektiv eine größere Anzahl sonniger Tage erinnern, werden auch die Häufigkeitsschätzungen verzerrt sein. Combs und Slovic (1979) zeigten, dass Urteile über tödliche Risiken in Richtung auf die Häufigkeit verzerrt sind, mit der in den Zeitungen über Todesursachen berichtet wird. Da die Massenmedien dazu neigen, eher über spektakuläre Ereignisse wie Katastrophen oder Morde und weniger über Herzkrankheiten oder Selbstmorde zu berichten, wird die Häufigkeit von Ereignissen der ersten Kategorie im Vergleich zu Ereignissen der zweiten überschätzt.

Verfügbarkeit („availability"): Urteilsheuristik, mit der die Häufigkeit oder Wahrscheinlichkeit von Ereignissen beurteilt wird. Dies geschieht auf der Basis der jeweiligen Leichtigkeit, mit der relevante Erinnerungen aus dem Gedächtnis abgerufen werden können.

Andere Urteilsheuristiken beruhen ebenfalls auf der Annahme, dass es einen kausalen Einfluss der Erinnerung auf das Urteil gibt. Gemäß der **Repräsentativitätsheuristik** (Kahneman & Tversky, 1972) wird eine Person, die sich für Modellflugzeuge, Schach und Computer interessiert,

Repräsentativität („representativity"): Urteilsheuristik, die herangezogen wird, um Ereigniswahrscheinlichkeiten auf der Basis grober Ähnlichkeitsprinzipien zu schätzen. Ein Symptom wird z. B. als Beweis für eine bedrohliche Krankheit herangezogen, obwohl die objektive Basisrate für diese Krankheit extrem niedrig ist.

wahrscheinlich eher als Physiker denn als Lehrer eingeordnet, einfach deshalb, weil diese Information für den Beruf des Physikers repräsentativer ist als für den des Lehrers. Tatsächlich ist jedoch die Basisrate an Lehrern (d.h. ihre relative Häufigkeit in der Bevölkerung) wesentlich höher als die der Physiker, sodass dieses Urteil wahrscheinlich falsch ist. Die Repräsentativitätsheuristik wird jedoch eher von semantischen Ähnlichkeiten (zwischen Konzepten wie Physiker, Flugzeug und Computer) geleitet als von statistischen Basisraten.

Verankerung und Anpassung („anchoring and adjustment"):
Eine Urteilsheuristik, die zu charakteristischen Verzerrungen führt: Eine quantitative Tendenz wird in Richtung auf den Anfangswert oder Anker hin verzerrt; der daran anschließende Anpassungsprozess ist typischerweise unvollständig.

Die **Verankerungs- und Anpassungsheuristik** (Tversky & Kahneman, 1974) besagt, dass quantitative Urteile oftmals in Richtung auf einen vorgegebenen Anker oder Ausgangswert verzerrt werden, weil ein auf dem Gedächtnis beruhender Anpassungsprozess häufig unvollständig ist. Stellen wir uns vor, wir planen einen zweiwöchigen Urlaub in Florida und wollen die damit verbundenen Kosten im Voraus abschätzen. Wahrscheinlich fangen wir mit einem niedrigen Anker von 700 $ für das Flugticket an und denken in einem nach oben ausgerichteten Anpassungsprozess über zusätzliche Kosten nach. Alternativ könnten wir mit dem hohen Anker von 5000 $ beginnen, die ein wohlhabender Freund für eine ähnliche Reise ausgegeben hat, und im Anschluss darüber nachdenken, welche Ausgaben eingespart werden könnten. Da uns beim Nachdenken nicht alle zusätzlichen oder einzusparenden Kosten einfallen werden (Strack & Mussweiler, 1997), wird der aufwärts gerichtete Anpassungsprozess für gewöhnlich zu einer niedrigeren Schätzung führen als der abwärts gerichtete Anpassungsprozess.

Gedächtnisbasiertes Urteil („memory-based judgement"):
Urteile über eine soziale Situation, die nicht in der Situation, sondern zu einem späteren Zeitpunkt gebildet werden. Dies sind meist unerwartete Urteile, die zum späteren Zeitpunkt auf dem basieren müssen, was gerade an relevanter Information aus dem Gedächtnis abgerufen werden kann.

„Online" abgegebene Urteile („on-line judgements"):
Urteile, die unmittelbar nach der Darbietung eines Stimulus gebildet werden.

Obwohl der größte Teil der Forschung zur sozialen Urteilsbildung Urteile als abhängige und das Gedächtnis als unabhängige Variable behandelte, ist es mittlerweile unbestritten, dass ein einfaches monokausales Modell die Beziehung zwischen Gedächtnis und Urteil nicht vollständig erklären kann. Nach einem gründlichen Blick auf die empirische Befundlage kann man sagen, dass Erinnerungsmaße in vielen Fällen nicht mit Urteilstendenzen korrelieren (Hastie & Park, 1986). Dies hängt damit zusammen, dass viele soziale Urteile bereits „vorgefertigt" im Gedächtnis abgespeichert sind und nicht mehr auf der Basis erinnerter Rohinformationen gebildet werden müssen. Eine Frau, die gebeten wird, zu beurteilen, wie eifersüchtig ihr Ehemann ist, wird ihr Gedächtnis nicht nach relevanten Beispielen durchsuchen müssen, sondern wird längst wissen, dass er krankhaft eifersüchtig ist. Gerade diese vorgefertigten Urteile machen einen erheblichen Anteil unseres sozialen Gedächtnisses aus. Wie Hastie und Park (1986) zeigen konnten, korreliert die Erinnerung an Stimulusinformationen nur substanziell mit **gedächtnisbasierten Urteilen**, die keine vorgefertigten, **„online" abgegebenen Urteile** verwenden. Wenn wir die Zahl der Kinder in unserer Straße schätzen müssen, wir aber zuvor nie darüber nachgedacht haben, *müssen wir uns* bei unserem Urteil zwangsläufig auf verfügbare Erinnerungen *verlassen.*

Selbst für gedächtnisbasierte Urteile muss der beste Prädiktor nicht unbedingt das Ausmaß erinnerbarer Informationen sein. Eine weiter entwickelte Version der Verfügbarkeitstheorie wie sie von Schwarz und seinen Kollegen (1991) vorgelegt wurde, geht davon aus, dass Urteile eher die erlebte **Leichtigkeit des Abrufs** als das Ergebnis des Erinnerns selbst

Tabelle 5.2. Überblick über die bekanntesten Urteilsheuristiken

Heuristik	Anwendungsgebiet	Erläuterung/Beispiel
Verfügbarkeit	Urteile über Häufigkeiten oder Wahrscheinlichkeiten.	Die Abrufbarkeit von Risikoereignissen bestimmt die Beurteilung von Risiken.
Repräsentativität	Urteile über die Wahrscheinlichkeit, dass eine Beobachtung zu einer Kategorie gehört.	Die Geburtsreihenfolge Sohn-Tochter-Sohn-Tochter ist repräsentativer für ein Zufallsereignis als Sohn-Sohn-Sohn-Sohn.
Ankerbildung und Anpassung	Quantitative Schätzungen verzerrt in Richtung auf einen Ausgangswert.	Verzerrte Kosten-Kalkulation.
Simulationsheuristik	Kontrafaktisches Denken.	Stärkeres Bedauern, wenn der Zug um 2 als wenn er um 20 Minuten verpasst wurde, da es leichter ist, sich vorzustellen, wie man eine Verspätung hätte vermeiden können.

Leichtigkeit des Abrufs („ease of recall"):
Das subjektive Gefühl, dass Informationen über ein bestimmtes Thema leicht aufgefunden und aus dem Gedächtnis abgerufen werden können; der Begriff sollte nicht mit dem objektiven Erfolg beim Abruf verwechselt werden.

widerspiegeln. Wenn Versuchspersonen gebeten werden, entweder über sechs oder zwölf Begebenheiten nachzudenken, bei denen sie selbstbewusstes Verhalten zeigten, werden sie sich in der letzteren Bedingung an mehr Beispiele erinnern als in der ersten. Eine daran anschließende Selbsteinschätzung von Selbstbewusstsein zeigt jedoch eine Verzerrung in die entgegengesetzte Richtung. Da das Nachdenken über wenige im Vergleich zu mehreren Beispielen als einfacher und weniger anstrengend empfunden wird, kann höheres Selbstbewusstsein aus der erlebten Leichtigkeit, sich nur sechs Beispiele in Erinnerung rufen zu müssen, abgeleitet werden. Diese Neuformulierung der Verfügbarkeitsheuristik kommt der Bedeutung der **Simulationsheuristik** recht nahe. Diese besagt, dass die Leichtigkeit, mit der mögliche Ereignisse oder Ergebnisse vorgestellt oder gedanklich simuliert werden können, für die Urteilsbildung oftmals entscheidend ist. Beispielsweise sollte für die Beurteilung des Risikos, das Autofahren unter Alkohol mit sich bringt, die eigene Vorstellungskraft oder „geistige Simulation" eine Rolle spielen, wie es wäre, in einen Unfall verwickelt zu sein. Unsere Tendenz, solche gedanklichen Szenarien zu unterdrücken, führt typischerweise zu einer Unterschätzung der tatsächlichen Gefahr. Tabelle 5.2 gibt einen Überblick über die kognitiven Heuristiken und die sich daraus ergebenden Urteilsverzerrungen.

Simulationsheuristik („simulation heuristic"):
Ergebnisse oder Ereignisse werden in dem Maß als wahrscheinlich beurteilt, in dem sie mental simuliert oder vorgestellt werden können.

Allen Urteilsheuristiken, mit denen wir uns bisher beschäftigt haben, ist die implizite Annahme gemeinsam, daß der Einfluss der verzerrten Erinnerung auf Urteile sich eher durch einen Assimilationseffekt als durch einen Kontrasteffekt charakterisieren lässt. Das heißt, man nimmt an, dass Urteile in Richtung auf das Ergebnis des heuristischen Prozesses hin verzerrt sind und nicht umgekehrt. So werden wir unsere eigene gegenwärtige Situation als angenehmer beurteilen, wenn gerade angenehme Erfahrungen besser verfügbar sind (**Assimilation**). Es ist aber auch möglich, dass wir unsere gegenwärtige Situation als weniger angenehm empfinden

Assimilation („assimilation"):
Ein Kontextstimulus verursacht eine Verschiebung im Bezugsrahmen dahingehend, dass Beurteilungen anderer Stimuli in Richtung auf den Kontextstimulus hin verzerrt werden (z. B. im Kontext von Humor mögen andere Äußerungen als humorvoller erscheinen).

Kontrast („contrast"):
Ein Kontextstimulus ruft eine Verschiebung des Bezugsrahmens mit dem Effekt hervor, dass die Beurteilung anderer Stimuli in eine dem Kontextstimulus entgegengesetzte Richtung erfolgt (z. B. andere Menschen erscheinen im Vergleich zu einer extrem reichen Person eher arm).

Vergleichsmaßstab („standard of comparison"):
Position eines Ankers oder Vergleichsreizes auf einer Urteilsskala.

(**Kontrast**), wenn wir sie mit dem anspruchsvollen **Vergleichsmaßstab** einer sehr angenehmen Erfahrung in Bezug setzen (Strack, Schwarz & Gschneidinger, 1985).

Betrachten wir eine Untersuchung, die von Bless und Schwarz (1998) berichtet wird. Politiker der Christlich-Demokratischen Union (CDU) werden wesentlich günstiger beurteilt, wenn der hoch geachtete ehemalige Bundespräsident, Richard von Weizsäcker, den Versuchspersonen als Mitglied ebendieser Partei vorgestellt wurde. Wenn von Weizsäcker als unabhängiges Staatsoberhaupt eingeführt wird, dann verwandelte sich der Assimilationseffekt jedoch in einen Kontrasteffekt. In diesem Fall hatte die Verfügbarkeit von Weizsäckers einen besonders hohen Vergleichsmaßstab geschaffen, der zu weniger positiven Urteilen über andere Politiker führte. Als Regel formuliert kann man sagen: Die Aktivierung eines Kontextstimulus (z. B. von Weizsäcker) führt zu Assimilation, wenn der Kontextstimulus in der Kategorie des Beurteilungsobjekts *eingeschlossen* ist (Weizsäcker als Mitglied der CDU); dagegen ist ein Kontrasteffekt zu erwarten, wenn der Kontextstimulus aus der Beurteilungskategorie *ausgeschlossen* wird (Weizsäcker als unabhängiges Staatsoberhaupt; s. Bless & Schwarz, 1998; Schwarz & Bless, 1992).

5.4 Bestätigung und Widerlegung von sozialen Hypothesen

Warum sind stereotype Meinungen so resistent gegen Veränderung? Wie lässt sich das Konzept illusorischer Korrelationen erklären? Aufgrund welcher Prozesse können sich soziale Hypothesen von selbst bestätigen?

Testen sozialer Hypothesen („social hypothesis testing"):
Bestätigen oder Widerlegen von Annahmen durch sozial motivierte Vorgänge wie Aufmerksamkeit, Informationssuche, logisches Denken und (oftmals selektives) Erinnern.

Im Alltag sind die kognitiven Vorgänge des Wahrnehmens, Enkodierens, Organisierens und Beurteilens in zielgerichtetes Handeln und Problemlösen eingebettet. Lehrer müssen die Leistungen von Schülern beurteilen, ein Personalchef (wie Harry Alt) hat unter Stellenbewerbern auszuwählen und wir alle müssen unsere soziale Welt danach strukturieren, was wir über verschiedene soziale Gruppen wissen. Zu all diesen Alltagsproblemen gehört das **Testen von sozialen Hypothesen** über die Fähigkeiten von Schülern, über die Qualifikationen von Bewerbern oder die Eigenschaften von Gruppen. Das Testen von sozialen Hypothesen kann als der umfassende Prozess verstanden werden, durch den altes Wissen angesichts neuer Stimulusdaten auf den aktuellen Stand gebracht wird. Im Wesentlichen ist dieser Prozess konservativ. Aus einer Vielfalt von Gründen bleiben Erwartungen und Stereotype, derer man sich entledigen sollte, erhalten. Erstens können Erwartungen entstehen, ohne dass ausschlaggebende „objektive" Belege vorhanden sind, durch die sie gestützt werden. Zweitens schaffen sich Menschen oft die Art von Wirklichkeit, die sie erwarten; solche sich selbst erfüllenden Prophezeiungen (z. B. Snyder, Tanke & Berscheid, 1977) verringern die Wahrscheinlichkeit, dass es zu Befunden kommt, die den eigenen Erwartungen widersprechen. Drittens können Menschen aktiv nach Belegen für ihre Hypothese suchen. Viertens kann man, wenn sich den Erwartungen widersprechende Befunde nicht leugnen lassen, die Befunde als Ausnahme betrachten. Und fünftens kann man ambivalenten Informationen ihre Mehrdeutigkeit dadurch nehmen, dass man sie mit der Leithypothese in Übereinstimmung bringt. Der folgende Abschnitt wird sich mit all diesen Möglichkeiten beschäftigen.

5.4.1 Stereotype und illusorische Korrelationen

Soziales Stereotypisieren beinhaltet das Testen von Hypothesen über subjektiv erwartete Korrelationen zwischen Gruppenmitgliedschaft und Verhaltenseigenschaften. Harry Alts sexistisches Stereotyp etwa entspricht einer Korrelation zwischen Geschlechtergruppen und der Fähigkeit zu formalem Denken; danach besitzen Mädchen geringere Fähigkeiten im Bereich des logischen Denkens als Jungen. Wie in den vorigen Abschnitten gezeigt wurde, beeinflussen solche erwarteten Korrelationen die Informationsverarbeitung auf allen Ebenen (Hamilton, 1981). Harry Alt neigt dazu, die logischen Fähigkeiten von Frauen und Mädchen wesentlich negativer zu *beurteilen*, da er Stereotyp-bestätigende Informationen leichter aus seinem Gedächtnis *abrufen* kann. Darüber hinaus dürfte er bestätigende Informationen wesentlich effizienter in die globale Gedächtnis*organisation* integrieren können. Das Stereotyp kann sogar Harry Alts *Aufmerksamkeit* und *Wahrnehmung* so beeinflussen, dass er die identische Denkleistung bei einem Jungen als besser „wahrnimmt“ als bei einem Mädchen.

Wenn eine stereotype Erwartung die tatsächlich in einer Reihe von Stimulusbeobachtungen bestehende Korrelation verfälscht, sprechen wir von einer **illusorischen Korrelation**, um das Eingebildete, das stereotypem Denken innewohnt, hervorzuheben. Hamilton und Rose (1980) präsentierten ihren Versuchspersonen eine Reihe von Aussagen über Mitglieder dreier verschiedener Berufsgruppen (Buchhalter, Ärzte und Verkäufer), wobei jede Aussage eine Person mit zwei Eigenschaftsbegriffen beschrieb. Die Stimuluseigenschaften variierten hinsichtlich ihrer Stereotypikalität für die verschiedenen Berufe (z. B. Buchhalter – „perfektionistisch“ vs. Buchhalter – „hilfsbereit“). Die Reihe war jedoch so gestaltet, dass Nullkorrelationen zustande kamen, weil jede Berufsgruppe durch jede Eigenschaft genau zweimal beschrieben wurde. Die Häufigkeitsurteile der Versuchspersonen waren dennoch in die Richtung der Stereotype verzerrt, sodass das gemeinsame Auftreten von typischen Eigenschaften und Berufsgruppen überschätzt wurde (z. B. wurden Buchhalter für perfektionistischer gehalten als Verkäufer).

Illusorische Korrelation („illusory correlation“): Eine Überschätzung der Stärke eines Zusammenhangs zwischen zwei gewöhnlich voneinander unterschiedenen Variablen (z. B. „Verbrechen“ und „Einwanderer“); eine mögliche kognitive Basis für die Bildung von Stereotypen.

Da es unmöglich ist, die Gruppenzugehörigkeit so vieler Stimulusverhaltensweisen richtig zu erinnern, müssen Beurteiler häufig auf Raten und auf ihr stereotypes Wissen zurückgreifen, um zu rekonstruieren, was sie beobachtet haben. In einem ähnlichen Experiment haben Fiedler, Hemmeter und Hofmann (1984) eine illusorische Korrelation zwischen sozialen Kategorien und Einstellungsaussagen aufgezeigt: Die Versuchspersonen berichten fälschlicherweise, Studenten hätten liberalere Erziehungsansichten gezeigt als konservative Angestellte. Auch hier waren die verzerrten Häufigkeitsurteile mit einer entsprechend verzerrten Erinnerung korreliert. Es konnte aber auch gezeigt werden, dass die Illusion bereits die Wahrnehmung und das Verständnis der Einstellungsaussagen beeinflusst. Dies heißt, dass genau dieselben Einstellungsaussagen von vornherein liberaler interpretiert wurden, wenn sie einem Studenten im Gegensatz zu einem Angestellten zugeordnet wurden. Es ist die erwartungsgesteuerte Natur menschlicher Informationsverarbeitung, die ganz unabhängig von Gefühlen und emotional gefärbten Vorurteilen eine ständige Quelle für Stereotype darstellt. Um in unserem Beispiel zu bleiben: Selbst wenn Mädchen logisches Denkvermögen genauso oft und offensichtlich wie Jungen unter Beweis stellen, bleiben die logischen Fähigkeiten von Mädchen möglicherweise unbemerkt oder werden in dem Maße vergessen, in dem die Erinnerungen an die ursprünglichen Beobachtungen schwächer werden und stattdessen Stereotype immer stärker die Rekonstruktion des Gedächtnisses bestimmen. Im Hinblick auf diesen „Teufelskreis" dürfte es schwierig sein, ein Stereotyp trotz vorhandener widersprüchlicher Informationen zu verändern. Wenn überhaupt, dann ist eine Veränderung eines Stereotyps am wahrscheinlichsten, wenn die ihm widersprechenden Informationen eindeutig sind und klar mit einem prototypischen Mitglied der stereotypisierten Gruppe in Verbindung gebracht werden (Rothbart & Lewis, 1988). Das heißt, das Mädchen, das dem Stereotyp widerspricht und hervorragendes logisches Denkvermögen demonstriert, sollte zumindest in irgendeiner Hinsicht (z. B. Kleidung, äußere Erscheinungsform, Hobbys) typisch weiblich sein. Sonst könnte ein so genannter **Subtypisierungsprozess** das Stereotyp vor einer „Falsifikation" bewahren (Johnston & Hewstone, 1992; Kunda & Oleson, 1995, 1997; Weber & Crocker, 1983). Das heißt, das Mädchen mit der guten Leistung könnte womöglich als Ausnahme von der Regel klassifiziert und einer Subkategorie jungenhafter Mädchen zugeordnet werden.

Subtypisierung („subtyping"): Stereotype können dadurch aufrechterhalten werden, dass man widersprechende Beobachtungen einem Subtyp von Menschen zuordnet, die von der mit einem Stereotyp belegten Gruppe unterschieden werden.

5.4.2 Selbstbestätigungsprozesse

Die Tendenz, dass hypothetische Erwartungen zur sozialen Realität werden, wird jedoch nicht allein durch Verzerrungen in den internen, kognitiven Stufen der Wahrnehmung, Enkodierung, Erinnerung und Beurteilung hervorgerufen. Es ist vielmehr die Art und Weise wie soziale Hypothesen in sozialen Interaktionen überprüft werden, die eine Hypothese Wirklichkeit werden lassen kann. In einer Reihe von interessanten Untersuchungen gaben Snyder und Swann (1978) ihren Versuchspersonen die Aufgabe, je nach Versuchsbedingung herauszufinden, ob ihr jeweiliger Interaktionspartner extravertiert oder introvertiert war. Es resultierte eine starke Tendenz, die erhaltenen Eindrücke in Richtung der jeweiligen Frage zu verzerren. Das heißt, wenn sich die Frage auf Extravertiertheit bezog, ergab sich ein stärker extravertiertes Bild des Partners als in der Bedingung, in der nach Introvertiertheit gefragt war. Weitere Analysen zeigten, dass diese Tendenz mit einseitiger Informationssuche in der verbalen Interaktion zusammenhing. Um herauszufinden, ob ein Partner extravertiert war, stellten die Versuchspersonen Fragen wie „Was würdest du tun, um eine Party so richtig in Gang zu bringen?“ oder „Welche Situationen würdest du aufsuchen, um neue Leute kennen zu lernen?“. Um dagegen herauszufinden, ob der Interviewpartner introvertiert war, lauteten die Fragen typischerweise „In welchen Situationen würdest du gerne gesprächiger sein?“ oder „Was ist dir an lauten Partys unangenehm?“. Da die Diskussionspartner gute Gründe hatten, für beide Fragengruppen bestätigende Belege zu geben (fast jeder zeigt manchmal extravertiertes und manchmal introvertiertes Verhalten), provozierten die Fragen eine Bestätigung für die Eigenschaft, die der Fragesteller im Kopf hatte. Zudem wiesen Beobachter der auf Video aufgezeichneten Interaktionen verzerrte Reaktionen in die gleiche Richtung auf und tendierten ebenfalls dazu, aus den extravertierten bzw. introvertierten Antworten entsprechende Persönlichkeitseigenschaften abzuleiten; dabei ließen sie die einseitigen Fragen außer Acht, die diese Antworten provoziert hatten.

Diese eindrucksvolle Demonstration der Verwandlung von Annahmen in Wirklichkeit wurde ursprünglich dem Einfluss vorher bestehender Meinungen zugeschrieben. Es ist jedoch noch nicht einmal notwendig, dass der Interviewer an die Hypothese glaubt, die überprüft werden soll; sogar völlig willkürliche Hypothesen, die vom Versuchsleiter formuliert werden und die nichts mit den Meinungen oder Erwartungen der Person zu tun haben, lassen sich in sozialen Interaktionen bestätigen. Dies konnte in einer Untersuchung von Semin und Strack (1980) gezeigt werden, in der sowohl die vorher bestehenden Erwartungen als auch die willkürliche Hypothese, die überprüft werden sollte, unabhängig voneinander manipuliert wurden. Die Forscher nahmen wieder Einfluss auf den Fokus der Hypothese, indem sie die Versuchspersonen baten, herauszufinden, ob ihr Interaktionspartner extravertiert oder introvertiert war. Allerdings wurden unter beiden Bedingungen bei unterschiedlichen Subgruppen von Teilnehmern Hintergrundinformationen über den Beruf der Zielperson gegeben und damit eine Erwartung erzeugt, dass die Zielperson extravertiert bzw. introvertiert sei. In einer Kontrollbedingung wurde keine Erwartung geschaffen. Es stellte sich heraus, dass die verzerrte Informationssuche (z. B. die Tendenz, viele Fragen in Richtung Extravertiertheit zu stellen) nicht durch die Erwartung selbst determiniert war, sondern durch die willkürliche Richtung der Fragestellung. Selbst wenn die Teilnehmer der Meinung waren, die Zielperson sei vermutlich introvertiert (weil sie als Bibliothekar und nicht als Verkäufer vorgestellt wurde), brachte sie die Aufgabe, die Extravertiertheitshypothese zu überprüfen, dazu, vorwiegend Fragen in Richtung Extravertiertheit zu stellen.

Der Bestätigungsfehler ist robust und gilt in einer weiteren Hinsicht uneingeschränkt. Obwohl der Bestätigungseffekt dadurch verstärkt wird, dass die Partner in einer sozialen Interaktion dazu neigen, für jeden Frageinhalt eine Bestätigung im Verhalten zu liefern (Snyder, 1984), erfolgt der Prozess nicht im strengen Sinne kontingent auf die Verhaltensbestätigung. Selbst wenn die Zielperson nicht tatsächlich die Hypothese bestätigt, die überprüft wird, ist es ausreichend, dass die Versuchsperson die Bestätigung wahrnimmt oder erschließt. Das heißt, Interviewer nehmen unter Umständen einfach an oder stellen sich vor, dass die Zielperson die Frage wahrscheinlich bestätigen würde; die Bestätigung kann so-

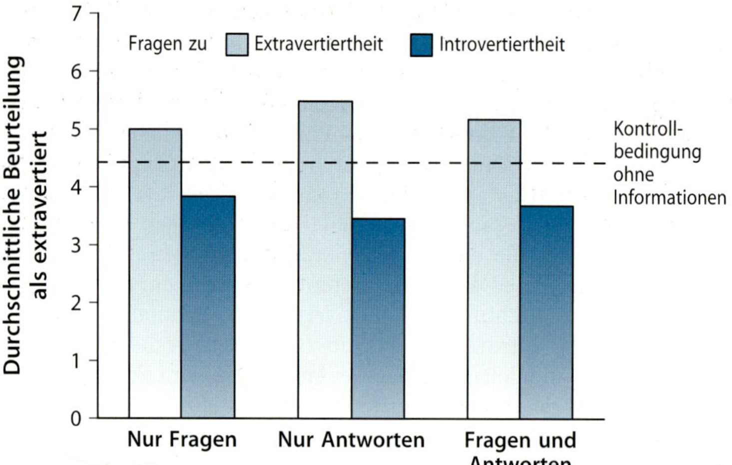

Abb. 5.9. Mittlere Attribution von Extravertiertheit in Abhängigkeit von der Aufgabenbedingung (Fragen zu Extravertiertheit vs. Fragen zu Introvertiertheit) und der Art der Evidenz (nur Fragen, nur Antworten, Fragen plus Antworten). (Nach Swann et al., 1982)

mit implizit sein oder „auf Vermutungen beruhen". Swann, Guiliano und Wegner (1982) verwendeten auf Tonband aufgenommene Gespräche, in denen ein weiblicher Interviewer entweder extravertierte oder introvertierte Themen abfragte und die Befragten angewiesen wurden, spontan zu antworten. Anschließend wurde das aufgenommene Gespräch einer Gruppe von Personen mit der Aufgabe vorgespielt, den Befragten auf Extravertiertheit bzw. Introvertiertheit hin zu beurteilen. Das Tonband enthielt, je nach experimenteller Bedingung

a) nur die Fragen der Interviewerin,
b) nur die Antworten des Befragten,
c) die Fragen plus die Antworten oder
d) nur belanglose Hintergrundinformationen über den Befragten (Kontrollbedingung ohne Information).

Im Vergleich zur Kontrollbedingung waren die sich ergebenden Eindrücke in allen anderen Bedingungen klar in die durch die Fragestellung des Interviewers vorgegebene Richtung (extravertiert vs. introvertiert) verzerrt. Es machte auch keinen Unterschied, ob die Beobachter die Antworten der Befragten als verhaltensmäßigen Beleg oder nur den Frageinhalt als Information erhielten; der Effekt war in allen experimentellen Bedingungen bedeutsam (vgl. Abb. 5.9).

Tatsächlich kann unter Umständen nicht einmal eine zu einer Hypothese *konträre* Evidenz verhindern, dass die Hypothese verifiziert wird. Wegner, Wenzlaff, Kerker und Beattie (1981) beschäftigten sich z.B. mit den Effekten von belastenden Anspielungen in den Massenmedien, wie z.B. die Frage „Steht Bob Talbert mit der Mafia in Verbindung?". Der Eindruck, den sich die Zuschauer von der Zielperson bildeten, tendierte in die negative Richtung, selbst dann, wenn die Unterstellung eine Verneinung des Sachverhaltes enthielt („Bob Talbert steht nicht in Verbindung mit der Mafia."). Ein solcher Anspielungseffekt könnte einen konstruktiven Gedächtnisprozess von der Art widerspiegeln, wie er oft in Untersuchungen über Augenzeugenberichte gezeigt werden konnte (Loftus,

1979). Der mentale Vorgang, darüber nachzudenken, ob Bob Talbert mit der Mafia in Verbindung steht, kann die Versuchsperson dazu zwingen, Bob Talbert in der Vorstellung zumindest für einen Moment in den semantischen Kontext von Mafia und Kriminalität hineinzukonstruieren, und sei es nur, um die Anspielung verneinen zu können. Diese konstruktive Erfahrung kann jedoch ausreichen, um eine Spur im Gedächtnis zu hinterlassen. Später können sich in den Eindrücken über eine Person die tatsächlich beobachteten Informationen mit dieser Art selbst erzeugter Konstruktionen (Johnson & Raye, 1981) vermischen; dadurch wird es schwierig, den Anspielungseffekt unwirksam zu machen.

5.5 Kognitive Anpassung in der sozialen Umwelt

Inwiefern wird die Verarbeitung sozialer Informationen von der Stichprobengröße beeinflusst? Welche Rolle spielt die Sprache bei der Bildung sozialer Stereotype? Wie verändern sich kognitive Prozesse in Abhängigkeit von affektiven Zuständen?

Um soziale Kognition und Verhalten verstehen zu können, ist es wichtig die Stimulusumgebung zu beschreiben, die auf das soziale Individuum einwirkt. In diesem letzten Abschnitt werden wir das Wechselspiel von kognitiven Prozessen und Umwelteinflüssen im Hinblick auf drei interessante Themen darstellen. Zuerst werden wir zeigen, dass Urteilsverzerrungen die Verteilung von Stimuli in der sozialen Welt widerspiegeln können, bevor irgendwelche kognitiven Verzerrungen oder motivationale Kräfte ins Spiel kommen. Dann werden wir uns kurz dem Einfluss von Sprache als einem der bedeutendsten Aspekte der menschlichen Umwelt zuwenden. Zuletzt werden wir auf das Wechselspiel von Kognitionen und Gefühlszuständen eingehen.

5.5.1 Verteilung von Stimulusinformationen

Der Ursprung dessen, was eine schwerwiegende kognitive Verzerrung zu sein scheint, lässt sich oft in der Stimulusumwelt finden. So ist das Phänomen der illusorischen Korrelation, zuerst von Hamilton und Gifford (1976) nachgewiesen und weiter oben dargestellt, ein anderes Beispiel für eine kognitive Illusion, die aus einer schiefen Stimulusverteilung resultiert. Sie konstruierten eine Serie von wünschenswerten und nichtwünschenswerten Verhaltensweisen von zwei Gruppen. Diese nannten sie A und B, um unnötige Assoziationen zu bestehenden Gruppen zu vermeiden. Die Serie enthielt 18 positive und acht negative Verhaltensweisen der Gruppe A sowie neun positive und vier negative Verhaltensweisen der kleineren Gruppe B. Das Verhältnis von positiven zu negativen Verhaltensweisen ist daher in beiden Gruppen gleich ($18_+/8_- = 9_+/4_-$), d.h., Positivität korreliert nicht mit der Gruppenmitgliedschaft. Dagegen ist die Stimulusverteilung schief: Beobachtungen über Gruppe B sind weniger häufig als über Gruppe A, was Gruppe B als Minderheit und Gruppe A als Mehrheit erscheinen lässt. Darüber hinaus sind negative Verhaltensweisen weniger häufig als positive, was der Natur der sozialen Welt entspricht, da negatives Verhalten von sozialen Normen abweicht (Skowronski & Carlston, 1989). Deshalb können die Stimulusreihen von Hamilton und Gifford als experimentelle Analogie zur tatsächlichen sozialen Umwelt gesehen werden, in der sich Minderheiten und Mehrheiten mit Blick auf Positivität nicht unterscheiden. Trotzdem wurde bei diesem Paradigma von der Minderheit B ein deutlich negativerer Eindruck gebildet als von der Mehrheit A. Dies wird deutlich in verzerrten Ratings hinsichtlich der Eindrücke von den Gruppen, in den Häufigkeitsschätzungen der relativen Anzahl von positiven im Vergleich zu negativen Verhaltensweisen in beiden Gruppen und in der Tendenz, in einer Erinnerungsaufgabe positive Verhaltensweisen eher mit der Mehrheit als mit der Minderheit in Verbindung zu bringen.

Dieses Phänomen wurde in zahlreichen Experimenten (Mullen & Johnson, 1990) wiederholt und kann von daher als eine dauerhafte Quelle für die Abwertung von Minderheiten angesehen werden. Eine Erklärung für die Illusion geht von einer kognitiven Verarbeitungsverzerrung bezüglich des am wenigsten häufigen Ereignisses aus, nämlich des negativen Verhaltens der Minderheit; man nimmt an, dass negatives Verhalten der Minderheit besonders auffällig oder salient ist und deshalb einen Erinnerungsvorteil gegenüber den übrigen Informationen genießt. Die nachfolgend durchgeführte Forschung konnte jedoch zeigen, dass man die Illusion auch dann erhält, wenn ein Erinnerungsvorteil von weniger häufigen Beobachtungen ausgeschlossen werden kann (Fiedler, 1991; Klauer & Meiser, 1999). Selbst wenn alle Stimulusereignisse mit gleicher Wahrscheinlichkeit im Gedächtnis behalten werden, gilt dennoch, dass das Überwiegen positiver gegenüber negativen Verhaltensweisen bei der Mehrheit leichter als bei der Minderheit entdeckt wird. Dies gilt ganz einfach deshalb, weil das Verhältnis $18_+/8_-$ auf einer größeren Beobachtungsstichprobe beruht als das Verhältnis $9_+/4_-$. So wie sich nach Vorhersage jeder plausiblen Lerntheorie das Erlernen von Regeln mit zunehmender Anzahl von Durchgängen verbessert, vermitteln die 26 Lerndurchgänge (18+8) über die Mehrheit die vorherrschende Positivität effizienter als die 13 Lerndurchgänge (9+4) über die Minderheit. Was also wie eine rein kognitive Verzerrung aussah, stellt sich als etwas heraus, was aufgrund der Häufigkeitsverteilung der Stimuli in der Umwelt vorbestimmt war.

5.5.2 Sprache und Kommunikation

Sprache ist das Medium, innerhalb dessen soziales Wissen erworben und in Büchern, Massenmedien und direktem Kontakt kommuniziert wird. Aus diesem Grund ist ein beachtlicher Teil des sozialen Wissens in das Vokabular und das Regelwerk der Sprache eingebaut. Die sozial geteilten Wortbedeutungen und Gesprächsregeln liefern einen wichtigen externen

Speicher sozialen Wissens, der unabhängig ist von den internen Repräsentationen im Gehirn der Individuen. Auf der lexikalischen Ebene, um damit zu beginnen, hat die Wahl der Worte, die wir verwenden, um Menschen und ihr Verhalten zu beschreiben, starke Auswirkungen auf kognitive Schlussfolgerungen und implizite Attributionen. Der Begriff der **impliziten Verbkausalität** (Brown & Fish, 1983; Fiedler & Semin, 1988) z.B. bezieht sich auf die systematisch unterschiedlichen Kausalattributionen, die in *Handlungsverben* (z.B. helfen, verletzen, gehorchen) und *Zustandsverben* (z.B. verabscheuen, mögen, achten) zum Ausdruck kommen. Das heißt, dass ein und dasselbe Verhalten durch den Satz *Der Schüler gehorcht dem Lehrer* (Handlungsverb) oder *Der Schüler achtet den Lehrer* (Zustandsverb) beschrieben werden kann. Während der erste Satz das Verhalten auf den Gehorsam des Schülers gegenüber dem Lehrer zurückführt, weist der zweite Satz auf eine Attribution auf das Ansehen des Lehrers hin. Allgemein lässt sich sagen, dass die semantische Bedeutung von Handlungsverben Subjektkausalität impliziert, wohingegen die Bedeutung der meisten Zustandsverben Objektkausalität impliziert.

Implizite Verbkausalität („implicit verb causality"): Die Tendenz, im Fall von Handlungsverben die Ursachen im Subjekt des Satzes begründet zu sehen und im Fall von Zustandsverben die Ursachen auf das Objekt des Satzes zurückzuführen.

Die Adjektive, die wir verwenden, um Eigenschaften und Dispositionen von Personen und Gruppen zu beschreiben, unterscheiden sich deutlich in Bezug auf die Vielzahl von Verhaltensweisen, auf die sie sich beziehen, und den Umfang an Verhaltensbelegen, die notwendig sind, um Hypothesen über Eigenschaften zu bestätigen oder zu widerlegen (Rothbart & Park, 1986). Eine *ehrliche* Person ist überwiegend ehrlich, wohingegen der entgegengesetzte Persönlichkeitszug, *unehrlich*, bereits aufgrund ganz weniger Beobachtungen unehrlichen Verhaltens gerechtfertigt zu sein scheint. Adjektive unterscheiden sich auch in der Breite des von ihnen abgedeckten Gegenstandsbereichs: *Redselig* bezieht sich auf eine schmalere Bandbreite von Verhalten als *extravertiert*. Der letzte Begriff vermittelt daher eine globalere und breiter anwendbare Attribution als der erste. Und dies, obwohl beide Begriffe zur Beschreibung desselben Verhaltens in der gleichen Situation verwendet werden könnten. Es verwundert daher nicht, dass die Wörter, die zur Beschreibung von Personen oder Verhalten verwendet werden, die Bildung und die Veränderung von sozialen Stereotypen stark beeinflussen können. Es sind z.B. nur wenige Belege erforderlich, um das Stereotyp zu bestätigen, dass eine Gruppe von Personen *unehrlich* ist. Aber ist ein Stereotyp erst einmal verankert, hat es breite Auswirkungen und es bedarf vieler Beobachtungen, um das Stereotyp zu widerlegen und zu bestätigen, dass die Person oder die Gruppe tatsächlich *ehrlich* ist.

Semin und Fiedler (1988, 1991) haben eine systematische Ordnung (Taxonomie) der Verben und Adjektive vorgeschlagen, aus denen sich die interpersonale Sprache zusammensetzt. Auf einer konkreteren Ebene beziehen sich *beschreibende Handlungsverben* auf konkrete Handlungen in spezifischen Situationen mit wenig Interpretationsspielraum über das beobachtete Verhalten hinaus (z.B. sich die Hände geben, küssen, sich von jemandem abwenden). *Interpretative Handlungsverben* (z.B. helfen, verletzen, behindern) beziehen sich ebenfalls auf einzelne Handlungsepisoden, abstrahieren jedoch von den physischen und wahrnehmbaren Erscheinungsformen, in denen sich die einzelne Handlung äußert. Auf der nächsten Abstraktionsstufe beziehen sich *Zustandsverben* (z.B. bewundern, achten, nicht mögen) auf eher dauerhafte Gefühls- oder Geisteszustände, die von einer einzigen Handlungsepisode abstrahieren. Auf der höchsten Stufe werden *Adjektive* (z.B. ehrlich, unzuverlässig, brutal) dazu verwendet, um sowohl von konkreten Handlungen und Situationen zu abstrahieren als auch von den Personen, die Objekte der Handlung sind.

Linguistische Kategorien („linguistic categories"): Unterschiedliche Arten von Verben und Adjektiven, die die Rolle von Prädikaten in Verhaltensbeschreibungen annehmen können.

Die Wahl **linguistischer Kategorien** hat wichtige Auswirkungen auf die Interpretation und kognitive Repräsentation sozialen Verhaltens. Wenn man auf der Skala der Abstraktheit von beschreibenden Handlungsverben zu Adjektiven aufsteigt, lassen sich recht unterschiedliche Attributionen für ein und dasselbe Verhalten nahe legen. So könnte das verbale Verhalten einer Bewerberin z.B. als *leise sprechen* und *vor dem Sprechen zögern* beschrieben werden (beschreibende und interpretative Handlungsverben) oder als *schüchtern* und *wenig selbstbewusst* (Adjektive). Die zuletzt genannte, eher abstrakte Form der Beschreibung verrät uns viel über ihre mutmaßliche Persönlichkeit, legt eine stabile Attribution nahe und einen Mangel an willentlicher Kontrolle (d.h. Adjektive sind z.B. nicht mit dem Imperativ vereinbar: *Hör auf, so schüchtern zu sein!*). Im Unterschied dazu beinhaltet ein konkreter Sprachstil viel weniger stabile Attributionen, ein höheres Maß an Kontextabhängigkeit (d.h. in einem anderen Kontext mag sie sich ganz anders verhalten) und ein höheres Maß an willentlicher Kontrolle. Darüber hinaus enthalten konkrete Begriffe einen deutlicheren Bezug zur empirischen Welt und erlauben in stärkerem Maße kritisches Überprüfen und Falsifikationsversuche als abstrakte Adjektive. Vermutlich spielt abstrakte Sprache eine wichtige Rolle in Harry Alts sexistischem Sprachgebrauch.

Maass, Salvi, Arcuri und Semin (1989) haben dieses linguistische Kategorienmodell in einer Studie zum Intergruppenverhalten unter natürlichen Bedingungen, mit Palio-Mannschaften als Teilnehmern, angewendet. Palio ist ein traditionelles Pferderennen zwischen norditalienischen Städten mit beträchtlichen Feindseligkeiten zwischen den einzelnen Gruppen. Maass und ihre Kollegen zeigten ihren Versuchspersonen Cartoon-ähnliche Szenen, in denen wünschenswertes und nichtwünschenswertes Verhalten von Mitgliedern des eigenen und der anderen Teams beschrieben worden war. Den Versuchspersonen wurden zur Beschreibung des jeweiligen Verhaltens alle oben beschriebenen Sprachebenen zur Wahl gestellt. Die Analyse ergab eine **linguistische Intergruppenverzerrung**, die in einer systematischen Tendenz zum Ausdruck kam: Negatives Verhalten der Fremdgruppe und positives Verhalten der Eigengruppe wurde in abstrakteren Begriffen beschrieben als positives Verhalten der Fremdgruppe und negatives Verhalten der Eigengruppe (s. Abb. 5.10). Dies bedeutet, dass unabhängig von allen kognitiven Verzerrungen oder emotionalen Konflikten zwischen Individuen die Sprache, die zur Kommunikation sozialen Wissens zwischen Menschen und in den Massenmedien (Maass, Corvino & Arcuri, 1994) verwendet wird, dazu beiträgt, das positive Bild der Eigengruppe zu verstärken und aufrechtzuerhalten. Anstatt positives Verhalten der Fremdgruppe und negatives Verhalten der Eigengruppe zu verleugnen, funktioniert die sprachliche Intergruppenverzerrung subtiler und raffinierter, indem sie Attribute, die die Eigengruppe in einem positiven Licht erscheinen lassen, auf eine abstraktere Ebene hebt.

Linguistische Intergruppenverzerrung („linguistic intergroup bias"): Die Tendenz, eher abstrakte linguistische Kategorien zu verwenden, wenn man positives Eigengruppenverhalten und negatives Fremdgruppenverhalten beschreibt, als wenn man negatives Eigengruppenverhalten und positives Fremdgruppenverhalten beschreibt.

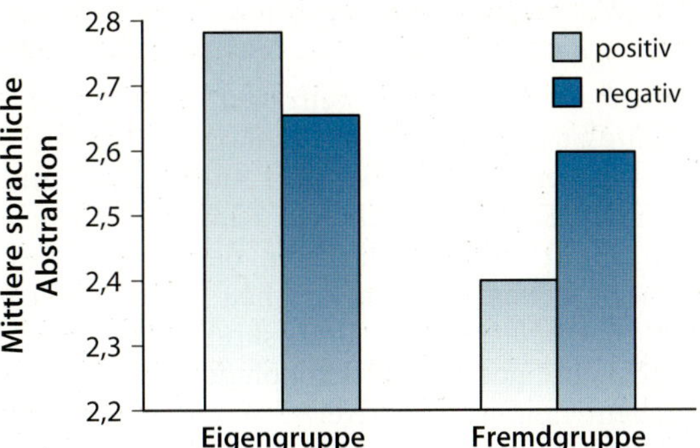

Abb. 5.10. Mittlere Abstraktheit positiver und negativer Aussagen, die sich auf die Eigengruppe bzw. auf Fremdgruppen beziehen. (Nach Maass et al., 1989)

5.5.3 Die kognitiv-affektive Regulation

Die Schnittstelle zwischen Kognition und Umwelt enthält emotionale Erfahrungen, da die Stimulusereignisse für die Wünsche und persönlichen Werte der Person von Bedeutung sind. In den vergangenen beiden Jahrzehnten haben sich unzählige Untersuchungen mit dem Zusammenspiel von Affekt und Kognition beschäftigt. Dennoch fangen wir erst langsam an, diese grundlegende Frage der Verhaltensregulation zu verstehen.

Der Begriff der „Verhaltensregulation" bezieht sich hier auf die Doppelfunktion kognitiver Prozesse, die einerseits emotionale Reaktionen unterstützen müssen und andererseits die endlose Fortsetzung solcher Reaktionen verhindern sollen. Der erste Aspekt ist weithin als das Prinzip der **Stimmungskongruenz** bekannt (Bower, 1981; Isen, 1984). Es gibt eine grundsätzliche selektive Tendenz von Menschen, in einem positiven Gemütszustand positive Informationen effizienter wahrzunehmen, zu enkodieren und abzurufen als negative, während negative Informationen in negativen Gemütszuständen besser verarbeitet werden. Dieses Prinzip erklärt auch die pessimistischen Inhalte in den Gedanken und Erinnerungen von Menschen mit Depressionen und den Effekt, dass gute Stimmung den Abruf angenehmer Erinnerungen erleichtert (Bower, 1981) und zu wohlwollenderen sozialen Urteilen führt (Forgas & Bower, 1987). Solche Kongruenzeffekte können unter Zugrundelegung eines assoziativen Netzwerkes verstanden werden: Nehmen wir an, dass positive Stimmungszustände in der assoziativen Nachbarschaft anderer angenehmer Stimuli oder Ereignisse repräsentiert sind (s. Abb. 5.4, S. 135), dann sollte die sich ausbreitende Aktivierung, die vom positiven Stimmungsknoten ausgeht, den Aktivierungsgrad anderer positiver Gedächtnisinhalte (die zu angenehmen Stimuli gehören) heben, aber die Aktivierung von affektiv inkongruenten Knoten (die zu unangenehmen Inhalten gehören) nicht beeinflussen oder gar blockieren. Als Folge führen positive Stimmungszustände zu positiveren und optimistischeren sozialen Urteilen (Mayer & Salovey, 1988) und zu verharmlosenden Urteilen über Risiken und Gefahren (Johnson & Tversky, 1983).

Stimmungskongruenz („mood congruency"): Die Tendenz, Informationen effizienter wahrzunehmen, zu enkodieren, zu speichern und abzurufen, wenn sie mit der eigenen Stimmungslage affektiv übereinstimmen. Bezieht sich auch auf die Tendenz, positivere (negativere) Beurteilungen in positiven (negativen) Stimmungszuständen abzugeben.

Für sich allein genommen würde das Kongruenzprinzip zu einer endlosen Aufrechterhaltung von Stimmungszuständen führen, was zu krankhaften Entwicklungen beitragen könnte. Ein depressiver Zustand z.B. könnte zu pessimistischen Gedächtnisinhalten und pessimistischen sozialen Urteilen führen, die ihren Ausdruck in antisozialem Verhalten finden könnten. Das soziale Umfeld wird seinerseits solches Verhalten ablehnen und damit zu noch stärkeren depressiven Reaktionen führen, die ihrerseits zu weiteren pessimistischen Kognitionen führen und so weiter. Analog zu einem solchen Teufelskreis haben Isen, Shalker, Clark und Karp (1978) eine positive Rückkopplungsschleife vorgeschlagen, um den altruistischen Einfluss positiver Stimmungszustände zu erklären. Eine gute Stimmung löst demnach positive Gedächtnisinhalte sowie eine wohlwollende Behandlung anderer Menschen aus, die sich wiederum ihrerseits prosozial gegenüber dem Akteur verhalten und damit dessen positive Stimmung verstärken werden.

Zugunsten der Anpassungsfähigkeit des Menschen sind dem freien und unkontrollierten Wirken dieser sich selbstständig fortsetzenden Kreisläufe eine Reihe von Regulationsprozessen entgegengeschaltet. Zum einen kann eine stimmungskongruente Urteilsverzerrung verschwinden, wenn eine äußere Ursache für den momentanen Stimmungszustand salient wird, was eine externe Attribution von Stimmungseffekten nahe legt (Schwarz & Clore, 1988). Zum anderen kann den assoziativen Auswirkungen depressiver Stimmungen durch motivierte Prozesse der „Stimmungsreparatur" entgegengewirkt werden. Depressive Menschen können ihre Situation dadurch zu verbessern versuchen, dass sie aktiv unangenehme Gedanken vermeiden oder bewusst Zuflucht zu positiven Gedankeninhalten nehmen.

Ein dritter Prozess stimmungsabhängiger Regulierung bezieht sich auf unterschiedliche kognitive Stile, die durch emotionale Zustände ausgelöst werden. Er weist auf kognitive Strategien hin, mit denen die negative Stimmung einer Person reduziert werden kann bzw. vermieden wird, dass die Hochstimmung zu einem Dauerzustand wird. Die Ergebnisse vieler Untersuchungen weisen in die gleiche Richtung: Es zeigte sich, dass negative Gefühlszustände eine systematischere Verarbeitung und kognitive Disziplin auslösen als positive Zustände (Isen, Means, Patrick & Nowicki, 1982). Im Unterschied dazu lösen positive Stimmungen eher einen kreativen Stil aus (Isen, Daubman & Nowicki, 1985), der bisweilen mit umfassender und genauer Verarbeitung interferiert. Insbesondere generieren Menschen in einer guten Stimmung ungewöhnlichere Wortassoziationen (Isen, Johnson, Hertz & Robinson, 1985), suchen weniger Informationen vor Entscheidungen (Isen et al., 1982) und treffen manchmal weniger genaue Urteile als Menschen in schlechter Stimmung (Sinclair & Mark, 1992). Eine gute Stimmung kann jedoch bei anspruchsvollen Aufgaben, die Kreativität und produktives Denken erfordern, zu einer besseren Leistung führen als schlechte Stimmung (Ellis & Ashbrook, 1988; Murray, Surjan, Hirt & Surjan, 1990).

Während die empirischen Belege für stimmungskongruente kognitive Stile stark und unanfechtbar sind, ist die theoretische Erklärung unklar. Es wurde von einigen Autoren argumentiert, dass die Erfahrung oder „Verwaltung" positiver und negativer Gefühle die kognitiven Ressourcen unterschiedlich stark auslastet oder dass glückliche Menschen einfach dazu neigen, kognitive Anstrengungen zu vermeiden, die ihren angenehmen Zustand beeinträchtigen könnten. Die Untersuchungen von Martin, Ward, Achee und Wyer (1993) legen jedoch nahe, dass Stimmungseffekte auf kognitive Stile eher Anpassungsstrategien als absolute Kapazitätsbeschränkungen widerspiegeln. Versuchspersonen mussten eine Reihe von Verhaltensweisen lesen, um sich einen Eindruck von einer Zielperson zu bilden. Als sie die Anweisung bekamen, mit dem Lesen aufzuhören, *wenn Sie das Gefühl haben, genügend Informationen zu haben*, hörten glückliche Versuchspersonen schneller auf als traurige. Wenn sie allerdings die Aufgabe hatten, so lange Informationen über die Verhaltensweisen zu lesen, *bis es Ihnen nicht mehr gefällt*, hielten positiv gestimmte Versuchspersonen länger aus und schienen die Informationen ausführlicher zu verarbeiten. Dieses Experiment zeigt die Flexibilität und Anpassungsfähigkeit der affektiv-kognitiven Regulation auf anschauliche Weise. Der Einfluss von Stimmungszuständen auf die kognitive Verarbeitung hängt vom Ziel bei der Aufgabe ab. Wenn die Aufgabe Sorgfalt und Genauigkeit erfordert, wird die Ausführung durch eine negative Stimmung unterstützt. Wenn jedoch die gleiche Aufgabe auf Spaß ausgerichtet ist, ist es wahrscheinlicher, dass die Ausführung von einer positiven Stimmung profitiert.

5.6 Zusammenfassung und Schlussfolgerungen

Der Ansatz der sozialen Kognition betont die kognitive Vermittlung sozialen Verhaltens und umgekehrt, die sozialen Einflüsse auf die kognitive Verarbeitung. Persönliche Betroffenheit, Gefühlszustände oder Umweltfaktoren können einen beträchtlichen Einfluss auf logisches Denken, Stereotypisieren, Urteilsbildung und Entscheidungen haben. Wir haben das Gebiet der sozialen Kognition in die aufeinander folgenden Stufen der Informationsverarbeitung eingeteilt, d.h. Wahrnehmung, Enkodierung, Organisation, Schlussfolgern, Erinnern und Urteilen. Auf allen Stufen interagieren ältere Wissensstrukturen eines Individuums mit der neu aufgenommenen Information. In vielen Fällen sind das vorweg vorhandene Wissen oder die stereotypen Erwartungen stärker als unerwartete oder inkonsistente Informationen. Wir haben aber auch festgestellt, dass inkonsistente oder unerwartete Informationen einen Gedächtnisvorteil genießen. Das Phänomen der Priming-Effekte ist auf die Aktivierung semantischer Kategorien (z.B. negative Eigenschaften) im Gedächtnis zurückzuführen, die eine nachfolgende Urteilsbildung beeinflusst. Die Aktivierung einer Kategorie muss jedoch nicht immer zu einem kongruenten Assimilationseffekt auf die Urteilsbildung führen (z.B. negatives Priming verursacht negative Urteile), sondern kann auch einen Kontrasteffekt ergeben (z.B. mehr positive Urteile nach negativem Priming).

Die Art und Weise, wie soziale Hypothesen in Gesprächen und sozialer Interaktion getestet werden, kann die Hypothesen wahr werden lassen. Diese Bestätigungsverzerrung kann auf die konstruktiven Gedächtnisprozesse zurückgehen, die durch die Inhalte der Fragen ausgelöst werden, und auf die Tendenz der Interaktionspartner, genau die Art von Verhalten zu zeigen, die durch den Inhalt der Frage nahe gelegt wird.

Schließlich müssen wir erkennen, dass das Ergebnis kognitiver Prozesse auf individueller Ebene nicht ausschließlich durch kognitive und motivationale Kräfte beeinflusst wird, sondern teilweise auch durch die Einwirkungen der Umwelt auf das soziale Individuum. Unter diesem Gesichtspunkt haben wir auch die unterschiedlichen Einflüsse großer und kleiner Gruppen (Mehrheiten vs. Minderheiten) angesprochen, die subtilen Implikationen der Sprache, wie sie zur Beschreibung des zwischenmenschlichen Verhaltens verwendet wird, und die affektiven Einflüsse auf kognitive Prozesse, die entstehen, wenn Individuen mit der sozialen Umwelt umgehen. Alle in diesem Kapitel behandelten Fragestellungen haben offensichtliche Auswirkungen auf Urteilsbildung und Entscheidungsfindung in wichtigen Anwendungsgebieten, wie beispielsweise im Gerichtssaal, im Bereich der Werbung, der Politik, der Gesundheit oder der Begegnungen zwischen Gruppen.

Fragen zum Text

1. Worin bestehen die eigentlich sozialen Aspekte, die die soziale Kognitionsforschung von der kognitiven Psychologie unterscheiden?
2. Versuchen Sie die Fragen vom Anfang des Texts über die Reaktionen von Harry Alt zu beantworten.
3. Denken Sie über die Irrationalität versus den adaptiven Wert von Urteilsheuristiken unter natürlichen Bedingungen nach.
4. Was könnte auf den verschiedenen, in Abb. 5.3 (S. 133) dargestellten Stufen der Informationsverarbeitung getan werden, um ungerechtfertigte soziale Stereotype zu korrigieren?
5. Was sind die interessantesten Beispiele der Selbstbestätigung im sozialen Leben? Unter welchen Bedingungen können Verzerrungstendenzen beim Prozess der Hypothesenprüfung vermindert werden?
6. Wie kann die Sprachanalyse dazu verwendet werden, politische Verzerrungen in Zeitungen aufzudecken?
7. Unter welchen Bedingungen sind Menschen empfänglicher für erwartungskonsistente Informationen und unter welchen für erwartungsinkonsistente Informationen?

Empfohlene Literatur

Eagly, A.H. & Chaiken, S. (1993). *The psychology of attitudes.* New York: Harcourt Brace Jovanovich. Dieser kürzlich erschienene Band ist das momentan umfassendste Nachschlagewerk im Bereich der Einstellung und der Persuasion; dies wird sicherlich auch bis ins nächste Jahrzehnt hinein gelten.

Fiske, S.T. & Taylor, S.E. (1991). *Social cognition* (2. Aufl.). New York: McGraw-Hill. Das Lehrbuch von Fiske und Taylor ist zweifellos das am häufigsten zitierte Lehrbuch, das sich speziell dem kognitiven Ansatz in der Sozialpsychologie widmet.

Higgins, E.T. & Kruglanski, A.W. (1996). *Social psychology. Handbook of basic principles.* New York: Guilford Press. Die Kapitel in den Abschnitten II und III bieten einen ausgezeichneten Überblick über die zentralen Forschungsthemen im Bereich der sozialen Kognition.

Kahneman, D., Slovic, P. & Tversky, A. (1982). *Judgment under uncertainty: Heuristics and biases.* Hillsdale, NJ: Erlbaum. Dieser herausgegebene Band enthält Nachdrucke der wichtigsten Originalartikel über kognitive Trugschlüsse und Verzerrungen.

Leyens, J.P., Yzerbyt, V. & Schadron, G. (Eds.). (1994). *Stereotypes and social cognition.* London: Sage. Das Buch liefert einen Überblick über die Prinzipien der sozialen Kognition und konzentriert sich dabei auf die Personenwahrnehmung und die Bildung von Stereotypen.

Markus, H. & Zajonc, R.B. (1985). The cognitive perspective in social psychology. In G. Lindzey & E. Aronson (Eds.), *Handbook of social psychology* (2. Aufl., Bd. 1, pp. 137–230). New York: Random House. Dieser Handbuchbeitrag ist nicht in gleichem Maße auf dem aktuellen Stand wie das Handbuch von Wyer und Srull, aber er stellt eine knappere Alternative dar.

Martin, L.L. & Tesser, A. (Eds.). (1992). *The construction of social judgment.* Hillsdale, NJ: Erlbaum. Das Buch behandelt eine ganze Vielfalt von Forschungsparadigmen der sozialen Kognition und vermittelt einen tiefen Einblick in die Entwicklungen der Theoriebildung auf dem Gebiet der sozialen Kognition.

Wyer, R.S. & Srull, T.K. (Eds.). (1994). *Handbook of social cognition* (2. Aufl., 2 Bde.). Hillsdale, NJ: Erlbaum. Eine umfassende Quellensammlung, die auch die neuesten Entwicklungen in der kognitiven Sozialpsychologie abdeckt; es ist von herausragenden Wissenschaftlern in einem klaren und interessanten Stil verfasst.

Schlüsseluntersuchungen

Hamilton D.L., Katz, L.B., & Leirer, V.O. (1980). Cognitive representation of personality impressions: Organizational processes in the first impression formation. *Journal of Personality and Social Psychology, 39*, 1050–1063.

Snyder, M., & Uranowitz, S.W. (1978). Reconstructing the past: Some cognitive consequences of person perception. *Journal of Personality and Social Psychology, 36*, 941–950.

6 Emotion

Klaus Scherer

INHALT

Ein Großteil der Sozialpsychologie beschäftigt sich im Kontext der sozialen Kognition und des sozialen Urteils, der interpersonalen Beziehungen und Kommunikation oder des Gruppenverhaltens explizit und implizit mit Emotion und emotionalem Verhalten. Das vorliegende Kapitel definiert das Phänomen, gibt eine Übersicht über die klassischen und die heutigen Theorien und fasst die einschlägige Forschung zur Auslösung und Differenzierung emotionaler Reaktionen zusammen. Es konzentriert sich auf die wichtigsten Komponenten der Emotion, einschließlich des motorischen Ausdrucks, psychophysiologischer Symptome, motivationaler Veränderungen und der subjektiven Erfahrung; es werden aber auch die komplexen Zusammenhänge zwischen diesen Bereichen

beschrieben. Zusätzlich werden Themen wie Emotionsregulation und -kontrolle, interkulturelle Ähnlichkeiten und Unterschiede sowie angewandte Aspekte der Emotionsforschung behandelt.

6.1 Einleitung

Warum sollte sich die Sozialpsychologie mit dem Thema Emotion beschäftigen? Welche Rolle spielen Emotionen in der sozialen Interaktion?

Stellen Sie sich vor, Sie würden an einem sonnigen Sonntagnachmittag im Mai durch einen Park spazieren. Die ersten Blumen sprießen, die Vögel zwitschern und Sie fühlen sich großartig, zumal eine Person, die Ihnen sehr viel bedeutet, Hand in Hand mit Ihnen geht. Plötzlich bemerken Sie, wie ein Mann hinter einer Buschgruppe hervorkommt. Er hält ein Messer und an seinen Händen scheint Blut zu kleben...

Mit großer Wahrscheinlichkeit empfänden Sie, was man gemeinhin eine **Emotion** nennt. Was aber zunächst als einfache, wenn auch höchst unangenehme Reaktion erscheint, stellt sich den Sozialpsychologen als größeres Problem dar. Was z.B. macht genau *diese* Emotion aus? Der beschleunigte Herzschlag? Der offene Mund und die aufgerissenen Augen? Der stockende Atem? Der plötzliche Drang wegzulaufen? Oder das Gefühl, dass Sie sich in *Gefahr* befinden – etwas, das Sie als *Furcht* bezeichnen würden, wenn man Sie nach Ihrem derzeitigen Gemütszustand fragte? Oder besteht eine Emotion aus einer Kombination all dieser verschiedenen Aspekte? Wir werden die unterschiedlichen Ansichten über die angemessenste Definition dieses Phänomens detailliert erörtern. Eine weitere Frage ist, warum wir überhaupt Emotionen haben. Sind Emotionen irrationale Gefühlsausbrüche, die uns daran hindern, vernünftige menschliche Wesen zu sein? Was ist ihre Funktion? Haben Tiere Emotionen? Gibt es kulturelle Unterschiede in emotionalen Reaktionen? Wie würde ein Eskimo reagieren, wenn ein Mann mit Blut an den Händen hinter einer Schneewehe auftauchte? Alle diese Fragen beziehen sich auf die soziale Natur des Menschen und stellen somit geeignete Themen für sozialpsychologische Untersuchungen dar.

Emotion („emotion"): Vormals oft synonym zu Gefühl oder Affekt verwendet. Der moderne Sprachgebrauch geht davon aus, dass Emotion ein hypothetisches Konstrukt ist, das den Vorgang der Reaktion eines Organismus auf bedeutsame Ereignisse bezeichnet. Emotion wird generell als aus mehreren Komponenten bestehend angenommen: physiologische Erregung, motorischer Ausdruck, Handlungstendenzen und subjektives Gefühl.

Aber selbst außerhalb solch grundlegender Fragestellungen stoßen Sozialpsychologen bei der Untersuchung von sozialer Kognition und sozialem Verhalten oft auf emotionale Reaktionen. Wenn Sie der Anblick des Mannes mit dem Messer in panische Angst versetzt hat, können Sie nicht mehr realistisch beurteilen, ob der Mann Sie und die Person in Ihrer Begleitung angreifen wird oder nicht. Sie könnten überreagieren. Sollte Ihre Reaktion traumatische Ausmaße annehmen, kann dieses Ereignis Ihre Erinnerung an Parkspaziergänge mit Ihrem Partner oder Ihrer Partnerin auf Jahre hinaus beeinflussen. Vielleicht werden Sie sogar Ihre Einstellung gegenüber einer gewissen Rasse oder Nationalität ändern, falls der Mann zufällig einer anderen sozialen Gruppe als der Ihrigen angehört. In der sozialpsychologischen Literatur finden sich eindeutige Hinweise auf massive Auswirkungen von Emotionen auf das Wahrnehmen, Urteilen, Erinnern, Problemlösen und Bewältigen von Aufgaben. Diese und viele andere Aspekte individuellen Erlebens und Verhaltens können allesamt stark durch unterschiedliche Emotionen bestimmt werden (Forgas, 1991; Keltner, Ellsworth & Edwards, 1993; vgl. Kap. 5 dieses Bandes). Darüber hinaus spielen Emotionen eine bedeutsame Rolle bei der Einstellungsänderung (Breckler, 1993; s. Kap. 8 dieses Bandes).

Emotionen haben auch einen großen Einfluss auf die soziale Interaktion. Ihre Interaktion mit dem Mann mit dem Messer wird je nachdem, ob Sie sich fürchten oder wütend sind, sehr unterschiedlich ausfallen. Dabei ist *emotionales Signalisieren* durch expressives Verhalten von besonderer Bedeutung. Der Verlauf und das Ergebnis von Verhandlungen und sozialen Kontakten hängt erheblich vom Austausch derartiger Signale ab, z. B. Droh- oder Beschwichtigungszeichen (s. unten und Kap. 11). So wird sich der Mann mit dem Messer Ihnen gegenüber anders verhalten, je nachdem welche Emotionssignale Sie aussenden.

Grundsätzlich ist das Phänomen der Aggression eng mit dem der Emotion verbunden, insbesondere mit Frustration und Ärger (Averill, 1982; Berkowitz, 1962; Wyer & Srull, 1993; vgl. Kap. 10). Wenn Ihr Partner Sie gerade zuvor frustriert hat und Sie sich stark genug fühlen, mit dem Mann mit dem Messer fertig zu werden, werden Sie ihn wahrscheinlich eher angreifen als vor ihm fliehen. Emotionen spielen auch bei prosozialem Verhalten eine Rolle. Eine Reihe von Untersuchungen hat gezeigt, dass altruistisches Verhalten auf komplexe Weise von Stimmungen und Emotionen bestimmt wird (Davis, 1994; Isen, 1993; vgl. Kap. 9).

Wie zu erwarten ist, spielen Emotionen eine große Rolle bei der Aufnahme und Erhaltung sozialer Beziehungen, z. B. in Freundschaft und Ehe (Berscheid, 1991; Fitness, 1996; Gottman, 1993) wie auch beim Verlust des Partners (Bonnano & Keltner, 1997; Stroebe & Stroebe, 1987; Stroebe, Schut & Stroebe, 1998). Aber Emotionen spielen auch eine Rolle bei alltäglichen sozialen Begegnungen. Ein langfristig angelegtes Forschungsprogramm von Rimé und seinen Mitarbeitern (Rimé, Finkenauer, Luminet, Zech & Philippot, 1998) konnte zeigen, dass die meisten Menschen gern und häufig mit anderen über ihre emotionalen Erfahrungen reden (vgl. Kap. 12).

Weitere Gebiete der Sozialpsychologie, für die Emotionen große Relevanz besitzen, sind die Gruppendynamik (vgl. Ashforth & Humphrey, 1995; Barsade & Gibson, 1998; Heise & O'Brien, 1993) und das Kollektivverhalten. LeBons frühe Arbeit über das Massenverhalten (1895/1953) stützte sich im Besonderen auf den Mechanismus der *emotionalen Ansteckung*, mit dem er das irrationale Verhalten erklärte, das er für große Menschenmengen als typisch ansah (vgl. Kap. 1). Um unser Parkbeispiel zur Veranschaulichung zu verwenden: Wenn Sie beim Anblick des Mannes mit dem Messer starke Furchtsignale aussenden, ist es wahrscheinlich, dass Sie Ihren Partner, der womöglich zuerst recht gelassen reagiert hatte, mit Ihrer Angst *anstecken*. Nach jahrzehntelanger Vernachlässigung dieses interessanten Phänomens haben einige Sozialpsychologen begonnen, sich erneut damit zu beschäftigen (vgl. Hatfield, Cacioppo & Rapson, 1994; Levenson & Ruef, 1997). Zu den ansteckendsten Äußerungen von Affekt gehören Gähnen und Lachen.

Es verwundert also kaum, dass Emotionen von zentraler Bedeutung für die sozialpsychologische Forschung sind. In diesem Kapitel werden einige der wichtigen Debatten und Forschungsaktivitäten zu diesem Thema zusammengefasst und erläutert.

6.2 Was ist eine Emotion?

Von welcher Grundannahme geht die Emotionstheorie von James und Lange aus? Wie kann man Emotionen in einer Weise definieren, die für die sozialpsychologische Forschung von Nutzen ist?

„Was ist eine Emotion?" ist der Titel eines der einflussreichsten wissenschaftlichen Aufsätze, die jemals in der Psychologie geschrieben wurden. Er erschien 1884, verfasst von William James, einem der Gründerväter der modernen experimentellen Psychologie. In diesem Aufsatz vertrat James eine revolutionäre These über die Beschaffenheit von Emotionen, nämlich, „dass die körperlichen Veränderungen direkt auf die *Wahrnehmung* des erregenden Ereignisses folgen und dass unser Fühlen dieser Veränderungen die Emotion *darstellt*" (James, 1884/1968, S. 19, Hervorhebungen auch im Original).

6.2.1 Die James-Lange-Theorie

James veranschaulichte seine Auffassung an einem Beispiel, das inzwischen als klassisch gilt: Wir treffen im Wald auf einen Bären, unser Herz rast, unsere Knie zittern und, weil wir diese physiologischen Veränderungen *wahrnehmen, fühlen* wir Angst. Ein Jahr nach dem Erscheinen von James' bahnbrechendem Aufsatz schlug der dänische Physiologe Carl Lange (1885) ein Modell der Emotion vor, das trotz vieler kleiner Unterschiede den gleichen grundlegenden Mechanismus in der kausalen Abfolge postulierte. Wegen dieser Ähnlichkeit spricht man traditionell von der James-Lange-Emotionstheorie oder auch von einem „*peripheren* Ansatz" (da er sich auf die Peripherie, d.h. eher auf das autonome und somatische statt auf das zentrale Nervensystem konzentriert). Nach dieser Ansicht wird eine Emotion durch das Bewusstsein, das eine Person von einem spezifischen Muster körperlicher Veränderungen hat, und durch die nachfolgende Interpretation des betreffenden Ereignisses im Hinblick auf Emotion hervorgerufen.

Die James-Lange-Position wird in Abb. 6.1 (zu der wir zum Vergleich verschiedener Theorien immer wieder zurückkommen werden) der am Beginn des 20. Jahrhunderts etablierten Auffassung von Emotion gegenübergestellt; Letztere findet sich in den beiden oberen Zeilen der Abbildung. Da die Wahrscheinlichkeit, Bären zu begegnen, seit 1884 stetig ge-

Abb. 6.1. Die Abfolge von Ereignissen innerhalb des Emotionsprozesses aus der Sicht verschiedener Emotionstheoretiker

Vor James	Wahrnehmung eines Ereignisses	Auslösung einer „Emotion = Gefühl"	„Emotion = Gefühl"	Auslösung einer spezifischen Reaktion	Differenziertes Muster physiologischer Erregung und entsprechender Handlungstendenzen
Beispiel:	Sie sehen einen Mann mit einem Messer		Sie haben Angst		Schneller Herzschlag zitternde Knie, Sie wollen davonlaufen
James	Wahrnehmung eines Ereignisses	Auslösung einer spezifischen Reaktion	Differenziertes Muster physiologischer Erregung und entsprechender Handlungstendenzen	Wahrnehmung körperlicher Veränderungen	„Emotion = Gefühl"
Beispiel:	Sie sehen einen Mann mit einem Messer		Schneller Herzschlag, zitternde Knie, Sie wollen davonlaufen		Sie haben Angst
Schachter	Wahrnehmung eines Ereignisses	Auslösung einer unspezifischen Erregung	Generelle Aktivierung des sympathischen Zweiges des autonomen Nervensystems	Kognitive Erklärung auf der Grundlage des Ereignisses und situations-spezifischer Hinweise	„Emotion = Gefühl"
Beispiel:	Sie sehen einen Mann mit einem Messer		Schneller Herzschlag, zitternde Knie, errötendes Gesicht		Sie haben Angst
Moderne Theorien	Wahrnehmung und Einschätzung eines Ereignisses	Auslösung von Veränderungen in allen wichtigen Subsystemen des Organismus	Differenzierte und adaptive Veränderungen in Physiologie, Ausdruck und Motivation	Reflektion dieser Veränderungen innerhalb der Komponenten in einem Überwachungssystem	Veränderungen des Gefühlszustandes (eine Komponente des gesamten Emotionsprozesses)
Beispiel:	Sie sehen einen Mann mit einem Messer und beurteilen die möglichen Folgen in Anbetracht Ihrer eigenen Ressourcen		Schneller Herzschlag, zitternde Knie, errötendes Gesicht; weit geöffneter Mund, aufgerissene Augen; Sie wollen davonlaufen		Sie haben Angst (in einer Art und Weise, die die Situation und die körperlichen Veränderungen widerspiegelt)

Kontinuierlicher Prozeß

sunken ist, werden wir unser zeitgemäßeres Beispiel für ein Furchterlebnis beibehalten.

Offensichtlich existiert in den Ansichten von James und seinen Vorgängern eine relativ große Übereinstimmung. Beide Positionen sind sich einig über die „Komponenten" des Phänomens: ein Ereignis, die Wahrnehmung/Bewertung dieses Ereignisses, eine Vielfalt körperlicher Reaktionen und Handlungstendenzen sowie ein charakteristischer Gefühlszustand.

Gefühl („feeling"): Früher synonym zu **Emotion** verwendet. Der moderne Sprachgebrauch schränkt die Bezeichnung auf die Komponente der subjektiven Erfahrung emotionaler Erregung ein, die oftmals bewusst abläuft und mit Emotionswörtern und Emotionsausdrücken bezeichnet werden kann.

Beide Positionen beziehen den Begriff *Emotion* auf eine Komponente des Gesamtphänomens, das **Gefühl.** Darüber hinaus sind sich beide Positionen einig über die Existenz eines Vorgangs, einer Abfolge von Ereignissen und über die Differenzierung von Ursachen und Wirkungen. Die Unstimmigkeit zwischen beiden betrifft jedoch die genaue Bedeutung des durch „Emotion = Gefühl" umschriebenen Phänomens: Ist es die Ursache charakteristischer körperlicher Reaktionen und Handlungstendenzen oder eher ihre Folge? Diese Frage bildet die Grundlage einer heute noch anhaltenden, lebhaften Kontroverse. Wie kann die moderne Sozialpsychologie zur Schlichtung dieses klassischen Disputs beitragen?

6.2.2 Emotion als ein sozialpsychologisches Konstrukt

Affekt („affect"): Oft synonym zu **Emotion** verwendet. Einige Sozialpsychologen beschränken den Gebrauch auf den Valenzaspekt von Gefühlen (angenehm vs. unangenehm bzw. positiv vs. negativ).

Zuerst benötigen wir eine vorläufige Definition von Emotion oder **Affekt** und/oder Gefühl, mit der wir arbeiten können. Leider scheint es ebenso viele Emotionsdefinitionen wie Emotionstheorien zu geben (Kleinginna & Kleinginna, 1981). Wie zahlreiche andere psychologische Begriffe sowohl in der „naiven" als auch in der wissenschaftlichen Psychologie ist Emotion ein *hypothetisches Konstrukt,* das als solches nicht direkt beobachtbar ist, sondern auf das aus einer Anzahl von Indikatoren und ihren Interaktionen rückgeschlossen wird. Es gibt einen zunehmenden Konsens darüber, das Konstrukt *Emotion* nicht, wie es bisher oft – vor allem auch bei James – der Fall war, als Synonym für *Gefühl* zu gebrauchen.

Ausdruck („expression"): Durch Muskelinnervationen hervorgerufene Veränderungen im Gesicht, in den Stimmorganen, den Armen und Händen sowie der Skelettmuskulatur im Allgemeinen, die mit dem inneren Zustand des Organismus in Verbindung stehen, somit Hinweise auf den jeweiligen Zustand darstellen und daher kommunikativen Zwecken dienen können. Infolgedessen wird der Ausdruck oft manipuliert, um die angemessenen Signale bei einer sozialen Interaktion hervorzurufen.

Reaktionstriade der Emotion („emotional reaction triad"): s. **Emotion**; die drei Reaktionskomponenten: physiologische Erregung, motorischer Ausdruck und subjektives Gefühl.

Gefühl wird heutzutage im Allgemeinen nur als eine von mehreren *Komponenten* des umfassenden Emotionskonstrukts angesehen. Andere Komponenten sind: neurophysiologische Reaktionsmuster (im zentralen und autonomen Nervensystem) und der motorische **Ausdruck** (in Gesicht, Stimme und Gestik).

Sozialpsychologen bezeichnen diese drei Komponenten – Gefühl, Physiologie, Ausdruck – oft als **Reaktionstriade der Emotion.**

Eine weitere, für das Konstrukt der Emotion wesentliche Komponente ist die *Handlungstendenz*, die sich aus der Bewertung des emotionsauslösenden Ereignisses ergibt, wie z. B. aus Angst vor einem Bären oder einem Verbrecher wegzulaufen oder sich zu verstecken. Einige Forscher behaupten, dass diese Handlungstendenz eigentlich die wichtigste Komponente ist, da sie das für die Emotion Spezifische ausmacht; so ist z. B. die *Fluchttendenz* spezifisch für Furcht und die *Angriffstendenz* spezifisch für Ärger (Frijda, 1986, 1987; Plutchik, 1980). Wichtig ist, dass die meisten Emotionspsychologen Handlungstendenzen von beobachtbarem instrumentalen Verhalten unterscheiden. Das tatsächliche Weglaufen oder Schlagen wird im Allgemeinen nicht als *Komponente*, sondern als *Verhaltensfolge* einer Emotion angesehen.

Es scheint vernünftig, in das Emotionskonstrukt auch eine *kognitive* Komponente einzubeziehen. Mentale Prozesse müssen notwendigerweise Teil der Anpassungsreaktion des Organismus auf ein emotionsauslösendes Ereignis sein, denn ohne eine, wenn auch nur rudimentäre Form bewertender Informationsverarbeitung kann ein Ereignis als solches nicht verstanden werden.

Demnach bewertet ein Jäger das Auftauchen des James'schen Bären ganz anders als jemand, der ein Picknick im Wald macht. Sie würden vermutlich ganz anders auf das Auftauchen des Messer schwingenden Mannes reagieren, wenn Sie Mitglied der Karate-Nationalmannschaft wären. Die kognitive Handlung der Bewertung ändert sich oft sehr schnell, wenn neue Informationen verfügbar werden. Wir werden den Mann mit dem Messer beispielsweise ganz anders einschätzen, sobald wir erkennen, dass er mit dem Messer nur einen Stock für einen in der Nähe spielenden Jungen abgeschnitten und sich dabei eine kleine Schnittwunde zugezogen hat. Demzufolge könnte man annehmen, dass die kognitive Beurteilung oder **Bewertung** ebenfalls eine Komponente des Emotionskonstrukts darstellt (eine Ansicht, die in der Tat von einigen zeitgenössischen Emotionspsychologen vertreten wird und die wir weiter unten darstellen werden). Diese kognitive Sichtweise des Emotionskonstrukts entspricht der großen Bedeutung kognitiver Ansätze in der heutigen Sozialpsychologie (vgl. Kap. 5).

Bewertung („appraisal"): Beurteilung der Bedeutung eines Objekts, Ereignisses oder einer Handlung für eine Person, einschließlich der Abschätzung der eigenen Möglichkeiten zur Bewältigung. Dies kann auf verschiedenen Ebenen des Zentralnervensystems erfolgen und muss nicht unbedingt bewusst sein.

Die Zahl der bisher aufgeführten Emotionskomponenten – Gefühl, physiologische Veränderungen, motorischer Ausdruck, Handlungstendenzen und kognitive Verarbeitung – schließt die meisten, wenn nicht sogar alle Aspekte psychischer Prozesse ein. Wie können wir Emotionen von anderen psychischen Vorgängen unterscheiden?

Um den Begriff genauer zu definieren, schlagen wir vor, *Emotion* als Kürzel für einen *Prozess* zu gebrauchen, der bedeutsame und sich gegenseitig bedingende Veränderungen in mehreren Subsystemen des Organismus umfasst, die als Reaktion auf ein für das Individuum bedeutsames Ereignis auftreten. Anstelle von *Emotionszuständen* sollten wir von *Emotionsepisoden* sprechen, um zu betonen, dass Emotionen dynamische Prozesse von relativ kurzer Dauer mit Anfangs- und Endpunkten sind. Dadurch können wir das Emotionskonstrukt von anderen psychologischen Konstrukten abgrenzen, wie z.B. von **Stimmung** (die im Allgemeinen als diffuser und länger andauernd angesehen wird und nicht notwendigerweise von einem konkreten Ereignis hervorgerufen sein muss).

Stimmung („mood"): Die Hauptunterschiede zu **Emotion** bestehen in unklarer Ursache (anstelle eines spezifischen auslösenden Ereignisses), längerer Dauer und im Allgemeinen niedrigerer Intensität.

Die spezielle Beschaffenheit von Emotion als einer *Krisenreaktion* (im positiven oder negativen Sinn) kann darin gesehen werden, dass die verschiedenen psychischen und physiologischen Komponenten während der Emotionsepisode in besonderer Weise interagieren. Scherer (1984a, 1993a) vermutet, dass die Subsysteme eines Organismus, die normalerweise „ihren eigenen Angelegenheiten nachgehen", während des Emotionsvorgangs *synchronisiert* oder *zusammengekoppelt* werden, damit der Organismus mit der von dem Ereignis hervorgerufenen Notfallsituation fertig werden kann. Während Sie beispielsweise friedlich mit Ihrem Partner durch den

Park schlendern, erledigt der vegetative Teil Ihres autonomen Nervensystems die langsame Verdauung des Mittagessens. Ihre Atmung und Ihr Herzschlag stellen die optimale, für das Schlendern und Sprechen benötigte Sauerstoffmenge zur Verfügung. Ihre Gesichtsmuskulatur ist damit beschäftigt, diverse Arten von Lächeln hervorzubringen. Ihre Gedanken bewegen sich um die Unterhaltung und die weiteren Pläne für den Nachmittag. Sobald Sie den Mann, das Messer und das Blut sehen, stoppt Ihre Verdauung, Ihre Atmung und Ihr Herzschlag ändern sich schlagartig, Ihre Gesichtsmuskeln spannen sich an, Ihre Augenbrauen ziehen sich nach oben, Ihr Mund öffnet sich, Sie hören auf zu sprechen und Ihr Gehirn ist frenetisch damit beschäftigt, die Bedeutung der Situation zu erkennen und zu entscheiden, was als Nächstes getan werden muss. Die Blutversorgung für die untere Körperhälfte wird gesteigert, um Ihre Beinmuskulatur auf kraftvolles Rennen vorzubereiten. Das heißt, alle Ihre körperlichen und mentalen Systeme werden koordiniert und synchronisiert, um mit einer möglichen größeren Notfallsituation fertig zu werden. Alle Ressourcen des Organismus werden für diesen Notfall aktiviert, d. h. für eine Situation, die eines Ihrer vorrangigen Lebensziele gefährdet, nämlich zu überleben, und das möglichst unversehrt.

■ **Zusammenfassung:** Wir haben uns mit der klassischen Auseinandersetzung um die James-Lange-Emotionstheorie befasst, die sich auf die kausale Abfolge von körperlichen Veränderungen und Emotion im Sinne eines Gefühlszustandes konzentriert. Ein Teil des Disputs lässt sich durch präzisere Definitionen auflösen. *Emotion* wird gegenwärtig als ein übergeordnetes *hypothetisches Konstrukt* angesehen, das den *Gefühlszustand* als nur eine von mehreren Komponenten (motorischer Ausdruck, physiologische Veränderungen, Handlungstendenzen und kognitive Verarbeitung) einschließt. Definiert man *Emotion* als eine *Episode* sich wechselseitig bedingender synchronisierter Veränderungen innerhalb dieser Komponenten als Reaktionen auf ein Ereignis von großer Bedeutung für den Organismus, dann wird das Abfolgeproblem zu einer Frage nach den wechselseitigen dynamischen Beziehungen zwischen den einzelnen Komponenten innerhalb einer gegebenen Emotionsepisode.

6.3 Warum haben wir Emotionen?

Worin bestehen die Anpassungsfunktionen der Emotion? Warum spielt die Gefühlskomponente der Emotion eine besondere Rolle?

Die Synchronisierung von psychologischen und physiologischen Abläufen bei dem Versuch, alle Ressourcen des Organismus angesichts eines bedeutsamen Ereignisses zu mobilisieren, ist ganz offensichtlich eine ziemlich kostspielige Angelegenheit. Nicht nur werden einige der beteiligten Subsysteme von der Ausführung ihrer normalen Aktivitäten abgehalten (während eines starken Emotionserlebnisses können wir beispielsweise nicht gut verdauen oder nachdenken), sondern es kommt darüber hinaus zu einer umfassenden Mobilisierung von Energie, was die Ressourcen des Organismus vermindert (aus diesem Grund kann anhaltende emotionale Erregung als *Stress* angesehen werden). Warum gibt es überhaupt einen solch kostspieligen Mechanismus?

6.3.1 Die evolutionäre Bedeutung von Emotionen

Hebb und Thompson (1979) zeigten in einer grundlegenden Analyse der Bedeutung von Tierstudien für die Sozialpsychologie, dass die Menschen die emotionalsten aller Tiere sind. Dies ist überraschend angesichts der etablierten Auffassung vom Menschen als dem ersten wahrhaft rationalen

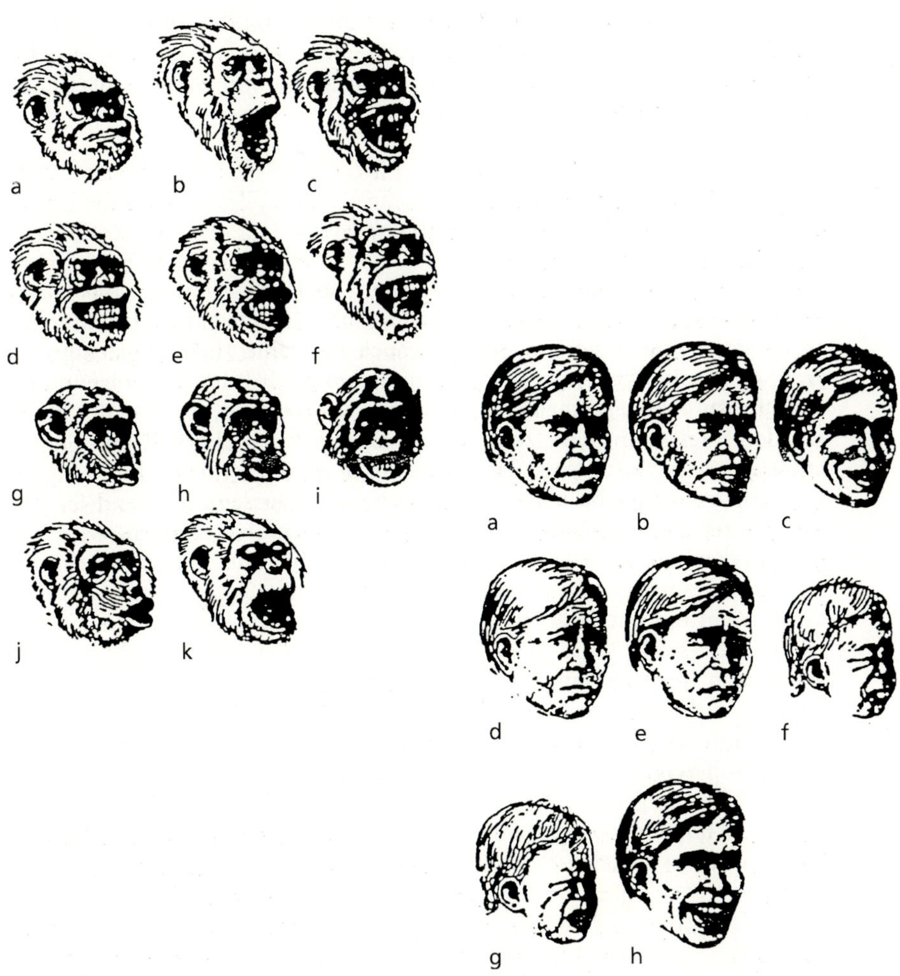

Abb. 6.2. Kontinuität der Gesichtsausdrücke von den Schimpansen zu den Menschen. (Aus Chevalier-Skolnikoff, 1973)

Wesen. Wie lässt sich dieser Widerspruch erklären? Eine erste Antwort stammt von Charles Darwin, dem Vater der Evolutionstheorie (vgl. Kap. 2). In *The Expression of Emotion in Man and Animals* (1872/1998) erklärt Darwin, dass Emotionen nützliche Funktionen für den Organismus besitzen, sowohl für die Vorbereitung adaptiven Verhaltens als auch für die Regulation von Interaktionen innerhalb einer sozial lebenden Tierart. Von der Funktionalität des emotionalen Ausdrucks ausgehend, versuchte Darwin für alle Hauptemotionen zu zeigen, dass die unterschiedlichen Ausdrucksmerkmale, insbesondere die des Gesichts und des Körpers, als Rudimente adaptiver Verhaltensmuster angesehen werden können. Das Hochziehen der Augenbrauen mag beispielsweise zur Verbesserung der Sehschärfe und das Rümpfen der Nase zur Vermeidung unangenehmer Gerüche gedient haben (für eine Kritik daran vgl. Ekman, 1979). Darwins Grundgedanke, dass wir Vorläufern menschlicher Emotionsausdrücke im Signalsystem von Tieren begegnen, wird durch die ethologische Forschung bestätigt (Redican, 1982; Scherer, 1985; van Hooff, 1972). Als ein Beispiel hierfür veranschaulicht Abb. 6.2 (S. 173) die Zusammenhänge zwischen dem Gesichtsausdruck von Schimpansen und Menschen.

6.3.2 Emotionen als soziales Signalsystem

Der Emotionsausdruck erlaubt es der sozialen Umwelt, nicht nur Rückschlüsse über die Reaktion des Organismus auf ein bestimmtes Ereignis oder eine Handlung, sondern auch auf seine Handlungstendenzen (z.B. Aggression bei Ärger) zu ziehen; dadurch wird der nachfolgende Interaktionsprozess entscheidend bestimmt. Nehmen wir an, dass der Mann mit dem Messer im Park zum ersten Mal jemanden überfällt und Sie somit sein erstes Opfer sind. Ein Großteil der weiteren Interaktion wird davon abhängen, welche emotionalen Signale Sie aussenden. Wenn Sie wie angewurzelt stehen bleiben und einen Angstschrei ausstoßen, wird der Mann erkennen, dass er Sie erschreckt hat und ohne große Gefahr Ihr Portmonee verlangen kann, vorausgesetzt, er kann Sie am Weglaufen hindern. Wenn Sie ihn verärgert anschreien und weitergehen (da Sie ein Karatemeister sind), wird er erkennen, dass Sie wütend sind und ihn womöglich Ihrerseits angreifen. Es wird also klar, dass die nachfolgende Interaktion in großem Maße von den emotionalen Signalen bestimmt ist, die die Interaktionspartner aussenden. Die Sozialpsychologie der sozialen Interaktion zeigt auch, welche Bedeutung emotionale Signale bei dem delikaten Unterfangen des Umgangs mit unseren Mitmenschen haben, z.B. beim Anknüpfen von Beziehungen, bei der Gruppeninteraktion und in vielen anderen sozialen Bereichen (vgl. die Beiträge in Feldman & Rimé, 1991).

6.3.3 Emotionen erlauben eine hohe Flexibilität des Verhaltens

Emotionen sind quasi-automatische Reaktionsmechanismen, die wir zwar nicht ganz nach Belieben an- und ausschalten können, die aber auch nicht blindlings einfache Stimulus-Reaktionsketten (S-R-Ketten) ablaufen lassen. Während in S-R-Ketten eine spezifische Reaktion direkt mit dem auslösenden Reiz gekoppelt oder verbunden ist, *entkoppeln* Emotionen den Stimulus von der Reaktion, d.h., sie trennen das Ereignis von der Reaktion, indem sie den Automatismus instinktiver Reaktionen durch eine Vorbereitung auf mehrere Reaktionsmöglichkeiten ersetzen. Anders ausgedrückt kann der Organismus aus mehreren möglichen Reaktionen auf ein gegebenes Ereignis auswählen. Hier handelt es sich um einen sehr viel flexibleren Mechanismus, der den Organismus mit einer größeren Wahlfreiheit in Bezug auf Verhaltensreaktionen ausstattet. Ein gewisser Automatismus verbleibt jedoch, denn Emotionen, ob wir wollen oder nicht, bereiten uns auf bestimmte Typen adaptiven Verhaltens vor (Scherer, 1984a).

Nehmen wir unser konkretes Beispiel: Wenn ich ein Karatemeister wäre und mein Verhalten ausschließlich durch einen Reizreaktionsmechanismus bestimmt wäre, würde ich den Mann mit dem Messer sofort angreifen. Da ich aber mit der Emotion „Ärger", anstatt mit einer einfachen Reaktionskette zwischen Beleidigung und Aggression ausgestattet bin, werde ich erst einmal ärgerlich. Diese Emotion bereitet meinen Organismus durch eine generelle **Aktivierung**, eine optimale Blutzirkulation in den beteiligten Körperregionen und eine vorsorgliche Erhöhung der Muskelspannung auf aggressives Handeln vor. Da jedoch mein Ärger den Reiz von meiner Reaktion abkoppelt, schlage ich nicht sofort auf die Person ein. Da die Emotion eine Reaktion vorbereitet hat, die man als evolutionär vorbestimmtes Anpassungsverhalten bezeichnen könnte, habe ich eine *Latenzzeit* gewonnen, die es mir erlaubt, aus einem großen Repertoire möglicher Verhaltensweisen die optimale Reaktion auszuwählen. Ich werde den Mann beispielsweise nicht angreifen, wenn er mir an Stärke überlegen erscheint oder wenn ich einen Bruchteil einer Sekunde später, nachdem er hinter den Büschen aufgetaucht ist, bemerke, dass er nur einen Stock für ein Kind abgeschnitten hat. Die Latenzzeit zwischen der Erregung der Emotion und der Ausführung eines tatsächlichen reaktiven Verhaltensmusters lässt also eine weiter gehende Bewertung der Situation zu, einschließlich der Abschätzung der Erfolgsaussichten und der möglichen schwerwiegenden Folgen der jeweiligen Handlung.

Aktivierung („activation"): Ein Zustand erhöhter Erregung des zentralen und insbesondere des autonomen Nervensystems. Einige Autoren benutzen diesen Begriff speziell zur Bezeichnung des sympathischen Teils des autonomen Nervensystems.

Das Entkoppeln von Reiz und Reaktion erscheint als die wichtigste Funktion der Emotionen, denn sie schafft sowohl Zeit für eine differenzierte Beurteilung der Situation und der Reaktion als auch Spielraum für verhaltensbezogene Verhandlungsprozesse und soziale Interaktion. Aber wie bereits erwähnt, liefert die Evolution in ihrer Weisheit mit der Emotion eine spezifische Handlungsvorbereitung, auf die der Organismus im Notfall zurückgreifen kann. Dies gilt besonders in dringenden Fällen, in denen allzu langes Abwägen und der Austausch von Signalen negative Auswirkungen haben könnte, z.B. im Falle akuter Gefahr. Diese „eingebauten“ Mechanismen zur Vorbereitung und Auswahl geeigneten Verhaltens sind von vielen Psychologen beschrieben worden (Frijda, 1986; Plutchik, 1980). Emotion ist also eng mit Motivation verbunden (vgl. auch Buck, 1985).

6.3.4 Informationsverarbeitung

Sobald wir uns nicht mehr auf angeborene S-R-Mechanismen verlassen können, benötigen wir Kriterien für die Bewertung der zahlreichen Informationen, die fortwährend auf uns einströmen. Kognitive Sozialpsychologen erkennen zunehmend, dass der Mensch nicht wie ein Computer Informationen regelgesteuert und „kalt“ auf überprüfende und sortierende Art und Weise verarbeitet (vgl. Kap. 5), sondern, insbesondere im sozialen Bereich, mit „heißen Kognitionen“ (emotionalen Reaktionen) das Relevante vom Irrelevanten, das Wichtige vom Unwichtigen zu trennen versucht (Frijda, 1986; Lazarus, 1991). Wie schon die Philosophen der Antike erkannten, spielt die Valenz (d.h. Lust und Schmerz, Angenehmheit und Unangenehmheit) eine große Rolle bei der Umwandlung „kalter“ in „heiße“ Kognitionen. Einige der Kriterien zur Bewertung von Informationen beruhen auf angeborenen Vorlieben. Neugeborene beispielsweise reagieren mit positivem Affekt auf süßen und mit negativem auf bitteren Geschmack (Chiva, 1985; Steiner, 1979). Viele der Kriterien, die wir zur Reizbewertung heranziehen, werden jedoch erst während der Sozialisation erworben oder erlernt und kommen in Bedürfnissen, Vorlieben, Zielen und Werten zum Ausdruck.

6.3.5 Regulation und Kontrolle

Welche Funktionen hat das Gefühl als eine der wichtigsten Komponenten menschlicher Emotion? Wie bereits von James vorgeschlagen, ist es wahrscheinlich, dass Menschen ihre organismischen Vorgänge ständig selbst *überwachen*. Statt diese Überwachung nur auf die physiologischen Veränderungen zu beschränken, postulieren wir, dass das Gefühl eine Reflexion all dessen ist, was im Prozess der Synchronisierung der verschiedenen Subsysteme des Organismus während einer Emotionsepisode vor sich geht (Scherer, 1984a, 1984b, 1993a). Das heißt, unser Gefühlszustand dient dazu, alle Komponenten einer Emotionsepisode, wie z.B. unsere Bewertung oder Einschätzung der Situation, die körperlichen Veränderungen in unserem Nervensystem, die Handlungstendenzen oder das Vorbereitetsein auf bestimmte Verhaltensweisen sowie die Ausdruckssignale, die wir an die soziale Umgebung aussenden, zu reflektieren und zu integrieren. Da sich der Zustand aller dieser Komponenten und ihre Synchronisierung oder Desynchronisierung im Verlauf des Emotionsprozesses fortwährend verändert, erlaubt uns unser Gefühl als integrative Reflexion aller dieser Unterprozesse eine dauernde Überwachung dieser Vorgänge. Dies ist die notwendige Voraussetzung, um den Emotionsprozess *regulieren* und *kontrollieren* zu können (s. unten).

Wir können nun zu der oben angesprochenen Frage der Abfolge zurückkehren. Wenn das Gefühl eine überwachende Funktion ausübt und alle anderen Komponenten des Emotionskonstrukts reflektiert und integriert, dann muss es, wie von James und Lange postuliert, eher *Folge* als *Ursache* sein. Aber statt eine einfache kausale Verkettung anzunehmen, wie z. B. „ich zittere, also habe ich Angst", können wir erwarten, ein komplexes Netz wechselseitiger Beziehungen zwischen den verschiedenen Komponenten vorzufinden. So reflektieren Gefühle insbesondere nicht nur körperliche Veränderungen, sondern auch die individuelle Bewertung der emotionsauslösenden Situation. Hier könnte der Schlüssel zu dem Problem liegen und diesem Thema wollen wir uns als Nächstem zuwenden.

Zusammenfassung. Darwins Pionierarbeit folgend haben Sozialpsychologen und Ethologen eine große Anzahl wichtiger Funktionen des Emotionsmechanismus herausgearbeitet. Im Verlauf der Evolution erlaubte die Entwicklung der Emotionen die Entkopplung instinktiver Reizreaktionskontingenzen. Dadurch entsteht eine Latenzzeit, während der eine Auswahl aus einem großen Repertoire möglicher Reaktionen erfolgen kann. Gleichzeitig bereitet der Emotionsmechanismus automatisch auf bestimmte Handlungstendenzen für Anpassungsreaktionen im Notfall vor. Der Emotionsausdruck hat eine wichtige Signalfunktion und erlaubt subtile interpersonale Verhandlungsmöglichkeiten. Schließlich stellt die Gefühlskomponente einer Emotion einen leistungsfähigen Mechanismus zur Regulation und Kontrolle des emotionalen Verhaltens dar. Die Regulation von Emotionen wird in der sozialen Interaktion oft strategisch eingesetzt.

6.4 Wie werden Emotionen hervorgerufen und differenziert?

Ein Großteil der sozialpsychologischen Forschungsarbeit auf dem Gebiet der Emotion beschäftigt sich mit der Frage, welche Situationen Emotionsreaktionen hervorrufen können (Auslösung) und welche spezifische Emotionsart durch einen bestimmten Situationstyp ausgelöst wird (Differenzierung).

6.4.1 Philosophische Auffassungen von Emotion

Wie haben die Philosophen im Lauf der letzten Jahrhunderte Emotion definiert?

Für die meisten Philosophen stellte die Differenzierung der Emotionen kein größeres Problem dar. Die Verletzung unserer Ehre ruft für gewöhnlich Ärger hervor und ein massiver feindlicher Angriff selbstverständlich Angst usw. Dieser normative Ansatz, der von der Angemessenheit bestimmter Emotionen für auslösende Situationen und Personen ausgeht, postuliert eine eindeutige Übereinstimmung zwischen dem Situationstyp und der Art der Emotion. Auch Laien verstehen die Frage nicht ganz: Für sie scheint klar, warum jemand mit einer bestimmten Emotion auf eine bestimmte Situation reagiert, z.B. mit Angst auf das Auftauchen eines Bären oder eines mit einem Messer bewaffneten Mannes. Worin besteht also das Problem? Es liegt darin, dass Informationen über die Situation allein es uns oftmals nicht erlauben, die resultierende Emotionsreaktion vorherzusagen. Ein Jäger ist vielleicht, wie wir bemerkt haben, recht froh, einen Bären aus dem Wald kommen zu sehen. Der Polizist in Zivil ist möglicherweise erleichtert, dass ihm endlich der Übeltäter über den Weg läuft, dem er tagelang im Park aufgelauert hat. Offensichtlich besteht einer der entscheidenden Faktoren für die Emotionsauslösung und -differenzierung in der Interaktion zwischen dem Situationstyp und der Bedeutung des jeweiligen Ereignisses für die betreffende Person, die die Emotion erlebt.

Aus diesem Grund haben alle bedeutenden Philosophen, die sich mit den Emotionen beschäftigt haben, explizit oder implizit die verschiedenen Emotionsarten im Hinblick auf die Bedeutung der Ereignisse oder Handlungen für eine Person definiert oder, wie wir heute sagen würden, im Hinblick auf die individuelle Bewertung eines Ereignisses in Bezug auf wichtige Bedürfnisse, Ziele und Werte. Sogar James, der die revolutionäre Hypothese vertrat, dass die Art der jeweils erlebten Emotion durch die Wahrnehmung eines entsprechenden Musters körperlicher Veränderungen bestimmt wird, musste einräumen, dass die Beschaffenheit dieser körperlichen Veränderungen ihrerseits durch eine allumfassende „Vorstellung“ über die Bedeutung einzelner Situationselemente für das Wohlergehen des Organismus beeinflusst wird (z.B. die Wahrscheinlichkeit, dass der Bär uns töten wird oder dass wir den Bären töten werden; James, 1894, S. 518). Modern ausgedrückt scheint dies dem Begriff der *Bewertung* (appraisal) des betreffenden Ereignisses in Bezug auf wichtige Bedürfnisse, Ziele und Werte des Organismus verdächtig ähnlich zu sein. Aber bis dahin hatte dies niemand so explizit ausgedrückt, da es zuvor kein Thema für die Sozialpsychologie der Emotion war. Es schien trivial, bis die „nichttriviale“ Sozialpsychologie kam und alles kompliziert machte.

6.4.2 Die Schachter-Singer-Theorie der Emotion

Wodurch unterscheidet sich die Schachter-Singer-Theorie von anderen peripheren Theorien? Warum hat diese nichttriviale Theorie für Sozialpsychologen ihren Reiz verloren?

Zu Beginn der Sechzigerjahre war der experimentell forschende Sozialpsychologe Schachter einer der ersten, die eine *kognitive* Theorie der Emotion vorschlugen. Schachter behielt einige der Grundannahmen der James-Lange-Theorie bei (wie z.B. die Gleichsetzung von Emotion mit verbal wiedergegebenem Gefühl und die zentrale Bedeutung der Erregung des peripheren Nervensystems). Er bezweifelte jedoch, dass es ausreichend viele verschiedene Muster physiologischer Veränderungen geben könne, als dass die große Vielfalt all jener Stimmungen und Emotionszustände abgedeckt werden könnte, für die verbale Bezeichnungen existieren (zumal die physiologische Psychologie Schwierigkeiten zu haben schien, Unterschiede im Hinblick auf solche psychologischen Reaktionsmuster selbst zwischen zentralen Emotionskategorien experimentell aufzuzeigen). Deshalb vertrat Schachter im Gegensatz zu James die Auffassung, dass die Wahrnehmung erhöhter *unspezifischer* Erregung (definiert als sympathische Aktivierung, angezeigt durch Empfindungen wie einen beschleunigten Herzschlag, Zittern, Erröten usw.) ausreichend zur *Auslösung* von Emotion = Gefühl sei. Was die Faktoren angeht, die für die *Differenzierung* der Emotionen (die James aus der „spezifischen Beschaffenheit der körperlichen Veränderungen" hergeleitet hatte) verantwortlich sind, führte Schachter dies auf die „Steuerungsfunktion" von Kognitionen zurück, die aus der unmittelbaren Situation resultieren und diese auf der Grundlage vergangener Erfahrungen interpretieren.

Nach dieser Sichtweise sind zwei Faktoren erforderlich, um Emotionen im Sinne von Gefühlen hervorzurufen und zu differenzieren: (1) die Wahrnehmung erhöhter **sympathischer Erregung** und (2) Kognitionen, mit deren Hilfe die Situation auf der Grundlage von vergangenen Erfahrungen interpretiert wird (s. Schaubild zur Abfolge innerhalb des Emotionsprozesses in Abb. 6.1, S. 169). Schachter räumte ein, dass sich „in den meisten emotionsauslösenden Situationen diese zwei Faktoren selbstverständlich wechselseitig bedingen. Stellen Sie sich einen Mann vor, der allein durch eine dunkle Gasse geht. Plötzlich taucht jemand mit einer Schusswaffe auf. Die Wahrnehmungskognition ‚Person mit Schusswaffe' löst irgendwie einen Zustand physiologischer Erregung aus. Dieser Erregungszustand wird unter Rückgriff auf Wissen über dunkle Gassen und Schusswaffen interpretiert und die Erregung bekommt die Bezeichnung ‚Furcht'" (Schachter & Singer, 1962, S. 380). Schachter nimmt im Gegensatz zu James und Lange, das sollte hervorgehoben werden, nicht an, dass es ein differenziertes physiologisches Muster gibt und dass dieses ein bestimmtes Gefühl hervorruft. Im „Normalfall" ruft seiner Ansicht nach die unspezifische sympathische Erregung gemeinsam mit der simultanen kognitiven Interpretation des auslösenden Ereignisses das Gefühl hervor.

Sympathische Erregung („sympathetic arousal"): s. **Aktivierung**.

Schachter interessierte sich jedoch nicht wirklich für den Normalfall, sondern beschäftigte sich hauptsächlich mit Situationen, in denen die beiden Faktoren *nicht* miteinander in Verbindung stehen. Er fragte sich, was geschieht, wenn eine Person einen Zustand erhöhter Erregung erlebt, für den weder eine unmittelbare Erklärung noch geeignete Kognitionen vorhanden sind. Schachter behauptete, dass diese Situation einen Prozess der „Informationssuche und Selbstattribution" auslöst (vgl. Kap. 5 und 7 dieses Bandes). Dieser hypothetische Mechanismus lässt sich etwas vereinfacht so darstellen: Wenn ich einen Zustand erhöhter sympathischer Erregung bemerke, den ich auf keinen äußeren Faktor zurückführen kann, dann weiß ich, dass ich wahrscheinlich eine Emotion empfinde. Daraufhin untersuche ich meine physische und soziale Umgebung sorgfältig und entscheide dann aufgrund aller relevanten Hinweise, welche Emotion situationsangemessen ist. Und dies ist die Emotion, die ich dann auch fühle (natürlich wird nicht angenommen, dass diese Vorgänge willentlich oder bewusst sind).

Schachter und sein Mitarbeiter Singer überprüften dies in einem inzwischen als klassisch geltenden Experiment (Schachter & Singer, 1962). Sie verabreichten ihren Versuchspersonen jeweils entweder eine Adrenalin- (=Epinephrin) oder eine Placeboinjektion und sagten ihnen, das Experiment diene der Überprüfung der vorübergehenden Wirkung eines Vitaminpräparates auf das Sehvermögen. In einem komplexen experimentellen Design variierten die Forscher die Art der Informationen, die sie den Versuchspersonen im Hinblick darauf gaben, welche Wirkung die Spritze bei ihnen hervorrufen werde (d.h. Gefühl der Erregung vs. Gefühl der Müdigkeit). Die Erwartung bestand darin, dass die Versuchspersonen, die ihre Erregung dem Medikament zuschreiben konnten, sich keine weiteren Gedanken mehr machen würden – sie hatten eine ausreichende Rechtfertigung für das, was sie erlebten. Im Gegensatz dazu sollten die Versuchspersonen, die nichts von möglichen Nebenwirkungen wussten oder die die entgegengesetzte Wirkung erwarteten, in der Situation nach anderen Gründen für ihre Erregung suchen. Solche Gründe wurden vom Versuchsleiter in der Person des Konfidenten angeboten, der sich je nach experimenteller Bedingung euphorisch oder verärgert verhielt. Die Versuchsleiter erwarteten, dass die Versuchspersonen die emotionalen Hinweisreize, die von dem Konfidenten geliefert wurden, nutzen würden, um sich selbst die entsprechende Emotion zuzuschreiben (abhängig von der Bedingung Euphorie oder Ärger), wenn

- eine *wirkliche Erregung* vorhanden war (in der Adrenalingruppe, aber nicht in der Placebogruppe) und wenn
- die Versuchspersonen keine *nahe liegende Erklärung* für diese Erregung hatten (in der unwissenden oder fehlinformierten statt in der korrekt informierten Gruppe).

Obwohl es schwierig sein kann, das experimentelle Design nachzuvollziehen, ohne den Untersuchungsbericht gelesen zu haben, ist der Grundgedanke doch einfach: Die Versuchsleiter erzeugten bei den Versuchspersonen das Bedürfnis, eine Erklärung für eine Veränderung ihres physiologischen Zustands und der entsprechenden Gefühle zu finden, für die sie keine angemessenen Erwartungen hatten. Dann wurde ihnen eine angemessene Erklärung in Form des emotionalen Verhaltens eines Konfidenten angeboten. „Wenn er sich in dieser Situation so fühlt, muss ich mich genauso fühlen; und dies ist eine Erklärung für meine Erregung." Somit nimmt man von der Emotion an, dass sie durch die empfundene Erregung und die kognitive Interpretation der Situation zustande kommt, die auf dem verhaltensbezogenen Ausdruck des Modells (d.h. des Konfidenten) beruht.

Schachter und Singer verwendeten zur Überprüfung ihrer Hypothese Ratingskalen zur Selbsteinschätzung sowie einige Beobachtungsdaten. Sie schlossen daraus, dass die Befunde ihre theoretische Position unterstützten, obwohl die Belege dafür nicht überwältigend waren. Außer den schwachen Ergebnissen wurden auch die Methoden dieser Studie scharf kritisiert. Replikationsversuche waren zudem im Allgemeinen nicht erfolgreich (für eine Übersicht über diese Thematik s. Gordon, 1987; Reisenzein, 1983).

Trotz dieser Mängel hatte das Experiment einen enormen Einfluss auf die Sozialpsychologie der Emotion, da es zeigte, dass man in Fällen, in denen man sich einen abnormen Erregungsgrad nur schwer erklären kann, Hinweise der sozialen Umgebung heranzieht, die diesen internen Zustand erklären könnten. Inzwischen wird es innerhalb der Sozialpsychologie als gesichert angesehen, dass wir Informationen aus unserer sozialen Umgebung (insbesondere andere Personen) als Hilfen bei Urteils- und Auswahlentscheidungen in unklaren Situationen heranziehen (s. Kap. 5 dieses Bandes). Schachter und Singer zählten zu den Ersten, die die Möglichkeit aufzeigten, dass unsere emotionalen Erfahrungen, die bisher immer als sehr private Angelegenheiten und als direkt mit den komplizierten Vorgängen im Körper verbunden angesehen worden waren, ebenfalls einer Vielfalt sozialer Einflüsse unterliegen und, unter gewissen Umständen, sogar manipuliert werden können.

Anstatt das Schachter-Singer-Paradigma, wie von den Autoren selbst vorgeschlagen, als einen Sonderfall zu betrachten, wurde es leider von vielen nachfolgenden Autoren, darunter Schachter selbst, als Grundlage für die so genannte *Schachter-Singer-Emotionstheorie* benutzt. Sie stellt die einzige Emotionstheorie dar, die in die meisten Lehrbücher der Sozialpsychologie in den vergangenen 30 Jahren eingegangen ist (an dieser Stelle schauen Sie sich bitte noch einmal Abb. 6.1 auf S. 169 an, damit Sie sich daran erinnern, was die Schachter-Singer-Emotions*theorie* genau besagt). Als *allgemeine Theorie,* die zu erklären versucht, wie Emotionen *typischerweise* ausgelöst werden und welche Faktoren ihre Differenzierung bestimmen, erscheint die Schachter-Singer-Theorie nicht nur von begrenztem Wert, sondern sogar irreführend. Erregung durch Injektion von Adrenalin zu produzieren und die Attributionen ihrer Wirkungen zu manipulieren war eine brillante Idee, aber keinesfalls eine Operationalisierung des Entstehens emotionaler Erregung unter normalen Bedingungen. Genau diese Fragestellung behandelt die *Bewertungstheorie.* Sie stellt heute die mehrheitliche Auffassung unter Sozialpsychologen dar, die sich mit der Emotionsauslösung und -differenzierung beschäftigen.

6.4.3 Bewertungstheorie

Welche Rolle spielt die Kognition bei Emotionen? Worin bestehen die Dimensionen, wie sie bei der Bewertung von Ereignissen, die unterschiedliche Emotionen hervorrufen, genutzt werden?

Arnold (1960) gehörte zu den ersten Psychologen, die explizit postulierten, dass sich die Bedeutung eines emotionsauslösenden Ereignisses für die jeweilige Person (wie von allen wichtigen Emotionstheoretikern angenommen worden war) aus einem Prozess der Bewertung oder Einschätzung des Ereignisses ergibt, der sich auf eine Anzahl für die Person spezifischer Bewertungskriterien gründet. Einige Jahre später machte Lazarus

(1966) einen wesentlichen Beitrag zu dieser Auffassung. Er führte aus, dass es sich vielmehr um einen kontinuierlichen Bewertungsprozess handelt, in dem wiederholte *Neubewertungen* (reappraisals) häufig erste Eindrücke modifizieren und korrigieren und damit die resultierenden Emotionen verändern. Lazarus führte darüber hinaus die Unterscheidung zwischen *primärer und sekundärer Bewertung* einer Emotion oder eines stressauslösenden Ereignisses ein. Während sich die primäre Beurteilung darauf bezieht, ob ein Gegenstand angenehm bzw. unangenehm ist oder ob ein Ereignis hilft bzw. verhindert, dass ein bestimmtes Bedürfnis befriedigt bzw. ein bestimmtes Ziel erreicht wird (d.h. „Zieldienlichkeit" des Ereignisses), bestimmt die sekundäre Bewertung, inwieweit die Person mit den Folgen eines Ereignisses in Anbetracht ihrer Fähigkeiten, ihrer Ressourcen oder ihrer Macht fertig werden kann. Lazarus nennt sein Modell „transaktional", d.h. die Bedeutung eines Ereignisses wird nicht nur durch die Beschaffenheit des Ereignisses, sondern auch durch die Bedürfnisse, Ziele und Ressourcen der Person bestimmt. Diese zwei Faktoren interagieren oder transagieren miteinander und das Ergebnis dieser Transaktion bestimmt die Beschaffenheit der Emotion (oder das Ausmaß an Stress; Lazarus, 1968, 1991).

Ein wichtiger Fortschritt, den wir der Entwicklung von Bewertungstheorien zu verdanken haben, ist die detaillierte Aufschlüsselung von Bewertungsdimensionen oder -kriterien. Vertreter von Bewertungstheorien stellten Listen solcher Kriterien auf, von denen angenommen wird, dass sie bei der Bewertung eines einer Emotion vorausgehenden Ereignisses verwendet werden. Beispiele für solche Kriterien sind die Neuartigkeit bzw. die Absehbarkeit des Ereignisses, seine Angenehmheit, ob es zum Erreichen eines Ziels beiträgt oder eher daran hindert, und die Frage, wie gut man mit den Folgen des Ereignisses fertig wird (ausführlichere Informationen vgl. Scherer, 1999; Smith & Lazarus, 1993). Kehren wir zu unserem Ausgangsbeispiel zurück: Wenn Sie den Mann mit dem Messer hinter den Büschen hervorkommen sehen, kommt ein sehr schneller Prozess kognitiver Bewertung der Bedeutung dieses Ereignisses für Ihr persönliches Wohlergehen in Gang, der einige der zentralen, von den Emotionstheoretikern vorgeschlagenen Bewertungskriterien veranschaulicht: Welche Absichten hat der Mann (Kausalität, Wirkung, Verantwortlichkeit)? Hat sein Handeln Einfluss auf meine eigenen Pläne und Ziele, wie z.B. Überleben, unversehrt bleiben, sich vergnügen (Zieldienlichkeit)? Werde ich mit einem Angriff fertig, d.h., bin ich stärker, sollte ich Hilfe rufen (Bewältigungspotenzial, Macht)? Das Ergebnis der Bewertung des Ereignisses anhand dieser und anderer Kriterien bestimmt Ihre emotionale Reaktion.

Viele Bewertungstheoretiker haben Hypothesen darüber aufgestellt, welche bestimmten Emotionstypen als Ergebnis bestimmter Bewertungskonfigurationen auftreten sollten (Roseman, Antoniou & Jose, 1996;

Abb. 6.3. Darstellung der differenzierten Bewertungs- und Reaktionsprofile von vier grundlegenden Emotionen (auf der Grundlage von theoretischen Vorhersagen und Ergebnissen empirischer Untersuchungen anhand von Verbalberichten; vgl. Scherer, 1984, 1986; Scherer & Wallbott, 1994; Illustrationen des Gesichtsausdrucks aus Ekman & Friesen, 1975)

Verbale Bezeichnung	Bewertungsprofil	Gesichtsausdruck	Stimmausdruck	Physiologische Symptome
Glück/Freude	Das Ereignis wird als sehr wichtig für die Erreichung eines bedeutsamen Ziels oder zur Befriedigung eines Bedürfnisses angesehen.		Erhöhung der Stimmhöhe, des Stimmumfangs und der Intensität.	Beschleunigung des Herzschlags, warme Hauttemperatur.
Ärger/Wut	Unerwartetes Ereignis, von einer anderen Person mit Absicht erzeugt, wird als hinderlich für das Erreichen eines Ziels oder die Befriedigung eines Bedürfnisses angesehen; das Individuum schätzt die eigene Bewältigungsfähigkeit als hoch ein, sieht die Handlung als Normverletzung an.		Erhöhte Stimmhöhe und -intensität; Anstieg der Energie in den hohen Stimmfrequenzen.	Beschleunigung des Herzschlags, Anspannung der Muskeln, Veränderung des Atemrhythmus, hohe Hauttemperatur.
Traurigkeit/ Niedergeschlagenheit	Ereignis verhindert dauerhaft eine Bedürfnisbefriedigung, wird als außerhalb menschlicher Kontroll- oder Einflussmöglichkeit angesehen, das Individuum fühlt sich den Folgen gegenüber vollkommen machtlos.		Senkung der Stimmhöhe, des Stimmumfangs und der -intensität; Verringerung der Sprechgeschwindigkeit.	Kloß im Hals, Weinen, Schluchzen, Anspannung der Muskeln.
Furcht/ Schrecken	Sehr plötzliches Ereignis, mit möglicherweise bedrohlichen Folgen für das Ziel des Überlebens oder der körperlichen Unversehrtheit, schnelle Reaktion erforderlich, das Individuum ist ungewiß über die eigene Fähigkeit, mit der Situation fertig zu werden.		Stark erhöhte Stimmlage und Stimmumfang, Erhöhung der Energie in den hohen Stimmfrequenzen, Anstieg der Sprechgeschwindigkeit	Beschleunigung des Herzschlags, Anspannung der Muskeln, Veränderung des Atemrhythmus, Schweißausbruch, niedrige Hauttemperatur, Kloß im Hals.

Scherer, 1984a, 1993b; Smith & Ellsworth, 1985). Die zweite Spalte in Abb. 6.3 (S. 183) zeigt, bezogen auf einige der wichtigsten Emotionen, einige Beispiele für konkrete Hypothesen über vorauslaufende Bewertungsprofile (zu einem umfassenden Überblick über den momentanen Stand der Bewertungstheorie vgl. Scherer, Schorr & Johnstone, 2001).

Ein Großteil der neueren sozialpsychologischen Emotionsforschung richtete sich auf die Überprüfung dieser Hypothesen oder auf die eher induktive Untersuchung der Beziehungen zwischen den Bewertungsergebnissen und emotionalen Reaktionen. Im Allgemeinen wurden Versuchspersonen gebeten, sich an Episoden typischer Emotionen wie Ärger, Furcht oder Scham zu *erinnern* und anschließend Fragen nach den zugrunde liegenden kognitiven Bewertungsprozessen zu beantworten (Roseman, Spindel & Jose, 1990; Scherer, 1997a; Smith & Ellsworth, 1985). Als Variante dieser Vorgehensweise verwendete Scherer (1993b) ein Expertensystem auf einem Computer, um von den Versuchspersonen Informationen über die Bewertung wichtiger Ereignisse zu erhalten, die ihnen zugestoßen waren. Auf der Grundlage theoretischer Annahmen konnte der Autor mit einer Erfolgsrate von etwa 70% voraussagen, welche Emotionsbegriffe die Versuchspersonen als angemessene Beschreibung ihrer Erlebnisse akzeptieren würden. Eine alternative Strategie besteht in der systematischen Konstruktion von Szenarien oder Vignetten auf der Grundlage dieser hypothetischen Bewertungsprofile. In den entsprechenden Experimenten müssen die Versuchspersonen *sich vorstellen,* dass sie diese Situation erleben, und ihre wahrscheinliche emotionale Reaktion angeben (Smith & Lazarus, 1993).

Die Ergebnisse solcher Untersuchungen stützen im Allgemeinen die theoretischen Vorhersagen der Bewertungstheorien (Reisenzein & Hofmann, 1993; Scherer, 1999; s. Beispiele in Scherer et al., 2001). Ein anderer empirischer Ansatz geht folgendermaßen vor: Zunächst wird ein emotionsauslösendes Ereignis, das viele Personen gleichzeitig betrifft, wie etwa die Abschlussprüfungen von Studenten, ausgewählt. Dann werden Informationen sowohl über die unterschiedliche Bewertung dieser Situation als auch über die jeweiligen emotionalen Reaktionen gesammelt. Diese Vorgehensweise liefert nicht nur Belege für die hypothetische Verbindung von Bewertung und Emotion, sondern zeigt auch die Bedeutung von *Emotionsmischungen,* d.h., die komplexe Einschätzung einer bestimmten Situation durch eine bestimmte Person ruft eher eine Mischung verschiedener Emotionen hervor als nur eine einzelne spezifische Emotion (Folkman & Lazarus, 1985; Smith & Ellsworth, 1987). Eine auf einem internationalen Flughafen durchgeführte Feldstudie bestätigt diese Vermutung. Scherer und Ceschi (1997) machten Interviews mit Flugpassagieren, deren Gepäck verloren gegangen war, und nahmen diese auf Video auf. Abbildung 6.4 zeigt die spezielle Emotionsmischung für jeden einzelnen Passagier. Die Daten aus dieser Studie sind nicht nur eine Illustration dafür, dass Emotionen sich immer zu mischen scheinen, sondern auch für die zentrale Annahme der Bewertungstheorie: Während alle Passagiere von ein und demselben Ereignis – ihr Gepäck war verloren gegangen – betroffen waren, hing die besondere Mischung der ausgelösten Emotionen von der spezifischen Bewertung der Bedeutung des Ereignisses ab, die von jeder einzelnen Person vorgenommen worden

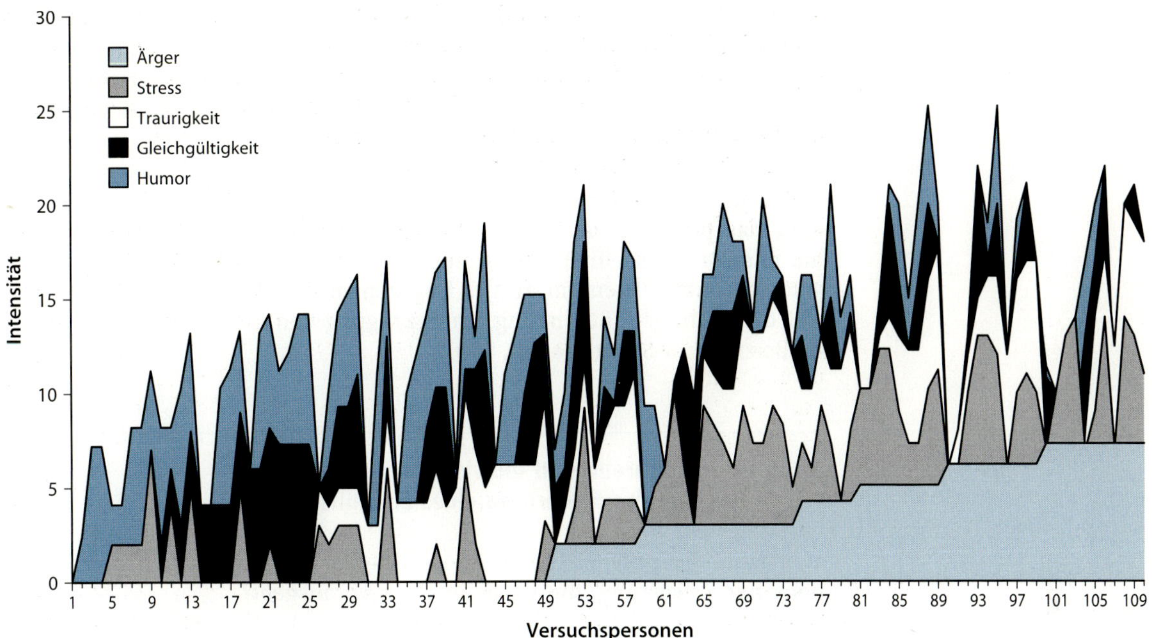

Abb. 6.4. Emotionen auf dem Flughafen: Verschiedene Arten von Affektmischungen, nachdem man herausfindet, dass das eigene Gepäck verloren gegangen ist. (Aus Scherer & Ceschi, 1997, S. 221)

war. Somit neigten, wie zu erwarten, die Passagiere, die die Folgen des Verlusts als schwerwiegende Störung ihrer Pläne beurteilten und ihr eigenes Bewältigungspotenzial als relativ gering einschätzen, dazu, in stärkerem Maße negative Emotionsmischungen anzugeben.

Ein wichtiges methodologisches Problem für die empirische Prüfung dieser Bewertungstheorien ist die Schwierigkeit, die Beschaffenheit kognitiver Bewertungsprozesse, die der jeweiligen Emotion vorangehen, unabhängig vom zugrunde liegenden Gefühlszustand zu messen. Die meisten der oben beschriebenen Untersuchungen benutzen retrospektive verbale Selbstberichte über die Art und Weise der Bewertung, die der emotionalen Erfahrung voranging. Diese Art Daten ist natürlich sehr fehlerhaft, da nicht auszuschließen ist, dass die Personen in ihren Antworten das, was der Bewertung vorausging, auf der Grundlage gemeinsamer kultureller Vorstellungen (sozialer Repräsentationen) darüber konstruieren, welche Ereignisse normalerweise welche Emotionen hervorrufen. Das gleiche Problem haftet den Untersuchungen an, die Vignetten oder Szenarien verwenden (vgl. Parkinson, 1997; Parkinson & Manstead, 1993).

Um die Gefahr zirkulärer Argumentation bei diesem Ansatz zu vermeiden, kann man die Situationen so manipulieren, dass man erwarten kann, der Einschätzungsprozess werde zu bestimmten Ergebnistypen führen. Augenscheinlich kann das Problem auftreten, dass einige Versuchspersonen die Situation nicht so einschätzen, wie der Versuchsleiter es erwartet hatte, insbesondere wenn sich ihre Bedürfnisse, Ziele und Ressourcen stark von denen der anderen Versuchspersonen unterscheiden. Obwohl es schwierig ist, solche Untersuchungen zu planen, stellen sie die einzige Möglichkeit dar, das methodologische Problem zu lösen, welches darin besteht, dass man sich auf den verbalen Abruf aus dem Gedächtnis verlassen muss. Ein viel versprechender Ansatz in dieser Richtung ist der Einsatz von Computerspielen, die es den Forschern ermöglichen, die Ereignisse, mit denen sich der Spieler beschäftigen muss, zu manipulieren (wie etwa das plötzliche Auftreten von Hindernissen auf dem Weg zum Ziel, die relative Stärke im Umgang mit Gegnern etc.). Außerdem zeigen Fans von Computerspielen ein großes Engagement bei der Teilnahme am Spiel, was die wichtigste Bedingung zur Erzeugung von Emotionen im Labor ist (s. Beispiele in Scherer et al., 2001).

6.4.4 Kulturelle und individuelle Unterschiede bei der Bewertung eines Ereignisses

Was sind die potenziellen Einflussfaktoren auf kulturelle Unterschiede bei einer Bewertung, die einer Emotion vorausgeht?

Für Sozialpsychologen ist der der Emotion vorausgehende Bewertungsmechanismus von besonderer Bedeutung, da er dazu beitragen kann, kulturelle Unterschiede in emotionsauslösenden Situationen und im emotionalen Erleben zu erklären. Obwohl es, wie zuvor erwähnt, einige angeborene oder universell erworbene Bewertungskriterien geben mag, werden sie doch in den meisten Fällen von erworbenen Bedürfnissen und in hohem Maße von kulturell definierten Zielen und Werten abhängen (vgl. Mesquita, Frijda & Scherer, 1997). Wallbott und Scherer (1995) fanden beispielsweise in einer groß angelegten interkulturellen Studie, durchgeführt in 37 Ländern auf allen fünf Kontinenten, dass Versuchspersonen aus individualistischen Kulturen (solche, die die Rechte und die Interessen des Individuums hoch einschätzen) einen recht geringen Unterschied zwischen Scham und Schuldgefühlen machen; in beiden Fällen wurde das emotionsauslösende Verhalten als höchst unmoralisch angesehen. In kollektivistischen Kulturen hingegen (in denen den Familieninteressen und den Interessen sozialer Gruppen Vorrang eingeräumt wird) wurden Schuldgefühle häufiger durch solche Ereignisse hervorgerufen, die im Vergleich zu denjenigen, die Scham hervorriefen, als viel unmoralischer eingestuft wurden. Übereinstimmend mit diesen unterschiedlichen Bewertungstendenzen in kollektivistischen und individualistischen Kulturen wiesen die Daten auffallende Differenzen in den anderen Komponenten dieser zwei Emotionen auf. Schamgefühle waren in kollektivistischen Kulturen intensiv, aber kurz und hatten keine größeren Konsequenzen. Dagegen waren die Reaktionsprofile für Scham in individualistischen Kulturen denjenigen für Schuld sehr ähnlich und schlossen sogar langfristige Auswirkungen auf das Selbstwertgefühl ein. Von daher kann man erwarten, dass soziokulturelle Wertesysteme das Gefühlsleben in starkem Maße beeinflussen können. Eine weitere mögliche Ursache für Bewertungsunterschiede zwischen den Kulturen könnten Variationen in den Strukturen von Meinungen sein. In der großen 37-Länder-Studie, auf die bereits oben Bezug genommen wurde, schrieben Befragte in afrikanischen Ländern konsistent emotionsinduzierenden Ereignissen eine stärkere externe Kausalität und Unmoral zu als Befragte aus anderen Ländern. Eine mögliche Erklärung für diesen Befund ist der in vielen afrikanischen Ländern weit verbreitete Glaube an Zauberei und Hexerei; diese Vorstellungen fördern externe Kausalattribution und die Zuschreibung amoralischer Intentionen an die vermuteten übernatürlichen Urheber schädigender Ereignisse (Scherer, 1997b).

Zusätzlich zu den Unterschieden zwischen ethnischen oder nationalen Kulturen können wir auch Unterschiede in den Bewertungsprozessen zwischen Mitgliedern unterschiedlicher Kulturen selbst innerhalb einer bestimmten ethnischen Gruppe oder eines Nationalstaats erwarten. Somit unterscheiden sich soziale Schichten, Generationen und Anhänger einer politischen Richtung oft im Hinblick auf Ziele und Werte. Dadurch wird es wahrscheinlich, dass ein und dasselbe Ereignis unterschiedliche Emotionen unter den Mitgliedern dieser unterschiedlichen Gruppen hervorrufen wird.

Außer den Unterschieden zwischen Kulturen und zwischen Gruppen findet man auch beträchtliche *individuelle Unterschiede* in der Bewertung, die einen entscheidenden Einfluss auf die emotionale Reaktion haben. Abgesehen von den Unterschieden in den Zielhierarchien können Unterschiede im Hinblick auf die Struktur des Selbstkonzepts eine wichtige Rolle spielen. So zeigten z. B. Brown und Dutton (1995), dass Versuchspersonen mit einem geringen Selbstwertgefühl heftigere emotionale Reaktionen auf Versagen aufweisen als Menschen mit hohem Selbstwertgefühl. Dies trifft vor allem auf Emotionen zu, an denen das Selbst unmittelbar beteiligt ist (z. B. Scham oder Erniedrigung). Nach Ansicht der Autoren geht dieses Ergebnis möglicherweise darauf zurück, dass Personen mit geringem Selbstwertgefühl die negativen Auswirkungen des Versagens zu stark generalisieren. Man fand keine Unterschiede bei Emotionen, bei denen das Selbst nicht unmittelbar an der Bewertung beteiligt ist (z. B. glücklich, unglücklich). Es gibt gute Belege für die These, dass die Organisation des Selbst durch kulturelle Wertesysteme beeinflusst werden kann (vgl. Markus & Kitayama, 1994). Einen systematischen Überblick über die potenziellen Einflussfaktoren auf individuelle Unterschiede bei der Bewertung geben Van Reekum und Scherer (1997).

Zusammenfassung. Wir können nun zum Ausgangspunkt zurückkehren: Wie sieht die tatsächliche Sequenz der unterschiedlichen Emotionskomponenten aus? Im letzten Abschnitt wurde die Bewertungstheorie den peripheren Theorien gegenübergestellt, die argumentieren, es sei die zuvor bestehende kognitive Einschätzung eines Ereignisses, die die Emotion auslöst und differenzierte Gefühlszustände hervorruft. Vielleicht hat diese Erörterung gezeigt, dass (1) viele Vertreter der peripheren Theorien die Gefühlskomponente gemeint haben könnten, wenn sie über „Emotion" redeten (dann besteht kein Widerspruch zu einer Erklärung durch Bewertung) und und dass (2) unter normalen Umständen die Bewertungsauffassung realistischer zu sein scheint als die Vorstellung, dass wir in der sozialen Umwelt nach Hinweisreizen suchen müssen, um die richtige Emotion zu empfinden (ganz abgesehen von den Schwierigkeiten, einige der Ergebnisse, auf denen die peripheren Theorien beruhen, zu replizieren).

6.5 Gibt es spezifische Reaktionsmuster für unterschiedliche Emotionstypen?

Um welche theoretischen Fragen geht es in der Debatte über die Existenz emotionsspezifischer Reaktionsmuster? Warum wird in den Theorien über diskrete Emotionen angenommen, dass es eine begrenzte Zahl „grundlegender" Emotionen gibt?

Propriozeptive Rückmeldung („proprioceptive feedback"): Propriozeption bezeichnet die Fähigkeit innerer Organe, sensorische Informationen über körperliche Veränderungen zu liefern. Propriozeptive Rückmeldung bezeichnet Veränderungen in einem organismischen System, die durch rückgemeldete Veränderungen in einem anderen System hervorgerufen werden.

Obwohl fast alle Emotionstheoretiker darin übereinstimmen, dass es eine Differenzierung innerhalb der Gefühlskomponente gibt (was angesichts der großen Zahl von Emotionsbezeichnungen in allen Sprachen schlecht zu widerlegen ist), ist die Existenz spezifischer emotionaler Reaktionsmuster in den peripheren Systemen außerordentlich umstritten (z. B. Ausdruck und Physiologie). Wie wir zuvor bereits gesehen haben, sind manche peripher orientierten Theoretiker (z. B. James) der Auffassung, dass es gerade die stark von spezifischen Reaktionsmustern geprägte **propriozeptive Rückmeldung** aus peripheren Systemen ist, die über die Differenzierung der Emotionen bestimmt. Andere (vor allem Schachter und Singer) behaupten, dass die Differenzierung durch eine *allgemeine, unspezifische physiologische Erregung* oder *Aktivierung* zusammen mit situativen Hinweisreizen hervorgerufen wird. Die kognitiven Emotionstheorien unterscheiden sich ebenfalls in dieser Hinsicht. Während sich einige Theorien gar nicht mit der Frage der physiologischen und Ausdrucksdifferenzierung beschäftigen (z. B. Oatley & Johnson-Laird, 1987), argumentieren andere, dass die Ergebnisse der Bewertung zu bestimmten Reaktionsprofilen einschließlich der physiologischen Differenzierung führen (Lazarus, 1991; Scherer, 1986, 1992; Smith, 1989; Smith & Scott, 1997). Diese Behauptung beruht auf der Auffassung, dass Emotionen, wenn sie adaptive Funktionen haben, mit Handlungstendenzen einhergehen sollten, die es dem Individuum ermöglichen, mit dem auslösenden Ereignis fertig zu werden. Diese Handlungstendenzen wiederum sollten differenzierte Reaktionsmuster und Ausdruckssignale hervorbringen.

Diskrete Emotionen („discrete emotions"): Die theoretische Auffassung, dass es eine begrenzte Anzahl hoch differenzierter grundlegender oder fundamentaler Emotionsausdrücke gibt, die unterschiedlichen Arten und Kulturen gemeinsam sind.

An dieser Stelle können wir eine weitere wichtige theoretische Tradition einführen: die diskreten Emotionstheorien. In den Sechzigerjahren postulierte Tomkins das Vorhandensein einer begrenzten Anzahl grundlegender oder fundamentaler **diskreter Emotionen**. Sein Ansatz basierte weitgehend auf Darwins Arbeiten und legte nahe, dass angeborene neuronale motorische Programme ausgeführt werden, wenn die entsprechende Emotion durch geeignete Stimuli ausgelöst wird. Diese neuronalen Programme sollen zusätzlich zu typischen Gesichtsausdrücken differenzierte Reaktionsmuster in der Stimme und in physiologischen Reaktionssystemen hervorrufen (zu einer Zusammenfassung vgl. Tomkins, 1984). Tomkins' theoretischer Ansatz hatte einen starken Einfluss auf Ekman und Izard, deren theoretische und empirische Arbeiten über den emotionsspezifischen Gesichtsausdruck in der Emotionsforschung während der letzten 30 Jahre eine dominierende Stellung eingenommen haben (Ekman, 1972, 1982, 1992; Izard, 1971, 1991). Die beiden Forscher vertreten die theoretische Auffassung, dass es eine kleine Anzahl gut voneinander abgrenzbarer, universeller Emotionen mit sehr spezifischen Ausdrucks- und physiologischen Reaktionsmustern gibt.

Bis hierhin beruhen all diese Überlegungen auf theoretischen Annahmen. Wir werden jede Einzelne der drei Hauptkomponenten, die die so genannte Reaktionstriade der Emotion ausmachen, separat behandeln: motorischer Ausdruck, physiologische Veränderungen und Gefühlszustände.

6.5.1 Motorischer Ausdruck

Welche sozialen Funktionen haben der stimmliche Ausdruck und der Gesichtsausdruck von Emotionen? Sind die emotionalen Formen des Ausdrucks in Gesicht und Stimme universell, d.h. über die Kulturen hinweg ähnlich?

Wenn Emotionsausdruck im Gesicht, im Körper und in der Stimme eine wichtige Funktion bei der Mitteilung der emotionalen Reaktion eines Individuums und der von ihm beabsichtigten Handlung ausüben soll (wie dies im ersten Abschnitt des Kapitels kurz skizziert wurde), dann muss es klar unterscheidbare Signale geben, die den verschiedenen Emotionstypen entsprechen. Wir werden die Befunde zum Gesichts- und stimmlichen Ausdruck getrennt darstellen.

6.5.1.1 Gesichtsausdruck

Der Gesichtsausdruck stellt die Ausdrucksmodalität dar, die im Jahrhundert nach Darwins Pionierarbeit am intensivsten untersucht worden ist. Wenn man annimmt, dass angeborene neuronale motorische Programme spezifische Reaktionsmuster für primäre Emotionen hervorrufen (wie dies die diskreten Emotionstheoretiker tun), dann müsste der Gesichtsausdruck von Emotionen in verschiedenen Kulturen recht ähnlich sein. Ekman (1972) und Izard (1971) wiesen in ihren frühen Arbeiten tatsächlich nach, dass Versuchspersonen aus sehr unterschiedlichen Kulturen von amerikanischen Versuchspersonen produzierte Gesichtsausdrücke auf einer Serie von Fotos relativ korrekt identifizieren konnten (wie es durch die Fotos in Abb. 6.3 auf S. 183 illustriert wird). Kritiker bemängelten jedoch natürlich bald, dass dieses Verfahren nicht der richtige Weg zur Untersuchung der **Universalität** des Gesichtsausdrucks von Emotionen sei, da die weltweite Verbreitung von Hollywoodfilmen möglicherweise die

Universalität („universality"):
Psychobiologische Auffassung, dass durch die Evolution bestimmte Verhaltensmechanismen unabhängig von der Kultur überall auf der Welt anzutreffen sind (obwohl kulturell determinierte Modifikationen immer als möglich angesehen werden).

Abb. 6.5. Fotos des Gesichtsausdrucks bei Angehörigen einer Stammesgemeinschaft in Neuguinea, die zuvor nur wenig Kontakt mit der Außenwelt hatte. Raten Sie, welcher Ausdruck zu welchem der folgenden Szenarien gehört: Ihr Freund ist gekommen und Sie sind glücklich/Ihr Kind ist gestorben/Sie sind ärgerlich und werden kämpfen/Sie sehen ein totes Schwein, das dort schon eine ganze Zeitlang gelegen hat. Das ist doch leicht, oder? (Aus Ekman, 1998, S. 380)

Menschen anderer Kulturen gelehrt haben könnte, amerikanische Gesichtsausdrücke verlässlich zu identifizieren. Als Reaktion auf diese Kritik führten Ekman, Sorenson und Friesen (1969) eine Studie durch, die nachwies, dass Angehörige eines Stammes in einer entlegenen Region Neuguineas, die sehr wenig Kontakt mit der Außenwelt gehabt hatten, westliche Gesichtsausdrücke recht präzise identifizieren konnten. Auf die Bitte hin, den jeweils typischen Gesichtsausdruck für spezifische emotionsauslösende Situationen zu liefern, produzierten sie außerdem Ausdrucksformen, die denen im Westen sehr ähnlich waren (Ekman, 1972). Abbildung 6.5 zeigt einige dieser Ausdrucksformen, die von Ekman in Neuguinea auf Video aufgenommen wurden.

Seit damals hat die Zahl der Arbeiten, die sich sowohl mit der Dekodierung als auch mit der Enkodierung der verschiedenen primären Emotionen beschäftigen, stark zugenommen. Die Mehrzahl der Ergebnisse zeigt, dass der Ausdruck von Emotionen so, wie er von einem Schauspieler enkodiert wurde, von Beurteilern aus verschiedenen Kulturen recht genau dekodiert werden kann (Ekman, 1982, 1989; Ekman & Rosenberg, 1997). Dadurch wird Darwins Auffassung gestützt, dass sich der Gesichtsausdruck von Emotionen aus vormals „zweckdienlichen Gewohnheiten“ entwickelt hat, die im Prinzip für alle Kulturen der Welt gleich sein sollten. Vergleichende Untersuchungen (Redican, 1982; van Hooff, 1979) zeigen, dass es eine Reihe von Elementen gibt, die sich auf funktionale Verhaltensmuster zurückführen lassen und die wir in ähnlicher Form bei Tieren (s. Abb. 6.3, S. 183) und auch bei Kleinkindern wiederfinden. Diese Untersuchungen zeigen jedoch auch, dass es spezifisch menschliche Aspekte des Gesichtsausdrucks gibt, für die es schwierig ist, eine funktionale Erklärung im biologischen Sinne zu finden. Obwohl die interkulturellen Untersuchungen des Gesichtsausdrucks von Emotionen einen beträchtlichen Grad an Universalität nachgewiesen haben, gibt es auch Belege für kulturelle Spezifität. Dies trifft sowohl auf den Bereich der Dekodierung zu, wo kulturelle Einflüsse auf die Emotionswahrnehmung im Gesichtsausdruck nachgewiesen werden konnten (Matsumoto, 1989), als auch auf den Bereich der Enkodierung. Beispielsweise fanden Ricci-Bitti, Brighetti, Garotti und Boggi Cavallo (1989), die den Ausdruck von Verachtung in den Vereinigten Staaten und Italien verglichen, bei dieser Emotion im Gegensatz zur Behauptung, dass es einen kulturübergreifenden Gesichtsausdruck der Verachtung gibt (Ekman & Friesen, 1986), starke Unterschiede im Muster des Gesichtsausdrucks dieser Emotion. Wo könnte die Ursache derartiger kultureller Unterschiede des Ausdrucks liegen? Eine Möglichkeit besteht darin, dass sich Kulturen im Hinblick darauf unterscheiden, wie sehr die Kontrolle des Ausdrucks sozial erwünscht ist; dies wird weiter unten erörtert werden.

Ganz unabhängig von der Existenz kultureller Unterschiede wird die Annahme „angeborener motorischer Programme", die quasi automatisch voll ausgeprägte, emotionsspezifische Muster des Gesichtsausdrucks hervorbringen sollen, durch neuere Befunde infrage gestellt. Es gibt immer mehr Belege dafür, dass Schauspieler, wenn sie gebeten werden, typische Gesichtsausdrücke für bestimmte Emotionen vorzuführen, nur Teile der kompletten emotionsspezifischen Muskelbewegungsmuster einsetzen, wie sie von Ekman und Izard beschrieben worden waren. Gosselin, Kirouac und Doré (1995) nahmen Schauspieler, die sechs verschiedene Emotionen vorspielten, auf Video auf. Sie zeigten, dass Beobachter, wie erwartet, einen hohen Genauigkeitswert bei der korrekten Dekodierung der dargestellten Emotionen erreichten. Eine detaillierte Auswertung der Gesichtsmuskelbewegungen, die bei der Vorführung zum Einsatz kamen, ergab jedoch, dass in der großen Mehrheit der Fälle nur Teilmengen der von der Theorie her postulierten Muster gefunden wurden. In ähnlicher Weise baten Galati, Scherer und Ricci-Bitti (1997) sowohl normalsichtige als auch blinde Versuchspersonen ohne Vorerfahrung mit Schauspielerei, einige der wichtigsten Emotionen vorzuspielen. Auch diese Laiendarsteller zeigten nur partielle Muster (mit sogar noch weniger Bewegungen als bei den Profischauspielern), doch die Beobachter waren immer noch in der Lage, die Emotionen mit einer Wahrscheinlichkeit zu dekodieren, die über der Zufallswahrscheinlichkeit lag. Carroll und Russell (1997) untersuchten in vier Hollywoodfilmen die Gesichtsausdrücke, die mit einer grundlegenden Emotion einhergehen. Die Formen des Ausdrucks, die als überrascht, ängstlich, ärgerlich, angewidert oder traurig beurteilt wurden, zeigten nur selten das ganze vorhergesagte Muster. Die Schauspieler neigten eher dazu, nur ein oder zwei Bestandteile des gesamten Musters zu verwenden. Tatsächlich könnte man dies von guten Schauspielern auch erwarten. Da der Kontext im Film bereits die beabsichtigte Emotion nahe legt (zur Rolle des Kontexts s. Wallbott & Ricci-Bitti, 1993), scheinen gute Schauspieler den entsprechenden Ausdruck eher zurückhaltend als übertrieben zu spielen (s. Wallbott & Scherer, 1986).

Vertreter der Auffassung, dass Ausdrucksformen die Resultate angeborener neuromotorischer Programme sind (wie etwa Ekman, 1972, 1992), könnten argumentieren, dass die Pose der Schauspieler nur eine Annäherung an die automatische Auslösung neuronaler motorischer Programme darstelle, wie sie für den Ausdruck unter realen Lebensbedingungen typisch sei. Leider wurde bei einem Großteil der Untersuchungen bisher mit Ausdrucksposen gearbeitet und wir haben nur ausgesprochen spärliche Befunde dazu, wie die Ausdrucksmuster beim natürlichen Ausdruck von Emotionen wirklich aussehen. Eine Ausnahme stellt die Arbeit des Humanethologen Eibl-Eibesfeldt (1984/1995) dar, der, oft mit versteckter Kamera, natürlich vorkommende Formen des Emotionsausdrucks in vielen verschiedenen Kulturen gefilmt hat. Obwohl es sich bei diesen Filmdokumenten um hervorragende Fallstudien handelt, gibt es nicht genügend systematisch gesammeltes Material, um die Frage der universellen motorischen Programme zu lösen. Ein weiterer möglicher Ansatz besteht darin, Kleinkinder zu untersuchen, die noch nicht in der Lage sind, ihren Emotionsausdruck zu kontrollieren oder zu regulieren. Dies ist häufig das Problem bei Erwachsenen, wenn man Emotionen experimentell herbeiführt. Nach Auffassung der diskreten Emotionstheorie sind die Ausdrucksmuster (oder die neuronalen motorischen Programme) angeboren und man erwartet, dass sie, in welch rudimentärer Form auch immer, in ganz frühem Alter auftreten (Izard, 1971, 1991). Die Frage, ob die rudimentären Ausdrucksmuster bei Kleinkindern die Annahme stützen, dass angeborene motorische Programme existieren, wird gegenwärtig heftig diskutiert.

Die Annahme der Existenz angeborener Ausdrucksprogramme kann auch aus theoretischer Sicht angezweifelt werden. In den letzten Jahren haben einige Theoretiker einen Komponentenansatz zur Erklärung von Ausdrucksmustern vorgeschlagen; dieser geht davon aus, dass die einzelnen Elemente im dynamischen Ausdruck selektiv durch kognitive Verarbeitung und die daraus resultierenden Handlungstendenzen festgelegt werden (Frijda & Tcherkassoff, 1997; Scherer, 1984a, 1992; Smith & Scott, 1997).

6.5.1.2 Stimmausdruck

Können Beurteiler einen Emotionsausdruck allein an der Stimme oder der Sprechweise erkennen, d.h. ohne den verbalen Inhalt der jeweiligen Äußerung zu kennen? Es wurden viele entsprechende Untersuchungen durchgeführt (zumeist unter Verwendung stimmlichen Emotionsausdrucks von Schauspielern); Übersichtsartikel zu den Studien in diesem Bereich (Johnstone & Scherer, 2000) kamen zu der Schlussfolgerung, dass die Urteiler weitaus besser abschnitten, als man es bei zufälligen Urteilen erwartet hätte. In der ersten groß angelegten interkulturellen Studie zum stimmlichen Ausdruck konnten Scherer, Wallbott und Banse (2001) zeigen, dass die Erkennbarkeit stimmlich ausgedrückter Emotionen über Sprach- und Kulturgrenzen hinweg überzufällig war. Dies stützt die Hypothese, dass der Stimmausdruck und auch der Gesichtsausdruck – zumindest teilweise – biologisch bedingt sind (Frick, 1985). Diese Annahme wird durch klare Ergebnisse aus dem Tiervergleich gestützt, die die evolutionäre Kontinuität des stimmlichen Emotionsausdrucks belegen. Verhaltensanalysen in der Biologie, die die lautliche Kommunikation bei Tieren untersuchten, wiesen auf bedeutende Ähnlichkeiten im lautlichen Ausdruck und in der Kommunikation motivationsgebundener Gefühlszustände bei vielen verschiedenen Arten hin. So werden Zustände von Ärger, Aggression und Dominanz generell durch laute und scharfe Töne ausgedrückt, wohingegen Zustände von Furcht und Hilflosigkeit zu hohen und dünnen Lauten führen. Im Großen und Ganzen scheint dies auch auf vergleichbare menschliche Laute zuzutreffen (Scherer, 1985). Wie im Falle des Gesichtsausdrucks bestehen jedoch erhebliche Unterschiede zwischen den Arten und Kulturen.

Kulturelle Einflüsse wirken sich sogar noch stärker auf die Stimme als auf den Gesichtsausdruck aus, da die Stimme im Laufe der phylogenetischen Sprachentwicklung zum Trägersignal der gesprochenen Sprache geworden ist. Obschon die Gesichtsmuskeln auch Funktionen für das Sehen, Essen und Sprechen ausüben (vgl. Ekman, 1979), scheint jedoch eine ihrer wichtigsten Funktionen der Ausdruck affektiver Zustände zu sein. Im Gegensatz hierzu hat die Stimme oft eine doppelte Aufgabe: Sie ist Träger sprachlicher (phonetischer und morphologischer) und außersprachlicher Bedeutung (über den Zustand des Sprechers). Da sich die verschiedenen Sprachen in ihrer phonologischen und syntaktischen Struktur stark unterscheiden, ist in unterschiedlichen Kulturen mit einem hohen Maß kultureller und/oder linguistischer Unterschiede im Ausdruck von Emotionen in der Stimme zu rechnen. Trotz dieser Vielfalt kann die zugrunde liegende Emotion über die Kulturen hinweg erkennbar sein, wie es die Ergebnisse der interkulturellen Untersuchungen nahe legen, über die oben berichtet wurde.

Bei der Untersuchung des Gesichtsausdrucks haben die Forscher hoch auflösende, objektive Kodierschemata verwendet, um die Bewegungskonfigurationen der Gesichtsmuskulatur zu analysieren, die bei bestimmten Emotionen auftreten (Ekman, 1992). Im stimmlichen Bereich werden analoge und digitale Stimm- und Sprachanalysen eingesetzt, um die prototypischen akustischen Profile oder Signaturen für die hauptsächlichen Emotionen zu bestimmen. Einige der so gewonnenen Ergebnisse werden in Abb. 6.3 dargestellt (vgl. Banse & Scherer, 1996; Scherer, 1986).

6.5.1.3 Kontrolle und strategische Manipulation des Ausdrucks

Die bisherige Diskussion könnte den Gedanken nahe gelegt haben, dass automatische und unwillkürlich hervorgerufene, differenzierte Ausdrucksmuster in Gesicht und Stimme immer zur Verfügung stehen, um die Emotion der Person zu erschließen. Obwohl dies tatsächlich in vielen Theorien angenommen wird, ist das nur die eine Seite der Medaille. In diesem Abschnitt müssen wir die Art und Weise erörtern, in der Individuen – bewusst oder unbewusst – diese Vorgänge überwachen und modifizieren. Praktisch alle Emotionstheorien nehmen an, dass wir, wenn wir einer Emotion oder Leidenschaft verfallen, ihr nicht hilflos ausgeliefert sind. Wir können die Emotion kontrollieren, regulieren oder ihre Stärke

Abb. 6.6. Ein Schnappschuss mit gekünstelten Gesichtsausdrücken in einer sozialen Situation, mit wunderschönen Hinweisen auf das nichtverbale Durchsickern von Emotionen – trotz des Versuchs aller Beteiligten, einen angemessenen Affekt zu zeigen. (Aus Morris, 1977, S. 107)

beeinflussen. Die Gefühlskomponente der Emotion, die vielleicht als Einzige im Emotionssystem nichtmenschlicher Säugetiere oder gar bei den höheren Primaten fehlt, ist genau das, was wir – oft im Dienste sozialer Normen – als Rückkopplungssystem bei solchen Regulationsversuchen brauchen. Wundt (1900) verwies sehr früh darauf, dass emotionaler Ausdruck kultureller Kontrolle unterliegt und dass viele Kulturen explizit oder implizit sanktionieren, welche Ausdrücke in welchen Situationen gezeigt werden dürfen. Ekman und Friesen (1969) nennen dies die **Darbietungsregeln**. Hiermit werden unterschiedliche Formen beschrieben, wie der spontane Ausdruck unterdrückt, abgeschwächt, maskiert oder ersetzt wird. Abgesehen von kulturellen Vorschriften ist die Kontrolle des emotionalen Ausdrucks natürlich auch von strategischem Interesse, vor allem wenn man seine Interaktionspartner täuschen möchte. Eine Reihe von Wissenschaftlern hat über die Jahre hinweg systematische Forschung über die ausdrucksbezogenen Hinweisreize beim Lügen und Täuschen durchgeführt (vgl. Anolli & Ciceri, 1997; DePaulo & Friedman, 1998; Ekman & Rosenberg, 1997). Abbildung 6.6 zeigt ein schönes Beispiel für einen aus taktischen Gründen manipulierten Ausdruck.

Darbietungsregeln („display rules"):
Ein moderner Ausdruck für die alte Erkenntnis, dass soziokulturelle Normen den in spezifischen Situationen akzeptablen emotionalen Ausdruck bestimmen.

Die Regulation des Ausdrucks ist nicht auf die Unterdrückung oder Hemmung von Emotionen begrenzt. So fordert schon Aristoteles in der *Nikomachischen Ethik* (z.B. in McKeon, 1941) sehr schön, dass man in der Lage sein muss, aus dem richtigen Grund bei der richtigen Person und auf die richtige Art und Weise ärgerlich zu werden, um ernst genommen zu werden (s. Aristoteles, 1991, S. 193) – eine der ersten psychologischen Darstellungen der Funktionen des Emotionsausdrucks und eine frühe Lektion in Sachen „emotionale Intelligenz" (Salovey & Mayer, 1990). Deshalb ist die Steuerung des emotionalen Ausdrucksverhaltens ein wichtiges Thema für die angewandte Sozialpsychologie. Einen besonders inte-

Abb. 6.7. Eine der Hauptfunktionen des emotionalen Ausdrucks ist die Kommunikation – oft im Dienst der sozialen Bindung oder einer Interaktionsstrategie

ressanten Fall stellen Verhandlungssituationen dar, in denen emotionale Signale oft aus taktischen Gründen ausgesandt werden (z. B. der gespielte Ärger eines Gewerkschaftsvertreters über ein „lächerlich niedriges" Tarifangebot der Arbeitgeberseite). Hochschild (1983) zeigte, dass es auch positive „Gefühlsregeln" gibt, die im Dienste wirtschaftlicher Interessen eine Intensivierung angemessener Gefühle erforderlich machen (z. B. Flugbegleiterinnen, die positive Affektroutinen im Umgang mit Flugpassagieren einsetzen müssen). Die Autorin, eine Soziologin, behauptet, dass diese Regeln es nicht nur erforderlich machen, eine bestimmte Emotion vorzutäuschen (d. h. durch Aussenden der angemessenen Signale), sondern sie auch tatsächlich zu empfinden. Dieser Aspekt der Regulation ist innerhalb der Sozialpsychologie von Organisationen zu einem wichtigen Thema geworden – während einige der Autoren aus dieser Richtung die Anstrengung und die potenzielle Entfremdung hervorheben, die mit dieser „Emotionsarbeit" einhergehen (Hochschild, 1983), betonen andere die Funktionalität des taktischen Einsatzes von Emotionen (Ashforth & Humphrey, 1995; Rafaeli & Sutton, 1987). So geben beispielsweise Staw, Sutton und Pelled (1994) einen Überblick über die Befunde, die zeigen, wie eine positive Emotion Angestellten dabei helfen kann, bei der Arbeit positive Resultate zu erzielen, während Morris und Feldman (1996) an-

Abb. 6.8. Beispiele für das „Heben der Augenbrauen", ein positives affektives Grußsignal, wie man es überall auf der Welt findet. Diese Paare von Gesichtern zeigen, von links nach rechts, eine Französin, einen Yanomanimann, eine Yanomanifrau, eine !Kungfrau, einen Hulimann aus Papua-Neuguinea und einen Balinesen. (Aus Eibl-Eibesfeldt, 1995, S. 643)

nehmen, dass das häufige Vorkommen von emotionalen Posen, die Beachtung von Darbietungsregeln, die Vielfalt der Emotionen, die gezeigt werden müssen, und der emotionale Konflikt zu einer „emotionalen Erschöpfung" führen und die Berufszufriedenheit senken werden.

Somit wird der emotionale Ausdruck oft in einem strategischen, in bestimmter Weise manipulativen Sinne eingesetzt. Der amerikanische Anthropologe und Soziologe Erwin Goffman (1959, 1971) hat brillant analysiert, wie emotionale Posen dazu eingesetzt werden, sich selbst in einem positiveren Licht darzustellen und sich in sozialen Interaktionen durchzusetzen. Eine klassische Feldstudie zeigt die Art und Weise, wie die Aussendung von Emotionssignalen durch soziale Kommunikation motiviert sein kann. Kraut und Johnson (1979) filmten das Lachverhalten der Spieler auf einer Bowling-Bahn. Die Untersuchung zeigte, dass das gewöhnlich beobachtete fröhliche oder triumphierende Lächeln nach einem guten Wurf nicht in dem Augenblick einsetzte, als die Kegel umfielen, sondern erst dann, wenn der Bowling-Spieler sich umdrehte, um seine Mitspieler anzublicken. Die Kommunikation ist zweifelsohne eine der Hauptfunktionen des emotionalen Ausdrucks – oft dient sie dem Zweck, soziale Bindungen herzustellen oder eine Interaktionsstrategie zu verfolgen (s. auch Kap. 2). Dass viele solcher nonverbaler emotionaler Ausdrucksbotschaften universelle Geltung zu haben scheinen, wird durch das „Augenbrauenheben" illustriert, ein Ausdruck der Begrüßung (der so etwas signalisiert wie „Ich bin richtig angenehm überrascht, dich hier zu sehen"); ihn konnte Eibl-Eibesfeld (1984/1995) auf der ganzen Welt filmen (s. Abb. 6.8).

Es wäre jedoch eine Übertreibung zu behaupten, dass der emotionale Ausdruck, wie ab und zu behauptet wird, überhaupt nicht den Zustand der entsprechenden Personen *aus*drückt und er ausschließlich im Sinne einer strategischen Botschaft an reale oder vorgestellte Interaktionspartner („*Ein*druck") analysiert werden müsse (ein extremes Beispiel findet sich bei Fridlund, 1994). Der emotionale Ausdruck besteht vielmehr aus vielen Fassetten – der Ausdruck wird sowohl durch die Reaktion einer Person auf ein Ereignis als auch durch den Versuch bestimmt, diesen Ausdruck in einer sozialen Interaktion aus strategischen Gründen zu manipulieren. Das Ausmaß, in dem unser emotionaler Ausdruck entweder wegen unserer inneren Erregung „herausplatzt" oder in Richtung bestimmter Signale mit Blick auf Beobachter „hervorgeholt" wird, variiert enorm von einer Situation zur anderen (Scherer, 1994). Es ist klar, dass wir umso mehr Schwierigkeiten haben, den Ausdruck zu manipulieren, je stärker wir von einer Emotion überwältigt werden. Beim oben beschriebenen Parkbeispiel könnten wir gewillt sein, ärgerliche und aggressive Hinweisreize hervorzubringen; wenn wir aber wirklich verängstigt sind, könnte uns eine zitternde Stimme verraten.

■ **Zusammenfassung.** Im Ganzen gesehen zeigen die empirischen Befunde somit, dass es für die wichtigsten Emotionen spezifische Ausdrucksmuster im Gesicht und in der Stimme gibt. Dies ist zu erwarten, wenn der emotionale Ausdruck eindeutige Signale innerhalb der sozialen Verständigung liefern und die soziale Umgebung über die emotionalen Reaktionen und die entsprechenden Verhaltensabsichten eines Organismus informieren soll. Die Situation wird jedoch noch komplexer durch die Tatsache, dass unsere Emotionen und insbesondere ihr Ausdruck im Interesse strategisch motivierter Handlungsintentionen ständig überwacht und reguliert (unterdrückt, verstärkt oder sogar vorgetäuscht) werden.

6.5.2 Physiologische Veränderungen

Gibt es differenzierte, emotionsspezifische Reaktionsmuster für eine Gruppe grundlegender Emotionen? Worin bestünde die Funktion solcher „physiologischen Reaktionspakete"?

Über die Jahrhunderte hinweg beinhaltete der Begriff der Emotion gleichzeitig auch das Vorhandensein einer beträchtlichen physiologischen Reaktivität. Wie wir gesehen haben, betrifft eine der zentralen Fragen, die heiß diskutiert worden ist, die *Spezifität* dieser Aktivierung bzw. Erregung für diskrete Emotionen.

Veränderungen des physiologischen Zustands dienen nicht primär kommunikativen Zwecken (obwohl Erröten, gesteigerter Atemrhythmus, allgemeine Muskelspannung usw. offensichtlich Zeichen emotionaler Erregung sind und von Beobachtern als Basis für die Zuschreibung von Emotionen genutzt werden können). Eine primäre Funktion der physiologischen Veränderungen ist die Bereitstellung von Energie und die Vorbereitung auf spezifische Handlungen. Dies war die Hauptthese des Physiologen Cannon (1929), eines der wichtigsten Kontrahenten von James und Lange. Im Gegensatz zu ihrer auf die *Peripherie* fixierten Position (vgl. auch Schachter, 1970) nahm Cannon eine *zentralistische* Haltung ein und ging davon aus, dass spezielle Mechanismen im zentralen Nervensystem für jede wichtige Emotion physiologische Veränderungen in den verschiedenen Subsystemen des Organismus hervorrufen, die an die jeweiligen Handlungserfordernisse angepasst sind.

Leider haben empirische Untersuchungen auf diesem Gebiet mit einem großen methodologischen Problem zu kämpfen. Wegen ethischer und praktischer Bedenken ist es beinahe unmöglich, im Labor starke und realistische Emotionen mittels systematischer Manipulation hervorzurufen. Daraus folgt, dass emotionsspezifische Unterschiede empirisch bislang kaum belegt werden konnten, zumindest nicht beim Menschen. In Anbetracht dieser fehlenden Befunde treten einige Psychologen dafür ein, den Begriff der physiologischen Differenziertheit durch die Annahme einer allgemeinen unspezifischen *Erregung* oder *Aktivierung* zu ersetzen (s. oben die Diskussion der Position von Schachter & Singer, 1962).

Das hieße jedoch, das Kind mit dem Bade auszuschütten. Es stimmt zwar, dass die gegenwärtig gebräuchlichen Methoden zur Herbeiführung (Induktion) von Emotionen in Laborstudien (etwa die Anweisung, sich bestimmte Situationen vorzustellen, oder die Darbietung von Filmmaterial) kaum sehr starke Emotionen hervorrufen. Dennoch liefern sie wichtige Hinweise zur Klärung dieser Frage. Eine Übersicht über die bisherigen Studien zu diesem Thema von Cacioppo, Klein, Berntson und Hatfield (1993) zeigt, dass es bisher keinen überzeugenden Nachweis einer vollständigen autonomen Differenzierung für jede Einzelne der wichtigsten Emotionen gibt (d.h. eine spezifische und typische Konfiguration physiologischer Symptome für jede einzelne Emotion). Es scheinen jedoch durchgängige Muster von Unterschieden zwischen spezifischen Emotionspaaren in einer Reihe physiologischer Parameter zu existieren (s. Abb.

6.3, S. 183). Beispielsweise findet man über unterschiedliche Studien hinweg bezogen auf die Herzfrequenz konsistente Unterschiede zwischen Furcht und Traurigkeit (vgl. Abb. 6.3). Wenn sogar schwache Emotionen, wie sie im Labor erzeugt werden, erkennbare physiologische Reaktionsmuster hervorrufen, ist zu erwarten, dass stärkere Emotionen auch zu stärker differenzierten Mustern führen.

Eine der Studien, die am umfassendsten, methodologisch am besten kontrolliert und ökologisch am validesten sind, wurde von Stemmler und seinen Mitarbeitern durchgeführt (Stemmler, Heldmann, Pauls & Th. Scherer, im Druck). Diese Forschergruppe kontrollierte Kontexteffekte dadurch, dass sie in einem Messwiederholungsdesign sowohl Laborinduktionen lebensechter Emotionen als auch die Vorstellungsmethode (die Versuchspersonen wurden gebeten, sich eine emotionale Situation vorzustellen) verwendete. Für die Herbeiführung von Furcht setzten sie in hohem Maße realistische Drohungen ein, nämlich dass die Versuchspersonen unter ernsthaften Bewertungsbedingungen eine Rede halten und dass sie eine recht invasive Prozedur der Blutabnahme aushalten müssten. Um Ärger hervorzurufen, wurden die Versuchspersonen vom Versuchsleiter belästigt und beleidigt. In der Vorstellungsbedingung wurden die Versuchspersonen gebeten,

- sich starke Furcht- oder Ärgersituationen, die sie in der Vergangenheit erlebt hatten, vorzustellen und
- sich vorzustellen, dass sie die realistische experimentelle Induktion, die sie zuvor durchlaufen hatten, erneut erleben müssten.

Die Kontrollgruppen wurden dem gleichen Verfahren ausgesetzt, sie wurden aber über die Manipulationen informiert. Eine recht umfassende Zahl physiologischer Variablen wurde unter allen Bedingungen erfasst. Obwohl sich anhand der Daten Kontexteffekte aufzeigen ließen (Vorstellung vs. lebensechte Induktion), waren die Forscher in der Lage, spezifische physiologische Reaktionsprofile für Furcht und Ärger auszumachen. Stemmler et al. argumentieren, dass die unterschiedlichen Muster durch funktionale, adaptive Anforderungen in Furcht- und Ärgersituationen erklärt werden können. Furcht ist durch einen Anstieg der Herzfrequenz, der Kontraktionsfähigkeit der Herzmuskulatur und der Atemfrequenz gekennzeichnet. Auf diese Weise wird die Verteilung des Bluts „zentralisiert", um die Blutversorgung des Herzens und des Gehirns zu gewährleisten – Effekte, die eine Schutzreaktion des Kreislaufs bei schwerem Blutverlust sind (wie man sie bei einem Angriff durch ein Raubtier erwarten könnte). Bei Ärger hingegen findet man das Reaktionsprofil vor, das den Organismus auf eine intensive Muskelanstrengung vorbereitet, wie sie bei einem Kampf um Überlegenheit erforderlich sein könnte: Anstieg des diastolischen Blutdrucks und Änderung der Hautleitfähigkeit.

Zusammenfassung. Während die Befundlage eher vorläufig ist, scheint es gerechtfertigt, anzunehmen, dass es zumindest ein gewisses Maß an emotionsspezifischer physiologischer Musterbildung gibt; sie ist mit den Handlungstendenzen verbunden, die die wichtigsten Emotionen wie Furcht und Ärger kennzeichnen. Dies scheint durchaus funktional zu sein, wenn Emotionen, wie zu Beginn postuliert wurde, auf Anpassungshandlungen vorbereiten sollen (diese aber nicht unmittelbar ausgeführt werden sollen).

6.5.3 Subjektive Gefühle

Wie lassen sich subjektive Gefühle analysieren und beschreiben? Gibt es kulturelle Unterschiede in der Art und Weise, wie Gefühle mit Emotionswörtern etikettiert werden?

In mancher Hinsicht haben wir es hier mit der vielleicht wichtigsten Emotionskomponente zu tun. Wir können uns in der Tat fragen, ob wir überhaupt von einer Emotion sprechen können, wenn wir sie nicht bewusst erfahren, d.h., wenn wir nicht ein spezifisches Gefühl haben, das wir dann mit einem geeigneten verbalen Begriff versehen können. Es ist darum nicht überraschend, dass im Verlauf der Geschichte der Emotionsforschung viele Theoretiker dazu tendiert haben, Emotion und Gefühl *gleichzusetzen* (s. oben). Jedoch ist es vielleicht eher angebracht, die Gefühlskomponente als Reflexion der Veränderungen anzusehen, die in *allen* Komponenten auftreten (vgl. Scherer, 1993a). Dadurch wird die Bedeutung der bewussten Erfahrung dessen, was in unserem Körper geschieht, beibehalten, doch wird diese Erfahrung in den *gesamten Kontext* unseres besonderen Selbst mit seiner Geschichte, seinen Präferenzen und seinem gegenwärtigen, durch ein bestimmtes Ereignis beeinflussten Zustand eingebettet.

6.5.3.1 Gefühlsdimensionen

Die meisten Philosophen, die sich mit Emotionen beschäftigt haben, definierten die zentrale Gefühlsdimension durch Freude und Schmerz, durch Angenehmheit und Unangenehmheit oder, wie es in der modernen Sozialpsychologie häufig heißt, durch positive oder negative *Valenz*. Tatsächlich gehen relativ viele Sozialpsychologen davon aus, dass Gefühl ganz einfach auf diesen Valenzaspekt (d.h. auf den positiven und negativen Affekt) bezüglich Personen, Objekten oder Ereignissen reduzierbar ist. Diese Ansicht bedeutet jedoch einen Rückschritt gegenüber theoretischen Analysen des Gefühls, die gegen Ende des 19. Jahrhunderts vorgelegt wurden. Wundt (1874) schlug ein dreidimensionales System vor, um die spezifische Beschaffenheit dieser komplexen emotionalen Gefühlszustände zu charakterisieren, indem er der klassischen Dimension *Angenehmheit vs. Unangenehmheit* die Dimensionen *Erregung vs. Depression* und *Anspannung vs. Entspannung* hinzufügte (s. auch Plutchik, 1980; Schlosberg, 1954).

Ein Großteil der modernen Arbeiten verlässt sich auf sehr kursorische Beschreibungen von Gefühlen, insbesondere durch Emotionswörter und Fotos von Gesichtsausdrücken. Zahllose Studien zeigen, dass Versuchsper-

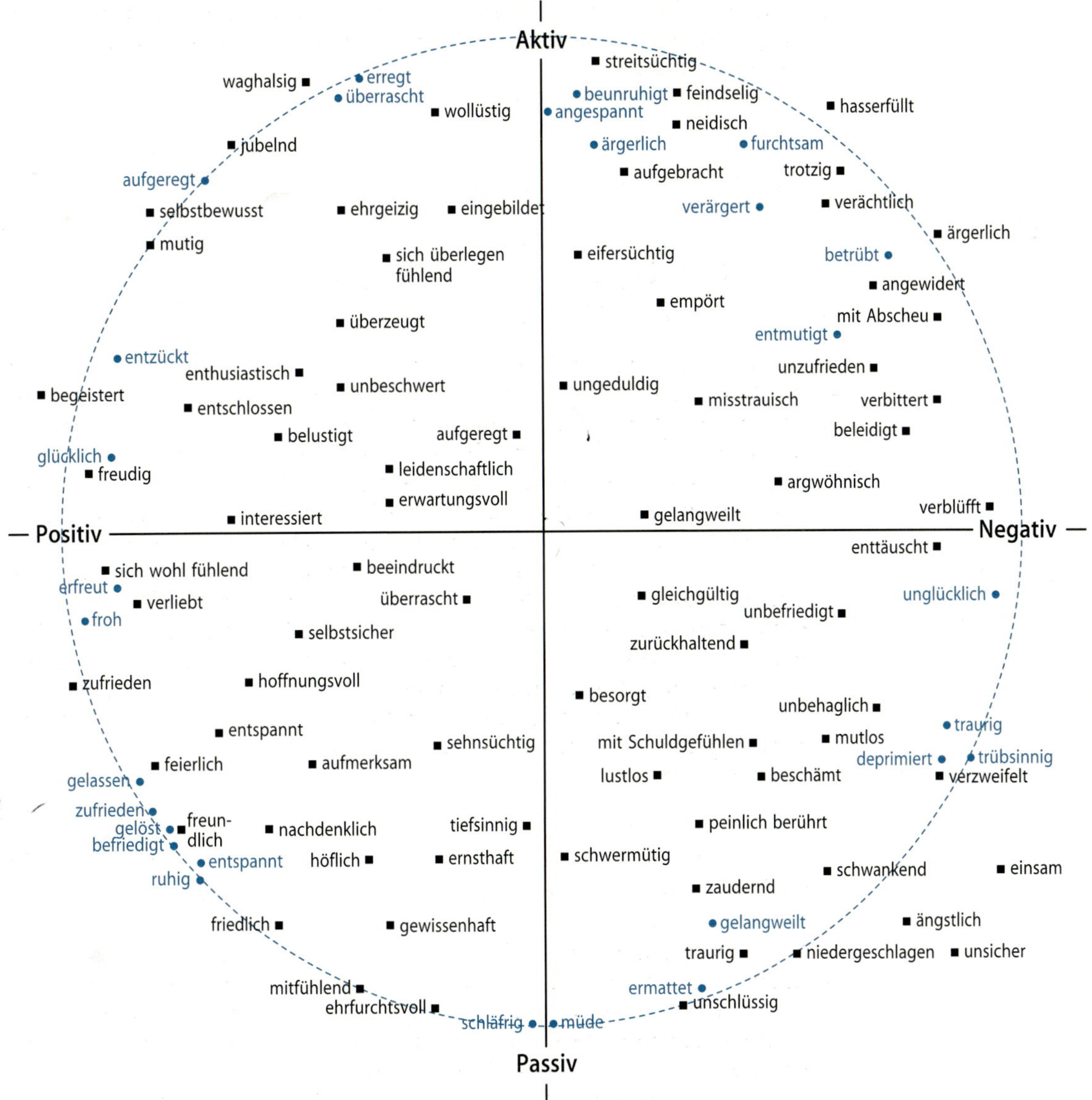

Abb. 6.9. Eine zweidimensionale Darstellung von Emotionsbezeichnungen (vertikale Dimension: aktiv-passiv; horizontale Dimension: positiv-negativ). (Nach Russell, 1980, S. 1167, und Scherer, 1984b, S. 51)

sonen sehr gut in der Lage sind, die Ähnlichkeit verbaler Emotionsbegriffe zu beurteilen oder Emotionswörter auf Ratingskalen zu beurteilen, die sich auf die drei oben genannten Dimensionen beziehen. Die so erhaltenen Ergebnisse bestätigen übereinstimmend die Existenz der Wundtschen Dimensionen Angenehmheit/Unangenehmheit und Erregung/Depression (Letztere wird in späteren Untersuchungen eher als hohe/niedrige Aktivierung oder aktiv/passiv bezeichnet). Diese beiden Dimensionen fanden sich praktisch in allen Untersuchungen; auch der relative Standort bestimmter Emotionsbegriffe (oder Gesichtsausdrücke) innerhalb des so beschriebenen zweidimensionalen Raums ist relativ stabil und unabhängig von der Sprache oder der Kultur, in der diese Untersuchungen durchgeführt wurden (Davitz, 1964; Osgood, May & Miron, 1975; Russell, 1983). Abbildung 6.9 veranschaulicht diese Befunde durch eine grafische Darstellung, in der eine Reihe von Emotionsbegriffen in einem zweidimensionalen Raum dargestellt wird und der durch die horizontale Achse positiv-negativ und die vertikale Achse aktiv-passiv definiert wird. Die Position der Begriffe im Raum wird von den durch die Urteiler abgegebenen Ähnlichkeitsurteilen festgelegt (s. Scherer, 1984b).

Das außergewöhnlich hohe Maß an Replizierbarkeit im Hinblick auf die Positionierung der Emotionsbegriffe (und Gesichtsausdrücke) in einem zweidimensionalen Raum hat zur Formulierung einer Reihe von *dimensionalen Emotionstheorien* geführt. Ein Beispiel ist das Zirkumplexmodell, wie es von Russell (1983) formuliert wurde und durch den blauen Kreis sowie die blau gedruckten Bezeichnungen in Abb. 6.9 (S. 201) illustriert wird. Der Autor behauptet, dass sich die wichtigsten Emotionen (oder eher – Gefühle) auf natürliche Weise in Form eines Kreises oder Zirkumplexes in einem zweidimensionalen Raum arrangieren lassen. Wie jedoch Abb. 6.9 zeigt, können die empirischen Befunde, die für diese Behauptung angeführt werden, sehr wohl ein Artefakt der theoretisch vorbelasteten Auswahl der Bezeichnungen sein, die für die Ähnlichkeitsurteile verwendet wurden. Sobald eine größere, repräsentative Auswahl von Bezeichnungen verwendet wird, wird der gesamte Raum ausgefüllt.

Obwohl einzelne Emotionen auf zwei- oder dreidimensionale Schemata projiziert werden können, stellt dies jedoch immer eine Vereinfachung dar. Die enorme Anzahl verbaler Bezeichnungen für Emotionen, insbesondere für subjektive Gefühle, die in beinahe allen Sprachen der Welt existiert, weist darauf hin, dass eine viel subtilere Differenzierung der emotionalen Vorgänge möglich ist. Abhängig von den Kriterien, die die einzelnen Forscher verwendeten, konnten je nach Sprache zwischen 200 bis 1000 solcher Begriffe gefunden werden. Es ist durchaus wahrscheinlich, dass die Verwendung solcher Emotionsbezeichnungen unser wichtigster Zugang zu den Gefühlszuständen ist. Wenn subjektive Gefühle mit der bewussten Erfahrung von Emotion gleichgesetzt werden, dann scheint es, dass die verbalen Bezeichnungen, die wir zu ihrer Beschreibung nutzen, gleichzeitig auch die besten Definitionen darstellen.

6.5.3.2 Die verbale Bezeichnung von Gefühlszuständen

Es ist daher keine Überraschung, dass Wörter durchgängig die wichtigsten Manifestationen der untersuchten Emotionen sind. In jüngster Vergangenheit haben Anthropologen hauptsächlich den Gebrauch von Emotionsbezeichnungen benutzt, um Ähnlichkeiten und Unterschiede in der Emotionserfahrung verschiedener Kulturen zu diskutieren. Im Allgemeinen erfragen diese Forscher von Informanten aus der Kultur, die sie untersuchen, die geläufigen Ausdrücke zur Beschreibung affektiver Zustände. Anschließend versuchen sie, die Entsprechungen dieser Ausdrücke innerhalb des Emotionsvokabulars der westlichen Sprachen zu finden.

Levy (1984) fand beispielsweise heraus, dass die Einwohner Tahitis zwar nur sehr wenige Wörter für traurige Emotionen haben, stattdessen „fühlen sie sich schwer oder müde“ oder „verspüren keinen inneren Schub“. Dagegen besaßen sie ein viel reicheres Vokabular für andere Emotionen wie Ärger. Er schloss daraus, dass in unterschiedlichen Kulturen unterschiedliche Emotionstypen wahrgenommen und mitgeteilt werden. Ähnliche Untersuchungen in einer Reihe nichtwestlicher Kulturen (vgl. Lutz & White, 1986; Mesquita et al., 1997) haben gezeigt, dass das Emotionsvokabular und die Art und Weise, über emotionale Phänomene zu sprechen, starken kulturellen Variationen unterliegen. Daraus haben eine Reihe von Anthropologen geschlossen, dass Emotionen hauptsächlich durch kulturspezifische Werte und Interaktionsnormen bestimmt werden, während kulturübergreifende Aspekte eher nebensächlich seien (vgl. Shweder, 1993).

Diese anthropologischen Beobachtungen (wie auch Anzeichen eines historischen Wandels bei der Verwendung bestimmter Emotionsbegriffe) dienen als Grundlage für die Ansicht, Emotionen seien soziale Konstruktionen. Die Sozialpsychologen, die diese Ansicht vertreten (sie wird allgemein als **sozialer Konstruktivismus** bezeichnet; vgl. Averill, 1980; Harré, 1986; s. auch Oatley, 1993), gehen davon aus, dass Emotionen ausschließlich eine kulturell bestimmte oder sozial konstruierte Wirklichkeit besitzen. Diese Vorstellung deckt sich natürlich teilweise mit der Auffassung, dass subjektive Gefühlszustände den gesamten Kontext einer Emotionsepisode reflektieren, d.h. die Bewertung des auslösenden Ereignisses oder der Situation und die Beschaffenheit der Reaktion. Natürlich werden hierbei der kulturelle Kontext, die von dem jeweiligen Ereignis betroffenen Wertvorstellungen und die Rolle des Individuums in der Situation allesamt auf unterschiedliche Weise den speziellen Gefühlszustand beeinflussen. Kulturelle Unterschiede in den Wertesystemen, Sozialstrukturen, Interaktionsgewohnheiten und viele andere Faktoren können somit Emotionserfahrungen beeinflussen und sich in kulturellen Besonderheiten der Gefühlszustände widerspiegeln. Diese Unterschiede zeigen sich tendenziell am deutlichsten in der verbalen Bezeichnung einzelner Aspekte der emotionalen Erfahrung, wenn man einmal von einem Effekt der kulturellen Entwicklung auf die Sprache ausgeht.

Sozialer Konstruktivismus („social constructivism“): Die Auffassung, dass soziale und kulturelle Faktoren die Wirklichkeit für das Individuum darstellen, unabhängig von biologischen Vorgängen, indem sie ein Interpretationssystem zur Definition des Selbst und der Erfahrung der äußeren Welt zur Verfügung stellen.

Die Existenz derartiger kultureller Unterschiede in Gefühlszuständen und -bezeichnungen stellt jedoch nicht unbedingt die verbreitete Annahme in Frage, dass der grundlegende *Emotionsmechanismus* in allen Kulturen gleich ist. Um die Behauptung belegen zu können, dass alle Emotionsaspekte soziokulturell konstruiert sind und somit kaum oder gar keine Universalität besteht, müssten empirische Untersuchungen starke Unterschiede in Bewertungsprozessen, im Ausdrucksverhalten, in den physiologischen Reaktionsmustern und in den Handlungstendenzen zwischen den verschiedenen Kulturen belegen. Die bislang vorliegenden Ergebnisse deuten jedoch das Gegenteil an. In der zuvor erwähnten großen internationalen Studie (s. auch Scherer & Wallbott, 1994; Scherer, Wallbott & Summerfield, 1986) wurden für verschiedene Emotionen zwar kulturelle Unterschiede in den Gefühlszuständen gefunden. Diese waren jedoch eher unbedeutend im Vergleich zu massiven Effekten der universellen Unterschiede zwischen den Emotionen. Wir können daraus schließen, dass die Gefühlskomponente, so wie sie durch verbale Emotionsbezeichnungen ausgedrückt wird, eher soziokulturellen Einflüssen unterliegt als andere Emotionskomponenten. Dies erscheint auch sinnvoll, da der subjektive Gefühlszustand sowohl den kulturellen und situationsbezogenen Kontext als auch alle anderen Komponenten des Emotionsprozesses reflektiert.

Zusammenfassung. Das empirische Datenmaterial liefert relativ konsistente emotionsspezifische Profile für den Gesichts- und Stimmausdruck und jüngere Ergebnisse lassen vermuten, dass sich zumindest Paare oder Gruppen von Emotionen in spezifischen physiologischen Parametern unterscheiden. Gefühle sind ausschließlich anhand verbaler Bezeichnungen untersucht worden. Eine Vielzahl von Studien belegt, dass diese Gefühlsbezeichnungen unter eine geringe Zahl übergeordneter Dimensionen subsumiert werden können. Interkulturelle Untersuchungen zeigen große kulturelle Unterschiede im Emotionsvokabular, was möglicherweise auf Unterschiede in diesen Gefühlszuständen hinweist.

Welche Schlussfolgerungen lassen sich aus der Tatsache, dass emotionsspezifische Reaktionsprofile zu existieren scheinen, für die Frage nach der Abfolge ziehen, die uns von Beginn dieses Kapitels an verfolgt hat? Das letzte Sequenzdiagramm in Abb. 6.1 (S. 169) unten mit der Bezeichnung „Moderne Theorien“ weist einen Weg, wie man das Problem angehen könnte. Es wird klar, dass der Mechanismus viel komplexer sein muss als in den früheren Modellen angenommen. Die grundlegende Annahme besteht darin, dass die Differenzierung das Ergebnis der Bewertung oder Einschätzung des auslösenden Ereignisses ist, dass sie der Anpassung an die durch das Ereignis geschaffene Situation dient und dass diese Differenzierung mehrere Subsysteme des Organismus betrifft. Das subjektive Gefühl als eine der Komponenten des Emotionsprozesses spiegelt diese Veränderungen wider und ist daher notwendigerweise eine Folge. Das Gefühl selbst dient jedoch wiederum als Reiz, der vom Individuum wahrgenommen und bewertet wird, und kann somit seinerseits die Beschaffenheit und die Richtung des gesamten Emotionsprozesses beeinflussen.

6.6 Auf welche Weise interagieren die Emotionskomponenten?

Lässt der freie Ausdruck der Emotion die Intensität des Gefühls zu- oder abnehmen? Worin bestehen die kurz- und langfristigen Folgen der Emotionskontrolle?

Es ist immer wieder hervorgehoben worden, dass die Emotionskomponenten in hohem Maße miteinander zusammenhängen. Was geschieht, wenn wir versuchen, eine von ihnen absichtlich zu verändern, indem wir beispielsweise unseren spontanen Gesichtsausdruck unterdrücken? Wird dies einen Effekt auf die anderen Komponenten haben – unsere physiologische Reaktion, unseren Gefühlszustand? Ist dies der Fall, könnten wir beispielsweise an therapeutische Eingriffe oder die künstliche Beeinflussung sozialer Situationen denken. Wir könnten die Menschen glücklicher machen, indem wir sie veranlassen häufiger zu lächeln! Dieser faszinierenden Frage werden wir in diesem Abschnitt nachgehen.

6.6.1 Katharsis

Eine der Hauptfunktionen der griechischen Tragödie bestand in der Katharsis. Man nahm an, dass die Zuschauer durch den Prozess der Beobachtung der starken Emotionen, die auf der Bühne dargestellt wurden, – mithilfe von Empathie – von ihren negativen Affekten befreit bzw. gereinigt würden und dadurch einen Zustand der Gelassenheit erreichen könnten. In späteren Überlegungen trifft man oft auf die Vorstellung, dass starke emotionale Erregung durch heftigen motorischen Ausdruck und „Ausagieren" „abgeführt" werden kann (vgl. Kap. 10). Der Mechanismus der Katharsis setzt vermutlich eine Interaktion von drei Emotionskomponenten voraus: Ausdruck, Physiologie und Gefühl. Es wird angenommen, dass die Verstärkung des Ausdrucks zu einer Beruhigung des Organismus, einer Abfuhr der Erregung und damit gleichzeitig zu einer Veränderung oder Reduzierung des subjektiven Gefühlszustandes führt.

6.6.2 Propriozeptive Rückmeldung

Der hier postulierte Mechanismus stellt beinahe das genaue Gegenteil des Mechanismus der Katharsis dar. Danach lässt verstärkte physiologische Aktivität oder heftiges Ausdrucksverhalten eher eine *Verstärkung* des subjektiven Gefühlszustands erwarten. Die jüngste Variante der Vorstellung von der propriozeptiven Rückmeldung, die in der Sozialpsychologie ausgiebig untersucht wird, wird **Gesichtsrückmeldungshypothese** genannt. In Übereinstimmung mit Tomkins' (1984) Behauptung, dass dem Gesicht bei der Emotionsregulation zentrale Bedeutung zukommt, wird angenommen,

Gesichtsrückmeldungshypothese („facial feedback hypothesis"):
s. **propriozeptive Rückmeldung**; insbesondere die Auffassung, dass Verstärkung oder Hemmung des Gesichtsausdrucks einer Emotion die Intensität und möglicherweise die Beschaffenheit des subjektiven Gefühls verändert.

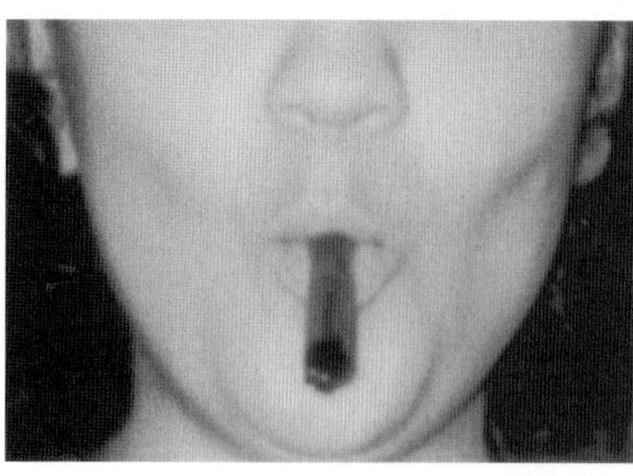
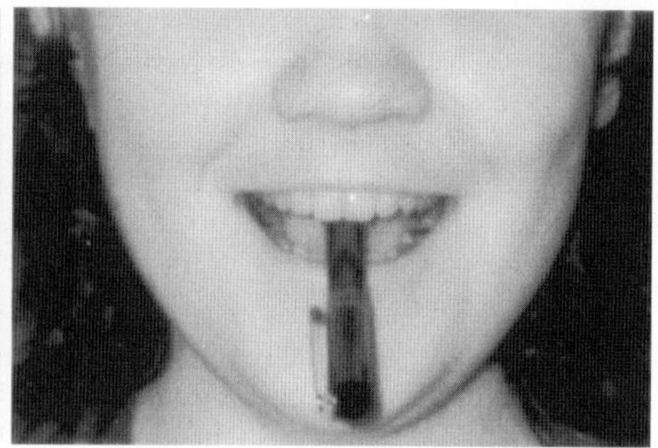

Abb. 6.10. Gesichtskonfigurationen im Experiment von Strack, Stepper und Martin (1988) zur Gesichtsmuskelrückmeldung

dass der Gesichtsausdruck einer Emotion, der mit dem jeweiligen emotionalen Zustand übereinstimmt, das betreffende Gefühl verstärkt, wohingegen ein nicht mit dem Zustand übereinstimmender Gesichtsausdruck den Gefühlszustand abschwächt.

Lanzetta, Cartwright-Smith und Kleck (1976) baten verschiedene Gruppen von Versuchspersonen, während man ihnen im Verlauf des Experiments Elektroschocks verabreichte, jeweils ihre Gesichtsausdrucksreaktion auf die Schocks zu verstärken oder zu unterdrücken – angeblich, um Beobachter zu täuschen. Den Hypothesen entsprechend stuften die Versuchspersonen, die ihren Ausdruck zu unterdrücken oder zu hemmen suchten, die Schocks als weniger schmerzhaft ein als diejenigen, die ihren Ausdruck verstärkt hatten. Dieses Ergebnis konnte in Untersuchungen, in denen ein Verstärkungs-Unterdrückungs-Paradigma zur Anwendung kam, mehrfach repliziert werden.

Ein anderes Paradigma zur Untersuchung der Gesichtsrückmeldung besteht darin, experimentell verschiedene Muster von Muskelaktivität zu induzieren. Unter dem Vorwand, „psychomotorische Koordination“ untersuchen zu wollen, mussten Versuchspersonen in einer Studie von Strack, Stepper und Martin (1988) einen Stift so in den Mund nehmen, dass die zum Lächeln benötigten Muskelgruppen entweder gehemmt (der Stift wurde mit den Lippen gehalten) oder stimuliert wurden (der Stift wurde mit den Zähnen gehalten; vgl. Abb. 6.10). In zwei Untersuchungen fanden die Personen, deren „Lachmuskeln“ auf diese Weise stimuliert worden waren, während des Versuchs gezeigte Cartoons lustiger als die übrigen Personen (zu einer Diskussion über individuelle Unterschiede bei solchen Untersuchungen vgl. auch Laird, 1974).

Eine kürzlich durchgeführte Untersuchung legt nahe, dass derartige Rückmeldungseffekte durch sozialpsychologische Faktoren wie Aufmerksamkeit auf die internen vs. situationsbedingten Hinweisreize und Selbstaufmerksamkeit (self-awareness) abgeschwächt werden können. Kleinke, Peterson und Rutledge (1998) baten ihre Versuchspersonen, sich Fotos mit positivem oder negativem Gesichtsausdruck anzusehen und diese Gesichtsausdrücke noch einmal so genau wie möglich vor einer Videokamera vorzumachen (die Versuchspersonen in der Kontrollgruppe wurden gebeten, einen neutralen Gesichtsausdruck beizubehalten). Die Versuchspersonen berichteten verbal positivere Stimmungen, wenn sie mit positiven Gesichtsausdrücken beschäftigt waren, und weniger positive Stimmungen, wenn sie negative Gesichtsausdrücke hervorbrachten. Diese Effekte waren in einer Bedingung besonders stark ausgeprägt, bei der die Versuchspersonen sich selbst im Spiegel sahen, sowie bei Versuchspersonen mit einem hohen Ausmaß an privater Selbstbewusstheit (private self-consciousness).

Die Effektstärke der Rückmeldung über die Gesichtsmuskulatur und die Eigenart des Mechanismus werden noch heiß diskutiert (zu einem Überblick über die Fragestellungen vgl. McIntosh, 1996). Der Befund, dass Gefühle, die durch bestimmte Reize ausgelöst werden, mithilfe einer angemessenen oder unangemessenen Muskelinnervation an der Ausdruckskomponente der Emotion verstärkt oder abgeschwächt werden können, scheint innerhalb der Komponentenauffassung der Emotion dennoch durchaus folgerichtig. Kommen in einem Gefühl all die anderen Komponenten zum Ausdruck, dann werden die Gefühle definitionsgemäß die Zustände der anderen Subsysteme des Organismus überwachen und somit bei starkem Ausdruck intensiver sein als bei schwachem. Leider ist die Sache etwas komplizierter. Wenn in der Gefühlskomponente wirklich alle anderen Emotionskomponenten zum Ausdruck kommen, dann wird sie auch willkürliche oder unwillkürliche Anstrengungen widerspiegeln, den Emotionsausdruck zu verbergen oder abzuschwächen. Wäre man beispielsweise gezwungen, ein freundliches Lächeln zu zeigen, während man starken Ärger erlebt, würde das Gefühl des Ärgers tatsächlich eher zu- als abnehmen.

Die Effekte, die von einer schwachen Version der Gesichtsrückmeldungshypothese postuliert werden (Verstärkung oder Dämpfung von Gefühlen, die durch entsprechende Reize ausgelöst werden), sind mit der Vorstellung vereinbar, dass der Gefühlszustand eine Reflexion all dessen ist, was in anderen Teilen des Körpers wie auch in unserem Kopf vorgeht (Bewertung). Dies trifft auf die starke Version dieser Hypothese nicht zu; Letztere geht davon aus, dass es direkte Verbindungen zwischen den einzelnen emotionalen Reaktionskomponenten gibt, und postuliert daher, dass es möglich sei, eine voll ausgeprägte Emotion künstlich durch die angemessene Manipulation einer ihrer Komponenten hervorzurufen (z. B. durch Vormachen eines speziellen Gesichtsausdrucks).

In einem stark beachteten Aufsatz führen Ekman, Levenson und Friesen (1983) Nachweise dafür an, dass die experimentelle Induktion eines motorischen Ausdrucks allein – *ohne* jegliche weitere Stimulation – nicht nur einen Gefühlszustand verstärken, sondern sogar die jeweilige Emotion hervorrufen kann, wie sich anhand differenzierter physiologischer Reaktionen und verbaler Gefühlsberichte belegen lässt. Die Forscher baten Schauspieler, nach genauer Anleitung, wie und wann sie bestimmte Teile des Gesichts bewegen sollten, Kombinationen von Gesichtsmuskelbewegungen zu produzieren. Gleichzeitig wurden ihre physiologischen Reaktionen gemessen. Nach dieser so genannten „instruierten Gesichtsbewegungsaufgabe“ wurden die Schauspieler gebeten, ihren Gefühlszustand selbst einzustufen. Die Kombinationen der Gesichtsbewegungen, die die Schauspieler ausführen mussten, entsprachen den Konfigurationen, von denen man aus theoretischen Gründen vorausgesagt hatte, dass sie typisch für grundlegende diskrete Emotionen seien (Ekman, 1989). Obwohl die Aufgabe angeblich nichts mit Emotionsausdruck und -erleben zu tun hatte und man den Schauspielern auch nicht gesagt hatte, dass dies eigentlich Ziel der Untersuchung war, zeigten die Ergebnisse, dass sich die physiologischen Reaktionsmuster für die verschiedenen Muskelkonfigurationen klar unterschieden und im Großen und Ganzen mit den theoretischen Annahmen übereinstimmten. Darüber hinaus fühlten Schauspieler tendenziell diejenige Emotion, deren Ausdrucksmuster sie unwissentlich in ihrem Gesicht produziert hatten. Diese Studie ist wiederholt wegen möglicher experimenteller Artefakte kritisiert worden. Die Schauspieler könnten beispielsweise bemerkt haben, dass die Muskelkonfiguration, die sich in ihrem Gesicht als Ergebnis der ihnen gegebenen Instruktionen herausbildete, dem typischen Ausdruck einer bestimmten Emotion entsprach. Dies lässt andere weniger spektakuläre Interpretationen der Befunde zu, wie etwa gute Vorstellungskraft oder einfach die Bereitschaft, den Erwartungen des Versuchsleiters zu entsprechen. Weiterhin ist für die Produktion einiger Muskelkonfigurationen möglicherweise mehr Anstrengung nötig als für andere, wodurch das Ausmaß der psychophysiologischen Reaktionen beeinflusst wird (z. B. Boiten, 1996). Die Autoren der Studie haben jedoch in der Zwischenzeit die Ergebnisse sowohl bei Versuchspersonen aus Nordamerika wie auch aus Sumatra repliziert (Levenson, Ekman & Friesen, 1990; Levenson, Ekman, Heider & Friesen, 1992) sowie eine Reihe von Belegen zur Entkräftung des Artefakt-Arguments geliefert.

Wenn Befunde dieser Art zuverlässig repliziert und die genauen Muster von Verbindungen zwischen den emotionalen Reaktionskomponenten aufgedeckt werden können, dann lohnt es sich zu untersuchen, ob Emotionsprozesse durch die Aktivierung einer der beteiligten Komponenten ausgelöst werden können. Gerade der Gefühlszustand sollte über die internen Rückmeldungsmechanismen leicht beeinflussbar sein. Leider hat die Untersuchung der Zusammenhänge und Interaktionen zwischen den Emotionskomponenten gerade erst begonnen. Diese Untersuchungen versprechen wichtige Hinweise für die Anwendung z. B. in der Therapie. Es besteht jedoch die Gefahr, ähnlich wie im Falle des Schachter-Singer-Experiments, dass man die ökologische Validität dieses Phänomens aus den Augen verliert. Denn es ist ziemlich unwahrscheinlich, dass unsere Emotionen im täglichen Leben häufig durch die systematische Manipulation unserer Gesichtsmuskeln oder anderer peripherer Körperorgane ausgelöst werden.

6.6.3 Konsequenzen für die Regulation von Emotionen

Wie oben gezeigt, liegen Emotionen fast nie in Reinform vor; sobald sie ausgelöst worden sind, werden sie zumindest beim Menschen überwacht und reguliert, kontrolliert oder manipuliert. Es gibt unterschiedliche Möglichkeiten, wie man Emotionen regulieren kann. Eine davon besteht darin, eine emotionale Reaktion zu verhindern, noch bevor sie eine Chance hat, sich zu entwickeln. Dies geschieht dadurch, dass man versucht, die Bewertung eines Ereignisses, das möglicherweise eine Emotion hervorruft, aktiv zu kontrollieren. In einem klassischen Experiment zeigten Lazarus, Speisman, Mordkoff und Davison (1962), dass es möglich ist, die physiologischen Reaktionen der Versuchspersonen auf einen belastenden Film (z.B. Zeigen einer Beschneidung mit den blutigen Details) zu verändern, indem man den verbalen Kommentar variiert (Betonung der schmerzvollen Erfahrung der Person vs. Betonung der gesellschaftlichen Funktion des Rituals). In ähnlicher Weise können wir uns selbst überzeugen, dass das, was wir sehen, nicht wirklich schwerwiegend ist und dass es uns nicht beeinflussen sollte; hier handelt es sich um eine Art von Neubewertung. Wenn die Emotion hingegen bereits herbeigeführt worden ist, können wir versuchen, eine bestimmte Reaktion wie z.B. einen Gesichtsausdruck zu unterdrücken. Wie wir oben gesehen haben, geht eine solche Maskierung oft mit bestimmten Darbietungsregeln einher und sie wird aufgrund sozialer Normen gefordert. In anderen Fällen können Personen versuchen, ihre Emotionen zu regulieren, um zu verhindern, dass sie durch eine heftige emotionale Reaktion mitgerissen werden, oder weil sie glauben, dass sie durch eine Regulation negative emotionale Erfahrungen abkürzen können.

Worin bestehen die Unterschiede zwischen diesen beiden Arten von Regulation? Teilweise hängt dies vom Kontext und der relativen Schwierigkeit ab, Kontrolle auszuüben. In Situationen, in denen ein Ereignis augenscheinlich schwerwiegende Konsequenzen für uns hat, kann es unrealistisch sein, eine Neubewertung durchzuführen. In Bezug auf die Kontrolle unserer Reaktionen gibt es wichtige Unterschiede zwischen den Reaktionsmodalitäten. Während wir immer zumindest Teile unseres Gesichtsausdrucks kontrollieren (und z.B. ein gekünsteltes Lächeln aufsetzen) können, kann es schwierig sein, in stärkerem Maße automatische Vorgänge wie etwa die Atmung oder Muskelzittern (was einen Einfluss auf unsere Stimme hat) zu regulieren. Ferner kann es Unterschiede in den Wirkungen dieser beiden Arten von Regulation geben. Gross (1998) zeigte seinen Versuchspersonen einen abstoßenden Film, wobei gleichzeitig ihre gefühlsmäßigen, verhaltensmäßigen und physiologischen Reaktionen festgehalten wurden. Je nach der experimentellen Bedingung wurden sie gebeten, entweder (1) an den Film auf eine Weise zu denken, dass sie nichts empfinden würden (Neubewertung), oder (2) sich so zu verhalten, dass jemand, der sie beobachtete, nicht wüsste, dass sie irgendetwas fühlten (Unterdrückung) oder (3) sich einfach nur den Film anzusehen (Kontrollbedingung). Sowohl in der Neubewertungs- als auch in der Unterdrückungsbedingung zeigten die Versuchspersonen weniger Ausdrucksverhalten als in der Kontrollbedingung. Die Neubewertung ließ jedoch die Ekelerfahrung abnehmen (wie man durch den Versuch erwarten könnte, die Emotion im Keim zu ersticken), während die Unterdrückung die sympathische Aktivierung zunehmen ließ, was auf eine Interaktion zwischen unterschiedlichen Emotionskomponenten verweist (s. Kap. 10).

Ein interessantes Thema sind die individuellen oder Gruppenunterschiede im Hinblick darauf, wie sehr man dazu neigt, die eigenen Emotionen zu kontrollieren. Ein weit verbreitetes Stereotyp besteht darin, dass Frauen „emotionaler“ sind. Man erwartet von ihnen vor allem, dass sie eher bereit sind, ihre Emotionen zu zeigen, das heißt, sie weniger zu kontrollieren oder zu maskieren und den emotionalen Ausdruck bei anderen genauer zu erkennen. Tatsächlich wird oft angenommen, dass diese Betonung der Emotionalität ein wichtiger Bestandteil der weiblichen Geschlechtsrolle ist. Hier werden die sozio-affektiven Fähigkeiten im Gegensatz zu Männern betont, von denen man annimmt, dass sie ihre Emotionen besser im Griff haben („Männer weinen nicht“) und es im Beruf zu etwas bringen (vgl. Grossman & Wood, 1993). Steckt in diesem verbreiteten Stereotyp ein wahrer Kern? Kring und Gordon (1998) baten Studienanfänger, sich gefühlsbetonte Filme anzusehen, und verglichen die Versuchspersonen im Hinblick auf ihre Ausdrucksfähigkeit, die elektrische Hautleitfähigkeit und ihre subjektiven Gefühle. Wie erwartet legten Frauen eine stärkere Ausdrucksfähigkeit an den Tag als Männer. Sie zeigten auch andere Reaktionsmuster bezogen auf die Leitfähigkeit der Haut. Es fanden sich jedoch keine Unterschiede in den verbalen Auskünften über die erlebten Emotionen. Interessanterweise gab es bedeutsame individuelle Unterschiede in der Beziehung zwischen Geschlecht und Ausdrucksfähigkeit, die davon abhingen, wie die Versuchspersonen ihre Geschlechtsrolle definierten und wie stark die Ausdrucksfähigkeit in der Familie ausgeprägt war. Der zweite Bestandteil des Stereotyps – dass Frauen den emotionalen Ausdruck bei anderen genauer erkennen – wurde in etwa bestätigt: Eine umfassende Metaanalyse einschlägiger nichtverbaler Erkennungsstudien deutet darauf hin, dass Frauen bei dieser Aufgabe ein wenig besser sind als Männer (Hall, 1998).

■ **Zusammenfassung.** Die Querverbindungen zwischen den verschiedenen Emotionskomponenten sind noch nicht in ausreichendem Maße untersucht worden. Der Großteil der bisherigen Forschung beschäftigt sich mit den Wirkungen des motorischen Ausdrucks auf den Gefühlszustand, wobei die Ergebnisse *sowohl* für einen Katharsis- *als auch* für einen propriozeptiven Rückmeldungseffekt sprechen. Obwohl die beiden Mechanismen auf den ersten Blick widersprüchlich erscheinen, kann man von einem prozessorientierten Ansatz her das Auftreten beider Mechanismen in natürlichen Situationen erklären: Unkontrollierter motorischer Ausdruck nach der Auslösung einer Emotionsepisode lässt das betreffende Gefühl eher stärker werden (wie dies von den Theorien des propriozeptiven Feedbacks vorhergesagt wird). Auf der anderen Seite wird dies zu einem schnelleren Abklingen der durch das betreffende Ereignis ausgelösten Erregung führen (wie dies die Katharsishypothese vorhersagt). Diese Verringerung der Erregung wiederum verringert womöglich die Gefühlsintensität schneller, als dies der Fall wäre, wenn der Ausdruck teilweise unterdrückt worden wäre. Von daher kann unkontrollierter Ausdruck kurzfristig eine Verstärkung des Gefühls bewirken, langfristig jedoch eine schnellere Auflösung. Ein unterdrückter Ausdruck kann kurzfristig zu einer Senkung der Intensität des Gefühls führen, kann aber auch zur Wirkung haben, dass dieses niedrigere Niveau für einen längeren Zeitraum aufrecht erhalten wird. Es gibt auch Belege dafür, dass der Versuch, eine

Emotionskomponente zu regulieren oder zu kontrollieren, unmittelbare Folgen auf andere Komponenten haben kann; dies veranschaulicht die starke Verwobenheit der Komponenten während Emotionsepisoden.

6.7 Zusammenfassung und Schlussfolgerungen

Emotionen sind ein allgegenwärtiges Phänomen im menschlichen Sozialverhalten. Als ein im Laufe der Evolution selektionierter Mechanismus dienen sie der Anpassung an bedeutsame Veränderungen in der physischen und sozialen Umgebung, indem sie eine flexible Auswahl von Reaktionsalternativen erlauben. Emotionen rufen jedoch gleichzeitig automatisch Handlungstendenzen hervor, die auf eine Anpassungshandlung vorbereiten. Die Signalfunktion des emotionalen Ausdrucks ist von besonderer Bedeutung für im sozialen Verbund lebende Gattungen; sie ermöglicht die Aushandlung von Interaktionsschritten. Schließlich spielt die Gefühlskomponente eine wichtige Rolle für die Überwachung und Regulation emotionaler Reaktionen. In Anbetracht ihrer Schlüsselfunktion für die Anpassung ist es nicht verwunderlich, dass Emotionen beinahe alle Subsysteme des Organismus einbeziehen, die im Verlauf einer Emotionsepisode synchronisiert werden, um alle dem Organismus zur Verfügung stehenden Ressourcen für eine Anpassungsanstrengung zu mobilisieren. Das komplexe Wechselspiel zwischen den verschiedenen Emotionskomponenten wird derzeit untersucht. Neuere Arbeiten auf dem Gebiet der Sozialpsychologie zeigen die Bedeutung der Bewertung potenziell emotionsauslösender Ereignisse durch das Individuum in Bezug auf seine wichtigsten Bedürfnisse, Ziele und die zur Bewältigung verfügbaren Ressourcen. Wegen der starken Kulturabhängigkeit von Zielen und Werten sind starke Einflüsse sozialer Gruppen auf emotionale Erfahrungen sowie eine große kulturelle Variabilität zu erwarten. Dies trifft ebenfalls auf die verschiedenen Arten der Bezeichnung und Regulation von Gefühlszuständen in den verschiedenen Kulturen zu.

Die Emotionsforschung innerhalb der Sozialpsychologie weitet sich gegenwärtig explosionsartig aus. Die theoretischen und empirischen Arbeiten der jüngsten Vergangenheit haben unser Wissen über das Phänomen stark vergrößert und uns die Formulierung wichtiger Hypothesen erlaubt. In höherem Maße werden Forschungsanstrengungen auf die Untersuchung starker, lebensechter Emotionen gerichtet als ausschließlich auf im Labor ausgelöste, relativ schwache und nichtspezifische Emotionsvorgänge.

Es ist wichtig, die gegenwärtige Kluft zwischen einem eher psychobiologischen Ansatz, der sich hauptsächlich für die emotionsspezifische Efferenz oder die Externalisierung interner Zustände interessiert, und einem eher sozial-anthropologischen Ansatz zu schließen, der den sozialen und kulturellen Aspekten emotionaler Erfahrung den Vorrang einräumt. Die bislang vorliegenden Erkenntnisse lassen vermuten, dass Emotionen Ergebnisse sowohl eines psychobiologischen Mechanismus (der Mensch und Tier im Wesentlichen gemeinsam ist) als auch sozialer und kultureller Faktoren sind. Diese Determinanten bestimmen zusammen die Auslösung, den Reaktionstyp, die Regulation und vor allem die verbale und nichtverbale Kommunikation der Gefühlskomponente. Allgemein kann man, wie die Erörterung in diesem Kapitel gezeigt hat, die wichtige Rolle des dynamischen Beziehungszusammenhangs zwischen den unterschiedlichen Emotionskomponenten nicht überschätzen. Dies betrifft vor allem den Zusammenhang zwischen dem subjektiven Gefühlszustand und den physiologischen und Ausdruckskomponenten.

Wie an verschiedenen Stellen dieses Kapitels bemerkt, haben Forscher aus vielen verschiedenen Disziplinen während der vergangenen zwei Jahrtausende mit der Komplexität des Emotionsphänomens gerungen. Betrachter des menschlichen Verhaltens, insbesondere Sozialpsychologen, gelangen immer stärker zu der Auffassung, dass Emotionen besonders im sozialen Kontext eine zentrale Rolle als vermittelnder Mechanismus zwischen Motivation, Kognition und Verhalten spielen. Infolgedessen ist das Interesse an affektiven Phänomenen während der letzten Jahre explosionsartig größer geworden und es besteht die Hoffnung, dass es nicht noch zwei weitere Jahrtausende dauern wird, bis sich unser Verständnis der Emotion entscheidend verbessert.

FRAGEN ZUM TEXT

1. Wie im vorliegenden Kapitel wiederholt erwähnt, spielen Emotionen eine wichtige Rolle bei vielen sozialpsychologischen Phänomenen. Betrachten Sie nun einige der anderen Kapitel dieses Bandes z.B. über Einstellungen, soziale Kognition, Gruppenleistung und erörtern Sie, wie die verschiedenen Emotionstypen die dort beschriebenen Phänomene beeinflussen könnten.
2. Denken Sie an ein emotionsauslösendes Ereignis, das Ihnen selbst widerfahren ist, und versuchen Sie, sich an alle Details zu erinnern. Betrachten Sie nun nochmals Abb. 6.1 (S. 169) und analysieren Sie, wie jede Einzelne der beschriebenen theoretischen Positionen erklären könnte, was Sie erlebt haben. Arbeiten Sie die Kriterien dafür heraus, warum Sie eine der Erklärungen bevorzugen.
3. Stellen Sie sich ein typisches emotionsauslösendes Ereignis vor, wie z.B. einen Misserfolg bei einer wichtigen Prüfung oder den Tod eines engen Freundes oder Verwandten. Erörtern Sie, wie die verschiedenen, im vorliegenden Band beschriebenen sozialpsychologischen Abläufe hierbei kulturelle Unterschiede begründen können.
4. Lesen Sie noch einmal die Zusammenfassung des Abschnitts über die Kontrolle und Regulation von Emotionen, in der darauf hingewiesen wird, dass möglicherweise sowohl Katharsis als auch propriozeptive Rückmeldung stattfinden – nur zu unterschiedlichen Zeitpunkten. Planen Sie ein Experiment, mit dem dieser Gedanke experimentell überprüft werden könnte.
5. Stellen Sie eine Liste unterschiedlicher Emotionstheorien zusammen, die in diesem Kapitel erwähnt worden sind. Widersprechen sich die Behauptungen, die von diesen Theorien aufgestellt werden, oder kann man die Theorien als gegenseitige Ergänzung ansehen, die sich nur auf unterschiedliche Aspekte oder Komponenten des Emotionsphänomens konzentrieren?
6. Stellen Sie eine Liste aller Faktoren zusammen, die potenziell Unterschiede zwischen Individuen, Gruppen und Kulturen bezogen auf ihre emotionale Reaktion auf eine identische Situation herbeiführen können. Diskutieren Sie die Mechanismen, die möglicherweise als vermittelnde Faktoren bei diesen Effekten wirken.

Empfohlene Literatur

Ekman, P. & Davidson, R.J. (Eds.). (1994) *The nature of emotion: Fundamental questions.* New York, Oxford: Oxford University Press. Eine neue Art der Darstellung. Bedeutende Emotionstheoretiker und -forscher stellen ihre Auffassung zu wichtigen Fragen dar, die von den Herausgebern skizziert werden.

Frijda, N.H. (1986). *The emotions.* Cambridge: Cambridge University Press. Außer der Darstellung von Frijdas eigener Theorie enthält dieses Buch eine umfassende und tief gehende Erörterung der relevanten Theorien und Untersuchungen.

Izard, C.E. (1991). *The psychology of emotions.* New York, NY: Plenum Press. Auf der Grundlage von Izards eigener Theorie versucht das Buch, viele der wichtigen Aspekte von Emotionen zu einem integrativen Konzept zu verbinden.

Lazarus, R.S. (1991). *Emotion and adaptation.* New York: Oxford University Press. Eine gut lesbare Darstellung des theoretischen Ansatzes von Lazarus, der auf viele wichtige Ansätze Bezug nimmt und mögliche Anwendungen der Emotionsforschung, besonders im Gesundheitsbereich, hervorhebt.

Lewis, M. & Haviland, J.M. (Eds.). (2000). *Handbook of emotions.* New York: Guilford Press. Ein vollständiger Überblick über die wichtigen Aspekte der Emotionsforschung in verschiedenen Fachgebieten.

Scherer, K.R. (Ed.). (1988). *Facets of emotion: Recent research.* Hillsdale, NJ: Erlbaum. Eine Folge von Kapiteln, in denen empirische Befunde zu unterschiedlichen Emotionsaspekten wie Bewertung, Reaktionscharakteristika und Kommunikation dargestellt werden. Im Anhang ist auch nützliches Material für die weitere Beschäftigung mit dem Thema enthalten.

Scherer, K.R. & Ekman, P. (Eds.). (1984). *Approaches to emotion.* Hillsdale, NJ: Erlbaum. Eine Sammlung von Originalarbeiten, in denen einige wichtige theoretische Ansätze in diesem Bereich dargestellt werden.

Schlüsseluntersuchungen

Schachter, S. & Singer, J.E. (1962). Cognitive, social and physiological determinants of emotional states. *Psychological Review, 69,* 379–399.

Ekman, P. & Friesen, W.V. (1971). Constants across cultures in the face and emotion. *Journal of Personality and Social Psychology, 17,* 124–129.

7 Attributionstheorie und -forschung – Von den Grundlagen zur Anwendung

FRANK FINCHAM und MILES HEWSTONE

INHALT

Im täglichen Leben versuchen wir häufig unser Verhalten und das anderer Menschen zu erklären bzw. Ursachen dafür zu finden. Die Attributionstheorie beschäftigt sich mit dieser umfassenden Klasse von Phänomenen. Das vorliegende Kapitel behandelt sowohl Theorien zur Art und Weise, wie Menschen Ereignisse erklären, als auch Anwendungen dieser Theorien auf Probleme in der realen Welt. Die Analyse der Theorien geht der Frage nach, wann, warum und wie wir Attributionen so vornehmen, wie wir es tun. Dies umfasst Überlegungen zu den Informationen, die Menschen verwenden, um Attributionen vorzunehmen, und dazu, ob sie systematisch dazu neigen, bestimmte Arten von Erklärungen zu geben (z. B. solche zu ihren Gunsten). Der Überblick über die An-

wendungen beschäftigt sich damit, welche Beziehungen Attributionen zu Gefühlen und zur Motivation haben (z.B., wenn wir uns nach einem Misserfolg mehr Mühe geben), mit dem Einsatz von Attributionen in der Klinischen Psychologie und der Rolle von Attributionen in engen Beziehungen wie etwa einer Ehe.

7.1 Einleitung

Ein bekannter Werbespot aus dem Fernsehen für eine britische Zeitung zeigt einen Mann (einen Skinhead), der hinter einem anderen Mann (einem Geschäftsmann) herläuft. Die Kamera ist auf die Aktentasche des Geschäftsmannes gerichtet. Warum läuft der Skinhead hinter ihm her? Hier handelt es sich um ein typisches Beispiel für die Art von Warum-Fragen, die wir im täglichen Leben stellen und die Gegenstand der **Attributionstheorie** sind. Dieses allgemeine Forschungsgebiet beschäftigt sich nicht nur mit den Erklärungen oder Kausalattributionen für das Verhalten anderer Menschen, sondern auch mit Selbstattributionen. Stellen Sie sich vor, Sie hätten gerade erfahren, dass Sie Ihre Statistikprüfung, die Sie im letzten Monat abgelegt haben, nicht bestanden haben. Warum? Die Forschung, über die wir in diesem Kapitel einen Überblick geben, beschäftigt sich damit, wie wir solche „Warum-Fragen" beantworten. Dabei werden wir näher betrachten, welche Informationen verwendet und wie diese verarbeitet werden, beispielsweise, ob das eigene Ergebnis mit dem der anderen Prüflinge verglichen wird. Außerdem werden wir uns den Folgen zuwenden, die sich aus Ihren Erklärungen ergeben. So könnte es z.B. sein, dass man das Nichtbestehen der Prüfung einem Mangel an eigener Fähigkeit zuschreibt, was zu einem Verlust an Selbstwertgefühl führt und zur Folge hat, dass man sich nicht genügend darum kümmert, für eine Wiederholungsprüfung zu lernen. Schreibt man das Versagen jedoch einem Mangel an Anstrengung zu, dann lernt man das nächste Mal mehr, um sicherzustellen, dass man die Prüfung auch ganz gewiss bestehen wird. In unseren Interaktionen mit anderen werden wir stark durch unsere Interpretationen ihrer Motive beeinflusst; und wenn wir uns unsere eigenen Ziele setzen, sind wir in hohem Maße von einer realistischen Einschätzung unserer eigenen Fähigkeiten abhängig (wir erschließen sie aufgrund unserer Wahrnehmung der Ursachen von Erfolg und Misserfolg). Wie man leicht sieht, ist das Thema **Kausalattribution**, also die Frage, wie Menschen bestimmten Ereignissen Ursachen zuschreiben, besonders wichtig und es handelt sich um eines der am stärksten beachteten Gebiete in der Sozialpsychologie.

Attributionstheorie („attribution theory"): Der konzeptuelle Rahmen, innerhalb dessen sich die Sozialpsychologie mit Erklärungen für Verhalten beschäftigt, wie sie von Laien bzw. „mit dem gesunden Menschenverstand" vorgenommen werden.

Kausalattribution („causal attribution"): Beschreibt den Schlussfolgerungsprozess, durch den Beobachter einen Effekt auf eine oder mehrere Ursachen zurückführen.

In diesem Kapitel beschäftigen wir uns mit Kausalerklärungen für soziale Ereignisse einschließlich der eigenen Verhaltensweisen und der anderer Menschen. In der ersten Hälfte dieses Kapitels geht es zunächst um zwei klassische Theorien zur Art und Weise, wie Menschen Verhalten auf unterscheidbare Ursachen *attribuieren*. Danach werden wir einige der interessantesten theoretischen Fragen und Untersuchungen betrachten, die versuchen, vier weit gesteckte Fragen zu beantworten: Was sind die wesentlichen Charakteristika von Attributionen? Weisen die Attributionen der Menschen irgendwelche systematischen Verzerrungen auf? Wann nehmen wir Attributionen vor? Und wie nehmen wir Attributionen vor? In der zweiten Hälfte des Kapitels betrachten wir Anwendungen der Attributionstheorie; dabei werden wir uns auf drei Hauptthemen konzentrieren: Motivation, Klinische Psychologie und enge Beziehungen.

7.2 Theorien der Kausalattribution

7.2.1 Naive Handlungsanalyse

Wie nimmt Heiders „naiver Wissenschaftler" alltagspsychologische Erklärungen vor?

In seinem klassischen Werk *The Psychology of Interpersonal Relations* skizzierte Fritz Heider (1958; deutsche Ausgabe: Die Psychologie der interpersonalen Beziehungen, 1977) die Grundlagen der Attributionstheorie als Teil dessen, was er als Alltagspsychologie („common-sense psychology") bezeichnete. Er argumentierte, dass es entscheidend sei, zu wissen, was die Menschen glauben, weil ihre Überzeugungen das Verhalten steuerten. Eine der Fragen, die er stellte, lautete: „Was machen Menschen, wenn sie versuchen, Ereignisse in ihrer sozialen und physischen Welt zu erklären?" Heider (1958) sah den Alltagsmenschen als *naiven Wissenschaftler*, der beobachtbares Verhalten mit nicht beobachtbaren Ursachen in Zusammenhang bringt. Wir werden an dieser Stelle zwei grundlegende Einsichten aus dieser frühen Arbeit hervorheben, die einen großen Einfluss auf die nachfolgende Forschung hatte.

Heider machte eine wichtige Unterscheidung zwischen „internen" und „externen" Ursachen. Nach Heider besteht die Aufgabe des Beobachters darin, zu entscheiden, ob eine bestimmte Handlung auf einer Ursache innerhalb der ausführenden Person (z.B. Fähigkeit, Anstrengung, Absicht) oder auf einem Faktor außerhalb der Person (z.B. Schwierigkeit der Aufgabe oder Glück) beruht. Das Wissen darüber, welche Gruppe von Faktoren bei der Interpretation des Verhaltens einer anderen Person zur Anwendung kommen sollte, so Heider, lässt die Welt des Wahrnehmenden vorhersagbarer werden und verleiht ihm ein Gefühl der Kontrolle. Obwohl Heider (1958) der Unterscheidung von internen und externen Ursachen besondere Bedeutung zumaß, übersah er keineswegs, dass unsere Ursachenzuschreibung auch noch von weiteren Faktoren, wie der Stabilität oder Kontrollierbarkeit von Ursachen beeinflusst wird. Wie wir sehen werden, wurden diese Gedanken später von Weiner und seinen Kollegen (Weiner, Frieze, Kukla, Reed, Rest & Rosenbaum, 1971) bei der Entwicklung ihres multidimensionalen Ansatzes aufgegriffen.

Ein weiterer wichtiger Beitrag Heiders (1958) war seine Beobachtung, dass die Wahrnehmenden dazu neigen, situative Faktoren teilweise oder vollständig zu ignorieren, wenn sie Verhalten erklären. Heiders Arbeit ist etwas weitschweifig, aber viele seiner Vorstellungen wurden durch spätere

Theorien präzisiert und der experimentellen Erforschung zugänglich gemacht (z.B. Jones & Davis, 1965; Kelley, 1967; Weiner, 1979). In diesem Kapitel werden wir uns auf Kelleys wissenschaftliches Attributionsmodell und auf den eher motivationalen Ansatz von Weiner konzentrieren.

7.2.2 Kovariation und Konfiguration

Was ist das „ANOVA"-Modell und worin bestehen seine Grenzen? Wie kommen wir zu Attributionen, wenn uns nur begrenzte Informationen zur Verfügung stehen?

Die nächste aufkommende Theorie war die Theorie der korrespondierenden Schlussfolgerungen (Jones & Davis, 1965). Obwohl sie historisch bedeutsam ist, war sie nur in eingeschränktem Maße von Einfluss und wir werden sie hier nicht weiter erörtern. Stattdessen werden wir den zeitlich nächsten Beitrag zur Attributionstheorie betrachten, die Theorie von Kelley (1967, 1973). Kelley beginnt mit der Frage, welche Informationen zur Kausalattribution herangezogen werden. Er beschreibt zwei unterschiedliche Fälle im Hinblick auf das Ausmaß der für den Beobachter verfügbaren Informationen. Im ersten Fall hat der Beobachter Informationen aus mehreren Beobachtungen, die zu unterschiedlichen Zeitpunkten sowie in verschiedenen Situationen vorgenommen wurden, und kann die *Kovariation* eines beobachteten Effekts und seiner möglichen Ursachen wahrnehmen. Wie würden Sie zum Beispiel erklären, dass Sie gerade durch die Statistikprüfung gefallen sind? Wenn Sie wissen, dass Sie diese Prüfung auch im vorigen Jahr nicht bestanden haben, jedoch in allen anderen Fächern erfolgreich waren und dass Freunde von Ihnen die Statistikprüfung ebenfalls nicht bestanden haben, würden Sie diesen Misserfolg wohl eher der betreffenden Prüfung (z.B. deren Art oder Thema) zuschreiben als sich selbst. Im zweiten Fall ist der Wahrnehmende mit einer einzigen Beobachtung konfrontiert und muss die *Konfiguration* der Faktoren in Betracht ziehen, die als plausible Ursachen für den beobachteten Effekt in Frage kommen. Sie beobachten z.B., wie ein Fußgänger von einem Auto angefahren wird. Normalerweise können Sie sich nicht nach der Anzahl früherer Unfälle erkundigen, an denen entweder der Fahrer oder der Fußgänger beteiligt war; sie müssen Faktoren in Rechnung stellen wie die Nässe der Fahrbahn oder ob der Fahrer betrunken war etc. Im Folgenden beschreiben wir nacheinander Kovariation und Konfiguration.

7.2.2.1 Attributionen aufgrund mehrerer Beobachtungen: Kovariation

Verfügt der Beobachter über Informationen aus mehreren Quellen, so besteht nach Kelley (1967, 1973) sein Ziel darin, wie ein Wissenschaftler voneinander zu trennen, welche Effekte welchen unterschiedlichen Faktoren zugeschrieben werden sollten. Er argumentiert, dass das folgende

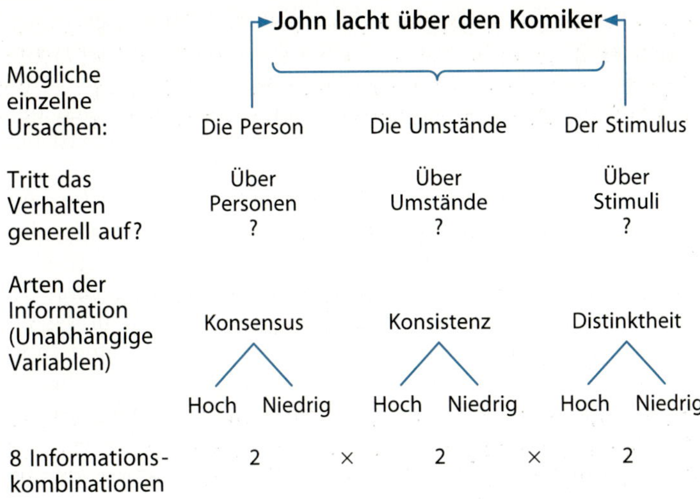

Abb. 7.1. Das varianzanalytische Modell der Kovariation. *Anmerkung:* Eine Erklärung für einen einfachen Satz dieser Art kann erzeugt werden, indem jede mögliche einzelne Ursache (Person/Umstände/Stimulus) identifiziert und gefragt wird, ob das Verhalten über Personen, Umstände und Stimuli hinweg auftritt und damit das Informationsniveau in jedem Fall spezifiziert wird. (Aus Hewstone, 1989; nach Kelley, 1967; McArthur, 1972)

Kovariationsprinzip angewendet wird: Ein Effekt wird einer Bedingung zugeschrieben, die zur selben Zeit wie der Effekt zu beobachten ist und die nicht vorhanden ist, wenn auch der Effekt nicht vorhanden ist. Kelley entwickelte dieses Modell auf der Grundlage des statistischen Modells der Varianzanalyse (ANOVA), die Veränderungen bezüglich einer abhängigen Variable (des Effekts) untersucht, indem sie unabhängige Variablen (die Bedingungen) variiert.

Kovariationsprinzip („covariation principle"): Nach Kelleys Theorie der Kausalattribution kann ein Beobachter mit ausreichender Zeit und Motivation Attributionen auf der Basis der wahrgenommenen Kovariation zwischen dem beobachteten Effekt und seinen möglichen Ursachen vornehmen. Ein Effekt wird auf eine Bedingung attribuiert, die vorhanden ist, wenn auch der Effekt vorhanden ist, und die ausbleibt, wenn auch der Effekt ausbleibt.

Die Funktionsweise des ANOVA-Modells kann anhand eines Beispiels von McArthur (1972) erläutert werden: „Tom schläft während der Vorlesung von Professor Brown ein." Dieses Ergebnis könnte entweder durch eine Besonderheit in der Person (Tom), durch die Umstände (z. B. durch die große Hitze im Hörsaal oder durch die Tatsache, dass es letzte Nacht spät geworden ist), durch Merkmale des Stimulus (Professor Brown) oder durch eine Kombination dieser Faktoren zustande gekommen sein. Die drei Möglichkeiten, Variationen bezüglich der Effekte zu prüfen, ergeben sich aus den drei unabhängigen Variablen (s. Abb. 7.1):

- über Personen (von denen *Konsensus*information gewonnen wird),
- über Zeitpunkte/Modalitäten (von denen *Konsistenz*information gewonnen wird) und
- über Stimuli (von denen Information über *Distinktheit* gewonnen wird).

Die abhängige Variable besteht offensichtlich darin, dass der Effekt auftritt oder nicht. Nach dem Kovariationsprinzip wird derjenige Faktor als Ursache eines Effekts gesehen, der mit dem Effekt kovariiert.

Wenn wir annehmen, dass jedem Informationstyp ein hoher oder niedriger Wert zugeordnet werden kann, dann lassen sich insgesamt acht unterschiedliche Informationsmuster unterscheiden. McArthur (1972) führte eine entsprechende Untersuchung durch und fand Ergebnisse, die scheinbar mit dem Modell übereinstimmen. Sie bestätigte, dass Konsensus, Distinktheit und Konsistenz tatsächlich Kausalattributionen in der von Kelley entsprechend dem Kovariationsprinzip vorhergesagten Art und Weise beeinflussen. Spätere Untersuchungen setzten sich kritischer mit diesem Ansatz auseinander. Die Aufmerksamkeit konzentrierte sich darauf, welche Informationsmuster zu den drei Haupttypen der Kausalattribution führen: Person, Stimulus und Umstände. Für Attributionen auf die Person und den Stimulus erwies sich das Modell als zutreffend. Wenn also nur Tom während der Vorlesung von Professor Brown einschläft (geringer Konsensus), er dies schon in der Vergangenheit gemacht hat (hohe Konsistenz) und er auch in anderen Vorlesungen einschläft (geringe Distinktheit), dann wird als Ursache des Effekts eine Besonderheit in der Person (Tom) angesehen. Und wenn alle in der Vorlesung einschlafen (hoher Konsensus), Tom dies schon in der Vergangenheit gemacht hat (hohe Konsistenz) und er nicht in anderen Vorlesungen einschläft (hohe Distinktheit), dann wird der Effekt auf eine Besonderheit des Stimulus (Professor Brown) zurückgeführt. Es gelingt jedoch nicht, Attributionen auf die Umstände mithilfe des Modells zu erklären; diese scheinen immer dann häufiger zu werden, wenn die Konsistenz niedrig ist (Tom hat in der Vergangenheit in Vorlesungen von Professor Brown nicht geschlafen), aber es scheint kein spezifisches Informationsmuster zu geben (wie es dies für die Attributionen auf die Person und auf den Stimulus gibt), das eindeutig zu Attributionen auf die Umstände führt (Försterling, 1989; Hewstone & Jaspars, 1987).

7.2.2.2 Kritische Aspekte im Zusammenhang mit dem Kovariationsprinzip

Obwohl erste Untersuchungen dieses Modell zu stützen schienen, wurde es in der Zwischenzeit hauptsächlich aus folgenden drei Gründen kritisiert:

- Das Kovariationsprinzip ist als Grundlage für kausale Schlussfolgerungen nur begrenzt geeignet. Wie wir aus den Statistiklehrbüchern wissen, bedeutet Korrelation nicht notwendigerweise auch Kausalität.
- In der Art von Experiment, mit der dieses Modell getestet wurde (z. B. McArthur, 1972), gibt man den Versuchspersonen künstliche Kovariationsinformationen, die sie unter realen Bedingungen weder suchen noch verwenden (s. Garland, Hardy & Stephenson, 1975). Die letztgenannte Beschränkung wird noch durch die Tatsache verstärkt, dass Personen im Allgemeinen die Kovariation zwischen Ereignissen nur schwer einschätzen können (Alloy & Tabachnik, 1984).
- Obwohl die Attributionen der Versuchspersonen den Eindruck erwecken können, *als hätten* sie das Kovariationsprinzip angewendet, ist ihre tatsächliche Informationsverarbeitung möglicherweise eine ganz andere als die, von der Kelley ausgeht. Allein dass Attributionen gut zu den Rahmenvorstellungen der Varianzanalyse zu passen scheinen, bedeutet noch nicht, dass Menschen im Kopf eine Varianzanalyse durchführen. Können Sie das etwa? Für die meisten von uns ist es schwierig genug, eine solche Auswertung mit dem Taschenrechner oder dem Computer durchzuführen.

Wir werden später auf die interessante Frage nach den kognitiven Prozessen im Zusammenhang mit der Kausalattribution eingehen.

Die spätere Forschung zu dieser Theorie hat sich auf den genauen *Prozess* konzentriert, durch den die Wahrnehmenden zu Kausalattributionen gelangen, wenn sie Konsensus-, Konsistenz- und Distinktheitsinformationen erhalten; dabei wurden sehr komplexe Modelle eingesetzt (z. B. Cheng, 1997; van Overvalle, 1998).

Hilton und Slugoski (1986) stellen eine elegante und gleichzeitig einfache Alternative vor: das Modell des Fokus auf abnormale Bedingungen (ACF-Modell oder „Abnormal Conditions Focus Model"). Nach diesem Modell wählen wir bei der Interpretation eines Ereignisses von den vielen möglichen Ursachen diejenige aus, die verglichen mit dem Hintergrund des Zielereignisses *abnormal* ist. Wenn wir zum Beispiel von einem Zugunfall hören, bei dem ein Intercity-Express im Nebel mit 200 Stundenkilometern entgleiste, werden wir weder den Nebel noch die hohe Geschwindigkeit als Unfallursache ansehen, da der ICE ein Zug ist, bei dem hohe Reisegeschwindigkeiten auch bei Nebel normal sind. [Der Nebel und die hohe Geschwindigkeit sind also insofern normale Bedingungen, da sie die Fahrt, bei der der Unfall geschah, nicht von anderen (unfallfreien) Fahrten unterscheiden.] Wenn wir aber hören, dass eines der Räder des Zuges schadhaft war, glauben wir, die „Ursache" des Unfalls gefunden zu haben, da Hochgeschwindigkeitszüge in der Regel nicht mit schadhaften Rädern auf Fahrt gehen.

Bei der Suche nach den Ursachen des Verhaltens anderer wählen wir auch die Faktoren aus, die das beobachtete Verhaltensereignis von anderen Ereignissen unterscheiden. Das ACF-Modell geht davon aus, dass Beobachter Konsensus-, Distinktheits- und Konsistenzinformationen als „Kontrastfälle" behandeln, die jene abnormalen Bedingungen schaffen, die dem Zustandekommen des Ereignisses förderlich sind. Genauer gesagt, nahmen Hilton und Slugoski an, dass Informationen mit *niedrigem Konsensus* („Kaum jemand tut es") die *Zielperson* als abnormal erscheinen lassen; Informationen mit *hoher Distinktheit* („Die Zielperson macht es bei kaum etwas anderem") lassen den *Stimulus* als abnormal erscheinen; und Informationen mit *niedriger Konsistenz* („Das Zielereignis ist fast noch nie aufgetreten") lassen die momentanen *Umstände* als abnormal erscheinen.

Hilton und Slugoski illustrierten die Funktionen von Konsensus, Distinktheit und Konsistenz anhand eines Beispiels: Es geht um einen Mann, der Bauchschmerzen bekommt, nachdem er Rosenkohl gegessen hat. Sie zeigten, wie die Definition der abnormalen Bedingung von der Eigenart des Kontrastfalles (oder der Kontrastfälle) abhängt, der ausgewählt wurde, um das Zielereignis damit zu vergleichen. Beispielsweise würde der Arzt des Mannes den Mann zu anderen Patienten kontrastieren (damit würde er sich auf „etwas bei dem Mann" als die abnormale Bedingung konzentrieren); seine Ehefrau würde jedoch die Reaktion des Mannes zu seinen Reaktionen kontrastieren, nachdem er andere Arten von Gemüse gegessen hatte (damit würde sie sich auf etwas im Zusammenhang mit Rosenkohl als die abnormale Bedingung konzentrieren). Wenn wir die Perspektive eines neutralen Beobachters einnehmen würden, der weder mit dem Arzt noch mit der Ehefrau identisch ist, würden wir uns wünschen, den Mann nicht nur mit anderen Männern zu kontrastieren (Konsensusinformation), sondern auch den Rosenkohl mit anderen Arten von Gemüse, die er isst (Distinktheitsinformation). Wir könnten auch den Wunsch haben, die momentane Situation, bei der der Mann Rosenkohl isst, mit früheren Situationen zu kontrastieren, bei denen er Rosenkohl gegessen hat (Konsistenzinformation). Wenn der Mann immer Bauchschmerzen bekommt, nachdem er Rosenkohl gegessen hat – und dies geschieht bei kaum jemandem –, leidet der Mann nach dem Konsum anderer Gemüsearten nicht unter Bauchschmerzen und hat er in der Vergangenheit immer unter Bauchschmerzen gelitten, nachdem er Rosenkohl gegessen hat. Verwendet man die Dimensionen von Konsensus-, Distinktheits- und Konsistenzinformation auf diese Art und Weise, würde das Modell des Fokus auf abnormale Bedingungen Attributionen sowohl auf die Person (den Mann) als auch auf den Stimulus (den Rosenkohl) vorhersagen, weil es sich in beiden Fällen jeweils um abnormale Bedingungen im Kontext der gelieferten Konsensus- und Distinktheitsinformationen handelt. Die Konsistenzinformation deutet jedoch darauf hin, dass an den Umständen (die momentane Situation) nichts abnormal war, als der Mann Rosenkohl aß.

7.2.2.3 Attributionen aufgrund einer einzelnen Beobachtung: Konfiguration

Kausalschemata („causal schemata"): Der Begriff bezeichnet abstrakte und inhaltsfreie Konzeptionen, wie bestimmte Arten von Ursachen miteinander interagieren und einen Effekt hervorrufen (z.B. Schema der multiplen notwendigen Ursachen; Schema der multiplen hinreichenden Ursachen).

Abwertungsprinzip („discounting principle"): Das Abwertungsprinzip (ursprünglich im Rahmen kausaler Schemata thematisiert) geht davon aus, dass die Rolle, die eine bestimmte Ursache dabei spielt, einen Effekt hervorzurufen, an Bedeutung verliert, wenn andere plausible Ursachen vorhanden sind.

Ein weiterer Nachteil des Kovariationsmodells besteht darin, dass es mehrerer Beobachtungen bedarf, um die nötigen Konsensus-, Distinktheits- und Konsistenzinformationen zu erhalten. Für Attributionen im Alltag verfügen wir jedoch oftmals nicht über diese Informationen. Kelley (1972) räumte ein, dass das ANOVA-Modell „Idealcharakter" habe und dass es viele Situationen gebe, in denen dem Beobachter die Information, die Zeit oder die Motivation fehle, um mehrere Beobachtungen zu berücksichtigen. In diesen Fällen unvollständiger Daten werden Attributionen mithilfe von **Kausalschemata** vorgenommen. Diese Schemata sind aus Erfahrung entwickelte, vorgefertigte Meinungen, Vorannahmen und vielleicht sogar Theorien darüber, wie bestimmte Ursachen miteinander interagieren, um den jeweiligen Effekt zu erzielen. Ein Beobachter kann die Informationen interpretieren, indem er sie mit einem Schema vergleicht und sie mit dessen Hilfe verknüpft (s. Kap. 5).

Eines der einfachsten Kausalschemata ist das Schema der multiplen hinreichenden Ursachen („multiple sufficient cause schema"; Kelley, 1972). Nach diesem Schema kann von verschiedenen Ursachen (z.B. häuslichen Problemen, unzulänglicher schulischer Förderung oder mangelnder Anstrengung) jede einzelne allein den gleichen Effekt hervorrufen (z.B. Prüfungsversagen). Kelley stellte auch eine Reihe von Attributionsprinzipien auf, die mit Kausalschemata einhergehen. Das Schema der multiplen hinreichenden Ursachen ist mit dem **Abwertungsprinzip** verknüpft: Da verschiedene Ursachen zum gleichen Effekt führen können, wird die Rolle einer bestimmten Ursache für diesen Effekt *abgewertet*, wenn gleichzeitig andere plausible Ursachen vorhanden sind. Denken Sie etwa an ein Kind, das bei einer Prüfung in der Schule versagt. Könnte es sein, dass es sich einfach nicht ausreichend angestrengt hat (Mangel an Anstrengung ist also die Ursache)? Wir würden wahrscheinlich diese Ursache abwerten, wenn wir erfahren, dass die Mutter des Kindes schwer krank war (dies stellt somit eine plausible alternative Ursache dar). Die Wirkungsweise des Abwertungsprinzips ist immer noch nicht vollständig geklärt (s. McClure, 1998); und die neuere Forschung hat versucht, festzustellen, unter welchen Bedingungen Abwertung Teil eines rationalen Urteilsprozesses ist und unter welchen nicht (Morris & Larrick, 1995).

Aufwertungsprinzip („augmentation principle"): Das Aufwertungsprinzip (ursprünglich im Zusammenhang mit Kausalschemata thematisiert) geht davon aus, dass die Rolle einer bestimmten Ursache an Bedeutung zunimmt, wenn ein Effekt bei Vorhandensein einer hemmenden Ursache auftritt. Dieser Gedanke ist auch zur Erklärung des sozialen Einflusses herangezogen worden, den Minderheiten ausüben.

Kelley (1972) schlug auch ein so genanntes **Aufwertungsprinzip** vor: Die Rolle einer bestimmten Ursache wird *aufgewertet*, wenn ein Effekt trotz hemmender Kräfte auftritt. Folglich wird man die Leistung einer Studentin, die an Drüsenfieber leidet und trotzdem ihre Prüfung erfolgreich besteht, eher Anstrengung und Fähigkeit zuschreiben, als man dies bei einer gesunden Studentin tun würde. Das Aufwertungsprinzip gilt sowohl für das Schema multipler hinreichender Ursachen als auch für das komplexere Schema multipler notwendiger Ursachen („multiple necessary cause schema"; Kelley, 1972). Nach dem Schema multipler notwendiger Ursachen müssen verschiedene Ursachen gemeinsam wirksam sein, um den Effekt hervorzurufen. Kelley nahm an, dass dieses Schema aktiviert wird, wenn ungewöhnliche oder extreme Effekte erklärt werden müssen (Cunningham & Kelley, 1975).

Nach Kelley (1972) gibt es darüber hinaus noch viele andere Arten von Kausalschemata, die dem Laien zur Verfügung stehen. Sie sind aus drei Gründen wichtig:

- Sie erleichtern es dem Beobachter, Attributionen vorzunehmen, wenn die Informationen unvollständig sind;
- sie sind allgemeine Vorstellungen über Ursachen und Wirkungen, die möglicherweise auf unterschiedliche Gegenstandsbereiche gleichermaßen anwendbar sind;
- sie stellen dem Beobachter Faustregeln über Ursache-Wirkungs-Zusammenhänge zur Verfügung, die es ihm ermöglichen, schnell und leicht komplexe Schlussfolgerungen vorzunehmen (Fiske & Taylor, 1991).

7.2.2.4 Kritische Punkte im Zusammenhang mit Kausalschemata

Trotz der offensichtlichen Vorteile, die mit Kausalschemata einhergehen, sind immer noch Fragen offen, denen wir uns theoretisch und empirisch zuwenden müssen. Nach Fiedler (1982) sind zwei Fragen zentral:

- Die Existenz und Funktionsweise von Kausalschemata wurde, auch wenn sie von der Intuition her plausibel ist, noch nicht erfolgreich nachgewiesen. Fiedler kritisiert einige Forschungsarbeiten, weil sie künstlich sind und weil sich wie mit einem automatischen Detektor für Kausalschemata in jeder Art von Attribution so etwas beim Wahrnehmenden finden lässt. Somit werden unterschiedliche Reaktionen als Beleg für den Einsatz unterschiedlicher Arten von Schemata gesehen.

Aber woher wissen wir, dass überhaupt ein Schema verwendet wurde? Alles, was wir momentan sagen können, ist, dass Menschen so handeln, als benutzten sie Schemata.

- Fiedler kritisiert auch die abstrakte, inhaltsfreie Konzeption von Schemata. Ein Schema sollte organisiertes Wissen repräsentieren, das auf einer kulturellen Erfahrung beruht, und nicht einfach einen abstrakten Zusammenhang zwischen Ursache und Wirkung.

7.2.2.5 Kovariation und Konfiguration: ein integrativer Ansatz

Trotz der vorgebrachten kritischen Einwände sind sowohl das Kovariations- als auch das Konfigurationsprinzip von zentraler Bedeutung für die Attributionsforschung. Es wurde intensiv diskutiert, ob Attributionen „datengeleitet" (durch Kovariation) oder „theoriegeleitet" (durch Konfiguration) sind. Tatsächlich gibt es eine Interaktion zwischen Daten und Erwartungen; dabei bestimmen Vorannahmen nicht nur wie, sondern auch welche Daten verarbeitet werden (Alloy & Tabachnik, 1984).

7.2.3 Zusammenfassung

Die Attributionstheorien stimmen in den folgenden allgemeinen Themen überein: Vermittlung zwischen Stimulus und Reaktion, aktive und konstruktive kausale Interpretation und die Perspektive des „naiven Wissenschaftlers" bzw. „Laien". Von größter Bedeutung ist, dass alle Theorien Alltagserklärungen und Antworten auf die Frage nach dem „Warum" thematisieren. Nach Heider ist Verhalten das gemeinsame Produkt von zwei Klassen von Variablen, den Eigenschaften der Person und den Eigenschaften der Situation. Attributionstheorien versuchen die Frage zu klären, wie Beobachter entscheiden können, ob ein Verhalten eher durch personale oder durch situative Faktoren erklärt werden muss. Mit der Entwicklung des Kovariations- und des Konfigurationsprinzips systematisierte Kelley nicht nur die Überlegungen Heiders, er übersetzte sie auch in die für Sozialpsychologen akzeptable Terminologie von Varianzanalyse und Schemabegriff. Das Kovariationsprinzip kommt zur Anwendung, wenn der Beobachter Informationen aus mehreren Beobachtungen zur Verfügung hat, die zu unterschiedlichen Zeitpunkten sowie in verschiedenen Situationen vorgenommen wurden. Hingegen muss ein Beobachter, dem nur eine Beobachtung zur Verfügung steht, seine Schlussfolgerungen aus der Konfiguration der Faktoren ziehen, die als plausible Ursachen für den beobachteten Effekt in Frage kommen. Im ersten Fall bringt der Beobachter eine naive Version von Mills Methode der Unterschiede zur Anwendung, nach der ein Effekt (Empfindung, Handlungsergebnis) immer der Ursache zugeschrieben wird, die zugegen ist, wenn der Effekt auftritt, aber abwesend ist, wenn der Effekt nicht auftritt. Im Fall von unvollständigen Daten wird die kausale Analyse hingegen mithilfe von Kausalschemata vorgenommen.

Diese Schemata sind naive Theorien darüber, wie bestimmte Ursachen zusammenwirken, um den jeweiligen Effekt zu erzielen.

Auf der ideenreichen deskriptiven Arbeit Heiders (1958) aufbauend setzten sich die späteren Theorien das hohe Ziel, die Regeln zu formalisieren, die man möglicherweise bei Kausalattributionen verwendet. Dabei beantworteten sie zahlreiche Fragen über die Eigenart von Alltagserklärungen, warfen aber gleichzeitig eine große Zahl weiterer Fragen über die Eigenart und das Wann und Wie von Alltagserklärungen auf. Einigen dieser Fragen wollen wir uns nun zuwenden.

7.3 Grundlegende Fragen der Attributionsforschung

Die bisher diskutierten überprüfbaren Theorien lösten zunächst Begeisterung aus, der dann aber eine tiefer gehende und eher kritische Forschung und Theoriebildung hinsichtlich grundlegender Fragen folgte: Was genau sind Kausalattributionen? Wodurch werden sie verzerrt? Wann treten sie auf? Und wie kommen sie im Beobachter zustande?

7.3.1 Die Eigenart der Kausalattribution

Ist die Unterscheidung zwischen „interner" und „externer" Attribution valide? Müssen nicht andere Dimensionen der Kausalattribution unterschieden werden?

Seit den Arbeiten von Heider (1958) wird der Unterscheidung zwischen internen und externen Attributionen große Bedeutung beigemessen. Obwohl diese Unterscheidung wichtig ist, sind damit zwei grundlegende Probleme verbunden, die eine Gefahr für ihre Nutzung und ihren Wert darstellen (Miller, Smith & Uleman, 1981).

Erstens: Welche Beziehung besteht zwischen internen und externen Attributionen? Heider nahm an, dass zwischen personaler und situativer Kausalität eine gegenläufige Beziehung besteht: Je mehr die Person als die Handlung verursachend wahrgenommen wird, desto weniger wird die Situation als ursächlich wahrgenommen (und umgekehrt). Nach dieser Sichtweise sollten Maße der personalen und situativen Attribution negativ korreliert sein. In verschiedenen Untersuchungen wird jedoch von positiven oder nur leicht negativen Korrelationen zwischen auf unterschiedlichen Skalen eingeschätzten Attributionen auf die Person und Attributionen auf die Situation berichtet (z. B. Taylor & Koivumaki, 1976). Die Menschen neigen auch stärker dazu, unter bestimmten Bedingungen Kombinationen von internen und externen Attributionen vorzunehmen, etwa bei der Erklärung extremer Ereignisse (Kelley, 1973) oder komplexer interpersonaler Ereignisse wie z. B. der Interaktion zwischen Ehepaaren (Fincham, 1985).

Zweitens können interne und externe Attributionen nicht immer klar voneinander unterschieden werden. Ein zentrales Problem besteht darin, dass Aussagen mit scheinbar externen Attributionen als Aussagen umformuliert werden können, die interne Attributionen zum Ausdruck bringen (und umgekehrt; Ross, 1977). Dieses Problem wurde besonders deutlich, wenn Forscher versuchten, Attributionen, die als freie Antworten vorlagen, neu zu kategorisieren. Nisbett und Mitarbeiter (1973, Studie 2) baten Studenten, in kurzen Worten zu beschreiben, welche Gründe für die Wahl ihres Studienfaches entscheidend waren. Eine Aussage wie „Ich will viel Geld verdienen" wurde als intern, „In der Chemie kann man gut verdienen" hingegen als extern kodiert. Die Kritik an dieser Methode liegt auf der Hand: Ganz offensichtlich enthalten beide Aussagen ähnliche Informationen und haben sogar dieselbe Bedeutung. Einige Forscher haben darüber hinaus festgehalten, dass die Kategorien „interne" und „externe Kausalität" recht breit gefasst sind und eine heterogene Sammlung von Attributionen enthalten (s. Lalljee, 1981). Andere berichteten, dass viele ihrer Versuchspersonen die Unterscheidung nicht verstehen konnten bzw. sie für nicht bedeutsam hielten (Taylor & Koivumaki, 1976). Diese Forschung wirft ernsthafte Fragen hinsichtlich der Validität der Unterscheidung zwischen internen und externen Attributionen auf.

Es ist deshalb wichtig, anzumerken, dass Heider die Unterscheidung in interne und externe Ursachen auch nie als alleinige Dimension der Kausalattribution betrachtet hatte. Heiders (1958) Überlegungen wurden von Weiner und seinen Mitarbeitern aufgegriffen, die einen mehrdimensionalen Ansatz der Kategorisierung von Ursachendimensionen entwickelten. Ursprünglich schlugen Weiner und Kollegen (1971) ein zweidimensionales Schema der Kausalattribution vor, das Ursachen sowohl nach Lokation (locus: intern vs. extern) als auch nach Stabilität unterschied. *Stabilität* bezieht sich auf die zeitliche Eigenart einer Ursache und kann von stabil (invariant) bis instabil (variabel) reichen. Während Fähigkeit eine interne, stabile Ursache ist, sind Anstrengung, Stimmung, Müdigkeit oder Krankheit interne, aber instabile Faktoren. Von den externen Ursachen ist Aufgabenschwierigkeit als eher stabil, Zufall hingegen als eher instabil zu betrachten.

Später erweiterten sie (s. Weiner, 1986) diesen Ansatz um eine dritte Dimension, deren Bedeutung auch bereits von Heider (1958) erkannt worden war, nämlich ob ein Verhalten absichtlich oder unabsichtlich ausgeführt wurde. Unsere Reaktion auf das Verhalten einer Bekannten, die eine Verabredung zum Tennisspielen absagt, wird vermutlich positiver ausfallen, wenn sie wegen Grippe absagt, und nicht, weil sie keine Lust hat, sich heute anzustrengen. Sowohl die Grippe als auch der Mangel an Anstrengungsbereitschaft sind interne, instabile Ursachen. Aber während man gegen die Grippe machtlos ist (unkontrollierbar), lässt sich der Mangel an Anstrengungsbereitschaft überwinden. Weiner (1986) bezeichnete diese dritte Dimension deshalb als Kontrollierbarkeit. *Kontrollierbarkeit* bezieht sich auf das Ausmaß des willkürlichen Einflusses, der über eine Ursache ausgeübt werden kann. Mittels dieser drei Dimensionen können Ursachen in einem Acht-Felder-Schema klassifiziert werden (2 Lokationsniveaus × 2 Stabilitätsniveaus × 2 Kontrollierbarkeitsniveaus). Wie wir in der zweiten Hälfte dieses Kapitels sehen werden, hat Weiner diesen Ansatz zu einer wichtigen Motivations- und Emotionstheorie weiterentwickelt.

7.3.2 Die Auslösung von Kausalattributionen

Bis jetzt haben wir möglicherweise den Eindruck erweckt, dass Menschen immer Attributionen vornehmen und dabei einen ziemlichen Aufwand treiben. Ist dies aber wirklich der Fall? Versuchen wir ständig die Ursachen des Verhaltens unserer Mitmenschen zu ergründen? Langer (1978) vertrat die Auffassung, wir wüssten zwar, dass Menschen in der Lage sind, die Welt in Begriffen von Ursache und Wirkung wahrzunehmen, aber nicht, wie oft und unter welchen Umständen sie dies tun. Die Kritik der Autorin warf die Frage auf, wie viel sich der Durchschnittsmensch, der Attributionen vornimmt, denkt; und sie argumentierte, dass viele scheinbar durchdachte Handlungen in Wirklichkeit geistlos seien. Sie war der Meinung, dass die Menschen die meiste Zeit über weder bewusst nach Erklärungen suchen noch aktiv damit beschäftigt sind, neu eingehende Informationen zu überwachen. Die Menschen verlassen sich, besonders wenn sie wohl bekannte Aktivitäten ausführen, auf gut gelernte und allgemeine „Scripts" (z.B. Abelson, 1981). Es gibt auch individuelle Unterschiede im Ausmaß der Komplexität, mit der die Menschen Attributionen vornehmen (s. Fletcher, Danilovics, Fernandez, Peterson & Reeder, 1986).

Wann werden also Attributionen vorgenommen? Um diese Frage zu beantworten, hat Weiner (1985) alle verfügbaren Ergebnisse über das, was er als „spontanes" Kausaldenken bezeichnet, zusammengefasst. Er hat absichtlich alle Studien ausgeschlossen, die Attributionen reaktiv gemessen hatten, und konzentrierte sich auf Studien, in denen normales (verbales) Verhalten beobachtet und kodiert worden war. Lau und Russell (1980) z.B. unterzogen die Attributionen in den Sportseiten von Tageszeitungen einer Inhaltsanalyse und stellten fest, wie man dies auch vorhersagen würde, dass unerwartete Resultate eine größere Anzahl von Erklärungsversuchen zur Folge hatten, als erwartete. In ähnlicher Weise kodierten Seligman und seine Kollegen Tagebücher, Wahlreden und psychotherapeutische Sitzungen (s. Peterson, Maier & Seligman, 1993). In seinem Überblicksartikel folgerte Weiner, dass es bei der Auslösung von Attributionen zwei Schlüsselfaktoren gebe: unerwartete (vs. erwartete) Ereignisse und Nichterreichen (vs. Erreichen) eines Zieles. Kanazawa (1992) plante ein Experiment, um sowohl die Erwartung (erwartete vs. unerwartete Ereignisse) als auch das Ergebnis (Erfolg vs. Misserfolg) zu variieren. Beispielsweise lasen die Versuchspersonen etwas über eine Person, die gute (oder schlechte) Leistungen in der Schule zeigte, dann die Universität besuchte und schließlich ihren Abschluss mit ausgezeichneten (oder schlechten) Noten machte. Kanazawa fand heraus, dass nur die Erwartung einen unabhängigen Effekt auf spontanes Kausaldenken hatte. Zu weiteren Auslösern für die Attributionsaktivität, die in der Forschung identifiziert wurden, gehören Kontrollverlust (Liu & Steele, 1986) und unterschiedliche Emotionen wie Traurigkeit und Ärger (Keltner, Ellsworth & Edwards, 1993). Zu einer detaillierten Beschäftigung mit der Frage, wann und wo Attributionen vorgenommen werden, s. Schuster, Rudolph und Försterling (1998).

7.3.3 Fehler und Verzerrungen im Attributionsprozess

Zeigen sich in den Attributionen von Laien systematische „Fehler", „Verzerrungen" oder „Irrtümer"? Wie versuchen kognitive und motivationale Erklärungsansätze, die hauptsächlichen Attributionsverzerrungen zu erklären?

Normatives Modell („normative model"): Standard, optimal richtige Art und Weise, zu einer Schlussfolgerung oder zu einem Urteil zu kommen (z. B. Kelleys ANOVA-Modell).

Attributionsverzerrungen („attributional biases"): Eine Attributionsverzerrung liegt vor, wenn der Wahrnehmende ein ansonsten korrektes attributionales Verfahren systematisch verzerrt (z. B. zu starke oder zu geringe Verwendung) oder wenn das Ergebnis an sich verzerrt ist.

Wie wir zuvor erfahren haben, wird der Beobachter im ANOVA-Modell von Kelley (1967) als eine durchaus rationale Person gesehen. Das Modell erhielt den Status eines **normativen Modells**, das angibt, wie Beobachter präzise Kausalattributionen vornehmen *sollten*. In der Realität jedoch verhalten sich Beobachter keineswegs wie Wissenschaftler, die solchen detaillierten formalen Modellen folgen. Sie nehmen Attributionen schnell vor, verwenden sehr viel weniger Informationen und bevorzugen eindeutig bestimmte Arten von Erklärungen. Wir müssen deshalb *deskriptivere* Modelle in Betracht ziehen, um sehen zu können, *wie* Beobachter tatsächlich Attributionen vornehmen.

Eine Reihe von Untersuchungen kam zu dem Ergebnis, dass Laien im Vergleich zu Wissenschaftlern oder Statistikern voreingenommen sind und **Attributionsverzerrungen** oder -fehler machen. Es gibt zwei hauptsächliche Klassen von Erklärungen für diese offensichtlichen Mängel an Erklärungen von Laien – motivationale (oder „bedürfnisbezogene") und kognitive (oder „informationsbezogene"). Wir werden beide in unsere Überlegungen einbeziehen und später erörtern, ob es möglich ist, zwischen diesen beiden eine Entscheidung zu treffen. Doch zunächst wollen wir der Frage nachgehen, ob es gerechtfertigt ist, diese Tendenzen als Fehler oder Verzerrungen zu beschreiben. Der Begriff des *Fehlers* („error") sollte besser Abweichungen von einem normativen Modell (Fiske & Taylor, 1991) oder Verletzungen eines vereinbarten Validitätskriteriums (Kruglanski & Ajzen, 1983) vorbehalten bleiben. Solche Modelle oder Kriterien stehen in der Attributionsforschung jedoch nur selten zur Verfügung. Aus diesem Grund sollte hier der Begriff *Verzerrung* („bias") verwendet werden, obwohl wir weiterhin den ungenauen Begriff des *Fehlers* gebrauchen, wo er sich bereits fest eingebürgert hat. Eine Verzerrung liegt vor, wenn der soziale Beobachter ein ansonsten korrektes Verfahren (z. B. durch zu häufige oder zu seltene Anwendung) systematisch verzerrt (Fiske & Taylor, 1991). Eine ganz andere Sichtweise wurde von Funder (1987) propagiert, der die Auffassung vertritt, dass das, was als „Fehler" bezeichnet wurde, im weitesten Sinne eine Funktion des Laborkontextes ist und in der wirklichen Welt nicht unbedingt zu „Irrtümern" führen muss. Aus unterschiedlichen Perspektiven haben Forscher darüber hinaus gezeigt, dass selbst fest etablierte Attributionsverzerrungen aufgehoben werden können, wenn man das Problem in einen neuen Rahmen stellt oder die dargebotene Information durch subtile Veränderungen umkehrt oder aufhebt (Cheng & Novick, 1992; Försterling, 1995). Wir werden sehen, dass die Analyse solcher Verzerrungen bessere Einsichten in den Prozess der Kausalattribution liefern kann als komplexe normative Modelle. Wir werden uns deshalb im nächsten Abschnitt den bekanntesten Verzerrungen näher zuwenden.

7.3.3.1 Der fundamentale Attributionsfehler/Korrespondenzverzerrung

Stellen Sie sich vor, Sie sehen sich ein Spiel Ihrer Lieblingsfußballmannschaft an. Der beste Spieler auf dem Platz bekommt den Ball direkt vor dem Tor und muss nur noch am Torwart vorbei ... dann rutscht er aus und tritt neben den Ball. Kein Tor. Sie verfluchen Ihren ehemaligen Fußballstar und bezeichnen ihn als ungeschickt, unfähig oder gebrauchen schlimmere Ausdrücke. Völlig übersehen haben Sie jedoch die Tatsache, dass es die letzten drei Tage anhaltend geregnet hat, der Boden aufgeweicht ist und das Spiel erst angepfiffen wurde, nachdem der Schiedsrichter vor dem Anstoß das Spielfeld überprüft hatte. Warum haben Sie die Situation ignoriert und sich auf die Person konzentriert? Einige der ersten modernen Untersuchungen zum Thema Attribution zeigten bereits, dass nicht alle potenziellen Ursachen (also Person, Stimulus, Umstände) mit derselben Wahrscheinlichkeit ausgewählt werden (wenn alles andere konstant gehalten wird). Stattdessen gibt es eine allgemeine Vorliebe dafür, auf die Person zu attribuieren (also auf die Persönlichkeitszüge eines Handelnden bzw. auf personale Dispositionen). Denken Sie zur Veranschaulichung an die Befunde einer ganzen Reihe von Untersuchungen, dass es Beobachtern in konsistenter Weise nicht gelingt, die Auswirkungen sozialer Rollen auf das Verhalten angemessen zu berücksichtigen. Dies wurde in einem klassischen Experiment von Ross, Amabile und Steinmetz (1977) demonstriert. Sie ordneten den Versuchspersonen per Zufall bei einem Quiz die Rollen des Fragenden und des Kandidaten zu; dabei wurde dem Ersten gesagt, dass er Letzterem schwierige Fragen stellen solle. Sowohl die Kandidaten als auch die „Quiz-Master" übersahen die Vorteile, die mit der Rolle des Fragenden einhergingen (d.h., dass er Fragen aus Gebieten auswählen konnte, in denen er sich auskannte) und stuften den Fragenden im Vergleich zum Kandidaten als viel kenntnisreicher ein. Viele weitere Untersuchungen zeigen, dass Beobachter personale oder dispositionale Faktoren anscheinend überschätzen und situative Faktoren unterschätzen (z.B. Jones & Harris, 1967; Ross, Amabile & Steinmetz, 1977). Für diese Verzerrung bürgerte sich die Bezeichnung **fundamentaler Attributionsfehler** ein. Angesichts der Tatsache, dass sich die Verzerrung bei weitem nicht als allgemeingültig erweist und es an Kriterien für Genauigkeit mangelt, sollte man eine bescheidenere Bezeichnung für diesen dennoch wichtigen Effekt wählen – die **Korrespondenzverzerrung** (Gilbert, 1995; Jones, 1990). Es gibt viele mögliche Erklärungen für diesen Effekt; wir wollen hier jedoch nur die hauptsächlichen berücksichtigen (s. Gilbert & Malone, 1995).

Eine allgemeine motivationale Erklärung bezieht sich auf die Tatsache, dass uns eine dispositionale Attribution ein Gefühl von *Kontrolle* vermit-

Fundamentaler Attributionsfehler („fundamental attribution error"): Beschreibt die allgemeine Tendenz, den Einfluss situativer Faktoren zu unter- und den Einfluss dispositionaler Faktoren hinsichtlich der Verhaltenskontrolle zu überschätzen. Diese Verzerrung kann auf der Basis kognitiver, kultureller und linguistischer Faktoren erklärt werden (s. **Korrespondenzverzerrung**).

Korrespondenzverzerrung („correspondence bias"): Die Tendenz, aus beobachtetem Verhalten eines/einer Handelnden auf dessen/deren Persönlichkeitseigenschaften zu schließen, auch wenn die Schlussfolgerung nicht gerechtfertigt ist, da andere mögliche Ursachen für das Verhalten vorhanden sind (s. **fundamentaler Attributionsfehler**).

Abb. 7.2. Wir neigen nach unerwarteten Ergebnissen stärker dazu, Warum-Fragen zu stellen (z. B. nach dem Überraschungssieg des unbekannten Labour-Kandidaten Stephen Twigg über den prominenten Konservativen Michael Portillo in der britischen Wahl vom Mai 1997)

telt. Miller, Norman und Wright (1978) argumentierten, das Verhalten einer anderen Person erscheine als wahrscheinlicher und möglicherweise kontrollierbarer, wenn wir ihr früheres Verhalten auf ihre zugrunde liegenden, stabilen Dispositionen zurückführen können. Diese Kontrollfunktion der Attribution hilft uns dabei, eine große Vielfalt von Attributionsphänomenen zu verstehen, die der Intuition widersprechen. Beispielsweise fand man, dass sich Menschen über andere verächtlich äußern, die Opfer negativer Ereignisse sind (und sie so sehen, als hätten sie diese Ereignisse verdient); dies geschieht möglicherweise in dem Versuch, die Überzeugung aufrechtzuerhalten, dass ihnen persönlich keine negativen Ereignisse zustoßen werden (die „Hypothese von der gerechten Welt"; s. Lerner, 1980).

Salienz („salience"): Die Distinktheit eines Stimulus relativ zum Kontext (z. B. ein Mann in einer Gruppe von Frauen; eine Gruppe von Menschen, von denen einer im Mittelpunkt steht).

Kognitive Erklärungsansätze für die Korrespondenzverzerrung betonen die Wissensgrundlage von Attributionen und die Verarbeitung sozialer Informationen. Bei der allgemeinen Erklärung durch **Salienz** wird beispielsweise argumentiert, dass das Verhalten des Handelnden im typischen Fall distinkter ist als die Situation. Eine weitere kognitive Erklärung bezieht sich auf die unterschiedlichen Vergessensquoten für situative und dispositionale Ursachen. Für diese Erklärung braucht man Belege, dass Attributionen, die einige Zeit nach dem betreffenden Verhalten vorgenommen werden, dazu tendieren, stärker dispositionale und weniger situative Ursachen hervorzuheben, als Attributionen, die direkt danach vorgenommen werden. Obwohl jedoch einige Studien ebendies zeigen (Moore, Sherrod, Liu & Underwood, 1979; Peterson, 1980), wird in anderen genau das Gegenteil berichtet (z. B. Burger, 1991; Miller & Porter, 1980; vgl. Funder, 1982).

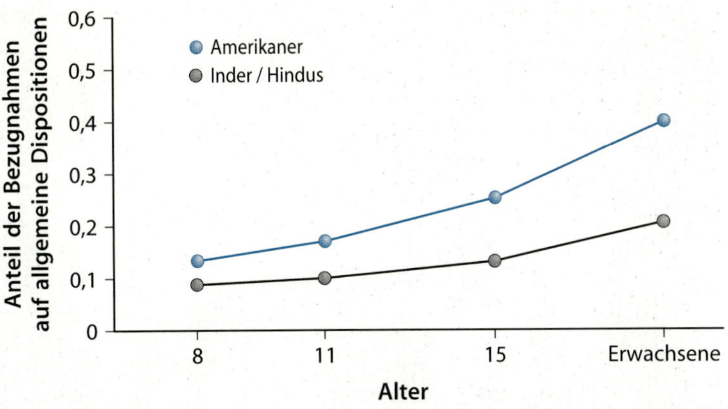

Abb. 7.3. Kulturelle und entwicklungsbezogene Muster dispositionaler Attributionen. (Mit freundlicher Genehmigung aus Miller, 1984)

All diese bisher besprochenen Erklärungsansätze nähern sich dem Problem, als wären dispositionale und situative Attributionen nur die beiden Seiten einer Münze (s. die oben erwähnte Kritik). Ein anderer Ansatz schlägt vor, dass wir uns beides als sequenzielle Operationen vorstellen sollten. Quattrone (1982) vertrat die Auffassung, dass die Menschen zunächst dispositionale Schlussfolgerungen ziehen und dann diese Schlussfolgerungen in (eher) situative umwandeln. Aus dieser Perspektive beginnen die Menschen immer mit dispositionalen Schlussfolgerungen, sodass die Korrespondenzverzerrung durch eine kognitive Heuristik erklärt werden kann, nämlich durch die *Verankerung* (Tversky & Kahneman, 1974; s. Kap. 5). Nach dieser Heuristik sind Schätzungen immer in Richtung auf den Ausgangswert verzerrt, da der nachfolgende Anpassungsprozess in der Regel unvollständig ist. Wir werden uns weiter unten, wenn wir uns detaillierter mit den Prozessmodellen der Attribution auseinandersetzen, mit dieser Unfähigkeit beschäftigen, zur Verfügung stehende Informationen zu nutzen.

Gleichgültig, ob wir uns nun dafür entscheiden, motivationale oder kognitive Faktoren zu betonen, es sollte angemerkt werden, dass die Korrespondenzverzerrung durch kulturelle Unterschiede beeinflusst wird. Wenn wir uns von eher „individualistischen" Kulturen (z. B. Westeuropa, Nordamerika) fortbewegen und uns mit eher „kollektivistischen" Kulturen (z. B. asiatische Länder) beschäftigen, werden die Attributionen gewöhnlich weniger dispositional und eher situativ. Miller (1984) berichtete auf der Basis einer amerikanischen Stichprobe, dass ihre Mitglieder im Laufe der Entwicklung über die Lebensspanne stärker dazu neigen, auf dispositionale (persönlichkeitsbedingte) Faktoren Bezug zu nehmen, während er in einer indisch-hinduistischen Stichprobe eine Zunahme kontextueller Faktoren feststellte (s. Abb. 7.3). Entsprechend fanden Morris und Peng (1994), dass Chinesen (gleichgültig, ob sie in China oder in den Vereinigten Staaten lebten) weniger anfällig für die Korrespondenzverzerrung waren als Amerikaner (s. auch Choi, Nisbett & Norenzayan, 1999). Kulturelle Unterschiede tauchten auch bei einem Vergleich der Erklärungen für dasselbe Ereignis auf, die in englischsprachigen und chinesischsprachigen Zeitungen gegeben wurden (Morris, Nisbett & Peng, 1995;

Abb. 7.4. Wenn *Sie* in Seminaren schüchtern sind, erklären Sie das mit größerer Wahrscheinlichkeit mithilfe situativer Faktoren, als wenn Sie die Schüchternheit anderer erklären müssten

Morris & Peng, 1994). Auch Asiaten (z.B. Koreaner) erliegen der Korrespondenzverzerrung, aber sie reagieren sensibler als Amerikaner auf Informationen, die auf situative Einschränkungen hindeuten (Choi & Nisbett, 1998; s. Fiske, Kitayama, Markus & Nisbett, 1998).

Die Korrespondenzverzerrung scheint also mit einer Vielfalt motivationaler und kognitiver Faktoren zusammenzuhängen. Sie spiegelt auch eine dispositionsorientierte „Weltsicht" bzw. eine **soziale Repräsentation** (Moscovici, 1981b) wider, die von vielen Individuen geteilt wird, und sie kann über die Gesellschaften hinweg oder innerhalb einer Gesellschaft variieren (s. z.B. unterschiedliche Erklärungen für Armut und Arbeitslosigkeit, wie sie in Hewstone, 1989, diskutiert werden).

Soziale Repräsentation („social representation"): Eine kollektive Überzeugung, die von vielen Mitgliedern der Gesellschaft geteilt wird (z.B. im Hinblick auf Wissenschaft, Religion, Individualismus) und die sowohl die Repräsentation als auch die Transformation von Wissen beinhaltet.

7.3.3.2 Unterschiede zwischen Handelndem und Beobachter

An vielen sozialen Interaktionen im Alltag sind Dyaden beteiligt – Ehemann und Ehefrau, Arzt und Patient, Lehrer und Schüler, Trainer und Sportler. Können wir einfach unterstellen, dass beide Personen die gleichen Erklärungen für dasselbe Ergebnis haben oder dass sie sogar das Ergebnis unter dem gleichen Blickwinkel sehen? In Wirklichkeit haben beide Partner in einer solchen Dyade oft unterschiedliche Erklärungen und dies kann sowohl ein Ausgangspunkt als auch ein Ausdruck der Probleme in der Beziehung sein (s. unten die Erörterung über Attributionen und Eheprobleme). Nach Jones und Nisbett (1972) neigen die Handelnden dazu, ihre Handlungen auf die Situation zu attribuieren, wohingegen die Beobachter dazu neigen, dieselben Handlungen auf stabile personale Dispositionen zu attribuieren. So behauptet der Schüler, der wegen einer Rangelei im Klassenzimmer vom Lehrer bestraft worden ist, dass er von dem anderen Jungen zuerst geschubst worden ist; aber der Lehrer weist den Jungen zurecht, weil er „aggressiv" war. Watson (1982) gab einen umfassenden Überblick über die **Attributionsunterschiede zwischen Handelndem und Beobachter.** Er zieht die Begriffe *Selbst* und *anderer* den Termini Handelnder und Beobachter vor, da es in vielen Untersuchungen keine Person gibt, die handelt, während eine andere beobachtet. Wie Watson zeigt, besteht zwar ein Effekt, dieser ist aber auf Unterschiede zwischen Selbst und anderem bei der Situationsattribution beschränkt: Selbstattributionen auf Situationen sind häufiger als Anderen-Attributionen auf Situationen. So attribuieren wir beispielsweise unsere eigene Schüchternheit in Seminaren stärker auf die Situation als die Schüchternheit anderer Studenten.

Attributionsunterschied zwischen Handelndem und Beobachter („actor-observer difference"):
Die Behauptung, dass Handelnde ihre Handlungen auf situative Faktoren attribuieren, wohingegen Beobachter dazu tendieren, dasselbe Verhalten auf stabile Persönlichkeitsmerkmale zu attribuieren. Dieser Effekt ist auf einen Unterschied bei der situativen Attribution beschränkt und scheint auf Unterschiede bezüglich der Informationen, des Fokus der Aufmerksamkeit und linguistischer Faktoren zurückzugehen.

Es gibt im Wesentlichen zwei Erklärungen für diesen Handelnder-Beobachter/Selbst-anderer-Effekt; in beiden Fällen handelt es sich um kognitive Erklärungen. Die erste lautet, dass Unterschiede in der Attribution hinsichtlich des Selbst und hinsichtlich des anderen aufgrund der größeren Mengen an *Informationen* entstehen, die zur Eigenbeurteilung zur Verfügung stehen. Wir wissen sicherlich mehr über unser eigenes Verhalten in der Vergangenheit und über dessen Variabilität über Situationen hinweg, als wir von anderen wissen (z. B. Nisbett et al., 1973, Studie 2). Die zweite Erklärung ist interessanter und argumentiert, dass sich die Unterschiede zwischen Handelndem und Beobachter durch die *Fokussierung der Aufmerksamkeit* erklären lassen. Ein einfallsreiches Experiment von Storms (1973) verfolgte den grundlegendsten Unterschied zwischen dem Selbst und anderen, nämlich die Tatsache, dass beide buchstäblich unterschiedliche „Perspektiven" einnehmen. Storms schuf eine Situation, in der sich zwei Personen A und B, die sich gegenseitig nicht kannten, in einem Gespräch kennen lernten. Jede der beiden wurde von einer weiteren Person beobachtet und jede wurde mit einer Videokamera gefilmt (s. Abb. 7.5, S. 234). Storms stellte die Hypothese auf, es müsste möglich sein, die Interpretation von Verhalten durch Handelnde und Beobachter mithilfe der Veränderung ihrer visuellen Perspektive zu beeinflussen: Handelnde, die sich selbst sehen, sollten ihr eigenes Verhalten stärker auf Dispositionen attribuieren; dagegen sollten Beobachter, die einen anderen Aspekt der Situation des Handelnden sehen, eher situative Attributionen zum Verhalten des Handelnden vornehmen. Storms verglich drei Perspektivenbedingungen: *keine Videoaufzeichnung* (Kontrollgruppe), *identische Perspektive* (Videoaufzeichnung wird lediglich zur Wiedergabe der ursprünglichen Perspektive des Versuchsteilnehmers verwendet) und *neue Perspektive* (die Videoaufzeichnung wird verwendet, um die Perspektiven von Handelndem und Beobachter umzukehren).

Storms fand, wie vorhergesagt, dass sich die Attributionen von Handelnden und Beobachtern „umkehrten", wenn den Versuchspersonen eine neue Perspektive vorgeführt wurde: Die Attributionen der Handelnden wurden *weniger* situativ, die der Beobachter *stärker* situativ. Leider konnten die Befunde von Storms nicht immer repliziert werden. Es scheint so zu sein, dass die Person im Zentrum des Gesichtsfeldes (Person A für den Beobachter von A, Person B für den Beobachter von B) tatsächlich als kausal wichtiger beurteilt wird, dass aber diese Gewichtung keinen ein-

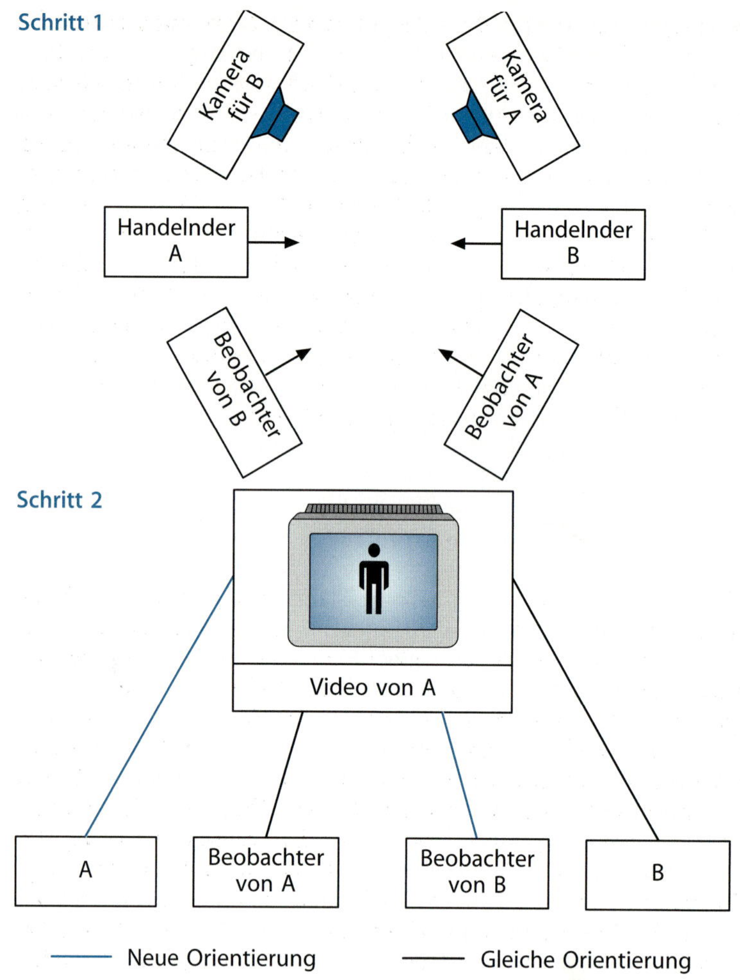

Abb. 7.5. Überprüfung der Wahrnehmungserklärung für den Unterschied zwischen Beobachtern und Handelnden. (Aus Fiske & Taylor, 1991, nach Storms, 1973)

deutigen Effekt auf Dispositions- und Situationsattributionen hat (Taylor, Crocker, Fiske, Sprinzen & Winkler, 1979). Dennoch heben die Befunde von Storms hervor, dass es Methoden gibt, die es ermöglichen, die Perspektive von Handelnden und Beobachtern zu verändern. In anderen Studien konnten ebenfalls Effekte der Salienz auf die Gewichtung dispositionaler und situativer Attributionen festgestellt werden. McArthur und Post (1977) z.B. ließen Beobachter ein Gespräch anschauen, in dem einer der Teilnehmer salienter gemacht wurde (etwa indem er/sie hell ausgeleuchtet wurde), während der andere nicht salient war (schwaches Licht). Beobachter beurteilten das Verhalten des salienten Individuums als stärker dispositional und weniger situativ verursacht.

Buehler, Griffin und Ross (1995) haben die Unterschiede zwischen Handelndem und Beobachter auf andere Arten der Urteilsbildung ausgeweitet und identifizierten eine motivationale Komponente des Effekts. Sie untersuchten die Vorhersagen von Menschen darüber, wie viel Zeit sie benötigen würden, um verschiedene Aufgaben und Aktivitäten zu erledigen. Sie fanden Belege für eine optimistische Verzerrung, d.h., die Personen unterschätzten die Zeit, die sie zur Erledigung benötigen würden. Diese optimistische Verzerrung geht jedoch zurück, wenn Beobachter vorhersagen sollen, wie lange andere für die Erledigung brauchen werden. Es war in der Tat so, dass die Einschätzungen der Beobachter eine pessimistische Verzerrung aufwiesen, d.h., dass Beobachter die Zeit, die andere benötigen, überschätzten. Das gleiche Muster zeigte sich in einer Untersuchung über Vorhersagen der künftigen Entwicklung von Liebesbeziehungen. Die Handelnden waren zu optimistisch und die Beobachter zu pessimistisch. Dies belegt, dass Unterschiede in der eingenommenen Perspektive wahrscheinlich wichtige und interessante Auswirkungen auf viele verschiedene Arten interpersonaler Beziehungen haben (wir werden Attributionen in engen Beziehungen weiter unten erörtern).

7.3.3.3 Selbstwertdienliche Verzerrungen

Kingdon (1967) interviewte erfolgreiche und nicht erfolgreiche amerikanische Politiker etwa fünf Monate nach den Wahlen und bat sie, die wichtigsten Faktoren (Ursachen) für ihre Siege oder ihre Niederlagen über die Jahre hinweg zusammenzufassen. Die Siege attribuierten die Politiker auf interne Faktoren (d.h. auf ihren unermüdlichen Einsatz, dass sie sich persönlich um die Wähler kümmerten, aber auch auf die Art der Wahlkampfstrategie, den Aufbau einer guten Reputation und auf die Fähigkeit, öffentliches Interesse für sich wecken zu können). Ihre Niederlagen attribuierten sie auf externe Faktoren, wie etwa die Zusammensetzung der Partei in einem bestimmten Wahlbezirk, den bekannten Namen ihres Gegners, nationale und regionale Trenderscheinungen und auf den Mangel an Geld. Dies ist ein Beispiel für eine allgemeinere **selbstwertdienliche Verzerrung**; dabei attribuieren Menschen ihren Erfolg mit größerer Wahrscheinlichkeit auf interne Dispositionen wie z.B. Fähigkeiten; im Gegensatz dazu wird Versagen so erklärt, dass es eher situativen Besonderheiten, wie dem Schwierigkeitsgrad einer Aufgabe, zugeschrieben wird. Es ist nicht ungewöhnlich, dass wir die Verantwortung für einen Erfolg übernehmen, die Schuldzuschreibung für Misserfolg aber ablehnen.

Selbstwertdienliche Verzerrung („self-serving bias"): Menschen neigen eher dazu, ihre Erfolge auf interne Ursachen wie z.B. eine Fähigkeit zu attribuieren, während sie dazu tendieren, Versagen auf externe Ursachen zu attribuieren wie etwa auf die Schwierigkeit einer Aufgabe. Diese Verzerrung scheint auf kognitive und motivationale Faktoren zurückzugehen und je nachdem, ob es sich um eine öffentliche oder um eine private Situation handelt, anders auszufallen.

Bei dieser Frage geht es in Wirklichkeit um zwei Verzerrungen, eine *selbstwertsteigernde* (Anspruch auf Verantwortlichkeit für Erfolg) und eine *selbstwertschützende* (Ablehnung der Verantwortung für Misserfolg). Miller und Ross (1975) sind der Auffassung, dass es nur Belege für die selbstwertsteigernde Verzerrung gibt und dass diese Verzerrung durch kognitive Faktoren erklärt werden kann. Wenn Menschen z.B. sowohl beabsichtigen als auch erwarten, erfolgreich zu sein, und wenn ihr Verhalten als Resultat ihrer Anstrengung angesehen werden kann (während Misserfolg *trotz* dieser Anstrengung auftritt), scheint es nur vernünftig zu sein, für Erfolg mehr Verantwortung zu übernehmen als für Misserfolg.

Zuckermans (1979) systematische Zusammenfassung der Literatur betonte eher eine motivationale Sichtweise; er kam zu dem Ergebnis, dass das Bedürfnis nach Aufrechterhaltung des Selbstwertgefühls die Attributionen von Aufgabenergebnissen direkt beeinflusst. Er behauptete jedoch, dass die Stärke dieses Effekts von Faktoren abhängt wie dem Ausmaß, mit dem bei den Versuchspersonen selbstwertbezogene Gedanken hervorgerufen wurden. Er schloss daraus, dass es in den meisten, jedoch nicht in allen experimentellen Paradigmen selbstwertdienliche Effekte bei Erfolg und Misserfolg gibt. Weary (1980) behandelte selbstwertdienliche Attributionen im Kontext der Selbstdarstellung. Es ist möglich, dass Individuen Handlungsergebnisse in einer Weise attribuieren, durch die Peinlichkeiten vermieden bzw. öffentliche Anerkennung gewonnen wird, besonders unter öffentlichen im Gegensatz zu privaten Bedingungen (z. B. Weary et al., 1982).

Die bisher dargestellten Ergebnisse beruhen auf Erklärungen, die nach der Ausführung des Verhaltens gegeben wurden; es ist aber auch die Auffassung vertreten worden, dass Handelnde bisweilen schon vor der Ausführung Attributionsmöglichkeiten „bereitstellen", was eine subtilere Form der selbstwertdienlichen Attribution zum Vorschein bringt. Diese proaktive Attributionsverzerrung hat man als **Selbstbehinderung** bezeichnet; sie bezieht sich auf die Art und Weise, wie jemand externe kausale Faktoren dazu einsetzt, die Verbindung zwischen Leistung und Bewertung zu „vernebeln", und dadurch die Auswirkung eines Misserfolgs abschwächt. Beispielsweise könnte jemand, der erwartet, bei einer Aufgabe zu versagen, leistungsverschlechternde Medikamente nehmen oder große Mengen Alkohol konsumieren, um eine selbstwertstützende Erklärung für sein drohendes Versagen zu präsentieren (s. Jones, 1990).

Selbstbehinderung („self-handicapping"): Eine subtile Form der selbstwertdienlichen Verzerrung, bei der jemand die Ursachen seines Versagens künstlich manipuliert, bevor das Versagen eintritt, um den Zusammenhang zwischen der Leistung und der Bewertung zu „vernebeln".

7.3.3.4 Gruppendienliche Verzerrungen

Es gibt mittlerweile vielfältige Belege dafür, dass Attributionsverzerrungen durch Gruppenzugehörigkeit beeinflusst werden. So reagiert man z. B. auf Erfolg und besonders auf Misserfolg von Mitgliedern der Eigengruppe mit anderen Erklärungen als von Mitgliedern der Fremdgruppe (s. Hewstone, 1990). Diese Verzerrung dient dazu, Stereotype der Eigengruppe („Wir sind intelligent") und der Fremdgruppe („Sie sind dumm") zu bewahren und zu schützen.

Hewstone und Ward (1985) führten an Mitgliedern der malayischen Mehrheit und der chinesischen Minderheit in Malaysia eine Untersuchung durch, die dies veranschaulicht. Die Versuchspersonen lasen Geschichten, die entweder positiv oder negativ waren und in denen entweder ein Handelnder aus der Eigengruppe oder ein Handelnder aus der Fremdgruppe vorkam. Sie mussten sich dann zwischen internen und externen Attributionen für das beschriebene Verhalten entscheiden. Wie Abb. 7.6 zeigt, gaben die Mitglieder der malayischen Mehrheit mehr interne Attributionen für positives als für negatives Verhalten ab, wenn sie das Verhalten eines Mitglieds der Eigengruppe erklärten. Das Gegenteil traf jedoch zu, wenn sie das Verhalten eines Mitglieds der Fremdgruppe erklärten. Somit gibt es eindeutige Hinweise auf „ethnozentrische" Attributionen, die die eigene

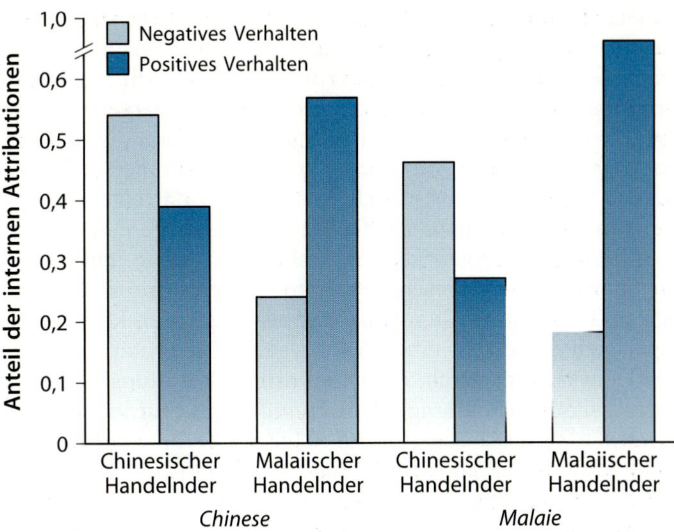

Abb. 7.6. Anteil der internen Attributionen als Funktion der ethnischen Gruppe des Beobachters, der ethnischen Gruppe des Handelnden und des Handlungsergebnisses (Malaysia). (Nach Hewstone & Ward, 1985)

Gruppe begünstigen. Die Ergebnisse für die Befragten aus der chinesischen Minderheit zeigten jedoch ein anderes Muster. Zur Erklärung des Verhaltens eines Mitglieds der eigenen Gruppe gaben sie weniger interne Attributionen für positives Verhalten ab als für negatives; aber sie nahmen mehr interne Attributionen für positives Verhalten eines Mitglieds der Fremdgruppe vor als für negatives. Dieses Muster der Attributionen begünstigt die Fremdgruppe.

Islam und Hewstone (1993b) erweiterten diesen Forschungsansatz, indem sie die Gruppenmitglieder zunächst baten, Attributionen vorzunehmen und dann ihre affektiven Reaktionen anzugeben. Die in dieser Untersuchung verwendeten Gruppen waren Muslime (die Mehrheit) und Hindus (die Minderheit) in Bangladesch. Die Befunde zeigten bei den Mitgliedern der Mehrheitsgruppe eine robuste Attributionsverzerrung zwischen den Gruppen und eine nur leichte Verzerrung bei der Minderheitsgruppe. Dieses Muster fand man auch in anderen Untersuchungen, aber nicht immer (dies hängt vom Kontext der Beziehungen zwischen den Gruppen ab; s. Kap. 15). Darüber hinaus fanden Islam und Hewstone, dass kausale Dimensionen speziell positive Gefühle bei den Handlungsergebnissen, die mit Handelnden aus der eigenen Gruppe verbunden waren, vorhersagten. Gefühle der Freude und des Stolzes z. B. waren bei den Moslems dann am stärksten, wenn der Grund für ein positives Handlungsergebnis eines Mitglieds der eigenen Gruppe als intern (etwas an der Person) und global (etwas, was wahrscheinlich über die Situationen hinweg auftreten wird) wahrgenommen wurde.

Diese gruppendienliche Verzerrung könnte eine kognitive Grundlage haben, eine Argumentation, die ja auch bei der selbstwertdienlichen Verzerrung vertreten wurde. Wenn die Mitglieder einer Gruppe von der anderen Gruppe erwarten, dass sie sich in negativer Weise verhält, und sie sehen, dass ihre Erwartungen bestätigt werden, dann verhalten sie sich durchaus folgerichtig, wenn sie eine interne, stabile Attribution vornehmen. Gruppendienliche Verzerrungen sind jedoch nicht auf stereotype (also erwartete) Verhaltensweisen und Handlungsergebnisse beschränkt; deswegen ist diese kognitive Erklärung unvollständig. Die offensichtlichste motivationale Basis für Intergruppenattributionen ist das Bedürfnis, die eigene Gruppe positiv zu sehen und damit das eigene Selbstwertgefühl zu verbessern, aufrechtzuerhalten bzw. zu bewahren. Intergruppenverzerrungen bei Attributionen können deshalb als Bestandteil eines viel umfassenderen Prozesses angesehen werden – der Suche nach einer positiven sozialen Identität (s. Kap. 15). Gruppenmitglieder könnten ihre Attributionen dazu einsetzen, eine positive soziale Identität zu entwickeln oder zu festigen (z. B. dadurch, dass sie positive Handlungen der eigenen Gruppe oder negative Handlungen der Fremdgruppe auf interne Ursachen attribuieren) oder diese Identität zu schützen (z. B. dadurch, dass sie negative Handlungen der eigenen Gruppe oder positive Handlungen der Fremdgruppe auf externe Ursachen attribuieren).

7.3.4 Der Prozess der Kausalattribution

Worin bestehen die Vor- und worin die Nachteile eines prozessorientierten Ansatzes zur Attribution?

Nachdem wir einen Blick auf die wichtigsten Attributionsfehler geworfen haben, scheint es, als sei die Kausalattribution häufig ein schnell ablaufender Prozess auf der Grundlage eingeschränkter Informationsverarbeitung. Ein vertieftes Verständnis dieses Prozesses wurde durch den Ansatz der sozialen Kognition im Bereich der Attributionsforschung erreicht (s. Smith, 1994; und Kap. 5 in diesem Buch). Dazu gehörte, dass man sich, wie wir nun sehen werden, sowohl die Methodologie als auch die Theorie aus der kognitiven Psychologie entlieh.

Sozialpsychologen, die sich dafür interessierten, wie soziale Informationen verarbeitet werden, setzten, was die Methodologie anging, eine Vielfalt ausgefeilter kognitiver Maße ein; all dies waren Versuche, ein wesentliches methodologisches Problem zu umgehen, nämlich dass wir niemals direkten Zugang zu den Vorgängen haben werden, die sich im Kopf unserer Versuchspersonen abspielen (Taylor & Fiske, 1981). Zu diesen Maßen gehören die visuelle Aufmerksamkeit, die Informationssuche, der Abruf aus dem Gedächtnis und insbesondere die Reaktionszeit.

Die Untersuchung von Smith und Miller (1983) demonstriert einige der Vorzüge von Reaktionszeitmessungen. Die Autoren unterschieden zwischen verschiedenen Typen von Schlussfolgerungen, die in der Attributionsforschung verwendet werden, z. B. Kausalurteile, Urteile über Persönlichkeitsmerkmale eines Handelnden und Urteile über die Absicht des Handelnden, und maßen, wie lange eine Versuchsperson benötigte, um zu dem jeweiligen Schlussfolgerungstyp zu kommen. Die logische Grundlage für die Anwendung von Reaktionszeitmessungen ist einfach. Wenn sich

Tabelle 7.1. Reaktionszeiten bei unterschiedlichen Fragen in der Untersuchung von Smith und Miller (1983)

Frage	Reaktionszeit [a]	
	Studie 1	Studie 2
Geschlecht	2,14	4,24
Absicht	2,41	4,56
Richtige Eigenschaft	2,48	4,37
Falsche Eigenschaft	3,02	5,09
Ursache Person	3,42	5,68
Ursache Situation	3,80	6,05

[a] Reaktionszeiten in Sekunden. In Studie 1 geben die Reaktionen die Frage-Antwort-Zeit an, in Studie 2 beziehen sich die Reaktionen auf die Zeit, die benötigt wurde, um einen Satz zu lesen und eine Frage dazu zu beantworten.

die Frage mit einem Prozess deckt, der sich spontan in der Phase ereignet, in der das Verhalten ursprünglich verstanden wurde, dann sollte die Antwort auf die Frage unmittelbar verfügbar und die Reaktionszeit der Versuchspersonen entsprechend kurz sein. Wenn im Gegensatz dazu die zu beantwortende Frage nicht aus der Verständnisphase erschließbar ist, dann muss die Versuchsperson die relevante Information erst aus dem Gedächtnis abrufen, bevor sie eine Schlussfolgerung zieht und schließlich die Frage beantwortet. Dies bringt längere Reaktionszeiten mit sich.

Smith und Miller berichteten, dass Einschätzungen von Absichten und Persönlichkeitsmerkmalen nicht signifikant mehr Zeit in Anspruch nehmen als eine „Kontrollfrage" über das Geschlecht des Handelnden (s. Tabelle 7.1). Diese Befunde lassen die Vermutung zu, dass diese Einschätzungen auch während der Verständnisphase gemacht werden oder zumindest leicht daraus abgeleitet werden könnten. Die langsamsten Reaktionszeiten ergaben Fragen nach der Person bzw. der Situation als Ursache. Smith und Miller schlossen, dass die „grundlegende" Attribution (die wahrscheinlich während der ursprünglichen Verständnisphase vorgenommen wird) eine Einschätzung der Absichten oder von Persönlichkeitsmerkmalen oder von beidem war, sich aber *nicht* auf die Einschätzung der Person bzw. der Situation als Ursache bezog. Die längere Reaktionszeit bei Fragen, die sich auf die Person bzw. die Situation als Ursache beziehen, könnte auch auf die Tatsache zurückgehen, dass es für Menschen ungewohnt ist, in solchen Begriffen zu denken und Fragen dahingehend zu beantworten. Aufgrund dieser Ergebnisse kommt man zu dem Schluss, dass kausales Denken nicht automatisch abzulaufen scheint (d.h. ohne Aufwand, Absicht, Bewusstsein oder Kontrollierbarkeit; Bargh, 1989; Winter, Uleman & Cunniff, 1985). Was sich während der Verständnisphase abspielt, scheint ein einfacher Schluss auf Persönlichkeitsmerkmale zu sein, ohne dass auch nur der Versuch unternommen wird, die kausale Grundlage des Verhaltens zu verstehen.

Diese Art von theoretischem Beitrag, der sich aus einem Prozessansatz ableiten lässt, kann man durch eine Zusammenfassung von Gilbert, Pelham und Krulls (1988) Drei-Phasen-Modell der Attribution (s. Abb. 7.7, S. 240) veranschaulichen, das sich an den Gedanken der *Automatizität* an-

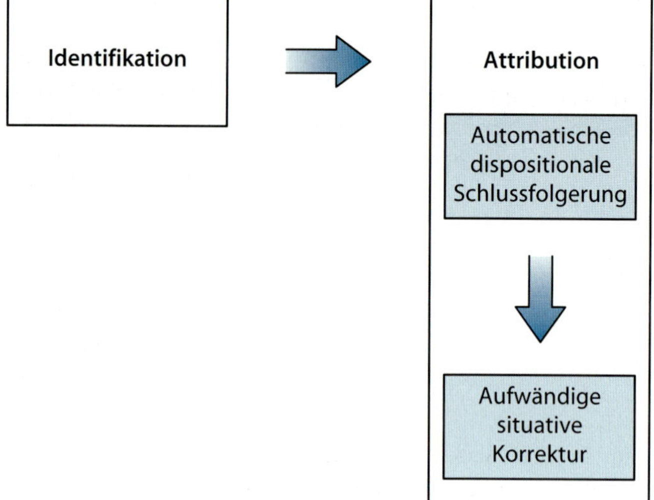

Abb. 7.7. Ein Dreiphasenmodell der Attribution. (Aus Gilbert, 1995)

lehnt (s. Bargh, 1989). Die erste Phase des Modells („Identifikation") ist eine notwendige Vorbedingung für jeden Attributionsprozess: Wir müssen zunächst wahrnehmen oder „identifizieren", was geschieht, bevor wir die Frage nach dem Warum stellen können (Trope, 1986). Gemäß Quattrones (1982) weiter oben erörtertem Vorschlag stellt man sich die nächsten beiden Phasen des Attributionsprozesses als sequenzielle vor. Die erste Phase des Attributionsprozesses (*dispositionale Schlussfolgerung*) wird als eine relativ automatische Operation verstanden, die ohne bewussten Gedanken oder bewusste Überlegung und mit geringem oder gar keinem geistigen Aufwand durchgeführt werden kann (Gilbert, 1998; Uleman, Newman & Moskowitz, 1996). Dies stimmt mit dem oben erwähnten Befund von Smith und Miller (1983) überein, dass man relativ schnell auf Persönlichkeitsmerkmale schließt. Die zweite Phase des Attributionsprozesses (*situative Korrektur*) stellt man sich im Gegensatz dazu als aufwändiger vor; sie sollte deshalb beeinträchtigt sein, wenn die Aufmerksamkeit einer Person von etwas anderem in Anspruch genommen wird. Damit liefern diese Überlegungen einen Beitrag zur Erklärung der Korrespondenzverzerrung.

Gilbert und Kollegen (1988) bestätigten dieses Modell in einer ausgeklügelten Studie, bei der die Technik der geteilten Aufmerksamkeit zum Einsatz kam; dabei wurde ein Teil der Aufmerksamkeitsressourcen bei einigen Versuchspersonen belegt (d.h. sie wurden abgelenkt). Die Versuchspersonen sahen sich eine Serie von Videoclips an, in denen sich eine Akteurin ängstlich verhielt, als sie mit einem Fremden eine Reihe von Themen besprach, wie es ihr vom Versuchsleiter aufgetragen worden war. Einige Versuchspersonen wurden zu der Auffassung verleitet, dass die Themen angstauslösend seien, während anderen gesagt wurde, sie seien harmlos. Die Aufgabe aller Versuchspersonen bestand darin, bei der Akteurin das Niveau der dispositionalen Angst einzuschätzen. Die Beobach-

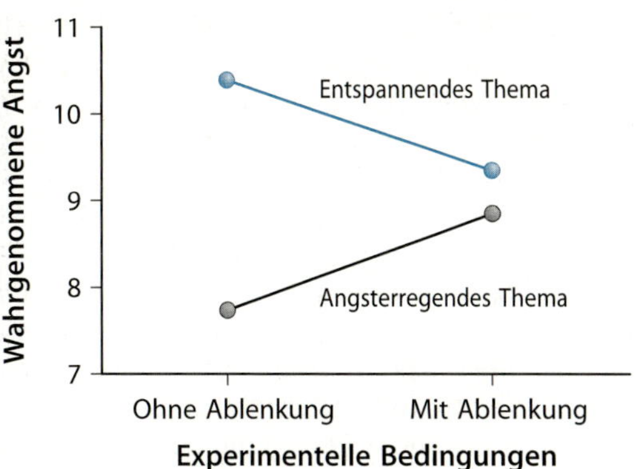

Abb. 7.8. Attribution der Angst. (Nach Gilbert et al., 1988)

ter, deren Aufmerksamkeitskapazität reduziert war, mussten beim Ansehen des Videos still für sich eine Reihe von Wortketten wiederholen, während die Beobachter in der Kontrollbedingung lediglich das Video sahen. Die Versuchspersonen der Kontrollbedingung waren in der Lage, die situative Information zu nutzen (dass die Frau über „intime sexuelle Fantasien" vs. „Gartenarbeiten" sprach), um ihre dispositionalen Attributionen zu „korrigieren". Deshalb hielten sie dieselbe zapplige Frau für weniger ängstlich, wenn sie über Sexualität, als wenn sie über Gartenarbeit sprach (s. Abb. 7.8). Die abgelenkten Beobachter waren in der Lage, automatisch dispositionale Schlussfolgerungen über die Personen zu generieren, deren Verhalten sie beobachteten; doch im Unterschied zu den nicht abgelenkten Beobachtern waren sie nicht in der Lage, ihre Schlussfolgerungen zu korrigieren, um situative Informationen in die Erklärung mit einzubeziehen. Deshalb sind diese Daten mit der Annahme konsistent, dass dispositionale Schlussfolgerungen automatisch erfolgen, die situative Korrektur jedoch aufwändig ist.

Lassen Sie uns nun für einen Augenblick zu dem Beispiel zurückkehren, das wir zu Beginn des Kapitels erwähnt haben: zum Skinhead, der hinter dem Geschäftsmann herläuft. Wenn man beobachtet, wie der Skinhead den anderen Mann jagt, wäre dies in Gilberts Modell die *Identifikations*phase. Wir beobachten, wie sich die Dramatik im Werbespot entwickelt, und wir schließen sofort daraus, dass der Skinhead aggressiv ist, den Mann schlagen und ihm seinen Aktenkoffer wegnehmen wird (Phase der *dispositionalen Schlussfolgerung*). Doch dann zeigt die Kamera einen Kran, dessen schweres Stahlseil von einem angrenzenden Gebäude aus hin und her schwingt. Es wird plötzlich klar, dass der Skinhead gerade versucht, den anderen Mann aus der Gefahrenzone in Sicherheit zu bringen (*situative Korrektur*). Der Untertitel im Werbespot für die Zeitung lautet: „Lassen Sie sich die ganze Geschichte erzählen."

Die beiden Studien haben anschaulich gezeigt, dass in der Attributionsforschung ein eher prozessorientierter Ansatz den Vorteil methodologischer Präzision und theoretischer Raffinesse bietet. Aber die Prozessanalyse hat auch ihre Grenzen. Erstens, Maße wie Reaktionszeiten lassen sich am besten dazu einsetzen, Alternativmodelle auszuschließen; sie sind dagegen nicht so gut dafür geeignet, ein bestimmtes Modell zu bestätigen. Zweitens, definitionsgemäß interferiert der Versuch, einen kognitiven Prozess zu messen, mit dem normalen Denken. Maße wie der Abruf aus dem Gedächtnis und Reaktionszeiten sind möglicherweise von geringem Informationswert für die normale Verwendung von Informationen außerhalb des Labors. Drittens, und das ist nur folgerichtig, wird man möglicherweise immer einen Kompromiss zwischen der Präzision der Messung und der Verallgemeinerbarkeit der Ergebnisse schließen müssen. Deshalb betrachten wir Experimente mit kognitiven Maßen als eine Ergänzung zu Studien über das Denken und das Verhalten außerhalb des Labors, mit denen wir uns im letzten Teil dieses Kapitels beschäftigen werden, wenn wir die angewandte Forschung zur Attributionstheorie behandeln.

7.3.5 Zusammenfassung

Wir begannen unsere Diskussion der grundlegenden Fragen der Attributionstheorie mit einer kritischen Analyse der Unterscheidung zwischen interner und externer Attribution. Zwei Probleme waren hier anzumerken, nämlich erstens, dass die von Heider angenommene negative Korrelation zwischen interner und externer Attribution empirisch nicht immer nachzuweisen ist, und zweitens, dass interne und externe Attributionen nicht immer klar voneinander unterschieden werden können. Diese und ähnliche Schwierigkeiten haben Weiner und Kollegen veranlasst, ein mehrdimensionales System der Ursachenzuschreibung zu entwickeln, in dem neben interner und externer Attribution auch noch die Stabilität und Kontrollierbarkeit von Ursachen als Kategorisierungsmerkmal herangezogen wird.

Da kaum anzunehmen ist, dass beobachtende Personen stets über ausreichende kognitive Kapazität verfügen und hinreichend motiviert sind, um bei der Vielzahl täglicher Interaktionen systematische und zeitraubende Kausalattributionen durchzuführen, wandten wir uns als Nächstes der Frage nach den Bedingungen zu, unter denen Kausalattributionen ausgelöst werden. Wie Weiner zeigen konnte, motivieren insbesondere unerwartete Ergebnisse sowie das Nichterreichen von Zielen zur Ausführung kausaler Attributionen, wobei möglicherweise die Enttäuschung von Erwartungen ein bedeutsamerer Faktor ist als die hedonische Qualität des Ergebnisses. Zu weiteren Auslösern für Attributionsaktivitäten gehören Kontrollverlust und unterschiedliche Emotionen wie Traurigkeit und Ärger.

Bereits Heider hatte auf einen der grundlegendsten Fehler (oder Verzerrungen) hingewiesen, die dem Beobachter bei seiner Suche nach den Ursachen von Verhalten unterlaufen, nämlich die systematische Vernachlässigung des Einflusses der Situation auf das Verhalten. Diese Verzerrung wurde erst als fundamentaler Attributionsfehler bezeichnet, später aber in Korrespondenzverzerrung umgetauft. Während allgemeine motivationale Erklärungen die Verzerrung darauf zurückführen, dass dispositionale Attributionen ein Gefühl der Kontrolle vermitteln, konzentrieren sich kognitive Erklärungen auf die größere Salienz der handelnden Person, die für den Beobachter die zentrale Figur darstellt, die vor dem Hintergrund der Situation handelt.

Eine weitere kognitive Erklärung bieten die Phasenmodelle, die von Quattrone (1982) und von Gilbert und Kollegen (1988) entwickelt wurden. Diese Modelle gehen davon aus, dass Beobachter zuerst eine dispositionale Attribution machen, die wenig aufwändig ist, und erst später die kognitiv aufwändigere situative Korrektur vollziehen. Kognitive Belastung sowie die Verankerungsheuristik können dann dazu führen, dass diese Korrektur unvollständig bleibt.

Eine weitere Verzerrung besteht in der Tendenz, das eigene Verhalten eher als das Verhalten anderer auf situative Faktoren zurückzuführen. Bei dieser Verzerrung spielen sicherlich Unterschiede in der Perspektive von handelnder Person und Beobachter eine Rolle. Wie Storms (1973) zeigen konnte, lassen sich diese Attributionen umkehren, wenn man dem Handelnden seine Handlung aus der Perspektive des Beobachters zeigt oder dem Beobachter die Handlung aus der Perspektive des Handelnden.

Eine dritte Gruppe von Verzerrungen besteht aus Urteilstendenzen, die entweder dem Selbstwert oder der positiven Einschätzung der eigenen Gruppe dienlich sind. Bei der selbstwertdienlichen Verzerrung attribuieren Menschen ihren Erfolg mit größerer Wahrscheinlichkeit auf interne Dispositionen, während Versagen eher extern erklärt wird. Bei den gruppendienlichen Verzerrungen attribuieren sie positives Verhalten der Eigengruppe und negatives Verhalten der Fremdgruppe eher intern, während wir negatives Verhalten von Mitgliedern der Eigengruppe und positives Verhalten von Mitgliedern der Fremdgruppe eher auf situative Faktoren zurückführen. Diese Verzerrung dient dazu, Stereotype der Eigengruppe und der Fremdgruppe zu bewahren und zu schützen.

Bei unserer Diskussion der Erklärungen dieser Verzerrungen merkten wir an, dass es überzeugende motivationale und kognitive Erklärungen für jede einzelne der Verzerrungen gibt. Die Forscher haben manchmal versucht, zwischen diesen Erklärungen zu unterscheiden; dabei sind jedoch eine Reihe von Problemen aufgetreten. Es wurde behauptet, dass die kognitiven Erklärungen eigentlich motivationale Aspekte umfassen (Zuckerman, 1979) und dass das kognitive Forschungsprogramm so flexibel ist, dass es die Vorhersagen praktisch jeder motivationalen Theorie generieren kann (Tetlock & Levi, 1982). Darüber hinaus können motivationale Faktoren einen Effekt auf die Informationsverarbeitung haben. Deshalb ist es offensichtlich nicht möglich, eine Entscheidung entweder für die kognitive oder für die motivationale Perspektive zu treffen (s. Tetlock & Manstead, 1985); beide sind wichtig.

Wir beendeten die Diskussion der grundlegenden Fragen der Attributionsforschung mit einer Prozessanalyse der Kausalattribution. Bei den Erfolgen, die die Anwendung von Theorien und Methoden der Kognitionsforschung in allen Bereichen der Sozialpsychologie erzielte, war es naheliegend, dieses Theorien- und Methodenarsenal auch auf die Attributionsforschung anzuwenden. Während wir durch die Forschung, die von den Attributionstheorien von Heider, Kelley und Weiner inspiriert wurde, viel über die Regeln lernten, die Beobachter (möglicherweise) anwenden, um von beobachtetem Verhalten auf Verhaltensursachen zu schließen, erfuhren wir wenig über die mentalen Prozesse, durch die Attributionen zustande kommen. Erst die Anwendung der Methoden der sozialen Kognitionsforschung auf die Kausalattribution ermöglichte es uns, die diesen Attributionen zugrundeliegenden Informationsverarbeitungsprozesse zu untersuchen. So zeigten Smith und Miller (1983), dass die Reaktionszeiten bei verschiedenen Typen von Schlussfolgerungen erste Hinweise auf das Ausmaß der kognitiven Ressourcen geben können, die für die verschiedenen Folgerungen in Anspruch genommen werden müssen.

Da kognitiv aufwändige Prozesse für Störungen (etwa durch Ablenkung) anfälliger sind als automatisch ablaufende Prozesse, kann diese Forschung auch Hinweise auf kognitive Ursachen mancher Attributionsverzerrungen liefern. Ein Beispiel für diese Forschung sind die Untersuchungen von Gilbert und Kollegen (1988) zum Drei-Phasen-Modell der Attribution. Bei aller Bewunderung für die Eleganz dieser Forschung mussten wir jedoch abschließend auch auf mögliche Beschränkungen eingehen.

7.4 Anwendungsgebiete der Attributionstheorie

Es ist gewiss keine Übertreibung, festzustellen, dass es nur wenige angewandte Probleme gibt, die nicht aus der Perspektive der Attributionstheorie betrachtet wurden. Die folgende unvollständige Liste von Problemen, die aus attributionstheoretischer Perspektive behandelt wurden, vermittelt einen ungefähren Eindruck von der Spannbreite der Anwendungen: Schüchternheit, Hilfeverhalten, Sterblichkeit im hohen Alter, Rauchen, Stigma, Intergruppenkonflikt, Depression, Verkaufsverhalten, HIV-Infektion, Misshandlung von Ehepartnern und von Kindern, Schmerzbewältigung, körperliche Krankheit, Angst, internationale Beziehungen, Sport und Zufriedenheit von Konsumenten (s. z. B. Amirkhan, 1998; Graham & Folkes, 1990; Weiner, 1995). Mittlerweile gibt es in vielen Anwendungsbereichen eine umfangreiche Literatur zur Attribution.

Der Schlüssel zum Verständnis der Bedeutung, die der Attributionstheorie zugeschrieben wird, liegt in dem Ausmaß, in dem sie sich für Analysen angewandter Probleme eignet. Nach Weiners (1990) Auffassung ist die Attributionstheorie v. a. deshalb so zugänglich für praktische Anwendungen gewesen, weil die Pioniere auf diesem Gebiet sowohl an Theorieentwicklung als auch an Theorieanwendung interessiert waren und ihrerseits Grundlagenforschung zu Fragen durchführten, die sich wiederum für Anwendungen anboten. Im restlichen Teil dieses Abschnitts werden wir die Anwendung der Attributionstheorie in drei umfassenden Bereichen veranschaulichen, nämlich der Motivation, der Klinischen Psychologie und im Gebiet der engen Beziehungen.

7.4.1 Attributionen und Motivation

In welcher Beziehung zu Gefühlen und zur Motivation stehen die Dimensionen, die wahrgenommenen Ursachen zugrunde liegen?

Erinnern wir uns an die Statistikprüfung, die Sie gerade nicht bestanden haben. Zweifellos empfinden Sie einige allgemein negative Gefühle. Doch welche konkreten Gefühle werden Sie empfinden und auf welche Ziele werden sich diese richten? Und welche Auswirkungen, wenn überhaupt, wird diese Erfahrung auf Ihr künftiges Verhalten haben? Weiners (1986, 1995) Attributionstheorie der Motivation liefert Antworten auf derartige Fragen. Nach Weiner werden die spezifischen Antworten von dem abhängen, was Sie als die Ursache dafür wahrnehmen, dass Sie durch die Prüfung gefallen sind.

Sagen wir, Sie waren durch Aktivitäten, die nichts mit dem Studium zu tun hatten, abgelenkt und deshalb einfach nicht gut genug auf die Prüfung vorbereitet. Wenn dies der Fall war, empfinden Sie wahrscheinlich Schuldgefühle, insbesondere wenn sich Ihre armen Eltern das Geld für Ihr Studium vom Mund absparen müssen. Wenn der Dozent auch die Überzeugung teilt, dass Ihr Misserfolg auf mangelnde Anstrengung Ihrerseits zurückzuführen ist, wird er sich wahrscheinlich darüber geärgert und sich strafend Ihnen gegenüber verhalten haben. Schließlich hätten Sie sich etwas mehr für das Examen anstrengen und diese anderen Aktivitäten hintenanstellen können.

Wie sieht es hingegen aus, wenn Sie sich intensiv auf die Prüfung vorbereitet haben und den Misserfolg auf einen Mangel an intellektuellen Fähigkeiten attribuieren? In diesem Fall werden Sie wahrscheinlich Scham empfinden; wenn Sie Ihr Fähigkeitspotenzial als etwas ansehen, was sich kaum verändern wird, werden Sie darüber hinaus auch noch Hoffnungslosigkeit empfinden. Sie werden erwarten, dass Sie auch in der nächsten Statistikprüfung durchfallen werden. Vielleicht brechen Sie sogar Ihr Psychologiestudium ab. In diesem Falle würde Ihr Dozent wahrscheinlich Bedauern oder Mitgefühl empfinden und dazu tendieren, Ihnen in irgendeiner Form zu helfen.

Vergleichen wir diese Reaktionen mit der Reaktion, die Sie hätten, wenn Sie Ihren Misserfolg im Examen mit einer ungerechten Benotung oder der ungewöhnlichen Schwierigkeit der Prüfung erklären würden. (Andere haben mit der selben Anzahl gelöster Aufgaben weitaus bessere Noten erhalten, die Notengebung war unfair. Oder 90 Prozent der Teilnehmer erzielten ein „ungenügend“, die Prüfung war viel zu schwierig.) Unter diesen Umständen würden Sie sich wahrscheinlich über den Dozenten ärgern, der Ihre Prüfung benotete bzw. die Prüfungsfragen stellte. Sie würden deshalb jedoch keine pessimistischen Schlussfolgerungen über Ihr Abschneiden in anderen Psychologieprüfungen ziehen.

Dieses Beispiel enthält die grundlegenden Bestandteile von Weiners (1986) ausführlich untersuchter Theorie der Motivation. Weiner argumentierte, dass die Art und Weise, wie wir Ursachen zuschreiben, einen Einfluss darauf hat, wie wir uns fühlen, aber auch, dass einige Emotionen

Abb. 7.9. Wenn Sie bei einer Prüfung durchfallen, werden Ihre Attributionen wahrscheinlich einen Einfluss auf Motivation und Affekt haben

ohne den Einfluss von Denkprozessen ausgelöst werden können. Er machte die bedeutsame Unterscheidung zwischen zwei Arten von leistungsbezogenen Affekten: „ergebnisabhängigen" und „attributionsgebundenen" Affekten. Ergebnisabhängige Affekte beziehen sich auf die sehr allgemeinen, sogar „primitiven" Emotionen (s. Kap. 6), die wir nach Erfolg oder Misserfolg erleben. Nach einem Erfolg fühlen wir uns in der Regel zufrieden oder gar glücklich, nach einem Misserfolg hingegen frustriert oder gar traurig. Diese Emotionen sind ergebnisabhängig, weil sie vom (Nicht-)Erreichen eines angestrebten Ziels abhängen und nicht von Kausalattributionen, die wir im Hinblick auf das Handlungsergebnis vorgenommen haben. Attributionsgebundene Affekte werden im Gegensatz dazu von der speziellen Kausalattribution im Hinblick auf das Handlungsergebnis beeinflusst. Vor allem wenn ein Ergebnis negativ, unerwartet oder besonders wichtig ist, nimmt man Kausalattributionen vor, um dem Ganzen einen Sinn zu verleihen. Diese Kausalattributionen wiederum haben psychologische Konsequenzen und dazu gehören künftige Erwartungen und affektive Reaktionen, die ihrerseits zu Verhalten führen. So wird jemand, der dazu neigt, Misserfolge auf mangelnde Anstrengung zurückzuführen, mit erhöhter Anstrengungsbereitschaft reagieren, während Attribution auf mangelnde Begabung zum Aufgeben ermutigt.

Weiners Modell kann auf folgende Weise zusammengefasst werden:

Ereignis (Prüfungsversagen) → ergebnisabhängige Gefühle →
Kausalattribution → psychologische Konsequenzen (zukünftige
Erwartungen, Affekte) → Verhalten

Wie zuvor erwähnt, entwickelte Weiner ein dreidimensionales Schema kausaler Dimensionen (Lokation × Stabilität × Kontrollierbarkeit) und zeigte, welche Implikationen dies für die Leistungsmotivation hat. Er merkte an, dass die Bewertung der Leistung stärker von Anstrengung als von der Fähigkeit beeinflusst wird, obwohl es sich in beiden Fällen um interne Ursachen handelt (Weiner & Kukla, 1970). Dies liegt daran, dass Anstrengung und Fähigkeit sich in ihrer kausalen Stabilität oder Unbeständigkeit über die Zeit unterscheiden und dass Erwartungen bezüglich künftiger Leistungsfähigkeit eher durch die kausale Stabilität als durch die kausale Lokation bestimmt werden. Anstrengung und Fähigkeit unterscheiden sich auch im Hinblick auf die Kontrollierbarkeit und diese letzte Dimension ist der Mediator (vermittelnder Einfluss) zwischen Belohnung und Bestrafung (Weiner, 1995). Da Anstrengung, im Gegensatz zur Fähigkeit, als durch die handelnde Person kontrollierbar angesehen wird, macht man jemanden, der aufgrund mangelnder Anstrengung eine schlechte Leistung erbringt, für den Misserfolg verantwortlich. Man wird deshalb auch eher zu Bestrafung neigen, als wenn jemand aufgrund von Unfähigkeit einen Misserfolg erleidet.

Weiners Schema wurde später erweitert, um Ursachen sowohl im sozialen als auch im Leistungsbereich klassifizieren zu können, und man fand heraus, dass jede einzelne Dimension mit bestimmten Affekten verbunden war:

Lokation → Stolz, Selbstwertgefühl
Stabilität → Zuversicht, Hoffnungslosigkeit
Kontrollierbarkeit → Scham, Schuld (wenn auf die eigene Person gerichtet) und Ärger, Dankbarkeit, Mitleid (wenn gegen andere gerichtet)

Lassen Sie uns dies anhand einiger weiterer Beispiele verdeutlichen. Nehmen wir einmal an, Sie erhielten gerade die Mitteilung, dass Sie einen Preis von 50 000 DM gewonnen hätten. Diese Mitteilung würde Sie sicherlich glücklich stimmen (ergebnisabhängiges Gefühl). Ob Sie aber auch stolz sein werden und ob diese Mitteilung auch Ihr Selbstwertgefühl erhöhen wird, wird von der Art der Leistung abhängen, für die Sie den Preis erhalten haben. Erhalten Sie den Preis (Literaturpreis) für Ihr Erstlingswerk, wird sie das sicherlich mit Stolz erfüllen, da ihre Fähigkeit (interne Ursache) belohnt wurde. Wenn er hingegen aufgrund einer Lotterie gewonnen wurde, werden Sie vermutlich kaum Stolz fühlen, da der Zufall eine externe Ursache ist.

Die Stabilität von Ursachenfaktoren bestimmt die Erwartungen, die wir für die Zukunft hegen. Wenn Sie den Misserfolg bei der Statistikprüfung auf Begabungsmangel zurückführen, werden Sie vermutlich mit mangelnder Zuversicht (das nächste Mal geht es wieder schief!) und Hoffnungslosigkeit reagieren.

Kontrollierbarkeit ist für eine Vielzahl von emotionalen Reaktionen verantwortlich. Ärger und Schuldgefühle werden durch kontrollierbare Ursachen hervorgerufen. Während Ärger sich meist gegen andere richtet (etwa den Tennispartner, der Sie versetzt hat) sind Schuldgefühle nach innen gerichtet. Weiterhin werden Schuldgefühle in der Regel durch Handlungen hervorgerufen, die eine ethische Norm verletzt haben. Scham empfindet man hingegen nach Fehlschlägen, die durch selbstbezogene, unkontrollierbare Ursachen hervorgerufen werden, etwa einen Mangel an Fähigkeit, der zum Versagen bei der Statistikprüfung führte. Mitleid ist in dieser Hinsicht das Gegenstück zur Scham. Wir empfinden Mitleid für Menschen, die für ihr Ungeschick nicht verantwortlich sind.

Obwohl Weiners Theorie durch eine Vielzahl von Befunden gestützt wird, hat sie dennoch einige Schwachpunkte. Wichtig ist die Frage, ob die Wahrnehmung von Ursachen im Alltag tatsächlich der logischen Analyse von Weiner entspricht. Diese Frage kann in mindestens drei Teilfragen aufgeschlüsselt werden: Verwenden Menschen für Ursachen im Alltag dieselben Dimensionen wie jene, die postuliert wurden? Unterscheiden sich diese Dimensionen wirklich voneinander (sind sie orthogonal zueinander)? Oder sind sie korreliert, was bedeuten würde, dass nicht alle drei Dimensionen benötigt werden? Und können konkrete Ursachen auf diesen Dimensionen verortet werden oder ist die Wahrnehmung spezifischer Ursachen allein vom Wahrnehmenden bzw. den Situationen abhängig und damit hochgradig subjektiv (idiosynkratisch)?

Es gibt gute Belege dafür, dass Menschen Ursachen entlang verschiedener Dimensionen einordnen. Sie beschränken sich allerdings möglicherweise nicht auf Weiners drei Dimensionen. Weiner argumentierte jedoch, dass die Mehrzahl der Befunde sein dreidimensionales Schema unterstützt. Obwohl plausibel, ist diese Argumentation angesichts der Datenlage dennoch nicht vollauf befriedigend. Nicht nur wegen der Anzahl der durchgeführten Untersuchungen unterliegt sie gewissen Begrenzungen, sondern auch wegen der Tatsache, dass die sich ergebenden Dimensionen, wenn nicht eine umfassende Stichprobe der Ursachen untersucht wird, auf die betrachteten Ursachen beschränkt sein werden. Mit anderen Worten wird die Struktur, die vom Forscher gefunden wird, teilweise davon abhängen, wie das Stimulusmaterial ausgesucht wurde. In der Mehrheit der verfügbaren Untersuchungen wurde das Stimulusmaterial nur aus einem einzigen Bereich ausgewählt, am häufigsten aus dem Leistungsbereich.

Die zweite Frage, ob kausale Dimensionen etwas voneinander Unabhängiges (Orthogonales) sind, ist leichter zu beantworten. Empirisch betrachtet sind kausale Dimensionen untereinander korreliert (z. B. Anderson, 1983). Allerdings zeigt die Höhe der Korrelationen zwischen zwei beliebig ausgewählten Dimensionen, dass es mehr spezifische als gemeinsame Variabilität gibt. Darüber hinaus ist es auch unter konzeptuellen Aspekten sinnvoll, die Dimensionen voneinander zu trennen, ebenso wie es sinnvoll ist, Größe und Gewicht, obwohl sie stark miteinander korreliert sind, getrennt voneinander zu betrachten.

Es ist einleuchtend, um zur letzten Frage zu kommen, dass es bei der Verortung von Ursachen auf den kausalen Dimensionen Variabilität über

Individuen und Situationen hinweg gibt. Kranz und Rude (1984) z.B. baten ihre Probanden, die vier am besten untersuchten Ursachen im Leistungsbereich (Fähigkeit, Anstrengung, Aufgabenschwierigkeit, Glück) im Sinne der von Weiner vorgeschlagenen drei kausalen Dimensionen in Klassen einzuteilen. Nur wenige Versuchspersonen klassifizierten die Ursachen auf den Dimensionen so, wie man es erwartet hätte. Knapp die Hälfte der Versuchspersonen ordnete beispielsweise Fähigkeit als instabil ein. Individuelle Unterschiede in der Wahrnehmung von angeblich stabilen Ursachen (z.B. Intelligenz) wurden nachfolgend untersucht und führten zu einer weiteren Theorie über Motivation, nach der Individuen in „Zuwachstheoretiker" (Intelligenz/Fähigkeit kann durch Anstrengung verbessert werden) und „Strukturtheoretiker" (Intelligenz/Fähigkeit ist unveränderbar; s. Dweck & Leggett, 1988) eingeteilt wurden. Solche individuellen Unterschiede zeigen, dass Psychologen Ursachen nicht immer korrekt den zugrunde liegenden Dimensionen zuordnen können. Dies ist natürlich keine Widerlegung der Typologie von Weiner, erinnert uns aber daran, dass es wichtig ist, auch die Wahrnehmung einer Ursache durch die Versuchspersonen zu berücksichtigen.

Es könnten auch noch andere Einwände dagegen vorgebracht werden, wie Weiner die Attributionstheorie praktisch umsetzte. So beruht z.B. die Mehrzahl der Untersuchungen, die seine Theorie stützen, auf dem Einsatz eher künstlicher Prozeduren (z.B. Beurteilung hypothetischer Szenarios, verarmte oder minimale Reizsituationen, im Labor manipulierter Erfolg und Misserfolg) und es werden lediglich die Aussagen der Probanden darüber untersucht, wie sie sich verhalten werden (ihre Verhaltensabsicht), und nicht ihr tatsächliches Verhalten. Diese Bedenken sollten uns jedoch nicht vergessen lassen, dass die attributionale Analyse der Motivation zu einer Beschreibung sehr robuster und leicht replizierbarer Phänomene geführt hat. Das allein ist ein Beleg für die Anwendbarkeit dieser Forschung. Darüber hinaus hat sie zu wichtigen Fortschritten in der Attributionstheorie geführt. Was auch immer man über Weiners Theorie denken mag, man wird stets von ihrem umfassenden Charakter beeindruckt sein. Wir beenden diesen Abschnitt mit einer kurzen Beschreibung einer neueren Entwicklung dieser Theorie, die ihren Anwendungsbereich sogar noch erweitert.

In seinem 1995 erschienen Buch *Judgments of Responsibility* zeigt Weiner, wie die Beurteilung von Verantwortlichkeit dazu verwendet werden kann, theoretische Prinzipien, die ursprünglich aus der Untersuchung der Leistungsbewertung abgeleitet wurden, auf eine Vielzahl von Verhaltensformen zu übertragen, und wie dies schließlich eine allgemeine Theorie sozialen Handelns ergibt. Er räumt der Beurteilung der Verantwortlichkeit eine zentrale Rolle ein, sieht aber auch einen deutlichen Unterschied zwischen der Attribution von Kontrollierbarkeit und der Beurteilung von Verantwortlichkeit. Kontrollierbarkeit bezieht sich auf Eigenschaften von Ursachen, wie mangelnde Anstrengung oder Unfähigkeit. Verantwortlichkeit spiegelt hingegen unser Urteil über Menschen wider und wie sie sich anders hätten verhalten *sollen*, um negative Ergebnisse zu vermeiden.

Ein weiterer Grund, um Kontrollierbarkeit und Verantwortlichkeit zu unterscheiden, ist, dass der Zusammenhang zwischen Kontrollierbarkeit und Verantwortlichkeit durch das Vorliegen mildernder Umstände beeinflusst werden kann. Wenn etwa die zu Beginn dieses Abschnittes erwähnten außerkurrikularen Aktivitäten, die zum Misserfolg bei der Statistikprüfung führten, in der Pflege der erkrankten Mutter bestanden und nicht in Exzessen mit einer Gruppe gleichgesinnter Trinkkumpane, würde dies sicherlich die Verantwortlichkeit für den Misserfolg abschwächen.

Weiner postuliert also, dass der Verantwortlichkeit eine zentrale Rolle bei der Beurteilung zukommt. Er geht davon aus, dass Kausalattributionen zu Urteilen über Verantwortlichkeit führen und dass diese Urteile affektive Erfahrungen beeinflussen und Verhalten steuern. Daher hat sich die oben dargestellte Abfolge wie folgt verändert:

Ereignis (Prüfungsversagen) → ergebnisabhängiger Affekt → Kausalattribution → Verantwortlichkeitsbeurteilung → Affekt (Ärger, Sympathie) → Verhalten

Weiners Erweiterung seiner früher formulierten Abfolge wird durch eine beeindruckende Liste von Befunden gestützt und liefert eine umfassende Theorie sozialen Handelns.

7.4.2 Attributionen und klinische Psychologie

Wie kann eine „Fehlattribution" etwas zum Verständnis klinischer Probleme beitragen? Welche Rolle spielen, wenn überhaupt, Attributionen bei der Entwicklung einer Depression? Was wird dadurch erreicht, dass man Klienten beibringt, ihre Attributionen zu verändern?

Seit dem Beginn der experimentellen Sozialpsychologie gibt es Versuche, sozialpsychologische Prinzipien in der Klinischen Psychologie anzuwenden (Snyder & Forsyth, 1991). Von daher ist es nicht überraschend, dass Anwendungen der Attributionstheorie auf klinische Probleme schon gleich nach der Veröffentlichung der Theorie korrespondierender Schlussfolgerungen und des ANOVA-Modells auftauchten. Einige der Anwendungen, besonders die frühen, bezogen sich explizit auf klassische Attributionsmodelle, andere jedoch spiegelten einfach eine attributionale Perspektive wider, ohne wirklich auf Grundlagenforschung zur Attribution zurückzugreifen. Bei einigen Anwendungen wurde deutlich, dass die Autoren die grundlegenden Aussagen der Attributionstheorie, wie sie in der sozialpsychologischen Literatur zu finden sind, nie gelesen hatten!

Im Gegensatz zur Anwendung auf Motivation sind die Versuche, die Attributionstheorie auf die Klinische Psychologie anzuwenden, so unterschiedlich, dass es schwierig ist, diesen in einem kurzen Überblick gerecht zu werden (für einen ausgezeichneten Überblick zu diesem Thema s. Försterling, 1988). Mit dieser Einschränkung im Hinterkopf beginnen wir mit einer echten Fallstudie (veröffentlicht in Johnson, Ross & Mastria, 1977) und leiten daraus eine einfache Dichotomie ab, die dazu verwendet werden kann, die klinischen Anwendungen der Attributionstheorie zu klassifizieren.

7.4.2.1 Fallstudie

Psychiater wurden auf Herrn J. aufmerksam, als dieser behauptete, dass er durch eine „warme Form" sexuell erregt und zum Orgasmus gebracht werde. Diese Erfahrungen waren für Herrn J. belastend; nachdem er sie offenbart hatte, wurde er als schizophren diagnostiziert, in eine Anstalt eingewiesen und mit Thorazin, einem antipsychotischen Medikament, behandelt. Obwohl die Psychiater davon überzeugt waren, dass Herr J. geisteskrank war, zeigten sorgfältige Beobachtungen, dass sich Herr J. unabsichtlich durch Beinbewegungen selbst stimulierte. Seine „Wahnvorstellungen" verschwanden, als man ihn lehrte, die Ursache für seine sexuelle Erregung auf seine Beinbewegungen zurückzuführen (zu attribuieren). In den darauf folgenden sechs Monaten der Nachbeobachtung traten sie dann auch nicht mehr auf.

Der Fall von Herrn J. zeigt deutlich, dass die Überzeugung des Patienten bezüglich der Ursache des Verhaltens dysfunktional sein kann. In diesem Fall führte die Abwesenheit einer verständlichen Ursache für seine erotischen Erfahrungen zu einer Fehlattribution („wahnhaftes Denken"), die bewirkte, dass Herr J. als verrückt angesehen wurde. Als die Fehlattribution erst einmal erkannt war, konnte eine angemessene Behandlung erfolgen. Im Falle von Herrn J. fand eine „Reattribuierungsschulung" statt, indem ihm eine plausible Alternativerklärung für seine Erfahrung angeboten wurde. Dem Abwertungsprinzip entsprechend sollte dies dazu führen, dass er nicht mehr so stark an die ursprünglich von ihm angenommene Ursache glaubte, was in diesem Fall auch tatsächlich geschah.

Dieser Fall veranschaulicht eine wichtige Unterscheidung zwischen *Diagnose* (die die Eigenart des Problems feststellt) und *Behandlung* (Intervention, um ein besser angepasstes Funktionieren zu ermöglichen). Obwohl es Wechselwirkungen zwischen Diagnose und Behandlung gibt, können die meisten Anwendungen der Attributionstheorie nach diesen beiden Kategorien klassifiziert werden. Allerdings besteht ein großes Ungleichgewicht in der Verteilung relevanter Studien auf die beiden Kategorien. Die überwiegende Mehrheit analysiert oder diagnostiziert Probleme mithilfe attributionstheoretischer Begriffe und nur wenige untersuchen attributionstheoretisch orientierte Behandlungsmethoden. Beides werden wir im Folgenden nacheinander näher betrachten.

7.4.2.2 Fehlattribution

Das Phänomen der Fehlattribution war besonders im Hinblick auf physiologische Erregung Gegenstand vieler früherer Versuche, klinische Probleme zu verstehen. Storms und Nisbett (1970) zeigten z.B., dass Individuen, die an Schlaflosigkeit litten und die Erregung, die sie wach hielt, einer neutralen Ursache (einer Tablette) zuschrieben, weniger Zeit zum Einschlafen benötigten als Versuchspersonen, die ihre Erregung nicht der Wirkung einer Tablette zuschreiben konnten. Obwohl mit einer Vielzahl von Problemen behaftet (z.B. Schwierigkeiten, Befunde zu replizieren, Fehlen von Attributionsmaßen, um die Interpretation im Sinne einer Fehlattribution zu unterstützen; Fincham, 1983), sind die Überlegungen, die die Forschung zur Fehlattribution angestoßen haben, für das Verständnis klinischer Probleme immer noch hilfreich.

Die neuere Forschung hat sich auf multiple Attributionsdimensionen konzentriert und gezeigt, dass Attributionen, die nicht, wie es bei Herrn J. der Fall war, einen konkreten Wissensmangel über die Ursache eines Problems widerspiegeln, zu Anpassungsschwierigkeiten führen können. Wenn man beispielsweise sich selbst als Ursache eines negativen Ereignisses wahrnimmt, wenn man die Ursache als stabil oder wahrscheinlich unveränderbar und als global bzw. verschiedene Lebensbereiche betreffend ansieht, kann dies nach einer beachtlichen Anzahl empirischer Belege zu verschiedenen Anpassungsproblemen führen (s. Buchanan & Seligman, 1995; Peterson et al., 1993).

7.4.2.3 Erlernte Hilflosigkeit und Depression

Erlernte Hilflosigkeit („learned helplessness"): Ein Zustand, der durch Lerndefizite, negative Emotionen und passives Verhalten gekennzeichnet ist, wenn Lebewesen lernen, dass ihre Reaktionen und die erwünschten Handlungsergebnisse voneinander unabhängig sind.

Das wohl am intensivsten erforschte Problem ist das Phänomen der **erlernten Hilflosigkeit.** Da es als Modellvorstellung für die Depression vorgeschlagen wurde und eine Vielzahl an Forschungsarbeiten angeregt hat, werden wir, bevor wir Anwendungen der Attributionstheorie im therapeutischen Zusammenhang darstellen, zunächst der Frage nachgehen, was unter erlernter Hilflosigkeit zu verstehen ist. Die Grundaussage der Theorie ist: Wenn Menschen oder Tiere in einer Situation die Erfahrung machen, dass sie ein bestimmtes Ereignis nicht kontrollieren können, entwickeln sie die Erwartung, in anderen ähnlichen Situationen auch keine Kontrolle zu haben. Diese Erfahrung führt zum Hilflosigkeitssyndrom, das sich in verschiedenen motivationalen, kognitiven und emotionalen Defiziten äußert. Beispielsweise reagieren Hunde, die einem unkontrollierbaren Schock ausgesetzt werden, im Vergleich zu einer Kontrollgruppe von Tieren passiv (motivationales Defizit) und emotionslos (emotionales Defizit) und lernen nicht (kognitives Defizit), wann der Schock vermeidbar ist. Dies ähnelt den Symptomen der Depression und rief beachtliches Interesse an erlernter Hilflosigkeit hervor.

Mit der Ausbreitung der Hilflosigkeitstheorie auf die Depression entstanden aber auch einige Probleme. Seligman (1975) hatte ursprünglich betont, dass für die entstehenden Motivations- und Gefühlsdefizite vor allem die Unkontrollierbarkeit der Situation und weniger ihre unangenehmen Folgen verantwortlich seien. Es ist jedoch wenig plausibel, dass Menschen depressiv werden, weil sie sich einer Flut erfreulicher Ereignisse ausgeliefert sehen, über die sie keine Kontrolle haben (z.B. mehrmaliger Lottogewinn). Weiterhin ist es nur schwer miteinander zu vereinbaren, dass sich Depressive einerseits hilflos fühlen sollen, andererseits aber die Neigung zu Selbstvorwürfen haben. Wenn Menschen überzeugt sind, dass negative Folgen unabhängig von ihrer eigenen Reaktion eintreten werden, wie können sie sich dann gleichzeitig für diese Geschehnisse verantwortlich fühlen?

Um der menschlichen Depression gerecht zu werden, wurde eine attributionstheoretische Neuformulierung der Theorie der erlernten Hilflosigkeit vorgeschlagen (Abramson, Seligman & Teasdale, 1978). Demnach findet bei den betroffenen Menschen zwischen der Erfahrung von Einflusslosigkeit und den depressiven Symptomen eine Ursachenzuschreibung statt: Sie suchen nach Gründen dafür, warum es ihnen nicht gelungen ist, in einer bestimmten Situation die Oberhand zu behalten und die unangenehmen Folgen zu vermeiden. Gemäß der attributionstheoretischen Neuformulierung der Theorie ist es also nicht der abschreckende Charakter eines negativen Lebensereignisses, der zur Depression führt, sondern die Erfahrung der Ohnmacht oder die Unbeherrschbarkeit, ausgelöst durch negative Ereignisse, deren Auftreten internen, stabilen und globalen Ursachen zugeschrieben wird.

Das vorgeschlagene Modell sieht wie folgt aus:

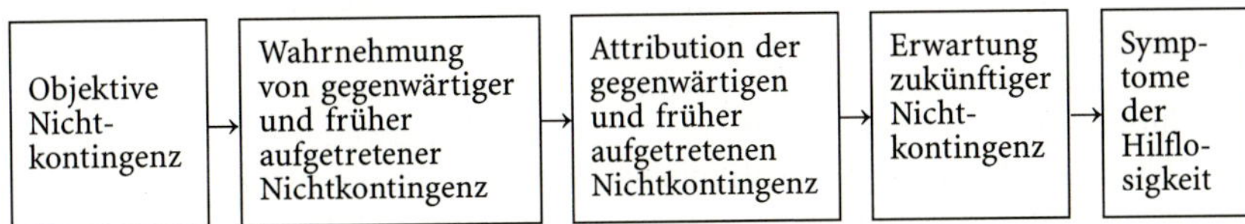

(entnommen aus Abramson et al., 1978)

Auch hier sind es wieder die den Attributionen zugrunde liegenden Dimensionen, die als wichtig angesehen werden. Konkret ist die Dimension intern-extern mit Defiziten hinsichtlich des Selbstwertgefühls verknüpft. Das Ausmaß, in dem eine Ursache global vs. spezifisch ist, d.h., in dem sie viele Lebensbereiche berührt und nicht nur einen Lebensbereich, ist mit der Allgemeinheit der Symptome verbunden und die Dimension stabil-instabil beeinflusst deren Beständigkeit. Obwohl in keiner Weise der Versuch unternommen wurde, diese Dimensionen zu Kelleys (1967) Kriterien Konsensus, Distinktheit und Konsistenz in Beziehung zu setzen, sind sie diesen sehr ähnlich, wenn nicht gar mit ihnen identisch. Der Unterschied zum ANOVA-Modell besteht jedoch darin, dass individuelle Unterschiede in den Reaktionen auf den Dimensionen der attributionstheoretische Neuformulierung der Theorie der erlernten Hilflosigkeit in den Mittelpunkt der Aufmerksamkeit rückten. Der **Attributionsstil** wird als Persönlichkeitsmerkmal angesehen, das zwischen negativen Ereignissen und Depression vermittelt. Ein depressiver Attributionsstil bezieht sich daher auf eine Tendenz, negative Ereignisse als durch Faktoren verursacht zu sehen, die intern, stabil und global sind.

Attributionsstil („attributional style"): Bezeichnet eine individuelle Tendenz, über verschiedene Situationen und über die Zeitpunkte hinweg eine bestimmte Art kausaler Schlussfolgerungen zu ziehen.

Als Modellvorstellung für klinische Depression ist erlernte Hilflosigkeit umstritten. Obwohl in einer umfassenden Metaanalyse festgestellt wurde, dass zumindest eine mittlere Korrelation (etwa +0,3) zwischen Attributionsstil und Depression besteht (Sweeney, Anderson & Bailey, 1986), sagt eine solche Korrelation nichts über die Rolle aus, die Attributionen für das *Entstehen* von Depressionen spielen, da wir aus Korrelationen keine kausalen Schlüsse ableiten können. Es gibt jedoch einige Belege dafür, dass Attributionen durchaus depressive Symptome, die zu einem späteren Zeitpunkt auftreten (z.B. Nolen-Hoeksema, Girgus & Seligman, 1994), wie auch die Zunahme depressiver Stimmung bei Studenten, die schlechte Noten bei einer Prüfung bekommen, vorhersagen (Metalsky, Halberstadt & Abramson, 1987). Solche Daten liefern zwar bessere Belege für die Annahme, dass Attributionen zu Depressionen führen, doch handelt es sich dabei immer noch nur um korrelative Ergebnisse (obgleich auf Längsschnittstudien beruhend).

Da es ethisch nicht vertretbar wäre, klinische Depressionen hervorzurufen, kommen die experimentellen Belege, die den Zusammenhang zwischen Attributionen und Depressionen erforschen, aus analogen Laborstudien, die depressive Stimmungszustände untersuchen. Obwohl sie häufig zu Ergebnissen führen, die mit der reformulierten Modellvorstellung der erlernten Hilflosigkeit übereinstimmen, ist es schwierig, vorübergehende Stimmungsänderungen im Labor auf klinische Depressionen zu verallgemeinern. Mit diesem Problem ist man nicht konfrontiert, wenn man die Forschung über Therapieergebnisse heranzieht. In einer hierfür relevanten Untersuchung (Hollon, Shelton & Loosen, 1991) wurden depressive Patienten zufällig einer von drei verschiedenen 12-wöchigen Behandlungen zugeordnet. Die Patienten bekamen entweder eine rein kognitive Therapie, trizyklische Antidepressiva oder eine Kombination aus beiden Behandlungen. Bei allen drei Gruppen ging die Depression zurück. Interessanterweise korrelierten Attributionsveränderungen mit Depressionsveränderungen sowohl in der kognitiven (Korrelation von 0,77) als auch in der kombinierten Behandlung (Korrelation von 0,55). Obwohl diese Ergebnisse ermutigend sind, sind sie mindestens in Bezug auf zwei Punkte problematisch: Erstens konnte keine Korrelation in der Gruppe mit medikamentöser Behandlung gefunden werden. Was könnten die Gründe dafür sein? Zweitens, selbst wenn Attributionen eine Linderung der Depression mit sich bringen, folgt daraus noch nicht, dass sie die Depressionen auch verursacht haben.

Was können wir daraus über erlernte Hilflosigkeit folgern? Erstens: Bisher steht die entscheidende Überprüfung der revidierten Attributionstheorie der erlernten Hilflosigkeit noch aus. Obwohl die Untersuchung von Erwartungen, den direktesten Determinanten der erlernten Hilflosigkeit, als ausschlaggebend für die Überprüfung der Validität des Modells (Alloy, 1982) angesehen wird, wurde eine solche Überprüfung bisher noch nicht durchgeführt. Auf ähnliche Weise wurde auf die Untersuchung der zu erwartenden *Muster* von Attributionsreaktionen (intern, stabil, global) zugunsten der Untersuchung von Mittelwerten über Dimensionen hinweg verzichtet. Mittelwerte können jedoch durch viele verschiedene Reaktionsmuster hervorgerufen werden (Horneffer & Fincham, 1995). Schließlich wissen wir nur wenig über die entwicklungsbedingten Ursprünge von Attributionen, die mit erlernter Hilflosigkeit zusammenhängen (Fincham, Beach, Arias & Brody, im Druck). Hier handelt es sich um eine wichtige Wissenslücke, wenn wir erlernte Hilflosigkeit verhindern wollen.

Ungeachtet dieser Bedenken zeigen verschiedene konvergierende Befundlagen, dass Attributionen bedeutsam sind, wenn man Depressionen oder, noch wahrscheinlicher, eine Untergruppe von Depressionen, verstehen will.

7.4.3 Enge Beziehungen

Worin besteht der Zusammenhang zwischen unterschiedlichen Typen von Attributionen und der Zufriedenheit mit der Ehe bzw. mit einer anderen Beziehung? Sind die Reaktionen auf Verhaltensweisen eines Partners in solchen Beziehungen von Attributionen geleitet?

Die Untersuchung enger Beziehungen hat sich in jüngerer Zeit zu einem Spezialgebiet entwickelt. Neben einer Reihe anderer Disziplinen leistet auch die Sozialpsychologie einen wesentlichen Beitrag zur Verbesserung unseres Verständnisses solcher Beziehungen (s. Kap. 12). Die Attributionstheorie war auf diesem Gebiet außergewöhnlich produktiv. In der Tat hat sich der überwiegende Anteil der Attributionsforschung darauf konzentriert, Partnerschaften/Ehen zu verstehen, sodass die Befunde auf diesem Gebiet zu den robustesten in der Beziehungsliteratur zählen (Fincham & Bradbury, 1990).

Teilweise angeregt durch die Literatur über erlernte Hilflosigkeit untersuchte die Attributionsforschung anfänglich die Hypothese, dass uns Attributionen helfen könnten, Zufriedenheit mit Beziehungen und das Scheitern von Beziehungen besser zu verstehen. Genauer gesagt beruhte das Interesse an Attributionen auf den Annahmen, dass Attributionen:

- das gegenwärtige Niveau an Zufriedenheit mit der Beziehung aufrechterhalten, aber auch Veränderungen der Zufriedenheit herbeiführen können und
- die Reaktionen des einen Partners auf das Verhalten des anderen vermitteln oder hervorrufen.

Wir werden im Folgenden beide Annahmen näher betrachten.

7.4.3.1 Attributionen und Zufriedenheit in Beziehungen

Von Attributionen wird angenommen, dass sie in gestörten Beziehungen (im Unterschied zu nicht gestörten) die Auswirkungen negativen Partnerverhaltens verstärken (z. B. „Sie kommt deshalb so spät nach Hause, weil sie sich nichts aus mir macht“) und die Auswirkungen positiven Partnerverhalten verringern (z. B. „Er hat mir nur deshalb Blumen gekauft, weil er mit mir ins Bett gehen wollte“). Wie wir sehen können, stellt die Art der Kausalattribution, also die Art der Ursachenfaktoren, auf die das Verhalten des Partners zurückgeführt wird, wiederum das kritische Element dar, durch das die Beziehungsprobleme aufrechterhalten werden. So wird die Ursache für das negative Verhalten im Partner gesehen (interne Attribution), sie wird als global betrachtet, als etwas, das auch andere Bereiche der Ehe zu beeinflussen vermag, und als stabil, also etwas, was sich auch in Zukunft nicht verändern wird. Positives Verhalten wird hingegen auf externe, spezifische und instabile Ursachen zurückgeführt. Im Gegensatz zu diesen, die *Störung aufrechterhaltenden* Attributionen zeigen zufriedene Partner die *Beziehung unterstützende* Attributionen; diese wiederum minimieren die Auswirkungen negativen Partnerverhaltens (z.B. „Sie kam deshalb zu spät nach Hause, weil so viel Verkehr war") und heben positives Partnerverhalten hervor (z.B. „Er hat mir Blumen gebracht, weil er mich wirklich mag").

Schon bald, nachdem die Attributionsforschung begonnen hatte, sich mit engen Beziehungen zu beschäftigen, bemühte sich Fincham (1983, 1985), den Bereich der zum Thema enge Beziehungen untersuchten Attributionen zu erweitern. In seiner Forschung bat er Partner, Verantwortlichkeitskriterien, wie z.B. die Motivation des Partners oder der Partnerin, seine oder ihre Absicht und seine oder ihre Schuldhaftigkeit zu beurteilen (diese Kriterien werden „Verantwortlichkeitsattributionen" genannt, da Partner in engen Beziehungen nicht zwischen Verantwortlichkeit und Schuld zu differenzieren scheinen; Fincham & Bradbury, 1992). Wie im Falle der Kausaldimensionen können Verantwortlichkeitsattributionen als die Beziehung fördernd (z.B. positives Partnerverhalten wird als absichtlich, selbstlos und lobenswert angesehen) und als die Störung aufrechterhaltend (z.B. negatives Partnerverhalten wird als absichtlich, egoistisch und schuldhaft angesehen) betrachtet werden. Die Attributionshypothese kann deshalb in Bezug auf Kausal- und Verantwortlichkeitsattributionen überprüft werden. Diese Hypothese wird in Abb. 7.10 zusammengefasst.

Die Attributionen von unglücklichen und glücklichen Ehepartnern wurden in zahlreichen Studien untersucht; dabei wurde Unzufriedenheit mit der Ehe durch Berichte der Ehepartner in Form von Standardmaßen für Zufriedenheit mit der Ehe definiert. Anhand einer Vielzahl von attributionalen Stimuli (z.B. Paarprobleme, Partnerverhalten) konnte gezeigt werden, dass Attributionen mit der Zufriedenheit in der Ehe zusammenhängen (Bradbury & Fincham, 1990; Fincham, 1998).

Obwohl ein Zusammenhang zwischen Attributionen und Zufriedenheit mit einer Beziehung besteht, wissen wir nicht, ob die Attributionen Veränderungen der Zufriedenheit mit der Ehe auslösen oder umgekehrt. Es ist schwierig, diese Frage zu untersuchen: Ethische Probleme, die mit der Manipulation der beteiligten Variablen zusammenhängen, wie auch die Tatsache, dass Zufriedenheit mit der Ehe dazu neigt, über die Zeit hinweg stabil zu bleiben, erschweren den methodischen Zugang. Trotzdem wurden einige Studien zur Untersuchung dieses Problems durchgeführt. Dabei wurde der Zusammenhang zwischen Attributionen und Zufriedenheit über die Zeit hinweg untersucht.

In einer der ersten Studien wurden Attributionen und Zufriedenheit zweimal in einem zeitlichen Abstand von 10–12 Monaten gemessen (Fincham & Bradbury, 1987). Die zum ersten Zeitpunkt abgegebenen Kausal- und Verantwortlichkeitsattributionen wurden nach statistischer Kontrolle der ursprünglich bestehenden Zufriedenheit dazu verwendet, spätere Zufriedenheit vorherzusagen. Zumindest für Ehefrauen wurde festgestellt, dass beide Attributionstypen spätere Zufriedenheit vorhersagten. Weshalb signifikante Ergebnisse nur für die Ehefrauen gefunden wurden, war unklar, obwohl der Befund sich vielleicht mit der kleinen Stichprobe (39 Paare) erklären ließe.

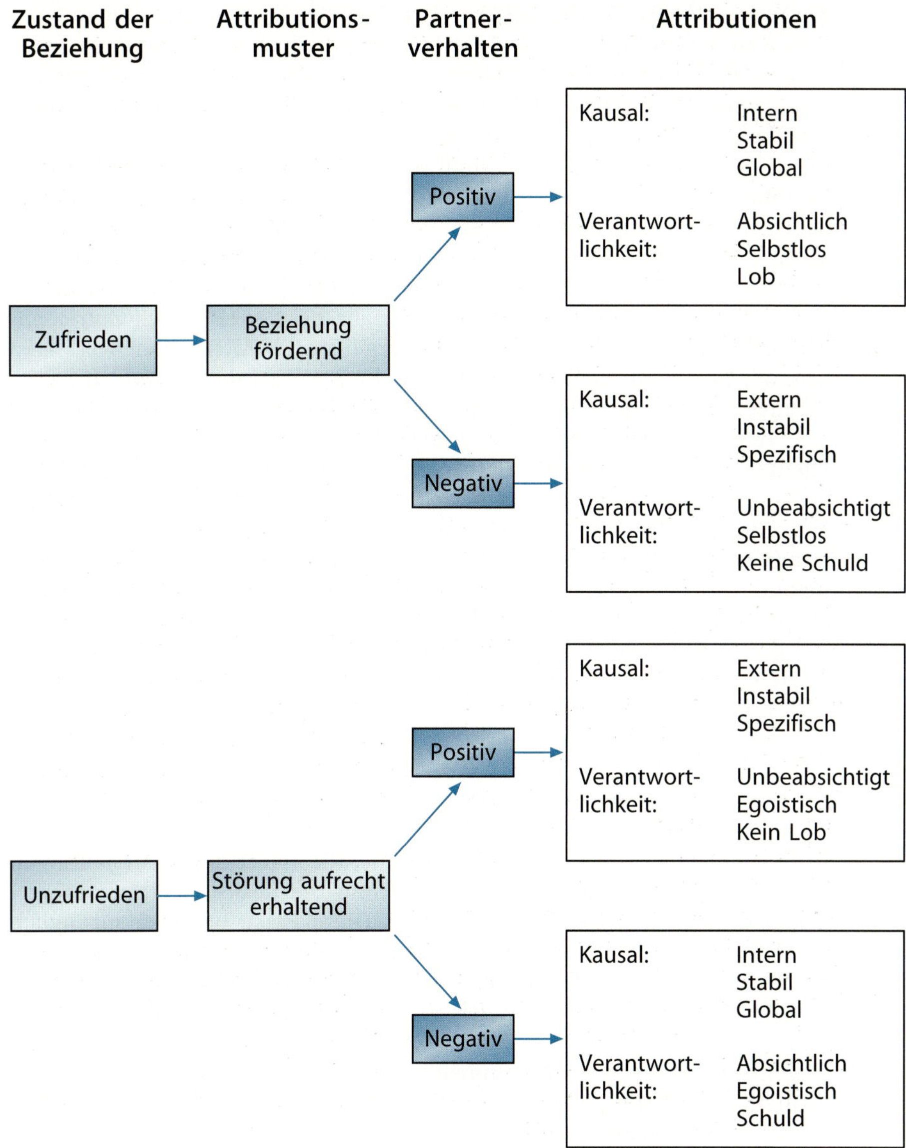

Abb. 7.10. Die Attributionshypothese in engen Beziehungen: Attributionen variieren als Funktion des Zustands der Beziehung und der Eigenart des Partnerverhaltens

Um diesen Unklarheiten nachzugehen, wurde eine zweite, über 12 Monate angelegte Langzeitstudie mit einer größeren Stichprobe durchgeführt (Fincham & Bradbury, 1993). Bei dieser Studie wurden zwei wichtige Verbesserungen eingeführt. Die erste bezog sich auf die Möglichkeit, dass Depression und Selbstwertgefühl den Zusammenhang zwischen Attribution und Zufriedenheit erklären könnten. Da beides, Depression und Selbstwertgefühl, sowohl mit Attributionen als auch mit Zufriedenheit in der Ehe im Zusammenhang steht, ist es vernünftig, zu fragen, ob Attributionen und Zufriedenheit einfach deshalb miteinander zusammenhängen, weil sie mit Depression und Selbstwertgefühl verknüpft sind. Zweitens waren in diese Studie keine Personen mit chronischer Depression oder Eheproblemen einbezogen. Dies ist wichtig, weil Depressionen und Eheprobleme generell ziemlich stabil sind, wodurch im Längsschnitt der Zusammenhang zwischen ihnen künstlich vergrößert werden kann. Man fand, dass Attributionen immer noch mit Zufriedenheit zusammenhingen, selbst wenn Depressionen und Selbstwertgefühl statistisch kontrolliert wurden. Senchak und Leonard (1993) replizierten diesen Befund, indem sie zeigten, dass sich die spezifische Varianz bei der ehelichen Zufriedenheit unabhängig von Depression und Ärger durch Attributionen erklären ließ. Wichtiger ist vielleicht, dass sich aus Attributionen sowohl für Ehemänner als auch für Ehefrauen spätere Zufriedenheit vorhersagen ließ.

In einer letzten Untersuchung mit einer Stichprobe jungverheirateter Ehemänner trugen problematische Attributionen in Bezug auf Verantwortlichkeit zu einer Abnahme der berichteten Zufriedenheit nach 12 Monaten bei, jedoch nicht umgekehrt (Fincham, Bradbury, Byrne & Karney, 1997). Damit konnte gezeigt werden, dass sich das längsschnittliche Muster der Befunde über die Population der relativ stabilen und etablierten verheirateten Paare hinaus erweitern ließ. Die verfügbaren Befunde stützen somit die Auffassung, dass Attributionen Veränderungen bezüglich der Zufriedenheit auslösen.

7.4.3.2 Attributionen und Reaktionen auf Verhalten

Und wie steht es um die zweite Annahme, die Interesse an Attributionen in engeren Beziehungen ausgelöst hat? Sind die Reaktionen auf das Verhalten des Partners attributionsgeleitet? Diese Frage wurde ursprünglich so angegangen, dass man fragte, ob Attributionen mit Verhalten korrelieren. Frühe Studien unterstützten einen solchen Zusammenhang für Attributionen, konnten aber nicht zeigen, dass die Beziehung zwischen Attribution und Verhalten unabhängig von Zufriedenheit in der Ehe auftrat. Wegen des gut belegten Zusammenhangs zwischen Verhalten und Zufriedenheit mit der Ehe ist dies natürlich ein wesentlicher Mangel. Nachdem eheliche Zufriedenheit aus dieser Korrelation auspartialisiert wurde, ließen sich drei Effekte zeigen: Erstens, die Unzufriedenheit erhaltenden Verantwortlichkeitsattributionen der Ehefrauen hingen mit einem weniger effektiven Problemlöseverhalten zusammen, das anhand der beobachteten ehelichen Interaktion kodiert wurde (Bradbury & Fincham, 1992, Studie 1). Zweitens korrelierten die Unzufriedenheit erhaltenden Kausal- und Verantwortlichkeitsattributionen der Ehemänner und -frauen mit zunehmender Häufigkeit negativen Verhaltens während der Problemlösung (Bradbury & Fincham, 1992, Studie 2) sowie beim Erteilen von Unterstützung (Miller & Bradbury, 1995) und mit zunehmender Häufigkeit spezifischer negativer Gefühle wie Weinerlichkeit und Ärger (Fincham & Bradbury, 1992). Drittens ist der Zusammenhang zwischen Attribution und Verhalten unabhängig von Depression (Bradbury, Beach, Fincham & Nelson, 1996).

Der Befund, dass die Attributionen der Ehepartner mit der Ausprägung ihres Verhaltens zusammenhängen, ist wohl ermutigend, beantwortet jedoch nicht die Frage, ob Attributionen die Reaktionen nur auf ein ganz bestimmtes Partnerverhalten hin leiten und anderes unberücksichtigt lassen. Beispielsweise wird angenommen, dass Attributionen durch negatives Verhalten hervorgerufen werden und dass sie Reaktionen auf negatives Verhalten steuern. In Übereinstimmung mit dieser Auffassung fand man eine Korrelation zwischen den fehlangepassten Attributionen der Ehefrauen und der Tendenz, das negative Verhalten der Ehemänner zu erwidern; dies ist ein charakteristisches Kennzeichen für eheliche Unzufriedenheit (Bradbury & Fincham, 1992, Studie 2). Doch auch hier können solche Zusammenhänge einfach auf die beobachtete Beziehung zwischen Zufriedenheit in der Ehe und Verhalten zurückzuführen sein. Bradbury und Fincham (1992) schlossen diese Möglichkeit aus, indem sie zeigten, dass die Korrelationen signifikant blieben, selbst wenn der Effekt der Zufriedenheit aus der Korrelation auspartialisiert wurde. Schließlich wiesen sie auch nach, dass für unzufriedene Ehepartner diese Zusammenhänge zwischen Attribution und Verhalten stärker waren (z. B. Miller & Bradbury, 1995).

7.4.3.3 Kritische Punkte

Trotz der enormen Fortschritte, die bei der Untersuchung von Attributionen in engen Beziehungen zu verzeichnen waren, ist diese Forschung nicht unproblematisch. Eines der offensichtlichsten Probleme betrifft den Umstand, dass sie sehr stark auf Selbstberichten beruht. Attributionen und Zufriedenheit mit der Ehe werden gewöhnlich mithilfe von Fragebögen erhoben; der Gedanke liegt nahe, dass der Zusammenhang zwischen beiden Variablen künstlich durch die gemeinsame Varianz vergrößert wurde, die auf die in beiden Fällen verwendete Methode zurückzuführen ist („common-method variance"). Es ist daher wichtig, anzumerken, dass die Verbindung zwischen Attribution und Zufriedenheit auch in Studien festgestellt wurde, in denen Attributionen aus Gesprächen kodiert wurden (z. B. Holtzworth-Munroe & Jacobson, 1988; Stratton et al., 1986). Solche Daten schließen die Möglichkeit aus, dass der Zusammenhang einfach nur eine gemeinsame Methodenvarianz widerspiegelt, da unterschiedliche Methoden verwendet wurden, um Attributionen (Beobachtung) und Zufriedenheit (Selbstbericht) festzustellen. Entsprechend wird oft behauptet, dass die Verwendung von Selbstberichten nur wenig mehr zeigt, als dass die Neigung eines Individuums zu negativen Stimmungen über verschiedene Fragebögen hinweg konsistent zum Ausdruck kommt. Karney et al. (1994) zeigten jedoch, dass der Zusammenhang zwischen Attribution und Zufriedenheit signifikant bleibt, wenn negative Gefühlslagen statistisch kontrolliert werden.

Die begrenzte Zahl von Fragestellungen in engen Beziehungen, die aus der Attributionsperspektive untersucht wurden, stellt möglicherweise eine wichtigere Einschränkung dar als die oben ausgeführten Überlegungen.

Wir wissen z. B. relativ wenig über die Rolle von Attributionen in unterschiedlichen Phasen einer Beziehung. Wir würden jedoch erwarten, dass Attributionen wichtiger sind in Phasen, in denen es sehr viel Veränderung gibt (z. B. in der frühen Phase einer Beziehung, in der sich die Partner kennen lernen, und in der Endphase einer Beziehung), als in einer relativ stabilen Phase. Entsprechend wissen wir auch wenig über Attributionen, die zwischen Partnern kommuniziert werden. Welche Beziehung besteht zwischen mitgeteilten Attributionen und solchen, die man für sich behält? Und wie beeinflussen offenbarte Attributionen die Beziehung? Obwohl diese Fragen nicht völlig vernachlässigt wurden, brauchen wir mehr Informationen über die Bedingungen, die Attributionen in Beziehungen auslösen.

Ungeachtet dieser und anderer Begrenzungen sind die verfügbaren Daten über Attributionen in engen Beziehungen recht beeindruckend. Es gibt sicherlich eine robuste Beziehung zwischen Attributionen und Zufriedenheit mit der Ehe, wobei verschiedene Alternativerklärungen für diesen Zusammenhang (z. B. Depression, Tendenz zu negativen Gefühlslagen, Selbstwertgefühl) ausgeschlossen werden konnten. Darüber hinaus unterstützen die verfügbaren Daten die Sichtweise, dass Attributionen das momentane Zufriedenheitsniveau aufrechterhalten und Veränderungen im Hinblick auf Zufriedenheit auslösen können. Schließlich gibt es einen Zusammenhang zwischen Attributionen und beobachtetem Beziehungsverhalten und die Befunde zeigen, dass Attributionen die Reaktionen einer Person auf das Verhalten des Partners beeinflussen.

7.4.4 Zusammenfassung

Als erstes Anwendungsgebiet der Attributionsforschung besprachen wir den Einfluss von Attributionen auf die Motivation, ein Forschungsgebiet, das durch die Arbeit von Bernard Weiner, einem der Pioniere der Attributionsforschung, geprägt wurde. Weiner kam zur Attributionsforschung durch seine Bemühungen, die Motivations- und Leistungsunterschiede von hoch und niedrig leistungsmotivierten Personen zu erklären. In Untersuchungen hatte sich gezeigt, dass Personen mit hoher Leistungsmotivation in vielen Leistungsbereichen besser abschneiden als ähnlich befähigte Personen mit niedriger Leistungsmotivation. Weiner und Kollegen (1971) sahen die Erklärung für diese Leistungsunterschiede zum Teil in den unterschiedlichen Attributionsmustern, mit denen diese beiden Personengruppen Erfolge und Misserfolge erklären. Jemand, der, wie es für hoch leistungsmotivierte Personen kennzeichnend ist, dazu neigt, für Misserfolge eher Mangel an Anstrengung als Mangel an Begabung verantwortlich zu machen, wird sich erneut an die Aufgabe heranwagen und sich diesmal besser vorbereiten oder mehr anstrengen. Dies erhöht natürlich die Aussicht auf einen Erfolg. Hingegen werden Menschen, die dazu neigen, Misserfolge als Zeichen für ihre mangelnde Begabung zu sehen, eher zum Aufgeben bereit sein.

Da derartige Attributionsunterschiede auch mit Folgen für die emotionale Reaktion auf Erfolg und Misserfolg verbunden sind, befasste sich Weiner

(1986, 1995) in der späteren Phase seiner Forschungsarbeit mit den gefühlsmäßigen Reaktionen auf Erfolg und Misserfolg. Er traf eine wichtige Unterscheidung zwischen ergebnisabhängigen und attributionsgebundenen Gefühlen. Während wir uns über Erfolge naturgemäß mehr freuen als über Misserfolge (ergebnisabhängige Gefühle), erzeugen sie nur dann auch ein Gefühl des Stolzes, wenn wir sie auf interne Ursachen (z.B. Fähigkeit) zurückführen können. Hoffnungslosigkeit ist hingegen eine Reaktion auf negative Ereignisse, die auf stabile Ursachen zurückgeführt werden. Attributionsgebundene Gefühle wie Scham, Schuld, Ärger und Mitleid werden hingegen sehr durch unsere Wahrnehmung der Kontrollierbarkeit von Ursachen geprägt. In seiner Monografie über die Beurteilung von Verantwortlichkeit entwickelte Weiner (1995) seine attributionstheoretischen Prinzipien weiter zu einer allgemeinen Theorie des sozialen Handelns.

Unsere Diskussion zur Rolle der Attributionen in der klinischen Psychologie konzentrierte sich hauptsächlich auf die Theorie der erlernten Hilflosigkeit von Seligman und Kollegen. Diese Theorie entstand ursprünglich aufgrund der Ergebnisse von Tierexperimenten, in denen die Reaktion von Tieren auf unvermeidliche Elektroschocks untersucht wurde. Diese Erfahrung schien zu einem Hilflosigkeitssyndrom zu führen. Hunde, die einem unkontrollierbaren Schock ausgesetzt waren, reagierten im Vergleich zu einer Kontrollgruppe passiv emotionslos und lernten nicht, wann der Schock vermeidbar war. Da dies den Symptomen der Depression ähnelte, zogen Seligman und Kollegen Parallelen zwischen erlernter Hilflosigkeit und Depression. Mit der Ausweitung der Hilflosigkeitstheorie auf die Depression entstanden aber eine Reihe von Problemen, die Abramson, Seligman und Teasdale (1978) durch eine attributionstheoretische Neuformulierung der Theorie zu beheben suchten. Nach dieser Neuformulierung findet bei betroffenen Menschen zwischen der Erfahrung der Hilflosigkeit und den depressiven Symptomen eine Ursachenzuschreibung statt. Depression tritt vor allem dann auf, wenn negative Ereignisse auf interne, stabile und globale Ursachen attribuiert werden. Man ging weiterhin davon aus, dass die Neigung, mit diesem Attributionsmuster auf negative Ereignisse zu reagieren, einen depressiven Attributionsstil widerspiegelt, der einen Risikofaktor für die Entwicklung von depressiven Störungen darstellt. Menschen mit diesem depressiven Attributionsstil laufen ein erhöhtes Risiko für die Entwicklung von Depressionen.

Als drittes Anwendungsgebiet besprachen wir die Rolle von Attributionen bei der Entwicklung und Aufrechterhaltung von Problemen und Konflikten in engen Beziehungen. In konfliktbeladenen Beziehungen neigen Partner dazu, jegliche negative Verhaltensweise des anderen auf interne und stabile Ursachen zu attribuieren, hingegen alles positive Verhalten durch externe und instabile Ursachen zu erklären. Im Gegensatz zu diesen, die Störung aufrechterhaltenden Attributionen zeigen zufriedene Partner die Beziehung unterstützende Attributionen, die die Wirkung positiven Partnerverhaltens verstärken und die Wirkung negativen Partnerverhaltens minimieren. Diese Attributionsmuster führen dann wieder zu Verhaltensweisen, die die den Attributionen zugrunde liegenden Annahmen zu bestätigen scheinen. Diese Annahmen wurden durch eine Vielzahl empirischer Studien bestätigt.

7.5 Zusammenfassung und Schlussfolgerungen

Wir haben dieses Kapitel mit einer Übersicht über klassische Attributionstheorien begonnen, die sich mit der Art von Informationen beschäftigen, die Individuen zur Bestimmung von Kausalität verwenden, der Art von Ursachen, die sie unterscheiden, und den Regeln, nach denen sie Ursachen aus Informationen ableiten. Dann haben wir uns eingehender mit der neueren Forschung zur Eigenart von Kausalattributionen, mit systematischen Verzerrungen, die diese charakterisieren, und mit der Frage beschäftigt, welche Faktoren sie auslösen und welche Prozesse ihnen zugrunde liegen. Diese Fragestellungen zeigten die Breite und Tiefe der Forschung auf diesem Gebiet, führten jedoch auch zu einer ausgewogeneren Sichtweise der Attributionsforschung. Insbesondere ist es wichtig, über die Unterscheidung zwischen internen und externen Attributionen hinauszugehen; weit davon entfernt, wissenschaftlich zu sein, unterliegen Attributionen in Wirklichkeit vielen Verzerrungen; sie werden eher durch spezifische Faktoren ausgelöst, und laufen nicht entweder spontan oder automatisch ab; sie sind typischerweise weniger detailliert und verzerrter, als es die klassischen Theorien erwarten lassen.

Im Gegensatz zur ausgewogenen Sichtweise, die aus der ersten Hälfte dieses Kapitels hervorging, haben wir die zweite Hälfte mit der Bemerkung begonnen, dass das Aufkommen der Attributionstheorie eine der wichtigsten Entwicklungen in der Sozialpsychologie darstellte. Der Versuch, diese Beurteilung zu begründen, führte uns dazu, einige der Hauptanwendungen der Attributionstheorie zu untersuchen. Dabei konnten wir lediglich Beispiele aus einer breiten und vielfältigen Literatur darstellen. Dennoch zeigt die Forschung über Motivation, Klinische Psychologie und enge Beziehungen, wie lebendig die Attributionsforschung immer noch ist, und darüber hinaus, welch ungemein großen Einfluss die Attributionstheorie auf die Verbesserung unseres Verständnisses angewandter Probleme hat.

FRAGEN ZUM TEXT

1. In welchem Ausmaß geht Kelleys ANOVA-Modell von „Idealvorstellungen" aus und wie wurde es in der neueren Forschung verbessert?
2. Ein Großteil der Attributionsforschung beruht auf der Unterscheidung zwischen internen und externen Kausalattributionen. In welcher Beziehung stehen interne und externe Attributionen zueinander?
3. Wie werden Kausalattributionen vorgenommen: „spontan", „automatisch", „sowohl als auch" oder auf keine der beiden Arten?
4. Bewerten Sie den Beitrag, den kognitive und motivationale Erklärungen von Attributionsverzerrungen geleistet haben.
5. Auf welche Weise unterscheiden sich Attributionen in zufriedenen und gestörten Beziehungen?
6. Weshalb war die Attributionstheorie in der angewandten Forschung so produktiv?
7. Welchen Beitrag hat die Attributionstheorie für die Psychotherapie geleistet?

Empfohlene Literatur

Fletcher, G.J.O. & Fincham, F.D. (Eds.). (1991). *Cognition in close relationships.* Hillsdale, NJ: Erlbaum. Eine detaillierte Erörterung attributionaler und anderer sozial-kognitiver Ansätze aus dem Bereich der engen Beziehungen, geschrieben von führenden Wissenschaftlern des Fachgebiets.

Gilbert, D.T. (1998). Ordinary personology. In D.T. Gilbert, S.T. Fiske & G. Lindzey (Eds.), *The handbook of social psychology* (4. Aufl., Vol. 2, pp. 89–150). Boston: McGraw-Hill. Ein umfassender Essay darüber, wie Durchschnittsmenschen dazu kommen, etwas über zeitweilige Zustände und dauerhafte Dispositionen bei anderen Menschen zu wissen.

Hewstone, M. (1989). *Causal attribution: From cognitive processes to collective beliefs.* Oxford: Blackwell. Eine umfassende Analyse der Theorie und Forschung auf dem Gebiet der Attribution, einschließlich der intrapersonalen, der interpersonalen, der Intergruppen- und der gesellschaftlichen Attribution; dabei wird ein Überblick über die Entwicklung sowohl in Amerika als auch in Europa gegeben.

Jones, E.E. (1990). *Interpersonal perception.* New York: Macmillan. Eine persönliche Darstellung der Attributionstheorie, geschrieben von einem ihrer wichtigsten Vertreter. Besonders lesenswert sind die Ausführungen über den strategischen Aspekt von Attributionen in interpersonellen Beziehungen.

Jones, E.E., Kanouse, D.E., Kelley, H.H., Nisbett, R.E., Valins, S. & Weiner, B. (Eds.). (1971). *Attribution: Perceiving the causes of behavior.* Morristown, NJ: General Learning Press. Eine inzwischen klassische Sammlung einiger der wichtigsten frühen theoretischen Aussagen über Attribution, einschließlich der Unterschiede zwischen Handelndem und Beobachter sowie über Kausalschemata.

Weary, G., Stanley, M.A. & Harvey, J.H. (1989). *Attribution.* New York: Springer. Dieses Buch beschäftigt sich mit der Anwendung der Attributionstheorie, vor allem in klinischen und anderen Zusammenhängen außerhalb des Labors.

Weiner, B. (1986). *An attributional theory of motivation and emotion.* New York: Springer. Eine akademische Monografie, in der die Entwicklung von Weiners Theorie skizziert und die Bedeutung von Attribution bei der Vorhersage sowohl des motivationalen Verhaltens als auch affektiver Reaktionen detailliert dargestellt wird.

Weiner, B. (1995). *Judgments of responsibility: A foundation for a theory of social conduct.* New York: Guilford. Durch die Darstellung einer allgemeinen Theorie der sozialen Motivation liefert dieses Buch ausführliche Übersichten über unterschiedliche Forschungsbereiche. Es enthält auch Experimente, die Studierende zur Veranschaulichung von Attributionsphänomenen durchführen können.

Schlüsseluntersuchungen

Bradbury, T.N. & Fincham, F.D. (1992). Attributions and behavior in marital interaction. *Journal of Personality and Social Psychology, 63,* 613–628.

Storms, M.D. (1973). Videotape and the attribution process: Reversing actors' and observers' points of view. *Journal of Personality and Social Psychology, 27,* 165–175.

8 Einstellungen

Gerd Bohner

INHALT

Einstellung ist ein Schlüsselbegriff der Sozialpsychologie. Im vorliegenden Kapitel wird der Einstellungsbegriff definiert und wir werden uns den Themen Einstellungsstruktur und -funktion widmen. Unter den Bestimmungsfaktoren von Einstellungen werden persuasive Botschaften und verhaltensbezogene Einflüsse besonders hervorgehoben. Am Ende wird genauer betrachtet, welche Konsequenzen es für die Informationsverarbeitung und das Verhalten von Menschen nach sich zieht, wenn sie bestimmte Einstellungen haben.

8.1 Einleitung

Menschen lieben oder hassen, sie sind für oder gegen etwas, sie mögen etwas oder können es nicht leiden. Sie stimmen zu oder lehnen ab, sie argumentieren, überreden und überzeugen sich manchmal sogar gegenseitig. Täglich sind wir das Ziel zahlloser Beeinflussungsversuche über persönliche Gespräche und über die Massenmedien; sie zielen darauf ab, unsere Einstellungen zu ändern oder sie zu festigen. Normalerweise wenden wir uns Dingen und Menschen zu, die wir mögen, und meiden jene, die wir nicht leiden können. Über die gesamte Geschichte der Sozialpsychologie hinweg war der Einstellungsbegriff eins der zentralen Themen (Allport, 1935; Eagly & Chaiken, 1998; Petty & Wegener, 1998a).

Aber warum ist die Beschäftigung mit Einstellungen wichtig? Die erste Antwort auf diese Frage lautet: Man nimmt an, dass Einstellungen Verhalten steuern. Wenn das zutrifft, können wir das Risiko für Aids dadurch verringern, dass wir die Einstellungen der Menschen gegenüber der Verwendung von Kondomen ändern; wenn wir Einstellungen aufbauen würden, die eine positivere Beziehung zur Gesundheit aufwiesen, könnte dies dazu beitragen, Suchtverhalten abzubauen; und wir könnten den Umweltschutz verbessern, wenn wir mehr über die Bedingungen wüssten, die zu positiven umweltbezogenen Einstellungen führen. Doch die Beziehung zwischen Einstellung und Verhalten ist nur eine der vielen interessanten Fassetten der Einstellungsforschung. In einem umfassenden Sinn ist die Beschäftigung mit Einstellungen wichtig, weil Einstellungen wichtig für unser soziales Leben sind.

Auf der *individuellen Ebene* beeinflussen Einstellungen Wahrnehmung, Denken und Verhalten. Eine Person, welche die Atomkraft stark ablehnt, wird leicht für dieses Thema relevantes Wissen aus dem Gedächtnis abrufen und neue Informationen im Licht ihrer Einstellung interpretieren. Sie wird auch gemäß ihrer Einstellung handeln, vielleicht indem sie sich an einer Unterschriftensammlung für die Schließung von Kernkraftwerken beteiligt. Auf der *interpersonalen Ebene* werden regelmäßig Informationen über Einstellungen erfragt und gegeben. Wenn wir die Einstellungen der anderen kennen, wird die Welt vorhersagbarer. Unser eigenes Denken und Verhalten wird durch dieses Wissen geformt; und wir können versuchen, das Verhalten anderer Menschen zu beeinflussen, indem wir ihre Einstellungen verändern. Auf der *Ebene der Beziehungen zwischen Gruppen* bilden Einstellungen gegenüber den Gruppen, denen man selbst angehört, und gegenüber anderen Gruppen den Kern der Zusammenarbeit als auch des Konflikts zwischen Gruppen (s. Kap. 15).

In diesem Kapitel setzen wir uns zunächst mit *grundlegenden begrifflichen Fragen* auseinander. Dann stellen wir Forschungsarbeiten zu den informations- und verhaltensbezogenen *Bestimmungsfaktoren von Einstellungen* dar. Schließlich beschäftigen wir uns mit den *Auswirkungen von Einstellungen* auf die Informationsverarbeitung und das Verhalten (zur Einstellungsmessung s. Kap. 4).

8.2 Grundfragen der Einstellungsforschung

Wie wird der Begriff der Einstellung definiert? Wofür sind Einstellungen von Nutzen, und wie werden Einstellungen im Gedächtnis eines Menschen repräsentiert?

8.2.1 Definition des Einstellungsbegriffs

Einstellung („attitude"): Eine psychologische Tendenz, die dadurch zum Ausdruck kommt, dass man einen bestimmten Gegenstand mit einem gewissen Grad an Zustimmung oder Ablehnung bewertet.

Die meisten heute Forschenden definieren **Einstellung** als eine zusammenfassende Bewertung eines Gegenstands, wie dies das folgende Zitat aus einem neueren Handbuchartikel beispielhaft verdeutlicht: „Eine Einstellung ist eine psychische Tendenz, die dadurch zum Ausdruck kommt, dass man ein bestimmtes Objekt mit einem gewissen Grad von Zuneigung oder Abneigung bewertet" (Eagly & Chaiken, 1998, S. 269). Die beiden Hauptbestandteile bei dieser Einstellungsdefinition sind der geistige Vorgang der Bewertung und das Vorhandensein eines Einstellungsgegenstands (Einstellungsobjekts).

Beginnen wir mit dem Letzteren: Ein *Einstellungsgegenstand* kann alles sein, was eine Person wahrnehmen oder sich vorstellen kann. Einstellungsobjekte können konkret (z. B. Pizza mit Sardellen) oder abstrakt (z. B. Feminismus) sein; es kann sich um unbelebte Gegenstände (z. B. PCs), Personen (z. B. Tony Blair) oder Gruppen (z. B. britische Politiker) handeln. Einige Einstellungen benennt man je nach dem Einstellungsgegenstand, um den es geht, mit speziellen Begriffen. Einstellungen gegenüber sozialen Gruppen bezeichnet man, vor allem wenn sie negativ sind, als *Vorurteile*; Einstellungen gegenüber der eigenen Person werden unter der Bezeichnung *Selbstwertgefühl* geführt; und Einstellungen gegenüber abstrakten Dingen (z. B. Redefreiheit) werden oft *Wertvorstellungen* genannt (Eagly & Chaiken, 1998).

Die *Bewertungstendenz* ist nicht direkt beobachtbar; sie stellt ein Bindeglied zwischen bestimmten Reizen (d. h. Einstellungsgegenständen) und bestimmten Reaktionen dar. Man nimmt an, dass sie auf Erfahrung beruht und in verschiedenen beobachtbaren Formen zum Ausdruck kommt. Sowohl die Erfahrungen, die zu einer bestimmten Einstellung führen, als auch deren Ausdrucksformen werden oft in drei Komponenten unterteilt: *Kognition*, *Affekt* und *Verhalten* (Rosenberg & Hovland, 1960; s. Abb. 8.1, S. 268). Die kognitive Komponente besteht aus *Meinungen* über das Einstellungsobjekt; die affektive Komponente beinhaltet *Emotionen* und *Gefühle*, die vom Einstellungsgegenstand ausgelöst werden; und die Verhaltenskomponente schließt sowohl *Handlungen* ein, die auf den Einstellungsgegenstand zielen, als auch *Verhaltensabsichten*. Daher kann eine positive Einstellung gegenüber der Partei der Grünen zu Folgendem führen:

- zur Erwartung, dass durch deren Beteiligung an der Regierung der Umweltschutz gefördert wird (eine positive Meinung),
- zur Bewunderung für Grünen-Politiker (ein positives Gefühl) und

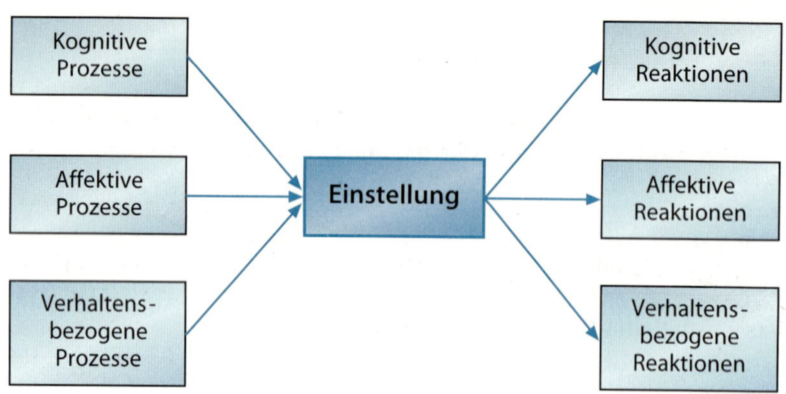

Abb. 8.1. Ein Dreikomponentenmodell der Einstellung: Einstellung ist ein Produkt aus affektiven, kognitiven und verhaltensbezogenen Prozessen und manifestiert sich affektiv, kognitiv und im Verhalten

- zur Absicht, Geld für die Wahlkampfkasse der Grünen zu spenden (ein positives Verhalten).

Dreikomponentenmodell der Einstellung („three-component model of attitude"): Dieses Modell definiert Einstellungen als eine Kombination dreier konzeptionell unterschiedlicher Arten der Erfahrung und Reaktionen auf ein bestimmtes Objekt, nämlich affektiver, kognitiver und konativer bzw. Verhaltensreaktionen.

Die Gültigkeit dieses **Dreikomponentenmodells der Einstellung** wurde von Breckler (1984) belegt, der affektive, verhaltensbezogene und kognitive Aspekte der Einstellung von Studierenden gegenüber Schlangen erfasste. Mit Hilfe einer konfirmatorischen Faktorenanalyse fand er heraus, dass ein Dreifaktorenmodell die Kovariation zwischen den Maßen besser erklärte als eine einfaktorielle Lösung.

Wenn man auf den Einstellungsgegenstand trifft oder über ihn nachdenkt, müssen Einstellungen im Gedächtnis repräsentiert sein und abgerufen werden können, um so Bewertungsreaktionen zustande zu bringen. Dieser Abrufvorgang kann beabsichtigt und *kontrolliert* oder spontan und *automatisch* erfolgen. Fragt man Personen nach ihrer Bewertung eines bestimmten Gegenstands, können sie aus den relevanten, im Gedächtnis verfügbaren Informationen aktiv ein Einstellungsurteil konstruieren (Schwarz & Bohner, im Druck; Wilson & Hodges, 1992). Auch schon das reine Vorhandensein eines Einstellungsobjekts kann jedoch automatisch eine Bewertungsreaktion auslösen, ohne dass dabei ein bewusster Gedanke oder eine Erinnerung eine Rolle spielt (Bargh, 1997; Bargh, Chaiken, Govender & Pratto, 1992). Ohne dass die Person davon weiß, können solche automatischen Einstellungen scheinbar nicht damit zusammenhängende Urteile oder Verhaltensweisen beeinflussen. Beispielsweise bevorzugen Menschen Buchstaben des Alphabets, die Bestandteil ihres eigenen Namens sind, gegenüber anderen Buchstaben, ohne dass sie sich über die Beziehung zwischen Name und Buchstaben im Klaren sind (Nuttin, 1985). Greenwald und Banaji (1995) prägten zur Beschreibung derartiger Einflüsse den Begriff **implizite Einstellungen** (s. auch Kap. 4 und 5).

Implizite Einstellungen („implicit attitudes"): Bewertungstendenzen, die Urteile oder Verhaltensweisen beeinflussen können, ohne dass sich die Person ihres Einflusses bewusst ist.

8.2.2 Funktionen der Einstellung

Welche Aufgaben erfüllen Einstellungen? Shavitt (1989) nimmt auf frühe Taxonomien (Katz, 1960; M. B. Smith, Bruner & White, 1956) Bezug und unterscheidet bei Einstellungen zwischen einer *Wissensfunktion*, einer *instrumentellen Funktion*, einer *Funktion für die soziale Identität* und einer *Funktion für die Aufrechterhaltung des Selbstwertgefühls*.

Am grundlegendsten ist die **Wissensfunktion**, die mehr oder minder alle Einstellungen ausüben. Wie M. B. Smith et al. (1956) anmerkten, helfen uns Einstellungen dabei, Gegenstände und Ereignisse in unserer Umwelt „zu taxieren"; und eine Einstellung zu einem Gegenstand erspart uns die Mühe, jedesmal, wenn wir auf den Gegenstand stoßen, neu herauszufinden, wie wir uns ihm gegenüber verhalten sollen (S. 41). Ein Überblick über empirische Arbeiten zu dieser informationsverarbeitenden Funktion von Einstellungen wird unten im Abschnitt über die Selektivität von Einstellungen gegeben (s. auch Kap. 5).

Wissensfunktion („knowledge function"): Die Funktion einer Einstellung bei der Steuerung, Organisation und Vereinfachung der Informationsverarbeitung.

Die Annahme einer **instrumentellen Funktion** hat ihren Ursprung in der Lerntheorie. Einstellungen können Menschen dabei helfen, positive Ergebnisse zu erreichen und negative Folgen zu vermeiden. Dementsprechend mögen wir Gegenstände zunehmend mehr oder lehnen wir sie zunehmend stärker ab, wenn sie mit Belohnungen oder Bestrafungen verbunden sind. Beispielsweise sollte die Einstellung einer Person gegenüber Pizza auf damit zusammenhängenden Belohnungen (angenehmer Geschmack, Sättigungsgefühl) und Bestrafungen (Gewichtszunahme, hoher Cholesterinspiegel) beruhen. Eine solche Einstellung steuert möglicherweise ein Verhalten, das die Belohnungen maximiert und die Bestrafungen verringert (z. B. die Lieblingspizza essen, aber nur einmal im Monat).

Instrumentelle Funktion („utilitarian function"): Die Funktion einer Einstellung, bei der Steuerung des Verhaltens Belohnungen zu maximieren und Bestrafungen zu minimieren.

Die **Funktion für die soziale Identität** bezieht sich auf Aspekte des Ausdrucks der eigenen Persönlichkeit und Aspekte der sozialen Interaktion. Katz (1960) nahm eine *Wertausdrucksfunktion* an, nach der es Einstellungen ermöglichen, die eigenen zentralen Werte und das Selbstkonzept zum Ausdruck zu bringen. M. B. Smith und Kollegen (1956) betonten mit ihrer *Funktion der sozialen Anpassung* die sozialen Aspekte des Ausdrucks der eigenen Persönlichkeit. Wenn eine Person bestimmte Einstellungen hat und zum Ausdruck bringt, so identifiziert sie sich dadurch mit bestimmten Bezugsgruppen. So kann sie sich durch „feministische" oder „konservative" Einstellungen als Mitglied der sozialen Gruppe der Feministinnen bzw. der Gruppe der Konservativen definieren.

Funktion für die soziale Identität („social identity function"): Die Funktion einer Einstellung, die darin besteht, dass die Wertvorstellungen einer Person zum Ausdruck gebracht werden und die Identifikation mit bestimmten Bezugsgruppen begründet wird.

Schließlich gibt es zwei Möglichkeiten, wie Einstellungen die **Funktion der Aufrechterhaltung des Selbstwertgefühls** erfüllen können (Shavitt, 1989): Zum einen können Einstellungen die Person durch eine Funktion, die als *Ich-Abwehr* (Katz, 1960) oder *Externalisierung* (M. B. Smith et al., 1956) bezeichnet wurde, von negativen Gegenständen abgrenzen. In Anlehnung an den psychoanalytischen Begriff der Abwehrmechanismen nahmen diese Autoren an, dass negative Einstellungen, vor allem gegenüber Minderheiten oder ethnischen Fremdgruppen, dazu beitragen können, den Einzelnen auf Abstand von der Bedrohung zu halten, die diese Gruppen für das Individuum darstellen. Zum andern tragen Einstellungen dazu

Funktion der Aufrechterhaltung des Selbstwertgefühls („self-esteem maintenance function"): Die Funktion einer Einstellung, das Selbst gegenüber negativen Objekten auf Distanz und in Übereinstimmung mit positiven Objekten zu bringen.

bei, die eigene Person mit positiv besetzten Gegenständen in eine Reihe zu stellen, und befähigen somit den Einzelnen dazu, *„sich im Ruhm anderer zu sonnen“*, beispielsweise indem man ein Fußballfan wird und sich öffentlich im Trikot der erfolgreichen Mannschaft zeigt (Cialdini et al., 1976).

Vertreter früher Theorien nahmen an, dass Bewertungen desselben Objekts für unterschiedliche Einzelpersonen unterschiedliche Funktionen haben können; nach dieser Sichtweise besteht ein enger Zusammenhang zwischen den Einstellungsfunktionen und der Persönlichkeitsstruktur (M.B. Smith et al., 1956). Sie behaupteten auch, dass Versuche zur Einstellungsänderung die größte Wirkung hätten, wenn sie auf die eigentliche funktionale Grundlage dieser Einstellung abzielten (z.B. Katz, Sarnoff & McClintock, 1956). Bis vor kurzem brachten diese Ansätze jedoch kaum Forschung hervor, weil es ihnen bei der Operationalisierung ihrer Konstrukte an Genauigkeit fehlte (s. jedoch z.B. Petty & Wegener, 1998b). Zudem kann eine Einstellung mehrere Funktionen gleichzeitig erfüllen; und die Auswirkung einer bestimmten Funktion kann davon abhängen, welcher Aspekt des Einstellungsobjekts in einer gegebenen Situation im Vordergrund steht (Shavitt, 1989). Durch die heutigen wissenschaftlichen Befunde werden bestimmte Annahmen des Ansatzes zu den individuellen Unterschieden bei den Funktionen der Einstellung gestützt. Snyder und DeBono (1987) fanden heraus, dass Einstellungen von Menschen, die hohe Werte bezogen auf **Selbstüberwachung** haben (Menschen, die ihr Verhalten so gestalten, dass es zu den Gegebenheiten der Situation und den Reaktionen anderer Menschen passt; Snyder, 1974), eher eine Funktion der sozialen Anpassung erfüllten als eine Wertausdrucksfunktion; das Gegenteil traf hingegen auf Menschen zu, die niedrige Werte in Bezug auf Selbstüberwachung aufwiesen (Menschen, deren Verhalten hauptsächlich Ausdruck ihrer inneren Zustände und Dispositionen ist). Weiter unten wird ein Überblick über die Forschung gegeben, die den funktionalen Ansatz auf die Beziehung zwischen Einstellung und Verhalten angewandt hat.

Selbstüberwachung („self-monitoring“):
Ein Persönlichkeitsmerkmal. Personen, die sich in starkem Maße selbst überwachen, richten ihr Verhalten darauf aus, dass es zu situativen Hinweisreizen und zu den Reaktionen anderer passt, während Personen, die sich nicht so sehr selbst überwachen, eher in Übereinstimmung mit ihren internen Zuständen und Dispositionen handeln.

8.2.3 Einstellungsstruktur

Welche Eigenschaften haben Einstellungen im Hinblick auf ihre innere Struktur? Welche wechselseitigen Zusammenhänge weisen Einstellungen zu unterschiedlichen Gegenständen auf? Diese Fragen beziehen sich auf die **innere Struktur einer Einstellung** bzw. auf die **Struktur der Beziehung zwischen Einstellungen** (Eagly & Chaiken, 1993, 1998).

Innere Struktur einer Einstellung („intra-attitudinal structure“):
Umfasst Aspekte der Repräsentation einer Einstellung im Gedächtnis wie etwa ihre Polarität, ihre Dimensionalität und den Grad der Konsistenz unter den Komponenten einer Einstellung (s. **Drei-Komponenten-Modell der Einstellung**).

8.2.3.1 Innere Struktur einer Einstellung

In der Forschung zur *inneren Struktur von Einstellungen* wurde untersucht, wie sich die Einstellung einer Person als Punkt auf einem Bewertungskontinuum darstellen lässt. Die wissenschaftlichen Arbeiten zu die-

Struktur der Beziehung zwischen Einstellungen („inter-attitudinal structure"): Die Art und Weise, wie Einstellungen zu unterschiedlichen Einstellungsobjekten im Gedächtnis einer Person organisiert sind.

sem Thema beschäftigten sich auch mit den Eigenschaften des Bewertungskontinuums selbst und untersuchten, wie sehr einzelne Komponenten einer Einstellung (z.B. Meinungen und Bewertungen) miteinander in Einklang stehen.

Judd und Kulik (1980) stellten die Behauptung auf, dass eine Einstellung wie ein *Schema* in der Informationsverarbeitung funktioniert (s. Kap. 5). Daher sollten Informationen, die in das Einstellungsschema einer Person „passen", leichter verarbeitet werden als Informationen, die nicht in das Schema passen. In der Studie von Judd und Kulik (1980) lasen Studierende wertende Aussagen zu mehreren Themen (z.B. „Das Gleichheitsprinzip der Verfassung sollte von allen unterstützt werden, die daran glauben, dass Diskriminierung etwas Schlechtes ist"; „Ein Mehrheitswahlrecht würde für die meisten Südafrikaner das Leben nur komplizierter machen"). Zu jeder Aussage gaben die Befragten an, *wie stark sie damit übereinstimmten* und *ob die Aussage eine günstige oder ungünstige Bewertung des Gegenstands zum Ausdruck brachte;* die Reaktionszeiten wurden gemessen, später wurde die freie Erinnerung an die Aussagen erfasst. Die Ergebnisse zeigten, dass extremere Aussagen – sowohl im Hinblick auf die subjektive Zustimmung als auch auf die in ihnen zum Ausdruck gebrachte Bewertung – schneller als die weniger extremen verarbeitet und besser erinnert wurden. Dies traf sowohl auf Aussagen zu, mit denen der Befragte sympathisierte, als auch auf solche, die für die Gegenposition standen. Somit passen Informationen möglicherweise umso besser in ein Einstellungsschema, je näher sie an den Polen eines bipolaren Kontinuums liegen.

Vermutlich lassen sich nicht alle Einstellungen auf einem bipolaren Kontinuum darstellen. Pratkanis (1989) zeigte, dass eine bipolare Repräsentation am häufigsten bei kontroversen gesellschaftlichen Themen wie Abtreibung angemessen ist, während *unipolare Strukturen* sich gewöhnlich bei weniger strittigen Themen wie Musik und Sport finden. Im Bereich dieser unipolaren Themen verfügen die Menschen hauptsächlich über ein Wissen, das mit ihrer eigenen Position im Einklang steht, und empfinden es als schwierig, Informationen zu enkodieren, die ihren Einstellungen widersprechen.

Eine weitere Frage zur inneren Struktur von Einstellungen lautet, inwiefern sich Einstellungen aus elementareren Kognitionen über den Einstellungsgegenstand zusammensetzen. Fishbeins (1967a, 1967b) Ansatz zu dieser Frage ist kennzeichnend für das Erwartung-mal-Wert-Prinzip, das den Kern mehrerer Motivationstheorien bildet (s. Feather, 1982). Er beschreibt eine Einstellung zu einem Gegenstand als die Summe von „Erwartung-mal-Wert"-Produkten:

$$A_O = \sum_{i=1}^{n} b_i \cdot e_i$$

In dieser Gleichung steht A_o für die Einstellung zum Gegenstand O, b_i ist die Meinung oder subjektive Wahrscheinlichkeit, dass der Gegenstand ein bestimmtes Merkmal I besitzt, und e_i ist die Bewertung ebendieses Merk-

Tabelle 8.1. Darstellung einer Einstellung als Summe der Produkte aus Erwartungen und Bewertungen

Meinungen zum Einstellungsgegenstand „Regelmäßige sportliche Betätigung"	Subjektive Wahrscheinlichkeit (= Erwartung)	Bewertung	Produkt aus Erwartung × Bewertung
führt zu Gewichtsabnahme	+3	+2	+6
verhindert Herzkrankheiten	+2	+3	+6
beansprucht Zeit	+3	−2	−6
tut weh	+1	−3	−3
ist langweilig	+2	−1	−2
Einstellung (Summe der Produkte aus Erwartung × Bewertung)			+1

Anmerkung: Diese hypothetische Person glaubt, dass regelmäßige sportliche Betätigung sehr wahrscheinlich ($b_1 = +3$) zu Gewichtsabnahme führt, was sie recht positiv bewertet ($e_1 = +2$). Weiterhin meint sie, dass sportliche Betätigung möglicherweise ($b_2 = +2$) Herzkrankheiten verhindert ($e_2 = +3$) etc. Sind die fünf in der Tabelle aufgelisteten Meinungen salient, ist ihre Einstellung insgesamt leicht positiv.

mals. Nur *saliente* Merkmale gelangen in die Gleichung, d.h. jene, die eine Person als relevant ansieht und auf die sie ihre Aufmerksamkeit richtet. Das Modell lässt sich veranschaulichen, indem man die Einstellung einer Person gegenüber regelmäßiger sportlicher Betätigung auf der Grundlage ihrer individuellen Meinungen und Bewertungen berechnet (s. Tabelle 8.1). Zusammengesetzte Einstellungswerte, die gewonnen werden, indem man die Produkte aus Meinungen und Bewertungen aufsummiert, korrelieren gewöhnlich hoch mit direkteren Einstellungsmessungen über Selbsteinschätzungen (z.B. Fishbein & Coombs, 1974).

Eine wichtige Strukturfrage betrifft *die innere Konsistenz einer Einstellung*. Obwohl Summierungsmodelle verschiedene Elemente einer Einstellung einbeziehen, kommt das Ausmaß, in dem diese Elemente miteinander konsistent oder inkonsistent sind, nicht in der Endsumme zum Ausdruck. Menschen können jedoch einen Einstellungsgegenstand gleichzeitig zustimmend und ablehnend bewerten. Unser Beispiel in Tabelle 8.1 zeigt, wie sich eine leicht positive Einstellung sowohl aus Meinungen mit eindeutig positiven als auch aus solchen mit eindeutig negativen Bewertungskomponenten zusammensetzen kann. Diese Koexistenz zwischen zustimmenden und ablehnenden Meinungen wird als *Einstellungsambivalenz* bezeichnet (z.B. Kaplan, 1972). Menschen haben oft ambivalente Einstellungen zu Verhaltensweisen, die mit der Gesundheit zusammenhängen (s. Kap. 16). Ein typisches Beispiel sind Einstellungen zum Alkoholkonsum. Man schätzt es, ein gutes Glas Wein zu kosten und bei einem Kneipenbesuch andere Menschen zu treffen, wird jedoch abgestoßen von der Aussicht auf einen Kater und auf Konzentrationsschwierigkeiten bei der Arbeit.

Konsistenz kann auch als der Zusammenhang zwischen der Gesamteinstellung und ihren Komponenten definiert werden. Obwohl positive Korrelationen die Regel sind, gibt es unterschiedliche Grade der Konsistenz. Eine Gesamtbewertung kann mehr oder weniger konsistent sein mit ihrer kognitiven Grundlage (evaluativ-kognitive Konsistenz), ihrer affektiven

Abb. 8.2. Wir können positive Gedanken dazu haben, mit anderen zusammen etwas trinken zu gehen, nicht jedoch dazu, einen Kater zu bekommen

Grundlage (evaluativ-affektive Konsistenz) oder ihrer verhaltensbezogenen Grundlage (evaluativ-verhaltensbezogene Konsistenz, s. Eagly & Chaiken, 1998). Rosenberg (1960) hat schon früh Untersuchungen zur evaluativ-kognitiven Konsistenz durchgeführt. Er war der Auffassung, dass niedrige Korrelationen zwischen den Meinungen einer Person und ihrer Gesamteinstellung auf einen Mangel an klarer Einstellung oder auf eine „leere Einstellung" hinwiesen; dies veranlasse die Befragten dazu, Einstellungsfragen unzuverlässig und unberechenbar zu beantworten (Rosenberg, 1968). Neuere Arbeiten haben jedoch gezeigt, dass Einstellungen mit niedrigen Werten bezüglich evaluativ-kognitiver Konsistenz sehr wohl eine starke affektive Grundlage haben können. Eine Untersuchung von Chaiken, Pomerantz und Giner-Sorolla (1995) wies nach, dass Einstellungen, die hohe Werte *entweder* bezogen auf evaluativ-kognitive *oder* bezogen auf evaluativ-affektive Konsistenz aufwiesen, leicht im Gedächtnis verfügbar und über die Zeit hinweg stabil waren. Nur Einstellungen, die niedrige Werte in beiden Arten der Konsistenz hatten, waren schlecht verfügbar und wenig stabil, d.h., sie zeigten das etwas „unberechenbare" Muster, das Rosenberg (1960) beschrieben hatte. Der Grund dafür, dass eine hohe evaluativ-affektive Konsistenz zu einer hohen *Einstellungsstärke* führt, besteht darin, dass jedes Zusammentreffen mit dem Einstellungsgegenstand eindeutige und klare Gefühle auslöst, die dann als Grundlage für ein Urteil dienen können.

Viele weitere Untersuchungen zu strukturellen Aspekten von Einstellungen haben den Begriff der Einstellungsstärke verwendet. Faktorenanalytische Studien deuten darauf hin, dass Einstellungsstärke ein multidimensionales Konstrukt ist (z.B. Krosnick, Boninger, Chuang, Berent & Carnot, 1993; Prislin, 1996). Zum (Ober-)Begriff der Einstellungsstärke rechnet man die *Nicht-Ambivalenz* relevanter Meinungen (Thompson, Zanna &

Griffin, 1995) und die hohe *Konsistenz* zwischen den Einstellungskomponenten (Chaiken et al., 1995). Andere Ansätze zum Thema Einstellungsstärke betonen die Stärke der bewertenden Reaktion selbst; dabei konzentriert man sich z.B. darauf, wie *extrem* eine Einstellung ist (Abelson, 1995) oder auf den Grad ihrer *Zugänglichkeit* (d.h. wie leicht eine Einstellung aktiviert wird; Fazio, 1995). Man kann sagen, dass alles, was Einstellungen vermutlich bewirken (z.B. die Informationsverarbeitung zu lenken, Verhalten zu steuern), eher bei *starken* Einstellungen geschieht. Häufig untersuchte Konsequenzen der Einstellungsstärke sind daher die *Resistenz* von Einstellungen gegen Beeinflussungsversuche, das zeitliche *Überdauern einer Einstellung* (Persistenz) und die *Konsistenz mit dem Verhalten* (z.B. Petty, Haugtvedt & Smith, 1995).

Interessanterweise hat die Forschung zur Einstellungsstärke gezeigt, dass viele Einstellungen schwächer sind, als man gemäß der herkömmlichen Auffassung zu Einstellungen als bleibenden Wissensstrukturen annehmen könnte. Dies wurde am überzeugendsten von Wilson und seinen Kollegen veranschaulicht; sie fanden heraus, dass es oft zu einer einschneidenden Veränderung führt, wenn man Menschen einfach bittet, über die Gründe nachzudenken, warum sie eine bestimmte Einstellung haben. Beispielsweise änderten Studierende, die gebeten wurden, die Gründe für ihre Einstellungen zu Psychologie-Seminaren zu analysieren, ihre Einstellungen zu diesen Seminaren und fällten infolgedessen schlechtere Verhaltensentscheidungen. Insbesondere neigten sie weniger dazu, sich in anspruchsvollen Seminaren (im Gegensatz zu solchen mit niedrigen Anforderungen) einzuschreiben; dagegen neigten Studierende, die nicht über die Gründe für ihre Einstellungen nachgedacht hatten, eher dazu, anspruchsvolle Seminare auszuwählen (Wilson & Schooler, 1991). Deswegen haben mehrere Forschende die Auffassung vertreten, dass sich Einstellungen am besten als kontextabhängige, zeitweilige Konstruktionen begreifen ließen (Schwarz & Bohner, im Druck; Wilson & Hodges, 1992).

8.2.3.2 Struktur der Beziehung zwischen Einstellungen

Balance-Theorie („balance theory"):
Eine von Heider aufgestellte Theorie der kognitiven Konsistenz, die auf die Einstellungsänderung angewandt worden ist und zur Erklärung des Zusammenhangs zwischen der Einstellungsähnlichkeit und der interpersonalen Zuneigung herangezogen wurde. Sie nimmt an, dass Individuen bestrebt sind, einen Gleichgewichtszustand zwischen ihren Kognitionen aufrechtzuerhalten bzw. wiederherzustellen.

Auf welche Weise sind im Gedächtnis eines Menschen Einstellungen gegenüber unterschiedlichen Gegenständen miteinander verknüpft? Diese Frage ist hauptsächlich auf zwei Arten untersucht worden. Ein Ansatz hob den *hierarchischen* Aspekt thematisch konsistenter kognitiver Strukturen oder *Ideologien* hervor, in die Einstellungen eingebettet sind. Nach dieser Auffassung kann eine Einstellung gegenüber einer neuen gesellschaftlichen oder politischen Frage aus zentraleren und allgemeineren Wertvorstellungen, die eine Person auf diesem Gebiet hat, resultieren (s. Kinder & Sears, 1985).

Der andere Ansatz, Heiders (1946, 1958) **Balance-Theorie**, hatte einen stärkeren Einfluss auf die Sozialpsychologie. Wie andere *Theorien der kognitiven Konsistenz* (s. Abelson et al., 1968) nimmt die Balance-Theorie an, dass Menschen eine Konsistenz zwischen ihren Kognitionen anstreben. In Heiders Analysen und den nachfolgenden Untersuchungen war es von besonderem Interesse, wie Einstellungen zu Themen und Einstellungen gegenüber Menschen im Kopf des Wahrnehmenden zusammenhängen (Heider, 1946). Nehmen wir einmal an, dass Patrizia ihren neuen Partner Erich liebt und von einem gemeinsamen Urlaub in den Bergen träumt. Zur Bestimmung der Stabilität jeder dieser beiden Kognitionen muss eine dritte Kognition einbezogen werden, nämlich wie Patrizia Erichs Einstellung zu einem Urlaub in den Bergen subjektiv wahrnimmt. In Heiders Begrifflichkeit bilden diese drei Kognitionen eine *Triade*, die den Wahrnehmenden (*p*; z.B. Patrizia), eine weitere Person (*o*; z.B. Erich), und irgendeinen Gegenstand, der keine Person ist (*x*; z.B. Urlaub in den Bergen), umfasst. Diese Elemente können durch positive oder negative Beziehungen verknüpft sein, die Gefühle (z.B. „Patrizia liebt Erich“) oder Nähe widerspiegeln (z.B. „Patrizia und Erich sind verlobt“). Zwischen den Elementen einer Struktur aus drei Elementen besteht ein ausbalancierter (d.h. stabiler) Zustand, wenn die Multiplikation der Vorzeichen aller drei Beziehungen zu einem positiven Vorzeichen führt. Triaden, die sich im Gleichgewicht oder im Ungleichgewicht befinden, sind in Abb. 8.3 dargestellt.

Wenn Patrizia subjektiv der Auffassung ist, dass Erich die Berge partout nicht leiden kann (eine negative *o*-*x*-Beziehung), wäre das Resultat – wie Abb. 8.3 zeigt – eine negative Beziehung und zwei positive Beziehungen (Triade e). Insofern bestünde ein Ungleichgewicht. Patrizia sollte sich unbehaglich fühlen und motiviert sein, ihre kognitive Struktur in Richtung auf ein Gleichgewicht hin zu verändern. Sie könnte dies auf unterschiedliche Art und Weise erreichen: durch eine Veränderung der *p*-*x*-Beziehung (indem sie selbst eine negative Einstellung zum Urlaub in den Bergen annimmt), durch eine Veränderung der *p*-*o*-Beziehung (indem sie also weniger Zuneigung gegenüber Erich empfindet) oder durch eine Veränderung der *o*-*x*-Beziehung (Patrizia könnte etwa Erich überzeugen, dass die Berge ihm mehr Spaß machen, als er glaubt). In jedem dieser drei Fälle (b, c oder a) wäre die sich ergebende Triade wieder ausbalanciert.

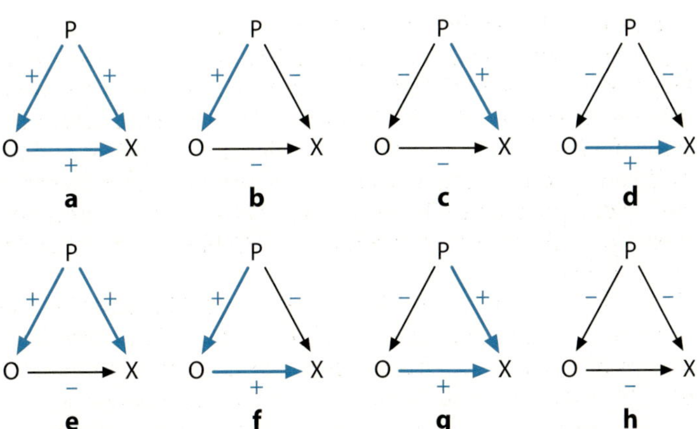

Abb. 8.3. Kognitive Triaden, die sich gemäß der Balance-Theorie im Gleichgewicht (**a–d**) bzw. nicht im Gleichgewicht (**e–h**) befinden. (Nach Heider, 1946)

In der Forschung wurde untersucht, als wie angenehm Versuchspersonen hypothetische *p-o-x*-Triaden aus der Perspektive von *p* empfinden. In den meisten Untersuchungen wurden als besonders angenehm vor allem jene ausbalancierten Triaden eingestuft, in denen *p o* mag und mit *o* in der Bewertung von *x* übereinstimmt (Triaden a und b in Abb. 8.3, S. 275), während die verbleibenden sechs Konstellationen als weniger angenehm beurteilt wurden und sich nicht stark voneinander unterschieden (z.B. Jordan, 1953; Zajonc, 1968). Dies deutet darauf hin, dass zusätzlich zum Gleichgewicht Anziehung (Vorzeichen der *p-o*-Beziehung) und Übereinstimmung (Vorzeichengleichheit der *p-x* und der *o-x*-Beziehung) vorhersagen, als wie angenehm eine Triade empfunden wird (s. Eagly & Chaiken, 1993, S. 133–144). Die Balance-Theorie ist dazu verwendet worden, den positiven Zusammenhang zwischen Einstellungsähnlichkeit und interpersonaler Zuneigung zu erklären (z.B. Cialdini, Trost & Newsom, 1995; Newcomb, 1961; s. Kap. 12). Zajonc und Burnstein (1965) haben auch zeigen können, dass Menschen eher in der Lage sind, Informationen zu enkodieren und zu lernen, die für ausbalancierte Zustände stehen, als solche, die sich auf unbalancierte Zustände beziehen.

8.3 Bestimmungsfaktoren von Einstellungen

Worin bestehen die Bestimmungsfaktoren einer individuellen Einstellung?

In diesem Abschnitt erörtern wir Faktoren und Prozesse, von denen die Einstellung eines Individuums bestimmt wird. Obwohl neuere Theorien sich mit biologischen Einflüssen auf Einstellungen beschäftigen (s. Kap. 2; Tesser & Martin, 1996), hat sich der Großteil der Forschung mit dem Einstellungserwerb durch individuelle Erfahrungen während der Lebensspanne einer Person auseinandergesetzt. Wir werden die Bereiche Persuasion und Einstellungsänderung infolge von Verhaltensänderungen ansprechen.

8.3.1 Persuasion

Persuasion („persuasion"): Einstellungsbildung oder -änderung, gewöhnlich in Reaktion auf Argumente und/oder andere Informationen über das Einstellungsobjekt.

Das Gebiet der **Persuasion**sforschung beschäftigt sich mit der Einstellungsänderung als Folge von Informationsverarbeitung, oft in Reaktion auf Botschaften über den Einstellungsgegenstand (zu einem Überblick s. Chaiken, Wood & Eagly, 1996; Petty & Wegener, 1998a). Persuasionstheorien lassen sich danach ordnen, welcher kognitive Aufwand für die Prozesse der Einstellungsänderung, auf die sie sich beziehen, erforderlich ist (Petty & Cacioppo, 1981).

8.3.1.1 Persuasionsprozesse, die einen geringen kognitiven Aufwand erfordern

Konditionierung von Einstellungen. Ausgehend von der Annahme, dass Einstellungen erlernte Dispositionen sind (Allport, 1935; Doob, 1947), versuchten frühe Einstellungstheorien Einstellungsänderung als Folge von Konditionierung zu erklären. Bei der **klassischen Konditionierung** wird ein ursprünglich neutraler Reiz wiederholt mit einem anderen Reiz gepaart dargeboten, der in starkem Maße eine bestimmte Reaktion auslöst; man spricht davon, dass es zu Lernen gekommen ist, wenn der ursprünglich neutrale Reiz allein ausreicht, um die Reaktion auszulösen. Unter Verwendung dieses Paradigmas zeigte die Einstellungsforschung, dass man bei Menschen positive oder negative Bewertungen erzeugen kann, wenn neue Reize wiederholt zusammen mit Reizen dargeboten werden, die bereits positive oder negative Reaktionen auslösen (z. B. Berkowitz & Knurek, 1969; Staats & Staats, 1958; zum Überblick s. Petty & Cacioppo, 1981). So riefen Berkowitz und Knurek (1969) positive bzw. negative Einstellungen bezüglich der Namen „Ed" und „George" hervor, indem sie diese Namen wiederholt zusammen mit positiven bzw. negativen Adjektiven darboten. In einem angeblich davon unabhängigen Experiment diskutierte später jede Versuchsperson mit zwei Konfidenten, die sich als Ed und George vorstellten. Nach der Diskussion spiegelte sich die Valenz der vorherigen Konditionierung darin wider, wie die Versuchspersonen die Konfidenten beurteilten und wie die Konfidenten das Verhalten der Versuchspersonen ihnen gegenüber beurteilten.

Klassisches Konditionieren („classical conditioning"): Der Vorgang, durch den ein neutraler Reiz, der ursprünglich keine bestimmte Reaktion hervorrief, durch wiederholte Verbindung mit einem Reiz, der bereits diese Reaktion auslöst, allmählich auch diese Fähigkeit erwirbt.

Bei der **operanten Konditionierung** kommt es zum Lernen, wenn die Häufigkeit von Reaktionen infolge positiver Konsequenzen zunimmt (man bezeichnet diesen Vorgang als Verstärkung) oder wenn die Häufigkeit von Reaktionen infolge negativer Konsequenzen abnimmt (man nennt diesen Vorgang Bestrafung). Angeregt durch Skinners (1957) Ansatz der Erklärung sprachlichen Verhaltens mithilfe der Prinzipien operanter Konditionierung wurden die Verstärkungsprinzipien in mehreren Untersuchungen auf Einstellungsaussagen angewendet. Beispielsweise befragten Hildum und Brown (1956) Studierende zu ihrer Einstellung gegenüber bestimmten hochschulpolitischen Fragen. In einer Versuchsbedingung verstärkte der Interviewer jedes Mal, wenn ein Student zustimmend reagierte, diese Reaktion, indem er „gut" oder „mmhm" sagte, während in einer anderen Versuchsbedingung nur ablehnende Reaktionen verstärkt wurden. Studierende, die für ablehnende Reaktionen verstärkt worden waren, gaben am Ende eine weniger positive Einstellung an als jene, die für zustimmende Aussagen verstärkt worden waren.

Operantes Konditionieren („operant conditioning"): Vorgang des Lernens durch Verstärkung (d. h. Reaktionen nehmen in der Häufigkeit zu, weil sie positive Konsequenzen haben) oder durch Bestrafung (d. h. Reaktionen nehmen in der Häufigkeit ab, weil sie negative Konsequenzen haben).

Zusammenfassend kann man sagen: Es ist möglich, die Einstellungen von Menschen zu Gegenständen zu beeinflussen, indem man eine enge räumlich-zeitliche Verbindung herstellt zwischen (a) diesen Gegenständen und positiven oder negativen Reizen (klassische Konditionierung) oder (b) zwischen bewertenden Reaktionen gegenüber dem Einstellungsgegenstand und Verstärkungen (operante Konditionierung). In der Alltagserfahrung gehen viele Einstellungsgegenstände tatsächlich systematisch mit positiven oder negativen Kontexten oder Konsequenzen einher. So beobachten Kinder vielleicht, dass ihre Betreuungspersonen jedes Mal, wenn sie Mitgliedern bestimmter ethnischer Gruppen begegnen, Ablehnung zum Ausdruck bringen (s. Kap. 15). Oder bestimmte Arten von Nahrung sind immer wieder Anlass dafür, dass man einen widerwärtigen Geschmack empfindet. In beiden Fällen sollte diese wiederholte Erfahrung negative Einstellungen (gegenüber der ethnischen Gruppe bzw. gegenüber dem Nahrungsmittel) zur Folge haben. Die Ausbildung von Einstellungen, durch die Belohnungen maximiert und Bestrafungen minimiert werden, stimmt mit einer Kernannahme funktionaler Einstellungstheorien überein (s. oben).

■ Gefühle und andere subjektive Erfahrungen als Informationsquelle. Hedonistische Erfahrungen können Einstellungen jedoch auch vermittelt über andere Wirkungsmechanismen beeinflussen. Eine praktische Strategie, Werturteile zu fällen, besteht darin, sich auf die Gefühle zu verlassen, die offensichtlich von dem Einstellungsgegenstand ausgelöst werden. Schließlich lösen die Dinge, die wir mögen, positive Gefühle aus, und die Dinge, die wir ablehnen, erzeugen in uns ein schlechtes Gefühl – warum sollte man also nicht diese affektiven Reaktionen zur Abkürzung des bewertenden Urteilsprozesses nutzen? Interessanterweise ist es jedoch nicht immer leicht, zwischen den Gefühlen, die vom Einstellungsgegenstand ausgelöst werden, und denen zu unterscheiden, die man zum Zeitpunkt des Urteils zufällig aus irrelevanten Gründen empfindet. Kennen die Menschen den wahren Grund für ihre Stimmung nicht, dann sehen sie unter Umständen irrtümlicherweise die Ursache dafür in Einstellungsgegenständen, auf die sie momentan ihre Aufmerksamkeit richten (Schwarz, 1990). Bei einer Überprüfung dieser **Hypothese der Stimmung als Informationsquelle** fanden Schwarz und Clore (1983), dass Menschen, die an sonnigen Tagen befragt wurden, in einer besseren Stimmung waren als andere, die man an regnerischen Tagen interviewt hatte; dies verleitete die Ersteren wiederum dazu, ihr Leben allgemein positiver zu beurteilen als die bei Regen Befragten. Ließ man die Befragten zunächst ihre Aufmerksamkeit auf das Wetter richten, blieb dessen Wirkung auf die Stimmung erhalten, aber die Urteile über die Zufriedenheit mit dem Leben waren nicht mehr davon beeinflusst; dies deutet darauf hin, dass die Befragten ihre Urteile um diese irrelevanten Gefühle korrigierten (s. auch Kap. 5).

Hypothese der Stimmung als Informationsquelle („mood-as-information hypothesis"):
Die Annahme, dass Personen ihre Stimmung als Informationsquelle für bewertende Urteile über ein Einstellungsobjekt nutzen.

Auswirkungen von Stimmungen auf Einstellungsurteile können als Spezialfall dessen behandelt werden, dass Individuen sich bei der Einstellungsbildung auf subjektive Erfahrungen verlassen. Zu den weiteren Beispielen gehört der Fall, dass die erlebte *Mühelosigkeit*, mit der Informationen abgerufen, erzeugt oder verarbeitet werden können, verwendet wird, um deren Beweiskraft zu beurteilen (z.B. Howard, 1997; Reber, Winkielman & Schwarz, 1998; Wänke, Bohner & Jurkowitsch, 1997). So wurde etwa Studierenden eine Anzeige vorgelegt, die dazu anregte, sich *einen Grund* dafür zu überlegen, warum man einen BMW einem Mercedes vorziehen solle; dies hielten sie im Voraus für einfach. Einer zweiten Gruppe von Studierenden wurde eine ähnlich geartete Annonce dargeboten, die dazu anregte, sich *zehn Gründe* dafür zu überlegen; dies schätzten sie im

Voraus als schwierige Aufgabe ein. Die erste Gruppe beurteilte BMW positiver als die zweite (Wänke et al., 1997). Entsprechend brachten Studierende eine größere Vorliebe für Bilder zum Ausdruck, wenn diese aufgrund eines höheren Kontrastes zwischen Figur und Grund oder wegen einer längeren Darbietungszeit leichter zu verarbeiten waren (Reber et al., 1998).

Heuristische Verarbeitung. Die eigenen Gefühle und andere subjektive Erfahrungen als Grundlage von Einstellungsurteilen zu verwenden, kann als ein Beispiel für **heuristische Verarbeitung** betrachtet werden (Chen & Chaiken, 1999). Während diese Heuristiken nach dem Motto „Was sagt mir mein Gefühl?" (Schwarz, 1990) innere Hinweisreize nutzen, wurden in der Persuasionsforschung gewöhnlich Heuristiken betont, die sich auf äußere Hinweismerkmale beziehen (zu einem Überblick s. Eagly & Chaiken, 1993). Heuristiken sind einfache Entscheidungsregeln, die auf ein Urteil angewandt werden können. So können Menschen auf Heuristiken zurückgreifen wie „Expertenaussagen treffen zu", „Ich stimme mit Menschen überein, die ich mag" oder „Die Mehrheit hat gewöhnlich Recht"; dies führt dazu, dass sie eher mit Experten, sympathischen Menschen und Mehrheiten einer Meinung sind als mit Laien, unsympathischen Menschen und Minderheiten. Um dies zu tun, müssen sie (a) ein relevantes Hinweismerkmal wahrnehmen und (b) eine anwendbare Heuristik aus dem Gedächtnis abrufen können (Chaiken, Liberman & Eagly, 1989). Wie bei der Konditionierung und der Nutzung von Gefühlen als Informationsquelle muss einer Person nicht unbedingt bewusst sein, dass sie eine Heuristik anwendet, wenn sie sich ein Einstellungsurteil bildet. Heuristiken üben vor allem dann einen Einfluss aus, wenn ein Mensch wenig Motivation oder zu geringe Fähigkeiten hat, um sich auf zeitraubendere Verarbeitungsformen einzulassen; ob man sich ihrer bedient, hängt vom „Prinzip des geringsten kognitiven Aufwands" ab (Allport, 1954; s. Bohner, Moskowitz & Chaiken, 1995).

Heuristische Verarbeitung („heuristic processing"): Abschätzung der Gültigkeit einer Kommunikation oder der Vorzüge eines Einstellungsobjekts, indem man sich auf Heuristiken verlässt, d. h. auf einfache Regeln wie „Die Mehrheit hat Recht" oder „Expertenaussagen stimmen".

8.3.1.2 Persuasionsprozesse, die höheren kognitiven Aufwand erfordern

Verarbeitung des Inhalts einer Botschaft und Persuasion. Man sollte im Hinterkopf behalten, dass bei keinem der bisher erörterten Prozesse der Inhalt einer persuasiven Botschaft oder spezielle Aspekte des Einstellungsgegenstands detailliert berücksichtigt wurden. Die Bedeutung der Verarbeitung des Botschaftsinhalts wurde im Zusammenhang mit Persuasion erstmals vom **Botschafts-Lernen-Ansatz** betont (Hovland, Janis & Kelley, 1953). Dieser Ansatz kann als eklektische Zusammenstellung von Arbeitsannahmen aufgefasst werden. Seine Vertreter nahmen an, dass eine Einstellungsänderung über das Erlernen und das Erinnern des Inhalts einer Botschaft zustande kommt und dass dieser Prozess durch Anreize erleichtert wird, die in der Botschaft befürwortete Position zu übernehmen. Die Forschung zu diesem Ansatz konzentrierte sich auf unterschiedliche Elemente der Persuasionssituation, die einen Einfluss auf das Erlernen einer Botschaft haben können. Die Leitfrage lautete dabei: „Wer sagt was zu

Botschafts-Lernen-Ansatz („message-learning approach"): Ein eklektischer Ansatz im Bereich der Persuasion, für den die Annahme charakteristisch ist, dass eine Einstellungsänderung eine Funktion des Lernens und des Behaltens eines Botschaftsinhalts ist; als Variablen im Persuasionsprozess werden die Quelle, die Botschaft, der Kanal und die Rezipientenmerkmale untersucht.

wem über welchen Kanal mit welcher Wirkung?“ (B. L. Smith, Lasswell & Cassey, 1946).

Demgemäß waren die Klassen der untersuchten unabhängigen Variablen die *Quelle* der Botschaft („wer?“, z. B. ein Experte oder ein Laie), die *Botschaft* selbst („was?“, einschließlich von Inhalts- und Strukturaspekten), die *Rezipientenmerkmale* („zu wem?“, z. B. Selbstwertgefühl, Intelligenz) und der Kommunikations*kanal* (z. B. schriftlich im Gegensatz zu mündlich). Zu den inneren Vermittlungsprozessen, die untersucht wurden, gehören *Aufmerksamkeit* gegenüber der Botschaft, *Verstehen* ihres Inhalts, *Memorieren* („rehearsal“) von Argumenten und *Akzeptieren* der Position der Botschaft. Die erfassten abhängigen Variablen („mit welcher Wirkung?“) waren Veränderungen in Bezug auf *Meinungen, Einstellungen* und *Verhaltensweisen.*

Indem man den Persuasionsvorgang auf diese Weise strukturierte und eine Vielzahl interessanter Phänomene untersuchte, übte der Botschafts-Lernen-Ansatz einen wichtigen Einfluss auf die nachfolgende Forschung zum Thema Persuasion aus (zu einem Überblick über die Befunde s. Kap. 3 in Petty & Cacioppo, 1981). Weil ihm jedoch eine einheitliche Theorie fehlte, führte er zu einer Anhäufung von Ad-hoc-Erklärungen für eine Reihe von Effekten, die oft in sich widersprüchlich und nicht sinnvoll in einer Theorie zu integrieren waren.

Eine wichtige Annahme des Botschafts-Lernen-Ansatzes lautete, dass Persuasion durch die *Rezeption* einer Botschaft, d. h. durch Aufmerksamkeit für eine Botschaft und das Verstehen ihres Inhalts, zustande kommt. Da man annahm, dass sich die Rezeption im Erinnern an den Inhalt einer Botschaft widerspiegelt, erwartete man, dass hohe Korrelationen zwischen dem Grad der Erinnerung an den Botschaftsinhalt und der Einstellungsänderung die Regel seien. Empirisch erwies sich jedoch die Erinnerung an den Inhalt einer Botschaft als schlechter Prädiktor für Einstellungsänderung (s. Eagly & Chaiken, 1993). Infolgedessen richteten die Wissenschaftler ihre Aufmerksamkeit auf weitere kognitive Vermittlungsmechanismen für eine Einstellungsänderung; hierbei wurde die aktive Transformation, Elaboration und Generierung von Argumenten hervorgehoben.

■ **Aktives Denken.** In der frühen Forschung zum aktiven Denken wurde das *Rollenspiel* als eine Persuasionstechnik untersucht. King und Janis (1956) zeigten, dass sich die Einstellung bei Studierenden, die aktiv eine Rede improvisiert hatten, die auf zuvor von ihnen gelesenen Argumenten beruhte, stärker änderte als bei anderen, die einfach von außen generierte Argumente entweder auf ein Tonbandgerät gesprochen oder still für sich selbst gelesen hatten.

McGuire und Papageorgis (1962) stellten die Behauptung auf, dass eine *Vorwarnung* der Rezipientinnen bezüglich der Beeinflussungsabsicht einer Botschaft dazu beitragen könnte, diese gegen Beeinflussungsversuche resistent zu machen, da sie vermutlich zur Bildung eigener Gegenargumente anregt. Diese Hypothese wurde durch mehrere Untersuchungen bestätigt (zu einem Überblick s. Eagly & Chaiken, 1993).

Schließlich zeigte sich in den Arbeiten von Tesser (1978), dass selbst ohne eine persuasive Botschaft das **bloße Nachdenken** über einen Einstellungsgegenstand zu extremeren Einstellungen führen kann. Dazu kommt es, weil Menschen „naive Theorien" oder Schemata haben, die bestimmte Merkmale eines Gegenstands stärker ins Auge springen lassen und Schlussfolgerungen in Bezug auf damit zusammenhängende Merkmale nahelegen. Insofern haben Schemata einen lenkenden Einfluss auf Gedanken und bewirken oft bei den relevanten Meinungen Veränderungen in Richtung auf eine ausgeprägtere Schemakonsistenz. Weil Einstellungen in Abhängigkeit von den Meinungen einer Person variieren, neigt eine ursprünglich moderate Einstellung, wenn man nur über das Einstellungsobjekt nachdenkt, dazu, extremer zu werden. So stellten beispielsweise Sadler und Tesser (1973) Versuchspersonen einem sympathischen bzw. einem nicht so sympathischen „Partner" vor (in Wirklichkeit handelte es sich um eine Tonbandaufnahme). Später wurden einige Versuchspersonen gebeten, über ihren Partner nachzudenken, während andere eine Ablenkungsaufgabe ausführten. Am Ende stuften alle Versuchspersonen ihren Partner auf verschiedenen Skalen ein und listeten ihre Gedanken über ihn auf. Im Vergleich zu den abgelenkten Versuchspersonen bewerteten die nicht abgelenkten Versuchspersonen den sympathischen Partner positiver und schrieben mehr positive Gedanken über ihn nieder, stuften jedoch den unsympathischen Partner negativer ein und brachten mehr negative Gedanken über ihn zu Papier.

Bloßes Nachdenken („mere thought"):
Wenn man in Abwesenheit externer Informationen über ein Einstellungsobjekt nachdenkt, führt dies dazu, dass die Einstellung extremer wird.

Der Ansatz der kognitiven Reaktionen. Die zunehmenden Hinweise auf die Bedeutung aktiver Denkprozesse für die Einstellungsänderung führten im Bereich der Persuasionsforschung zur Formulierung des **Ansatzes der kognitiven Reaktionen** (Greenwald, 1968; s. Petty, Ostrom & Brock, 1981). Die ihm zugrunde liegenden Annahmen können folgendermaßen zusammengefasst werden:

- Individuen, denen man eine persuasive Botschaft übermittelt, setzen den Inhalt dieser Botschaft aktiv mit ihrem vorhandenen Wissen und ihrer Einstellung gegenüber dem Gegenstand der Botschaft in Beziehung; dadurch generieren sie neue Gedanken oder *kognitive Reaktionen.*
- Die Einstellungsänderung kommt über diese kognitiven Reaktionen zustande.
- Das Ausmaß und die Richtung der Einstellungsänderung sind eine Funktion der Valenz der kognitiven Reaktionen in Bezug auf die Position der Botschaft. In diesem Sinne können die kognitiven Reaktionen zustimmend, ablehnend oder neutral sein.
- Je größer der Anteil zustimmender Reaktionen und je kleiner der Anteil ablehnender Reaktionen ist, die durch eine Botschaft ausgelöst werden, desto ausgeprägter ist die Einstellungsänderung in Richtung der dort befürworteten Position.

Ansatz der kognitiven Reaktionen („cognitive response approach"):
Ein theoretischer Ansatz, in dem angenommen wird, dass eine Einstellungsänderung vermittelt wird über die Valenz der Gedanken bzw. „kognitive Reaktionen", die Individuen erzeugen, während sie persuasiven Botschaften ausgesetzt sind.

Um die vermittelnde Rolle kognitiver Reaktionen im Persuasionsprozess zu erfassen, wurde eine neue Methode entwickelt, die **Technik der Gedankenauflistung** (Cacioppo, Harkins & Petty, 1981; Greenwald, 1968): Versuchspersonen werden gebeten, alle Gedanken aufzuschreiben, die ihnen durch den Kopf gingen, als sie eine persuasive Botschaft lasen oder

Technik der Gedankenauflistung („thought-listing technique"):
Methode, die in der Persuasionsforschung eingesetzt wird und zu deren Verbreitung die Vertreter des Ansatzes der kognitiven Reaktionen beigetragen haben. Versuchspersonen werden gebeten, alle Gedanken aufzulisten, die ihnen durch den Kopf gingen, als sie mit einer persuasiven Botschaft konfrontiert wurden. Diese Gedanken werden später nach dem Grad der Zustimmung oder anderen Aspekten kodiert und bei der Auswertung als Vermittlungsfaktoren der Einstellungsänderung untersucht.

hörten. Diese Gedanken werden später einer Inhaltsanalyse unterzogen und nach dem Grad der Zustimmung kodiert (s. Petty und Cacioppo, 1986a, S. 38–40). Beispielsweise könnten Studierende, die eine Botschaft gehört haben, in der eine Erhöhung des Semesterbeitrags zur Verbesserung der Bibliotheksdienste befürwortet wurde, etwa folgende Gedanken aufschreiben: „Bei einem besseren Dienstleistungsangebot der Bibliothek schreibe ich bessere Seminararbeiten“ (ein zustimmender Gedanke), „Blöd – viele Studierende können kaum den momentanen Beitrag bezahlen“ (ein ablehnender Gedanke), „Was werde ich heute zu Mittag essen?“ (ein irrelevanter, neutraler Gedanke).

Zwei-Prozess-Modelle der Persuasion („dual process models of persuasion“): Persuasionstheorien (z. B. das Modell der Elaborationswahrscheinlichkeit, das heuristisch-systematische Modell), die zwei Arten der Informationsverarbeitung postulieren. Diese unterscheiden sich in den Annahmen über das Ausmaß, mit dem sich Individuen intensiv gedanklich mit den Argumenten einer Botschaft und mit anderen Detailinformationen zu einem Einstellungsobjekt auseinander setzen. Es wird angenommen, dass der Mechanismus der Informationsverarbeitung von der Motivation und Fähigkeit zur Verarbeitung abhängt.

Um den Einfluss, den eine Variable auf den Persuasionserfolg ausüben wird, voraussagen zu können, ist es entscheidend, zu wissen, wie diese Variable die kognitiven Reaktionen beeinflusst, die während der Verarbeitung der Botschaft auftreten. Alle Einflussfaktoren, die die Wahrscheinlichkeit von Gegenargumenten vergrößern (z. B. Vorwarnung), sollten den Persuasionserfolg unwahrscheinlicher werden lassen; und alle Einflussfaktoren, die die Wahrscheinlichkeit positiver Reaktionen erhöhen, sollten den Persuasionserfolg vergrößern. Wenn man zudem erwarten kann, dass die dominanten kognitiven Reaktionen einer Person auf eine Botschaft positiv sind (z. B. ein Mitglied einer politischen Partei hört einer Rede der Parteivorsitzenden zu), dann sollten alle Einflussfaktoren, die das Ausmaß der Verarbeitung verringern, den Persuasionserfolg reduzieren; das Gegenteil müsste zutreffen, wenn die Reaktionen einer Person eher ablehnend sind. Diese Annahmen gingen in die **Zwei-Prozess-Modelle der Persuasion** ein und wurden im Rahmen dieser Modelle weiterentwickelt; daher beschäftigen wir uns im nächsten Abschnitt mit Befunden dazu.

Modell der Elaborationswahrscheinlichkeit („elaboration likelihood model“, ELM): Beim Modell der Elaborationswahrscheinlichkeit von Petty und seinen Kollegen wird davon ausgegangen, dass eine Einstellungsänderung als Reaktion auf persuasive Botschaften vermittelt über zwei Arten der Informationsverarbeitung zustande kommen kann (s. **Zwei-Prozess-Modelle der Persuasion**). Mit Elaboration ist das Ausmaß gemeint, in dem eine Person die in einer Botschaft enthaltenen themenrelevanten Argumente auf der zentralen Route verarbeitet, statt durch Prozesse beeinflusst zu werden, die für die periphere Route der Persuasion typisch sind (z. B. klassische Konditionierung, heuristische Verarbeitung). Die Elaborationswahrscheinlichkeit wird sowohl von der Verarbeitungsmotivation als auch von der Fähigkeit zur Verarbeitung bestimmt.

8.3.1.3 Zwei-Prozess-Modelle

Ein Großteil der Persuasionsforschung seit den Achtzigerjahren beruhte auf dem **Modell der Elaborationswahrscheinlichkeit** (ELM für elaboration likelihood model; Petty & Cacioppo, 1986a, 1986b; Petty & Wegener, 1999) oder auf dem **Heuristisch-systematischen Modell** (HSM; Bohner et al., 1995; Chaiken et al., 1989; Chen & Chaiken, 1999). Beide Modelle stellen jeweils einen umfassenden theoretischen Rahmen für Persuasionseffekte dar. In ihnen sind Annahmen des Ansatzes der kognitiven Reaktionen über die aktive, kognitiv aufwändige Verarbeitung enthalten, aber sie befassen sich auch mit einer Form von Persuasion, die auf einer weniger aufwändigen Verarbeitung beruht. Beide Modelle unterscheiden zwei prototypische Modi der Einstellungsänderung, die die Extrempole eines Kontinuums des Verarbeitungsaufwands bilden.

Das Modell der Elaborationswahrscheinlichkeit. Im ELM werden diese Modi als **zentrale Route** und als **periphere Route** bezeichnet; zum Ersten gehört ein kognitiv aufwändiges Durchforsten der Argumente einer Botschaft und anderer Informationen, zum Zweiten eine Vielfalt von Mechanismen, die mit nur wenig Aufwand verbunden sind, wie etwa Konditionierung, soziale Identifikation und die Verwendung von Heuristiken. Die beiden Routen werden hinsichtlich ihres Einflusses auf die aus Persuasion resultierende Einstellung als antagonistisch angesehen (Petty & Cacioppo, 1986a, 1986b). Da Menschen über begrenzte Zeit und begrenzte Ressourcen verfügen, können sie nicht jede persuasive Botschaft, der sie ausgesetzt sind, bis ins Detail verarbeiten – daher sollten periphere Prozesse den Normalfall darstellen. Die *Motivation* und die *Fähigkeit* einer Person, eine vorgegebene Botschaft zu verarbeiten, bestimmen die „Elaborationswahrscheinlichkeit". Je größer diese Wahrscheinlichkeit ist, desto größer sollte auch der Einfluss der Verarbeitung über die zentrale Route sein, der über den Grad der Zustimmung vermittelt wird, der in den kognitiven Reaktionen des Rezipienten zum Ausdruck kommt; und desto geringer sollte der Einfluss peripherer Mechanismen auf die Einstellungsänderung sein. Einstellungen, die über die zentrale Route zustande kommen, sind der Annahme nach stärker (d.h. überdauernder, widerstandsfähiger gegen Gegenkommunikationen und vorhersagekräftiger für Verhalten) als jene, die sich über die periphere Route bilden (Petty et al., 1995).

Im ELM nimmt man an, dass Persuasionsvariablen „mehrere Rollen" spielen können (zu einer Diskussion darüber s. Petty & Cacioppo, 1986a, Kap. 8). Dies lässt sich durch die hypothetischen Auswirkungen der Attraktivität einer Kommunikatorin veranschaulichen. Ein attraktives Model, das im Fernsehen für ein Shampoo wirbt, kann als *peripherer Hinweisreiz* dienen, wenn die Elaborationswahrscheinlichkeit gering ist; dadurch wird der Persuasionserfolg unmittelbar durch periphere Mechanismen (z.B. über Konditionierung) vergrößert. Das Model kann als *Argument einer Botschaft* dienen, wenn die Elaborationswahrscheinlichkeit hoch ist; auf diese Weise kann der Persuasionserfolg durch thematisch relevante kognitive Reaktionen erhöht werden („Wenn ich dieses Shampoo benutze, werden meine Haare genauso schön aussehen wie ihre"). Schließlich kann die Attraktivität des Models die *Motivation verstärken*, die Botschaft zentral zu verarbeiten („Uiih, sieh dir das Supermodel an – ich sollte einmal genau darauf achten, was sie sagt"). Petty und Cacioppo stellen die Hypothese auf, dass dieser zuletzt erwähnte Effekt am deutlichsten sein sollte, wenn die Elaborationswahrscheinlichkeit anfänglich nur mäßig ausgeprägt war; unter diesen Umständen nimmt man an, dass die Quellenreize darauf hindeuten, ob es sich lohnt, seine Aufmerksamkeit der Botschaft zu widmen. Bei den meisten empirischen Überprüfungen des ELM jedoch wurden Quell- und Kontextvariablen verwendet, um periphere Hinweisreize (z.B. Sachverstand, Sympathie, Anzahl der Quellen) zu operationalisieren, wohingegen Variationen des Inhalts der Botschaft dazu eingesetzt wurden, Belege für eine Verarbeitung auf der zentralen Route zu sammeln.

Eine wertvolle methodische Neuerung, die Petty und seine Kollegen entwickelt haben, besteht darin, dass man *die Qualität der Argumente systematisch variiert*, um so Einflüsse auf das Ausmaß der Verarbeitung zu untersuchen. Man geht dabei so vor, dass man in einem Vortest mit einer Sammlung von Argumenten feststellt, welche Art von Gedanken diese Argumente bei Versuchspersonen auslösen, die sich eingehend mit ihnen befassen. Bei starken Argumenten sollte die Verarbeitung auf der zentralen

Heuristisch-systematisches Modell („heuristic-systematic model", HSM):
Das heuristisch-systematische Modell von Chaiken und anderen geht davon aus, dass Einstellungsänderungen vermittelt über zwei Arten der Informationsverarbeitung auftreten können: über heuristische und systematische Verarbeitung (s. **Zwei-Prozess-Modelle der Persuasion**). Sind Personen unmotiviert oder nicht in der Lage, ein hohes Maß an kognitiver Anstrengung zu investieren, über die in einer Botschaft enthaltenen Argumente nachzudenken, verlassen sie sich bei der Bildung eines Einstellungsurteils eher auf heuristische Hinweisreize. Wenn Motivation und Fähigkeit jedoch hoch sind, überprüfen sie die Argumente einer Botschaft und alle anderen potenziell relevanten Informationen, um zu einem Urteil zu gelangen.

Zentrale Route zur Persuasion („central route to persuasion"):
Sorgfältiges und kritisches Abwägen der Argumente, die zur Unterstützung einer bestimmten Position vorgebracht werden.

Periphere Route zur Persuasion („peripheral route to persuasion"):
Umfasst diejenigen Persuasionsprozesse, die nicht auf aufwändigem themenrelevanten Denken beruhen (z.B. klassische Konditionierung, heuristische Informationsverarbeitung).

Route vorwiegend zu zustimmenden kognitiven Reaktionen führen, und es sollten positivere Einstellungen resultieren; bei schwachen Argumenten sollte hingegen die Verarbeitung auf der zentralen Route hauptsächlich ablehnende Gedanken auslösen und zu weniger positiven Einstellungen führen (s. Kap. 2 in Petty & Cacioppo, 1986a). In Untersuchungen, bei denen die Qualität der Argumente als experimenteller Faktor eingesetzt wird, kann die Art des Einflusses, den eine Variable auf den Persuasionsvorgang hat, aus dem Ergebnismuster erschlossen werden, das sie hervorbringt (Petty & Cacioppo, 1986a, 1986b). Einige der möglichen Muster, die im Zusammenhang mit dem ELM diskutiert werden, sind in Abb. 8.4 dargestellt.

Teil 1 von Abb. 8.4 zeigt die Muster, die wir erwarten sollten, wenn eine experimentelle unabhängige Variable keinen Persuasionseffekt aufweist. Ist das der Fall und ist insgesamt die Elaborationswahrscheinlichkeit hoch (Teil 1b), beobachten wir nur einen Haupteffekt der Argumentqualität; d.h., wenn Menschen starken Argumenten ausgesetzt sind, berichten sie positivere Einstellungen als Menschen, die mit schwachen Argumenten konfrontiert werden. Bei geringer Elaborationswahrscheinlichkeit (Teil 1a) sollte der Haupteffekt der Argumente geringer ausfallen oder nicht vorhanden sein. In Teil 2 von Abb. 8.4 sieht man den Effekt einer unabhängigen Variablen, die als positiver (Teil 2a) bzw. als negativer (Teil 2b) peripherer Hinweisreiz gekennzeichnet werden kann. Hier beobachten wir einen Haupteffekt dieser Variablen; sie führt entweder zu positiveren oder zu negativeren Einstellungen, während Effekte der Argumentqualität schwach oder nicht vorhanden sind. Teil 3 von Abb. 8.4 zeigt die Auswirkung einer unabhängigen Variablen, durch die die objektive Elaboration einer persuasiven Botschaft entweder verstärkt (Teil 3a) oder verringert (Teil 3b) wird. Hier beobachten wir einen Interaktionseffekt der Variablen mit der Argumentqualität, d.h. je nach der Ausprägung dieser Variablen verändert sich die Größe des Effekts der Argumentqualität auf die Einstellung.

Dieses Prinzip kann anhand der Forschung zur *Ablenkung* gut veranschaulicht werden. Mehrere Untersuchungen hatten gezeigt, dass Ablenkung häufig den Persuasionserfolg reduziert. Doch in einigen Experimenten trat der entgegengesetzte Effekt auf – Rezipientinnen, die abgelenkt wurden, als sie einer Botschaft zuhörten, veränderten ihre Einstellung *stärker* als nicht abgelenkte Rezipientinnen (s. Petty & Brock, 1981). Der letzte Befund wirkt überraschend, wenn man annimmt, dass das Erlernen des Inhalts einer Botschaft der hauptsächliche Vermittlungsfaktor bei der Persuasion ist. Vom Standpunkt des ELM jedoch sollte Ablenkung die Fähigkeit der Rezipienten zur Verarbeitung über die zentrale Route verringern und damit die dominanten kognitiven Reaktionen beeinträchtigen, die die Botschaft ansonsten ausgelöst hätte. Die dominante Reaktion auf eine Botschaft, die schwache Argumente enthält, sollte darin bestehen, dass man versucht, Gegenargumente zu finden; wird dieser Vorgang unterbrochen, sollte die Widerstandskraft gegen Beeinflussung geschwächt sein.

Um diese Hypothese von der Störung der Gegenargumentation zu überprüfen, variierten Petty, Wells und Brock (1976, Exp. 1) sowohl die

(1) Kein Effekt

(a) Geringe Elaboration

Einstellung

Starke Argumente

Schwache Argumente

Ausgangs-niveau Treatment

(b) Hohe Elaboration

Einstellung

Starke Argumente

Schwache Argumente

Ausgangs-niveau Treatment

(2) Effekt eines peripheren Hinweisreizes

(a) Positiv

Einstellung

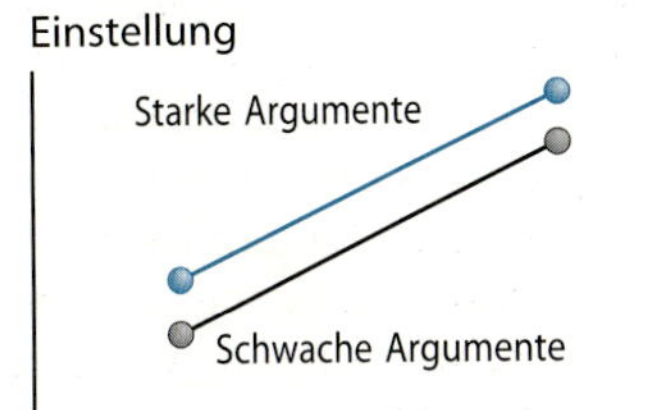

(b) Negativ

Einstellung

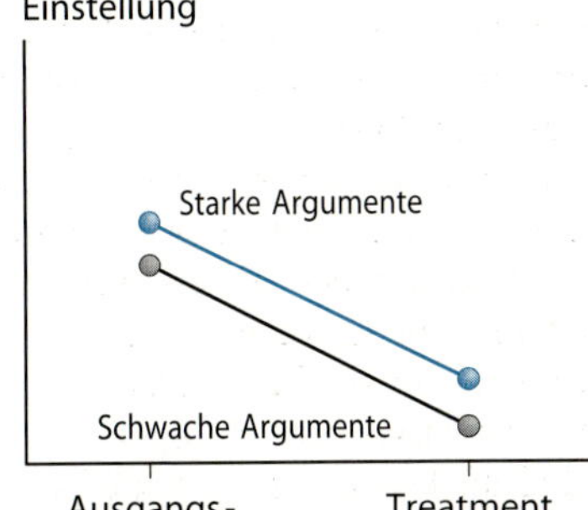

(3) Objektive Elaboration

(a) Verstärkung

Einstellung

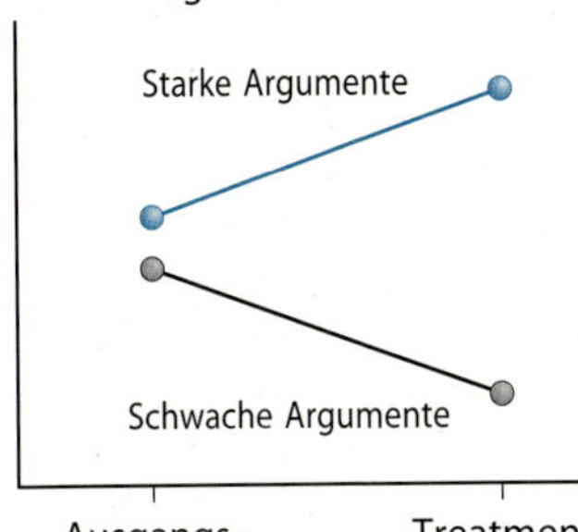

(b) Verringerung

Einstellung

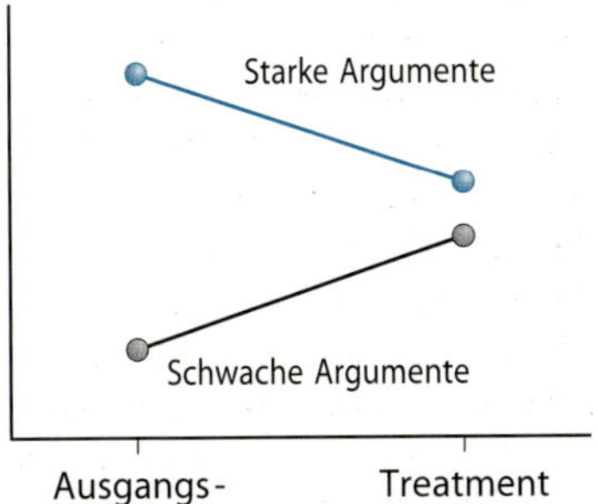

Abb. 8.4. Einige mögliche Auswirkungen einer experimentellen unabhängigen Variablen aus der Sicht des ELM (nach Petty & Cacioppo, 1986a, Abb. 2-3, S. 34). Die drei Teile zeigen Muster für (1) eine Variable, die keine Auswirkung hat, (2) einen peripheren Hinweisreiz, (3) eine Variable, die sich auf die Motivation oder die Fähigkeit auswirkt, eine Botschaft kritisch zu durchdenken

Ablenkung (auf vier Stufen von „keine Ablenkung" bis zu „hoher Intensität der Ablenkung") als auch die Argumentqualität („stark" kontra „schwach"). Studierende wurden gebeten, sich eine Botschaft anzuhören, in der eine Erhöhung der Studiengebühren an ihrer Universität befürwortet wurde. In der starken Form der Botschaft wurde – neben weiteren Argumenten – gesagt, dass die Gebührenerhöhung aufgrund einer gründlichen, zwei Jahre dauernden Studie empfohlen werde und dass sie dazu beitrage, das Anfangsgehalt der Studierenden, die dort ihren Abschluss machten, wesentlich zu erhöhen; in der schwachen Form der Botschaft lautete die Aussage, dass die Empfehlung einer Gebührenerhöhung auf einer zwei Monate dauernden Untersuchung beruhe und dass eine bessere Beleuchtung der Seminarräume erforderlich sei, damit die Studierenden nicht so häufig Kopfschmerzen bekämen. Um die Ablenkung zu variieren, hatten die Studierenden, während sie der Botschaft zuhörten, eine zweite Aufgabe auszuführen. Sie mussten die Position eines X, das in unregelmäßigen Intervallen kurz auf einem Bildschirm aufleuchtete, überwachen und notieren. Abhängig von der experimentellen Bedingung betrug die Häufigkeit, mit der das X aufleuchtete, 0-, 4-, 12- oder 20-mal pro Minute.

Petty und seine Kollegen (1976) argumentierten, dass die starke Form der Botschaft vorwiegend zustimmende Reaktionen auslösen und die Ablenkung somit die Persuasionskraft für diese Botschaft verringern würde; dagegen würde die schwache Form der Botschaft hauptsächlich Gegenargumente hervorbringen, und somit sollte die Ablenkung die Persuasionswirkung verstärken. Wie man in Abb. 8.5 sehen kann, wurden diese Vorhersagen durch die Befunde gestützt. Auf einem höheren Niveau der Ablenkung war der Unterschied in den Auswirkungen der Argumentqualität auf die Einstellungen der Versuchspersonen deutlich weniger ausgeprägt als auf einem niedrigen Niveau der Ablenkung. Dies bedeutet, dass abgelenkte Versuchspersonen, die die schwache Form der Botschaft hörten, stärkere Zustimmung zeigten als nicht abgelenkte Versuchspersonen; und bei Versuchspersonen, die die starke Form der Botschaft

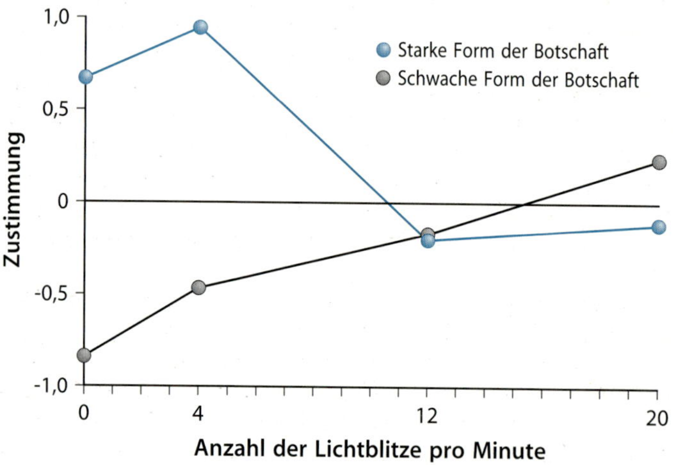

Abb. 8.5. Mittlere standardisierte Einstellungswerte nach Übermittlung der Botschaft als Funktion der Botschaft und des Ausmaßes der Ablenkung. (Nach Petty, Wells & Brock, 1976, Exp. 1)

hörten, wurde für Ablenkung der gegenteilige Effekt beobachtet. Die Tendenz der kognitiven Reaktionen der Versuchspersonen wies ein paralleles Muster auf.

Allgemein gesprochen hat sich die auf dem ELM basierende Forschung erfolgreich erneut Gebieten zugewandt, die bis dahin durch scheinbar inkonsistente Befunde gekennzeichnet waren. Ähnliche Interaktionen mit der Argumentqualität wurden für andere Variablen beobachtet, die die Verarbeitung auf dem Weg über Motivation oder Fähigkeit beeinflussen. Der markanteste untersuchte motivationale Faktor ist die *persönliche Betroffenheit*. Menschen, die sehr von einem Thema betroffen sind, sollten eine Botschaft zu diesem Thema in stärkerem Maße elaborieren als nicht davon betroffene Menschen. In einem frühen Experiment, bei dem dieser Effekt gezeigt wurde, baten Petty, Cacioppo und Goldman (1981) Studierende, einer auf Tonband aufgenommenen Botschaft zuzuhören, in der es um Veränderungen in den Prüfungsmodalitäten an ihrer Universität ging. In der Botschaft hieß es, dass sich alle Studierenden zur Erreichung eines erfolgreichen Abschlusses einer umfassenden Prüfung in ihrem Hauptfach unterziehen müssten. Drei experimentelle Faktoren wurden in einem 2×2×2-faktoriellen Design variiert: Persönliche Betroffenheit, Sachkenntnis der Quelle und Argumentqualität. Um die Betroffenheit zu manipulieren, erfuhren die Studierenden, dass der neue Prüfungsmodus entweder im folgenden Jahr (damit war eine starke persönliche Betroffenheit gegeben) oder zehn Jahre später (geringe Betroffenheit) in Kraft treten würde. Um die Sachkenntnis der Quelle zu variieren, sagte man, die Botschaft stamme entweder von der „Carnegie Commission on Higher Education“ (hohe Sachkenntnis) oder von einer örtlichen High-School-Klasse (niedrige Sachkenntnis). Schließlich wurde der Vorschlag, eine umfassende Prüfung durchzuführen, durch Argumente untermauert, die entweder schwach oder stark waren. Nachdem die Versuchspersonen die Botschaft gehört hatten, wurden sie gebeten, ihre Einstellung zu umfassenden Prüfungen mithilfe mehrerer Items anzugeben, die später zur Bildung eines standardisierten Index zusammengefasst wurden.

Petty und seine Kollegen (1981) sagten voraus, dass Studierende bei starker Betroffenheit die Botschaft elaborieren würden und daher nach dem Hören starker Argumente positivere Einstellungen angeben würden als nach dem Hören schwacher Argumente. Von Studierenden mit niedriger Betroffenheit erwartete man andererseits, dass sie sich nicht mit der Elaboration der Botschaft beschäftigen, sondern sich ihr Urteil hauptsächlich auf der Grundlage des peripheren Hinweisreizes bilden würden, d.h., dass sie eher mit einer Quelle von hoher Sachkenntnis übereinstimmen würden als mit einer Quelle von geringer Sachkenntnis. Wie man in Abb. 8.6 auf S. 288 sehen kann, wurden diese Vorhersagen durch die Ergebnisse gestützt.

In anderen Untersuchungen fand man heraus, dass auch eine hohe *Verantwortlichkeit* für die eigenen Urteile bzw. eine *negative Stimmung* zu einer verstärkten Elaboration der Botschaft führen (zu einem Überblick s. Petty & Wegener, 1998a). Ein Persönlichkeitsmerkmal, das einen Einfluss auf das Ausmaß der Elaboration hat, ist das **Kognitionsbedürfnis** („need for cognition“ abgekürzt NC; Cacioppo & Petty, 1982); es wurde haupt-

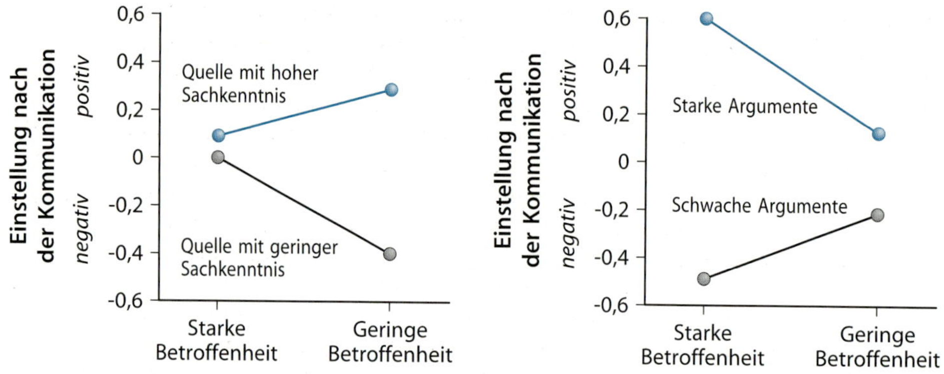

Abb. 8.6. Die Auswirkung der persönlichen Betroffenheit auf den Persuasionserfolg. Die mittlere standardisierte Einstellung nach Übermittlung der Botschaft dargestellt als Funktion des Niveaus von Betroffenheit, Stärke der Argumente und Sachkenntnis der Quelle. (Nach einer Tabelle in Petty, Cacioppo & Goldman, 1981)

Kognitionsbedürfnis („need for cognition"):
Ein Persönlichkeitsmerkmal, nach dem man Individuen im Hinblick darauf differenzieren kann, wie viel und wie gern sie über Themen und Probleme nachdenken. Bei der Konfrontation mit persuasiven Botschaften neigen Personen mit einem hohen Kognitionsbedürfnis eher zu inhaltsrelevantem Nachdenken als Personen mit einem niedrigen Kognitionsbedürfnis.

sächlich im Zusammenhang mit dem ELM theoretisch ausgearbeitet und untersucht. Personen mit einem hohen NC macht es Spaß, sich gedanklich intensiv mit einer Vielfalt von Situationen und Themen zu beschäftigen, wohingegen Personen mit einem geringen NC im Allgemeinen wenig motiviert sind, sich einer kognitiven Anstrengung zu unterziehen. Man fand heraus, dass Personen mit hohem NC (im Gegensatz zu solchen mit niedrigem NC) stärker eine Verarbeitung von Botschaften über die zentrale Route aufweisen, jedoch weniger anfällig für den Einfluss peripherer Hinweisreize sind (zu einem Überblick s. Cacioppo, Petty, Feinstein & Jarvis, 1996).

Zusammenfassend kann man sagen, dass das ELM einen umfassenden theoretischen Rahmen für Persuasionsprozesse liefert, der mit den Effekten einer ganzen Reihe von Variablen und den Interaktionen zwischen ihnen im Einklang steht. Dem ELM ist jedoch vorgeworfen worden, es sei nicht immer zur Ableitung von eindeutigen Vorhersagen in der Lage (z. B. Eagly & Chaiken, 1993). Insbesondere ist es schwierig, die Höhe der Elaborationswahrscheinlichkeit unabhängig von den Elaborationseffekten zu erfassen (s. Abb. 8.4, S. 285); daher kann man oft nicht *a priori* vorhersagen, welche der vielen Rollen, die im ELM berücksichtigt werden, eine Variable spielen wird. Obwohl Petty und seine Kollegen zugestehen, dass zentrale und periphere Prozesse gleichzeitig auftreten können (Petty & Wegener, 1998a), geben sie die genauen Mechanismen und Bedingungen ihres Zusammenspiels nicht an. Diese Punkte sind expliziter in der anderen aktuellen Zwei-Prozess-Theorie der Persuasion enthalten.

Das Heuristisch-systematische Modell. Das Heuristisch-systematische Modell (HSM) der Persuasion nimmt einen kognitiv unaufwändigen *heuristischen* und einen aufwändigen *systematischen* Verarbeitungsmodus an (Bohner et al., 1995; Chaiken et al., 1989; Chen & Chaiken, 1999). Die wichtigsten Ähnlichkeiten zum ELM sind das Konzept des Verarbeitungskontinuums beim HSM und die Vorstellung, dass der Verarbeitungsaufwand eine Funktion von Motivation und kognitiver Kapazität ist. **Systematische Verarbeitung** wird – ganz wie die Verarbeitung auf der zentralen Route – als ein umfassender und analytischer Modus gefasst, bei dem ein Individuum auf alle potenziell relevanten Informationen zugreift, diese genau prüft und alle nützlichen Informationen bei der Urteilsbildung miteinander kombiniert (Chaiken et al., 1989, S. 212). *Heuristische Verarbeitung* wird enger und spezifischer definiert als die periphere Route beim ELM. Sie bringt die Verwendung von *Heuristiken* mit sich, also einfachen (Schlussfolgerungs-)Regeln oder Faustregeln wie „Übereinstimmung impliziert Richtigkeit" oder „Expertenaussagen treffen zu" (s. oben, Abschnitt über die heuristische Verarbeitung). Obwohl man annimmt, dass die heuristische Verarbeitung ein nicht mit kognitivem Aufwand verbundener Normalmodus ist, setzt sie das Vorhandensein eines **heuristischen Hinweisreizes** voraus (z. B. eine sympathische Quelle oder eine Quelle mit Sachkenntnis), der als Signal für die Anwendbarkeit einer Heuristik dient, die im Gedächtnis eines Rezipienten zugänglich ist.

Systematische Verarbeitung („systematic processing"):
Gründliche und detaillierte Informationsverarbeitung (z. B. Aufmerksamkeit gegenüber den in einer persuasiven Botschaft enthaltenen Argumenten und deren Elaboration); diese Art der Informationsverarbeitung erfordert ein hinreichendes Maß an Fähigkeit und Motivation.

Heuristischer Hinweisreiz („heuristic cue"):
Eine in einer Persuasionssituation vorhandene Information (z. B. ein weißer Laborkittel des Kommunikators), die als Signal für die Anwendbarkeit einer Heuristik (z. B. „Expertenaussagen stimmen") dient.

Im Allgemeinen erfordert die systematische Verarbeitung ein hohes Maß an Motivation und Verarbeitungskapazität; daher überwiegt bei einem geringen Maß an Motivation und Verarbeitungskapazität die heuristische Verarbeitung. Bei einem höheren Niveau der Motivation und Kapazität beginnt die aufwändige systematische Verarbeitung eine Rolle zu spielen; doch Heuristiken werden weiterhin genutzt. Dabei beeinflussen beide Verarbeitungsmodi gemeinsam den Persuasionsvorgang auf additive oder auf interaktive Weise (zu den Einzelheiten der HSM-Hypothesen des parallelen Auftretens s. Bohner et al., 1995). Um diesen Gedanken zu veranschaulichen, betrachten wir die Vorhersagen des HSM für die Verarbeitung einer mehrdeutigen Botschaft, bei der ein heuristischer Hinweisreiz vorhanden ist.

Diese Art der Wechselwirkung ist kennzeichnend für die *Verzerrungshypothese* im HSM: Ist der Inhalt der Botschaft mehrdeutig oder inkonsistent (z. B. sowohl starke als auch schwache Argumente oder inkonsistente Befunde zugunsten einer Position), dann können die anfänglichen, auf einer Heuristik beruhenden Schlussfolgerungen die systematische Bewertung der Botschaft verzerren; dies führt zu kognitiven Reaktionen und Einstellungen, die im Einklang mit den Implikationen der verwendeten Heuristik stehen. Chaiken und Maheswaran (1994) überprüften die Verzerrungshypothese in einer Untersuchung, bei der die Bedeutsamkeit der Aufgabe, die Mehrdeutigkeit der Botschaft und die Glaubwürdigkeit der Quelle variiert wurden. Die Versuchspersonen wurden gebeten, Informationen über ein neues Telefon mit Anrufbeantworter, das „XT 100", zu bewerten. Sie erfuhren unter der Bedingung „hohe Bedeutsamkeit der Aufgabe", dass das XT 100 schon bald in ihrer Region vertrieben werden würde, und glaubten, dass sie Teil einer ausgewählten Konsumentengruppe seien, deren individuelle Urteile einen Einfluss auf die Marketingentscheidung hätten. Den Versuchspersonen, die der Bedingung „niedrige Bedeutsamkeit der Aufgabe" ausgesetzt waren, sagte man hingegen, dass das XT 100 in einer anderen Region vertrieben würde und dass ihre Urteile mit jenen anderer Konsumenten zusammengefasst würden. Die Glaubwürdigkeit der Quelle wurde dadurch variiert, dass man den Befragten entweder sagte, die Informationen über das Produkt stammten aus „Consumer Reports“, einer angesehenen Zeitschrift mit Testberichten über Produkte, oder aus einer Werbebroschüre, die von „Kmart“, einer Kette von Discountläden, erstellt worden sei. Die Versuchspersonen lasen dann die Botschaft, die – abhängig von der experimentellen Bedingung – deutliche Argumente zugunsten des Produkts (das XT 100 wurde hinsichtlich wichtiger Kriterien als überlegen gegenüber der Konkurrenz dargestellt), negative Argumente (das XT 100 wurde hinsichtlich wichtiger Kriterien als unterlegen dargestellt) oder mehrdeutige Hinweise enthielt (das XT 100 wurde hinsichtlich einiger Kriterien als überlegen und hinsichtlich anderer als minderwertig dargestellt). Nach dem Lesen der Botschaft berichteten die Versuchspersonen über ihre Einstellung zum XT 100 und listeten die Gedanken auf, die ihnen beim Lesen durch den Kopf gegangen waren.

In den experimentellen Bedingungen, in denen die Aufgabe eine hohe Bedeutsamkeit hatte, erwartete man, dass die Versuchspersonen systematisch verarbeiten würden. Im Falle eindeutig starker oder schwacher Argumente sollte man hauptsächlich einen Effekt der Stärke der Botschaft beobachten; dabei sollte die starke Botschaft zustimmende Gedanken und Einstellungen auslösen, die schwache Botschaft hingegen ablehnende Gedanken und Einstellungen hervorrufen. Im Falle eines mehrdeutigen Inhalts der Botschaft jedoch sagte man voraus, dass die Glaubwürdigkeit der Quelle die systematische Verarbeitung des Inhalts der Botschaft verzerren würde; dies würde zu mehr zustimmenden Gedanken und Einstellungen führen, wenn die Botschaft angeblich aus der Zeitschrift „Consumer Reports“ stammte anstatt von Kmart. Dies war genau das Ergebnismuster, das Chaiken und Maheswaran (1994) erhielten – in Abb. 8.7 sind die Daten zu den kognitiven Reaktionen unter der experimentellen Bedingung „hohe Bedeutsamkeit“ zu sehen. In den Bedingungen mit „geringer Bedeutsamkeit der Aufgabe“ schließlich überwog die heuristische Verarbeitung; denn hier gab es nur einen Haupteffekt der Glaubwürdigkeit

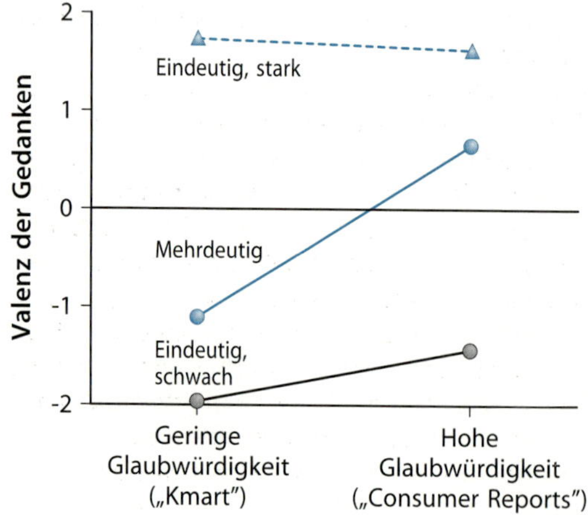

Abb. 8.7. Heuristiken können die systematische Verarbeitung verzerren. Die Valenz von Gedanken wird als Funktion der Glaubwürdigkeit der Quelle und der Art der Botschaft dargestellt (Daten aus Chaiken & Maheswaran, 1994; nur die experimentellen Bedingungen mit hoher Bedeutsamkeit). Die Valenz der Produkt-bezogenen Gedanken wird durch die Glaubwürdigkeit der Quelle verzerrt, wenn der Inhalt der Botschaft mehrdeutig ist

der Quelle auf die Einstellungen, wohingegen die Gedanken über die Botschaft weder von der Glaubwürdigkeit der Quelle noch von der Argumentqualität beeinflusst waren.

Die Untersuchung von Chaiken und Maheswaran (1994) veranschaulicht, wie das HSM unter genau definierbaren Bedingungen Vorhersagen über ein komplexes Wechselspiel zwischen Verarbeitungsmodi erlaubt. Obwohl auch das ELM das gleichzeitige Auftreten seiner Verarbeitungsmodi zulässt, wird die genaue Eigenart dieses gleichzeitigen Auftretens dort weniger eindeutig bestimmt. Ein weiterer Bereich, in dem das HSM spezifischer ist, sind äußere Kriterien für die Verarbeitungsmotivation.

Das **Suffizienzprinzip** im HSM besagt, dass Menschen nach einer hinreichenden Sicherheit im Hinblick auf ihre Einstellungsurteile streben. Was hinreichend ist, wird durch zwei Konstrukte bestimmt: die *Suffizienzschwelle* („sufficiency threshold", abgekürzt ST) oder die erwünschte Sicherheit und die *tatsächliche Sicherheit* („actual confidence", abgekürzt AC). Immer wenn die tatsächliche Sicherheit geringer ist als die Suffizienzschwelle, wird die Person dazu angeregt, Informationen zu verarbeiten; und je größer die Kluft zwischen ST und AC, desto wahrscheinlicher ist es, dass es einer systematischen Verarbeitung bedarf, um diese Kluft zu überbrücken (s. Eagly & Chaiken, 1993). Diese beiden Faktoren sind je nach Person und Situation unterschiedlich ausgeprägt. Die ST kann infolge hoher Bedeutsamkeit der Aufgabe, persönlicher Relevanz oder Verantwortlichkeit höher werden. Wenn etwa ein Thema wichtig für mich ist, werde ich versuchen, zu einer größeren Urteilssicherheit zu gelangen, als wenn ein Thema unwichtig für mich ist. Daher wäre die ST bei hoher Bedeutsamkeit hoch und die mögliche Kluft zwischen ST und AC groß. Eine derartige große Kluft zwischen ST und AC kann auch daraus resultieren, dass die tatsächliche Sicherheit geringer geworden ist. Es konnte gezeigt werden, dass die AC verringert wird, wenn eine Diskrepanz zwischen der Valenz eines heuristischen Hinweisreizes und den Implikationen inhaltlicher Informationen gegeben ist, beispielsweise wenn eine Mehrheit der Verbraucher ein Produkt bevorzugt, das dem Konkurrenzprodukt unterlegen ist (Maheswaran & Chaiken, 1991). In neueren Untersuchungen zeigten Bohner, Rank, Reinhard, Einwiller und Erb (1998), dass Effekte der Bedeutsamkeit der Aufgabe auf den Verarbeitungsaufwand durch die Kluft zwischen ST und AC vermittelt sind.

Suffizienzprinzip („sufficiency principle"): Die Annahme im heuristisch-systematischen Modell, derzufolge Menschen nach einer hinreichenden Sicherheit im Hinblick auf ihre Einstellungsurteile streben. Wenn die tatsächliche Sicherheit geringer ist als die erwünschte Sicherheit, d.h. als die Suffizienzschwelle, wird die Person Informationen verarbeiten, um diese Kluft zu überbrücken.

Zusammenfassend kann man sagen, dass beide Zwei-Prozess-Modelle einen gewaltigen Einfluss auf die Persuasionsforschung hatten. Das ELM stellt einen umfassenderen theoretischen Rahmen dar, berücksichtigt sowohl die kognitiv aufwändige Verarbeitung als auch eine Vielzahl weniger aufwändiger Prozesse und ermöglicht es, zwischen diesen Prozessen und den verschiedenen „Rollen", die eine Persuasionsvariable spielen kann, auf empirischer Grundlage zu unterscheiden. Im HSM wird der mit geringem Aufwand verbundene Verarbeitungsmodus enger gefasst, daneben enthält dieses Modell aber spezifischere Annahmen über motivationale Prozesse und das Wechselspiel zwischen seinen beiden Verarbeitungsmodi. Beide Modelle haben sich bei empirischen Überprüfungen gut bewährt und dazu beigetragen, erneut Interesse für Persuasionsvorgänge zu wecken.

8.3.2 Verhaltensänderungen können zu Einstellungsänderungen führen

Statt sich auf eine Einstellungsänderung zu konzentrieren, sind Interventionen in vielen Anwendungsbereichen darauf gerichtet, Verhalten direkter mithilfe von *Sanktionen* oder *Anreizen* zu verändern (s. Kap. 16). Der Gesetzgeber kann die Benzinsteuer erhöhen und damit das Ziel verfolgen, den Individualverkehr einzuschränken; eine Krankenversicherung kann Menschen, die an Gesundheitsprogrammen teilnehmen, einen geringeren Beitrag anbieten. Demnach werden Verhaltensänderungen dadurch bewirkt, dass man die Konsequenzen des Verhaltens verändert. Doch würde sich aus dieser Verhaltensänderung auch irgendeine Form von Einstellungsänderung ergeben? Und wenn ja, in welcher Richtung?

Psychologische Reaktanz („psychological reactance"):
Ein aversiver Zustand, der durch Beschränkungen der Freiheit einer Person zustande kommt, zwischen wichtigen Verhaltensalternativen auswählen zu können; dies führt wiederum zu einer Motivationstendenz, die eingeschränkte Freiheit wiederherzustellen.

8.3.2.1 Reaktanz und übermäßige Rechtfertigung

Einige Forschungsarbeiten deuten darauf hin, dass eine Einstellungsänderung oft in die entgegengesetzte Richtung geht als eine Verhaltensänderung. Nach der Theorie der **psychologischen Reaktanz** (Brehm, 1972) wird eine Person, wenn ihre Handlungsfreiheit eingeschränkt wird, dazu motiviert, die ausgeschlossenen Handlungsmöglichkeiten positiver zu bewerten. Demnach kann die Verhängung von *Sanktionen* gegen das Rauchen oder andere unerwünschte Verhaltensweisen einen Bumerangeffekt haben, vor allem wenn die Freiheit, das eingeschränkte Verhalten auszuführen, hoch bewertet wird.

Übermäßige Rechtfertigung („over-justification hypothesis"):
Individuen werden für die Durchführung einer Aufgabe belohnt, die sie ursprünglich ohnehin schon attraktiv gefunden hatten („overjustification"). Dieses Vorgehen lässt die Attraktivität der Aufgabe abnehmen.

Doch wenn man *positive Anreize* dafür anbietet, dass man ein erwünschtes Verhalten ausführt, kann dies auch entgegengesetzte Konsequenzen für Einstellungen haben, insbesondere wenn diejenigen, die die Anreize erhalten, vorher schon *intrinsisch motiviert* waren (d.h. schon eine positive Einstellung zu dem Verhalten hatten). Obwohl infolge einer Belohnung die Häufigkeit oder Intensität des Verhaltens zunehmen kann, können Einstellungen zu dem Verhalten *weniger* positiv werden; hier handelt es sich um ein Phänomen, das als **Effekt der übermäßigen Rechtfertigung** bezeichnet wird (Deci, 1971; Lepper, Greene & Nisbett, 1973). Beispielsweise boten Lepper et al. (1973) Vorschulkindern eine vergnügliche neue Aktivität an: Malen mit „magischen Stiften". Nachdem sie ein paar Minuten lang gemalt hatten, wurden einige Kinder mit einer vorher angekündigten Urkunde „Guter Spieler" ausgezeichnet, andere bekamen die gleiche Belohnung, aber ohne dass sie dies erwartet hatten, und wieder andere erhielten überhaupt keine Belohnung. Zwei Wochen später gab man den Kindern die Gelegenheit, wieder mit den Stiften zu spielen. Dabei fand man heraus, dass diejenigen Kinder, die die erwartete Belohnung bekommen hatten, nur halb so viel Zeit mit Malen verbrachten wie die nicht belohnten Kinder und jene, die unerwarteterweise belohnt worden waren. Diese Ergebnisse wurden mit Hilfe der Selbstwahrnehmungstheorie erklärt (Bem, 1972). Diejenigen Kinder, die mit magischen Stiften spielten, nachdem ihnen eine Belohnung versprochen worden war, müssen zu der Schlussfolgerung gelangt sein, dass sie dies *wegen* der Belohnung taten und nicht weil es Spaß machte; die übrigen Kinder, die keine Belohnung erwartet hatten, müssen von sich den Eindruck gewonnen haben, dass sie mit den Stiften malten, weil ihnen das Vergnügen bereitete.

8.3.2.2 Nicht hinreichende Rechtfertigung und kognitive Dissonanz

Kognitive Dissonanz („cognitive dissonance"): Zentraler Begriff in Festingers Theorie der kognitiven Dissonanz. Ein aversiver Erregungszustand, der durch Kognitionen (d.h. Meinungen, Einstellungen, Erwartungen) verursacht wird, die untereinander inkonsistent sind und die die Person dazu motivieren, die Dissonanz dadurch zu reduzieren, dass sie Kognitionen hinzufügt, eliminiert oder ersetzt, um die Konsistenz zu erhöhen.

Es gibt jedoch auch Bedingungen, unter denen sich Einstellungen an eine vorherige Verhaltensänderung anpassen. Die Erforschung dieser Bedingungen wurde durch die Theorie der **kognitiven Dissonanz** (Festinger, 1957), der bekanntesten Theorie kognitiver Konsistenz, vorangetrieben. Nach der Dissonanztheorie können Gedanken, Einstellungen und Meinungen („Kognitionen") einer Person zueinander konsonant, dissonant oder irrelevant (d.h. ohne Verbindung zueinander) sein. Hat man dissonante Meinungen, so erzeugt dies *kognitive Dissonanz*, einen unangenehmen Erregungszustand, der die Person dazu anregt, die Dissonanz dadurch zu verringern, dass Kognitionen hinzugefügt, eliminiert oder ersetzt werden. So würden die meisten Angestellten einer Firma das Rauchen an der Arbeitsstelle aufgeben, wenn ein Rauchverbot eingeführt würde. In der Folgezeit wäre die Kognition „Ich unterlasse es, an der Arbeitsstelle zu rauchen" dissonant mit der Einstellung „Ich rauche gern", weil psychologisch aus dem einen das Gegenteil des anderen folgen würde (Festinger, 1957). Eine Methode zur Verringerung von Dissonanz besteht darin, den dissonanten Kognitionen weitere Kognitionen hinzuzufügen, die das kognitive System als Ganzes konsistenter werden lassen. In unserem Beispiel würde die Kognition „Wenn ich an der Arbeitsstelle rauche, würde ich meinen Job verlieren" die Dissonanz verringern und somit die Person in die Lage versetzen, eine positive Einstellung zum Rauchen beizubehalten. Das Nichtrauchen an der Arbeitsstelle trotz einer positiven Einstellung wäre durch die erwarteten Sanktionen, die mit dem Rauchen verbunden sind, hinreichend gerechtfertigt. Doch was würde geschehen, wenn die Person wahrnähme, dass sie sich *frei entschieden hat*, das Rauchen aufzugeben, vielleicht nach einem höflichen Hinweis einer Kollegin? Unter diesen Bedingungen einer **nicht hinreichenden Rechtfertigung** eines einstellungsdiskrepanten Verhaltens verringert sich die Dissonanz am ehesten dadurch, dass man die dissonante Einstellung durch eine andere Kognition ersetzt, die konsonanter ist: „Im Grunde genommen rauche ich ja *eigentlich* gar nicht so gerne" – mit anderen Worten, die Person würde wahrscheinlich ihre Einstellung ändern, um ihr Verhalten zu rechtfertigen.

Nicht hinreichende Rechtfertigung („insufficient justification"): Der Zustand, bei dem man ein einstellungsdiskrepantes Verhalten gezeigt hat, ohne einen äußeren Grund für diese Handlung wahrgenommen zu haben; ein Spezialfall der Bedingungen, die zu kognitiver Dissonanz führen.

Diese Form von Einstellungsänderung wurde erstmals von Festinger und Carlsmith (1959) nachgewiesen. In dem von ihnen durchgeführten Experiment mussten Studierende eine Reihe äußerst langweiliger Aufgaben ausführen. Danach wurde eine Tarngeschichte („cover story") dazu eingesetzt, einige Versuchspersonen zum Lügen zu bewegen – nämlich das Experiment einer künftigen Teilnehmerin (in Wahrheit eine Konfidentin) als hochinteressant zu beschreiben. Diese Prozedur der *induzierten Einwilligung* wurde entwickelt, um zwei dissonante Kognitionen zu erzeugen:

- „Ich mag dieses Experiment nicht" und
- „Ich habe gerade der anderen Studentin gesagt, dass es interessant ist".

Außerdem wurden den Versuchspersonen in einer experimentellen Bedingung 20 Dollar – zu dieser Zeit ein kleines Vermögen – versprochen, wenn sie der Bitte des Versuchsleiters Folge leisteten; in einer weiteren Bedingung versprach man ihnen nur einen Dollar. Festinger und Carlsmith argumentierten, dass Studierende in der Ein-Dollar-Bedingung ein hohes Maß kognitiver Dissonanz empfinden würden, weil ihnen eine hinreichende äußere Rechtfertigung für ihr einstellungskonträres Verhalten fehlte. Für die Zwanzig-Dollar-Bedingung jedoch sagte man voraus, dass die hohe Belohnung die kognitive Dissonanz auf einem niedrigen Niveau halten würde („In Ordnung, ich habe gelogen – aber wer würde das für 20 Dollar nicht tun?"). Als Konsequenz daraus würden vermutlich die Studierenden in der Ein-Dollar-Bedingung ihre Einstellung zum Experiment ändern, um sie mit ihrem Verhalten in Einklang zu bringen und dadurch die Dissonanz zu verringern, während die Studierenden in der Zwanzig-Dollar-Bedingung dies nicht tun würden. Als bei den Studierenden nach der Ausführung des Verhaltens die Einstellungen zum Experiment erfasst wurden, berichteten die „Ein-Dollar-Lügner" tatsächlich, dass sie das Experiment interessanter fanden, als dies sowohl bei den „Zwanzig-Dollar-Lügnern" als auch bei einer Kontrollgruppe der Fall war, die man nicht hatte lügen lassen.

In den folgenden Jahrzehnten lieferten Hunderte von Untersuchungen weitere Belege für Dissonanzeffekte; diese Forschung beschrieb auch genau die Bedingungen, die erforderlich sind, damit einstellungskonträre Handlungen zu einer Einstellungsänderung führen (zu einem Überblick s. Cooper & Fazio, 1984; vgl. Joule & Beauvois, 1998):

- Die Person muss wahrnehmen, dass das Verhalten *negative Konsequenzen* hatte (z.B. Cooper & Brehm, 1971). Diese Bedingung war in der Untersuchung von Festinger und Carlsmith gegeben, indem die Konfidentin vortäuschte, dass sie sich noch nicht entschieden habe, ob sie mitmachen werde, und dies erst tat, als sie erfuhr, dass die Untersuchung interessant sein würde.
- Die Person muss *persönliche Verantwortung* für das Verhalten übernehmen (z.B. Linder, Cooper & Jones, 1967). In der Untersuchung von Festinger und Carlsmith wurde die Bitte des Versuchsleiters nicht als Teil des eigentlichen Experiments aufgefasst, sodass sich die Versuchspersonen hätten weigern können zu lügen.
- Die Person muss eine *physiologische Erregung spüren* und *diese Erregung auf das einstellungsdiskrepante Verhalten attribuieren*. Mehrere Untersuchungen konnten zeigen, dass die physiologische Erregung zunimmt, wenn man sich aus freiem Willen auf ein Verhalten einlässt, das im Widerspruch zur eigenen Einstellung steht (z.B. Elkin & Leippe, 1986). In so genannten „Fehlattributions"experimenten (s. Kap. 7) wurden einige Versuchspersonen zu der Auffassung verleitet, ihre Erregung sei durch ein mit dem Verhalten nicht zusammenhängendes Ereignis

verursacht, beispielsweise durch eine Tablette (Plazebo); dagegen bot man anderen Versuchspersonen keine solche Erklärung an, und sie neigten somit dazu, ihre Erregung auf deren wahren Grund zurückzuführen: ihr einstellungsdiskrepantes Verhalten. Nur die Versuchspersonen, denen man keine Tablette gegeben hatte, wiesen bei großer Entscheidungsfreiheit eine stärkere Einstellungsänderung auf als bei geringer Entscheidungsfreiheit (z. B. Zanna & Cooper, 1974).

8.3.2.3 Andere Interpretationen für Effekte der nicht hinreichenden Rechtfertigung

Theorie der Selbstwahrnehmung („self-perception theory"):
Eine von Bem aufgestellte Alternativtheorie zur Theorie der kognitiven Dissonanz. Ihre Hauptannahme besteht darin, dass Personen wie eine außenstehende Beobachterin ihre Einstellungen durch Attributionsprozesse erschließen.

Ein gewichtiger Einwand gegen die Dissonanztheorie kam von der **Selbstwahrnehmungstheorie** (Bem, 1965, 1972). Bem argumentierte, dass innere Hinweisreize oft schwach oder mehrdeutig seien. Wenn Menschen somit ihre eigenen Einstellungen erschließen wollen, dann stellen sie genau wie ein äußerer Beobachter Gedanken zur Ursachenzuweisung an. Im Allgemeinen kann ein Verhalten innere oder äußere Ursachen haben; und wenn man keine äußeren Ursachen finden kann, wird man wahrscheinlich eher auf eine innere Ursache (eine Einstellung) schließen (z. B. Kelley, 1972; s. Kap. 7). Wenn Studierende z. B. einen Aufsatz gegen die Redefreiheit schreiben und keine hinreichende äußere Belohnung dafür erkennen können (Linder et al., 1967), dann werden sie wahrscheinlich schließen, dass sie wirklich der Auffassung sind, die Redefreiheit sollte eingeschränkt werden. Zahlt man ihnen jedoch eine große Summe Geld dafür, dass sie den Aufsatz schreiben, sollten sie ihr Verhalten als etwas wahrnehmen, was durch äußere Umstände verursacht war und daher keinen Indikator für ihre wahre Einstellung darstellt.

Bem (1965) zeigte, dass Personen, denen die Vorgehensweisen bei Experimenten mit induzierter Einwilligung lediglich beschrieben worden waren, Schlüsse über die wahre Einstellung der Versuchspersonen zogen, welche die tatsächlichen Ergebnisse replizierten. Bem folgerte daraus, dass es für das Zustandekommen einer Einstellungsänderung ausreicht, *Informationen* über das Verhalten und die Bedingungen zu haben, unter denen es auftrat, wohingegen ein *Gefühl* der negativen Erregung seiner Auffassung nach nicht erforderlich ist. Diese alternative Prozessannahme lässt sich jedoch nicht mit dem Befund in Einklang bringen, dass eine Fehlattribution der Erregung auf eine irrelevante Ursache die Einstellungsänderung wirksam unterminiert (z. B. Zanna & Cooper, 1974). Eine Synthese aus den Erklärungen durch Dissonanz- und Selbstwahrnehmungstheorie wurde schließlich von Fazio, Zanna und Cooper (1977) vorgeschlagen. Sie argumentierten, dass die Selbstwahrnehmungstheorie besser die Effekte eines einstellungskongruenten Eintretens für eine Auffassung erkläre (d. h., wenn eine Person für eine Position argumentiert, die ihrer anfänglichen Einstellung nahe kommt), während die Dissonanztheorie eine bessere Erklärung für die Effekte eines Eintretens für Auffassungen biete, die einstellungskonträr sind (d. h. für Positionen, die sich eindeutig von den anfänglichen Einstellungen unterscheiden).

Eine weitere Alternativerklärung für die Effekte induzierter Einwilligung ist die *Theorie des Eindrucksmanagements* (Tedeschi, 1981). Eindrucksmanagement bezieht sich auf die Prozesse, mit deren Hilfe Menschen in der sozialen Interaktion versuchen, ein positives Bild von sich zu erzeugen. Die Herausforderung für die Dissonanztheorie besteht wieder darin, dass andere Annahmen über die Prozesse gemacht werden, durch die eine Einstellungsänderung zustande kommt. Die Anhänger der Theorie des Eindrucksmanagements nehmen an, dass Menschen danach streben, bei anderen ein konsistentes Bild von sich zu erzeugen. Insofern wird wie in der Dissonanztheorie ein Konsistenzmotiv postuliert; doch man nimmt an, dass es stärker auf der öffentlichen Ebene wirkt (d.h., wenn eine Versuchsperson dem Versuchsleiter über die eigene Einstellung berichtet) als auf der Ebene der privaten Kognitionen des Individuums. Mit anderen Worten nimmt man von den Versuchspersonen an, dass sie eine Einstellung „vortäuschen“, die mit dem einstellungskonträren Verhalten übereinstimmt, dass sie aber nicht „wirklich“ ihre Einstellungen ändern.

Nach der Logik des Eindrucksmanagements sollte man keine Änderung im Hinblick auf die berichtete Einstellung finden,

- wenn die Einstellungsmessung unter Wahrung der Vertraulichkeit erfolgt und den Befragten versichert wird, dass ihre Antworten nicht mit ihrer Person in Zusammenhang gebracht werden können, oder
- wenn Antworten im Sinne einer „Täuschung“ dadurch verhindert werden, dass man die Versuchspersonen glauben lässt, der Versuchsleiter könne ihre „wahre Einstellung“ feststellen, ganz gleich was für eine Einstellung sie öffentlich angeben.

Untersuchungen, die diese Annahmen überprüften, erbrachten unterschiedliche Befunde zum Eindrucksmanagement als Vermittler bei Einstellungsreaktionen (z.B. Gaes, Kalle & Tedeschi, 1978; Stults, Messé & Kerr, 1984). Als abschließende Bewertung erscheint es vernünftig anzunehmen, dass sich die Erklärungen der kognitiven Dissonanz und des Eindrucksmanagements eher gegenseitig ergänzen, als dass sie einander widersprechen. Sowohl die Sorge um die Selbstdarstellung als auch das Streben nach kognitiver Konsistenz können in unterschiedlichem Maße je nach den Anforderungen der Situation etwas zur Einstellungsänderung beitragen (Tetlock & Manstead, 1985). Nachdem wir die Bestimmungsfaktoren von Einstellungen erörtert haben, werden wir uns jetzt der Forschung über die Konsequenzen von Einstellungen zuwenden.

8.4 Konsequenzen von Einstellungen

Wie beeinflussen Einstellungen Aufmerksamkeit, Wahrnehmung, Elaboration und Gedächtnis? Unter welchen Bedingungen können wir ausgehend von den Einstellungen der Menschen eine brauchbare Vorhersage über ihr Verhalten machen?

8.4.1 Einstellungen lenken die Informationsverarbeitung

Forschungsarbeiten zur **einstellungsbedingten Selektivität** beschäftigen sich mit den Wirkungen von Einstellungen auf die Auswahl und Verarbeitung neuer Informationen. Kern der Selektivitätsforschung ist die motivationale Annahme, dass Menschen danach streben, kognitive Konsistenz aufrechtzuerhalten, indem sie ihre Einstellungen verteidigen (Festinger, 1957, 1964). Diese Annahme ist auf allen Stufen der Abfolge von Informationsverarbeitungsprozessen untersucht worden (s. Kap. 5). Wir erörtern hier die Auswirkungen von Einstellungen auf Aufmerksamkeit und Informationsaufnahme, auf Wahrnehmung und Urteil, auf Elaboration und Gedächtnis (s. Eagly & Chaiken, 1998).

Einstellungsbedingte Selektivität („attitudinal selectivity"): Die Tendenz, selektiv Informationen zu beachten, die in Übereinstimmung mit der eigenen Einstellung stehen, sie selektiv zu verarbeiten oder zu erinnern.

8.4.1.1 Selektive Aufmerksamkeit und Informationsaufnahme

Denkt man an Informationen, die die eigene Einstellung infrage stellen, kann dies zu einem unangenehmen Erregungszustand führen (z. B. Festinger, 1964). Somit sollten Menschen aktiv solche Informationen auswählen und beachten, die mit ihren bestehenden Einstellungen kongruent sind (*konsonante* Informationen), und Informationen, die mit diesen Einstellungen inkongruent sind (*dissonante* Informationen), meiden oder ignorieren. Diese Hypothese der **selektiven Informationsaufnahme** wurde in zahlreichen Untersuchungen überprüft (zur Übersicht s. Frey, 1986).

Selektive Informationsaufnahme („selective exposure"): Nach der Dissonanztheorie sind Menschen motiviert, selektiv nach Informationen zu suchen, die vormals getroffene Entscheidungen oder bestehende Einstellungen unterstützen, und dadurch dem widersprechende Informationen aktiv zu vermeiden.

Die meisten Studien beschäftigten sich mit einer wichtigen Randbedingung für die Hypothese von der selektiven Informationsaufnahme, nämlich dass eine ausgeprägte Selektivität vor allem dann zu beobachten sein sollte, wenn sich Individuen ihrer Einstellung verpflichtet fühlen, weil sie eine Verhaltensentscheidung getroffen haben, z. B. ein bestimmtes Produkt zu kaufen (s. Festinger, 1957). In einer solchen Situation sollte es weniger wahrscheinlich sein, dass man seine Einstellung ändert, um die Dissonanz zu verringern, und eine selektive Informationsaufnahme sollte wahrscheinlicher sein als vor dem Treffen der Entscheidung. In einer Untersuchung gaben Frey und Rosch (1984) Studierenden Informationen über die Arbeitsleistung eines Managers; anschließend baten sie die Versuchspersonen, seine Leistung zu beurteilen und zu entscheiden, ob der Arbeitsvertrag des Managers verlängert werden sollte. Abhängig von der experimentellen Bedingung wurde entweder gesagt, dass diese Entscheidung endgültig oder dass sie reversibel sei. Nachdem die Versuchspersonen eine Entscheidung über die Zukunft des Managers gefällt hatten, bekamen sie die Möglichkeit, zusätzliche Informationen über ihn zu sichten. Diese Teilinformationen waren so etikettiert, dass sie eindeutig eine positive oder eine negative Bewertung vermittelten (z. B. „[Der Manager] hat gute Arbeit geleistet; deswegen sollte sein Vertrag verlängert werden"). Die Ergebnisse stützten die Hypothese der selektiven Informationsaufnahme: Die Studierenden, die eine nicht wieder rückgängig zu machende Entscheidung gefällt hatten, wählten doppelt so viele konsonante Teilinformationen wie dissonante, während die Studierenden, die nur eine vorläufige Entscheidung getroffen hatten, ungefähr gleich viele konsonante wie dissonante Informationen auswählten.

Nach Freys (1986) Überblicksartikel stützt die vorliegende Forschung die Auffassung, dass Effekte der selektiven Informationsaufnahme vor allem bei Personen auftreten, die sich durch eine Verhaltensentscheidung auf ihre anfängliche Einstellung festgelegt fühlen. Frey berichtet außerdem, dass es schwächere Belege für die Meidung dissonanter Informationen gibt als für die Aufnahme konsonanter Informationen. Schließlich gibt es noch Belege für das Wirken anderer Motive als kognitiver Konsistenz. Insbesondere bevorzugen Menschen manchmal Informationen, die nützlich für das Erreichen eines Ziels sind, sowie neue Informationen, ganz gleich ob sie mit ihren Einstellungen kongruent sind (s. Eagly & Chaiken, 1998).

8.4.1.2 Selektive Wahrnehmung und Urteil

Im täglichen Leben können wir dissonanten Informationen nicht immer ausweichen. Dennoch behauptete Festinger (1957), dass Menschen unter Bedingungen „erzwungener Informationsaufnahme" dissonante Informationen auf verzerrte Weise wahrnehmen, wohingegen sie konsonante Informationen akkurater wahrnehmen. Im Großen und Ganzen erzielte die Hypothese, dass Menschen Informationen abschätzig beurteilen, die ihre eigene Position in Frage stellen, breite Unterstützung. So beurteilten Studierende, die Artikel für und gegen die Todesstrafe gelesen hatten, diejenigen empirischen Belege, die mit ihrer eigenen Einstellung zur Todesstrafe übereinstimmten, als überzeugender im Vergleich zu Belegen, die ihre Einstellung in Frage stellten. Darüber hinaus führte das Lesen von Informationen über beide Standpunkte zu einer Einstellungspolarisierung: Diejenigen, die schon zu Beginn für die Todesstrafe waren, wurden sogar noch stärkere Anhänger dieser Position, während diejenigen, die ursprünglich dagegen waren, sie sogar noch stärker ablehnten (Lord, Ross & Lepper, 1979). Solche Effekte eines selektiven Urteils sind anscheinend bei starken Einstellungen deutlicher ausgeprägt (z. B. Houston & Fazio, 1989) und ergeben sich offenbar aus einer aktiven Transformation der empirischen Evidenz, einschließlich der verzerrten Elaboration und des Findens von Gegenargumenten (z. B. Cacioppo & Petty, 1979).

8.4.1.3 Selektive Elaboration und Gedächtnis

Bartlett (1995 [1932]) vertrat die Auffassung, dass der Abruf aus dem Gedächtnis aufgrund des Wirkens von Einstellungsschemata selektiv sein könne; und auch in weiteren frühen Untersuchungen anderer Wissenschaftler fand man Belege, die zu der Sichtweise passen, dass einstellungskongruentes Material besser erinnert wird als -inkongruentes (z. B. Levine & Murphy, 1943). In der späteren Forschung wurden unterschiedliche Befunde berichtet; in quantitativen Überblicksartikeln (z. B. Eagly, Chen, Chaiken & Shaw-Barnes, 1999) kam man zu der Schlussfolgerung, dass es insgesamt einen reliablen, wenn auch geringen Kongruenzeffekt bei der Erinnerung gibt. Eagly und ihre Kolleginnen berichteten, dass der Zusammenhang zwischen Einstellungen und dem Abruf einstellungsrelevanter Informationen, was Größe und Richtung betrifft, starken Variationen unterliegt. Die Effekte waren in neueren Untersuchungen geringer, und in vielen fand man sogar, dass die Erinnerung an inkongruente Informationen besser war als die an kongruente (z. B. Cacioppo & Petty, 1979). Außerdem waren die Kongruenzeffekte von der Art des untersuchten Themas abhängig. Themen, bei denen eine starke wertrelevante persönliche Bedeutung bestand (z. B. Einstellungen, die mit wichtigen Wertvorstellungen der eigenen Person oder der Bezugsgruppe verbunden waren), führten mit größerer Wahrscheinlichkeit zu Kongruenzeffekten als Themen, für die die wertrelevante persönliche Bedeutung gering war. Ausgeprägt kontroverse Themen führten jedoch mit einer geringeren Wahrscheinlichkeit zu einem Kongruenzeffekt als nicht so kontroverse Themen. Diese Befunde können auf Unterschieden in den Verarbeitungsstrategien beruhen, zu denen Menschen greifen, wenn sie ihre Einstellungen verteidigen. Zum einen versuchen sie möglicherweise, inkongruente Informationen zu ignorieren, vor allem wenn dadurch wichtige Wertvorstellungen in Bedrohung geraten. In dem Maße, wie das Thema kontrovers ist, werden sie sich vielleicht aber auch aktiv solchen Informationen stellen und Gegenargumente formulieren. Die letztgenannte Strategie würde die Erinnerung an inkongruente Informationen eher festigen als schwächen.

Ob eine aktive oder passive Strategie der Verteidigung einer eigenen Einstellung gewählt wird, kann auch mit der Einstellungsstruktur zusammenhängen. Wie Pratkanis (1989) vorschlug, können Menschen *unipolare* und *bipolare Einstellungen* haben; und kontroversere Themen werden wahrscheinlich eher in einer bipolaren Struktur repräsentiert sein. Daher ist es möglicherweise leichter, konträre Informationen zu enkodieren und Gegenargumente dagegen zu finden, wenn die relevante Einstellungsstruktur bipolar ist, als im unipolaren Fall (s. obigen Abschnitt über die Einstellungsstruktur). Weiterhin zeigten Forschungsbefunde von Eagly und ihren Kolleginnen (besprochen in Eagly, 1998), dass, obwohl kongruente und inkongruente Informationen gleich gut abgerufen werden können, die *Prozesse* sowohl beim Enkodieren als auch beim Abruf ganz unterschiedlich sein können; dabei erfordert die Verarbeitung (einschließlich des Findens von Gegenargumenten) mehr Aufwand, wenn sie darauf gerichtet ist, inkongruente Informationen abzurufen.

Zusammenfassend kann man sagen: Es konnte gezeigt werden, dass Einstellungen die Wahrnehmung, die Interpretation, die Beurteilung und das Abrufen einstellungsrelevanter Informationen beeinflussen. Diese Einflüsse scheinen bei starken Einstellungen, die ja leichter zugänglich sind und auf einer elaborierteren Wissensstruktur beruhen, deutlicher zu sein.

8.4.2 Einstellungen als Prädiktoren für Verhalten

Ein Hauptgrund, warum man sich mit Einstellungen wissenschaftlich befasst, ist die Überzeugung, dass Einstellungen Verhalten steuern. Hier handelt es sich um eine scheinbar sehr einleuchtende Überzeugung. Liegt es nicht auf der Hand, dass Menschen Pizza essen, weil sie ihnen schmeckt, oder bestimmte Politiker wählen, weil sie diese mögen? Das scheint so zu sein; aber die Forschung konnte zeigen, dass die Lage der Dinge oft nicht so simpel ist. Untersuchungen zum Zusammenhang zwischen Einstellung und Verhalten beschäftigen sich damit, die Bedingungen zu klären, unter denen sich auf Grund von Einstellungen das Verhalten vorhersagen lässt, und damit, welche kognitiven Prozesse hieran beteiligt sind.

8.4.2.1 Beeinflussen Einstellungen Verhalten?

Ein richtungsweisender Artikel, der die Annahme, dass Einstellungen das Verhalten lenken, infrage stellte, wurde von LaPiere (1934) veröffentlicht. In den frühen Dreißigerjahren reiste dieser Autor in Begleitung eines chinesischen Paares kreuz und quer durch die Vereinigten Staaten. Angesichts des damals verbreiteten Vorurteils gegenüber Asiaten hatte LaPiere erwartet, dass man ihn und seine chinesischen Begleiter in Hotels oder Restaurants oft abweisen würde. Zu seiner Überraschung geschah dies aber nur in einem von 251 Häusern, die sie aufsuchten. Sechs Monate später verschickte LaPiere Fragebögen an alle Häuser, die sie besucht hatten, und stellte die Frage, ob man dort „Angehörige der chinesischen Rasse" als Gäste akzeptieren würde. In Übereinstimmung mit dem vorherrschenden Stereotyp, aber in deutlichem Gegensatz zu dem vorher gezeigten Verhalten, antworteten 118 (92%) der 128 Häuser, die den Fragebogen zurückschickten, mit „nein". LaPiere zog daraus die Schlussfolgerung, dass Antworten auf Fragebogen nicht die wahre Einstellung einer Person wiedergeben.

Natürlich gibt es Einiges an LaPieres (1934) Untersuchung zu bemängeln. Um nur ein paar Probleme zu nennen: Die Personen, die die Umfrage beantworteten, waren gewöhnlich nicht diejenigen, die die Gäste aufgenommen hatten; die Einstellungen wurden lange Zeit *nach* dem betreffenden Verhalten erfasst; und der Einstellungsgegenstand, ein Englisch sprechendes Paar in Begleitung eines weißen Amerikaners, ist, als das Verhalten zum Ausdruck kam, möglicherweise nicht unter der Rubrik

„Mitglieder der chinesischen Rasse“ enkodiert worden. Trotz dieser Probleme trugen LaPieres Arbeit und andere Untersuchungen, denen es ebenfalls nicht gelang, einen klaren Zusammenhang zwischen Einstellungen und Verhalten zu finden, zu einer allgemein pessimistischen Sichtweise über die Möglichkeiten bei, Verhalten aus Einstellungen vorherzusagen (Wicker, 1969). In einigen Untersuchungen gelang dies jedoch durchaus (z.B. Fishbein & Coombs, 1974; zu einem Überblick s. Ajzen & Fishbein, 1977). Diese Streubreite der Befunde deutete darauf hin, dass die Frage, *ob* es einen Zusammenhang zwischen Einstellungen und Verhalten gibt, zu undifferenziert war. Deshalb wurden spezifischere Forschungsfragen formuliert: „Lässt sich durch eine Verbesserung der Messung eine bessere Vorhersage von Verhalten aufgrund von Einstellungen erreichen?“ „Welche Faktoren bestimmen die Stärke des Zusammenhangs zwischen Einstellungen und Verhalten?“ „Welches sind die Vermittlungsprozesse, über die Einstellungen Einfluss auf das Verhalten ausüben?“ (Zanna & Fazio, 1982).

Das Korrespondenzprinzip. Wenn es nicht gelingt, enge Zusammenhänge zwischen Einstellung und Verhalten zu finden, kann ein Grund dafür in einem Mangel an Übereinstimmung der beiden Maße liegen. Sowohl Einstellungen als auch Verhalten können nach Ajzen und Fishbein (1977) im Hinblick auf vier Aspekte genauer bestimmt werden:

- die *Handlung* selbst,
- ihren *Gegenstand*,
- den *Kontext*, in dem die Handlung ausgeführt wird, und
- die *Zeitkomponente*.

Es ist unwahrscheinlich, dass man ein *spezielles* Verhalten (z.B. „Teilnahme an einem bestimmten Gottesdienst nächsten Sonntag“) aufgrund eines *globalen* Einstellungsmaßes (z.B. eines Fragebogens zur Einstellung gegenüber der Religion) genau vorhersagen kann. Doch ebendieser Weg war bei den meisten frühen Untersuchungen eingeschlagen worden. Nach Ajzen und Fishbein kann sich nur dann ein enger Zusammenhang zwischen Einstellung und Verhalten zeigen, wenn beide Maße im Grad der Spezifikation übereinstimmen (**Korrespondenzprinzip**). In einem Überblicksartikel über relevante Untersuchungen fanden diese Autoren heraus, dass die Zusammenhänge zwischen Einstellung und Verhalten tatsächlich bei jenen Studien größer waren, bei denen der Spezifikationsgrad des Einstellungs- und des Verhaltensmaßes ähnlich waren (s. auch Kraus, 1995).

Korrespondenzprinzip, auch Vereinbarkeitsprinzip („correspondence principle“, auch „compatibility principle“):
Dieses Prinzip besagt, dass es nur dann einen engen Zusammenhang zwischen Einstellung und Verhalten geben wird, wenn beide Maße im Grad der Spezifikation übereinstimmen.

Das Korrespondenzprinzip wurde von Davidson und Jaccard (1979) eindeutig belegt; aufgrund von Einstellungsmaßen sagten sie voraus, ob Frauen über einen Zeitraum von zwei Jahren die Pille nehmen würden; die Einstellungsmaße unterschieden sich im Spezifikationsgrad. Die Korrelation zwischen Einstellung und Verhalten ging mit zunehmender Übereinstimmung der Maße drastisch in die Höhe, von $r = 0{,}08$ bei einem globalen Einstellungsmaß zur „Geburtenkontrolle“ bis auf das Niveau von $r = 0{,}57$ bei einem Einstellungsmaß zur „Einnahme der Pille in den nächsten zwei Jahren“. Es sollte jedoch beachtet werden, dass die Vorhersage spezifischer Verhaltensweisen eine Verschiebung auf der Prädiktorseite mit sich bringt, nämlich von *Einstellungen gegenüber Gegenständen* hin zu dem engeren Konzept der *Einstellungen gegenüber Verhalten.*

Aggregationsprinzip („aggregation principle"): Dieses Prinzip besagt, dass sich globale Verhaltensmaße, die eine Vielfalt von Situationen und Zeitpunkten in sich vereinigen, mit Hilfe globaler Einstellungsmaße besser vorhersagen lassen als einzelne Verhaltensweisen.

Das Aggregationsprinzip. Zur Ergänzung der Strategie der Erhöhung der Spezifität schlugen Fishbein und Ajzen (1974) vor, *mehrere Handlungen* zu erfassen, um die Vorhersagegenauigkeit aus globalen Einstellungsmaßen zu optimieren. Ebenso wie die Reliabilität eines Tests mit der Anzahl der Items zunimmt (Cronbach, 1951), führt die Aggregation über mehrere Verhaltensweisen, die aus verschiedenen Kontexten stammen und zu verschiedenen Zeitpunkten erhoben wurden, dazu, dass alle Bestimmungsfaktoren für diese Verhaltensweisen mit Ausnahme der untersuchten Einstellung sich in ihrer Wirkung auf den Gesamtwert gegenseitig neutralisieren. Eine Feldstudie von Weigel und Newman (1976) veranschaulicht dieses **Aggregationsprinzip.** Auf einer Skala aus 16 Items erfassten diese Forscher die allgemeinen Einstellungen zur Umwelt bei Bewohnerinnen und Bewohnern einer Gemeinde. Zu verschiedenen Zeitpunkten erhielten die Befragten später die Möglichkeit, sich an unterschiedlichen Aktivitäten zum Umweltschutz zu beteiligen (z. B. die Unterzeichnung einer Petition gegen Ölbohrstationen vor der Küste, Teilnahme an einem Recyclingprogramm für Haushaltsabfälle); und ihre Teilnahme wurde unauffällig protokolliert. Obwohl sich die meisten der spezifischen Verhaltensweisen aufgrund der allgemeinen Einstellung nicht gut vorhersagen ließen, war ihre Korrelation mit einem *aggregierten* Einstellungsmaß eindrucksvoll (s. Tabelle 8.2).

Theoretische Korrespondenz. Aus einer stärker theoriegeleiteten Perspektive sind auch noch weitere Formen der Korrespondenz von Einstellung und Verhalten diskutiert worden. Beispielsweise hängen Einstellungen und Verhalten enger miteinander zusammen, wenn jene *Funktionen einer Einstellung*, die zum Zeitpunkt der Einstellungsmessung salient sind, auch dann salient sind, wenn das Verhalten ausgeführt wird (Shavitt & Fazio, 1991; Tesser & Shaffer, 1990). Shavitt und Fazio (1991; Studie 1) untersuchten die Einstellungen von Studierenden und ihre Verhaltensabsichten gegenüber zwei unterschiedlichen Getränken: „Perrier"-Mineralwasser und „7-Up"-Limonade. Sie argumentierten, dass man Perrier vorwiegend wegen seines schicken „Images" und wegen des sozialen Eindrucks, den es vermittelt, mögen würde, während man „7-Up" hauptsächlich wegen seines Geschmacks bevorzugen würde. Im Experiment von Shavitt und Fazio wurde vor der Beurteilung der beiden Getränke entweder der Image-Aspekt oder der Geschmacksaspekt salient gemacht. Dies erreichte man dadurch, dass man einige Versuchspersonen bat, 20 Nahrungsmittel nach ihrem Geschmack einzustufen, während die übrigen gebeten wurden, den sozialen Eindruck zu beurteilen, den jede einzelne von 20 Handlungen hinterlasse. Später wurden die Einstellungen der Versuchspersonen gegenüber „Perrier" und „7-Up" und ihre Kaufabsichten im Hinblick auf diese beiden Getränke erfasst. Shavitt und Fazio vertraten die Auffassung, dass die Kaufabsichten stärker durch Einstellungen beeinflusst würden, wenn die saliente Einstellungsfunktion mit der Einstellungsfunktion, die vom Einstellungsgegenstand erfüllt wird, zusammenpasste (statt nicht zu-

Tabelle 8.2. Allgemeine Einstellung als Prädiktor für Verhaltenskriterien, die sich im Hinblick auf ihre Spezifität unterscheiden. *Anmerkung:* Daten aus Weigel und Newman (1976). N = 44

Die Spalten enthalten jeweils Korrelationen mit einem allgemeinen Maß der Umwelteinstellung (16 Items):					
Einzelne Verhaltensweisen[a]	*r*	**Verhaltenskategorien**	*r*	**Vollständig aggregierter Verhaltensindex**	*r*
Unterschriften unter Petitionen:					
Ölbohrung vor der Küste	0,41**	Unterschriftenlistenskala	0,50**	Verhaltensindex	0,62***
Atomkraft	0,36*				
Auspuffgase	0,39**				
Unterschriftenlisten weitergeben	0,27				
Müll einsammeln am Straßenrand:					
Teilnahme	0,34*	Müllsammelskala	0,36*		
Einen Freund dafür gewinnen	0,22				
Teilnahme an Recyclingprogramm:					
Woche 1	0,34*	Skala für Recyclingverhalten	0,39**		
Woche 2	0,57***				
Woche 3	0,34*				
Woche 4	0,33*				
Woche 5	0,12				
Woche 6	0,20				
Woche 7	0,20				
Woche 8	0,34*				

[a] Die in der ersten Spalte aufgelisteten Verhaltensweisen wurden jeweils mit 0 (= nicht ausgeführt) oder 1 (= ausgeführt) kodiert und dann zur Bildung des entsprechenden Index aufsummiert.

* $p < 0,05$; ** $p < 0,01$; *** $p < 0,001$

Abb. 8.8. „Image" vs. „Geschmack"?

Abb. 8.9. An unseren Einstellungen zu unterschiedlichen Transportmitteln ist eine Kombination aus unterschiedlichen Elementen beteiligt

sammenpasste). In Einklang mit diesen Vorhersagen hingen die Kaufabsichten der Studierenden bei „Perrier" stärker mit ihren Einstellungen gegenüber „Perrier" zusammen, wenn sie zuvor über den sozialen Eindruck (r = 0,87) nachgedacht hatten, als wenn sie sich auf den Geschmack konzentriert hatten (r = 0,36). Im Gegensatz dazu hingen die Kaufabsichten der Studierenden bei „7-Up" stärker mit ihren Einstellungen gegenüber „7-Up" zusammen, wenn sie zuvor über den Geschmack nachgedacht hatten (r = 0,88), als wenn sie sich auf den sozialen Eindruck konzentriert hatten (r = 0,46).

Befunde, die besagen, dass das *Nachdenken über die Gründe, warum man eine bestimmte Einstellung hat*, die Höhe der Korrelation zwischen Einstellung und Verhalten beeinflussen kann (Wilson, Dunn, Kraft & Lisle, 1989), können ebenfalls als Beispiel für unterschiedliche Grade theoretischer Korrespondenz verstanden werden. Nimmt man einmal als gegeben an, dass beim Nachdenken über die *Gründe* die kognitiven Aspekte einer Einstellung betont werden, dann sollten die Korrelationen zwischen Einstellung und Verhalten höher werden, wenn die kognitive Komponente zu dem Zeitpunkt, zu dem das Verhalten ausgeführt wird, verfügbar ist; die Übereinstimmung sollte jedoch geringer werden, wenn die Ausführung des Verhaltens hauptsächlich auf der affektiven Einstellungskomponente beruht (s. auch Millar & Tesser, 1986).

8.4.2.2 Moderatorvariablen in der Beziehung zwischen Einstellung und Verhalten

Es sind unterschiedliche Indikatoren der Stärke einer Einstellung als Moderatorvariablen für die Beziehung zwischen Einstellung und Verhalten vorgeschlagen worden (s. Petty & Krosnick, 1995). Eine allgemeine Hypothese für diesen Ansatz lautet, dass starke Einstellungen bessere Prädiktoren für Verhalten sind als schwache. Wir erörtern hier die Stärke einer Einstellung im Hinblick auf die *innere Konsistenz einer Einstellung*, die *kognitive Zugänglichkeit der Einstellung* sowie den *kognitiven Aufwand beim Einstellungserwerb.*

■ Innere Konsistenz einer Einstellung. Weiter oben haben wir uns damit beschäftigt, dass kognitive und affektive Komponenten im Ausmaß ihrer Konsistenz mit der Einstellung als einer Gesamtbewertung variieren. (Eine Person kann der Überzeugung sein, dass viele Handlungsweisen einer Regierung schädliche Folgen haben, aber trotzdem die Regierung insgesamt positiv bewerten.) Rosenberg (1968) entdeckte, dass die hohe evaluativ-kognitive Konsistenz einer Einstellung mit hoher zeitlicher Stabilität und Resistenz gegen Beeinflussungsversuche einhergeht. Dies führte zu der Hypothese, dass Einstellungen mit einer hohen evaluativ-kognitiven Konsistenz auch bessere Prädiktoren für Verhalten sind. Normans (1975) Befunde stützten diese Hypothese durch eine Studie, bei der er die Korrelationen zwischen Einstellung und Verhalten bei Gruppen von Personen mit hoher und mit niedriger evaluativ-kognitiver Konsistenz miteinander verglich.

■ Zugänglichkeit. Fazio (1990) stellte eine Theorie auf, in der die Rolle der Zugänglichkeit einer Einstellung als Moderatorvariable für die Konsistenz von Einstellung und Verhalten betont wird. Diese Theorie war ursprünglich durch Arbeiten über die Rolle der *unmittelbaren Erfahrung mit dem Einstellungsgegenstand* für die Vorhersage des Verhaltens angeregt worden. Regan und Fazio (1977) hatten die Hypothese aufgestellt, dass die unmittelbare Verhaltenserfahrung eine Einstellung hervorbringt, die durch mehr Klarheit, Sicherheit und Stabilität gekennzeichnet ist als eine Einstellung, die durch indirekte Informationen über den Einstellungsgegenstand gebildet wurde. Diese Merkmale sollten Erlebnis-basierte Einstellungen besser zugänglich werden lassen und am Ende zu einer höheren Konsistenz zwischen Einstellung und Verhalten führen. In einem Experiment bildeten Studierende Einstellungen gegenüber fünf Arten von Rätselaufgaben, und zwar entweder durch unmittelbare Erfahrung (durch Bearbeitung eines Beispiels für jede einzelne Aufgabe) oder durch indirekte Erfahrung (durch Prüfen von Beispielen, die bereits gelöst worden waren). Später wurden die Studierenden in einer Situation beobachtet, in der sie sich frei entscheiden konnten, welche Rätsel sie bearbeiten wollten. Dabei ließen sich auf Grundlage ihrer Einstellungen gegenüber jedem einzelnen Rätsel Häufigkeit und Ausmaß der Bearbeitung besser bei denen vorhersagen, die zuvor unmittelbare Erfahrung hatten sammeln können, als bei denen, die nur indirekte Erfahrungen hatten (Regan & Fazio, 1977; zu einem Überblicksartikel s. Fazio & Zanna, 1981).

Der Prozess, von dem man annimmt, dass er hierbei als vermittelnde Variable wirkt, ist die Zugänglichkeit einer Einstellung; sie wird operational als die Geschwindigkeit definiert, mit der eine Einstellung von der befragten Person geäußert wird (Fazio, 1990). Begrifflich meint die Zugänglichkeit die Stärke der Verbindung zwischen der Repräsentation des Einstellungsgegenstands und einer im Gedächtnis gespeicherten Bewertung. Diese Bewertung muss aktiviert werden, damit sie einen Einfluss auf das Verhalten hat. Tatsächlich konnten Fazio und andere zeigen, dass Einstellungen, die auf einer Verhaltenserfahrung beruhen, leichter zugänglich sind (z.B. Fazio, Chen, McDonel & Sherman, 1982) und dass die bessere Zugänglichkeit einer Einstellung mit einer größeren Konsistenz zwischen Einstellung und Verhalten einhergeht (z.B. Fazio & Williams, 1986; zu einer Anwendung auf Konsumverhalten s. Kokkinaki & Lunt, 1997). Obwohl es plausibel klingt, dass die Zugänglichkeit einer Einstellung eine wichtige vermittelnde Variable für den Einfluss von Einstellungen auf Verhalten ist, kann die unmittelbare Erfahrung auf dem Weg über weitere vermittelnde Prozesse zu einer größeren Konsistenz zwischen Einstellung und Verhalten führen (Eagly & Chaiken, 1998), z.B. durch Erhöhung der zeitlichen Stabilität einer Einstellung (Doll & Ajzen, 1992). Deshalb ist weitere Forschung erforderlich, um bei der Untersuchung von Variablen, die den Einfluss von Einstellungen auf Verhalten vermitteln, zwischen Effekten der Zugänglichkeit und denen anderer Aspekte der Einstellungsstärke zu trennen.

■ **Kognitiver Aufwand beim Einstellungserwerb.** Unterschiede im Hinblick auf den Verarbeitungsaufwand sind der zentrale Punkt bei den Zwei-Prozess-Modellen der Persuasion (s. oben). Nach diesen Modellen führen hohe Motivation und Fähigkeit über aufwändige Verarbeitung relevanter Informationen zur Bildung von Einstellungen; niedrige Motivation oder Fähigkeit führen dagegen dazu, dass man sich bei der Verarbeitung weniger anstrengt und sich auf einfache Hinweisreize verlässt. Vor allem innerhalb des ELM sind diese Routen des Erwerbs von Einstellungen mit der unterschiedlich starken Ausprägung der Konsistenz zwischen Einstellungen und Verhalten in Zusammenhang gebracht worden. Petty und Cacioppo (1986a, 1986b) postulierten, dass Einstellungen, die auf der zentralen Route gebildet wurden, bessere Prädiktoren für Verhalten sind als Einstellungen, die auf der peripheren Route erworben wurden. Vielfältige Forschungsbefunde sind mit dieser Hypothese vereinbar, denn sie zeigen, dass die Einstellungen von Individuen, die unter der Bedingung hoher Relevanz verarbeitet haben, eine größere Vorhersagekraft für Verhalten besitzen, als jene von Personen, die unter Bedingungen niedriger Relevanz verarbeitetet haben (zu einem Überblick s. Petty et al., 1995; zu Anwendungen auf Konsumverhalten s. Haugtvedt & Priester, 1997).

Wie bereits besprochen bringt das Konstrukt *Kognitionsbedürfnis* (NC) die individuellen Unterschiede beim Verarbeitungsaufwand zum Ausdruck (Cacioppo & Petty, 1982; Cacioppo et al., 1996). Weil Personen, die eine hohe Ausprägung von NC haben, sich beim Einstellungserwerb während der Verarbeitung stärker anstrengen, sollten sie stärkere Einstellungen bilden, die wiederum einen hohen Vorhersagewert für Verhalten haben. Im Einklang mit dieser Sichtweise fanden Cacioppo, Petty, Kao und Rodriguez (1986), dass Einstellungen gegenüber amerikanischen Präsidentschaftskandidaten bei Studierenden mit einem hohen NC bessere Prädiktoren für das Wahlverhalten waren als bei Studierenden mit niedrigerem NC.

■ **Einstellung und Verhalten: Eine vorläufige Zusammenfassung und eine Anmerkung zur Kausalität.** Zusammenfassend kann man sagen, dass die Korrelation zwischen Einstellung und Verhalten dann hoch ist, wenn beide Maße bezogen auf Spezifikationsgrad und Aggregation einander entsprechen und wenn ähnliche Aspekte, Funktionen und Komponenten einer Einstellung zu den Zeitpunkten, zu denen Einstellung und Verhalten erfasst werden, salient sind. Weiterhin wurden Indikatoren für die Stärke einer Einstellung als Moderatorvariablen in der Beziehung zwischen Einstellung und Verhalten identifiziert. Es sollte jedoch betont werden, dass hohe *Korrelationen* zwischen Einstellung und Verhalten *nicht* hinreichend sind, um daraus die Schlussfolgerung zu ziehen, dass Einstellungen die *Ursache* für Verhalten sind. Wie wir gesehen haben, besteht eine andere Erklärung darin, dass das Verhalten Einstellungen beeinflussen kann; und eine weitere lautet, dass sonstige Variablen, wie etwa hervorstechende kontextabhängige Meinungen, sowohl die verbalen Berichte über die Einstellung als auch das Verhalten beeinflussen. In dem Maße, wie der Kontext stabil bleibt, würde dies zu höheren Korrelationen zwischen Einstellungen und Verhalten führen, ohne dass eine unmittelbare kausale Beziehung zwischen den beiden Konstrukten besteht (Schwarz & Bohner, im Druck; Wilson & Hodges, 1992).

Eine Möglichkeit, eine kausale Beziehung zwischen Einstellung und Verhalten festzustellen, besteht darin, auf experimentellem Wege die Salienz einer Einstellung zu manipulieren, bevor man ein damit zusammenhängendes Verhalten erfasst. Ein kausaler Einfluss der Einstellung auf ein Verhalten zeigt sich dann in einer höheren Korrelation unter jenen experimentellen Bedingungen, unter denen die Einstellung salient und dadurch besser zugänglich gemacht wurde. Mithilfe eines solchen methodischen Vorgehens erfassten Snyder und Swann (1976) die Einstellungen von Studierenden gegenüber einer Politik der positiven Diskriminierung benachteiligter Gruppen („affirmative action"). Zwei Wochen später wurden dieselben Studierenden gebeten, ihr Urteil über einen Fall von Diskriminierung wegen Geschlechtszugehörigkeit abzugeben (das Verhaltensmaß). Einige Studierende wurden aufgefordert, ihre „Gedanken und Sichtweisen über das Thema „affirmative action" zu strukturieren" (S. 1037), um die Salienz ihrer Einstellungen vor dem Urteil zu erhöhen; die anderen hingegen erhielten keine derartige Anweisung. Unter der experimentellen Bedingung ohne eine solche Anweisung bestand kein Zusammenhang zwischen der im Urteil ausgedrückten Bewertung des Falls und den Einstellungen der Versuchspersonen (r = 0,07). Unter der experimentellen Bedingung, bei der die Einstellungen salient gemacht worden waren, war die Korrelation zwischen Einstellung und Verhalten jedoch beträchtlich (r = 0,58; s. auch Bohner, Reinhard et al., 1998; Snyder & Kendzierski, 1982).

8.4.2.3 Einstellungen und andere Bestimmungsfaktoren für Verhalten: Erwartung-mal-Wert-Modelle

Erwartung-mal-Wert-Modelle („expectancy-value models"):
Diese Modelle nehmen an, dass Entscheidungen zwischen verschiedenen Handlungsalternativen auf zwei Arten von Kognitionen basieren: (1) auf subjektiven Wahrscheinlichkeiten dafür, dass eine bestimmte Handlung zu bestimmten, erwarteten Ereignissen führt, und (2) auf der Valenz dieser Handlungsergebnisse. Nach diesem Ansatz wählen Individuen unter verschiedenen Handlungsalternativen diejenige aus, die die Wahrscheinlichkeit positiver Konsequenzen maximiert und/oder die Wahrscheinlichkeit negativer Konsequenzen minimiert.

Theorie des überlegten Handelns („theory of reasoned action"):
Die wichtigste klassische Theorie über die Beziehung zwischen Einstellung und Verhalten. Sie nimmt an, dass sich Verhaltensabsichten und damit das Verhalten durch die Kombination aus Einstellungen und subjektiven Normen vorhersagen lassen.

In den vorigen Abschnitten haben wir gesehen, dass Einstellungen nur ein Bestimmungsfaktor für Verhalten sind. Weil man die Bedeutung anderer Bestimmungsfaktoren erkannt hatte, wurde eine ganze Familie von Theorien entwickelt, die Einstellungen in ein Netz aus Prädiktorvariablen einbanden (z.B. Ajzen, 1991; Bentler & Speckart, 1979; Fishbein & Ajzen, 1975). Man bezeichnet sie als **Erwartung-mal-Wert-Theorien** (s. Feather, 1982), weil sie Einstellungen mithilfe von „Erwartung × Wert"-Produkten definieren.

Die ursprüngliche Formulierung, Fishbein und Ajzens (1975) **Theorie des überlegten Handelns**, ist in Abb. 8.10a dargestellt. Nach der Theorie des überlegten Handelns ist die proximale Ursache von Verhalten die *Verhaltensabsicht*, d.h. eine bewusste Entscheidung, ein bestimmtes Verhalten auszuführen. Alle Einflüsse auf das Verhalten, das die Theorie erklärt, werden als über dieses Konstrukt vermittelt angenommen. Die beiden Hauptbestimmungsfaktoren der Absicht sind die Einstellung gegenüber dem Verhalten und die subjektive Norm. Die *Einstellung gegenüber dem Verhalten* wird als Summe der Produkte aus Erwartungen und Bewertungen definiert. Jedes einzelne dieser Produkte besteht aus der subjektiven Wahrscheinlichkeit (= Erwartung), dass das Verhalten eine bestimmte Konsequenz hat, multipliziert mit dem Wert, der dieser Konsequenz beigemessen wird. So mag eine Person beispielsweise erwarten, dass sie Geld sparen wird, wenn sie statt des Autos den Bus benutzt (eine positive Konsequenz mit hoher Wahrscheinlichkeit); aber gleichzeitig erwartet sie möglicherweise, dass sie gelegentlich zu spät zur Arbeit kommen wird (eine negative Konsequenz mit geringer Wahrscheinlichkeit). Diese beiden Aspekte zusammengenommen würden zu einer mäßig positiven Einstellung gegenüber der Benutzung des Busses führen.

Die subjektiv wahrgenommenen sozialen Konsequenzen des Verhaltens werden getrennt behandelt; sie bilden das Konstrukt der *subjektiven*

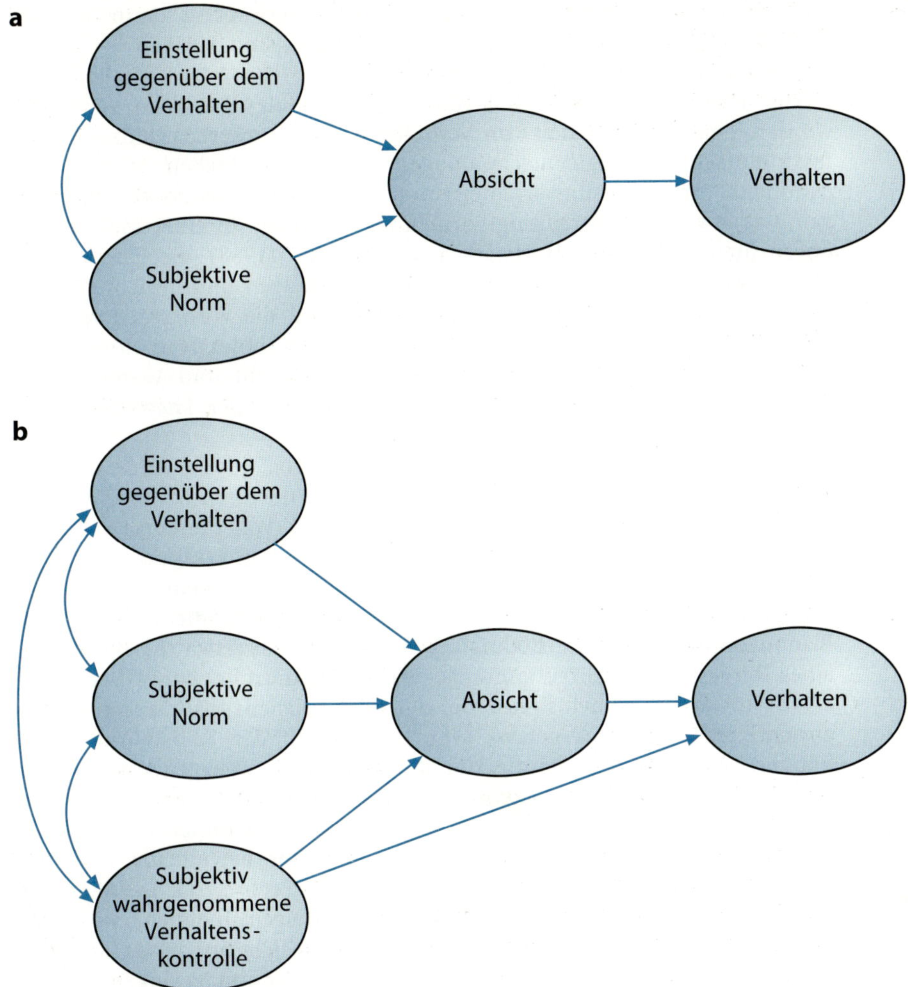

Abb. 8.10. Schematische Darstellung **a** der Theorie des überlegten Handelns und **b** der Theorie des geplanten Verhaltens. Die Theorie des geplanten Verhaltens erweitert die Theorie des überlegten Handelns dadurch, dass die wahrgenommene Verhaltenskontrolle als zusätzlicher Prädiktor mit aufgenommen wird. (Nach Ajzen & Madden, 1986)

Norm. Dieser zweite Bestimmungsfaktor der Verhaltensabsicht wird ebenfalls als Summe von Produkten definiert; jedes Produkt besteht aus der Meinung, dass eine für die Person bedeutsame andere Person der Meinung ist, sie solle das Verhalten ausführen, und der Bereitschaft, dem Wunsch dieser anderen Person nachzukommen. Beispielsweise könnte jemand glauben, seine Tochter sei der Auffassung, er solle sich einen Sportwagen kaufen; aber vielleicht neigt er nicht dazu, dem Wunsch seiner Tochter zu entsprechen; er kann auch der Auffassung sein, seine Frau habe sehr viel dagegen, dass er den Wagen kauft, und er kann eine ausgeprägte Bereitschaft haben, dem Wunsch seiner Ehefrau nachzukommen.

Zieht man nur diese beiden Bezugspersonen in Erwägung, dann wäre die sich daraus ergebende subjektive Norm negativ, und sie würde die Absicht, den Wagen zu kaufen, unterminieren.

Die Theorie des überlegten Handelns ist erfolgreich dazu verwendet worden, eine breite Vielfalt von Verhaltensweisen vorherzusagen; dies umfasst einfache Strategieentscheidungen in experimentellen Spielen, Gesundheits- und Konsumverhalten und persönlich bedeutsame Handlungen, wie etwa eine Abtreibung vornehmen zu lassen. In einer Metaanalyse überprüften Sheppard, Hartwick und Warshaw (1988) die Theorie des überlegten Handelns anhand von 87 Untersuchungen und berichteten insgesamt eine multiple Korrelation von $R=0{,}66$ für die Vorhersage von Verhaltensabsichten aufgrund von Einstellungen und subjektiven Normen sowie eine mittlere Einzelkorrelation zwischen Absicht und Verhalten von $r=0{,}53$. Auch neuere Übersichtsartikel bescheinigen der Theorie eine hohe Vorhersagevalidität (z.B. Sutton, 1998).

Theorie des geplanten Verhaltens („theory of planned behaviour"): Eine Erweiterung der Theorie des überlegten Handelns. Neben Einstellung und subjektiver Norm wird die wahrgenommene Verhaltenskontrolle als dritter Prädiktor von Verhaltensabsicht und Verhalten eingeführt.

In der **Theorie des geplanten Verhaltens** (Ajzen, 1991) wurde das Modell um einen zusätzlichen Prädiktor erweitert: die *subjektiv wahrgenommene Verhaltenskontrolle* (s. Abb. 8.10b, S. 309). Von dieser Erweiterung der Theorie nahm man an, dass sie vor allem die Vorhersagekraft für Verhaltensweisen verbessern würde, über die eine Person keine vollständige Willenskontrolle hat, z.B. komplexe Verhaltensweisen, die umfangreiche Planungen und geeignete Bedingungen voraussetzen (etwa die Besteigung eines Berges). Die wahrgenommene Verhaltenskontrolle wurde begrifflich als die erwartete Mühelosigkeit bei der tatsächlichen Ausführung des beabsichtigten Verhaltens gefasst (vgl. den Begriff der Selbstwirksamkeit; Bandura, 1977). Man hatte die Hypothese, dass die wahrgenommene Verhaltenskontrolle Verhalten entweder indirekt beeinflusst, nämlich über ihren Einfluss auf die Verhaltensabsicht, oder direkt, nämlich in dem Ausmaß, wie sie die tatsächliche Kontrolle über das betreffende Verhalten korrekt widerspiegelt. Beispielsweise wird eine Person, die meint, es sei nicht so leicht, einen bestimmten Berg zu besteigen, möglicherweise mit geringerer Wahrscheinlichkeit eine Verhaltensabsicht in dieser Richtung ausbilden; es ist jedoch auch möglich, dass es ihr mit geringerer Wahrscheinlichkeit gelingen wird, obwohl sie die Absicht entwickelt hat, so zu handeln; denn es kann in der Tat schwierig für sie sein, das Verhalten auszuführen.

Um die Forschung über Erwartung-mal-Wert-Modelle zu illustrieren, wollen wir uns eine Untersuchung ansehen, die von Ajzen und Madden (1986, Experiment 2) durchgeführt wurde; sie war so angelegt, dass die prädiktive Überlegenheit der Theorie des geplanten Verhaltens über die Theorie des überlegten Handelns belegt werden konnte. Bei den Versuchspersonen handelte es sich um amerikanische Studierende der Wirtschaftswissenschaften; das Zielverhalten bestand darin, im Seminar die beste Note, eine Eins, zu bekommen. Zu zwei Zeitpunkten – früh im Semester und eine Woche vor dem Semesterabschlussexamen – erfassten die Forscher die Einstellungen der Studierenden dazu, „eine Eins in diesem Seminar zu erhalten", ihre subjektiven Normen hinsichtlich dieses Verhaltens und ihre wahrgenommene Kontrolle darüber. Präzise gesprochen wurde die Einstellung erfasst, indem man die Versuchspersonen bat, zehn saliente Konsequenzen einer Eins für die eigene Person (z.B. die eigene Durchschnittsnote verbessern; Freunde dadurch in Verlegenheit bringen) auf einer Skala mit den Extremen *gut* und *schlecht* zu bewerten und auch die Wahrscheinlichkeit jeder dieser Konsequenzen von *unwahrscheinlich* bis *wahrscheinlich* einzustufen. Es wurde ein auf Meinungen beruhendes Maß der Einstellung konstruiert, indem man die Produkte dieser beiden Einstufungen über alle zehn Konsequenzen hinweg aufsummierte. Zur Erfassung der subjektiven Norm mussten die Versuchspersonen angeben, wie sehr es jede einzelne von fünf Bezugspersonen (z.B. der Dozent, die Familie) *schätzen* bzw. *missbilligen* würde, wenn sie eine Eins bekämen, und wie stark sie motiviert waren, den Erwartungen jeder einzelnen Bezugsperson Folge zu leisten (von *sehr stark* bis *überhaupt nicht*). Durch Aufsummierung der Produkte dieser beiden Beurteilungen wurde ein auf Meinungen beruhendes Maß der subjektiven Norm gebildet. Die wahrgenommene Verhaltenskontrolle wurde erfasst, indem ein Summenwert über acht Meinungen gebildet wurde, die mit erleichternden oder hemmenden Faktoren zu tun hatten (z.B. Engagement bei Aktivitäten außerhalb der Hochschule, eigene Fähigkeiten).

Die wichtigsten abhängigen Variablen in der Auswertung waren die Verhaltensabsichten, die mit Hilfe dreier Items gemessen wurden (z.B. „Ich werde mein Bestes geben, um in diesem Seminar eine Eins zu bekommen") sowie die tatsächlichen späteren Noten. Für jede abhängige Variable wurde je Messzeitpunkt eine zweistufige hierarchische Regressionsanalyse durchgeführt. Ihr erster Schritt stellte eine Überprüfung der Theorie des überlegten Handelns dar, ihr zweiter Schritt eine Überprüfung der Theorie des geplanten Verhaltens. Somit

- wurden die Verhaltensabsichten in einem ersten Schritt aus Einstellung und subjektiver Norm vorhergesagt und in einem zweiten Schritt aus diesen beiden Prädiktoren plus der wahrgenommenen Verhaltenskontrolle;
- wurde das Verhalten (d.h. die tatsächliche spätere Note) in einem ersten Schritt aus der Verhaltensabsicht vorhergesagt und in einem zweiten Schritt gemeinsam aus der Verhaltensabsicht und der wahrgenommenen Kontrolle.

Ajzen und Madden (1986) stellten die Hypothese auf, dass die Wahrnehmung der Verhaltenskontrolle zu einem frühen Zeitpunkt im Semester die tatsächliche Kontrolle nur ungenau widerspiegeln würde. Daher würde die Einbeziehung der wahrgenommenen Verhaltenskontrolle die Vorhersage des tatsächlichen Verhaltens nur indirekt, über eine genauere Vorhersage der Verhaltensabsichten, verbessern, aber nicht direkt. Zu einem späten Zeitpunkt im Semester jedoch dürften die Kontrollwahrnehmungen der Studierenden genauer geworden sein, weil sie Erfahrungen mit Faktoren gemacht haben, die den Erfolg erleichtern bzw. behindern; dies würde zu einer Verbesserung der Vorhersage des tatsächlichen Verhaltens führen, und zwar sowohl indirekt, über Absichten, als auch direkt.

Diese Hypothesen wurden durch die Ergebnisse gestützt. Führte man die Erhebung früh im Semester durch, ergab sich eine bedeutsame multiple Korrelation von $R = 0{,}48$ zwischen Einstellungen und subjektiver Norm einerseits und der Verhaltensabsicht andererseits; dies war ein Hinweis auf die Gültigkeit der Theorie des überlegten Handelns. Aber die multiple Korrelation ließ sich signifikant auf R = 0,65 erhöhen, wenn die wahrgenommene Verhaltenskontrolle als weiterer Prädiktor mit einbezogen wurde. Zudem korrelierte die Absicht mit der tatsächlichen späteren Note in Höhe von R = 0,26. Bezog man die wahrgenommene Verhaltenskontrolle gleichzeitig als Prädiktor mit ein, so veränderte sich dadurch die Größe dieses Koeffizienten nicht.

Führte man die Erhebung spät im Semester durch, ergab sich eine multiple Korrelation von R = 0,49 für die Vorhersage der Absichten aufgrund von Einstellung und subjektiver Norm; dies ließ sich wiederum signifikant auf R = 0,64 verbessern, wenn man die wahrgenommene Verhaltenskontrolle in das Modell mit einbezog. Wenn man die wahrgenommene Kontrolle spät im Semester erfasste, verbesserte dies die Vorhersage der tatsächlichen späteren Note: Absicht allein ergab R = 0,39; Absicht und wahrgenommene Kontrolle zusammengenommen ergaben R = 0,45. Diese Resultate deuten darauf hin, dass die Theorie des geplanten Verhaltens der Theorie des überlegten Handelns bei der Vorhersage der Verhaltensabsichten (und des Verhaltens) dann überlegen ist, wenn das untersuchte Verhalten schwer auszuführen ist. Andere Untersuchungen deuten jedoch darauf hin, dass dies nicht bei Verhaltensweisen der Fall ist, die leicht ausführbar sind, wie z. B. die Teilnahme an einem Treffen (Kelly & Breinlinger, 1995).

Es sind noch andere Erweiterungen der Theorie des überlegten Handelns vorgeschlagen worden (s. Eagly & Chaiken, 1993). In einigen Theorien wurde darauf hingewiesen, dass Verhalten durch *früheres Verhalten* oder durch *Gewohnheit* beeinflusst werden kann und dass sich diese Einflüsse nicht notwendigerweise vermittelt über Einstellungen, subjektive Normen oder Absichten auswirken (z. B. Bentler & Speckart, 1979). Eine Metaanalyse (Ouellette & Wood, 1998) deutet darauf hin, dass das frühere Verhalten auf zwei verschiedene Weisen einen signifikanten Beitrag für die Vorhersage künftigen Verhaltens leisten kann: Gut eingeübte Verhaltensweisen in stabilen Kontexten (z. B. die Benutzung des Sicherheitsgurts) treten immer wieder auf, weil die sie steuernde Verarbeitung automatisiert wird; die Häufigkeit des früheren Verhaltens ist dann Ausdruck der Gewohnheitsstärke und beeinflusst künftiges Verhalten auf *direktem* Wege. Verhaltensweisen, die weniger gut gelernt wurden oder in instabilen Kontexten auftreten, bleiben weiterhin unter der Kontrolle der bewussten Verarbeitung; unter diesen Umständen kann früheres Verhalten künftiges Verhalten *indirekt über Absichten* beeinflussen.

Diese Befunde passen zu der allgemeineren Kritik, dass sowohl die Theorie des überlegten Handelns als auch die Theorie des geplanten Verhaltens in ihrer Gültigkeit auf bewusste und absichtliche Verhaltensweisen beschränkt sind. Dagegen haben sie keine gute Vorhersagekraft für Verhalten, das nicht bewusst beabsichtigt ist oder nicht auf einem Nachdenken über die Folgen beruht (z. B. Fazio, 1990). Ajzen und Fishbein (1980) reagierten auf diese Kritik, indem sie hervorhoben, dass ihr Modell Raum für die Möglichkeit lässt, dass in der Vergangenheit einmal eine Verhaltensabsicht gebildet wurde und dass Personen diese früher gebildete Absicht aus dem Gedächtnis abrufen können, anstatt jedes Mal, wenn sie das Verhalten zeigen, neu darüber nachdenken zu müssen.

Fazio (1990) thematisierte jedoch die Bedingungen, unter denen *Einstellungen zu Gegenständen* ein Verhalten direkt und automatisch aktivieren können. In seinem **MODE-Modell** beeinflussen *Motivation* und *Gelegenheit* zum Nachdenken die Prozesse, über die Verhalten gesteuert wird (vgl. die oben besprochenen Zwei-Prozess-Modelle der Persuasion). Wenn ein Individuum keine Motivation hat oder keine Gelegenheit, willentlich darüber zu entscheiden, ob es ein Verhalten ausführen soll, können leicht zugängliche Einstellungen zum Einstellungsgegenstand automatisch das Verhalten dadurch steuern, dass sie die Wahrnehmung der Situation beeinflussen. Obwohl die Annahme, dass nur leicht zugängliche Einstellungen automatisch aktiviert werden können, infrage gestellt worden ist (Bargh et al., 1992), steht Fazios Position allgemein im Einklang mit einer zunehmenden Anzahl von Befunden, die zeigen, dass soziales Verhalten in starkem Maße unbewussten Einflüssen unterliegt (zu einem Überblick s. Bargh, 1997; vgl. auch Kap. 5).

MODE-Modell („*m*otivation and *o*pportunity as *de*terminants of how attitudes influence behavior"; Motivation und Gelegenheit als Bestimmungsfaktoren dafür, wie Einstellungen das Verhalten beeinflussen): Das MODE-Modell geht davon aus, dass Einstellungen Verhalten entweder durch bewusstes Verarbeiten der Implikationen der Einstellung für das Verhalten oder durch automatisch-selektives Verarbeiten einstellungsrelevanter Informationen beeinflussen können.

Zusammenfassung: In den Erwartung-mal-Wert-Theorien wurde eine enge Definition der *Einstellung gegenüber einem Verhalten* (Meinungen im Hinblick auf die Wahrscheinlichkeit und den Wert von Verhaltenskonsequenzen) verwendet; diese Theorien haben den Begriff der Einstellung als einen unter mehreren anderen Prädiktoren des Verhaltens in den Hintergrund gedrängt. Dadurch erreichten sie, vor allem in Anwendungsbereichen, in denen absichtliches Verhalten untersucht wurde, eine beträchtliche Vorhersagekraft (zu einem Überblick s. Ajzen, 1991; Sheppard et al., 1988; Sutton, 1998; zu weiteren empirischen Beispielen s. Kap. 16 und 17). Umgekehrt steht in Fazios (1990) MODE-Modell das umfassendere Konzept der *Einstellung zu einem Gegenstand* wieder im Mittelpunkt des Interesses, wenn es darum geht, ein Verhalten unter Bedingungen niedriger Motivation oder fehlender Gelegenheit zum Nachdenken vorherzusagen.

8.5 Zusammenfassung und Schlussfolgerungen

In diesem Kapitel haben wir grundlegende Fragen der Einstellungsforschung erörtert. Wir haben einen Überblick über Theorien und Befunde im Hinblick auf die Bestimmungsfaktoren und Konsequenzen von Einstellungen gegeben. Einstellungen sind summarische Bewertungen von Gegenständen, enthalten affektive, kognitive und verhaltensbezogene Komponenten und erfüllen wichtige Funktionen für das Individuum. Die Hauptbestimmungsfaktoren für Einstellungen, die in der Sozialpsychologie untersucht wurden, sind die Verarbeitung einstellungsrelevanter Informationen und das frühere Verhalten. Beim Streben nach kognitiver Konsistenz verändern die Menschen oft ihre Einstellungen, um sie mit ihrem Verhalten in Einklang zu bringen. Es kommt auch zu Einstellungsänderungen, wenn Menschen lernen, den Einstellungsgegenstand mit angenehmen oder unangenehmen Kontexten oder Konsequenzen zu assoziieren. Im letzten Viertel des 20. Jahrhunderts jedoch konzentrierte sich die Persuasionsforschung auf die Gedanken, die Menschen – in Reaktion auf den

Einstellungsgegenstand oder auf Informationen über ihn – aktiv hervorbringen, und fasste diese Gedanken als die Hauptvermittlungsinstanzen der Einstellungsänderung auf. Als Ausdruck eines allgemeinen integrativen Trends innerhalb der Sozialpsychologie charakterisieren die Zwei-Prozess-Modelle Einstellungsänderung als ein Zusammenspiel zwischen aufwändigen und weniger aufwändigen Prozessen, die eine Funktion kognitiver, auf subjektiver Erfahrung beruhender und motivationaler Faktoren sind.

Die Forschung zu den Auswirkungen von Einstellungen beschäftigte sich mit der Informationsverarbeitung und, was noch wichtiger ist, mit dem Verhalten. Es konnte gezeigt werden, dass Einstellungen auf allen Stufen der Informationsverarbeitung, angefangen von der Aufmerksamkeit bis zum Abruf aus dem Gedächtnis, einen Einfluss ausüben. Man findet oft eine Bevorzugung einstellungskongruenter Information; doch Einstellungen können auch das aktive Auffinden von Gegenargumenten gegen widersprechende Informationen in Gang setzen und nicht nur eine simple Vorliebe für einstellungskongruente Informationen. Über die letzten drei Jahrzehnte hinweg hat die Forschung im Bereich der Beziehung zwischen Einstellung und Verhalten der früher vorherrschenden pessimistischen Sichtweise, Einstellungen seien schlechte Prädiktoren für Verhalten, den Boden entzogen. Aufgrund von Einstellungen kann man in dem Maße Vorhersagen auf Verhalten machen, wie die beiden Konstrukte einander im Spezifikationsgrad entsprechen, und in dem Ausmaß, in dem ähnliche Aspekte des Einstellungsgegenstands zu dem Zeitpunkt, zu dem jedes der beiden Konstrukte gemessen wurde, salient sind. Darüber hinaus lässt sich die Vorhersage des Verhaltens verbessern, wenn man weitere Prädiktorvariablen sowie die Prozesse, die beim Einstellungserwerb und beim Abruf von Einstellungen aus dem Gedächtnis eine Rolle spielen, mit einbezieht.

Fragen zum Text

1. Welche Funktionen erfüllen Einstellungen für das Individuum? Geben Sie Beispiele für die verschiedenen Funktionen von Einstellungen.
2. In welchem Sinne kann eine Einstellungsstruktur mehr oder weniger konsistent sein?
3. Wie sind nach der Balance-Theorie Einstellungen gegenüber Gegenständen und Einstellungen gegenüber anderen Personen im Kopf des Wahrnehmenden miteinander verknüpft?
4. Unter welchen Bedingungen wird einstellungskonträres Verhalten wahrscheinlich zu einer Einstellungsänderung führen?
5. Erörtern Sie, welchen Zusammenhang es im Rahmen der Zwei-Prozess-Modelle der Persuasion zwischen der Qualität von Argumenten, den Hinweisreizen zur Quelle der Botschaft, der Motivation und der Fähigkeit zur Verarbeitung gibt.
6. Was ist einstellungsbedingte Selektivität?
7. Unter welchen Bedingungen sind Einstellungen gute Prädiktoren für Verhalten?

Empfohlene Literatur

Ajzen, I. (1991). The theory of planned behavior. *Organizational Behavior and Human Decision Processes, 50*, 179–211. Dieser Artikel stellt die momentan populärste Theorie zum Zusammenhang zwischen Einstellungen und Verhalten dar und gibt einen Überblick über die relevanten empirischen Befunde.

Chaiken, S. & Trope, Y. (Eds.). (1999). *Dual-process theories in social psychology*. New York: Guilford. Dieser kürzlich veröffentlichte Sammelband gibt einen Überblick über den Stand der Forschung zum Zwei-Prozess-Ansatz, sowohl innerhalb des Einstellungsbereichs als auch darüber hinausgehend, und umfasst neuere kritische Beiträge und Kontroversen.

Eagly, A.H. & Chaiken, S. (1993). *The psychology of attitudes*. Fort Worth, TX: Harcourt Brace Jovanovich. Das umfassendste und integrativste Lehrbuch zur Einstellungsforschung auf Fortgeschrittenenniveau.

Eagly, A.H. & Chaiken, S. (1998). Attitude structure and function. In D. Gilbert, S.T. Fiske & G. Lindzey (Eds.), *Handbook of social psychology* (4th ed., pp. 269–322). New York: McGraw-Hill. Ein aktuelles Übersichtskapitel zu Fragen der Struktur und Funktion von Einstellungen.

Petty, R.E. & Wegener, D.T. (1998). Attitude change. In D. Gilbert, S.T. Fiske & G. Lindzey (Eds.), *Handbook of social psychology* (4th ed., pp. 323–390). New York: McGraw-Hill. Ein kürzlich erschienenes Übersichtskapitel zum Bereich der Einstellungsänderung.

Tesser, A. & Martin, L.L. (1996). The psychology of evaluation. In E.T. Higgins & A.W. Kruglanski (Eds.), *Social psychology: Handbook of basic principles* (pp. 400–432). New York: Guilford. Eine fassettenreiche Erörterung des Begriffs der Bewertung, bei der dessen soziokognitive, funktionale, biologische und kulturelle Aspekte angesprochen werden.

Schlüsseluntersuchungen

Ajzen, I. & Madden, T.J. (1986). Prediction of goal-directed behavior: Attitudes, intentions, and perceived behavioral control. *Journal of Experimental Social Psychology, 22*, 453–474.

Petty, R. E., Cacioppo, J.T. & Goldman, R. (1981). Personal involvement as a determinant of argument-based persuasion. *Journal of Personality and Social Psychology, 41*, 847–855.

Teil III
Soziale Interaktion und zwischenmenschliche Beziehungen

9 Prosoziales Verhalten

Hans-Werner Bierhoff

INHALT

Das vorliegende Kapitel beschäftigt sich mit „prosozialem Verhalten", bei dem ein Handelnder versucht, einer anderen Person zu helfen. Die Motivation des Handelnden besteht nicht in der Erfüllung beruflicher Verpflichtungen und der Empfänger der Hilfe ist eine Person, keine Organisation. Verwandte Begriffe, die eine etwas andere Bedeutung haben, sind „Hilfeverhalten" und „Altruismus". Dieses Kapitel will eine Antwort auf die folgende Frage geben: Warum helfen Menschen einander? Biologische, auf das Individuum bezogene, interpersonale und auf soziale Systeme bezogene Theorien werden berücksichtigt. Zwei der wichtigsten Erklärungsbegriffe sind Empathie und soziale Verantwortung. Die Theorien ergänzen sich gegenseitig und können zur Vorhersage prosozialen Verhaltens in Kombination miteinander eingesetzt werden. Wegbereitende Untersuchungen zur Notfallintervention zeigen, dass situative Einflüsse auf prosoziales Verhalten recht stark ausgeprägt sind. Die Betonung situativer Einflüsse muss jedoch durch eine Betonung der individuellen Unterschiede ergänzt werden, die bei der altruistischen Persönlichkeit in den Mittelpunkt rücken. Am Ende wird die Psychologie des Annehmens von Hilfe erörtert.

9.1 Einleitung

Während wir dieses Kapitel schrieben, stießen wir in einem Zeitungsartikel auf die folgende Begebenheit. Der Intendant des Bochumer Theaters schlug seinen Assistenten im Theater-Café k. o. Der Intendant war augenscheinlich betrunken. Der Kampf war zu Ende, als sein Assistent bewegungslos am Boden lag. Obwohl die Auseinandersetzung mehrere Minuten lang dauerte, schritt keiner der dutzenden von Augenzeugen ein. [1]

Die Altruisten von heute können die passiven Zuschauer von morgen sein; es ist alles nur eine Frage der sozialen Situation. Dies ist die zentrale Botschaft des bekannten Artikels von Latané und Darley (1969) über die Apathie unter Zuschauern. Greifen die ersten Augenzeugen nicht ein, fördern sie bei den übrigen Augenzeugen Zurückhaltung und Passivität. Wenn dagegen ein Modell altruistisch handelt, sind die Chancen hoch, dass die Zuschauer genauso handeln werden (Rushton, 1980).

9.2 Definitionen und Beispiele

Was ist prosoziales Verhalten?

Die Begriffe hilfreiches Verhalten, prosoziales Verhalten und Altruismus beschreiben Interaktionen zwischen Helfern und Hilfeempfängern. Während die Helfer Kosten auf sich laden, bekommen die Hilfeempfänger Belohnungen, die gewöhnlich höher sind als die Kosten der Helfer. Während hilfreiches Verhalten der umfassendste Begriff ist, ist die Definition prosozialen Verhaltens enger gefasst: Mit einer prosozialen Handlung ist beabsichtigt, die Situation des Hilfeempfängers zu verbessern, der Handelnde zieht seine Motivation nicht aus der Erfüllung beruflicher Verpflichtungen und der Empfänger ist eine Person und keine Organisation. Schließlich gibt es beim Begriff des Altruismus eine zusätzliche Einschränkung: Die Motivation des Helfers ist dadurch gekennzeichnet, dass er die Perspektive des Hilfeempfängers einnimmt und empathisch ist. Die Überlappung zwischen diesen drei Begriffen wird in Abb. 9.1 veranschaulicht. Im Allgemeinen kann prosoziales Verhalten aus dem übergeordneten Ziel resultieren, sich selbst zu nützen (egoistisch motiviertes Verhalten), oder sich aus dem übergeordneten Ziel ergeben, einer anderen Person zu nützen (altruistisch motiviertes Verhalten). Hier wird im Allgemeinen der Begriff prosoziales Verhalten verwendet, der egoistisch und altruistisch motiviertes Hilfeverhalten umfasst, weil wir uns auf das zentrale Thema dieses Kapitels beziehen wollen. Wir gebrauchen den Begriff „altruistisches Verhalten" nur, wenn wir betonen wollen, dass ein bestimmtes Verhalten altruistische Motive hat.

---

[1] Westdeutsche Allgemeine Zeitung, Bochum, Nr. 219, 17. September 1997.

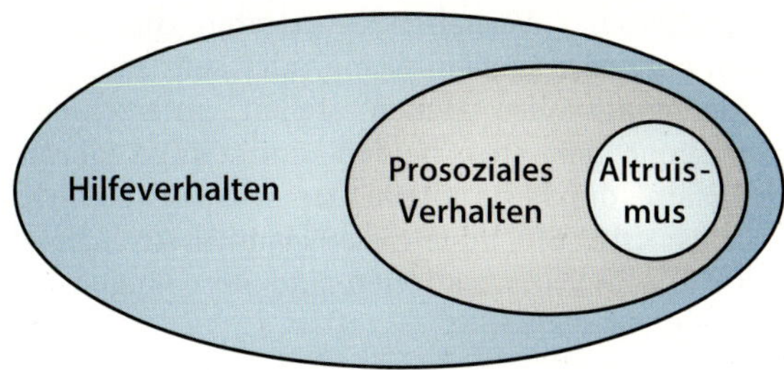

Abb. 9.1. Zusammenhänge zwischen den Begriffen Hilfeverhalten, prosoziales Verhalten und Altruismus

Ein Beispiel für hilfreiches Verhalten ist die Flugbegleiterin, die einem Passagier mit seinem Gepäck hilft. Ein Beispiel für prosoziales Verhalten wäre eine Person, die künftig Hilfe als Gegenleistung erwartet und deswegen ihrer Nachbarin beim Ausfüllen eines Versicherungsformulars hilft. Schließlich ist ein klassisches Beispiel für Altruismus das Gleichnis vom barmherzigen Samariter. Viele der Menschen, die während des nationalsozialistischen Terrors in Europa Juden gerettet haben, stellen weitere Beispiele für echte Altruisten dar. Steven Spielbergs Film *Schindlers Liste* erzählt die wahre Geschichte der dramatischen Aktion, bei der der deutsche Industrielle Oskar Schindler im nationalsozialistischen Deutschland mehr als 1000 Juden rettete. Er nahm große persönliche Risiken auf sich und investierte sowohl Zeit als auch Geld, um Mittel und Wege zu finden, damit er Juden helfen konnte, vor den Nazis zu fliehen.

Während es für das altruistische Verhalten des Samariters keine Zuschauer gab, gibt es andere Formen prosozialen Verhaltens, die in der Öffentlichkeit stattfinden. Man denke z.B. an die Soforthilfe für Afrika, die Bob Geldof organisierte, oder an die CD, die dem Gedenken an Prinzessin Diana gewidmet war. Diese modernen Beispiele für gute Taten verdeutlichen, dass prosoziales Verhalten nicht notwendigerweise ohne persönlichen Gewinn bleibt. So könnten Opernsänger wie Placido Domingo und Popstars wie Rod Stewart einen Vorteil daraus ziehen, dass sie Zeit und Geld für Menschen in Not opfern, weil prosoziales Handeln den Absatz ihrer CDs fördern könnte. Dazu kommt, dass sie von vielen Menschen wegen ihrer Selbstlosigkeit bewundert werden. In vielen Fällen kann prosoziales Verhalten auf einer Mischung aus egoistischen und altruistischen Motiven beruhen (Batson, Duncan, Ackerman, Buckley & Birch, 1981).

Beim prosozialen Verhalten gibt es auch Unterschiede im Hinblick auf die damit einhergehende Leistung. Zum einen geben Menschen kleinere Summen Geld an Bettler, die auf dem Bürgersteig oder am Eingang von U-Bahn-Stationen sitzen. Sie sammeln heruntergefallenes Gemüse auf oder geben Wechselgeld zurück, das ihnen nicht zustand. Zum anderen springen sie in einen Fluss, um einem Kind das Leben zu retten, oder sie laufen in ein brennendes Gebäude, um die Bewohner zu retten. Diese Beispiele veranschaulichen den Unterschied zwischen nicht aufopferungsvollem (niedrige Kosten) und aufopferungsvollem (hohe Kosten) Helfen (Smithson, Amato & Pearce, 1983). Während das nicht aufopferungsvolle Helfen täglich vorkommt, werden einige der aufopferungsvollen Helfer mit dem Bundesverdienstkreuz oder anderem belohnt. Bei allen Beispielen für hilfreiches Verhalten investieren die Helfer Anstrengung, Zeit oder Geld, entweder nur ein wenig oder sehr viel. Aufopferungsvolles und nicht aufopferungsvolles Helfen stellen unterschiedliche Formen prosozialen Verhaltens dar, aber beiden sind einige charakteristische Merkmale gemeinsam, die Bestandteile der wichtigsten Erklärungen prosozialen Verhaltens sind. Sie bilden das Hauptthema dieses Kapitels, das sich auch mit Hilfe in Notsituationen und den Folgen des Erhaltens von Hilfe beschäftigt.

9.3 Warum helfen Menschen?

Die Antwort auf diese Frage hängt von der Analyseebene ab: der biologischen, der individualistischen, der interpersonalen oder der sozialsystemischen.

9.3.1 Biologischer Ansatz

Unter welchen Bedingungen kann prosoziales Verhalten durch die Evolutionspsychologie erklärt werden?

Der biologische Ansatz zum Altruismus erklärt prosoziales Verhalten im Sinne angeborener oder genetischer Tendenzen. Es stellt sich die interessante Frage, wie der Prozess der natürlichen Selektion ein Gen begünstigen kann, das bei einem Individuum die Neigung fördert, anderen zu helfen. Prosoziales Verhalten kann als Ergebnis natürlicher Selektion verstanden werden, wenn es die Wahrscheinlichkeit eher zu- als abnehmen lässt, dass sich ein Individuum (oder seine Verwandten) fortpflanzen (vgl. Kap. 2). Zwei grundlegende Prozesse könnten zur Entwicklung prosozialen Verhaltens beigetragen haben:

Verwandtenselektion:
Der Fortpflanzungserfolg des Individuums (d.h. die Gesamtfitness) hängt von der Weitergabe seiner Gene an die nächste Generation ab. Die Gesamtfitness ist die Summe aus dem eigenen Fortpflanzungserfolg eines Individuums (direkte Fitness) und dem Anteil am Fortpflanzungserfolg der Verwandten, der sich auf das Verhalten des Individuums zurückführen lässt (indirekte Fitness; Hamilton, 1964). Beispielsweise beträgt der Verwandtschaftsgrad zwischen Geschwistern ½. Somit werden die eigenen Gene gefördert, wenn die Überlebenschancen der Geschwister erhöht werden.

Reziprozitätsnorm („norm of reciprocity"):
Die Norm, nach der wir anderen gegenüber so handeln sollten, wie sie sich uns gegenüber verhalten haben. Reziprozität fordert positive Reaktionen auf gute Behandlung, aber auch negative Reaktionen auf schlechte Behandlung. Prosoziale Reziprozität tritt auf, wenn Menschen zum Ausgleich dafür, dass ihnen geholfen wurde, selber helfen.

Reziprozität:
Die von Trivers (1971) entwickelte Theorie des wechselseitigen Altruismus erklärt prosoziales Verhalten auf der Basis der **Reziprozitätsnorm** unter nicht verwandten Personen. Die grundlegende Annahme der Theorie lautet, dass prosoziales Verhalten durch natürliche Selektion begünstigt wird,

Abb. 9.2. Net Aid – das weltweite Konzert zur Hilfe für die Hungernden in Äthiopien – ist ein aktuelles Beispiel für Altruismus.

wenn es dem Prinzip der Reziprozität folgt und die Kosten für den Helfenden niedriger sind als der Nutzen für den Hilfeempfänger. Das Prinzip des reziproken Altruismus beruht auf der Tatsache, dass es sich für Tanja lohnt, Steffi zu beschützen, wenn dies bedeutet, dass andere Personen (wie Steffi) Tanja beschützen werden. Befunde aus unterschiedlichen Kulturen über das Geben und Empfangen von Hilfe deuten darauf hin, dass es sich bei Reziprozität um ein universelles Phänomen handelt, das man in unterschiedlichen Kulturen finden kann, und dass die Häufigkeit des Gebens und Empfangens von Hilfe hoch miteinander korreliert sind (Johnson et al., 1989).

Sind die Kosten für den Helfenden niedrig und der Nutzen für den Hilfeempfänger hoch, mag der wechselseitige Altruismus von Vorteil sein. Das Problem bei dieser Art von Altruismus besteht darin, dass andere die Erwartung der Reziprozität ausnutzen können. Deshalb kann der wechselseitige Altruismus auf bestimmte Umstände beschränkt sein: ein großes Maß an Vertrauen zwischen Helfendem und Hilfeempfänger, Stabilität der Gruppenmitgliedschaft, Beständigkeit der Gruppe und ein hoher Grad der gegenseitigen Erkennbarkeit der Gruppenmitglieder (Voland, 1993). Vertrauen ist oft das Ergebnis von Vertrautheit und Ähnlichkeit der Einstellungen. Im Allgemeinen sind dies die Bedingungen, die die gegenseitige Unterstützung zunehmen und die Gefahr geringer werden lassen, dass prosoziale Reaktionen ausgenutzt werden.

9.3.2 Individualistischer Ansatz

Wie der biologische Ansatz erklärt der individualistische Ansatz Altruismus im Sinne individueller Tendenzen zur Hilfsbereitschaft. Aber diese Tendenzen sind, so nimmt man an, nicht notwendigerweise genetisch festgelegt (obwohl sie es sein können), sondern sie werden auch durch soziales Lernen erworben. Im Wesentlichen gibt es zwei Arten individualistischer Altruismustheorien: Die eine erklärt altruistisches Verhalten im Sinne von Stimmungszuständen, bei der anderen wird angenommen, dass Altruismus durch überdauernde Persönlichkeitsmerkmale bewirkt wird.

9.3.2.1 Stimmung

Welcher Zusammenhang besteht zwischen prosozialem Verhalten und Stimmungszuständen?

Empirische Untersuchungen zeigen, dass eine *positive Stimmung*, die durch Erfolg oder durch Erinnerung an positive Erlebnisse hervorgerufen wird, hilfreiches Verhalten fördert. Beispielsweise neigen gut gelaunte Kinder eher dazu, etwas zu spenden (Isen, Horn & Rosenhan, 1973) oder sich etwas mit anderen zu teilen (Rosenhan, Underwood & Moore, 1974), als Kinder in einer neutralen Stimmung. Die positive Korrelation zwischen guter Stimmung und hilfreichem Verhalten wurde in einer Metaanalyse von Carlson, Charlin und Miller (1988) bestätigt, die auf 61 Vergleichen zwischen positiver und neutraler Stimmung beruhte. In den hier einbezogenen Untersuchungen (zu denen Stichproben mit und ohne Studenten gehörten) wurde die positive Stimmung durch eine Vielfalt von Methoden hervorgerufen; dies umfasste Erfolg bei einer Aufgabe, Finden einer kleinen Menge Geldes und Erhalt eines Gratisgeschenks. Die mittlere Zeitspanne, die zwischen dem Hervorrufen der positiven Stimmung und der Bitte um Hilfe verging, betrug etwa vier Minuten. Es wurde ein signifikanter Koeffizient von 0,54 berechnet, der nach den gängigen Kriterien als Hinweis auf eine für den Alltag relevante, mittlere Effektstärke angesehen werden kann.

Die Auswirkungen guter Stimmung auf hilfreiches Verhalten sind jedoch von relativ kurzer Dauer. In einer Feldstudie wurde Bewohnern von Lancaster (Pennsylvania) zu Hause ein Geschenk in Form eines Päckchens Briefpapier überreicht (Isen, Clark & Schwartz, 1976). Kurz darauf erreichte sie ein Telefonanruf, der scheinbar falsch verbunden war. Die Versuchspersonen wurden gebeten, dem Anrufer mit einem Telefonanruf weiterzuhelfen. Der Hilfe suchende Anruf kam 1, 4, 7, 10, 13, 16 bzw. 20 Minuten nach dem ersten Kontakt. Die in Abb. 9.3 dargestellten Ergebnisse zeigen, dass die Bitte sehr erfolgreich war, wenn sie 1, 4 oder 7 Minuten nach der Überreichung des Geschenks ausgesprochen wurde (durchschnittlich 83% der Versuchsteilnehmer führten die Aufgabe aus). Bei einer zeitlichen Verzögerung von 10, 13 oder 16 Minuten verringerte sich

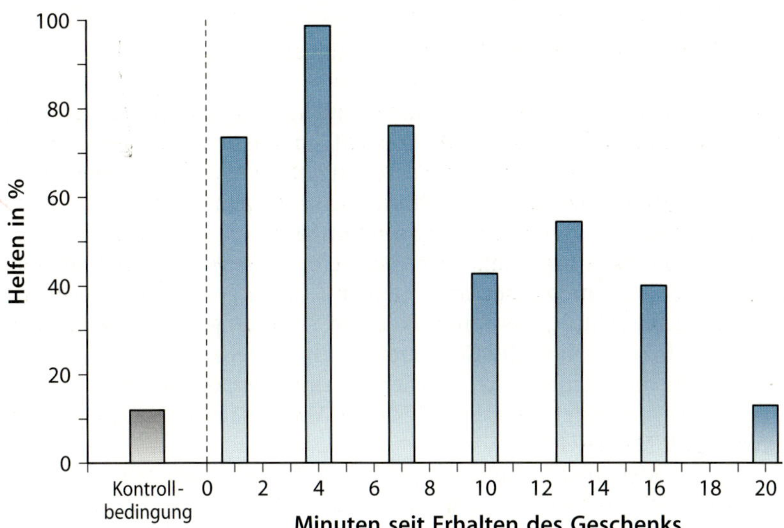

Abb. 9.3. Helferquote in Abhängigkeit vom zeitlichen Abstand zur Stimmungsinduktion. (Nach Isen et al., 1976)

die Erfolgsrate auf etwa 50%. Nach 20 Minuten schließlich führten nur noch 12% der Teilnehmer den erbetenen Anruf aus – eine Reaktionsrate, die mit den Ergebnissen der Kontrollbedingung, in der die Teilnehmer kein Geschenk erhielten, vergleichbar ist.

Diese Ergebnisse können auf dem Hintergrund eines von Bower (1981) und Forgas (1992) entwickelten „Affekt-Priming-Modells" erklärt werden. In diesem Modell wird die Rolle der Stimmung mit der selektiven Aktivierung und der erhöhten Zugänglichkeit stimmungskongruenter Gedächtnisinhalte erklärt. Die gute Stimmung könnte positive Gedanken hervorrufen, die positiv getönte Aktivitäten wie etwa prosoziales Verhalten einschließen.

Ein zweiter, auf der informierenden Rolle von Stimmungen beruhender Ansatz ist das „Affect-as-information-Modell" von Schwarz (1990; s. auch Kap. 5). In diesem Ansatz wird angenommen, dass Personen einer „Wie geht es mir damit-Heuristik" folgen und zwar in dem Sinne, dass die gerade vorherrschende Stimmung als eine Information in das allgemeine Urteil mit einbezogen wird. Im Gegensatz zum „Affect-Priming-Modell" wird das „Affect-as-information-Modell" in erster Linie auf vereinfachte Informationsverarbeitungsprozesse angewandt, die auf Heuristiken basieren. Wenn z.B. eine Person gebeten wird, eine andere zu beurteilen, kann es sein, dass sie der Beurteilung einfach ihre Gefühle gegenüber dieser Person zugrunde legt.

Aus dieser Perspektive haben Gefühle einen Informationswert, der anstelle eines sorgfältigen rationalen Abwägens stehen kann. So können insbesondere positive Gefühle von der Person als Information dafür verwendet werden, dass die momentane Umwelt ein sicherer Ort ist (Schwarz, 1990). Das Affect-as-information-Modell impliziert einfach, dass handelnde Personen ihre Stimmung als Indikator für die Sicherheit einer bestimmten Situation heranziehen. Da prosoziale Reaktionen bei Anzeichen von Gefahr unterdrückt werden (Cacioppo & Gardner, 1993), könnte eine (aus einer guten Stimmung heraus gefolgerte) relative Abwesenheit von Gefahr prosoziales Verhalten fördern.

Forgas (1992) fasst die relevante Forschung zusammen und weist auf eine Asymmetrie hin, die sich hinsichtlich positiver und negativer Einflüsse von Stimmungen in den Forschungsergebnissen erkennen lässt. Die Auswirkungen einer positiven Stimmung scheinen stärker und beständiger zu sein als die negativer Stimmungen. Aus evolutionsbiologischer Sicht könnte man argumentieren, dass eine *schlechte Stimmung* Probleme signalisiert und möglicherweise Gefahr (Schwarz, 1990). Deshalb ist die Folgerung berechtigt, dass eine schlechte Stimmung in einem Zustand hoher Selbstfokussierung die Kosten eines Eingreifens höher erscheinen lässt und damit die altruistischen Absichten einer Person unterminiert. Einige empirische Befunde stimmen mit dieser Vorhersage überein (Underwood, Froming & Moore, 1977).

Zwischenmenschliche Schuldgefühle („interpersonal guilt"): Negative Gefühle gegenüber der eigenen Person, die durch das Wissen hervorgerufen werden, dass man für das Leid anderer oder für den Schaden, der ihnen zugefügt wurde, verantwortlich ist.

In einer Metaanalyse zum Vergleich von Bedingungen mit negativen und neutralen Stimmungen fanden Carlson und Miller (1987; s. auch Miller & Carlson, 1990) heraus, dass ein **auf andere bezogenes Schuldgefühl**, als Beispiel für eine spezielle negative Emotion, durchweg die Hilfsbereitschaft erhöhte (s. auch Bierhoff, Lensing & Kloft, 1988). Im Allgemeinen tragen Schuldgefühle als eine Reaktion auf eine Normverletzung dazu bei, dass persönliche Beziehungen aufrechterhalten werden (Estrada-Hollenbeck & Heatherton, 1998). Prosoziales Verhalten kommt häufig vor, wenn der Handelnde einer anderen Personen einen Schaden zugefügt hat (auf andere bezogene Schuldgefühle), während es selten ist, wenn dem Handelnden von einer anderen Person ein Schaden zugefügt wurde (Viktimisierung).

9.3.2.2 Prosoziale Persönlichkeit

Worin bestehen die Hauptkennzeichen einer prosozialen Persönlichkeit?

Einflüsse vonseiten der Persönlichkeit auf prosoziales Verhalten sind besonders wahrscheinlich, wenn es um ein langfristiges Engagement wie etwa bei der freiwilligen Arbeit in Wohlfahrtsorganisationen (Allen & Rushton, 1983; Penner & Finkelstein, 1998) und beim Blutspenden (Piliavin & Callero, 1991) geht. Doch auch bei spontanem prosozialen Verhalten werden Persönlichkeitszüge, die unter den Begriff der prosozialen Persönlichkeit fallen, als wichtiger Faktor angesehen. Untersuchungen zeigen, dass die gleichen Persönlichkeitsdimensionen einen Einfluss auf beide Arten prosozialen Verhaltens ausüben.

Zu den Elementen der prosozialen Persönlichkeit gehören soziale Verantwortung, Empathie und interne Kontrollüberzeugung (Graziano & Eisenberg, 1997; Penner, Fritzsche, Craiger & Freifeld, 1995; Staub, 1974). Während soziale Verantwortung und interne Kontrollüberzeugung bei den Zuschauern das Pflichtgefühl fördern, in Notsituationen zu helfen, trägt eine ausgeprägte Empathie zu einem besseren Verständnis für die Bedürfnisse anderer Personen bei (Davis, 1994).

Hinsichtlich der sozialen Verantwortung als einem Element der prosozialen Persönlichkeit gibt es aussagekräftige Belege. Oliner und Oliner (1988) interviewten Retter von Juden im nationalsozialistischen Europa. Im Vergleich zu einer Kontrollgruppe von Personen, die nicht zugunsten von Juden eingegriffen hatten, war für die Retter eine höhere Ausprägung sozialer Verantwortung charakteristisch. Ähnliche Ergebnisse erbrachte eine Untersuchung über Menschen, die bei Autounfällen Erste Hilfe geleistet hatten (Bierhoff, Klein & Kramp, 1991). Verglichen mit einer entsprechenden Kontrollgruppe von potenziellen Nichthelfern erreichten die Helfer höhere Werte auf der Skala der sozialen Verantwortung (Berkowitz & Daniels, 1964; Bierhoff, 2000).

Außerdem brachten die Helfer bei den Aussagen der Skala zu internen Kontrollüberzeugungen (Rotter, 1966) eine stärkere Zustimmung zum Ausdruck als Nichthelfer; Belege dafür fanden Bierhoff et al. (1991) sowie Oliner und Oliner (1988). Heckhausen (1989, S. 300) nimmt an, dass Internalität Ausdruck eines generalisierten Gefühls der sozialen Verantwortung ist. Empirisch korrelieren soziale Verantwortung und interne Kontrollüberzeugungen positiv (Bierhoff et al., 1991). Sowohl soziale Verantwortung als auch interne Kontrollüberzeugungen setzen ausgeprägte Kontingenzen zwischen dem eigenen Verhalten und seinen Folgen voraus.

Ein weiteres Kennzeichen der prosozialen Persönlichkeit ist der **Glaube an eine gerechte Welt** (Lerner, 1980); darunter versteht man die generalisierte Erwartung, dass Menschen bekommen, was sie verdienen. Wenn andere, ohne dass sie es verdienen, leiden, wird damit die Überzeugung, dass die Welt gerecht ist, stark infrage gestellt. Daher kommen dann verhaltensbezogene und kognitive Strategien für die Wiederherstellung des Glaubens an eine gerechte Welt zur Anwendung; dazu gehört, dass das Leiden der Opfer durch Hilfe oder durch Abwertung der Opfer verringert wird. Beide Strategien funktionieren gut, wenn sie den Glauben an eine gerechte Welt dadurch bestätigen, dass sie den Eindruck unverdienten Leidens ausräumen. Vom theoretischen Standpunkt aus hängt die Beziehung zwischen dem Glauben an eine gerechte Welt und prosozialem Verhalten von der erwarteten Wirksamkeit prosozialen Verhaltens ab. Ist prosoziales Verhalten in dem Sinne wirksam, dass das Problem gelöst wird, fördert der Glaube an eine gerechte Welt Hilfsbereitschaft. Dieselben Überzeugungen haben jedoch einen negativen Einfluss auf prosoziales Verhalten, wenn das Leiden des Opfers weiterhin andauert (wenn nämlich das schlechte Los des Opfers fortbesteht, bedroht dies den Glauben an eine gerechte Welt, und die Abwertung des Opfers ist dann eine geeignete Strategie, um den Glauben an eine gerechte Welt aufrechtzuerhalten).

Glaube an eine gerechte Welt („just-world belief"): Generalisierte Erwartung, dass Menschen bekommen, was sie verdienen. Wenn andere, ohne dass sie es verdienen, leiden, wird damit der Glaube an eine gerechte Welt infrage gestellt; dies führt zu Versuchen, diesen Glauben wiederherzustellen, sei es dadurch, dass das Leiden der Opfer durch Hilfe verringert wird oder sei es durch Abwertung der Opfer.

Im Einklang mit dieser Analyse zeigte Miller (1977b), dass beim prosozialen Verhalten ein starker Glaube an eine gerechte Welt nur dann als positiver Faktor wirkte, wenn es möglich war, das Problem vollständig zu lösen; ansonsten verringerte er die Hilfsbereitschaft. Dieses Befundmuster stimmt mit der Annahme überein, dass Menschen zwei Arten von Strategien einsetzen können, um ihren gefährdeten Glauben an eine gerechte Welt wiederherzustellen: Sie können Hilfe anbieten, um die Ungerechtigkeit zu beseitigen, oder sie können das Opfer abwerten, um sein schlechtes Los zu rechtfertigen. Nur wenn die erste Strategie anscheinend hoffnungslos ist, wird der zweiten, weniger humanen Strategie der Vorzug gegeben (vgl. Walster, Walster & Berscheid, 1978). Im selben Sinne fanden Bierhoff, Klein und Kramp (1991), dass Helfer bei Verkehrsunfällen höhere Werte auf einer Skala für den Glauben an eine gerechte Welt hatten als potenzielle Nichthelfer. Dies stimmt mit Millers Analyse überein, da es Helfer bei Verkehrsunfällen mit einer kleinen Anzahl von Opfern zu tun haben und sie vernünftigerweise erwarten können, dass ihre Hilfeversuche erfolgreich sein werden. Die Botschaft lautet, dass der Glaube an eine gerechte Welt zwei Gesichter hat: ein prosoziales, wenn die erwartete Wirksamkeit des Einschreitens hoch ist, und ein teilnahmsloses, wenn die erwartete Wirksamkeit des Einschreitens niedrig ist.

Während sich ein großer Teil der Forschung mit spontanem prosozialen Verhalten beschäftigt, weiß man wesentlich weniger über freiwillige Hilfsbereitschaft und langfristige Hilfe im Allgemeinen (vgl. Clary & Snyder, 1991). Der Vergleich beider Arten von Hilfe deutet darauf hin, dass regelmäßige freiwillige Arbeit in einem stärkerem Maße als spontanes Helfen durch dispositionale Faktoren aufseiten des Helfers bestimmt wird (Allen & Rushton, 1983). Bei einer Untersuchung von Omoto und Snyder (1995) wurden zwei Gruppen von dispositionalen Variablen berücksichtigt: prosoziale Persönlichkeit (gemessen durch Hegeverhalten, empathische Anteilnahme und soziale Verantwortung) und die Motivation zur freiwilligen Arbeit. Motivation zur freiwilligen Arbeit wurde mithilfe eines Fragebogens erfasst, der Skalen für fünf Arten von Motivation umfasste: Werte, Verständnis, persönliche Entwicklung, Engagement für die Gemeinschaft und Steigerung des Selbstwertgefühls. Diese fünf Skalen wurden zu einem einzigen Indikator für die Motivation zur freiwilligen Arbeit zusammengefasst. In einer empirischen Untersuchung an Angehörigen einer Hilfsorganisation für Aids-Opfer korrelierte dieser Motivationsindikator positiv mit der Länge der Zugehörigkeit zu dieser Organisation. Außerdem hatte die prosoziale Persönlichkeit einen positiven Einfluss auf die Zufriedenheit der Freiwilligen, die wiederum einen positiven Einfluss auf die Länge der Zugehörigkeit zu der Organisation hatte (s. auch Penner & Finkelstein, 1998).

Empathie („empathy“): Affektiver Zustand, der ausgelöst wird, wenn eine Person den emotionalen Zustand einer anderen Person beobachtet. Dieser Gefühlszustand resultiert daraus, dass die Sicht der anderen Person eingenommen wird und ihre Gefühle verstanden werden.

Eine Zusammenfassung der empirischen Forschungsergebnisse deutet darauf hin, dass dispositionale **Empathie** und prosoziales Verhalten positiv miteinander korreliert sind (Davis, 1994; Eisenberg & Fabes, 1991). Dispositionale Empathie wird als stellvertretende Emotion verstanden, die dadurch hervorgerufen wird, dass man einen anderen in Not sieht. In den Untersuchungen von Bierhoff et al. (1991) und von Oliner und Oliner (1988) brachten Helfer ein höheres Maß an Empathie zum Ausdruck als Nichthelfer.

Davis (1983) definierte Empathie als eine Gruppe unterschiedlicher, aber einander überlappender Konstrukte. Er entwickelte den *Interpersonal Reactivity Index* als multidimensionalen Empathiefragebogen; dieser enthält 28 Items, die sich auf vier Subskalen verteilen: Perspektivenübernahme (Beispiel: „Ich versuche manchmal, meine Freunde besser zu verstehen, indem ich mir vorstelle, wie die Sache aus ihrer Sicht aussieht“), empathische Anteilnahme (Beispiel: „Ich empfinde oft liebevolle, besorgte Gefühle für Menschen, die weniger Glück im Leben hatten als ich“), Fan-

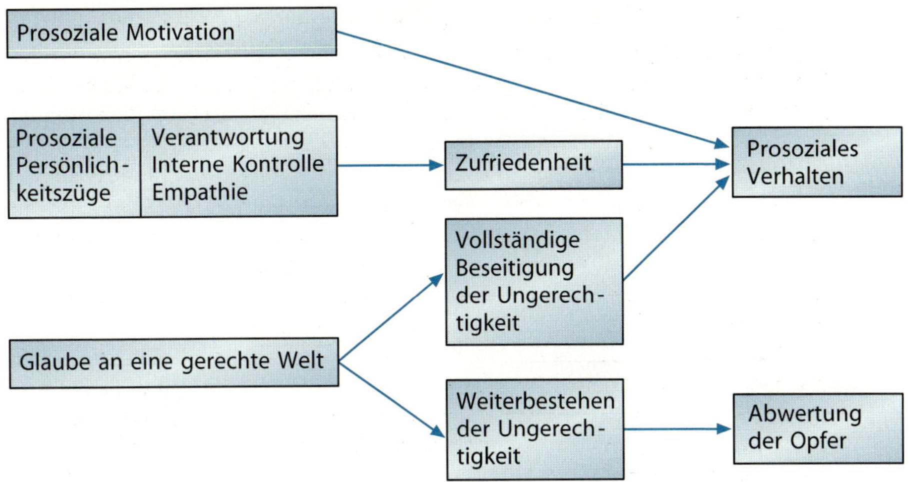

Abb. 9.4. Modell der prosozialen Persönlichkeit

tasie (Beispiel: „Ich kann mir die Gefühle der Charaktere in einem Roman wirklich gut vorstellen") und persönliche Belastung (Beispiel: „In einer emotional angespannten Situation zu sein ängstigt mich"). Die Perspektivenübernahme und empathische Anteilnahme können als Maße für dispositionale Empathie angesehen werden, während persönliche Belastung eng mit Ängstlichkeit und Fantasie mit Sensibilität gegenüber anderen zusammenhängt. Dispositionale Empathie und persönliche Belastung können von situationsbedingter Empathie und situationsbedingter Belastung unterschieden werden (Batson, Bolen, Cross & Neuringer-Benefiel, 1986).

Das Modell der prosozialen Persönlichkeit wird in Abb. 9.4 dargestellt. Es enthält drei Bestandteile: prosoziale Motivation, prosoziale Persönlichkeitszüge und Glauben an eine gerechte Welt. Während angenommen wird, dass prosoziale Motivation und prosoziale Persönlichkeitszüge in einer Vielfalt von Situationen einen positiven Einfluss auf prosoziales Verhalten ausüben, hängt die Wirkung des Glaubens an eine gerechte Welt davon ab, ob die Menschen erwarten, dass die Ungerechtigkeit durch Helfen vollständig beseitigt wird.

9.3.2.3 Empathie-basierter Altruismus

Welche Rolle spielt situationsbedingte Empathie für die Erklärung prosozialen Verhaltens?

Ein großer Teil von Batsons Forschung (1991, 1995, 1998) dreht sich um die Frage, ob prosoziales Verhalten von altruistischen oder egoistischen Motiven geleitet ist. Das altruistische Motiv wird gleichgesetzt mit situationsbedingter Empathie, die eine Sorge um das Wohlergehen anderer hervorruft.

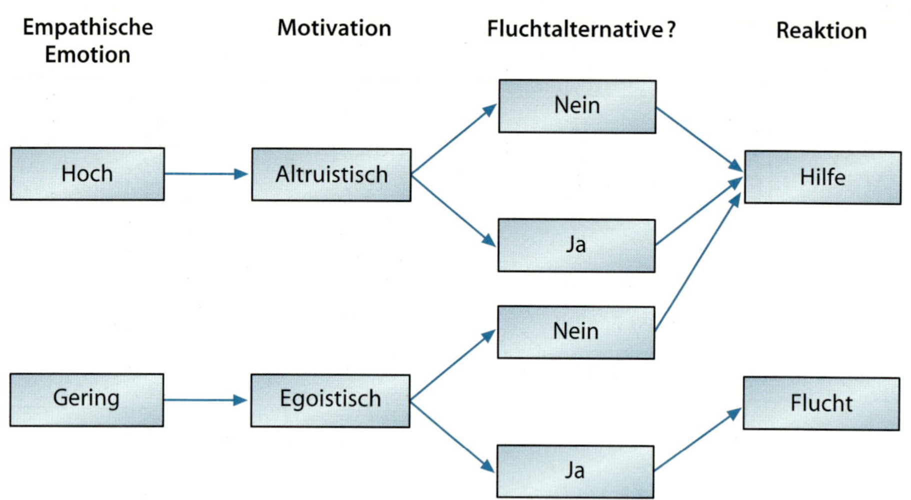

Abb. 9.5. Empathie-Altruismus-Hypothese. (Nach Batson, 1995)

Wie könnte ein Experiment aussehen, das eine Antwort auf die Frage gibt, ob prosoziales Verhalten altruistisch oder egoistisch motiviert ist? Der Grundgedanke besteht darin, Menschen mit einem Opfer zu konfrontieren und ihnen dabei die Möglichkeit anzubieten, sich der Situation zu entziehen. Egoistisch motivierte Menschen ziehen wahrscheinlich die Fluchtalternative vor; denn diese ermöglicht es ihnen, alle negativen Regungen abzubauen, die durch die Gegenwart des Opfers ausgelöst worden sind. Im Gegensatz dazu ist es eher unwahrscheinlich, dass durch Empathie motivierte Menschen die Situation verlassen. Schließlich bleibt ihr Bedürfnis, das Leiden des Opfers zu lindern, auch nach Verlassen der Situation bestehen. Die Empathie-Altruismus-Hypothese ist in Abb. 9.5 grafisch dargestellt.

In einem Experiment von Batson et al. (1981) beobachteten Studentinnen, wie Elaine, eine Konfidentin, scheinbar Elektroschocks erhielt. Beim zweiten Durchgang tat sie so, als ob sie sehr unter den Schocks leide. Daraufhin fragte der Versuchsleiter die Beobachterin – also die eigentliche Versuchsperson im Experiment –, ob sie bereit sei, für Elaine das Experiment fortzusetzen. In einer Versuchsbedingung glaubten die Versuchspersonen, dass Elaine mit ihnen viele Einstellungen teile. In einer anderen Versuchsbedingung wurde den Versuchspersonen vorgetäuscht, dass Elaines Einstellungen von ihren eigenen abwichen. Batson und seine Kollegen nahmen an, dass eine *hohe Einstellungsähnlichkeit* die altruistische Motivation erhöhen würde, während eine *geringe Einstellungsähnlichkeit* eine egoistische Motivation fördern würde. Zusätzlich wurde auch die Schwierigkeit manipuliert, mit der sich die Teilnehmerinnen der Situation entziehen konnten. In der *Bedingung „Flucht einfach“* wussten die Studentinnen, dass sie das Beobachtungszimmer nach dem zweiten Versuchsdurchgang verlassen konnten; dies bedeutete, dass sie nicht weiterhin gezwungen sein würden, Elaines Qualen mit anzusehen, sollte der Versuch mit

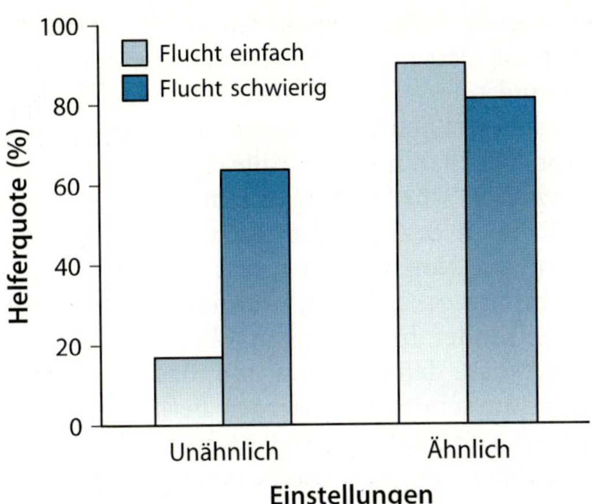

Abb. 9.6. Prozentualer Anteil der Versuchspersonen, die Elaine geholfen haben, in Abhängigkeit von der Einstellungsähnlichkeit und der Schwierigkeit, der Situation aus dem Weg zu gehen. (Nach Batson et al., 1981, Experiment 1)

ihr als Versuchsteilnehmerin fortgesetzt werden. In der *Bedingung „Flucht schwierig"* wurden die Studentinnen angewiesen, das Opfer bis zum Ende zu beobachten.

Die Hypothese war, dass die Studentinnen in der Versuchsbedingung „Flucht einfach" – „Unähnliche Einstellung" zögern würden, Elaine zu helfen. Unter allen anderen Bedingungen wurde eine hohe Helferquote erwartet. Die Ergebnisse bestätigten diese „1-zu-3"-Vorhersage: Während in der Bedingung „Flucht einfach" – „Unähnliche Einstellung" die Helferquote bei 18% lag, war der Anteil der Helfenden in den anderen drei Bedingungen wesentlich höher (s. Abb. 9.6). Dieses Ergebnismuster ist repräsentativ für die Befunde in mehreren Experimenten von Batson und seinen Mitarbeitern (zusammengefasst in Batson, Fultz & Schoenrade, 1987).

Cialdini, Brown, Lewis, Luce und Neuberg (1997) haben eine neue egoistische Interpretation der Empathie-Altruismus-Hypothese vorgeschlagen. Sie weisen darauf hin, dass genau die gleichen Bedingungen, die wahrem Altruismus in Batsons Theorie Vorschub leisten, die Erfahrung des „Einsseins" fördern, die durch „ein Gefühl gemeinsamer, verschmolzener, miteinander verbundener persönlicher Identitäten" definiert ist (S. 483). Hamiltons (1964) Konzept der Gesamtfitness legt nahe, dass Menschen anderen in ihrem eigenen Interesse auf der Grundlage einer genetischen Gemeinsamkeit helfen, die aus Hinweisreizen wie Verwandtschaft, Ähnlichkeit und Vertrautheit (s. oben) abgeleitet wird. Cialdini und seine Kollegen betonen, dass diese Hinweisreize mit den Bedingungen identisch sind, die nach Batson (1991) auslösende Faktoren für wahren Altruismus darstellen. Sie nehmen an, dass derartige Gefühle des Einsseins die funktionale Ursache für eine Zunahme prosozialen Verhaltens sind, während Empathie nur eine Begleiterscheinung ist.

Eine von Cialdini et al. (1997) durchgeführte Versuchsreihe mit drei Experimenten lieferte Belege dafür, dass das Ausmaß, in dem ein Gefühl des Einsseins empfunden wurde, und nicht empathische Anteilnahme der primäre Faktor ist, der den Einfluss der Nähe zwischen potenziellem Helfer und der Person in Not auf das prosoziale Verhalten vermittelt. Die Nähe wurde dadurch manipuliert, dass man Szenarien vorbereitete, bei denen die Person, die Hilfe brauchte, ein Fremder, ein Bekannter, ein guter Freund oder ein enges Familienmitglied des potenziellen Helfers war. Die Versuchsteilnehmer mussten angeben, welche von sieben Möglichkeiten (von überhaupt keine Hilfe bis Hilfe recht beträchtlichen Ausmaßes) sie vorziehen würden. Außerdem stuften sie das Ausmaß des Einsseins ein, das sie in Bezug auf die Person in Not empfanden. In einer Studie bestand die Notsituation darin, dass die andere Person gezwungen war, ihre Wohnung zu räumen, während in der zweiten Studie die Notsituation zwei Kinder betraf, deren Eltern bei einem Unfall gestorben waren. Die Ergebnisse deuten darauf hin, dass Beziehungsnähe Gefühle von Empathie und Einssein stärker werden ließ; beides korrelierte mit prosozialem Verhalten (r=0,45 bzw. r=0,76 in Studie 1). Im letzten Schritt der Auswertung, bei dem die kombinierten Effekte der Gefühle von Empathie und Einssein auf prosoziales Verhalten in die Erklärung einbezogen wurden, sank der Einfluss der empathischen Anteilnahme auf prosoziales Verhalten drastisch.

In Reaktion auf diese Kampfansage stellten Batson et al. (1997) infrage, ob die Manipulation der Beziehungsnähe und der Schwere der Notsituation im Szenarioansatz von Cialdini et al. (1997) angemessen war. Sie hatten jedoch immer noch Schwierigkeiten mit dem allgemeinen Befund, dass situationsbedingte Empathie kein guter Prädiktor für Hilfsbereitschaft ist, wenn im letzten Auswertungsschritt Gefühle des Einsseins als Prädiktor berücksichtigt werden (Neuberg et al., 1997).

Die Forschung zur Empathie-Altruismus-Hypothese beruht teilweise auf der Unterscheidung zwischen zwei Gefühlszuständen, die durch die Wahrnehmung eines Opfers in Not wach gerufen werden können (Batson, 1991). Zum einen werden Gefühle situationsbedingter Belastung in Gang gesetzt. Situationsbedingte Belastung wird definiert als eine selbstbezogene, stellvertretende Emotion, die durch Adjektive wie „alarmiert", „bekümmert", „aufgeregt" und „verwirrt" beschrieben wird. Es handelt sich um eine unangenehme Emotion, die durch Helfen abgebaut werden kann. Es ist auch möglich, situationsbedingte Belastung dadurch zu verringern, dass man der Situation entflieht, weil Flucht den Einfluss des leidenden Opfers auf den potenziellen Helfer verringert. Es sei angemerkt, dass es sich bei situationsbedingter Belastung in diesem Sinne um eine situationsspezifische, nicht um eine chronische persönliche Belastung handelt.

Der andere Gefühlszustand, der eine Folge dessen sein kann, dass man beobachtet, wie ein anderer in Not ist, wird als situationsbedingte Empathie bezeichnet. Er wird durch Adjektive wie „mitfühlend", „gerührt", „mitleidsvoll", „warm" und „weichherzig" umschrieben. Batson (1991) nimmt an, die situationsbedingte Empathie sei das Ergebnis dessen, dass man die Perspektive einer anderen Person einnimmt, die in Not ist. Außerdem wird situationsbedingte Empathie durch die Bindung erleichtert, wie sie sich in familiären, Freundschafts- und Liebesbeziehungen entwickelt (s. Kap. 12). Situationsbedingte Empathie korreliert positiv mit der Perspektivenübernahme und empathischer Anteilnahme (wie sie durch die Skala von Davis gemessen wird; Batson et al., 1986). Bei der

Empathie-Altruismus-Hypothese wird angenommen, dass die altruistische Motivation direkt vom Ausmaß der situationsbedingten Empathie abhängt, die man für eine Person in Not empfindet (nicht vom Ausmaß der chronischen Empathie; Batson, Bolen, Cross & Neuringer-Benefiel, 1986).

Situationsbedingte Belastung und situationsbedingte Empathie werden als unterschiedliche, stellvertretende Emotionen definiert, die dadurch ausgelöst werden, dass man das Leiden anderer miterlebt. Die Erfassung dieser Emotionen mithilfe eines Fragebogens zur emotionalen Reaktion zeigt, dass die beiden Skalen positiv miteinander korrelieren (Batson, Fultz & Schoenrade, 1987). Versuchsteilnehmer, die darüber berichten, dass sie in hohem Maße situationsbedingte Belastung empfinden, neigen auch dazu, ein hohes Maß situationsbedingter Empathie anzugeben. Es ist nicht weit hergeholt, wenn man annimmt, dass sich dieser Zusammenhang aus der unangenehmen Erfahrung ergibt, die Belastung und Empathie gemeinsam haben. Gleichzeitig deuten die Ergebnisse von Faktorenanalysen darauf hin, dass die Messungen stellvertretend erlebter Emotionen in einer vorgegebenen Situation, wie erwartet, auf zwei orthogonalen Faktoren luden, die als Belastungs- und Empathiekomponenten bezeichnet wurden.

Personen, die in Reaktion auf eine Person in Not primär situationsbedingte Belastung empfinden, handeln situationsspezifisch, während diejenigen, die vorwiegend über empathische Anteilnahme berichten, unabhängig von den Beschränkungen der Situation altruistisch handeln. Toi und Batson (1982) liefern Belege dafür, dass situationsbedingte Empathie auf ähnliche Weise wirkt wie experimentell manipulierte Empathie. Versuchsteilnehmer, die hohe Werte für selbst berichtete relative Empathie (Empathie minus Belastung) haben, sind bereit, einer Person in Not zu helfen, unabhängig davon, ob eine Möglichkeit zum Verlassen der Situation besteht (zu 71%) oder ohne Auswegmöglichkeit (zu 75%). Im Gegensatz dazu sind Versuchsteilnehmer, die mehr situationsbedingte Belastung als Empathie zum Ausdruck bringen, recht hilfsbereit, wenn keine Möglichkeit besteht, die Situation zu verlassen (81%). Ihre Hilfsbereitschaft nimmt jedoch beträchtlich ab, wenn es einen Ausweg gibt (39%). Dieses Befundmuster bei Personen, die vermutlich vorwiegend durch situationsbedingte Belastung motiviert sind, entspricht den Ergebnissen, die man in der Versuchsbedingung mit unähnlichen Einstellungen erhielt; dagegen entspricht das Befundmuster für Personen, die eine im Verhältnis zur situationsbedingten Belastung starke Empathie erleben, den Ergebnissen unter der Versuchsbedingung mit ähnlichen Einstellungen (s. oben). Die Ergebnisse anderer Untersuchungen mit Kindern (vor allem Jungen), die von Eisenberg und Fabes (1990) zusammengefasst wurden, deuten darauf hin, dass situationsbedingte Belastung und prosoziales Verhalten einen negativen Zusammenhang aufweisen.

Der Versuch, die Bedingungen für wahren Altruismus herauszufinden, beschränkt sich auf ein Helfen, das mit geringen Kosten verbunden ist. In einer Untersuchung über das Helfen mit hohen Kosten (Batson, O'Quinn, Fultz, Vanderplas & Isen, 1983, Experiment 3) wurde die Empathie-Altruismus-Hypothese nicht bestätigt. Dieses überraschende Ergebnis wird durch die Annahme erklärt, dass sich bei den empathisch erregten Versuchspersonen durch die Zunahme der Kosten für das Helfen die zugrunde liegende Motivation von einer altruistischen in Richtung auf eine egoistische verschiebt. Einc solche Schlussfolgerung steht im Widerspruch zu dem Gedanken, dass altruistisches Verhalten in beträchtlichem Maße durch Opfer gekennzeichnet ist (Krebs, 1975). Obwohl man von wahrem Altruismus sprechen kann, wenn die Selbstberichte von Menschen darauf hindeuten, dass Empathie im Vergleich zu persönlicher Belastung überwiegt, versagt diese Art altruistischer Motivation, wenn die Kosten für das Helfen hoch sind. Omoto und Snyder (1995) berichten darüber, dass primär egoistische Motive (z.B. berufliches Fortkommen, eigenes Verstehen) positiv mit der Dauer der Mitarbeit in einer Anti-Aids-Organisation korrelieren, nicht dagegen altruistische Motive (z.B. Wertvorstellungen, Engagement für die Gemeinschaft; s. auch Neuberg et al., 1997).

In mehreren Studien unterschieden Eisenberg, Fabes und Mitarbeiter bei der Untersuchung prosozialen Verhaltens von Kindern zwischen persönlichem Leiden und situationsbedingter Empathie. Sie zeigten, dass bei Kindern Empathie (oder Mitgefühl) – und nicht Leiden – positiv mit prosozialem Verhalten korreliert. Eisenberg et al. (1993) verwendeten eine „Babygeschrei-Hilfeaufgabe". Während das Kind zusammen mit dem Versuchsleiter in einem Zimmer saß, konnte man durch einen Lautsprecher im Zimmer das Geräusch eines weinenden Babys hören. Der Versuchsleiter erklärte, dass sich das Baby in einem anderen Zimmer befinde, und versuchte, das Baby dadurch zu beruhigen, dass er durch ein Mikrofon zu ihm sprach. Zusätzlich wurde das Kind dazu ermutigt, das Gleiche zu tun. Um eine Möglichkeit zum Beenden der Situation einzuführen, erfuhr das Kind schließlich, dass es möglich war, den Lautsprecher an- und abzuschalten. Danach verließ der Versuchsleiter das Zimmer, und die Episode mit dem Babygeschrei wurde wiederholt; dabei wurden die Mimik und die Verhaltensreaktionen der Kinder auf Video aufgenommen.

Beurteiler stuften aufgrund der Mimik das Ausmaß der situationsbedingten Belastung ein. Außerdem schätzten sie den Ton der Stimme im Hinblick darauf ein, ob Wohlbefinden bzw. Irritiertheit zum Ausdruck kamen. Schließlich erfassten die Forscher die Dauer der Zeit, in der das Kind mit dem Baby sprach. Die Ergebnisse deuten darauf hin, dass ein bekümmerter Gesichtsausdruck negativ mit der Zeit korrelierte, die das Kind damit verbrachte, mit dem Baby zu sprechen; dagegen fand man keinen signifikanten Zusammenhang mit dem Ton der Stimme. Obwohl diese Ergebnisse in einer späteren Studie (Fabes, Eisenberg, Karbon, Troyer & Switzer, 1994) nicht vollständig repliziert werden konnten, weisen diese Studien der Forschung über stellvertretende Emotionen, wie sie von potenziellen Helfern erlebt werden (z.B. die Nutzung von Anzeichen für einen bekümmerten Gesichtsausdruck als ein Maß für stellvertretend erlebte Emotionen) eine neue Richtung.

9.3.3 Interpersonaler Ansatz

Was bedeutet es, wenn eine Person eine prosoziale Transformation auf die Ergebnisse einer Beziehung anwendet?

Der interpersonale Ansatz konzentriert sich auf die gegenseitige Abhängigkeit von Menschen untereinander. Beispielsweise haben Frank und Kevin, die sich auf eine bald stattfindende Prüfung vorbereiten, den Entschluss gefasst, dabei zusammenzuarbeiten. Von diesem Augenblick an sind sie voneinander abhängig, weil ihr Erfolg zumindest teilweise von der Qualität ihrer Zusammenarbeit abhängt. Die Struktur zwischenmenschlicher Beziehungen kann auf der Grundlage der jeweiligen Ergebnisse beschrieben werden. Worin bestehen beispielsweise für Frank und Kevin die Vor- oder die Nachteile, wenn sie kooperieren oder konkurrieren? Es wird angenommen, dass Menschen danach streben, Belohnungen zu maximieren und Kosten zu minimieren. Die am besten ausgearbeitete Theorie zur Erklärung zwischenmenschlichen Verhaltens ist die Austauschtheorie, die ursprünglich von Homans (1961), von Thibaut und Kelley (1959) und von Blau (1964) formuliert wurde. Nach dieser Auffassung sind die Menschen in sozialen Situationen dadurch motiviert, dass sie die positiven Konsequenzen für sich selbst maximieren wollen (s. Kap. 11 und 12).

Kelley und Thibaut (1978) haben den begrifflichen Rahmen der Austauschtheorie dadurch erweitert, dass sie daraus eine allgemeine Theorie der gegenseitigen Abhängigkeit entwickelten. Sie gehen über die ursprüngliche Formulierung der Austauschtheorie hinaus, indem sie die Möglichkeit zulassen, dass voneinander abhängige Personen die Austauschbeziehung, die auf den gegebenen Belohnungen und Kosten basiert, in eine prosoziale Beziehung verwandeln. Sie erklären, dass es bei voneinander abhängigen Personen für beide Seiten erstrebenswert sein kann, *prosoziale Transformationen* durchzuführen. Eine solche Transformation bedeutet, dass die Person nicht mehr aufgrund der Konsequenzen für die eigene Person handelt, sondern die egoistische Entscheidungsregel (tue, was für die eigene Person am Besten ist) durch eine prosoziale Entscheidungsregel (tue, was für die andere Person am Besten ist) ersetzt. Während die erste Art von Entscheidungsregel die Grundlage für eine Austauschbeziehung ist, resultiert aus der zweiten Art eine sozial motivierte Beziehung (Clark & Mills, 1993).

Die Wahrscheinlichkeit prosozialer Transformationen hängt von mehreren Faktoren ab. Wie wir alle wissen, treten sie nicht immer auf. Aber man kann prosoziale Transformationen erwarten, wenn wir an eine lang andauernde Beziehung zwischen Freunden denken. Deshalb ist die erweiterte Zeitperspektive der gegenseitigen Abhängigkeit zwischen Personen ein wichtiger Grund für prosoziale Transformationen. Im folgenden Abschnitt soll die Unterscheidung zwischen sozial motivierten und Austauschbeziehungen systematischer ausgearbeitet werden.

9.3.3.1 Sozial motivierte und Austauschbeziehungen

Worin besteht der Unterschied zwischen sozial motivierten und Austauschbeziehungen?

Zwischenmenschliche Beziehungen können eng, aber auch oberflächlich sein. Im Gegensatz zu oberflächlichen Beziehungen wird in engen Beziehungen (z.B. zwischen Freunden) Solidarität, zwischenmenschliche Harmonie und Zusammenhalt betont. Außerdem werden in engen Beziehungen die Belohnungen für die erfolgreiche Ausführung einer Aufgabe nach dem Gleichheitsprinzip („equality norm") verteilt. Dagegen werden Belohnungen in oberflächlichen Beziehungen nach dem Beitrag der einzelnen Personen zur Aufgabe auf Grundlage des Beitragsprinzips („equity norm") verteilt (vgl. Bierhoff, Buck & Klein, 1986).

Eine ähnliche Unterscheidung wurde von Mills und Clark (1982, s. auch Clark & Mills, 1993) vorgenommen, die *Austausch-* („exchange relationships") und *sozial motivierte Beziehungen* („communal relationships") voneinander abhoben. Beispiele für *Austauschbeziehungen* sind Beziehungen zwischen Fremden oder Bekannten, während *sozial motivierte Beziehungen* in Beziehungen zwischen Freunden, Familienmitgliedern oder Liebenden auftreten können. In Austauschbeziehungen streben die Menschen nach maximalen Belohnungen, während in sozial motivierten Beziehungen das Wohlergehen des anderen angestrebt wird. Daher ist es plausibel, wenn man annimmt, dass Menschen in Austauschbeziehungen von egoistischen Motiven geleitet sind, dagegen in sozial motivierten Beziehungen vom Verlangen, das Leiden des Opfers zu lindern.

In Übereinstimmung mit dieser Annahme zeigen empirische Untersuchungen, dass Menschen in Austauschbeziehungen positiv reagieren, wenn zuvor empfangene Leistungen zurückbezahlt werden, und dass sie bei gemeinsam bearbeiteten Aufgaben den genauen Beitrag jedes einzelnen verfolgen (Clark, 1984). Für *sozial motivierte Beziehungen* ergibt sich ein anderes Bild (Clark, Mills & Powell, 1986). In einem Experiment ließ man Studentinnen und Studenten glauben, dass ein anderer Student ihre Hilfe brauche. Im Vergleich zu Studenten, die in einer Austauschbeziehung zueinander standen, schenkten Studenten, die in einer sozial motivierten Beziehung zum anderen Studenten standen, den Bedürfnissen des anderen größere Aufmerksamkeit, auch wenn nicht erwartet werden konnte, dass dieser jemals eine Gelegenheit zur Rückzahlung haben würde. Wenn die Versuchspersonen jedoch erwarteten, dass in einem späteren Teil des Experiments eine Gelegenheit zur Rückzahlung bestehen würde, beachteten sie in Austauschbeziehungen ebenso sehr wie in sozial motivierten die Bedürfnisse der anderen Person.

Diese Resultate deuten darauf hin, dass Menschen in sozial motivierten Beziehungen hilfsbereiter sind als in Austauschbeziehungen, wenn kein gegenseitiges Geben und Nehmen erwartet wird. Dieser Schluss wird durch die Ergebnisse weiterer Studien gestützt; sie zeigen ebenfalls, dass Menschen in sozial motivierten Beziehungen hilfsbereiter sind als in Austauschbeziehungen und dass dieser Effekt weiter verstärkt wird, wenn die

Hilfeempfänger traurig gestimmt sind (Clark, Ouellette, Powell & Milberg, 1987). Wie lässt sich erklären, dass die Traurigkeit des Empfängers die Hilfsbereitschaft potenzieller Spender mit einer sozialen Motivation verstärkt? Clark et al. (1987) vermuten, dass sozial motivierte Beobachter eher dazu neigen, die Traurigkeit der anderen zu beachten (da sie von ihrer Einstellung her stärker auf die Bedürfnisse der anderen eingehen) und als Konsequenz stärkere Empathiegefühle empfinden.

9.3.4 Auf soziale Systeme bezogener Ansatz

Inwiefern trägt eine auf soziale Systeme bezogene Sichtweise dazu bei, prosoziales Verhalten besser zu verstehen?

Die Betonung situativer Bestimmungsfaktoren prosozialen Verhaltens hat dazu geführt, dass die Untersuchung des Einflusses sozialer Systeme oder bestimmter sozialer Kontexte vergleichsweise vernachlässigt wurde. Die Menschen verbringen den größten Teil ihrer Zeit mit Freunden, Klassenkameraden, Kollegen oder Verwandten in sozialen Umfeldern, in denen soziale Normen und Interaktionsrituale fest etabliert sind (Montada & Bierhoff, 1991). Das angemessene Verhalten in diesen sozialen Umfeldern wird gelernt durch die Sozialisation in der Familie, in der Schule, durch das Fernsehen und durch die Botschaften, die über Bücher und die Unterhaltungsmusik vermittelt werden (Rushton, 1980). Forschungsergebnisse deuten darauf hin, dass bei Kindern bereits im zweiten Lebensjahr Beispiele für prosoziales Verhalten vorkommen (Bischof-Köhler, 1994; Zahn-Waxler, Radke-Yarrow, Wagner & Chapman, 1992) und dass ältere Vorschulkinder mehr prosoziales Verhalten zeigen als jüngere (Zahn-Waxler & Smith, 1992). Während die besondere Betonung der Sozialisation eine Gemeinsamkeit mit dem individualistischen Ansatz darstellt, da die Persönlichkeitsentwicklung zumindest teilweise das Ergebnis sozialen Lernens ist, geht die spezifische Perspektive des an sozialen Systemen orientierten Ansatzes auf die Tatsache zurück, dass das Sozialverhalten durch Faktoren beeinflusst wird, die sozialen Systemen oder Umfeldern eigen sind. Es gibt kulturelle Normen, Werte und Rituale, die von der gesamten Gemeinschaft geteilt werden; es gibt wechselseitige Erwartungen unter denen, die soziale Rollen einnehmen; es gibt auf Traditionen beruhende Rechte und Pflichten sowie allgemeine ethische Prinzipien wie die Erklärung der Menschenrechte, die einen formenden Einfluss auf das Verhalten der Menschen innerhalb einer Gesellschaft ausüben.

9.3.4.1 Soziale Verantwortung

(Norm der) soziale(n) Verantwortung („norm of social responsibility"):
Die Norm der sozialen Verantwortung besagt, dass Menschen anderen Menschen, die von ihrer Hilfe abhängig sind, helfen sollten. Dies steht im Gegensatz zur Norm der Selbstgenügsamkeit, die impliziert, dass Menschen vorrangig auf sich selbst aufpassen sollten.

Verantwortungsdiffusion („diffusion of responsibility"):
Kognitive Uminterpretation, durch die die Verantwortung unter verschiedenen Personen aufgeteilt wird, mit dem Ergebnis, dass sich jede einzelne Person weniger verantwortlich fühlt. Infolgedessen fühlt sich jedes individuelle Gruppenmitglied weniger verantwortlich als in einer Situation, in der es allein ist. In Zuschauergruppen bei Notfällen kann die soziale Hemmung des Hilfeverhaltens durch ein vermindertes Verantwortungsgefühl unter den Zuschauern hervorgerufen werden.

In welchen Schritten kann prosoziales Verhalten aktiviert werden? Wie kann die soziale Verantwortung gefördert werden?

Die **Norm der sozialen Verantwortung** besagt, dass Menschen anderen Menschen, die von ihrer Hilfe abhängig sind, helfen sollten. Nach Berkowitz (1978) ist prosoziales Verhalten eine direkte Funktion der wahrgenommenen Verantwortung in einer sozialen Situation. Frühere Forschungsarbeiten hatten gezeigt, dass Menschen umso härter im Interesse ihrer Partner arbeiten, je abhängiger dieser Partner ist. Es wurde angenommen, dass wahrgenommene Abhängigkeit die Norm der sozialen Verantwortung aktiviert, die wiederum prosoziale Reaktionen motiviert. Aber prosoziale Handlungen verlangen persönliche Opfer, die sich vielleicht vermeiden lassen, indem man die Verantwortung anderen zuschiebt. Die Anwesenheit anderer bietet die Möglichkeit der **Verantwortungsdiffusion** (s. Berkowitz, 1978).

Normative Überzeugungen werden im Laufe des Sozialisationsprozesses erworben (s. Kap. 3). In einem Versuch, zwischen kulturellen Regeln und individuellen Gefühlen zu differenzieren, hat Schwartz (1977) soziale Normen den persönlichen Normen gegenübergestellt. Weil sich Individuen hinsichtlich des sozialen Lernens kultureller Werte und Regeln unterscheiden, ist jede Person durch eine einmalige kognitive Konfiguration von individuellen Werten und normativen Überzeugungen charakterisiert.

Wie werden prosoziale Handlungen motiviert? Die Aktivierung prosozialen Verhaltens wird von Schwartz und Howard (1981) beschrieben; sie schlagen ein *Prozessmodell des Altruismus* vor, das fünf *aufeinander folgende* Schritte definiert:

Aufmerksamkeit → Motivation → Bewertung → Abwehr → Verhalten

Der Prozess setzt ein, wenn sich eine Person der Tatsache bewusst wird, dass andere Personen Hilfe benötigen.

- Die Aufmerksamkeitsphase schließt das Erkennen der Notlage, die Wahl einer effektiven Hilfehandlung und die Selbstzuschreibung von Kompetenz ein.
- Die nächste Phase hängt mit dem Aufbau einer persönlichen Norm zusammen; dieser Vorgang beruht auf sozialen Werten (s. unten) und der daraus folgenden Entstehung von Gefühlen der moralischen Verpflichtung (Motivationsphase).
- Die dritte Phase (Bewertung der erwarteten Konsequenzen der altruistischen Reaktionen) konzentriert sich auf die Abschätzung der möglichen Kosten und Nutzen. Zu den erwarteten Kosten zählen soziale Kosten (z.B. soziale Missbilligung), physische Kosten (z.B. Schmerz), Beeinträchtigungen des Selbstkonzepts (Verletzung des Selbstbildes) und moralische Kosten (die aus der Verletzung persönlicher Normen resultieren).
- In der vierten Phase kann die Person Gründe für die Leugnung der Verantwortung entwickeln, wie dies von Montada (2001) zusammenge-

fasst wurde: Die Person kann den eigenen Interessen oberste Priorität geben oder die Verantwortung für andere als ungerechte Forderung zurückweisen. Außerdem kann die Verantwortung als etwas wahrgenommen werden, was anderen Verpflichtungen widerspricht, oder die Person kann zu der Schlussfolgerung kommen, dass ihr die für das Einschreiten relevanten Fähigkeiten oder Ressourcen fehlen.

- Der letzte Schritt im Modell bezieht sich auf Handeln oder Nichthandeln und hängt vom Ergebnis des Entscheidungsprozesses ab.

Das folgende Beispiel mag dieses Modell verdeutlichen. Personen wurden gebeten, blinden Kindern aus Schulbüchern vorzulesen (Schwartz, 1977). Das Erkennen der unerfüllten Bedürfnisse der blinden Kinder stellt den ersten Teil der Aufmerksamkeitsphase dar. Als Nächstes wird über die Frage nachgedacht, ob effektive Maßnahmen zum Umgang mit dem Problem zur Verfügung stehen und ob der potenzielle Helfer sich kompetent genug fühlt, diese auszuführen (z. B. Vorlesen für blinde Kinder). Wenn die Antwort positiv ausfällt, entstehen auf der Grundlage der relevanten Werte „Wohlwollen" und „Universalismus" Gefühle moralischer Verpflichtung (Motivationsphase). Wenn starke Gefühle moralischer Verpflichtung entstehen, wird der potenzielle Helfer die erwarteten Konsequenzen des Helfens in Betracht ziehen (z. B. wie viel Zeit investiert werden muss; wie viel Anerkennung durch altruistisches Verhalten zu gewinnen ist). Wenn die Bewertung nicht eindeutig ausfällt (z. B. weil Für und Wider einander die Waage halten), könnte der potenzielle Helfer versucht sein, die persönliche Verantwortung zu leugnen (Abwehrphase). Nur wenn die Bewertung der Konsequenzen zu einem positiven Ergebnis führt, wird die Entscheidung, blinden Kindern vorzulesen, wahrscheinlich (Verhaltensphase).

Normen basieren auf Werten, die sich aus mehreren Fassetten zusammensetzen. Schwartz (1994, S. 20) definiert Werte als Überzeugungen, die sich auf erwünschte Zielzustände beziehen, über spezielle Situationen hinausgehen, als Richtschnur für die Auswahl oder Bewertung von Verhalten, von Menschen und Ereignissen dienen und nach ihrer relativen Bedeutung geordnet sind.

Auf der Grundlage von Daten aus 44 Ländern konnte Schwartz belegen, dass es zehn Typen sozialer Werte (z. B. Leistung, Konformität, Sicherheit) gibt. Zwei davon sind unmittelbar für prosoziales Verhalten von Belang: Wohlwollen, das als „Erhaltung und Verbesserung des Wohlergehens von Menschen, mit denen man häufig persönlichen Kontakt pflegt" (S. 22), definiert wird, und Universalismus, der sich „auf das Verständnis, die Wertschätzung, die Toleranz und den Schutz zum Wohlergehen *aller* Menschen und der Natur" bezieht (S. 22). Während Wohlwollen in persönlichen Beziehungen Anwendung findet, umfasst Universalismus soziale Gerechtigkeit und prosoziales Engagement im weiteren sozialen Bereich. Die zweidimensionale Wertestruktur, die aus empirischen Befunden abgeleitet wurde (Schwarz, 1992), zeigt, dass Wohlwollen und Universalismus eng miteinander zusammenhängen. Feather (1995) wies nach, dass Werte einen Einfluss auf die kognitiv-affektiven Bewertungen von Situationen und auf die Attraktivität der zur Verfügung stehenden Alternativen haben.

In diesem Sinne hängt Wohlwollen mit verantwortungsbewusstem Verhalten zusammen. Im Unterschied dazu hängt Universalismus mit sozialer Gerechtigkeit zusammen.

9.3.4.2 Normen der Fairness

Welcher Zusammenhang besteht zwischen Altruismus und der Befriedigung der eigenen Bedürfnisse? Welche Normen fördern prosoziales Verhalten und welche hemmen es?

Menschen haben normative Erwartungen über das Ausmaß an Belohnungen und Kosten, das ihnen zusteht. Außerdem tendieren sie zum *Glauben an eine gerechte Welt* (Lerner, 1980; s. oben). Folglich werden Fairnessnormen sowohl auf das von der eigenen Person als auch auf das von anderen Erreichte bzw. Nichterreichte angewandt. Insbesondere wird angenommen, dass Empathie ausgelöst wird, wenn jemand beobachtet wird, der in irgendeiner Weise benachteiligt wurde (Hoffman, 1990).

Der Zusammenhang zwischen gerechter Bezahlung, Überbezahlung und prosozialem Verhalten gegenüber benachteiligten Menschen wurde in einem Experiment von Miller (1977a) untersucht. Dieses Experiment ist auch deshalb interessant, weil es ein neues Licht auf die Frage nach der altruistischen Motivation wirft. Studentinnen und Studenten bot sich die Möglichkeit, Geld durch die Teilnahme an Versuchssitzungen zu verdienen, und zwar in vier verschiedenen Bedingungen:

1. Jede Stunde wurde mit 2 $ bezahlt (dies war der im Fachbereich übliche Satz und konnte daher als angemessen innerhalb des betreffenden sozialen Systems gelten).
2. Jede Stunde wurde mit 3 $ bezahlt (das entsprach also einer relativen Überbezahlung verglichen mit dem Standard von 2 $).
3. Jede Stunde wurde mit 2 $ bezahlt, 1 $ erhielt der Student und 1 $ wurde an eine bedürftige Familie gespendet (damit erhielt der Student weniger, als der Standard vorschrieb, verhielt sich aber prosozial).
4. Jede Stunde wurde mit 3 $ bezahlt, 2 $ erhielt der Student und 1 $ wurde an eine bedürftige Familie gespendet (bei dieser Regelung bekam der Student, was ihm, gemessen an der Norm, zustand; gleichzeitig verhielt er sich altruistisch).

Die durchschnittliche Ausprägung der abhängigen Variable – die Anzahl der Stunden, zu der sich die Studenten bereit erklärten – fiel in den vier Bedingungen signifikant unterschiedlich aus: Während die Kooperationsbereitschaft in der dritten Bedingung recht gering war, war sie in der letzten Bedingung vergleichsweise hoch (s. Abb. 9.7).

Aus diesen Ergebnissen lassen sich mehrere Schlussfolgerungen ableiten:

- Erstens erhöhte der zusätzliche Anreiz von 1 $ pro Stunde in der Bedingung mit Überbezahlung die Kooperationsrate nur minimal.
- Zweitens erhöhte der zusätzliche Dollar die Kooperationsrate erheblich, wenn er als altruistischer Anreiz fungierte, der das gewohnte Ver-

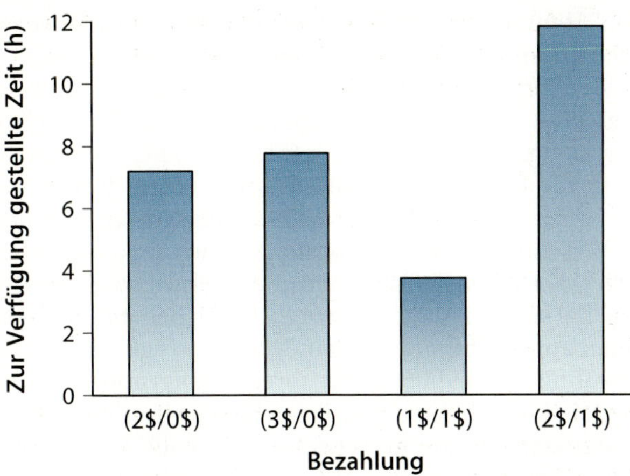

Abb. 9.7. Bereitschaft, freiwillig an einem Versuch teilzunehmen, in Abhängigkeit von gerechter Bezahlung, Überbezahlung und Altruismus. In der 2 $/0 $-Bedingung und der 3 $/0 $-Bedingung wird jede Stunde der freiwilligen Mitarbeit mit 2 $ bzw. 3 $ bezahlt. In der 1 $/1 $-Bedingung und der 2 $/1 $-Bedingung wird den Versuchspersonen für jede Stunde der freiwilligen Mitarbeit 1 $ oder 2 $ gezahlt und 1 $ an eine bedürftige Familie abgeführt. (Nach Miller, 1977a, Experiment 2)

dienstniveau der Versuchspersonen nicht gefährdete. Altruistisch wird gehandelt, wenn dadurch nicht die persönliche Norm verletzt wird, nach der jedem faire Entlohnung für die eigenen Anstrengungen zusteht.

- Drittens wurde Altruismus unterdrückt, wenn damit eine Verletzung der persönlichen Ansprüche im Hinblick auf das, was einem zusteht, einherging. Das Angebot von lediglich 1 $ für den eigenen Aufwand scheint die Kooperationsbereitschaft selbst dann zu reduzieren, wenn der zweite Dollar bedürftigen Menschen zukommt.

Millers (1977a) Ergebnisse können in einem Zwei-Phasen-Modell des Egoismus-Altruismus zusammengefasst werden: Die Menschen überlegen zunächst, was ihnen als eigener, gerechter Anteil zusteht. Darüber hinaus empfinden sie Empathiegefühle und handeln altruistisch (unter der Bedingung, dass ihre Standards für persönliche Gerechtigkeit erfüllt sind), wenn das Schicksal anderer ungerechtfertigt ungünstig zu sein scheint. Offensichtlich fällt es schwer, altruistisch zu handeln, wenn die gerechte Behandlung der eigenen Person gefährdet ist. Jedoch scheinen Menschen, die ihre eigene Entlohnung als gerecht ansehen, sehr feinfühlig in der Wahrnehmung von Ungerechtigkeiten gegenüber anderen zu sein (vgl. Hoffman, 1990). Dieses Modell hat bedeutende praktische Implikationen. So sollte die Bereitschaft, unbezahlt Blut zu spenden, bei Menschen, die ihr eigenes Schicksal als gerecht ansehen, höher sein als bei jenen, die sich ungerecht behandelt fühlen.

Außerdem liegen theoretische Folgerungen hinsichtlich der Frage der altruistischen Motivation nahe. Eine im echten Sinn altruistische Motivation kommt erst ins Spiel nach der Befriedigung egoistischer Ansprüche, die sich auf die eigene gerechte Behandlung im sozialen System beziehen. Ergebnisse, die unter das Niveau eines persönlichen Gerechtigkeitsstandards fallen, führen zu einer egoistischen Orientierung, die über altruistische Neigungen dominiert.

Aus der sozialsystemischen Perspektive werden erleichternde und hemmende Einflüsse auf prosoziales Verhalten in die Erklärung mit einbezogen. Hemmende Einflüsse beziehen sich auf die Normen, die eine egoistische Orientierung begünstigen. Es gibt z. B. in vielen Situationen normative Barrieren gegen das Helfen. Gruder, Romer und Korth (1978) beschreiben eine Norm der Selbstgenügsamkeit, die impliziert, dass das Opfer vorrangig auf sich selbst aufpassen sollte. Handelt das Opfer nachlässig, kann die Hilfsreaktion unterdrückt werden. In vielen öffentlichen Situationen scheint die Norm der Selbstgenügsamkeit vorzuherrschen.

Verschiedene andere soziale Normen tendieren ebenfalls dazu, altruistisches Verhalten zu hemmen. Beispielsweise gibt es in vielen Gesellschaften starke Unterschiede bezüglich der Behandlung von Mitgliedern der Eigengruppe und der Fremdgruppe (vgl. Kap. 15). Menschen zeigen gewöhnlich Solidarität mit ihrer Eigengruppe, indem sie ihre Einstellungen als unähnlich zu den Einstellungen von Fremdgruppenmitgliedern beschreiben, die anscheinend weniger Hilfe verdienen (Hoffman, 1990). Es gibt viele Untersuchungen, die darauf hindeuten, dass Hilfsbereitschaft von der ethnischen Herkunft des Opfers abhängig ist (vgl. Gaertner, Dovidio, Anastasio, Bachman & Rust, 1993). Ein typisches Ergebnis besteht darin, dass mehr Hilfe angeboten wird, wenn das Opfer derselben ethnischen Gruppe angehört wie der Helfende. Zu diesem Ergebnis kommt es nur, wenn die normativen Kräfte in Richtung Hilfe schwach sind oder wenn sich leicht eine Entschuldigung dafür finden lässt, dass man nicht hilft. Diese Befundlage scheint darauf hinzudeuten, dass Menschen auf jeden Fall vermeiden wollen, als vorurteilsbehaftet identifiziert zu werden.

Bisher haben wir uns mit fast einem Dutzend unterschiedlicher Erklärungen für prosoziales Verhalten beschäftigt. Bei der Beschreibung der Theorien wurde angenommen, ihnen allen komme in dem Sinne Geltung zu, dass sie zur Erklärung prosozialen Verhaltens beitragen, wenn auch auf unterschiedlichen Analyseebenen. Zudem schließen sich die erwähnten Theorien nicht gegenseitig aus und können gemeinsam zur Erklärung eines Einzelfalls (z. B. Einschreiten in einem Notfall) prosozialen Verhaltens beitragen. Beispielsweise können sich die Auswirkungen einer altruistischen Persönlichkeit, sozial motivierter Beziehungen und der Norm der sozialen Verantwortung summieren und das prosoziale Verhalten einer Person intensivieren, die damit konfrontiert ist, dass sich ein Freund in einer Notsituation befindet. Mit diesem Thema werden wir uns wieder im Abschnitt Zusammenfassung und Schlussfolgerungen beschäftigen.

9.4 Hilfeleistung im Notfall: In welchen Fällen helfen wir?

Wann helfen Zuschauer und wann nicht?

Antworten auf die Frage nach dem „Wann“ beziehen sich auf die Bedingungen, unter denen Menschen helfen. Wie wir sehen werden, ist die situative Kontrolle über prosoziales Verhalten recht stark ausgeprägt; dies bedeutet, dass soziale Bedingungen und Merkmale der Umwelt einen starken Einfluss auf die Wahrscheinlichkeit ausüben, in einer vorgegebenen Situation im prosozialen Sinne einzugreifen.

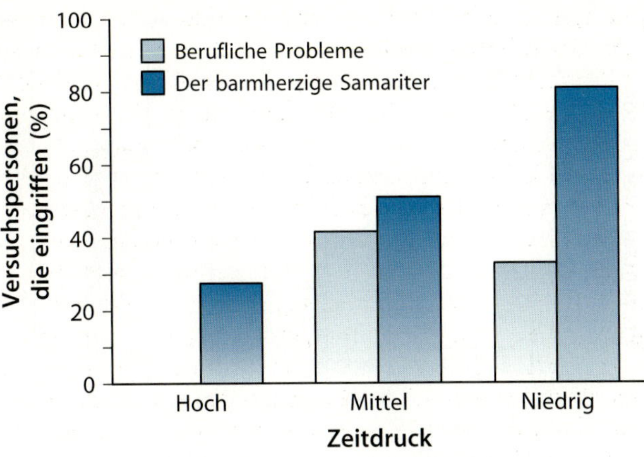

Abb. 9.8. Die Auswirkung von Instruktion und Zeitdruck auf prosoziale Reaktionen in einer Notsituation. (Nach Darley & Batson, 1973; Greenwald, 1975)

Darley und Batson (1973) führten ein Experiment zum Einschreiten in einem Notfall durch. Ihre Versuchspersonen waren Studenten eines theologischen Seminars. Während einige der Studenten instruiert waren, über berufliche Probleme nachzudenken, wurden andere gebeten, über das Gleichnis vom barmherzigen Samariter nachzudenken. Als sie den Raum verließen, wies der Versuchsleiter entweder darauf hin, dass

- sie sich verspätet hätten („Oh, Sie sind spät dran; Sie werden schon seit ein paar Minuten erwartet.")
- sie pünktlich ankämen („Der Assistent erwartet Sie; gehen Sie bitte jetzt hinüber.")
- sie zu früh dran seien („Sollten Sie drüben etwas warten müssen, wird es nicht sehr lange dauern.").

Auf ihrem Weg begegneten die Studenten einem „Opfer", das scheinbar zu Boden gefallen war. Die abhängige Variable der Studie bestand im Prozentsatz von Versuchspersonen, die ihre Hilfe anboten. Die Ergebnisse sind in Abb. 9.8 zusammengefasst. Die Instruktion zeigte nur geringe Auswirkungen auf altruistisches Verhalten – diejenigen, die über das Gleichnis nachdenken sollten, halfen tendenziell mehr. Der Einfluss des Zeitdrucks war jedoch wesentlich größer. Die Versuchspersonen waren im Allgemeinen weniger hilfsbereit, wenn sie in Eile waren. Dieses Ergebnis ist insofern bemerkenswert, als der Grund für die Eile nicht besonders schwerwiegend war.

Dieses Experiment zeigt, dass scheinbar triviale situative Variablen eine tiefgreifende Wirkung auf altruistische Reaktionen ausüben können. Die Ergebnisse dieses Experiments veranschaulichen auch, welches Ausmaß an Altruismus in Notsituationen erwartet werden kann, wenn nur ein einzelner Zuschauer beteiligt ist. Die 42% der Versuchspersonen, die unter der Versuchsbedingung „Nachdenken über berufliche Probleme"/„mittlerer Zeitdruck" halfen, können als mehr oder minder repräsentativ für das Ausmaß an Altruismus gelten, das man in vergleichbaren Alltagssituationen erwarten kann (vgl. Latané & Nida, 1981).

Zahlreiche Untersuchungen belegen, dass die Bereitschaft, in Notsituationen einzuschreiten, höher ist, wenn ein Zuschauer allein ist, als wenn

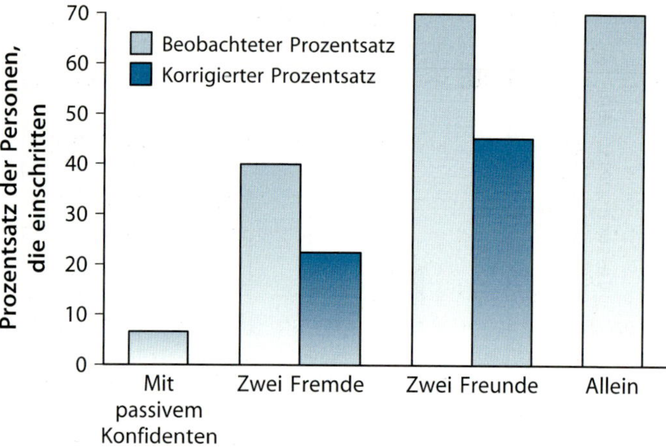

Abb. 9.9. Die Auswirkung eines zweiten Zuschauers auf das Einschreiten im Notfall. (Nach Latané & Rodin, 1969)

er oder sie sich in Gesellschaft anderer Zuschauer befindet (Latané & Nida, 1981). In einem der ersten Experimente, die diesen Effekt zeigten (Latané & Rodin, 1969), bekamen Studenten mit, dass eine Frau im Büro nebenan auf einen Stuhl gestiegen und heruntergefallen war und auf dem Boden liegend vor Schmerz stöhnte. Dieser Vorfall dauerte 130 Sekunden. In einer Bedingung war der Student allein. In einer zweiten Bedingung war ein anderer Student (ein Verbündeter des Versuchsleiters) anwesend, der instruiert war, passiv zu bleiben. In einer dritten Bedingung waren während des Unfalls zwei Fremde und in einer vierten zwei Freunde anwesend. Obwohl in der dritten und vierten Bedingung zwei Personen hätten eingreifen können, schritt nur bei 40% der Dyaden von Fremden und bei 70% der Dyaden von Freunden mindestens ein Student ein. Die *individuelle* Wahrscheinlichkeit eines Einschreitens wurde nach einer speziellen Formel mit 22,5% für die Fremden und mit 45,2% für die Freunde berechnet.[2] Die korrigierten Wahrscheinlichkeiten eines Einschreitens sind niedriger als in der Allein-Bedingung, jedoch höher als in der Bedingung, in der der Konfident passiv blieb (s. Abb. 9.9). Zusätzliche Auswertungen deuten darauf hin, dass Freunde innerhalb der 130 Sekunden der Notsituation schneller eingreifen als Fremde.

Welche Prozesse hemmen hilfsbereites Verhalten in Zuschauergruppen? Die Antwort auf diese Frage hängt mit dem zusammen, was zu Beginn dieses Abschnitts über die Erklärung der Ursachen prosozialen Verhaltens gesagt wurde. Um zu Hilfe motiviert zu sein, muss man sich verantwortlich fühlen, muss die Episode als eine Hilfesituation definieren und das Gefühl haben, dass das eigene Verhalten eher zu Zustimmung führen wird

[2] Die Formel zur Berechnung der korrigierten individuellen Wahrscheinlichkeit eines Einschreitens lautet $P_I = 1 - \sqrt[N]{1 - P_G}$, wobei P_G die Wahrscheinlichkeit ist, dass mindestens eine Person in der Gruppe einschreitet, und N die Anzahl der Gruppenmitglieder. Zum andern ist es möglich, die korrigierte Gruppenwahrscheinlichkeit eines Einschreitens auf der Grundlage der individuellen Häufigkeit eines Einschreitens mithilfe der folgenden Formel zu berechnen: $P_G = 1 - (1 - P_I)^N$.

als dazu, dass man sich lächerlich macht. Gemäß dieser Logik weisen empirische Befunde darauf hin, dass drei Prozesse für eine soziale Hemmung beim Helfen verantwortlich sein können (Latané & Darley, 1976; Schwartz & Gottlieb, 1976):

1. Ein einzelner Zuschauer spürt, dass die Verantwortung zum Einschreiten auf ihm lastet. Wenn andere Zuschauer anwesend sind, wird diese Verantwortung als schwächer empfunden. Die *Verantwortungsdiffusion* führt zu geringerem Altruismus. Dieser Effekt vergrößert sich mit der Anzahl der Zuschauer (Latané, 1981).
2. Starke Mehrdeutigkeit der Situation führt beim Zuschauer zu Unsicherheit. Da jeder der Zuschauer zögert und versucht, sich über die Situation klar zu werden, werden die Beteiligten füreinander zum Vorbild für passives Verhalten. Dieser soziale Vergleichsprozess führt zu der irrtümlichen Schlussfolgerung, dass die anderen Zuschauer das Ereignis als harmlos einschätzen. Somit entsteht eine soziale Definition der Situation, die prosoziale Reaktionen verhindert. Dieser Prozess der **pluralistischen Ignoranz** wird umfassend von Miller und McFarland (1991) erörtert.
3. Ein dritter Faktor, der vermutlich die Hilfsbereitschaft senkt, ist die **Bewertungsangst**. Die Anwesenheit der anderen Zuschauer löst Beklommenheitsgefühle aus, da die anderen Zuschauer Beobachter einer potenziellen Intervention wären. Diese Angst übt ihren hemmenden Einfluss vor allem in solchen Situationen aus, in denen die Personen unsicher bezüglich ihrer Fähigkeit sind, erfolgreich eingreifen zu können. Allerdings ist es auch möglich, dass die Bewertungsangst die Wahrscheinlichkeit eines Einschreitens erhöht. Wenn eine Person überzeugt ist, kompetent und in der Lage zu sein, das Richtige zu tun, ist die Anwesenheit anderer wahrscheinlich eher ein Ansporn zum Handeln. Unter diesen besonderen Bedingungen kann bei dem potenziellen Helfer der Eindruck entstehen, dass er oder sie mit dem Eingreifen seine/ihre Überlegenheit und Stärke beweist.

Pluralistische Ignoranz („pluralistic ignorance"):
Die Meinung, dass sich die eigenen Wahrnehmungen und Gefühle von jenen anderer unterscheiden, während gleichzeitig das eigene beobachtbare Verhalten mit dem der anderen identisch ist. In Gruppen von Zuschauern eines Notfalls die irrtümliche Schlussfolgerung jedes Zuschauers, dass die anderen Zuschauer den Vorfall als harmlos einschätzen.

Bewertungsangst („evaluation apprehension"):
Die belastende Erfahrung einer Person, die von anderen beobachtet wird. Diese Erfahrung kann Angst auslösen und abhängig von der Vertrautheit mit der Aufgabe und von vorheriger Übung zu einer Verschlechterung der Leistung oder zu einem höheren Leistungsniveau führen.

9.5 Die Konsequenzen des Hilfeerhaltens

Worin unterscheiden sich die Perspektiven der Gebenden und der Empfänger in einer Hilfebeziehung? Worin bestehen die möglichen negativen Folgen der Hilfe für den Empfänger von Hilfe?

In diesem Abschnitt wechselt der Schwerpunkt von den situativen Bestimmungsfaktoren des Helfens, die den Helfer beeinflussen, zu den Folgen der Hilfe, die für den Hilfeempfänger bedeutsam sind. Die Perspektive des Hilfeempfängers vervollständigt die Analyse prosozialer Episoden, da es in ihnen immer Helfer und Hilfeempfänger gibt. Zudem ist die Perspektive des Hilfeempfängers vom pragmatischen Standpunkt aus wichtig, da sie sich auf eine Komponente des Erfolgs und Misserfolgs der Hilfehandlung bezieht. Obwohl Hilfe objektiv einen „Erfolg" in dem Sinne darstellen kann, dass ein Problem gelöst wird, kann sie trotzdem zu subjektiven Erlebnissen führen, die nichts mit Erfolg zu tun haben.

Menschen, die jemandem ihre Hilfe anbieten, sind gewöhnlich davon überzeugt, dass es dieser Person, wenn man ihr hilft, nicht nur besser gehen wird als vorher, sondern auch davon, dass sie dafür dankbar sein wird. Wie viele von uns jedoch im täglichen Leben erfahren haben, ist das nicht immer der Fall. Die gleiche Erfahrung verbindet man mit der Entwicklungshilfe, wie sie an Entwicklungsländer in der Dritten Welt vergeben wird. Viele dieser Länder üben harsche Kritik an gerade jenen Regierungen, die sie unterstützen. Wie kommt es zu diesem scheinbar paradoxen Reaktionsmuster?

Ein Grund für die unterschiedlichen Auswirkungen von Hilfe auf Hilfeempfänger liegt in der Aushandlung von Bedeutung; wenn Julia nämlich Michaela hilft, definiert sie Michaela als eine Person, die Hilfe braucht. Gergen und Gergen (1983) argumentieren, dass Geber und Empfänger über die Bedeutung ihrer zwischenmenschlichen Beziehung verhandeln. Die Beziehung kann z. B. einerseits als wechselseitiger Austausch interpretiert werden. Andererseits kann die Beziehung auch als lang anhaltende Abhängigkeit des Empfängers vom Geber verstanden werden. Wird eine altruistische Handlung als ein Beispiel für wechselseitigen Austausch definiert, kann der Hilfeempfänger daraus schließen, dass eine gegenseitige Abhängigkeit voneinander besteht. Wenn dagegen die altruistische Handlung als Beweis für die Abhängigkeit des Hilfeempfängers angesehen wird, so könnte dieser daraus folgern, dass er schwach und passiv ist.

Geber und Empfänger haben unterschiedliche Perspektiven in der Beziehung (Dunkel-Schetter, Blasband, Feinstein & Bennett, 1992). Geber profitieren von der Tatsache, dass Helfen als fair und erwünscht angesehen wird. Obwohl ihnen dabei Kosten entstehen (z. B. Zeit, Geld und Mühe), können die positiven Folgen des Helfens die negativen Folgen aufwiegen. Empfänger dagegen möchten vermeiden, dass der Helfende zu der Schlussfolgerung gelangt, sie seien nicht fähig, ihr Schicksal selbst zu meistern. Wegen der negativen Implikationen von Schwäche und Unterlegenheit, die mit der Rolle des Hilfeempfängers assoziiert werden, werden die Empfänger bemüht sein, die altruistische Beziehung umzudeuten, indem sie ihren eigenen Beitrag hervorheben.

Die Hilfebeziehung besteht aus *vier Basiskomponenten* (Fisher, DePaulo & Nadler, 1981). Merkmale der Gebenden (z. B. manipulative Absichten) und Merkmale der Empfänger (z. B. Selbstwertgefühl) üben einen modifizierenden Einfluss auf die Konsequenzen des Hilfeerhaltens aus. Zusätzlich beeinflussen die charakteristischen Merkmale der Hilfe (z. B. das Ausmaß der Hilfe) und des Kontexts (z. B. Gelegenheit, die Hilfe zu erwidern) Dankbarkeitsgefühle, Bewertungen der Gebenden und Selbstattributionen der Empfänger.

Diese Komponenten der Hilfeleistung beeinflussen das Ausmaß der Selbstbedrohung und Selbstunterstützung, die für die Empfänger in der Hilfe enthalten sind (Nadler & Fisher, 1986). Negative Reaktionen der Empfänger können erwartet werden, wenn die Bedrohung des Selbst überwiegt. Negative Reaktionen umfassen negative Empfindungen, negative Bewertungen der Gebenden und der Hilfe sowie eine hohe Bereitschaft zu künftiger Selbsthilfe. Auf der anderen Seite sind positive Reaktionen des Empfängers zu erwarten, wenn die Unterstützung des Selbst überwiegt. Situative Variablen und dispositionale Faktoren haben Einfluss auf die Ausprägung der Selbstbedrohung und des Selbstwertgefühls; dies bestimmt wiederum darüber, ob negative oder positive Reaktionen beim Empfänger überwiegen.

Situative Hinweisreize, die die negativen Implikationen des Hilfeerhaltens betonen (z. B. verächtliche Kommentare), sind besonders bedrohlich für Empfänger, die ein hohes Selbstwertgefühl besitzen (DePaulo, Brown, Ishii & Fisher, 1981). Zudem hängt die Bereitschaft, um Hilfe zu bitten, davon ab, wie bedrohlich es für die eigene Person ist, Hilfe anzunehmen (Nadler, 1991); dieser Effekt tritt besonders ausgeprägt bei Menschen auf, die ein hohes Selbstwertgefühl haben (Nadler, 1987). Um Hilfe zu bitten ist in reziproken Beziehungen weit mehr verbreitet (z. B. zwischen Freunden; Wills, 1992).

Hilfe zu erhalten ist von besonderer Bedeutung im schulischen Kontext, in dem die Schüler manchmal Hilfe brauchen, um eine schwierige schulische Aufgabe zu Ende zu führen. Zum erfolgreichen selbst regulierten Lernen gehört die Fähigkeit, wenn nötig, um Hilfe zu bitten. Schüler, die bei ihren Hausaufgaben, falls erforderlich, um Hilfe bitten, sind bei späteren Aufgaben erfolgreicher als Schüler, die dies nicht tun (Butler & Neumann, 1995). Trotzdem vermeiden es viele Schüler, um Hilfe zu bitten, wenn sie sie brauchen (Newman & Goldin, 1990). Beispielsweise vermeiden sie es möglicherweise, darum zu bitten, weil sie sich Gedanken darüber machen, was ihre Klassenkameraden von ihnen sagen würden. Das Vermeiden von Hilfe ist eine Funktion der subjektiv als niedrig empfundenen Vorteile von Hilfe und der subjektiv wahrgenommenen Bedrohung vonseiten der Gleichaltrigen und der Lehrer (beispielsweise „Die anderen könnten meinen, ich sei blöd, wenn ich in Mathe eine Frage stelle"). Instrumentelle Bitten um Hilfe sind eine Funktion der Konzentration auf das Lernen und den Kompetenzerwerb sowie der Wahrnehmung, dass es sich beim Suchen nach Hilfe um eine nützliche Strategie handelt (Ryan, Gheen & Midgley, 1998; Ryan & Pintrich, 1997).

9.5.1 Soziale Unterstützung

Welche Formen sozialer Unterstützung gibt es und wie wirken sie sich auf den Empfänger von Hilfe aus?

Soziale Unterstützung betont das Geben und Erhalten von Hilfe innerhalb von Beziehungen, um schwierige Lebens- und Alltagsprobleme bewältigen zu können (Morgan, 1990). An dieser Stelle werden wir mehr über das Thema Hilfe sagen, von der man annimmt, dass sie nur positive Konsequenzen hat, obwohl sie manchmal auch negative Konsequenzen und Nebenwirkungen zur Folge hat.

Im Allgemeinen wird zwischen der wahrgenommenen Verfügbarkeit sozialer Unterstützung (kognitive soziale Unterstützung) und der erhaltenen Unterstützung (verhaltensbezogene soziale Unterstützung) unterschieden (Schwarzer & Leppin, 1992). Pierce, Sarason und Sarason (1990) unterscheiden drei Erklärungsmodelle für soziale Unterstützung:

- den sozialen Netzwerk-Ansatz (struktureller Ansatz),
- den Ansatz sozialer Unterstützung (funktionaler Ansatz) und
- den Ansatz der allgemeinen Wahrnehmung („general perception approach").

Für die Altruismusforschung ist der funktionale Ansatz von besonderer Bedeutung, da er eine Integration von Theorien und Studien zur sozialen Unterstützung und zum prosozialen Verhalten ermöglicht (Bierhoff, 1994).

Schützt soziale Unterstützung das Individuum vor nachteiligen Konsequenzen negativer Lebensereignisse? Um diese Frage in Bezug auf die psychische Gesundheit beantworten zu können, wurden Daten zum allgemeinen Wohlbefinden und zu negativen Emotionen wie Depression und Traurigkeit herangezogen. Generell scheint soziale Unterstützung ein gewisses Maß an Schutz zu bieten, wenn belastende Lebensereignisse eintreten (Cohen & Willis, 1985). Aber es ist noch nicht klar, ob der Zusammenhang zwischen Unterstützung und Gesundheit durch die soziale Unterstützung selbst oder durch andere Variablen verursacht wird, die hoch mit sozialer Unterstützung korrelieren (z.B. Neurotizismus und Feindseligkeit; Stroebe & Stroebe, 1996). Zur Klärung dieser Frage sind weitere Untersuchungen erforderlich. Die so genannte Pufferhypothese bedarf ebenfalls einer weiteren Klärung. Sie besagt, dass soziale Unterstützung vor allem beim Eintreten belastender Lebensereignisse wirksam ist. Worin bestehen die Mechanismen, die als Vermittlungsfaktoren der positiven Auswirkungen sozialer Unterstützung auf das Wohlbefinden wirken? Sind die Prozesse, die von sozialer Unterstützung zur Pufferung von Belastung führen, von speziellen Persönlichkeitstypen abhängig?

Soziale Unterstützung kann sowohl positive als auch negative Auswirkungen auf den Empfänger haben (Nadler & Fisher, 1986). Es ist z.B. wichtig, dass die angebotene Hilfe den Bedürfnissen der Empfänger entspricht. In einer Studie über die Langzeitwirkungen nach dem Verlust eines Kindes oder eines Partners durch einen Autounfall bezeichneten die Betroffenen es als wenig hilfreich, Ratschläge zu bekommen oder zur Erholung ermutigt zu werden (Lehmann, Ellard & Wortman, 1986). Weiterhin können in sozialen Unterstützungsbeziehungen eine Reihe von Problemen auftreten: Die Unterstützenden sind sich unsicher darüber, wie sie auf angemessene Weise Hilfe leisten können, sie haben gewöhnlich nur eine kurzfristige Perspektive und, wenn irgendeine Art negativer Rückmeldung vonseiten des Empfängers geäußert wird, können sie sich in ihrem Selbstwertgefühl bedroht sehen (Wortman & Conway, 1985). Was die positiven Seiten angeht, so scheint emotionale Unterstützung positiv zum Wohlbefinden beizutragen (Wills, 1991).

Die Wahrscheinlichkeit für negative Reaktionen des Empfängers ist im Allgemeinen geringer, wenn die Beziehung zwischen Gebenden und Empfängern der Hilfe als eine reziproke angesehen wird. Dies gilt besonders in Austauschbeziehungen. Soziale Unterstützung kann aus einer Austauschperspektive verstanden werden, da sie in zwischenmenschlichen Beziehungen ausgetauscht wird (Dunkel-Schetter et al., 1992). In sozialen Beziehungen, die nicht sozial motiviert sind, behalten die Menschen Aufwand und Entlohnung im Auge (Clark & Mills, 1993). In einem Austauschkontext kann einseitige Unterstützung negative Auswirkungen haben. Im Gegensatz dazu ist in einem sozial motivierten Kontext hohe Solidarität kongruent mit einseitiger Hilfe und die potenziellen negativen Folgen des Hilfeerhaltens werden eher minimiert.

9.6 Zusammenfassung und Schlussfolgerungen

Ist es möglich, verschiedene Erklärungen für prosoziales Verhalten bei der Vorhersage der Wahrscheinlichkeit von Hilfe miteinander zu kombinieren, oder schließen sich die Erklärungen gegenseitig aus? Welches sind die Faktoren, die vermutlich die größten Effekte auf prosoziales Verhalten ausüben? In diesem Kapitel haben wir Stimmungszustände, soziale Verantwortung, Empathie und Nachahmungseffekte betont.

Eines der allgemeinen Prinzipien beruht auf wechselseitigem Geben und Nehmen. Eine Person, die eine Gefälligkeit erwidert, folgt einer normativ vorgeschriebenen Abfolge von Handlungen, die durch natürliche Selektion begünstigt wurde. Die wahrgenommene Legitimität einer solchen Handlungsfolge ist relativ hoch und negative Folgen für den Hilfeempfänger werden vermieden.

Durch eine positive Stimmung wird die Wahrscheinlichkeit prosozialen Verhaltens erhöht, während die Auswirkungen einer negativen Stimmung unterschiedlich sind. Doch zwischenmenschliche Schuldgefühle nach Normverletzungen sind ein guter Prädiktor für prosoziales Verhalten; dies könnte als ein Prozess interpretiert werden, der es ermöglicht, persönliche Beziehungen aufrechtzuerhalten.

Verantwortungsdiffusion trägt dazu bei, dass das Einschreiten aufseiten von Gruppen anwesender Zuschauer unwahrscheinlicher wird, während die individuelle Tendenz, soziale Verantwortung zu übernehmen, positiv mit prosozialem Verhalten korreliert. Empathie ist ein weiteres Persönlichkeitsmerkmal, das eine positive Korrelation mit prosozialem Verhalten aufweist. Sowohl dispositionale als auch situationsbedingte Empathie üben einen positiven Einfluss auf Hilfe aus. Soziale Verantwortung und Empathie stellen die Kernvariablen der prosozialen Persönlichkeit dar.

Beispiele für die hemmenden Einflüsse von Zuschauern sind schließlich die Phänomene der pluralistischen Ignoranz und der Bewertungsangst, auf die man bei Gruppen passiver Beobachter in Notsituationen gestoßen ist. Während pluralistische Ignoranz durch passive Beobachter verursacht wird, die als Modelle für angemessenes Verhalten angesehen werden, ist Bewertungsangst ein Ausdruck der Ängste, die in vielen Menschen aufkommen, wenn sie unsicher sind, was sie tun sollen, und sich überlegen, ob sie in aller Öffentlichkeit handeln sollen.

Die Theorien, die als Erklärung für prosoziales Verhalten entwickelt worden sind, ergänzen einander und können simultan angewendet werden, um in einem bestimmten Fall von Hilfe oder Passivität ein vollständiges Verständnis der hier wirksamen Bestimmungsfaktoren zu erreichen. Wenn eine Situation beispielsweise nicht als Hilfesituation definiert ist, wenn es bei den anwesenden Zuschauern zu einer Verantwortungsdiffusion kommt, wenn die Kosten des Helfens hoch und die potenziellen Helfer der Auffassung sind, die anderen würden über ihre Unfähigkeit, auf kompetente Weise zu helfen, lachen, ist die Wahrscheinlichkeit des Einschreitens in einem Notfall recht gering.

FRAGEN ZUM TEXT

1. In vielen Untersuchungen fand man eine Wirkung guter Stimmung auf hilfreiches Verhalten. Wie erklären Sie dieses Ergebnis? Warum geht diese Wirkung einer guten Stimmung recht schnell zurück?
2. Worin bestehen die charakteristischen Merkmale der prosozialen Persönlichkeit?
3. Welche Rolle spielt Empathie als ein Bestimmungsfaktor für prosoziales Verhalten? Stellen Sie den Unterschied zwischen situationsbedingter und dispositionaler Empathie dar.
4. Wird prosoziales Verhalten durch altruistische oder egoistische Motive motiviert? Wie könnten empirische Untersuchungen zur Erforschung dieser Frage angelegt sein?
5. Wie erklären Sie sich die Tatsache, dass prosoziales Verhalten abnimmt, wenn persönliche Normen in Bezug auf das, was einem selbst zusteht, verletzt werden?
6. Auf welche Weise wird prosoziales Verhalten, das von der Norm der sozialen Verantwortung geleitet ist, durch situative Faktoren gefördert oder gehemmt?
7. Ist es möglich, die Verantwortungsdiffusion, die oft in Notfällen beobachtet wird, zu verringern?
8. Warum ist es angemessen, die Reziprozitätsnorm des prosozialen Verhaltens hervorzuheben, besonders im Hinblick auf Hilfeempfänger mit hohem Selbstwertgefühl?

Empfohlene Literatur

Batson, C.D. (1991). *The altruism question. Toward a social-psychological answer.* Hillsdale, NJ: Lawrence Erlbaum. Auf der Grundlage eines historischen Überblicks zum Thema Altruismus wird die Empathie-Altruismus-Hypothese herausgearbeitet und es werden Forschungsergebnisse zur Stützung der Hypothese dargestellt.

Clark, M.S. (Ed.). (1991). *Prosocial Behavior.* Newbury Park, CA: Sage. Beschäftigt sich mit Entwicklungsperspektiven und sozialpsychologischen Ansätzen.

Davis, M.H. (1994). *Empathy: A social psychological approach.* Madison, WI: Brown & Benchmark. Konzentriert sich auf die vermittelnde Variable des prosozialen Verhaltens, der am meisten Aufmerksamkeit gewidmet worden ist.

Eisenberg, N. (1986). *Altruistic emotion, cognition, and behavior.* Hillsdale, NJ: Lawrence Erlbaum. Betont werden Ursprung und Entwicklung von Empathie und prosozialem moralischen Urteil.

Hunt, M. (1990/1992). *Das Rätsel der Nächstenliebe. Der Mensch zwischen Egoismus und Altruismus.* Frankfurt: Campus. Auf Grundlage der relevanten Literatur und von Interviews mit einer Reihe hervorragender Wissenschaftler beschreibt ein Journalist die Hauptthemen und -kontroversen der Forschung zum prosozialen Verhalten.

Montada, L. & Bierhoff, H.W. (Eds.). (1991). *Altruism in social systems.* Lewiston, NY: Hogrefe. Eine Zusammenstellung empirischer Studien und theoretischer Beiträge, die aus der Sicht des an sozialen Systemen orientierten Ansatzes geschrieben wurden.

Piliavin, J.A. & Callero, P. (1991). *Giving blood: The development of an altruistic identity.* Baltimore: Johns Hopkins University Press. Ein Beispiel angewandter Forschung zum prosozialen Verhalten.

Schroeder, D.A., Penner, L.A., Dovidio, J.F. & Piliavin, J.A. (1995). *The psychology of helping and altruism.* New York: McGraw-Hill. Die umfassendste momentan verfügbare Monografie zum prosozialen Verhalten.

Spacapan, S. & Oskamp, S. (Eds.). (1992). *Helping and being helped. Naturalistic studies.* Newbury Park, CA: Sage. Eine Sammlung von Beiträgen, die sich mit altruistischem Verhalten im Alltag beschäftigen.

Schlüsseluntersuchungen

Darley, J.M. & Batson, C.D. (1973). From Jerusalem to Jericho: A study of situational and dispositional variables in helping behavior. *Journal of Personality and Social Psychology, 27*, 100–108.

Latané, B. & Rodin, J. (1969). A lady in distress: Inhibiting effects of friends and strangers on bystander intervention. *Journal of Experimental Social Psychology, 5*, 189–202.

10 Aggressives Verhalten

Amélie Mummendey und Sabine Otten

Inhalt

Das vorliegende Kapitel liefert einen Überblick über einflussreiche theoretische Perspektiven, die versuchen, das Auftreten und das Abflauen aggressiven Verhaltens im Allgemeinen zu erklären. Es konzentriert sich danach auf Aggression in spezifischen sozialen Kontexten, insbesondere in der Familie, in der Schule und am Arbeitsplatz. Am Ende werden integrativere Aggressionsmodelle eingeführt, die Aggression als ein Verhalten analysieren, das – vom Standpunkt des Handelnden aus – sowohl rational als auch funktional ist. Es werden Befunde beschrieben, die darauf hinweisen, dass der subjektive Entscheidungsprozess zugunsten oder gegen aggressive Handlungen durch soziale Normen sowie durch Attributionen und Interpretationen geprägt ist, die spezifisch für Urteilsperspektiven und individuelle Reaktionstendenzen sind.

10.1 Einleitung

Am Mittwoch, dem 21. April 1999, berichtete die Organisation für Sicherheit und Zusammenarbeit in Europa (OSZE) über die schwersten Menschenrechtsverletzungen, die im Kosovo von Serben gegen Albaner begangen worden sind. Sie schnitten ihnen die Kehlen durch, rissen ihnen die Augen heraus und hackten ihnen Nasen, Finger, Hände und Füße ab. Zu dem Zeitpunkt, als dieses Kapitel geschrieben wurde, handelte es sich nicht um den einzigen Fall extremer Gewalt, der in den Zeitungen beschrieben wurde. Eine Schießerei an einer Schule in Littleton (Colorado, USA) war ein weiteres erschreckendes Ereignis des vorigen Tages. Und hätten wir dieses Kapitel zu irgendeinem anderen Zeitpunkt verfasst, wären traurigerweise ähnliche Beispiele anzuführen gewesen. Ständig werden überall auf der Welt Gewalttaten begangen.

Für das Jahr 1997 geben die Statistiken in Deutschland 186 447 Fälle von Mord, Totschlag oder schwerer körperlicher Gewalt an. Die Zahlen für andere europäische Länder sind vergleichbar und für die Vereinigten Staaten liegen sie sogar noch höher. Je spektakulärer das Ereignis, umso eindringlicher fragen wir nach dem „Warum". Welche Ursachen bringen einen Menschen dazu, einen anderen zu beleidigen, zu bedrohen, zu schlagen, zu foltern oder ihn sogar umzubringen? Die Ursachen kennen zu lernen ist bedeutsam, weil man hofft, dadurch Mittel zur Kontrolle und Verringerung aggressiven Verhaltens an die Hand zu bekommen.

In diesem Kapitel werden wir zunächst einige der maßgeblichen theoretischen Erklärungsversuche für aggressives Verhalten darstellen; dabei werden wir uns auf die *Frustrations-Aggressions-Hypothese* und die darauf aufbauenden Theorien sowie auf *Aggression als erlerntes Verhalten* konzentrieren. Wegen der besonderen Bedeutung der *Massenmedien* in der Diskussion über das Lernen aggressiven Verhaltens am Modell werden wir uns speziell mit ihrem Einfluss beschäftigen. Der zweite Abschnitt wird die Rolle unterschiedlicher sozialer Milieus behandeln, in denen Aggression auftritt, wie etwa die Familie, die Schule oder der Arbeitsplatz. Im dritten Abschnitt werden wir über einige integrative Ansätze zum Aggressionsproblem nachdenken, vor allem über die zur *Verarbeitung sozialer Information* und zum *sozialen Einfluss*. Mithilfe dieser Analyse von Aggression als Interaktionsphänomen, das sowohl durch die wechselseitigen Beiträge der Opponenten als auch durch den speziellen sozialen Kontext geformt wird, werden wir am Ende unsere Überlegungen zur *kollektiven Aggression* darstellen; und dazu gehören so extreme Formen wie Massenmord und Völkermord. Obwohl individuelle Unterschiede vielleicht eine Schlüsselrolle beim Verständnis aggressiven Verhaltens spielen, wird ihr Einfluss nicht in einem gesonderten Abschnitt behandelt, sondern im Rahmen einiger der oben erwähnten Teile dieses Beitrags angedeutet (zu einem detaillierteren Überblick s. Geen, 1998).

Stellen wir uns die folgende Episode vor, die in einer deutschen Stadt vor sich geht, genauso hätte sie aber auch in vielen anderen Städten Europas oder anderswo stattfinden können: Einige junge Leute sind in einer Kneipe, die meisten von ihnen stehen am Tresen; unter ihnen befinden sich zwei junge Männer aus Tunesien, die an der örtlichen Universität Physik studieren. Als die Tunesier die Kneipe verlassen, geht auch eine kleine Gruppe von Deutschen heraus und folgt ihnen auf dem Weg zur Bushaltestelle. Die Tunesier gehen schneller, aber die Deutschen verringern den Abstand zu ihnen. Die Tunesier fangen an zu laufen, ebenso die Deutschen. Nur ein paar Meter vor der Bushaltestelle holen die Deutschen die Tunesier ein und beginnen, sie tätlich anzugreifen. Während einer es schafft zu fliehen, wird der andere zu Boden geworfen, getreten, geschlagen und mit einem Baseballschläger traktiert. Nach einigen Minuten liegt das Opfer bewegungslos wie tot da, und die Deutschen laufen fort.

Auf welche Theorien können wir zurückgreifen, um die Ursachen für das aggressive Verhalten der Deutschen zu finden? Im Verlauf dieses Kapitels werden wir versuchen, die Episode aus unterschiedlichen theoretischen Blickwinkeln zu analysieren. Zuvor jedoch sollten wir bei der Suche nach Antworten auf die Frage, *warum* es zu Aggression kommt, die Frage beantworten, *was* Aggression ist.

10.2 Definition von Aggression

In der Aggressionsforschung gab es eine längere Kontroverse über unterschiedliche Definitionen von Aggression; doch hinsichtlich zweier Aspekte scheint es eine Übereinstimmung zu geben. Zum einen bedeutet aggressives Verhalten, einer anderen Person oder einem anderen Lebewesen einen Schaden oder eine Verletzung zuzufügen. Zum anderen muss eine Definition, um eine zufällige Schädigung oder aversive Stimulierung, die in hilfreicher Absicht erfolgt, auszuschließen, auch die *Absicht* des Handelnden enthalten, beim Opfer negative Folgen hervorzurufen. Beide Aspekte werden durch die von Baron (1977) vorgeschlagene Definition abgedeckt: „Aggression ist jegliche Form von Verhalten, mit dem das Ziel verfolgt wird, einem anderen Lebewesen, das motiviert ist, eine derartige Behandlung zu vermeiden, zu schaden oder es zu verletzen" (s. auch Baron & Richardson, 1994, S. 7).

Menschen können sich auf unterschiedliche Art und Weise aggressiv verhalten. Mehrere Autoren haben die Formen aggressiven Verhaltens auf Grundlage unterschiedlicher Kriterien wie körperlich kontra verbal bzw. direkt kontra indirekt klassifiziert (Buss, 1961). Andere Klassifikationen beziehen sich auf die Motive, die der aggressiven Handlung eines Täters zugrunde liegen: Handelt es sich um ein Mittel, mit dem er ein nichtaggressives Ziel erreichen will, oder ist das Verursachen von Schaden das eigentliche Handlungsziel? Entsprechend wird zwischen instrumenteller Aggression und „Ärgeraggression" (Buss, 1961) sowie zwischen einer Aggression unterschieden, die defensiv oder offensiv, die provoziert oder unprovoziert ist (Zillmann, 1979; s. auch Buss, 1971). Kommen wir auf die oben erwähnte Episode zurück: Jeder würde mit uns darin übereinstimmen, dass die Täter aggressiv gehandelt haben, dass ihr Verhalten offensichtlich feindselig, offensiv und unprovoziert war. Sieht man sich jedoch die Beschreibung näher an, so kommt heraus, dass keine expliziten Informationen über eine Provokation durch die Opfer oder über die Ziele und Motive der Täter vorhanden sind. Teile unseres Eindrucks über aggressive Handlungen gehen augenscheinlich über reine Beschreibungen oder Beobachtungen hinaus und beruhen stattdessen auf Schlussfolgerungen. Wir werden in späteren Abschnitten dieses Kapitels auf diese Frage zurückkommen.

10.3 Aggressionstheorien

Was sind die grundlegenden theoretischen Positionen, mit deren Hilfe aggressives Verhalten erklärt wird?

Biologische Vorstellungen von den Ursachen aggressiven Verhaltens haben lange Zeit großen Einfluss gehabt. Dazu gehören die Behandlung von Aggression als Instinkt (McDougall, 1908), als Trieb (Freud, 1991) oder als auf Instinkten basierendes Verhalten (Lorenz, 1963; s. Geen, 1998, und zu einer Übersicht Tedeschi & Felson, 1994). Die Erfahrung, dass Aggression ein allgegenwärtiges Phänomen ist, hat auch dazu geführt, dass sie vom Standpunkt der evolutionären Funktionen der Aggression aus analysiert wird. Danach ist Aggression durch natürliche Auslese geformt worden und wird als eine Verhaltensstrategie von adaptiver Bedeutung im Hinblick auf das Ziel der Evolution angesehen; dieses Ziel ist der Fortpflanzungserfolg im Sinne der Weitergabe der eigenen Gene (Dawkins, 1978; Williams, 1966; zum evolutionären Ansatz in der Sozialpsychologie s. Kap. 2).

10.3.1 Frustration und Aggression

Worin besteht nach der Frustrations-Aggressions-Hypothese der Zusammenhang zwischen Frustration und Aggression?

Frustrations-Aggressions-Hypothese („frustration-aggression hypothesis"): Besagt, dass Aggression stets ein Resultat von Frustration ist.

Im Jahre 1939 veröffentlichten fünf Autoren, die so genannte Yale-Gruppe, ein Buch mit dem Titel *Frustration and Aggression*, das der Ausgangspunkt für die experimentelle Aggressionsforschung innerhalb der Sozialpsychologie war (Dollard, Doob, Miller, Mowrer & Sears, 1939). Für mehrere Jahrzehnte wurde die hier präsentierte **Frustrations-Aggressions-Hypothese** zum theoretischen Kern der Forschung auf diesem Gebiet. In diesem Aggressionsmodell wird angenommen, dass eine Person durch einen frustrationsbedingten Trieb motiviert ist, aggressiv zu handeln. Unter Frustration verstehen die Autoren den Zustand, der entsteht, wenn die Erreichung eines Ziels verhindert wird, während Aggression eine Handlung ist, die darauf abzielt, ein anderes Lebewesen zu verletzen. Diese beiden Begriffe werden durch die folgenden beiden Aussagen miteinander verknüpft:

- Frustration führt immer zu irgendeiner Form von Aggression und
- Aggression ist immer eine Folge von Frustration.

Aggression richtet sich jedoch nicht immer auf den Urheber einer Frustration und kann unterschiedliche Formen annehmen. Wenn der Urheber der Frustration z. B. ein an Körperkraft oder sozialer Macht überlegener Mensch ist, kann der Frustrierte seine Aggression gegen eine andere weniger gefährliche Person richten oder sie auf eher indirekte Art und Weise zum Ausdruck bringen. Nach einer Frustration sind deshalb sowohl „Zielsubstitution" als auch „Reaktionssubstitution" Formen der Verschiebung von Aggression. In Übereinstimmung mit dem Begriff der **Katharsis** wird angenommen, dass die Neigung zum aggressiven Handeln dadurch verringert wird, dass man aggressives Verhalten oder ein entsprechendes Ersatzverhalten zeigt.

Katharsis („catharsis"): Abfluss oder Abbau aggressiver Energie durch die Äußerung aggressiver Reaktionen oder alternativer Verhaltensformen.

Diese einfache Hypothese zur Kausalbeziehung zwischen Frustration und Aggression wurde unmittelbar nach ihrer Veröffentlichung angezweifelt. Kritiker führten an, dass Frustration nicht immer zu Aggression führe, sondern dass auch andere Reaktionen wie Flucht oder Apathie beobachtbar seien. Zudem kann Aggression ohne eine vorausgehende Frustration auftreten. Ein bezahlter Killer z. B. erledigt seine Aufgabe eventuell, ohne überhaupt sein Opfer zu kennen, geschweige denn, von ihm frustriert worden zu sein. Angesichts dieser Einwände änderten die Autoren schon recht früh ihre ursprünglichen Annahmen. Frustration wurde nur als aggressionsförderlicher Reiz betrachtet; in einer individuellen Hierarchie möglicher Reaktionstendenzen wurde Aggression als die *dominante* Reaktionstendenz auf Frustration angesehen (Miller, Sears, Mowrer, Doob & Dollard, 1941). Frustration schafft somit eine Bereitschaft für Aggression; ob sie sich in tatsächlichem Verhalten äußert, hängt von zusätzlichen Bedingungen ab.

Berkowitz (1964, 1969, 1974) mit seiner **Theorie aggressiver Hinweisreize** war es, der versuchte, die Beziehung zwischen Frustration und Aggression genauer zu definieren. Er nahm bestimmte aggressionsförderliche Umweltbedingungen, so genannte *Hinweisreize*, als ein vermittelndes Konzept zwischen den Begriffen Frustration und Aggression hinzu. Frustration ruft demnach nicht unmittelbar Aggression hervor, sondern führt zu einem Zustand emotionaler Erregung, nämlich zu *Ärger*, der wiederum eine innere Bereitschaft zu aggressivem Verhalten erzeugt. Nur jedoch wenn in der Situation Reize vorhanden sind, die eine aggressive Bedeutung haben, d. h. Hinweisreize, die mit ärgerauslösenden Bedingungen oder einfach mit Ärger selbst assoziiert werden, wird es tatsächlich zu Aggression kommen. Über Prozesse klassischen Konditionierens erwerben Reize die Eigenschaft, Hinweisreize für Aggression zu sein. Auf diese Weise können in einer bestimmten Situation im Prinzip beliebige Gegenstände oder Personen als Hinweisreize für Aggression fungieren.

Theorie aggressiver Hinweisreize („cue-arousal theory"): Frustration führt nur zur Aggression bei Vorhandensein von Hinweisreizen, die durch klassisches Konditionieren mit Aggression verbunden wurden (z. B. Waffen) und die andeuten, dass aggressives Verhalten für die jeweilige Situation angemessen ist.

10.3.1.1 Inwiefern können aggressive Hinweisreize zu aggressivem Verhalten beitragen?

Eine aggressive Tat wird somit aus zwei verschiedenen Quellen gespeist: aus der Ärgererregung im Täter und aus den Hinweisreizen in der Situation. Berkowitz und seine Kollegen haben eine Reihe von Experimenten durchgeführt, um diese Annahmen der Theorie aggressiver Hinweisreize systematisch zu überprüfen (s. Berkowitz, 1974; auch Gustafson, 1986, 1989). Eines dieser Experimente erregte besonders große Aufmerksamkeit; es zog Kritik und sowohl erfolgreiche als auch erfolglose Replikationen des so genannten *Waffeneffekts* nach sich.

Nach Berkowitz sind Waffen ein wichtiges Beispiel für einen in der Situation vorhandenen Hinweisreiz für Aggression. Ihr Vorhandensein sollte im Allgemeinen zu extremeren Formen von Aggression führen als die Gegenwart von Gegenständen mit neutralen Konnotationen. Berkowitz und LePage (1967) überprüften genau diese Hypothese: Wenn Waffen als aggressionsauslösende Reize dienen können, zeigen dann frustrierte oder ärgerliche Menschen bei Vorhandensein von Waffen verstärkt Aggression? Die Versuchspersonen (männliche Studenten) mussten eine Aufgabe bearbeiten und ihre Leistung wurde von einem Konfidenten bewertet. Diese Bewertung, die aus einer Anzahl elektrischer Schocks bestand, war unabhängig von der tatsächlichen Leistung und diente dazu, unterschiedliche Grade von Ärgererregung hervorzubringen. Wie erwartet, berichteten die Versuchspersonen, die eine größere Zahl von Schocks erhalten hatten, über mehr Verärgerung als jene, die nur *einen* Schock erhalten hatten. In einer zweiten Phase des Experiments mussten sowohl die mehr als auch die weniger verärgerten Versuchspersonen die Leistung des Konfidenten durch Verabreichung von Elektroschocks bewerten. In dieser Phase wurden nun die aggressiven Hinweisreize in der Situation manipuliert. In einer Versuchsbedingung lagen ein Gewehr und ein Revolver auf einem Tisch nebenan; in einer weiteren Bedingung waren keine Gegenstände vorhanden. Die Ergebnisse stimmten eindeutig mit den Hypothesen überein: Bei den nicht verärgerten Teilnehmern hatten die aggressiven Hinweisreize keine Wirkung auf die Anzahl der Schocks, die dem Konfidenten verabreicht wurden. Die verärgerten Versuchspersonen dagegen gaben bei Vorhandensein der Waffen mehr Schocks, als wenn sie nicht vorhanden waren (s. Abb. 10.1).

Anschließende empirische Überprüfungen des Waffeneffekts ergaben allerdings keine eindeutige Bestätigung der ursprünglichen Annahmen von Berkowitz. Carlson, Marcus-Newhall und Miller (1990) führten jedoch eine Metaanalyse von 56 Untersuchungen durch, in denen es um das Ausmaß ging, mit dem aggressionsbezogene Hinweisreize bei negativ erregten Versuchspersonen leichter zu aggressiven Reaktionen führen. Sie fanden gute Belege dafür, dass aggressive Hinweisreize bei negativ erregten Versuchspersonen tatsächlich die Wahrscheinlichkeit aggressiver Reaktionen vergrößerten. Doch im Unterschied zu der ursprünglichen Theorie aggressiver Hinweisreize deuteten die Ergebnisse darauf hin, dass die aggressiven Hinweisreize als Priming-Stimuli für aggressionsbezogene Ge-

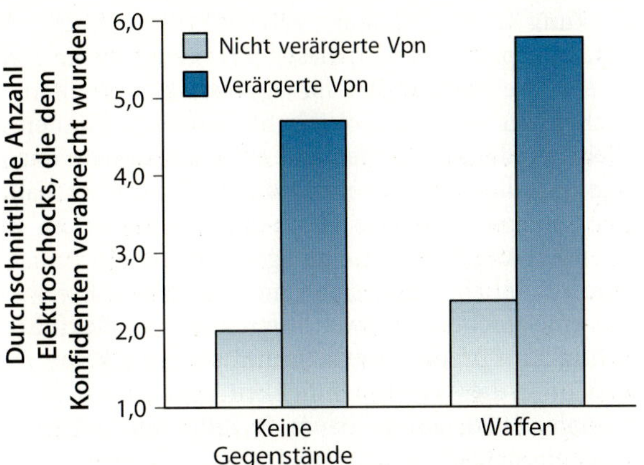

Abb. 10.1. Der Waffeneffekt (Baron, 1977, S. 165; nach Berkowitz & LePage, 1967)

danken und Vorstellungen dienen (zur Rolle von Videofilmen für das Priming von Aggressionen s. auch Bushman, 1998). Die Konfrontation mit aggressiven Hinweisreizen kann, unabhängig von einer vorausgehenden Frustration oder einem vorausgehenden Ärger, aggressionsbezogene Schemata im Gedächtnis leichter zugänglich werden lassen.

10.3.1.2 Welche Faktoren spielen eine Rolle beim Einfluss unspezifischer Erregung auf aggressives Verhalten?

■ Unspezifische Erregung und Erregungsübertragung. Ärger ist die Art von Erregung, wie man sie gegenüber Verursachern erlebt, die eindeutig mit Aggression assoziiert werden. Physiologische Erregung wird jedoch im Allgemeinen auch durch andere Reize wie z.B. körperliche Anstrengung, sensationelle Nachrichten, Thriller oder erotische Filme beeinflusst. Es wird angenommen, dass der Ärger oder die aversive Erregung durch solche unspezifischen oder nichtaversiven Erregungsquellen ergänzt wird und dass diese infolgedessen die Bereitschaft zu aggressivem Verhalten erhöhen. In diesem Zusammenhang entwickelte Zillmann (1971, 1988) unter dem Einfluss von Schachters (1964) Zweifaktorentheorie der Emotion seine **Erregungs-Übertragungs-Theorie**. Er nimmt an, dass eine Residualerregung aus einer früheren Situation zur Erregung, die in einer neuen Situation hervorgerufen wird, hinzukommen kann.

Erregungs-Übertragungs-Theorie („excitation-transfer theory"): Erregungsquellen, die nicht in direktem Zusammenhang mit Aggression stehen, können zu aggressionsspezifischer Erregung beitragen und dadurch aggressive Reaktionen intensivieren.

Die Bedingungen für eine derartige Erregungsübertragung und eine anschließend erhöhte Aggressionsbereitschaft lauten erstens, dass Aggression in der neuen Situation die dominante Reaktionstendenz ist, d.h., wenn eine Person infolge von Priming ohnehin bereit ist, aggressiv zu handeln (z.B. Zillmann, Katcher & Milavsky, 1972), und zweitens, dass die Erregung auf eine Weise interpretiert oder etikettiert wird, die mit der anschließenden Aggression konsistent ist. Wenn wir fühlen, wie unser Blutdruck und unsere Atemfrequenz als Reaktion auf eine verächtliche Bemerkung oder eine nicht gerechtfertigte Beschuldigung in die Höhe gehen, interpretieren wir diesen Erregungszustand als Ärger und zeigen eine erhöhte Bereitschaft für aggressives Verhalten. Doch die gleichen Anzeichen für eine physiologische Erregung können auch in einer Situation erlebt werden, in der jemand ganz unerwartet dazu aufgefordert wird, vor Seminarteilnehmern einen kurzen Vortrag zu halten. In diesem Fall läge eine Interpretation des gleichen physiologischen Zustands als Lampenfieber oder Angst näher; eine aggressive Reaktion ist deswegen hier weniger wahrscheinlich. Lässt sich eine bestimmte Erregung ursächlich eindeutig auf eine nichtaggressive Stimulation zurückführen, wird die Erregung richtig interpretiert werden, und sie wird keine Auswirkung auf das Ausmaß oder die Wahrscheinlichkeit aggressiven Verhaltens haben (s. Rule & Nesdale, 1976; Tannenbaum & Zillmann, 1975). Von daher ist eine Aggressionssteigerung aufgrund einer allgemeinen Erregung nur zu erwarten, wenn die Person keine eindeutigen Informationen über die Ursachen der fraglichen Erregung hat (s. Zillmann, Johnson & Day, 1974).

10.3.1.3 Worin besteht die Beziehung zwischen aversiven Reizen und affektiven Reaktionen?

Kognitiv-neoassoziationistischer Ansatz („cognitive neoassociationism"): Eine von L. Berkowitz entwickelte Theorie, die eine direkte Verbindung annimmt zwischen aversiven Ereignissen oder negativem Affekt und der Erregung von Flucht- oder Kampfverhalten. Kognitive Mediatoren für das Auftreten von (emotionaler) Aggression werden als nicht notwendig angesehen.

■ **Kognitiv-neoassoziationistischer Ansatz.** Bei der oben beschriebenen theoretischen Position wird die Beziehung zwischen Erregung und Aggression als eine *Sequenz* angesehen. Unterschiedliche Bedingungen führen zu einer allgemeinen Erregung; je nach den wahrgenommenen Ursachen wird diese Erregung dann etikettiert und führt zu einer speziellen Emotion wie etwa zu Ärger. Die Art des zu erwartenden Verhaltens hängt wiederum von der Art der Emotion ab. Berkowitz (1989, 1990, 1993) kritisierte diese Auffassung und propagierte eine andere Theorie. In seinem **kognitiv-neoassoziationistischen Ansatz** wird angenommen, dass es keine unspezifische oder neutrale Erregung gibt. Aversive Ereignisse führen demnach unmittelbar zu einer negativen Wirkung und lösen direkt Aggression oder Fluchtverhalten aus; subjektive emotionale Erfahrungen in Form von Ärger oder Furcht können mit diesen Formen des Verhaltens einhergehen oder auch nicht (s. Abb. 10.2). Ärger und Aggression sind keine *sequenziellen*, sondern *parallele* Prozesse (Berkowitz, 1983). Aggression (oder Flucht) ist die unmittelbare impulsive Reaktion auf eine aversive Stimulation (Berkowitz & Heimer, 1989). Diese Annahme beruht auf assoziativen Netzwerkmodellen des Gedächtnisses (s. Kap. 5).

Je unangenehmer das Ereignis, desto größer ist die Bereitschaft des Individuums zu aggressivem Verhalten. Die vielfältigsten Bedingungen (wie Beleidigungen, Angriffe etc.) können zu aversiven Ereignissen werden; körperlicher Schmerz ist eine prototypische Bedingung für die Auslösung eines negativen Affekts (s. Bell, 1991; Berkowitz, Cochran & Embree, 1981). Daneben können auch Erfahrungen mit belastenden Umweltbedingungen wie Lärm, Enge und Hitze das aversive Erregungsniveau eines Individuums erhöhen und die Wahrscheinlichkeit einer Aggression größer werden lassen (z. B. Baron & Richardson, 1994; Donnerstein & Wilson,

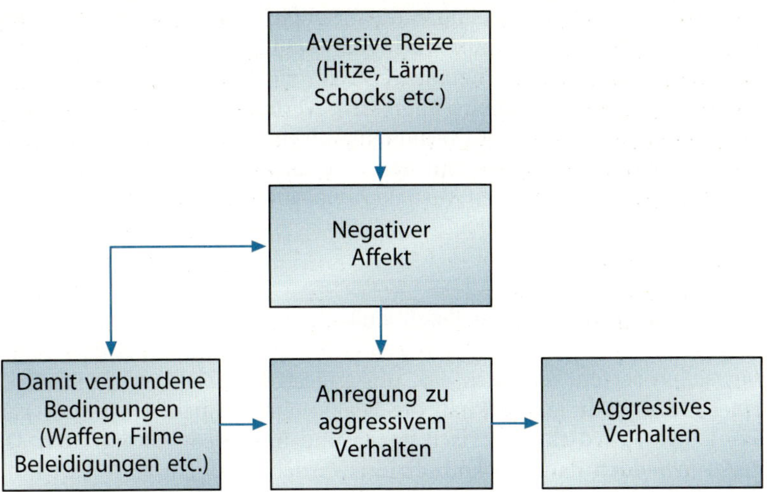

Abb. 10.2. Schema des kognitiv-neoassoziationistischen Ansatzes von Berkowitz (1992). (Nach Tedeschi & Felson, 1994)

1976). Dies trifft jedoch nur auf Personen zu, die Ärger erlebt haben und deswegen zu aggressivem Verhalten disponiert sind (Goldstein, 1994).

Zurück zu unserem Beispiel: Die Deutschen könnten eine Frustration hinter sich haben; vielleicht haben sie sich über etwas aufgeregt, was die Tunesier in der Kneipe gesagt haben. Es ist auch denkbar, dass der Ärger der Deutschen auf andere Ereignisse zurückging, dass die Afrikaner aber das nahe liegendste Zielobjekt für ihre Aggression waren. Ebenso wie einige Deutsche von Afrikanern oder Muslimen ein Stereotyp der Gewalttätigkeit haben, können wir auch in die Überlegung mit einbeziehen, dass die Tunesier - durch Assoziation mit diesem Stereotyp - vielleicht in ihren späteren Peinigern ein aggressives Verhaltensschema aktiviert haben. Jedenfalls ist es recht wahrscheinlich, dass die Deutschen sich in einem Zustand aversiver Erregung befanden und Ärger verspürten. Die Umgebung in der Kneipe - heiß und laut - verstärkte wahrscheinlich ihre Erregung noch weiter. Doch warum zeigten die Deutschen diese besondere Form der Aggression, indem sie z. B. Baseballschläger benutzten? Wie haben sie ihr Repertoire an Verhaltensalternativen gelernt und ihre Erwartungen darüber, welche Handlung ihren Zwecken am besten dienen würde?

10.3.2 Aggression als gelerntes Verhalten

Wie wird aggressives Verhalten durch instrumentelles Konditionieren oder durch Lernen am Modell gelernt?

Bei der *Frustrations-Aggressions-Hypothese* und ihren Nachfolgetheorien geht es um Prozesse der Regulation aggressiven Verhaltens: Sie beschreiben Prozesse, die vermutlich im Individuum vor sich gehen und die aggressive Reaktionen in Gang setzen. Damit diese Prozesse jedoch aggressives Verhalten auslösen, muss die betreffende Handlung im Verhaltensrepertoire des Individuums verfügbar sein. Die Lerntheorie beschäftigt sich genau mit diesem Thema, wenn sie die folgenden Fragen formuliert: Wie erwirbt ein Individuum aggressive Verhaltensweisen? Was führt dazu, dass solche verfügbaren Verhaltensweisen auch tatsächlich ausgeführt werden? Welche Faktoren sind dafür verantwortlich, dass aggressives Verhalten zu einer habituellen Verhaltensweise wird?

10.3.2.1 Instrumentelles Konditionieren

Menschen setzen Verhalten ein, um angestrebte Ziele zu erreichen. Wenn ein Kind unbedingt das knallrote Feuerwehrauto haben will, das auf dem Tisch steht, wird es zum Tisch gehen und nach dem Auto greifen. Die Lage kann jedoch dadurch kompliziert werden, dass ein anderes Kind gerade mit dem Auto spielt. Jetzt muss dieses andere Kind irgendwie dazu gebracht werden, das Auto herzugeben. Eine Möglichkeit ist der direkte Weg: einfach nach dem Spielzeug greifen. Dieses Verhalten kann unterschiedliche Folgen haben. Führt dieses aggressive Verhalten zum Erfolg (d.h., erweist es sich als eine brauchbare Methode, an den attraktiven Gegenstand zu kommen), dann wird das Kind in anderen, vergleichbaren Situationen zu den gleichen Mitteln greifen. Durch positive Verstärkung wird also die Tendenz, aggressives Verhalten zu zeigen, gestärkt. Es gilt mittlerweile als belegt, dass Menschen verschiedene Formen aggressiven Verhaltens über diesen Prozess des instrumentellen Konditionierens erwerben. Externe Konsequenzen aus der Umwelt steuern die Aneignung und die Ausführung aggressiven Verhaltens. Ganz unterschiedliche Formen von Verstärkern können dabei wirksam werden: attraktive Gegenstände wie Spielzeug, Geld oder Süßigkeiten (Walters & Brown, 1963), soziale Anerkennung oder erhöhter sozialer Status (Geen & Stonner, 1971) und Vermeiden von Schmerz (Patterson, Littman & Bricker, 1967). Der Ausdruck von Feindseligkeit und aggressive Reaktionen auf vorherige Ereignisse können auch über soziale Unterstützung durch eine Gruppe oder durch soziale Normen verstärkt werden (Buss, 1961, 1971).

10.3.2.2 Theorie des Modelllernens

Lernen am Modell („modeling"):
Die Tendenz von Individuen, sich neue (und komplexere) Verhaltensweisen anzueignen, indem sie dieses Verhalten und dessen Konsequenzen im realen Leben oder an symbolischen Vorbildern beobachten.

Bandura (1979) schlug als ersten Schritt für die Aneignung neuer Formen aggressiven Verhaltens den Prozess des **Lernens am Modell** vor: Individuen erwerben neue und komplexere Verhaltensweisen, indem sie beobachten, wie ein anderer Mensch (d.h. ein Modell) dieses Verhalten zeigt und welche Konsequenzen es nach sich zieht. Ein typisches Experiment zum Lernen am Modell führten Bandura, Ross und Ross (1961, 1963) durch: Kinder beobachteten einen Erwachsenen beim Umgang mit Spielzeugen. Dieser Erwachsene zeigte nun recht ungewöhnliche und für die Kinder neue Verhaltensweisen. Er marschierte in das Spielzimmer, er schlug mit

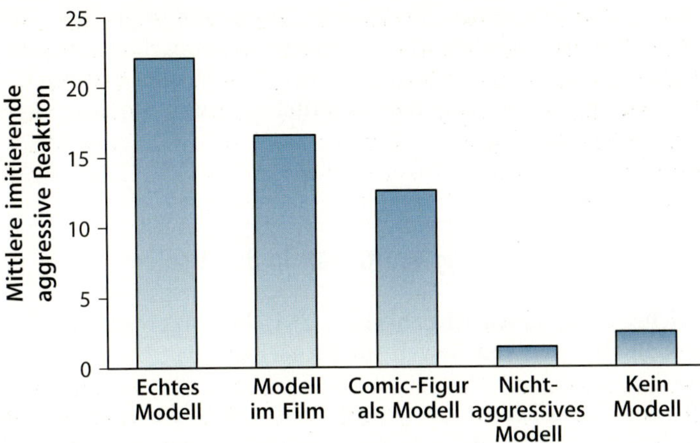

Abb. 10.3. Mittlere imitative aggressive Reaktionen von Kindern, die entweder aggressiven Modellen oder nichtaggressiven Modellen ausgesetzt waren oder gar keine Modelle beobachteten. (Nach Bandura, 1973, S. 75)

einem Gummihammer auf eine große aufblasbare Clownpuppe, eine „Bobo-Puppe", ein, trat sie und schrie sie an. Die Kinder in der Kontrollbedingung sahen einen Erwachsenen, der friedlich mit dem Spielzeug spielte. In einer zweiten Phase des Experiments wurde das Modell vom Versuchsleiter entweder belohnt oder es erfuhr keine positiven Konsequenzen. Im Anschluss daran konnten die Kinder selbst mit denselben Spielzeugen spielen. Es zeigte sich, dass die Kinder das Verhalten des Modells imitierten, wenn sie beobachtet hatten, dass das Modell dafür belohnt worden war. Dieser Effekt trat unabhängig davon auf, ob das Modell in der echten Versuchssituation oder nur in einem Videofilm beobachtet worden war; der Effekt wurde auch beobachtet, wenn als Modell eine Figur aus einem Comic diente (s. Abb. 10.3).

Während zahlreiche Untersuchungen mit Kindern den Erwerb neuartiger Verhaltensweisen in den Vordergrund stellen (s. Bandura, 1977; Baron & Richardson, 1994), belegen ähnliche Studien bei Erwachsenen, wie eine Modellperson bei den Beobachtern Hemmungen abbauen konnte, in einer bestimmten Situation aggressives Verhalten zu zeigen (Baron, 1971; Epstein, 1966). Modellen für aggressives Verhalten sind Kinder vor allem in zwei sozialen Kontexten ausgesetzt, die jeder für sich genommen für soziale Interaktionen im Alltag relevant sind: nämlich in der Familie und in der Gruppe der Gleichaltrigen (Bandura, 1979). Auch die Massenmedien werden in der Öffentlichkeit ständig dafür kritisiert, besonders beim jungen Publikum aggressives Verhalten auszulösen. In Anbetracht sowohl der umfangreichen Forschungsergebnisse als auch der zunehmenden Bedeutung der Medien bei der Ausgestaltung unseres sozialen Lebens wird dieses Thema detaillierter im folgenden Abschnitt behandelt werden.

Erinnern wir uns an unser Beispiel: Die vier Deutschen schlagen und treten ihr tunesisches Opfer. Es ist gut vorstellbar, dass ein derartiges Verhalten in der Vergangenheit belohnt worden war, sei es durch Zustimmung von Seiten der Gleichaltrigen oder durch Zugang zu nützlichen Ressourcen. Weiterhin brauchen wir nicht lange nach Modellen für fremdenfeindliches und brutales Verhalten zu suchen; wir finden sie schnell, wenn schon nicht unbedingt „live“, so doch zumindest in den Massenmedien. Nicht nur das Verhalten des Modells wird beobachtet, sondern auch seine Einbettung in einen sozialen Kontext. Die Medien vermitteln Verhaltensnormen und Werte; implizit vermitteln sie uns, wodurch Aggression gerechtfertigt ist.

10.3.3 Beobachtung von Gewalt in den Medien

Welcher Zusammenhang besteht zwischen aggressivem Verhalten und dem Beobachten von Gewalt im Fernsehen?

Für die Öffentlichkeit ist Gewalt in den Medien einer der Sündenböcke zur Erklärung von in der Gesellschaft vorkommender Gewalt; darin stimmen fast alle überein. Die Beobachtung aggressiver Szenen in den Medien lässt, so lautet die Erwartung, die Aggressivität beim Beobachter zunehmen. Es scheint nicht nur plausibel zu sein, aggressive Ereignisse auf diese Weise zu erklären, sondern es legt auch eine relativ einfache Problemlösung nahe: Man muss einfach nur den Fernseher abschalten.

Aus dem Blickwinkel der Sozialpsychologie sind zwei Fragen von entscheidender Bedeutung: 1) Steigern Gewaltdarstellungen im Fernsehen die Gewaltbereitschaft der Zuschauer? 2) Welche psychologischen Prozesse liegen dieser möglichen Auswirkung von Gewaltdarstellungen zugrunde bzw. wirken sich vermittelnd aus? Systematische Überblicksauswertungen mithilfe metaanalytischer Techniken kommen zu der Schlussfolgerung, dass auf die Beobachtung von Aggression oft eine Zunahme aggressiver Reaktionen erfolgt (Andinson, 1977; Geen & Thomas, 1986; Hearold, 1986). Kritiker haben die ökologische Validität dieser Ergebnisse infrage gestellt und auf den künstlichen Charakter der Laboruntersuchungen hingewiesen, auf denen die Auswertungen beruhten. Aber eine neuere Metaanalyse von Wood, Wong und Cachere (1991), die ausschließlich auf Feldstudien basierte, kam zu derselben Schlussfolgerung, nämlich dass Gewalt in den Medien eine verstärkende Wirkung auf das aggressive Verhalten ihrer Rezipienten hat.

Um etwas über die möglichen langfristigen Auswirkungen dessen zu erfahren, dass man Gewaltdarstellungen im Fernsehen konsumiert, wurden in Längsschnittuntersuchungen sowohl die Sehgewohnheiten als auch die beobachtete Gewalt zu verschiedenen Zeitpunkten erfasst. So verglichen Eron, Walder und Lefkowitz (1971; Eron et al., 1972) die Daten einer Stichprobe, die zum ersten Messzeitpunkt etwa 8, zum zweiten 18 Jahre alt war. Das resultierende Korrelationsmuster unterstützte die Hypothese, dass eine vergleichsweise hohe Aggressivität der 18-Jährigen mit relativ häufigem Sehen von Gewaltfilmen im Alter von 8 Jahren einherging (s. Abb. 10.4). Andere Längsschnittuntersuchungen kommen zu ähnlichen Ergebnissen (Eron & Huesmann, 1980; Groebel & Krebs, 1983; Huesmann, Lagerspetz & Eron, 1984).

Comstock und Paik (1991) stellten eine Metaanalyse vor, die auf mehr als 1000 Studien beruhte; dort war überprüft worden, wie sich Gewalt in

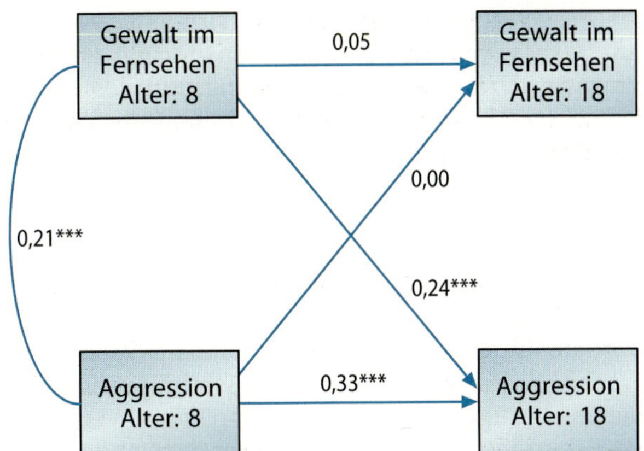

Abb. 10.4. Langfristige Auswirkungen bei Konfrontation mit Gewalt in den Medien; Korrelationen zwischen gleichzeitigen und zeitversetzten Messungen. (Nach Lefkowitz et al., 1977, in Huesmann & Miller, 1994, S. 169)

den Medien auswirkte, wenn unterschiedliche Untersuchungsmethoden zur Anwendung kamen, nämlich Experimente, Feldstudien und Längsschnittuntersuchungen. Die Autoren folgern, dass das Bild ziemlich eindeutig ist. In allen Arten von Studien findet sich Evidenz für eine kurzfristige Auswirkung der Gewalt im Fernsehen auf das Verhalten der Zuschauer; was langfristige Auswirkungen angeht, können zumindest signifikante positive Korrelationen zwischen der Menge der im Fernsehen beobachteten Gewalt und der Ausprägung der Tendenz zu aggressivem Verhalten nachgewiesen werden. Zusätzlich fanden Comstock und Paik einige Faktoren, die auf den Zusammenhang zwischen Gewalt im Fernsehen und Gewalt der Zuschauer als Moderatorvariablen einwirken (S. 255f). Gewalt im Fernsehen steigert die aggressiven Tendenzen des Zuschauers mit höherer Wahrscheinlichkeit, wenn die folgenden Bedingungen vorliegen:

- *Effektivität*: Aggression wird in den Medien als wirksames Mittel zur Erreichung der eigenen Ziele dargestellt bzw. bleibt ungestraft.
- *Normativität*: Körperliche Gewalt oder absichtlich verletzende Handlungen werden ohne ihre negativen Folgen für das Opfer, ohne sein Leiden, seinen Kummer oder seinen Schmerz dargestellt. Vielmehr wird sie oft als gerechtfertigt hingestellt, etwa wenn „gute Jungs" wie z.B. Polizeibeamte die Täter sind.
- *Realistischer Bezug:* Der Täter ähnelt in der Darstellung dem Zuschauer, er oder sie kann sich vorstellen, diese Rolle zu spielen. Aggression wird realistisch und nicht als Fantasieprodukt oder Fiktion dargestellt.
- *Empfänglichkeit:* Der Zuschauer sieht die Darstellung der Aggression in einem Zustand emotionaler Erregung (Freude, Ärger, Frustration), die aufseiten des Zuschauers eine distanziertere oder kritischere Einstellung verhindert.

Offensichtlich hat die Darstellung von Aggression in den Medien eine Auswirkung auf die Aggressivität des Zuschauers im eigenen Leben. Welche zugrunde liegenden Prozesse könnten zur Erklärung dieser Auswirkung angenommen werden? Eine Antwort auf diese Frage findet sich bei Gunter (1994), der in diesem Bereich theoretische und empirische Arbeiten vorgelegt hat. Danach wirkt sich eine kontinuierliche Konfrontation mit aggressiven Tätern und misshandelten Opfern beim Zuschauer über Prozesse der Erregungsübertragung und des Lernens am Modell aus. Zu einem vermittelnden Effekt kommt es jedoch möglicherweise auch durch die Desensibilisierung der emotionalen Reaktionsbereitschaft gegenüber einer brutalen Behandlung und durch Enthemmung für eigene aggressive Handlungen. Wenn die Hauptdarsteller im Fernsehen aggressives Verhalten ausüben, ohne anschließend negativen Sanktionen ausgesetzt zu sein, könnten bei den Zuschauern die früheren Hemmungen dagegen, ein solches gegen die Normen verstoßendes Verhalten auszuführen, geschwächt werden. In der Tat erlebten männliche Versuchspersonen, die sich eine Woche lang täglich einen aggressiven pornografischen Film angesehen hatten, weniger Gefühle von Depression, Verärgerung und Ängstlichkeit als Reaktion auf die Filme, sondern empfanden sie als angenehmer, weniger gewalttätig und weniger erniedrigend für Frauen (Harris, 1994; Linz, Donnerstein & Adams, 1989).

Wenn man häufig Gewaltdarstellungen in den Medien sieht, beeinflusst dies auch die Einstellung gegenüber Aggression. Menschen, die immer wieder im Fernsehen erleben, wie Konflikte gewaltsam gelöst werden und wie eine aggressive Handlung gewöhnlich auf die andere folgt, überschätzen möglicherweise die Wahrscheinlichkeit, selbst Opfer einer Gewalttat zu werden, bringen anderen Personen eher Misstrauen entgegen und fordern zur Verbrechensbekämpfung härtere Strafen (Gerbner, Cross, Morgan & Signorelli 1982). Obwohl dies oft übersehen wird, ist der Wirkungszusammenhang zwischen Gewalt in den Medien und Aggression keine Einbahnstraße. Im realen Leben werden im typischen Fall weder Kinder noch Heranwachsende gezwungenermaßen mit gewaltsamen Fernsehsendungen konfrontiert, sondern sie wählen sich die Sender, die Filme oder die Videos, die sie sehen wollen, selbst aus (Gunter, 1985, 1994). Daher könnte die Korrelation zwischen der Gewaltdarstellung in den Medien und dem aggressiven Verhalten von Zuschauern noch mit der individuellen Vorliebe für aggressive Filme konfundiert sein.

10.4 Aggression in sozialen Kontexten

In den vorherigen Abschnitten haben wir uns mit unterschiedlichen theoretischen Perspektiven beschäftigt, die das Auftreten aggressiven Verhaltens im Allgemeinen erklären. Wir wenden uns nun spezielleren Kontexten im Alltag zu, in denen Aggression zum Ausdruck gebracht wird. Natürlich können wir nicht die ganze Breite sozialer Kontexte berücksichtigen, die für individuelles aggressives Verhalten von Belang sind; stattdessen greifen wir nur zwei Zusammenhänge heraus, von denen wir meinen, dass sie wichtige Bereiche aus der ganzen Bandbreite individueller Aggression darstellen, nämlich Aggression in der Familie und Aggression in der Schule und am Arbeitsplatz.

10.4.1 Aggression in der Familie

Welche Faktoren fördern aggressives Verhalten unter Familienmitgliedern?

Familie ist für die Familienmitglieder gleichbedeutend mit Elternhaus, Schutz und Unterstützung; sie beruht auf gegenseitiger Zuneigung zwischen den Generationen. Eine Familie bietet die warme und vertraute Umgebung, in der sich Kinder entwickeln können und eine Sozialisation hin zu tüchtigen Mitgliedern der Gesellschaft durchlaufen. Gelles und Strauss (1995, S. 88) behaupten jedoch: „Sieht man einmal von der Polizei und dem Militär ab, ist die Familie vielleicht die aggressivste soziale Gruppe und die häusliche Umgebung das gewalttätigste soziale Milieu in unserer Gesellschaft. Ein Mensch wird mit größerer Wahrscheinlichkeit zu Hause von einem anderen Familienmitglied geschlagen oder ermordet als von jemand anderem an irgendeinem anderen Ort." Um diese beiden recht unterschiedlichen Gesichter der Familie miteinander zu vereinen, müssen wir uns in Erinnerung rufen, dass die Häufigkeit aggressiver Handlungen im Vergleich zur ganzen Spielbreite möglicher Verhaltensweisen eher niedrig ist. Im Vergleich zur Gesamtmenge aggressiven Verhaltens kommt Aggression im häuslichen Kontext jedoch augenscheinlich recht oft vor. Weltweit muss Gewalt in der Familie als ein schweres soziales Problem begriffen werden (Walker, 1999).

Gewalt in der Familie wird als ein systematisches Misshandlungsmuster aufgefasst, das über eine bestimmte Zeitspanne hinweg zunehmend häufiger und schwerwiegender wird. Dazu gehört eine breite Vielfalt körperlicher, sexueller und psychologischer Misshandlungen, die von einem Menschen in einer engen Beziehung gegen einen anderen eingesetzt wird, um ihn zu kontrollieren, zu beherrschen oder durch Zwang Macht über ihn auszuüben (American Psychological Association, 1996; Shornstein, 1997). Im Zusammenhang mit Gewalt in der Familie gibt es diverse Mythen (Gelles, 1997), die entzaubert werden müssen; so ist z.B. Gewalt in der Familie nicht auf die Unterschicht oder auf seelisch verwirrte Menschen beschränkt, sondern tritt in allen Teilen der Gesellschaft auf. So gibt es auch keine geschlechtsspezifischen Unterschiede im Hinblick darauf, wer in engen Beziehungen mit der Gewaltanwendung angefangen hat (Straus, 1993). Es gibt jedoch einen Unterschied bezogen auf die Schwere der Verletzung, die durch aggressive Übergriffe verursacht wird: Frauen fügen ihrem Partner bei weitem weniger schwere Verletzungen zu, als dies Männer tun. Auf jeden Fall werden die aggressiven Handlungen, die von Erwachsenen in der Familie ausgeführt werden, unabhängig vom Geschlecht, zu maßgeblichen Modellen für Kinder (Jaffe, Wolfe & Wilson, 1990; Straus, 1993).

Gewalt in der Familie („family aggression"): Nach der „APA Task Force on Violence and the Family" (APA, 1996) handelt es sich hier um ein Muster gewaltsamen und erniedrigenden Verhaltens; es umfasst eine breite Vielfalt körperlichen, sexuellen und psychischen Missbrauchs, die von einer Person in einer intimen Beziehung gegenüber einer anderen ausgeübt wird, um auf unfaire Weise Macht über sie zu erlangen oder den Missbrauch von Macht, Kontrolle oder Autorität aufrechtzuerhalten.

Warum ist die Familie ein derartig gewalttätiges soziales Milieu? Gelles und Straus (1979) fanden eine Reihe von Faktoren, die die Familie als soziale Gruppe genauer kennzeichnen und die sowohl für die Atmosphäre der Vertrautheit und der Unterstützung als auch für ihr Potenzial an Aggression und Misshandlung verantwortlich sind (s. Gelles, 1997). Familienmitglieder interagieren häufig und nehmen an einer breiten Vielfalt von Aktivitäten teil, die für jeden Teilnehmer ein hohes Maß an persönlicher Verpflichtung und Relevanz bedeuten, mit denen aber auch das subjektiv wahrgenommene Recht bzw. die subjektiv wahrgenommene Verpflichtung einhergeht, das Verhalten, die Meinungen und Wertvorstellungen der anderen beeinflussen zu dürfen. Die Familie bietet viele Gelegenheiten für negative gegenseitige Abhängigkeit. Während der langen Zeit, die man gemeinsam in der Familie verbringt, sammelt sich ein Wissen über die Stärken und Verletzlichkeiten der Familienmitglieder an, das dazu eingesetzt werden kann, den anderen in einer Konfliktsituation zu attackieren.

Gelles (1997) stellt eine Theorie der Aggression in intimen Beziehungen vor, die auf der Austausch- und Interdependenztheorie beruht (Blau, 1964, s. Kap. 11). Aggression in intimen Beziehungen ist, wie andere Verhaltensweisen in sozialen Beziehungen auch, davon geleitet, dass man Belohnungen anstrebt und Kosten vermeidet. Gewalt wird eingesetzt, wenn der Handelnde erwarten kann, dass die Kosten für dieses Verhalten geringer sind als die Belohnungen. Die Kosten der Aggression nehmen für den Handelnden ab mit

- der Abwesenheit wirksamer äußerer sozialer Kontrollen (in diesem Fall verringert der private Charakter der Familienbeziehung die Bereitschaft Außenstehender einzugreifen),
- der ungleichen Verteilung der Macht zwischen Männern und Frauen und
- der Aggressivität als einem Status fördernden, positiv bewerteten Bestandteil des Bildes vom „richtigen Mann".

10.4.2 Aggression in der Schule und am Arbeitsplatz

Worin bestehen die Bedingungen, die Kinder in der Schule und Kollegen am Arbeitsplatz zu Tätern und Opfern von Gewalt werden lassen?

Viktimisierung, auch Drangsalieren oder Mobbing („victimization, bullying, mobbing"):
In sozialen Kontexten wie beispielsweise in der Schule oder an der Arbeitsstelle werden manchmal bestimmte Personen ausgewählt, um sie häufig zu attackieren oder schlecht zu behandeln. Besondere Merkmale dieses Phänomens sind die wiederholte oder andauernde Zufügung absichtlicher Verletzungen mittels direkter bzw. indirekter aggressiver Maßnahmen, meist durch mehr als einen körperlich starken und/oder statushöheren Täter gegen ein körperlich schwaches und/oder statusniedrigeres Opfer, das oft von den Normen der Gruppe abweicht.

Wir alle haben schon Personen getroffen oder zumindest von ihnen gehört, die entweder in der Schule oder am Arbeitsplatz unter der ständigen Schikanierung oder unter Übergriffen von Klassenkameraden oder Kollegen gelitten haben. Oft führen solche Situationen zu schweren gesundheitlichen Problemen; manchmal begehen die Opfer sogar Selbstmord, um der für sie belastenden und aversiven Situation zu entkommen. Obwohl diese spezielle Form der Aggression sicher nicht auf unsere heutige Zeit beschränkt ist, ist es noch nicht lange her, dass mit ihrer systematischen sozialpsychologischen Erforschung begonnen wurde; dies geschah zunächst in Skandinavien (Leymann, 1993; Olweus, 1973) und später in verschiedenen anderen Ländern (s. Schuster, 1996; Smith & Sharp, 1994; Zapf, 1999).

Olweus hat **Viktimisierung** (synonym gebraucht für **Drangsalierung** oder **Mobbing**) wie folgt definiert: „Eine Person wird drangsaliert ..., wenn er oder sie wiederholt und über eine gewisse Zeit hinweg zum Gegenstand negativer Handlungen durch eine oder mehrere andere Personen wird" (1994, S. 98). Negative Handlungen sind aggressive Verhaltensweisen wie etwa körperliche oder verbale, direkte oder indirekte Aggression. Das Ungleichgewicht im Hinblick auf Stärke, Status und Macht ist spezifisch für Drangsalierung oder Mobbing: Das Opfer ist dem Schläger unterlegen und kann sich deshalb nicht so leicht gegen die Angriffe verteidigen. Zu den Reaktionen des Opfers gehören psychosomatische Symptome, Verringerung des Leistungsniveaus und Verlust des Selbstwertgefühls (Schäfer, 1997; Zapf 1999). Was die Täter betrifft, weisen Personen, die in der Schule Schläger waren, als Erwachsene ein erhöhtes Risiko für Delinquenz auf (Lösel, Averbeck & Bliesener, 1997); sie neigen dazu, später im Berufsleben weiterhin zu drangsalieren und zu mobben (Farrington, 1994).

Bei Schulkindern unterscheidet Olweus (1994) typische Charakteristika von Opfern und Schlägern, die in ähnlicher Weise aber auch bei Forschungen über das Drangsalieren unter erwachsenen Arbeitskollegen zum Vorschein kamen (Niedl, 1995; Schuster, 1996; Zapf, 1999). Im typischen Fall sind die Opfer ängstlich, in Verteidigungshaltung, haben ein geringes Selbstvertrauen, sind körperlich schwach oder sehen anders aus als die Mehrheit. Im Gegensatz dazu sind die Schläger oft körperlich stark, verhalten sich in einer ganzen Reihe von Kontexten aggressiv, neigen dazu, andere zu dominieren, sind sehr impulsiv und haben ein ausgeprägtes Selbstwertgefühl. Es konnte gezeigt werden, dass sich viele dieser Persönlichkeitsunterschiede durch unterschiedliche Sozialisierungsstile aufseiten der Eltern erklären lassen (Schäfer, 1997). Geschlechtsspezifische und Altersunterschiede sind für die Art der Drangsalierung von Belang: Mädchen treten eher durch indirekte Übergriffe und weniger durch direkte körperliche Attacken hervor als Jungen. Mit zunehmendem Alter jedoch geht dieser Geschlechtsunterschied aufgrund abnehmender körperlicher Aggression bei den Jungen zurück. Unter Erwachsenen machen körperliche Übergriffe nur einen sehr kleinen Teil des Spektrums drangsalierenden Verhaltens aus.

Wann tritt Drangsalierung auf? Die *Hypothese vom sozialen Außenseiter* (s. Schäfer, 1997) bezieht sich auf die mangelnde Vereinbarkeit zwischen dem allgemeineren sozialen Klima in der Gleichaltrigengruppe und den Einstellungen und Verhaltensweisen des Individuums. Abhängig von der Art der Gruppennormen können dieselben Verhaltensstile entweder auf Zurückweisung und Viktimisierung oder auf Akzeptanz stoßen (Wright, Giammarino & Parad, 1986). Auf Grundlage der „Theorie der Referenzkognition" weisen Folger und Baron (1996) auf die Funktion subjektiv wahrgenommener Ungerechtigkeit aufseiten der Täter hin, die unter Umständen die Drangsalierung geeigneter Opfer in Gang setzt.

Zusammengefasst kann man sagen, dass in der Forschung zur Drangsalierung in der Schule und am Arbeitsplatz immer noch nach weiteren Faktoren gesucht wird, die für die Analyse des Phänomens von Relevanz sein könnten; und ein theoretischer Rahmen für die Prozesse, die das Phänomen steuern, ist noch nicht entwickelt worden (Schuster, 1996). Es gibt einen Aspekt, durch den sich die Forschung zur Drangsalierung von anderen Themen der Aggressionsforschung unterscheidet. Normalerweise richtet sich das Interesse auf den Täter und seine Verhaltensweisen, doch im Gegensatz dazu sind hier Täter und Opfer gleichermaßen zentral für die Forschung. Für integrative Ansätze zur Analyse von Aggression jedoch ist dies durchaus kein Spezialfall. Darüber hinaus bedeutet Aggression *immer*, dass zumindest zwei Beteiligte, die ja in speziellen sozialen Kontexten handeln, dazu beitragen. Mit genau dieser Interaktion werden wir uns im nächsten Abschnitt beschäftigen.

10.5 Aggression: Von der Aktion zur Interaktion

Wie lauten die wichtigsten Konzepte von Aggression als soziale Interaktion?

10.5.1 Die Interpretation individuellen Verhaltens als aggressives Verhalten

Wenn wir ein Verhalten als aggressiv einschätzen, gehen wir über die einfache Beschreibung hinaus; wir nehmen eine Bewertung vor. Eine solche Beurteilung durch einen Beobachter oder sogar einen Beteiligten hat soziale Konsequenzen; wird ein Verhalten als aggressiv beurteilt, so erscheint eine negative Sanktion angebracht. In einer breit angelegten Untersuchung über die Einstellungen amerikanischer Männer gegenüber verschiedenen Formen von Gewalt fand man heraus, dass die gleichen Verhaltensweisen (z. B. Polizisten, die bei einer Demonstration Studenten niederknüppeln) positiv oder negativ gesehen werden können, je nachdem, ob die vorausgehende Handlung (z. B. ein Sit-In) für legitim oder illegitim gehalten wird (Blumenthal, Kahn, Andrews & Head, 1972). Experimente, die sich mit der Beurteilung von Verhalten als aggressiv beschäftigen, weisen darauf hin, dass *Schädigungsabsicht, tatsächliche Schädigung* und *Normverletzung* die Hauptkriterien für die Etikettierung einer Handlung als aggressiv sind (Ferguson & Rule, 1983; Löschper, Mummendey, Linneweber & Bornewasser, 1984). Wenn wir davon ausgehen, dass Aggression ein Konstrukt ist, das eher auf Interpretationen als auf Beschreibungen von Verhalten beruht, ergibt sich die Frage nach den Faktoren, die die Interpretation beeinflussen oder bestimmen. Hier ist zunächst der spezifische soziale normative Kontext, in den die betreffende Handlung eingebettet ist, von Bedeutung. Je nach der kontextspezifischen Gültigkeit von Normen kann ein bestimmtes Verhalten normverletzend sein oder auch nicht. Zum Zweiten bietet die Attributionstheorie eine nachvollziehbare Argumentation zu der Frage an, was Menschen dazu bringt, den Handlungen einer anderen Person eine bestimmte Absicht zu unterstellen (s. Kap. 7). Drittens spielt die Perspektive, die für die Schlüsselfiguren in einer aggressiven Interaktion jeweils spezifisch ist, also für den Handelnden, den Betroffenen und die äußeren Beobachter, eine bedeutende Rolle bei der Bewertung einer bestimmten Handlung.

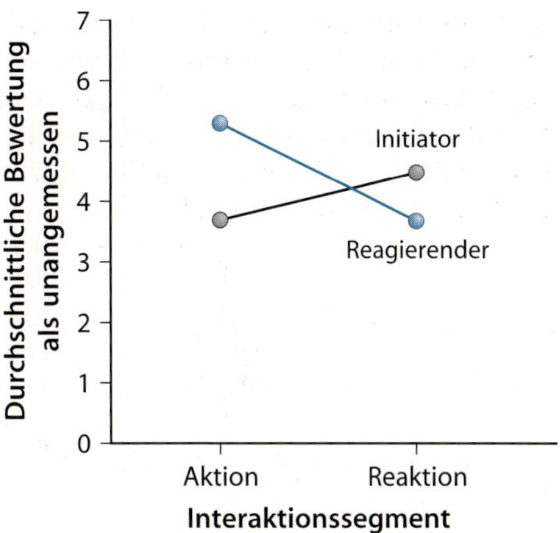

Abb. 10.5. Perspektivenspezifische Divergenz zwischen Initiatoren und Reagierenden in der Bewertung einer aggressiven Handlung. (Nach Mummendey, Linneweber & Löschper, 1984 a)

In mehreren Studien von Mummendey, Linneweber und Löschper (1984a, 1984b; auch Felson, 1984) wird eine perspektivenspezifische Divergenz deutlich: Die Handelnden beurteilen ihre eigene Tat wesentlich positiver, als es die davon Betroffenen (und die Beobachter) tun. Diese Divergenz tritt unabhängig davon auf, ob der Handelnde die Interaktionssequenz initiierte oder nur auf das Verhalten eines Gegners reagierte (s. Abb. 10.5). In einer weiteren Studie zeigten Mummendey und Otten (1989), dass diese Divergenz nicht auf perspektivenspezifischen Unterschieden in der Wahrnehmung der Interaktionssequenz beruhte. Vielmehr war sie eindeutig auf Unterschiede bei der Bewertung der eigenen Handlung im Vergleich zu der des anderen zurückzuführen (s. auch die Forschung von Mikula, 1994, zu den Bestimmungsfaktoren der Erfahrung von Ungerechtigkeit im Alltag).

10.5.2 Sozialer Einfluss und Macht durch Zwang

Zur Aggression gehören also, wie wir gesehen haben, subjektive Urteile über Absichten des Handelnden und darüber, ob das Verhalten normativ angemessen ist. Tedeschi und seine Mitarbeiter haben vorgeschlagen, dass bei der Analyse von Aggression die Verhaltensseite von der Bewertungsseite getrennt werden sollte. Wertneutral betrachtet stellt aggressives Verhalten eine besondere Form sozialer Einflussnahme dar: Ein Individuum übt auf eine andere Person Druck aus, etwas zu tun, was diese Person ohne diesen Druck nicht getan hätte. Aggressionen beinhalten also die Anwendung von **Macht durch Zwang** in Form von Drohungen oder Bestrafung. Mit einer Drohung macht man einem anderen klar, dass man etwas Bestimmtes von ihm will und dass man ihn bestraft, falls er auf die Forderung nicht eingeht. Eine Strafe ist jegliche Form von Behandlung, die für das Opfer aversiv ist. Natürlich ist nun die Frage interessant, unter welchen Bedingungen Personen versuchen, zu diesen Formen der Einflussnahme durch Zwang zu greifen.

Macht durch Zwang („coercive power"): Die Anwendung von Drohungen und Bestrafung zum Erreichen sozialer Macht.

Sozial-interaktionistische Theorie des Zwangs („social interactionist theory of coercive action"):
Eine Theorie zur Beschreibung und Erklärung von Aggression, die zwischen bewertenden und Verhaltenskomponenten unterscheidet. In Begriffen des Verhaltens wird Aggression als eine Form von „Macht durch Zwang" definiert. Ob eine Handlung als aggressiv wahrgenommen wird, hängt von den bewertenden Urteilen der jeweiligen Gegner oder Beobachter ab.

Zur Klärung dieser Frage haben Tedeschi und Felson (1994) eine **sozial-interaktionistische Theorie der Ausübung von Zwang** entwickelt. Die Theorie besagt, dass die Ausführung einer Macht-durch-Zwang-Maßnahme als das Ergebnis eines Entscheidungsprozesses gesehen werden muss: Bevor der Handelnde Drohungen oder Bestrafungen anwendet, wird er andere Maßnahmen zur Erreichung seiner Ziele erwogen haben. Es können drei Hauptziele unterschieden werden, die eine Anwendung von Zwang nahe legen: a) andere kontrollieren, b) Gerechtigkeit wieder herstellen und c) seine Identität behaupten oder schützen. Die Entscheidung des Handelnden, ob er Zwang ausüben soll oder nicht, wird von der *Erwartung* beeinflusst, wie hoch die Wahrscheinlichkeit ist, ein bestimmtes Ziel mit dieser Maßnahme zu erreichen, dem *Wert*, der dem entsprechenden Ziel beigemessen wird, und der Einschätzung von *Nutzen* und *Kosten*, die mit den Verhaltensalternativen assoziiert sind (s. Abb. 10.6).

Generell folgt also die Ausübung einer Macht-durch-Zwang-Maßnahme auf einen rationalen Prozess oder wird von diesem gesteuert. Dabei kann der rationale Anteil im Hinblick auf den Umfang der Elaboriertheit und die Komplexität der Gedanken unterschiedlich stark ausgeprägt sein; er kann gering sein, vor allem wenn die Situation eher emotional ist oder schnelle Entscheidungen gefällt werden müssen. Aber die rationale Entscheidung ist das grundlegende Prinzip. Je nachdem, welches der drei oben genannten Ziele mithilfe von Zwang angestrebt wird, sind dafür die verschiedenen Ergebnisse entsprechender Maßnahmen in unterschiedlichem Grade nützlich: Besteht das Ziel im Zugang zu einer bestimmten Ressource, so bezweckt der Handelnde möglicherweise ein Nachgeben der Zielperson („compliance"); wenn aber das Ziel darin besteht, Gerechtigkeit wieder herzustellen oder Identität zu behaupten, richtet sich das Handeln eventuell auf eine Schädigung oder Verletzung der Zielperson.

In diesem Sinne kann das Verhalten der Deutschen gegenüber den Tunesiern in unserem Beispiel als subjektiv gesehen optimale Alternative zur Erreichung situationsrelevanter Ziele beschrieben werden; zu diesen Zielen gehören vielleicht Schutz der eigenen Identität im Sinne von Stärke und Dominanz gegenüber einem Fremden (s. Kap. 15), möglicherweise Wiederherstellung von Gerechtigkeit oder beides. Die Frage, ob diese

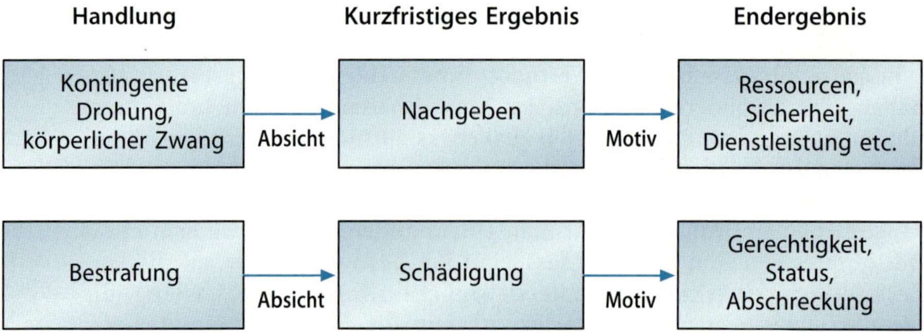

Abb. 10.6. Die Komponenten von Macht-durch-Zwang-Handlungen. (Nach Tedeschi & Felson, 1994)

Form von Macht-durch-Zwang als *Aggression* bewertet wird, ist unabhängig von dieser Beschreibung. Sie hat weniger mit den Bedingungen für das Auftreten des Verhaltens zu tun als mit den Bedingungen, unter denen bestimmte Verhaltensweisen übereinstimmend als „aggressiv“ interpretiert werden.

10.5.3 Attribution und Aggression

An Verhaltensweisen lassen sich die oben erwähnten Kriterien – Schädigungsabsicht, tatsächlicher Schaden und Normverletzung – nicht direkt ablesen, sondern sie werden aktiv in dieser Begrifflichkeit konstruiert. Das soll nun nicht heißen, dass diese Wahrnehmungen etwas völlig Beliebiges sind. Im Gegenteil, alltägliche Interaktionen regulieren sich auf der Grundlage eines beachtlichen sozialen Konsenses. Genau hier liegt nun eine bedeutende Aufgabe der sozialpsychologischen Forschung, nämlich herauszufinden, unter welchen Bedingungen Menschen auf aversive Ereignisse so reagieren, als handele es sich um eine Aggression (Rule & Ferguson, 1984). Rule und Ferguson betonen zwei Aspekte dieser Kausalattributionen: Zum einen legen sie fest, wer oder was als *verantwortlich* für ein aversives Ereignis wahrgenommen wird. Zum andern spezifizieren Attributionen eine „Soll-Ist-Diskrepanz“ im Hinblick auf das betreffende Verhalten, d.h. eine wahrgenommene Diskrepanz zwischen dem, was der oder die Handelnde tatsächlich getan hat, und dem, was er oder sie in einer vorgegebenen Situation hätte tun sollen.

Die Soll-Ist-Diskrepanz gewinnt insbesondere dann an Bedeutung, wenn dem Akteur kausale Verantwortlichkeit für die aversiven Konsequenzen zugeschrieben wird. Verantwortlichkeit zuzuschreiben setzt voraus zu entscheiden, ob die aversiven Konsequenzen *beabsichtigt* oder zumindest für den Handelnden *vorhersehbar* waren. Die Ergebnisse verschiedener Untersuchungen zeigen, dass ein Opfer oder ein Beobachter umso ärgerlicher (Averill, 1982; Mikula, 1994; Torestad, 1990) und umso rachsüchtiger (Ohbuchi & Kambara, 1985) sein wird, je aversiver die Konsequenzen sind und je größer die wahrgenommene Soll-Ist-Diskrepanz ist.

10.5.4 Normen als Regulatoren von Aggression

Was setzt den Teufelskreis wechselseitiger Aggression in Gang und wodurch wird er gestoppt?

10.5.4.1 Wahrgenommene Ungerechtigkeit und die Reziprozitätsnorm

Viele Eltern machen ihren Kindern immer wieder deutlich, dass sie andere Kinder nicht schlagen, kratzen oder treten sollen und dass sie bestraft werden, wenn sie bei solchen Verhaltensweisen ertappt werden. Wenn aber der kleine Sohn heulend nach Hause kommt und sich beschwert, dass ihm ein anderer sein Fahrrad weggenommen oder ihn getreten habe, fordern die gleichen Eltern ihn dazu auf, sich zu wehren: „Wenn dich ein anderes Kind tritt, dann tritt zurück!" Gouldner (1960) sieht in der *Reziprozitätsnorm* („wie du mir, so ich dir") eine von der Gemeinschaft geteilte Vorschrift, die in vielen verschiedenen Gesellschaften gültig ist (s. Kap. 11 und 12). Wenn sich jemand als Opfer einer Aggression fühlt, so kann er sich im Sinne der Reziprozitätsnorm zu einem Vergeltungsangriff berechtigt sehen. Experimentelle Untersuchungen stützen diese Beobachtung: Während der Initiator einer feindseligen Handlung als aggressiv, offensiv und unfair handelnd wahrgenommen wird, wird eine Person, die eine andere als Reaktion auf eine Provokation körperlich angreift, als defensiv und fair handelnd angesehen (Brown & Tedeschi, 1976).

Bestimmte Informationen erhöhen, wie wir gesehen haben, die Wahrscheinlichkeit, dass eine bestimmte Verhaltensweise als aggressiv etikettiert und die Aggression erwidert wird bzw. die Situation eskaliert. Gleichermaßen können Informationen, die die Zuschreibung der kausalen Verantwortung oder den Eindruck der Normverletzung abschwächen, genau die gegenteilige Wirkung auf den Verlauf der Interaktionssequenz haben: Der Täter wird dann weniger negativ beurteilt; der Ärger des Opfers und seine Tendenz zur Vergeltung werden schwächer (Ohbuchi, Kameda & Agarie, 1989; Rule, Dyck & Nesdale, 1978; Zumkley, 1981). Nehmen wir an, wir erfahren, dass die Deutschen zu viel Alkohol getrunken hatten; mit anderen Worten, sie hatten ihr Verhalten nicht ganz im Griff und konnten die Folgen ihrer Handlungen nicht voraussehen. Diese Art zusätzlicher Informationen kann zur *Entschuldigung* des Täters herangezogen werden. Eine andere Möglichkeit besteht darin, dass die Folgen des Verhaltens neu bewertet werden und die Handlung als gerechtfertigt, unvermeidlich oder sogar notwendig angesehen wird: „Endlich haben die Deutschen den Tunesiern gezeigt, was sie verdient haben! So muss man mit Leuten wie ihnen umgehen." Diese Formen der Erklärung werden als *Rechtfertigungen* klassifiziert (Tedeschi, Lindskold & Rosenfeld, 1985).

10.5.5 Verarbeitung sozialer Informationen

Wie lässt sich der unterschiedliche Blickwinkel durch die Verarbeitung sozialer Informationen erklären?

In den vorangehenden Abschnitten haben wir gesehen, dass Aggression sich aus den jeweils unterschiedlichen Blickwinkeln und Interpretationen der eigenen Absichten und Verhaltensweisen sowie derjenigen des anderen ergibt. Insofern beeinflusst die soziale Informationsverarbeitung entscheidend, wie in einer aggressiven Interaktionssequenz die Opponenten ihr Verhalten koordinieren. An dieser Stelle muss die Arbeit von Dodge (1986) erwähnt werden, die sich mit der fehlenden Fähigkeit beschäftigt hat, die sozialen Hinweisreize, die von anderen Personen in einer Inter-

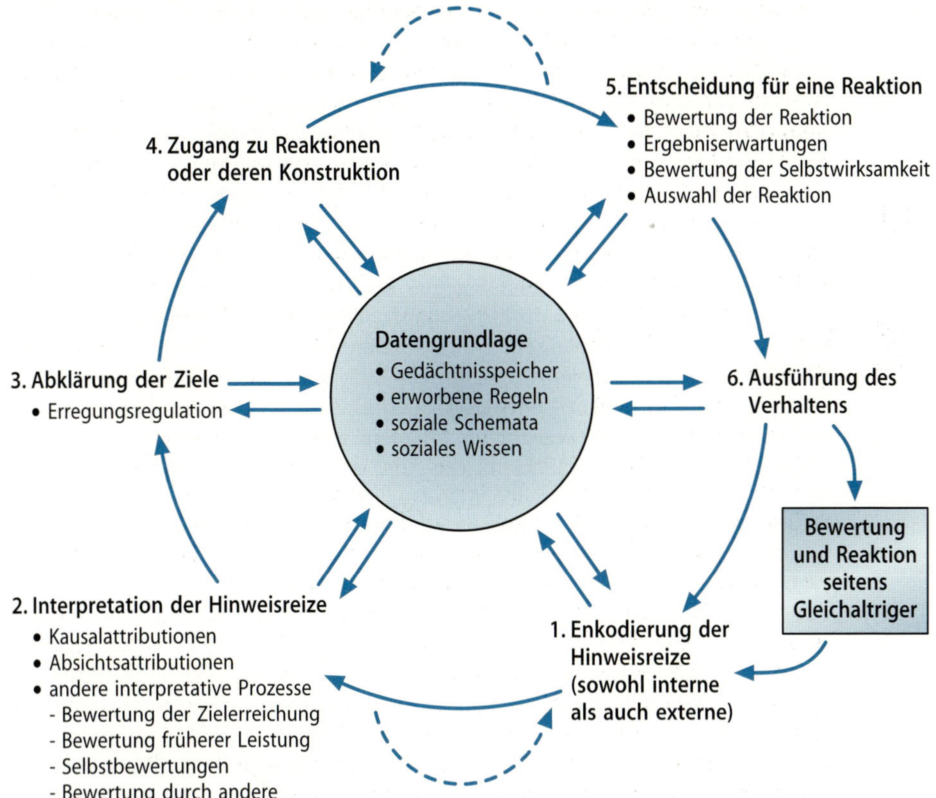

Abb. 10.7. Informationsverarbeitungsmodell der sozialen Anpassung von Kindern. (Nach Crick & Dodge, 1994, S. 76)

aktionsepisode ausgesandt werden, wahrzunehmen bzw. zu interpretieren. Dodge und seine Mitarbeiter haben ein integratives Modell entwickelt (s. Abb. 10.7), bei dem spezifische Verarbeitungskomponenten beim Prozess der perspektivenspezifischen Wahrnehmung und Verhaltensauswahl in aggressiven Konflikten herausgearbeitet werden (Crick & Dodge, 1994; Dodge, 1986).

In seiner neuen Fassung beschreibt das Modell sechs Phasen:

1) Enkodierung der Hinweisreize (Wahrnehmung, Aufmerksamkeit; z. B. beobachtet Thomas, wie Michael ihm sein Spielzeug wegnimmt),
2) Interpretation dieser Hinweisreize (z. B. „Michael hat vor, mich zu provozieren“),
3) Abklärung der Ziele bei der eigenen Reaktion (z. B. Ärger vermeiden, das Spielzeug zurückbekommen),
4) Zugang zu typischen Reaktionen (z. B. Michael schlagen; sich über Michael bei der Mutter beklagen),
5) Entscheidung für eine dieser Reaktionen und schließlich
6) Ausführung des Verhaltens (z. B. schlägt Thomas Michael).

Tendenz zur feindseligen Attribution („hostile-attribution bias"): Ein entscheidendes Kriterium, um eine Handlung als aggressiv wahrzunehmen, besteht darin, dass man auf feindselige Absichten des Handelnden schließt. Nach der Reziprozitätsnorm revanchiert sich das Opfer selbst mit aggressiven Handlungen. In Gegensatz zu nicht aggressiven Personen neigen stark aggressive Menschen dazu, aggressiver zu reagieren, wenn die Informationen über die Absicht des Handelnden nicht eindeutig sind. Diese Reaktion geht mit der Tendenz einher, dem Frustrator feindselige Motive zu unterstellen, wenn keine klaren Informationen über die Absicht des Handelnden vorliegen.

Jeder Prozess wird in jeder einzelnen Phase durch mehrere tief verwurzelte Konzepte wie Normen und Regeln oder soziale Schemata beeinflusst. Umgekehrt werden diese verwurzelten Konzepte durch tatsächliche Erfahrungen während des kognitiven Prozesses beeinflusst (zu weiteren Informationen über die unterschiedlichen Gedächtniskonzepte, auf die im Modell unter dem Begriff „Datengrundlage" Bezug genommen wird, s. Kap. 5).

Dieses Modell bietet eine Erklärung sowohl für die Interaktionssequenz in der Situation und für die allmähliche Entwicklung bleibender individueller Unterschiede im Hinblick auf die Erwartungen an das Verhalten anderer als auch für die eher habituellen Reaktionstendenzen. Es wird durch eine eindrucksvolle Ansammlung empirischer Belege gestützt, die Dodge und seine Kollegen in einem umfassenden Forschungsprogramm zusammengetragen haben. Wenn z.B. Jungen, die nach dem Urteil von Gleichaltrigen und von Lehrern entweder hoch aggressiv oder nicht sehr aggressiv waren, miteinander verglichen wurden, stellte sich heraus, dass Erstere mehr dazu neigten, der Person, die Auslöser der Frustration war, feindliche Absichten zu unterstellen (Dodge, 1980; Dodge & Somberg, 1987). Vermutlich beruhte diese **Tendenz zur feindseligen Attribution** auf Defizite während der Enkodierung und bei der Interpretation sozialer Hinweisreize (die in Abb. 10.7 auf S. 375 dargestellten Phasen 1 und 2).

10.5.6 Kollektive Gewalt

Worin bestehen die unterschiedlichen Funktionen von Normen bei der Initiierung und Regulierung von Gewalttätigkeiten zwischen sozialen Gruppen?

Gewalttätige Tumulte bei Fußballspielen oder brutale Auseinandersetzungen zwischen Polizei und Demonstranten sind klare Beispiele für Situationen, in denen Menschen in Gruppen sich so verhalten, wie sie es als Individuen noch nicht einmal im Traum getan hätten. Tatsächlich deuten experimentelle Studien darauf hin, dass Individuen in Gruppen ein weitaus aggressiveres Verhalten zeigen, als wenn sie einzeln handeln (Jaffe & Yinon, 1983; Mullen, 1986).

In der Tradition der frühen Massenpsychologie, die man mit Autoren wie LeBon, Tarde und Sighele in Verbindung bringt, wurde dieser Gruppeneinfluss folgendermaßen analysiert: Individuen in Gruppen oder Massen verhalten sich irrationaler, impulsiver und normverletzender, als wenn sie individuell handeln würden (s. Kap. 1 und 15). Eine moderne Version dieser massenpsychologischen Perspektive findet sich in den Arbeiten über **Deindividuation** (Diener, 1980; Zimbardo, 1969). Mit Deindividuation ist ein besonderer Zustand des Individuums gemeint, in dem die Kontrolle des Individuums über sein Verhalten nachlässt; es kümmert sich weniger um normative Standards sowie um den Eindruck, den es bei anderen macht, und auch nicht um spätere Konsequenzen des eigenen Verhaltens. Verschiedene Faktoren tragen zur Deindividuation bei, so z.B. Anonymität, Verantwortungsdiffusion und eine Verkürzung der Zeitper-

Deindividuation („deindividuation"): Ein Zustand einer Person, in dem die rationale Kontrolle und normative Orientierung geschwächt sind und dadurch die Bereitschaft der Person erhöht wird, auf extreme Weise und im Widerspruch zu Normen zu reagieren.

spektive. Obwohl jedoch die empirischen Befunde diese Annahme nicht uneingeschränkt unterstützen (z. B. Baron, 1970; Donnerstein, Donnerstein, Simons & Dittrichs, 1972; Lange, 1971), gibt es insgesamt Belege für die Annahme, dass Mitglied einer Gruppe zu sein eine deindividuierende Wirkung auf Individuen hat, sodass sich ihre sonst üblichen Hemmungen, sich an aggressivem Verhalten zu beteiligen, verringern (Prentice-Dunn & Rogers, 1983, 1989; Spivey & Prentice-Dunn, 1990).

Ganz im Gegensatz zu den grundlegenden Annahmen der Deindividuationstheorie steht die *Emergent-norm-Theorie* von Turner und Killian (1972). Nach dieser Auffassung werden extreme Verhaltensweisen in Gruppen- und Massensituationen nicht deshalb wahrscheinlicher, weil die Individuen ihre Hemmungen verlieren oder sich nicht mehr um normative Standards kümmern, sondern vielmehr, weil *neue* Normen entstehen. Reicher, Spears und Postmes (1995) schlagen in ihrem „social identity model of deindividuation (SIDE)“ vor, dass es vor allem die Normen innerhalb der Gruppe seien, an die sich die Individuen halten (Postmes & Spears, 1998). In Situationen z. B., in denen es zu einer Konfrontation zwischen der Polizei und Demonstranten kommt, können sich Normen entwickeln, dass man sich selbst gegen die Polizei zur Wehr setzen müsse. Aggressive Verhaltensweisen wie etwa das Schleudern von Steinen werden nicht deshalb möglich, weil Individuen in Gruppen oder Massensituationen weniger normkonform sind, sondern vielmehr weil sich die *Normen selbst* ändern, an denen das Verhalten des Einzelnen orientiert ist. In einer Studie, die den Deindividuationsansatz und die Emergent-norm-Theorie vergleichend überprüfte, sahen Mann, Newton und Innes (1982) beide Theorien gestützt: Anonyme Versuchsteilnehmer waren aggressiver, aber vor allem dann, wenn aggressives Verhalten normentsprechend war, und weniger aggressiv, wenn das Verhalten als normativ unangemessen galt.

Aus der Deindividuationstheorie lässt sich ableiten, dass man in Gruppensituationen mehr aggressives Verhalten erwarten kann als in Einzelsituationen. Aber auch hier sind die experimentellen Ergebnisse nicht eindeutig. Es hängt von den in der Gruppe dominierenden Normen ab, ob die Gruppenmitglieder extrem auf den Gegner reagieren. Studien von Rabbie und Kollegen (Rabbie, 1982; Rabbie & Horwitz, 1982; Rabbie & Lodewijkx, 1983) unterstützen diese *„Norm-enhancement-Hypothese“*: Gruppen zeigen nur dann mehr aggressives Verhalten als einzelne Individuen, wenn dieses Verhalten im Hinblick auf die salienten Situationsnormen als legitimiert gelten kann. Es ist daher nicht sehr überzeugend, beobachtbare Unterschiede bezüglich interpersonaler und **kollektiver Aggression** durch die Annahme innerer Zustände oder den Verlust der Rationalität zu erklären. Wenn Gruppensituationen durch vergleichsweise extremere Formen der Aggression gekennzeichnet sind, dann mag das daran liegen, dass sich die Gruppenmitglieder gegenseitig in der Ansicht bestärken, sie alle verhielten sich angemessen (Mummendey & Otten, 1993).

Kollektive Aggression („collective aggression“): Aggression, die gleichzeitig von einer großen Anzahl von Personen, Gruppen oder Massen entweder spontan, wie bei Aufständen, oder geplant, wie in Kriegen, ausgeübt wird.

Völkermord oder „ethnische Säuberung“, wie er auch manchmal genannt wird, kann als die extremste Form kollektiver Gewalt betrachtet werden. Völkermord setzt eine Machthierarchie voraus, in der die Täter die dominierende und die Opfer die dominierte Gruppe sind. Aggression gegenüber der Opfergruppe wird nicht negativ sanktioniert; im Gegenteil, Gräueltaten können offen angekündigt werden, da sie nach den vorherrschenden Ideologien gerechtfertigt sind.

In seinem Buch „The Roots of Evil" argumentiert Staub (1989), dass schwierige Lebensverhältnisse eine wichtige Randbedingung für Völkermord darstellen. In Situationen, in denen die Gesellschaft instabil und durch Anstrengung des Einzelnen nur schwer veränderbar ist (wie beispielsweise im Extremfall des Krieges), können sich leicht Ideologien entwickeln, die einfache Lösungen anbieten. Dann erfüllt eine ethnische Säuberung aus dem Blickwinkel der Täter soziale Aufgaben; die Vertreibung der Minderheit löst, so nehmen sie an, gesellschaftliche Probleme.

Staubs Analyse beruht auf vier Fällen von Massen- oder Völkermord, der extremste ist der deutsche Holocaust. Staub hebt hervor, dass die Gräueltaten des Völkermords sich langsam entwickeln. In diesem Prozess spielen die Normen, die die Gesellschaft zur Verfügung stellt und die von anwesenden, die Gewalt entweder unterstützenden oder missbilligenden Zuschauern vertreten werden, eine entscheidende Rolle. Die Täter beginnen mit harmloseren Verhaltensweisen und machen allmählich eine psychische Veränderung durch. Je nach der vorherrschenden Ideologie kann eine aggressive Handlung sowohl die Erniedrigung der Opfer als auch einen höheren Status der Täter nach sich ziehen. Auf dieser Grundlage kann zusammen mit einem immer stärkeren Bewusstsein der „Rechtfertigung" ein immer größerer Schaden zugefügt werden. Die überlegene Gruppe behauptet, sie müsse sich gegen die Minderheit schützen. Um der „ethnischen Reinheit" willen werden dann Repression, Vertreibung und schließlich Massenmord gerechtfertigt. Nach Staub ist die potenzielle Macht der anwesenden Zuschauer in diesem Prozess groß; ihr Handeln bzw. Nichthandeln kann die Ideologien, die eine Eskalation der Gewalt bewirken, entweder infrage stellen oder stützen.

10.6 Zusammenfassung und Schlussfolgerungen

Am Anfang dieses Kapitels haben wir folgende Frage gestellt: Was kann einen Menschen dazu veranlassen, einen anderen zu beleidigen, zu verletzen oder sogar zu töten? Wie kommt es, dass Menschen andere in einer Art und Weise behandeln, in der sie mit Sicherheit nicht selbst behandelt werden möchten? Wir haben uns mit einer Reihe theoretischer Ansätze und einer Vielfalt empirischer Befunde auf dem Gebiet der Aggression auseinander gesetzt. Jetzt wollen wir das resultierende Bild wie folgt zusammenfassen:

Aggression kann die Reaktion auf das Erleben von Frustration und Ärger sein, vor allem wenn die Situation Hinweisreize enthält, die Assoziationen mit Aggressionsschemata auslösen. Aggressives Verhalten kann durch instrumentelles Konditionieren oder durch Lernen am Modell erlernt werden. Die Bereitschaft, diese Verhaltensweisen auch tatsächlich einzusetzen, entsteht, wenn sie als geeignetes Mittel zur Erreichung eines Ziels angesehen werden – d.h. um einen körperlich oder psychisch als aversiv erlebten Zustand zu beenden, für den eine andere Person verantwortlich gemacht wird.

Wir haben ebenfalls gesehen, dass ein und dasselbe Verhalten als aggressiv oder als nicht aggressiv bewertet werden kann, abhängig von den relevanten Normen und davon, welche Ursache dem aggressiven Verhalten zugeschrieben wird (Attribution). Daneben sind die Blickwinkel, aus denen das Urteil gefällt wird, von Belang. Insbesondere gibt es klare Unterschiede in der Bewertung desselben Verhaltens je nachdem, ob man die Sicht des Schädigenden oder die des Opfers zugrunde legt.

Aggressives Verhalten, ob in den Beziehungen zwischen Individuen oder in denen zwischen Gruppen, wird offenbar wie andere Formen sozialen Verhaltens auch durch sozial akzeptierte und situativ relevante Normen reguliert. Auf der Suche nach den Ursachen von Aggression sollten wir uns deshalb nicht in erster Linie auf Umstände konzentrieren, die im Individuum Triebenergien freisetzen oder die rationale Kontrolle des Verhaltens reduzieren. Vielmehr sollten wir nach den Bedingungen suchen, die (zumindest in den Augen des Handelnden) die absichtlich herbeigeführte Schädigung eines anderen Menschen als angemessen und gerechtfertigt erscheinen lassen.

FRAGEN ZUM TEXT

1. Diskutieren Sie die beschreibenden und bewertenden Bestandteile des Konzepts der „Aggression".
2. Auf welche Weise werden aggressive Tendenzen und Handlungen durch Attributionsprozesse beeinflusst?
3. Vergleichen Sie die Ansätze von Berkowitz und Zillmann in Bezug auf ihre Annahmen über die Funktion von Ärgergefühlen.
4. Die Auswirkungen von Gewalt in den Medien auf aggressives Verhalten sind gut dokumentiert. Wie lassen sich diese Auswirkungen mithilfe unterschiedlicher Aggressionstheorien erklären?
5. Unter welchen speziellen Bedingungen nimmt die Wahrscheinlichkeit von Gewalt in der Familie zu?
6. Was sind die typischen Kennzeichen von Opfern und Tätern beim Drangsalieren und Mobbing?
7. Diskutieren Sie die Beziehung zwischen Aggression und „Macht-durch-Zwang-Handlungen".
8. „Aggression in Intergruppenbeziehungen ist irrational, impulsiv und geschieht ohne großes Nachdenken über Normen." Diskutieren Sie diese Äußerung im Licht der aktuellen theoretischen Positionen.

Empfohlene Literatur

Baron, R.A. & Richardson, D.R. (1994). *Human Aggression* (2nd ed.). New York: Plenum. Lesbarer, umfassender Überblick zur Einführung.

Berkowitz, L. (1993). *Aggression: Its causes, consequences, and control.* New York: McGraw-Hill. Zusammenfassung des Gesamtgebiets der Psychologie der Aggression mit einem Schwerpunkt auf dem kognitiv-neoassoziationistischen Ansatz des Autors.

Geen, R.G. (1998). Aggression and antisocial behavior. In D.T. Gilbert, S.T. Fiske & G. Lindzey (Eds.), *The handbook of social psychology* (4th ed., pp. 317–356). Boston, MA: McGraw-Hill. Umfassender Überblick über die heutige Aggressionsforschung; unter anderem werden die Bereiche geschlechtsspezifische Unterschiede und individuelle Unterschiede als Moderatorvariablen der Aggression behandelt.

Goldstein, A.P. (1994). *The ecology of aggression.* New York: Plenum. Monografie, in der Aggression als ein Ereignis analysiert wird, das sich im Spannungsfeld zwischen Person und Umwelt abspielt. Informativer Überblick über die Ökologie der Aggression.

Staub, E. (1989). *The roots of evil. The origins of genocide and other group violence.* Cambridge: Cambridge University Press. Eine Darstellung sowohl der psychischen als auch der nichtpsychischen Bedingungen und Prozesse, die den unterschiedlichen Formen von Massengewalt zugrunde liegen.

Tedeschi, J.T. & Felson, R.B. (1994). *Violence, aggression and coercive actions.* Washington, DC: American Psychological Association. Eine umfassende Monografie über den heutigen Stand der psychologischen Aggressionsforschung, ein kritischer Überblick über die aktuellen theoretischen Ansätze und eine kurze Darstellung einer neuen sozial-interaktionistischen Sicht von Aggression und Gewalt.

Schlüsseluntersuchungen

Berkowitz, L. & LePage, A. (1967). Weapons as aggression-eliciting stimuli. *Journal of Personality and Social Psychology, 7,* 202–207.

Zillmann, D., Johnson, R.C. & Day, K.D. (1974). Attribution of apparent arousal and proficiency of recovery from sympathetic activation affecting excitation transfer to aggressive behavior. *Journal of Experimental Social Psychology, 10*, 503–515.

11 Soziale Interaktion: Kooperation und Wettbewerb

Paul A. M. Van Lange und Carsten K. W. De Dreu

INHALT

Wie gehen Menschen mit Konflikten zwischen Eigeninteresse und kollektivem Interesse um? Speziell: Was lässt bei Menschen die Bereitschaft aufkommen, ihr unmittelbares Eigeninteresse hintanzustellen und sich kooperativ zu verhalten? In diesem Kapitel werden vier Schlüsselvariablen erörtert: interpersonale Dispositionen, Überzeugungen im Hinblick auf das Verhalten des anderen, beziehungsspezifische Merkmale (wie etwa Commitment und Vertrauen) und soziale Normen (wie z. B. Gleichheit, Reziprozität und Equity). Das Kapitel beschäftigt sich auch mit der Frage, warum kooperatives Verhalten mit zunehmender Gruppengröße abnimmt und warum Interaktionen zwischen Gruppen weniger kooperativ sind als Interaktionen zwischen Individuen. Den Abschluss des Kapitels bildet ein Überblick über die Erfolg versprechenden Wege zur Konfliktlösung, einschließlich der Intervention eines Dritten und struktureller Lösungen, die versuchen, die Entscheidung oder die Ergebnisstruktur der Situation zu verändern.

11.1 Einleitung

Was sind Situationen mit gemischten Motiven? Wie lässt sich das Gefangenendilemma im Hinblick auf die Übereinstimmung der Handlungsergebnisse und im Hinblick auf die Grundlage für gegenseitige Abhängigkeit charakterisieren?

Winter 1978/79. Aufgrund schlechter Wetterbedingungen, vor allem schweren Schneesturms, war ein kleines Dorf im Norden der Niederlande völlig vom Rest des Landes abgeschnitten, sodass es keine Elektrizität zur Versorgung mit Licht, Heizung, Fernsehen etc. gab. Einer der 150 Einwohner besaß jedoch einen Generator, der ausreichend Strom für jeden einzelnen in dieser kleinen Gemeinde hätte liefern können, wenn und genau dann, wenn man sich beim Energieverbrauch beträchtlich zurückgehalten hätte. Beispielsweise hätte man *nur ein* Licht anmachen sollen, kein heißes Wasser benutzen, die Zimmertemperatur auf etwa 18 Grad einstellen und die Gardinen immer geschlossen halten sollen. Wie es kommen musste, fiel der Generator aus, weil die meisten Menschen tatsächlich warmes Wasser verwendeten, es sich bei 21 Grad gut gehen ließen, fernsahen und mehrere Lichter gleichzeitig anschalteten. Nachdem sie eine Zeitlang ohne Strom waren, gelang es ihnen, den Generator zu reparieren, und diesmal wurden Kontrolleure damit beauftragt, zu überprüfen, ob die Leute mehr Strom verbrauchten, als man vereinbart hatte. Doch auch jetzt brach der Generator schließlich wegen zu großen Energieverbrauchs zusammen. Und wieder litten alle Einwohner unter der Kälte, dem Mangel an Licht und konnten natürlich nicht fernsehen.

Verhandlung („negotiation"): Diskussion zwischen zwei oder mehreren Seiten mit dem offensichtlichen Ziel, auseinander strebende Interessen zusammenzubringen.

Die gerade beschriebene Situation mag recht ungewöhnlich und extrem sein. Doch überall im Alltag sind wir mit Konflikten zwischen Eigeninteresse und kollektivem Interesse konfrontiert. So kann zum Beispiel die Aufteilung der Hausarbeit unter den Partnern einer Beziehung kooperative oder nichtkooperative Formen annehmen, so wie dies auch bei **Verhandlungen** wie etwa bei einem Gespräch zwischen Verkäufer und Käufer über den Preis und die Dienstleistungen für ein Produkt oder bei Auseinandersetzungen zwischen Kollegen darüber der Fall sein kann, wer das schönste Arbeitszimmer bekommt. Solche Konflikte lassen sich auch auf der gesellschaftlichen Ebene finden. Während wir bisweilen versucht sein mögen, weniger Steuern zu zahlen, als wir sollten, oder die Umwelt zu verschmutzen, ist der Gesellschaft als Ganzer natürlich mehr gedient, wenn die meisten der Mitglieder ihre Steuern bezahlen und die Umwelt nicht verschmutzen. Diverse Medien erinnern uns an solche Situationen gegenseitiger Abhängigkeit, aber auch an intensive Konflikte zwischen Gruppen; und dazu gehören die vielen Beispiele nichtkooperativer – und oft gewalttätiger – Interaktionen zwischen ethnischen Gruppen (z. B. Interessenkonflikte im Nahen Osten) oder die Art und Weise, wie die Gewerkschaften mit Arbeitgebern verhandeln (z. B. Verhandlungen über Gehälter und Arbeitsbedingungen). Tatsächlich sind Konflikte zwischen Eigeninteresse und kollektivem Interesse im Alltag derartig weit verbreitet, dass man so weit gehen kann, zu behaupten, dass die schwierigste Aufgabe, mit der Regierungen, Organisationen und sogar Partner in einer Beziehung konfrontiert sind, darin besteht, erfolgreich mit Konflikten zwischen Eigeninteresse und kollektivem Interesse umzugehen.

Das Thema **Kooperation** und **Wettbewerb** war ein markantes Themengebiet für Theorie und Forschung innerhalb einer Vielzahl von Fachgebieten, einschließlich der Philosophie, der Politischen Wissenschaft, der Wirtschaftswissenschaften, der Soziologie, der Biologie und der Psychologie. Es wurde explizit von dem Philosophen Thomas Hobbes (1651) angesprochen, der die Frage stellte: Wie sind Gemeinschaften überhaupt in der Lage zu funktionieren, wenn die Menschen – wie er glaubte – dazu neigen, sich hauptsächlich darum zu kümmern, ihren unmittelbaren persönlichen Interessen nachzugehen? Mancher Wissenschaftler, wie etwa der Ökonom Adam Smith, reagierte auf das Problem von Hobbes, indem er annahm, dass Gemeinschaften recht gut funktionieren, *weil* die Gesellschaft – und das ist eine unbeabsichtigte Folge –, einen Nutzen daraus zöge, wenn jede(r) Einzelne sein oder ihr Eigeninteresse verfolgt. Mit anderen Worten leugnete Adam Smith in vielerlei Hinsicht die Existenz von Konflikten zwischen Eigeninteresse und kollektivem Interesse.

Kooperation („cooperation"): Verhalten, das die Handlungsergebnisse (oder das Wohl) eines Kollektivs (bzw. einer Gruppe) maximiert.

Wettbewerb („competition"): Verhalten, das den relativen Vorteil gegenüber anderen maximiert.

Viele bzw. die meisten Wissenschaftler sind heute der Auffassung, dass die Sichtweise von Adam Smith zu eng war, wenn nicht sogar schlicht falsch. In der Tat sind Konflikte zwischen Eigeninteresse und kollektivem Interesse, wie zuvor illustriert, eine Alltagsrealität. Deshalb ist es eindeutig von praktischem Interesse, zu verstehen, wie sich Menschen in solchen Situationen verhalten und wie sich kooperatives Verhalten fördern ließe. Wenn sich Theoretiker mit dieser Frage beschäftigen, nehmen sie an, dass die Menschheit rationalerweise ein Eigeninteresse hat. Den Menschen wird unterstellt, dass sie danach trachten, die eigenen Handlungsergebnisse zu verbessern (Eigeninteresse), und dass sie dabei wenig oder gar keine Rücksicht auf die Ergebnisse anderer nehmen. Diese Annahme des „rationalen Eigeninteresses" war vorherrschend in vielen der traditionellen Theorien, die relevant für interpersonales und Intergruppenverhalten sind, einschließlich der frühen Formulierungen der Spieltheorie (Luce & Raiffa, 1957) und der Theorie des sozialen Austauschs (Homans, 1961). In neuerer Zeit wurden diese Theorien erweitert und durch Modelle ergänzt, die annehmen, dass menschliches Verhalten oft von umfassenderen Überlegungen geleitet wird als nur vom unmittelbaren Eigeninteresse. Abgesehen davon, dass die neueren Theorien und Modelle langfristige Überlegungen betonen, nehmen sie an, dass Individuen vielleicht auch den Wunsch haben, das Wohl der anderen bzw. der Gemeinschaft zu verbessern oder eine Gleichheit bei den Handlungsergebnissen zu erreichen.

Dieses Kapitel konzentriert sich auf solche umfassenderen Überlegungen, die nötig sind, um die Art und Weise zu verstehen und zu analysieren, wie wir mit anderen interagieren und wie Individuen Interessenkonflikte möglicherweise lösen oder auch nicht. Sozialpsychologen sind nicht die einzigen Wissenschaftler, die die Bedeutung solcher umfassenderen Überlegungen hervorheben. Beispielsweise wurden solche Sichtweisen auch im Kontext der Biowissenschaften und in der Evolutionstheorie entwickelt. Die sozialpsychologische Theorie und Forschung konzentriert sich jedoch unmittelbarer auf die intrapersonalen und situativen Determinanten solcher umfassenderen Überlegungen, die uns ihrerseits dabei helfen, Verhaltensweisen und Interaktionsphänomene wie etwa Kooperation und Wettbewerb zu verstehen. Im gesamten Kapitel verwenden wir die *Interdependenztheorie* (Kelley & Thibaut, 1978; für einen neueren Überblick s. Rusbult & Van Lange, 1996) als begrifflichen Rahmen, um verschiedene Schlüsselphänomene und psychologische Mechanismen darzustellen und zu illustrieren, die relevant für das Verständnis von Kooperation und Wettbewerb sind. Wie wir sehen werden, betont diese Theorie die **Interdependenzstruktur**, also Situationen, in denen die persönlichen Handlungsergebnisse teilweise oder vollständig durch die Handlungen eines oder mehrerer anderer bestimmt sind, und die Art und Weise, in der Individuen solche Situationen transformieren und umfassendere Ziele verfolgen.

Interdependenzstruktur („interdependence structure"):
Situationen, in denen die persönlichen Handlungsergebnisse teilweise oder vollständig durch die Handlungen eines anderen oder mehrerer anderer Personen determiniert sind.

11.1.1 Situationen mit gemischten Motiven

Um ein vollständiges Verständnis von Kooperation und Wettbewerb zu erreichen, ist es wichtig, die Merkmale von Situationen zu analysieren, die kooperatives und Wettbewerbsverhalten ermöglichen. Über eine Situationsanalyse „entdeckte" die Spieltheorie mehrere so genannte **Situationen mit gemischten Motiven** (Schelling, 1960), d.h. Situationen, in denen das Interesse eines Individuums teilweise mit den Interessen der anderen übereinstimmt und teilweise mit ihnen im Konflikt steht. Die bekannteste Situation mit gemischten Motiven, die aus der Spieltheorie folgt, ist das *Gefangenendilemma* („prisoner's dilemma"), das einen spezifischen, aber doch intensiven Konflikt zwischen Eigeninteresse und kollektivem Interesse vor Augen führt. Stellen Sie sich beispielsweise zwei Nachbarn vor, die in Wohnungen mit dünnen Wänden nebeneinander wohnen; sie könnten den Wunsch verspüren, ihre Lieblingsmusik in voller Lautstärke zu hören. Beide zusammen jedoch wären wahrscheinlich besser dran, wenn sie sie mit etwas geringerer Lautstärke spielten. Abb. 11.1 stellt ein Gefangenendilemma mit zwei Personen dar, wobei die *kooperative Alternative* („cooperative choice" oder C-choice) das Musikhören bei mittlerer Lautstärke und die unkooperative Alternative („defecting choice", D-choice) das Hören von Musik bei hoher Lautstärke darstellt. Wenn Johannes seine

Situationen mit gemischten Motiven („mixed-motive situations"):
Situationen, die durch einen Konflikt zwischen persönlichen Zielen und kollektiven Zielen gekennzeichnet sind.

Johannes \ Sarah	Keine laute Musik (C-choice)	Laute Musik (D-choice)
Keine laute Musik (C-choice)	Johannes: 12 / Sarah: 12	Johannes: 4 / Sarah: 16
Laute Musik (D-choice)	Johannes: 16 / Sarah: 4	Johannes: 8 / Sarah: 8

Abb. 11.1. Beispiel für ein Gefangenendilemma mit Sarah und Johannes

Musik bei hoher Lautstärke spielt und Sarah dies nicht macht, sind die Handlungsergebnisse für Johannes sehr gut (16), jedoch die für Sarah sehr schlecht (4); das Umgekehrte trifft zu, wenn Sarah die Lautstärke voll aufdreht, während Johannes das nicht tut (Sarah 16; Johannes 4). Wenn beide bei mittlerer Lautstärke Musik hören, sind die Handlungsergebnisse für beide recht gut (12 und 12) und beträchtlich besser, als wenn beide bei hoher Lautstärke Musik hören (8 und 8). Das Gefangenendilemma beschreibt einen Konflikt zwischen einem Handeln auf individuell rationale Weise (d.h., eine nichtkooperative Entscheidung führt zu besseren Handlungsergebnissen als eine kooperative Entscheidung, unabhängig davon, was der andere tut) und zum Handeln auf kollektiv rationale Weise (d.h., die Handlungsergebnisse für jeden Einzelnen sind besser, wenn beide kooperieren, als wenn beide nicht kooperieren).

Der Konflikt zwischen individueller und kollektiver Rationalität, der im Gefangenendilemma offenbar wird, kann auf Situationen verallgemeinert werden, an denen viele Individuen teilnehmen; sie werden oft als *N-Personen-Gefangenendilemma* bezeichnet. Beispielsweise übt es auf viele Personen einen Reiz aus, mit dem eigenen Auto zur Arbeit zu fahren – man kann bequem im Auto sitzen, in Ruhe die Musik hören, die man sich selbst ausgewählt hat, und wird nicht durch die Handys anderer Menschen belästigt (individuelle Rationalität). Auf dem kollektiven Niveau bzw. dem Gruppenniveau steht sich jedoch jedes einzelne Individuum möglicherweise besser, wenn es ihm gelingt, die Koordinierungsprobleme der gemeinsamen Benutzung von Pkws zu bewältigen, weil dadurch Verkehrsstaus und Umweltverschmutzung minimiert werden (kollektive Rationalität). Auf ähnliche Weise können Gewerkschaften in dem Maße ihre Funktion erheblich besser erfüllen, in dem eine größere Anzahl von Individuen Mitglied wird; die Mitgliedschaft erfordert jedoch finanzielle Beiträge und Zeit, wodurch sie aus einer individuellen Perspektive eine teure Wahlmöglichkeit ist. Unter Verwendung des zuletzt genannten Beispiels stellt Abb. 11.2 ein N-Personen-Gefangenendilemma dar; es zeigt, dass die Handlungsergebnisse eines Individuums immer besser sind, wenn es nicht Mitglied ist (D-choice), als wenn es Mitglied ist (C-choice); dagegen ist es für seine Handlungsergebnisse besser, wenn alle oder die meisten Mitglied sind, als wenn nur sehr wenige Mitglied sind. In diesem Beispiel ist es immer teurer, ein Mitglied zu sein, als nicht Mitglied zu sein (10 Punkte im Hinblick auf das Handlungsergebnis), unabhängig vom Anteil der

Prozentsatz der anderen, die Mitglied sind

	0	25	50	75	100
Mitgliedschaft (C-choice)	-25	-15	-5	+5	+15
Keine Mitgliedschaft (D-choice)	-15	-5	+5	+15	+25

Abb. 11.2. Beispiel für ein N-Personen-Gefangenendilemma

anderen, die Mitglieder sind (wegen des Geldes und der Zeit, die es beansprucht). Gleichzeitig sind die Handlungsergebnisse eines Individuums in dem Maße besser, in dem ein größerer Anteil der anderen Mitglied ist. Und wenn alle Mitglied wären, stünde jedes einzelne Mitglied besser da, als wenn es kein einziges Mitglied gäbe (ein Handlungsergebnis von +15; s. die Zelle oben rechts), einschließlich des Individuums selbst (ein Handlungsergebnis von −15; s. Zelle unten links). Somit beschreibt dieses N-Personen-Gefangenendilemma, wie auch das Zwei-Personen-Gefangenendilemma, einen Konflikt zwischen individueller und kollektiver Rationalität.

Soziales Dilemma („social dilemma"): Situation, in der Eigeninteresse und Fremdinteresse miteinander in Konflikt stehen.

Das Konzept des **sozialen Dilemmas** bezieht sich auf Situationen, in denen das Eigeninteresse und das kollektive Interesse miteinander in Konflikt stehen (für einen Überblick über die neuere Literatur s. Komorita & Parks, 1995). Soziale Dilemmata können sich im Hinblick auf den spezifischen Interessenkonflikt unterscheiden, den sie beschreiben; d.h., soziale Dilemmata nehmen nicht notwendigerweise die Form eines Gefangenendilemmas an. Implizit oder explizit werden wir uns im restlichen Teil dieses Kapitels auf Gefangenendilemmata konzentrieren, weil sie empirisch am besten untersucht sind und weil diese spezifische Struktur wichtige Merkmale mit vielen Situationen aus dem Alltag gemeinsam hat, in denen Eigeninteresse und kollektive Interessen miteinander in Konflikt stehen (z.B. Verhandlungen).

Sieht man einmal von strukturellen Unterschieden zwischen sozialen Dilemmata ab, können sich diese Situationen im Hinblick darauf unterscheiden, was nötig ist, um derartige soziale Dilemmata produktiv zu lösen: Einige soziale Dilemmata erfordern eine Entscheidung, ob man auf persönliche Vorteile verzichten soll oder nicht, während andere soziale Dilemmata eine Entscheidung notwendig machen, ob man sich an kostspieligen Handlungen beteiligen soll oder nicht. In dieser Hinsicht kann man zwischen sozialen Fallen und sozialen Hürden unterscheiden (für einen Überblick s. Messick & Brewer, 1983).

Soziale Fallen sind soziale Dilemmata, bei denen Handlungen, die kurzfristig für jedes Individuum attraktiv sind, auf lange Sicht zu Kosten führen, die für alle beteiligten Individuen anfallen (also langfristige kollektive Kosten). Ein interessantes Beispiel für eine soziale Falle findet sich in Hardins (1968) Beschreibung der „Allmendeklemme" („tragedy of the commons"). Hier wird dargestellt, wie Viehzüchter in kleinen Dörfern eine im Gemeinbesitz befindliche Ressource nutzten – die Allmende. Die meisten Viehzüchter vergrößerten ihre Herde, indem sie die Allmende nutzten. Je größer die Herde, desto größer waren schließlich ihre Profite. „Und was macht es schließlich aus, wenn man ein paar Tiere zusätzlich weiden lässt?" – so etwa müssen sie gedacht haben. Wie sich herausstellte, machte es *sehr viel* aus, weil die meisten oder alle Viehzüchter so dachten und weitere Tiere auf die Allmende führten. Das kollektive Ergebnis dieser individuellen Handlungen bestand darin, dass die außergewöhnlich große Zahl von Kühen und Schafen zu einer Überweidung führte; diese war größer als die natürliche Regenerierungsrate der Allmende und führte schließlich zum Untergang der gesamten Herde, die darauf graste. Man bezeichnet dieses Problem oft auch als *Ressourcendilemma*. Andere Beispiele für derartige Situationen sind das Energiesparen, die Umweltverschmutzung oder der Raubbau an den natürlichen Ressourcen (z. B. Überfischen).

Soziale Hürden sind soziale Dilemmata, bei denen Handlungen, die kurzfristig für jedes Individuum unattraktiv sind, auf lange Sicht für das Kollektiv Vorteile bringen (langfristige kollektive Vorteile). Beispiele dafür sind so genannte *Dilemmata im Hinblick auf öffentliche Güter*, wie etwa die Bereitstellung der Gesundheitsversorgung, das öffentlich-rechtliche Fernsehen, Erholungsgebiete und Sportstätten. Diese Dilemmata im Hinblick auf öffentliche Güter stellen ein interessantes Problem dar, besonders weil oft Individuen, die nichts zum öffentlichen Wohl beitragen, davon profitieren. Dies ist Anlass für die Versuchung, sich als Trittbrettfahrer im Blick auf die Beiträge anderer zu betätigen (Stroebe & Frey, 1982). Beispielsweise ist es verlockend, aus den Aktivitäten der verfassten Studentenschaft einen Nutzen zu ziehen (z. B. bessere Versorgung mit Computern für die Studenten an den Universitäten), sich aber gleichzeitig weder mit Geld noch mit Zeit noch durch Engagement an der verfassten Studentenschaft zu beteiligen.

Unter bestimmten Umständen können Individuen weniger dazu tendieren, sich bei Dilemmata im Hinblick auf öffentliche Güter kooperativ zu zeigen als bei Ressourcendilemmata, weil die Kooperation bei Dilemmata im Hinblick auf öffentliche Güter unmittelbare Verluste erfordert, während die Kooperation bei Ressourcendilemmata den Verzicht auf unmittelbare Vorteile notwendig macht. Verluste führen gewöhnlich dazu, dass man bei Dilemmata im Hinblick auf öffentliche Güter größeren Kummer hat, als die entsprechenden Gewinne dazu führen, dass man Freude hat; dadurch wird die Kooperation bei Dilemmata im Hinblick auf öffentliche Güter weniger wahrscheinlich als bei Ressourcendilemmata. Dieser Effekt tritt jedoch nur in dem Maße auf, in dem man Gewinne und Verluste aus einer individuellen Perspektive heraus beurteilt (d. h. als „*meine* eigenen Gewinne und Verluste“). Wenn man Dilemmata im Hinblick auf öffentliche Güter aus einer kollektiven Perspektive heraus beurteilt (d. h. als „*unsere* Gewinne und Verluste“), dann können sie auch ein größeres Maß an Kooperation auslösen (De Dreu & McCusker, 1997).

11.1.2 Der Bereich der Interdependenzstruktur

Situationen mit gemischten Motiven, wie etwa das Gefangenendilemma, das N-Personen-Gefangenendilemma und das soziale Dilemma stellen nur *eine* Form der Interdependenzsituation dar. Es handelt sich hier nur um eine der vielfältigen Interdependenzsituationen, die logisch möglich sind. Beispielsweise sind die beiden Präsidentschaftskandidaten in den Vereinigten Staaten auch interdependent voneinander, wenn sie die Aussicht auf Erfolg bei den Präsidentschaftswahlen vergrößern wollen. Die Strategien, die sie möglicherweise verfolgen, um ihre Wählerstimmen zu vermehren, können durchaus unterschiedlich sein (Betonung der eigenen Stärken, Betonung der Begrenztheit des anderen oder beides). Aber die

Null-Summen-Situation („zero-sum situation"): Eine Situation, in der das Interesse eines Individuums vollständig mit dem Interesse eines Partners in Konflikt steht.

zugrunde liegende Struktur unterscheidet sich wahrscheinlich stark von einem Gefangenendilemma, weil sie in einigen grundlegenden Merkmalen einer **Null-Summen-Situation** ähnelt, bei der ein Gewinn für die eine Person einen gleich großen Verlust für die andere Person zur Folge hat und umgekehrt. Deshalb ist ein außergewöhnlich großer Interessenkonflikt vorhanden. Wenn andererseits zwei Kollegen jeweils die Fachkompetenz des anderen brauchen, um eine Aufgabe gut auszuführen – und beide motiviert sind, sie wirklich gut zu meistern –, dann sind solche Individuen mit einer Situation konfrontiert, in der sie sich gegenseitig brauchen, um ihre Ziele zu erreichen, und sie können entweder beide erfolgreich sein oder beide scheitern. Auch hier ist Interdependenz gegeben, hingegen kein Interessenkonflikt, eher eine völlige Übereinstimmung der eigenen Interessen mit denen des anderen.

Worin bestehen die Schlüsselmerkmale der Interdependenz der Handlungsergebnisse? Welches sind die primären „Dimensionen", die der Interdependenz der Ergebnisse zugrunde liegen? Die Interdependenztheorie (Kelley & Thibaut, 1978) liefert einen umfassenden Rahmen für das Verständnis der vier Merkmale der Interdependenz der Handlungsergebnisse:
(1) das Ausmaß der Abhängigkeit,
(2) die Wechselseitigkeit der Abhängigkeit,
(3) die Übereinstimmung der Handlungsergebnisse und
(4) die Grundlage für die Abhängigkeit.

Das erste Merkmal, das *Ausmaß der Abhängigkeit*, bezieht sich auf das Ausmaß, in dem die Fähigkeit eines Individuums, gute Handlungsergebnisse zu erreichen, durch die Handlungen einer interdependenten anderen Person beeinflusst wird. Ein hohes Maß an Abhängigkeit, vor allem ein hohes Maß an Interdependenz, ist oft mit subjektiven Gefühlen von Abhängigkeit und einer langfristigen Orientierung (z.B. einem Gefühl der Verpflichtung in einer Beziehung) verbunden. Es konnte gezeigt werden, dass ein Gefühl der Verpflichtung eine wirkungsvolle Determinante prosozialen Verhaltens im Kontext persönlicher Beziehungen und formaler Organisationen ist (z.B. Rusbult & Farrell, 1983; Rusbult, Verrette, Whitney, Slovik & Lipkus, 1991; Van Lange, Rusbult et al., 1997; s. auch Kap. 9 und 12). Im Gegensatz dazu geht die Zunahme von Unabhängigkeit gewöhnlich mit einer Verringerung prosozialen Verhaltens einher. Sind beispielsweise gute Alternativen (die die Abhängigkeit verringern) vorhanden, so wird dies gewöhnlich mit einer stärkeren Orientierung an den eigenen Handlungsergebnissen verbunden sein; dies ist sowohl im Kontext einer bestehenden Beziehung der Fall als auch im Kontext von spezifischen Interaktionen, wie sie sich etwa in Verhandlungen abspielen.

Das zweite Merkmal, die *Wechselseitigkeit der Abhängigkeit*, bezieht sich auf das Ausmaß, in dem zwei Individuen wechselseitig oder einseitig dabei voneinander abhängig sind, gute Handlungsergebnisse zu erreichen. Dieses Merkmal der Interdependenz ist bei symmetrischen und asymmetrischen Machtbeziehungen unmittelbar von Belang. Ist die Wechselseitigkeit der Abhängigkeit stark ausgeprägt (handelt es sich also um symmetrische Machtbeziehungen), sind die Möglichkeiten für Ausnutzung aufseiten des einen oder beider Individuen gering. Solche Interaktionen und Beziehungen sind tendenziell stabiler und mit wechselseitiger Kooperation verknüpft. Ist die Wechselseitigkeit der Abhängigkeit gering, sind die Möglichkeiten für Ausnutzung größer; dies führt tendenziell zu einer weniger stabilen Beziehung und einem geringeren Ausmaß an Kooperation. Dies trifft vor allem dann zu, wenn es irgendeinen Interessenkonflikt gibt. Umgekehrt, wenn es nur einen geringen Interessenkonflikt gibt, kann die ausgeprägtere Schwäche und Abhängigkeit aufseiten des „bedürftigen" Individuums die Wahrscheinlichkeit erhöhen, dass es Hilfe bekommt (z. B. Schopler & Bateson, 1965). Die Wechselseitigkeit der Abhängigkeit ist auch für das Verständnis der sozialen Informationsverarbeitung relevant. Das abhängigere Individuum wird wahrscheinlich die Informationen gründlicher und systematischer verarbeiten, um herauszufinden, „wie die andere Person ist", während die weniger abhängige Person die Informationen wahrscheinlich oberflächlich und auf der Basis von Stereotypen verarbeitet (Fiske, 1993).

Ein drittes Merkmal, das als *Übereinstimmung der Handlungsergebnisse* bezeichnet wird, bezieht sich auf das Ausmaß, in dem die Präferenzen übereinstimmen bzw. in Konflikt zueinander stehen. Das Beispiel der beiden Präsidentschaftskandidaten steht für sehr geringe Übereinstimmung (d. h. ein starker Interessenkonflikt), während die beiden Partner, für die das Fachwissen des jeweils anderen von Vorteil wäre, in einer Situation sind, in der die Handlungsergebnisse in hohem Maße übereinstimmen (d. h., es besteht kein Interessenkonflikt). Dieses Merkmal, das bereits in den klassischen Theorien der Kooperation und des Wettbewerbs (Deutsch, 1949b) thematisiert wurde, schafft die Voraussetzung für die Auslösung wichtiger Motive. Wenn die Handlungsergebnisse einigermaßen übereinstimmen, werden die Kooperationsmotive aktiviert, Gefühle des Vertrauens verstärkt und die Menschen neigen auf lange Sicht dazu, miteinander zu kooperieren. Wenn im Gegensatz dazu die Handlungsergebnisse nicht übereinstimmen, werden nichtkooperative oder wettbewerbliche Motive aktiviert, Gefühle des Misstrauens verstärkt und die Individuen neigen auf lange Sicht dazu, wechselseitig miteinander in Wettbewerb zu treten (z. B. Kelley & Grzelak, 1972). Werden die Individuen mit einer Zunahme der Nichtübereinstimmung konfrontiert (d. h., die Interessen der Individuen nehmen über die Zeit hinweg allmählich an Konflikthaltigkeit zu), dann entwickeln sie wahrscheinlich starke Normen und sogar formale Übereinkünfte dahingehend, dass das Wohl aller beteiligten Individuen geschützt wird (z. B. Thibaut & Faucheux, 1965).

Ein viertes Merkmal für Interdependenz schließlich wird als *Grundlage für Abhängigkeit* bezeichnet und bezieht sich auf das Ausmaß, in dem die Handlungsergebnisse einer Person einseitig durch die Handlungen einer anderen Person vs. gemeinsam beeinflusst werden, d. h. sowohl durch die eigenen Handlungen als auch durch die einer anderen Person. Wenn meine Handlungsergebnisse einseitig durch einen Partner beeinflusst werden, liegt die Kontrolle über meine Handlungsergebnisse beim Partner, was als *Schicksalskontrolle* bezeichnet wird. Eine Person z. B., die in der Position ist, Ihnen einen großen Gefallen zu tun, hat einseitige Kontrolle über Ihre Handlungsergebnisse. Wenn dagegen die Handlungsergebnisse eines Individuums *gemeinsam* durch seine eigenen Handlungen und die eines anderen beeinflusst werden, liegt die Kontrolle bei *beiden* Partnern. Ein triviales, aber anschauliches Beispiel für Verhaltenskontrolle lässt sich aus Situationen im Straßenverkehr ableiten, in denen die Handlungsergebnisse (möglicherweise sind sie in diesem Fall recht drastisch: Zusammenstoß vs. kein Zusammenstoß) dadurch determiniert sind, ob beide Fahrer auf der richtigen Straßenseite fahren oder nicht. Es ist die Kombination aus dem eigenen Verhalten und dem Verhalten des anderen, die für beide Individuen die Handlungsergebnisse bestimmt. Dies wird als *Verhaltenskontrolle* bezeichnet, weil ein Individuum das Verhalten des anderen im Hier und Jetzt dadurch beeinflussen kann, dass es eine bestimmte Entscheidung trifft. In Gesprächen z.B. beeinflussen wir das Verhalten des anderen, indem wir zu sprechen beginnen vs. still warten, bis der andere zu sprechen beginnt. Ist die Verhaltenskontrolle wechselseitig, erfordern derartige Situationen eine *Koordination*; Beispiele dafür sind, wenn man im Gespräch abwechselnd redet und zuhört oder wenn zwei Personen auf einem Bürgersteig aneinander vorbeigehen.

Austausch hängt mit Motivation zusammen (z.B. ist Johannes bereit, einige seiner Interessen zugunsten von Sarah aufzugeben?), während Koordination stärker mit individueller und kollektiver „Fähigkeit" zusammenhängt (sind Johannes und Sarah beispielsweise in der Lage, ihre Entscheidungen zu ihrem gemeinsamen Vorteil aufeinander abzustimmen oder nicht?). Diese Unterscheidung zwischen Schicksalskontrolle (Austausch) und Verhaltenskontrolle (Koordination) ist recht nützlich, um zu verstehen, warum Dyaden, Gruppen oder Organisationen nicht so gut funktionieren, wie es möglich wäre. Beispielsweise ist Produktivität in Organisationen, wie in Kap. 14 beschrieben wird, oft eine Funktion

- eines Prozessverlusts aufgrund unzureichender Motivation, etwas zur Gruppenleistung beizutragen (Motivationsverlust), und
- eines Prozessverlusts aufgrund schlechter Koordination der individuellen Anstrengungen (Koordinationsverlust; Steiner, 1972; s. auch Kerr & Bruun, 1983).

Die vier oben erörterten Merkmale der Interdependenz von Handlungsergebnissen gestatten es, jede einzelne Interdependenzsituation zu kategorisieren und zu definieren. Das Gefangenendilemma mit zwei Personen z.B. ist eine Situation, die durch eine recht geringe Übereinstimmung der Handlungsergebnisse gekennzeichnet ist und oft mit einem hohen Niveau an wechselseitiger Abhängigkeit einhergeht. Die primäre Grundlage für die Abhängigkeit ist die Schicksalskontrolle (und nicht die Verhaltenskontrolle); damit ist eher Austausch erforderlich (z.B. Austausch kooperativer Verhaltensweisen, die dem kollektiven Wohl dienen) als Koordination. Deshalb stellt das Gefangenendilemma mit zwei Personen ein motivationales Problem dar (sind die Individuen bereit, den jeweiligen Interessen des anderen mit gewissen Kosten für die eigene Person zu nützen?), es verweist auf die Bedeutung von Überzeugungen zum Verhalten des anderen (ist es wahrscheinlich, dass der andere eine kooperative Entscheidung trifft?) und aktiviert Normen, die dazu dienen, das Wohl beider Individuen zu schützen (ist die kooperative Entscheidung nicht die moralisch angemessene Entscheidung?). Dies sind drei Schlüsselthemen, die für die

Frage von Belang sind, warum Individuen im Gefangenendilemma und in damit verwandten Situationen mit gemischten Motiven eventuell eine nicht egoistische Entscheidung treffen.

11.2 Jenseits des unmittelbaren Eigeninteresses: Transformation der Situationen

Was ist eine soziale Wertorientierung? Was sind die Hauptformen der sozialen Wertorientierung? Worin bestehen die vier Ursprünge einer Transformation?

Wird unser Verhalten immer vom unmittelbaren Eigeninteresse geleitet? Handeln wir immer so, dass wir unsere unmittelbaren Handlungsergebnisse verbessern? Wie zuvor angedeutet lautet die Antwort: Nein. Häufig handeln wir so, als ob wir in Zukunft gute persönliche Handlungsergebnisse erzielen würden, und betrachten eine konkrete Situation im Hier und Jetzt unter einer langfristigen Perspektive. Alternativ können wir die Handlungsergebnisse anderer Personen, mit denen wir interdependent sind, bei unserem Handeln berücksichtigen. Ebenso wie wir die Handlungsergebnisse für uns selbst verbessern wollen, können wir den Wunsch haben, die Handlungsergebnisse anderer Menschen zu steigern. Oder wir können den Wunsch haben, dass wir selbst und andere gleich gute Handlungsergebnisse erzielen. In beiden Fällen gehen die Menschen über ihr unmittelbares Eigeninteresse hinaus.

Die Auffassung, dass Menschen über ihr unmittelbares Eigeninteresse hinausgehen, wird in der Interdependenztheorie formuliert (Kelley & Thibaut, 1978); in ihr wird zwischen der *gegebenen Matrix* („given matrix") und der *effektiven Matrix* („effective matrix") unterschieden. Die gegebene Matrix beruht weitgehend auf hedonistischen, eigensüchtigen Vorlieben und fasst die Konsequenzen der eigenen Handlungen des Individuums und der Handlungen des Partners für die Handlungsergebnisse des Individuums zusammen. Im oben diskutierten Beispiel basiert die gegebene Matrix von Johannes auf den unmittelbaren Konsequenzen seines eigenen Verhaltens und des Verhaltens der anderen Person für seine Handlungsergebnisse. Vermutlich wäre es für Johannes das beste Ergebnis, wenn Sarah ihre Musik bei mittlerer Lautstärke hört, während Johannes seine Musik bei hoher Lautstärke abspielt; das zweitbeste Ergebnis wäre es, wenn beide ihre Musik bei mittlerer Lautstärke hörten; das drittbeste wäre es, wenn beide ihre Musik bei hoher Lautstärke hörten; und Johannes' schlechtestes Handlungsergebnis bestünde darin, dass Sarah ihre Musik bei hoher Lautstärke abspielt, während Johannes seine Musik bei mittlerer Lautstärke hört. Angesichts dieser Vorlieben würde es sehr wahrscheinlich, dass Johannes seine Musik bei hoher Lautstärke abspielt.

Johannes wird jedoch vielleicht tatsächlich seine Musik eher bei mittlerer Lautstärke hören als bei großer. Wie lässt sich ein solches Verhalten erklären? Nach der Interdependenztheorie *transformiert* Johannes die gegebene Matrix in eine *effektive Matrix*, eine Matrix, die Johannes' umfassendere Präferenzen im Unterschied zur einfachen Verfolgung des unmittelbaren Eigeninteresses zusammenfasst. Beispielsweise kann Johannes der Tatsache, dass Sarah sich wohl fühlt, einen Wert beimessen und versuchen, die *gemeinsamen Handlungsergebnisse* und nicht nur seine eigenen Handlungsergebnisse ohne Rücksicht auf die Ergebnisse von Sarah zu verbessern. Somit nimmt die Interdependenztheorie an, dass die Berücksichtigung der unmittelbaren Handlungsergebnisse oft ein unvollständiges Verständnis zwischenmenschlichen Verhaltens liefert. Genau deswegen führt diese Theorie das Konzept der **Transformation** ein, definiert als Abkehr von den Präferenzen des unmittelbaren Eigeninteresses, indem man den langfristigen Handlungsergebnissen oder den Handlungsergebnissen einer anderen Person (bzw. anderer Personen oder Gruppen) Bedeutung zukommen lässt.

Transformation („transformation"): Eine Abkehr von Präferenzen des direkten Eigeninteresses dadurch, dass man längerfristigen Handlungsergebnissen oder Handlungsergebnissen einer anderen Person (anderer Personen oder Gruppen) mehr Bedeutung beimisst.

Das Konzept der Transformation basiert zum Teil auf der Literatur über die *soziale Wertorientierung* (McClintock, 1972; s. auch Griesinger & Livingston, 1973), die zwischen acht unterschiedlichen Präferenzen bzw. Orientierungen unterscheidet; dazu gehören Altruismus, Kooperation, Individualismus, Wettbewerb, Aggression, aber auch Nihilismus, Masochismus und Unterlegenheit (die drei Letzteren werden wir hier nicht erörtern, weil sie außergewöhnlich selten sind). Wie in Abb. 11.3 dargestellt, wird *Kooperation* in dieser Typologie als die Tendenz definiert, positive Handlungsergebnisse für sich selbst und für andere zu betonen („gut zusammenzuarbeiten"). Im Gegensatz dazu wird *Wettbewerb* defi-

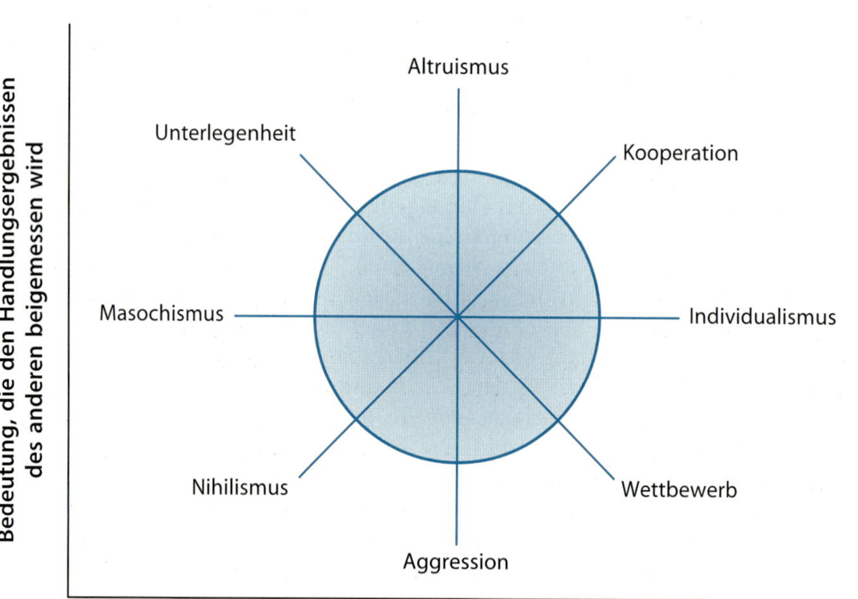

Abb. 11.3. Typologie sozialer Wertorientierungen (Nach McClintock, 1972; Griesinger & Livingston, 1973)

niert als die Tendenz, den relativen Vorteil gegenüber anderen hervorzuheben („besser zu sein als andere") und damit den eigenen Handlungsergebnissen ein positives Gewicht und den Handlungsergebnissen der anderen ein negatives Gewicht beizumessen. *Individualismus* wird als die Tendenz definiert, die eigenen Handlungsergebnisse zu maximieren und dabei wenig oder gar nicht auf die Handlungsergebnisse des anderen Rücksicht zu nehmen. *Altruismus* wird als die Tendenz definiert, die Handlungsergebnisse der anderen Person zu maximieren und dabei wenig oder gar nicht auf die eigenen Handlungsergebnisse Rücksicht zu nehmen (s. Kap. 9). Und *Aggression* wird als die Tendenz definiert, die Handlungsergebnisse des anderen zu minimieren (s. Kap. 10). Kooperation, Individualismus und Wettbewerb sind insofern verbreitete Orientierungen, als die meisten von uns wahrscheinlich wiederholt mit jeder einzelnen dieser Tendenzen Erfahrung gemacht haben, entweder durch Introspektion oder durch die Beobachtung von Handlungen bei anderen Menschen. Somit können die acht Transformationen des Handlungsergebnisses schematisch durch zwei Dimensionen repräsentiert werden; dies sind

(1) die Bedeutung (bzw. das Gewicht), die man den eigenen Handlungsergebnissen beimisst, und
(2) die Bedeutung (bzw. das Gewicht), das man den Handlungsergebnissen anderer Personen beimisst.

Ähnliche Modelle wurden von anderen Forschern entwickelt. Das bemerkenswerteste Modell ist das **Dual-concern-Modell** (Pruitt & Rubin, 1986), das bei dem Versuch entstand, die Wertvorstellungen oder Gesichtspunkte zu verstehen, die einer Verhandlung zugrunde liegen können. Wie im oben beschriebenen Modell nimmt das Dual-concern-Modell zwei grundlegende Gesichtspunkte (Interessen) an:

(1) Sorge um die eigenen Handlungsergebnisse und
(2) Sorge um die Handlungsergebnisse des anderen.

Dual-concern-Modell („dual-concern model"): Zweidimensionales Modell, das mehrere Handlungen im Hinblick auf die Sorge um das Selbst und die Sorge um den anderen spezifiziert.

Das Dual-concern-Modell nimmt an, dass jede dieser beiden Sorgen von leicht bis stark variieren kann (s. Abb. 11.4, S. 394). In diesem Modell werden vier Verhandlungsstrategien skizziert, die auf großer vs. geringer Sorge um die eigenen Handlungsergebnisse und auf großer vs. geringer Sorge um die Handlungsergebnisse des anderen basieren. Wie man in Abb. 11.4 sehen kann, ist das *Problemlösen* nach dem Dual-concern-Modell eine Funktion von großer Sorge um die eigene Person und von großer Sorge um den anderen; *Nachgeben* ist eine Funktion von geringer Sorge um die eigene Person und von großer Sorge um den anderen; *Konkurrieren* ist eine Funktion von großer Sorge um die eigene Person und von geringer Sorge um den anderen; und *Inaktivität* ist eine Funktion von geringer Sorge um die eigene Person und von geringer Sorge um den anderen. Die Forschung zu Verhandlungen hat das *Dual-concern-Modell* bestätigt (Carnevale & Pruitt, 1992; s. auch De Dreu, Weingart & Kwon, 1997).

In neuerer Zeit wurden das Modell der sozialen Wertorientierung und das Dual-concern-Modell in der Weise erweitert, dass eine dritte Orientierung (oder „Sorge") darin enthalten ist, das Streben nach Gleichheit der Handlungsergebnisse. Offensichtlich sind Individuen, die dazu neigen, gemeinsame Handlungsergebnisse zu betonen (Kooperation, Problemlösen),

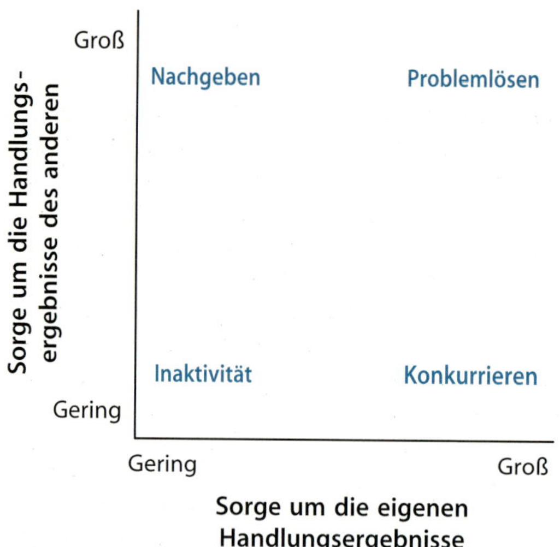

Abb. 11.4. Das Dual-concern-Modell. (Nach Pruitt & Rubin, 1986)

auch stark an der Gleichheit der Handlungsergebnisse interessiert, während Individuen, die auf Individualismus oder Wettbewerb aus sind, sich keine großen Sorgen um die Gleichheit der Handlungsergebnisse machen (Van Lange, 1999). Die Folgerung daraus lautet, dass Individuen, die sich um gemeinsame Handlungsergebnisse sorgen, vielleicht nicht kooperativ handeln, wenn sie meinen, dass derartige Handlungen zu Ungerechtigkeit, also entweder zu ihrem eigenen Nachteil oder zum Nachteil des anderen, führen.

11.2.1 Ursprünge von Transformationen

Was treibt Menschen dazu, „über ihr unmittelbares Eigeninteresse hinauszugehen"? In diesem Abschnitt werden wir vier grundlegende Ursprünge von Transformationen erörtern; dies sind
(1) interpersonale Dispositionen,
(2) Überzeugungen im Hinblick auf das Verhalten des anderen,
(3) Merkmale der Beziehung und
(4) **soziale Normen.**

Soziale Normen („social norms"): Allgemein verbreitete Richtlinien für angemessenes Verhalten in sozialen Kontexten.

Diese Ursprünge von Transformationen sind bei weitem nicht absolut, sondern in vielen Aspekten Schlüsselelemente für ein Verständnis dessen, warum Individuen dazu neigen, kooperative Entscheidungen zu treffen, oder nicht, warum Individuen dazu neigen, sich an einer konstruktiven Verhandlung zu beteiligen, oder auch nicht etc. Die empirische Forschung, über die wir einen Überblick geben, leitet sich oft aus Befunden ab, die durch Verwendung **experimenteller Spiele** zustande kamen, ein wissenschaftliches Werkzeug für die Untersuchung der sozialen Interaktion, das auf die Spieltheorie zurückgeht. Die von uns dargestellten Befunde stammen aber auch aus der Forschung zum Verhalten in momentan bestehenden Beziehungen, Verhandlungssituationen und Organisationen.

Experimentelle Spiele („experimental games"): Ein wissenschaftliches Instrument zur Untersuchung sozialer Interaktionen, das auf die Spieltheorie zurückgeht.

11.2.1.1 Interpersonale Dispositionen

Eine Disposition, die sehr eng mit dem Konzept der Transformation von Handlungsergebnissen zusammenhängt, ist die der **sozialen Wertorientierung** (McClintock, 1972); sie wird definiert als die Vorliebe für spezifische Muster eigener Handlungsergebnisse und solche anderer Menschen. Individuen unterscheiden sich durch die Wahrscheinlichkeit, mit der sie versuchen, gemeinsame Handlungsergebnisse und Gleichheit bei den Handlungsergebnissen (*prosoziale* Orientierung), bei den eigenen Handlungsergebnissen (*individualistische* Orientierung) und bei den relativen Handlungsergebnissen (*Wettbewerbs*orientierung) zu erreichen. Die „Prosozialen" orientieren sich also an der Maximierung dessen, was das Beste für alle ist, und an der Minimierung der Unterschiede zwischen den eigenen Handlungsergebnissen und denen anderer („Was bekommen wir? Bekommen wir den gleichen Anteil?"); „Individualisten" orientieren sich in einem absoluten Sinne an der Maximierung der eigenen Handlungsergebnisse („Wie viel bekomme ich?"); und „Wettbewerbsorientierte" orientieren sich an der Maximierung der eigenen Handlungsergebnisse in einem relativen Sinne („Wie viel bekomme ich im Verhältnis zu dem, was der andere bekommt?"). Im Vergleich zu Individualisten und Wettbewerbsorientierten neigen Prosoziale stärker dazu, bei Spielen vom Typ des Gefangenendilemmas, in Verhandlungssituationen, aber auch bei verschiedenen sozialen Dilemmata im realen Leben wie etwa der Bereitschaft, in momentan bestehenden Beziehungen Opfer zu bringen, kooperative Entscheidungen zu treffen (De Dreu & Van Lange, 1995; Liebrand & Van Run, 1985; Van Lange, Agnew, Harinck & Steemers, 1997).

Soziale Wertorientierung („social value orientation"): Vorlieben für bestimmte Muster von Handlungsergebnissen für die eigene Person und andere Personen.

Indem Wettbewerbsorientierte und Individualisten anderen gegenüber auf nichtkooperative Weise auftreten, ist es wahrscheinlich, dass sie bei anderen nichtkooperatives Verhalten auslösen; dies kann als Erklärung für die Tatsache dienen, dass diese Personen dazu neigen, individualistische und wettbewerbsorientierte Überzeugungen über die Menschheit zu haben. Im Gegensatz dazu sind die Prosozialen geneigt, anderen kooperativ gegenüberzutreten, und lösen möglicherweise bei anderen entweder kooperatives oder nichtkooperatives Verhalten aus (d.h., einige Menschen erwidern die Kooperation, andere nicht). Das Endergebnis solcher *sich selbst erfüllender Prophezeiungen* („self-fulfilling prophecies") besteht darin, dass die Prosozialen dazu tendieren, heterogene Überzeugungen über die Menschheit zu entwickeln (z.B. „Die Welt ist mit kooperativen Menschen bevölkert, aber auch voller egoistischer Personen"), während Individualisten und Wettbewerbsorientierte möglicherweise recht homogene Ansichten über die Menschen entwickeln (z.B. „Die meisten Menschen sind egoistisch"). Insbesondere die Wettbewerbsorientierten neigen zu der Auffassung, dass man Menschen nicht trauen kann und dass sie versuchen, andere auszunutzen. Angesichts einer so düsteren Sichtweise vom menschlichen Wesen, die sie oft selbst durch ihr eigenes wettbewerbsorientiertes Verhalten bestätigen, ist es verständlich, dass Wettbewerbsorientierte nicht dazu neigen werden, sich kooperativ zu verhalten.

Diese Argumentation wird empirisch durch eine klassische Studie von Kelley und Stahelski (1970) gestützt. Die Autoren erfassten zunächst die Ziele der Versuchspersonen mithilfe eines Fragebogens und klassifizierten die Versuchspersonen entweder als „kooperativ" oder als „wettbewerbsorientiert". Auf Grundlage dieser Klassifikationen bildeten sie drei Paare von Versuchspersonen:

(1) kooperative Paare,
(2) Kooperative, die mit einem Wettbewerbsorientierten ein Paar bildeten, und
(3) wettbewerbsorientierte Paare.

Die Paare spielten 40 Durchgänge eines Zwei-Personen-Gefangenendilemmas und nach jedem Block von 10 Durchgängen wurden die Versuchspersonen über Ziele und Absichten der anderen Person befragt. Man fand heraus, dass die Schlussfolgerungen, die von den Kooperativen gezogen wurden, insgesamt genauer waren als jene, die von den Wettbewerbsorientierten gezogen wurden. Tatsächlich interpretierten die Wettbewerbsorientierten das wettbewerbsorientierte Verhalten, das sie selbst bei den Kooperativen auslösten, im Sinne wettbewerbsorientierter Ziele. Im Gegensatz dazu lösten die Kooperativen sowohl Kooperation bei den Kooperativen als auch Wettbewerb (d.h. nichtkooperative Entscheidungen) bei den Wettbewerbsorientierten aus und zogen gleich lautende Schlussfolgerungen.

Vertrauen („trust"):
Der allgemeine Glaube an die Ehrlichkeit und die kooperativen Absichten von anderen.

Mehrere andere Dispositionen können mit Transformationen in Zusammenhang stehen. Eine derartige Variable ist **Vertrauen**, definiert als allgemeine Überzeugung von der Ehrlichkeit und den kooperativen Absichten der anderen (Yamagishi, 1988). Eine weitere dispositionale Variable wurde in neuerer Zeit entwickelt: die *Sorge um künftige Konsequenzen* (Strathman, Gleicher, Boninger & Edwards, 1994). Diese Disposition ist vor allem in Situationen mit einem erweiterten Zeithorizont von Belang, wie etwa bei den zuvor beschriebenen sozialen Fallen und bei sozialen Hürden (Messick & Brewer, 1983). Während die meisten Individuen dazu neigen, unmittelbare Handlungsergebnisse langfristigen vorzuziehen, scheint es eine beträchtliche individuelle Variabilität bei dem Gewicht zu geben, das man unmittelbaren Handlungsergebnissen vs. künftigen Handlungsergebnissen beimisst. Individuen, die im Allgemeinen stärker dazu neigen, eine langfristige Orientierung einzunehmen, tendieren auch stärker dazu, eine langfristige Perspektive gegenüber Interaktionen einzunehmen; sie beziehen möglicherweise in ihre Überlegungen mit ein, wie die eigenen Handlungen und die des anderen hier und jetzt die eigenen Handlungsergebnisse und vielleicht die des anderen in Zukunft beeinflussen.

Schließlich könnte man noch fragen: Woher kommen diese interpersonalen Dispositionen? Während genetische Einflüsse und Unterschiede in der biologischen Ausstattung plausibel sind, gibt es auch Befunde, die die Annahme stützen, dass Dispositionen wie etwa die soziale Wertorientierung und Vertrauen teilweise durch frühere Interaktionserfahrungen und weiterhin durch künftige Interaktionserfahrungen geformt werden. Beispielsweise ist eine prosoziale Orientierung gewöhnlich stärker unter

Individuen verbreitet, die in großen Familien aufgewachsen sind als in kleinen; das Vorherrschen einer prosozialen Orientierung nimmt tendenziell mit dem Alter zu (Studien 3 und 4; Van Lange, Otten, De Bruin & Joireman, 1997). Somit gibt es gute Gründe, zu glauben, dass Dispositionen, die für Transformationen relevant sind, ihren Ursprung in sozialen Interaktionserfahrungen haben.

11.2.1.2 Überzeugungen über das Verhalten des anderen

Das Verhalten des anderen - oder Überzeugungen über das Verhalten des anderen - ist eine einflussreiche Determinante von Transformationen und des späteren eigenen Verhaltens. Ein weit verbreiteter Effekt besteht darin, dass die Beobachtung oder die Erwartung nichtkooperativen Verhaltens nichtkooperatives Verhalten bei der interdependenten anderen Person auslöst. Eine Beobachtung oder Erwartung, dass die interdependente andere Person eine kooperative Entscheidung trifft, löst gewöhnlich bei einigen von uns (aber nicht bei allen), vor allem bei Individuen mit einer prosozialen Orientierung, kooperatives Verhalten aus oder erhält es aufrecht (Kuhlman & Marshello, 1975). Gleichzeitig sollte man erkennen, dass die Verbindung zwischen Erwartungen und dem eigenen kooperativen Verhalten bidirektional sein kann. Erwartungen können, wie oben beschrieben, die Ursache für eine Entscheidung sein. Aber zugleich kann eine Entscheidung auch Erwartungen determinieren. Beispielsweise können Individuen ihre Erwartungen auf ihren eigenen Neigungen gründen (d.h. Projektion) oder dazu neigen, ihr Verhalten durch ihre Erwartung zu rechtfertigen (z.B. „Ich habe mich gegen Kooperation entschieden, weil ich dachte, es würde kein anderer kooperieren“; Dawes, McTavish & Shaklee, 1977; Messé & Sivacek, 1979).

Ein wichtiges Thema ist, wie man auf jemanden zugeht, mit dem man eine kooperative, gegenseitig vorteilhafte Beziehung entwickeln möchte. Sollte man kooperieren und riskieren, dass man durch eine nichtkooperative Reaktion des anderen ausgenutzt wird, oder sollte man einen nichtkooperativen Schritt wagen, um zu demonstrieren, dass mit der eigenen Person nicht zu spaßen ist? Die Forschungsbefunde deuten darauf hin, dass eine wirksame Strategie das „Wie du mir, so ich dir“ („tit-for-tat“, abgekürzt TFT) ist. Bei dieser Strategie beginnt man mit einer kooperativen Entscheidung und imitiert anschließend die vorige Entscheidung der anderen Person. Es handelt sich um ein wirksames Mittel, um stabile Muster wechselseitiger Kooperation auszulösen (Axelrod, 1984; McClintock & Liebrand, 1988). TFT ist nett, weil es mit einem kooperativen Schritt beginnt. TFT ist eindeutig und vorhersagbar; es ist fair, weil es Kooperation dadurch belohnt, dass es in Reaktion darauf kooperativ handelt, und es bestraft Nichtkooperation damit, dass es in Reaktion darauf nichtkooperativ handelt.

In einem interessanten Experiment verglichen Kuhlman und Marshello (1975) drei Strategien, die der Partner in einem Zwei-Personen-Gefangenendilemma verfolgte; dies waren

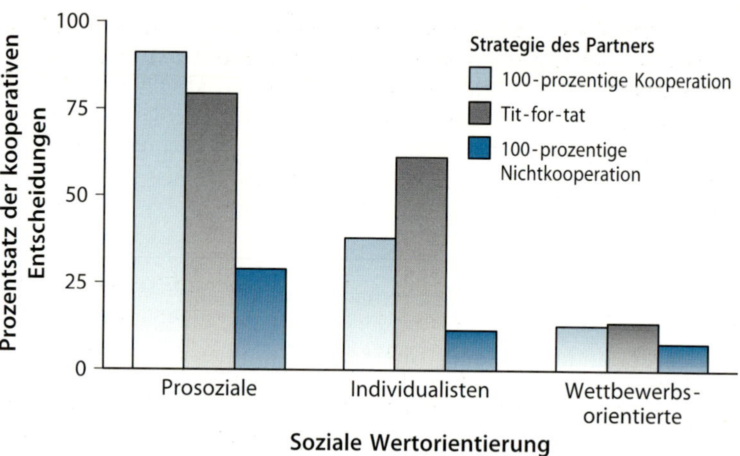

Abb. 11.5. Prozentsatz der kooperativen Entscheidungen als Funktion der eigenen sozialen Wertorientierung (prosozial vs. individualistisch vs. wettbewerbsorientiert) und der Strategie des Partners (100-%ige Kooperation vs. „Tit-for-Tat" vs. 100-%ige Nichtkooperation). (Nach Kuhlman & Marshello, 1975)

(1) hundertprozentige Kooperation,
(2) TFT und
(3) hundertprozentige Nichtkooperation.

Zusätzlich zu der Strategie des Partners untersuchten sie die soziale Wertorientierung der Versuchspersonen und verglichen Prosoziale, Individualisten und Wettbewerbsorientierte. Wie man in Abb. 11.5 sehen kann, lösten Partner, die konsistent Kooperation zeigten (100% Kooperation) bei den prosozialen Versuchspersonen in mehr als 90% der Fälle Kooperation aus. Im Gegensatz dazu zeigten die Individualisten (38%) und die Wettbewerbsorientierten (15%) nur sehr wenig Kooperation. Partner, die eine Strategie des „Wie du mir, so ich dir" verfolgten, lösten sowohl bei Prosozialen (80%) als auch bei Individualisten (65%) ein sehr hohes Niveau an Kooperation aus. Aber es gelang ihnen nicht, Kooperation bei Wettbewerbsorientierten (17%) zu fördern. Partner, die konsistent Nichtkooperation zeigten, lösten bei Prosozialen, Individualisten und Wettbewerbsorientierten nur recht wenig Kooperation aus. Eine interessante Schlussfolgerung aus dieser Arbeit lautet, dass die Strategie des „Wie du mir, so ich dir" durchaus wirksam ist, um Kooperation auszulösen; dies gilt sogar bei Individuen, die primär oder ausschließlich daran interessiert sind, ihr Eigeninteresse zu verfolgen. Und doch ist das TFT nicht geeignet, bei Wettbewerbsorientierten Kooperation auszulösen. Dies kann daran liegen, dass Wettbewerbsorientierte die TFT-Strategie nicht „schlagen" können; d.h., Wettbewerbsorientierte können, wenn sie kooperative Entscheidungen treffen, keine besseren Handlungsergebnisse erzielen als die Partner mit der TFT-Strategie. Neuere Befunde deuten daraufhin, dass Wettbewerbsorientierte, wenn sie es können, dazu tendieren, sich von anderen zurückziehen, die die TFT-Strategie verfolgen (Van Lange & Visser, 1999). Wenn Personen ihre primären Interaktionsziele (in diesem Fall, bessere Handlungsergebnisse als die anderen zu erzielen) nicht erreichen können, dann ist es wahrscheinlich, dass sie sich von den anderen „abwenden".

Überzeugungen über das Verhalten des anderen sind zentral für die so genannte *Theorie der Zielerwartung* („goal-expectation theory"), die von Pruitt und Kimmel (1977) entwickelt wurde. In dieser Theorie wird argumentiert, dass Kooperation wahrscheinlich effektiv gefördert wird, wenn zwei Bedingungen erfüllt sind:

(1) Das Individuum muss kooperative *Ziele* verfolgen, und
(2) das Individuum muss *Kooperation* von interdependenten anderen Personen *erwarten*.

Die Zielerwartungslogik ließ sich in mehreren Studien zu sozialen Dilemmata gut belegen und dazu gehören solche, die soziale Dilemmata im Alltag untersuchten, wie etwa, ob man mit dem Auto oder mit öffentlichen Verkehrsmitteln zur Arbeit fahren sollte. Deswegen sind Erwartungen hinsichtlich der Kooperation des anderen besonders für Individuen von Bedeutung, die versuchen, wechselseitige Kooperation zu erreichen. Ein wichtiger Punkt dabei ist, dass Individuen, die tatsächlich kooperative Ziele haben, keine Kooperation zeigen, wenn sie fürchten, dass andere nicht kooperieren werden. Deshalb ist es nach Yamagishi (1986) bedeutsam, ein Sanktionssystem aufzubauen, das Menschen bestraft, die nicht kooperieren. Ein solches System fördert kooperative Erwartungen und Vertrauen unter Individuen, was wiederum kooperatives Verhalten fördern kann.

Überzeugungen im Hinblick auf das Verhalten (und die Motivation) des anderen gehen oft mit weiteren Faktoren einher oder werden von ihnen beeinflusst. Ein solcher Faktor ist die verbale *Kommunikation*. Frühere Forschungsbefunde lieferten Hinweise darauf, dass die Gelegenheit zur Kommunikation, bevor in sozialen Dilemmata Entscheidungen gefällt werden, kooperatives Verhalten fördert. Dawes, McTavish und Shaklee (1977) veranschaulichten dies auf interessante Weise, indem sie vier Bedingungen miteinander verglichen:

(1) Eine Nichtkommunikationsbedingung: Die Versuchspersonen arbeiteten 10 Minuten lang unabhängig voneinander an einer Aufgabe.
(2) Eine Bedingung mit irrelevanter Kommunikation: Die Versuchspersonen diskutierten 10 Minuten lang verschiedene Themen; es war ihnen aber nicht erlaubt, über Themen zu sprechen, die für ihre Entscheidungen in dem sozialen Dilemma relevant waren.
(3) Eine Bedingung mit relevanter Kommunikation: Die Versuchspersonen sprachen 10 Minuten lang über künftige Entscheidungen in dem sozialen Dilemma; es war ihnen aber nicht erlaubt, die Entscheidung zu verraten, die sie zu fällen beabsichtigten.
(4) Relevante Kommunikation mit einer nicht verpflichtenden Ankündigung ihrer beabsichtigten Entscheidungen.

Wie Abb. 11.6 (S. 400) zeigt, betrugen die Prozentsätze für Kooperation nur 30% und 33% in den Bedingungen der Nichtkommunikation und der irrelevanten Kommunikation sowie 72% und 73% in den beiden Bedingungen, in denen die Versuchspersonen über das soziale Dilemma diskutierten. Dementsprechend zeigte diese Studie, dass Kommunikation recht effektiv dabei sein kann, Kooperation zu fördern; aber damit eine solche Kommunikation wirksam ist, sollte es dabei um Themen gehen,

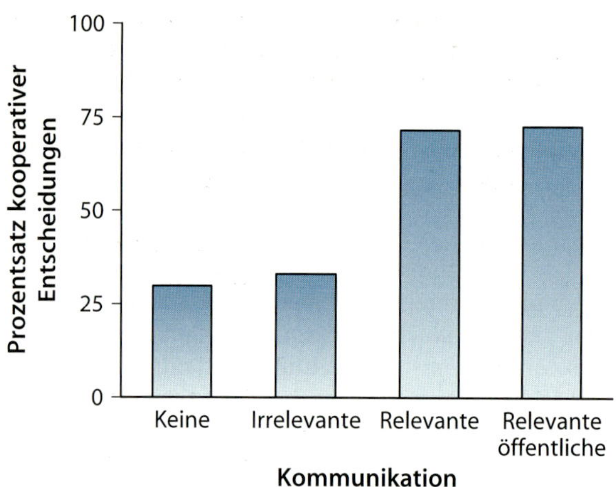

Abb. 11.6. Prozentsatz der kooperativen Entscheidungen in Gruppen mit fünf Personen, die nicht kommunizierten (keine Kommunikation), über ein irrelevantes Thema kommunizierten (irrelevante Kommunikation), über das soziale Dilemma kommunizierten (relevante Kommunikation) oder über die von ihnen beabsichtigten Entscheidungen kommunizierten und diese beabsichtigten (aber nicht verpflichtenden) Entscheidungen öffentlich zugänglich machten (relevante und öffentliche Kommunikation). (Nach Dawes, MacTavish & Shaklee, 1977)

die für die behandelten sozialen Dilemmaaufgaben relevant sind. Spätere Forschungsarbeiten zeigten auch, dass Kommunikation anscheinend besonders effektiv ist, wenn sie zum Ergebnis hat, dass sich alle Teilnehmer gegenseitig versprechen, miteinander zu kooperieren (Orbell, Van der Kragt & Dawes, 1988). Obwohl es immer noch mehrere spezifische Erklärungen für die günstigen Effekte von Kommunikation gibt, ist es plausibel, dass Kommunikation den Aufbau von Vertrauen in das kooperative Verhalten einer anderen Person festigt; dieses wiederum fördert Kooperation.

Erwartungen oder Überzeugungen im Hinblick auf das Verhalten einer anderen Person werden auch in bedeutsamer Art und Weise durch den Eindruck beeinflusst, den wir von der Persönlichkeit des anderen haben (s. Kap. 5). Vor allem in Situationen mit sozialen Dilemmata sind Menschen sehr motiviert, sich einen Eindruck zu bilden. Dabei tendieren sie dazu, sich auf moralbezogene Eindrücke zu konzentrieren („Ist der andere ein guter Mensch?"; Van Lange & Kuhlman, 1994), statt sich andere Eindrücke zu bilden. Menschen basieren ihre Entscheidung für Kooperation auch auf Informationen über die Gruppenmitgliedschaft eines anderen und kooperieren weniger, wenn andere Menschen Gruppen angehören, die vom Stereotyp her für wettbewerbsorientiert und opportunistisch gehalten werden (z.B. Studenten der Wirtschaftswissenschaften) anstatt als nette und kooperative Menschen zu gelten (z.B. Theologiestudenten; vgl. De Dreu, Yzerbyt & Leyens, 1995).

11.2.1.3 Merkmale der Beziehung

Transformationen von Handlungsergebnissen können von Merkmalen der Beziehung geleitet sein. Ein wichtiges Beispiel ist das Ausmaß an *Zufriedenheit*, das man aus der betreffenden Beziehung gewinnt – ein höheres Maß an Zufriedenheit regt eine prosoziale Transformation an und bewirkt wahrscheinlich kooperative Verhaltensweisen wie etwa konstruktives Problemlösen, Anpassung an die Bedürfnisse des anderen und Bereitschaft, Opfer zu bringen. Interessanterweise sind solche prosozialen Transformationen, unabhängig vom Grad an Zufriedenheit, in dem Maße größer, in dem das Individuum

(1) die *Qualität seiner Alternativen* als schlecht wahrnimmt (z. B. die Qualität spezifischer alternativer Partner oder die Qualität des Alleinlebens) und
(2) es mehr in diese Beziehung *investiert* hat (z. B. gemeinsame Freunde, gemeinsame Beteiligung an einer Hypothek, gemeinsame Geheimnisse).

Stärkere Zufriedenheit, schlechtere Alternativen und größere Investitionen zusammengenommen rufen ein Gefühl der *Verpflichtung* (commitment) hervor; es wird im Sinne eines starken Bedürfnisses definiert, die Beziehung aufrechtzuerhalten, und ist durch langfristige Orientierung sowie Bindungsgefühle gekennzeichnet. Das Verpflichtungsgefühl fördert gewöhnlich verschiedene Mechanismen zur Aufrechterhaltung der Beziehung; dies sind

(1) Anpassung, also die Bereitschaft, eher konstruktiv als destruktiv auf destruktives Verhalten eines Partners zu reagieren, und
(2) die Bereitschaft, Opfer zu bringen (Rusbult et al., 1991; Van Lange, Rusbult et al., 1997).

Eine Verpflichtung kann Individuen auch dazu motivieren, alternative, potenziell verführerische Partner zu meiden und ein übermäßig positives Bild des eigenen Partners und der eigenen Beziehung zu entwickeln (Rusbult & Van Lange, 1996; s. Kap. 12). Es gibt sowohl im Bereich der engen Beziehungen als auch in dem der Beziehungen von Angestellten zu einer Organisation viele empirische Belege für den starken Einfluss des Verpflichtungsgefühls auf solche Verhaltensweisen und Wahrnehmungen. Je stärker sich z. B. Personen der Organisation verpflichtet fühlen, desto weniger wahrscheinlich ist es, dass sie am Arbeitsplatz fehlen, und desto wahrscheinlicher ist es, dass sie sich als Mitglied einer Organisation engagieren und zusätzliches Rollenverhalten zeigen, d. h. Anstrengungen zum Wohle der Organisation (Rusbult & Farrell, 1983).

Eine zweite wichtige Variable für eine bestehende Beziehung ist *Vertrauen*. Obwohl Vertrauen manchmal als dispositionale Variable betrachtet wird (s. oben), entwickelt es sich oft im Kontext der Beziehung zwischen zwei interdependenten Personen (Holmes & Rempel, 1989). Durch den Austausch kooperativer Verhaltensweisen lösen die Partner in einer Beziehung nicht nur in produktiver Weise potenziell anliegende Probleme, sondern vermitteln einander ein Gefühl des Vertrauens. Vertrauen hängt vermutlich mit einer langfristigen Orientierung zusammen, bei der man der Meinung ist, dass der Partner Gunstbeweise und Opfer erwidern wird. Ein Mangel an Vertrauen wird wahrscheinlich zu weniger wohlwollenden Interpretationen des Partnerverhaltens führen und kann einen Teufelskreis der Reziprozität bis hin zur Eskalation eines Konflikts auslösen. Wie auch Commitment ist Vertrauen ein Schlüsselbegriff im Zusammenhang mit engen Beziehungen unter Kollegen in Organisationen und Unternehmen (De Dreu, Giebels & Van de Vliert, 1998; Kramer & Tyler, 1995).

11.2.1.4 Soziale Normen

Transformationen von Handlungsergebnissen können ihren Ursprung auch in sozialen Normen haben, in denen Regeln für den Umgang mit spezifischen Interdependenzproblemen und -gelegenheiten definiert werden. Solche Normen dienen oft dem Ziel,

(1) das Funktionieren von Gruppen und Gesellschaften zu verbessern, auch die Arten des Funktionierens auf einer Mikroebene wie etwa bei alltäglichen Regeln für den zivilisierten und höflichen Umgang miteinander, und
(2) den „Schwachen" davor zu schützen, dass er durch den Mächtigen ausgenutzt wird, und Individuen Hilfe anzubieten, die eine solche Hilfe wirklich brauchen. Bei sozialen Normen geht es um die Verteilung und Zuordnung von Handlungsergebnissen bzw. um Fragen zur Vorgehensweise.

Verteilungsgerechtigkeit („distributive justice"): Fairnesskriterien, die verwendet werden, um die Qualität der eigenen Handlungsergebnisse zu bewerten, indem sie mit der Qualität der Handlungsergebnisse der anderen Personen verglichen wird.

In der Theorie und in der Empirie wurde drei Arten von Verteilungsnormen die meiste Aufmerksamkeit geschenkt. Die Norm der **Verteilungsgerechtigkeit** fördert die Verteilung von Handlungsergebnissen auf eine Weise, dass jedes einzelne Mitglied den gleichen Anteil bekommt (Gleichheitsnorm) oder einen Anteil, der proportional zu seiner Investition und seinem Beitrag ist – je größer der relative Beitrag, desto größer sein Anteil (Beitragsnorm oder „Equity-Norm"; Adams, 1965). Auf einer allgemeineren Ebene bezieht sich Verteilungsgerechtigkeit auf die Fairnesskriterien, die angewandt werden, um die Qualität der eigenen Handlungsergebnisse zu bewerten; dies geschieht, indem man sie mit der Qualität der Handlungsergebnisse der anderen in Verbindung bringt. Ob es sich nun um die Gleichheit, um den Beitrag (Equity) oder um irgendein anderes Verteilungskriterium handelt, es ist klar, dass die Menschen dazu neigen, intensiv auf solche Normen zu reagieren. Beispielsweise zeigt die Forschung, dass die Menschen am meisten Zufriedenheit aus Handlungsergebnissen ziehen, die nach den Normen des Beitrags oder der Gleichheit verteilt werden, und am wenigsten mit Handlungsergebnissen zufrieden sind, die nicht mit diesen Prinzipien vereinbar sind, selbst wenn dies zu ihrem eigenen Vorteil geschieht (Messick & Sentis, 1985). Zweitens besagt die *Reziprozitätsnorm* (Gouldner, 1960), dass ein Verhalten – sei es nun großzügig und kooperativ oder selbstbezogen und nichtkooperativ – mit einem gleichen Verhalten vergolten werden sollte. Drittens besagt die Norm der *sozialen Verantwortlichkeit*, dass Handlungsergebnisse von Individuen, die relativ schwach, abhängig oder ansonsten weniger in der Lage sind, für sich selbst gute Handlungsergebnisse zu erzielen, unterstützt werden sollten. Diese Norm ähnelt in gewisser Hinsicht dem so genannten *Bedürfnisprinzip* (Deutsch, 1975), das verlangt, dass jenen bessere Handlungsergebnisse zugestanden werden sollten, die diese Handlungsergebnisse am meisten brauchen.

Prozedurale Gerechtigkeit („procedural justice"): Gerechtigkeitskriterien, die eingesetzt werden, um die Qualität eines Entscheidungsbildungsprozesses zur Verteilung von Handlungsergebnissen zwischen Personen zu bewerten.

Normen haben auch einen Einfluss auf die Vorgehensweisen, die eingesetzt werden, um Personen Handlungsergebnisse zuzuteilen. In der Tat scheinen die **prozedurale Gerechtigkeit** bzw. die Gerechtigkeitskriterien, die verwendet werden, um die Qualität des Entscheidungsbildungprozesses für die Verteilung von Handlungsergebnissen unter den Menschen zu bewerten (Thibaut & Walker, 1975), recht bedeutsam dafür zu sein, ob wir uns fair behandelt fühlen. Das heißt, dass es nicht nur die Verteilung an sich ist, die über Fairness entscheidet, sondern dass die Fairness der Vorgehensweisen in manchen Situationen genauso wichtig sein kann, wenn nicht sogar wichtiger (Lind & Tyler, 1988). Ob man beispielsweise Menschen die Möglichkeit gibt, ihre Meinung zu sagen, oder nicht, bestimmt darüber, als wie fair sie eine Situationen wahrnehmen; und dies ist weitgehend unabhängig davon, ob die Handlungsergebnisse gut oder schlecht, fair oder unfair sind (z.B. Van den Bos, Lind, Vermunt & Wilke, 1997). Gleichzeitig ist, wenn die Vorgehensweisen fair sind, die Verletzung von Verteilungsnormen weit weniger bedeutsam, als wenn die Vorgehensweisen unfair sind (Brockner & Wiesenfeld, 1995).

Normen lassen sich auf eine große Vielfalt von Situationen anwenden und haben gewöhnlich, wenn sie verletzt werden, Missbilligung bei den Beobachtern und Schuldgefühle beim Handelnden zur Folge. Gleichwohl können unterschiedliche, miteinander konfligierende Normen simultan wirken; dies hat eine normative Ambiguität zur Folge, die häufig dadurch aufgelöst wird, dass man sich an die Normen hält, die dem eigenen persönlichen Interesse am besten dienen. Personen z.B., die weniger als der Durchschnitt zum Wohl der Gruppe beigetragen haben, neigen dazu, die Gleichheitsnorm zu bevorzugen, während diejenigen, die mehr als der Durchschnitt zum Wohl einer Gruppe beigetragen haben, die Beitragsnorm bevorzugen und damit einen proportional größeren Nutzen von der Gruppe beanspruchen. Für sich genommen sind Normen eine wichtige Quelle von Uneinigkeit und Konflikt unter den Gruppenmitgliedern (Pruitt, 1981). Es trifft auch zu, dass die Verletzung wichtiger Normen (z.B. der Gleichheitsnorm) mit größerer Wahrscheinlichkeit vorkommt, wenn eine derartige Verletzung nur schwer von der eigenen Person oder von anderen zu beobachten ist. Und wenn eine Ressource nicht in gleicher Weise verteilt werden kann, neigen die Individuen dazu, den größeren Anteil für sich selbst zu nehmen (Allison, McQueen & Schaerfl, 1992).

11.3 Jenseits von Dyaden und Kleingruppen

Worin bestehen die psychologischen Unterschiede, wenn man von dyadischen Beziehungen über Kleingruppen zu Großgruppen übergeht? Worin bestehen die psychologischen Unterschiede, wenn man von der Kooperation innerhalb einer Gruppe zur Kooperation zwischen Gruppen übergeht?

Bisher haben wir vier grundlegende Ursprünge für Transformationen erörtert, die Individuen dazu bringen können, umfassendere Ziele zu verfolgen, als einfach nur nach dem unmittelbaren Eigeninteresse zu streben. Diese Ursprünge – interpersonale Dispositionen, (Überzeugungen über das) Verhalten des anderen, Merkmale der Beziehung und soziale Normen

– lassen sich auf eine breite Vielfalt interdependenter Beziehungen anwenden. Wenn man von dyadischen Beziehungen über Kleingruppen zu Großgruppen übergeht, ist es jedoch wichtig, im Hinterkopf zu behalten, dass es hier bedeutsame psychologische Unterschiede gibt. Im nächsten Abschnitt werden wir die psychologischen Unterschiede beim Übergang

(1) von Dyaden über Kleingruppen zu Großgruppen und
(2) von der Kooperation innerhalb einer Gruppe zur Kooperation zwischen Gruppen erörtern.

11.3.1 Von Dyaden zu Großgruppen

Es gibt mindestens drei qualitative Unterschiede zwischen dyadischen Beziehungen und Beziehungen innerhalb größerer Gruppen (s. Dawes, 1980). Erstens, in dyadischen Beziehungen konzentriert sich der Schaden bei Nichtkooperation auf eine andere Person und verteilt sich nicht auf viele andere. Zweitens, in dyadischen Beziehungen sind Individuen oft in der Lage, das Verhalten des anderen durch ihre eigene Verhaltensstrategie zu formen. Drittens, in dyadischen Beziehungen ist es praktisch nicht möglich, eine völlig anonyme Entscheidung zu treffen; denn dort gibt es nur eine einzige andere Person. Aus diesen Gründen überrascht es nicht, dass sich Individuen z. B. in Zwei-Personen-Gefangenendilemmata als kooperativer erweisen als in Acht-Personen-Gefangenendilemmata.

Gleichwohl ist es interessant, dass die Kooperation, selbst wenn man relativ kleine Gruppen miteinander vergleicht (z. B. Gruppen von drei bis zehn Personen), offenbar recht linear abnimmt (z. B. Fox & Guyer, 1977). Dies kann daher kommen, dass erstens die Anonymität in größeren Gruppen noch ausgeprägter ist als in kleineren Gruppen. Zweitens werden Individuen bei zunehmender Gruppengröße pessimistischer im Hinblick auf die Effektivität ihrer Anstrengungen, kollektive Handlungsergebnisse zu fördern (Kerr, 1996; s. Kap. 14). Und drittens neigen Menschen dazu, sich in größeren Gruppen weniger persönlich verantwortlich für gute kollektive Handlungsergebnisse zu fühlen. Dennoch kann man Kooperation in großen Gruppen fördern, vor allem

(1) durch die Stärkung sozialer Normen, die Kooperation vorschreiben;
(2) durch effektive Kommunikation, d. h. Kommunikation über die beabsichtigte Entscheidung, zu der sich die Gruppenmitglieder verpflichten, und
(3) durch verstärkte Gefühle der Identität mit der Gruppe bzw. durch ein Wirgefühl (z. B. Brewer & Kramer, 1986).

11.3.2 Von interpersonalen zu Intergruppenbeziehungen

Interessanterweise sind Interaktionen zwischen Gruppen durch ein geringeres Niveau an Kooperation und ein höheres Niveau an Wettbewerb charakterisiert als Interaktionen zwischen Individuen (Schopler & Insko,

1992). Dieser so genannte *Diskontinuitätseffekt zwischen Individuum und Gruppe* geht zurück auf

(1) ein geringeres Maß an Vertrauen in Intergruppenbeziehungen, das die Furcht auslöst, von der anderen Gruppe ausgebeutet zu werden,
(2) ein höheres Niveau der Unterstützung, die die Gruppenmitglieder einander zuteil werden lassen, wenn sie das Interesse ihrer eigenen Gruppe (und das Eigeninteresse jedes einzelnen Mitglieds) auf Kosten der anderen Gruppe verfolgen, und
(3) ein geringeres Niveau der Identifizierbarkeit insofern, dass die Verantwortlichkeit für selbstbezogenes Verhalten in Intergruppensituationen häufig geteilt wird, nicht aber in interpersonalen Situationen.

Empirische Belege für die Diskontinuität zwischen Individuum und Gruppe wurden sowohl in experimentellen als auch in Nicht-Laborkontexten beobachtet (Pemberton, Insko & Schopler, 1996). In ähnlicher Weise wird eine Verhandlung zwischen Gruppen wettbewerbsorientierter, wenn die Anzahl der Teammitglieder auf jeder Seite anwächst. Zudem deuten neuere Befunde darauf hin, dass der Diskontinuitätseffekt deutlich reduziert wird, wenn eine der beiden Gruppen eine TFT-Strategie verfolgt; somit scheint diese Strategie unter bestimmten Bedingungen recht effektiv zu sein, um Kooperation zwischen Gruppen zu fördern (Insko et al., 1998).

Kürzlich hat Bornstein (1992) **Mannschaftsspiele** entwickelt, also Situationen, in denen die interdependente Beziehung sowohl innerhalb einer Gruppe als auch zwischen Gruppen spezifiziert wird. Dieser Untersuchungsansatz deutet darauf hin, dass Kooperation innerhalb einer Gruppe (also der Eigengruppe) verbessert wird, wenn die Handlungsergebnisse der Eigengruppe in einer negativen Beziehung zu den Handlungsergebnissen der Fremdgruppe stehen, wenn also die Eigengruppe gewinnt, was die Fremdgruppe verliert (Null-Summen-Interdependenz). Umgekehrt ist die Kooperation innerhalb einer Gruppe gewöhnlich mittelmäßig oder gering, wenn sowohl die Eigengruppe als auch die Fremdgruppe von einer solchen Kooperation profitieren. Dies deutet darauf hin, dass ein Schlüssel zur Kooperation innerhalb einer Gruppe die zugrunde liegende Interdependenz zwischen Eigengruppen und Fremdgruppen ist (vgl. Rabbie & Horwitz, 1988). Manchmal kann sich die Kooperation innerhalb einer Gruppe nachteilig auf das Wohl des gesamten Kollektivs auswirken, das aus Eigengruppen und Fremdgruppen besteht. Während des Kriegs etwa zeigen Soldaten Kooperation innerhalb der Gruppe durch Kampfhandlungen gegen die Fremdgruppe; doch die Eigengruppe und die Fremdgruppe zusammengenommen, d.h. das größere Kollektiv, stehen besser da, wenn sie sich nicht an aggressivem Verhalten beteiligen. Abgesehen von der Eigenart der interdependenten Beziehung zwischen Gruppen zeigt die Forschung, dass die Kategorisierung im Sinne von „wir" und „sie" zu einer *Eigengruppenverzerrung* führen kann; dadurch werden der eigenen Gruppe größere Ressourcen oder Vorteile zugewiesen als der anderen Gruppe (z.B. Tajfel, 1978; s. Kap. 15).

Mannschaftsspiele („team games"): Spiele, in denen interdependente Beziehungen zwischen dem Individuum, der eigenen Gruppe und einer anderen Gruppe bestehen.

11.4 Konfliktlösungen

Was sind die möglichen Rollen für einen Dritten? Warum sollten strukturelle Lösungen durchaus wirksam sein?

Individuen in Dyaden oder Gruppen sind recht häufig in der Lage, kollektiv erwünschte Handlungsergebnisse zu erzielen, indem sie stabile Muster wechselseitiger Kooperation aufbauen. Natürlich nutzen Individuen in solchen Fällen die Situation mit gemischten Motiven auf eine Weise, die für alle beteiligten Mitglieder von Vorteil ist, und das „Dilemma" ist damit produktiv gelöst. Andererseits ist leicht vorstellbar, dass es einer Gruppe oder Dyade nicht gelingt, ein kooperatives, gegenseitig vorteilhaftes Interaktionsmuster aufzubauen. Damit zwei Menschen eine nichtkooperative Beziehung entwickeln, braucht, wie wir gesehen haben, tatsächlich nur ein einziges Mitglied vorhanden zu sein, das sich weiterhin egoistisch verhält. Muster von Nichtkooperation, real oder nur antizipiert, können aufgelöst oder verhindert werden durch

Intervention durch einen Dritten („third-party intervention"):
Die Intervention eines Dritten, die dazu beitragen soll, einen Interessenkonflikt zwischen zwei oder mehreren Personen (oder Gruppen von Menschen) zu lösen.

(1) die **Intervention eines Dritten**, also die Intervention einer dritten Partei, die dazu beiträgt, einen Interessenkonflikt zwischen zwei oder mehreren Menschen zu lösen, oder durch
(2) **strukturelle Lösungen**, also eine wirkungsvolle Veränderung von Situationen auf eine Weise, dass die nachteiligen Wirkungen nichtkooperativen Verhaltens überwunden werden.

Strukturelle Lösungen („structural solutions"):
Lösungen, die darauf abzielen, kollektiv wünschenswertes Verhalten durch Veränderung von Aspekten der Interdependenzstruktur, die Beziehungen zwischen Menschen zugrunde liegt, zu fördern.

Diese beiden Lösungen werden nacheinander erörtert.

11.4.1 Intervention eines Dritten

Die Intervention eines Dritten kann die Form einer *sich entwickelnden Intervention* oder einer *vertraglichen Intervention* annehmen. Eine sich entwickelnde Intervention hat gewöhnlich keine formal definierte Rolle und der Dritte hat üblicherweise eine bereits bestehende Beziehung zu einer oder beiden Seiten, die miteinander in Konflikt stehen. Beispiele für eine Intervention durch Dritte sind Interventionen von Eltern, Nachbarn oder Freunden, Mitgliedern der eigenen Gruppe oder Arbeitskollegen. Im Falle einer sich entwickelnden Intervention bietet die dritte Seite freiwillig ihre Dienste an, die die Dyade oder Gruppe entweder annehmen oder zurückweisen kann. Im Fall der vertraglichen Intervention durch Dritte andererseits laden Mitglieder der Dyade oder Gruppe einen Dritten ein, damit er seine Dienste anbietet, um den Konflikt zu lösen. Beispiele dafür sind Interventionen durch einen Polizisten, einen Richter, einen Personalverantwortlichen oder irgendeine externe Stelle, die auf Konfliktlösungen spezialisiert ist (z.B. die Vereinten Nationen).

Dritte übernehmen eine Vielfalt von Rollen und Strategien. Aufbauend auf der bahnbrechenden Arbeit von Thibaut und Walker (1975) unterschied Sheppard (1984) zwischen

		Prozesskontrolle	
		Nicht vorhanden	Vorhanden
Entscheidungs-kontrolle	Nicht vorhanden	Anregerrolle	Vermittlerrolle
	Vorhanden	Schiedsrichter-rolle	Inquisitorische Rolle

Abb. 11.7. Rollentyp als Funktion der Verfügbarkeit von Prozesskontrolle und von Entscheidungskontrolle. (Nach Sheppard, 1984)

(1) *Prozesskontrolle*, der Kontrolle eines Dritten über die Darstellung und Interpretation der Fakten, die für den Streit relevant sind, und
(2) *Entscheidungskontrolle*, der Kontrolle eines Dritten über das Ergebnis des Streits.

Wie man in Abb. 11.7 sieht, führen beide Dimensionen gemeinsam zu vier unterschiedlichen Rollen, die ein Dritter einnehmen kann, wenn er in einem Konflikt zwischen zwei oder mehreren Menschen interveniert:
(1) einer Anregerrolle,
(2) einer inquisitorischen Rolle,
(3) einer Schiedsrichterrolle und
(4) einer Vermittlerrolle.

Wenn es dem Dritten an Prozesskontrolle und Entscheidungskontrolle mangelt, übernimmt er eine Anregerrolle, bei der er mit Rat und Vorschlägen zur Verfügung steht. Beispiele für eine solche Rolle des Dritten sind Berufsberater oder Personalberater innerhalb von Organisationen; derartige Dritte können aber auch Freunde oder Kollegen sein. Diese Menschen geben oft relevante Informationen oder Empfehlungen, wie man einen Konflikt angehen kann, ohne eigentlich Kontrolle über den Prozess oder das Ergebnis auszuüben.

Wenn die dritte Seite andererseits sowohl Prozesskontrolle als auch Entscheidungskontrolle ausübt, dann übernimmt sie eine *inquisitorische Rolle*. Ein Beispiel dafür ist eine Vorgesetzte, die in einem Konflikt zwischen zwei Mitarbeitern, die sich um ein Arbeitszimmer streiten, eingreift. In einer solchen Situation kontrolliert die Vorgesetzte sowohl den Prozess (wann sprechen wir darüber, wer redet als Erster) als auch das Ergebnis (wer bekommt den schönen Schreibtisch am Fenster).

Wenn die dritte Seite nur Entscheidungskontrolle ausübt, dann nimmt sie eine *Schiedsrichterrolle* ein. Ein gutes Beispiel dafür ist der Richter, der jeder Seite bzw. ihrem Rechtsvertreter zuhört und dann eine Entscheidung fällt. Im Beispiel mit den beiden Arbeitskollegen, die über einen Schreibtisch am Fenster in Streit geraten, kann die Vorgesetzte eine Schiedsrichterrolle einnehmen (und tut es auch oft) – jeder Seite zuhören und dann eine Entscheidung fällen. Dritte übernehmen schließlich auch eine *Vermittlerrolle*, wenn sie nur Prozesskontrolle ausüben (**Mediation**). Denken Sie z. B. an einen Arbeitskollegen, der den beiden Streithähnen beispringt, die sich über das Arbeitszimmer die Köpfe heiß reden. Dieser

Mediation („mediation"): Unterstützung von dritter Seite, die oft durch Kommunikation mit beiden Seiten dabei hilft, einen Interessenkonflikt zu lösen.

Arbeitskollege ist in die Angelegenheit „verwickelt" und kontrolliert den Prozess, aber er ist nicht in der Lage, eine Lösung voranzutreiben und zu entscheiden, wer den Schreibtisch am Fenster bekommen wird.

Von den vier Rollen, die Dritte übernehmen können, ist die Rolle des Vermittlers die beliebteste (Karambaya & Brett, 1989; Lewicki & Sheppard, 1985). Der erste Grund dafür besteht darin, dass, im Gegensatz zu der inquisitorischen und der Schiedsrichterrolle, der Vermittler die Entscheidungskontrolle den Streitenden überlässt. Verständlicherweise ist dieses Gefühl der Kontrolle über das Endergebnis für die Konfliktparteien wichtig. Der zweite Grund besteht darin, dass durch Mediation häufiger als durch irgendeine andere Rolle stabile Übereinkünfte zustande kommen, die für beide Seiten akzeptabel sind. Für sich genommen kann Mediation die Beziehung zwischen den Parteien verbessern und dazu beitragen, eine für beide Seiten vorteilhafte Zukunft (wieder)herzustellen.

Kürzlich wurde ein Modell entwickelt, das erklären soll, wie Vermittler eingreifen können. Nach dem *Concern-likelihood-Modell* der Mediation (Carnevale, 1986; Carnevale & Pruitt, 1992) werden alle Mediationsaktivitäten durch zwei Merkmale gesteuert; dies sind

(1) die Berücksichtigung der Ansprüche der streitenden Parteien durch den Vermittler und
(2) die Wahrnehmung eines Bereichs grundlegender Gemeinsamkeiten durch den Vermittler (also der Wahrscheinlichkeit, dass die streitenden Parteien eine Übereinkunft erreichen werden).

Wenn die Ansprüche der Parteien in geringem Umfang berücksichtigt werden und der Bereich grundlegender Gemeinsamkeiten als groß angesehen wird, lässt sich, wie man in Abb. 11.8 sehen kann, vorhersagen, dass die Vermittler inaktiv bleiben werden und die Parteien ihren Streit selbst beilegen lassen. Wenn aber im Gegensatz dazu die Ansprüche in starkem Maße berücksichtigt werden und der Bereich grundlegender Gemeinsamkeiten als groß angesehen wird, ist es wahrscheinlich, dass die Vermittler

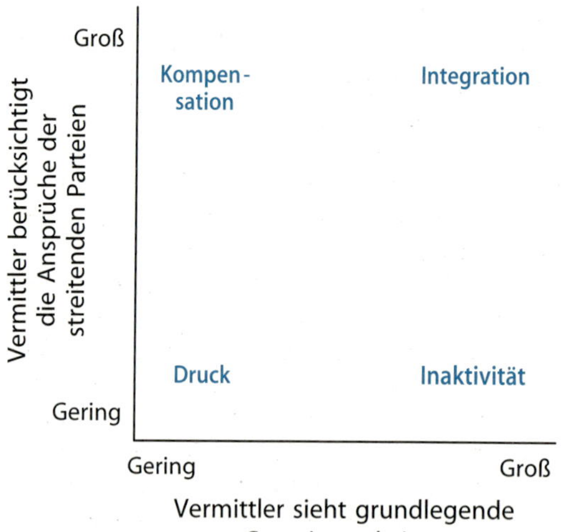

Abb. 11.8. Das Concern-likelihood-Modell des Vermittlerverhaltens. (Nach Carnevale, 1986)

eine integrierende, Problem lösende Strategie wählen werden. In diesem Fall werden Vermittler Fragen stellen, um die grundlegenden Bedürfnisse und das Interesse, das jede der Konfliktparteien einbringt, zu verstehen und Lösungen vorzuschlagen, die den Wünschen und Bedürfnissen aller Beteiligten gerecht werden. Ein bekanntes Beispiel dafür ist die Mediation durch den früheren US-Präsidenten Jimmy Carter im Konflikt zwischen Ägypten und Israel über die Halbinsel Sinai. Israel hatte große Teile des Sinai besetzt und weigerte sich, das Gebiet an Ägypten zurückzugeben, das seinerseits begründete historische Rechte darauf hatte. Als Vermittler fand Jimmy Carter heraus, dass Israel auf dem Sinai bestand, weil es Sicherheit und Schutz haben wollte, während Ägypten wegen Gebietsforderungen am Sinai festhielt. Die integrative Lösung, die Jimmy Carter vorschlug, lautete, dass Israel den Sinai an Ägypten zurückzugeben hatte, während Ägypten eine große demilitarisierte Zone zugestehen musste – auf diese Weise wurden die grundlegenden Bedürfnisse beider streitenden Parteien erfüllt.

Wenn die Ansprüche der Parteien in hohem Maße berücksichtigt werden und der Bereich der Gemeinsamkeiten als gering angesehen wird, lässt sich vorhersagen, dass die Vermittler eine Kompensation einsetzen werden, um die Parteien zu Konzessionen zu verleiten. Eine Vorgesetzte z.B., die zwischen zwei Arbeitskollegen in einem Büro bei einem Konflikt darüber vermittelt, wer den Schreibtisch am Fenster bekommt, kann den einen Mitarbeiter bitten, nachzugeben und den Schreibtisch seinem Kollegen zu überlassen. Im Gegenzug gleicht die Vorgesetzte diese Konzession dadurch aus, dass sie ihrem Mitarbeiter einen neuen Computer verschafft. Wenn schließlich die Ansprüche in geringem Umfang berücksichtigt werden und der Bereich der Gemeinsamkeiten als gering angesehen wird, können die Vermittler versucht sein, beide Parteien zu einer Lösung zu drängen. In diesem Fall setzen Vermittler überzeugende Argumente ein, um die Ansprüche der Streitenden weiter herunterzuschrauben, oder drohen, das (kindische) Verhalten der Kontrahenten in die Medien zu bringen, wenn die Streithähne nicht nachgeben.

Sowohl bei der vertraglichen als auch bei der sich entwickelnden Mediation müssen die Vermittler gewöhnlich einen genau abgesteckten Kurs zwischen den Streitenden steuern, wenn sie sich nicht einer Seite entfremden sowie ihre Glaubwürdigkeit und Akzeptanz verlieren wollen. Es besteht immer die Gefahr, dass eine oder beide Seiten zu der Auffassung kommen, der Vermittler stehe ihr eher feindselig gegenüber und seine Ansichten über sie seien verzerrt (Pruitt & Carnevale, 1993). Im Sinne des oben erörterten Modells der strategischen Entscheidung würde die (vermutete) Verzerrung des Vermittlers darin zum Ausdruck kommen, dass er die Ansprüche einer der Parteien entweder vor Beginn der Mediation oder während des Prozesses der Konfliktlösung stärker hervorhebt (Van de Vliert, 1992). Eine Verzerrung aufseiten des Vermittlers kann rein subjektiv (also nur in den Köpfen der Parteien vorhanden), aber manchmal auch real sein. Beispielsweise können Vermittler tatsächlich stärker der einflussreicheren Partei zuneigen, vor allem wenn diese einflussreiche Partei auch eine ausgeprägte Fähigkeit hat, den Vermittler mit Sanktionen zu belegen. Obwohl eine Verzerrung aufseiten des Vermittlers oft die konstruktive Konfliktlösung gefährdet, argumentieren verschiedene Autoren dahingehend, dass eine verzerrte Vermittlerrolle manchmal die einzig verfügbare ist, um im Konflikt zu vermitteln. Auch sind die streitenden Parteien eher bereit, eine verzerrte Vermittlerrolle zu akzeptieren, wenn sie der Auffassung sind, dass der Vermittler diese verzerrte Sichtweise schon vor Beginn der Mediation hatte und nicht erst während der Konfliktlösung einnahm (z.B. Pruitt & Carnevale, 1993).

11.4.2 Strukturelle Lösungen

Wenn Individuen nicht in der Lage sind, in einer bestimmten Situation gemeinsam zu den erwünschten Ergebnissen zu kommen, können sie strukturelle Lösungen in ihre Überlegungen einbeziehen; dabei wird die Struktur der Situation auf eine Weise geändert, dass sie einen Anreiz für kooperatives Verhalten bietet (Messick & Brewer, 1983). Während die Intervention durch Dritte sich aus der Theorie und Forschung zum Thema Verhandlungen entwickelt hat, ist die Psychologie der strukturellen Lösungen fest in der Literatur zu sozialen Dilemmata verankert. Es gibt mindestens zwei unterschiedliche Formen struktureller Lösungen; dies sind

(1) Veränderungen der *Ergebnisstruktur*, die einer Situation mit gemischten Motiven zugrunde liegt, und
(2) Veränderungen der *Entscheidungsstruktur*, die einer Situation mit gemischten Motiven zugrunde liegt.

Erstens, strukturelle Veränderungen der *Ergebnisstruktur* können sich entweder darauf konzentrieren, Kooperation zu belohnen oder Nichtkooperation zu bestrafen. Ein konkretes Beispiel für Ersteres ist die Einrichtung eines Extrafahrstreifens für Pkws, die auf der Fahrt zur Arbeit gemeinsam benutzt werden. Bei einem Versuch, die gemeinsame Benutzung von Fahrzeugen zu fördern und die Menschen von der individuellen Benutzung abzuhalten, entschied die niederländische Regierung, die gemeinsame Benutzung von Pkws zu belohnen, indem sie einen bevorrechtigten Fahrstreifen für solche Fahrzeuge einrichtete; hier handelte es sich um einen Fahrstreifen auf einer Autobahn in der Nähe von Amsterdam, der nur von derartigen Fahrzeugen benutzt werden konnte, der deshalb weniger verstopft war und auf dem man viel schneller fahren konnte als auf den anderen Fahrstreifen. (Leider wurde die gemeinsame Benutzung von Fahrzeugen durch die Einführung eines bevorzugten Fahrstreifens für solche Fahrzeuge nicht effektiv gefördert, teilweise weil allein reisende Fahrer der Meinung waren, sie könnten nicht zur gemeinsamen Benutzung von Fahrzeugen überwechseln; s. Van Vugt, Van Lange, Meertens & Joireman, 1997.) Bei einer weiteren Lösung wird Nichtkooperation bestraft, um sie weniger attraktiv zu machen. Beispielsweise könnten die Regierungen ein System einführen, bei dem Autofahrer etwas bezahlen müssten, wenn sie die Autobahn während der Rushhour benutzen (vgl. Yamagishi, 1986). Eindeutig werden Belohnung und Bestrafung häufig eingesetzt, um kollektiv wünschenswertes Verhalten zu fördern, nicht nur durch Regierungen (wie etwa über Steuern und Subventionen), sondern auch durch Arbeitgeber, Arbeitskollegen, Partner in einer Beziehung etc.

Im Allgemeinen sind Veränderungen bezogen auf die Ergebnisstruktur aus zwei umfassenden Gründen für die Förderung von Kooperation recht wirksam. Erstens verändern solche Lösungen die Ergebnisstruktur auf eine Weise, dass der Charakter der Situation mit gemischten Motiven abgeschwächt wird (wenn also Kooperation für Individuen fast genauso attraktiv wird wie Nichtkooperation) oder insgesamt der Charakter gemischter Motive schwindet (wenn also Kooperation für Individuen attraktiver wird als Nichtkooperation). Zweitens tendieren solche strukturellen Lösungen dazu, die Erwartungen der Menschen im Hinblick auf die Kooperationsbereitschaft des anderen zu erhöhen und dadurch eine wichtige Barriere für Kooperation aus dem Weg zu räumen (Yamagishi, 1986). Gleichwohl sind oft mehrere Barrieren zu überwinden, damit man eine solche strukturelle Lösung einführen kann. Es ist wahrscheinlich, dass strukturelle Lösungen akzeptiert werden, wenn sie als effizient wahrgenommen werden (d.h. sie sollten als wirksam zur Förderung des kollektiven Wohls wahrgenommen werden) und als fair (d.h. die Kosten, derartige kollektiv wünschenswerte Ergebnisse zu realisieren, sollten auf faire Weise unter den Beteiligten in der Gruppe oder der Gemeinschaft aufgeteilt werden; Samuelson, 1993). Und, wie zuvor angedeutet, müssen alle oder die meisten Individuen der Auffassung sein, dass sie eine kooperative Entscheidung treffen können, was gewiss nicht immer in den sozialen Dilemmata des Alltags der Fall ist (s. Van Vugt et al., 1996).

Strukturelle Lösungen können auch Veränderungen der *Entscheidungsstruktur* mit sich bringen, die einer Situation mit gemischten Motiven zugrunde liegt. So können z.B. die an der Verhandlung beteiligten Parteien für einen Richter optieren, der am Ende eine Entscheidung treffen wird. In Gruppenkontexten können Individuen einen Gruppenleiter wählen, der Entscheidungen für die gesamte Gruppe trifft. Wie so oft bei anderen strukturellen Lösungen sind Menschen stärker motiviert, einen Leiter zu wählen, wenn es ihnen wiederholt nicht gelingt, stabile Muster der Kooperation miteinander zu erreichen (z.B. Samuelson, Messick, Rutte & Wilke, 1994; Wilke, 1991). Tatsächlich besteht die Hauptaufgabe von Regierungen, Vorgesetzten, Organisationsleitern und Geschäftsführern in privaten Firmen darin, mit Situationen, die durch gemischte Motive gekennzeichnet sind, auf eine Art und Weise umzugehen, die vorteilhaft für das Wohl des Kollektivs (also der Organisation) ist. Im Kern argumentierte Hobbes (1651) schon vor mehreren Jahrhunderten so. Eine starke zentrale Autorität ist jedoch nicht in der Lage, alle Formen interpersonalen und Intergruppenverhaltens zu regulieren. Und – wie wir hoffen, gezeigt zu haben – haben sich die Menschen wahrscheinlich so entwickelt, dass sie Situationen mit gemischten Motiven auf eine Art und Weise angehen, die sie als Menschen selbst durchaus bewältigen und durch die sie relativ stabile Muster wechselseitiger Kooperation erreichen können. Dass Menschen nicht immer in der Lage sind, solche Lösungen selbst zu erreichen, ist augenscheinlich, vor allem bei sozialen Dilemmata größeren Ausmaßes, wie etwa der Aufrechterhaltung einer gesunden Umwelt, und bei Intergruppenbeziehungen, wie etwa in einem internationalen Konflikt. Und hier handelt es sich genau um die Bereiche, in denen die Intervention durch Dritte und strukturelle Lösungen am dringlichsten sind.

11.5 Zusammenfassung und Schlussfolgerungen

Wie versuchen Menschen, Konflikte zwischen Eigeninteresse und kollektivem Interesse zu lösen? Die sozialpsychologische Theorie – vor allem die Interdependenztheorie – betont die Bedeutung umfassender Überlegungen, die über die Betonung des unmittelbaren Eigeninteresses hinausgehen. Zu solchen umfassenderen Überlegungen oder Transformationen gehören z. B. auch das Bedürfnis, langfristig positive Handlungsergebnisse zu erreichen, das Bedürfnis, kollektive Handlungsergebnisse zu verbessern, und das Bedürfnis, die Gleichheit der Handlungsergebnisse zu fördern. In diesem Kapitel wurden vier Hauptquellen von Transformationen identifiziert; dies sind

(1) interpersonale Dispositionen wie etwa vorher bestehende individuelle Unterschiede bei prosozialen, individualistischen und wettbewerbsorientierten Wertorientierungen,
(2) Überzeugungen im Hinblick auf das Verhalten des anderen,
(3) beziehungsspezifische Merkmale wie etwa das Gefühl der Verpflichtung und des Vertrauens sowie
(4) soziale Normen wie etwa Gleichheit, Reziprozität und Equity.

Als Nächstes erörterten wir die psychologischen Unterschiede, die auftreten, wenn man von Dyaden zu Großgruppen fortschreitet und wenn man von interpersonalen Beziehungen zu Intergruppenbeziehungen übergeht. In beiden Fällen ist eine Abnahme der Kooperationsbereitschaft zu beobachten. Am Ende gaben wir einen Überblick über die viel versprechenden Wege zur Konfliktlösung; dazu gehörten die Intervention durch Dritte, bei der ein externer Akteur versucht, die Eskalation des Konflikts zu verhindern, sowie strukturelle Lösungen, bei denen die Situation im Hinblick auf die Entscheidungsstruktur und/oder auf die Ergebnisstruktur verändert wird; dadurch kommt es gewöhnlich zu kollektiv erwünschten Lösungen.

FRAGEN ZUM TEXT

1. Wenn in einem kleinen Dorf der Strom knapp wird, wie sollte dann die Kommune mit der Situation umgehen, um zu gewährleisten, dass jeder eine ausreichende Menge Strom zur Befriedigung seiner Grundbedürfnisse nutzen kann?
2. Nehmen wir einmal an, dass ein bestimmtes Land, in dem die öffentlichen Verkehrsmittel gut ausgebaut sind, aufgrund der übermäßigen Benutzung von Autos mit unglaublichen Verkehrsstaus und mit Luftverschmutzung konfrontiert ist. Wie sollte die Regierung mit diesem umfassenderen sozialen Dilemma umgehen und die Benutzung öffentlicher Verkehrsmittel fördern?
3. Stellen Sie sich vor, dass Johannes und Maria einen Konflikt darüber haben, was sie sich an diesem Abend im Fernsehen angucken sollen. Maria möchte sich ein wichtiges Fußballspiel ansehen, während Johannes sich entspannen und einen Film in einem anderen Kanal angucken möchte. Im Laufe des Abends sagt Maria zu Johannes, dass er den Film sehen könne und dass sie die Kommentare über das Fußballspiel am nächsten Tag in der Zeitung lesen werde. Johannes nimmt diesen Vorschlag an. Was wäre theoretisch die plausibelste Erklärung für Marias Akt der Großzügigkeit?
4. Anna glaubt, dass Peter, der stark dazu neigt, zu vergeben und sich großzügig zu verhalten, leicht von anderen ausgenutzt wird. Andererseits denkt Susanne, dass Peters Art zwar auf kurze Sicht etwas kostspielig ist, dass er aber auf lange Sicht zurückerhalten wird, was er für andere geleistet hat, und vielleicht sogar noch mehr bekommen wird. Wer hat Recht? Und könnten solche Auffassungen uns etwas über die Persönlichkeit von Anna und Susanne sagen?
5. Zwei Arbeitskollegen haben einen Streit darüber, wer das größere Arbeitszimmer bekommen sollte. Welche Möglichkeiten könnte ihre Chefin haben, diesen Konflikt auf zufriedenstellende und wirkungsvolle Weise zu lösen?
6. Johannes argumentiert, dass fast alle großzügigen Handlungen – und dazu gehören anonyme Spenden für gute Zwecke (z.B. Spenden für Länder der Dritten Welt) – im Endeffekt von Eigeninteresse geleitet sind. Hat er Recht? Wenn ja, warum? Wenn nein, warum nicht?
7. Carsten und Renate haben sich in ein Haus verliebt und Carsten verhandelt gerade direkt mit dem Eigentümer. Er sagt zu Renate, dass es das Beste sei, sich vor allem auf den Preis zu konzentrieren; denn das sei es, was für sie relevant sei. Alle anderen Fragen, so argumentiert er (z.B. wann sie ausziehen bzw. ob sie sich noch Sachen kaufen sollten oder nicht, die sie im alten Haus lassen oder mitnehmen könnten), seien einfach angesichts der Geldmenge, um die es hier gehe, irrelevant. Carstens ursprüngliches Angebot beträgt 200 000,– €, doch die Anfangsforderung des Eigentümers ist 240 000,– €. Carsten wäre eigentlich bereit, 240 000,– € für das Haus zu bezahlen (schließlich mögen er und Renate das Haus sehr gern und können es sich leisten), doch er hofft, dass sie einen Kompromiss bei etwa 220 000,– € schließen (in der Mitte zwischen der ursprünglichen Forderung und dem ursprünglichen Angebot). Wie sollte Carsten vorgehen?

Empfohlene Literatur

Axelrod, R. (1984). *The evolution of cooperation*. New York: Basic Books. Hier wird die Effektivität der „Tit-for-Tat"-Strategie anhand der Untersuchungen des Autors zu Computer-Turnieren überzeugend veranschaulicht.

Kelley, H.H. & Thibaut, J.W. (1978). *Interpersonal relations: A theory of interdependence*. New York: Wiley. Dieser Klassiker beschäftigt sich mit der Interdependenztheorie, einer umfassenden Theorie der Interdependenz und der sozialen Interaktion.

Komorita, S.S. & Parks, C.D. (1995). Interpersonal relations: Mixed-motive interaction. *Annual Review of Psychology, 46*, 183–207. Gibt einen umfassenden Überblick über Jahrzehnte der Forschung und der Theorienbildung zu Gefangenendilemmata, sozialen Dilemmata und verwandten Situationen mit gemischten Motiven.

Messick, D. & Brewer, M.B. (1983). Solving social dilemmas: A review. In L. Wheeler & P. Shaver (Eds.), *Review of personality and social psychology* (Vol. 4, pp. 11–44). Beverly Hills, CA: Sage. Gibt eine theoretisch fundierte Übersicht über die Forschung zu sozialen Dilemmata und skizziert die Unterschiede zwischen sozialen Dilemmata sowie die Antwort auf die Frage, warum sie wichtig sind.

Pruitt, D.G. & Carnevale, P.J. (1993). *Negotiation in social conflict*. London: Open University Press. Bietet einen umfassenden Überblick über Forschung, Modelle und Theorie der Verhandlung, der Mediation und der Konfliktlösung.

Rusbult, C.E. & Van Lange, P.A.M. (1996). Interdependence processes. In E.T. Higgins & A.W. Kruglanski (Eds.), *Social psychology: Handbook of basic principles* (pp. 564–596). New York: Guilford Press. Bietet einen Überblick über Jahrzehnte der Forschung, die für die Interdependenztheorie von Kelley und Thibaut (1978) sowie für die Erweiterungen dieser Theorie relevant ist.

Thibaut, J.W. & Walker, L. (1975). *Procedural justice: A psychological analysis*. New York: Wiley. Gibt einen theoretisch fundierten Überblick über die Bedeutung prozeduraler Gerechtigkeit, die später zu einem wichtigen Forschungsgebiet wurde.

Schlüsseluntersuchungen

Dawes, R.M., McTavish, J. & Shaklee, H. (1977). Behavior, communication, and assumptions about other people's behavior in a commons dilemma situation. *Journal of Personality and Social Psychology, 35*, 1–11.

Kuhlman, D.M. & Marshello, A. (1975). Individual differences in game motivation as moderators of preprogrammed strategic effects in prisoner's dilemma. *Journal of Personality and Social Psychology, 32*, 922–931.

12 Affiliation, zwischenmenschliche Anziehung und enge Beziehungen

Bram P. Buunk

INHALT

Als Mensch braucht fast jeder von uns in bestimmten Zeiten und aus bestimmten Gründen andere Personen und wendet sich an sie. Wir sind soziale Wesen und die Gegenwart anderer kann von entscheidender Bedeutung sein, wenn sie uns soziale Unterstützung gewähren, vor allem wenn wir in Notlagen z.B. mit Stress und Krankheit konfrontiert sind. Das vorliegende Kapitel beginnt mit einer Erörterung der *Affiliation*, den Motiven und den Konsequenzen dessen, dass man die Gesellschaft anderer Menschen sucht. Dem folgt ein Abschnitt über *Anziehung und Freundschaften*, der sich auf die Faktoren konzentriert, die Individuen dazu bringen, andere Menschen zu mögen und sich mit ihnen anzufreunden. Als Nächstes beschäftigen wir uns mit dem Charakter *liebevoller Anziehung* und am Ende erörtern wir die Entwicklung *enger Beziehungen* wie etwa in einer Ehe.

12.1 Einleitung

Im Allgemeinen ist Karl ein glücklicher Mensch. Er hat gerne Spaß und verbringt viel Zeit mit seinen Freunden. Kürzlich hat er sich in Karin verliebt, eine gut aussehende Frau, die er schon seit einiger Zeit kennt; Karin erwidert seine Gefühle jedoch nicht. Seitdem fühlt sich Karl unglücklich und manchmal einsam. Weil er so unglücklich ist, braucht er Gesellschaft; aber selbst in der Gesellschaft von Freunden verbessert sich seine Stimmung nicht. Karin mag Karl, empfindet aber einfach kein Gefühl der Liebe für ihn. Sie hat den Eindruck, dass Karl nicht ehrgeizig ist und dass es sich bei ihm nicht um den Mann handelt, auf den sie aus ist. Ihre beste Freundin, mit der sie alles bespricht, bestätigt ihr, dass Karl nicht der Richtige für sie ist.

Menschen sind eine sehr soziale Gattung. Sie suchen in den verschiedensten Situationen den gegenseitigen Kontakt, sie freunden sich mit anderen an und scheinen in ihren intimen Beziehungen sowohl größtes Glück als auch schlimmste Verzweiflung zu finden. Was veranlasst uns, den Kontakt mit anderen zu suchen? Woran liegt es, dass wir manche Menschen spontan mehr mögen als andere? Warum enden manche Beziehungen relativ schnell und warum bleiben andere ein Leben lang bestehen? Mit solchen Fragen beschäftigen wir uns im vorliegenden Kapitel. Wir beginnen mit der Erörterung der Affiliation, also den Motiven dafür, dass wir den Kontakt mit anderen suchen, und mit den Konsequenzen solcher Kontakte. Im darauf folgenden Abschnitt betrachten wir *zwischenmenschliche Anziehung und Freundschaften* und konzentrieren uns auf die Faktoren, die dazu führen, dass wir andere Menschen mögen und eine freundschaftliche Beziehung zu ihnen entwickeln. Als Nächstes beschäftigen wir uns mit der Eigenart der Anziehung in einer *Liebesbeziehung* und zum Abschluss soll die Entwicklung *enger Beziehungen* besprochen werden.

12.2 Affiliation – das Bedürfnis nach sozialem Kontakt

Welche Bedingungen haben Einfluss auf den Wunsch, mit anderen zusammen zu sein?

12.2.1 Situationen, die Affiliation fördern: Wann suchen Menschen die Gesellschaft anderer?

Menschen haben ein allgemeines Bedürfnis danach, sich anderen anzuschließen, und verbringen einen erheblichen Teil ihres Lebens in der Gesellschaft anderer Menschen. Zum Beispiel untersuchten O'Connor und Rosenblood (1996) mithilfe einer Methode, bei der Erfahrungen stichpro-

Abb. 12.1. Warum verlieben wir uns?

benhaft erfasst wurden, die **Affiliation**smotivation und das Sozialverhalten in natürlich auftretenden Situationen. Studentische Versuchspersonen wurden gebeten, eine halbe Woche lang in Reaktion auf elektronische Signale über einen Piepser ihr tatsächliches und ihr erwünschtes Ausmaß sozialen Kontakts (d.h. des Zusammenseins mit anderen) aufzuzeichnen. Das elektronische Signal war so programmiert, dass es intermittierend durchschnittlich nach einem Intervall von einer Stunde auftrat. Die Befragten hatten in 47% der Zeit gerade sozialen Kontakt und wollten in 51% der Zeit sozialen Kontakt haben. Obwohl sich Menschen demnach dafür entscheiden, einen großen Teil ihrer Zeit mit anderen zu verbringen, sind sie auch auf ihren eigenen Wunsch hin einen großen Teil der Zeit allein. Die Autoren interpretieren diese Befunde als Hinweis auf ein homöostatisches Modell. Wie z.B. Hunger scheint das Bedürfnis, sich anderen anzuschließen, als *Trieb* zu fungieren, insofern als Menschen nach einer optimalen Bandbreite sozialen Kontakts suchen. Wenn Menschen zu viel Einsamkeit erleben, suchen sie sozialen Kontakt, bis ihr Affiliationstrieb befriedigt ist, und, wenn sie zu viel sozialen Kontakt haben, suchen sie die Einsamkeit, um das optimale Niveau der Affiliation wiederherzustellen.

Affiliation („affiliation"): Die Tendenz, unabhängig von den Gefühlen gegenüber anderen Personen die Gesellschaft anderer zu suchen.

Im Allgemeinen wird angenommen, dass das menschliche Bedürfnis nach Affiliation zum großen Teil auf die Tatsache zurückgeht, dass der Zusammenhalt mit anderen in unserer evolutionären Vergangenheit unsere Überlebenschancen verbessert hat, wenn wir einer Bedrohung wie etwa durch Raubtiere und durch Aggressoren ausgesetzt waren. Sozialpsychologen haben sich insbesondere mit der Auffassung beschäftigt, dass eine Bedrohung ein Bedürfnis nach Affiliation hervorruft; dies fing mit Schachters (1959) wegweisenden Experimenten an. Hier wurden die Versuchspersonen (Studentinnen) in der Experimentalbedingung von jemandem begrüßt, der sich als Dr. Gregor Zilstein von der Abteilung für Neurologie und Psychiatrie an der medizinischen Fakultät vorstellte. Mit einem weißen Kittel bekleidet und einem Stethoskop um den Hals erweckte er vom Äußeren her den Eindruck, Arzt zu sein; und hinter ihm sah man eine beeindruckende Ansammlung elektrischer Apparate. Dr. Zilstein hielt einen Kurzvortrag darüber, wie wichtig die Forschung über den Einsatz der Elektroschocktherapie sei, und sagte den Versuchspersonen, es würde ihnen nun eine Reihe schmerzhafter Elektroschocks verabreicht, die wehtun würden, aber keinen dauerhaften Schaden hinterließen. Bei der Kontrollgruppe erschien derselbe Versuchsleiter, aber ohne elektrische Apparatur, und den Versuchspersonen wurde gesagt, dass ihnen mehrere sehr leichte Elektroschocks verabreicht würden, die überhaupt nicht wehtäten, und dass sie sogar Spaß am Experiment haben würden. Danach wurden alle Versuchspersonen gebeten, 10 Minuten zu warten. Man bat sie, anzugeben, ob sie alleine oder mit anderen zusammen warten wollten. Wie vorhergesagt, zeigten die Ergebnisse, dass in der Bedingung mit hoher Angst zweimal so viele Versuchspersonen mit anderen zusammen warten wollten als in der Bedingung mit geringer Angst. Diese wegweisenden Untersuchungen wurden mehrmals repliziert und es gab Nachfolgeuntersuchungen mit Stichproben, die im wirklichen Leben Erfahrung mit Stress machten. Beispielsweise zeigte Buunk (1995) in einer Studie mit niederländischen Behinderten, dass diejenigen, die große Angst hatten, ein relativ starkes Bedürfnis verspürten, mit anderen Behinderten über ihre Situation zu sprechen.

12.2.2 Motive für Affiliation: Was suchen Menschen, wenn sie bei Stress in Gesellschaft anderer sein wollen?

Warum suchen Menschen denn eigentlich die Gesellschaft anderer, wenn sie einer belastenden Situation gegenüberstehen? Obwohl man sich verschiedene Gründe dafür vorstellen kann (wie z. B. Suche nach Beruhigung oder Unterstützung, einfache Neugier und ein Bedürfnis, seine Gefühle zum Ausdruck zu bringen), deuten Untersuchungen darauf hin, dass es vor allem drei Motive sind, die in diesem Zusammenhang eine Rolle spielen – *soziale Vergleiche, Angstreduktion* und *Informationssuche.*

12.2.2.1 Soziale Vergleiche

In welcher Weise ist das Bedürfnis, bei Stress die Gesellschaft anderer zu suchen, durch den Wunsch motiviert, die eigenen Gefühle mit denen anderer zu vergleichen?

Nach Schachter (1959) wissen Personen, die mit der Aussicht auf Elektroschocks konfrontiert werden, eventuell nicht, wie sie sich fühlen sollen und wie sie reagieren sollen: „Mache ich mir zu viele Sorgen?“, „Sollte ich nervös sein?", „Bin ich die Einzige, die Angst hat?" Nach der **Theorie des sozialen Vergleichs** (Festinger, 1954) würde die Gesellschaft anderer, die mit derselben Situation konfrontiert sind, in einer so mehrdeutigen Situation die Möglichkeit bieten, die eigenen Reaktionen mit denen der anderen zu vergleichen und dadurch die Angemessenheit der eigenen Gefühle einschätzen zu können. Im Einklang mit der Theorie des sozialen Vergleichs fand Schachter, dass Menschen, denen schmerzhafte Elektroschocks bevorstanden, lieber in der Gesellschaft anderer sein wollten, die ebenfalls auf die Teilnahme am Experiment warteten, als mit Menschen zusammen zu sein, die sich in einer ganz anderen Situationen befanden (die z. B. auf einen Professor warteten). Mit Schachter lässt sich folgern: „Trübsal mag nicht jede Gesellschaft, Trübsal liebt trübselige Gesellschaft" (S. 24). Ähnlich fanden Gump und Kulik (1997) heraus, dass Menschen, die mit einer Bedrohung konfrontiert wurden (d. h. der Aussicht, einem experimentell hervorgerufenen ischämischen Schmerz ausgesetzt zu werden, ähnlich dem, den man erlebt, wenn man unter einer Erkrankung der Herzkranzgefäße leidet), mehr Zeit damit zubrachten, eine andere Person zu beobachten, die derselben Bedrohung ausgesetzt war, als auf eine Person zu achten, die an einem ganz anderen Experiment teilnehmen sollte. Zusätzliche Befunde, die die Interpretation des sozialen Vergleichs stützen, stammen aus Untersuchungen, die zeigen, dass es – in Übereinstimmung mit Festingers (1954) Theorie – vor allem die *Unsicherheit* bezüglich der eigenen Gefühle und Reaktionen ist, die den Wunsch nach Gesellschaft verstärkt (z. B. Buunk, 1994; Gerard, 1963).

Theorie des sozialen Vergleichs („social comparison theory"):
Eine Theorie, bei der betont wird, dass Menschen ihre Einstellungen, Fähigkeiten und Emotionen einschätzen, indem sie sich mit anderen Menschen vergleichen, die ihnen ähnlich sind, und dass sie dies vor allem tun, wenn sie sich unsicher im Hinblick auf die eigene Person sind.

12.2.2.2 Angstreduktion

Auf welche Weise ist der Wunsch nach der Gesellschaft anderer durch das Bedürfnis motiviert, Angst zu verringern?

Wahrscheinlich stärker als das Bedürfnis, Unsicherheit durch einen sozialen Vergleich zu verringern, spielt ein Bedürfnis nach Angstreduktion eine wichtige Rolle bei Affiliation unter Stress. Eine ganze Reihe von Befunden deutet darauf hin, dass sich Menschen bei bedrohlichen und belastenden Umständen oft anderen mitfühlenden Menschen zuwenden, die Beruhigung, Trost und emotionale Unterstützung bieten (z. B. Stroebe & Stroebe, 1996; Wills, 1991). Nach der **Bindungstheorie** beziehen sich solche Verhaltensweisen auf eine angeborene Tendenz, die auch schon bei anderen Primaten wie etwa den Rhesusaffen und Schimpansen, aber auch bei Kleinkindern auftritt, die in Reaktion auf Hinweise von Gefahr engen Kontakt mit ihrer Mutter suchen (Reis & Patrick, 1996; Shaver & Klinnert, 1982). Kindheitserlebnisse im Hinblick auf Interaktionen zwischen Betreuungsperson und Kind werden zur Entwicklung eines bestimmten *Bindungsstils* führen (s. Abb. 12.2, S. 420). Menschen, die Betreuungspersonen hatten, die ihnen ständig zur Verfügung standen und, wenn sie unter Belastung standen, sensibel auf ihre Bedürfnisse eingingen, werden am ehesten einen sicheren Bindungsstil entwickeln. Sie werden andere

Bindungstheorie („attachment theory"):
Eine Theorie, die annimmt, dass die Entwicklung einer sicheren Bindung zwischen Kleinkind und Betreuungsperson in der Kindheit die Grundlage für die Fähigkeit ist, stabile und intime Beziehungen im Erwachsenenalter aufrechtzuerhalten.

Frage: *Durch welche der folgenden Aussagen lassen sich Ihre Gefühle am besten beschreiben?*

Sicher: Ich finde es ziemlich einfach, anderen nahe zu sein, und fühle mich wohl dabei, dass ich mich auf sie verlassen kann und sie sich auf mich verlassen können. Ich mache mir selten Gedanken darüber, ob ich fallen gelassen werde bzw. dass mir jemand zu nahe kommt.

Vermeidend: Ich fühle mich etwas unwohl, wenn ich anderen nahe bin; ich finde es schwierig, ihnen ganz zu vertrauen und mir zuzugestehen, dass ich mich völlig auf sie verlasse. Ich werde nervös, wenn mir jemand zu nahe kommt; oft wollen Liebespartner intimer mit mir zusammen sein, als es mir noch angenehm ist.

Ängstlich/ambivalent: Ich habe das Gefühl, dass es anderen widerstrebt, mir so nahe zu kommen, wie ich es gerne hätte. Ich mache mir oft Gedanken darüber, dass mich mein Partner nicht wirklich liebt oder nicht bei mir bleiben möchte. Ich möchte gerne mit einer anderen Person völlig eins werden und dieser Wunsch schreckt die Menschen manchmal ab.

Abb. 12.2. Das von Hazan und Shaver (1987) verwendete Maß für Bindungsstile

Menschen als vertrauenswürdig, verlässlich und hilfreich ansehen. Im Gegensatz dazu werden Personen, deren Betreuungspersonen einen Mangel an Sensibilität aufwiesen oder mit Ablehnung reagierten bzw. sie körperlich und emotional misshandelten, eher dazu neigen, einen unsicheren Bindungsstil zu entwickeln. Sie können auch einen „vermeidenden“ Stil annehmen, der durch Distanz zu anderen Menschen und eine zynische Auffassung von anderen als nicht vertrauenswürdig und unzuverlässig gekennzeichnet ist. Möglicherweise entwickeln sie auch einen „ängstlich-ambivalenten“ Stil, der durch ein starkes Bedürfnis gekennzeichnet ist, anderen nahe zu sein, kombiniert mit einer Furcht, dass die anderen nicht auf dieses Bedürfnis reagieren werden (Hazan & Shaver, 1987; Mikelson, Kessler & Shaver, 1997; Reis & Patrick, 1996). Simpson, Rholes und Nelligan (1992) zeigten Folgendes: Wenn Frauen mit einem sicheren Bindungsstil einer Angst auslösenden Situation ausgesetzt waren, suchten sie umso *mehr* Unterstützung durch ihren Partner, je höher das Angstniveau war, während vermeidende Frauen bei stärkerer Angst *weniger* Unterstützung durch ihren Partner suchten.

12.2.2.3 Informationssuche

Inwiefern wird ein Bedürfnis nach Informationen über die Art der Bedrohung befriedigt, wenn man unter Stressbelastung die Gesellschaft anderer sucht?

Auf Grundlage der Bindungstheorie betonten Shaver und Klinnert (1982), dass kleine Kinder nicht nur auf ein Elternteil zugehen, um direkt emotional getröstet zu werden, sondern auch um Hinweise darüber zu bekommen, wie schwerwiegend die Situation ist, und somit Informationen über die Art der Bedrohung zu erhalten. Nach Shaver und Klinnert ist

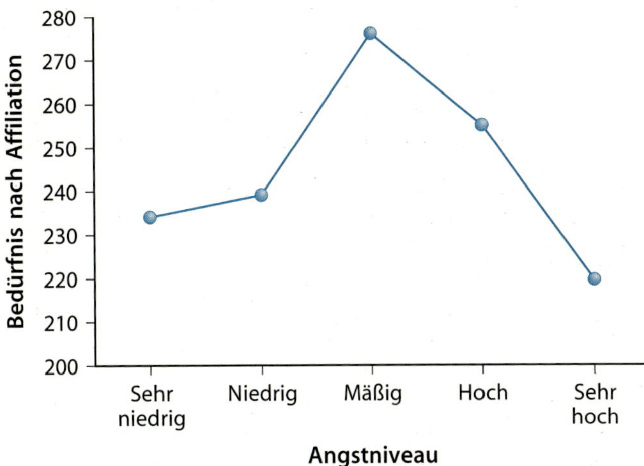

Abb. 12.3. Angst und das Bedürfnis nach Affiliation bei Krebspatienten. (Nach Molleman, Pruyn & Van Knippenberg, 1986)

dies auch auf Erwachsene anwendbar. Wenn Menschen einer Bedrohung gegenüberstehen, werden sie sich an jemanden wenden, der sich auskennt und der ihnen Informationen liefern kann, um die mit der Bedrohung verbundene Gefahr einzuschätzen. Kulik und Mahler (1989) prüften diese Fragestellung in einer interessanten natürlichen Situation, nämlich bei Patienten, denen eine Operation bevorstand; dabei handelt es sich gewöhnlich um eine Situation, die beträchtliche Angst auslöst. Im Einklang mit der Analyse von Shaver und Klinnert (1982) verbrachten die meisten Patienten die Nacht vor der Operation lieber mit jemandem, der die Operation bereits hinter sich hatte – also mit jemandem, der genau sagen konnte, welcher Art die Bedrohung sein wird – als mit jemandem, der die Operation ebenfalls vor sich hatte.

Die drei hier besprochenen Motive schließen sich in vielen Situationen nicht gegenseitig aus: Wahrscheinlich sind in vielen Situationen alle drei Motive vorhanden. Deswegen können Individuen, die unter Stress stehen, Anschluss an vergleichbare andere Personen suchen, die ihnen soziale Vergleichsinformationen zum Einschätzen der eigenen Emotionen liefern, Anschluss an andere Menschen, die gelassen sind und so ihre Angst verringern sowie Anschluss an gut informierte andere Personen, die objektive Informationen darüber liefern können, worin die Bedrohung wirklich besteht. Dennoch führt Angst nicht immer zu einem Bedürfnis nach Affiliation. Beispielsweise fanden Molleman, Pruyn und van Knippenberg (1986) bei Krebspatienten, dass eine kurvilineare Beziehung zwischen Angst und dem Wunsch nach Gesellschaft bestand: Patienten mit geringer Angst und sehr großer Angst besaßen ein geringeres Bedürfnis, mit anderen Patienten zu interagieren, als solche mit mittlerer Angst (s. Abb. 12.3). Wahrscheinlich verringern extreme Formen der Angst und Erschütterung den Wunsch nach Affiliation, weil man befürchtet, dass ein Gespräch über die Gefühle die Angst noch verschlimmern könnte.

12.2.3 Auswirkungen von Affiliation

Finden Menschen, die unter Stress stehen, was sie suchen? Trägt Affiliation zur Verringerung von Unsicherheit und Stress bei? Ändern Menschen, die unter Stress stehen, infolge sozialer Vergleiche ihre Gefühle?

Verschiedene Disziplinen haben versucht, solche Fragen aus unterschiedlichen theoretischen Perspektiven zu beantworten. Einige dieser Perspektiven sollen im Folgenden näher ausgeführt werden.

12.2.3.1 Affiliation und Angstreduktion

Wie verringert sich die Angst in Gegenwart anderer Menschen?

Emotionale Ansteckung („emotional contagion"): Das unbewusste Nachahmen des Gesichtsausdrucks und der Gefühle eines anderen Menschen.

Einige Experimente brachten Hinweise darauf, dass Affiliation *als solche* günstige Auswirkungen auf Angst hat. In einer bekannten Studie von Amoroso und Walters (1969) wurden Versuchspersonen im Rahmen eines Lernexperiments Elektroschocks verabreicht, was eine Erhöhung ihrer Herzfrequenz zur Folge hatte. Anschließend mussten sie 8 Minuten auf den nächsten Durchgang warten. Versuchspersonen, die die Wartezeit mit drei anderen Versuchspersonen (Konfidenten) verbringen konnten, zeigten eine viel stärkere Verringerung der Herzfrequenz und der selbst eingeschätzten Angst (obwohl sie nicht sprechen durften) als Personen, die alleine warten mussten. Trotz der Belege für die Stress reduzierenden Auswirkungen von Affiliation kann die Gegenwart anderer oft Angst und Stress eher vergrößern als verringern. Dies gilt vor allem dann, wenn die andere anwesende Person eher nervös als ruhig ist. In derartigen Fällen kann es zu einer **emotionalen Ansteckung** kommen: Menschen ahmen oft unbewusst den Gesichtsausdruck und die Gefühle anderer nach. Beispielsweise waren in einem Experiment von Gump und Kulik (1997, Studie 2) weibliche Versuchspersonen mit der Aussicht konfrontiert, in Gegenwart eines Konfidenten eine stressreiche Aufgabe ausführen zu müssen; der Konfident verhielt sich über Lächeln, Blicke oder Gesichtverziehen entweder ruhig oder nervös. Die Versuchspersonen zeigten emotionale Ansteckung: Sie wurden ängstlicher, wenn man sie mit dem nervösen Konfidenten konfrontierte, als wenn man sie dem ruhigen Konfidenten aussetzte.

12.2.3.2 Soziale Unterstützung und Stressreduktion

Wann trägt Unterstützung durch andere dazu bei, Belastungen abzumildern, und wann nicht?

Die Literatur zu **sozialer Unterstützung** liefert eine Vielzahl von Belegen für die Stress reduzierende Wirkung von Affiliation. Der Begriff „soziale Unterstützung" bezieht sich auf das Gefühl, von anderen unterstützt zu werden. Er wird üblicherweise in vier Komponenten gegliedert: Dies sind *emotionale* Unterstützung (sich umsorgt, geliebt und geschätzt fühlen), *Einschätzungs*unterstützung (Rückmeldung und soziale Vergleiche bei der Bewertung von Dingen), *informative* Unterstützung (Informationen darüber erhalten, wie man mit bestimmten Dingen umgeht), *instrumentelle* Unterstützung (konkrete Hilfe erfahren; House, 1981). Die ersten drei Komponenten entsprechen den drei bereits erwähnten Funktionen für Affiliation unter Stress: Angstreduktion, sozialer Vergleich und Informationssuche. In zahlreichen Studien zeigte sich, dass soziale Unterstützung im Hinblick auf solch unterschiedliche Stressoren wie Übergang zur Elternschaft, finanzielle Probleme, gesundheitliche Probleme und Stress im Beruf günstige Effekte nach sich zog (zu einem Überblick s. Stroebe & Stroebe, 1997).

Soziale Unterstützung („social support"):
Das Gefühl, von anderen unterstützt zu werden, das gewöhnlich in vier Komponenten gegliedert wird; dies sind emotionale Unterstützung, Einschätzungsunterstützung, informative Unterstützung und instrumentelle Unterstützung.

Forscher auf dem Gebiet der sozialen Unterstützung zeigten besonderes Interesse für so genannte **Puffereffekte sozialer Unterstützung**. Der Puffereffekt bezieht sich auf Befunde, die belegen, dass Personen, die sich unterstützt fühlen, von stressreichen Ereignissen weniger betroffen sind als Personen, die den Eindruck haben, sie hätten keine Unterstützung. Ein Beispiel für die Pufferrolle der sozialen Unterstützung stellt die Untersuchung von Cohen und Hoberman (1983) dar. Wie in Abb. 12.4 dargestellt wird, zeigte diese Studie, dass Personen, die ihr Leben als sehr stressreich wahrnahmen und sich wenig unterstützt fühlten, viel mehr körperliche Symptome (Kopfschmerzen, Schlaflosigkeit und Gewichtsverlust) aufwiesen als Menschen mit denselben Stresserfahrungen, die sich

Puffereffekt der sozialen Unterstützung („buffer effect of social support"):
Der Effekt, dass diejenigen, die ihrer subjektiven Wahrnehmung nach unterstützt werden, weniger von stressreichen Ereignissen und Bedingungen in Mitleidenschaft gezogen werden als jene, die sich nicht unterstützt fühlen.

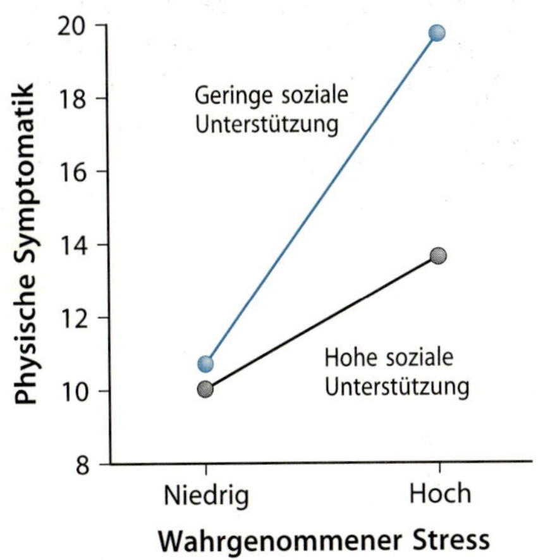

Abb. 12.4. Die Beziehung zwischen wahrgenommenem Stress und körperlichen Symptomen bei Personen mit geringer und hoher sozialer Unterstützung. (Nach Cohen & Hoberman, 1983)

sehr von anderen Personen unterstützt fühlten. Der Puffereffekt der sozialen Unterstützung konnte auch experimentell nachgewiesen werden: Sarason und Sarason (1986) erhielten Belege, dass Personen, die man informierte, sie *könnten* sich zwecks Hilfe an den Versuchsleiter wenden (dieses Angebot jedoch nie in Anspruch nahmen), in einer Aufgabe, die beträchtliche kognitive Anstrengung erforderte, bessere Leistungen zeigten als Versuchspersonen ohne die Möglichkeit dieser Unterstützung.

Obwohl es eine Vielzahl von Belegen dafür gibt, dass es sich positiv auf die Gesundheit auswirkt, wenn man mit anderen über seine Gefühle spricht (Pennebaker, 1989), kann dies in bestimmten Fällen auch Angstgefühle verstärken. In einem interessanten Versuch von Costanza, Derlega und Winstead (1988) wurden Personen gebeten, an einer kurzen Diskussion mit anderen Versuchspersonen teilzunehmen. Danach mussten sie eine Tarantel durch ein Labyrinth leiten. Versuchspersonen, die angewiesen wurden, über ihre Ängste und Gefühle zu sprechen, hatten *mehr* negative Emotionen und hielten die Spinne auf größere Distanz als Versuchspersonen, die über Problemlösetechniken diskutieren mussten.

Es gibt auch Belege dafür, dass soziale Unterstützung bei Personen mit einem unsicheren Bindungsstil gegenteilige Auswirkungen haben kann. In einem Experiment von Carpenter und Kirkpatrick (1996) wurden die Versuchspersonen mit der Aussicht konfrontiert, dass sie sich einem stressreichen Experiment unterziehen müssten. Bei Personen mit einem vermeidenden oder ängstlich/ambivalenten Bindungsstil löste dies mehr Stress aus; dies zeigte sich an einer höheren Herzfrequenz und einem höheren Blutdruck, wenn ihr Partner dabei war, verglichen mit der Situation, in der dies nicht der Fall war. Nach den Autoren geht dies auf die Tatsache zurück, dass Personen mit einem unsicheren Bindungsstil ein Bedürfnis nach Unterstützung *haben*, aber darum besorgt sind, dass ihr Partner sie zurückweisen könnte, wenn sie ein solches Bedürfnis zum Ausdruck bringen.

12.2.3.3 Mangel an Affiliation und Einsamkeit

Wie hängt fehlende Affiliation mit Einsamkeit zusammen?

Einsamkeit („loneliness"): Eine komplexe affektive Reaktion, die auf den subjektiv empfundenen Defiziten im Hinblick auf die Anzahl und die Art der eigenen sozialen Beziehungen beruht.

Eines der unmittelbarsten und offensichtlichsten Anzeichen für einen Mangel an Affiliation und für das Fehlen befriedigender sozialer Beziehungen ist **Einsamkeit**. Einsamkeit ist eine komplexe affektive Reaktion, die auf wahrgenommenen Defiziten bezüglich der Anzahl und Beschaffenheit der eigenen sozialen Beziehungen begründet ist. In einer Studie von Shaver und Rubinstein (1980) ergaben sich für Einsamkeit vier Cluster von Gefühlen und Erfahrungen:

(1) *Verzweiflung* (sich verzweifelt, panisch, hilflos und verlassen fühlen),
(2) *Depression* (sich traurig, deprimiert und leer fühlen, sich Leid tun und sich entfremdet fühlen),
(3) *ungeduldige Langeweile* (sich unwohl, ungeduldig und gelangweilt fühlen und unfähig sein, sich zu konzentrieren),
(4) *Selbstherabsetzung* (sich unattraktiv, dumm und unsicher fühlen).

Nach Weiss (1975) gibt es zwei unterschiedliche Formen der Einsamkeit: *emotionale Einsamkeit*, die sich aus der Abwesenheit eines intimen Partners ergibt, und *soziale Einsamkeit* als Folge des Fehlens unterstützender Freunde und von Einbettung in ein soziales Netz. Die Bindungstheorie nimmt an, dass die Abwesenheit eines intimen Partners nicht durch unterstützende Freunde kompensiert werden kann und dass man Erfahrung mit emotionaler Einsamkeit machen kann, ohne soziale Einsamkeit zu erleben. Stroebe, Stroebe, Abakoumkin und Schut (1996) fanden heraus, dass Verwitwete tatsächlich viel mehr emotionale Einsamkeit erlebten, jedoch nicht mehr soziale Einsamkeit als Verheiratete, und dass Personen mit wenig sozialer Unterstützung mehr soziale Einsamkeit erlebten, jedoch nicht mehr emotionale Einsamkeit als Personen, denen in ihrem sozialen Netz eine große soziale Unterstützung zur Verfügung stand.

12.2.3.4 Mangel an Affiliation und Gesundheit

Ist Mangel an Affiliation schlecht für die Gesundheit?

Ein Mangel an Einbindung in Beziehungen führt nicht nur zu Einsamkeit, sondern kann auch ernsthafte gesundheitliche Folgen haben. In einer wegweisenden Studie untersuchten Berkman und Syme (1979), welche Personen aus einer Stichprobe, die im Jahre 1965 über ihre sozialen Beziehungen befragt worden war, nach neun Jahren gestorben waren. Die Verstorbenen schienen dadurch gekennzeichnet zu sein, dass sie sozial isoliert gewesen waren: Sie waren häufiger nicht verheiratet, hatten schlechtere und seltenere Kontakte mit Freunden und Familien und waren weniger häufig Mitglied einer Kirche oder anderer Organisationen. Während es für die Überlebensrate der Männer wichtiger war, verheiratet zu sein, spielten für die Überlebensrate der Frauen intensive Beziehungen mit Freunden und der Familie eine Schlüsselrolle. Die berichteten Sterblichkeitsunterschiede waren unmittelbar auf die Auswirkungen von Affiliation als solcher zurückzuführen und konnten nicht dadurch erklärt werden, dass die sozial weniger eingebundenen Personen weniger gesund lebten oder dass Personen mit einer Behinderung schlechter in der Lage waren, soziale Bindungen aufzubauen und aufrechtzuerhalten. Seit dieser wegweisenden Studie sind inzwischen über ein Dutzend unterschiedlicher epidemiologischer Untersuchungen in verschiedenen Ländern durchgeführt worden, die vor allem für Männer Sterblichkeitseffekte aufgrund eines Mangels an sozialer Integration zeigen (Stroebe & Stroebe, 1996).

12.3 Zwischenmenschliche Anziehung und die Entwicklung von Freundschaften

Warum fühlen sich Menschen von anderen angezogen und wann werden sie zu Freunden?

In vielen Situationen suchen wir die Gesellschaft anderer Menschen, ohne dabei bewusst bestimmte Menschen auszuwählen (Berscheid, 1985). So treten wir etwa einem Sportverein bei, ohne uns von einzelnen Mitgliedern in diesem Klub besonders angezogen zu fühlen, und häufig ziehen wir in eine neue Nachbarschaft, ohne unsere Nachbarn zu kennen. Interessanterweise gibt es aber ausreichend Belege dafür, dass Affiliation Freundschaft fördern kann. Wir werden zunächst besprechen, wie dies geschehen könnte, und danach werden wir uns mit der wichtigen Auswirkung beschäftigen, die ähnliche Einstellungen auf zwischenmenschliche **Anziehung** haben. Schließlich werden wir noch auf die Tatsache eingehen, dass zwischenmenschliche Anziehung nicht notwendigerweise zu Freundschaft führen muss, sondern dass Freundschaft mehr bedeutet, nämlich eine interdependente Beziehung, in der eine Bereitschaft besteht, Handlungen zu koordinieren und die Interessen des anderen zu berücksichtigen.

Anziehung („attraction"): Positive Gefühle gegenüber einer anderen Person, einschließlich einer Tendenz, die Gegenwart des anderen zu suchen.

12.3.1 Die physische Umwelt

Wie wirkt sich physische Nähe auf zwischenmenschliche Anziehung und die Entstehung von Freundschaften aus? Welche Rolle spielt Vertrautheit bei zwischenmenschlicher Anziehung?

Wir mögen die, mit denen wir zusammen sind. Viele Untersuchungen haben gezeigt, dass die bloße Gegenwart einer anderen Person die Wahrscheinlichkeit erhöht, dass wir mit dieser Person Freundschaft schließen werden. Die wegweisende Studie zu dieser Fragestellung wurde schon vor einem halben Jahrhundert von Festinger, Schachter und Back (1950) in Westgate West durchgeführt, einem Wohnkomplex für Studentenpaare, der aus 17 Gebäuden mit jeweils 10 Apartments auf zwei Stockwerken bestand. Die Paare wurden den Apartments aufgrund einer Warteliste zugewiesen. Wie Abb. 12.5 zeigt, schienen sich nach ein paar Monaten zwischen Paaren, die im selben Gebäude wohnten, *mehr als zehnmal so viele* Freundschaften entwickelt zu haben als zwischen Paaren in unterschiedlichen Gebäuden. Doch selbst innerhalb des eigenen Gebäudes schien physische *Nähe* eine wichtige Rolle zu spielen. Es wurden mehr Freundschaften mit anderen Studenten auf dem selben Stockwerk geschlossen als mit anderen auf einem anderen Stockwerk; und je mehr Türen entfernt ein Paar auf demselben Stockwerk wohnte, desto seltener hatte sich eine Freundschaft mit diesem anderen Paar entwickelt.

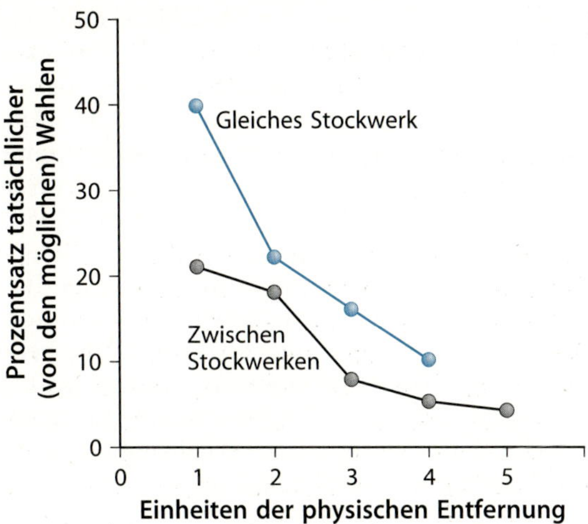

Abb. 12.5. Nähe und Entscheidung für Freundschaft. (Nach Festinger, Schachter & Back, 1950)

Dass physische Nähe zu zwischenmenschlicher Anziehung führt, haben auch andere Studien belegt. Man kann sich mehrere Gründe zur Erklärung dieser Tatsache vorstellen. Erstens bestehen bei jemandem aus der näheren Umgebung einfach weniger Hürden für die Entwicklung einer Freundschaft. Selbst das Treppensteigen, um jemanden auf einer anderen Etage zu besuchen, ist anstrengender, als einfach zu den Nachbarn zu gehen. Zweitens erhalten wir durch das regelmäßige Zusammensein mit jemand anderem mehr Informationen über die andere Person und haben die Gelegenheit, gemeinsame Interessen und Einstellungen zu entdecken. In einer Studie, die in einem Wohnprojekt durchgeführt worden war, fanden Athanasiou und Yoshioka (1973), dass Personen, die nahe beieinander wohnten (z.B. im selben Gebäude), oft Freundschaften aufgrund von Ähnlichkeiten in den jeweiligen Freizeitinteressen knüpften. Drittens könnte physische Nähe durch den so genannten *Mere-exposure-Effekt*, also durch bloßes Zusammensein, zu zwischenmenschlicher Anziehung führen. Dies wurde in einer Studie von Saegert, Swap und Zajonc (1973) belegt, bei der die Häufigkeit der Kontakte nichtreaktiv manipuliert wurde. Jede Versuchsperson durchlief mit jeder der anderen fünf Versuchspersonen eine unterschiedliche Anzahl von Durchgängen, die etwa 40 Sekunden dauerten. Je öfter eine Versuchsperson mit einer anderen im Experiment zusammen gewesen war, desto mehr mochte sie die andere.

Eine Untersuchung von Yinon, Goldenberg und Neeman (1977) in einer israelischen Universität zeigte, dass bloßes Zusammensein tatsächlich zur Entwicklung von Freundschaften führen kann: Die Studentenwohnheime an dieser Universität unterschieden sich im Hinblick auf die den Bewohnern ermöglichte Interaktion; dies reichte von gering bis sehr hoch. Beispielsweise hatten die Zimmer im Wohnheim mit geringerer Interaktion eigene Duschen und Waschbecken. Dagegen war das Wohnheim mit sehr hoher Interaktion mit von allen gemeinsam genutzten Einrichtungen wie Toilette, Dusche, Waschbecken und Küche ausgestattet. Die Ergebnisse zeigten Folgendes: Je höher die durch die Wohnanlage zugelassene Interaktionsrate, desto höher der Anteil an Freunden aus der Wohneinheit.

Es muss darauf hingewiesen werden, dass die Rolle physischer Nähe bei der Förderung zwischenmenschlicher Anziehung von einer Anzahl verschiedener anderer Faktoren abhängen kann. Erstens sind die Auswirkungen der Nähe am ausgeprägtesten, wenn sich die Personen sehr ähneln. In der Studie von Festinger et al. (1950) waren beispielsweise alle Versuchspersonen Kriegsveteranen und Studenten. Zweitens könnte Nähe die Anziehung auch reduzieren, indem sie die unangenehmen Seiten der anderen deutlicher hervortreten lässt. Bei einer Studie in Südkalifornien fanden Ebbesen, Kjos und Konecni (1976) heraus, dass nicht nur die Beliebtesten in der Nähe wohnten, sondern auch diejenigen, die bei den Befragten *am wenigsten* beliebt waren. Diese anderen Personen waren so unbeliebt, weil sie störendes Verhalten an den Tag legten, wie vor der Zufahrt parken und nachts laut sein.

12.3.2 Ähnlichkeit von Einstellungen

Haben Menschen eine Vorliebe für andere, die ähnliche Einstellungen wie sie selbst haben? Wenn das so ist, warum?

Ähnlichkeit ist im Allgemeinen ein wirkungsvoller positiver Faktor für zwischenmenschliche Anziehung und Freundschaften. Im Hinblick auf Alter, Familienstand, ethnische Zugehörigkeit, Persönlichkeitsmerkmale und Intelligenz sind sich Freunde gewöhnlich ähnlicher als Nichtfreunde (Hays, 1988). Vor allem *Einstellungsähnlichkeit* scheint zu Anziehung zu führen. Im bekannten *Attraktionsparadigma* von Byrne (1971) füllen Versuchspersonen einen Einstellungsfragebogen wie den in Abb. 12.6 dargestellten aus. Ein paar Wochen später gibt man ihnen einen Einstellungsfragebogen, von dem sie annehmen, er sei von einer anderen Person ausgefüllt worden. Tatsächlich stammen die Eintragungen jedoch vom Versuchsleiter; dieser hat die Antworten so „fabriziert“, dass unterschiedliche Grade der Einstellungsähnlichkeit oder -unähnlichkeit mit der Versuchsperson zum Ausdruck kommen. Solche Experimente zeigen konsistent, dass zwischenmenschliche Anziehung eine direkte lineare Funktion des Anteils ähnlicher Einstellungen ist (d.h. die Anzahl ähnlicher Einstellungen geteilt durch die Gesamtanzahl ähnlicher und nicht ähnlicher Einstellungen). Man fand dieses so genannte *Gesetz der zwischenmenschlichen Anziehung* auch in Situationen, in denen man den anderen persönlich trifft. Beispielsweise untersuchten Griffitt und Veitch (1974), wie sich die Anziehung zwischen männlichen Versuchspersonen entwickelte, die für einen Zeitraum von 10 Tagen in einem simulierten Atombunker eingesperrt waren. Vor dem Experiment wurden Einstellungen zu 44 Themen erhoben. Während und gegen Ende des Aufenthalts wurden die Versuchspersonen gebeten, die Namen von drei Personen zu nennen, die sie gerne im Bunker behalten wollten, und von drei Personen, von denen sie sich

Klassische Musik (Eine Alternative ankreuzen)

- ☐ Ich mag klassische Musik überhaupt nicht.
- ☐ Ich mag klassische Musik nicht.
- ☐ Ich mag klassische Musik nur bedingt.
- ☐ Ich höre klassische Musik teilweise gerne.
- ☐ Ich höre klassische Musik gerne.
- ☒ Ich höre klassische Musik sehr gerne.

Sport (Eine Alternative ankreuzen)

- ☐ Ich mag Sport sehr gerne.
- ☐ Ich mag Sport gerne.
- ☐ Ich mag Sport ein bisschen.
- ☐ Ich mag Sport nur bedingt.
- ☒ Ich mag Sport nicht.
- ☐ Ich mag Sport überhaupt nicht.

Gesetzgebung zur Sozialhilfe (Eine Alternative ankreuzen)

- ☐ Ich bin sehr gegen Gesetze zur Erhöhung der Sozialhilfe.
- ☒ Ich bin gegen Gesetze zur Erhöhung der Sozialhilfe.
- ☐ Ich bin etwas gegen Gesetze zur Erhöhung der Sozialhilfe.
- ☐ Ich bin etwas für Gesetze zur Erhöhung der Sozialhilfe.
- ☐ Ich bin für Gesetze zur Erhöhung der Sozialhilfe.
- ☐ Ich bin sehr für Gesetze zur Erhöhung der Sozialhilfe.

Krieg (Eine Alternative ankreuzen)

- ☒ Ich bin fest überzeugt, dass Krieg manchmal notwendig ist, um internationale Probleme zu lösen.
- ☐ Ich bin überzeugt, dass Krieg manchmal notwendig ist, um internationale Probleme zu lösen.
- ☐ Ich bin tendenziell überzeugt, dass Krieg manchmal notwendig ist, um internationale Probleme zu lösen.
- ☐ Ich bin tendenziell überzeugt, dass Krieg nie notwendig ist, um internationale Probleme zu lösen.
- ☐ Ich bin überzeugt, dass Krieg nie notwendig ist, um internationale Probleme zu lösen.
- ☐ Ich bin fest überzeugt, dass Krieg nie notwendig ist, um internationale Probleme zu lösen.

Strenge Disziplin (Eine Alternative ankreuzen)

- ☐ Ich bin sehr gegen strenge Disziplinierung von Kindern.
- ☐ Ich bin gegen strenge Disziplinierung von Kindern.
- ☐ Ich bin etwas gegen strenge Disziplinierung von Kindern.
- ☐ Ich bin etwas für strenge Disziplinierung von Kindern.
- ☒ Ich bin für strenge Disziplinierung von Kindern.
- ☐ Ich bin sehr für strenge Disziplinierung von Kindern.

Scheidung (Eine Alternative ankreuzen)

- ☐ Ich bin sehr gegen Scheidung.
- ☐ Ich bin gegen Scheidung.
- ☒ Ich bin etwas gegen Scheidung.
- ☐ Ich bin etwas für Scheidung.
- ☐ Ich bin für Scheidung.
- ☐ Ich bin sehr für Scheidung.

Abb. 12.6. Einstellungsprofil eines Fremden. (Nach Byrne, 1971)

gerne trennen würden. Mit denjenigen, die bleiben sollten, stimmten die Einstellungen mehr überein als mit jenen, die gehen sollten.

Warum ist Einstellungsähnlichkeit so wichtig? Nach der *Theorie des sozialen Vergleichs* profitieren wir, wenn wir unsere Meinungen zu neuen Fragestellungen mit denen anderer Personen vergleichen, von einem Gespräch mit anderen mehr, wenn sie ähnliche Einstellungen besitzen, als wenn sie ganz anderer Ansicht sind. Obwohl dieser Prozess zweifellos eine Rolle spielt, beruht nach Meinung von Byrne (1971) die wichtigste Erklärung auf *klassischer Konditionierung*. Byrne zeigte, dass es einen positiven Affekt hervorruft, wenn man hört, dass eine andere Person ähnliche Einstellungen hat, und einen negativen Affekt, wenn man hört, dass jemand unähnliche Einstellungen hat. Zusätzlich zeigte Byrne, dass solche affektiven Reaktionen auf andere Personen konditioniert werden können: Einer Person, deren Bild gezeigt wurde, während den Versuchspersonen Einstellungsaussagen dargeboten wurden, wurden mehr Sympathien entgegengebracht, wenn die dargebotenen Einstellungen denen der Versuchspersonen ähnlich waren, als wenn sie unähnlich waren. Natürlich könnte man argumentieren, dieser Effekt käme dadurch zustande, dass die Versuchsperson annahm, die Person, deren Bild gezeigt wurde, hätte die Einstellungen zum Ausdruck gebracht. In einem späteren Experiment wies Byrne jedoch nach, dass Konditionierung auch dann stattfand, wenn die Aussagen nicht auf die auf dem Bild gezeigte Person attribuiert werden konnten; denn das Geschlecht der abgebildeten Person stimmte nicht mit der gehörten Stimme überein.

Obwohl die Verbindung zwischen Einstellungsähnlichkeit und zwischenmenschlicher Anziehung sehr stabil ist, muss man zu diesem allgemeinen Muster doch einschränkend Folgendes anmerken. Erstens hat Einstellungsähnlichkeit einen Einfluss auf zwischenmenschliche Anziehung, vor allem wenn es um Einstellungen geht, die für eine Person *wichtig* sind (Byrne, London & Griffitt, 1968). Zweitens neigen Menschen dazu, anzunehmen, dass andere ähnliche Einstellungen wie sie selbst haben; und wenn keine Informationen über eine andere Person zur Verfügung stehen, fühlen sie sich möglicherweise ebenso stark von ihr angezogen, wie wenn sie erfahren, dass die andere Person ähnliche Einstellungen hat. Tatsächlich können sich Menschen von anderen, die unähnlich sind, mehr abgestoßen fühlen, als sie sich von anderen, die ähnlich sind, angezogen fühlen (Rosenbaum, 1986). Drittens ist es möglicherweise nicht die Ähnlichkeit im Hinblick auf Einstellungen an sich, sondern Ähnlichkeit im Hinblick auf Freizeitaktivitäten, die für Freundschaften entscheidend ist (Werner & Parmalee, 1979). Dies lässt Zweifel an Byrnes (1971) Annahme aufkommen, dass Einstellungsähnlichkeit zu zwischenmenschlicher Anziehung führt, weil diese intrinsisch verstärkend wirkt. Was schließlich interpersonale Stile wie etwa Dominanz oder Unterwürfigkeit angeht, ist Komplementarität wichtiger als Ähnlichkeit. Beispielsweise fanden Dryer und Horowitz (1997) heraus, dass dominante Menschen am meisten Befriedigung daraus zogen, wenn sie mit Personen interagierten, die instruiert worden waren, eine unterwürfige Rolle zu spielen; dagegen zogen unterwürfige Menschen mehr Befriedigung daraus, wenn sie mit Menschen interagierten, die instruiert worden waren, eine dominante Rolle zu spielen.

12.3.3 Freundschaft als Beziehung

Worin bestehen die Hauptmerkmale einer Freundschaft?

Selbst wenn die Umweltbedingungen günstig sind und selbst wenn ein hohes Maß an Ähnlichkeit in den Einstellungen besteht, ist nicht sicher, dass sich eine Freundschaft zwischen den Beteiligten entwickelt. Die *Gegenseitigkeit* der Anziehung ist für den Beginn einer Beziehung charakteristisch und dies kann die *absichtliche Interdependenz* entstehen lassen, die ein charakteristisches Merkmal von Freundschaften ist (Hays, 1988). Menschen, die in einer solchen Beziehung zueinander stehen, sind motiviert, etwas in ihre Beziehung zu investieren, ihr Verhalten miteinander zu koordinieren und die Interessen des anderen zu berücksichtigen. Bei Freundschaften während der gesamten Lebensspanne und in allen sozialen Gruppen folgt aus einer solchen Interdependenz im Allgemeinen die **Reziprozität**, unter anderem im Hinblick auf gegenseitige Hilfe, Achtung und Unterstützung (Hartup & Stevens, 1997). So haben z. B. Frauen aus der Arbeiterschicht sehr reziproke Freundschaften im Hinblick auf die Güter und Dienstleistungen, die sie einander liefern (Walker, 1995).

Reziprozität („reciprocity"): Die Grundregel bei zwischenmenschlichen Beziehungen, dass man nur in dem Maße erwarten kann, Aktivposten wie etwa Status, Attraktivität, Unterstützung und Liebe zu bekommen, wie man sie selbst bereitstellt.

Nach der **Equity-Theorie** werden diejenigen, die das Gefühl haben, ihren Freunden mehr zu geben, als sie bekommen – die Benachteiligten –, aber auch jene, die das Gefühl haben, mehr zu bekommen, als sie geben – die Bevorteilten –, in ihren Freundschaften weniger glücklich sein als Personen, bei denen ihrer Wahrnehmung nach ein reziproker Austausch stattfindet (Walster, Walster & Berscheid, 1978). In einer Studie z. B. waren diejenigen, die sich bevorteilt fühlten, aber auch jene, die sich bezüglich des Gebens und Nehmens von Hilfe und Unterstützung in der Beziehung mit ihrem besten Freund benachteiligt fühlten, einsamer als jene, die das Gefühl hatten, dass diese Beziehung reziprok war (Buunk & Prins, 1998). Nach Buunk und Prins erfordert die Entwicklung von Freundschaften ein Fingerspitzengefühl dafür, wie man die Reziprozität in Beziehungen auf angemessene Weise aufbaut und aufrechterhält. Die Bedeutung der Reziprozität für Freundschaften zeigt sich auch bei den wichtigsten Regeln in Freundschaften: in Zeiten, in denen man gebraucht wird, zu helfen; Achtung vor der Privatsphäre des Freundes zu haben; dem anderen zu vertrauen; aneinander zu glauben und die Vertraulichkeit zu wahren; für den anderen einzutreten, wenn er nicht da ist, und ihn nicht in der Öffentlichkeit zu kritisieren (Argyle & Henderson, 1985). Im Allgemeinen scheint die Sensibilität für Reziprozität in Freundschaften und anderen Beziehungen das Resultat der Evolution der menschlichen Art zu sein, in der es entscheidend für das Überleben war, wechselseitig unterstützende Beziehungen aufrechtzuerhalten (Buunk & Schaufeli, 1999; Kap. 2).

Equity-Theorie („equity theory"): Die Theorie nimmt an, dass die Zufriedenheit einer Person davon abhängt, ob das Verhältnis ihrer Handlungsergebnisse („outcomes") und Beiträge („inputs") proportional zu dem entsprechenden Verhältnis bei einer Vergleichsperson ist. Außerdem wird angenommen, dass Personen versuchen werden, ein gerechtes Beitrags-Ergebnis-Verhältnis („equity") (wieder-)herzustellen, wenn sie sich in einer unäquitablen Situation befinden, d. h. in einer Situation, in der ihr eigenes Verhältnis von Beiträgen und Handlungsergebnissen von dem der Vergleichsperson abweicht.

12.3.4 Geschlechtszugehörigkeit und Freundschaft

Wie unterscheiden sich Männerfreundschaften von Frauenfreundschaften?

Es gibt bedeutsame Unterschiede zwischen Männerfreundschaften und Frauenfreundschaften. Frauen suchen sich meist andere Personen als Freunde(-innen), mit denen sie über sehr persönliche Themen wie Gefühle und Probleme reden können. Bezüglich intimer Themen sind Frauen in Freundschaften auch offener als Männer. Im Gegensatz dazu suchen Männer nach Freunden mit ähnlichen Interessen, betonen stärker, dass man gemeinsame Aktivitäten unternimmt und geben Gesprächen über Gefühle eine geringe Priorität (Sherrod, 1989).

Warum haben Freundschaften zwischen Männern weniger vertrauten Charakter als solche zwischen Frauen bzw. zwischen Frauen und Männern? Reis, Senchak und Solomon (1985) prüften eine Reihe unterschiedlicher Erklärungen und wiesen nach, dass die meisten davon ausgeschlossen werden können. Erstens liegt der Unterschied nicht daran, dass Männer für Vertrautheit andere *Kriterien* anlegen als Frauen. Denn Männer beurteilten Videoausschnitte, die unterschiedliche Grade an Vertrautheit darstellten, genauso wie Frauen. Zweitens liegt der Unterschied auch nicht

Abb. 12.7. Frauenfreundschaften sind gewöhnlich vertraulicher als Männerfreundschaften

darin begründet, dass Männer weniger bereit sind, ihre Interaktionen als vertraut zu *bezeichnen*. Denn schriftliche Gesprächsausschnitte, bei denen das Geschlecht der Gesprächspartner nicht identifizierbar war, wurden trotzdem als vertrauter beurteilt, wenn sie von einer Frau stammten, als von einem Mann. Schließlich, und wahrscheinlich am wichtigsten, lassen sich Geschlechtsunterschiede bezüglich der Vertrautheit in Freundschaften nicht mit *sozialer Kompetenz* erklären. Denn, wenn Männer aufgefordert wurden, mit ihrem besten Freund ein vertrauliches Gespräch zu führen, konnten sie dies gemäß der Bewertung von Beurteilern ebenso gut wie Frauen. Reis et al. zogen daraus die Schlussfolgerung, dass der geringere Vertrautheitsgrad von Interaktionen zwischen Männern nicht darauf beruht, dass Männer aufgrund ihrer Sozialisation nicht zur Vertrautheit imstande waren, sondern darauf, dass sie es einfach *vorziehen*, bei vielen Gelegenheiten weniger vertraut miteinander umzugehen, obwohl sie sehr wohl dazu in der Lage wären. Aus welchen Gründen bestehen dann diese Unterschiede? Evolutionstheoretiker weisen auf Ähnlichkeiten in den Geschlechtsunterschieden bei Freundschaften von Menschen und von Primaten wie den Schimpansen hin. Sie argumentieren, dass die Evolution eine männliche Vorliebe für instrumentelle Freundschaften in Gruppen begünstigte, weil sich die Männer zu Jagd- und Kampfzwecken zusammentun mussten. Im Gegensatz dazu mussten die Frauen ein Netz von Unterstützungsbeziehungen aufbauen und aufrecht erhalten, die sich auf die Sorge um Kinder und deren Aufwachsen richten (de Waal, 1983).

12.4 Zuneigung in einer Liebesbeziehung

Wodurch ist eine Liebesbeziehung gekennzeichnet und wodurch wird sie angeregt? Ist hier die Einstellungsähnlichkeit ebenso wichtig wie in Freundschaften?

Niemand wird bezweifeln, dass Gefühle des Verliebtseins und der sexuellen Anziehung eine andere Erlebnisqualität haben, als wenn man jemanden mag und sich daraus eine Freundschaft entwickelt. Obwohl die meisten Menschen heterosexuell sind und sich nur in Personen des anderen Geschlechts verlieben, sind einige Menschen ausschließlich homosexuell und entwickeln nur gegenüber jemandem vom selben Geschlecht Liebesgefühle. Darüber hinaus können sich einige Menschen – dies trifft stärker auf Frauen als auf Männer zu – sowohl in Angehörige des eigenen als auch des anderen Geschlechts verlieben (Buunk & Van Driel, 1989). Vor allem zu Beginn sind sowohl heterosexuelle als auch homosexuelle Liebesbeziehungen oft durch **leidenschaftliche Liebe** gekennzeichnet. Zu diesem Erlebnis gehört das Bedürfnis, mit dem anderen eins sein zu wollen, sowie ein hoher Erregungszustand, für den der Wechsel von Glück und Verzweiflung typisch ist. Weiterhin geht leidenschaftliche Liebe meistens mit einer allumfassenden Fokussierung auf den Partner und mit der Idealisierung des anderen einher sowie mit dem Wunsch, alles über den anderen erfahren zu wollen und dem anderen alles von sich selbst mitzuteilen

Leidenschaftliche Liebe („passionate love"):
Ein Zustand intensiven Sehnens nach Einssein mit einer anderen Person, gewöhnlich gekennzeichnet durch häufiges Denken an den Partner und starke gedankliche Beschäftigung mit ihm, Idealisierung des anderen und durch den Wunsch, den anderen genauer zu kennen, wie auch den Wunsch, vom anderen genauer gekannt zu werden.

(Hatfield, 1988). Berscheid und Walster (1974) vertraten die Auffassung, dass leidenschaftliche Liebe aus zwei Komponenten besteht. Die erste ist ein Zustand physiologischer Erregung, entweder aufgrund positiver Emotionen (wie der sexuellen Befriedigung und Erregung) oder aufgrund negativer Emotionen (wie Frustration, Furcht und Zurückweisung). Die zweite Komponente besteht aus dem Benennen dieser Erregung als „Leidenschaft“ oder „Verliebtsein“ (s. den Abschnitt über Fehlattribution in Kap. 7). Ob eine solche Benennung stattfindet, hängt von mehreren Faktoren ab, wie etwa von den allgemeinen Annahmen darüber, was man in Situationen leidenschaftlicher Liebe empfinden sollte, Meinungen darüber, was angemessene Partner und was angemessene Umstände sind, Wissen darüber, welche Situationen welche Emotionen hervorrufen, und der Selbstwahrnehmung, ein romantischer Mensch zu sein.

Ein Großteil der Forschung auf diesem Gebiet konzentrierte sich auf die weniger offensichtliche Vorhersage, dass negative Emotionen Leidenschaft entfachen können. Beispielsweise zeigten White, Fishbein und Rutstein (1981, Experiment 2), dass nicht nur das Ansehen einer Komödie, sondern auch das Ansehen eines Films, der das Töten und die Verstümmelung von Menschen zeigt, die liebevolle Zuneigung zu einer Frau verstärkte, die nachfolgend in einer Videoaufzeichnung gezeigt wurde. In einem Experiment von Dutton und Aron (1974) wurde bei männlichen Versuchspersonen dadurch Angst erzeugt, dass man sie schmerzhafte Elektroschocks erwarten ließ. Diese Männer nahmen eine Frau, mit der sie zusammen an einem Lernexperiment teilnehmen sollten, als sexuell viel anziehender und attraktiver wahr im Vergleich zu Männern, denen man angekündigt hatte, dass sie einen kaum wahrnehmbaren, leicht prickelnden Schock bekommen würden. Der Zusammenhang mit leidenschaftlicher Anziehung konnte nicht nur als Folge negativer Gefühle, sondern auch bei neutraler Erregung festgestellt werden. White et al. (1981, Experiment 1) konnten in einem Experiment zeigen, dass Männer nach 2 Minuten sportlicher Betätigung eine auf Video gezeigte attraktive Frau, die sie angeblich später kennen lernen sollten, im Vergleich zu Männern, die sich nur 15 Sekunden lang sportlich betätigten, als attraktiver einschätzen. Weiterhin schätzten sie im Vergleich zu diesen Männern eine weniger attraktive Frau als unattraktiver ein.

Nach Foster, Witcher, Campbell und Green (1998) geht die intensivere Wirkung der Erregung auf die zwischenmenschliche Anziehung nicht so sehr auf die Fehlattribution der Erregung zurück, sondern ist Ausdruck eines automatischen Prozesses, der sofort abläuft, ohne dass sich die Person dessen bewusst ist. Einige Autoren haben argumentiert, die Tatsache, dass eine liebevolle Zuneigung ein Automatismus und gewöhnlich eine recht intensive emotionale Erfahrung ist, ließe sich auf die evolutionäre Bedeutung der sexuellen Fortpflanzung zurückführen. Obwohl auch Affiliation und Freundschaft die Überlebenschancen vergrößert haben können, hätten wir auf der Erde nicht überleben können, wenn es die sexuelle Anziehung zwischen Männern und Frauen nicht gegeben hätte (Kenrick & Trost, 1989).

Dennoch sind die Chancen, mit einer anderen Person eine Liebesbeziehung zu entwickeln, in bestimmtem Maße durch die gleichen Faktoren determiniert, die für die Entwicklung von Freundschaft wichtig sind. Durch Nähe wird es wahrscheinlicher, dass sich eine liebevolle Zuneigung entwickelt, und Ähnlichkeit ist auch für Liebesbeziehungen wichtig. Beispielsweise fanden Frazier, Byer, Fischer, Wright und DeBord (1996) heraus, dass sich Menschen am meisten von anderen Personen angezogen fühlen, die den gleichen Bindungsstil hatten - sicher, vermeidend oder ängstlich - wie sie selbst. Es gibt auch sehr viele Hinweise darauf, dass die Einstellungsähnlichkeit bei der liebevollen Zuneigung eine Rolle spielt. Byrne, Ervin und Lambert (1970) gaben einer großen Gruppe von Studenten einen Einstellungsfragebogen und stellten aus dieser Gruppe 24 Paare zusammen, die sich in Bezug auf die Einstellungen sehr ähnlich waren, und 24 Paare, die sich sehr unähnlich waren (mit der Einschränkung, dass der Mann mindestens so groß wie die Frau sein musste). Die Versuchspersonen wurden gebeten, zusammen etwas zu unternehmen (30 Minuten lang zusammen einen Kaffee trinken zu gehen). Selbst nach dieser kurzen Begegnung scheint die Einstellungsähnlichkeit einen deutlichen Effekt auf die Anziehung gehabt zu haben; dazu gehörte auch die Einschätzung der anderen Person als erstrebenswerten Partner zum Ausgehen und zum Heiraten. Allerdings erwies sich die wahrgenommene *physische Attraktivität* des Partners in diesem Experiment als ebenso wichtig für die Anziehung wie das Ausmaß an Einstellungsähnlichkeit. Die Bedeutung der physischen Attraktivität als ein Bestimmungsfaktor für liebevolle Zuneigung wurde in einer klassischen Studie von Walster, Aronson, Abrahams und Rottman (1966) demonstriert. Sie hatten Studenten zu einem „Computertanz“ eingeladen, für den sie zusammen mit einem Partner zu Paaren zusammengestellt wurden. Physische Attraktivität, wie sie von unabhängigen Urteilern eingeschätzt wurde, hatte für Frauen und für Männer große Auswirkungen auf Anziehung, unabhängig von deren eigenem Attraktivitätsniveau. In einer ähnlichen Untersuchung mochten auch homosexuelle Männer, die an einer Nachmittagsteestunde teilgenommen hatten, ihre Partner mehr und wollten sich eher wieder mit ihnen treffen, je attraktiver die Partner in physischer Hinsicht waren, und dies unabhängig vom eigenen Ausmaß der Attraktivität und Selbstsicherheit (Sergios & Cody, 1985/86).

12.4.1 Das Stereotyp der physischen Attraktivität

Warum ist physische Attraktivität so wichtig?

Physische Attraktivität wirkt sich vermittelt über ein positives Stereotyp auf liebevolle Zuneigung aus: Wenn jemand gut aussieht, schreiben wir dieser Person im Allgemeinen automatisch ebenfalls viele andere positive Eigenschaften zu (Feingold, 1992). Obwohl man von attraktiven Menschen annimmt, sie seien weniger bescheiden, werden sie im Vergleich zu unattraktiven Menschen vor allem als sexuell leidenschaftlicher und sozial kompetenter wahrgenommen. Gut aussehende Personen werden weiterhin als geselliger (z. B. extravertierter und freundlicher), als dominanter (z. B.

Abb. 12.8. Das Stereotyp von der physischen Attraktivität: Wir schreiben einer schönen Person viele positive Züge zu

selbstbewusster) und seelisch gesünder (dazu gehört glücklicher und emotional stabiler) eingeschätzt als Menschen, die weniger gut aussehen. Attraktive Zielpersonen – und zwar sowohl Männer als auch Frauen – werden in einem positiveren Licht gesehen, obwohl sexuelle Wärme eher attraktiven Frauen als attraktiven Männern zugeschrieben wird.

Diese Stereotype bestehen nicht völlig ohne Grund. Obwohl sich attraktive und unattraktive Menschen im Allgemeinen nur wenig in ihren Persönlichkeits- und Verhaltenscharakteristiken unterscheiden, wurde doch festgestellt, dass attraktive Menschen weniger einsam, weniger sozial ängstlich, sozial kompetenter und beim anderen Geschlecht beliebter sind. Stärker noch als bei Männern ist bei Frauen Attraktivität mit Selbstwertgefühl, Beliebtheit beim anderen Geschlecht und sexueller Freizügigkeit korreliert (Feingold, 1992). Wahrscheinlich bekommen attraktive Menschen von Beginn ihres Lebens an stärker positiv getönte Aufmerksamkeit und werden folglich durch eine so genannte **sich selbst erfüllende Prophezeiung** in ihrem sozialen Leben selbstbewusster. Dieser Prozess konnte von Snyder, Tanke und Berscheid (1977) in einer Studie demonstriert werden. Sie verleiteten männliche Versuchspersonen zu der Auffassung, sie würden zum „näheren Kennenlernen“ mit einer attraktiven oder einer weniger attraktiven Frau ein Telefongespräch führen müssen. Bemerkenswerterweise wurden die Frauen, von denen die Versuchspersonen *annahmen*, sie seien attraktiv, obwohl sie in Wirklichkeit nicht attraktiver waren, infolge des positiveren Verhaltens der Männer ihnen gegenüber auch freundlicher und geselliger. Die Frauen, von denen die Versuchspersonen annahmen, sie seien nicht attraktiv, wurden dagegen im Laufe des Gesprächs kühl und zurückhaltend.

Sich selbst erfüllende Prophezeiung („self-fulfilling prophecy“): Wenn eine ursprünglich falsche soziale Überzeugung dazu führt, dass sie sich selbst erfüllt. Soziale Überzeugungen beziehen sich auf die Erwartungen von Menschen bezüglich einer anderen Gruppe von Menschen. Tritt eine sich selbst erfüllende Prophezeiung auf, bringen die ursprünglich falschen Überzeugungen des Wahrnehmenden Zielpersonen dazu, jene Überzeugungen objektiv zu bestätigen.

12.4.2 Geschlechtsunterschiede bei den Vorlieben für physische Attraktivität und Status

Finden Frauen physische Attraktivität ebenso wichtig wie Männer? Unterscheiden sich Heterosexuelle und Homosexuelle in dieser Hinsicht?

Obgleich physische Attraktivität sowohl von Frauen als auch von Männern als wichtig angesehen wird, ist gutes Aussehen im Allgemeinen für Männer ein bedeutsamerer Bestimmungsfaktor liebevoller Zuneigung als für Frauen. Buss (1989) fand bei einer Untersuchung in 37 Kulturen heraus, dass, obwohl beide Geschlechter die physische Attraktivität als wichtig einschätzten, Männer diesen Faktor in den meisten Kulturen als wichtiger einstuften als Frauen. Die größere Bedeutung, die Männer physischer Attraktivität beimessen, steht im Einklang mit der **Evolutionstheorie** (Buss, 1994; s. auch Kap. 2). Aus dieser Perspektive sind durch Selektion diejenigen Männer begünstigt worden, welche Frauen bevorzugten, die wahrscheinlich gesunde Babys hervorbringen und diese Kinder auch erfolgreich großziehen werden. Deshalb seien Männer besonders empfänglich für Anzeichen von Jugend, Gesundheit und Fortpflanzungswert geworden. Merkmale für Jugendlichkeit sind tatsächlich in allen Kulturen bedeutsame Hinweisreize weiblicher Attraktivität. Cunningham (1986) zeigte z.B., dass sich Männer stärker von Frauen angezogen fühlen, die kindliche Merkmale, das so genannte *Kindchenschema,* aufweisen: große Augen, einen kleinen Nasenbereich, ein kleines Kinn und weit auseinander liegende Augen. Die Kriterien für physische Attraktivität sind über die Kulturen hinweg bemerkenswert konsistent (Cunningham, Roberts, Barbee, Druen & Wu, 1995).

Evolutionstheorie („evolutionary theory"): Eine Theorie, die menschliches Verhalten, einschließlich der Geschlechtsunterschiede bei den Vorlieben für bestimmte Partner, durch seinen Wert für die Fortpflanzung erklärt, d.h. durch seinen Wert für das Hervorbringen von Nachkommen in unserer evolutionären Vergangenheit.

Wenn man aus Sicht der Evolutionstheorie die lange Zeit berücksichtigt, in der der menschliche Nachwuchs von elterlicher Pflege abhängig ist, hatten die Frauen bessere Chancen, dass ihre Nachkommenschaft überlebte, wenn sie bei der Auswahl ihrer männlichen Partner wählerisch waren, sie also Männer auswählten, die über die lange Zeit hinweg, in der die Kinder betreut werden mussten, die notwendigen Ressourcen bereit stellten; Frauen seien deshalb besonders empfänglich geworden für Anzeichen von Status und Dominanz. Es gibt tatsächlich eine beträchtliche Anzahl von Befunden, die zeigen, dass Frauen häufiger Partner mit einem hohen sozioökonomischen Status suchen als Männer (Feingold, 1992). Dieser Geschlechtsunterschied war über die vergangenen 50 Jahre hinweg recht stabil und auch Buss (1989) fand, dass Frauen in 37 Kulturen mehr Wert auf sozialen Status und Reichtum legten als Männer. Im Vergleich zu Männern fühlen sich Frauen zu Angehörigen des anderen Geschlechts hingezogen, die nonverbal dominantes Verhalten zeigen (z.B. nicht alleine sitzen, eine lebhafte Gestik verwenden, nicht zu häufig mit dem Kopf nicken; Sadalla, Kenrick & Vershure, 1987). Insbesondere gelten große (aber nicht zu große) Männer mit athletischem Körperbau als besonders attraktiv (Hatfield & Sprecher, 1986); und im Vergleich zu Frauen hängt die Attraktivität von Männern mehr von Charakteristiken ab, die auf Reife hinweisen wie vorstehenden Wangenknochen, einem langen breiten Kinn, breitem Lächeln und einem auf hohen Status hindeutenden Kleidungsstil (Cunningham, Barbee & Pike, 1990).

Studien, in denen Kontaktanzeigen inhaltsanalytisch ausgewertet wurden, haben gezeigt, dass bezogen auf die Vorlieben für einen Partner die Unterschiede zwischen homosexuellen Männern und Frauen in vielerlei Hinsicht vergleichbar oder sogar noch ausgeprägter sind als zwischen heterosexuellen Männern und Frauen. Im Vergleich zu lesbischen Frauen geben schwule Männer häufiger eine Alterspräferenz an, sie erbitten Informationen über körperliche Merkmale (wie etwa Haar- und Augenfarbe, Größe, Statur), zeigen größeres Interesse an Attraktivität (z.B. durch die Bitte um ein Foto) und bringen spezifische sexuelle Interessen zum Ausdruck. Im Allgemeinen ist diese Betonung körperlicher und sexueller Merkmale stärker unter homosexuellen als unter heterosexuellen Männern verbreitet. Im Gegensatz dazu führen lesbische Frauen häufiger als schwule Männer Informationen über die eigene Persönlichkeit an – wie etwa ihre Aufrichtigkeit, Intelligenz, Hobbys und Interessen – und erbitten Informationen über spezifische Persönlichkeitsmerkmale wie etwa den Sinn für Humor. Während derartige Selbstbeschreibungen und Vorlieben bei Lesbierinnen stärker ausgeprägt sind als bei heterosexuellen Frauen, haben homosexuelle und heterosexuelle Frauen im Vergleich zu Männern beider sexueller Orientierungen eine ähnliche Vorliebe für Partner(innen) mit Ausdrucksmerkmalen, wie etwa liebevoll, fürsorglich, einfühlsam und sensibel zu sein (z.B. Gonzales & Meyers, 1993; Hatala & Prehodka, 1996).

Eine Liebesbeziehung zu beginnen und zu entwickeln hängt – vielleicht sogar noch mehr als bei einer Freundschaft – von wechselseitiger Anziehung ab; dazu kommt es am ehesten, wenn beide Partner in etwa gleich attraktiv sind. Bei Unterschieden in Bezug auf die Attraktivität wird die Beziehung für beide Partner unbefriedigend, aber auch instabil werden. Obwohl deshalb im Allgemeinen die attraktivsten Menschen als Partner bevorzugt werden, werden die meisten Menschen ihre Kriterien für einen Partner nach der bereits erwähnten *Equity-Theorie* (Walster et al., 1978) an ihr eigenes Attraktivitätsniveau anpassen. Es ist tatsächlich so, dass weniger attraktive Personen im Vergleich zu attraktiven Menschen ihre Ausgehpartner weniger streng beurteilen, eher bereit sind, sich mit weniger attraktiven Menschen zu treffen, und mit geringerer Wahrscheinlichkeit attraktive Personen für eine Verabredung in Betracht ziehen (Stroebe, Insko, Thompson & Layton, 1971; Walster et al., 1966). Dieser Prozess der Anpassung der persönlichen Kriterien an die des eigenen „Marktwertes“ ist der Grund dafür, warum Personen meist eine Beziehung mit Partnern eingehen, deren Attraktivitätsniveau mit dem eigenen vergleichbar ist. Dies bezeichnet man als *Anpassungsprinzip* („matching principle“). Wenn Unterschiede in Bezug auf das Attraktivitätsniveau bestehen, werden diese entsprechend der Equity-Theorie mit anderen Faktoren kompensiert. Ein „klassisches“ Beispiel dafür ist, dass attraktive Frauen manchmal weniger attraktive Männer heiraten, die jedoch einen höheren Status haben (Buss, 1994).

12.5 Enge Beziehungen: Zufriedenheit und Auflösung

12.5.1 Zufriedenheit in Beziehungen

Durch welche Faktoren wird eine enge Beziehung glücklich und befriedigend?

Fühlen sich zwei Personen erst einmal voneinander angezogen, können sie anfangen, eine absichtlich interdependente Beziehung zu entwickeln, indem sie ihr wechselseitiges Verhältnis zueinander intensiver werden lassen. Manche Beziehungen werden glücklich, befriedigend und stabil; andere werden voller Konflikte und Probleme sein und früher oder später enden. Ob es nun um unverheiratet Zusammenlebende oder um Verheiratete oder um schwule und lesbische Beziehungen geht, ein hohes Maß an **Vertrautheit** ist ein charakteristisches Merkmal glücklicher Paare. Nach Reis und Patrick (1996) werden Interaktionen als vertraut erlebt, wenn drei Bedingungen erfüllt sind:

Vertrautheit („intimacy"): Ein Zustand in interpersonalen Beziehungen, der dadurch gekennzeichnet ist, dass man seine Gefühle gegenseitig teilt, und der auf Sorge um den anderen, Verständnis und Validierung beruht.

1. *Sorge um den anderen*: das Gefühl, dass der andere uns liebt und sich um uns sorgt. Wie von Reis und Patrick angemerkt, erwähnen die meisten Menschen dies als ein zentrales Moment von Vertrautheit; und den Menschen widerstrebt es, sich gegenüber jemandem zu öffnen, von dem sie das Gefühl haben, dass er sich nicht um sie sorgt.
2. *Verständnis*: Man muss das Gefühl haben, dass der andere eine zutreffende Vorstellung davon hat, wie man sich selbst sieht, dass der Partner die eigenen wichtigen Bedürfnisse, Überzeugungen, Gefühle und Lebensumstände kennt. Beispielsweise fanden Swann, de la Ronde und Hixon (1994) heraus, dass Verheiratete am zufriedensten mit ihrer Beziehung waren, wenn ihre Partner sie in Übereinstimmung mit ihren Selbstwahrnehmungen sahen, obwohl Zufriedenheit in der Ehe besonders hoch bei jenen ist, deren Partner sie positiver wahrnehmen, als sie sich selbst sehen (Murray, Holmes & Griffin, 1996).
3. *Validierung*: Es wird Akzeptanz, Anerkennung und Unterstützung durch den Partner für die eigene Sichtweise vermittelt. Tatsächlich ist der Grad, in dem sich die Kommunikation unter Partnern durch Validierung kennzeichnen lässt, eines der hervorstechendsten Merkmale im Hinblick darauf, wie sich glückliche und unglückliche Paare zu unterscheiden scheinen. Beispielsweise sind Paare umso glücklicher, je mehr sie Zuneigung und Verständnis zeigen, je stärker sie den anderen wissen lassen, dass sie sich in ihn einfühlen und je besser sie die Perspektive des Partners einnehmen können. Im Gegensatz dazu sind Paare umso weniger glücklich, je stärker sie Konfliktvermeidung zeigen (z. B. nicht über problematische Themen diskutieren wollen, indirekte Bezüge zu einem konflikthaltigen Thema herstellen), je mehr sie beschwichtigen (Unterschiede ignorieren und verdecken) und je öfter sie sich an destruktiven Kommunikationen beteiligen (z. B. kritisieren, missbilligen, sich beklagen und sarkastische Bemerkungen machen; s. Noller & Fitzpatrick, 1990; Schaap, Buunk & Kerkstra, 1988).

Vor allem Personen mit einem unsicheren Bindungsstil haben Probleme damit, Vertrautheit zu entwickeln: Sie zeigen ein höheres Maß an Rückzug und verbaler Aggression in Auseinandersetzungen, beteiligen sich seltener an einer kooperativen Problemlösung und schaffen es nicht so gut, dem Partner mit Trost und emotionaler Unterstützung zur Seite zu stehen (Reis & Patrick, 1996). Beispielsweise untersuchten Gaines et al. (1997), wie Personen reagierten, wenn sie mit einem potenziell destruktiven Verhalten des Partners konfrontiert waren – wenn der Partner z.B. etwas Rüdes oder Unhöfliches sagt, mit der betreffenden Person schimpft oder sich in kalter, zurückweisender Weise verhält. Jene mit einem sicheren Bindungsstil reagierten viel stärker so, dass sie aktiv versuchten, das Problem zu lösen, indem sie beispielsweise über die Situation diskutierten und Lösungen für die Probleme vorschlugen. Im Unterschied dazu reagierten Personen mit einem vermeidenden oder ängstlichen Bindungsstil stärker mit destruktiven Reaktionen; dazu gehörte, dass sie der Beziehung aktiv schadeten, indem sie den Partner anschrien und die Beendigung der Beziehung androhten, bzw. dass sie der Beziehung passiv schadeten, indem sie sich weigerten, über die Probleme zu diskutieren. Über die gesamte Lebensspanne hinweg gibt es einen Zusammenhang zwischen Bindungsstil einerseits und Kommunikation und Zufriedenheit in der Ehe andererseits (Feeney, 1994).

Ein typisches Merkmal von Personen mit einer unglücklichen engen Beziehung besteht darin, dass sie dazu neigen, die Verhaltensweisen und Eigenschaften des Partners auf negative Weise zu deuten. Beispielsweise tendieren Personen mit geringerer Zufriedenheit dazu, fehlangepasste Attributionen vorzunehmen. Sie neigen dazu, die Probleme in ihrer Beziehung ihrem Partner anzulasten und ihr eigenes problematisches Verhalten und das ihres Partners als global anzusehen (es betrifft auch andere Verhaltensweisen in der Ehe), aber auch als stabil (es ist wahrscheinlich, dass es in Zukunft wieder auftreten wird). Anders ausgedrückt halten Personen in gestörten Beziehungen Probleme nicht für etwas, was aus Themen entsteht, die für sich allein angegangen werden sollten, sondern aus Themen, die typisch für schwere und dauerhafte Probleme in ihrer Beziehung sind. Die Forschung hat gezeigt, dass sich aus einem solchen fehlangepassten Attributionsmuster eine Abnahme der Zufriedenheit mit der Ehe vorhersagen lässt (Fincham & Bradbury, 1991). Menschen, die mit ihrer Beziehung zufrieden sind, tendieren dazu, ihrem Partner mehr bei der Konfliktlösung zuzutrauen und sich selbst mehr Schuld dafür zu geben, dass sie dem anderen Unannehmlichkeiten bereiten (Thompson & Kelley, 1981; s. Kap. 7).

Glückliche Paare neigen auch dazu, *soziale Vergleiche* mit anderen Paaren so zu interpretieren, dass sie ein besseres Gefühl im Hinblick auf ihre eigene Beziehung haben, während unglückliche Paare hauptsächlich auf die negativen Folgerungen aus solchen Vergleichen achten. Eine Studie von Buunk, Collins, VanYperen, Taylor und Dakoff (1990) z.B. zeigte, dass unglücklich verheiratete Personen neidisch waren, wenn sie sahen, dass andere eine bessere Ehe führten, und die Sorge hatten, dass ihnen das Gleiche passieren könnte, wenn sie Paaren mit schwereren Eheproblemen begegneten, als sie selbst sie hatten. Im Allgemeinen neigen Partner in glücklichen Paarbeziehungen dazu, ihren eigenen Partner und ihre eigene Beziehung verglichen mit anderen Partnern und Beziehungen in einem sehr positiven Licht zu sehen. Buunk und Van den Eijnden (1997) fanden z.B. heraus, dass Personen, die der Meinung waren, dass ihre eigene Beziehung besser als die der meisten anderen Menschen sei, ein höheres Maß an Zufriedenheit zeigten. Ähnlich kamen Murray und Holmes (1997) zu dem Ergebnis, dass unverheiratete und verheiratete Paare, deren Beziehung einen hohen Grad an Zufriedenheit, Liebe und Vertrauen aufwies, ihren Partner viel positiver wahrnahmen als den typischen Partner; sie waren ferner der Auffassung, sie hätten potenzielle Schwierigkeiten viel besser im Griff als Menschen in einer typischen Beziehung, und sie waren optimistischer im Hinblick auf die Zukunft ihrer Beziehung. Aus derartigen Wahrnehmungen ließ sich vorhersagen, ob unverheiratete Paare über eine Anzahl von Jahren hinweg zusammen bleiben würden oder nicht.

Ein letzter Aspekt, durch den sich glückliche und unglückliche Paare voneinander unterscheiden, ist der Grad der *Equity*. Wie oben erwähnt nimmt die Equity-Theorie an, dass Personen in engen Beziehungen einen wechselseitigen und von Gleichheit geprägten Austausch erwarten. Zur Bewertung dieses Austauschs können Menschen eine Vielfalt von Faktoren in Betracht ziehen, die in die Beziehung eingebracht werden und die sich aus der Beziehung ergeben; dazu gehören Liebe, Unterstützung, finanzielle Beiträge und Arbeiten im Haushalt (VanYperen & Buunk, 1991). Zahlreiche Untersuchungen haben gezeigt, dass es aufseiten des Bevorteilten, der sich schuldig fühlt, weil er mehr aus der Beziehung herauszieht, als er seiner Auffassung nach verdient, zu einer Belastung kommt. In stärkerem Maße gilt dies jedoch für den Benachteiligten, der sich traurig, frustriert, verärgert und verletzt fühlt, weil er weniger bekommt, als er seiner Meinung nach verdient hat. Wie in Abb. 12.9 gezeigt fanden Buunk und VanYperen heraus, dass diejenigen, die Equity hergestellt sahen, am zufriedensten waren; ihnen folgten jene, die sich im Vorteil sahen, und schließlich jene, die sich benachteiligt fühlten, mit dem geringsten Grad an Zufriedenheit (vgl. Sprecher & Schwartz, 1994). Interessanterweise ist Equity in lesbischen Beziehungen, in denen Gleichheit und Reziprozität besonders positiv bewertet werden, sogar noch wichtiger als in hetero-

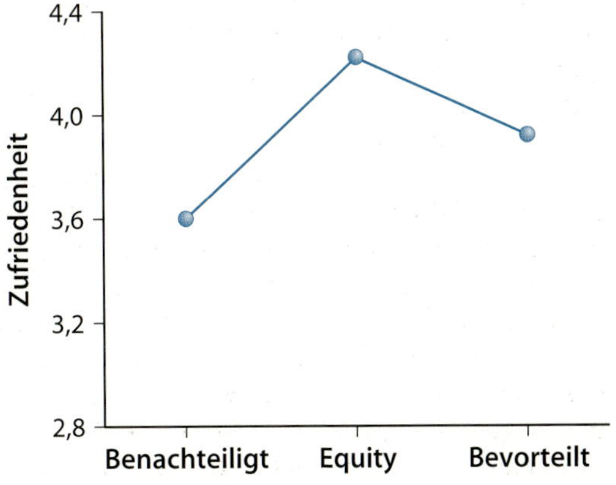

Abb. 12.9. Equity und Zufriedenheit in intimen Beziehungen. (Nach Buunk & VanYperen, 1991)

sexuellen Beziehungen (Schreurs & Buunk, 1996). Weiterhin kann fehlende Equity recht schwerwiegende Folgen für die Beziehung haben. Prins, Buunk und VanYperen (1992) fanden heraus, dass Frauen (aber nicht Männer) in inäquitablen Beziehungen nicht nur ein stärkeres Bedürfnis hatten, eine außereheliche Beziehung zu beginnen, sondern dass sie auch tatsächlich häufiger solche Beziehungen anknüpften als Frauen in äquitablen Beziehungen.

Obwohl Equity für die Zufriedenheit in engen Beziehungen wichtig ist, sollte man die Bedeutung dieser Variable auch nicht überbewerten. Erstens scheint das Ausmaß der erfahrenen Belohnungen ein besserer Prädiktor für Zufriedenheit in Liebesbeziehungen zu sein als Fairness: Es ist wichtiger, zu fühlen, dass der Partner uns dadurch belohnt, dass er uns liebt und uns Status, Informationen und sexuelle Befriedigung gibt, als dass wir beim Austausch von Belohnungen mit unserem Partner eine perfekte Equity wahrnehmen (Cate, Lloyd & Long, 1988). Zweitens deutet eine Reihe von Studien darauf hin, dass sich die zukünftige Qualität und Stabilität einer Beziehung nicht aufgrund von Equity vorhersagen lässt (z.B. Lujansky & Mikula, 1983; VanYperen & Buunk, 1990).

12.5.2 Festlegung auf einen Partner

Worin besteht die Festlegung auf einen Partner und wie entsteht sie?

Investitionsmodell („investment model"): Eine Theorie, die annimmt, dass die Festlegung auf eine Beziehung auf einer hohen Zufriedenheit, einer geringen Qualität der Alternativen und einem hohen Maß an Investitionen beruht.

Festlegung („commitment"): Die Tendenz einer Person, eine Beziehung aufrechtzuerhalten und sich psychologisch an sie gebunden zu fühlen.

Es scheint sich von selbst zu verstehen, dass Menschen, die mit ihrer Beziehung zufrieden sind, auch bei ihrem Partner bleiben, und dass unglückliche Paare schließlich ihre Beziehung zueinander beenden werden. Dennoch haben Sozialwissenschaftler seit langem beobachtet, dass glückliche Beziehungen noch lange keine stabilen Beziehungen und dass stabile Beziehungen nicht notwendigerweise glückliche Beziehungen sind (Rusbult & Buunk, 1993). Rusbult (1983) schlug das so genannte **Investitionsmodell** vor, um zu erklären, was Menschen zur Aufrechterhaltung ihrer Beziehungen motiviert, d.h., welche Faktoren die **Festlegung** auf eine Beziehung stärken. Nach Rusbult bezieht sich Festlegung auf die Neigung einer Person, eine Beziehung aufrechtzuerhalten und sich psychologisch an sie gebunden zu fühlen. Eine solche Festlegung basiert auf drei Faktoren:

(1) einer hohen *Zufriedenheit*, d.h., ein Mensch liebt seinen Partner und hat positive Gefühle gegenüber der Beziehung;

(2) einer subjektiv niedrig eingeschätzten *Qualität der Alternativen*, d.h. der besten alternativen Beziehung, die man sich zur momentanen Beziehung vorstellen kann, des Reizes des Alleinlebens, der gleichzeitigen Verfügbarkeit von Möglichkeiten zusätzlich zur momentanen Beziehung (wie etwa ein interessanter Beruf oder gute Freunde) und des tatsächlichen Vorhandenseins eines alternativen Partners (Buunk, 1987).

Wenn Menschen eine Beziehung entwickeln, werden sie sich allmählich nach außen vor attraktiven Alternativen verschließen; dies ist im kognitiven Sinne und bezogen auf das Verhalten gemeint. Unter Personen mit einem hohen Grad an Festlegung, die als Teil einer Untersuchung über das Kennenlernen mithilfe eines Computers mit attraktiven Personen vom anderen Geschlecht interagieren mussten, fanden Johnson und Rusbult (1989) eine starke Tendenz, solche Personen abzuwerten.

Viele Beziehungen durchlaufen unglückliche Phasen. Selbst wenn die Alternativen durchaus attraktiv sind, bedeutet dies noch nicht notwendigerweise, dass die Beziehung auseinander brechen muss. Das Investitionsmodell schlägt deshalb eine dritte Variable vor:

(3) die *Höhe der Investitionen*. Dies bezieht sich auf die vielfältige Art und Weise, wie Menschen eine Bindung an ihren Partner aufbauen, z. B., indem sie Zeit und Energie investieren, Opfer bringen, gemeinsame Freundschaften entwickeln, gemeinsame Erinnerungen aufbauen, sich mit Aktivitäten, Hobbys und Besitztümern beschäftigen, die integraler Bestandteil der Beziehung sind.

Die neuere Forschung deutet darauf hin, dass sich im Laufe einer Beziehung das Selbst der Partner überlappt und miteinander verbindet. Dem anderen etwas Gutes zu tun wird so wahrgenommen, als täte man sich selbst etwas Gutes, und durch Identifikation werden die Merkmale und Fähigkeiten des anderen stellvertretend für ihn geteilt (Aron et al., 1992; Aron, Aron, Tudor & Nelson, 1991).

Eine beträchtliche Anzahl von Untersuchungen hat gezeigt, dass alle drei Faktoren – Zufriedenheit, Alternativen und Investitionen – unabhängige Prädiktoren für Festlegung und die Wahrscheinlichkeit sind, dass eine Beziehung abgebrochen wird; dies gilt ebenso für heterosexuelle wie für schwule und lesbische Beziehungen (Rusbult & Buunk, 1993). Darüber hinaus fand man, dass Festlegung einen Einfluss auf eine breite Vielfalt von Verhaltensweisen hat, vor allem auf die Tendenz, die eigenen Interessen gegenüber den Belangen der Beziehung zurückzustellen. Beispielsweise sind Menschen, die sich sehr auf einen Partner festlegt haben, eher bereit, Opfer für ihre Beziehung zu bringen: Sie würden eher ihre Beziehung fortsetzen, auch wenn dies voraussetzt, dass sie die wichtigsten Aktivitäten in ihrem Leben außerhalb ihrer Beziehung wie etwa Eltern, Beruf, Religion, Freunde oder Freizeitaktivitäten aufgeben müssten, um ihre Beziehung aufrechtzuerhalten (Van Lange et al., 1997). Außerdem fanden Rusbult und Martz (1995), dass geschlagene Frauen, die in einem Frauenhaus Schutz suchten, trotz der oft schwerwiegenden Misshandlungen nach dem Auszug aus dem Frauenhaus eher zu ihrem Partner zurückkehrten, wenn sie vor dem Einzug ins Frauenhaus ein hohes Maß an Festlegung auf ihren Partner aufgewiesen hatten. Eine weitere dramatische Auswirkung der Festlegung auf einen Partner fanden Buunk und Bakker (1997) in einer Studie, die zeigte, dass Personen, die sich wenig festgelegt hatten, dazu neigten, sich außerhalb der Beziehung ungeschützt sexuell zu betätigen, ohne den Partner darüber zu informieren und ohne Vorsichtsmaßnahmen zum Schutz des ständigen Partners vor möglichen Risiken dieses Verhaltens zu ergreifen.

12.5.3 Die Folgen des Scheiterns einer Beziehung

Wie wirken sich das Scheitern einer Beziehung und Scheidung auf das psychische und körperliche Wohlbefinden aus?

Das Scheitern einer Beziehung und insbesondere eine Scheidung können ernsthafte Folgen haben. Mit der immer größer werdenden Scheidungsrate haben solche Folgen einen Einfluss auf eine immer größere Anzahl von Menschen in der westlichen Welt. Die seelische und körperliche Gesundheit von Geschiedenen hat sich als schlechter herausgestellt als die Gesundheit von Verheirateten und schlechter noch als die Gesundheit von Verwitweten oder solchen Personen, die nie verheiratet waren. Einer der Gründe dafür ist, dass eine Scheidung in manchen Fällen eine Folge, nicht ein Grund, psychischer Probleme sein kann (Cochrane, 1988; Stroebe & Stroebe, 1986). Trotzdem ist die Beendigung einer Ehe durch Scheidung selbst ein schmerzhafter Prozess. Wie die Bindungstheorie nahe legt, entwickeln Ehegatten gewöhnlich – auch angesichts der schwerwiegendsten Feindseligkeiten und Kämpfe – eine emotionale Bindung, die sich, auch wenn man es will, nicht leicht lockern lässt. Tatsächlich bleiben viele Menschen, die sich haben scheiden lassen oder voneinander getrennt sind, emotional an ihren Expartner gebunden, wie es eine Vielfalt augenscheinlicher und scheinbar irrationaler Hinweise auf eine weiterhin bestehende Bindung zwischen Geschiedenen offenbart; dazu gehört, dass man viel Zeit damit verbringt, an die frühere Beziehung zu denken, sich fragt, was der Expartner gerade macht, im Zweifel ist, dass die Scheidung wirklich stattgefunden hat, und das Gefühl hat, man würde sich nie vom Scheitern der Ehe erholen (Ganong & Coleman, 1994; Kitson, 1982). Geschiedene müssen die Bindung an den früheren Ehegatten aufgeben; darüber hinaus sind sie mit dem Übergang vom Verheirateten- zum Singledasein konfrontiert. Das Alleinleben, nachdem man lange Zeit mit einem Partner zusammengelebt hat, erfordert gewöhnlich eine erhebliche Anpassung. Es ist oft schwierig, frühere Freundschaften aufrechtzuerhalten, die auf der Paarbeziehung basierten; folgerichtig müssen neue Beziehungen geknüpft und aufgebaut werden. Zudem kann die Anpassung an einen anderen, geringeren sozialen Status ein schmerzhafter Vorgang sein, vor allem weil dem Geschiedenen immer noch ein gewisses Stigma anhaftet. Weiterhin erhalten Geschiedene gewöhnlich weniger soziale Unterstützung als Verwitwete, weil Freunde möglicherweise Partei für den früheren Ehegatten ergreifen. Außerdem müssen sich Geschiedene oft mit Gefühlen des Versagens und der Zurückweisung auseinander setzen. Dennoch fällt die Anpassung an die Scheidung manchen Personen leichter als anderen. Menschen, die selbst die Scheidung beantragt haben, die in ein soziales Netz eingebunden sind und die eine befriedigende intime Beziehung haben, sind in einer vergleichsweise besseren Situation. Dazu kommt, dass bestimmte Persönlichkeitsmerkmale (dazu gehören hohes Selbstwertgefühl, Unabhängigkeit, Toleranz für Veränderung und an Gleichberechtigung orientierte Einstellungen) für den Umgang mit der Scheidungssituation förderlich sind (Price-Bonham, Wright & Pittman, 1983). Obwohl die meisten Geschiedenen am Ende wieder heiraten, zögern viele, erneut zu heiraten; sie wohnen einfach nur mit einem Partner zusammen oder bleiben Single; dagegen entwickelt eine Minderheit nach der Scheidung eine schwule oder lesbische Beziehung (Buunk & Van Driel, 1989; Ganong & Coleman, 1994).

12.6 Zusammenfassung und Schlussfolgerungen

Menschen sind soziale Wesen. Das Bedürfnis, sich anderen anzuschließen, ist ein Grundbedürfnis des Menschen, das vor allem in stressreichen Situationen verstärkt wird, wenn Menschen andere aufsuchen, um die eigenen Gefühle mit denen der anderen zu vergleichen, ihre Angst zu reduzieren und Informationen über die Art der Bedrohung zu erhalten. Vor allem Menschen mit einem sicheren Bindungsstil schließen sich unter Stress anderen an und profitieren von der Unterstützung und der Anwesenheit anderer Personen. Obwohl Affiliation manchmal den Stress und die Angst eher vergrößern kann, als sie zu verringern, erleben Personen mit Defiziten in ihren sozialen Beziehungen vergleichsweise mehr Einsamkeit und Gesundheitsprobleme. Die physische Nähe anderer und die Einstellungsähnlichkeit fördern die Entwicklung von Beziehungen wie etwa Freundschaften und Liebesbeziehungen. Reziprozität, Interdependenz und, vor allem für Frauen, Vertrautheit sind charakteristische Merkmale aller persönlichen Beziehungen. Stärker als Freundschaften werden Liebesbeziehungen durch physiologische Erregung und physische Anziehung gefördert; dabei richten Männer ihre Aufmerksamkeit stärker auf Anzeichen von Jugend und Gesundheit, Frauen stärker auf Anzeichen von Status. Befriedigende Liebesbeziehungen sind durch konstruktive Kommunikation, positive Interpretation des Partnerverhaltens, Equity und positive Wahrnehmung der eigenen Beziehung im Vergleich zu der von anderen Paaren gekennzeichnet. Die Festlegung auf einen Partner entwickelt sich auf der Grundlage hoher Zufriedenheit, kombiniert mit steigenden Investitionen in die Beziehung und mit abnehmender Aufmerksamkeit für alternative Wahlmöglichkeiten. Aufgrund der starken Bindung, die sich gewöhnlich in intimen Beziehungen entwickelt, sind das Scheitern der Beziehung und Scheidungen schmerzvolle Vorgänge. Obwohl Affiliation mit Fremden und Freunden durchaus wichtig für das Wohlbefinden sein kann, sind glückliche intime Beziehungen für die meisten Menschen in unserer Gesellschaft wahrscheinlich die wichtigste Quelle für Zufriedenheit. Viele der Vorteile von Affiliation kommen durch intime Beziehungen zustande; dazu gehören nicht nur emotionale Unterstützung, Gelegenheit für sozialen Vergleich und instrumentelle Hilfe, sondern auch soziale Identität. Zweifellos handelt es sich bei engen intimen Beziehungen um die weit reichendste Form von Affiliation, die Menschen im Laufe ihres Lebens eingehen.

FRAGEN ZUM TEXT

1. Wie könnte man einen Wohnblock so planen, dass er zum Anreiz für Interaktion und die Entwicklung von Freundschaften werden würde?
2. Auf welche unterschiedliche Art und Weise kann soziale Unterstützung die Überlebenschancen verbessern? Warum könnte Unterstützung mit Gesundheit zusammenhängen?
3. Denken Sie an so viele Umstände wie möglich, unter denen ein Gespräch mit anderen Personen den Stress vergrößern wird.
4. Was könnten Menschen tun, um ihre Einsamkeit zu verringern, ohne andere Personen zu sehen?
5. Denken Sie an so viele Merkmale wie möglich, die eine Freundschaft von einer Liebesbeziehung unterscheiden.
6. Leiten Sie aus den in diesem Kapitel referierten Befunden eine Situation ab, in der die Wahrscheinlichkeit groß wäre, dass zwei Menschen (also ein heterosexueller Mann und eine heterosexuelle Frau, zwei schwule Männer oder zwei lesbische Frauen) sich voneinander angezogen fühlten. Denken Sie u.a. an den räumlichen Kontext, die Eigenschaften der beiden Menschen und die Aktivitäten, an denen sie sich beteiligen.
7. Denken Sie an eine mögliche interkulturelle Studie, durch die sich Hypothesen aus der Evolutionstheorie zur physischen Attraktivität überprüfen ließen.
8. Erfinden Sie eine Reihe von Situationen, auf die Personen mit unterschiedlichen Bindungsstilen unterschiedlich reagieren könnten.
9. Nehmen wir an, ein heterosexuelles oder ein homosexuelles Paar spürt, dass es sich in seiner Beziehung nicht mehr so einander verpflichtet fühlt wie früher. Welche praktischen Vorschläge könnten Sie dem Paar auf Grundlage des Investitionsmodells machen, damit es sich wieder stärker aufeinander festlegt?

Empfohlene Literatur

Buss, D.M. (1994). *The evolution of desire. Strategies of human mating.* New York: Basic Books. Ein interessant und gut geschriebenes Buch über den auf der Evolutionstheorie basierenden Ansatz zur Anziehung in Liebesbeziehungen und engen Beziehungen.

Buunk, B.P. & Van Driel, B. (1989). *Variant lifestyles and relationships.* Newbury Park, CA: Sage. Beschäftigt sich mit engen Beziehungen außerhalb der Ehe, einschließlich Beziehungen unter Singles, Zusammenleben von Unverheirateten, außerehelichen Beziehungen, homosexuellen und lesbischen Beziehungen und in Wohngemeinschaften lebenden Gruppen.

Hatfield, E. & Sprecher, S. (1986). *Mirror, mirror … The importance of looks in everyday life.* New York: SUNY Press. Ein etwas in die Jahre gekommener, aber guter Überblick über physische Attraktivität.

Hinde, R.A. (1997). *Relationships. A dialectical perspective.* Hove, GB: Psychology Press. Ein sehr fundierter, umfassender und tief gehender Überblick über alle Aspekte enger Beziehungen.

Lerner, M.J. & Mikula, G. (Eds.). (1994). *Entitlement and the affectional bond: Justice in close relationships.* New York: Plenum. Ein nützlicher Sammelband über Equity, sozialen Austausch und Gerechtigkeit beim Kennenlernen sowie bei Beziehungen in Ehe und Familie.

Noller, P. & Fitzpatrick, M.A. (Eds.). (1988). *Perspectives on marital interaction.* Clevedon/Philadelphia: Multilingual Matters. Ein gut zusammengestellter Sammelband mit Kapiteln, die sich speziell mit der Kommunikation in der Ehe beschäftigen.

Sarason, B.R., Sarason, I.G. & Pierce, G.R. (Eds.). (1990). *Social support. An interactional view.* New York: Wiley. Ein ausgezeichneter Band über alle Aspekte und Ansätze zur sozialen Unterstützung.

Sternberg, R.J. & Barnes, M.L. (Eds.). (1988). *The psychology of love.* New Haven, CT: Yale University Press. Die Kapitel geben einen Überblick über verschiedene Ansätze zum Thema Liebe.

Schlüsseluntersuchungen

Hazan, C. & Shaver, P. (1987). Romantic love conceptualized as an attachment process. *Journal of Personality and Social Psychology, 52*, 511–524.

Rusbult, C.E. (1980). Commitment and satisfaction in romantic associations: A test of the investment model. *Journal of Experimental Social Psychology, 16*, 172–186.

Teil IV
Soziale Gruppen

13 Sozialer Einfluss in Kleingruppen

Eddy Van Avermaet

INHALT

Das vorliegende Kapitel beschäftigt sich zunächst mit Mehrheits- und Minderheitseinflüssen und geht dann auf Beispiele ein, in denen Menschen ihre Meinung ändern, nachdem sie mit der Meinung anderer Menschen konfrontiert wurden. Wann und wie beeinflussen Urteile, die von einer Mehrheit oder einer Minderheit zum Ausdruck gebracht werden, die Urteile anderer Gruppenmitglieder? Und können diese Auswirkungen mithilfe eines einzigen Erklärungsmodells kausal beschrieben werden? Ein zweites Thema ist die Gruppenpolarisierung. Wir versuchen zu erklären, warum die Position einer Gruppe nach einer Diskussion häufig extremer ist als die durchschnittliche ursprüngliche Position der Gruppenmitglieder vor der Diskussion. Wir zeigen, dass aus diesem Gruppenmodus des Denkens in manchen Fällen eindeutig negative Ergebnisse resultieren. Der letzte Abschnitt in diesem Kapitel ist der Analyse einer Reihe bekannter Untersuchungen zum Thema Gehorsam ge-

genüber Autoritäten gewidmet. Es wird versucht, die Faktoren aufzuschlüsseln, die in Menschen die Bereitschaft aufkommen lassen, einem unschuldigen anderen Menschen Schaden zuzufügen, nur weil eine Autoritätsfigur ihnen das befohlen hat.

13.1 Einleitung

Was ist sozialer Einfluss?

Stellen Sie sich zunächst vor, Sie sind eines von sieben studentischen Mitgliedern im Fakultätsrat. In der nächsten Sitzung des Fakultätsrats soll über einen Vorschlag zur Änderung des Lehrplans diskutiert und abgestimmt werden: Verschiedene praktische Übungen sollen gestrichen und durch theoretische Veranstaltungen ersetzt werden. Vor der Sitzung setzen sich die studentischen Vertreter zusammen und versuchen, eine gemeinsame Position zu erarbeiten. Sie selbst haben intensiv über das Thema nachgedacht und sich für den Vorschlag des Dekans entschieden. Beim Treffen der studentischen Vertreter erfahren Sie, dass einige von ihnen Ihre Ansicht teilen, andere jedoch nicht. Sie versuchen, die anderen von Ihrem Standpunkt zu überzeugen, und die anderen versuchen, Sie zu überzeugen. Wie wird das Ergebnis aussehen? Höchstwahrscheinlich werden Sie antworten: „Das hängt von den Umständen ab!" Mit dieser Antwort befinden Sie sich im Einklang mit Sozialpsychologen, die schon seit vielen Jahren systematisch die Faktoren untersuchen, die den sozialen Einfluss in Kleingruppen ausmachen.

Sozialer Einfluss („social influence"): Eine Veränderung der Urteile, Meinungen und Einstellungen einer Person infolge der Konfrontation mit den Auffassungen anderer Menschen.

Ganz allgemein kann man sagen, dass sich die Forschung zum **sozialen Einfluss** mit der Sozialpsychologie deckt, da sich die gesamte Disziplin mit dem Einfluss sozialer Faktoren auf das Verhalten beschäftigt. Üblicherweise verwendet man das Konzept des sozialen Einflusses jedoch im eingeschränkteren Sinn: Sozialer Einfluss bezieht sich auf eine Veränderung von Urteilen, Meinungen und Einstellungen eines Menschen infolge einer Konfrontation mit den Urteilen, Meinungen und Einstellungen anderer Personen (de Montmollin, 1977). Auf Grundlage dieser eingeschränkten Definition wird Sie das vorliegende Kapitel mit den wichtigsten Phänomenen des sozialen Einflusses in Gruppensituationen bekannt machen. Es sollte berücksichtigt werden, dass diese eingegrenzte Definition auch persuasive Kommunikation und Einstellungsänderung beinhaltet, die bereits in Kapitel 8 behandelt wurden. Es wäre dem umfassenderen Verständnis dieser Themen dienlich, wenn die Leserinnen und Leser auf Gemeinsamkeiten und Unterschiede zwischen beiden Kapiteln achten würden.

Konformität („conformity"): s. **Mehrheitseinfluss**.

Mehrheitseinfluss, Konformität („majority influence, conformity"): Sozialer Einfluss, der sich aus der Konfrontation mit den Meinungen einer Mehrheit oder der Mehrheit der eigenen Gruppe ergibt.

Unser erstes Thema ist **Konformität** oder **Mehrheitseinfluss**. Ändern Personen ihre Meinungen, wenn sie erfahren, dass die Mehrheit der Mitglieder einer Gruppe, der sie angehören, eine andere Meinung vertritt? Geben sie möglicherweise nur nach außen hin klein bei, behalten aber insgeheim ihre eigene Meinung? Oder verändert der Mehrheitseinfluss tatsächlich ihre Meinung? Unter welchen Bedingungen gelingt es Menschen, dem Mehrheitseinfluss zu widerstehen? Als Nächstes richten wir unsere Aufmerksamkeit auf das umgekehrte Phänomen, nämlich auf **Innovation** oder **Minderheitseinfluss**. Kann eine Minderheit innerhalb einer Gruppe Änderungen der Mehrheitsmeinung bewirken? Welche Merkmale sollte eine Minderheit aufweisen, um einen solchen Effekt hervorzurufen? Üben Minderheiten ihren Einfluss über dieselben Mechanismen aus wie Mehrheiten? Gibt es einen quantitativen oder qualitativen Unterschied des Einflusses?

Innovation („innovation"): s. **Minderheitseinfluss**.

Minderheitseinfluss, Innovation („minority influence, innovation"): Sozialer Einfluss, der sich aus der Konfrontation mit den Meinungen einer Minderheit oder der Minderheit in der eigenen Gruppe ergibt.

Im vierten und fünften Abschnitt werden wir die Phänomene der Gruppenpolarisierung und des Gehorsams behandeln. **Gruppenpolarisierung** bezieht sich auf die Tatsache, dass unter bestimmten Bedingungen das Ergebnis einer Gruppendiskussion extremer ist als der Durchschnitt der anfänglichen Positionen der einzelnen Gruppenmitglieder. Wir werden uns einige Theorien und Experimente näher ansehen, die zur Erklärung dieses bemerkenswerten Phänomens entwickelt wurden. Schließlich wenden wir uns einem Sonderfall des sozialen Einflusses zu: Wann und warum zeigen Individuen auf bloße nachdrückliche Aufforderung einer Autoritätsperson hin **Gehorsam** gegenüber Befehlen, die sie selbst für ethisch nicht vertretbar halten und die sie eigentlich nicht auszuführen bereit sind?

Gruppenpolarisation („group polarisation"): Eine im Anschluss an eine Gruppendiskussion auftretende Änderung der durchschnittlichen Position einer Gruppe in Richtung auf den ursprünglich dominanten Pol.

Gehorsam („obedience"): Befolgung der Befehle, die von einer mit Autorität ausgestatteten Person gegeben werden.

13.2 Konformität oder Mehrheitseinfluss

13.2.1 Sherif und der autokinetische Effekt

Auf welche Weise haben die Meinungen anderer Menschen einen Einfluss auf unsere Urteile?

In einem frühen Experiment zum sozialen Einfluss brachte Muzafer Sherif (1935) Versuchspersonen allein oder in Gruppen von zwei oder drei Personen in einen vollständig abgedunkelten Raum, wo ihnen in einer Entfernung von etwa 5 Metern ein einzelnes kleines, stationäres Licht dargeboten wurde. Wie Sie selbst möglicherweise schon einmal erlebt haben, scheint sich ein stationäres Licht, wenn keine Bezugspunkte vorhanden sind, ziellos umherwandernd in alle möglichen Richtungen zu bewegen. Diese Wahrnehmungstäuschung wird als **autokinetischer Effekt** bezeichnet. Sherif bat seine Versuchspersonen nun, eine mündliche Schätzung des Ausmaßes der Lichtbewegung abzugeben, natürlich ohne sie über den autokinetischen Effekt zu informieren. Die Hälfte der Teilnehmer gab die ersten 100 Schätzungen allein ab. An drei aufeinander folgenden Tagen nahmen sie an drei weiteren Durchgängen teil, aber jetzt in Gruppen von zwei oder drei Personen. Die andere Hälfte der Teilnehmer durchlief den Versuch in umgekehrter Richtung: Sie nahm zunächst an drei Gruppendurchgängen teil und beendete den Versuch mit einer Einzelsitzung. Die Versuchspersonen, die die ersten Urteile allein abgegeben hatten, entwickelten rasch eine Standardschätzung (eine persönliche Norm), um die sich die nachfolgenden Urteile bewegten. Diese persönliche Norm war sta-

Autokinetischer Effekt („autokinetic effect"): Die Bewegungstäuschung bei einem stationären Lichtpunkt, den man in einer völlig abgedunkelten Umgebung betrachtet.

bil, variierte aber stark zwischen den Individuen. In den Gruppendurchgängen des Experiments, in denen Personen mit unterschiedlichen persönlichen Normen zusammenkamen, konvergierten die Urteile der Teilnehmer in Richtung einer mehr oder weniger gemeinsamen Position – einer Gruppennorm. Durchliefen die Versuchspersonen die Durchgänge in der umgekehrten Reihenfolge, so entwickelte sich die Gruppennorm im ersten Durchgang und blieb in dem Durchgang erhalten, in dem die Person jeweils allein war. In Abb. 13.1 sind beide Ergebnisse veranschaulicht. Der Trichtereffekt im linken Schaubild illustriert die Konvergenz der (Median-)Urteile von drei Versuchspersonen, die erst allein (I) und später im Beisein der anderen (II, III, IV) ein Urteil abgaben. Das rechte Schaubild zeigt die Urteile einer Gruppe von drei Versuchspersonen, die das Experiment in umgekehrter Reihenfolge durchliefen. Die Konvergenz zeigt sich hier schon in der ersten Gruppensitzung und es gibt keine Anzeichen dafür, dass die Urteile in der Einzelsitzung auseinander laufen.

Dieses berühmte Experiment zeigt, dass Menschen, die mit einer unstrukturierten und mehrdeutigen Stimulussituation konfrontiert sind, dennoch einen stabilen inneren Bezugsrahmen bilden, gegen den sie den Stimulus beurteilen. Sobald sie jedoch mit den unterschiedlichen Urteilen anderer Personen konfrontiert werden, geben sie diesen Bezugsrahmen aber auf, um ihn an den der übrigen anzupassen. Andererseits beeinflusst ein in Anwesenheit anderer Menschen gebildeter Bezugsrahmen die Urteile einer Person auch dann noch, wenn die Quelle des Einflusses nicht mehr vorhanden ist.

Eingangs haben wir Konformität als Veränderung des Urteils einer Person in Richtung auf Urteile einer Mehrheit der Mitglieder einer Gruppe definiert, zu der sie gehört. Im strengen Sinn ist Sherifs Untersuchung kein Experiment zur Konformität oder zum Mehrheitseinfluss, weil er lediglich zwei oder drei Personen mit unterschiedlichen Meinungen zusammenbrachte. Um daraus eine Konformitätsstudie zu machen, müsste man alle Versuchspersonen außer einer einzigen durch Konfidenten ersetzen, die alle einmütig ein bestimmtes Urteil abgeben. Jacobs und Campbell

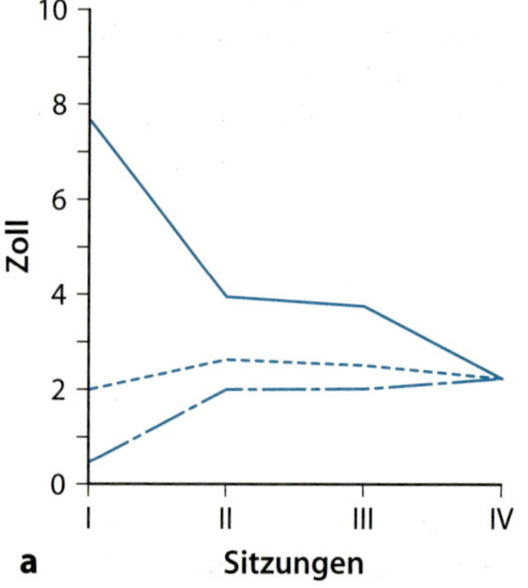

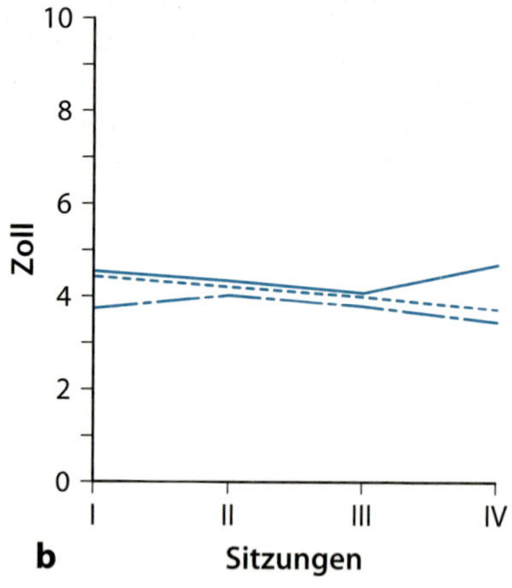

Abb. 13.1. Medianurteile über das Ausmaß an Bewegung **a** unter Bedingung *I* allein oder *II, III, IV* in der Gruppe und **b** unter der Bedingung *I, II, III* Gruppe oder *IV* allein in der Studie von Sherif (1935) über die Bildung von Normen (1 Zoll = 2,54 cm)

(1961) taten genau dies. Außerdem ersetzten sie nach jeweils 30 Urteilen einen Konfidenten durch eine echte Versuchsperson, bis die ganze Gruppe aus echten Versuchspersonen bestand. Ihre Ergebnisse weisen darauf hin, dass die Mehrheit einen signifikanten Einfluss auf die Urteile der Versuchspersonen hatte, selbst nachdem sie schrittweise aus der Situation entfernt worden war.

Bis zu diesem Punkt mögen diese Ergebnisse nicht allzu sehr überraschen. Schließlich ist es normal und vielleicht sogar sinnvoll, dass Menschen durch Urteile anderer Menschen beeinflusst werden oder mit ihnen konform gehen, wenn der zu beurteilende Stimulus mehrdeutig ist oder sie sich ihres Urteils nicht sicher sein können. Würden Sie aber auch dann den Urteilen anderer folgen, wenn diese ganz offensichtlich im Unrecht sind, wenn deren Urteile vollständig im Widerspruch zu dem stehen, was Ihnen Ihre Sinne und die physikalische Realität mitteilen? Würde sich hier die soziale Realität durchsetzen oder würden Sie die Stimuli so beurteilen, wie Sie sie sehen?

13.2.2 Solomon Aschs Verblüffung

Würden wir auch dann den Urteilen anderer folgen, wenn diese offensichtlich im Unrecht sind?

Die oben gestellte Frage bildete den Ausgangspunkt für eine ganze Reihe berühmter Konformitätsexperimente, die Solomon Asch in den frühen Fünfzigerjahren durchführte (Asch, 1951, 1952, 1956). In der ersten Studie bat Asch sieben Studenten um ihre Teilnahme an einem Experiment zur visuellen Diskrimination. Die Aufgabe erschien einfach: Die Versuchspersonen sollten 18-mal entscheiden, welche von drei Vergleichslinien genauso lang war wie eine Referenzlinie. Tatsächlich entsprach bei jedem Durchgang eine der Vergleichslinien der Referenzlinie, die anderen beiden waren hingegen von unterschiedlicher Länge (s. Abb. 13.2). In einigen der Versuche waren jeweils beide länger oder kürzer, in anderen war eine kürzer, die andere länger. Die Durchgänge unterschieden sich auch in dem Ausmaß, in dem die beiden falschen Linien von der Referenzlinie abwichen. Insgesamt war die Aufgabe anscheinend sehr leicht; das kommt in der Tatsache zum Ausdruck, dass in einer Kontrollgruppe von 37 Personen, die ihre Urteile isoliert abgaben, 35 Personen keinen einzigen Feh-

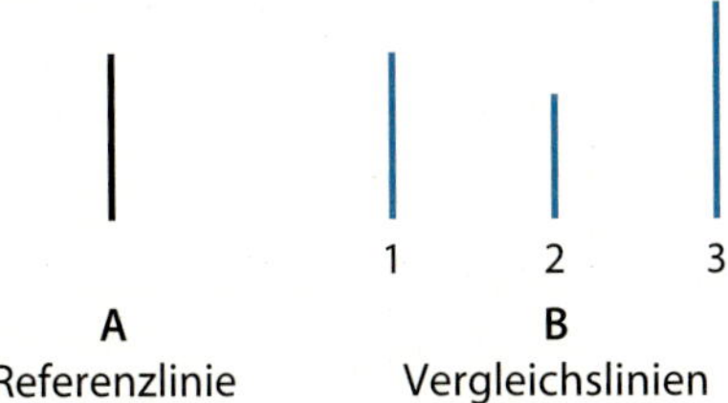

Abb. 13.2. Ein Beispiel für die Stimuli, die in Aschs Experiment dargeboten wurden

ler machten, eine Person machte einen und eine andere zwei Fehler. Über die Versuchspersonen und die Durchgänge hinweg betrug die Fehlerquote in der Kontrollbedingung damit lediglich 0,7%. In der Experimentalbedingung wurden die Versuchspersonen, die in einem Halbkreis saßen, gebeten, ihre Urteile laut abzugeben, und zwar in der Reihenfolge, in der sie saßen, von Position 1 bis Position 7. In Wirklichkeit gab es nur eine einzige echte Versuchsperson, nämlich die auf Position 6, alle anderen waren Konfidenten, die bei jedem Durchgang einmütig eine vorher festgelegte Antwort abgaben. In sechs „neutralen" Durchgängen (den ersten beiden und vier weiteren, die über die verbleibenden Durchgänge verteilt waren) gaben die Konfidenten korrekte Antworten. In den übrigen zwölf „kritischen" Durchgängen gaben sie übereinstimmend eine falsche Linie an. Die neutralen Durchgänge, vor allem die ersten beiden, waren aufgenommen worden, um zu verhindern, dass die echte Versuchsperson Verdacht schöpfte und die falschen Antworten auf Sehfehler der anderen Personen zurückführte. Es sollte hervorgehoben werden, dass sich sowohl der Versuchsleiter als auch seine Konfidenten während des ganzen Experiments ziemlich unpersönlich und formal benahmen und keinerlei Überraschung oder negative Reaktionen in Bezug auf einzelne Antworten zeigten. Tatsächlich gab es – wie zu erwarten war – lediglich bei den echten Versuchspersonen verschiedene Anzeichen dafür, dass sie sich unwohl fühlten oder aufgeregt waren, indem sie dem Versuchsleiter und den anderen Versuchspersonen nervöse Blicke zuwarfen, schwitzten und gestikulierten.

Die Ergebnisse demonstrieren den enormen Einfluss einer „offensichtlich" falsch urteilenden, aber einmütigen Mehrheit auf die Urteile einer einzelnen Versuchsperson. Im Vergleich zur Kontrollbedingung – in der die Fehlerquote, wie erwähnt, nur 0,7% betrug – machten die Versuchspersonen fast 37% Fehler. Nicht jede Versuchsperson machte so viele Fehler, aber interessanterweise machten nur 25% von Aschs 123 Probanden keinen einzigen Fehler (im Vergleich zu 95% in der Kontrollgruppe); weitere 28% gaben acht oder mehr falsche Antworten (von zwölf möglichen), und die übrigen Versuchspersonen machten zwischen einem und sieben Fehlern (zur genauen Häufigkeitsverteilung s. Abb. 13.3). Methodologisch ist hier wichtig, den Unterschied zwischen dem prozentualen Anteil der Fehler und dem prozentualen Anteil der beeinflussten Versuchspersonen zu verstehen. Studenten (und sogar Lehrbücher) verwechseln die beiden Maße gelegentlich und nehmen an, 37% fehlerhafte Antworten bedeute, dass 37% der Versuchspersonen beeinflusst worden wären. Diese Unterscheidung ist auch für die Interpretation von Bedeutung, da der Prozentsatz der Fehler für sich genommen nur einen unvollständigen Eindruck davon vermittelt, wie groß der tatsächliche Einfluss ist (der Prozentsatz sagt nichts über die Verteilung dieses Einflusses aus).

Aschs Experiment mit seinen verblüffenden Ergebnissen bildete die Grundlage einer reichen Tradition theoretischer Spekulationen und empirischer Studien. Diese Forschung verfolgte das Ziel, die Grenzen des Phänomens zu bestimmen, die Bedingungen, unter denen Konformität ab- und zunimmt, zu analysieren und die Frage zu untersuchen, ob Konformität nur in der Öffentlichkeit oder auch im privaten Bereich stattfindet. In den nächsten Abschnitten wird eine Auswahl dieser Arbeiten vor dem

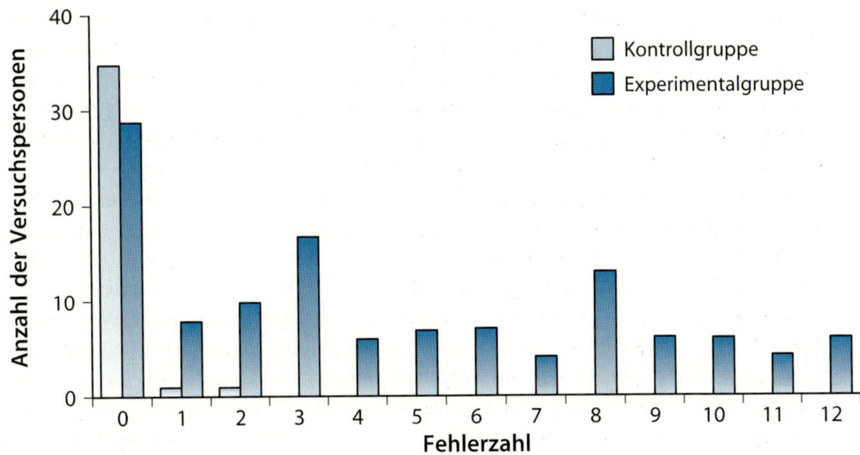

Abb. 13.3. Häufigkeitsverteilung der Fehlerzahl in Aschs ursprünglichem Konformitätsexperiment (Experimentalgruppe: $n = 123$, Kontrollgruppe: $n = 37$)

Hintergrund der umfassenderen theoretischen Perspektive dargestellt, innerhalb derer sie anzusiedeln sind. Der größte Teil dieser Forschung nutzte ein Paradigma, das dem von Asch nachempfunden, aber weitaus ökonomischer ist. Bei der so genannten Crutchfield-Technik (Crutchfield, 1955) sitzen die Versuchspersonen typischerweise in getrennten Kabinen, in denen ihnen die Reaktionen von (simulierten) Konfidenten elektronisch auf einem Bildschirm dargeboten werden. Die zeitlichen und personellen Einsparungen sind hoch, allerdings geht einiges von der Wirklichkeitsnähe des ursprünglichen Verfahrens von Asch dabei verloren.

13.2.3 Warum verhalten sich Menschen konform: normativer und informativer Einfluss

Welches sind die wichtigsten Mechanismen, mit denen eine Gruppe Einfluss auf ihre Mitglieder ausübt?

Wenn Menschen in Anwesenheit anderer eine Beurteilung eines Aspekts der Wirklichkeit abgeben sollen, verfolgen sie dabei zwei Interessen: Sie möchten richtig urteilen und sie möchten auf andere einen guten Eindruck machen. Um festzustellen, was richtig ist, stehen ihnen zwei Informationsquellen zur Verfügung: das, was ihnen ihre Sinne über die physikalische Realität mitteilen, und das, was andere sagen. In allen Lebensphasen haben Menschen den Wert dieser beiden Informationsquellen zu schätzen gelernt. Bei zahlreichen Gelegenheiten haben sie etwas über den adaptiven Wert erfahren, den es hat, wenn man seine Urteile und sein Verhalten auf der eigenen Sicht der Wirklichkeit basieren lässt. Andererseits beruht ein großer Teil dessen, was sie über die Wirklichkeit gelernt haben, auf Informationen anderer und auf ihrer Erfahrung, dass es sich

Informativer Einfluss („informational influence"): Einfluss, der auf dem Informationswert der von anderen Menschen zum Ausdruck gebrachten Meinungen beruht, d.h. darauf, was sie einer Person über einen Aspekt der Realität sagen.

Normativer Einfluss („normative influence"): Einfluss, der auf dem Bedürfnis beruht, von anderen Menschen akzeptiert und bestätigt zu werden.

Compliance („compliance"): Eine Änderung des offenen (öffentlichen) Verhaltens, nachdem man mit der Meinung anderer Menschen konfrontiert wurde.

Konversion („conversion"): Eine Änderung des verdeckten (privaten) Verhaltens, nachdem man mit der Meinung anderer Menschen konfrontiert wurde; internalisierte Änderung; eine Veränderung der Art und Weise, wie man einen Aspekt der Realität strukturiert.

als adaptiv erwiesen hat, sich auf die Urteile anderer zu verlassen. Darüber hinaus stimmten in den meisten Fällen ihre eigenen Urteile mit denen anderer überein und lieferten ihnen so eine stabile Sicht ihrer Umwelt. Die Konformitätssituation von Asch jedoch bringt diese beiden Informationsquellen in einen Gegensatz und konfrontiert das Individuum mit dem Konflikt der Entscheidung zwischen zwei – im Prinzip – verlässlichen Informationsquellen. Wenn sich das Individuum dabei konform verhält, so unterliegt es dem **informativen Einfluss**, d.h., es gibt anderen nach, weil es deren Urteil mehr vertraut als dem eigenen. Es gibt allerdings noch einen anderen Grund, aus dem sich eine Person dem Gruppendruck beugen könnte. Weil wir bei der Befriedigung unserer Bedürfnisse von anderen abhängig sind, ist es wichtig, dass wir versuchen, möglichst viel Sympathie von anderen zu erhalten. In dem Ausmaß, in dem mangelnde Übereinstimmung mit anderen Antipathie oder sogar offene Ablehnung erwarten lässt, Übereinstimmung jedoch zu positiver Bewertung und Aufrechterhaltung der Mitgliedschaft in einer Gruppe führt, verhalten sich Menschen aus normativen Gründen eher konform gegenüber den Urteilen anderer. Daher beruht Konformität, die durch das Bedürfnis nach Sympathie und Anerkennung und die Vermeidung von Ablehnung verursacht wird, auf **normativem Einfluss**.

Normativer und informativer Einfluss (Deutsch & Gerard, 1955) sind damit wichtige allgemeine Mechanismen, über die Gruppen Einfluss auf ihre Mitglieder ausüben. Natürlich variiert das relative Gewicht der beiden Mechanismen von Situation zu Situation. In manchen Fällen verhalten sich Menschen stärker konform aufgrund der Informationen, die ihnen andere Menschen liefern, in anderen tun sie dies hauptsächlich aus normativen Gründen. Darüber hinaus – und dies ist eine ebenso wichtige Unterscheidung – ist zu erwarten, dass Prozesse des normativen und des informativen Einflusses ihre Effekte auf verschiedenen Ebenen bewirken. Wenn sich eine Person im Wesentlichen deshalb konform verhält, weil ihr viel daran liegt, was andere von ihr denken, verändert sie ihr offenes Verhalten und behält ihre ursprüngliche Überzeugung bei; vertraut sie jedoch den Informationen anderer, ändert sie zusätzlich auch ihre private Meinung. Daher sollte eine Unterscheidung getroffen werden zwischen öffentlicher Konformität oder **Compliance** (steht im Englischen für Einwilligen, Nachgeben) und privater Konformität oder **Konversion**. Forscher nutzten tatsächlich öffentliche und private Reaktionen in Konformitätssituationen als Maß dafür, ob der normative oder der informative Einfluss der bedeutendere Mechanismus der Veränderung ist. Die Ergebnisse dieser Experimente zeigen, dass zumindest im ursprünglichen Experiment von Asch der normative Einfluss von größerer Bedeutung ist als der informative Einfluss. Dies kann z.B. aus der Beobachtung geschlossen werden, dass die Beurteilung der Gruppe einen weitaus stärkeren Einfluss auf öffentliche als auf private Reaktionen hat (zu einem Überblick s. Allen, 1965).

Allgemeiner noch haben Sozialpsychologen durch die Manipulation verschiedener Merkmale der Beeinflussungssituation versucht, Belege für die theoretische Annahme zu finden, dass Konformität als Funktion der normativen bzw. informativen Abhängigkeit eines Individuums von der Gruppe ab- oder zunimmt.

13.2.4 Normativer und informativer Einfluss: experimentelle Belege

Unter welchen Bedingungen kommen der normative und der informative Einfluss zum Tragen?

Für den normativen Einfluss zeigte Endler (1965), dass die unmittelbare Verstärkung konformer Reaktionen zu einem Zuwachs an Konformität führt. Deutsch und Gerard (1955) vergrößerten die gegenseitige Abhängigkeit der Gruppenmitglieder voneinander, indem sie in der Crutchfield-Version der Asch-Aufgabe den fünf Gruppen, die die wenigsten Beurteilungsfehler machten, eine Belohnung (Theaterkarten für eine Vorstellung am Broadway) versprachen. Durch die Definition dieses Gruppenziels, das die Mitglieder der Gruppe im Hinblick auf die Erreichung des erwünschten Effekts sehr stark voneinander abhängig machte, wurde doppelt soviel Konformität erzeugt wie in einer Kontrollbedingung (s. auch Thibaut & Strickland, 1956). Als etwas andere Veranschaulichung der Rolle des normativen Einflusses fanden Bond und Smith (1996) mithilfe eines metaanalytischen Vergleichs von Konformitätseffekten in individualistischen und kollektivistischen Kulturen mehr Konformität in Kulturen, in denen die Harmonie zwischen der Person und der Gruppe einen großen Stellenwert hat. Die Metaanalyse zeigte auch, dass die Stärke des beobachteten Konformitätseffekts zumindest in den Vereinigten Staaten über die Jahre hinweg zurückgegangen ist. Dieser Befund könnte Ausdruck der Tatsache sein, dass sich heutzutage der Einfluss von Gruppen auf ihre Mitglieder, verglichen mit der Zeit vor 50 Jahren, verringert hat.

Hinsichtlich der Bedeutung des informativen Einflusses wurde gezeigt, dass das Ausmaß der Konformität durch die wahrgenommene Kompetenz der Versuchsperson in der Beurteilungsaufgabe im Vergleich zu anderen, aber auch durch ihr Selbstvertrauen bestimmt wird (z. B. Mausner, 1954). Di Vesta (1959) wies nach, dass in späteren Durchgängen höhere Konformität vorhanden war, wenn die vorherigen Durchgänge häufig neutraler Art waren (wenn also die Mehrheit korrekte Antworten gab), da die Versuchspersonen unter diesen Bedingungen mit größerer Wahrscheinlichkeit den anderen Gruppenmitgliedern Kompetenz zuschreiben. Aufgabenschwierigkeit bzw. Mehrdeutigkeit des Stimulus ist eine weitere Variable, die vermittelt über den Informationsmechanismus Konformität beeinflusst. Baron, Vandello und Brunsman (1996) beobachteten, dass eine Steigerung der Aufgabenschwierigkeit, die die Menschen unsicherer werden lässt, sie im Endeffekt dazu brachte, sich stärker einer einmütigen Gruppe anderer Menschen zuzuwenden, um Informationen über die richtige Antwort zu erhalten; dies geschah vor allem, wenn die richtige Antwort eine deutliche materielle Belohnung zur Folge hatte. Interessanterweise verringerte die Einführung einer finanziellen Belohnung für die richtige Antwort die Konformität, wenn die Aufgabe sehr einfach war. Unter diesen letztgenannten Bedingungen ist das Motiv, genau sein zu wollen, stärker als jeglicher Einfluss, der sich aus einem normativen Gruppendruck ergeben könnte.

Wie groß die Mehrheit ist, stellt in diesem Kontext eine weitere relevante Variable dar. Asch (1951) untersuchte Gruppen, in denen die Größe

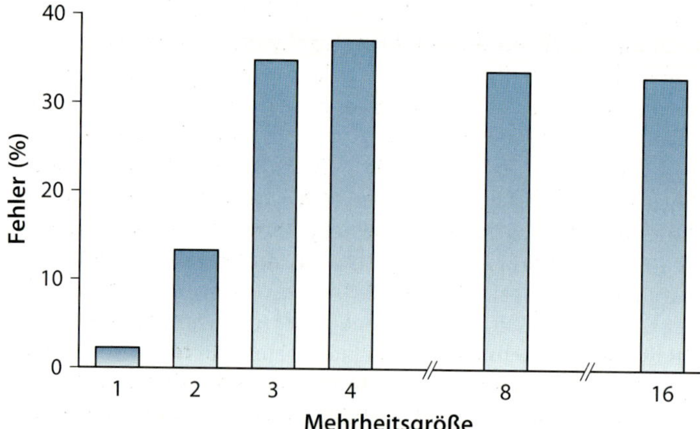

Abb. 13.4. Prozentsatz der Fehler als Funktion der Größe der Mehrheit. (Nach Asch, 1951)

der „Mehrheit“ von 1 bis 16 variierte. Eine einzige Person hatte keinen Effekt, zwei Personen führten jedoch bereits zu 13% Fehlern (s. Abb. 13.4). Von einer Größe von drei Konfidenten an erreichte der Konformitätseffekt seine volle Höhe von 33% Fehlern; eine weitere Erhöhung der Anzahl der Konfidenten führte zu keiner weiteren Erhöhung der Konformität. Spätere Untersuchungen von Gerard, Wilhelmy und Connolley (1968) sowie von Latané und Wolf (1981) stellen diese Schlussfolgerung in Frage und lassen vermuten, dass eine weitere Vergrößerung der Mehrheit zwar zu einer weiteren Erhöhung der Konformität führen würde, dass sich jedoch der Betrag der Steigerung pro Person abschwächt. Über die genaue Form der Funktion, durch die Mehrheitsgröße und Konformität miteinander in Beziehung gesetzt werden, gibt es noch immer einen Disput zwischen denjenigen, die eine lineare Beziehung annehmen, und jenen, die eher für die eine oder andere Form einer nichtlinearen Beziehung eintreten (Bond & Smith, 1996). Abgesehen von der Größe als solcher ist auch das Ausmaß der wahrgenommenen Unabhängigkeit der Informationsquellen wichtig. Die Vergrößerung der Mehrheit führt nur dann zu mehr Einfluss, wenn die Mitglieder der Mehrheit als unabhängige Urteiler wahrgenommen werden und nicht als „Stimmvieh“, das der Meinung der anderen folgt, oder als Gruppenmitglieder, die gemeinsam zu einem Urteil gelangt sind. Wilder (1977) zeigte, dass zwei unabhängige Gruppen von je zwei Personen einen größeren Einfluss ausüben als vier Personen, die ihr Urteil als Gruppenurteil abgeben, dass außerdem drei Zweiergruppen wiederum mehr Einfluss ausüben als zwei Dreiergruppen und diese wiederum mehr Einfluss als eine Sechsergruppe. Offensichtlich sind mehrere unabhängige Informationsquellen verlässlicher als eine einzige aggregierte Quelle.

Eine spannende Untersuchungsreihe, die sehr gut bei Allen (1975) zusammengefasst ist, beschäftigte sich schließlich damit, welche Auswirkungen es hat, wenn man einen der Konfidenten durch eine andere Person ersetzt, deren Meinung von der der Mehrheit abweicht. Als Asch seinen Probanden Unterstützung in Form eines Konfidenten zur Seite stellte, der vor dem Probanden antwortete und stets korrekte Urteile abgab, verringerte sich das Ausmaß der Konformität der echten Versuchsperson einschneidend – auf lediglich 5,5%. Um herauszufinden, ob die reduzierte Konformität durch das Aufbrechen der Einstimmigkeit der Mehrheit verursacht wurde oder durch die Tatsache, dass die Versuchsperson jetzt soziale Unterstützung (für ihre private Meinung) hatte, fügte Asch eine Bedingung hinzu, in der der Konfident zwar von der Mehrheit abwich, aber noch fehlerhaftere Antworten gab als die Mehrheit. Die Mehrheit war also nicht einstimmig einer Meinung, aber die Versuchsperson erhielt auch keine soziale Unterstützung. Die Ergebnisse zeigten, dass der extreme Abweichler für die Verringerung der Konformität fast ebenso wirksam war wie ein unterstützender Konfident. Das Aufbrechen der Einstimmigkeit scheint daher von entscheidender Bedeutung gewesen zu sein. Wie aber Allen und Levine (1968, 1969) später nachwiesen, trifft diese Schlussfolgerung nur für eindeutige Stimulussituationen wie in Aschs Experiment zu. Bei Meinungsäußerungen führt nur echte soziale Unterstützung zu verringerter Konformität.

Die Rolle der *sozialen Unterstützung* wird auch in Studien demonstriert, in denen die Versuchsperson im ersten Teil des Experiments einen Partner hat, der dann aufgrund eines angeblichen Ausfalls der technischen Einrichtungen nicht mehr antwortet (Allen & Bragg, 1965) oder dann den Raum verlässt (Allen & Wilder, 1972). Selbst unter diesen beiden Bedingungen, bei denen entweder der Partner nicht reagierte oder kein Partner mehr vorhanden war, fahren die Versuchspersonen fort, dem Mehrheitseinfluss Widerstand entgegenzusetzen, zumindest so lange, wie man ihnen versichert, dass der Partner in derselben Situation (unter Druck) ebenso geantwortet hat wie sie selbst. Weiterhin, wenn man einer Person einen Partner zur Seite stellt, der sie dann im Stich lässt, indem er zu den falschen Urteilen der Mehrheit überläuft, behält diese ihre ursprüngliche „Unabhängigkeit“ nicht bei, sondern wird sich so konform verhalten, als hätte sie nie einen Partner gehabt (Asch, 1955).

Obwohl die Auswirkungen sozialer Unterstützung z. T. auch als normativer Einfluss interpretiert werden können, ist es aufschlussreich, sie unter dem Aspekt des informativen Einflusses zu betrachten. Wenn wir zunächst den Desertionseffekt betrachten (der Partner wechselt die Seite), so ist es verständlich, dass eine Person in starkem Ausmaß vom Verhalten eines Partners beeinflusst wird, wenn sie erfährt, dass jemand die Seite wechselt, dessen Urteilen sie vertraut (weil sie mit den ihren übereinstimmen): „Da wechselt ein wirklich intelligenter Mensch die Seite. Sicher bin ich besser dran, wenn ich es mache wie er; denn ich kann mich ja auf ihn verlassen!“ Ähnlich deuten die anderen Effekte sozialer Unterstützung darauf hin, dass die Weigerung der Versuchsperson, sich konform zu verhalten, dadurch verursacht wird, dass – wie Allen es formuliert – die soziale Unterstützung ihr eine unabhängige Einschätzung der Wirklichkeit vermittelt. Das wiegt den potenziellen Informationswert der Mehrheitsreaktionen auf. Diese Interpretation wird durch Daten aus einem Experiment von Allen und Levine (1971) eindrucksvoll unterstützt. Auch hier erhielt die Versuchsperson soziale Unterstützung, aber diese war unter einer von zwei Bedingungen wertlos. Der Partner gab zwar korrekte Antworten, konnte jedoch von der Versuchsperson nicht als zuverlässige Informationsquelle wahrgenommen werden; denn sie wusste, dass er eine extreme

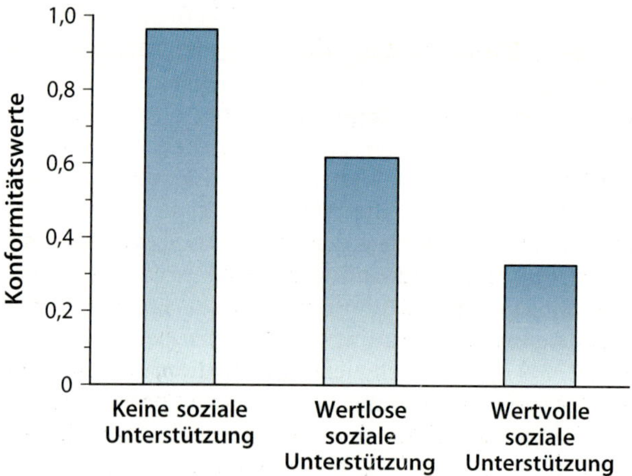

Abb. 13.5. Konformität bei Vorhandensein bzw. Fehlen sozialer Unterstützung. (Nach Allen & Levine, 1971)

Sehschwäche hatte (dies war aus einer Augenuntersuchung vor dem Experiment sowie aus der Tatsache zu ersehen, dass der Partner eine Brille mit dicken Gläsern trug). Die in Abb. 13.5 dargestellten Ergebnisse zeigen, dass – obwohl wertlose soziale Unterstützung ausreicht, das Ausmaß der Konformität im Vergleich zur Bedingung der einstimmigen Mehrheit signifikant zu reduzieren – die zuverlässige soziale Unterstützung einen weit größeren Einfluss hat. Das Fazit aus all diesen Untersuchungen liegt auf der Hand: Wer befürchtet, von einer Gruppe (zumindest öffentlich – und das ist es ja häufig, was zählt) beeinflusst zu werden, sollte besser einen Partner mitbringen, und am besten einen, der verlässlich zu ihm steht!

Es zeigt sich also eindeutig, dass das Hinzunehmen einer weiteren Person, die die Auffassung eines isolierten Menschen teilt, ihn dazu bringt, diesem Einfluss zu widerstehen. Aber ist der Widerstand gegen die Beeinflussung die einzige Verhaltensmöglichkeit, die dem Individuum (und seinem unterstützenden Partner) zur Verfügung steht? Kann es nicht aktiv versuchen, die Mehrheit davon zu überzeugen, dass sie sich möglicherweise irrt und es selbst Recht hat? Man braucht sich nur umzusehen, um diese Frage mit ja zu beantworten. Es dauerte jedoch bis in die späten Sechzigerjahre, bis Sozialpsychologen, hauptsächlich unter dem Einfluss des französischen Psychologen Serge Moscovici ernsthaft begannen, die Bedingungen zu untersuchen, unter denen eine Minderheit mehr tun kann, als bloß Widerstand zu leisten, und selbst zu einer aktiven Einflussquelle wird.

13.3 Innovation oder Minderheitseinfluss

13.3.1 Die Macht einer konsistenten Minderheit

Wie kann eine Minderheit Einfluss auf die Mehrheit ausüben?

In dem Film *Die zwölf Geschworenen* müssen zwölf Geschworene über Schuld oder Unschuld eines jungen Mannes entscheiden, dem der Mord an seinem Vater zur Last gelegt wird. Zu Beginn ihrer Beratung sind alle außer einem Geschworenen von der Schuld des Angeklagten überzeugt. Gibt der einsame Geschworene (Henry Fonda, s. Abb. 13.6, S. 464) dem einmütigen Druck der Mehrheit nach? Nein! Leistet er nur passiv den Beeinflussungsversuchen Widerstand? Nein! Stattdessen versucht er, die anderen Geschworenen aktiv von der Richtigkeit seiner eigenen Auffassung zu überzeugen, und bleibt selbst standhaft, selbstsicher und unbeirrbar bei seiner Meinung. Seine Mitgeschworenen wechseln einer nach dem anderen die Seite, bis schließlich alle einhellig der Meinung sind, dass der Angeklagte unschuldig ist. In Geschichte und Gegenwart finden sich zahlreiche Beispiele für Minderheitseinfluss: Galilei, Freud, neue Formen der Kunst, der wachsende Einfluss der Ökologiebewegung und die Frauenbewegung sind nur einige Beispiele dafür.

In seinem Buch *Sozialer Wandel durch Minderheiten* argumentiert Moscovici (1976, deutsche Ausgabe 1979), dass die meisten Fälle von Minderheitseinfluss oder Innovation nicht durch die Mechanismen erklärt werden können, die üblicherweise für die Erklärung des Mehrheitseinflusses herangezogen werden. Wenn man einmal näher darüber nachdenkt, spricht tatsächlich wenig für Minderheiten: Sie sind zahlenmäßig klein, sie haben häufig keinen normativen Einfluss auf die Mehrheit, anfangs werden sie häufiger ausgelacht als ernst genommen und als „Dummköpfe“ oder „Spinner“ empfunden. Mit anderen Worten, sie scheinen keinen Zugang zu den Mitteln des normativen und informativen Einflusses zu haben, die der Mehrheit implizit oder explizit zur Verfügung stehen. Wie können sie dann Einfluss ausüben? Moscovici beantwortet diese Frage damit, dass ihr Einfluss im Wesentlichen in ihrem *Verhaltensstil* begründet ist. Eine Minderheit muss zu einem fraglichen Sachverhalt eine klare Position beziehen, an dieser festhalten und ständig dem von der Mehrheit ausgeübten Druck widerstehen. Das wichtigste Element dieses Verhaltensstils ist die **Konsistenz**, mit der die Minderheit ihre Position befürwortet und verteidigt. Diese Konsistenz besteht aus zwei Komponenten: der intraindividuellen Konsistenz oder Stabilität über die Zeit (**diachrone Konsistenz**) und der interindividuellen Konsistenz innerhalb der Minderheit (**synchrone Konsistenz**). Nur wenn sich die Angehörigen einer Minderheit untereinander einig sind und diese Einigkeit über die Zeit aufrechterhalten, können sie erwarten, dass die Mehrheit ihre eigene Position in Frage stellt, die Richtigkeit der Position der Minderheit in ihre Überlegungen mit einbezieht und am Ende davon beeinflusst wird.

Konsistenz („consistency“): Ein Verhaltensstil, der darauf hindeutet, dass man seine Position beibehält. **Diachron:** Konsistenz über die Zeit hinweg; **synchron:** Konsistenz über Individuen hinweg.

Die Schlüsselrolle der Konsistenz wurde in zahlreichen Experimenten nachgewiesen, von denen hier nur zwei im Detail dargestellt werden sollen

Abb. 13.6. Im Film *Die zwölf Geschworenen* setzt sich Henry Fonda gegenüber einer zuvor einstimmigen Mehrheit anderer Geschworener durch

(Übersichtsartikel finden sich bei Maass & Clark, 1984; Wood, Lundgren, Ouellette, Busceme & Blackstone, 1994). In einer regelrechten Umkehrung des Asch-Experiments ließen Moscovici, Lage und Naffrechoux (1969) ihre Versuchspersonen in Gruppen von sechs Personen an einer Untersuchung zur Farbwahrnehmung mitwirken. Zunächst absolvierten diese einen Test auf Farbenblindheit. Nach dem erfolgreichen Ablegen dieses Tests wurden

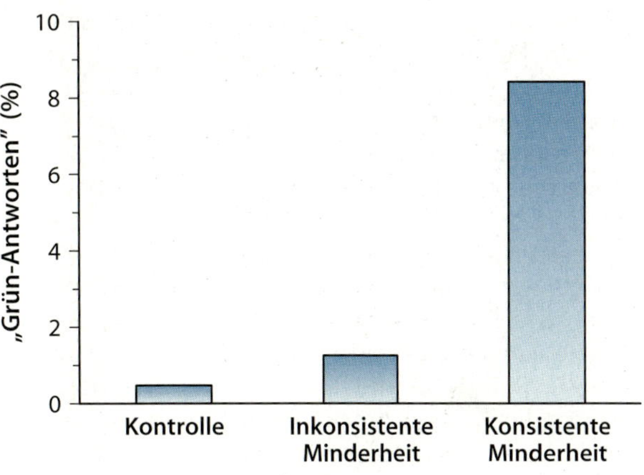

Abb. 13.7. Prozentsatz der „Grün-Antworten“, die im Experiment von Moscovici, Lage und Naffrechoux (1969) von der Mehrheit der Versuchspersonen gegeben wurden

ihnen 36 Dias vorgeführt, die alle ein leuchtendes Blau zeigten, das lediglich in seiner Intensität variierte. Die Aufgabe bestand schlicht darin, die Farbe der Dias zu beurteilen und *laut* die entsprechende einfache Farbe zu benennen. Jeweils zwei der Versuchspersonen, die in Position 1 und 2 oder 1 und 4 saßen, waren in Wirklichkeit Konfidenten. In der „konsistenten“ Bedingung antworteten sie in allen Durchgängen mit „grün“; dies entspricht sowohl diachroner als auch synchroner Konsistenz. In der „inkonsistenten“ Bedingung antworteten sie 24-mal mit „grün“ und 12-mal mit „blau“. In der Kontrollbedingung bestanden die Gruppen aus sechs echten Versuchspersonen. Wie Abb. 13.7 zeigt, wurden in der Kontrollbedingung nur 0,25% „Grün-Antworten“ gegeben; das zeigt, wie offensichtlich die richtige Antwort ist: Von 22 echten Versuchspersonen gab nur eine Person zwei „Grün-Antworten“. In der Bedingung der inkonsistenten Minderheit wurden 1,25% „Grün-Antworten“ gegeben, nur wenig und nicht signifikant mehr als in der Kontrollgruppe. In der Bedingung der konsistenten Minderheit jedoch wurden 8,42% „Grün-Antworten“ gegeben.

Dieses Experiment zeigt deutlich, dass eine konsistente Minderheit einen deutlichen Einfluss auf die öffentlichen Urteile der Angehörigen einer Mehrheit haben kann. Bevor wir fortfahren, lohnt sich ein Vergleich von Moscovicis Experimentalsituation mit der von Asch. In Aschs Untersuchung steht die Versuchsperson einer konsistenten Mehrheit von sechs Personen gegenüber; in Moscovicis Experiment sieht sich eine Gruppe von vier naiven Versuchspersonen einer konsistenten Minderheit von nur zwei Konfidenten gegenüber. In Aschs Untersuchung wird der Konflikt, mit dem die Versuchspersonen konfrontiert werden, von der Mehrheit ausgelöst; in Moscovicis Experiment wird ein ähnlicher Konflikt von der Minderheit ausgelöst. Obwohl die Minderheit zahlenmäßig unterlegen ist, macht ihr konsistenter Verhaltensstil sie zu einer Einflussquelle – zumindest nach einer gewissen Zeit, wenn die Mehrheit beobachtet, dass die Minderheit ihre Position trotz der Opposition beibehält. Es ist tatsächlich eine typische Beobachtung, dass der Minderheitseffekt im Gegensatz zu Konformitätsstudien erst nach einer gewissen Zeit auftritt (Nemeth, 1982). Der Eindruck, dass die Position der Minderheit möglicherweise richtig ist, verstärkt sich noch, wenn Angehörige der Mehrheit bemerken, dass ein Mitglied oder mehrere Mitglieder ihrer eigenen Gruppe allmählich immer stärker wie die Minderheit antworten – ein Befund, der der Konformitätssituation ähnlich ist, in der ein Partner der Versuchsperson zur Mehrheit überläuft. So ergibt sich jetzt das Bild, dass eine konsistente Minderheit bei der Mehrheit eine Vielfalt von intra- und interpersonalen Prozessen in Gang setzt, die letztlich Einfluss zur Folge haben.

Lassen Sie uns nun noch ein zweites Experiment betrachten, in dem gezeigt wird, dass Konsistenz nicht notwendigerweise darin bestehen muss, dieselbe Antwort zu wiederholen, sondern auch durch ein klares Reaktionsmuster der Minderheit zum Ausdruck gebracht werden kann. Nemeth, Swedlund und Kanki (1974) replizierten im Prinzip Moscovicis ursprüngliches Experiment, ergänzten es jedoch um zwei Bedingungen, in denen die Konfidenten in der einen Hälfte der Durchgänge „grün" sagten und in der anderen Hälfte „grün-blau". In einer Zufallsbedingung wurden die „Grün-" und „Grün-blau-Antworten" zufällig über die Durchgänge verteilt, in einer korrelierten Bedingung sagten die Konfidenten bei den helleren Dias „grün" und bei den dunkleren „grün-blau" (oder umgekehrt). In der letztgenannten Bedingung waren die Konfidenten in ihren Antworten eindeutig nicht repetitiv, aber sie waren insofern konsistent, als sich ihre Antworten nach einem Merkmal des Stimulus (dem Helligkeitswert der Farbe) richteten. Die Ergebnisse zeigten, dass die Zufallsbedingung im Vergleich zu einer Kontrollbedingung ohne Einfluss keine Auswirkung hatte. Die Bedingung jedoch, in der die Antworten mit dem Helligkeitswert korrelierten, führte zu knapp 21% beeinflusster Antworten. Interessanterweise hatte eine repetitiv auftretende und konsistente „Grün-Minderheit" im Gegensatz zu Moscovicis Befunden keinen signifikanten Einfluss auf die Antworten der Versuchspersonen. Nemeth gibt einen interessanten Hinweis auf die möglichen Gründe dafür. Ihre Versuchspersonen durften mit allen Farben, die sie in den Dias zu sehen glaubten, antworten, während bei Moscovici nur eine einzige Farbe genannt werden durfte. Wenn eine Minderheit in ihrem Verhalten keinerlei Flexibilität zeigt (wo der Kontext sie erlauben würde), hat sie trotz Konsistenz keinen Effekt; denn sie wird unter diesen Umständen vermutlich als rigide und wirklichkeitsfern empfunden. In einer Untersuchungsreihe von Mugny und Papastamou (Mugny, 1982) wurde diese Interpretation unmittelbar belegt. Unter Verwendung von Meinungsaussagen statt einer Wahrnehmungsaufgabe beobachteten sie, dass die Vorschläge der Minderheit, die den Versuchspersonen in schriftlicher Form dargeboten wurden, weit weniger wirksam eine Veränderung herbeiführten, wenn sie schlagwortartig und in kompromisslosen Worten formuliert waren, als wenn sie in einer gemäßigteren Sprache ausgedrückt wurden. Wichtig war, dass rigide und flexible Botschaften als gleich konsistent wahrgenommen wurden. Mugny (1982) ist der Auffassung, dass eine Minderheit nur effektiv sein wird, wenn sie konsistent eine klar unterschiedliche Sicht der Realität liefert und trotzdem ihre Bereitschaft zeigt, eine Art von Kompromiss auszuhandeln. Natürlich wird diese Kompromissbereitschaft, wenn sie über einen bestimmten Punkt hinausgeht, der wahrgenommenen Konsistenz Abbruch tun und weniger Einfluss zur Folge haben (Turner, 1991).

Die Experimente von Nemeth und Mugny zeigen erneut, dass Konsistenz eine notwendige Bedingung für Minderheitseinfluss ist, dass jedoch der tatsächliche Einfluss dieser Konsistenz davon abhängt, wie sie von der Mehrheit interpretiert wird. Entscheidende vermittelnde Variablen für die Bestimmung des endgültigen Effekts einer Minderheit auf die Urteile einer Person scheinen die folgenden zu sein: der Eindruck, den man sich von der Minderheit macht, und die Art der Attributionsprozesse, die sowohl durch den Verhaltensstil der Minderheit, durch den Kontext, in dem sie diese Verhaltensweisen ausführt, als auch durch die Verhaltensreaktionen der Mitglieder der Eigengruppe aktiviert werden (zu einem Überblick und zu einer Behandlung des Themas s. Chaiken & Stangor, 1987; Maass & Clark, 1984; Wood et al., 1994).

13.3.2 Mehrheits- und Minderheitseinfluss: ein Prozess oder zwei?

Haben Mehrheiten und Minderheiten die gleichen Auswirkungen oder unterschiedliche? Sind die Beeinflussungsmechanismen von Mehrheiten und von Minderheiten die gleichen?

13.3.2.1 Zweiprozess-Erklärungen

An diesem Punkt stellt sich die wichtige Frage: Auf welcher Ebene wird dieser Einfluss wirksam? Unter bestimmten Bedingungen hat eine Minderheit (aufgrund des normativen Drucks der Mehrheit) vielleicht keinen öffentlichen Einfluss, sie könnte jedoch eine Wirkung auf einer eher latenten, privaten Ebene entfalten. In unserer Darstellung des Mehrheitseinflusses sagten wir, dass normativer Druck in einer Konformitätssituation zu öffentlichem Einfluss und Informationsdruck zu öffentlichem und privatem Einfluss führt. Wir sollten jedoch nicht vergessen, dass alle anderen Personen in dieser Situation eine Gegenposition zur Versuchsperson einnehmen. In einer Minderheitssituation dagegen hat es die Versuchsperson mit zwei Gruppen zu tun: mit der oppositionellen Minderheit und mit ihrer eigenen, der Mehrheitsgruppe. Es ist plausibel, anzunehmen, dass die Minderheit weniger normative Kontrolle über die Versuchsperson hat als die Mehrheit. Tatsächlich zeigt die Forschung, dass Minderheiten sehr unbeliebt sind (Moscovici & Lage, 1976). Aus diesem Grund könnte man erwarten, dass Minderheiten weniger öffentlichen Einfluss auf eine Versuchsperson ausüben, zumindest in Anwesenheit anderer unbeeinflusster Angehöriger der Mehrheit. Wie ist es jedoch um den privaten Einfluss bestellt? Wäre es möglich, dass eine Minderheit einen tiefgreifenderen Einfluss auf die private Meinung einer Person ausübt als eine Mehrheit, deren Antworten man lediglich akzeptiert, weil man denkt: „Wenn so viele andere übereinstimmen, müssen sie im Recht und ich im Unrecht sein", ohne großartig über das angesprochene Thema nachgedacht zu haben?

Genau diese Überlegungen veranlassten Moscovici (1980) zur Formulierung einer Reihe bemerkenswerter Hypothesen über *Unterschiede* bezüglich der Auswirkungen des Minderheits- und Mehrheitseinflusses sowie bezüglich der Prozesse, die diesen Einfluss jeweils vermitteln. Diese Hypothesen haben zu zahlreichen Forschungsarbeiten und zu nicht unerheblichen Kontroversen geführt, weil andere Forscher eher die *Ähnlichkeiten* zwischen beiden Modalitäten des Einflusses in den Vordergrund stellten (Kruglanski & Mackie, 1990; Latané & Wolf, 1981; Tanford & Penrod, 1984). Die Frage als solche ist faszinierend, wenn auch kompliziert, daher kann hier lediglich eine Einführung gegeben werden (eine hervorragende Darstellung findet sich bei De Vries, De Dreu, Gordijn & Schuurman, 1996; Maass & Clark, 1984; Wood et al., 1994). Zuvor sollten wir uns jedoch vergegenwärtigen, dass Moscovici sich im Wesentlichen mit dem Kontrast zwischen einer Situation befasst, in der eine einstimmige Mehrheitsgruppe einer einzelnen Person gegenübersteht, und einer Situation, in der eine Minderheitsgruppe einer Mehrheitsgruppe gegenübersteht. Man kann hier nicht ohne weiteres von dieser spezifischen Situation auf alle möglichen Interaktionssituationen zwischen Minderheit und Mehrheit verallgemeinern, in denen die Auswirkungen intra- und interpersonaler Prozesse sowie die direkten vs. indirekten Effekte anders sein können.

Sozialer Vergleich („social comparison"): Der Vorgang, bei dem das eigene Verhalten mit dem anderer Menschen verglichen wird, um die Richtigkeit und Angemessenheit des eigenen Verhaltens zu bewerten.

Moscovici vertritt die Auffassung, dass beim Konformitätsparadigma die Mehrheit einen Prozess des **sozialen Vergleichs** in Gang bringt, in dem die Versuchsperson ihre Reaktion mit der der anderen vergleicht und „ihre ganze Aufmerksamkeit darauf konzentriert, was die anderen sagen, um sich ihren Meinungen und Urteilen anzupassen" (1980, S. 214), ohne der Fragestellung selbst allzu viel Aufmerksamkeit oder Überlegung zu widmen. Berücksichtigen wir zusätzlich den normativen Druck der Mehrheit, so können wir in ihrer Anwesenheit lediglich öffentliche Compliance erwarten. Alle privaten Auswirkungen wären hier von kurzer Dauer. Denn sobald die Person vom Druck der Mehrheit befreit ist und sich wieder auf die Fragestellung konzentriert, wird sie sich auf ihre ursprünglichen Meinungen besinnen.

Im Gegensatz dazu bringt eine Minderheit einen *Validierungs*prozess in Gang, d. h. eine kognitive Aktivität mit dem Ziel, zu verstehen, warum die Minderheit konsistent ihre Position aufrechterhält. Die Aufmerksamkeit richtet sich auf das Objekt und bei diesem Prozess betrachtet die Person das Objekt – in gewissem Umfang, ohne sich dessen bewusst zu sein – aus dem Blickwinkel der Minderheit und „konvertiert" privat (oder latent) zu deren Position. Der normative Druck der Mehrheit (falls sie offenen Widerstand leistet) verhindert jedoch, dass dieser Effekt öffentlich gezeigt wird. So kann man ganz allgemein sagen, dass Minderheiten Konversion bewirken (ohne Compliance), und Mehrheiten Compliance (ohne Konversion).

Zur Überprüfung dieser Theorie wurden verschiedene Experimente entworfen. Wir wollen hier exemplarisch ein sehr einfallsreiches und provokatives Experiment von Moscovici und Personnaz (1980) darstellen. Die Versuchspersonen nahmen paarweise am Experiment teil. Man zeigte ihnen zunächst eine Serie von fünf blauen Dias. Jeder schrieb für sich privat sowohl die Farbe des Dias als auch die Farbe des Nachbildes auf (auf einer Ratingskala von 1 = gelb bis 9 = violett). Das **Nachbild** ist das Bild, das man auf einer weißen Fläche sieht, nachdem man eine bestimmte Zeit lang eine Farbe fixiert hat; es handelt sich um die entsprechende Komplementärfarbe: Das Nachbild von Blau ist gelb-orange, das von Grün rotviolett. Um den Mehrheits- bzw. Minderheitsstatus der Antworten zu manipulieren, informierte man die Versuchspersonen anschließend darüber, dass 81,8 bzw. nur 18,2% derjenigen, die bisher an der Untersuchung teilgenommen hatten, die gleiche Farbantwort wie sie gegeben hätten, die anderen 18,2 bzw. 81,8% hätten die Dias als grün beurteilt. In der nächsten Phase (15 Durchgänge) mussten die Farburteile öffentlich ausgesprochen werden; es wurde jedoch nicht nach der Farbe des Nachbildes gefragt. Die erste befragte Versuchsperson, eine Konfidentin, antwortete stets mit „grün". Angesichts der vorangegangenen Information nahm die echte Versuchsperson diese „Grün-Antwort" jeweils als Minderheits- oder als Mehrheitsantwort wahr. In der dritten Phase (ebenfalls 15 Durchgänge) wurden die Antworten wieder privat erhoben, die Konfidentin und die Versuchsperson schrieben sowohl die Farbe des Dias als auch die Farbeinschätzung des Nachbildes auf. Das Experiment schloss mit einer vierten Phase, in der die Versuchsperson wiederum privat antwortete, aber jetzt in Abwesenheit der Konfidentin. Moscovici war folgender Ansicht: Wenn eine reale Veränderung der Wahrnehmung durch die Einflussquelle stattgefunden hatte, würde eine Verschiebung bei der Beurteilung der Farbe des Nachbildes in Richtung auf die Komplementärfarbe von Grün (das obere Ende der vorgegebenen Skala) erfolgen, obwohl es zu keinem Zeitpunkt einen direkten Beeinflussungsversuch durch die Konfidentin bezüglich der Beurteilung des Nachbildes gegeben hatte. Die in Abb. 13.8 dargestellten Ergebnisse zeigen, dass im Vergleich zu einer Kontrollgruppe (ohne Beeinflussung) die Mehrheit als Informationsquelle nicht zur Veränderung dieses Urteils führte, während dies bei der Minderheit als Informationsquelle der Fall war.

Nachbild („after-image"): Die Farbe, die man auf einer weißen Fläche sieht, nachdem man einer anderen Farbe ausgesetzt war; es handelt sich um die Komplementärfarbe der ursprünglichen Farbe.

Unter Verwendung einer anderen Methode – nämlich eines Spektrometers, auf dem die Versuchspersonen die Farbe so einstellen konnten,

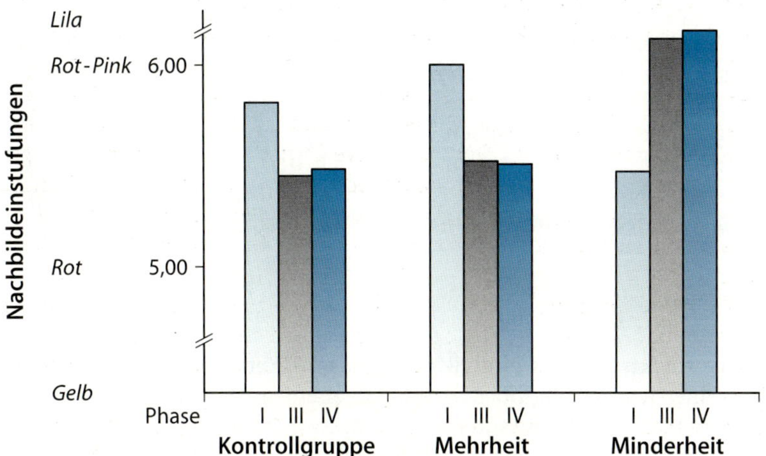

Abb. 13.8. Beurteilung der Farbe des Nachbildes während jeder Phase im Experiment von Moscovici und Personnaz. (Daten von Moscovici, 1980)

dass sie der wahrgenommenen Farbe des Dias bzw. des Nachbildes entsprach – replizierte Personnaz (1981) diesen unterschiedlichen Effekt der Mehrheit und der Minderheit als Einflussquellen. Andere Replikationsversuche verliefen jedoch weniger erfolgreich. Sorrentino, King und Leo (1980) sowie Martin (1998) fanden keine Belege für einen Konversionseffekt. Doms und Van Avermaet (1980) bestätigten den Effekt, aber er war in der Mehrheitsbedingung ebenso stark ausgeprägt wie in der Minderheitsbedingung. Offensichtlich hat dieses Paradigma mit schwerwiegenden methodologischen Schwierigkeiten zu kämpfen (Martin, 1998). Das Hauptverdienst der Nachbildstudien hat daher anscheinend weniger mit der empirischen Stützung (oder Widerlegung) von Moscovicis Theorie, sondern mehr mit der Tatsache zu tun, dass sie die Forscher dazu gebracht haben, sich genauer mit den Ebenen des sozialen Einflusses und den zugrunde liegenden kognitiven Prozessen zu beschäftigen. Vor allem wegen ihres provokativen Charakters inspirierten diese Untersuchungen die Forscher auf diesem Gebiet dazu, den Mehrheits- und Minderheitseinfluss auf eine neue Weise zu sehen; dies regte sie wiederum dazu an, ihre eigenen, angemesseneren Überprüfungsverfahren für die wertvollen theoretischen Ideen zu entwickeln, die dem Paradigma zugrunde lagen. Tatsächlich hängt der Wert einer Theorie nicht von einem bestimmten experimentellen Paradigma ab; und das ist auch gut so.

13.3.2.2 Einzelprozess-Erklärungen

Eine weitere interessante Perspektive beim Vergleich von Mehrheits- und Minderheitseinfluss stammt von Latané und Wolf (1981). Im Gegensatz zu Moscovici betrachten sie Einfluss als einheitlichen Prozess, und zwar unabhängig davon, wo er seinen Ursprung hat. Sozialer Einfluss (bei diesen Autoren „social impact" genannt) ist hier eine multiplikative Funktion von Stärke (Macht, Sachkenntnis), Unmittelbarkeit (räumlicher und zeitlicher Nähe) und Größe (Anzahl) der Einflussquelle. Dies bedeutet, dass der Effekt jeder dieser Variablen umso stärker wird, je größer der Wert einer der anderen Variablen wird. Hinsichtlich der Variablen „Größe" – für diese Autoren die interessanteste – postulieren sie eine *Potenzfunktion*, bei der jede weitere Einflussquelle einen geringeren Effekt hat als die vorangegangene. 50 Menschen haben mehr Einfluss als fünf; kommt eine einzige Person hinzu, macht das jedoch bei 50 Menschen einen geringeren Unterschied aus als bei fünf Menschen. Dieses Prinzip des „marginal abnehmenden Einflusses" wird durch die Gleichung

$$\text{Einfluss} = sN^t$$

ausgedrückt, wobei s eine Skalierungskonstante ist, die den Einfluss einer einzelnen Quelle angibt, t ist ein Exponent mit einem Wert <1 und N ist die Anzahl der Einflussquellen (Menschen). Dies bedeutet, dass der Einfluss mit der Größe der Einflussquelle zunimmt, und zwar nicht linear, sondern in Form einer Potenzfunktion. Vor diesem Hintergrund ist bereits verständlich, warum Latané und Wolf erwarten, dass Minderheiten einen geringeren Einfluss ausüben als Mehrheiten. Zusätzlich wird, wenn eine Person gemeinsam mit anderen zum Objekt sozialen Einflusses wird, der Einfluss der Quelle durch die Anzahl der Zielpersonen geteilt. Jede Zielperson wird weniger Einfluss erleben, als wenn sie allein wäre. Mit wachsender Größe der Zielgruppe nimmt der Einfluss der Quelle auf jede einzelne Zielperson ab. Daher gibt es nach diesem Ansatz zwei wichtige Gründe dafür, dass Minderheiten als Einflussquellen weniger Macht haben als Mehrheiten: Sie bestehen aus einer geringeren Anzahl von Menschen und ihr Einfluss verteilt sich (diffundiert) über eine größere Anzahl von Zielpersonen.

In einer Metaanalyse der Daten aus vielen einschlägigen Untersuchungen gelangten Tanford und Penrod (1984), die eine Verbesserung von Latanés Social-impact-Theorie vorschlugen, zu im Wesentlichen ähnlichen Schlussfolgerungen. Wie Maass und Clark (1984) jedoch bemerkten, beschäftigen sich Social-impact-Modelle (und die Untersuchungen, die zu ihrer Unterstützung herangezogen werden) in der Hauptsache mit öffentlichem Einfluss und sagen wenig über die Prozesse aus, durch die die zeitlich vorausgehenden Faktoren der Stärke, der Unmittelbarkeit und der Größe wirksam werden. Dagegen sind es genau die Prozessfaktoren und die Ebene des Einflusses, zu denen Moscovicis Modell die meisten Aussagen macht.

13.3.2.3 Der relative Wert der Einzelprozess- und der Zweiprozess-Modelle

Um die jeweiligen Vorteile des Zweiprozess-Modells (Moscovici, 1980) im Vergleich zum Einzelprozessmodell des Einflusses bewerten zu können, müssen einige wichtige Punkte mit berücksichtigt werden (Latané & Wolf, 1981; für ein weiteres Beispiel s. auch Turner, 1991). Erstens auf der Ebene von Untersuchungsdesigns: Studien, die zur Stützung des einen oder des anderen Modells zitiert werden, verwenden oft sehr unterschiedliche Operationalisierungen des Mehrheits- und Minderheitsstatus der Quelle (entweder als bloße Anzahl von Menschen oder über gesellschaftliche Dominanz einer Position). Die Mehrheits-Minderheitsvariable wird auf einer „Between-subjects-“ oder „Within-subjects-Basis“ manipuliert; die Versuchspersonen nehmen in realen Gruppen oder als Individuen teil, die lediglich durch schriftliche oder von Band abgespielte Informationen etwas über die Mehrheits- und Minderheitsmeinungen erfahren. Abhängige Variablen zur Erfassung des Einflusses variieren von der öffentlichen Compliance zu privatem Meinungswandel, wobei der private Meinungswandel entweder direkt oder indirekt (z.B. über eine Meinungsänderung bei verwandten Themen) erfasst wird. Zweitens sollte die Befundlage auf der Ebene der Prozessanalyse nicht nur danach beurteilt werden, in welchem Ausmaß der tatsächliche Einflusseffekt mit den Vorhersagen eines gegebenen Modells übereinstimmt, sondern es sollte auch mit berücksichtigt werden, ob direkte Hinweise auf die vermuteten Mediatoren für den Effekt vorhanden waren oder fehlten. Eine Reihe von Studien hat tatsächlich nach direkten Belegen für eine unterschiedliche kognitive Aktivität in Reaktion auf Mehrheiten und Minderheiten gesucht und hat deren vermittelnde Rolle bei Einflusseffekten überprüft; im Großen und Ganzen belegen die Ergebnisse dieser Studien, dass kognitive Aktivität die Einflusseffekte vermittelt, aber die Unterschiede zwischen den Bedingungen, in denen eine Mehrheit bzw. eine Minderheit als Quelle diente, sind gering oder sogar überhaupt nicht vorhanden (Maass & Clark, 1983; Mackie, 1987).

Drittens und letztens argumentieren Kruglanski und Mackie (1990) in einem aufschlussreichen Kapitel, dass sich mehr oder weniger strikte Kriterien unterscheiden lassen, wenn man feststellen will, ob sich Mehrheits- und Minderheitseinflüsse als solche voneinander unterscheiden. Im strengen Sinne kann man sie nur dann als unterschiedlich ansehen, wenn ein ihnen zeitlich vorausgehender Faktor, der unabhängig von der Art der Quelle manipuliert werden kann, eine statistische Wechselwirkung mit der Art der Quelle aufweist bzw. wenn die Art der Quelle mit der Art des Einflussmaßes interagiert. Im weniger strengen Sinne könnte man sich bereits auf Unterschiede einigen, wenn sie durch einen Faktor hervorgerufen werden, der „typischerweise" mit der Art der Quelle kovariiert. Wahrgenommene Extremheit der Position ist ein gutes Beispiel dafür. Obwohl Minderheiten typischerweise extreme Standpunkte einnehmen, könnte eine Mehrheit in Fällen, in denen sie eine vergleichsweise extreme Position bezieht, denselben Effekt bewirken.

Kruglanski und Mackie bezweifeln, dass Variablen wie Konsistenz, Extremheit, Betroffenheit u. ä. sich in Mehrheits- und Minderheitsfällen *als solchen* unterschiedlich auswirken. Es ist aber plausibel, dass diese Variablen oft mit dem Quellenstatus korrelieren. In Übereinstimmung mit dieser Perspektive zeigt die Metaanalyse von Wood et al. (1994), dass im Vergleich mit einer Kontrollbedingung *sowohl* Minderheiten *als auch* Mehrheiten Einfluss auf *jeder* der drei folgenden Ebenen erzielen können: öffentlicher Meinungswandel, direkter privater Meinungswandel und indirekter privater Meinungswandel. Diese Tatsache spricht gegen eine exklusive Beziehung zwischen der Beschaffenheit der Quelle und der Art des Einflusseffekts. Gleichzeitig wurden aber durch diese Metaanalyse generell öffentliche und direkte private Effekte nachgewiesen, die für Mehrheiten stärker ausfielen, aber auch indirekte private Einflusseffekte, die für Minderheiten stärker ausfielen. Anscheinend und im Gegensatz zu Moscovicis ursprünglichen Vorstellungen beeinflussen normative Überlegungen öffentliche und private direkte Urteile gleichermaßen. Man will nicht öffentlich mit einer Minderheit identifiziert werden (Bloßstellungsangst) und sich schon gar nicht auf eine private Annäherung mit dieser Gruppe einlassen. Dies gilt wieder besonders, wenn die Beeinflussungssituation von Angesicht zu Angesicht erfahren wird und wenn Minderheit und Mehrheit über ihre Zugehörigkeit zu echten sozialen Gruppen definiert werden.

Abschließend scheint es doch eine besondere Beziehung zwischen der Beschaffenheit der Quelle und der Größe (Quantität) und Art (Qualität) der Einflusseffekte zu geben. Aber diese Beziehung geht offensichtlich größtenteils auf die Tatsache zurück, dass der Minderheits- und Mehrheitsstatus der Quelle selbst typischerweise mit einigen anderen Merkmalen korreliert ist. Dazu kommt, dass im Wesentlichen identische normative und informative Prozesse eine Rolle spielen, wenn Minderheiten oder Mehrheiten auf einer bestimmten Ebene eine Wirkung entfalten.

13.3.3 Mehrheits- und Minderheitseinfluss: Imitation vs. Originalität

Können Minderheiten zu kreativerem Denken anregen?

Die Modelle von Moscovici und Latané und viele der in diesem Kapitel beschriebenen Studien weichen von der traditionellen Definition sozialen Einflusses ab, nämlich der Veränderung der eigenen Person in Richtung auf die Position der Einflussquelle. Nemeth schlug vor, das Einflusskonzept zu erweitern und damit jegliche Veränderung in Denkprozessen, Meinungen und Entscheidungen einzuschließen, unabhängig von der Richtung dieser Änderungen (Nemeth, 1986). Ihre Perspektive hat zu erfrischend neuen Einsichten beim Vergleich von und bei der Unterscheidung zwischen Mehrheits- und Minderheitseinfluss geführt.

Nemeth ist wie Moscovici der Auffassung, dass Minderheiten größere kognitive Anstrengungen auslösen als Mehrheiten und dass die Art der Denkprozesse selbst ebenfalls unterschiedlich ist. Während jedoch Moscovici betont, dass die botschaftsrelevanten Gedanken sich auf die von der Minderheit vertretene Position konzentrieren, die dann letztendlich angenommen wird, schlägt Nemeth vor, dass die Denkprozesse weniger positionsrelevant als themenrelevant werden. Diese Unterscheidung ist wichtig, weil sie impliziert, Minderheiten würden mehr divergierende Aufmerksamkeit und mehr divergentes Denken sowie eine Berücksichtigung vielfältiger Alternativen bewirken, einschließlich solcher Alternativen, die nicht explizit von der Minderheitsquelle vorgeschlagen wurden. Als Folge würde das Vorhandensein einer – wenn auch objektiv nicht richtigen – Minderheitssichtweise zu Urteilen beitragen, die origineller und qualitativ besser sind, weil mehr Alternativen gegeneinander abgewogen wurden. Andererseits würden Mehrheiten zu beschränkter Aufmerksamkeit, konvergierendem Denken und einem bloßen Nachahmen vorgeschlagener Alternativen führen.

Ein schönes Beispiel für die eben dargestellte Perspektive liefert die Studie von Nemeth und Wachtler (1983). In Sechsergruppen wurden den Versuchspersonen Dias dargeboten, die eine Standardfigur und sechs Vergleichsbilder zeigten (s. Abb. 13.9, S. 474). Ihre Aufgabe bestand darin, in möglichst vielen Vergleichsbildern die Standardfigur wieder zu finden. Entweder zwei oder vier Versuchspersonen waren Konfidenten und nannten zwei der Vergleichsbilder, ein einfaches (U in Abb. 13.9) und ein schwieriges (z. B. E). Das schwierige Bild war entweder richtig (E) oder falsch (z. B. A). Die Ergebnisse zeigten, dass unabhängig von der Richtigkeit der Antwort der Konfidenten diejenigen Versuchspersonen, die einer Mehrheit von vier gegenüberstanden, eher Antworten imitierten als jene

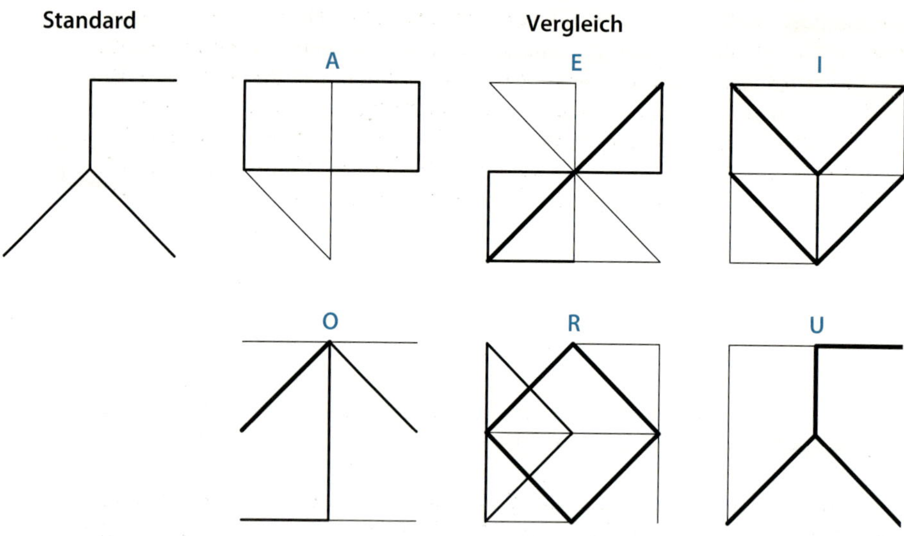

Abb. 13.9. Ein Beispiel für die Stimuli, die von Nemeth und Wachtler (1983) eingesetzt wurden

Versuchspersonen, die einer Minderheit von zwei Versuchspersonen ausgesetzt waren. Am relevantesten für Nemeths These war jedoch die Beobachtung, dass Versuchspersonen, die einer Minderheit gegenüberstanden, wieder unabhängig von der Richtigkeit der Vorschläge, generell einen größeren Prozentsatz neuartiger Antworten und – spezifischer – eine größere Anzahl richtiger Antworten gaben (I und R in Abb. 13.9). Es gibt also Hinweise darauf, dass eine Minderheit zu einer aktiveren und differenzierteren Prüfung des Stimulusfeldes anregte, was dazu führte, dass neuartige und richtige Lösungen entdeckt wurden. Allgemeiner gesagt deuten Ergebnisse dieser Art darauf hin, dass Minderheitsperspektiven einen positiven Beitrag zur Kreativität beim Problemlösen leisten (Nemeth, 1995; Nemeth & Kwan, 1987).

Der positive Einfluss einer Minderheit auf die Qualität von Denkprozessen wurde auch anschaulich in einer Studie von Nemeth (1977) illustriert, die mit einem zu Forschungszwecken nachempfundenen fiktiven Geschworenengericht („mock jury") arbeitete. Der Oberste Gerichtshof der Vereinigten Staaten hatte entschieden, dass die Bundesstaaten Geschworenengerichten gestatten könnten, Urteile zu fällen, die nicht auf einem einstimmigen Urteil, sondern auf einem Mehrheitsentscheid beruhten. Nemeth meldete Zweifel an der Durchdachtheit der Entscheidung des Obersten Gerichtshofs an. Sie bat Studenten als Mitglieder fiktiver Geschworenengerichte, zu einem Urteil über die Schuld oder Unschuld eines Angeklagten zu kommen, der des Mordes beschuldigt wurde. Einige dieser Geschworenengerichte mussten sich beraten, bis sie zu einem einstimmigen Urteil gelangten, bei anderen reichte eine Zweidrittelmehrheit aus. Die Gerichte waren so zusammengesetzt, dass einige Geschworene anfangs zu einer Verurteilung neigten und einige zu einem Freispruch. In der Einstimmigkeitsbedingung, in der die Geschworenen keine andere

Möglichkeit hatten, als den Standpunkt der Minderheit zu berücksichtigen, dauerten die Beratungen länger, erinnerten sich die Geschworenen an mehr Indizien, wurde eine breitere Vielfalt von Überlegungen ins Feld geführt, wurden unterschiedlichere Betrachtungsweisen im Hinblick auf die Indizien entwickelt und waren sich die Geschworenen in ihrem Urteil sicherer. Im Gegensatz dazu litt die Qualität der Beratungen, wenn das Erfordernis der Einstimmigkeit fallen gelassen wurde (s. auch Hastie, Penrod & Pennington, 1983).

13.3.4 Eine integrative Sichtweise: das differenzielle Prozessmodell

Lässt sich der Einfluss von Mehrheiten und Minderheiten in einen gemeinsamen theoretischen Rahmen integrieren?

In diesem Stadium der Darstellung könnten Sie sich bei all den verschiedenen Arten von vorgeschlagenen Modellen etwas verloren vorkommen. Eine Integration der unterschiedlichen Perspektiven in einen umfassenden Rahmen erscheint angebracht. Dies ist das ehrgeizige Ziel des differenziellen Prozessmodells der Überredung, das kürzlich von De Vries, De Dreu, Gordijn und Schuurman (1996) entwickelt wurde. Theoretisch baut dieses Modell auf Moscovicis und Nemeths Vorstellungen auf, aber es vereint sie mit einem allgemeinen Modell der Überredung, dem heuristisch-systematischen Modell (s. Kap. 8). Im Hinblick auf seinen Bezug zu empirischen Befunden weicht es von der Schlussfolgerung von Wood et al. (1994) ab und versucht ihr gleichzeitig gerecht zu werden. Diese Schlussfolgerung besagt, dass Mehrheiten und Minderheiten unter spezifizierbaren Bedingungen ähnliche oder unterschiedliche Effekte hervorbringen können.

Wie in Kapitel 8 erläutert führt heuristische Informationsverarbeitung dazu, dass man die Validität einer persuasiven Botschaft nur aufgrund einfacher Entscheidungsregeln akzeptiert (oder zurückweist); Beispiele für solche Regeln sind: „Wenn die meisten anderen zustimmen, müssen sie Recht haben" oder „Wenn nur wenige Menschen dieser Meinung sind, müssen sie Unrecht haben". Die Botschaft selbst wird nicht sorgfältig analysiert und jede sich daraus ergebende Meinungsänderung ist nur oberflächlich und kurzlebig. Zur systematischen Verarbeitung gehört dagegen eine sorgfältige Analyse der Argumentation selbst. Findet man die Argumente überzeugend, wird das Ergebnis eine stabile Einstellungsänderung sein und am Ende auch die Einstellung der Person zu verwandten Themen beeinflussen. Damit es zu einer systematischen Verarbeitung kommt, müssen im Allgemeinen zwei Bedingungen erfüllt sein: Die Personen sollten zur Verarbeitung der Informationen in der Lage und dazu motiviert sein. Abhängig davon, wie sehr sich die Person ihrer eigenen Position gewiss ist, wird diese Motivation zu- oder abnehmen.

De Vries et al. (1996) wenden diese Theorie auf Persuasionssituationen an, die durch unterschiedliche Grade an zahlenmäßiger Unterstützung für eine bestimmte Position gekennzeichnet sind, und argumentieren, dass im Allgemeinen eine große Anzahl von Menschen, die eine Position unterstützt, die sich von der eigenen unterscheidet, eine stärkere Motivation auslöst, Informationen systematisch zu verarbeiten. Dies wird aus dem einfachen Grund geschehen, dass man sich umso weniger seiner Position gewiss fühlen wird, je mehr andere Personen von der eigenen Position abweichen. Die Unterstützung einer abweichenden Position durch eine Minderheit ist natürlich nicht so beunruhigend wie deren Unterstützung durch die Mehrheit. Im Prinzip ist deshalb die Wahrscheinlichkeit einer Einstellungsänderung nach der Beeinflussung durch eine Mehrheit größer als nach der Beeinflussung durch eine Minderheit, zumindest wenn die Argumente – nach systematischer Verarbeitung – für triftig gehalten werden. Auch wenn diese Motivation für eine systematische Informationsverarbeitung nicht vorhanden ist, lässt sich immer noch argumentieren, dass die Mehrheit wegen des Wirkens der Konsensheuristik eine stärkere, wenn auch möglicherweise nur kurzlebige Auswirkung auf die Einstellung haben wird.

Trotz des oben Gesagten sind Minderheiten auch in der Lage, ihre Zuhörer zu einer systematischen Auseinandersetzung mit den Argumenten zu motivieren. Dazu kommt es, wenn eine Minderheit es bewerkstelligt, die Aufmerksamkeit der Zuhörer zu bekommen, z. B., indem sie über eine Zeit hinweg ein hohes Maß an Konsistenz bei der Verteidigung ihrer Position aufweist oder indem sie ihre Argumente auf originelle Weise darstellt oder wenn das Thema, um das es geht, selbst recht spannend ist. Sowohl Mehrheiten als auch Minderheiten können somit Anlass zur systematischen Verarbeitung geben; aber die dadurch ausgelösten Denkprozesse werden in Abhängigkeit von der Art der Einflussquelle unterschiedlich sein. Im Einklang mit Nemeths Vorstellungen nehmen De Vries et al. an, dass Mehrheiten konvergentes Denken hervorrufen, während Minderheiten divergentes Denken auslösen. Infolgedessen haben Mehrheiten sehr wahrscheinlich eine (dauerhafte) Auswirkung auf direkte Einflussmaße, während Minderheiten eine (dauerhafte) Auswirkung auf indirekte Einflussmaße oder auf verwandte Themen haben.

13.4 Entscheidungsprozesse in Gruppen

13.4.1 Gruppenpolarisierung

Wird die Diskussion eines Themas in einer Gruppe von Personen ähnlicher Auffassungen die daraus gezogene Schlussfolgerung extremer oder weniger extrem werden lassen?

Betrachten wir nochmals das hypothetische Treffen von Studentinnen und Studenten, das wir zu Beginn des Kapitels erwähnten. Nehmen wir an, zu Beginn lehnen alle studentischen Vertreter, wenn auch mit gewissen Unterschieden im Ausmaß der Ablehnung, den Vorschlag des Dekans ab. Um eine gemeinsame Position zu erreichen, entwickelt sich eine Diskussion, in der jeder Studierende seine Meinung abgibt und auf die der anderen reagiert. Wenn man nun annimmt, dass die Entscheidung durch einen

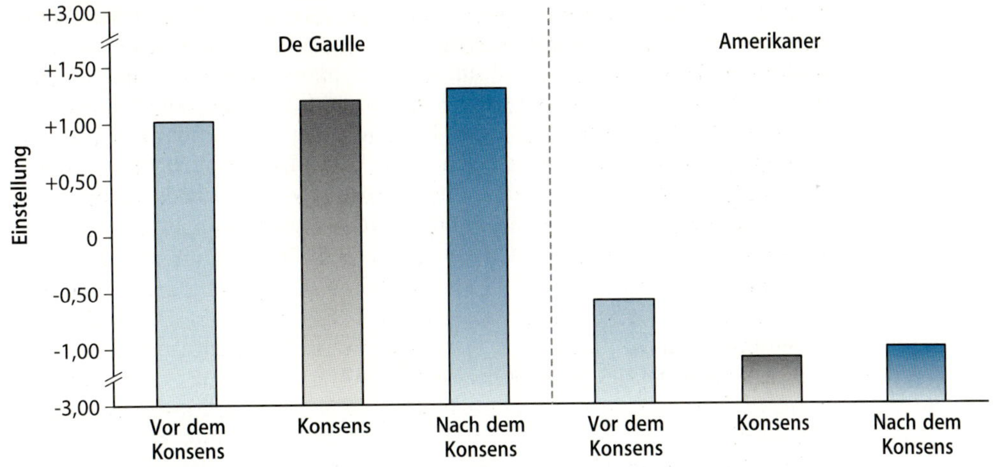

Abb. 13.10. Polarisierung der Einstellungen gegenüber De Gaulle und gegenüber den Amerikanern. (Daten von Moscovici & Zavalloni, 1969)

Kompromiss herbeigeführt wird, der in etwa dem „Durchschnitt" der ursprünglichen Einzelpositionen entspricht, hat man wahrscheinlich Unrecht. In solchen Situationen neigen Menschen dazu, sich auf eine gemeinsame Position hin zu bewegen, die extremer ist als dieser Durchschnitt.

Zur Illustration soll folgende Untersuchung angeführt werden: Moscovici und Zavalloni (1969) ließen französische Schüler zunächst privat ihre Einstellungen zu Präsident De Gaulle (oder zu den US-Amerikanern) aufschreiben; dabei mussten diese das Ausmaß ihrer Zustimmung zu Aussagen angeben wie etwa: „De Gaulle ist für seine schwierige politische Aufgabe zu alt" (oder: „Die amerikanische Wirtschaftshilfe wird immer dazu benutzt, politischen Druck auszuüben"). Danach sollten sie zu jedem Item einen Konsens in der Gruppe herstellen; und am Ende gaben sie wieder ein privates Einstellungsurteil ab. Als Folge der Gruppendiskussion wurden die Versuchspersonen in ihren Einstellungen extremer. Wie aus Abb. 13.10 hervorgeht, wurde die Einstellung zu De Gaulle, die vor der Diskussion leicht positiv war, nach der Diskussion noch positiver; diese Veränderung blieb auch bei den privaten Urteilen nach der Diskussion bestehen. Die Einstellung gegenüber den Amerikanern zeigt ein ähnliches Polarisierungsmuster, allerdings in negativer Richtung: Die ursprünglich leicht negative Einstellung wurde nach der Diskussion noch negativer.

Das vorliegende Phänomen ist in hohem Maß allgemein gültig. Auf jeder Beurteilungsdimension neigen Gruppen zu einer Verschiebung in Richtung des Pols, den sie im Durchschnitt bereits zu Beginn favorisierten. Der Begriff *Gruppenpolarisierung* bezieht sich also darauf, dass eine anfangs dominante Position aufgrund einer Gruppendiskussion verstärkt wird (Myers, 1982). Der hervorragende Überblick von Lamm und Myers (1978) belegt dieses Phänomen für eine Reihe von Kontexten: Stereotype, interpersonale Eindrucksbildung, Spielverhalten, pro- und antisoziales

Verhalten, Verhandlungen, Geschworenenentscheidungen, Gruppenberatung und religiöse Systeme sozialer Unterstützung. Um nur ein Beispiel aus dem Geschworenenkontext anzuführen: Myers und Kaplan (1976) bildeten fiktive Geschworenengerichte, die über die Schuld von Angeklagten entscheiden mussten. Infolge einer Manipulation der Schlüssigkeit der Indizien neigten einige Gruppen schon am Anfang zur Verurteilung, während andere Gruppen zu Beginn für Freispruch waren. Diskussionen in jeder dieser Gruppen führte zu einer Polarisierung dieser anfänglich vorhandenen Tendenzen (s. auch Hastie, Penrod & Pennington, 1983).

13.4.2 Erklärung der Gruppenpolarisierung

Wie lässt sich das Phänomen der Gruppenpolarisierung erklären? Wie lassen sich normative und informative Mechanismen des Mehrheitseinflusses dazu verwenden, Gruppenpolarisierung zu erklären? Lässt sich Gruppenpolarisierung durch die Selbstkategorisierungstheorie erklären? Inwiefern hat es einen Einfluss auf die Gruppenpolarisierung, wenn man wiederholt seine Auffassung zum Ausdruck bringt?

Bei der Erklärung der Gruppenpolarisierung dominierten jahrelang Erklärungen im Sinne normativer bzw. informativer Einflussprozesse. Diese Erklärungen ähneln denen, die zuvor zur Erklärung des Konformitätseffektes vertreten worden waren. Später kam als weitere Erklärung die **Selbstkategorisierungstheorie** hinzu, eine allgemeine sozialpsychologische Theorie, die von Turner, Hogg, Oakes, Reicher und Wetherell (1987) entwickelt worden ist. Sie hat den Anspruch, viele gruppenbezogene Verhaltensweisen erklären zu können, von denen Polarisierung nur eine ist.

Selbstkategorisierungstheorie („self-categorisation theory"): Eine allgemeine Theorie zum Gruppenverhalten; sie betont den Einfluss, der sich aus den Selbstdefinitionen auf unterschiedlichen Abstraktionsniveaus (Individuum, Gruppe, Menschheit) für Urteile und Verhalten ergibt.

Die Erklärung aufgrund des *normativen* oder *sozialen Vergleichs* geht von Festingers Theorie des sozialen Vergleichs (1954) aus, bei der angenommen wird, dass Menschen aufgrund eines Bedürfnisses, die eigenen Meinungen (und Fähigkeiten) zu bewerten, ihre Meinungen mit denen anderer vergleichen. Weiterhin streben Menschen ein positives Selbstbild an und möchten auch von anderen positiv wahrgenommen werden. Deshalb unterliegt dieser Vergleichsprozess einer Verzerrung dahingehend, dass man sich als „besser" oder „richtiger" (d.h. der Norm näher) wahrnimmt als andere. Die Schlussfolgerung aus dieser Theorie lautet deshalb, dass man selbst extremer wird, um sich positiv von den anderen zu unterscheiden, wenn man während der Gruppendiskussion entdeckt, dass andere Personen Meinungen haben, die stärker in die positiv bewertete Richtung gehen. Indirekte Unterstützung für diese Erklärung findet sich in Untersuchungen, in denen festgestellt wird, dass Menschen tatsächlich glauben, sie lägen näher an der normativen Position als andere (Codol, 1975), aber gleichzeitig Ansichten bewundern, die noch extremer sind als ihre eigenen – natürlich in der positiv bewerteten Richtung (Jellison & Davis, 1973). Eine direkte Unterstützung dieser Erklärung läge vor, wenn es gelänge, zu zeigen, dass die bloße Kenntnis der Position der anderen zu einem Sachverhalt ohne Anhörung irgendwelcher Argumente ausreichte, einen Effekt der Gruppenpolarisierung hervorzurufen. Durch experimentelle Befunde wurde diese Vorhersage tatsächlich gestützt (z.B. Cotton & Baron, 1980; Myers, 1978; Sanders & Baron, 1977).

Die Erklärung aufgrund des *informativen Einflusses* oder *persuasiver Argumente* nimmt an, dass die Gruppendiskussion eine Reihe von Argumenten hervorbringt, von denen die meisten die von den Gruppenmitgliedern bereits favorisierte Position unterstützen. Soweit diese Argumente mit denen übereinstimmen, die man sich bereits selbst zurechtgelegt hat, sollten sie dazu dienen, die eigene Position zu stärken. Die Gruppe produziert jedoch wahrscheinlich auch Argumente, an die man noch nicht gedacht hat, und macht so die eigene Reaktion noch extremer. Das Phänomen der Gruppenpolarisierung wird dadurch im Wesentlichen zu einem Prozess der *gegenseitigen Persuasion*, wobei das Ausmaß der Verschiebung eine Funktion des Anteils der Argumente zugunsten der favorisierten Seite sowie ihrer Beweiskraft und Neuartigkeit ist (Myers, 1982). Aus dieser Perspektive betrachtet würden die *vorgebrachten Argumente* eine Polarisierung hervorrufen und nicht die *kommunizierten Positionen* als solche. Diese Auffassung wurde durch Untersuchungen gestützt, die zeigten, dass es eine positive Korrelation zwischen der relativen Anzahl von Pro- und Kontra-Argumenten, die von den Mitgliedern der Gruppe vorgetragen werden, einerseits und dem Ausmaß und der Richtung der Polarisierung nach der Diskussion andererseits gibt (Madsen, 1978). Experimentelle Untersuchungen, bei denen die relative Häufigkeit von Pro- und Kontra-Argumenten manipuliert wurde, führten zu vergleichbaren Ergebnissen (z.B. Ebbesen & Bowers, 1974; Vinokur & Burnstein, 1978).

Ein kritischer Überblick und eine Metaanalyse von 33 Experimenten, die für eine der beiden geschilderten Erklärungen sprechen, deuten darauf hin, dass soziale Vergleichsprozesse und Prozesse der persuasiven Argumentation jeweils zu beträchtlichen Polarisierungseffekten führen, wenn auch die Argumentationseffekte in der Regel stärker sind (Isenberg, 1986). Aufgrund dieses Überblicks über die Befunde lässt sich argumentieren, dass die beiden Prozesse unabhängig voneinander etwas zur Polarisierung beitragen können. Außerhalb des Labors werden sie sehr oft zusammen auftreten; doch spezifische Entscheidungsparameter können einen vermittelnden Einfluss auf das Ausmaß haben, in dem der eine oder der andere Prozess dominiert. Unter diesem Aspekt schlägt Isenberg (1986) vor, dass Rationalität, informativer Einfluss und persuasive Argumentation bei sachbezogenen Themen dominieren werden, während Emotionalität, normativer Einfluss und sozialer Vergleich eine größere Bedeutung bei Themen haben werden, bei denen Wertvorstellungen und Ichbeteiligung eine Rolle spielen.

Trotz ihres offensichtlichen Werts können weder die Theorie des sozialen Vergleichs noch die Theorie der persuasiven Argumente die zusätzliche Beobachtung zufrieden stellend erklären, dass sich selbst wenn man Informationen über eine Position und die persuasiven Argumente konstant hält, abhängig vom sozialen Kontext, in dem die Informationen gegeben werden, eine mehr oder weniger starke Polarisierung ergibt (Wetherell, 1987). Die *Selbstkategorisierungstheorie*, die aus der sozialen Identitätstheorie abgeleitet wurde, hat sich zu einem einflussreichen allgemeineren Ansatz für Gruppenverhalten entwickelt, der die oben erwähnte und weitere Beobachtungen erklären kann (Turner et al., 1987). Nach dieser Theorie gebrauchen wir, wie in Kapitel 15 noch erläutert werden wird, ein System von Begriffen, um uns selbst zu definieren. Dazu gehört Selbstkategorisierung als individuelle Person, die sich von anderen unterscheidet, und Selbstkategorisierung als Mitglied von sozialen Gruppen, die sich von anderen Gruppen unterscheiden. Wenn eine soziale Selbstkategorisierung salient wird, nimmt sie normative Qualitäten an, da sie die Aufmerksamkeit der Menschen auf das richtet, was sie verbindet und was sie von anderen Gruppen unterscheidet. Turner et al. machen dann noch die entscheidende Annahme, dass diese Gruppennorm nicht einfach aus dem Durchschnittswert der Positionen der Gruppenmitglieder besteht, sondern eher aus der prototypischen Position dieser Gruppe. Der *Prototyp* ist die Position, die Gemeinsamkeiten der Gruppe *und* deren Unterschiede zu anderen Gruppen am besten widerspiegelt. Folglich repräsentiert dasjenige Gruppenmitglied den Prototyp der Gruppe, das sich am wenigsten von Mitgliedern der Eigengruppe und am meisten von Mitgliedern der Fremdgruppe unterscheidet. Diese Person stellt den normativen Bezugspunkt dar. Die Argumente dieser Person werden deshalb als am informativsten und persuasivsten wahrgenommen werden. Innerhalb dieses Verständnisses ist der Begriff der „Norm" nicht mehr ausschließlich damit verbunden, bei anderen einen positiven Eindruck machen zu wollen (so seine Bedeutung in der Konformitätsliteratur), sondern bezieht sich eher auf eine ideale soziale Selbstkategorisierung. Die Definition des Prototyps bedeutet auch, dass sich seine jeweilige Position mit dem Kontext verändern wird, insbesondere in Abhängigkeit von der Verteilung von Meinungen innerhalb der Eigengruppe und von Unterschieden zwischen der Eigengruppe und anderen Gruppen. Weil das Verhältnis zwischen den beiden entscheidend ist, wird der Prototyp extremer werden, wenn eine Fremdgruppe salient gemacht wird, aber insbesondere dann, wenn diese Fremdgruppe sich sehr von der Eigengruppe unterscheidet. Es kann deshalb in Anwesenheit einer Fremdgruppe mehr Polarisierung erwartet werden, als wenn sie nicht da ist oder wenn eine unähnliche im Vergleich zu einer ähnlichen Fremdgruppe anwesend ist. Die Bedeutung des sozialen Kontexts wurde in einer Untersuchung von Hogg, Turner und Davidson (1990) nachgewiesen; die Autoren fanden heraus, dass die Richtung der Polarisierung sogar umgekehrt werden kann, indem man den sozialen Kontext verändert. Die Versuchpersonen nahmen nach einer Konfrontation mit einer Entscheidungsaufgabe, bei der sie sich für Risiko oder Vorsicht entscheiden konnten, die Normen der Eigengruppe als vorsichtiger wahr, als es ihrem eigenen durchschnittlichen Prätestwert entsprach, wenn sie mit einer risikobereiteren Fremdgruppe konfrontiert waren. Nach der Konfrontation mit einer vorsichtigeren Fremdgruppe jedoch nahmen sie ihre Normen als risikofreudiger wahr.

Die Theorie der persuasiven Argumente, die Theorie des sozialen Vergleichs, die Selbstkategorisierungstheorie und die Untersuchungen, die geplant wurden, um diese Theorien zu überprüfen, konzentrieren sich allesamt auf den Einfluss von Kommunikationen, die im Laufe von Gruppendiskussionen vonseiten anderer aufgenommen werden. Was ist aber mit den Kommunikationen, die von den Versuchspersonen selbst zum Ausdruck gebracht werden? Werden sie nicht auch einen Einfluss auf das Ausmaß der Gruppenpolarisierung haben? Aufgrund der allgemeinen Beobachtung, dass außerhalb eines Diskussionskontexts das wiederholte Äußern einer Einstellung von selbst dafür sorgt, dass die Position extremer wird, fingen Brauer, Judd und Gliner (1995) an, die Rolle des wiederholten Äußerns beim Zustandekommen von Gruppenpolarisierung zu untersuchen. Sie ließen jedes Mitglied einer Gruppe aus vier Versuchspersonen an einer Reihe von kurzen dyadischen Begegnungen mit jedem anderen Gruppenmitglied teilnehmen und instruierten sie jedes Mal, über welches der fünf vorher ausgesuchten Themen sie ihre eigene Meinung zum Ausdruck bringen und die Meinung des anderen hören könnten. Insgesamt ließen sie jede Versuchsperson an 15 unterschiedlichen dyadischen Gesprächen teilnehmen; dies geschah nach einem vorher aufgestellten Schema, das festlegte, wer in der Dyade sein würde und über welches Thema gesprochen werden müsste. Durch sorgfältiges Ausbalancieren gestattete es dieses Vorgehen, dass die Häufigkeit, mit der jedes einzelne Mitglied seine Einstellung zum Ausdruck brachte (zwischen 0- und 6-mal), und die Häufigkeit, mit der jedes Mitglied hörte, wie andere ihre Meinung zum Ausdruck brachten (zwischen 0- und 5-mal), unabhängig voneinander manipuliert werden konnten. Die Ergebnisse zeigten für die Häufigkeit, mit der eine Einstellung zum *Ausdruck* gebracht wurde, einen zuverlässigen Effekt auf die Polarisierung; dieser war stärker als der Effekt der Häufigkeit, mit der die von anderen zum Ausdruck gebrachten Einstellungen *gehört* wurden. Weiterhin – und das ist sehr interessant – beobachteten die Autoren auch, dass die Stärke des Selbstausdruckseffekts mit dem Ausmaß korreliert war, in dem der Gesprächspartner einer Versuchsperson die Argumente der Versuchsperson in einem späteren Gespräch mit ihr erneut verwendete. Eine Folgestudie lieferte experimentelle Belege für diesen zuletzt genannten Effekt. In Gruppen, in denen die Versuchspersonen dazu ermutigt worden waren, die Argumente der anderen zu verwenden und sie zu integrieren, war der Polarisierungseffekt der Häufigkeit, mit der eine Einstellung zum Ausdruck gebracht wurde, signifikant größer als in Gruppen, in denen die Gruppenmitglieder von einer Integration abgehalten wurden. Zwei Mechanismen scheinen dabei mitzuwirken und sie verstärken sich gegenseitig. Erstens setzt, wenn die Versuchspersonen ein Argument wiederholt äußern, ein Prozess der Gesprächsvereinfachung ein: Mit der Zeit werden die Äußerungen weniger elaboriert, weniger an Einschränkungen geknüpft und deshalb extremer. Zweitens wird diese Tendenz verstärkt, falls man soziale Validierung vonseiten anderer erfährt, wenn sie sich mit der Zeit ebenfalls der immer einfacheren und extremeren Aussagen der Versuchsperson bedienen. Mit anderen Worten, das Verhalten anderer trägt zur wahrgenommenen Überzeugungskraft der eigenen Argumente bei.

Brauer und Judd (1996) setzen die oben beschriebenen Befunde und Interpretationen zu den drei dominierenden Erklärungen für Gruppenpolarisierung in Beziehung und argumentieren, dass sie am besten zur Perspektive der persuasiven Argumente passen, zumindest wenn man diesen Ansatz so ausweitet, dass er auch den persuasiven Effekt der eigenen

Argumente und ihre Validierung durch andere enthält. Es ist nicht so leicht, die Effekte dessen, dass man seine Einstellung wiederholt zum Ausdruck bringt, in die Theorie des sozialen Vergleichs oder in die Selbstkategorisierungstheorie zu integrieren. Zudem beobachteten Brauer et al. (1995) zusätzlich, dass der wiederholte Ausdruck keinen Einfluss auf die wahrgenommene durchschnittliche Position der anderen Personen in der Gruppe oder auf die Position hat, die als prototypisch für die Gruppe als Ganze wahrgenommen wird. Dieses Ausbleiben einer Veränderung im Hinblick auf den Vergleichsstandard ist für diese beiden Theorien problematisch, denen zufolge die Polarisierung entscheidend vom sozialen Vergleich abhängt. Die Befunde zur sozialen Validierung stimmen jedoch mit der Selbstkategorisierungstheorie überein, weil sie auf den Einfluss einer Gruppenreaktion auf das eigene Identitätsgefühl als Gruppenmitglied hindeuten.

13.4.3 Gruppendenken: ein extremes Beispiel der Gruppenpolarisierung

Was ist Gruppendenken und wodurch kann es erklärt werden?

Angesichts der Häufigkeit, mit der in der Alltagswirklichkeit Entscheidungen von Gruppen getroffen werden, die aus Gleichgesinnten bestehen (Versammlungen, Kommissionen, Geschworene, Regierungen), hat die Forschung zur Gruppenpolarisierung weit reichende Bedeutung. Die beteiligten Prozesse können solche Gruppen tatsächlich zu Entscheidungen bringen, die falsch, unklug oder – im schlimmsten Fall – katastrophal sind.

Irving Janis (Janis, 1972, 1982) beschrieb mehrere Beispiele politischer und militärischer Entscheidungen, die trotz der überlegenen „Intelligenz" der betreffenden Gruppenmitglieder die extreme Unvernunft von Gruppen dramatisch verdeutlichen. Das vielleicht bekannteste Beispiel ist die amerikanische Invasion in der Schweinebucht im Jahre 1961. Präsident Kennedy und eine kleine Gruppe von Beratern hatten beschlossen, eine Gruppe von relativ wenigen Exilkubanern mit Unterstützung der amerikanischen Luftwaffe zu einer Invasion an der kubanischen Küste zu entsenden. Alles ging schief und innerhalb weniger Tage waren die Invasoren tot oder gefangen genommen. Wie konnten Kennedy und seine Berater – dies haben sie später selbst eingestanden – als Gruppe so unvernünftig sein? Ein neueres Beispiel ist die dramatische Explosion der Raumfähre Challenger im Jahre 1986. Auch sie scheint das Ergebnis einer Reihe falscher Entscheidungen gewesen zu sein (Esser & Lindoerfer, 1989).

Gruppendenken („groupthink"): Unter Menschen mit ähnlichen Auffassungen und einem starken Zusammengehörigkeitsgefühl ist dies ein Entscheidungsprozess in der Gruppe, der sich sehr am Konsens orientiert und der zu einseitigen und inkorrekten Schlussfolgerungen führt.

Janis, der eine ausgesprochen gründliche Analyse der verfügbaren Dokumente zur Schweinebuchtinvasion und zu ähnlichen anderen Fällen vornahm, spekuliert, dass die Entscheidungsträger einer extremen Form der Gruppenpolarisierung, die er **Gruppendenken** nennt, zum Opfer gefallen waren. Gruppendenken entsteht dann, wenn das Streben nach Konsens den Entscheidungsprozess einer hoch kohäsiven Gruppe gleich gesinnter Personen derart dominiert, dass sie in ihrer Realitätswahrnehmung beeinträchtigt sind. Nach Janis' Auffassung wird dieser Prozess gefördert, wenn folgende Bedingungen erfüllt sind: Die Gruppe ist sehr kohäsiv, sie ist von alternativen Informationsquellen isoliert und ihr Anführer favorisiert klar eine bestimmte Lösung. Vor dem Hintergrund dieser Randbedingungen zeichnen sich die sich dabei entwickelnden Gruppendiskussionen wahrscheinlich durch die Illusion der eigenen Unverwundbarkeit und durch Versuche aus, wechselseitig Handlungen zu rationalisieren, die mit der vorgeschlagenen Entscheidungsalternative übereinstimmen, während gleichzeitig inkonsistente Informationen ignoriert oder abgewertet werden. Diese Prozesse verlaufen sowohl auf intraindividueller (Selbstzensur) als auch auf interindividueller Ebene (Konformitätsdruck) ab. Selbst wenn einige Mitglieder solcher Gruppen zu einem bestimmten Zeitpunkt insgeheim Vorbehalte gegenüber den anstehenden Vorschlägen haben, bringen sie diese höchstwahrscheinlich nicht offen zum Ausdruck. Das Endresultat dieser Prozesse ist eine von allen getragene Entscheidung, die jedoch weit entfernt von allem ist, was man erwarten würde, wenn rationale und ausgewogene Informationssuche und -nutzung betrieben worden wären. Obwohl Janis' Analyse tief greifender ist, als in unserer kurzen Darstellung gezeigt werden konnte, sollte das dargestellte Material doch zum Verständnis des Phänomens ausreichen – und das Augenmerk auf einige „Gegenmittel" gegen Gruppendenken richten: Wie sollte sich der Anführer der Gruppe verhalten? Wie würde sich ein Advocatus diaboli auf die Gruppe auswirken? Welchen Vorteil kann man sich davon versprechen, wenn jedes Gruppenmitglied seine persönlichen Gedanken und Argumente unabhängig von den anderen für sich niederschreibt?

Zweifellos haben die beeindruckenden Merkmale des Phänomens des Gruppendenkens selbst zusammen mit der ausgeprägten Begabung von Janis, die betreffenden historischen Fälle so anschaulich zu beschreiben, zu der weit verbreiteten Akzeptanz dieses Modells beigetragen. Dazu kommt, dass noch weitere Autoren Analysen ähnlicher Fälle beisteuerten (Hensley & Griffin, 1986; 't Hart, 1990). Andererseits konnten Laboruntersuchungen und konzeptuelle Analysen von Entscheidungsfindungssituationen nicht alle von Janis' Modell postulierten Beziehungen bestätigen. Unter anderem konnte nicht beobachtet werden, dass die zentrale Variable der Kohäsion die Entscheidungsfindung in Gruppen auf konsistente Weise beeinflusst (Flowers, 1977; McCauley, 1989). Obwohl es methodologisch klug wäre, unterlassen es zudem viele Untersuchungen, die Art und die Funktionsweise von Gruppen in Situationen, in denen Janis' zeitlich vorausgehende Bedingungen vorhanden sind, mit der in Situationen zu vergleichen, in denen sie nicht vorhanden sind. Auf der Grundlage einer kritischen Analyse der Literatur schlugen Aldag und Fuller (1993) ein allgemeineres Problemlösungsmodell für Gruppen („general group problem-solving model"; „GGPS model") vor. Dessen wichtigste Eigenschaften sind, dass es die Entscheidungsprozesse in weniger abwertenden und wertbesetzten Begriffen beschreibt (z.B. werden fehlende Verfahrensnormen durch Verfahrensanforderungen ersetzt) und dass es eine Reihe von zeitlich vorausgehenden Prozess- und Ergebnisvariablen hinzufügt. In dieser letztgenannten Beziehung spielen politische Motive und Handlungsergebnisse eine Schlüsselrolle und bestätigen den Gedanken, dass Entscheidungen, die aus Gründen der rationalen Effizienz schlecht durchdacht und unangemessen sein mögen, dennoch auf überlegten und geplanten politischen Strategien beruhen können.

13.5 Gehorsam gegenüber unmoralischen Befehlen: der soziale Einfluss von Autoritäten

13.5.1 Das Milgram-Experiment

Welche Situation schuf Milgram, um Gehorsam gegenüber einer Autoritätsperson zu untersuchen?

Die in den letzten Abschnitten beschriebenen verschiedenartigen Phänomene des sozialen Einflusses haben eine Reihe von Merkmalen gemeinsam. Die wichtigsten sind: Einflussquellen und Zielpersonen haben typischerweise den gleichen Status, der Druck der Einflussquelle ist eher implizit als explizit und die Quelle unternimmt keinen Versuch den Widerstand, den die Zielpersonen möglicherweise gegen den Einflussversuch zeigen, durch Sanktionen unter Kontrolle zu bringen oder zu brechen. So waren in Aschs Experiment alle Versuchspersonen Studenten, die Mehrheit übte lediglich Druck aus, indem sie eine Meinung zum Ausdruck brachte, die von der der Versuchsperson abwich, und die Reaktionen der Versuchsperson führten in keinem Fall zu irgendwelchen explizit negativen Reaktionen seitens der Mehrheit. Ein völlig anderer Kontext der Einflussnahme besteht dann, wenn eine Einflussquelle hohen Status hat, einer anderen Person explizit befiehlt, ein Verhalten auszuführen, das diese spontan nicht ausführen würde oder gegen das sie sogar eine starke Abneigung hat, und wenn sie kontinuierlich überwacht, ob die Person die gegebenen Befehle auch tatsächlich ausführt. Genau diese Situation wurde in den berühmten und zugleich berüchtigten Untersuchungen zum *Gehorsam* erzeugt, die Stanley Milgram durchgeführt und in seinem Bestseller *Obedience to Authority* auf dramatische Weise beschrieben hat (Milgram, 1974). Die wesentlichen Komponenten von Milgrams zentralem Experiment sowie einige seiner Varianten wurden bereits in Kapitel 4 dargestellt. Dennoch soll zugunsten von Klarheit und Anschaulichkeit im Rahmen des vorliegenden Kapitels hier noch eine integriertere und detailliertere Darstellung dieser Untersuchungen gegeben werden.

Mithilfe einer Zeitungsannonce suchte Milgram gegen Bezahlung von 4 $ freiwillige Teilnehmer an einer Untersuchung über Lernen und Gedächtnis. Die Versuchspersonen waren zwischen 20 und 50 Jahre alt und repräsentierten praktisch die gesamte Bandbreite beruflicher Positionen. Bei der Ankunft im Labor lernte jede Versuchsperson den Versuchsleiter, in Wahrheit ein Biologielehrer, Anfang 30, und eine weitere vorgebliche Versuchsperson kennen, einen sympathischen Buchhalter mittleren Alters, der in Wirklichkeit ein Konfident war. Der Versuchsleiter erklärte, dass es in der Untersuchung um die Auswirkungen von Bestrafung auf das Lernen ginge und dass eine der Versuchspersonen der Lehrer, die andere der Schüler sein würde. Es wurde „ausgelost", dass die echte Versuchsperson die Lehrperson sein sollte. Beide wurden in ein nahe gelegenes Zimmer gebracht, in dem der Schüler auf einen Stuhl gebunden und an seinen Handgelenken Elektroden angebracht wurden, die die Bestrafung in Form elektrischer Stromstöße übermittelten. Der Versuchsleiter erklärte, diese Stromstöße könnten äußerst schmerzhaft sein, sie verursachten jedoch keinen dauerhaften Schaden.

Danach wurde der Lehrer in sein eigenes Zimmer gebracht, in dem er seine Befehle erhielt. Es handelte sich um eine Paarassoziationsaufgabe; jedes Mal, wenn der Schüler eine falsche Antwort gab, musste der Lehrer ihn mit einem Stromstoß bestrafen, der zunächst 15 Volt betrug und bei jedem neuen Fehler um 15 Volt erhöht wurde. Dazu sollte der Lehrer einen Schockgenerator mit 30 Knöpfen benutzen, die mit der entsprechenden Angabe über die Spannung beschriftet waren (von 15 bis 450 Volt). Verschiedene verbale Bezeichnungen vermittelten der Versuchsperson eine deutliche Vorstellung von der Stärke des Schocks: Sie reichten von „leichter Schock" (bis 60 Volt) über „mittlerer Schock" (bis 120 Volt), „starker Schock" (bis 180 Volt), „sehr starker Schock" (bis 240 Volt), „intensiver Schock" (bis 300 Volt), „extrem intensiver Schock" (bis 360 Volt) bis zu „Gefahr: schwerster Schock" (bis 420 Volt). Die beiden letzten Schockniveaus waren mit „XXX" gekennzeichnet. Verschiedene weitere Merkmale des Schockgenerators sorgten dafür, dass der Apparat sehr „echt" aussah. Um dem Lehrer die „Schocks" realistisch zu demonstrieren, erhielt er darüber hinaus selbst einen exemplarischen Stromstoß von 45 Volt.

Dann begann die Lernaufgabe. Infolge eines vorher getroffenen Arrangements machte der Konfident zahlreiche Fehler, durch die die Versuchspersonen zu immer stärkeren Stromstößen „gezwungen" wurden. Jedes Mal, wenn die Versuchsperson zögerte oder die Ausführung verweigerte, drängte sie der Versuchsleiter mit vier abgestuften Befehlen zum Weitermachen: „Bitte machen Sie weiter", „Das Experiment erfordert, dass Sie weitermachen", „Es ist ganz wichtig, dass Sie weitermachen", „Sie haben keine andere Wahl, Sie müssen weitermachen". Das Experiment war zu Ende, wenn der Lehrer, obwohl der Versuchsleiter auf Weitermachen drängte, sich weigerte fortzufahren oder wenn er drei Stromstöße der höchsten Stufe verabreicht hatte. Vor der Darstellung der Ergebnisse sollten wir hinzufügen, dass die Versuchspersonen nicht nur den expliziten Einflussversuchen des Versuchsleiters ausgesetzt waren, sondern auch zunehmend eindringlichen Appellen des Schülers. Während die Versuchspersonen zunächst nur ein leichtes Stöhnen hörten (von 75 bis 105 Volt), begann der Schüler bei 120 Volt zu rufen, dass die Stromstöße sehr schmerzhaft würden. Bei weiterer Steigerung fing der Schüler an vor Schmerz zu schreien, und bat darum, herausgelassen zu werden, er könne die Schmerzen nicht mehr ertragen. Von einem bestimmten Punkt an weigerte er sich, weitere Antworten zu geben – die Versuchsperson musste jedoch weitermachen, weil „keine Antwort eine falsche Antwort ist".

Wie reagierten Milgrams Versuchspersonen angesichts des Konflikts zwischen dem Druck der Autoritätsperson, des Opfers und des eigenen

Selbsts? Zu seiner eigenen Überraschung stellte Milgram fest, dass 62,5% seiner Versuchspersonen bis zu Stromstößen der obersten Stufe gegangen waren. Der durchschnittliche Maximalstromstoß betrug 368 Volt. Die Autorität des „Manns der Wissenschaft", der niemals mit irgendwelchen Sanktionen gedroht, geschweige denn die Versuchsperson mit der Waffe in der Hand gezwungen hatte, reichte völlig aus, innere (Gewissen) und äußere Kräfte (die Schreie des Opfers) zu beschwichtigen, die zu Ungehorsam hätten führen können. Dies ist eine erschreckende Perspektive. Waren Milgrams Versuchspersonen vielleicht „böse" Menschen? Alles spricht dagegen. Zum einen ist das Verhalten der Versuchspersonen während des Versuchs ein deutlicher Hinweis auf den starken Konflikt, den sie erlebten: Sie waren extrem angespannt und nervös, sie schwitzten, bissen sich auf die Lippen und ballten die Fäuste. Darüber hinaus zeigte eine Kontrollbedingung, in der die Versuchspersonen das verabreichte Schockniveau selbst wählen konnten, dass hier nur zwei von 40 Personen über 150 Volt hinausgingen und 28 Personen gingen nie über 75 Volt hinaus. Sicher waren Milgrams Versuchspersonen keine Sadisten; ihr Verhalten wurde offenbar durch starke situative Faktoren ausgelöst. In Variationen seines ursprünglichen Experiments suchte Milgram danach, was verschiedene dieser situativen Faktoren bewirken. Einige dieser Variationen werden in den nächsten Abschnitten zusammenfassend behandelt, nämlich die, die sich auf die Merkmale der Autoritätsperson, die räumliche Nähe zum Opfer und auf das Verhalten von „Kollegen" der Versuchspersonen beziehen.

13.5.2 Situative Determinanten von Gehorsam

Wie wirken sich unterschiedliche Merkmale der Situation auf das Ausmaß an Gehorsam aus?

Die räumliche (und emotionale) Nähe des Opfers wurde mithilfe von vier verschiedenen Bedingungen manipuliert. In der ersten Bedingung trat das Opfer laut hörbar an die Wand, durch die es vom Zimmer des Lehrers getrennt war; in der zweiten hörte man es schreien und rufen (wie oben beschrieben). Bei zwei weiteren Bedingungen befanden sich Versuchsperson und Opfer im selben Zimmer; in der einen konnte die Versuchsperson das Opfer sehen und hören, in der letzten Bedingung musste der Lehrer die Hand des Opfers auf die Schockelektrode halten. Der jeweilige Grad des Gehorsams in diesen vier Bedingungen zunehmender Nähe ist in Abb. 13.11 dargestellt. Der maximale Gehorsam reichte hier von hohen 65% der Versuchspersonen als Maximum bis zu niedrigen 30% (wenn man hier überhaupt von „niedrig" sprechen kann). Solche Daten laden zu Spekulationen über Unterschiede zwischen der traditionellen und der modernen Kriegführung ein, die sicherlich unterschiedlichen Widerstand gegen die Ausführung militärischer Befehle hervorrufen.

Die Autorität des Versuchsleiters und das Ausmaß an Kontrolle, die er ausübte, wurden auf unterschiedliche Weise variiert. Wurde das Experi-

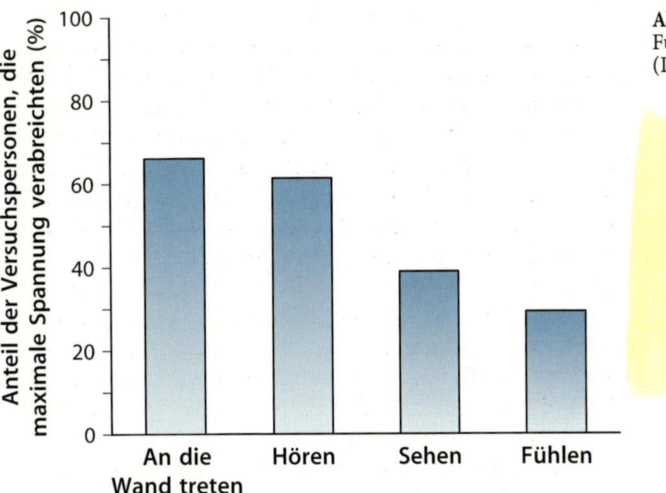

Abb. 13.11. Gehorsam als Funktion der räumlichen Nähe. (Daten von Milgram, 1974)

ment in einer Umgebung mit weniger ausgeprägtem wissenschaftlichem Anstrich und Prestige durchgeführt – in einem heruntergekommenen Bürogebäude statt an der Yale University, an der das ursprüngliche Experiment stattgefunden hatte –, verringerte sich der Gehorsam nicht signifikant. Wenn sich jedoch der Versuchsleiter anders als in der ursprünglichen Experimentalsituation nicht im selben Zimmer wie die Versuchsperson befand, sondern seine Befehle per Telefon erteilte, sank der maximale Gehorsam auf 21% (eine Reihe von Versuchspersonen gab telefonisch sogar vor, höhere Stromstöße zu verabreichen, als dies tatsächlich der Fall war!). Die Tatsache, dass die Autoritätsperson eindeutig ein dem Schüler zuvor gegebenes Versprechen brach, führte ebenfalls zu keiner deutlichen Verminderung des Gehorsams: In einer der Variationen des Experiments willigte der Schüler, der vorher erwähnt hatte, dass er herzleidend sei, nur unter der Bedingung in das Experiment ein, dass „Sie mich herauslassen, wenn ich das sage". Vom zehnten Stromstoß an (150 Volt) verlangte er tatsächlich, das Experiment solle abgebrochen werden; doch der Versuchsleiter ignorierte ihn und bestand darauf, dass der Lehrer weitermache. Im Vergleich zur ursprünglichen Version verringerte sich unter diesen erschreckenden Umständen der Anteil der Versuchspersonen mit maximalem Gehorsam nur um 10% (im Vergleich zum Ausgangsniveau). Eine letzte wichtige Variation bestand darin, dass der Versuchsleiter das Zimmer verließ, bevor er die Versuchsperson instruiert hatte, den Stromstoß bei jedem neuen Fehler zu erhöhen. Er übertrug diese Autorität auf eine zweite Versuchsperson, die zunächst nur die Reaktionszeiten des Schülers hätte aufzeichnen sollen. Diese zweite Versuchsperson kam dann scheinbar auf die Idee, mit jedem Fehler einen höheren Stromstoß zu geben, und bestand während der gesamten Sitzung darauf, dass der Lehrer sich an die Regeln hielt. Die Ergebnisse sprechen für sich: 20% der Versuchspersonen gehorchten der Autoritätsperson mit gleichem Status bis zum Schluss. Weigerte sich eine Versuchsperson weiterzumachen und entschied die „Autoritätsperson", die Stromstöße selbst zu verabreichen, so

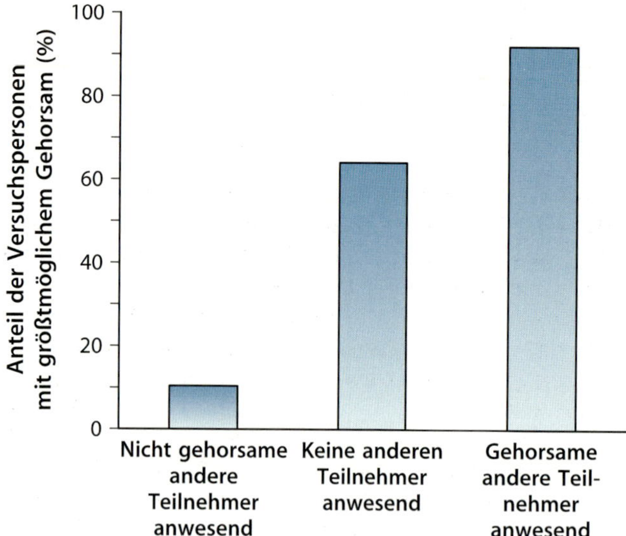

Abb. 13.12. Gehorsam als Funktion des Verhaltens anderer Versuchspersonen. (Daten von Milgram, 1974)

griff eine Reihe von Versuchspersonen den „Folterer" körperlich an oder zog den Stecker des Schockgenerators aus der Steckdose. Leider kam es nie zu solcher Heldenhaftigkeit, wenn die Autorität ein „Wissenschaftler im weißen Kittel" war.

Bei zwei weiteren experimentellen Variationen, die hier dargestellt werden sollen, untersuchte Milgram die Rolle des Drucks von Gleichgestellten. Im ersten Experiment gab es drei Lehrerkollegen, d.h. die Versuchsperson und zwei Konfidenten. Der erste Konfident stellte die Aufgabe, der zweite registrierte die Reaktionen des Schülers, und die Versuchsperson verabreichte die Stromstöße. Bei 150 Volt weigerte sich der erste Konfident weiterzumachen und setzte sich vom Schockgenerator weg. Bei 210 Volt stieg der zweite Konfident aus. Die Auswirkung ihres Verhaltens auf die Versuchspersonen war einschneidend: Nur 10% von ihnen zeigten maximalen Gehorsam (Abb. 13.12). War der Lehrer, der die Lernaufgabe stellte, im Gegensatz dazu von einem Lehrerkollegen begleitet, der die Stromstöße verabreichte, nahmen 92% der Versuchspersonen bis zum Ende teil. Natürlich mussten sie die Stromstöße nicht selbst verabreichen. Was hielt sie aber davon ab zu protestieren, wie es die Konfidenten in der anderen Bedingung getan hatten? Angesichts der Tatsache, dass das Verhalten Gleichgestellter zu einem Unterschied zwischen 10 und 92% Gehorsam führt, wird die wirkungsvolle Rolle interpersonaler im Gegensatz zu intrapersonalen Faktoren deutlich. Wiederum sollten wir hier an Beispiele außerhalb des psychologischen Labors denken, wo man abhängig davon, was andere tun, gegen Gewalttätigkeit protestiert oder nicht.

13.5.3 Was hätten wir getan?

Warum unterschätzen Menschen die Häufigkeit, mit der gehorsames Verhalten tatsächlich auftritt?

Beim Lesen der letzten Abschnitte haben Sie selbst innerlich wahrscheinlich mehrmals zu sich gesagt: „Ich hätte nicht gehorcht!" Zu Ihrer Beruhigung: So reagieren die meisten Menschen auf eine Beschreibung des Milgram-Experiments. Milgram selbst und andere Autoren (z. B. Bierbrauer, 1979) fragten Menschen aus allen Lebensbereichen – darunter auch Psychiater –, wie viele Personen dem Versuchsleiter Folge leisten würden. Alle schätzten das Ausmaß des Gehorsams übereinstimmend niedrig ein (auf einen durchschnittlichen maximalen Stromstoß von 130 Volt). Nur durch eine sehr realistische und aufwändige Rekonstruktion des Experiments konnte Bierbrauer Studenten dazu bringen, dass sie durchschnittlich eine maximale Spannung von 260 Volt erwarteten – dies ist immer noch eine Unterschätzung dessen, was tatsächlich geschah. Eine Erklärung für den Unterschied zwischen unseren Erwartungen im Hinblick auf unser Handeln bzw. auf das Handeln anderer und dem, was wir tatsächlich tun, lässt sich im *fundamentalen Attributionsfehler* finden (s. Kap. 7), der Tendenz zur Unterschätzung situativer und zur Überschätzung persönlicher Faktoren. In der Milgram-Situation änderten individuelle Unterschiede nicht viel: Milgrams Analysen ergaben nur geringfügige Unterschiede zwischen Männern und Frauen, Menschen aus unterschiedlichen Berufen oder mit unterschiedlichen Persönlichkeitsmerkmalen. Darüber hinaus haben Replikationen der Untersuchung in verschiedenen Ländern und Kulturen die Verallgemeinerbarkeit dieses Effekts nachgewiesen (z. B. Mantell, 1971; Meeus & Raaijmakers, 1986; Shanab & Yahya, 1978).

Trotz des starken Einflusses situativer Faktoren auf Gehorsam gegenüber einer böswilligen Autoritätsperson und dem sich daraus ergebenden schädlichen Verhalten deutet die Forschung zu den unterschiedlichen Formen schädlichen und noch schlimmeren Verhaltens (Völkermord, Vergewaltigung, Kindesmisshandlung, Mord) auch auf die Rolle personaler Faktoren. In einem kürzlich erschienenen Sonderheft der Zeitschrift *Personality and Social Psychology Review* merkt Bandura (1999) an, dass das Andauern schädigenden Verhaltens, das sehr wohl ursprünglich durch situative Faktoren ausgelöst worden sein kann, Selbstregulationsprozesse notwendig macht, die eindeutig eine Beteiligung der handelnden Person selbst erfordern. Zusätzlich heben Baumeister und Campbell (1999) sowie Berkowitz (1999) hervor, dass das Böse für bestimmte Personen einen gewissen intrinsischen Reiz hat. Diese letztgenannten Befunde sollten uns vor der vereinfachenden Schlussfolgerung, „es sei alles aus der Situation heraus zu erklären", und von einer daraus resultierenden, moralisch vergebenden Haltung gegenüber den Tätern abhalten (Miller, Gordon & Buddie, 1999).

13.5.4 Die Dynamik von Gehorsam

Welche Prozesse entfalten in den Milgram-Experimenten ihre Wirkung? Welche Lehren können aus den Untersuchungen zum Gehorsam gezogen werden? Ist Gehorsam immer die einzige Alternative?

Nach Milgram sind in diesen Situationen drei miteinander verwobene Faktoren beteiligt: Erstens haben Versuchspersonen in seinen Experimenten und Menschen im Allgemeinen im Laufe ihres Lebens die Erfahrung gemacht, von Autoritätspersonen für Gehorsam belohnt zu werden, und sie haben die Erwartung aufgebaut, dass Autoritätspersonen vertrauenswürdig, glaubwürdig und legitim handeln. Zweitens kommen sowohl im Experiment als auch in der Realität bindende und verführerische Faktoren ins Spiel. Abgesehen von der Tatsache, dass es psychologische Schwellen gegen sofortigen Ungehorsam gibt, gleiten Menschen nur allmählich in Handlungen ab, die zunehmend schlimmere Folgen haben. Die subtile Weiterentwicklung und Eskalation von immer extremeren Verhaltensweisen spielt eine Schlüsselrolle dabei, zu verstehen, dass eigentlich moralisch denkende Menschen am Ende unzweifelhaft schlimme Handlungen begehen (Darley, 1992; Kelman & Hamilton, 1989). Ein drittes Erklärungskonzept wurde von Milgram eingeführt: der Begriff des „Abschiebens von Verantwortung" („agentic shift"), der sich auf die folgende subjektive Erfahrung (Rechtfertigung) bezieht: „Ich bin nicht verantwortlich dafür; mir wurde befohlen, so etwas zu tun." Diese Worte erinnern an die allerletzte Ausrede von Soldaten, Offizieren und anderen, die wegen Taten, an denen sie beteiligt waren, vor Gericht gebracht wurden. Die Verteidigung hoher nationalsozialistischer Offiziere nach dem Zweiten Weltkrieg (vgl. Abb. 13.13), des militärischen Personals nach dem Sturz der argentinischen Junta und der Mitglieder der ehemaligen DDR-Grenztruppen nach der Wiedervereinigung Deutschlands sind anschauliche Beispiele dafür.

Insgesamt und wie auch schon früher erwähnt, belegen sowohl die Tatsachen selbst als auch die dargestellte konzeptuelle Analyse die alles überwiegende Wirkung von situativen Faktoren und die Rolle ihrer subjektiven Wahrnehmung im Vergleich zu Determinanten, die in der Persönlichkeit begründet sind. Die Lektionen, die man aus der Untersuchung von Milgram lernen kann, dürfen nicht außer Acht gelassen werden. Natürlich ist es gleichermaßen gefährlich wie vereinfachend, wenn man versucht, dramatische historische Fälle von Folter und Tötung ausschließlich auf die Prozesse des Gehorsams gegenüber einer Autoritätsperson zu reduzieren (Miller, Collins & Brief, 1995). Dennoch bestätigt die Beobachtung, dass Menschen trotz Fehlens dieser anderen Faktoren wie etwa eines tiefen Gefühls der Frustration, wahrgenommener Bedrohung oder starker negativer Gefühle gegenüber einer Fremdgruppe dazu gebracht werden können, anderen einen schweren Schaden zuzufügen, die Lehren, die sich aus Milgrams Untersuchungen ableiten lassen, anstatt dass sie ihre Bedeutung mindert.

Experimente vom Typ des Milgram-Experiments werfen ernsthafte ethische Fragen auf und sollten dies auch. Rechtfertigen der wissenschaft-

Abb. 13.13. Bei den Nürnberger Prozessen nach dem Zweiten Weltkrieg versuchten sich viele prominente Nationalsozialisten mit dem Argument zu verteidigen, sie hätten nur „der Autorität gehorcht"

liche Nutzen und die moralische Lektion aus diesen Experimenten die Kosten und die mögliche Schädigung der teilnehmenden Versuchspersonen (Baumrind, 1964; Miller, Collins & Brief, 1995)? Unabhängig davon, wie Sie diese Frage beantworten, sollten Sie sich fragen, ob Ihre ethischen Vorbehalte ebenso groß gewesen wären, wenn diese Studien gezeigt hätten, dass Menschen tatsächlich den unmoralischen Anleitungen des Versuchsleiters widerstehen.

Trotz der pessimistischen Perspektive, die sich aus unserer Darstellung der Milgram-Experimente ergeben hat, sollte zum Schluss und sozusagen als „Gegenmittel" noch betont werden, dass die Menschen böswilligen Autoritätspersonen nicht immer gehorchen. Rochat und Modigliani (1995) beschreiben den faszinierenden Fall von Bürgern im französischen Dorf Le Chambon, die sich während des Zweiten Weltkriegs den Aufrufen der Behörden widersetzten, dass sie sich an der Verfolgung von Kriegsflüchtlingen beteiligen sollten, und die – trotz des Terrors – kollektiv an Aktionen teilnahmen, durch die tausende von Flüchtlingen gerettet wurden. Einer der Faktoren, der eine Schlüsselrolle dabei spielte, dass die Menschen diesen Weg beschritten und dabei blieben, war die Tatsache, dass der Widerstand gegen die Befehle der Behörden sofort einsetzte, inspiriert durch eine Predigt eines der Dorfpastoren. Wie von Miceli und Near (1992) im Kontext einer Organisation gezeigt wurde, kann im günstigsten Fall ein derartiges frühes „Läuten der Alarmglocke“ sogar eine bereits angelaufene Kette von Ereignissen unterbrechen, bevor es zu spät ist. Die Rolle des unverzüglichen Widerstandes als Faktor, der die Wahrscheinlichkeit späteren Gehorsams verringert, zeigt sich auch durch eine erneute Analyse einiger von Milgrams Daten durch Modigliani und Rochat (1995); die Autoren werteten die Audioaufnahmen der Gespräche zwischen dem Versuchsleiter und dem Lehrer inhaltsanalytisch aus. Von den Versuchspersonen, die früh im Experiment Anzeichen für verbalen Protest zeigten, verabreichten nur 17% mehr als 150 Volt (Mittelwert: 129 Volt) und nicht eine einzige Person war bis zum Ende gehorsam. Im Gegensatz dazu verabreichten von den Versuchspersonen, die erst später begannen, Protest zu zeigen, 58% Schocks zwischen 150 und 450 Volt und 42% waren bis zum Ende gehorsam (450 Volt). Diese Ergebnisse und unsere eigene oben erwähnte detaillierte Erklärung dessen, was in den Milgram-Experimenten geschah, offenbart, dass ein angemessenes Verständnis des „Gehorsams gegenüber Autoritätspersonen“ eine sorgfältige Analyse des dynamischen Zusammenspiels zwischen den festen bzw. strukturellen Situationsmerkmalen und dem sich entwickelnden Muster der Interaktionen zwischen der Autoritätsperson, der Versuchsperson und dem Opfer erfordert.

13.6 Zusammenfassung und Schlussfolgerungen

Nach einer Definition des sozialen Einflusses als einer Veränderung von Urteilen und Meinungen nach der Konfrontation mit dem Urteil und den Meinungen anderer Menschen wurde in diesem Kapitel zunächst der Mehrheits- und Minderheitseinfluss in Gruppen behandelt. Viele Experimente belegen die Tatsache, dass isolierte Menschen leicht durch eine einmütige Mehrheit beeinflussbar sind, auch wenn diese Mehrheit im Unrecht ist. Die Stärke dieses Konformitätseffekts hängt von einer Anzahl von Variablen ab, deren Rolle verstanden werden kann, wenn man sie mit den Mechanismen des informativen und normativen Einflusses in Beziehung setzt. Unter geeigneten Umständen kann jedoch die Mehrheit selbst durch eine aktive Minderheit beeinflusst werden. Neben einer Anzahl weiterer Variablen spielt bei diesem Effekt ein Verhaltensstil der Konsistenz aufseiten der Minderheit eine Schlüsselrolle. Somit können sowohl Mehrheiten als auch Minderheiten einflussreich sein, aber sie bewerkstelligen dies über teilweise unterschiedliche Mechanismen und mit teilweise unterschiedlichen Wirkungen. Wie in diesem Kapitel erläutert rufen Mehrheiten konvergentes Denken hervor, während Minderheiten divergentes Denken fördern. Infolgedessen üben Mehrheiten einen direkteren Einfluss auf die betreffende Zielperson aus, während Minderheiten kreativere Reaktionen hervorrufen und einen indirekteren Einfluss auf verwandte Themen erzeugen.

Als Nächstes wurde die Gruppenpolarisierung erörtert. Dieser Vorgang bezieht sich auf die Beobachtung, dass sich die Reaktionen nach einer

Gruppendiskussion in die Richtung polarisieren, zu der die Gruppe bereits vor der Diskussionen neigte. Zwei der dargestellten Erklärungen ähneln jenen, die früher für Konformitätseffekte gegeben wurden. Gruppenpolarisierung besteht, weil sich die Menschen in Richtung auf die positiv bewertete Gruppennorm bewegen wollen oder weil sie sich durch den informativen Wert der Argumente, die von anderen Gruppenmitgliedern gegeben werden, überzeugen lassen. Eine letzte Erklärung schließlich, die auf der Selbstkategorisierungstheorie beruht, versucht, beide Perspektiven miteinander zu vereinen, und lenkt unsere Aufmerksamkeit zusätzlich auf den Intergruppenkontext, in dem Gruppendiskussionen stattfinden. In extremen Fällen können die Prozesse, die bei einer Gruppenpolarisierung ablaufen, eine Gruppe zu einer sehr einseitigen Analyse des Diskussionsthemas verleiten; dadurch können sie zu falschen und unrealistischen Urteilen und Entscheidungen führen. Im Abschnitt über „Gruppendenken" wurden die Mechanismen skizziert, die eine Rolle beim Zustandekommen dieses negativen Effekts von Gruppendiskussionen spielen.

Das letzte Thema dieses Kapitels war Gehorsam gegenüber einer Autoritätsperson. Nach der Beschreibung der bekannten Milgram-Experimente, bei denen Menschen dazu gebracht wurden, einer unschuldigen anderen Person Schaden zuzufügen, weil „das Experiment erfordert, dass Sie das tun", folgte eine Analyse des Einflusses vorwiegend situativer Faktoren auf dieses Verhalten und eine Erörterung der vermittelnden Mechanismen.

Auch wenn die Unvollkommenheiten einiger der „kleinen" Experimente, die in sozialpsychologischen Labors durchgeführt werden, Fragen und Zweifel bei Leserinnen und Lesern hinterlassen mögen, bieten die unterschiedlichen Forschungsrichtungen, die hier skizziert wurden, doch wertvolle Perspektiven zum Verständnis von großen und kleinen Ereignissen des Alltags und aus der Geschichte. Die politischen Umwälzungen Ende der Achtzigerjahre in den osteuropäischen Ländern, die Abschaffung der Apartheid in Südafrika, die Massenmorde in Ruanda, Bosnien, im Kosovo und an anderen Orten sowie der Gruppenselbstmord der Mitglieder einer Sekte in der Schweiz sind nur einige Beispiele für die dramatischen Ereignisse, bei denen sozialer Einfluss in der einen oder anderen Form eine Schlüsselrolle spielte. Gleichzeitig – und vielleicht weniger offensichtlich – ist sozialer Einfluss ein wesentlicher Bestandteil unseres sozialen Alltags: Wodurch wird festgelegt, welche Kleider wir tragen, wo wir unsere Ferien verbringen, welche Filme wir uns im Kino anschauen? Ist bei einer gründlichen Analyse überhaupt irgendein Verhalten, Denken oder Empfinden vorstellbar, das nicht zumindest teilweise das Ergebnis von Prozessen sozialen Einflusses ist?

FRAGEN ZUM TEXT

1. Warum liefert normativer Einfluss nur eine partielle Erklärung für den Mehrheitseinfluss?
2. Glauben Sie, dass im Vergleich mit der Fehlerrate von 37%, die von Asch in seiner Konformitätsstudie beobachtet wurde, die Fehlerrate von 8% in der Innovationsstudie von Moscovici auf einen beträchtlichen oder einen geringfügigen Effekt hindeutet?
3. Was wollten Moscovici und Personnaz mit ihrer Nachbildstudie zeigen? Welche Schlussfolgerungen können tatsächlich daraus gezogen werden?
4. Wie würden Sie eine Minderheitengruppe beraten, wenn Sie nach Strategien gefragt würden, die sie anwenden könnte, um eine Mehrheit zu beeinflussen?
5. Turner erklärt Gruppenpolarisierung durch Selbstkategorisierung: Was sind Ihrer Meinung nach die entscheidenden Vorteile dieses Ansatzes gegenüber älteren Theorien?
6. Welche Vorsichtsmaßnahmen kann eine Gruppe ergreifen, um zu verhindern, dass es zu „Gruppendenken“ kommt? Welche Strategien sind wirksam und welche weniger wirksam?
7. Wie lässt sich erklären, warum die Versuchspersonen im Experiment von Milgram so gehorsam waren?
8. Sind Sie auch der Meinung, dass die von Milgram geschaffene experimentelle Situation die entscheidenden Eigenschaften der Situationen aus der außerexperimentellen Realität wiedergibt, mit denen sie oft verglichen wird?

Empfohlene Literatur

Allen, V.L. (1975). Social support for nonconformity. In L. Berkowitz (Ed.), *Advances in Experimental Social Psychology* (Vol. 8, pp. 1–43). New York: Academic Press. Eine detaillierte Erläuterung der Theorie und der Forschung im Hinblick auf die Faktoren, die zu einer Verringerung der Konformität gegenüber einer Mehrheit führen.

Asch, S.E. (1956). Studies of independence and conformity: A minority of one against a unanimous majority. *Psychological Monographs, 70* (9, gesamte Ausgabe Nr. 416). Dieser Text beschreibt Aschs eigene Erklärung seiner berühmten Konformitätsexperimente. Die beste Art, etwas über diese Studien zu erfahren, besteht darin, sie aus erster Hand zu lesen.

Janis, I.L. (1972). *Victims of groupthink.* Boston: Houghton Mifflin. Dieses Buch beschreibt Janis' Theorie des Gruppendenkens und ist umfangreich mit Materialien aus Fallstudien illustriert.

Milgram, S. (1974). *Obedience to authority.* New York: Harper & Row. Milgrams eigene dramatische, in einer hohen Auflage erschienene Geschichte seiner vielen Experimente zum Gehorsam gegenüber Autorität.

Miller, A.G., Collins, B.E. & Brief, D.E. (Eds.). (1995). Perspectives on obedience to authority: The legacy of the Milgram experiments. *Journal of Social Issues, 51,* 1–212. Ein Sonderheft des *Journal of Social Issues,* das sich gänzlich den Reaktionen auf Milgrams Forschung zum Gehorsam und neuen Einsichten zum Verständnis gehorsamen und nicht gehorsamen Verhaltens widmet.

Moscovici, S. (1980). Toward a theory of conversion behaviour. In L. Berkowitz (Ed.), *Advances in Experimental Social Psychology* (Vol. 13, pp. 208–239). New York: Academic Press. Eine Darstellung von Moscovicis Hypothesen zur Beziehung zwischen der Einflussquelle (Mehrheit oder Minderheit) und der Ebene des Effekts (Einwilligung oder Konversion); sie wird durch einen Überblick über die relevanten experimentellen Untersuchungen ergänzt.

Turner, J.C. (1991). *Social influence.* Buckingham: Open University Press. Eine anregende Analyse eines breiten Spektrums von Phänomenen des sozialen Einflusses aus der Perspektive der Selbstkategorisierungstheorie.

Schlüsseluntersuchungen

Milgram, S. (1963). Behavioral study of obedience. *Journal of Abnormal and Social Psychology, 67,* 371–378.

Moscovici, S., Lage, E. & Naffrechoux, M. (1969). Influence of a consistent minority on the responses of a majority in a color perception task. *Sociometry, 32,* 365–380.

14 Gruppenleistung

Henk Wilke und Arjaan Wit

Inhalt

Wenn man statt allein in einer aufgabenbezogenen Gruppe arbeitet, kann dies Vor- und Nachteile haben. Auf einer individuellen Ebene wird die Leistung der Gruppenmitglieder entweder gefördert oder beeinträchtigt, wenn sie in Anwesenheit anderer arbeiten. Auch auf einer Gruppenebene können, wenn man die Beiträge der Gruppenmitglieder zu einem Gruppenprodukt zusammenführt, Prozessverluste und Prozessgewinne die Folge sein. Zur Veranschaulichung konzentrieren wir uns auf drei spezifische gemeinsame Aufgabenaktivitäten: das Hervorbringen von Ideen, das Sammeln von Informationen und das Fällen von Entscheidungen. Das vorliegende Kapitel beschäftigt sich damit, wie Prozessverluste erklärt werden können. Außerdem verfolgt es das Ziel, gewissermaßen vorläufige Richtlinien dafür zu entwickeln, wie man sicherstellen kann, dass die Gruppenmitglieder davon profitieren, wenn sie, statt allein zu arbeiten, gemeinsam in einer Gruppe zusammenarbeiten. Wenn man die Ressourcen der Gruppenmitglieder optimal einsetzen

möchte, so sind Maßnahmen erforderlich, um gegen Koordinierungsverluste, Motivationsverluste und dysfunktionale Prozesse bei der Statusorganisation anzugehen; auch dies wird hier erörtert.

14.1 Einleitung

Wir verbringen einen großen Teil unseres Lebens in Gruppen. Wir leben in Familien, arbeiten in Organisationen und ganz oft verbringen wir unsere Freizeit bei gemeinsamen Aktivitäten mit anderen. Dieses Kapitel beschäftigt sich vor allem mit der Leistung in aufgabenbezogenen Gruppen, speziell mit Prozessen, die etwas mit dem Problemlösen, der Produktivität und dem Erreichen von Zielen zu tun haben. Der Grundgedanke ist Folgender: Wenn man sich die unterschiedlichen Gründe ansieht, warum Menschen in Gruppen zusammenkommen können und dies auch tun, besteht ein Hauptanziehungspunkt darin, dass sie kooperativ gemeinsame Ziele verfolgen. Arbeitsgruppen in der Industrie, Musikgruppen, Mitglieder eines Vorstands, Mannschaften im Sport und Brainstorminggruppen sind nur einige wenige Beispiele für solche aufgabenbezogenen Gruppen. Oder nehmen Sie z. B. eine Gruppe von Studenten, die an einem Forschungsprojekt arbeiten oder die als Mitglieder eines beratenden Ausschusses die Aufgabe bekommen haben, Vorschläge für die Erneuerung des Curriculums zu formulieren. Dieses Kapitel wird sich mit der Frage beschäftigen, wie die individuelle Leistung der Gruppenmitglieder dadurch beeinflusst wird, dass sie jeweils in Anwesenheit anderer arbeiten, wie ihre einzelnen Beiträge zu einem Gruppenprodukt zusammengefügt werden sollten, wie ihre eigene aufgabenbezogene Motivation von den Anstrengungen der Mitglieder ihrer Gruppe abhängt und welchen Einfluss Rollen- und Statusdifferenzierung unter den Mitgliedern auf die Gruppenproduktivität haben. Bevor wir Genaueres zu diesen Themen sagen, wollen wir jedoch zunächst einige der wichtigsten Begriffe dieses Kapitels einführen.

14.2 Bestimmungsfaktoren der Gruppenleistung

Wie hängen die Anforderungen der Aufgabe, die verfügbaren Ressourcen und die sozialen Prozesse, durch die die verfügbaren Ressourcen zu einem Gruppenprodukt zusammengeführt werden, mit der potenziellen und der tatsächlichen Gruppenleistung zusammen?

Potenzielle Gruppenleistung („potential productivity"): Die Leistung, die eine Gruppe erbringen kann, wenn sie die ihr zur Verfügung stehenden Ressourcen – wie etwa relevantes Wissen, Fähigkeiten, Fertigkeiten, Werkzeuge, Zeit und Geld – optimal (d. h. ohne Prozessverluste) einsetzt, um den Anforderungen der Aufgabe gerecht zu werden.

Die **potenzielle Gruppenleistung** bezieht sich auf die Leistung, die eine Gruppe erbringen kann, wenn sie die ihr zur Verfügung stehenden Ressourcen – wie etwa relevantes Wissen, Fähigkeiten, Fertigkeiten, Werkzeuge, Zeit und Geld – optimal einsetzt, um den Anforderungen der Aufgabe gerecht zu werden. Wenn die Mitglieder einer Gruppe, gemeinsam oder individuell, die erforderlichen Ressourcen besitzen, hat die Gruppe ein größeres Potenzial, um den Anforderungen der Aufgabe gerecht zu werden, als wenn es der Gruppe an einigen der notwendigen Ressourcen mangelt. Aus dem Alltag wissen wir jedoch, dass die Verfügbarkeit aller erforderlichen Ressourcen keine Garantie dafür bietet, dass die Gruppe auch tatsächlich eine hohe Leistung erbringt. Warum wird die hohe potenzielle Leistung nicht immer erreicht?

14.2.1 Prozessverluste und Prozessgewinne

Individuelle Mitglieder aufgabenbezogener Gruppen begehen eine Vielzahl von Fehlern und Unterlassungen. Wenn solche Fälle von Nachlässigkeit aus dem einen oder anderen Grund nicht von anderen erfahrenen Gruppenmitgliedern korrigiert werden, sinkt die Gruppenleistung unter ihr Potenzial ab. Stellen Sie sich beispielsweise vor, dass Sie einigen Personen eine Minute Zeit gegeben haben, um das folgende Problem individuell zu lösen: „Ein Mann hat für $ 60,– ein Pferd gekauft und es für $ 70,– verkauft. Dann hat er es für $ 80,– zurückgekauft und es für $ 90,– wieder verkauft. Wie viel Geld hat er bei dem Geschäft verdient?“ Stellen Sie sich weiter vor, dass Sie danach aus diesen Personen Kleingruppen gebildet hätten, um das gleiche Problem zu diskutieren. Sie würden dann die Entdeckung machen, dass fast alle Gruppen einen Konsens über die Lösung erzielen. Die meisten Gruppen würden die richtige Lösung ($ 20,–) liefern. In Gruppen jedoch, in denen ursprünglich nur wenige Mitglieder das Problem richtig gelöst haben, wäre die Gruppenlösung am Ende falsch (Thomas & Fink, 1961). Beim Prozess der Suche nach einem Konsens werden die der Gruppe zur Verfügung stehenden Ressourcen nicht immer in optimaler Weise miteinander kombiniert. Dieses Beispiel dafür, wie **Prozessverluste** dazu führen können, dass die tatsächliche Gruppenleistung hinter ihrem Potenzial zurückbleibt, kann durch folgende Gleichung beschrieben werden (Davis, 1969; Laughlin, 1980; Steiner, 1972, 1976):

Prozessverluste („process losses“): Gruppenprozesse, die verhindern, dass eine Gruppe ihre potenzielle Produktivität erreicht. Zu derartigen Verlusten gehören Koordinierungs- und Motivationsverluste.

▶ Tatsächliche Leistung = potenzielle Leistung – Prozessverluste

Trotz der Gefahr von Prozessverlusten ziehen es viele Menschen vor, gemeinsam an einer Aufgabe zu arbeiten, da sie im Allgemeinen annehmen, dass eine kooperative Interaktion Spaß macht, angenehm und interessant ist (was ja sehr oft stimmt) und im Hinblick auf Effektivität und Kreativität mit zahlreichen Gewinnen einhergehen kann. Eine weit verbreitete Überzeugung lautet z.B., dass es zu fruchtbareren Vorschlägen kommt, wenn man in interaktiven Brainstormingsitzungen Ideen hervorbringt, als wenn Menschen ihre Gedanken und Ideen nicht miteinander teilen. Weiterhin können Ihnen erfahrene Sportler sagen, dass ein Auftritt in Anwesenheit anderer Menschen, sei es nun ein passives Publikum oder seien es aktiv teilnehmende Mannschaftsmitglieder, Großtaten an Stärke und Durchhaltevermögen möglich macht, die über ihre eigenen Erwartungen und die anderer Menschen hinausgehen. Später in diesem Kapitel werden wir auf diese Beispiele zurückkommen; sie verweisen darauf, dass die Ausführung einer Aufgabe in Gruppen nicht nur durch Prozessverluste beeinträchtigt wird, sondern manchmal auch zu Produktivitätsgewinnen führen kann. Hier soll es reichen, die angemessenere Form der Gleichung zu präsentieren (Hackman & Morris, 1975):

▶ Tatsächliche Leistung = potenzielle Leistung – Prozessverluste
+ Prozessgewinne

Das vorliegende Kapitel beschäftigt sich mit der Frage, wie Prozessverluste bei einer aufgabenbezogenen Gruppe erklärt werden können und wie sie verhindert werden sollten. Zudem hat sich dieses Kapitel zum Ziel gesetzt, einige vorläufige Anleitungen dafür zu liefern, wie man sicherstellen kann, dass eine Gruppe von der Zusammenarbeit in der Gruppe profitiert. Bevor wir aber auf die Gruppenprozesse eingehen, die ablaufen, wenn Gruppenmitglieder miteinander interagieren, um ihre individuellen Ressourcen zu einem Gruppenprodukt zu vereinen, werden wir uns zunächst mit den hemmenden und fördernden Effekten befassen, die auftreten, wenn Menschen Leistungen in Anwesenheit anderer Menschen erbringen müssen.

14.3 Individuelle Leistung im sozialen Kontext

Wie wird die individuelle Leistung eines Gruppenmitglieds bei einer Aufgabe dadurch beeinflusst, dass andere anwesend sind und es nicht allein ist?

Bereits 1898 beobachtete Triplett, dass Radrennfahrer schneller fahren, wenn sie zusammen statt allein fahren. In den folgenden Jahren wurden zu dieser Frage zahlreiche Experimente mit einer breiten Vielfalt von Aufgaben durchgeführt. In einigen Studien führte die Gegenwart anderer zu einer Leistungsverbesserung, in anderen hingegen schien sie die Leistung zu beeinträchtigen. So fand etwa Travis (1925), dass geübte Versuchspersonen bei einer einfachen Auge-Hand-Koordinierung vor Publikum besser abschnitten, als wenn sie allein arbeiteten. In Pessins (1933) Untersuchung, bei der die Versuchspersonen Listen sinnloser Silben allein oder vor einem Publikum lernen mussten, wurden fördernde *und* hemmende Effekte bei Anwesenheit anderer Menschen gefunden. Pessin zeigte, dass eine Folge sieben sinnloser Silben im Schnitt schneller gelernt wurde und die mittlere Fehleranzahl während des Erwerbs kleiner war, wenn die Versuchspersonen allein arbeiteten. Pessin testete dieselben Versuchspersonen später erneut. Hier war es die Aufgabe der Versuchspersonen, die ursprüngliche Liste allein oder vor einem Publikum noch einmal zu lernen. Diesmal zeigten die Ergebnisse jedoch, dass erheblich weniger Durchgänge in der Publikumsbedingung als in der Allein-Bedingung erforderlich waren, um die Liste erneut zu lernen und sie korrekt zu reproduzieren. Diese und weitere Forschungsbefunde ließen Wissenschaftler viele Jahre lang in der unbefriedigenden Lage, davon ausgehen zu müssen, dass Individuen, die in Gegenwart anderer eine Leistung erbringen müssen, besser abschneiden, als wenn sie alleine arbeiten, aber manchmal auch schlechtere Leistungen erbringen. Es blieb Zajonc (1965) überlassen, eine Erklärung für diese widersprüchlichen Forschungsbefunde zu entwickeln.

14.3.1 Die bloße Anwesenheit

Zajonc schlug vor, dass die bloße Anwesenheit anderer bei gut gelernten oder leichten Aufgaben zu verbesserter Leistung führt, aber zu einer Leistungsbeeinträchtigung bei Aufgaben, die (noch) nicht gut gelernt sind und die deshalb als schwierig oder komplex empfunden werden. Die bloße Anwesenheit anderer erleichtert die Auslösung von Reaktionen, die im Verhaltensrepertoire eines Individuums Vorrang haben (die so genannten **dominanten Reaktionen**, die eine größere Wahrscheinlichkeit haben, ausgelöst zu werden, als andere Reaktionen); sie hemmt jedoch die Auslösung neuartiger und komplizierter Reaktionen, die das Individuum vorher noch nie oder nur selten ausgeführt hat (die so genannten **nichtdominanten Reaktionen**). Wenn die verstärkte Auslösung gut gelernter Reaktionen (**soziale Erleichterung**) und die Hemmung neuartiger Reaktionen (**soziale Hemmung**) für die erfolgreiche Ausführung einer Aufgabe angemessen sind, dann werden Menschen bessere Leistungen zeigen, wenn andere anwesend sind, als wenn sie allein arbeiten. Deshalb können Unterschiede in Bezug auf die Aufgabenschwierigkeit – auf der Grundlage von Fertigkeiten und Vorerfahrungen der Menschen mit der Aufgabe – als Erklärung für die scheinbar widersprüchlichen Ergebnisse dienen, die man in den älteren Untersuchungen von Triplett (1898), Travis (1925) und Pessin (1933) fand. In Anwesenheit anderer Personen Fahrrad zu fahren, andere gut gelernte körperliche motorische Fertigkeiten zu zeigen oder eine bereits eingehend gelernte Liste sinnloser Silben erneut zu lernen, sollte zu einer besseren Leistung führen, als wenn man allein arbeitet. Wenn die Erleichterung dominanter Reaktionen und die Hemmung nichtdominanter Reaktionen jedoch für die erfolgreiche Ausführung einer Aufgabe unangemessen sind, wird die Anwesenheit anderer die aufgabenbezogene Leistung beeinträchtigen. Bei Aufgaben, die komplexes Schlussfolgern voraussetzen, oder bei Problemlöseaufgaben, die Konzentration und eine vielschichtige kognitive Aktivität erfordern, ist die Wahrscheinlichkeit hoch, dass man schlecht durchdachte Reaktionen zeigt. Wenn starke (und multiple) unangemessene Reaktionstendenzen zuungunsten der erforderlichen, nichtdominanten Reaktionen vorherrschen, stört die Anwesenheit anderer bei der erfolgreichen Ausführung der Aufgabe.

Warum wird durch die bloße Anwesenheit anderer die Auslösung dominanter Reaktionen wahrscheinlicher? Auf der Grundlage der Triebtheorie von Hull und Spence (s. Spence, 1956) nimmt Zajonc (1980) an, dass die physische Anwesenheit anderer als angeborene Reaktion eine Zunah-

Dominante Reaktionen („dominant responses"): Reaktionen, die im Verhaltensrepertoire einer Person Vorrang haben (d.h. die höchste Wahrscheinlichkeit in einer Hierarchie konkurrierender Reaktionen), wie etwa gut gelernte oder instinktive Reaktionen.

Nichtdominante Reaktionen („nondominant responses"): Neuartige, komplizierte oder zuvor nicht probierte Reaktionen, die das Individuum bisher nie (oder nur selten) ausgeführt hat.

Soziale Erleichterung („social facilitation"): Zunahme dominanter Reaktionen aufgrund der Anwesenheit anderer Personen.

Soziale Hemmung („social inhibition"): Abnahme nichtdominanter Reaktionen infolge der Anwesenheit anderer Personen.

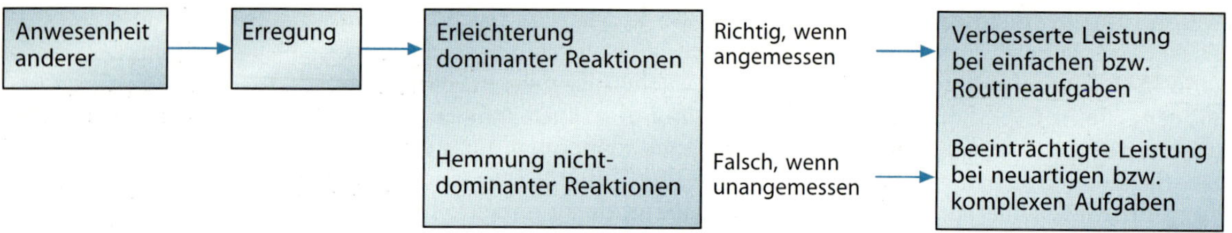

Abb. 14.1. Zajoncs Erklärung für soziale Erleichterung und soziale Hemmung

me der Erregung zur Folge hat. Dies erhöht die Auftretenswahrscheinlichkeit dominanter Reaktionen auf Kosten nichtdominanter Reaktionen. Die Beziehung zwischen der Anwesenheit anderer, Erregung, der Angemessenheit sozial erleichterter oder gehemmter Reaktionen und dem Leistungsniveau ist in Abb. 14.1 dargestellt. Wie wir weiter unten erläutern werden, liefern spätere Veröffentlichungen jedoch andere Erklärungen für soziale Erleichterung und Hemmung („social facilitation and inhibition", abgekürzt SFI).

14.3.2 Bewertungserwartung

Cottrell (1968, 1972) war einer der ersten, der die Erklärung von Zajonc erweiterte, indem er vorschlug, dass die Zunahme der Erregung eher eine erlernte Reaktion bei Anwesenheit anderer sei als eine angeborene Reaktion. Nach Cottrell haben Personen, die eine Aufgabe ausführen, gelernt, die Anwesenheit anderer Menschen mit der Bewertung ihrer Leistung zu assoziieren; dies wiederum wird mit der Erwartung positiver oder negativer Konsequenzen verbunden. Nach diesen Überlegungen wird die Anwesenheit anderer *nur dann* Erregung und die damit einhergehende Erleichterung dominanter Reaktionen (und Hemmung nichtdominanter Reaktionen) auslösen, wenn die Person, die die Aufgabe durchführt, erwartet, von diesen anderen bewertet zu werden. Der Unterschied zwischen den beiden Erklärungen ist in Teil a und b von Abb. 14.2 dargestellt.

Bewertungserwartung („evaluation apprehension"): Die Sorge, von anderen beurteilt zu werden.

Obwohl man Schwierigkeiten haben könnte, Cottrells Konzept der **Bewertungserwartung** auf Kakerlaken, Ameisen und Hühner anzuwenden, bei denen sich ebenfalls SFI-Effekte nachweisen ließen (Clayton, 1978; Zajonc, Heingartner & Herman, 1969), oder auf Aufgaben, wie etwa das Essen und Trinken, bei dem die Bewertung als wenig bedrohlich erlebt wird (Markus, 1978), wird die Erklärung von Cottrell durch einige Experimente gestützt. Es ist gezeigt worden, dass SFI-Effekte oft verschwinden, wenn die Salienz der Bewertungserwartung verringert wird. Dies kann dadurch geschehen, dass man denen, die die Aufgabe ausführen, gestattet, ihre Reaktionen privat, anstatt öffentlich abzugeben, oder vor Zuschauern, denen es unmöglich gemacht wurde, die Leistung zu bewerten (Henchy & Glass, 1968; Sasfy & Okun, 1974). Weitere Stützung für diese These ergab sich aus Untersuchungen, die zeigten, dass es nicht die Aufgabenschwierigkeit

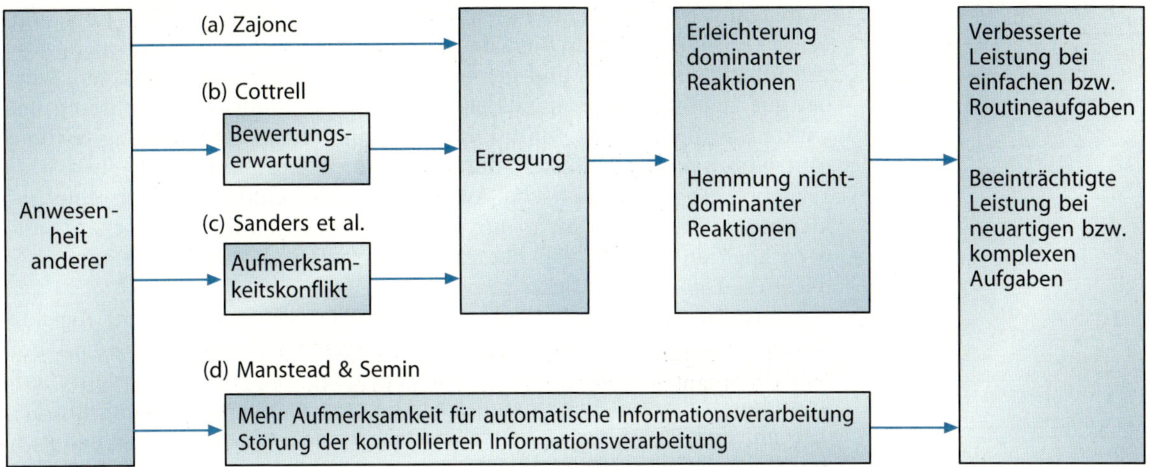

Abb. 14.2. Überblick über die Erklärungen für soziale Erleichterung und soziale Hemmung

als solche ist, die für die Leistungsverbesserung (oder -verschlechterung) verantwortlich ist, sondern die subjektive Erwartung, dass man gute (oder schlechte) Leistungen zeigen wird oder dass man positive (oder negative) Reaktionen zu erwarten hat (Sanna, 1992; Sanna & Shotland, 1990). Somit ist die Sorge der Menschen, bewertet zu werden, eindeutig Bestandteil der Erklärung von SFI-Phänomenen.

14.3.3 Aufmerksamkeitskonflikt

Eine weitere Erklärung dafür, warum die Anwesenheit anderer erregend sein könnte, wurde von Sanders, Baron und Moore (1978, 1981) vorgeschlagen. Nach diesen Autoren erzeugt die Anwesenheit anderer einen Reaktionskonflikt zwischen der Tendenz, sich völlig auf die Aufgabe zu konzentrieren und der Tendenz, auf die anderen Menschen zu achten. Die Anwesenheit anderer kann ablenkend wirken wegen der Geräusche oder der Gesten, wegen der erwarteten Reaktionen der Zustimmung oder Ablehnung und wegen der Tendenz von Menschen, soziale Vergleiche anzustellen. Da sich ein Teil der Aufmerksamkeit, die benötigt wird, um den Anforderungen der Aufgabe gerecht zu werden, auf andere Menschen richten wird, kann man bei allen Arten von Aufgaben, seien sie nun gut gelernt oder nicht so gut, eine allgemeine Beeinträchtigung der Aufgabenleistung erwarten. Allerdings wird diese Beeinträchtigung bei nicht gut gelernten, komplexen Aufgaben größer sein als bei gut gelernten, einfachen Aufgaben. Diese Ablenkung stört die Aufmerksamkeit, die man der Aufgabe widmet, und erzeugt einen internen Reaktionskonflikt, der nur durch größere Anstrengung bewältigt werden kann. Der Aufmerksamkeitskonflikt führt zu einer Erhöhung des Erregungsniveaus, was wiederum die Auftretenswahrscheinlichkeit der dominanten Reaktionen erhöht und die der nichtdominanten Reaktionen vermindert (s. Abb. 14.2, Teil c, S. 503). Während sich bei komplexen Aufgaben die beiden negativen Effekte summieren und gemeinsam die Leistung beeinträchtigen, wird bei gut gelernten oder einfachen Aufgaben die durch die Ablenkung bewirkte (geringe) Beeinträchtigung durch die infolge der Erregung erhöhte Auftretenswahrscheinlichkeit der dominanten Reaktionen mehr als ausgeglichen. Der hypothetische Aufmerksamkeitskonflikt ist auch eine Erklärung dafür, warum nicht nur die Anwesenheit anderer Menschen, sondern auch andere Formen der Ablenkung wie etwa Geräusche oder aufblitzende Lichter SFI-Effekte hervorrufen.

Manstead und Semin (1980) konzentrierten sich ebenfalls auf Aspekte der Informationsverarbeitung bei der Aufgabenleistung. Aufbauend auf Shiffrin und Schneiders (1977) Unterscheidung zwischen „automatischer" und „kontrollierter" Informationsverarbeitung nahmen Manstead und Semin an, dass die Anwesenheit eines bewertenden Publikums denjenigen, der die Aufgabe ausführt, dazu motiviert, mehr Aufmerksamkeit auf den Fortschritt bei den automatischen Aufgabensequenzen zu richten; dies führt im Allgemeinen zu einer verbesserten Leistung bei Routineaufgaben. Erfordert die Aufgabe eine kognitiv kontrollierte Verarbeitung, dann beeinträchtigt die Anwesenheit anderer Personen die Leistung, weil die Aufmerksamkeit, die man dem Publikum widmet, von den Aufmerksamkeit beanspruchenden Anforderungen der Aufgabe abgezogen wird (s. Teil d in Abb. 14.2, S. 503).

14.3.4 Ein Multifassetten-Ansatz

In den letzten zehn Jahren wurde der Gedanke aufgegeben, dass man für die SFI-Effekte eine einheitliche Erklärung finden könne. Stattdessen ging man zu einem Multifassetten-Ansatz über, um zu erklären, warum der Effekt der Anwesenheit anderer auf die individuelle Aufgabenleistung nicht mehr positiv, sondern schädlich ist, wenn die wahrgenommene Komplexität der Aufgabe zunimmt (Guerin, 1993). Bei Lernaufgaben kann die Anwesenheit anderer stören, weil Lernen voraussetzt, dass die wahrscheinlichsten (dominanten) Reaktionen noch nicht die richtigen sind. Sind die erforderlichen Reaktionen jedoch gut gelernt und zur Routine geworden, kann die Anwesenheit anderer zur Verbesserung der Leistung beitragen. Unter dem Aspekt, dass die meisten Aufgaben im Alltag sowohl Routineals auch Nichtroutineaktivitäten enthalten, ist es wichtig, die Ergebnisse einer umfassenden Metaanalyse von 241 SFI-Studien durch Bond und Titus (1983) zu erwähnen. Sie kamen zu der Schlussfolgerung, dass die Prozessgewinne bei einfachen, gut gelernten Aufgaben oft nicht so groß sind wie die Prozessverluste bei komplexen, nicht gut gelernten Aufgaben. Die Metaanalyse der Autoren weist auch darauf hin, dass die bloße Anwesenheit anderer nur drei Prozent der Varianz der individuellen Produktivität erklärt. Für sich genommen können SFI nur ein Teil der Erklärung dafür sein, warum die tatsächliche Gruppenleistung hinter ihrem Potenzial zurückbleiben kann. Um auf andere Ursachen für Produktivitätsverluste und -gewinne zu kommen, werden wir unsere Aufmerksamkeit nun von nichtinteraktiven Leistungskontexten abwenden und uns interaktiven Kontexten zuwenden, in denen die erfolgreiche Ausführung einer Aufgabe Koordinierung, Arbeitsteilung und eine Zusammenführung der einzelnen Beiträge der Gruppenmitglieder zu einem Gruppenprodukt erfordert.

14.4 Zusammenführung der individuellen Ressourcen zu einem Gruppenprodukt

Welche Faktoren bestimmen die Gruppenleistung, wenn die Gruppenmitglieder nicht nur in Anwesenheit der anderen arbeiten, sondern wenn sie auch ihre individuellen Ressourcen zu einem Gruppenprodukt zusammenführen müssen?

Nachdem wir beschrieben haben, wie die Leistung der individuellen Gruppenmitglieder bei einer Aufgabe durch die bloße Anwesenheit anderer Personen beeinflusst sein kann, werden wir nun einen Schritt weiter gehen und die Interaktionen zwischen Gruppenmitgliedern betrachten, die beim Erreichen des Gruppenerfolgs aufeinander angewiesen sind.

14.4.1 Interdependenz

Bei aufgabenbezogenen Gruppen hängen die Handlungsergebnisse eines Gruppenmitglieds nicht nur von seiner eigenen Leistung ab, sondern auch von der Leistung der anderen Gruppenmitglieder. Deutsch (1949a; s. auch Kap. 11 in diesem Band) unterschied zwischen zwei grundlegenden Arten der Interdependenz, nämlich kooperativer und wettbewerbsorientierter Interdependenz. In dem Maße, in dem die erfolgreiche Leistung eines Gruppenmitglieds den Erfolg der übrigen Gruppenmitglieder vorantreibt, sind sie **kooperativ interdependent**. Solange ihre privaten Interessen die gleichen sind, werden die Gruppenmitglieder motiviert sein, ihre individuellen Ressourcen wie etwa Aufwand, Wissen, Zeit oder Geld beizutragen, damit sie ihren gemeinsamen Interessen dienen. Wenn z. B. die Vorsitzende des zuvor erwähnten Curriculumausschusses die Mitglieder um schriftliche Vorschläge bittet, ist es im gemeinsamen Interesse, dass die individuellen Vorschläge pünktlich eingereicht werden. Niemandem nutzt es, wenn er dies zu spät tut. Koordinierung wird durch eindeutige Kommunikation über die zeitliche Planung gemeinsamer Handlungen, über Termine und über die Reihenfolge, in der die Ressourcen der Gruppenmitglieder zusammengeführt werden sollten, gefördert. Die Interaktionen zwischen den Gruppenmitgliedern sollten so organisiert sein, dass die verfügbaren Ressourcen in optimaler Weise zu einem Gruppenprodukt zusammengeführt werden. Wenn die Gruppe dies nicht schafft, leidet sie unter der ersten Art von Prozessverlusten, den so genannten **Koordinierungsverlusten** (Steiner, 1972).

Kooperative Interdependenz („cooperative interdependence"):
Eine Aufgabensituation, bei der der Erfolg jedes Mitglieds der Gruppe die Chancen für einen Erfolg der anderen Mitglieder verbessert.

Koordinierungsverluste („coordination losses"):
Abnahme der Gruppenproduktivität im Vergleich zur individuellen Produktivität aufgrund der Unfähigkeit der Gruppenmitglieder, ihre Ressourcen auf optimale Weise zusammenzuführen.

Wettbewerbsorientierte Interdependenz („competitive interdependence"):
Eine Aufgabensituation, in der jedes Mitglied der Gruppe nur erfolgreich sein wird, wenn (ein) andere(s) Mitglied(er) der Gruppe versagen(-t).

Interdependenz mit gemischten Motiven („mixed-motive interdependence"):
Eine Aufgabensituation, bei der die Gruppenmitglieder sowohl kooperativ als auch wettbewerbsorientiert interdependent sind.

Motivationsverluste („motivation losses"):
Ineffizienz, die das Ergebnis mehr oder weniger bewusster Reduzierung der Motivation darstellt, sein Bestes für die Gruppe zu geben.

Zur Gruppenarbeit gehört jedoch fast immer eine Mischung aus kooperativen *und* wettbewerbsorientierten Motiven. Gruppenmitglieder sind in dem Maße **wettbewerbsorientiert interdependent**, in dem positive Handlungsergebnisse für ein Gruppenmitglied negative Handlungsergebnisse für die anderen Gruppenmitglieder enthalten. Zum Beispiel kann die Wahl eines Vorsitzenden, die Aufteilung des Budgets der Gruppe oder der gemeinsamen Arbeitsbelastung unter den Gruppenmitgliedern wettbewerbsorientierte Motive auslösen. Die Mischung aus kooperativer und wettbewerbsorientierter Interdependenz in fast jeder aufgabenbezogenen Gruppe (**Interdependenz mit gemischten Motiven**) motiviert die Gruppenmitglieder, dem gemeinsamen Interesse zu dienen, aber motiviert sie gleichzeitig auch, in ihrem eigenen Interesse zu handeln; denn das, was man für sich selbst erreicht (z.B. höheren Status, einen größeren Anteil am Budget, einen kleineren Anteil an der gemeinsamen Arbeitsbelastung), kann nur auf Kosten der übrigen Gruppenmitglieder gehen. Selbst wenn kooperative Motive in einer bestimmten aufgabenbezogenen Gruppe vorherrschend sind, kann die Mischung aus kooperativen und wettbewerbsorientierten Motiven die Gruppenmitglieder immer noch dazu bringen, ihre eigenen Anstrengungen für die Gruppe (un)bewusst zu verringern und Vorteile aus der Kooperation der übrigen Gruppenmitglieder zu ziehen. Dies stellt eine zweite Form des Prozessverlusts dar, nämlich die **Motivationsverluste** (Steiner, 1972).

Das Vorkommen von Koordinierungsverlusten und Motivationsverlusten wird stark durch die Art und Weise beeinflusst, in der individuelle Ressourcen zu einem Gruppenprodukt zusammengeführt werden, aber auch, wie wir weiter unten sehen werden, durch die Anzahl der Personen in der Gruppe.

14.4.2 Verknüpfungsregeln

Wie sollten die verfügbaren Ressourcen der teilnehmenden Gruppenmitglieder zusammengeführt werden, damit das bestmögliche Gruppenprodukt hervorgebracht wird? Steiner (1972, 1976) unterschied zwischen verschiedenen Verknüpfungsregeln. Drei dieser Regeln, nämlich die additive, die disjunktive und die konjunktive Verknüpfungsregel (s. Tabelle 14.1, S. 507) sind im Zusammenhang mit dem Auftreten von Koordinierungsverlusten und Motivationsverlusten besonders relevant.

Additive Aufgaben („additive task"):
Eine Gruppenaufgabe, die gelöst werden kann, indem die Beiträge aller individuellen Mitglieder additiv zusammengeführt werden.

14.4.2.1 Additive Aufgaben

Bei **additiven Aufgaben** besteht das Gruppenprodukt aus einer einfachen Addition der Beiträge aller Mitglieder, wie etwa im Falle des Tauziehens, des Anfeuerns einer Sportmannschaft, des Zusammenkehrens von Laub und des Schneekehrens. Bei diesen Aufgaben führt jedes Gruppenmitglied die gleiche Handlung aus und die tatsächliche Gruppenleistung kann als

Tabelle 14.1. Typologie der Verknüpfungsregeln. (Nach Steiner, 1972, 1976)

Art der Verknüpfungsregel	Potenzielle Gruppenproduktivität	Beispiele
Additiv	Gruppe als Ganze ist besser als das Mitglied, das am meisten leistet	Tauziehen, Anfeuern, Eintüten von Briefen, Schneeschaufeln
Disjunktiv (Heureka)	Gruppe als Ganze ist so gut wie das Mitglied, das am meisten leistet	Aufgaben mit einer offensichtlich richtigen Lösung: einfache Berechnungen, Worträtsel, Anagramme
Disjunktiv (Nichtheureka)	Gruppe als Ganze kann so gut sein wie das Mitglied, das am meisten leistet; oft gelingt dies jedoch nicht	Aufgaben ohne eine offensichtlich richtige Lösung; komplexe Probleme, Rätsel
Konjunktiv (nicht unterteilbar)	Gruppe als Ganze ist so gut wie das Mitglied, das am wenigsten leistet	Ersteigen eines Berggipfels mit allen Mitgliedern einer Gruppe, unabhängig von deren individuellen Fähigkeiten
Konjunktiv (unterteilbar)	Gruppe als Ganze kann besser sein als das Mitglied, das am wenigsten leistet, wenn die Unteraufgaben angemessen auf die Fähigkeiten der Mitglieder abgestimmt sind	Ersteigen eines Berggipfels nur mit den fähigsten Mitgliedern einer Gruppe; dabei werden den weniger fähigen Gruppenmitgliedern leichtere Aufgaben überlassen (Nachschub an Gütern und Nahrungsmitteln)

Gesamtmenge der geleisteten Arbeit ausgedrückt werden. Die additive Verknüpfungsregel impliziert, dass die Gruppe als Ganze besser ist als das Mitglied, das am meisten leistet. Vorausgesetzt, dass keine Prozessverluste vorhanden sind, sollte eine Gruppe aus vier Personen zweimal so viel schaffen wie eine Dyade und viermal so viel wie eine einzelne Person. Das Rezept für den Gruppenerfolg scheint recht einfach: Alle Gruppenmitglieder sollten so viel leisten, wie sie können, wobei jeder die erforderliche Koordinierung mit den anderen Gruppenmitgliedern aufrechterhalten muss.

In einigen der frühesten sozialpsychologischen Experimente zu aufgabenbezogenen Leistungen in Gruppen wurde bereits gezeigt, dass eine Gruppe, auch wenn sie bei der Lösung einer additiven Aufgabe besser ist als eine allein arbeitende einzelne Person, die Ressourcen ihrer Mitglieder nicht optimal einsetzt. In seinen Untersuchungen zwischen 1882 und 1887 ließ Ringelmann junge Männer entweder allein oder in Gruppen von zwei, drei oder acht Personen an einem Seil ziehen (s. Kravitz & Martin, 1986). Die ausgeübte Kraft wurde mithilfe eines Dynamometers gemessen. Arbeiteten die Versuchspersonen allein, zogen sie mit einer durchschnittlichen Kraft von 63 kg. Aber schon zwei Personen zogen nicht mit 126 kg, drei nicht mit 189 kg. Die Gruppe aus zwei Personen schien im Durchschnitt lediglich 118 kg zu ziehen (8 kg weniger als ihr Potenzial), die aus drei Personen nur 160 kg (29 kg weniger als ihr Potenzial), während die Gruppe aus acht Personen sogar nur eine Kraft ausübte, die 256 kg unter ihrem Potenzial blieb. Warum nahmen die Produktivitätsverluste mit der Gruppengröße zu?

Das Faktum, dass die tatsächliche Leistung in Ringelmanns Gruppen nicht gleich der potenziellen Leistung war, kann auf Koordinierungsverluste, aber auch auf Motivationsverluste zurückgehen. Zunächst einmal haben die Gruppenmitglieder ihre Anstrengungen möglicherweise nicht optimal miteinander koordiniert. Beispielsweise haben sie vielleicht nicht genau in die gleiche Richtung gezogen oder, wenn sie das getan haben, haben sie eventuell nicht in genau demselben Moment die maximale Kraft ausgeübt. Mit zunehmender Gruppengröße wird es eindeutig schwieriger, eine optimale Koordinierung zwischen den Beiträgen aller Gruppenmitglieder zu erreichen; denn dies erfordert, dass alle Gruppenmitglieder alle gegebenen Instruktionen über den richtigen Zeitpunkt, über die richtige Richtung und über die richtige Modalität ihrer individuellen Beiträge aufnehmen, verstehen und sie auch befolgen.

Zusätzlich zu den Koordinierungsverlusten können die Mitglieder in Ringelmanns Gruppe auch mit Motivationsverlusten gekämpft haben. Die Tendenz, seine eigenen Anstrengungen zu verringern, kann auf die Tatsache zurückgehen, dass sich die Verantwortung für die erfolgreiche Aufgabenerfüllung mit zunehmender Gruppengröße auf viele Schultern verteilt und die Identifizierbarkeit der eigenen Beiträge abnimmt (Latané, 1986; Latané & Darley, 1970; Leary & Forsyth, 1987). Nimmt man einmal eine Mischung aus kooperativen und wettbewerbsorientierten Motiven an, kann sich jedes Gruppenmitglied in der Menge verstecken und trotzdem noch an den mit dem Gruppenerfolg verbundenen, positiven Handlungsergebnissen teilhaben. Der Erfolg der Gruppe wird jedoch weniger wahrscheinlich, je stärker die Gruppenmitglieder ihre eigenen Anstrengungen reduzieren.

Später durchgeführte Untersuchungen zeigen, dass Koordinierungs- und Motivationsverluste nicht nur eine wichtige Rolle bei Gruppen spielen, die tauziehen (Ingham, Levinger, Graves & Peckham, 1974), sondern auch bei anderen additiven Aufgaben. In ihrer klassischen Untersuchung baten Latané, Williams und Harkins (1979) die Versuchspersonen (denen die Augen verbunden worden waren und die Kopfhörer trugen, aus denen laute Geräusche kamen), laut zu schreien („cheering", d.h. Anfeuerungsrufe hervorbringen), um angeblich „die Effekte der sensorischen Rückmeldung auf das Hervorbringen von Tönen in Gruppen" zu erfassen. Sie wurden als Einzelperson, als Mitglied einer Dyade oder als Mitglied einer Sechs-Personen-Gruppe gebeten, so laut wie möglich zu schreien. In jeder einzelnen dieser drei Bedingungen wurde die individuelle Leistung durch ein Lautstärkemessgerät aufgezeichnet. Im Einklang mit Ringelmanns früheren Beobachtungen erzeugten Gruppen ein lauteres Geräusch als Einzelpersonen. Jedoch blieb die tatsächliche Produktivität hinter der aufgrund der Einzelleistungen zu erwartenden (potenziellen) Produktivität zurück. Die beobachteten Produktivitätsverluste als Funktion der Gruppengröße sind in Abb. 14.3 dargestellt. Die horizontale obere Begrenzungslinie stellt die potenzielle Produktivität dar, wie man sie erwarten würde, wenn keine Koordinierungs- oder Motivationsverluste vorliegen würden, also bei einer Produktivität von 100% des individuellen Potenzi-

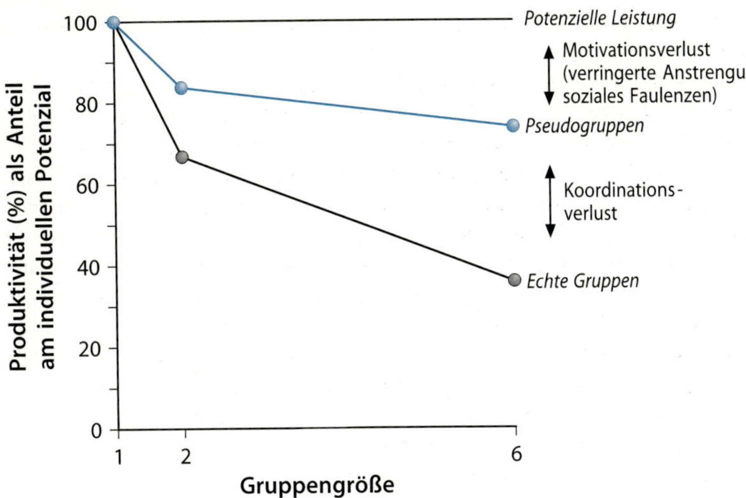

Abb. 14.3. Intensität des pro Person erzeugten Schalls (als Anteil am individuellen Potenzial) bei Anfeuerungsrufen als Einzelperson oder als Mitglied einer echten oder einer Pseudo-Zwei- bzw. Pseudo-Sechs-Personengruppe. (Nach Latané, Williams & Harkins, 1979)

als eines Gruppenmitglieds, individuell erfasst. Die Kurve mit der Beschriftung „Echte Gruppen" zeigt, dass die Versuchspersonen nur 66% ihres individuellen Potenzials erbrachten, wenn sie in Dyaden arbeiteten, während sie in Sechs-Personen-Gruppen nur 36% ihres individuellen Potenzials leisteten.

Um die Produktivitätsverluste, die auf mangelhafte Koordinierung zurückgehen, von jenen zu trennen, die auf verringerte Motivation zurückzuführen waren, ließen Latané und Kollegen einige ihrer Versuchspersonen die Schreiaufgabe in „Pseudogruppen" ausführen. Während die Versuchspersonen in den echten Gruppen bei Anwesenheit anderer schrien, wurden die Versuchspersonen in den Pseudogruppen nur *zu der Auffassung verleitet*, dass sie mit einer oder fünf weiteren Versuchspersonen zusammen schrien, obwohl sie in Wirklichkeit allein schrien. Das Verbinden der Augen und die Kopfhörer machten diese Täuschung möglich. Somit konnten alle Produktivitätsverluste, die in Pseudogruppen beobachtet wurden, allein der verringerten Motivation zugeschrieben werden, nicht etwa mangelnder Koordinierung, weil es andere Gruppenmitglieder gab, mit denen sie sich beim Schreien koordinieren mussten. Die Kurve mit der Beschriftung „Pseudogruppen" in Abb. 14.3 zeigt, dass die Versuchspersonen, die zu der Auffassung verleitet worden waren, dass sie mit nur einem anderen Gruppenmitglied zusammen schrien, in einer Lautstärke von 82% ihres individuellen Potenzials schrien, während jene, die dachten, dass sie zusammen mit fünf weiteren Gruppenmitgliedern schrien, 74% ihres individuellen Potenzials ausschöpften.

Somit ist die tatsächliche Gruppenleistung augenscheinlich geringer als ihr Potenzial und die Produktivitätsverluste nehmen mit wachsender Gruppengröße zu. Im wirklichen Leben können solche Produktivitätsverluste von Gruppen fast immer auf Koordinierungs-, aber auch auf Motivationsverluste zurückgeführt werden. Die Einführung von Pseudogruppen in den Experimenten von Latané et al. (1979) gestattete es, den relativen

Einfluss dieser beiden Arten von Produktivitätsverlusten zu schätzen. In diesem speziellen Anfeuerungsexperiment schien es so zu sein, dass die tatsächliche Leistung in echten Gruppen gleich der potenziellen Leistung minus Prozessverluste ist, die auf mangelnde Koordinierung (etwa die Hälfte des gesamten Produktivitätsverlusts) und auf die verringerte Motivation (die andere Hälfte des gesamten Produktivitätsverlusts) zurückgehen. Diese Befunde deuten darauf hin, dass aufgabenbezogene Gruppen, selbst dann, wenn es ihnen durch effiziente Organisation der Einzelleistungen gelingen würde, Koordinierungsverluste auszuschließen, aufgrund von Motivationsverlusten daran gehindert würden, ihr Potenzial voll auszuschöpfen. Dieses als **soziales Faulenzen** bezeichnete Phänomen, also die verringerte individuelle Verausgabung bei wachsender Gruppengröße, ist nicht auf einfache körperliche Aufgaben wie Tauziehen und Schreien beschränkt. Es hält eine Gruppe auch davon ab, ihr Potenzial auszuschöpfen, wenn sie an Vigilanzaufgaben, Gedächtnissuchaufgaben, Überwachungsaufgaben, Kreativitätsproblemen, Brainstorming und Entscheidungsfindungsaufgaben arbeitet (Hoeksema-VanOrden, Gaillard & Buunk, 1998; Jackson & Harkins, 1985; Jackson & Williams, 1985).

Soziales Faulenzen („social loafing"): Verringerte Anstrengung (Motivationsverlust) in großen Gruppen, hauptsächlich aufgrund der Tatsache, dass der eigene Beitrag nicht identifizierbar ist und nicht bewertet werden kann.

Geht man einmal davon aus, dass soziales Faulenzen bei Gruppenaufgaben allgemein verbreitet ist, sollten Gruppen Möglichkeiten finden, die dem zugrunde liegende motivationale Basis anzugehen. Mehrere Untersuchungen zeigten, dass soziales Faulenzen minimiert werden kann, wenn die Gruppenmitglieder an anspruchsvollen Aufgaben arbeiten und glauben, dass ihre eigenen Beiträge völlig identifizierbar sind und durch einen Vergleich mit den Beiträgen der übrigen Gruppenmitglieder (Brickner, Harkins & Ostrom, 1986; Harkins & Jackson, 1985; William, Harkins & Latané, 1981) oder durch einen Vergleich mit einer anderen Gruppe (Harkins & Szymanski, 1989) bewertet werden können. Die Motivation, sich selbst in positiver Weise darzustellen, um ein geachtetes Mitglied einer erfolgreichen Gruppe zu bleiben, kann die Gewähr dafür bieten, dass sich die tatsächliche Gruppenleistung der potenziell erreichbaren Leistung annähert. Solange die Aufgabe kognitiv nicht zu anspruchsvoll ist (vgl. die Ansätze zur sozialen Erleichterung und Hemmung bei Cottrell, 1972, und bei Sanna, 1992), kann die individuelle Leistung der Gruppenmitglieder durch die Bewertungserwartung gefördert werden, sodass die tatsächliche Gruppenleistung nahe an ihr Potenzial herankommt. Unter diesen Umständen strengen sich Menschen, die in für sie bedeutsamen Gruppen an ihnen wichtig erscheinenden Aufgaben arbeiten, im Kollektiv noch mehr an, als wenn sie allein arbeiten, um das antizipierte Faulenzen der anderen Gruppenmitglieder zu kompensieren. Im Gegensatz zu der pessimistischen Perspektive, dass Gruppen unterschiedslos hinter ihrem Potenzial zurückbleiben, illustriert dieses Beispiel für **soziale Kompensation**, dass Menschen unter bestimmten Umständen in Gruppen härter arbeiten als allein (Guzzo & Dickson, 1996; Williams, Karau & Bourgeois, 1993; Zacarro, 1984).

Soziale Kompensation („social compensation"): Stärkere Anstrengung bei einer Gruppenaufgabe, um den tatsächlichen, wahrgenommenen oder vorweggenommenen Mangel an Anstrengung oder Fähigkeit aufseiten eines anderen Gruppenmitglieds auszugleichen.

Die Erhöhung der Identifizierbarkeit der individuellen Beiträge der Gruppenmitglieder, um zu verhindern, dass sie sich in der Menge verstecken, kann jedoch kein Allheilmittel sein. Obwohl verringerte individuelle Anstrengung in Gruppen bei zunehmender Gruppengröße (soziales Faulenzen) mehr oder minder unbewusst sein kann (Harkins, 1987; Harkins & Petty, 1982), können Motivationsverluste auch strategisch vom Eigeninteresse der Gruppenmitglieder angeregt sein (Baron, Kerr & Miller, 1992; Kerr & Bruun, 1981; Stroebe & Frey, 1982). Die Zusammenarbeit in einer Gruppe kann einige Gruppenmitglieder zu der Schlussfolgerung verleiten, dass ihre eigenen Anstrengungen angesichts der Ressourcen bzw. Anstrengungen der übrigen Gruppenmitglieder entbehrlich sind. Derartige Gefühle der Entbehrlichkeit können zu der Versuchung führen, sich angesichts der kooperativen Anstrengungen der übrigen Gruppenmitglieder als **„Trittbrettfahrer"** zu betätigen. Bei der nun folgenden Erörterung disjunktiver und konjunktiver Verknüpfungsregeln werden wir genauer auf solche strategisch angeregten Motivationsverluste eingehen.

Trittbrettfahren („free-riding"):
Strategie, bei der die Person es anderen Gruppenmitgliedern überlässt, etwas zum Gruppenprodukt beizutragen, weil das Individuum seinen eigenen Beitrag für entbehrlich hält.

14.4.2.2 Disjunktive Aufgaben

Im Gegensatz zu additiven Aufgaben, bei denen alle Beiträge aufsummiert werden, erfordern **disjunktive Aufgaben**, dass die Gruppe einen speziellen Beitrag aus einem Pool von Beiträgen der Mitglieder auswählt und zum Gruppenprodukt erklärt. In der zuvor erwähnten Studie von Thomas und Fink (1961) über die Gruppenleistung beim Pferdehandelproblem beispielsweise dient nur eine Lösung als Gruppenprodukt. Man kann annehmen, dass Gruppen, die an einer disjunktiven Denkaufgabe arbeiten, im Allgemeinen besser sind als allein arbeitende Individuen, weil „zwei mehr wissen als einer". Diese Überlegung beruht auf der Annahme, dass Wahrheit immer gewinnt: Wenn es nur ein einziges Gruppenmitglied gibt, das die offensichtlich richtige Antwort liefert, dann ist es sehr wahrscheinlich, dass die Gruppe das als Gruppenlösung akzeptieren wird. Idealerweise fällt die Gruppenleistung bei solchen so genannten **Heureka-Aufgaben** mit der Leistung des kompetentesten Gruppenmitglieds bzw. mit der des Gruppenmitglieds mit der besten Leistung zusammen (s. Tabelle 14.1, S. 507).

Disjunktive Aufgabe („disjunctive task"):
Eine Entweder-oder-Aufgabe für Gruppen, die gelöst werden kann, wenn man den Beitrag eines einzelnen Gruppenmitglieds zum Gruppenprodukt erhebt.

Heureka-Aufgabe („eureka task"):
Eine Aufgabe mit einer Lösung, die allen Gruppenmitgliedern, sobald sie vorgeschlagen worden ist, als offensichtlich richtig erscheint.

Wie Thomas und Fink (1961) jedoch gezeigt haben, wird der Gruppenerfolg nicht dadurch garantiert, dass man ein sehr kompetentes Mitglied in der Gruppe hat. Individuelle Mitglieder aufgabenbezogener Gruppen können unterschiedliche Arten von Fehlern begehen. Wenn sich beispielsweise erfahrene Gruppenmitglieder aus irgendeinem Grund bei der Gruppendiskussion zurückhalten und nicht die richtige Lösung liefern, wird die Gruppenleistung schlechter sein, als es dem Potenzial der Gruppe entspricht. Zudem wird eine richtige Lösung, die von einem einzelnen sehr kompetenten Mitglied angeboten wird, nicht immer von den übrigen Gruppenmitgliedern unterstützt werden, wenn sie nicht als die einzige, offensichtlich richtige Lösung allgemein akzeptiert wird. Bei komplexen Aufgaben, die keine offensichtlich richtige Lösung haben (Nichtheureka-Aufgaben), wird es ein einzelnes erfahrenes Gruppenmitglied schwer haben, die anderen Gruppenmitglieder davon zu überzeugen, seine eigene Lösung als die richtige zu übernehmen. Deshalb kann die Gruppenleistung bei vielen komplexen Denkaufgaben mit der Leistung des kompetentesten Mitglieds zusammenfallen, sie bleibt aber oft dahinter zurück. Die Gruppenleistung wird nur dann das Potenzial ausschöpfen, wenn ein wichtiger Teil der Gruppenmitglieder (am Ende) die richtige Lösung unterstützt (Hastie, 1986; Stasser, Kerr & Davis, 1989). Später in diesem Kapitel werden wir noch genauer auf die interpersonalen Einflussprozesse eingehen, die erforderlich sind, um zu einer konsensfähigen Lösung zu kommen (s. auch Kap. 13 in diesem Buch). An dieser Stelle werden wir uns lediglich auf das Vorkommen und die Verhinderung von Koordinierungs- und Motivationsverlusten konzentrieren.

Disjunktive Aufgaben erfordern hinreichend viel Koordinierung, um das kompetenteste oder die kompetentesten Gruppenmitglieder zu identifizieren und zu veranlassen, die Initiative bei der Erfüllung der Aufgabe zu ergreifen. Gelingt es der Gruppe nicht, (Unter-)Aufgaben und Pflichten auf die verschiedenen Gruppenmitglieder entsprechend ihren spezifischen Fähigkeiten zu verteilen, geht die Gruppe das Risiko ein, dass die Gruppeninteraktionen von den selbstbewusstesten Gruppenmitgliedern dominiert werden, die nicht notwendigerweise die kompetentesten sind.

Disjunktive Aufgaben unterscheiden sich in Bezug auf das Vorkommen und die Verhinderung von Motivationsverlusten deutlich von additiven Aufgaben. Zuvor haben wir gesehen, dass *alle* Gruppenmitglieder bei der Arbeit an additiven Aufgaben entweder unbewusst (soziales Faulenzen) oder aus strategischen Gründen (Trittbrettfahren) einen Teil ihrer Motivation verlieren können. Denn sie mögen alle gleichermaßen ihren eigenen Beitrag als für den Gruppenerfolg entbehrlich ansehen und dies umso mehr, je größer die Gruppe wird. Bei disjunktiven Aufgaben jedoch können besonders die *wenig kompetenten* Gruppenmitglieder strategisch motiviert sein, ihre eigenen Anstrengungen zu verringern und sich in Bezug auf die Beiträge anderer als Trittbrettfahrer zu betätigen. Auch wenn ihre Beiträge vollständig identifizierbar sind (was es für sie unmöglich macht, sich in der Menge zu verstecken), können sich die wenig kompetenten Mitglieder zurückhalten, im Hintergrund bleiben und unkritisch an den Lösungen kleben, die von denjenigen angeboten werden, die man für die Fachleute hält und die deshalb die Interaktionen dominieren können. Solche strategisch begründeten Motivationsverluste bei disjunktiven Aufgaben sind umso wahrscheinlicher, je größer die Gruppe wird (Kerr & Bruun, 1983). Besonders schädlich können sie sich bei Nichtheureka-Aufgaben auswirken, bei denen es nicht eine offensichtlich richtige Lösung gibt. Wenn aufgrund verminderter Motivation und verringerten Engagements für die Aufgabe potenziell weiterführende Beiträge nicht gemacht werden, bleiben viele wertvolle Ressourcen in der Gruppe ungenutzt. Um solche Motivationsverluste zu vermeiden, sollten Schritte unternommen werden, den Gefühlen der Entbehrlichkeit entgegenzuwirken. Wenn einfache Gruppenmitglieder auf die eine oder andere Weise zu der Auffassung gebracht werden können, dass ihr eigener Beitrag wirklich von Bedeutung ist, dann ist die Wahrscheinlichkeit geringer, dass sie sich bei der Kooperation mit kompetenteren Gruppenmitgliedern als Trittbrettfahrer betätigen.

14.4.2.3 Konjunktive Aufgaben

Während es bei disjunktiven Aufgaben notwendig ist, dass mindestens *ein* Gruppenmitglied die Aufgabe erfolgreich zu Ende führt, erfordern **konjunktive Aufgaben**, dass *alle* Gruppenmitglieder so viel wie möglich zur erfolgreichen Ausführung der Aufgabe beitragen. Bei *nicht unterteilbaren* konjunktiven Aufgaben bleiben Gruppen immer auf dem Niveau des Gruppenmitglieds mit der schlechtesten Leistung (s. Tabelle 14.1, S. 507). So wird z.B. die Geschwindigkeit, mit der eine Gruppe von Bergsteigern zum Gipfel aufsteigen kann, durch das langsamste Mitglied bestimmt. In ähnlicher Weise kann eine Gruppe, die an einem Forschungsprojekt arbeitet, oder ein beratender Ausschuss wie das zuvor erwähnte Komitee zur Curriculumreform in vielen Fällen die Arbeit nicht fortsetzen, ehe nicht alle Mitglieder ein gründliches Wissen über die neuesten Ergebnisse und Entwicklungen haben. Da die subjektiv wahrgenommene Wahrscheinlichkeit dafür, ein sehr langsames oder inkompetentes Mitglied in der Gruppe zu haben, mit der Gruppengröße anwächst, bleibt die tatsächliche Gruppenleistung weiter hinter ihrem Potenzial zurück, wenn die Anzahl der Gruppenmitglieder zunimmt (Kerr & Bruun, 1983).

Konjunktive Aufgabe („conjunctive task"): Eine Gruppenaufgabe, die es erfordert, dass sie von allen Mitgliedern erfolgreich ausgeführt wird.

Manche konjunktiven Gruppenaufgaben sind jedoch *unterteilbar* und können in Unteraufgaben aufgeteilt werden, die sich individuellen Mitgliedern entsprechend ihren spezifischen Fähigkeiten zuordnen lassen. Das

Abb. 14.4. Bergsteigen in einer Gruppe ist eine konjunktive Aufgabe: Die Geschwindigkeit der Gruppe wird vom langsamsten Mitglied bestimmt

Besteigen eines Bergs z.B. kann in mehrere Unteraufgaben aufgeteilt werden, etwa Seilführer und Seilschaft. Wenn die fähigsten Gruppenmitglieder die schwierigsten Unteraufgaben ausführen und die leichteren Unteraufgaben den Mitgliedern mit den geringsten Fähigkeiten überlassen, wird es wahrscheinlicher, dass die Gruppenleistung höher ist als die Leistung des Mitglieds mit den geringsten Fähigkeiten. Deshalb erfordern konjunktive Aufgaben eine ausreichende Koordinierung, und zwar nicht nur, dass die (Unter-)Aufgaben in geeigneter Weise zu den Fähigkeiten der Gruppenmitglieder passen (wie bei einer disjunktiven Aufgabe), sondern auch, dass den langsamsten Mitgliedern oder denen in der Gruppe mit den geringsten Fähigkeiten Unterstützung gewährt wird.

Ob die gemeinsame Aufgabe in Unteraufgaben aufgeteilt werden kann oder nicht, ist besonders wichtig im Hinblick darauf, dass strategisch begründete Motivationsverluste vorkommen und vermieden werden können. Je größer die Gruppe, die an einer nicht unterteilbaren konjunktiven Aufgabe arbeitet, desto größer ist die Wahrscheinlichkeit, dass die *kompetentesten* Gruppenmitglieder ihre aufgabenbezogene Motivation aus Frustration darüber verlieren werden, dass sie durch die langsame und geringe Leistung wenig kompetenter Gruppenmitglieder behindert werden (Kerr & Bruun, 1983). Die Demotivation der kompetentesten Mitglieder kann schwerwiegende Produktivitätsverluste zur Folge haben, da die Gruppenleistung bei konjunktiven Aufgaben häufig davon abhängt, dass die kompetenteren Gruppenmitglieder den weniger kompetenten Gruppenmitgliedern mit Rat und Tat zur Seite stehen. Wenn Letztere ihr Potenzial nicht ausschöpfen, bleibt auch die Gruppe als Ganze hinter ihrem Potenzial zurück.

Es sollte noch angemerkt werden, dass viele Gruppenaufgaben im täglichen Leben nicht richtig in diese Taxonomie aus additiven, disjunktiven und konjunktiven Verknüpfungsregeln passen. Dennoch folgt aus der oben angeführten Analyse zur Rolle der subjektiv wahrgenommenen Entbehrlichkeit der individuellen Anstrengung, dass weniger kompetente Gruppenmitglieder bei disjunktiven (Unter-)Aufgaben die Motivation verlieren können, ihr Bestes zu geben, weil sie meinen, dass ihre eigenen Anstrengungen nicht wirklich die Gruppenleistung beeinflussen. Bezogen auf konjunktive Aufgaben jedoch können bei hoch kompetenten Gruppenmitgliedern Zweifel aufkommen, ob ihre eigenen Anstrengungen angesichts der geringen Leistungen der weniger kompetenten Mitglieder wirklich von Bedeutung sind.

Diese Fälle strategisch begründeter Motivationsverluste können sich nicht nur schädlich auf die Gruppenproduktivität selbst auswirken, sondern können auch die Voraussetzungen für eine andere Art strategisch begründeten Motivationsverlusts schaffen. Wenn sich ein individuelles Gruppenmitglied aktiv für die Gruppe einsetzt und dann die Erfahrung macht, dass (einige) Gruppenmitglieder nicht ihren Anteil an der gemeinsamen Arbeitsbelastung übernehmen, dann kann auch diese Person ihre aufgabenbezogene Motivation verlieren und nicht bereit sein, Trittbrettfahrer mitzuschleppen. Dieser so genannte **Trotteleffekt** (Kerr, 1983) bezieht sich auf die Situation, in der ein Gruppenmitglied sich anderen fähigen Gruppenmitgliedern gegenübersieht, die etwas beizutragen hätten,

Trotteleffekt („sucker effect"):
Eine Verringerung der Motivation, sein Bestes für die Gruppe zu geben, wenn man erfährt, dass andere Gruppenmitglieder ihre Beiträge zurückhalten.

sich aber tatsächlich eher zurückhalten; es verringert nun ebenfalls seine Anstrengungen, um der unfairen Situation zu entgehen, dass es von weniger kooperativen Gruppenmitgliedern ausgenutzt wird.

14.5 Prozessverluste bei drei aufgabenbezogenen Aktivitäten

Welchen Einfluss haben Koordinierungsverluste und Motivationsverluste auf die tatsächliche Gruppenleistung beim gemeinsamen Produzieren von Ideen, bei der Sammlung von Informationen und beim Fällen von Entscheidungen?

Um das Vorkommen und die Vermeidung von Koordinierungs- und Motivationsverlusten zu veranschaulichen, werden wir uns nun auf drei spezifische, kollektive, aufgabenbezogene Aktivitäten konzentrieren. Einige aufgabenbezogene Aktivitäten machen es erforderlich, dass die Gruppenmitglieder ihre Anstrengungen simultan aufbringen und einvernehmlich handeln. Problemlösegruppen z.B., deren Mitglieder sich gut untereinander abgestimmt haben, um sich simultan auf ein und dieselbe Aktivität – wie etwa die Definition des Hauptproblems, das Nachdenken über mögliche Lösungen, die Bewertung der Vorschläge, die Umsetzung der Lösungen – zu konzentrieren, zeigen im Allgemeinen eine bessere Leistung als Gruppen, bei denen die Beiträge der Mitglieder zeitlich weniger gut aufeinander abgestimmt sind (Harper & Askling, 1980; Tschan, 1995). Wir werden jedoch weiter unten sehen, dass die Gruppenleistung nicht immer vom simultanen Handeln der Mitglieder profitiert, und auch nicht von ihren koordinierten Anstrengungen, ihre Beiträge aufeinander abzustimmen.

14.5.1 Das Produzieren von Ideen

Die Frage, wie Koordinierungs- und Motivationsverluste minimiert werden können, um die individuellen Ressourcen in optimaler Weise zu einem Gruppenprodukt zusammenzuführen, ist besonders wichtig, wenn eine Gruppe kreative Ideen über mögliche Wege, ein Problem zu lösen, hervorbringen muss. Die so genannte **Brainstorming**-Technik wurde von Alex Osborn (1957), dem Direktor einer Werbeagentur entwickelt, um Prozessgewinne bei der Gruppenarbeit zu ermöglichen. Um eine typische Brainstorming-Sitzung in Gang zu bringen, erhalten die Gruppenmitglieder Anweisungen, so viele Ideen wie möglich zu generieren und auch die Ideen anderer Gruppenmitglieder weiterzuentwickeln, um noch mehr Ideen zu generieren. Diese Ideen müssen vor der Gruppe so schnell wie möglich ohne Diskussion, Erläuterung oder Kommentar präsentiert und dann von einem als Sekretär angewiesenen Gruppenmitglied aufgeschrieben werden. Die Bewertung und Auswahl der fruchtbarsten Ideen muss später geleistet werden. Osborn behauptete, dass Personen in Gruppen, die sich an diese Anweisungen halten, mehr Ideen hervorbringen, als

Brainstorming („brainstorming"): Eine Gruppentechnik, die darauf abzielt, die Kreativität in Gruppen zu erhöhen, Selbstkritik sowie Kritik der Ideen anderer während der Phase der Ideengenerierung zu unterbinden, um die Mitglieder zu einem spezifischen Thema ungehemmt so viele Ideen wie möglich generieren zu lassen.

wenn sie allein arbeiten würden, und dass die Qualität dieser Ideen auch besser wäre.

Nominale Gruppen („nominal groups"): Kontrollgruppen, die es ermöglichen, die potenzielle Produktivität von Gruppen zu bestimmen. Das Produkt einer nominalen Gruppe wird aus den Produkten von allein arbeitenden Personen nach denselben Regeln (d.h. additiv, disjunktiv, konjunktiv) gebildet, die auch die Zusammenführung der individuellen Leistungen in der Gruppe bestimmen. Die Produktivität der nominalen Gruppen repräsentiert das Leistungsniveau, das von Gruppenmitgliedern erreicht werden kann, wenn die Interaktion in der Gruppe die Leistung weder fördert noch behindert.

Durch empirische Befunde wird diese optimistische Behauptung jedoch nicht gestützt. Taylor, Berry und Block (1958) prüften erstmals diese These in einer Studie, in der Versuchspersonen entweder in Vier-Personen-Gruppen oder allein Ideen generieren mussten. Um den Vergleich zwischen der Leistung der allein und der in Gruppen arbeitenden Personen zu ermöglichen, benutzten die Forscher die Ergebnisse der allein arbeitenden Personen um nominale Gruppen zu bilden. Für jede **nominale Gruppe** wurden die Ideen von vier allein arbeitenden Versuchspersonen zu einem „Gruppenprodukt" vereinigt. Weil die gleichen Ideen von den vier Personen, die allein arbeiteten, möglicherweise mehrere Male vorgeschlagen wurden, während eine solche Wiederholung in einer interagierenden Gruppe nicht gestattet ist, wurden redundante Ideen aus der gepoolten Menge der Ideen, die das „nominale Gruppenprodukt" darstellte, entfernt. Damit repräsentieren die Werte der nominalen Gruppen die Produktivität, die man von einer Gruppe erwarten würde, wenn die Interaktion in der Gruppe die Produktivität weder fördern noch behindern würde. Taylor und Kollegen fanden, dass nominale Gruppen beinahe zweimal so viele Ideen generierten wie echte Gruppen. Dieser Befund wurde inzwischen in einer Vielzahl von Studien repliziert. Nach McGrath (1984) bringen Gruppenmitglieder in interaktiven Brainstorming-Gruppen nicht nur weniger, sondern (nach dem Urteil von Ratern) auch weniger kreative Ideen hervor als die gleiche Anzahl von Individuen, die getrennt voneinander arbeiten (Bond & Van Leeuwen, 1991; Mullen, Johnson & Salas, 1991).

Diehl und Stroebe (1987; s. auch Stroebe & Diehl, 1994) erforschten drei mögliche Erklärungen für Produktivitätsverluste in interaktiven Brainstorming-Gruppen. Die erste Erklärung baut auf der additiven Verknüpfungsregel der Brainstorming-Aufgabe auf. Nimmt man einmal an, dass alle individuellen Ideen in einem Pool zusammengeführt werden, könnten die Versuchspersonen ihre Motivation verlieren, ihr Bestes zu geben, und sich in der Menge verstecken oder als strategische Trittbrettfahrer von den kreativen Anstrengungen der anderen profitieren. Um diese Hypothese zu überprüfen, instruierten Diehl und Stroebe ihre Versuchspersonen, dass sie entweder individuell oder zusammen mit den Ideen anderer bewertet würden. Sie manipulierten also die Erwartung, dass Ideen entweder *individuell* oder *gepoolt* bewertet würden, unabhängig von der Situation (Gruppe vs. Individuum), in der die Versuchspersonen ihre Ideen generierten. Es zeigte sich, dass die Produktivität sowohl in der Gruppe wie auch bei Individuen tatsächlich etwas höher unter Personen war, in denen die Erwartung geweckt worden war, dass die Bewertung der Ideen individuell und nicht gepoolt erfolgen würde. Unabhängig davon fand sich aber weiterhin die im Vergleich zur Gruppensituation übliche Mehrleistung bei den allein arbeitenden Personen. Und dieser Situationseffekt war wesentlich größer als die durch die Manipulation der Erwartungen bewirkte Steigerung der Ideenproduktivität.

Die zweite Erklärung geht davon aus, dass die Teilnehmer trotz der Anweisung, die Ideen der anderen nicht zu bewerten, durch die Furcht vor negativen Bewertungen vonseiten der übrigen Gruppenmitglieder davon abgehalten wurden, ihre eigenen einzigartigen Ideen unbefangen zu präsentieren. Wie weiter oben in diesem Kapitel erörtert, kann die Bewertungserwartung (Cottrell, 1968, 1972; Sanna, 1992) eine soziale Hemmung nichtdominanter Reaktionen zur Folge haben. Wenn die Teilnehmer somit die Aufgabe als kognitiv komplex empfinden, sie also mit einer hohen Wahrscheinlichkeit verbinden, dass sie unangemessene Antworten geben, kann die Bewertungserwartung Produktivitätsverluste zur Folge haben. Um diese Hypothese zu überprüfen, ließen Diehl und Stroebe ihre Brainstorming-Gruppen entweder das *übliche* Brainstorming-Verfahren durchlaufen oder die Teilnehmer wurden *auf Video aufgenommen*, angeblich zu dem Zweck, den Film in einem Seminar zu präsentieren, das die meisten von ihnen besuchten. Anscheinend verringerte die Aussicht, von Mitstudenten bewertet zu werden, in der Tat die tatsächliche Produktivität, aber erneut waren die beobachteten negativen Effekte nicht sehr stark.

Auf der Suche nach einer aussagekräftigeren Erklärung für die beobachteten Produktivitätsverluste in interaktiven Brainstorming-Gruppen gingen Diehl und Stroebe einer dritten Erklärung nach. Aufgrund der informellen Koordinierungsregel, dass zu einem Zeitpunkt nur ein Gruppenmitglied sprechen kann, können die anderen Gruppenmitglieder, die sich in der Zwischenzeit still verhalten müssen, vom Inhalt der Gruppendiskussion abgelenkt werden, ihre eigenen Ideen vergessen oder an der Entwicklung neuer Ideen gehindert werden. Um diese Hypothese zu überprüfen, ließen Diehl und Stroebe einige Teilnehmer ein Brainstorming in real interagierenden Vier-Personen-Gruppen durchlaufen (Bedingung „Interaktive Gruppe“). Im Gegensatz dazu waren die Versuchspersonen bei den vier anderen Bedingungen in unterschiedlichen Räumen physisch voneinander getrennt. Obwohl die Versuchspersonen in diesen Bedingungen allein saßen, wurden sie instruiert, ihre Ideen sprachlich über ein ihnen angestecktes Mikrofon zum Ausdruck zu bringen, damit ihre verbalisierten Ideen auf Band aufgenommen werden konnten. In der Bedingung „allein, Individuum, keine Kommunikation“ machten die Versuchspersonen ihr Brainstorming individuell. In den drei übrigen Allein-Bedingungen enthielt jeder Raum eine Gegensprechanlage und eine Signalanlage mit vier Lichtern, wobei jedes Licht für ein spezifisches Gruppenmitglied stand. Diese Lichter hatten eine ähnliche Funktion wie die Lichter einer Ampel. Sobald ein Mitglied der Vier-Personen-Gruppe zu sprechen begann, wurde dessen Licht mithilfe eines durch die Stimme aktivierten Sensors in allen drei anderen Räumen auf Grün geschaltet. Inzwischen waren die anderen drei Lichter rot geworden. Sobald diese Person für 1,5 Sekunden aufgehört hatte zu sprechen, wurden diese roten Lichter wieder auf Grün geschaltet; dies war ein Hinweis darauf, dass eine andere Person sprechen konnte. Wenn dies geschah, gingen die roten Lichter für die übrigen drei Gruppenmitglieder wieder an. Mithilfe dieser technischen Apparatur schuf man die drei unterschiedlichen Allein-Bedingungen. In der Bedingung „allein, Blockierung, Kommunikation“ wurde auf dem Bildschirm mit Lichtern festgelegt, wer jeweils in der Kommunikation über die Gegensprechanlage an der Reihe war. Alle Personen hörten über die Kopfhörer, was von den anderen Versuchspersonen gesagt

Tabelle 14.2. Durchschnittliche Anzahl nichtredundanter Ideen, wie sie von Vier-Personengruppen geäußert werden, die in den Bedingungen „Blockierung“ und „Nichtblockierung“ arbeiteten. (Nach Diehl & Stroebe, 1987)

Bedingung	Anzahl der Ideen
Blockierung:	
Interaktive Gruppe	55,7
Allein, Blockierung, Kommunikation	37,7
Allein, Blockierung, keine Kommunikation	45,7
Keine Blockierung:	
Allein, keine Blockierung, keine Kommunikation	102,7
Allein, Individuum, keine Kommunikation	106,0

wurde. Weil in jedem einzelnen Augenblick immer nur eine Person sprechen konnte, konnten sie ihre Beiträge nur dann abgeben, wenn ihr eigenes Licht auf Grün geschaltet war. In der Bedingung „allein, Blockierung, keine Kommunikation“ mussten die Versuchspersonen ebenfalls warten, bis sie an der Reihe waren, bevor sie ihre Ideen zum Ausdruck bringen durften. Im Unterschied zur zuvor beschriebenen Versuchsbedingung war die Gegensprechanlage jedoch ausgeschaltet, sodass sie die Ideen der anderen nicht hören konnten. In der Bedingung „allein, keine Blockierung, keine Kommunikation“ war nicht nur die Gegensprechanlage ausgeschaltet; die Versuchspersonen waren auch instruiert, die Lichter der Signalanlage außer Acht zu lassen und ihre Ideen zu äußern, wann immer sie es wollten.

Unter allen fünf Bedingungen hatten die Versuchspersonen 15 Minuten Zeit, Vorschläge zu der folgenden Frage zu machen: „Wie lässt sich die Arbeitslosigkeit in Deutschland verringern?“ Um hinterher die Produktivität der Versuchspersonen, die unter diesen unterschiedlichen Bedingungen arbeiteten, vergleichen zu können, mussten Diehl und Stroebe die von den Personen, die allein und ohne Kommunikation ein Brainstorming durchliefen, geäußerten Ideen poolen, um zu einem „nominalen Gruppenprodukt“ zu kommen. In Tabelle 14.2 ist die durchschnittliche Anzahl nichtredundanter Ideen dargestellt, die unter jeder der fünf Bedingungen geäußert wurden. Die Ergebnisse zeigen Folgendes: Die Versuchspersonen brachten etwa doppelt so viele Ideen hervor, wenn ihnen erlaubt wurde, ihre Ideen zu äußern, als sie ihnen kamen (also in den beiden Nichtblockierungsbedingungen), als wenn sie warten mussten, bis sie an der Reihe waren (also in den drei Blockierungsbedingungen). Dies deutet darauf hin, dass die **„Produktionsblockierung“** tatsächlich ein wichtiger Faktor zur Erklärung der Unterlegenheit interaktiver Brainstorming-Gruppen ist.

Produktionsblockierung („production blocking“): Verringerung der individuellen Produktivität und Kreativität beim Hervorbringen von Ideen; dies ist darauf zurückzuführen, dass sich Personen in interaktiven Brainstormingsitzungen gegenseitig unterbrechen und sich beim Reden abwechseln.

Ein weiteres Ergebnis in Tabelle 14.2 verdient unsere Aufmerksamkeit. Der Befund, dass es keinen signifikanten Einfluss auf die Brainstorming-Produktivität hat, wenn man Versuchspersonen davon abhält, die Ideen des jeweils anderen mitzuhören, ist mindestens aus zwei Gründen wichtig. Erstens, ein Vergleich zwischen der Bedingung „allein, Blockierung, *keine* Kommunikation“ und der Bedingung „allein, Blockierung, Kommunikation“ verweist auf die zuvor erwähnte Erklärung der Produktivitätsverluste mithilfe der Bewertungserwartung. Offensichtlich macht es keinen großen Unterschied, ob die Versuchspersonen antizipierten, dass die von ihnen selbst zum Ausdruck gebrachten Ideen von den übrigen Gruppenmitgliedern mitgehört – und bewertet – werden konnten. Zweitens, derselbe Vergleich zeigt eindeutig, dass die Produktivität beim Brainstorming *nicht zu*nahm, wenn man die Ideen der anderen mithörte. Im Gegensatz zu Osborns (1957) optimistischer Behauptung brachten die Versuchspersonen, die sich in die von den übrigen Gruppenmitgliedern geäußerten Ideen „einklinken" konnten, *nicht* mehr nichtredundante Ideen hervor als Versuchspersonen, die die Ideen der anderen nicht mithören konnten.

Man mag sich fragen, warum das herkömmliche Brainstorming immer noch so beliebt ist, und dies trotz der überwältigenden Hinweise darauf, dass interaktive Brainstorming-Gruppen mit schweren Produktivitätsverlusten zu kämpfen haben. Warum machen sich so viele Menschen Illusionen, dass sie in einer Gruppensituation produktiver sind, als wenn sie allein arbeiten? Nach Stroebe und Diehl (1994; Stroebe, Diehl & Abakoumkin, 1992) haben Versuchspersonen in interaktiven Brainstorming-Gruppen die Schwierigkeit, zwischen ihren eigenen Beiträgen und denen anderer zu differenzieren. Sie neigen dazu, zu behaupten, dass einige der vorgeschlagenen Ideen von ihnen selbst hervorgebracht worden seien, obwohl diese Gedanken tatsächlich von anderen Gruppenmitgliedern stammen. Die Beliebtheit der herkömmlichen interaktiven Brainstorming-Techniken ist möglicherweise darauf zurückzuführen, dass die Versuchspersonen die Anzahl der Ideen überschätzen, die *von ihnen selbst* vorgeschlagen wurden.

14.5.2 Informationssammlung

Nicht immer besteht die Gruppenleistung aus dem Hervorbringen innovativer Ideen. Häufig erfordert die aufgabenbezogene Leistung nur die Sammlung und Nutzung der bei den Gruppenmitgliedern schon verfügbaren Informationen. Die Mitglieder kommen in eine Gruppe mit einer großen Bandbreite idiosynkratischer Ideen und einzigartiger Mosaiksteinchen von Informationen, die von einem Mitglied zum nächsten aufgrund des persönlichen Spezialwissens, der Befähigung und der Vorerfahrung recht unterschiedlich ausfallen können. Eine Gruppe kann wirklich von einer Zusammenarbeit profitieren, wenn ihre Mitglieder ungehemmt ihre individuelle Meinung äußern. Durch zwei Formen des sozialen Einflusses können sie jedoch davon abgehalten werden, dies zu tun (Deutsch & Gerard, 1955; Jones & Gerard, 1967; s. auch Kap. 13 in diesem Band). Gruppenmitglieder möchten vorrangig als Gruppenmitglied gemocht und geachtet werden. In ihrem Bestreben, die Gruppenmitgliedschaft aufrechtzuerhalten und zu verhindern, dass sie zum Außenseiter werden (Schachter, 1951), konzentrieren sie sich vielleicht hauptsächlich auf Informationen und Wissen, das sie mit den anderen *gemeinsam haben* (normativer Druck). Zweitens wollen Gruppenmitglieder am Ende *richtige* Informationen haben. Wenn sie die nur ihnen zugänglichen Ideen zurückhalten, weil sie den Informationen und geäußerten Urteilen anderer mehr als den nur

ihnen selbst zur Verfügung stehenden vertrauen, sprechen wir eher von informativem Druck, sich den Meinungen anderer zu beugen. Aufgrund dieser beiden Formen von Konformitätsdruck werden sich die Gruppenmitglieder hauptsächlich auf Informationen konzentrieren, von denen sie wissen, dass andere sie haben, statt sich darauf zu konzentrieren, die Informationen mitzuteilen, die nur sie besitzen.

Wenn allen Mitgliedern einer Gruppe genau die gleichen Informationsbestandteile zur Verfügung stehen, fällt das Motiv, „gemocht zu werden", mit dem Motiv, „richtige Meinungen zu haben", zusammen. Dadurch, dass Gruppenmitglieder die geteilten Informationen austauschen und diskutieren, werden sie einen Konsens erzielen und alle verfügbaren Ressourcen optimal nutzen. Doch selbst wenn Gruppenmitglieder bei der Aufgabe und ihrer Erfüllung unterschiedliche Sichtweisen haben, was häufig geschieht, weil sie gewöhnlich als Mitglieder einer aufgabenbezogenen Gruppe auf Grundlage ihres spezifischen Fachwissens ausgewählt wurden, werden der normative Druck und der informative Druck sie dazu motivieren, hauptsächlich die *gemeinsamen* Informationen in Betracht zu ziehen (Stasser, Kerr & Davis, 1989; Stasser, Taylor & Hanna, 1989; Stewart & Stasser, 1998). Informationsbestandteile oder Meinungen, die man nicht teilt und die dem entstehenden Gruppenkonsens widersprechen, bleiben oft ungenutzt.

Eine intensive Konzentration auf das gemeinsame Wissen kann einen fruchtbaren Austausch der nur jeder Person individuell zugänglichen Bestandteile der Informationen behindern. Der Verteilungsvorteil geteilter gegenüber nicht geteilten Informationen in Gruppendiskussionen kann einen schweren Prozessverlust beim so genannten **versteckten Profil** nach sich ziehen, d.h., wenn das gemeinsame Profil von Informationen, die der Gruppe als Ganzer zur Verfügung stehen, für eine bestimmte Handlungsmöglichkeit spricht, das Informationsmuster jedoch, das individuelle Mitglieder haben, für eine andere Möglichkeit. Stellen Sie sich beispielsweise eine Vier-Personen-Gruppe vor, die bei einer bestimmten Aufgabe mit zwei Alternativen konfrontiert ist: Option A und Option B (s. Abb. 14.5). Die vier Gruppenmitglieder I–IV haben drei Argumente für Option A gemeinsam und nur ein Argument für Option B. Zusätzlich hat jedes Gruppenmitglied aufgrund seines persönlichen Fachwissens ein nur ihm bekanntes Argument für Option B. Bei diesem besonderen Informationsprofil haben alle vier Gruppenmitglieder die gleiche Wahrscheinlichkeit, ihre Unterstützung für Option A zu äußern, wenn man ihre gemeinsamen Argumente für Option A und nur ein gemeinsames Argument für Option B als gegeben annimmt, während das versteckte Profil die Entscheidung für Option B stützt. Hätten die vier Gruppenmitglieder alle ihnen zur Verfügung stehenden Argumente geäußert, wäre deutlich geworden, dass fünf Argumente (das heißt ein geteiltes Argument plus vier individuelle Argumente) für Option B vorhanden waren. Somit wären durch die vorzeitige Konzentration auf Option A wertvolle Ressourcen (vier individuelle Argumente für Option B) ungenutzt geblieben; und genau dies geschieht in vielen Gruppen tatsächlich.

Verstecktes Profil („hidden profile"): Problem, bei dem die beste Lösung unerkannt bleibt, weil relevante Informationen, die über die Gruppenmitglieder verteilt sind, nicht genügend Aufmerksamkeit bekommen.

Obwohl subtiler wechselseitiger Einfluss entscheidend für eine erfolgreiche Koordination der Beiträge der einzelnen Gruppenmitglieder ist, kann er Nachteile haben, wenn es darum geht, Informationen auszuwählen und um-

Gruppenmitglieder	I	II	III	IV
haben drei Argumente zugunsten von Option A gemeinsam	1A 2A 3A	1A 2A 3A	1A 2A 3A	1A 2A 3A
haben ein Argument zugunsten von Option B gemeinsam	1B	1B	1B	1B
Jeder einzelne hat ein nur ihm bekanntes Argument zugunsten von Option B	2B	3B	4B	5B

Abb. 14.5. Ein verstecktes Profil: Gruppenmitglieder neigen dazu, sich auf gemeinsam geteilte Informationen zu konzentrieren (drei Argumente für Option A, eins für Option B), diskutieren jedoch nicht über die nur ihnen bekannten Argumente für Option B

sichtige Entscheidungen zu treffen. Für sich genommen stellt dieser so genannte **Effekt des gemeinsamen Wissens** (Gigone & Hastie, 1993, 1997) eine negative Nebenwirkung der Anstrengungen von Gruppenmitgliedern dar, ihre individuellen Beiträge zu koordinieren und sie aufeinander abzustimmen.

Effekt des gemeinsamen Wissens („common knowledge effect"): Die Tendenz von Gruppenmitgliedern, sich lediglich auf gemeinsam geteilte (statt auch auf die lediglich ihnen selbst zugänglichen) Informationen zu konzentrieren.

14.5.3 Fällen von Entscheidungen

Informativer Konformitätsdruck und normativer Konformitätsdruck können gleichzeitig erfolgen, wenn auch in unterschiedlichem Ausmaß. Wenn es am wichtigsten ist, eine *richtige* Lösung für eine Aufgabe zu finden, wie etwa „Wie viele Hände braucht man, um diesen Haufen Backsteine zu bewegen", können informative Einflussprozesse vorherrschend sein. Ist jedoch der Wunsch danach, eine *geteilte Identität* zum Ausdruck zu bringen, stark ausgeprägt, wie dies etwa in sehr kohäsiven Gruppen der Fall ist, kann der normative Druck relativ stark werden (Festinger, 1950; Kaplan & Miller, 1987). Es kann z.B. zu großem normativen Druck kommen, wenn wertend über ethische Fragen diskutiert wird, wie etwa über die Frage „Welche der vielen Gruppen von Asylsuchenden hat unsere Unterstützung verdient?". Eine Untersuchung von Davis (1973, 1996; s. auch Kerr, 1992; Laughlin & Ellis, 1986) zeigte, dass bei wertenden Aufgaben oft die Mehrheitsregel als implizites **soziales Entscheidungsschema** dient, um zu bestimmen, wie am Ende die Gruppentscheidung ausfallen wird. Nimmt man als gegeben an, dass die schiere *Anzahl* der Gruppenmitglieder, die ein bestimmtes Urteil unterstützen, und nicht so sehr die Gültigkeit ihrer Argumente eine Erklärung für die endgültige Gruppenentscheidung darstellt, ist der normative Druck größer als der informative Druck. Die Mehrheitsregel kann jedoch insofern eine negative Nebenwirkung mit sich bringen, als sich die Gruppenmitglieder hauptsächlich auf das normative Erfordernis konzentrieren, jegliche Diskrepanz zwischen ihrer ei-

Soziales Entscheidungsschema („social decision scheme"): Ein probabilistisches Modell, das den Prozess spezifiziert, durch den die individuellen Beiträge zu einer Gruppenentscheidung zusammengeführt werden.

genen Meinung und der Meinung der Mehrheit zu reduzieren. Die Furcht, von den übrigen Gruppenmitgliedern abgelehnt zu werden, kann kreatives und divergentes Denken behindern sowie die Gruppenmitglieder dazu bringen, entscheidende Informationen zu übersehen. Als Folge davon fällen sie möglicherweise schlechte Entscheidungen (Janis, 1982b).

Im Gegensatz zu solchen wertenden Aufgaben gibt es bei Denkaufgaben eine mehr oder minder überzeugende Lösung. Bei Heureka-Aufgaben, die eine einzige, offensichtlich richtige Lösung haben (s. Tabelle 14.1, S. 507), kann die zuvor erwähnte Regel „Die Wahrheit siegt" als das soziale Entscheidungsschema dienen. Auch wenn nur von einem einzelnen Gruppenmitglied die richtige Lösung vorgeschlagen wird, kann dies als informativer Hinweis dienen, der die übrigen Gruppenmitglieder sofort überzeugt. Nichtheureka-Aufgaben, bei denen die Richtigkeit einer Lösung nicht sofort offensichtlich ist, lassen jedoch einen gewissen Spielraum für unterschiedliche Interpretationen; und zum sozialen Einflussprozess gehört der Austausch von Argumenten, um sich gegenseitig von der Richtigkeit der eigenen Lösung zu überzeugen. Der konstruktive kognitive Konflikt, der durch ein beharrliches Gruppenmitglied (oder eine Minderheit in der Gruppe) ausgelöst wird, kann die sorgsame Abwägung der Gründe für die offensichtliche Diskrepanz fördern und damit die Grundlage für innovatives und divergentes Denken bilden (Nemeth, 1994; s. auch Kap. 13 in diesem Buch). Nimmt man einmal an, dass ein einzelnes Gruppenmitglied nur von wenigen anderen unterstützt wird, dann beruht sein Einfluss stärker auf informativem als auf normativem Druck.

14.5.4 Die Verhinderung von Prozessverlusten

Angesichts der Bedeutung der Offenheit für alternative Sichtweisen in den unterschiedlichen Phasen der Aufgabenausführung müsste es eigentlich möglich sein, Wege zu finden, die Ressourcen der Gruppenmitglieder in optimaler Weise zu einem Gruppenprodukt zusammenzuführen.

Wie wir gesehen haben, kann die Produktion neuartiger Ideen in interaktiven Brainstorming-Sitzungen durch Produktionsblockierung schwerwiegend gehemmt werden. Es kann effektiver sein, die Gruppenmitglieder zu bitten, dass sie ihre Ideen getrennt voneinander entwickeln und diese erst danach in einer gemeinsamen Sitzung äußern, diskutieren und bewerten. Zur **Nominalgruppentechnik** (oder NGT; Delbecq, Van de Ven & Gustafson, 1975) gehört eine solche zweiphasige Vorgehensweise. Um in der Phase der Ideengenerierung eine Produktionsblockierung zu vermeiden, werden die Gruppenmitglieder gebeten, ihre Ideen nicht mit den übrigen Gruppenmitgliedern auszutauschen, sondern sie für sich allein niederzuschreiben. Zur zweiten Phase gehört die Bewertung der allein entwickelten Sichtweisen. Vergleiche zwischen NGT und herkömmlichem Brainstorming zeigen, dass durch NGT bessere Ergebnisse erzielt werden; dies deutet darauf hin, dass die Ideenproduktion durch Mitglieder einer aufgabenbezogenen Gruppe, wie etwa dem zuvor erwähnten Curriculumausschuss, am fruchtbarsten sein kann, wenn die Teilnehmer ihre Ideen

Nominalgruppentechnik („nominal group technique"): Eine Alternative zum interaktiven Brainstorming, die darin besteht, die individuellen (in Isolation entwickelten) Beiträge anschließend zu einem Gruppenprodukt zusammenzufügen.

zunächst individuell generiert haben, bevor der Austausch über diese Ideen stattfindet (Van de Ven & Delbecq, 1974). Ein anderes Koordinierungsmittel zur Vermeidung von Produktionsblockierungen kann computerisiertes Brainstorming sein (Valachich, Dennis & Connolly, 1994). Wie beim NGT wird durch das Fehlen der Interaktion von Angesicht zu Angesicht die Produktionsblockierung möglichst gering gehalten. Dies kann besonders wichtig sein, wenn in aufgabenbezogenen Gruppen mit vielen Teilnehmern neuartige und kreative Ideen generiert werden müssen.

Bei jeder Gruppendiskussion kann natürlich nur ein Bruchteil der bei den Gruppenmitgliedern tatsächlich vorhandenen Ideen genannt werden. Bei der Erhebung der bei den Gruppenmitgliedern bereits vorhandenen einzigartigen Bruchstücke von Informationen sollte es möglich sein, Strategien zu entwickeln, die Prozessgewinne bei der Arbeit in Gruppen ermöglichen. Die ausdrückliche Ankündigung, dass sich die Berücksichtigung und der Austausch aller Informationsbestandteile als wertvoll erweisen kann, wenn man die richtige Lösung finden will (Stasser & Stewart, 1992), und das Bewusstsein, dass jedes einzelne Gruppenmitglied möglicherweise im Besitz nur ihm zugänglicher Informationsbestandteile ist (Stasser, Stewart & Wittenbaum, 1995), kann den Verteilungsnachteil nicht geteilter Informationen kompensieren. Wenn man Gruppenmitgliedern auf bestimmten Gebieten die Rolle von Experten zuweist, kann dies dazu beitragen, dass Gruppen ihre Informationsverarbeitung wirkungsvoller miteinander koordinieren. Allgemein anerkanntes persönliches Spezialwissen kann dazu führen, dass stärker über nicht geteilte Informationsbestandteile gesprochen wird, weil die Übernahme der Expertenrolle Gruppenmitglieder dazu bringen kann, auch die Verantwortung dafür zu übernehmen, dass sie Informationen über ihren eigenen Spezialbereich mitteilen. Dies kann ihnen das Gefühl vermitteln, dass ihre Beiträge weniger entbehrlich sind. Infolgedessen teilen die Experten vielleicht freiwillig ihre Informationen mit und die anderen Gruppenmitglieder bitten die Experten möglicherweise offen um nicht geteilte Informationen.

Um diese Hypothese zu überprüfen, analysierten Stewart und Stasser (1995) Tonbandaufnahmen von Versuchspersonengruppen mit Diskussionen darüber, welcher von drei Kandidaten der qualifizierteste für die Position des AStA-Vorsitzenden war. Jedes Mitglied der Diskussionsgruppe hatte in einem kleinen Büchlein Informationen über die drei Kandidaten bekommen. Bei jeder einzelnen Diskussionsgruppe wurde eine Untermenge der Informationen über einen Kandidaten an alle Mitglieder weitergegeben (geteilte Information), während andere Untermengen nur einem Mitglied gegeben wurden (nicht geteilte Information). Während der Diskussionen mussten die Gruppenmitglieder auf einem Informationsblatt über die Gruppe so viele genaue Informationen über die drei Kandidaten wie möglich aufschreiben und einen Konsens darüber erzielen, welcher Kandidat für die Position am besten geeignet war. Die Versuchspersonen in der Bedingung ohne Zuweisung von Spezialwissen wurden nur darüber informiert, dass die Gruppenmitglieder möglicherweise nicht die gleiche Informationsmenge über die Kandidaten erhalten hätten. In der Bedingung mit Zuweisung von Spezialwissen dagegen wurde jede einzelne Versuchsperson darüber informiert, dass sie Zusatzinformationen über einen

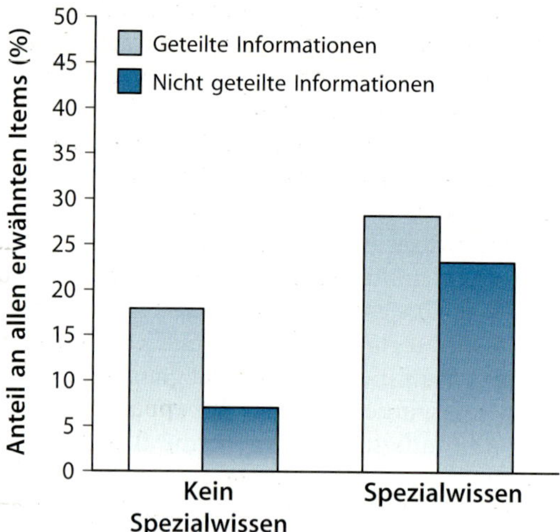

Abb. 14.6. Mittlerer Anteil geteilter und nicht geteilter Informationsbestandteile, die während der Gruppendiskussionen erwähnt wurden. (Nach Stewart & Stasser, 1995)

bestimmten Kandidaten bekommen hatte, die die anderen Gruppenmitglieder nicht erhalten hatten. Somit wurde jedes einzelne Mitglied vor den anderen Gruppenmitgliedern als Experte für einen bestimmten Kandidaten identifiziert.

Der Anteil geteilter und nicht geteilter Informationen, die während des Entscheidungsprozesses erwähnt wurden, ist in Abb. 14.6 dargestellt. In der Bedingung ohne Zuweisung von Spezialwissen war es nicht sehr wahrscheinlich, dass die nicht geteilten Informationsbestandteile (nur 7% aller Items, die erwähnt wurden) in Vergleich zu den geteilten Informationsbestandteilen (18%) erwähnt wurden. Augenscheinlich hat das Ziel, einen Konsens ohne das zugewiesene Spezialwissen zu erreichen, den subjektiv wahrgenommenen Wunsch, systematisch nicht geteilte Informationen zu erkunden, auf einem sehr niedrigen Niveau belassen. Die Zuweisung von Expertenrollen führte zu stärkerer Diskussion über nicht geteilte Informationsbestandteile, beseitigte aber nicht völlig den Verteilungsnachteil für nicht geteilte Informationen über die Kandidaten. Selbst wenn sie eindringlich gebeten wurden, Expertenrollen zu übernehmen, neigten die Gruppenmitglieder immer noch stärker dazu, geteilte (28%) als nicht geteilte Informationsbestandteile (23%) zu erwähnen. Eine ähnliche Untersuchung von Stasser und Titus (1985, 1987) deutet darauf hin, dass es Gruppenmitgliedern in Diskussionsgruppen widerstrebt, nicht geteilte Informationsbestandteile mitzuteilen, es sei denn, sie entdecken gewisse Anzeichen für soziale Unterstützung, die den Wahrheitsgehalt der nur ihnen zugänglichen Ideen bestätigen.

Versuche, Gruppen darin zu unterweisen, wie sie eine verzerrte Informationsverteilung vermeiden können, haben nur einen begrenzten Effekt (Larson, Christensen, Abbott & Franz, 1996; Larson, Foster-Fishman & Keys, 1994). Diese Untersuchungen zeigten, dass sich trainierte Gruppen im Hinblick auf ihre Konzentration auf gemeinsam geteilte Informationen nicht von untrainierten Gruppen unterscheiden. Der einzige Unterschied bestand darin, dass untrainierte Gruppen zunächst genauestens über ihre geteilten Informationen diskutierten, bevor sie mit einer (kurzen) Diskussion über nicht geteilte Informationen begannen, während sich bei trainierten Gruppen keine solche zeitliche Verschiebung fand. Somit lässt sich die Tendenz zur Vernachlässigung nicht geteilter Informationen in Gruppendiskussionen nicht so leicht durch verfahrenstechnische Interventionen oder durch ein Training überwinden.

Gibt es wirksame Vorgehensweisen, um mit dem normativen Druck fertig zu werden, sich auf geteilte Informationen zu konzentrieren und zu einer raschen Entscheidung zu kommen? Eine Methode, zu divergentem Denken anzuregen, kann darin bestehen, dass sich die Gruppenmitglieder vor der Diskussion in einer gemeinsamen Sitzung in *Untergruppen* treffen (Wheeler & Janis, 1980). Die Anwesenheit dieser Untergruppen in späteren gemeinsamen Treffen kann eine Diskussion auslösen und Anlass für eine kritische Beschäftigung mit den Gründen für die unterschiedlichen Sichtweisen sein, die sich zuvor in jeder der getrennten Untergruppen entwickelt haben. Wenn die Untergruppen sich schließlich einigen, was nur erreicht werden kann, wenn man Argumente austauscht, um die Mitglieder der opponierenden Untergruppe zu überzeugen, ist es weniger wahrscheinlich, dass die Gesamtgruppe irgendwelche wichtigen Überlegungen übersehen wird. Der gemeinsame Bezugsrahmen, auf den sich die Untergruppen am Ende auf der Grundlage einigen, dass sie gegenseitig informativen Druck aufeinander ausüben, kann dann mit größerer Gewissheit akzeptiert werden, als wenn nur eine einzige Gruppe daran gearbeitet hätte.

Eine weitere Intervention, die zu einer unverzerrten Erkundung alternativer Sichtweisen anregen soll, kann darin bestehen, eine Person die Rolle eines *Advocatus diaboli* übernehmen zu lassen; sie spielt die Rolle, alle Informationen zu präsentieren, die zu einer Abwertung der in der Gruppe vorherrschenden Sichtweise führen (Herbert & Estes, 1977). Im Unterschied zum einsamen „Abweichler“ in einer aufgabenbezogenen Gruppe ohne einen solchen formell bestimmten Advocatus diaboli nimmt die Beliebtheit des von der Gruppe angewiesenen „Abweichlers“ keinen Schaden, da man sich gemeinsam auf seine abweichende Rolle geeinigt hat. Außerdem sollte die Rolle regelmäßig von einem Gruppenmitglied an ein anderes weitergegeben werden und es sollten schwere kognitive Konflikte vermieden werden, indem man dem Advocatus diaboli die Anweisung gibt, alle Gegenargumente mit leiser Stimme und auf möglichst wenig bedrohliche Weise vorzutragen, um die Voraussetzungen für einen fruchtbaren Informationsaustausch zu schaffen. Diese prozedurale Intervention, wie auch die oben erwähnten, zielt darauf ab, alle in der Gruppe verfügbaren Ressourcen optimal zu nutzen, indem man es den Mitgliedern gestattet, die Grenzen des eingeschränkten Denkens im Einklang mit der herrschenden Gruppennorm zu überschreiten.

14.6 Gruppenstruktur

Welchen Einfluss haben die sich entwickelnde Rollen- und Statusdifferenzierung sowie das vorherrschende Kommunikationsmuster auf die tatsächliche Gruppenleistung?

Obwohl die Mitglieder einer aufgabenbezogenen Gruppe die Gruppenmitgliedschaft als Gemeinsamkeit haben, heißt dies nicht, dass alle gleich sind. Die erfolgreiche Ausführung aller Aufgaben erfordert eine ausreichende Koordinierung ihrer Beiträge. Eine der Hauptfunktionen einer Organisation besteht darin, Prozessverluste zu vermeiden. Ist die Aufgabe unterteilbar, können individuellen Mitgliedern entsprechend ihren spezifischen Fähigkeiten und Interessen Unteraufgaben zugeordnet werden. Wie wir unten sehen werden, setzt Rollendifferenzierung Statusdifferenzierung voraus, die Prozessgewinne, aber auch Prozessverluste nach sich ziehen kann.

14.6.1 Rollendifferenzierung

Interaktionsprozessanalyse („interaction process analysis, IPA"):
Ein formales Messsystem zur Klassifizierung von Beobachtungen der Interaktionen von Mitgliedern kleiner sozialer Gruppen in aufgabenorientierte und sozioemotionale Kategorien.

Ausführliche Beobachtungen von aufgabenbezogenen Gruppen und die Kodierung des Verhaltens der Gruppenmitglieder mithilfe des Schemas der so genannten **Interaktionsprozessanalyse (IPA)** zeigen, wie aus Tabelle 14.3 ersichtlich, dass man zwischen Gruppenmitgliedern, die sich auf beziehungsorientiertes Verhalten spezialisieren, und anderen Gruppenmitgliedern, die sich auf aufgabenbezogenes Verhalten spezialisieren, unterscheiden kann (Bales, 1950; Bales & Slater, 1955). Diese beiden Arten von spezialisiertem Können finden sich nur selten voll ausgeprägt in ein und derselben Person.

Im Sinne der IPA-Kategorien initiieren Beziehungsspezialisten häufiger als andere Gruppenmitglieder positive beziehungsorientierte Verhaltensweisen (die Kategorien 1–3) und bitten die übrigen Gruppenmitglieder

Tabelle 14.3. Interaktionsprozessanalyse (IPA). (Nach Bales, 1950; Bales & Slater, 1955)

IPA-Kategorien	
Sozioemotionales Verhalten (positiv)	1 Zeigt Solidarität 2 Zeigt Spannungsreduktion 3 Stimmt zu
Lösungsversuche	4 Macht Vorschläge 5 Äußert seine Meinung 6 Vermittelt Orientierung
Aufgabenbezogene Fragen	7 Bittet um Orientierung 8 Bittet um Meinungsäußerung 9 Bittet um Vorschläge
Sozioemotionales Verhalten (negativ)	10 Stimmt nicht zu/widerspricht 11 Zeigt sich angespannt 12 Verhält sich feindselig

um aufgabenbezogene Informationen (die Kategorien 7–9). Im Gegensatz dazu initiieren die Aufgabenspezialisten häufiger aufgabenbezogene Verhaltensweisen (die Kategorien 4–6) und werden öfter von anderen Gruppenmitgliedern gebeten, aufgabenbezogene Informationen zur Verfügung zu stellen (die Kategorien 7–9). Gleichzeitig sind diese Aufgabenspezialisten oft aber auch diejenigen, die negative beziehungsorientierte Äußerungen (die Kategorien 10–12) auf sich ziehen.

14.6.2 Statusdifferenzierung

Obwohl die Beziehungsspezialisten in der Gruppe am beliebtesten sind, werden die Aufgabenspezialisten gewöhnlich als diejenigen wahrgenommen, die am meisten zur erfolgreichen Erreichung des Ziels beitragen. Ist es für die Gruppe wichtig, erfolgreich das Ziel zu erreichen, werden die Gruppenmitglieder versuchen, diejenigen Personen unter sich auszumachen, von denen sie erwarten, dass sie am meisten dazu beitragen können. In der Theorie der Erwartungszustände (Berger, Rosenholtz & Zelditch, 1980) wird angenommen, dass *A-priori*-Erwartungen über die Beiträge der anderen Gruppenmitglieder zum Gruppenerfolg die Voraussetzung für eine Statusdifferenzierung schaffen. Gruppenmitglieder, von denen man annimmt, dass sie bessere aufgabenbezogene Fähigkeiten besitzen, werden häufiger angesprochen, werden dazu ermutigt, die Initiative zu ergreifen, und können sogar formell dazu bestimmt werden, die Führung zu übernehmen. Gleichzeitig neigen normale Gruppenmitglieder stärker dazu, den Beeinflussungsversuchen der wenigen Ausgewählten nachzugeben. Infolgedessen entwickelt sich eine Statusstruktur, bei der das Verhalten jedes Einzelnen durch bestimmte Regeln festgelegt ist, d.h. Verhaltensstandards oder Normen, die akzeptables Verhalten genauer benennen. Die Gruppenleistung profitiert oft von einem solchen Koordinierungsprozess der Verteilung von Rollen und Pflichten auf die Gruppenmitglieder.

Spezifische Statusmerkmale („specific status characteristics"): Informationen über die Fähigkeiten einer Person, die direkt für die Gruppenaufgabe von Belang sind.

Persönliche Charakteristika der Gruppenmitglieder schaffen die Grundlage für *A-priori*-Erwartungen und dadurch für sich herausbildende statusbezogene Unterscheidungsmerkmale. **Spezifische Statusmerkmale** beziehen sich auf die Fähigkeiten und Fertigkeiten der Gruppenmitglieder, die unmittelbare Relevanz für die Erreichung des Ziels zu haben scheinen (z.B. erwiesenes Spezialwissen in Mathematik, wenn die Aufgabe Rechenfertigkeiten erfordert). Zusätzlich zur spezifischen Information über den Status oder zum Fehlen dieser Information können Gruppenmitglieder auch Erwartungen an den anderen entwickeln, indem sie wechselseitig ihre **diffusen Statusmerkmale** in ihre Überlegungen einbeziehen, also alle persönlichen Eigenschaften, von denen sie meinen, dass sie indirekt für die erfolgreiche Erfüllung der Gruppenziele von Relevanz sind. Beispielsweise können beim zuvor erwähnten Curriculumausschuss, der die Aufgabe hatte, Vorschläge für die Reform des Curriculums zu entwickeln, das Geschlecht der Gruppenmitglieder, das Alter, die ethnische Zugehörigkeit und der Status in anderen Gruppen als (diffuse) Statusmerkmale dienen,

Diffuse Statusmerkmale („diffuse status characteristic"): Informationen über die Fähigkeiten einer Person, die nur indirekt für die Aufgabe der Gruppe von Belang sind, die sich aber pauschal aus der Zugehörigkeit zu bestimmten Kategorien (Alter, ethnische Gruppe, Geschlecht), die nichts mit der aufgabenbezogenen Gruppe zu tun haben, ableiten.

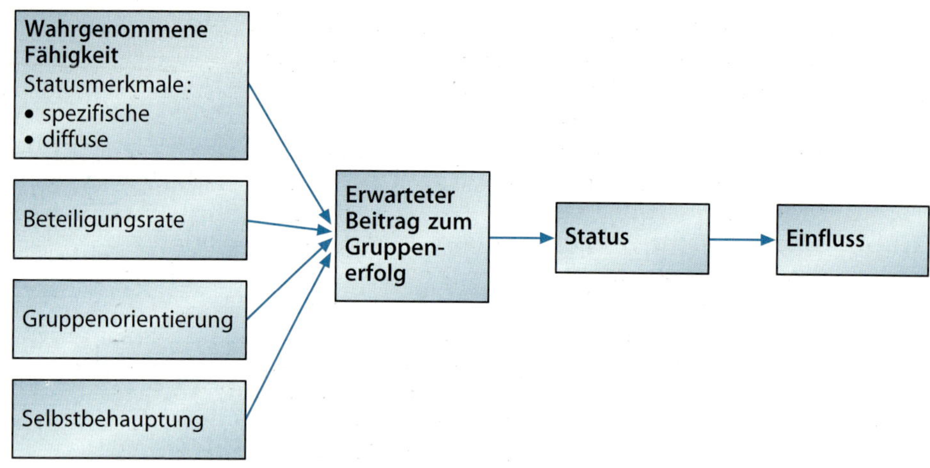

Abb. 14.7. Prozess der Statusorganisation

auf deren Grundlage man von einigen Gruppenmitgliedern erwartet, dass sie mehr zum Gruppenerfolg beitragen als andere. Außer stabilen persönlichen Merkmalen kann auch der Verhaltensstil (Selbstbehauptung, Beteiligungsrate und Ausmaß der Gruppenorientierung) als Hinweis für Statusdifferenzierung dienen (Lee & Offshe, 1981; Mazur, 1983; zu weiteren Einzelheiten über Gruppenführung s. auch Kap. 17 in diesem Band). Eine Zusammenfassung dieser Befunde wird in Abb. 14.7 dargestellt.

Idealerweise sollte die Statusdifferenzierung in aufgabenbezogenen Gruppen auf aufgabenspezifischen Statusmerkmalen beruhen. Beispielsweise mag eine ältere Frau in ihrer Gruppe eine relativ bedeutungslose Rolle spielen, wenn die Gruppe mit anderen Mannschaften in einem Sportwettkampf konkurriert; sie kann jedoch zur Schlüsselfigur werden, wenn die Gruppe in einen Quizwettstreit mit anderen Mannschaften verwickelt wird, bei dem ihr umfassendes Wissen über die Geschichte der Region von unschätzbarem Wert ist. Diffuse Statusmerkmale wie etwa Geschlecht, Alter und ethnische Zugehörigkeit werden oft über Aufgaben hinweg, unabhängig von ihrer wahren Relevanz für die Aufgabe, generalisiert. Ein älteres weibliches Mitglied einer ethnischen Minderheit z.B. kann es schwer haben, wirklich Einfluss in dem zuvor erwähnten Curriculumausschuss zu bekommen. Auch für Menschen, die einen geringen sozioökonomischen Status haben, ist es in aufgabenbezogenen Gruppen schwer, negative Stereotype zu überwinden. Setzt man einmal voraus, dass es den Gruppenmitgliedern, denen man eine höhere aufgabenbezogene Fähigkeit zuschreibt, oft zugestanden wird, mehr Einfluss in Interaktionen auszuüben als Gruppenmitgliedern, denen man eine geringere aufgabenbezogene Fähigkeit zuschreibt (Berger & Zelditch, 1993; De Gilder & Wilke, 1994; Greenstein & Knotterus, 1980), dann lautet die entscheidende Frage, ob die wechselseitigen Erwartungen von Gruppenmitgliedern gegenüber den Beiträgen des jeweils anderen zum Gruppenerfolg korrekt oder verzerrt sind. Die Gruppenleistung kann durch Prozesse der

Rollen- und Statusdifferenzierung beeinträchtigt werden, wenn die Gruppe die wertvollen Beiträge übersieht, die von Mitgliedern geliefert werden, die eigentlich kompetent sind, die aber nicht eines hohen Status für wert gehalten werden (Kirchler & Davis, 1986).

Die Tatsache, dass Statusdifferenzierung nicht immer zu verbesserter Gruppenleistung führt, wird durch eine Studie von Torrance (1954) veranschaulicht, in der Piloten, Navigatoren und Bordschützen als Versuchspersonen dienten und an dem zuvor erwähnten Pferdehandelproblem arbeiteten. Es schien so zu sein, dass einer Person von höherem militärischen Rang (ein diffuses Statusmerkmal) eher zugestanden wird, Einfluss bei einer Gruppendiskussion auszuüben, als Personen von niedrigerem Rang. Von den Piloten (höchster Rang), die vor der Gruppendiskussion die richtige Antwort beim Pferdehandelproblem gefunden hatten, gelang es nur einem Zehntel nicht, die übrigen Gruppenmitglieder davon zu überzeugen, dies zu akzeptieren, während das ein Fünftel der Navigatoren (niedrigerer Rang) und ein Drittel der Bordschützen (niedrigster Rang) nicht schaffte. Somit ist es wahrscheinlicher, dass die richtige Lösung als Gruppenlösung beibehalten wird, wenn sie von einem Mitglied mit hohem Status vorgeschlagen wird, als wenn sie von einem Mitglied mit geringerem Status angeboten wird. Zudem zeigen Torrance' Ergebnisse auch, dass die gleiche Regel auf falsche Lösungen zutrifft: Mitglieder mit hohem Status, die eine falsche Lösung vertreten, scheinen erfolgreicher dabei zu sein, die anderen Gruppenmitglieder davon zu überzeugen, dass sie die falsche Lösung akzeptieren, als Mitglieder mit geringerem Status. Ein Mitglied mit hohem Status, das einen falschen Lösungsweg einschlägt, kann deshalb eine einschneidendere Bedrohung für den Gruppenerfolg darstellen als Mitglieder mit niedrigem Status, die in gleicher Weise irren.

14.6.3 Kommunikationsmuster

Wie wir zuvor gesehen haben, wenden sich Mitglieder einer aufgabenorientierten Gruppe häufiger an Aufgabenspezialisten als an andere Gruppenmitglieder (Bales & Slater, 1955). Dadurch kann in aufgabenbezogenen Gruppen ein Kommunikationsmuster entstehen, in dem Aufgabenspezialisten eine zentrale Rolle zugewiesen wird. Welchen Einfluss hat das Kommunikationsmuster als solches auf die Gruppenleistung?

Um die Auswirkungen von Kommunikationsmustern zu untersuchen, ließ Leavitt (1951) Versuchspersonen um einen kreisförmigen Tisch herum Platz nehmen; dabei waren sie durch senkrecht stehende Wände voneinander getrennt. Schlitze, die vom Versuchsleiter geöffnet und geschlossen werden konnten, gestatteten es den Versuchspersonen, Informationen (einigen der) anderen Gruppenmitgliedern zukommen zu lassen. Abbildung 14.8 (S. 530) zeigt eine Reihe von Kommunikationsmustern. Von ihnen ist das Rad das zentralisierteste, da jedes Gruppenmitglied an der Peripherie die Information an die anderen Gruppenmitglieder über die einzige Person verschicken muss, die die zentrale Position innehat. Im Unterschied dazu steuert beim Muster mit allen Kanälen niemand die Verteilung der Informationen

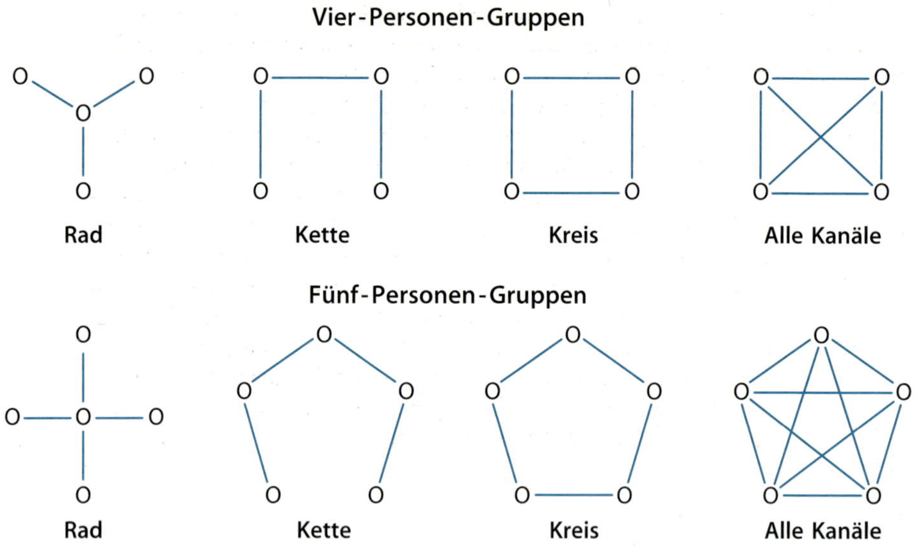

Vier-Personen-Gruppen

Rad Kette Kreis Alle Kanäle

Fünf-Personen-Gruppen

Rad Kette Kreis Alle Kanäle

Abb. 14.8. Einige Kommunikationsmuster. (Nach Leavitt, 1951)

und jedes Gruppenmitglied kann direkt mit jedem anderen Mitglied kommunizieren, ohne sich auf eine andere Person verlassen zu müssen.

Leavitt verwendete ganz einfache experimentelle Aufgaben, bei denen die Versuchspersonen spezifische Bestandteile von Informationen sammeln mussten, und fand heraus, dass Gruppen mit zentralisierten Kommunikationsmustern weniger Fehler machten als Gruppen mit dezentralisierten Mustern. Die Aufgabenzufriedenheit war jedoch in einer dezentralisierten Gruppe größer, weil sich ihre Mitglieder, im Unterschied zu den meisten Teilnehmern in einer zentralisierten Gruppe, nicht als Außenseiter fühlten. Vor allem Personen an einer der außen liegenden Positionen fühlten sich entbehrlich und überließen die Arbeit stärker den in der Mitte positionierten Gruppenmitgliedern. Solche Motivationsverluste unter den peripheren Gruppenmitgliedern können die Gruppe dazu veranlassen, hinter ihrem Potenzial zurückzubleiben.

In einem Überblicksartikel über 18 Kommunikationsexperimente entdeckte Shaw (1964), dass bei Gruppen, die an komplexeren Aufgaben (arithmetische Probleme, Satzkonstruktionen und diskussionsartige Probleme) arbeiteten, dezentralisierte Kommunikationsmuster überlegen waren, zumindest bei der ersten einer Reihe von Aufgaben. Im Vergleich zu einfachen Aufgaben erfordern komplexe Aufgaben, dass viel mehr Informationen integriert werden. Da diese Koordinierungspflicht in einem zentralisierten Kommunikationsmuster typischerweise einer Person zufällt, ist es wahrscheinlich, dass diese zentral positionierte Person unter einer zu starken Informationsbelastung leidet. Im Gegensatz dazu kann die Informationsbelastung bei dezentralisierten Kommunikationsmustern in stärkerem Maße unter den Gruppenmitgliedern gleich verteilt werden; dies führt zu einer höheren Gruppenleistung und zu einer höheren Aufgabenzufriedenheit.

Da Gruppen im Alltag aus Erfahrung lernen können, ist es wichtig, anzumerken, dass die Effizienz zentralisierter Kommunikationsmuster bei der Bearbeitung komplexer Aufgaben im Laufe der Zeit zunimmt, wenn Gruppen längere Zeit an diesen Aufgaben arbeiten (Shaw, 1964; Mackenzie, 1976). Während die Gruppenleistung bei einfachen Aufgaben unmittelbar von den koordinierten Anstrengungen der (des) zentral positionierten Gruppenmitglieder(-es) profitieren kann, beginnen sich die Koordinierungsvorteile eines zentralisierten Kommunikationsmusters bei komplexen Aufgaben erst nach einer Weile auszuzahlen. Mit der doppelten Aufgabenbelastung konfrontiert zu sein, eine komplexe Aufgabe lösen *und* die Kommunikation beispielsweise zwischen den Mitgliedern des Curriculumausschusses organisieren zu müssen, kann in den frühen Phasen der Aufgabenerfüllung zu schwer sein, als dass dies für die Gruppe zu bewältigen ist. Nachdem man jedoch Erfahrung mit der Aufgabe und mit den Teilnehmern gesammelt hat, kann man effektiver mit dieser zweifachen Aufgabe umgehen.

14.6.4 Bewältigung dysfunktionaler Aspekte der Gruppenstruktur

Die Aufgaben, denen Gruppen im realen Leben ausgesetzt sind, sind oft weitaus komplexer als jene, die in der Laborforschung verwendet werden. Daher scheint es wahrscheinlich, dass eine frühzeitige Zentralisierung der Kommunikation Koordinierungsverluste (zu starke Informationsbelastung der zentral positionierten Gruppenmitglieder) und Motivationsverluste (Unzufriedenheit und Gefühle der Entbehrlichkeit unter den peripheren Gruppenmitgliedern) zur Folge haben kann. Ohne Delegierung eines Teils ihrer Aufgaben an die übrigen Gruppenmitglieder sind die zentral positionierten Gruppenmitglieder möglicherweise nicht in der Lage, alle relevanten Aufgabeninformationen, die für die optimale Gruppenleistung erforderlich sind, zu verarbeiten. Probleme, die aus der suboptimalen Teilnahme der gewöhnlichen Gruppenmitglieder entstehen, können nur bewältigt werden, wenn sich Mitglieder mit niedrigem Status nicht durch die negativen Erwartungen der anderen Gruppenmitglieder entmutigen lassen und zu Anstrengungen motiviert werden können, ihre wahre Fähigkeit zum Erfolg der Gruppe beizutragen, damit die Aufgabe der Gruppe erfolgreich zu Ende gebracht werden kann. Die Forschung konnte zeigen, dass es in der Tat effektiver zu sein scheint, das Anrecht auf einen hohen Status durch produktive Beiträge für die Gruppe zu demonstrieren, als auf andere Weise eine Position von hohem Status für sich zu reklamieren (Freeze & Cohen 1973; Martin & Sell, 1985; Pugh & Wahrman, 1983). Es scheint so zu sein, dass ein Mitglied mit niedrigem Status, das eine ausgeprägte gruppenorientierte Motivation, etwas für die erfolgreiche Ausführung der Aufgabe beizutragen, an den Tag legt, mit größerer Wahrscheinlichkeit in der Gruppe an Einfluss gewinnt als andere Mitglieder mit niedrigem Status, die dem Anschein nach hauptsächlich ihre privaten Interessen verfolgen (Ridgeway, 1978).

Eine andere Art und Weise, mit den eher dysfunktionalen Wirkungen von Rollen- und Statusdifferenzierung umzugehen, kann darin bestehen, dass Gruppenmitglieder, die eine zentrale bzw. führende Position in der Gruppe einnehmen, sich zu Beginn der Gruppendiskussion mit Meinungsäußerungen zurückhalten. Regeln, die Mitglieder von hohem Status veranlassen, zu warten, bis die gewöhnlichen Gruppenmitglieder ihre Meinung gesagt haben, tragen dazu bei, dass auch andere Sichtweisen genauer erkundet werden. Es ist eine bekannte Tatsache, dass die beste Methode, um in hierarchisch strukturierten Organisationen, wie etwa dem Militär, die wahren Auffassungen einer Gruppe von Mitgliedern unterschiedlichen Ranges zu erkunden, darin besteht, beim niedrigsten Rang zu beginnen und mit dem höchsten aufzuhören. Andernfalls ist es sehr wahrscheinlich, dass potenziell wertvolle Ressourcen ungenutzt bleiben.

14.7 Zusammenfassung und Schlussfolgerungen

In einer Gruppe statt für sich allein zu arbeiten kann seine Vor- und seine Nachteile haben. Dieses Kapitel hat sich mit der tatsächlichen Gruppenleistung als Funktion der potenziellen Gruppenleistung minus Prozessverluste plus Prozessgewinne beschäftigt. Nimmt man die individuelle Leistung bei einer Aufgabe als Ausgangspunkt, dann lässt sich die individuelle Leistung von Gruppenmitgliedern bei einfachen, gut gelernten Aufgaben durch die bloße physische Anwesenheit von anderen Personen verbessern. Sind Aufgaben jedoch, wie dies im wirklichen Leben ganz oft der Fall ist, komplexer und nicht so gut als Routine zu meistern, kann die soziale Erleichterung dominanter, aber unangemessener Reaktionen und die soziale Hemmung der erforderlichen nichtdominanten Reaktionen alle positiven Auswirkungen der Arbeit in Anwesenheit anderer Personen null und nichtig machen.

Auch Prozessverluste und Prozessgewinne auf der Ebene miteinander interagierender Gruppen können die Gruppenleistung hemmen oder fördern. Wenn man die Ressourcen der Gruppenmitglieder optimal einsetzen möchte, so erfordert dies eindeutig kommunizierte Koordinierungsregeln. Manche Aufgaben (Prozessplanung z. B.) erfordern Gleichzeitigkeit bei den Anstrengungen der Gruppenmitglieder, während bei anderen Aufgaben (etwa das Produzieren neuer kreativer Ideen) simultane Beiträge zu einer Produktionsblockierung führen können. Aber verglichen mit Koordinierungsverlusten sind Motivationsverluste sogar noch schwerer zu überwinden. Durch die Mischung aus kooperativen und wettbewerbsorientierten Motiven bei fast allen aufgabenbezogenen Gruppen sind die Gruppenmitglieder der Versuchung ausgesetzt, die Arbeit den anderen Gruppenmitgliedern zu überlassen. Motivationsverluste können durch die wechselseitige Ausübung normativen Drucks verhindert werden; dadurch setzen sich weniger kooperative Gruppenmitglieder dem Risiko aus, von der Gruppe abgelehnt zu werden. Obwohl die Stärkung des Engagements der Gruppenmitglieder dafür, soziale Zustimmung zu bekommen und als geachtetes Gruppenmitglied zu gelten, von entscheidender Bedeutung ist, hat sie jedoch auch negative Nebenwirkungen. Aus der Sorge, dass ihre wahren privaten Auffassungen und die nur ihnen zugänglichen Informationsbestandteile dem sich herausbildenden Gruppenkonsens widersprechen könnten, konzentrieren sich die Gruppenmitglieder oft auf das gemeinsame Wissen. Es sind einige prozedurale Interventionen vorgeschlagen worden, um die Wahrscheinlichkeit zu minimieren, dass die Informationsverteilung verzerrt ist und falsche Entscheidungen getroffen werden. Sensibilisiert man die Gruppenmitglieder z. B. für spezifische Wissensbereiche und überträgt ihnen die Verantwortung dafür, so kann dies der Diskussion über nicht geteilte Informationen in der Gruppe dienlich sein.

Um bei den Gruppenmitgliedern eine hohe Motivation aufrechtzuerhalten, ihr Bestes zu geben, damit die Gruppe Erfolg hat, sollte jedes einzelne Mitglied, wenn möglich, entsprechend seinen individuellen Fähigkeiten und Interessen (Unter-)Aufgaben zugeteilt bekommen. Dabei sollte man sich jedoch bewusst sein, dass das damit einhergehende Entstehen von Unterscheidungsmerkmalen im Hinblick auf Status und Kommunikationsmuster noch zu einer weiteren Art von Prozessverlusten führen kann. Prozesse der Statusorganisation sind dysfunktional, wenn sie sich selbst erfüllende Prophezeiungen hervorbringen, sodass Menschen sich gegenüber dem von ihnen erwarteten Leistungsniveau konform zeigen, obwohl ihre tatsächlichen Fähigkeiten niedriger oder höher sein können, als die ihnen zugeschriebenen. Mitglieder mit hohem Status z. B., die die zentrale Position im Kommunikationsmuster einnehmen, gehen das Risiko ein, mit Koordinierungsaufgaben überlastet zu werden, während die Ressourcen der gewöhnlichen Gruppenmitglieder möglicherweise ungenutzt bleiben. Um von potenziell wertvollen Beiträgen durch Gruppenmitglieder zu profitieren, die nicht eines hohen Status für wert gehalten werden und die sich in ihren peripheren Positionen „außen vor“ fühlen können, sollte die Gruppe Wege finden, um die negativen Verzerrungen einer Statusgeneralisierung zu überwinden.

Fragen zum Text

1. Die Bewertungserwartung spielt eine wichtige Rolle bei den Prozessen der sozialen Erleichterung und Hemmung. Wie können Mitglieder einer aufgabenbezogenen Gruppe deren positive Auswirkungen (Prozessgewinne) fördern und wie sollten sie deren schädliche Auswirkungen (Prozessverluste) verhindern?
2. Erklären Sie, warum sich aufgabenbezogene Gruppen nur selten durch eine *rein* kooperative Interdependenz, aber fast immer durch eine Interdependenz mit gemischten Motiven charakterisieren lassen.
3. Baron et al. (1992) machen eine Unterscheidung zwischen „sozialem Faulenzen“, wenn die eigenen Beiträge der Individuen für die Gruppe nicht leicht identifizierbar und bewertbar sind, und „Trittbrettfahren“, wenn das Individuum glaubt, dass sein eigener Beitrag für die Gruppe entbehrlich ist. Diskutieren Sie, warum sich die Verbesserung der Identifizierbarkeit der Beiträge der Gruppenmitglieder als günstig erweisen kann, wenn man gegen soziales Faulenzen vorgehen möchte, dass aber zusätzliche Interventionen (haben Sie irgendwelche Vorschläge?) erforderlich sind, um Trittbrettfahren zu verhindern.
4. Erklären Sie, warum es im Falle, dass man das Ziel verfolgt, Kooperation in einer aufgabenbezogenen Gruppe zu fördern, ein zweischneidiges Schwert ist, wenn man Menschen zu der Auffassung verleitet, dass die übrigen Gruppenmitglieder eine hohe Kooperationsbereitschaft haben.
5. Stellen Sie sich ein Etappenrennen bei der Tour de France mit drei beteiligten Radrennmannschaften vor, denen jeweils vier Personen angehören. Nehmen wir an, dass die Zeiten der vier Mitglieder von Mannschaft A die folgenden sind: 1 Stunde und 46 Minuten, 1 Stunde und 47 Minuten, 1 Stunde und 47 Minuten und 1 Stunde und 49 Minuten. Die Zeiten der Mitglieder von Mannschaft B sind 1 Stunde und 44 Minuten, 1 Stunde und 45 Minuten, 1 Stunde und 49 Minuten und 1 Stunde und 53 Minuten. Die Zeiten der Mitglieder von Mannschaft C sind 1 Stunde und 45 Minuten, 1 Stunde und 45 Minuten, 1 Stunde und 46 Minuten und 1 Stunde und 51 Minuten. Wer wäre der Sieger, wenn das Etappenrennen als Wettkampf zwischen Individuen organisiert würde? Welche Mannschaft gewinnt das Etappenrennen im Falle eines Wettkampfs zwischen Mannschaften bei einer additiven Verknüpfungsregel? Und wie ist es bei einer konjunktiven Verknüpfungsregel? Wie wird eine Radrennmannschaft bei den letzten beiden Verknüpfungsregeln reagieren, wenn eines ihrer Mitglieder auf der halben Strecke einen Platten hat?
6. Erörtern Sie die positiven, aber auch die schädlichen Auswirkungen eines starken normativen Konformitätsdrucks in aufgabenbezogenen Gruppen.
7. Diskutieren Sie die Forschungsbefunde zur Rollendifferenzierung in aufgabenbezogenen Gruppen im Zusammenhang mit der Theorie der Erwartungszustände.

Empfohlene Literatur

Baron, R., Kerr, N. & Miller, N. (1992). *Group process, group decision, group action.* Buckingham: Open University Press. Dieses Buch gibt einen ausgezeichneten Überblick über Theorie, Entwicklung und empirische Untersuchungen im Bereich der Gruppenleistung.

Cartwright, P. & Zander, A. (Eds.). (1968). *Group dynamics: Research and theory.* New York: Harper & Row. In dieser Sammlung klassischer Artikel ist ein Großteil der folgenreichen Forschung und des zukunftsträchtigen Denkens im Bereich der Gruppendynamik zusammengestellt. Die einleitenden Kapitel geben einen ausgezeichneten Überblick über die grundlegenden Ideen, die in der Aufsatzsammlung zum Ausdruck kommen.

Forsyth, D. (1999). *Group dynamics.* Belmont, CA: Wadsworth. Eine gut geschriebene, umfassende Einführung in die Gruppendynamik.

Paulus, P.B. (Ed.). (1983). *Basic group processes.* New York: Springer. Eine Sammlung anspruchsvoller Überblicksbeiträge zur Gruppendynamik.

Worchel, S., Wood, W. & Simpson, J.A. (Eds.). (1992). *Group process and productivity.* London: Sage. Sammlung von Beiträgen zur Entscheidungsfindung, Statusdifferenzierung, Gruppenentwicklung und zu Gruppennormen.

Wilke, H. & Meertens, R.W. (1993). *Group performance.* London: Routledge. Ein aktueller und umfassender Text über kognitive, reflektive und kommunikative Prozesse, die einen Einfluss auf die aufgabenbezogene Leistung in Gruppen haben.

Witte, E.H. & Davis, J.H. (Eds.). (1996). *Understanding group behaviour* (Bd. I und II). Mahwah, NJ: Erlbaum. Eine kürzlich erschienene Sammlung von Untersuchungen zu sozialpsychologischen Prozessen in Kleingruppen.

Schlüsseluntersuchungen

Diehl, M. & Stroebe, W. (1987). Productivity loss in brainstorming groups: Toward the solution of a riddle. *Journal of Personality and Social Psychology, 53,* 497–509.

Latané, B., Williams, K. & Harkins, S. (1979). Many hands make light work: The causes and consequences of social loafing. *Journal of Personality and Social Psychology, 37,* 822–832.

15 Beziehungen zwischen Gruppen

Rupert Brown

INHALT

Zu Intergruppenverhalten kommt es, wenn die Mitglieder einer Gruppe gegenüber einer anderen eher unter dem Aspekt der Gruppenmitgliedschaft handeln als aus persönlichen oder idiosynkratischen Gründen. Dies kann von interpersonalem Verhalten unterschieden werden. Im vorliegenden Kapitel werden die wichtigsten Theorien des Intergruppenverhaltens eingeführt und die zentralen Entdeckungen in diesem Bereich beschrieben. Forschung aus bewusst künstlichen „minimalen" Kontexten wird zusammen mit Befunden aus naturalistischen Kontexten erörtert.

Das Kapitel schließt mit einer Diskussion der Methoden, wie man Intergruppendiskriminierung und -vorurteile abbauen kann.

15.1 Einleitung

Ulster bereitet sich auf seinen traurigsten Demonstrationszug vor: hinter drei kleinen Särgen
Heute wird Nordirland wieder zum Schauplatz der großen Orange-Paraden und der fortgesetzten Konfrontation in Drumcree. Morgen wird das Land auf zu Herzen gehende Weise erleben, wie drei Särge, die kleiner als von normaler Größe sind, ihre Reise in ein viel zu frühes Grab antreten; es handelt sich um die Opfer des Konfessionskonflikts: Die Jungen der Familie Quinn – Richard, 11, Mark, 9, und Jason, 7 – (...), deren Mutter Katholikin ist, starben in den Flammen, nachdem ihr Haus in der Grafschaft Antrim gestern um 4 Uhr morgens von Loyalisten mit Molotow-Cocktails beworfen worden war. (Ein tragisches Ereignis in Nordirland, nach einem Bericht in *The Independent* vom 13. Juli 1998)

Frankreich total verrückt nach dem Sieg bei der Weltmeisterschaft
Gestern abend strömten bei einer wilden Feier nach dem überraschenden 3:0-Sieg von Frankreich über Brasilien im Endspiel der Weltmeisterschaft Hunderttausende jubelnder Franzosen aller möglichen ethnischen Gruppen durch die Straßen von Paris. Innerhalb von Minuten nach dem Abpfiff im Stade de France füllte sich die Avenue des Champs Elysées mit einer tanzenden, singenden Menge. (Feiern nach dem Sieg in Paris, nach einem Bericht in *The Independent* vom 13. Juli 1998)

15.2 Was ist Intergruppenverhalten?

Intergruppenverhalten („Intergroup behaviour"): Handlungen der Mitglieder einer Gruppe gegenüber denen einer anderen.

Selbst wer nur höchst selten eine Zeitung zur Hand nimmt, kann nicht umhin, Schlagzeilen wie diese wahrzunehmen, die uns nur allzu häufig bei unserer morgendlichen Lektüre begegnen. Die beiden Ereignisse, um die es darin geht – sie ereigneten sich in einem Abstand von nur wenigen Stunden voneinander in zwei europäischen Staaten – sind Beispiele für **Intergruppenverhalten**: Hier handelt es sich um ein Verhalten von Mitgliedern einer Gruppe gegenüber den Mitgliedern einer anderen Gruppe. Zufällig sind beide angesprochenen Ereignisse Beispiele für die negativen und positiven Aspekte von Begegnungen zwischen Gruppen: zum einen der neueste Gewaltakt in der langen Geschichte eines Konfessionskonflikts, zum anderen eine fröhliche multiethnische Angelegenheit, bei der die zuvor bestehenden Intergruppenspannungen zwischen Franzosen weißen, europäischen und nordafrikanischen Ursprungs durch den sportlichen Erfolg der Nationalmannschaft gegen ein anderes Land wie aufgehoben waren. Die nationale Rekategorisierung, über die wir später noch mehr sagen werden, wurde zweifellos dadurch gefördert, dass in der

Abb. 15.1. Positives Intergruppenverhalten: Französische Fußballfans aus unterschiedlichen ethnischen Gruppen feiern vereint den Sieg ihrer Mannschaft

französischen Mannschaft mehrere Mitglieder ethnischer Minderheitengruppen prominent vertreten waren.

Das vorliegende Kapitel beschäftigt sich damit, wie sich Intergruppenverhalten aus sozialpsychologischer Perspektive verstehen lässt. Es beginnt mit einem kurzen Blick auf einige verbreitete Theorien zur Erklärung des Intergruppenkonflikts und des Vorurteils, die diese entweder als Ausdruck eines bestimmten Charaktertyps oder als das Ergebnis eines zeitlich begrenzten oder chronischen Frustrationsniveaus zu erklären versuchen. Wie zu zeigen sein wird, sind diese Vorstellungen für die praktische Anwendung von recht begrenztem Nutzen. Ein fruchtbarer Ansatz besteht dagegen darin, Intergruppenverhalten als Reaktion auf reale oder imaginäre Gruppeninteressen zu betrachten, und dies ist der Inhalt des zweiten Abschnitts. Der dritte Abschnitt greift eine Frage auf, die sich im zweiten stellt, nämlich: Verursacht Gruppenzugehörigkeit *an sich* diskriminierendes Verhalten? Wir werden sehen, dass es gute Gründe dafür gibt, dies zu bejahen. Dies führt uns unmittelbar zum vierten Abschnitt, in dem die Verknüpfung zwischen Gruppenmitgliedschaft und Prozessen der sozialen Identität erklärt wird. Eine zentrale Vorstellung, die sich daraus ergibt, betrifft die Bedeutung, die es für Individuen hat, die Eigengruppe als positiv distinkt im Vergleich zu anderen sehen zu können. Schließlich werden Faktoren behandelt, die zu einer Verringerung von Intergruppenkonflikten führen können.

Abb. 15.2. Negative Folgen von Intergruppenverhalten: Protestantische und katholische Beerdigungen von Opfern des Konfessionskonflikts in Nordirland

15.3 Verbreitete Konzepte zu Intergruppenkonflikt und Vorurteil

Worum geht es, wenn man verstehen will, was ein Vorurteil ist? Wie lassen sich interpersonales und Gruppenverhalten voneinander unterscheiden?

15.3.1 Vorurteil als Persönlichkeitsmerkmal

Verbreiteter als die offenen Manifestationen von Intergruppenkonflikten, die wir zu Beginn dieses Kapitels betrachtet haben, sind verschiedene Formen des **Vorurteils**, d.h., abwertende Einstellungen gegenüber Mitgliedern einer sozialen Gruppe zu haben (Rassismus, Sexismus usw.). Solche Intergruppeneinstellungen sind häufig mit gewalttätigen Auseinandersetzungen verknüpft, wie sie oben beschrieben wurden. Die Frage ist: Wie entstehen diese vorurteilsbehafteten Einstellungen (s. auch Kap. 3)?

Vorurteil („prejudice"): Negative Einstellung(en) gegenüber allen oder den meisten Mitgliedern einer Gruppe.

Nach einer verbreiteten Auffassung sind Vorurteile hauptsächlich ein Problem, das mit der Persönlichkeit zu tun hat. Das einflussreichste Beispiel einer solchen Theorie wurde von Adorno, Frenkel-Brunswick, Levinson und Sanford (1950) formuliert. Ihre Hypothese besagt, dass die sozialen Einstellungen eines Individuums einen „Ausdruck tief liegender Züge der Persönlichkeit" darstellen (Adorno et al., 1950, S. 1). Von einer psychoanalytischen Perspektive ausgehend glaubten die Autoren, dass die Persönlichkeitsentwicklung der meisten Menschen aufgrund der Zwänge der sozialen Existenz Verdrängung und Verschiebung verschiedener Triebbedürfnisse beinhaltet. Sie betrachteten die Eltern als Hauptagenten dieses Sozialisationsprozesses, die bei der „normalen" Entwicklung einen gesunden Mittelweg zwischen der erforderlichen Disziplin und der Selbstentfaltung des Kindes finden. Das Problem der intoleranten Person, so argumentierten Adorno et al., bestehe darin, dass die Eltern diesen Mittelweg zugunsten eines extrem rigiden, überdisziplinierenden Erziehungstils und einer Überängstlichkeit zugunsten der Konformität des Kindes mit sozialen Normen aufgeben. Der Effekt, so glaubten sie, bestehe darin, dass die natürliche Aggression des Kindes gegen die Eltern (eine unausweichliche Folge der auferlegten Einschränkungen) aufgrund der Angst, sie direkt zu zeigen, auf alternative Ziele verschoben würde. Wahrscheinliche Zielobjekte wären Personen, die als schwächer oder minderwertiger als man selbst angesehen werden – z.B. Mitglieder abweichender Gruppen oder ethnischer Minderheiten. Am Ende kommt dabei eine Persönlichkeit heraus, die sehr unterwürfig gegenüber Autoritäten (weil diese die Eltern symbolisieren) und offen feindselig gegenüber Fremdgruppenmitgliedern ist – die so genannte **„autoritäre Persönlichkeit"**.

Autoritäre Persönlichkeit („authoritarian personality"): Ein besonderer Persönlichkeitstyp – mit einer übertriebenen Unterwürfigkeit Autoritätspersonen gegenüber –, der als besonders anfällig für Vorurteile gilt.

Adorno et al. entwickelten einen Persönlichkeitsfragebogen – die F-Skala –, mit dessen Hilfe Menschen mit potenziell faschistischen (oder rassistischen) Tendenzen von solchen mit eher „demokratischen" Neigungen unterschieden werden sollten. Erwachsene mit hohen Werten auf dieser

Skala wiesen ganz andere Kindheitsverläufe und stärker dogmatische Einstellungen auf als solche mit niedrigen Werten. Die Beziehung zwischen Autoritarismus und den verschiedenen Formen von Vorurteilen wurde in Bezug auf mehrere Intergruppenkontexte bestätigt: z.B. bei Vorurteilen gegenüber ethnischen Gruppen in den Vereinigten Staaten (Campbell & McCandless, 1951), gegenüber Moslems in Indien (Sinha & Hassan, 1975), beim Ethnozentrismus in den Niederlanden (Meloen, Hagendoorn, Raaijmakers & Visser, 1988), bei Antipathien gegenüber psychisch kranken Menschen und Aidskranken (Hanson & Blohm, 1974; Witt, 1985) sowie bei der sexuellen Aggression von Männern gegenüber Frauen (Walker, Rowe & Quinsey, 1993).

In den Fünfzigerjahren zog dieser Ansatz starke Kritik auf sich, wobei die F-Skala selbst genauestens unter die Lupe genommen wurde (Brown, 1965; Christie & Jahoda, 1954). Wir wollen uns hier nicht mit den verschiedenen Kontroversen befassen; es ist jedoch wichtig, die Begrenztheiten dieses Ansatzes „individueller Unterschiede" festzuhalten (s. auch Billig, 1976; Brown, 1995). Erstens: Dadurch, dass das Vorurteil in der Dynamik der individuellen Persönlichkeit angesiedelt wird, wird die Bedeutung der momentanen sozialen Situation für die Ausformung der Einstellungen von Menschen unterschätzt. Wenn wir beispielsweise einer Organisation oder Gruppe beitreten, werden wir ständig von den Normen beeinflusst, die dort vorherrschend sind. Siegel und Siegel (1957) fanden heraus, dass Studenten, die nach dem Zufall liberalen Studentenwohnheimen zugewiesen wurden, nach einem Jahr eine signifikante Abnahme im Hinblick auf Autoritarismus aufwiesen, während diejenigen, die in eine konservativere Studentenverbindung geschickt wurden, sich nur wenig veränderten. Zweitens: Weitet man dieses Argument auf die Ebene der Gesellschaft aus, so neigt man dazu, die soziokulturellen Bestimmungsfaktoren des Vorurteils zu vernachlässigen. Pettigrew (1958) zeigte dies deutlich in seiner Untersuchung über Vorurteile in Südafrika. Es überrascht nicht, wenn er feststellt, dass weiße Südafrikaner hohe Ausprägungen von Vorurteilen gegenüber Schwarzen hatten. Dennoch erzielten diese Personen anscheinend keine besonders hohen Werte für Autoritarismus. Mit anderen Worten waren sie trotz ihrer offen rassistischen Einstellungen von ihrer Persönlichkeit her gesehen „normalen" Populationen recht ähnlich; ihre offen rassistischen Einstellungen leiteten sich daher mit viel größerer Wahrscheinlichkeit aus den damals in Südafrika vorherrschenden gesellschaftlichen Normen ab, als dass sie auf irgendeine Persönlichkeitsstörung zurückgingen.

Ein drittes Problem ist die mangelnde Fähigkeit dieses Ansatzes, eine Erklärung für die *Uniformität* von Vorurteilen in bestimmten Gesellschaften oder Untergruppen innerhalb von Gesellschaften zu liefern. Wenn Vorurteile über individuelle *Unterschiede* erklärt werden sollen, wieso manifestieren sie sich dann in ganzen Populationen oder wenigstens bei einer überwiegenden Mehrheit? Im nationalsozialistischen Deutschland der Vorkriegszeit – und seitdem in vielen anderen Ländern – zeigten Hunderttausende von Menschen, die sich in den meisten anderen psychologischen Merkmalen unterschieden haben müssen, rassistische Einstellungen und rassistisches Verhalten. Einen Forschungsbeleg für diesen Punkt liefert Davey (1983) in seiner Studie über interethnische Einstellungen unter englischen Kindern. Bei einer Aufgabe, zu der es gehörte, sich mit unbekannten Mitgliedern unterschiedlicher ethnischer Gruppen, die auf Fotos dargestellt waren, Süßigkeiten zu teilen, diskriminierten etwa 60% der weißen Kinder bei der Verteilung der Süßigkeiten – das heißt, sie gaben den weißen Kindern, die auf den Fotos dargestellt waren, mehr als den anderen. Es ist schwer vorstellbar, dass all diese Kinder der besonderen Art von Familiendynamik ausgesetzt worden waren, die angeblich zu Vorurteilen führt.

Ein viertes Problem ist die *historische Spezifität* von Vorurteilen. Als Beispiel lassen sich hierbei die zunehmende Anzahl von Angriffen auf Gastarbeiter in Deutschland und auf Angehörige asiatischer Minderheiten in den frühen Neunzigerjahren in Großbritannien anführen. Diese Zunahme rassistischen Verhaltens ereignete sich innerhalb nur weniger Jahre. Dies ist eine viel zu kurze Zeitspanne, als dass ganze Generationen von deutschen oder britischen Familien neue Formen von Erziehungspraktiken angenommen haben und somit autoritäre oder vorurteilsbelastete Kinder hervorgebracht haben könnten (für Beispiele aus der Forschung, in denen zeitliche Veränderungen im Hinblick auf Autoritarismus dokumentiert werden, s. Altemeyer, 1988; Doty, Peterson & Winter, 1991). Derartige Beispiele zeigen, dass Einstellungen von Mitgliedern verschiedener Gruppen zueinander mehr mit den objektiven Beziehungen zwischen diesen Gruppen – politischen Konflikten oder Allianzen, ökonomischer Abhängigkeit usw. – zu tun haben, als mit den familiären Verhältnissen, in denen diese Menschen aufgewachsen sind.

15.3.2 Die „Sündenbocktheorie" des Vorurteils: Intergruppenaggression als Folge von Frustration

Zwischen 1882 und 1930 gab es beinahe 5000 Berichte über Fälle von Lynchjustiz in den Vereinigten Staaten. In der überwiegenden Mehrheit handelte es sich bei den Opfern um Schwarze und die Mehrzahl der Fälle ereignete sich in den Südstaaten. Es waren Hovland und Sears (1940), die die Aufmerksamkeit der Psychologen erstmals auf diese schrecklichen Statistiken lenkten. Sie bemerkten, dass hierbei ein erstaunlicher Zusammenhang zwischen der jährlich schwankenden Anzahl dieser Morde und verschiedenen landwirtschaftlichen Indikatoren bestand (Landwirtschaft ist in den Südstaaten der bedeutendste Wirtschaftszweig): In dem Maße, wie sich die Wirtschaftslage verschlechterte und härtere Zeiten anbrachen, nahm auch die Anzahl der Fälle von Lynchjustiz zu (s. auch Hepworth & West, 1988).

Worauf lässt sich dieser Zusammenhang zwischen wirtschaftlicher Rezession und Gewalt gegen Schwarze zurückführen? Hovland und Sears (1940) nahmen an, die Ursache liege in der Frustration. Unter Rückgriff auf die von Dollard, Doob, Miller, Mowrer und Sears (1939) entwickelte **Frustrations-Aggressions-Hypothese** nahmen sie an, dass die in einer Wirtschaftskrise erlittenen Härten das Ausmaß an Frustration bei der

Frustrations-Aggressions-Hypothese („frustration-aggression hypothesis"): Besagt, dass Aggression stets ein Resultat von Frustration ist.

Bevölkerung zunehmen ließen und dies wiederum zu einem Zuwachs an Aggression führe. Gemäß der Frustrations-Aggressions-Hypothese richtet sich die Aggression oft nicht gegen den wirklichen Ausgangspunkt der Frustration (beispielsweise das kapitalistische Wirtschaftssystem, das die Rezession verursachte), sondern wird oft auf eher verwundbare und leicht zugängliche Ziele wie beispielsweise auf die Mitglieder einer Minderheitsgruppe umgelenkt.

Versuche, diese so genannte „Sündenbocktheorie" des Vorurteils zu bestätigen, waren nicht immer von Erfolg gekrönt. Miller und Bugelski (1948) führten ein Experiment durch, bei dem man jungen männlichen Teilnehmern eines Lagers, die ungeduldig einem freien Abendausgang in der Stadt entgegenfieberten, unvermittelt mitteilte, dass ihr Ausgang abgesagt werden müsse. Vor und nach dieser frustrierenden Information wurde die Einstellung der jungen Männer gegenüber Gruppen zweier Nationalitäten gemessen. Diese Einstellungen wurden nach der Frustration deutlich negativer. Dies war ein deutlicher Beleg für die Hypothese der Frustrations-Aggressions-„Verschiebung", da diese beiden Gruppen keine erdenkliche Verantwortung für die missliche Lage der Männer haben konnten. Andere Experimente haben jedoch weniger eindeutige Ergebnisse erbracht (z.B. Burnstein & McRae, 1962; Stagner & Congdon, 1955).

Solche Unstimmigkeiten sowie andere konzeptuelle und empirische Widersprüche führten schließlich dazu, dass die Beliebtheit der Frustrations-Aggressions-Hypothese für die Erklärung von Vorurteilen deutlich zurückging (Billig, 1976; Brown, 2000). Der vielleicht schwerwiegendste dieser Widersprüche war die Tatsache, dass das *absolute* Ausmaß wirtschaftlicher Not und Frustration oftmals ein weniger wirksamer Aggressionsauslöser war als die Erfahrung *relativer* Deprivation. Wir kehren im späteren Verlauf dieses Kapitels zu diesem Argument zurück. Ein weiterer Kritikpunkt an der Frustrations-Aggressions-Theorie betrifft ihre Annahme, dass das Intergruppenverhalten hauptsächlich durch Emotionen bestimmt wird (d.h. durch Frustration) und nicht zielgerichtet ist. Wie wir sehen werden, ist diese Annahme recht fragwürdig.

15.3.3 Der Gegensatz zwischen interpersonalem und Gruppenverhalten

Bei dem Versuch, Intergruppenverhalten mithilfe der Variation der Persönlichkeitstypen oder der Frustrationsniveaus zu erklären, gehen die oben erwähnten Ansätze davon aus, dass das Verhalten von Individuen in Gruppensituationen im Wesentlichen ihrem Verhalten in allen anderen Situationen ähnlich ist. Ob wir also allein sind, mit einem oder zwei engeren Freunden interagieren oder im Rahmen einer Gruppe, die uns wichtig ist, an einem Ereignis teilnehmen, unser Verhalten wird als stets im Wesentlichen durch die gleichen psychologischen Variablen bestimmt angesehen.

Diese Hypothese wirft jedoch eine Reihe von Problemen auf: Erstens kann sie die breite Uniformität des Verhaltens wohl kaum erklären, die so typisch für Situationen ist, in denen Gruppen psychologisch salient sind.

Wie wir oben gesehen haben, ist dies besonders problematisch für alle Erklärungen unter dem Aspekt des Persönlichkeitstyps. Ein zweites, eng damit verbundenes Problem betrifft Situationen, an denen etliche tausend Mitglieder verschiedener Gruppen beteiligt sind – wie etwa bei den zu Beginn dieses Kapitels beschriebenen Siegesfeiern in Frankreich. Hier ist die Anzahl verschiedener potenzieller interpersonaler Beziehungen zwischen den Protagonisten zwangsläufig enorm groß, und doch ist das Verhalten sichtbar vorhersagbar und uniform. Schließlich ist menschliches Verhalten, abgesehen von der Tatsache, dass es in Gruppensituationen uniformer ist, häufig qualitativ unterschiedlich. Beispielsweise wurde in verschiedenen Untersuchungen festgestellt, dass es im Verlauf von Verhandlungen zwischen Gewerkschaften und Arbeitgebern Unterschiede in der Form des Austauschs gibt, wenn es einerseits um die Interaktionen *zwischen den beteiligten Parteien* und andererseits um eine *interpersonale* Diskussion geht. Im Allgemeinen sind Erstere durch eine ausgeprägtere Bezugnahme auf die Ziele der beiden Gruppen, durch eine „härtere" Verhandlungsgangart und durch einen größeren Einfluss der relativen Stärken der jeweiligen Position gekennzeichnet. Während interpersonaler Begegnungen lässt sich andererseits eine größere Zahl positiver Hinweise auf die Gegenseite verzeichnen, die soziale Orientierung ist eher auf eine „Problemlösung" hin ausgerichtet und das Verhandlungsergebnis ist aus den objektiven Merkmalen der Verhandlungsposition der Gruppe heraus schlechter vorhersagbar (Stephenson, 1978). In ähnlicher Weise sind die Effekte der Einstellungsähnlichkeit, die auf interpersonaler Ebene fast stets die Anziehungskraft fördern (Byrne, 1971; s. Kap. 12), auf der Intergruppenebene komplexer, da sich daraus je nach den spezifischen Umständen *entweder* Anziehung *oder* Zurückweisung ergeben können (Brown, 1984a; Diehl, 1988).

Solche Überlegungen führten Tajfel (1978) zu der Vermutung, dass es wichtig ist, zwischen interpersonalem und Intergruppenverhalten zu unterscheiden und folgerichtig davon auszugehen, dass Theorien, die sich auf Probleme einer dieser Ebenen beziehen, nicht ohne Weiteres auf die Erklärung von Phänomenen der anderen Ebene extrapoliert werden können. *Interpersonales Verhalten* bedeutet, als *Individuum* mit bestimmten idiosynkratischen Merkmalen und auf dem Hintergrund einzigartiger persönlicher Beziehungen zu anderen zu handeln (z. B. Gabi Mustermann mit einer ganz bestimmten physischen Erscheinung, Intelligenz und Persönlichkeit und mit einem bestimmten Freundeskreis).

Intergruppenverhalten bedeutet dagegen, als *Gruppenmitglied* zu handeln (z. B. sich als *Terrorist in einem Konfessionskonflikt* zu verhalten). Im ersten Fall sind die verschiedenen sozialen Kategorien, zu denen man gehört, von geringerer Bedeutung als die Konstellation individueller und interpersonaler Dynamik. Im zweiten Fall gilt das Umgekehrte: *Wer* man als Person ist, ist viel weniger wichtig als die religiöse Gruppe, zu der Sie bzw. Ihre Zielpersonen zufällig gehören.

Was Tajfel meinte, war, dass jede Sequenz sozialen Verhaltens auf einem *Kontinuum* lokalisiert werden kann, das durch die Extreme des interpersonalen und des Intergruppenverhaltens definiert ist. Wo genau ein bestimmtes Verhalten zu lokalisieren ist, hängt von drei Faktoren ab: Der

Tabelle 15.1. Das Kontinuum von interpersonal bis gruppal

Faktor	Interpersonal	Gruppal
Vorhandensein von zwei oder mehr sozialen Kategorien?	Verborgen oder nicht relevant	Deutlich sichtbar und salient
Uniformität des Verhaltens und der Einstellungen innerhalb einer Gruppe?	Niedrig	Hoch
Stereotypisierter oder uniformer Umgang mit anderen Gruppenmitgliedern?	Niedrig	Hoch

erste ist die Eindeutigkeit, mit der unterschiedliche soziale Kategorien identifiziert werden können. Wo soziale Kategorien wie schwarz und weiß oder Mann und Frau deutlich voneinander unterscheidbar sind, gibt es eine Tendenz, das Verhalten zum Intergruppenpol hin einzuordnen. Sind kategoriale Unterschiede weniger eindeutig oder weniger relevant, ist das Verhalten stärker interpersonal. Der zweite Faktor ist das Ausmaß, in dem das Verhalten innerhalb jeder Gruppe variabel oder uniform ist. Interpersonales Verhalten wird die normale Variation individueller Unterschiede aufweisen; wenn jedoch Gruppen salient sind, wird das Verhalten der Menschen untereinander ähnlicher. Ein dritter Faktor bezieht sich darauf, inwieweit das Verhalten einer Person oder ihre Einstellung gegenüber anderen idiosynkratisch oder uniform und vorhersagbar ist. In unseren interpersonalen Beziehungen handeln wir eine Vielfalt von Reaktionsweisen in Bezug auf diejenigen, die wir kennen, aus; Intergruppenbegegnungen dagegen werden in der Regel von stereotypisierten Wahrnehmungen und Verhaltensweisen bestimmt.

Kontinuum von interpersonal bis (inter-)gruppal („interpersonal – [inter]group continuum"): Kontinuierliche Dimension sozialen Verhaltens, die zwischen Handlungen unterscheidet, die man als Individuum bzw. als Mitglied einer Gruppe ausführt.

Es sollte darauf hingewiesen werden, dass sich durch diese drei Kriterien nicht nur interpersonales Verhalten von *Intergruppen*verhalten unterscheiden lässt. Turner (1982) machte darauf aufmerksam, dass Verhalten innerhalb einer Gruppe (*Intragruppen*verhalten) ebenfalls häufig durch das Bewusstsein von den Kategoriengrenzen, durch Verhaltensuniformität und stereotype Wahrnehmungen gekennzeichnet ist. Aus diesem Grund schlugen Brown und Turner (1981) vor, das von Tajfel (1978) identifizierte Kontinuum zu erweitern und mit der Bezeichnung **Kontinuum von interpersonal bis gruppal** zu versehen (s. Tabelle 15.1).

15.4 Intergruppenverhalten als Reaktion auf reale oder vorgestellte Gruppeninteressen

Wie hängt das Intergruppenverhalten mit den Zielen der jeweiligen Gruppe zusammen?

Anstatt Intergruppenvorurteile als Problem eines spezifischen Persönlichkeitstyps oder eines Frustrationsniveaus zu betrachten, dürfte es sinnvoller sein, sie als „normale" Reaktionen gewöhnlicher Menschen auf die Intergruppensituation, mit der sie konfrontiert sind, aufzufassen. Eines der

Merkmale, das dabei von besonderer Bedeutung zu sein scheint, ist die Art der jeweiligen Ziele der beteiligten Gruppen: Sind die Ziele *nicht miteinander vereinbar*, sodass das Ziel der einen Gruppe zu Lasten der anderen geht, oder *stimmen* sie *überein*, sodass beide Gruppen auf dasselbe Ziel hinarbeiten und zur Erreichung des Ziels sogar aufeinander angewiesen sind? Ein Beispiel für den ersten Fall wäre die Beziehung zwischen Arbeitnehmern und Arbeitgebern, bei der die Löhne der einen den Profit der anderen schmälern. Ein Beispiel für übereinstimmende Ziele wäre die Koalitionsbildung von Minderheitsparteien zur Erlangung der politischen Macht (z.B. die rechten Parteien in Italien 1994 bzw. die Labour Party und die Liberal Democrats in Schottland 1999).

Innerhalb der Sozialpsychologie ist Sherif (1966) der bekannteste Vertreter dieses Ansatzes. Im Zentrum seiner Theorie steht die Annahme, dass Intergruppeneinstellungen und -verhalten von Gruppenmitgliedern in der Regel die objektiven Interessen ihrer Gruppe gegenüber anderen Gruppen widerspiegeln. Wo diese Interessen in Konflikt miteinander stehen, wird die Sache der Gruppe eher durch eine Wettbewerbsorientierung gegenüber der rivalisierenden Gruppe gefördert; dies schließt oft Vorurteile und sogar offen feindseliges Verhalten ein. Gleichzeitig wird der Erfolg der **Eigengruppe** bei der Erreichung des Ziels mit großer Wahrscheinlichkeit durch sehr positive Einstellungen gegenüber anderen Mitgliedern der Eigengruppe gefördert; dadurch nehmen Gruppenmoral und Kohäsion zu. Stimmen dagegen die Interessen der Gruppen überein, ist es für die Gruppenmitglieder sinnvoller, eine kooperative und freundliche Einstellung zur **Fremdgruppe** einzunehmen. Beruht dies auf Gegenseitigkeit, so ist ein positives gemeinsames Handlungsergebnis wahrscheinlich.

Eigengruppe („ingroup"): Gruppe, der eine Person angehört oder anzugehören glaubt.

Fremdgruppe („outgroup"): Gruppe, zu der eine Person nicht gehört oder nicht zu gehören glaubt.

15.4.1 Sherifs Untersuchungen im Sommerlager

Um die Gültigkeit dieser Perspektive zu demonstrieren, führte Sherif zusammen mit Kollegen drei als Längsschnitt angelegte Feldexperimente durch, die zu Klassikern der sozialpsychologischen Literatur geworden sind (Sherif, Harvey, White, Hood & Sherif, 1961; Sherif & Sherif, 1953; Sherif, White & Harvey, 1955). Das Gesamtdesign bestand aus drei Phasen: Gruppenbildung, Intergruppenkonflikt und Konfliktreduktion. Zur Realisierung dieses Designs führten Sherif und seine Mitarbeiter die Experimente im Kontext eines Ferienlagers für Jungen durch. Die Jungen selbst, etwa 12 Jahre alt, waren mit Bedacht ausgewählt worden, bevor man sie zum Ferienlager eingeladen hatte; und nur die, die keine Verhaltensauffälligkeiten zeigten, waren akzeptiert worden. Darüber hinaus kannte keiner der Jungen die anderen, bevor sie ins Lager kamen. Obwohl es sich dabei um eine sehr selektive und nicht repräsentative Stichprobe handelte, wurde dadurch sichergestellt, dass jegliches Verhalten, das in der Folge gezeigt wurde, nicht auf frühere soziale oder psychische Deprivation oder auf vorher bestehende persönliche Beziehungen der Jungen untereinander zurückgeführt werden konnte.

15.4.1.1 Gruppenbildung

In der ersten Phase des Experiments wurde die große Gruppe von 22 bis 24 Kindern in zwei Experimentalgruppen aufgeteilt. In den ersten beiden Experimenten wurde nicht nur darauf geachtet, dass die Mitglieder der beiden Gruppen hinsichtlich verschiedener körperlicher und psychischer Eigenschaften vergleichbar waren. Es wurde auch dafür gesorgt, Freundschaften, die sich in den ersten paar Tagen des Lagers gebildet hatten, aufzubrechen und die überwiegende Anzahl der besten Freunde jedes Jungen der *Fremdgruppe* zuzuordnen. Im dritten Experiment begegneten sich die Jungen überhaupt nicht, bevor die Gruppen gebildet wurden; diese waren zu Anfang in einiger Entfernung voneinander untergebracht und wussten nichts von der Existenz der anderen Gruppe. Einige Tage lang beteiligten sich die Kinder an verschiedenen Aktivitäten innerhalb dieser Gruppen, ohne dass sie jedoch viel mit der anderen Gruppe zu tun gehabt hätten. Obwohl die jeweils andere Gruppe in ihren Gedanken keine große Rolle spielte, ist es interessant, dass die Beobachter in den ersten beiden Experimenten einige Fälle von Vergleichen zwischen den Gruppen aufzeichneten; bei diesen Vergleichen „wurde die eigene Gruppe als überlegen angesehen" (Sherif, 1966, S. 80). Darüber hinaus schlugen im dritten Experiment, in dem die Gruppen anfänglich noch nichts voneinander wussten, einige Jungen auf die Information hin, dass es die andere Gruppe gab, spontan vor, sie zu einem sportlichen Wettbewerb herauszufordern. Wir werden sehen, dass es von Bedeutung ist, dass diese Äußerungen zugunsten der Eigengruppe auftraten, bevor mit der Intergruppenkonfliktphase des Experiments begonnen worden war.

15.4.1.2 Intergruppenwettbewerb

Danach kündigte man den Jungen eine Reihe von Intergruppenwettbewerben an (z. B. Ballspiele, Tauziehen usw.). Der Gesamtsieger sollte einen Pokal und jedes Mitglied der siegreichen Gruppe ein funkelnagelneues Taschenmesser erhalten – genau der richtige Preis für zwölfjährige Jungen. Die Verlierer sollten nichts bekommen. Auf diese Art wurde ein objektiver Interessenkonflikt zwischen den Gruppen eingeführt. Technisch ausgedrückt hatte man aus unabhängigen Gruppen negativ *interdependente* gemacht: Was die eine gewann, verlor die andere. Mit Beginn dieses Konflikts veränderte sich das Verhalten der Jungen dramatisch. Hatten die beiden Gruppen in der ersten Phase mehr oder weniger friedlich nebeneinanderher gelebt, waren aus ihnen jetzt Widersacher geworden, die keine Gelegenheit ausließen, die Fremdgruppe zu verhöhnen und sie in einigen Fällen sogar körperlich zu attackieren. In einer Vielzahl von Mikroexperimenten, die als Spiele getarnt worden waren, konnten Sherif et al. die konsistente Begünstigung der Eigengruppe in Beurteilungen, Einstellungen und soziometrischen Präferenzen beobachten. Ein Beispiel dafür war der Wettbewerb mit ausgestreuten Bohnen, bei dem die Gruppenmit-

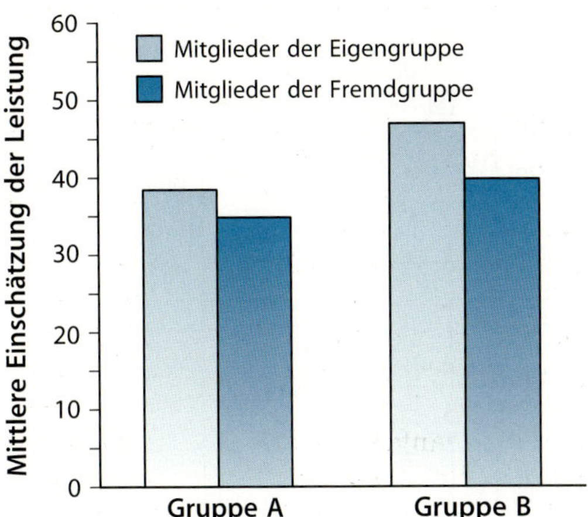

Abb. 15.3. Eigengruppenfavorisierung bei Schätzungen der Gruppenleistung während eines Wettkampfs zwischen Gruppen. (Nach Sherif et al., 1961, Tabelle 5)

glieder innerhalb einer Minute so viele Bohnen wie möglich von einer Grasfläche, auf der sie verstreut worden waren, aufsammeln mussten. Die Sammlung jedes einzelnen Jungen wurde für einen kurzen Augenblick angeblich auf eine Leinwand projiziert und die anderen Mitglieder seiner Mannschaft mussten seine Leistung einschätzen (tatsächlich wurde jedes Mal eine Standardanzahl von Bohnen projiziert). Wie man aus Abb. 15.3 ersehen kann, beurteilte jede Gruppe die Leistung ihrer eigenen Gruppenmitglieder als der der Mitglieder der Fremdgruppe überlegen.

Diese Verhaltensmuster sind umso bemerkenswerter, wenn man sich vergegenwärtigt, dass zumindest in den beiden ersten Untersuchungen die besten Freunde eines jeden Jungen in die *andere* Gruppe platziert worden waren. Doch als wie zerbrechlich erwiesen sich diese anfänglichen interpersonalen Beziehungen angesichts der Veränderung der Intergruppenbeziehung!

15.4.1.3 Konfliktreduktion

Nachdem die Forscher mit so einfachen Mitteln eine so erbitterte Wettbewerbssituation geschaffen hatten, versuchten sie, den Konflikt durch Einführung einer Reihe **übergeordneter Ziele** für die beiden Gruppen abzubauen, d. h. Ziele, die von beiden Gruppen angestrebt wurden, die jedoch mit den alleinigen Anstrengungen einer einzelnen Gruppe nicht zu erreichen waren. Ein solches übergeordnetes Ziel wurde realisiert, indem man dafür sorgte, dass der Lastwagen, der zum Sommerlager gehörte, einige Kilometer entfernt vom Lager liegen blieb. Da gerade Essenszeit war, hatten die Kinder ein eindeutiges gemeinsames Interesse daran, den Wagen wieder flott zu machen, um zum Essen ins Lager zu gelangen. Der Wagen war jedoch zu schwer, als dass ihn eine Gruppe allein hätte anschieben können. Nur indem beide Gruppen ihn mit demselben Seil, das sie noch wenige Tage zuvor beim *Wettkampf* zum Tauziehen verwendet

Übergeordnetes Ziel („superordinate goal"): Von zwei oder mehr Gruppen angestrebtes Ziel, das nicht von einer einzelnen Gruppe erreicht werden kann, sondern nur, indem die Gruppen zusammenarbeiten.

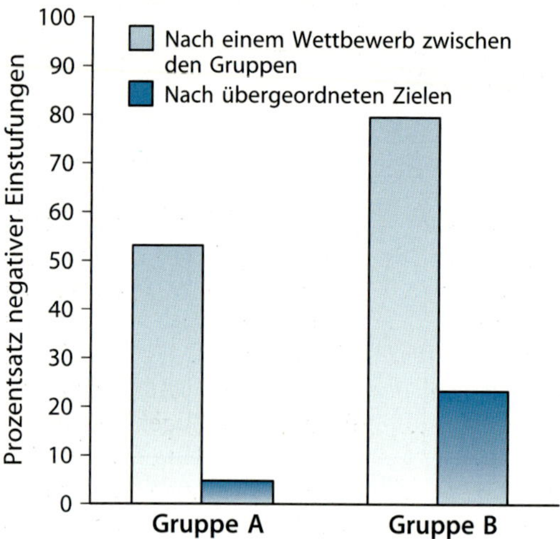

Abb. 15.4. Effekte übergeordneter Ziele auf negative Stereotype gegenüber der Fremdgruppe. (Nach Sherif et al., 1961, Tabelle 4)

hatten, gemeinsam zogen, konnte der Wagen in Bewegung gesetzt werden. Nach einer Reihe solcher Szenarien beobachtete man im Verhalten der Jungen eine deutliche Veränderung. Sie wurden gegenüber den Mitgliedern der anderen Gruppe weniger aggressiv. Und ein Reihe quantitativer Indikatoren zeigte eine deutliche Verringerung des Ausmaßes, in dem die Eigengruppe begünstigt wurde. So wurden die Jungen z.B. gebeten, jede Gruppe nach einer Reihe bewertender Merkmale einzustufen (zäh, freundlich, gemein usw.). Abbildung 15.4 gibt den Anteil negativer Merkmale wieder, die der Fremdgruppe vor und nach der Einführung übergeordneter Ziele zugeordnet wurden. Wie man sehen kann, nahmen diese in der dritten Phase des Experiments stark ab.

Auf den ersten Blick unterstützen diese Experimente Sherifs Theorie in starkem Maße. Es wurde gezeigt, dass sich das Verhalten dieser normalen, nicht verhaltensauffälligen Kinder in Abhängigkeit von der Veränderung der Intergruppenbeziehung systematisch veränderte. Darüber hinaus waren die Veränderungen im Verhalten der Jungen zu umfassend und zu rasch, um sich auf irgendeine überdauernde Persönlichkeitsdisposition zurückführen zu lassen. Die Intergruppenfeindseligkeit war ebenso auffällig in den „Gewinnergruppen“ wie in den vermutlich frustrierteren „Verlierergruppen“. Diese Befunde zeigen, dass die beiden zuvor erörterten, populären Theorien ihre Mängel haben. Die Schwächen dieser Theorien kamen in späteren Untersuchungen noch stärker zum Vorschein. In einer großen Zahl von Untersuchungen wurde immer wieder festgestellt, dass Gruppen, die „Gewinner-Verlierer-Standpunkte“ einnehmen oder in denen diese induziert werden, mehr Intergruppendiskriminierung bzw. Aggression gegenüber Fremdgruppen aufweisen als Gruppen mit eher kooperativen Orientierungen (z.B. Brown, Condor, Matthews, Wade & Williams, 1986; Ryen & Kahn, 1975; Struch & Schwartz, 1989).

15.5 Bloße Gruppenmitgliedschaft als Quelle für Intergruppendiskriminierung

Warum lässt sich Intergruppendiskriminierung so leicht hervorrufen?

Im vorangehenden Abschnitt haben wir gesehen, welche Bedeutung zielgerichtete Intergruppenbeziehungen für die Ausbildung von Einstellungen und Verhalten der Mitglieder sowohl gegenüber der Eigengruppe als auch gegenüber verschiedenen Fremdgruppen haben. Eine wichtige Frage bleibt bei all diesen Forschungsansätzen jedoch unbeantwortet: Hat die bloße Tatsache, dass man einer bestimmten Gruppe angehört, Auswirkungen auf unsere Einstellungen zu anderen Gruppen? Führt die Zugehörigkeit zu einer Nationalität (oder Religion, Ethnie oder sozialen Schicht) für sich genommen zu vorhersagbaren Orientierungen gegenüber Angehörigen eines anderen Landes (einer anderen Religion usw.)? Auf diese Frage gehen wir in diesem Abschnitt ein.

15.5.1 Experimente mit minimalen Gruppen

Rabbie und Horwitz (1969) untersuchten diese Frage als Erste. Mit Lewin (1948) gingen sie davon aus, dass die notwendige Bedingung für das Aufkommen von Gruppengefühlen darin besteht, dass die Gruppenmitglieder eine gewisse Interdependenz des Schicksals wahrnehmen. Demgemäß teilten die Forscher Schulkinder, die sich vorher nicht kannten, zufällig in zwei Gruppen von je vier Personen ein. Die Gruppenmitglieder erhielten zur Identifikation blaue bzw. grüne Abzeichen und wurden zu Beginn durch eine Wand getrennt platziert, sodass sie jeweils nur die Mitglieder der Eigengruppe sehen konnten. In der Kontrollbedingung beschränkte sich die Gruppenerfahrung auf dieses Arrangement. In den Experimentalbedingungen jedoch erlebten die Gruppen zudem ein „gemeinsames Schicksal", indem man ihnen einige neue Transistorradios gab – oder sie ihnen vorenthielt. Im Anschluss daran wurde in allen Bedingungen die Trennwand zwischen den Gruppen entfernt und jedes Kind wurde aufgefordert, aufzustehen und einige biografische Details über die eigene Person vorzulesen, während die anderen Kinder es auf einer Reihe von Skalen beurteilten. Rabbie und Horwitz (1969) stellten fest, dass diese Eindrucksurteile in den Experimentalbedingungen deutlich von der Gruppenzugehörigkeit der Kinder beeinflusst waren: Mitglieder der Eigengruppe wurden konsistent günstiger beurteilt als die der Fremdgruppe. In der Kontrollgruppe wurde dieser Effekt zugunsten der Eigengruppe jedoch nicht beobachtet, obwohl in einer späteren Erweiterung des Experiments (bei der mit einer größeren Stichprobe gearbeitet wurde) auch hier einige Effekte auf zwei der Skalen festgestellt wurden (Horwitz & Rabbie, 1982). Dennoch schien die Schlussfolgerung aus diesem Experiment darin zu bestehen, dass allein die Klassifikation in Gruppen *als solche* nur geringen Einfluss auf die Urteile der Gruppenmitglieder hatte. Nur wenn diese

Tabelle 15.2. Ein Beispiel für eine Matrix aus dem Minimalgruppenexperiment von Tajfel et al. (1971)

Die Ziffern sind Belohnungen für:													
Mitglied 74 der Klee-Gruppe	25	23	21	19	17	15	13	11	9	7	5	3	1
Mitglied 44 der Kandinsky-Gruppe	19	18	17	16	15	14	13	12	11	10	9	8	7

Anmerkung:
(a) Die Versuchspersonen sollen auf jeder Seite ein Kästchen wählen.
(b) Dies ist einer von mehreren unterschiedlichen Matrixtypen, die eingesetzt wurden. Er wurde entwickelt, um ein Maß für die Tendenz der *Maximierung der Unterschiede* zwischen Empfängern der Eigengruppe und der Fremdgruppe (MD, „maximizing differences") erheben zu können. Im Experiment wird diese Matrix jeder Versuchsperson mindestens zweimal vorgelegt: einmal wie in der Darstellung und einmal mit umgekehrten Gruppenzugehörigkeiten der beiden Empfänger.
(c) In den Originalexperimenten entsprach 1 Punkt=0,1 Pence. Angesichts der Tatsache, dass jedes Heftchen 16 Seiten umfasste (jede mit Punktwerten zwischen 1 und 29), war die Gesamtsumme an Geld, die jede Person zu verteilen schien, nicht unwesentlich. 1970 kam diese Summe auf ungefähr £ 0,50, was nach heutigen Preisen etwas mehr als £ 3,00 (€ 4,90) entspräche.

Klassifikation mit einer gemeinsamen Erfahrung von Belohnung oder Deprivation zusammenhing, kam es zu gruppenbezogenen Wahrnehmungen.

Paradigma der minimalen Gruppen („minimal group paradigm"): Experimentelle Verfahren zur Zusammenstellung von Ad-hoc-Gruppen auf der Basis willkürlicher Kriterien ohne Interaktion innerhalb und zwischen den Gruppen und ohne Kenntnis der anderen Mitglieder der Eigengruppe oder der Fremdgruppe. Ist eine solche Situation geschaffen, kann erfasst werden, wie die Versuchspersonen die Gruppen wahrnehmen bzw. wie sie Belohnungen zwischen Eigen- und Fremdgruppe aufteilen.

Dieser Schluss erwies sich jedoch als voreilig. Tajfel, Flament, Billig und Bundy (1971) gingen beim **Paradigma der minimalen Gruppen** einen Schritt weiter und zeigten, dass die bloße Kategorisierung ausreichte, um Intergruppendiskriminierungen auszulösen. Wie Rabbie und Horwitz ordneten sie Schuljungen auf höchst willkürlicher Grundlage einer von zwei Gruppen zu, nämlich aufgrund ihrer angeblichen Vorliebe für einen der beiden abstrakten Künstler Paul Klee und Wassily Kandinsky. Allerdings wussten die Kinder in diesem Experiment lediglich, welcher Gruppe sie selbst zugeteilt worden waren; über die Identität der anderen Mitglieder der Eigen- und der Fremdgruppe wurden sie durch die Verwendung von Codezahlen im Dunkeln gelassen. Dann sollten die Kinder zum vorgeblichen Zweck des Experiments („eine Untersuchung über Entscheidungsprozesse") verschiedenen Empfängern Geldbeträge zuweisen, indem sie speziell entwickelte Hefte mit Entscheidungsmatrizen ausfüllten (s. Beispiel in Tabelle 15.2). Die Identität der auf der jeweiligen Seite aufgeführten Empfänger war unbekannt, die Gruppenzugehörigkeit war jedoch dort angegeben. Um Eigeninteresse als Motiv auszuschließen, konnten sich die Kinder in keinem Fall selbst direkt Geld zuteilen.

Die Ergebnisse waren eindeutig. Obwohl die Kinder durchaus versuchten, bei der Zuteilung fair zu sein, zeigten sie eine konstante Tendenz, den Empfängern aus der Eigengruppe höhere Beträge zuzuweisen als denen, von denen sie glaubten, sie gehörten zur anderen Gruppe. Dies traf sogar dann zu, wenn – absolut gesehen – ein Mitglied der Eigengruppe dabei schlechter abschnitt. Zum Beispiel lag bei der in Tabelle 15.2 dargestellten Matrix die durchschnittliche Reaktion von Personen aus der Kandinsky-Gruppe irgendwo zwischen den Möglichkeiten [11, 12] und [13, 13]. Man beachte, dass diese Entscheidung dazu führt, dass der Empfänger aus der Kandinsky-Gruppe tatsächlich sechs oder sieben Punkte *weniger* erhält, als er hätte bekommen können. Aber – und das ist entscheidend – er bekommt auf diese Weise mehr als der Empfänger aus der Klee-Gruppe. Diese Ergebnisse sind höchst überraschend, wenn man sich vergegenwärtigt, wie wenig Information diese soziale Situation in Wirklichkeit enthielt. Die Kinder wurden aufgrund eines trivialen Kriteriums zwei bedeutungslosen Gruppen zugewiesen. Zu keinem Zeitpunkt interagierten sie mit Mitgliedern der Eigen- oder der Fremdgruppe. Die beiden Gruppen hatten weder in der Gegenwart noch in der Vergangenheit irgendeine Beziehung zueinander. Und dennoch, als man die Kinder aufforderte, anonymen anderen Personen Geldbeträge zuzuteilen, begünstigten sie die Mitglieder der Eigengruppe gegenüber denen der Fremdgruppe. Offensichtlich hatte die bloße Zuteilung zu einer Gruppe vorhersagbare Auswirkungen auf das Intergruppenverhalten.

Die Intergruppendiskriminierung in dieser Situation minimaler Gruppen erwies sich als bemerkenswert robustes Phänomen. In mehr als zwei Dutzend unabhängigen Untersuchungen in unterschiedlichen Ländern unter Verwendung der verschiedensten Versuchspersonen beider Geschlechter (von kleinen Kindern bis zu Erwachsenen) fand man im Wesentlichen die gleichen Ergebnisse: Der bloße Akt der Zuteilung von Personen auf willkürliche soziale Kategorien reicht aus, um verzerrte Beurteilungen und ein diskriminierendes Verhalten auszulösen (s. Brewer, 1979; Tajfel, 1982).

Trotz der Übereinstimmung in den empirischen Ergebnissen führte das Paradigma der minimalen Gruppen zu Kontroversen. Aus Platzgründen können wir nicht all diese strittigen Punkte erörtern. Es ist jedoch lohnenswert, folgende Bemerkungen zu den wichtigsten Diskussionspunkten festzuhalten. Die erste betrifft die Frage, ob die Versuchspersonen in diesen Experimenten tatsächlich eine Begünstigung der Eigengruppe zeigen oder ob es sich dabei um ein Verhalten handelt, das besser mit *Fairness* zu umschreiben wäre (Branthwaite, Doyle & Lightbown, 1979; Turner, 1980). Offensichtlich zeigen Menschen in derartigen Situationen eine Tendenz, die Auszahlungen für die Eigen- und die Fremdgruppe aneinander anzugleichen. Ebenso offensichtlich ist jedoch, dass sie fast stets zu Mitgliedern der Eigengruppe „fairer" sind als zu denen der Fremdgruppe. Obwohl sich anders ausgedrückt die Entscheidungen der Menschen um den mittleren bzw. „fairen" Punkt verteilen (z.B. [13, 13] in Tabelle 15.2), tendieren die Antworten zur linken Seite, wenn ein Eigengruppenmitglied der Empfänger auf der oberen Zeile ist; ist der Begünstigte auf derselben Zeile ein Mitglied der Fremdgruppe, so liegen sie *rechts* von der Mitte. Darüber hinaus gehen die Belege für diese hartnäckige Tendenz nicht lediglich auf bestimmte Belohnungszuweisungsmatrizen zurück, sondern auch auf eine Vielfalt anderer abhängiger Maße; diese zeigten auch, dass Mitglieder oder Produkte der Eigengruppe positivere Einschätzungen bekommen als entsprechende Stimuli aus der Fremdgruppe (Brewer, 1979; Brown, Tajfel & Turner, 1980).

Ein zweiter Punkt betrifft die Frage, ob die allgegenwärtige Diskriminierung bei der Zuteilung von Belohnungen auf die Zuteilung von Strafen oder aversiven Reizen verallgemeinert werden kann. Hewstone, Fincham und Jaspars (1981) modifizierten das normale Paradigma, indem sie Gruppenmitglieder baten, Eigen- und Fremdgruppenmitgliedern, denen

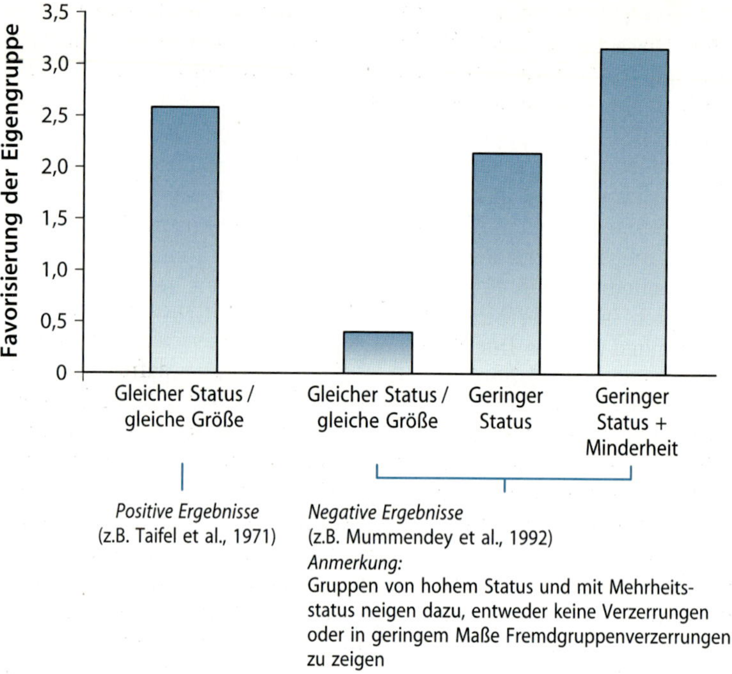

Abb. 15.5. Diskriminierung mit Zuweisungen positiver und negativer Ergebnisse. (Nach Tajfel et al., 1971, Tabelle 9; Mummendey et al., 1992, Tabelle 1 und 2)

zuvor eine anfängliche Geldsumme zugeteilt worden war, Geldbeträge wieder *abzusprechen*. Obwohl einige Anzeichen für eine Eigengruppenverzerrung infolge der Kategorisierung festgestellt wurden, waren die Ausmaße geringer als bei den Standardmaßen. Mummendey et al. (1992) erweiterten diesen Ansatz, indem sie Versuchspersonen dazu veranlassten, die (angebliche) Dauer aufzuteilen, während der Mitglieder der Eigen- und der Fremdgruppe einem unangenehm hohen Ton ausgesetzt werden sollten. So wurde nun die Eigengruppenfavorisierung anscheinend ganz aufgegeben und Strategien gleicher Zuteilung (bzw. der Fairness) oder die Minimierung des Gesamtbetrags der aversiven Simulation kamen viel stärker in den Vordergrund. Intergruppendiskriminierung trat nur unter bestimmten Bedingungen wieder auf, z. B. wenn die Versuchspersonen einen untergeordneten oder Minderheitenstatus hatten (Abb. 15.5 und Otten, Mummendey & Blanz, 1996). Die Erklärung dieses Unterschieds zwischen positiven und negativen Ergebnissen steht immer noch aus (Mummendey & Otten, 1998). Es könnte schlicht so sein, dass in der relativ sterilen Laboratmosphäre, in der solche Experimente durchgeführt werden, starke Normen der sozialen Erwünschtheit gegen die Bestrafung oder Verletzung von anderen Versuchspersonen wirksam sind. Dies hätte den Effekt, dass die Schwelle dafür, Eigengruppenfavorisierung zu zeigen, angehoben wird. Andererseits könnte es sein, dass es die Versuchspersonen, wenn sie gebeten werden, etwas so sozial „Unangemessenes" zu tun, wie anderen Versuchspersonen Unannehmlichkeiten zu bereiten, in eine gemeinsame Zwangslage versetzt, was die Bedeutung der ursprünglichen Minimalkategorien verringert und bestimmte neue übergeordnete Gruppierungen salienter werden lässt („Wir, die Teilnehmer an diesem Experiment"; s. Mummendey & Otten, 1998). Eine solche kognitive Umstrukturierung der Situation könnte, wie wir später sehen werden, eine Veränderung des diskriminierenden Verhaltens bewirken.

15.5.2 Erklärungsansätze für die Intergruppendiskriminierung in minimalen Gruppen

Ein Phänomen nachzuweisen ist eine Sache, es zu erklären eine andere. Was liegt den scheinbar unbegründeten Diskriminierungen in diesen wirklich minimalen Gruppen zugrunde? Eine Erklärung dafür geht von Normen aus (Tajfel et al., 1971). Aus dieser Sicht führt die Tatsache, dass man auf die eigene Mitgliedschaft in einer Gruppe aufmerksam gemacht wird, in den meisten Kulturen, in denen die Experimente durchgeführt wurden, zu kognitiven Assoziationen von „Mannschaft" und „Mannschaftsspielen". Diese Assoziationen machen eine Norm des Wettbewerbs hoch salient; das könnte dann zur ungleichen Zuteilung von Geld zu den Gruppen führen, da man zu „gewinnen" versucht. Dass diese Wettbewerbsorientierung nicht voll zum Tragen kommt, liegt an der entgegenwirkenden Norm der Fairness – eine weitere in der westlichen Kultur geschätzte Eigenschaft. Diese Form der Erklärung erhält Unterstützung aus Befunden einer interkulturellen Studie, bei der man in Experimenten mit minimalen Gruppen Unterschiede im Ausmaß der Diskriminierung bei Kindern fand, die europäischer, samoanischer und maorischer Herkunft waren (Wetherell, 1982). Alle drei Gruppen zeigten eine deutliche Favorisierung der Eigengruppe, allerdings war diese Tendenz bei den beiden letzten etwas geringer als bei der ersten.

So attraktiv eine solche Erklärung auch sein mag, sie weist doch mindestens zwei Unzulänglichkeiten auf, die verhindern, dass sie allgemein akzeptiert wurde (Turner, 1980). Erstens muss eine solche Erklärung in der Lage sein, vorherzusagen, welche von einer Reihe möglicher Normen in einer bestimmten Situation vorherrscht. Schließlich gibt es die vielfältigsten kulturellen Normen, die hier relevant sein könnten: Fairness ist, wie wir gesehen haben, eine davon, Profitmaximierung – sicherlich in den meisten westlichen Ländern salient – oder „Equity" sind andere. Ohne eine Theorie der Normensalienz können wir erst nach einem Ereignis erklären, warum ein bestimmtes Diskriminierungsmuster auftauchte. Ein zweiter Kritikpunkt, der damit in Zusammenhang steht, lautet, dass normative Erklärungen aufgrund ihrer Natur zu allgemein sind. Sie erlauben keine wirkliche Vorhersage der systematischen Unterschiede in den Reaktionen auf die Situation minimaler Gruppen, die sogar *in ein und derselben Kultur* beobachtet werden können (Turner, 1981). Beispielsweise haben sowohl die Einführung von Gruppenstatus- als auch Gruppengrößenunterschieden bzw. die Veränderung von Merkmalen der Empfänger zu verlässlichen Effekten auf das Ausmaß der Diskriminierung geführt (Brown & Deschamps, 1980–1; Mummendey et al., 1992; Sachdev & Bourhis, 1987).

Kategoriale Differenzierung („categorical differentiation"):
Überschätzung der tatsächlichen Unterschiede zwischen zwei Kategorien.

Intragruppenhomogenität („Intragroup homogeneity"):
Das Ausmaß, mit dem die Mitglieder einer Gruppe bezogen auf verschiedene Merkmale als untereinander ähnlich angesehen werden.

Eine zweite Art von Erklärung lässt die Hoffnung aufkommen, dass derartige Probleme vermieden werden können; dieser Erklärungsansatz geht von Kategorisierungsprozessen aus (z.B. Doise, 1976). Ältere Arbeiten hatten Folgendes gezeigt: Wenn man eine einfache Kategorisierung (z.B. A/B) auf physikalische Reize (wie beispielsweise verschieden lange Linien) so anwendet, dass die kürzeren Linien in Gruppe A und die längeren in Gruppe B fallen, dann werden die Urteile über Stimuli, die in unterschiedliche Klassen fallen, verzerrt werden; dies hat den Effekt, dass die wahrgenommenen Unterschiede *zwischen* den beiden Kategorien übertrieben werden (Tajfel & Wilkes, 1963). Ein ähnliches Phänomen wurde auch bei der Verwendung von stärker sozial geprägten Stimuli beobachtet: Einstellungsaussagen, die hinsichtlich ihrer Herkunft nach zwei verschiedenen Quellen kategorisiert werden, werden unter Umständen als unterschiedlicher beurteilt als solche, die nicht nach den Quellen klassifiziert wurden (McGarty & Penny, 1988). Doise (1976) vertritt die Auffassung, diese Beurteilungsfehler seien das Ergebnis eines grundlegenden kognitiven Prozesses, der **kategorialen Differenzierung**. Wenn soziale Kategorien nützliche Werkzeuge der Ordnung und Vereinfachung sein sollen, ist es wichtig, so vermutet er, dass sie eindeutig zwischen Mitgliedern und Nichtmitgliedern einer Klasse unterscheiden. Die Funktion des Differenzierungsprozesses besteht somit darin, die Unterscheidungen *zwischen* den Kategorien eindeutiger zu machen – und entsprechend die Unterschiede *innerhalb* der Kategorien zu verwischen –, damit unsere geistige und soziale Welt besser organisiert und strukturiert wird. Wenden wir diese Analyse auf den Kontext der minimalen Gruppen an, so können wir vermuten, dass die Situation, in der sich die Versuchspersonen befinden, hinreichend schlecht definiert ist, sodass sie sich an den zunächst bedeutungslosen Kategorien (Klee und Kandinsky) festklammern und sie verwenden, um der Situation einen Sinn zu verleihen. Ist diese spezielle (und einzige) Kategorisierung erst einmal akzeptiert, kommt es zur unausweichlichen kategorialen Differenzierung und zwar auf die einzige in diesem Falle mögliche Art – indem Empfängern aus der Eigengruppe und aus der Fremdgruppe unterschiedliche Geldbeträge zugeteilt werden.

In unmittelbarem Zusammenhang mit diesen Kategorisierungsprozessen steht ein anderes Phänomen: die wahrgenommene **Intragruppenhomogenität** (zu einer ausführlicheren Erörterung der Kategorisierung s. Kap. 5). Wie bereits früher angemerkt, führt die Kategorisierung nicht nur zur Akzentuierung von Unterschieden zwischen Kategorien, sondern sie bewirkt auch, dass Mitglieder derselben Kategorie untereinander als ähnlicher betrachtet werden. Diese Wahrnehmung von Homogenität ist oft kein symmetrischer Vorgang: Die eine Gruppe wird normalerweise als homogener angesehen als die andere (Devos, Cornby & Deschamps, 1996). Ein häufiger Befund ist dabei, dass Fremdgruppen für homogener gehalten werden als die Eigengruppe: „Die" sind alle gleich, aber „wir" sind alle verschieden (Quattrone & Jones, 1980). Wie lässt sich das erklären? Linville, Fischer und Salovey (1989) haben argumentiert, dass dies durch unser unterschiedliches Wissen über und die verschiedenen Vertrautheitsgrade mit den Mitgliedern der Eigen- und Fremdgruppe verursacht wird: Da wir wahrscheinlich mehr Eigengruppenmitglieder kennen, sollte unsere Wahrnehmung der Eigengruppe komplexer und differenzierter sein. Das reicht jedoch vermutlich nicht aus, um das gesamte Phänomen zu erklären. Die größere wahrgenommene Homogenität in der Fremdgruppe korreliert nicht immer mit der Zahl der Personen, die man kennt (Brown & Smith, 1989; Jones, Wood & Quattrone, 1981), und kann auch in Situationen minimaler Gruppen, bei denen weder ein Fremd- noch ein Eigengruppenmitglied bekannt ist, beobachtet werden (Wilder, 1984). Eine andere Erklärung lautet, dass nicht die Zahl der bekannten Personen von Bedeutung ist, sondern die Beschaffenheit von Eigen- und Fremdgruppenkategorien als solchen (Park, Judd & Ryan, 1991). Gemäß dieser Sichtweise beruht die Wahrnehmung von Gruppen nicht auf einer Strichliste spezifischer Eigengruppen- und Fremdgruppenbekanntschaften, sondern leitet sich vom prototypischen Mitglied jeder Gruppe und einer bestimmten Abweichungsspanne von dieser typischen Person ab. Der Grund, warum die Eigengruppe manchmal für heterogener gehalten wird, besteht darin, dass sie wichtiger ist (da sie das Selbst der betreffenden Person umfasst), konkreter ist (da zumindest ein Mitglied sehr vertraut ist) und sie aus einer größeren Anzahl bedeutsamer Untergruppen besteht (Park, Ryan & Judd, 1992).

Doch auch diese Erklärung kann nicht als vollständig angesehen werden, da sie keine Erklärung für das umgekehrte Phänomen bietet: die Wahrnehmung, dass die Eigengruppe homogener ist als die Fremdgruppe (Simon, 1992a). Dies geschieht gewöhnlich, wenn die Eigengruppe viel kleiner ist als die Fremdgruppe (Brown & Smith, 1989; Simon & Brown, 1987), und bei Urteilsdimensionen, die für die Eigengruppe wichtig sind (Brown & Wootton-Milward, 1993; Kelly, 1989; Simon, 1992b). Dieser Effekt basiert möglicherweise auf Prozessen der sozialen Identifikation (Simon, 1992a; s. unten).

Das Kategorisierungsmodell bietet eine einfache und überzeugende Erklärung von Intergruppenverzerrungen im Sinne eines einzelnen kognitiven Prozesses. Diese Erklärung unterliegt jedoch einer wichtigen Einschränkung: Sie kann nichts zum Verständnis der Asymmetrie beitragen, die ein konstantes Merkmal der Intergruppendifferenzierung ist. Mit anderen Worten: Warum schneidet die Eigengruppe (und nicht die Fremdgruppe) bei der Intergruppenwahrnehmung und -beurteilung sowie bei der Zuteilung von Belohnungen am besten ab? Der Ansatz der Kategorisierung kann zwar die Tatsache erklären, dass Gruppen besser voneinander unterscheidbar gemacht werden, aber nicht, warum diese Distinktheit häufig für die Eigengruppe positiv und für die Fremdgruppe negativ ausfällt. Zum Verständnis dessen, was dieser *positiven* Distinktheit zugrunde liegt, benötigen wir einen neuen Begriff, den der *sozialen Identität*. Diesen werden wir weiter unten behandeln; zuvor jedoch müssen wir noch kurz auf eine andere Erklärung für die Intergruppendiskriminierung im Paradigma minimaler Gruppen eingehen.

Rabbie, Schot und Visser (1989) nahmen an, dass die wahre Motivation für das diskriminierende Verhalten von Menschen in Minimalgruppenexperimenten das Eigeninteresse ist. Auf den ersten Blick scheint dies paradox zu sein, da das Paradigma spezifisch daraufhin angelegt war, das Eigeninteresse als ein mögliches Motiv auszuschließen; das geschah, indem man verhinderte, dass sich die Versuchspersonen direkt selbst Belohnungen zuteilen konnten. Auch wenn Überlegungen im Sinne eines solchen *unmittelbaren* Eigeninteresses ausgeschlossen werden können, so argumentieren Rabbie et al., kann das Eigeninteresse dennoch wirksam sein, wenn die Versuchspersonen nämlich glauben, dass die Mitglieder jeder Gruppe dazu tendieren, sich gegenseitig zu begünstigen. Daher können sie ebenfalls versuchen, dieser impliziten Norm zu folgen und die Vorteile für die Mitglieder ihrer Eigengruppe zu maximieren und somit – durch Reziprozität – auch für sich selbst. Um diese Überlegung zu überprüfen, erweiterten Rabbie et al. (1989) das übliche Paradigma der minimalen Gruppen um zwei Variationen: In einer Bedingung legten sie fest, dass die Versuchspersonen nur das erhalten sollten, was ihnen die anderen Eigengruppenmitglieder gaben; in einer anderen sollten sie nur das erhalten, was ihnen die *Fremdgruppenmitglieder* zuwiesen. Diese Veränderung der wahrgenommenen Abhängigkeit der Versuchspersonen von anderen hatte vorhersagbare Auswirkungen auf die von ihnen selbst vorgenommene Belohnungsverteilung: Diejenigen Personen, die ausschließlich von der Eigengruppe abhingen, wiesen im Vergleich zur Normalbedingung eine etwas stärkere Bevorzugung ihrer Eigengruppe auf, während diejenigen, die ausschließlich von der Fremdgruppe abhingen, die Eigengruppenfavorisierung drastisch verringerten und sogar zur Bevorzugung der *Fremdgruppe* neigten. Locksley, Ortiz und Hepburn (1980) fanden auch Belege dafür, dass die übliche Eigengruppenfavorisierung zurückging, wenn die Versuchspersonen der Meinung waren, die Mitglieder der Eigengruppe hätten weniger und die Mitglieder der Fremdgruppe mehr als erwartet gegeben.

Derartige Experimente zeigen, dass Menschen für Überlegungen zum Eigeninteresse anfällig sind, wenn diese expliziter ausgeführt werden. Sie zeigen jedoch nicht schlüssig, dass die Erwartungen der Versuchspersonen gegenüber dem Verhalten der anderen die einzigen Bestimmungsfaktoren für ihre Entscheidungen sind, wie viel sie selbst anderen zuweisen. Tatsächlich zeigte Diehl (1989), dass der Zusammenhang zwischen Reziprozitätserwartungen und tatsächlichem Verhalten eventuell doch nicht so einfach ist. In diesem Experiment gab man den Versuchspersonen eine falsche Rückmeldung zu den *beabsichtigten* (und nicht den tatsächlichen) Zuweisungsstrategien der Fremdgruppenmitglieder. Im Anschluss daran wurden sie gebeten, ihre eigenen Absichten anzugeben und dann die Belohnungen tatsächlich zu verteilen. Es gab eine gewisse Korrelation zwischen den eigenen Absichten der Versuchspersonen und ihren Annahmen darüber, was die Fremdgruppenmitglieder machen würden. Wenn es jedoch um das *tatsächliche* Verhalten ging, gab es keinen zuverlässigen Unterschied zwischen jenen, die erwarteten, dass die Fremdgruppe fair sein würde, und denen, die davon ausgingen, dass sie sich diskriminierend verhalten würde. Somit scheinen die Wahrnehmungen von Interdependenz und wechselseitiger Reziprozität, obwohl sie eindeutig eine Rolle bei der Steuerung des Verhaltens der Gruppenmitglieder spielen, keine vollständige Erklärung für die Intergruppendiskriminierung zu bieten; hier scheinen noch andere Motive am Werk zu sein (Bourhis, Turner & Gagnon, 1997).

Abb. 15.6. Ein Tauzieh-Wettkampf *zwischen* Gruppen ist ein Beispiel für negative Interdependenz

15.6 Gruppenmitgliedschaft und soziale Identität

Worin besteht soziale Identität und welche Folgen hat sie für das Intergruppenverhalten?

15.6.1 Wer bin ich? Wer sind wir?

Die Unterteilung der Welt in eine handhabbare Anzahl von Kategorien hilft uns nicht nur dabei, die Welt zu vereinfachen und ihr einen Sinn zu geben, sondern erfüllt auch eine weitere, sehr wichtige Funktion: zu definieren, wer wir sind. Wir klassifizieren nicht nur andere als Mitglieder dieser oder jener Gruppe, sondern wir weisen auch *uns selbst* einen Platz in Bezug auf ebendiese Gruppen zu. Mit anderen Worten, unser Gefühl der Identität ist eng verbunden mit unseren verschiedenen Gruppenmitgliedschaften. Um sich diese Tatsache auf einfache Weise zu veranschaulichen, mag sich der Leser selbst die Frage stellen: Wer bin ich? Analysen der Antworten auf diese Frage (wenn sie wiederholt gestellt wird) bringen im Allgemeinen zum Vorschein, dass sich mehrere (wenn nicht die meisten) Selbstbeschreibungen auf Gruppenzugehörigkeit beziehen und zwar entweder explizit („Ich bin ein Schalke-Fan“) oder implizit über den Bezug auf das Einnehmen sozialer Rollen (z.B. „Ich bin Student“), auf das

Abb. 15.7. Ein Beispiel für ein übergeordnetes Ziel: Beide Gruppen ziehen *gemeinsam*, um einen liegen gebliebenen Lastwagen von der Stelle zu bewegen

Geschlecht (z. B. „Ich bin eine Frau") oder auf die Nationalität (z. B. „Ich bin Deutscher"; vgl. Kuhn & McPartland, 1954).

Soziale Identität („social identity"):
Die aus der Gruppenzugehörigkeit resultierende Vorstellung einer Person darüber, wer oder was sie ist.

Die Vorstellung, dass sich die **soziale Identität** aus Gruppenmitgliedschaften ableitet, hat eine lange Tradition (z. B. Mead, 1934); aber erst in neuerer Zeit erkannte man, dass Prozesse der sozialen Identität Auswirkungen auf das Intergruppenverhalten haben können (Tajfel, 1978; Tajfel & Turner, 1986). Nehmen wir mit Tajfel und Turner (1986) an, dass Menschen im Großen und Ganzen lieber ein positives als ein negatives Selbstkonzept haben. Da ein Teil unseres Selbstkonzepts (bzw. unserer Identität) über Gruppenzugehörigkeiten definiert ist, wird es auch eine Vorliebe dafür geben, diese Eigengruppen eher positiv als negativ zu sehen. Wie kommen wir jedoch zu einer solchen Bewertung? Tajfel und Turner (1986) erweitern Festingers Theorie des sozialen Vergleichs (Festinger, 1954) und nehmen an, dass unsere Bewertungen von Gruppen im Wesentlichen relativer Art sind: Wir schätzen den Wert oder das Prestige unserer Eigengruppe durch den Vergleich mit anderen Gruppen ein. Das Ergebnis dieser Intergruppenvergleiche ist für uns von großer Bedeutung, weil es indirekt zu unserem Selbstwertgefühl beiträgt. Wenn unsere Eigengruppe auf irgendeiner Wertdimension (wie z. B. Fähigkeit oder Geselligkeit) als eindeutig überlegen wahrgenommen werden kann, können auch wir uns im Glanz dieses Ruhmes sonnen. Cialdini et al. (1976) lieferten eine anschauliche Illustration dieses Phänomens anhand von Fan-Gruppen für eine Footballmannschaft unter Collegestudenten. Nach einem Sieg der Footballmannschaft an einem College war die Wahrscheinlichkeit viel größer, die Studenten mit Abzeichen und T-Shirts ihres Colleges umherlaufen zu sehen, als nach einer Niederlage. Ihre Bereitschaft, als der Gruppe zugehörig identifiziert zu werden, schien mit dem Erfolg ihrer Gruppe bei Begegnungen mit anderen Gruppen in Zusammenhang zu stehen (s. auch Snyder, Lassegard & Ford, 1986). Aus unserem vermuteten Bedürfnis nach einem positiven Selbstkonzept folgt, dass es bei diesen Vergleichen einen Beurteilungsfehler in der Richtung gibt, dass man nach Wegen sucht, die Eigengruppe in günstiger Weise von Fremdgruppen zu unterscheiden. Tajfel (1978, S. 83) nennt dies die „Herstellung positiver Distinktheit".

Wie kann diese Theorie – bekannt als Theorie der sozialen Identität – eine Rolle bei der Erklärung der hartnäckigen Tendenz spielen, dass Menschen selbst in einem so reduzierten Kontext wie im Paradigma der minimalen Gruppen Intergruppendiskriminierung betreiben? Betrachten wir nochmals die Situation der Versuchspersonen: Sie wurden einer von zwei völlig bedeutungslosen Gruppen zugeteilt. Tatsächlich sind diese Gruppen so bedeutungslos, dass sie sich buchstäblich durch nichts voneinander unterscheiden außer durch die Gruppenbezeichnung und durch die Tatsache, dass die Versuchsteilnehmer selbst in der einen und nicht in der anderen Gruppe sind. Die Versuchspersonen werden über Codezahlen identifiziert, was zu einem Gefühl der Anonymität führt. Berücksichtigt man diese Anonymität, so ist ihre Eigengruppe der einzig mögliche Ausgangspunkt für eine – wenn auch primitive – Identität. Diese Gruppe ist jedoch anfangs von der anderen nicht unterscheidbar und trägt daher der Theorie nach wenig Positives zum Selbstwertgefühl ihrer Mitglieder bei. Dadurch entsteht ein Druck zur Herstellung von Distinktheit und die Mitglieder beider Gruppen versuchen, mit den einzigen Mitteln, die der Versuchsleiter zur Verfügung gestellt hat, ihre eigene Gruppe positiv von der anderen abzuheben: indem sie den Mitgliedern der Eigengruppe höhere Geldbeträge zuteilen als denen der Fremdgruppe. Dabei sollten wir auch daran denken, dass sie dies häufig sogar auf Kosten eines bestimmten absoluten Gewinns für die Eigengruppe tun (Strategie der Maximierung der Unterschiede).

Die Theorie der sozialen Identität nimmt also einen unmittelbaren Kausalzusammenhang zwischen Intergruppendiskriminierung und Selbstwertgefühl an. Abrams und Hogg (1988) wiesen darauf hin, dass dieser Zusammenhang verschiedene Formen annehmen könnte. Es könnte sein, dass Personen Intergruppendiskriminierung betreiben, um ihre soziale Identität zu festigen (und um ihr Selbstwertgefühl zu heben); dies geschieht einfach deswegen, weil eine positive Selbsteinschätzung im Allgemeinen einem neutralen oder gar negativen Selbstbild vorgezogen wird. Andererseits könnte es sein, dass ein im Voraus bestehendes geringes Selbstwertgefühl, vielleicht aufgrund der eigenen Mitgliedschaft in einer Gruppe mit niedrigem Status, Intergruppendiskriminierung hervorruft, um dieses Gefühl auf ein „normales" Niveau zu bringen. Für keinen der beiden vorgeschlagenen Prozesse sind die Belege eindeutig, obwohl der Erste alles in allem durch die Befunde stärker gestützt wird als der Letzte (Rubin & Hewstone, 1998). Bei Untersuchungen fand man heraus, dass in Situationen mit minimalen Gruppen Versuchspersonen, denen man die gewohnte Möglichkeit zu intergruppendiskriminierendem Verhalten verwehrte, ein geringeres Selbstwertgefühl aufwiesen als jene, denen man dies ermöglichte (Lemyre & Smith, 1985; Oakes & Turner, 1980). Das deutet darauf hin, dass Diskriminierung das Selbstwertgefühl hebt. Andererseits erbrachten Untersuchungen, die die entgegengesetzte Richtung dieser kausalen Beziehung analysierten, wenig Befunde, die diese Hypothese stützten. Beispielsweise kamen mehrere Untersuchungen zu dem Ergebnis, dass Gruppen mit *gehobenem* Status oder höherer Macht bzw. Individuen mit einem größeren Selbstwertgefühl anscheinend eine stärkere Eigengruppenfavorisierung aufweisen (Crocker & Luhtanen, 1990; Crocker, Thompson, McGraw & Ingermann, 1987; Sachdev & Bourhis, 1985, 1987). Die allgemeineren Auswirkungen von Status auf das Intergruppenverhalten werden wir weiter unten behandeln; doch das Mindeste, was die bisher verfügbaren Belege andeuten, ist Folgendes: Die Hypothese, dass das Selbstwertgefühl eine wichtige Rolle für die Steuerung von Intergruppendiskriminierung spielt, kann nicht mehr aufrechterhalten werden.

Die Theorie der sozialen Identität versucht also, eine Erklärung für die Bereitschaft zu liefern, dass diese wirklich minimalen Eigengruppen begünstigt werden. Die Anwendbarkeit dieser Theorie beschränkt sich jedoch nicht auf solche verhältnismäßig künstlichen Experimentalsituationen; ein Teil ihrer Attraktivität liegt darin, dass sie einen breiten Bereich von Phänomenen in natürlichen Kontexten sinnvoll erklären kann. Wir wollen zwei Beispiele dafür nennen; weitere finden sich bei Tajfel (1982) und R.J. Brown (1984b).

15.6.2 Intergruppendifferenzierung in natürlichen Kontexten

In den industrialisierten Ländern gibt es eine verbreitete Tendenz unter Arbeitergruppen, ihre Arbeitslöhne mit denen anderer Gruppen von Arbeitern zu vergleichen. Diese Tendenz war während der Siebzigerjahre in der britischen Maschinenbauindustrie besonders stark ausgeprägt; Beispiele für Auseinandersetzungen über Lohnspannen gehen jedoch historisch mindestens bis ins frühe 19. Jahrhundert zurück. Was diese Konflikte in der Industrie so interessant macht, ist die Tatsache, dass sie häufig kaum eine „reale" Grundlage haben und zwar in dem Sinne, dass es nur selten um einen expliziten Interessenkonflikt zwischen den beteiligten Gruppen geht. Der andere wichtige Aspekt bei Auseinandersetzungen um Lohnunterschiede besteht darin, dass es dabei eben um die *Unterschiede* zwischen Gruppen und nicht um die absolute Höhe der Löhne geht. Diese beiden Gesichtspunkte wurden von Brown (1978) in einer Untersuchung in einer Flugzeugfabrik sehr deutlich herausgearbeitet. Er zeigte unter Verwendung von modifizierten Matrizen aus Laborexperimenten mit minimalen Gruppen, dass Mitglieder des Betriebsrats aus einer bestimmten Abteilung der Fabrik dazu bereit waren, pro Woche £ 2,– (etwa € 3,25) Lohn zu opfern, wenn sie dadurch den Lohnunterschied zu einer anderen Gruppe auf £ 1,– (etwa € 1,60) vergrößern konnten. Dass diese Intergruppendifferenzierung den „realen" Interessen der Gruppe zuwiderlief, wurde in einem anderen Teil der Untersuchung bestätigt, in dem man die gleichen Betriebsräte bat, Antworten zu einem hypothetischen Szenario mit übergeordneten Zielen zu geben, das unternehmensweite Entlassungen beinhaltete. Nur eine Minderheit der Befragten schlug bei diesem Szenario kooperative Strategien bezüglich anderer Gruppen vor. Diese Befunde scheinen mit der Theorie der sozialen Identität sehr viel besser erklärt werden zu können als mit der oben dargestellten Theorie von Sherif.

Eine zweite Veranschaulichung liefern die Stereotype und Freundschaftsvorlieben von Kindern. Man könnte meinen, dass Kinder, vor allem solche im Grundschulalter oder früher, kaum große Anzeichen von Intergruppendiskriminierung zeigen, weil sie nur in geringem Maße dem „verderblichen“ Einfluss gesellschaftlicher Normen und Vorurteile ausgesetzt waren. Leider zeigen die Befunde, dass sie ebenso wie ihre erwachsenen Betreuer zu einer deutlichen Eigengruppenfavorisierung und Fremdgruppenstereotypisierung neigen. Nehmen wir als Beispiel das Geschlecht. Bereits von einem Alter von drei Jahren an – bzw. bei Mädchen sogar noch früher – zeigen Kinder eine ausgeprägte Vorliebe dafür, mit Gleichaltrigen desselben Geschlechts zu spielen (Harkness & Super, 1985; La Freniere, Strayer & Gauthier, 1984; Maccoby & Jacklin, 1984). Diese so genannte Geschlechtertrennung geht typischerweise mit bestimmten holzschnittartigen Einstellungen und Stereotypen einher, bei denen das eigene Geschlecht des Kindes viel positiver gesehen wird als das andere (Hayden-Thompson, Rubin & Hymel, 1987). In einer Untersuchung wurden die Kinder gebeten, eine einfache Skala mit Smileys zu verwenden, um zu zeigen, wie sehr sie Jungen und Mädchen mochten. Von einem Alter von fünf Jahren an bei Jungen und einem Alter von drei Jahren bei Mädchen gab es sehr starke Eigengruppenverzerrungen im Hinblick auf diese Einstufungen (s. Abb. 15.8 auf S. 564; Yee & Brown, 1994). Auch ethnische Verzerrungen wurden schon bei Kindern im Alter von sieben Jahren beobachtet. Davey (1983) bat britische Grundschulkinder weißer, westindischer oder asiatischer Abstammung, ihrer eigenen Gruppe und anderen ethnischen Gruppen positive und negative Merkmale zuzuordnen. Die stereotypen Ansichten der Kinder zur Eigengruppe waren fast immer positiver als die zu einer der anderen Fremdgruppen; manchmal ordneten sie ihr zweimal so viele positive Merkmale zu wie den anderen. In weiteren Untersuchungen wurden ähnliche Verzerrungen in anderen Kontexten beobachtet (s. Aboud, 1988). Das Vorherrschen von Verzerrungen in diesen Bereichen, in denen keine offensichtlichen Interessenkonflikte vorhanden sind, weist sehr stark darauf hin, dass hier identitätsdifferenzierende Prozesse am Werk sind.

15.6.3 Eigengruppenverzerrung und Identifikation mit der Gruppe

Ein zentraler Gedanke in der Theorie der sozialen Identität besagt, dass verzerrte Intergruppenvergleiche in unmittelbarem Zusammenhang mit der sozialen Identifikation stehen. Je wichtiger die Gruppe für die Mitglieder ist, desto stärker sollte vermutlich deren positive Voreingenommenheit ihr gegenüber sein. Diese Hypothese bildet den Ausgangspunkt für

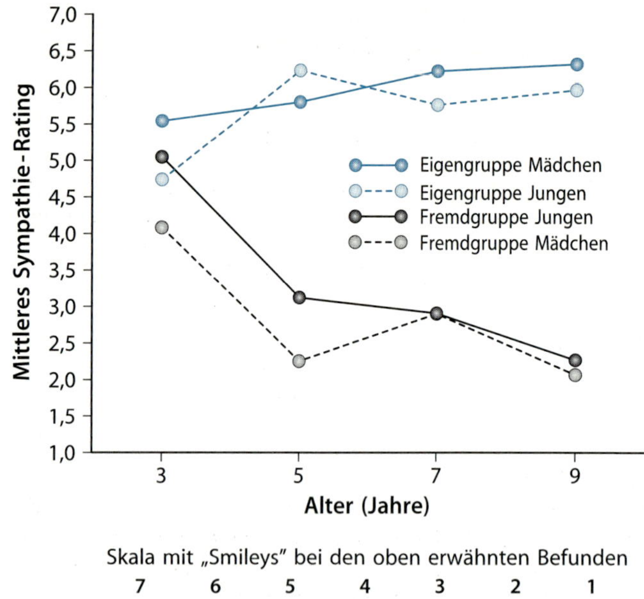

Abb. 15.8. Die Entwicklung einer Verzerrung zugunsten des eigenen Geschlechts. (Nach Yee & Brown, 1994, Tabelle 1)

zwei Untersuchungen, die sich mit dem Zusammenhang zwischen dem Ausmaß an Identifikation mit der Gruppe und der Stärke der Eigengruppenverzerrung bei Intergruppenurteilen beschäftigten (Brown & Williams, 1984; Brown et al., 1986). Beide Studien wurden in industriellen Kontexten durchgeführt, eine in einer Großbäckerei, die andere in einer Papiermühle. Bei beiden Untersuchungen waren die betreffenden Eigengruppen die jeweiligen Arbeitsgruppen der Befragten, die Fremdgruppen waren andere Arbeitsgruppen in der Fabrik oder das Management. Anhand einer Vielzahl von Indikatoren wurde eine deutliche Eigengruppenverzerrung beobachtet. Auch die Identifikation mit der Eigengruppe war überwiegend positiv. Dennoch war innerhalb jeder Gruppe die Beziehung zwischen der Ausprägung dieser Identifikation und den Indikatoren der Verzerrung höchst variabel; sie reichte bei verschiedenen Gruppen von positiv (wie vorhergesagt) über nicht vorhanden bis negativ. Ein aussagekräftigerer und zuverlässigerer Prädiktor der Intergruppendifferenzierung war in beiden Studien der wahrgenommene Konflikt mit der Fremdgruppe – ein Befund, der eher mit dem oben dargestellten Ansatz von Sherif übereinstimmt.

Die recht instabile Korrelation zwischen Gruppenidentifikation und Eigengruppenverzerrung wurde in späteren Untersuchungen bestätigt (Hinkle & Brown, 1990). Bei dem Versuch, eine Erklärung für diese Variabilität zu finden, argumentierten Hinkle und Brown, dass der psychologische Prozess, wie ihn die Theorie der sozialen Identität postuliert, vielleicht nicht in allen Gruppen wirksam sei. Sie stellten die Hypothese auf,

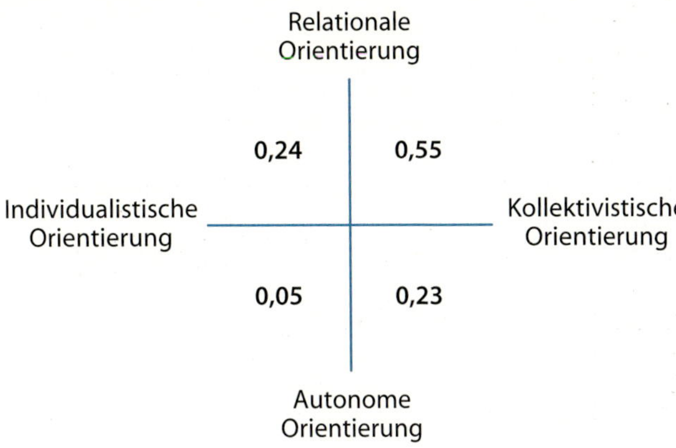

Abb. 15.9. Der Zusammenhang zwischen Gruppenidentifikation und Eigengruppenverzerrung vermittelt über unterschiedliche soziale Orientierungen. (Nach Tabelle 2, 3 und 5 in Brown et al., 1992) *Anmerkung*: Die Abbildung zeigt mittlere Korrelationen zwischen Identifikation und Verzerrung über drei voneinander unabhängige Studien hinweg

dass dies von zwei Faktoren abhängen könnte: vom vorherrschenden Niveau an Individualismus oder Kollektivismus innerhalb der Gruppe bzw. unter den Gruppenmitgliedern (Triandis, Bontempo, Villareal, Asai & Lucca, 1988) und ihrer Neigung dazu, Intergruppenvergleiche vorzunehmen, oder stattdessen von einer Vorliebe für Gruppenbewertungen einer abstrakteren oder autonomeren Art (Hinkle & Brown, 1990). Hinkle und Brown behaupteten, dass ein enger Zusammenhang zwischen der Identifikation mit der Gruppe und der Eigengruppenfavorisierung nur in jenen Gruppen zu erwarten ist, die gleichzeitig durch eine *kollektivistische* Orientierung – d.h., bei denen eine Betonung auf Intragruppenkooperation und Gruppenleistungen vorlag – und eine *relationale* Orientierung charakterisiert seien – d.h. durch ein Interesse am Rangplatz bzw. an der Leistung der Eigengruppe relativ zu anderen Gruppen. In drei Untersuchungen wurden einige Belege für diese Auffassung gefunden: Bei Gruppenmitgliedern, die als kollektivistisch und relational eingestuft wurden, bestand eine positive Beziehung zwischen Identifikation und Verzerrung; bei anderen, die als individualistisch und autonom galten, zeigte sich überhaupt kein Zusammenhang zwischen diesen Variablen (Brown et al., 1992; s. Abb. 15.9).

15.6.4 Untergeordneter Status, Intergruppenvergleiche und soziale Unruhe

Die Beispiele, die hier zur Illustration der Prozesse sozialer Identität ausgewählt wurden, hatten ein anderes Merkmal gemeinsam, das für nahezu alle Intergruppenbeziehungen außerhalb des psychologischen Labors charakteristisch ist: Es handelte sich in jedem Fall um Gruppen mit ungleichem Status. Die drei Gruppen in der Flugzeugmotorenfabrik bildeten eine klare Hierarchie untereinander und hatten natürlich alle weniger Macht und Status als ihre Arbeitgeber (Brown, 1978). Minderheitengruppen und die beiden Geschlechter genießen in den wenigsten Gesellschaften gleichen Status. Wir wollen uns nun ansehen, welche Konsequenzen es hat, wenn man einer Gruppe mit niedrigem Status angehört.

Auf den ersten Blick scheinen sie negativ zu sein. Mitglieder solcher Gruppen entdecken häufig, dass sie schlechter bezahlt werden als andere (wenn sie überhaupt eine Arbeit haben), in ungünstigen Verhältnissen wohnen, weniger Ausbildungsqualifikationen haben und hinsichtlich einer ganzen Reihe anderer Kriterien übereinstimmend als untergeordnet angesehen werden. So geht es ihnen nicht nur materiell schlechter als anderen, sondern sie werden möglicherweise auch psychologisch benachteiligt. Wenn Identität tatsächlich über Intergruppenvergleiche aufrechterhalten wird, wie dies die Theorie der sozialen Identität annimmt, fallen die verfügbaren Vergleiche für das Selbstwertgefühl der Mitglieder solcher Gruppen konstant negativ aus.

15.6.5 Das Verlassen der Gruppe

Wie Tajfel (1978) argumentierte, besteht eine Reaktion auf diesen Zustand einfach in dem Versuch, die Gruppe zu verlassen. Beispiele dafür, dass sich Mitglieder „unterlegener“ Gruppen physisch oder psychologisch von ihrer Gruppe distanzieren, sind leicht zu finden. In ihrer klassischen Untersuchung zur ethnischen Identifikation stellten Clark und Clark (1947) fest, dass schwarze Kinder in den Vereinigten Staaten eine Identifikation mit und Präferenz für die dominante weiße Gruppe aufweisen – ein Befund, der sich an Minderheitengruppen in anderen Ländern replizieren ließ (Aboud, 1988). Diese „Disidentifikation“ mit der Eigengruppe beschänkt sich keineswegs auf Kinder, wie Lewin (1948) bei amerikanischen Juden feststellte, die versuchten, in die nichtjüdische Gesellschaft aufgenommen zu werden. Ellemers et al. (1988) untersuchten dies in einem Experiment, bei dem Gruppen mit hohem bzw. niedrigem Status gebildet wurden, zwischen denen Mobilität entweder erlaubt oder verboten war. Dieser Faktor der „Durchlässigkeit“ übte vor allem einen Effekt auf die Mitglieder der Gruppe mit niedrigem Status aus: Sobald sie eine Gelegenheit sahen, in die Gruppe mit höherem Status abzuwandern, nahm die Identifikation mit der Eigengruppe ab. Dieser Effekt zeigte sich besonders bei den „fähigeren“ Mitgliedern der untergeordneten Gruppe, wahrscheinlich weil sie glaubten, sie hätten bessere Chancen für einen sozialen Aufstieg. Dennoch ist dies keine allgemein gültige oder notwendige Konsequenz, wie Studien in unterschiedlichen historischen Kontexten nachwiesen, in denen eine solche Disidentifikation nicht gefunden werden konnte (Hraba & Grant, 1970; Vaughan, 1978). Wir kommen schon bald auf diesen Punkt zurück.

15.6.6 Soziale Vergleiche

Solche individualistischen Strategien sind jedoch nicht immer möglich, insbesondere wenn die Gruppengrenzen, wie bei vielen ethnischen und religiösen Gruppen, relativ starr und undurchlässig sind. In derartigen Fällen, so nehmen Tajfel und Turner (1986) an, kann eine ganze Reihe anderer Wege eingeschlagen werden: Ein Weg besteht darin, Vergleiche auf andere ähnliche oder untergeordnete Gruppen zu beschränken, sodass das Ergebnis dieser Vergleiche für die Eigengruppe günstiger ausfällt. Dies war der Fall in Browns (1978) oben erwähnter Untersuchung in einer Fabrik, in der die Arbeiter Vergleiche ihres Lohns untereinander und nicht mit der (viel höheren) Bezahlung des Managements anstellten. In einem anderen Kontext stellten Rosenberg und Simmons (1972) fest, dass das Selbstwertgefühl bei Schwarzen höher war, wenn sie sich nicht mit Weißen, sondern mit anderen Schwarzen verglichen. Eine weitere Strategie besteht darin, die Hauptdimensionen des Vergleichs zu umgehen (die, auf denen die untergeordnete Gruppe als geringwertiger betrachtet wird) und entweder neue Dimensionen zu erfinden oder den Stellenwert der bestehenden zu verändern. So fand Lemaine (1966), dass in einem Kinderferienlager die Gruppen, deren Hüttenbauten schlechter waren als die Bauwerke anderer (weil sie einen schlechteren Zugang zu Baumaterialien hatten), neue Eigenschaften fanden, die sie betonten (z.B. den Garten vor der Hütte). Ähnlich ist der Lebensstil von Gruppen wie der der Punks in den Achtzigerjahren oder der Hippies in den Siebzigerjahren durch eine

Tabelle 15.3. Reaktionen auf eine negative soziale Identität

Individualistische Strategie		Kollektivistische Strategien		
Ziel	Die eigene gesellschaftliche Stellung verändern	Die gesellschaftliche Stellung der eigenen Gruppe verändern		
Methode	Die eigene Gruppe verlassen, z.B. Schwarze, die versuchen, als Weiße „anerkannt" zu werden	1) Vergleiche auf andere untergeordnete Gruppen beschränken, z.B. dass sich Arbeiter mit anderen Arbeitern vergleichen – etwa bei Arbeitslohnunterschieden; Vernachlässigen von Arbeitnehmer- und Arbeitgeberunterschieden	2) Die Vergleichsdimensionen verändern, z.B. neue kulturelle und musikalische Formen entwickeln wie bei den Punks in Großbritannien	3) Direkte Konfrontation mit der dominanten Gruppe, z.B. Forderungen nach sozialen Veränderungen bei Feministinnen in industrialisierten Ländern
Mögliche Ergebnisse	Es könnte Vorteile für manche Personen geben, für viele auch nicht; die Position der Gruppe bleibt unverändert	Es könnten sich einige Veränderungen zwischen den untergeordneten Gruppen ergeben; die wichtigsten Statusunterschiede bleiben unverändert	Könnte das Klima für Veränderungen schaffen, wenn die neuen Dimensionen soziale Anerkennung gewinnen	Könnte zu gesellschaftlichen Veränderungen führen, wenn die Gesellschaft instabil ist und die Position der dominanten Gruppe auch von anderen Gruppen in Frage gestellt wird

vollständige Ablehnung der Werte der dominanten Gesellschaft in Mode, Musik und Moral gekennzeichnet. Ein dritter Weg ist der direkte Angriff auf die Überlegenheit der dominanten Gruppe, indem ein Wandel in Wirtschaft und Gesellschaft gefordert wird. Dies waren die Ziele der Bewegung der Schwarzen in den Vereinigten Staaten während der Sechzigerjahre und gegenwärtig sind es die Ziele der feministischen Gruppen in vielen industrialisierten Gesellschaften. Diese unterschiedlichen Strategien – die individualistische und die drei kollektivistischen – sind in Tabelle 15.3 (S. 567) zusammengefasst.

15.6.7 Kognitive Alternativen

Welche dieser Taktiken gewählt wird, hängt wohl vom vorherrschenden sozialen Klima ab. Ermöglicht es keine echten Alternativen zum Status quo, sind die beiden ersten Möglichkeiten wahrscheinlich. Ohne eine Perspektive auf Veränderung der Machtbeziehungen ist es für untergeordnete Gruppen schwierig, offen die bestehende Ordnung in Frage zu stellen (dritte Strategie). Tajfel und Turner (1986) nehmen an, dass als Voraussetzung für die Existenz solcher „kognitiver Alternativen" eine Wahrnehmung von Instabilität und Unrecht vorhanden sein muss. Das System muss als im Wandel begriffen und auf willkürlichen Gerechtigkeitsprinzipien beruhend wahrgenommen werden. Experimentelle Untersuchungen unterstützen diese Vorstellung: Koexistieren Laborgruppen in stabilen und gerechtfertigten Statusbeziehungen, so zeigen untergeordnete Gruppen kaum Anzeichen dafür, ihre Unterlegenheit abzuwerfen; erscheint jedoch die Statushierarchie flexibel oder unfair, reagieren untergeordnete Gruppen, indem sie eine starke Begünstigung der Eigengruppe sowie eine Identifikation mit ihr und Feindseligkeit gegenüber der dominanten Gruppe zeigen (Brown & Ross, 1982; Caddick, 1982; Ellemers, Wilke & Van Knippenberg, 1993). Es soll noch einmal betont werden: Die Wahrscheinlichkeit, dass sich diese Reaktionen in kollektiven Aktionen niederschlagen, die den Status quo ändern wollen, kann von der Durchlässigkeit der Gruppengrenzen abhängen. Wright, Taylor und Moghaddam (1990) zeigten, dass dort, wo die Gruppengrenzen vollkommen geschlossen waren, Gruppenmitglieder mit größerer Wahrscheinlichkeit durch eine Art rebellischer kollektiver Strategie auf die Benachteiligung reagierten. Falls andererseits auch nur die geringste Möglichkeit eines sozialen Aufstiegs besteht – auch wenn dies nur dazu führt, dass lediglich einer „symbolischen" kleinen Anzahl von Mitgliedern der untergeordneten Gruppe der Aufstieg erlaubt wird –, dann sind individualistische Strategien wahrscheinlicher.

15.6.8 Relative Deprivation

Zu einer recht ähnlichen Schlussfolgerung kamen Runciman (1966) und Gurr (1970). Sie argumentieren, dass ein Gefühl „relativer Deprivation" ein Schlüsselfaktor bei der Entstehung sozialer Unruhe bei untergeordneten Gruppen sei. *Relative Deprivation* entsteht aus einer wahrgenommenen Diskrepanz zwischen dem, was man hat, und dem, wozu man sich berechtigt fühlt. Diese Diskrepanz kann aus dem Vergleich entweder mit der eigenen Gruppe in der Vergangenheit (Davies, 1969) oder – häufiger – mit anderen Gruppen entstehen (Runciman, 1966). Weisen diese Vergleiche eine Kluft zwischen Erreichtem und Erhofftem auf, werden sich die Menschen oft ausreichend motiviert fühlen, einen sozialen Wandel in Gang zu setzen. Wie Walker und Pettigrew (1984) argumentieren, ist dies vor allem dann der Fall, wenn die Vergleiche zwischen Gruppen vorgenommen werden und nicht zwischen dem Selbst und anderen.

Die Bedeutung der relativen Deprivation als eines Faktors, der soziale Unruhe hervorrufen kann, wird von einer Reihe von Studien unterstützt. Vanneman und Pettigrew (1972) stellten fest, dass unter Weißen in den Vereinigten Staaten rassistische Einstellungen und die Unterstützung konservativer politischer Kandidaten mit Gefühlen relativer Deprivation bei den Befragten verbunden waren, und zeigten damit, dass relative Deprivation ebenso gut von dominanten wie von untergeordneten Gruppen erfahren werden kann. Grant und Brown (1995) fanden in einer experimentellen Untersuchung heraus, dass Gruppen, die unerwarteterweise wegen der negativen Beurteilung ihrer aufgabenbezogenen Leistung durch eine Fremdgruppe von einer erwarteten Belohnung ferngehalten (depriviert) wurden, ein deutlich höheres Niveau von Eigengruppenverzerrung, Aggression und Protest aufwiesen als Gruppen, die nicht depriviert worden waren. Schließlich stellten Guimond und Dubé-Simard (1983) fest, dass Intergruppen- – nicht aber interpersonale – Deprivation zuverlässig mit der Unterstützung eines politischen Wandels in Kanada korreliert war; hier handelt es sich um einen Befund, der später von Walker und Mann (1987) unter jungen Arbeitslosen in Australien repliziert wurde. Ein in all diesen Untersuchungen immer wieder auftretendes Thema ist, wie bedeutsam die Unterscheidung zwischen personaler und Gruppendeprivation für die Entstehung kollektiver Unzufriedenheit mit dem Status quo ist.

15.7 Die Verringerung von Intergruppenkonflikten und die Veränderung negativer Stereotype

Wie lassen sich Intergruppendiskriminierung und negative Stereotypisierung abbauen?

Die meisten Theorien und Untersuchungen, die wir bisher betrachtet haben, befassten sich mit dem, was man die negative Seite von Intergruppenbeziehungen nennen könnte, d.h. mit den Prozessen, die zur Eigengruppenfavorisierung, Intergruppenfeindseligkeit usw. führen. Wie steht es aber mit der anderen Seite, den Faktoren, die zu einem Abbau des Intergruppenkonflikts führen können?

15.7.1 Übergeordnete Ziele

Wie wir zuvor bei der Diskussion von Sherifs Theorie des realistischen Gruppenkonflikts sahen, besteht eine nahe liegende Strategie darin, eine Situation zu schaffen, in der die miteinander in Konflikt stehenden Gruppen kooperieren müssen, um ein übergeordnetes Ziel zu erreichen. Wie Sherifs eigene Sommerlagerstudien zeigten und wie dies auch in späteren Studien bestätigt wurde, können bis dahin feindselige Beziehungen unter solchen Umständen so verändert werden, dass sie sich einem Zustand wechselseitiger Toleranz nähern (Brown, 1995).

Kooperation in Bezug auf übergeordnete Ziele ist bei negativen Intergruppenbeziehungen jedoch vielleicht nicht immer ein wirkungsvolles Allheilmittel; sie kann sogar die grundsätzliche Feindschaft gegenüber der Fremdgruppe verstärken. Worchel, Andreoli und Folger (1977) bemerkten, dass sich die Kooperation bei Sherifs Untersuchungen immer als erfolgreich herausstellte. Sie zeigten jedoch, dass die Zuneigung gegenüber der Fremdgruppe dann zurückging, wenn die Kooperation ihr Ziel verfehlte und eine wettbewerbsorientierte Phase vorausgegangen war. Darüber hinaus kann es für Gruppen, die sich auf kooperative Unternehmungen einlassen, wichtig sein, distinkte und komplementäre Rollen zu spielen. Wenn dies nicht der Fall ist und sich die Beiträge der Gruppen somit nicht einfach unterscheiden lassen, nimmt die Zuneigung für die andere Gruppe ab, eventuell weil die Gruppenmitglieder um die Integrität der Eigengruppe besorgt sind (Brown & Wade, 1987; Deschamps & Brown, 1983). Die positiven Auswirkungen der Unterscheidung von aufgabenbezogenen Rollen können sich jedoch ganz eindeutig auf kooperative Begegnungen auf Intergruppenebene beschränken. Wenn die Interaktion persönlicher wird, können die positiven Auswirkungen einer klaren Rollenverteilung zurückgehen (Marcus-Newhall, Miller, Holtz & Brewer, 1993).

15.7.2 Revision der Kategoriengrenzen

Soziale Kategorisierung trägt, wie wir sahen, das Potenzial in sich, diskriminierendes Verhalten und diskriminierende Urteile auszulösen. Aber die gleichen Prozesse, die diesen Verzerrungen zugrunde liegen, lassen sich auch in den Dienst des Konfliktabbaus stellen. Turner (1981) merkte an, dass, wenn Mitglieder zweier Gruppen sich dahingehend umdefinieren können, dass sie einer einzigen, übergeordneten Kategorie angehören, die vormaligen „Fremdgruppenmitglieder" als gemeinsame Mitglieder einer neuen, größeren Eigengruppe rekategorisiert würden und sich daraus eine günstigere Einstellung ihnen gegenüber entwickeln könnte. Ein Beispiel für diese Strategie wäre es, wenn Politiker an Untergruppen der Gesellschaft appellieren, ihre Unterschiede zum Wohl der nationalen Einheit hintanzustellen.

Die Wirksamkeit dieser „Rekategorisierung" wurde von Gaertner und Kollegen demonstriert: In einem Laborexperiment arrangierten sie eine Intergruppenbegegnung unter Bedingungen, die zu der Wahrnehmung führten, dass die Teilnehmer entweder zu einer einzigen Gruppe gehörten, zwei verschiedenen Gruppen angehörten oder getrennte Individuen seien. Wie vorhergesagt, war die Wahrnehmung, zu einer einzigen Gruppe zu gehören, verlässlich mit einer günstigeren Beurteilung der ehemaligen Fremdgruppe verbunden, d.h. diese Bewertung war günstiger als im Fall der „zwei Gruppen" oder des „Individuums" (Dovidio et al., 1997; Gaertner, Dovidio, Anastasio, Bachman & Rust, 1993; Gaertner, Rust, Dovidio, Bachman & Anastasio, 1994). Die Strategie der Rekategorisierung erwies sich als nützliches Instrument für die Verringerung von Intergruppenverzerrungen im Laborkontext; das liegt vielleicht daran, dass die künstlichen Gruppen, die man dort typischerweise einsetzt, leicht unter eine neue und umfassendere Entität subsumiert werden können. Außerhalb des Labors, wo Mitglieder realer Gruppen vielleicht mehr investiert haben, um ihre ursprünglichen Identitäten zu erhalten, kann es wichtig sein, den Ein-Gruppen-Ansatz mit Vorgehensweisen zu kombinieren, die es den Untergruppen ermöglichen, eine gewisse Distinktheit aufrechtzuerhalten. Es gibt experimentelle Belege, die diese Vorstellung stützen (Dovidio, Gaertner & Validzic, 1998; Gonzalez & Brown, 1999).

Eine andere Art, wie die Eigengruppenfavorisierung verringert werden kann, liegt darin, zwei oder mehrere soziale Kategorien (z.B. ethnische Zugehörigkeit und Geschlecht) so zu arrangieren, dass sie sich überschneiden. Die Grundregeln der Kategorisierung besagen, dass die Diskriminierung in solchen „überkreuzten" Situationen gegenüber den beiden ursprünglichen Kategorien abnimmt, da sich die simultanen Prozesse der Differenzierung zwischen Kategorien und der Assimilation innerhalb von Kategorien gegenseitig aufheben (s. Abb. 15.10, S. 572). Deschamps und Doise (1978) und Deschamps (1977) fanden Belege für eine derartige verringerte Differenzierung, wenn (sowohl reale als auch künstliche) Kategorien miteinander gekreuzt wurden. Es ist jedoch zu beachten, dass, wenn die gekreuzten Kategorien zu einer doppelten Eigengruppe neben einer doppelten Fremdgruppe führen (z.B. in Abb. 15.10 schwarze Männer und

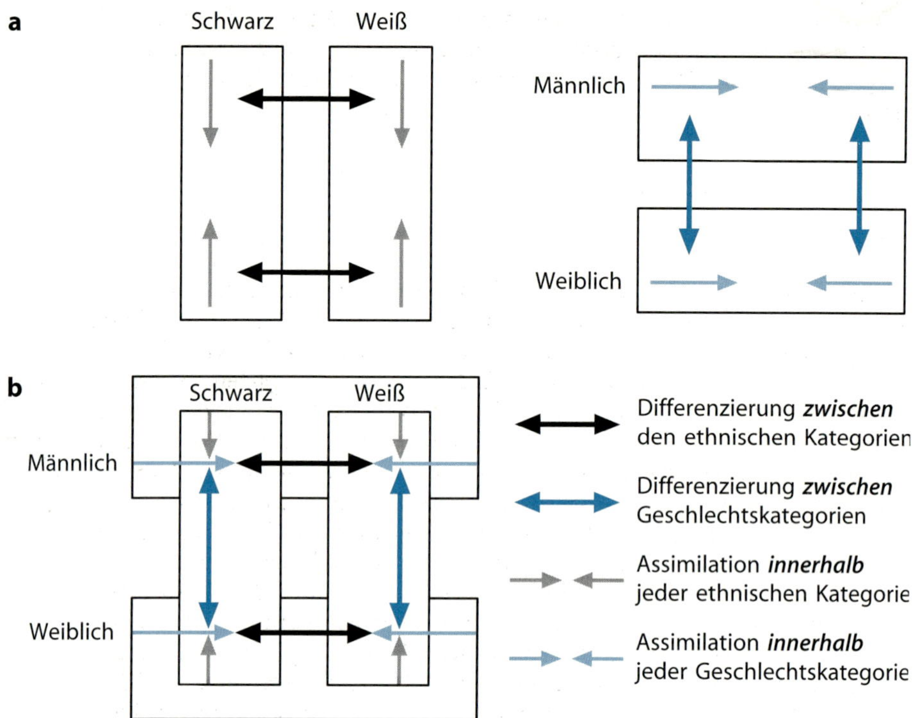

Abb. 15.10. Effekte der Kreuzkategorisierung nach dem kategorialen Differenzierungsmodell: **a** einfache Kategorisierung, **b** Kreuzkategorisierung

weiße Frauen), Belege dafür vorliegen, dass dies eher zu stärkerer als zu geringerer Differenzierung führt (Brown & Turner, 1979; Migdal, Hewstone & Mullen, 1998; Urban & Miller, 1998; Vanbeselaere, 1991).

Außerhalb des Labors, wo die Kategorien sehr viel größere psychologische Bedeutung haben und sie sich in Status und Größe unterscheiden können, kann eine solche Überlagerung von Kategorien komplexere Auswirkungen haben. Wegen der kontextuellen Faktoren kann zudem eine Kategoriendimension manchmal über andere dominieren und somit alle Effekte, die mit ihrer Kreuzung zusammenhängen, schwächer werden lassen. Dies wurde bei einer in Bangladesch durchgeführten Studie gezeigt, bei der die betreffenden Dimensionen die Religion (muslimisch und hinduistisch), die Nationalität (bangladeschi und indisch) und die Sprache (Bengali und Hindi) waren (Hewstone, Islam & Judd, 1993). In Übereinstimmung mit einer früheren in Indien durchgeführten Untersuchung (Hagendoorn & Henke, 1991) fanden Hewstone et al. (1993), dass die Intergruppenbewertungen der Befragten stark von ihrer Religion, weniger von ihrer Nationalität und beinahe gar nicht davon abhingen, ob die Stimulusgruppe dieselbe Sprache sprach oder nicht. Dies führte im Endeffekt dazu, dass Personen, die einer anderen Religion *und* einer anderen Nationalität angehörten, von den Befragten stark abgewertet wurden, besonders im Vergleich zu Landsleuten derselben Religionszugehörigkeit.

Das heißt also, dass die Strategie der gekreuzten Kategorisierung, auch wenn sie einige deutlich positive Implikationen für die Konfliktreduzierung hat, nicht alle Ausdrucksformen der Eigengruppenfavorisierung verhindern kann.

15.7.3 Die Kontakthypothese

Eine der einflussreichsten theoretischen Annahmen im Zusammenhang mit dem Abbau von Intergruppenvorurteilen ist die **Kontakthypothese.** Allgemein gesagt behauptet diese Hypothese, dass durch den Kontakt zwischen den Mitgliedern verschiedener Gruppen unter geeigneten Bedingungen das Intergruppenvorurteil und die Feindseligkeit zwischen Gruppen abgebaut werden. Diese Auffassung stellte die Grundlage für Maßnahmen dar, die zur Aufhebung der Rassentrennung beim Wohnen, auf dem Arbeitsmarkt und im Bildungssystem führen sollten und die teilweise so in den Vereinigten Staaten und anderswo angewandt wurden. Obwohl die Kontakthypothese in der Vergangenheit in unterschiedlichen Formulierungen vorgelegt wurde (z.B. Allport, 1954; Cook, 1962; Pettigrew, 1971, 1986), stimmten all diese Autoren in einem Punkt überein: Der Kontakt zwischen Gruppen allein, ohne eine gewisse Kooperation im Hinblick auf gemeinsame Ziele führt nicht zum Abbau des Vorurteils, sondern kann sogar zu dessen verstärkter Ausprägung führen. Belege aus Untersuchungen zu interethnischen Beziehungen bekräftigen dies (Amir, 1976; Hewstone & Brown, 1986; Slavin, 1983).

Kontakthypothese („contact hypothesis"): Vorstellung, dass der Kontakt zwischen Mitgliedern unterschiedlicher Gruppen unter gewissen Bedingungen die Vorurteile und die Feindseligkeit zwischen den Gruppen abschwächt.

Das Ergebnis des Intergruppenkontakts kann außerdem von dem Ausmaß abhängen, mit dem die Teilnehmer der verschiedenen Gruppen entweder auf interpersonaler oder auf Gruppenebene miteinander interagieren (Brewer & Miller, 1984; Hewstone & Brown, 1986). Brewer und Miller (1984) schlugen in Anbetracht der potenziell feindseligen Wirkung einer Hervorhebung sozialer Kategorien vor, dass eine Personalisierung von Intergruppensituationen durch eine Abschwächung kategorialer Unterschiede womöglich von Vorteil ist. Als Beleg für diese Auffassung führten sie an, dass die Instruktion von Versuchspersonen, sich auf interpersonale Themen in einer kooperativen Gruppe zu konzentrieren, die sowohl Eigen- als auch Fremdgruppenmitglieder umfasste, weniger Eigengruppenfavorisierung auslöst als die Anweisung, sich auf die Aufgabe zu konzentrieren (Bettencourt, Brewer, Croak & Miller, 1992; Miller, Brewer & Edwards, 1985).

Ein problematischer Aspekt bei diesem Ansatz besteht darin, dass ein etwaiger Einstellungswandel, der durch den Kontakt hervorgerufen wird, möglicherweise nicht auf die anderen Mitglieder der betreffenden Gruppe verallgemeinert wird. In dem Maße, in dem die Teilnehmer als Individuen angesehen werden, wird also die kognitive Verbindung zu den vorher bestehenden Gruppen blockiert. Angesichts dessen schlugen Hewstone und Brown (1986) vor, dass die Beibehaltung der ursprünglichen Gruppengrenzen, solange die zwei Gruppen positiv interdependent und zur Kooperation auf gleicher Ebene fähig sind, von Vorteil sein könnte. Dadurch hätte die Interaktion eher Intergruppencharakter, die Teilnehmer würden als repräsentativer für ihre jeweiligen Gruppen angesehen und jeder positive Wandel hätte somit einen weiter reichenden Effekt. In Übereinstimmung hiermit fand Wilder (1984), dass der Kontakt zwischen Mitgliedern verschiedener Collegegruppen, die als typisch für ihre jeweiligen Gruppen angesehen wurden, positivere Intergruppeneinstellungen zur Folge hatte als der Kontakt zwischen atypischen Mitgliedern. Der günstige Effekt des Kontakts mit typischen Fremdgruppenmitgliedern bestätigte sich im Zusammenhang mit dem Kontakt zwischen Mitgliedern stigmatisierter und nicht stigmatisierter Gruppen und zwischen Einwohnern unterschiedlicher Länder (Brown, Vivian & Hewstone, 1999; Desforges et al., 1991; Maras & Brown, 1996; Van Oudenhouven, Groenewond & Hewstone, 1996).

Weitere Unterstützung für diese Schlussfolgerung kam durch eine neuere Weiterentwicklung der Kontakthypothese, die als erweiterter Kontakteffekt bezeichnet wird (Wright, Aron, McLaughlin-Volpe & Ropp, 1997). Hier wird die Behauptung aufgestellt, dass das Wissen, dass die übrigen Eigengruppenmitglieder enge Freundschaften zu Fremdgruppenmitgliedern pflegen, dazu beitragen kann, ein Vorurteil gegenüber der Fremdgruppe abzubauen. Ein nahe liegender Grund dafür besteht darin, dass diese „Vorbilder“ aus der Eigengruppe normative Informationen darüber liefern, wie man sich verhalten sollte, und auch etwas zu einer Neudefinition der Intergruppenbeziehung als einer etwas weniger negativen beitragen können. Sowohl aus korrelativen als auch aus experimentellen Untersuchungen kommt immer mehr Unterstützung für diese Auffassung: Diejenigen, die von Freundschaften zwischen der Eigengruppe und der Fremdgruppe wissen oder sie beobachten, zeigen typischerweise weniger Vorurteile oder Eigengruppenverzerrungen als diejenigen, bei denen dies nicht der Fall ist (Liebkind & McAlister, 1999; Wright et al., 1997). Diesem Modell liegt der Gedanke zugrunde, dass sowohl Rollenmodelle der Eigengruppe als auch solche der Fremdgruppe als typisch oder repräsentativ für ihre Gruppen und nicht als Ausnahmen von der Regel angesehen werden sollten.

Obwohl das Modell von Hewstone und Brown ein viel versprechender Ansatz für die Lösung des Problems der Generalisierung ist, birgt es jedoch auch Probleme. Eines davon folgt aus dem gleichen Argument, das zunächst einmal den Grundgedanken für das Modell darstellt. Wenn der Intergruppenkontakt (anstelle des interpersonalen Kontakts) eine bessere Generalisierung des Einstellungswandels erlaubt, dann lassen sich im Prinzip *sowohl* positive *als auch* negative Einstellungen generalisieren. Das heißt, dass die Strukturierung der Interaktion auf der Intergruppenebene die Situation verschlechtern könnte, wenn die kooperative Begegnung fehlschlägt. Darüber hinaus können Intergruppeninteraktionen mehr Ängste auslösen als interpersonale Interaktionen; und Angst trägt nicht unbedingt zu einer Harmonisierung sozialer Beziehungen bei (Stephan & Stephan, 1985). Islam und Hewstone (1993) fanden in ihrer Studie zum Kontakt zwischen Moslems und Hindus in Bangladesch, dass für Intergruppenbeziehungen typische Merkmale mit erhöhter Angst korrelieren, die wiederum mit weniger günstigen Einstellungen gegenüber der Fremdgruppe verbunden war.

Bei der Planung von Situationen des Intergruppenkontakts ist daher eine Gratwanderung zu beschreiten. Es muss genügend Kategoriensalienz beibehalten werden, um zu ermöglichen, dass der positive Wandel generalisiert. Andererseits darf die Salienz nicht so stark sein, dass ein Rückfall in das bekannte und destruktive Muster von Vorurteilen auftritt, die mit zu eng gezogenen Kategoriengrenzen verbunden sind.

15.8 Zusammenfassung und Schlussfolgerungen

Dieses Kapitel begann mit zwei Begegnungen zwischen Gruppen. Danach wurden verschiedene sozialpsychologische Theorien betrachtet, die als Erklärungen für solche Szenen angeboten werden. Wie erfolgreich sind sie dabei? Es ist nicht schwer zu erkennen, dass keiner dieser Ansätze für sich allein genommen plausibel behaupten kann, die ganze Antwort – oder auch nur den größten Teil davon – gefunden zu haben, wenn wir unter „Antwort" die Erklärung im Sinne des Warum, Wo, Wann und Wie verstehen. Hauptsächlich hängt dieser Mangel an Erklärungskraft mit einem Gesichtspunkt zusammen, der von Sozialpsychologen oft übersehen wurde. Sozialen Ereignissen gehen historische Ereignisse voraus und sie werden häufig von wirtschaftlichen und politischen Prozessen beeinflusst, die weit außerhalb der Reichweite der rein sozialpsychologischen Analyse liegen. Dies heißt auch, dass wir als Sozialpsychologen bescheiden bleiben sollten bei unserem Ehrgeiz, sie erklären zu können.

Doch selbst unter diesem Vorbehalt scheint keiner der genannten Ansätze als solcher tatsächlich eine angemessene Erklärung für die Ereignisse in Irland oder in Frankreich zu bieten. Mit Sicherheit waren einige der Protagonisten stärker beteiligt als andere und zweifellos gibt es einige Persönlichkeitsmerkmale und Unterschiede im Hinblick auf das Frustrationsniveau, die bestimmte Individuen zu einem größeren Ausmaß an Aktivität disponierten als andere. Beobachtet man jedoch die aktive und gleichzeitige Beteiligung einer so großen Zahl von Menschen – wie an diesem Juliabend auf den Champs Elysées –, so scheint es unwahrscheinlich, dass jeder der Beteiligten dazu individuell prädisponiert war. Andererseits enthalten beide Ereignisse Elemente „realistischer Konflikte" vom Sherif-Typ. Protestanten und Katholiken stehen wegen der Kontrolle über unterschiedliche Teile Irlands (seit Jahrhunderten) in Konflikt miteinander und die Fußballweltmeisterschaft ist definitionsgemäß ein Ereignis mit Gewinnern und Verlierern. Aber so nützlich diese Analyse auch sein mag, sie setzt die beteiligten Gruppen und die psychologische Bedeutsamkeit dieser Gruppen für ihre Mitglieder als gegeben voraus. Ein Protestant (oder ein Katholik) zu sein ist für die Beteiligten wichtig und dies weit über jenen unmittelbaren tragischen Vorfall hinaus. Für viele von ihnen hängt ihr ganzes Leben – oder psychologisch ausgedrückt, ihre ganze *Identität* – vom Schicksal der Gruppe ab. Was mit der Gruppe geschieht, ist für sie wichtig und sie sind oft sogar dazu bereit, in ihrem Namen brutale Gewalttaten zu begehen. Kurz ausgedrückt, muss sich eine brauchbare sozialpsychologische Erklärung des Intergruppenverhaltens daher auf mehr als eine der hier dargestellten Theorien stützen. Jede für sich hat ihre Schwächen, zusammen bieten sie uns zwar sicherlich keine endgültige Erklärung, aber doch einen viel versprechenden Anfang.

FRAGEN ZUM TEXT

1. Inwieweit lässt sich Intergruppenverhalten durch Persönlichkeitsvariablen oder innere Triebzustände wie z. B. Frustration erklären?
2. Wie lassen sich Intergruppen- und interpersonales Verhalten voneinander unterscheiden und warum ist diese Differenzierung wichtig?
3. Inwieweit lässt sich Intergruppenverhalten allein durch die Untersuchung der materiellen Interessen von Gruppen erklären?
4. Welche Erklärungen für Diskriminierung im Paradigma minimaler Gruppen scheinen am plausibelsten zu sein?
5. Beurteilen Sie, welchen Beitrag die Theorie der sozialen Identität zum Verständnis des Intergruppenverhaltens von Gruppen mit hohem und niedrigem Status geleistet hat.
6. Welche Ansätze scheinen zum Abbau von Intergruppenkonflikten am viel versprechendsten zu sein?

Empfohlene Literatur

Brewer, M. B. & Brown, R. J. (1998). Intergroup relations. In D. T. Gilbert, S. T. Fiske & G. G. Lindzey (Eds.), *The handbook of social psychology* (Vol. 2, pp. 554–594, 4. Aufl.). New York: McGraw Hill. Ein prägnanter Überblick über das Gebiet.

Brewer, M. B. & Miller, N. (1996). *Intergroup relations.* Buckingham: Open University Press. Eine detaillierte Beschreibung des Gebiets durch zwei der führenden Forscher.

Brown, R. J. (1995). *Prejudice: Its social psychology.* Oxford: Basil Blackwell. Ein fundierter Überblick über die sozialpsychologische Theorie und Forschung zum Vorurteil.

Hewstone, M. & Brown, R. J. (Eds.). (1986). *Contact and conflict in intergroup encounters.* Oxford: Basil Blackwell. Eine Sammlung von Beiträgen, die sich in mehreren internationalen Kontexten genauer mit der Kontakthypothese beschäftigen und einen neuen „Intergruppenansatz" entwickeln.

Mackie, D. M. & Hamilton, D. L. (Eds). (1993). *Affect, cognition, and stereotyping: Interaction processes in group perception.* San Diego: Academic Press. Eine Sammlung von Beiträgen, die das Zusammenspiel affektiver und kognitiver Prozesse in Intergruppenwahrnehmungen untersuchen und sich dabei hauptsächlich auf die nordamerikanische Forschung konzentrieren.

Macrae, N., Stangor, C. & Hewstone, M. (1996). *Stereotypes and stereotyping.* London: Guilford Press. Neuere theoretische und empirische Arbeiten zur Stereotypisierung.

Sherif, M. (1966). *Group conflict and cooperation: Their social psychology.* London: Routledge & Kegan Paul. Eine präzise Beschreibung von Sherifs Theorie und eine Zusammenfassung seiner Studien im Sommerlager.

Tajfel, H. (1981). *Human groups and social categories: Studies in social psychology.* Cambridge: Cambridge University Press. Enthält alle wichtigen theoretischen und empirischen Schriften von Tajfel, angefangen mit seiner frühen Forschung zur Kategorisierung physikalischer Stimuli bis zu seiner neueren Forschung über soziale Identität.

Schlüsseluntersuchungen

Lemyre, L. & Smith, P. M. (1985). Intergroup discrimination and self-esteem in the minimal group paradigm. *Journal of Personality and Social Psychology, 49,* 660–670.

Wilder, D. A. (1984). Intergroup contact: The typical member and the exception to the rule. *Journal of Experimental Social Psychology, 20,* 177–194.

Teil V
Anwendungen

16 Gesundheitspsychologie – Eine sozialpsychologische Perspektive

Wolfgang Stroebe und Klaus Jonas

Inhalt

Dieses Kapitel behandelt den Beitrag, den sozialpsychologische Theorien und Forschungen zur Untersuchung der beiden hauptsächlichen psychologischen Ursachen von Gesundheit und Krankheit leisten, nämlich von gesundheitsbezogenem Verhalten und psychosozialem Stress. Wir wollen in diesem Kapitel zeigen, wie sozialpsychologisches Wissen dazu eingesetzt werden kann, gesundheitsschädliches Verhalten zu ändern und den Einfluss psychosozialen Stresses zu verringern. Die Hauptfragen, mit denen wir uns beschäftigen, lauten, warum Menschen diese Verhaltensweisen beibehalten, auch wenn sie wissen, dass diese schädlich für ihre Gesundheit sind, und ob es irgendeine Möglichkeit gibt, dieses Verhalten zu beeinflussen. Im Hinblick auf die gesundheitlichen Folgen psychosozialen Stresses ist ein Hauptthema, das wir erörtern werden, wie kritische Lebensereignisse die seelische und körperliche Gesundheit eines Individuums beeinträchtigen können. Das zweite Hauptthema besteht darin, ob bestimmte Bewältigungsstrategien wirkungsvoller sind als andere, um den Einfluss belastender Lebensereignisse zu verringern, und ob die Verfügbarkeit bestimmter Ressourcen (z. B. soziale Unterstützung) das Individuum vor dem negativen Einfluss belastender Lebensereignisse schützen kann.

16.1 Einleitung

Die Tatsache, dass Zigarettenkonsum, übermäßiger Genuss von Alkohol, Verzehr von Nahrung mit einem Übermaß an tierischen Fetten sowie eine sitzende Lebensweise zu einer schwerwiegenden Beeinträchtigung der Gesundheit führen können, ist heute allgemein anerkannt; deshalb vergisst man leicht, dass diese Gesundheitsrisiken vor der zweiten Hälfte des 20. Jahrhunderts praktisch unbekannt waren (Dawber, 1980). Aus dem gleichen Grund ist es schwer zu glauben, dass der Begriff Stress erst Ende der Vierzigerjahre bekannt wurde, nämlich durch die Arbeit von Selye (1956) über Muster von Körperreaktionen, die auftreten, wenn ein Organismus einem Stressor ausgesetzt ist.

Dieses Kapitel wird sich auf den Beitrag der Sozialpsychologie zur Untersuchung des Gesundheitsverhaltens und des psychosozialen Stresses konzentrieren. Diese beiden Forschungsthemen stellen eine Herausforderung an unser Fachgebiet dar. Als Experten für Strategien der Einstellungs- und Verhaltensänderung können Sozialpsychologen wichtige Beiträge zur Untersuchung des Gesundheitsverhaltens und seiner Veränderung leisten. Das Gleiche trifft auf das Gebiet der Stressforschung zu. Viele der belastendsten Lebensereignisse (z. B. Scheidung, Trauerfall) gehen mit dem Auseinanderbrechen sozialer Beziehungen einher. Zudem hängt der gesundheitliche Einfluss belastender Lebensereignisse auch von der Fähigkeit der Person ab, mit einer Krise fertig zu werden, und von dem Ausmaß, in dem sie von Verwandten und Freunden soziale Unterstützung bekommt. Schließlich wirkt sich der Einfluss von Stress auf die Gesundheit zum Teil über die negativen Veränderungen im Gesundheitsverhalten aus, wie etwa bei einer Zunahme des Zigaretten- oder Alkoholkonsums.

16.2 Verhalten und Gesundheit

16.2.1 Der Einfluss des Verhaltens auf die Gesundheit

Prospektive Studie („prospective study"): Längsschnittuntersuchung, bei der zunächst die mutmaßlichen kausalen Faktoren (z. B. belastende Lebensereignisse), aus denen ein bestimmtes Ergebnis (z. B. Depression oder Herzerkrankung) für die Zukunft vorhergesagt wird, und dann zu irgendeinem künftigen Zeitpunkt die Ergebnisvariablen erfasst werden.

Die Tatsache, dass unsere Gesundheit durch unsere Lebensweise beeinflusst wird, kann durch keinen anderen Datensatz besser veranschaulicht werden als durch die Befunde einer **prospektiven Studie** über den Zusammenhang zwischen bestimmten gesundheitsbezogenen Verhaltensweisen und Langlebigkeit, die in den Vereinigten Staaten durchgeführt wurde (z. B. Breslow & Enstrom, 1980). Prospektive Studien sind Längsschnittstudien, bei denen eine Gruppe von Menschen (eine Kohorte) über einen bestimmten Zeitraum hinweg beobachtet wird. Die vermuteten kausalen Faktoren (z. B. Gesundheitsverhalten) werden zu Beginn der Studie gemessen und die Ergebnisvariablen (z. B. Gesundheit) werden am Ende erfasst. Bei dieser Untersuchung wurden die Beteiligten 1965 gefragt, ob sie sich an die folgenden sieben gesundheitsbezogenen Gewohnheiten hielten: sieben bis acht Stunden täglich zu schlafen, fast jeden Tag ein Frühstück zu sich zu nehmen, nie zwischen den Mahlzeiten zu essen, gegenwärtig ein genau oder ungefähr der Größe entsprechendes Gewicht zu haben, nie Zigaretten zu rauchen, nur mäßig Alkohol zu sich zu nehmen und sich regelmäßig körperlich zu betätigen. 1965 wurde herausgefunden, dass positive gesundheitsbezogene Gewohnheiten positiv mit guter Gesundheit korrelieren. Wichtiger war jedoch Folgendes: Als diese Stichprobe neuneinhalb Jahre später noch einmal untersucht wurde, entdeckte man, dass diejenigen, die sich 1965 an diese gesundheitsbezogenen Gewohnheiten gehalten und dies meist über die Jahre hinweg weiter praktiziert hatten, durchschnittlich eine höhere Lebensdauer aufwiesen. Die Männer, die sich an alle sieben gesundheitsbezogenen Gewohnheiten gehalten hatten, hatten eine Sterbequote, die nur 28% der Quote der Männer betrug, die drei oder weniger dieser Gewohnheiten befolgten. Die Quote der Frauen, die alle Gewohnheiten befolgten, betrug 43% im Vergleich zu denjenigen, die sich an drei oder weniger hielten. Seit damals konnten weitere Untersuchungen den Zusammenhang zwischen den meisten dieser gesundheitsbezogenen Verhaltensweisen und der Lebenserwartung bestätigen (zu einem Überblick vgl. Stroebe, 2000).

16.2.2 Bestimmungsfaktoren des Gesundheitsverhaltens

Worin bestehen nach dem Health-Belief-Modell und nach der Theorie der Schutzmotivation die hauptsächlichen Bestimmungsfaktoren des Gesundheitsverhaltens? Was sind die Schwächen des Health-Belief-Modells und der Theorie der Schutzmotivation?

Warum behalten Menschen Verhaltensweisen bei, die ihre Gesundheit beeinträchtigen, auch wenn sie wissen, dass sie damit ihrer Gesundheit schaden? Gibt es irgendeine Möglichkeit, solche Verhaltensweisen zu modifizieren? Dieser Abschnitt wird theoretische Modelle darstellen, die einen Rahmen für die Analyse kognitiver Bestimmungsfaktoren des Gesundheitsverhaltens liefern. Um Menschen beeinflussen zu können, müssen wir wissen, warum sie sich so verhalten, wie sie es tun. Im darauf folgenden Abschnitt werden wir Strategien zur Änderung des Gesundheitsverhaltens erörtern.

16.2.2.1 Das Health-Belief-Modell

Das **Health-Belief-Modell** ist von Sozialpsychologen entwickelt worden, die in den USA im öffentlichen Gesundheitsdienst arbeiteten. Es sollte erklären, warum Menschen es unterlassen, sich an präventive Verhaltensweisen zu halten, wie etwa sich impfen oder Vorsorgeuntersuchungen machen zu lassen (Becker & Maiman, 1975; zu einem neueren Überblick s. Sheeran & Abraham, 1996). Das Health-Belief-Modell konzentriert sich auf gesundheitsbezogene Kognitionen (Health Beliefs), weil man von ih-

Health-Belief-Modell („health belief model"): Das Modell, das davon ausgeht, dass das Gesundheitsverhalten der Menschen durch die wahrgenommene Bedrohung durch eine Krankheit oder eine Verletzung sowie durch die Vor- und Nachteile einer dagegen gerichteten Handlung bestimmt wird.

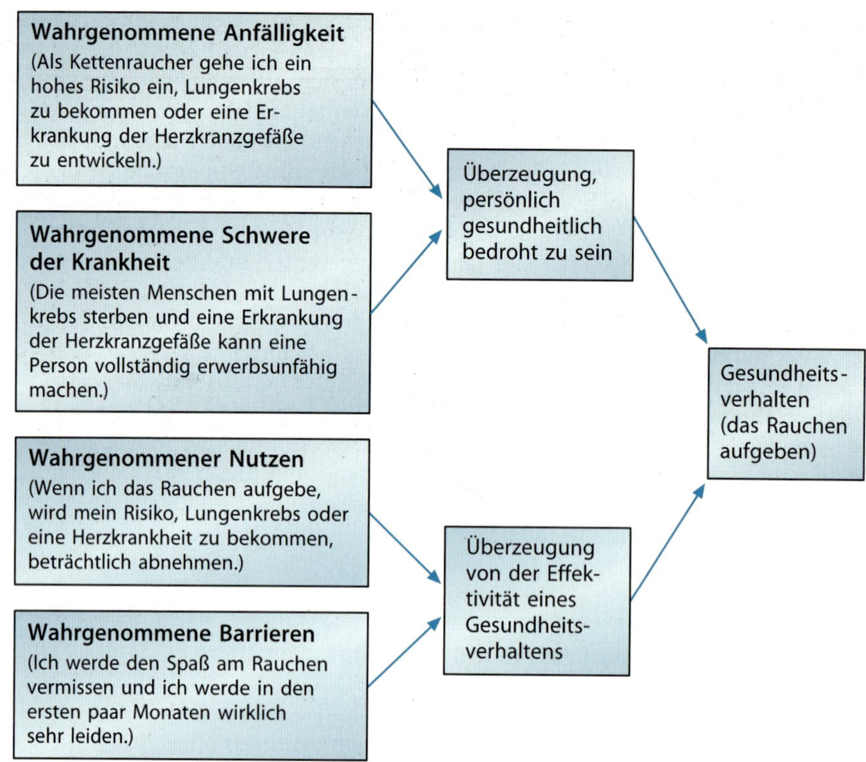

Abb. 16.1. Das Health-Belief-Modell angewandt auf das Aufhören mit dem Rauchen

nen annimmt, dass sie die hauptsächlichen kausalen Bestimmungsfaktoren für präventives Gesundheitsverhalten darstellen. Gleichzeitig vermutet man, dass Überzeugungen zu gesundheitsbezogenen Kognitionen das geeignete Ziel für persuasive Kommunikationen sind, weil sie durch relevante Informationen (z.B. Aufrufe in den Massenmedien) beeinflusst werden können, während andere Prädiktoren für Gesundheitsverhalten, wie etwa demographische Variablen, sich offensichtlich nicht verändern lassen.

Nach dem Health-Belief-Modell (Abb. 16.1) wird die Entscheidung eines Individuums für ein bestimmtes Gesundheitsverhalten durch die folgenden vier Gesundheitsüberzeugungen bestimmt:

1. *Wahrgenommene Anfälligkeit* (Verletzlichkeit): Die subjektive Wahrnehmung des Risikos, eine Krankheit zu bekommen, wenn keine Schutzmaßnahmen ergriffen werden.
2. *Wahrgenommene Schwere der Krankheit:* Die Beurteilung der körperlichen oder sozialen Konsequenzen, wenn man sich die Krankheit zuzieht, wie beispielsweise Schmerzen, Beeinträchtigung des Familienlebens etc.
3. *Wahrgenommener Nutzen:* Das Ausmaß, in dem eine bestimmte gesundheitsbezogene Empfehlung als etwas angesehen wird, was die

Abb. 16.2. Dieses Poster lässt subtil die Furcht zunehmen, enthält aber auch eine Empfehlung

wahrgenommene Anfälligkeit für eine Krankheit oder die Schwere des Gesundheitsrisikos verringert.

4. *Wahrgenommene Barrieren:* Negative Aspekte des empfohlenen Verhaltens wie beispielsweise Nebenwirkungen eines Medikaments, die Schmerzen, die man als Folge dessen erwartet, dass man sich einem medizinischen Verfahren unterzieht, die finanziellen Kosten, der Aufwand.

Im Modell wird ferner angenommen, dass der Entscheidungsbildungsprozess, an dem diese Gesundheitsüberzeugungen beteiligt sind, durch „Handlungssignale" ausgelöst wird. Derartige Hinweisreize können intern (z.B. die Wahrnehmung von Symptomen) oder extern sein (z.B. eine Kampagne in den Massenmedien).

Das Ausmaß, in dem Personen meinen, dass sie für eine gesundheitliche Bedrohung anfällig sind, und das Ausmaß, in dem sie diese Bedrohung als schwerwiegend wahrnehmen, bestimmt die Stärke ihrer *Überzeugung, persönlich gesundheitlich bedroht zu sein.* Personen, die sich bedroht fühlen, werden nach Wegen suchen, wie sie die Bedrohung verringern können. Ihre Bereitschaft, eine Handlungsempfehlung umzusetzen, wird durch die Kosten-Nutzen-Analyse bestimmt sein, bei der sie den wahrgenommenen Nutzen einer empfohlenen Handlung gegen die Kosten oder die wahrgenommenen Barrieren abwägen. Das Ergebnis dieser Analyse wird bestimmend sein für ihre *Überzeugung von der Effektivität eines Gesundheitsverhaltens*, wie es ihnen empfohlen wurde. So könnte z.B. eine Frau mittleren Alters, die seit vielen Jahren Kettenraucherin ist, Angst bekommen, dass sie das Risiko eingeht, Lungenkrebs und eine Erkrankung der Herzkranzgefäße zu entwickeln (*wahrgenommene Anfälligkeit*). Sie weiß, dass beide Krankheiten extrem schwerwiegend sind (*wahrgenommene Schwere der Krankheit*). Sie beginnt deshalb, sich zu überlegen, ob sie das Rauchen aufgeben sollte. Sie weiß, dass ihr Risiko, eine Herzerkrankung oder Lungenkrebs zu bekommen, bei erfolgreicher Abstinenz vom Rauchen langsam abnehmen würde (*wahrgenommener Nutzen*). Sie zögert jedoch, weil sie das Rauchen genießt und sie Angst vor den Entzugssymptomen hat, mit denen sie wahrscheinlich rechnen müsste (*wahrgenommene Barrieren*). Sie könnte sich weiterhin über diese Entscheidung den Kopf zerbrechen; doch dann erfährt sie, dass ein Freund von ihr, der auch Raucher war, plötzlich gestorben ist. Dieses Handlungssignal könnte den Stein ins Rollen bringen und eine Entscheidung auslösen.

Obwohl sich das Health-Belief-Modell plausibel anhört, hat es eine Reihe von Schwächen. Erstens sind in ihm keine Regeln bezüglich der Kombination seiner Prädiktoren enthalten. In den meisten Untersuchungen wird deshalb eine additive Linearkombination der vier Gesundheitsüberzeugungen angenommen. Bei einer Bedrohung der Gesundheit würde eine additive Kombination bedeuten, dass die wahrgenommene Bedrohung durch eine Krankheit eine Funktion der Summe von „wahrgenommener Anfälligkeit" und „wahrgenommener Schwere" ist. Von daher sollten Personen eine mittelstarke gesundheitliche Bedrohung wahrnehmen, wenn eine der beiden Variablen als stark ausgeprägt wahrgenommen wird, selbst wenn die andere nahe null ist. Doch warum sollte man sich durch eine Krankheit persönlich bedroht fühlen, wie schlimm auch immer sie sein mag, wenn man davon überzeugt ist, dass man nicht das geringste Risiko hat, sie zu bekommen?

Zweitens konzentriert sich das Modell nur auf Überzeugungen, die mit *Gesundheits*fragen zusammenhängen. Dieser Blickwinkel ist zu eng. Viele gesundheitsbezogene Verhaltensweisen sind aus Gründen beliebt, die nichts mit Gesundheit zu tun haben. So können z.B. Menschen, die sich regelmäßig sportlich betätigen, dies tun, um Kontakt zu anderen Menschen zu haben oder weil es allgemein „anregend" ist. Entsprechend kann eine Person eine Schlankheitskur machen, weniger weil sie gesund sein, sondern eher weil sie gut aussehen will. Schließlich kann ihre Entscheidung, sich sportlich zu betätigen oder eine Schlankheitskur zu machen, das Ergebnis von sozialem Druck durch Partner oder Freunde sein (d.h. Ergebnis subjektiver Normen).

Das Health-Belief-Modell bezieht auch nicht die beiden kognitiven Variablen ein, von denen man während der letzten beiden Jahrzehnte erkannt hat, dass sie die hauptsächlichen Bestimmungsfaktoren für Verhalten sind. Ein wichtiges Konzept, das nicht im Modell enthalten ist, ist das der **Selbstwirksamkeit** (Bandura, 1997). Es bezieht sich auf die vom Individuum wahrgenommene Fähigkeit, das betreffende Verhalten auszuführen. Es hängt also mit dem Konzept der wahrgenommenen Verhaltenskontrolle zusammen, wie es im Modell des geplanten Verhaltens zu finden ist (Ajzen, 1988; Kap. 8). Viele empirische Untersuchungen konnten zeigen, dass Selbstwirksamkeit einer der besten Prädiktoren für Gesundheitsverhalten ist (zu einem Überblick vgl. Schwarzer, 1992). Wie Rosenstock, Strecher und Becker (1988) argumentierten, geht diese Auslassung auf die ursprüngliche Konzentration des Modells auf einfache Verhaltensweisen zurück, für die kein hohes Maß persönlicher Fähigkeiten oder von Selbstwirksamkeit erforderlich ist, wie etwa sich impfen zu lassen oder sich einer körperlichen Vorsorgeuntersuchung zu unterziehen.

Selbstwirksamkeit („self-efficacy"):
Bezieht sich auf die Überzeugungen zur eigenen Fähigkeit, bestimmte Handlungen auszuführen, die notwendig sind, um ein spezielles Ziel zu erreichen. Beispielsweise die Überzeugung, dass man in der Lage ist, das Rauchen aufzugeben oder eine Schlankheitskur zu machen.

Eine zweite wichtige Auslassung bezieht sich auf die *Verhaltensabsicht*. Die diversen Gesundheitsüberzeugungen der Raucherin, die oben beschrieben wurde, werden wahrscheinlich einen Einfluss auf ihre Absicht haben, mit dem Rauchen aufzuhören, und diese Absicht wird *ihrerseits* ihr Verhalten beeinflussen. Die Bedeutung der Einbeziehung von Verhaltensabsichten als theoretische Komponente, die zwischen Gesundheitsüberzeugungen und Gesundheitsverhalten *vermittelt*, wurde in mehreren Untersuchungen nachgewiesen (z. B. Wurtele, 1988; Wurtele, Roberts & Leeper, 1982).

Während die Nichtberücksichtigung der Verhaltensabsicht eine Unterlassung auf der theoretischen Ebene darstellt, gibt es auch Auslassungen auf der methodologischen Ebene. Anwendungen des Health-Belief-Modells setzen typischerweise die vier gesundheitsbezogenen Überzeugungen direkt mit dem Verhalten in Beziehung, ohne die Überzeugung bezüglich der Bedrohung der eigenen Gesundheit oder der Effektivität eines empfohlenen Gesundheitsverhaltens zu erfassen, obwohl davon ausgegangen wird, dass diese Überzeugungen die direktesten Bestimmungsfaktoren des Verhaltens sind.

Um diese Kritik am Health-Belief-Modell ins rechte Licht zu rücken, muss man daran erinnern, dass dieses Modell allen anderen kognitiven Modellen des Verhaltens, wie sie in diesem Kapitel erörtert werden, vorausging. Zum Zeitpunkt, als es entwickelt wurde (das war 1950), handelte es sich um eine wichtige Innovation. In diesem Modell sind kognitive Bestimmungsfaktoren des Gesundheitsverhaltens spezifiziert, die sowohl Angehörigen der Gesundheitsberufe als auch Laien plausibel erschienen. Diese Variablen wiesen auch signifikante Korrelationen mit einer Vielfalt gesundheitsbezogener Verhaltensweisen auf (zu einem Überblick vgl. Harrison, Mullen & Green, 1992; Janz & Becker, 1984). Weil es dazu beitrug, die kognitiven Bestimmungsfaktoren von Gesundheitsverhalten zu identifizieren, bildete es eine Grundlage für die Planung wirkungsvoller Kampagnen in den Massenmedien. Schon bald wurde jedoch als schwerwiegender Mangel erkannt, dass das Health-Belief-Modell nicht in der Lage war anzugeben, wie seine kognitiven Variablen miteinander kombiniert sind.

Theorie der Schutzmotivation („protection motivation theory"):
Ursprünglich ein Versuch, die algebraische Beziehung zwischen den Komponenten des Health-Belief-Modells zu spezifizieren. In seiner neuesten Version wird im Modell angenommen, dass die Motivation, sich vor Gefahr zu schützen, eine Funktion von vier Meinungen ist: Die Bedrohung ist schwerwiegend; man ist persönlich verletzlich; man besitzt die Fähigkeit, die Bewältigungsreaktion auszuführen; und die Bewältigungsreaktion ist effektiv für die Verringerung der Bedrohung. Von zwei weiteren Meinungen wird angenommen, dass sie die Schutzmotivation reduzieren: die Meinung, dass die Belohnungen für das fehlangepasste Verhalten hoch sind, und die Meinung, dass die Kosten für die Ausführung des Bewältigungsverhaltens hoch sind.

16.2.2.2 Theorie der Schutzmotivation

Die ursprüngliche Version der **Theorie der Schutzmotivation** stellte einen Versuch dar, die algebraische Beziehung zwischen den Kernkomponenten des Health-Belief-Modells näher zu spezifizieren, und wurde hauptsächlich dazu verwendet, den Einfluss Furcht erregender Kommunikationen zu begreifen (Rogers, 1975; Rogers & Mewborn, 1976; für einen Überblick vgl. Boer & Seydel, 1996). **Furcht erregende Kommunikationen** bestehen aus zwei Bestandteilen: nämlich aus einem Furchtappell und einer Handlungsempfehlung. Der Furchtappell enthält Informationen über eine bestimmte gesundheitliche Bedrohung (z. B. Aids) und über die Verletzlichkeit bestimmter Zielpopulationen (z. B. Männer, die gleichgeschlechtlichen

Furcht erregende Kommunikation („fear-arousing communication"):
Persuasive Kommunikationen, die versuchen, den Empfänger zur Änderung eines Verhaltens zu motivieren, das schädlich für seine Gesundheit ist, indem Furcht vor potenziellen Gefährdungen der Gesundheit hervorgerufen und eine Empfehlung für eine Handlung gegeben wird, die die Bedrohung verringern oder beseitigen würde.

Sex haben; Drogenabhängige, die eine Spritze verwenden). Die Handlungsempfehlung bezieht sich auf eine Schutzhandlung, die das Risiko verringert oder beseitigt (z.B. die Empfehlung, Kondome zu verwenden, sich nicht die Nadel zu teilen oder gemeinsam verwendete Nadeln vor der erneuten Nutzung zu reinigen, um die Übertragung infizierten Blutes zu verhindern). Furcht erregende Kommunikationen sind entscheidende Komponenten der meisten Kampagnen zur **Gesundheitserziehung**.

Gesundheitserziehung („health education"): Die Bereitstellung von Wissen und/oder eines Trainings von Fertigkeiten, die die willentliche Übernahme eines der Gesundheit förderlichen Verhaltens erleichtern.

Die Schutzmotivation, d.h. die Absicht, ein Verhalten auszuführen, mit dem die Gesundheit geschützt wird, hängt, so wurde angenommen, von drei Faktoren ab:

(1) der subjektiven Wahrscheinlichkeit, dass ein schädliches Ereignis auftritt (*Verletzlichkeit*),
(2) der Beurteilung des Ereignisses (*wahrgenommene Schwere der Krankheit*) und
(3) der wahrgenommenen Effektivität einer bestimmten Handlung zum Schutz gegen Gefahr (*Reaktionswirksamkeit*).

In diesem Modell wird angenommen, dass die Stärke der Schutzmotivation Ergebnis einer multiplikativen Verknüpfung der drei Faktoren ist. Diese Annahme entsprang der plausiblen Überlegung, dass keine Schutzmotivation aufkommen sollte, wenn irgendeiner der drei Faktoren gleich null wäre. Warum sollte jemand eine Schutzmaßnahme gegen eine gesundheitliche Bedrohung ergreifen, wenn er sich nicht verletzlich fühlte oder wenn die Bedrohung nicht schwerwiegend bzw. die Schutzmaßnahme völlig unwirksam wäre? Obwohl jedoch die angenommene multiplikative Verknüpfung in mehreren Studien untersucht wurde (z.B. Kleinot & Rogers, 1982; Maddux & Rogers, 1983; Rogers & Mewborn, 1976), erhielt man in fast keiner dieser Untersuchungen Befunde, die damit konsistent waren (zu Ausnahmen vgl. Rogers, 1985; Rogers & Mewborn, 1976).

Eine wichtige Umformulierung der Theorie der Schutzmotivation verwandelte sie in eine allgemeine Theorie des Verhaltens angesichts potenzieller Bedrohungen (Rogers, 1983). Eine Schutzmotivation entsteht, wenn Personen einer gesundheitlichen Bedrohung ausgesetzt sind. Ein sexuell aktiver Junggeselle könnte z.B. lesen, dass Personen, die ungeschützten Geschlechtsverkehr mit einer Vielzahl unterschiedlicher Partner haben, ein größeres Risiko eingehen, sich mit Aids anzustecken (Verletzlichkeit), dass es für Aids noch keine Heilung gibt (Schwere der Krankheit) und dass die Verwendung von Kondomen deshalb dringend empfohlen wird. Nach der revidierten Fassung der Theorie (Abb. 16.3) werden durch eine Konfrontation mit einer gesundheitlichen Bedrohung zwei Bewertungsprozesse initiiert, die aus der Stresstheorie bekannt sind, nämlich die Bewertung der Bedrohung und die Bewertung der Bewältigung (Lazarus & Folkman, 1984). Im Verlauf der Bewertung der *Bedrohung* beurteilen Personen die Schwere der Bedrohung und ihre eigene Verletzlichkeit durch die Bedrohung (d.h. das Gesundheitsrisiko) und wägen sie gegen die Belohnungen ab, die fehlangepasste Reaktionen zu Folge hätten, wie etwa weiterhin ohne Kondome Geschlechtsverkehr zu haben. Im Verlauf der Bewertung der *Bewältigung* werden die Kosten dafür, das empfohlene Anpassungsverhalten auszuführen, gegen die wahrgenommene Wirksamkeit

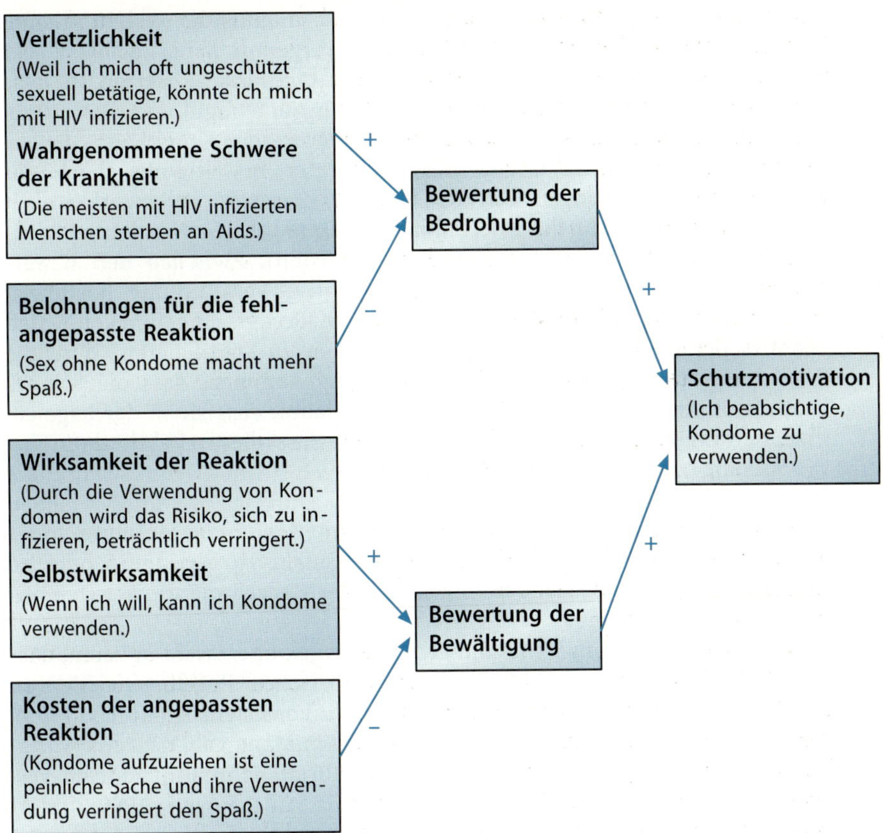

Abb. 16.3. Die Theorie der Schutzmotivation angewandt auf den Abbau riskanten Sexualverhaltens

der empfohlenen Handlung (d.h. Reaktionswirksamkeit) und gegen die wahrgenommene Fähigkeit abgewogen, das empfohlene Verhalten auszuführen (d.h. Selbstwirksamkeit). Die relativen Ergebnisse dieser Bewertungsprozesse bestimmen die Stärke der Schutzmotivation, also das Ausmaß, in dem die Person die Absicht entwickelt, eine bestimmte Schutzmaßnahme auszuführen. Obwohl diese Theorie somit viele derselben Prädiktorvariablen mit einbezieht wie die Theorie des geplanten Verhaltens, leiten sich die beiden Modelle aus recht unterschiedlichen Theorien ab, nämlich das eine aus der Stresstheorie (z.B. Lazarus & Folkman, 1984) und das andere aus der Einstellungstheorie (z.B. Fishbein & Ajzen, 1975). Obwohl man von der Bewertung der Bedrohung und der Bewertung der Bewältigung annimmt, dass sie die unmittelbarsten Bestimmungsfaktoren der Schutzmotivation sind, werden sie gewöhnlich bei Überprüfungen des Modells nicht direkt gemessen.

In seiner überarbeiteten Version ließ Rogers (1983) die Annahme einer multiplikativen Verknüpfung von Verletzlichkeit, Schwere und Reaktionswirksamkeit fallen. Stattdessen schlug er vor, dass die Faktoren *innerhalb* eines gegebenen Bewertungsprozesses additiv miteinander verknüpft sind. So nimmt er z.B. von Verletzlichkeit, wahrgenommener Schwere der Krankheit und den Belohnungen für die fehlangepasste Reaktion an, dass sie sich algebraisch summieren und dadurch zur endgültigen Bewertung der Bedrohung führen (Verletzlichkeit + Schwere der Krankheit - Belohnungen). Entsprechend ist die Bewertung der Bewältigung gleich der Summe der Bewertungen von Reaktionswirksamkeit, Selbstwirksamkeit und allen „Kosten" für die Übernahme der empfohlenen Handlung (Reaktionswirksamkeit + Selbstwirksamkeit - Kosten). *Zwischen* den Bewertungsprozessen wird jedoch eine multiplikative Verknüpfung postuliert. Diese zuletzt genannte Annahme wurde von Rogers eingeführt, um den Einfluss der beiden Wirksamkeitsbewertungen zu spezifizieren. Wird die Bedrohung als stärker bewertet, so wird angenommen, dass die Schutzmotivation nur zunimmt, wenn die Person glaubt, dass sie in der Lage ist, eine Bewältigungsreaktion auszuführen und dass diese effektiv dafür ist, die Gefahr zu verringern oder zu beseitigen (d.h., wenn sowohl die Selbstwirksamkeit als auch die Reaktionswirksamkeit hoch sind). Glauben Personen, dass sie unfähig sind, die Schutzmaßnahme auszuführen, oder wäre die Handlung nicht effektiv, um die Gefahr zu verringern oder zu beseitigen, sollte sich durch die Zunahme der Bedrohung die Schutzmotivation nicht verstärken.

Angesichts der Komplexität dieser Vorhersagen überrascht es kaum, dass die Befundlage bezogen auf die kombinatorischen Regeln, wie sie von Rogers (1983) vorgeschlagen worden waren, inkonsistent ist (Jonas, 1993). Obwohl es eine gewisse Bestätigung für die Annahme gab, dass nur Variablen, die zu unterschiedlichen Klassen gehören, in multiplikativer Verknüpfung stehen (z.B. Kleinot & Rogers, 1982; Self & Rogers, 1990), unterstützen Befunde aus anderen Studien diese Hypothese nicht (z.B. Maddux & Rogers, 1983; Mulilis & Lippa, 1990; Rippetoe & Rogers, 1987). Darum kann bis heute der Zusammenhang zwischen den unterschiedlichen Variablen aus der Theorie der Schutzmotivation nicht als geklärt gelten.

Wie beim Health-Belief-Modell ist die Theorie der Schutzmotivation im Kontext einer breiten Vielfalt unterschiedlicher gesundheitsbezogener Verhaltensweisen erforscht worden, beispielsweise bei sportlicher Betätigung (Fruin, Pratt & Owen, 1991; Wurtele & Maddux, 1987), Selbstuntersuchung der Brust (Rippetoe & Rogers, 1987), Gesundheitsverhalten im Zusammenhang mit Aids (van der Velde & van der Pligt, 1991) und beim Rauchen (Maddux & Rogers, 1983). Im Gegensatz zum Health-Belief-Modell (und auch zur Theorie des geplanten Verhaltens) wurden in vielen dieser Studien die Variablen der Theorie der Schutzmotivation experimentell manipuliert. Die Befunde dieser Untersuchungen unterstützten die Hauptannahmen der Theorie der Schutzmotivation. Die Verhaltensabsichten, so fand man heraus, wiesen oft einen positiven Zusammenhang mit den Dimensionen des Modells auf, wie etwa der Selbstwirksamkeit, Reaktionswirksamkeit, Verletzlichkeit und Schwere der Krankheit. In der Regel stellte sich Selbstwirksamkeit als der beste Prädiktor von Verhaltensabsichten heraus, während es sich manchmal als schwierig erwies, einen Effekt für Schwere der Krankheit zu finden. Dieses Bild wurde durch eine kürzlich durchgeführte Metaanalyse von 27 Studien zur Theorie der

Schutzmotivation bestätigt; hier waren 29 unabhängige Stichproben mit einer Gesamtanzahl von 7694 Teilnehmern einbezogen (Milne, Sheeran & Orbell, 2000). Bei der Erfassung des Zusammenhangs zwischen den Komponenten der Theorie der Schutzmotivation und dem Verhalten (gleichzeitig oder prospektiv gemessen) stellte sich Absicht als der stärkste Prädiktor für Verhalten heraus, gefolgt von Selbstwirksamkeit und den anderen Variablen der Bewertung der Bewältigung. Bei den Variablen zur Bewertung der Bedrohung hing Verletzlichkeit stärker mit Verhalten zusammen als Schwere der Krankheit. Dieser Mangel an Konsistenz der Befunde im Hinblick auf Schwere der Krankheit muss jedoch nicht notwendigerweise heißen, dass die Schwere der Krankheit unwichtig ist; dies mag eher auf die Tatsache zurückgehen, dass es bei den Versuchspersonen nur eine geringe Variabilität in den Ratings der Schwere gab (Salovey, Rothman & Rodin, 1998).

Was kommt heraus, wenn wir das Health-Belief-Modell und die Theorie der Schutzmotivation mit dem Modell des geplanten Verhaltens vergleichen, das ein allgemeineres Modell des Verhaltens darstellt (Ajzen, 1988; Kap. 8)? Ein Vergleich dieser drei Modelle als Prädiktoren für die Absicht, Kondome zu benutzen, ergab, dass die Theorie des geplanten Verhaltens einen größeren Anteil der Varianz bei den Absichten, Kondome zu benutzen, erklärte als die beiden anderen Modelle; die Vorhersagekraft der Theorie der Schutzmotivation war jedoch nur etwas geringer als die der Theorie des geplanten Verhaltens (Bakker, Buunk & Siero, 1993). Dies überrascht nicht, wenn man bedenkt, dass beide Modelle teilweise die gleichen Prädiktoren enthalten.

16.2.2.3 Phasenmodelle

Eine Begrenzung der Theorien des gesundheitsbezogenen Verhaltens – und auch der allgemeineren Theorien wie etwa der Theorie des geplanten Verhaltens – besteht darin, dass sie sich auf die Bestimmungsfaktoren der *Motivation* einer Person bei der Ausführung eines bestimmten Verhaltens konzentrieren und annehmen, Menschen handelten im Einklang mit ihren Absichten. Die Tatsache, dass die Verhaltensabsichten die besten Prädiktoren für Verhalten sind, hat die Gültigkeit dieser Annahme gestützt. Die Forschung zum Gesundheitsverhalten liefert jedoch viele Beispiele für Inkonsistenzen zwischen Absicht und Verhalten, wie etwa bei Rauchern, die aufhören wollen, dies aber niemals tun, oder nach wenigen Tagen rückfällig werden, und bei Personen, die abnehmen wollen, sich aber nicht an die Diät halten. Manchmal kommt es zu diesen Inkonsistenzen, weil Personen ihre Absichten ändern. Oft wollen die Menschen jedoch bei ihren Absichten bleiben, besitzen aber nicht die erforderlichen Fähigkeiten, das beabsichtigte Verhalten auszuführen. Die Verwendung von Kondomen z. B. erfordert eine Reihe von Fähigkeiten, von der technischen Fertigkeit, das Kondom auf die richtige Weise überzuziehen, bis zur sozialen Fähigkeit, dieses Thema mit einem Partner zu erörtern. Entsprechend sind Fähigkeiten erforderlich, um weiterhin nicht zu rauchen oder sein Ess- bzw.

Trinkverhalten zu kontrollieren. Falls sich die Menschen bewusst sind, dass sie die Fähigkeiten nicht haben, kann sie eine niedrige Selbstwirksamkeit davon abhalten, auch nur eine Absicht in dieser Richtung zu entwickeln. Oft entdecken Menschen diese Begrenztheiten jedoch erst, wenn sie sich auf eine Handlung vorbereiten. Eine weitere Einschränkung der Modelle des gesundheitsbezogenen Verhaltens, aber auch der allgemeineren Verhaltensmodelle besteht darin, dass sie relativ statisch sind. Um Verhalten vorherzusagen, kombinieren diese Theorien die postulierten Bestimmungsfaktoren von Verhalten nach einem bestimmten Algorithmus und nehmen an, dass der numerische Wert der Gleichung das Individuum auf einem einzigen Kontinuum einordnet; dieses gibt die Wahrscheinlichkeit für eine Handlung an. Von jeder Intervention, die den Wert der Vorhersagegleichung erhöht, nimmt man an, dass sich durch sie die Aussichten für eine Verhaltensänderung verbessern (Weinstein & Sandman, 1992).

Phasenmodelle der Veränderung des Gesundheitsverhaltens („stage models of health behaviour change"): Theorien (z. B. transtheoretisches Modell, Modell des Prozesses der Übernahme von Vorsichtsmaßnahmen), die annehmen, es gehöre zur Änderung eines Gesundheitsverhaltens, dass man eine voneinander unterscheidbare Anzahl von Phasen durchläuft, die von der Unkenntnis einer gesundheitlichen Bedrohung bis zu einer abgeschlossenen präventiven Handlung reichen können.

Modell des Prozesses der Übernahme von Vorsichtsmaßnahmen („precaution adoption process model"): Ein Phasenmodell der Veränderung des Gesundheitsverhaltens, in dem die Phasen beschrieben werden, die Personen der Annahme nach durchlaufen, wenn sie eine bestimmte Maßnahme zum Schutz ihrer Gesundheit ergreifen.
Das Modell wurde ursprünglich als dynamische Version des Health-Belief-Modells entwickelt.

Im Unterschied dazu nehmen die **Phasenmodelle der Veränderung des Gesundheitsverhaltens** an, dass Personen eine Abfolge von Phasen angefangen mit dem Fällen der Entscheidung bis zur Handlung durchlaufen und dass an den Übergangspunkten zwischen den unterschiedlichen Phasen unterschiedliche Prädiktoren Bedeutung erlangen. Der Annahme nach stellen die unterschiedlichen Phasen qualitativ unterschiedliche Muster des Verhaltens, von Überzeugungen und der Erfahrung dar. Die Faktoren, die einen Übergang von einer Phase zur nächsten herbeiführen, variieren in Abhängigkeit davon, mit welcher speziellen Phase des Übergangs man sich beschäftigt. Hier sollen zwei Phasenmodelle dargestellt werden, nämlich das Modell des Prozesses der Übernahme von Vorsichtsmaßnahmen (z. B. Weinstein & Sandman, 1992) und das transtheoretische Modell der Verhaltensänderung (z. B. Prochaska, DiClemente & Norcross, 1992).

Der Ausgangspunkt für Weinsteins **Modell des Prozesses der Übernahme von Vorsichtsmaßnahmen** (Abb. 16.4) ist das Individuum, das sich einer bestimmten gesundheitlichen Bedrohung überhaupt nicht bewusst ist (Phase 1). Ein Individuum gelangt zur Phase 2, wenn es etwas von einer bestimmten Bedrohung erfahren hat, aber sich noch nicht wirklich Sorgen darüber macht. Weitere Informationen können das Individuum davon überzeugen, dass das Risiko schwerwiegend ist und dass es selbst persönlich verletzlich ist. Auf diese Weise gelangt es zur Phase 3 des Prozesses der Übernahme von Vorsichtsmaßnahmen, der Phase, auf der Entscheidungen erwogen werden. Dieser Vorgang kann zur Entscheidung darüber führen, ob man eine Maßnahme ergreifen soll oder nicht. Wenn sich Menschen entschieden haben, keine Handlung auszuführen, ist damit der Prozess der Übernahme von Vorsichtsmaßnahmen abgeschlossen, zumindest für diesen speziellen Zeitpunkt. Das Ergebnis stellt eine davon getrennte Phase dar (Phase 4). Haben sich Individuen dafür entschieden, eine Vorsichtsmaßnahme zu ergreifen (Phase 5), ist der nächste Schritt die Initiierung einer Handlung (Phase 6). Phase 7 stellt ein Stadium der dauerhaften „Aufrechterhaltung" des geänderten Verhaltens dar. Diese Phase ist nur bei einer Veränderung der Lebensweise erforderlich, wie etwa bei der Aufnahme sportlicher Betätigung oder beim Aufhören mit dem Rauchen, nicht jedoch bei solchen Vorsichtsmaßnahmen wie einer Röntgenaufnahme der Brust oder irgendeinem anderen medizinischen Verfahren.

Modell des Prozesses der Ubernahme von Vorsichtsmaßnahmen

Des Themas nicht bewusst
(*Phase 1*)

↓

Vom Thema nicht beunruhigt
(*Phase 2*)

↓

Entscheidung über eine Handlung
(*Phase 3*) → Entschieden, dass man nicht handelt (*Phase 4*)

↓

Entschieden zu handeln
(*Phase 5*)

↓

Handeln
(*Phase 6*)

↓

Aufrechterhaltung des Verhaltens
(*Phase 7*)

Abb. 16.4. Stufen des Modells der Übernahme von Vorsichtsmaßnahmen

Trotz einer gewissen Überlappung unterscheiden sich die Stadien der Veränderung, die im **transtheoretischen Modell** differenziert werden, in einer Reihe von Aspekten von jenen des Modells des Prozesses der Übernahme von Vorsichtsmaßnahmen. Der Ausgangspunkt des transtheoretischen Modells ist die Phase der *Präkontemplation*. Ein Individuum hat in dieser Phase nicht die Absicht, das betreffende fehlangepasste Verhalten wie etwa Zigarettenrauchen zu verändern, und empfindet dieses Verhalten nicht als problematisch. Befragte werden als präkontemplativ klassifiziert, wenn sie mit „Nein" auf die Frage antworten, ob sie beabsichtigen, das betreffende Verhalten innerhalb der nächsten sechs Monate zu verändern, oder nicht. Weil Individuen unterschiedliche Gründe haben können, wenn sie nicht beabsichtigen, es zu verändern (z. B. Unwissenheit über eine gesundheitliche Bedrohung vs. geringe Selbstwirksamkeit infolge wiederholter Fehlschläge beim Erreichen einer Veränderung), ist es wahrscheinlich, dass die Phase der Präkontemplation eine recht heterogene Gruppe von Individuen enthält. In der Phase der *Kontemplation* erkennen die Individuen, dass das fehlangepasste Verhalten mit Problemen verbunden ist. Sie geben an, dass sie beabsichtigen, ihr Verhalten irgendwann innerhalb der nächsten sechs Monate zu verändern (z. B. das Rauchen aufzugeben), sie legen sich jedoch noch nicht darauf fest, eine spezielle Handlung auszuführen. In der Phase der *Vorbereitung* bildet sich im Individuum die Absicht, etwas zu ändern. Diese Phase wird dadurch operationalisiert, dass die Absicht angegeben wird, das Verhalten innerhalb des nächsten Monats zu ändern, und dass zumindest ein erfolgloser Versuch innerhalb des letzten Jahres unternommen worden ist. Die *Handlungs*phase wird dadurch charakterisiert, dass man es zumindest an einem Tag oder für maximal

Transtheoretisches Modell („transtheoretical model"): Ein Phasenmodell der Verhaltensänderung, das entwickelt wurde, um zu verstehen, wie Menschen absichtlich ihr Verhalten ändern. Das Modell wird als transtheoretisch bezeichnet, weil es auf einem integrierten theoretischen Ansatz beruht, bei dem theoretische Konstrukte aus unterschiedlichen psychotherapeutischen Theorien zusammengeführt werden.

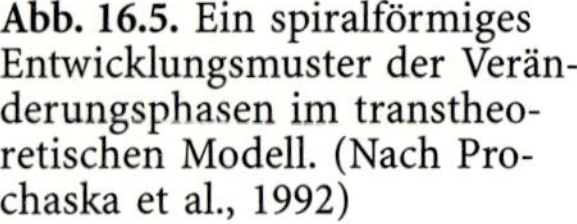
Abb. 16.5. Ein spiralförmiges Entwicklungsmuster der Veränderungsphasen im transtheoretischen Modell. (Nach Prochaska et al., 1992)

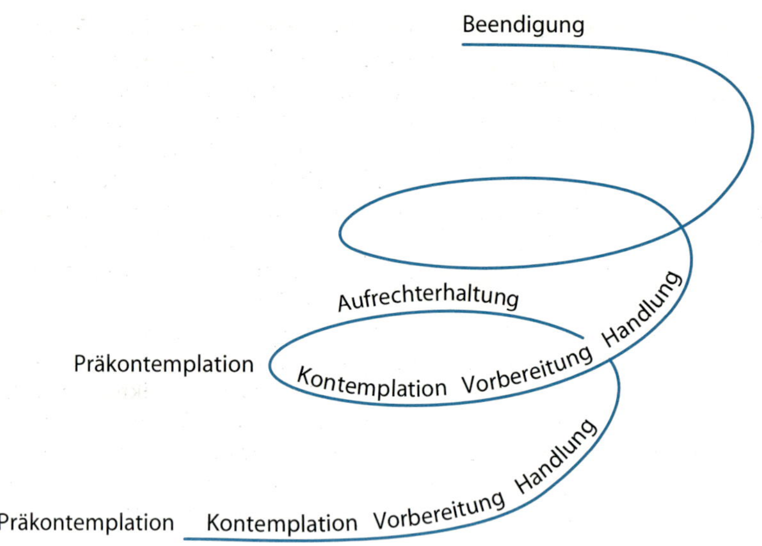

sechs Monate erfolgreich bewerkstelligt hat, das eigene Verhalten zu verändern. Das letzte Stadium, die Phase der *Aufrechterhaltung,* beginnt, wenn das Individuum in der Lage war, länger als sechs Monate hintereinander das geänderte Verhalten beizubehalten. In Abb. 16.5 ist ein spiralförmiges Entwicklungsmuster dargestellt: Es ist Ausdruck der Tatsache, dass die meisten Menschen rückfällig werden und dann auf ein früheres Stadium zurückfallen.

Die Stärke dieser Phasenmodelle der Verhaltensänderung besteht darin, dass sie eine systematische Analyse der Faktoren liefern, die Menschen beeinflussen, wenn sie von einer Phase zur nächsten voranschreiten. Furchtappelle zum Beispiel, bei denen neue Informationen über einen Risikofaktor und über die Verletzlichkeit der Adressaten mit einer Empfehlung einhergehen, wie man diese Gesundheitsrisiken verringern oder beseitigen kann, sollten effektiv dabei sein, Menschen in den Anfangsphasen der Veränderung voranzubringen. Wenn die Adressaten den Punkt der Entscheidung (Phase 3 oder Kontemplationsphase) erreichen, sollte die Kommunikation mit Informationen angereichert werden, die das Vertrauen des Individuums in seine Fähigkeit, diese Handlung auszuführen (d.h. Selbstwirksamkeit), vergrößern. Wenn sich Menschen erst einmal dafür entschieden haben, ein die Gesundheit beeinträchtigendes Verhalten abzulegen und ein Verhalten zu übernehmen, das die Gesundheit fördert, dann werden Informationen über Gesundheitsrisiken und über die Wirksamkeit der empfohlenen Handlung keine Veränderung mehr herbeiführen. Was sie jetzt brauchen, sind Informationen, die ihre Fähigkeit verbessern, ihr Verhalten zu ändern, und die ihnen helfen, das *Vertrauen* in ihre Fähigkeit, dass sie es wirklich „schaffen“ können, aufrechtzuerhalten oder es sogar zu vergrößern. Die beiden wichtigsten Schlussfolgerungen für Interventionen, die aus diesen Phasenmodellen abgeleitet werden können, lauten: Erstens reicht es oft nicht aus, Menschen zur Ausbildung der *Absicht* zu überreden, ihr Verhalten zu ändern, und zweitens muss die Beschaffenheit der Argumente, die in einer persuasiven Kommunikation enthalten sind, dem Stadium der Veränderung, in dem sich die Zielperson befindet, *entsprechen*. Es gibt nur in begrenztem Maße systematische Befunde im Hinblick auf diese Hypothesen. Eine der wenigen Studien, die Vorhersagen aus dem transtheoretischen Modell bezüglich der Entsprechung von Argumenten und Phase der Zielperson überprüften, stammt von Dijkstra, De Vries, Roijackers und van Breukelen (1998). Diese Forscher fanden nur eine eingeschränkte Bestätigung für die angenommene Überlegenheit persuasiver Kommunikationen, die der jeweiligen Phase der Zielperson entsprachen, im Vergleich zu Kommunikationen, die ihr nicht entsprachen. Eine konsistentere Bestätigung der Phasenmodelle kommt aus Querschnittstudien, die die Bedeutung der verschiedenen Prädiktorvariablen (z. B. Überzeugungen zu gesundheitsbezogenen Ergebnissen, Selbstwirksamkeit) in unterschiedlichen Phasen der Veränderung überprüften (z. B. Blalock et al., 1996; Prochaska, Velicer, Guidagnoli, Rossi & DiClemente, 1991; s. aber auch Herzog, Abrams, Emmons, Linnan & Shadel, 1999).

16.2.3 Strategien zur Veränderung des Gesundheitsverhaltens

Welche Effekte im Hinblick auf Furchtappelle sagen die Zwei-Prozess-Modelle der Überredung voraus? Zeigen Strategien der Persuasion auch in der „realen Welt“ außerhalb des Labors ihre Wirkung?

Interventionen seitens des öffentlichen Gesundheitswesens, die darauf abzielen, eine umfassende Verhaltensänderung zu erreichen, beruhen auf zwei Strategien, nämlich der Gesundheitserziehung und der **Modifikation der Anreizstruktur**. Gesundheitserziehung beruht auf dem Transfer von Wissen bzw. Fertigkeiten. Sie liefert Individuen, Gruppen oder Gemeinden Wissen über die gesundheitlichen Folgen bestimmter Lebensweisen und die Fertigkeiten, die sie in die Lage versetzen, ihr Verhalten zu verändern. Dieser „Wissenstransfer“ umfasst gewöhnlich, dass man Menschen persuasiven Botschaften aussetzt, die darauf abzielen, sie zu motivieren, dass sie Verhaltensmuster übernehmen, die ihre Gesundheit stärken, und dass sie Verhaltensweisen ändern, die ihre Gesundheit beeinträchtigen. Strategien, die auf einer Modifikation der relevanten Anreize beruhen, sorgen hingegen dafür, dass die Kosten zunehmen, wenn man bestimmte ungesunde Gewohnheiten beibehält, oder dass die Kosten für gesunde Verhaltensweisen abnehmen. So können Regierungen z. B. die Steuer auf Zigaretten oder Alkohol erhöhen oder ein Bußgeld für Personen einführen, die den Sicherheitsgurt nicht anlegen, oder sie können gebührenfreie Impfungen bzw. kostenlose gesundheitliche Vorsorgeuntersuchungen für bestimmte Risikogruppen anbieten. Weil die Gesundheitserziehung eine Anwendung sozialpsychologischer Strategien zur Einstellungs- und Verhaltensänderung ist, werden wir zunächst einen Überblick über die theoretischen Grundlagen einiger dieser Techniken und über die Forschung geben, in der diese Theorien unter kontrollierten Laborbedingungen überprüft wer-

Modifikation der Anreizstruktur („modification of the incentive structure“): Bezieht sich auf Verhaltensstrategien, die das Verhalten dadurch beeinflussen, dass sie die Kosten unerwünschten (z. B. gesundheitsschädlichen) Verhaltens erhöhen und die Kosten erwünschten (z. B. gesundheitsfördernden) Verhaltens senken. Regierungen greifen oft zu steuerlichen (z. B. Erhöhung der Steuer auf Alkohol und Zigaretten) oder gesetzlichen (z. B. Gesetze, die die Verwendung von Sicherheitsgurten oder Schutzhelmen vorschreiben) Maßnahmen, um das Verhalten zu beeinflussen.

den. Erst danach werden wir uns mit Untersuchungen über die Wirksamkeit von Strategien zur Gesundheitserziehung und der Modifikation von Anreizen beschäftigen.

16.2.3.1 Persuasion im Labor

Die Hauptschwierigkeit dabei, Menschen zu überreden, dass sie Gewohnheiten, die ihre Gesundheit beeinträchtigen, ablegen und Verhaltensweisen übernehmen, die ihre Gesundheit verbessern, besteht darin, dass dazu gewöhnlich eine *unmittelbare* Anstrengung (z. B. Jogging) oder der Verzicht auf Befriedigung (z. B. beim Aufgeben des Rauchens) gehört, um in einer *entfernten Zukunft* größere Belohnungen zu erreichen (oder eine schlimmere Bestrafung zu vermeiden). Deshalb überrascht es nicht, dass Furcht erregende Kommunikationen in den Massenmedien eine der meist gebrauchten Strategien bei Gesundheitsprogrammen geworden sind.

Die frühen Untersuchungen zur Erregung von Furcht waren von der Annahme geleitet, dass Furcht ein Trieb bzw. ein motivierender Faktor für die Einstellungsänderung ist (zu einem Überblick vgl. Leventhal, 1970). Triebmodelle unterstellen, dass Appelle an die Angst Furcht hervorrufen, die dann durch die Ausführung der empfohlenen Handlung (oder durch das „Memorieren" der Handlungsempfehlung) verringert wird. Reduziert eine Reaktion die Furcht, wird diese Reaktion verstärkt und wird dann zu einem Bestandteil des dauerhaften Reaktionsrepertoires der Person. Nimmt die Furcht durch die Ausführung der empfohlenen Handlung (oder durch das Memorieren der Empfehlung) nicht ab, weil die Handlung nur unzureichenden Schutz bietet, wird die Person, so wird angenommen, die Furcht dadurch reduzieren, dass sie die Kommunikation abwertet. Durch die Entwicklung des Health-Belief-Modells und der Theorie der Schutzmotivation wurde die behaviouristische Annahme aufgegeben, die schützende Handlung, die von einem Individuum ergriffen wird, werde durch die Furchtreduktion verstärkt. Sie wurde durch die kognitive Annahme ersetzt, Individuen akzeptierten eine Empfehlung, wenn sie sie als wirkungsvoll wahrnehmen, um negative Konsequenzen abzuwenden, die wahrscheinlich andernfalls bei ihnen einträten.

Nicht all diese Vorhersagen ließen sich bestätigen. Zwar fand man bei der großen Mehrheit der Experimente über die Wirkung von Furchtappellen, dass ein höheres Bedrohungsniveau zu stärkerer Persuasion führt als ein niedriges (Boster & Mongeau, 1984). Aber Untersuchungen zu vielen der Variablen, von denen man annahm, dass sie die Wirkung von Furchtappellen abschwächen bzw. verstärken, führten zu inkonsistenten Befunden. So gelang es beispielsweise in Studien, die die Manipulationen des Furchtniveaus mit der der Wirksamkeit der empfohlenen Handlung kombinierten, nicht, die moderierende Wirkung der Reaktionswirksamkeit zu bestätigen. Obwohl Personen weniger bereit waren, eine Handlungsempfehlung zu akzeptieren, wenn die schützende Handlung zur Abwendung einer Bedrohung eher als unwirksam denn als wirksam beschrieben wurde, war dieser Effekt unabhängig vom Bedrohungsniveau (z. B. Rogers,

1985). Dieses Muster steht nicht im Einklang mit der Triebtheorie und der Theorie der Schutzmotivation. Beide Theorien hätten vorausgesagt, dass Manipulationen der Reaktionswirksamkeit bei starker Bedrohung zu größeren Unterschieden in der Akzeptanz einer Empfehlung führen sollten als bei einer niedrigen. Wenn keine Bedrohung vorhanden ist, dann ist es unwahrscheinlich, dass eine Handlungsempfehlung akzeptiert wird; und dies gilt unabhängig von der Wirksamkeit der empfohlenen Handlung. In ähnlicher Weise erbrachten Untersuchungen, die den Einfluss von Furchtappellen auf Personen erfassten, die sich hinsichtlich der Verletzlichkeit unterschieden, oft Muster, die mit den theoretischen Vorhersagen nicht im Einklang standen. Unterschiede im Furchtniveau, das durch eine Kommunikation hervorgerufen wurde, führten für Personen, die für das gesundheitliche Risiko anfällig oder verletzlich waren, zu geringeren Unterschieden in der Bereitschaft, die Empfehlung zu akzeptieren, als für diejenigen, die nicht anfällig waren (z.B. Berkowitz & Cottingham, 1960). Beide Theorien hätten bei hoher Verletzlichkeit einen größeren Einfluss der Furchtmanipulation vorhergesagt als bei niedriger Verletzlichkeit.

Das Interesse an der Erforschung der Wirkung von Furchtappellen verblasste, bevor die Zwei-Prozess-Theorien der Persuasion (Kap. 8) aufkamen. Die Anzahl der Studien, die den Einfluss von Furchtappellen auf die Verarbeitung einer Botschaft erfassten, ist von daher eher begrenzt (z.B. Gleicher & Petty, 1992; Jepson & Chaiken, 1990; Kuppens, De Wit & Stroebe, 1996; Liberman & Chaiken, 1992). Nach den *Zwei-Prozess-Theorien* können Furcht erregende Kommunikationen zwei Auswirkungen haben:

(1) Sie können die Motivation steigern, genau und systematisch die Argumente, die in der Kommunikation enthalten sind, zu verarbeiten, oder
(2) sie können zu einer Verteidigungsmotivation führen.

Die **Verteidigungsmotivation** spiegelt das Bedürfnis wider, Einstellungen und Meinungen zu haben, die mit vorhandenen zentralen Einstellungen und Werten im Einklang stehen. Die Verteidigungsmotivation führt zu einer systematisch verzerrten Bereitschaft, eine spezifische Meinung zu akzeptieren, beispielsweise die Meinung, dass man gesund und nicht von Gefahren bedroht ist. Wenn die Verteidigungsmotivation durch eine gesundheitliche Bedrohung aktiviert wird, werden Personen somit die Informationen selektiv verarbeiten und versuchen, Informationen abzuwerten, die darauf hindeuten, dass sie einem Risiko ausgesetzt sind, und beruhigende Informationen überzubetonen.

Verteidigungsmotivation („defence motivation"): Das Bedürfnis, bestimmte Meinungen oder Standpunkte, die mit vorhandenen zentralen Einstellungen und Wertvorstellungen konsistent sind, zu verteidigen und aufrechtzuerhalten.

Wenn man die Art der Motivation, die durch eine Furcht erregende Kommunikation herbeigeführt wird, vorhersagen will, ist es wichtig, zwischen der gesundheitlichen Bedrohung und der Furchtreaktion zu unterscheiden. Eine gesundheitliche Bedrohung kommt durch die Information zum Ausdruck, dass ein Risiko für bestimmte gesundheitliche Folgen besteht. So würde z.B. implizit eine gesundheitliche Bedrohung durch die Information nahe gelegt, dass es in Afrika eine tödliche Epidemie gibt oder dass Fahren ohne Sicherheitsgurt bei einem Verkehrsunfall das Risiko für schwere Verletzungen erhöht. Furcht ist eine der möglichen emotionalen Reaktionen auf eine derartige Information. Einer der wichtigen

Faktoren, die darüber bestimmen, ob eine gesundheitliche Bedrohung Furcht hervorrufen wird oder nicht, ist die persönliche Verletzlichkeit. Solange sich Personen nicht verletzlich fühlen (d.h., solange die Bedrohung nicht persönlich relevant ist), sollten sie sich selbst durch eine möglicherweise schwere gesundheitliche Bedrohung nicht bedroht fühlen. Deshalb sollte die Epidemie in Afrika nur wenig Furcht aufkommen lassen.

Bei Personen, die sich bezüglich einer bestimmten gesundheitlichen Bedrohung *nicht* verletzlich fühlen, sollte die *Motivation*, die Gesundheitsinformationen *genau zu verarbeiten*, stärker werden, wenn das Bedrohungsniveau der Botschaft höher wird (z.B., indem man die gesundheitlichen Folgen als schwerwiegender beschreibt). Ihre Motivation zum Überdenken der relevanten Argumente, die gering sein sollte, wenn die gesundheitliche Bedrohung unbedeutend ist, wird wahrscheinlich mit zunehmender Stärke einer Bedrohung zunehmen. Schließlich ist es vielleicht lohnenswert, über eine bestimmte schwere gesundheitliche Bedrohung informiert zu sein, auch wenn die Information im Moment nicht persönlich von Belang ist. Nimmt die Schwere der Bedrohung zu, sollten die betreffenden Personen deshalb motiviert sein, *sowohl* die bedrohliche Botschaft *als auch* die Handlungsempfehlung genau zu überprüfen. Als Folge dieser differenzierten Überprüfung sollten die Betreffenden, wenn die beschriebene Bedrohung schwerwiegend ist, mit größerer Wahrscheinlichkeit schwache Argumente in Botschaften, die gesundheitliche Risiken beschreiben, erkennen (und starke Argumente schätzen) als bei einer schwachen Bedrohung. Setzt man voraus, dass die Betreffenden die Gültigkeit einer Bedrohung akzeptieren, wird der Effekt der unterschiedlichen Bedrohungsniveaus auf die Einstellung gegenüber der Handlungsempfehlung von der Qualität der Argumente abhängen, die in der Handlungsempfehlung enthalten sind. Nimmt die Schwere der Bedrohung zu, sollte ihre Einstellung gegenüber der empfohlenen Handlung positiver werden, wenn in der Handlungsempfehlung profund argumentiert wird. Dagegen sollte die Einstellung negativer werden, wenn die Empfehlung schwache Argumente enthält.

Fühlt sich jemand *persönlich verletzlich*, werden Informationen über eine schwere gesundheitliche Bedrohung wahrscheinlich die Verteidigungsmotivation aktivieren. Bei der Verteidigungsmotivation wird Selektivität zum alles bestimmenden Verarbeitungsprinzip (Chaiken, Giner-Sorolla & Chen, 1996). Der Betreffende wird Informationen selektiv verarbeiten, und zwar auf die Art und Weise, die seinen Verteidigungsbedürfnissen am ehesten entgegenkommt. Will man die Konsequenzen der Verteidigungsverarbeitung bei Furcht erregenden Kommunikationen vorhersagen, ist es wichtig, sich daran zu erinnern, dass diese Kommunikationen aus zwei Bestandteilen bestehen: einem Furchtappell, der das Risiko beschreibt, und einer Handlungsempfehlung, die die Person darüber informiert, wie sie eine Schutzhandlung ausführen kann. Verletzliche Personen sollten sich sträuben, zu akzeptieren, dass sie einem Risiko ausgesetzt sind. Sie sollten deshalb die Informationen, die das Risiko beschreiben, sorgfältig überprüfen und dabei nach Inkonsistenzen und logischen Fehlern suchen. Dabei sollten sie auf ähnliche Weise wie Individuen handeln, die nicht verletzlich sind; aber da sie sich bedroht fühlen, sollten sie hauptsächlich motiviert sein, in der Argumentation nach Schwächen zu suchen. Sobald sie jedoch einmal akzeptiert haben, dass die Bedrohung schwerwiegend ist und dass sie persönlich verletzlich sind, sollten sie in *geringerem* Maße motiviert sein, die Argumente zu überprüfen, die in der Handlungsempfehlung enthalten sind und eher bereit sein, die Handlungsempfehlung zu akzeptieren. Schließlich können sie sich wieder sicher fühlen, wenn sie die Handlungsempfehlung annehmen.

Berücksichtigt man diese komplexen Vorhersagen, überrascht es nicht, dass die Forschung ein komplexes Befundmuster erbrachte. Gruppiert man die Untersuchungen jedoch in diejenigen, die sich auf die Verarbeitung von *Furchtappellen* konzentrierten, und in diejenigen, die sich auf die Verarbeitung der *Handlungsempfehlung* konzentrierten, ergibt sich ein geordneteres Bild. Belege für die selektive Verarbeitung von Furchtappellen werden von Liberman und Chaiken (1992) dargestellt; sie hatten Personen mit Botschaften konfrontiert, die entweder einen behaupteten Zusammenhang zwischen Trinken von Kaffee und der zystischen Fibrose, hier beschrieben als Vorläufer von Brustkrebs, bestätigten (starke Bedrohung) oder widerlegten (schwache Bedrohung). Die Verletzlichkeit wurde daran festgemacht, ob die Teilnehmer an diesem Experiment Kaffeetrinker waren oder nicht. Die Variante der Botschaft, die eine starke Bedrohung enthielt, sollte bei den Kaffeetrinkern Furcht hervorrufen, weil sie in ihnen das Gefühl erzeugte, bezüglich einer schweren gesundheitlichen Bedrohung *verletzlich* zu sein. Bei Befragten, die nie Kaffee tranken, sollte sie nicht zu Furcht führen. Die Variante mit der geringen Bedrohung, bei der behauptet wurde, dass dieser Zusammenhang widerlegt worden ist, sollte in keiner der beiden Gruppen Furcht auslösen. Diese Manipulationen führten zu zwei Haupteffekten auf die Meinungen zu den negativen gesundheitlichen Folgen des Koffeinkonsums, aber nicht zu einer Interaktion (Abb. 16.6): Die Versuchspersonen waren sich sicherer im Hinblick auf den Zusammenhang zwischen Koffein und zystischer Fibrose, wenn sie eine Botschaft mit einer starken Bedrohung bekommen hatten, als wenn sie eine solche mit einer geringen Bedrohung erhalten hatten. Interessanter war jedoch, dass Personen, die sehr viel Kaffee tranken und sich

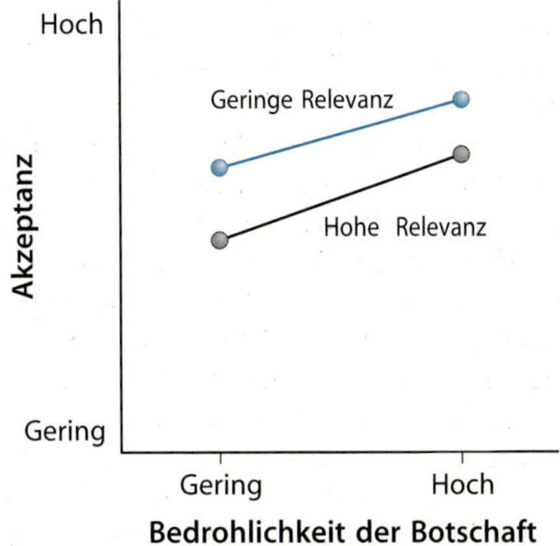

Abb. 16.6. Akzeptanz einer Botschaft bei Versuchspersonen, für die das Thema weniger relevant oder sehr relevant ist und die Botschaften mit geringer oder starker Bedrohung lesen (höhere Zahlen weisen auf eine stärker ausgeprägte Akzeptanz des Zusammenhangs zwischen Koffein und zystischer Fibrose hin). (Nach Liberman & Chaiken, 1992)

von daher verletzlich fühlten, in geringerem Maße bereit waren, den Zusammenhang zu glauben, als jene, die nicht so viel Kaffee tranken und sich deshalb nicht verletzlich fühlten. Verteidigungsverarbeitung zeigte sich also zum einen daran, dass verletzliche Personen in geringerem Maße bereit waren, den Zusammenhang zwischen Koffein und Krankheit zu akzeptieren. Sie zeigte sich zum andern aber auch bei den diversen Verarbeitungsmaßen, die in dieser Untersuchung erfasst wurden. Diese Maße belegten, dass verletzliche Personen bedrohliche Informationen auf verzerrte Art und Weise verarbeiteten. Dass diese augenscheinliche Verteidigungshaltung auch bei der Botschaft mit geringer Bedrohung auftrat, deutet darauf hin, dass sogar die Botschaft mit einer sehr geringen Bedrohung ausreichend bedrohlich gewesen sein könnte, um die Kaffeetrinker zur Verteidigungsverarbeitung zu veranlassen.

Eine Reihe von Untersuchungen hat gezeigt, dass Personen, die sich verletzlich gegenüber einer schweren gesundheitlichen Bedrohung fühlen, eher bereit sind, ohne kritische Überprüfung eine Empfehlung zu akzeptieren, die darauf abzielt, die Bedrohung zu reduzieren, als Personen, die sich nicht verletzlich fühlen (z.B. Jepson & Chaiken, 1990; Kuppens et al., 1996). So berichteten z.B. Jepson und Chaiken (1990), dass Personen, die chronisch Furcht vor Krebs hatten, weniger logische Fehler entdeckten, die einer Botschaft über die Wirksamkeit von Krebs-Vorsorgeuntersuchungen bei Erwachsenen hinzugefügt worden waren, und sie führten auch weniger thematisch relevante Gedanken an als Versuchspersonen, die keine entsprechende Furcht hatten. Zudem brachten furchtsame Versuchspersonen auch mehr Zustimmung zu der Botschaft zum Ausdruck.

Zusammenfassend kann man sagen, dass Befunde aus Laboruntersuchungen darauf hindeuten, dass Furchtappelle durchaus in dem Sinne wirksam sind, dass sie Gesundheitseinstellungen und sogar das Verhalten beeinflussen und dass ein größeres Niveau der Bedrohung zu einer größeren Veränderung führt (Boster & Mongeau, 1984). Wie wir jedoch weiter unten sehen werden, kann die Wirksamkeit von Furchtappellen auf die Arten von Situationen begrenzt sein, die typischerweise in diesen Untersuchungen verwendet worden sind, nämlich neuartige Bedrohungen und Schutzhandlungen, die nicht so viele Fähigkeiten erfordern (d.h., die Befragten hatten die Fähigkeit, diese Handlungen auszuführen). Informationen über gesundheitliche Bedrohungen führen nur mit geringer Wahrscheinlichkeit zu einer Einstellungs- oder Verhaltensänderung, wenn die Befragten bereits mit diesen Informationen vertraut sind oder wenn sie nicht die erforderlichen Fähigkeiten besitzen, die empfohlene Handlung auszuführen. Weil dieser Mangel an Fähigkeiten wahrscheinlich in geringer Selbstwirksamkeit zum Ausdruck kommt, verhindert er möglicherweise bereits die Bildung einer Absicht.

16.2.3.2 Persuasion im Feld

Unzweifelhaft können umfassende nationale Kampagnen, die das Risiko von gesundheitsbeeinträchtigenden Verhaltensweisen betonen, zu einer beträchtlichen Veränderung von Einstellungen und Verhaltensweisen führen. Die Kampagne gegen das Rauchen, mit der in den USA mit dem ersten Bericht des Gesundheitsministers im Jahr 1964 begonnen wurde, hatte eine große Wirkung (Abb. 16.7). Der prozentuale Anteil von Rauchern nahm von 42,4% im Jahre 1965 auf 25,5% im Jahre 1994 ab (Sorensen, Emmons, Hunt & Johnston, 1998). Doch auch bei solchen scheinbar eindeutigen Daten ist es schwierig, zu entscheiden, welcher Anteil an der Verhaltensänderung auf die Informationskampagne zurückgeht und welcher auf andere Ursachen. Beispielsweise erhöhte sich der durchschnittliche Preis von Zigaretten in den Vereinigten Staaten von 27,9 Cents im Jahre 1965 auf 169,3 Cents im Jahre 1994 (Sorensen et al., 1998). Da selbst Raucher auf Preiserhöhungen mit einer Verringerung ihres Konsums reagieren, stellen diese Preiserhöhungen eine andere Interpretationsmöglichkeit für die Abnahme des Rauchens dar. Um den Einfluss einer Medienkampagne auf das Rauchverhalten zu erfassen, bräuchte man daher eine Kontrollgruppe, die in jeder Hinsicht mit der Population in den USA vergleichbar wäre, die aber der Kampagne nicht ausgesetzt war.

Glücklicherweise sind derartige kontrollierte Studien auf regionaler Ebene als Quasi-Experimente durchgeführt worden (z. B. Farquhar et al., 1977; Puska et al., 1985). Das erste war das finnische „Nordkarelien-Projekt", mit

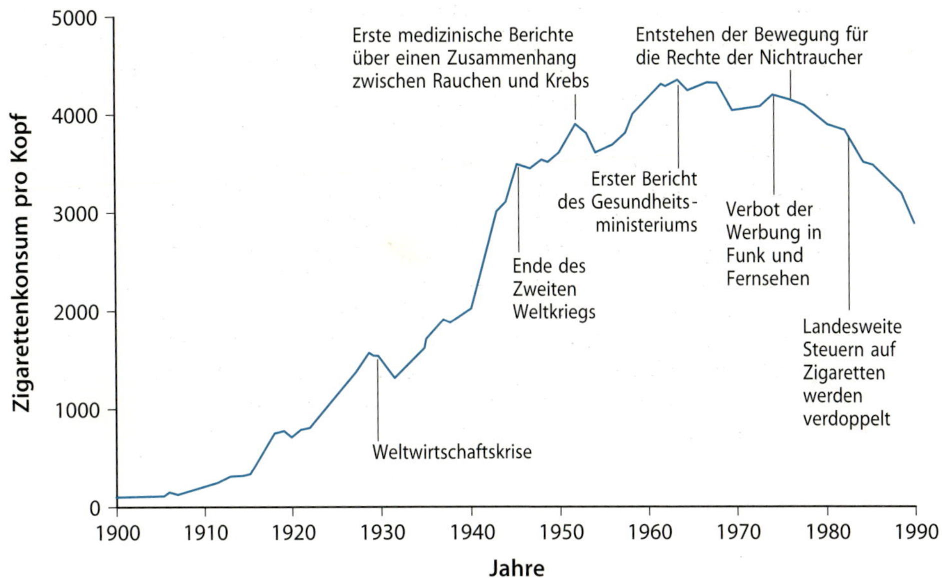

Abb. 16.7. Pro-Kopf-Verbrauch von Zigaretten bei Erwachsenen, bevor und nachdem das US-Gesundheitsministerium erstmals über die gesundheitlichen Risiken des Rauchens berichtet hatte

dem 1972 begonnen wurde. Bei dieser groß angelegten Studie auf regionaler Ebene wurde die Provinz Nordkarelien als die Gegend festgelegt, in der die Intervention stattfand, und die benachbarte Provinz Kupio diente als Kontrollgruppe, bei der keine Intervention erfolgte (Puska et al., 1985). Die Intervention bestand in einer intensiven Kampagne über die Nachrichtenmedien sowie durch Ärzte und Schwestern des öffentlichen Gesundheitssystems, die in den Gesundheitszentren der Region arbeiteten. Die Kampagne informierte nicht nur über die gesundheitlichen Risiken, die mit verschiedenen gesundheitsbeeinträchtigenden Verhaltensweisen einhergehen, sondern es wurden auch große Anstrengungen unternommen, den Menschen praktische Fertigkeiten für eine Veränderung beizubringen, wie etwa Techniken, um mit dem Rauchen aufzuhören, oder Methoden, wie man gesünderes Essen einkaufen und kochen kann. Risikofaktoren wurden zu Anfang und bei zwei Folgeerhebungen 5 und 10 Jahre nach dem Beginn der Intervention gemessen. Eine Effektivitätsbeurteilung dieser Programme, die auf Daten aus Selbstberichten beruhte, zeigte, dass es verglichen mit der Kontrollgruppe zu einer beträchtlichen Verbesserung bei verschiedenen Ernährungsgewohnheiten in Nordkarelien kam. Unter dem Strich war auch beim Rauchen eine Verringerung zu verzeichnen, ebenso eine kleine, aber signifikante Verringerung des Cholesterinspiegels und des Blutdrucks. Am wichtigsten war jedoch, dass die Anzahl der Todesfälle durch Herzkreislauferkrankungen in Nordkarelien um 24% gesenkt wurde, verglichen mit einer landesweiten Senkung um 12% in Finnland.

Fast zur gleichen Zeit wie das finnische Projekt wurde in den Vereinigten Staaten ein zweites, groß angelegtes Projekt begonnen, die Stanford-Three-Community-Study. Diese Studie setzte mehrere Gemeinden mithilfe des Fernsehens, des Radios, der Zeitungen, über Werbeplakate und über die postalische Versendung gedruckten Materials einer massiven Medienkampagne zum Rauchen, zur Ernährung und zur sportlichen Betätigung aus (Farquhar et al., 1977). In einer der Gemeinden wurde die Medienkampagne bei einer kleinen Untergruppe von Personen mit hohem Risiko durch ein Beratungsgespräch unter vier Augen ergänzt. Eine Gemeinde, die als Kontrollgruppe diente, wurde keiner Kampagne ausgesetzt. Die Medienkampagne verbesserte das Wissen der Menschen über Herzrisiken und führte zu einer mäßigen Verbesserung der Essensvorlieben und anderer Risikofaktoren für Herzkrankheiten. Nur die Gemeinde, in der zusätzlich zu der Medienkampagne noch ein Gespräch unter vier Augen mit intensiver Schulung stattfand, erreichte verglichen mit der Kontrollgruppe eine signifikante Verringerung der Raucherquoten (Farquhar et al., 1977). In den späten Siebzigerjahren wurden drei Versuche einer umfassenderen Intervention auf Gemeindeebene gestartet, die darauf abzielten, den Einfluss von Risikofaktoren für Erkrankungen der Herzkranzgefäße zu verringern; es ging hier um hohen Blutdruck, erhöhten Cholesterinspiegel, Zigarettenrauchen und Übergewicht (Carleton et al., 1995; Farquhar et al., 1990; Luepker et al., 1994). Die Resultate waren jedoch eher enttäuschend. Die Effekte dieser Interventionen waren sogar noch schwächer als jene der Stanford-Three-Community-Study.

Es ist viel über die Gründe für diesen eher mäßigen Einfluss spekuliert worden, vor allem im Fall der neueren Interventionen. Eine mögliche Erklärung lautet: Diese Untersuchungen wurden in einer Zeit durchgeführt, in der überall in den Vereinigten Staaten staatliche Institutionen beträchtliche Anstrengungen unternahmen, in der Bevölkerung der USA gesundheitsschädliche Lebensgewohnheiten zu verändern. Dass diese Anstrengungen von Erfolg gekrönt waren, zeigen die Gesundheitsverbesserungen, die in allen drei Studien auch ohne Intervention in den als Kontrollgruppe dienenden Städten auftraten. Wissen Menschen erst einmal von den gesundheitlichen Risiken, die mit einem bestimmten, gesundheitsbeeinträchtigenden Verhaltensmuster einhergehen, werden diejenigen, die dieses Verhalten weiterhin zeigen, dies tun, weil sie entweder nicht in der Lage sind, es zu ändern, oder weil sie andere kraftvolle Motive haben, die sie über diese Risiken hinwegsehen lassen. Befragungsdaten über das Rauchen zeigten, dass viele der Menschen, die in den späten Siebzigerjahren in den Vereinigten Staaten noch rauchten, gern damit aufgehört hätten, sich aber nicht dazu in der Lage sahen (Leventhal & Cleary, 1980). Was die Menschen in diesem Stadium bräuchten, wären eher Informationen darüber, *wie*, und nicht, *warum* sie sich ändern sollten. Um weiterhin einen Einfluss zu haben, hätten sich die Interventionen, die in diesen Studien eingesetzt wurden, auf Informationen konzentrieren sollen, die die Selbstwirksamkeit verbessert hätten und den Menschen beigebracht hätten, wie sie sich ändern können, statt wieder einmal die Gesundheitsrisiken zu betonen, die sich aus den verschiedenen Verhaltensmustern ergeben.

Das Risiko, dass eine Intervention misslingt, kann beträchtlich verringert werden, wenn man die persuasiven Kommunikationen auf der Grundlage einer Analyse der Faktoren erstellt, die für ein spezielles Gesundheitsverhalten bestimmend sind. Ein Minimalkriterium dafür, dass eine bestimmte Meinung als Determinante eines Gesundheitsverhaltens angesehen werden kann, besteht darin, dass sie mit dem betreffenden Verhalten *kovariiert*. Es gibt gute Belege dafür, dass Raucher und Nichtraucher in gleicher Weise die Auffassung akzeptieren, dass Rauchen ungesund ist. Deshalb werden Argumente, die darauf abzielen, Raucher davon zu überzeugen, dass Rauchen ungesund ist, deren Verhalten nur mit geringer Wahrscheinlichkeit beeinflussen (Stroebe, 2000). Entsprechend deutet eine kürzlich durchgeführte Metaanalyse zu den Bestimmungsfaktoren der Verwendung von Kondomen bei Heterosexuellen darauf hin, dass weder die wahrgenommene Schwere von HIV-Infektionen noch die wahrgenommene Verletzlichkeit signifikant mit der Verwendung von Kondomen zusammenhing (Sheeran, Abraham & Orbell, 1999). Überzeugungen im Zusammenhang mit der eigenen „Selbstwirksamkeit im Hinblick auf die Verwendung von Kondomen“ oder Verhaltensweisen wie etwa „ein Kondom dabei haben“ und „Diskussionen mit Partnern über die Verwendung von Kondomen“ weisen laut dieser Metaanalyse hohe Korrelationen mit der Verwendung von Kondomen auf. Deshalb wären diese Variablen viel versprechendere Ziele für Interventionen, die darauf abzielen, riskantes Sexualverhalten zu reduzieren. Im Einklang mit diesen Annahmen deuten Befunde darauf hin, dass Ansätze, bei denen das Training von Fertigkeiten (das heißt im Hinblick auf die Verwendung von Kondomen oder auf aushandelnde Gespräche im sexuellen Bereich) mit Gesundheitserziehung über Risikofaktoren kombiniert wird, sehr effektiv sind, um riskantes Sexualverhalten abzubauen (zu einem Überblick vgl. Stroebe, 2000).

16.2.3.3 Jenseits der Persuasion: Veränderung der Anreizstruktur

Regierungen kombinieren Gesundheitserziehung oft mit fiskalischen oder gesetzlichen Maßnahmen; diese sollen die Kontingenzen verändern, die das Individuum beeinflussen, wenn es sich so verhält, dass seine Gesundheit beeinträchtigt wird. Eine der grundlegendsten Annahmen der Wirtschaftstheorie besagt, dass unter ansonsten gleichen Umständen die Nachfrage nach einer Ware abnehmen sollte, wenn der Preis für diese Ware angehoben wird. Untersuchungen über den Einfluss des Preises von Zigaretten auf die Nachfrage kamen zu der Schätzung, dass eine zehnprozentige Erhöhung des Zigarettenpreises bei Jugendlichen zu einer 14-prozentigen Senkung der Nachfrage führen würde; bei Erwachsenen, denen ein höheres Einkommen als Jugendlichen zur Verfügung steht, würde die gleiche Erhöhung des Preises zu einer vierprozentigen Senkung führen (Lewit & Coate, 1982). Somit würde eine zehnprozentige Erhöhung der Tabaksteuer in den Vereinigten Staaten mehr als 6000 Menschen pro Jahr das Leben retten (Moore, 1996). Ähnliche Argumente ließen sich für eine Erhöhung der Steuer auf alkoholische Getränke anführen.

Rechtliche Maßnahmen sind in dem Maße effektiv, wie es ihnen gelingt, mit einem bestimmten Verhalten neue Anreize zu verknüpfen. Die Gesetze zur Nutzung des Sicherheitsgurts führen einen neuen Anreiz für seine Verwendung ein, nämlich dass die Zahlung eines Bußgeldes vermieden wird. Als schwedische Autofahrer durch Kampagnen nicht überredet werden konnten, ihren Sicherheitsgurt anzulegen, führte die Regierung ein Gesetz ein, das in PKWs das Anlegen des Sicherheitsgurts bei den Passagieren auf den vorderen Sitzen vorschrieb. Durch dieses Gesetz erhöhte sich innerhalb weniger Monate die Häufigkeit, mit der der Sicherheitsgurt angelegt wurde, von 30 auf 85% (Fhanér & Hane, 1979). Eine Metaanalyse, bei der der Einfluss von pädagogischen Programmen zur Verwendung des Sicherheitsgurts mit dem Einfluss von rechtlichen Maßnahmen verglichen wurde, deutet darauf hin, dass rechtliche Maßnahmen zu erheblich größeren Veränderungen führten als pädagogische (Johnston, Hendricks & Fike, 1994).

Die Nützlichkeit von Strategien, die das Verhalten über Veränderungen in der Anreizstruktur beeinflussen, scheint begrenzt zu sein; dies geht auf die Tendenz zurück, dass Veränderungen im Hinblick auf den „Preis“ eines bestimmten Verhaltens hauptsächlich die Einstellung gegenüber dem *Erwerb* des Produkts und weniger die Einstellung gegenüber dem Produkt selbst verändern. Obwohl also deutliche Preiserhöhungen für alkoholische Getränke die Menschen dazu veranlassen könnten, weniger Alkohol zu kaufen, könnte es sein, dass sie immer dann, wenn die Getränke umsonst sind, weiterhin genau so viel trinken wie vorher. Hohe Preise für Zigaretten oder alkoholische Getränke könnten jedoch immerhin Jugendliche davon abhalten, überhaupt schlechte Gewohnheiten zu entwickeln. Weiterhin gibt es eine Reihe von Bedingungen, unter denen eine durch Anreize herbeigeführte Verhaltensänderung zu einer weiter reichenden Veränderung führen könnte. Erstens wird Verhalten habituell, wenn es häufig, regelmäßig und unter stabilen Umgebungsbedingungen ausgeführt wird (Ouellette & Wood, 1998; Verplanken & Aarts, 1999). Haben sich die Menschen also erst einmal daran gewöhnt, ihren Sicherheitsgurt anzulegen, wird dies zu einer Gewohnheit, die automatisch durch Hinweisreize aus der Umgebung ausgelöst wird, wie sie etwa beim Einsteigen in einen Wagen oder beim Schließen einer Autotür auftreten; es sind dann keine Anreize mehr erforderlich, um das Verhalten aufrechtzuerhalten. Zweitens erkennt man möglicherweise, nachdem man durch rechtliche Sanktionen dazu gebracht worden ist, seinen Sicherheitsgurt anzulegen, dass diese Erfahrung viel weniger unangenehm ist, als man vorher gedacht hatte. Drittens könnte die durch Anreize erreichte Einhaltung der Gesetze zu einer kognitiven Dissonanz führen (Kap. 8). Schließlich waren die Bußgelder für die Nichteinhaltung der Gesetze zu Sicherheitsgurten oft gering und es wurde nicht so strikt darauf geachtet, dass die Menschen sich an das Gesetz hielten. Deshalb könnten Menschen, die Sicherheitsgurten nicht positiv gegenüberstanden und die sie auch vorher nie benutzt hatten, das Gefühl haben, dass die rechtlichen Sanktionen wirklich nicht so schwerwiegend waren, dass die Sanktionen die Einhaltung der Gesetze rechtfertigten. Das Wissen darüber, dass sie sich ohne einen wirklich ausreichenden Grund im Widerspruch zu ihren eigenen Einstellungen verhalten hatten, hat bei ihnen möglicherweise Dissonanz hervorgerufen. Sie könnten diesen unangenehmen Zustand unter Umständen dadurch reduzieren, dass sie ihre Einstellungen gegenüber dem Anlegen des Sicherheitsgurts veränderten, um die Einstellungen mit ihrem eigenen Verhalten in Übereinstimmung zu bringen.

16.2.3.4 Schlussfolgerungen

Wir haben zwei Strategien zur Veränderung des Gesundheitsverhaltens erörtert, nämlich die Gesundheitserziehung und die Modifikation von Anreizen durch fiskalische oder rechtliche Maßnahmen. Weil die Gesundheitserziehung hauptsächlich auf Überredung beruht, besteht der erste Schritt bei der Planung eines wirksamen pädagogischen Programms in der Identifizierung der Überzeugungen, die für ein gegebenes Gesundheitsverhalten bestimmend sind. Die wichtige Lektion, die wir aus den Phasentheorien der Verhaltensänderung gelernt haben, lautet jedoch, dass Botschaften an das Stadium der Veränderung angepasst sein müssen, in dem sich die Zielpersonen befinden. Es ist nicht nur wahrscheinlich, dass man für unterschiedliche Segmente der Bevölkerung auf unterschiedliche Meinungen abzielen muss, sondern auch, dass die angezielten Meinungen sich mit der Zeit verändern werden.

Angesichts dieser Vielschichtigkeit ist es verlockend, sich anstelle der Persuasion ausschließlich auf rechtliche oder fiskalische Strategien zu verlassen. Es gibt jedoch bei der Verwendung monetärer Anreize oder rechtlicher Sanktionen zur Beeinflussung des Gesundheitsverhaltens Einschränkungen, die nicht auf die Persuasion zutreffen. Erstens können diese Strategien nicht bei allen Typen von Gesundheitsverhalten eingesetzt werden. Während es eine allgemeine Übereinstimmung darüber gibt, dass Regierungen den Preis von Tabakprodukten und von Alkohol kontrollieren sollten, wäre ein Gesetz, das die Menschen zwingt, täglich zu joggen, nicht akzeptabel und schwer durchsetzbar. Ferner könnte die Verwendung monetärer Anreize oder rechtlicher Sanktionen zur Verhaltenskontrolle interne Kontrollmechanismen schwächen, die vorher bereits vorhanden waren. Die Forschung zu den Wirkungen extrinsischer Belohnungen auf intrinsische Motivation hat gezeigt, dass die Ausführung einer intrinsisch vergnüglichen Aufgabe unwahrscheinlicher wird, wenn man den Menschen erst einmal eine Belohnung für die Ausführung dieser Aufgabe angeboten hat (z. B. Lepper & Greene, 1978). Wie die Bekämpfung des Rauchens dagegen gezeigt hat, werden die Gesundheitserziehung und die Modifikation von Anreizstrukturen jedoch eher als ergänzende denn als konkurrierende Strategien eingesetzt. Die Kampagne zur Gesundheitserziehung sensibilisierte die Menschen ursprünglich für die gesundheitlichen Risiken des Rauchens und führte zu einer Nichtraucher-Moral, auf der später wahrscheinlich sowohl die starken Tabaksteuererhöhungen als auch die gesetzgeberischen Erfolge der Bewegung für die Rechte der Nichtraucher während der Siebziger- und Achtzigerjahre aufbauten.

16.3 Stress und Gesundheit

Wie Rauchen und eine fettreiche Ernährung kann auch ein stressreiches oder belastendes Leben krank machen. Der Begriff Stress wurde durch die Forschung von Selye (1956) über die Muster körperlicher Reaktionen bekannt, die auftreten, wenn ein Organismus einem Stressor wie etwa starker Hitze oder einer Infektion ausgesetzt ist. Diese Auffassungen wurden dann von Psychiatern übernommen, die begannen, sich mit belastenden Lebensereignissen als Faktoren zu beschäftigen, die zur Entwicklung einer Vielfalt körperlicher und seelischer Krankheiten beitragen. Grundlegend für diese Arbeit war der Gedanke, dass psychosozialer Stress, der durch **kritische Lebensereignisse** wie etwa den Verlust eines Partners oder Arbeitslosigkeit verursacht wird, zu den gleichen körperlichen Veränderungen führt, wie man sie infolge einer Gewebeschädigung beobachten kann. Seitdem sind eine Reihe von Definitionen für den Begriff **Stress** vorgeschlagen worden. Die Gemeinsamkeit besteht in der Betonung eines Vorgangs, bei dem „die Anforderungen der Umwelt die adaptive Kapazität eines Organismus stark in Anspruch nehmen oder übersteigen; dies führt zu psychologischen und biologischen Veränderungen, die die Personen dem Risiko einer Krankheit aussetzen können" (Cohen, Kessler & Gordon, 1995, S. 3).

Kritische Lebensereignisse („critical life events"):
Ereignisse, die wesentliche Veränderungen im Leben einer Person darstellen, die von kurzfristig bis bleibend variieren und potenziell bedrohlich sind.

Stress („stress"):
Der Zustand, zu dem es kommt, wenn Personen die Anforderungen einer Situation als schwierig bzw. als Überlastung ihrer Ressourcen und als Bedrohung ihres Wohlbefindens wahrnehmen.

Abb. 16.8. Kampagnen gegen das Rauchen wie auf diesem Poster haben dazu beigetragen, die wahrgenommenen Gesundheitsrisiken größer werden zu lassen und haben zu einer Eindämmung dieser Gewohnheit geführt

16.3.1 Die Erfassung kritischer Lebensereignisse

Worin bestehen die Schwächen und worin die Stärken der Maße von Lebensereignissen, die auf Selbstberichten beruhen?

Der negative Einfluss von psychosozialem Stress auf die Gesundheit ist im Kontext kritischer Lebensereignisse untersucht worden. Bei der Mehrzahl dieser Untersuchungen wurden Maße der Selbsteinstufung kumulativer Lebensereignisse mit Maßen für Gesundheit und Krankheit in Zusammenhang gebracht. Solche Messungen von Lebensereignissen, wie sie erstmals von Holmes und Rahe (1967) entwickelt worden sind, bestehen typischerweise aus Listen mit potenziell belastenden Lebensereignissen (zu einem Überblick vgl. Turner & Wheaton, 1995). Die Befragten werden gebeten, anzugeben, welche dieser Ereignisse sie während eines bestimmten Zeitraums erlebt haben. Die *Social Readjustment Rating Scale* von Holmes und Rahe (1967) enthält 43 Items, in denen „Ereignisse, die das Leben verändert haben" beschrieben werden. Sie werden als Ereignisse definiert, die vonseiten des Individuums ein gewisses Maß sozialer Neuanpassung erfordern (Tabelle 16.1, S. 606). Da man annahm, dass alle Ereignisse, die

Tabelle 16.1. Die Ratingskala zur sozialen Neuanpassung. (Nach Holmes & Rahe, 1967)

Rang	Lebensereignis	Mittelwert
1	Tod des Ehepartners	100
2	Scheidung	73
3	Eheliche Trennung	65
4	Gefängnishaft	63
5	Tod eines nahen Familienangehörigen	63
6	Verletzung oder Krankheit der eigenen Person	53
7	Heirat	50
8	Kündigung durch Arbeitgeber	47
9	Versöhnung in der Ehe	45
10	Verrentung	45
11	Gesundheitliche Veränderung bei einem Familienangehörigen	44
12	Schwangerschaft	40
13	Sexuelle Probleme	39
14	Aufnahme eines neuen Mitglieds in die Familie	39
15	Neuordnung der wirtschaftlichen Verhältnisse	39
16	Veränderung im finanziellen Status	38
17	Tod eines nahen Freundes	37
18	Veränderung in der beruflichen Entwicklung	36
19	Veränderung bezogen auf die Häufigkeit von Streitereien mit dem Ehepartner	35
20	Hypothek über mehr als 10 000 Dollar	31
21	Zwangsvollstreckung einer Hypothek oder eines Darlehens	30
22	Veränderung der Verantwortlichkeiten im Beruf	29
23	Sohn oder Tochter verlässt das Elternhaus	29
24	Schwierigkeiten mit angeheirateten Verwandten	29
25	Hervorragende persönliche Leistung	28
26	Ehefrau beginnt zu arbeiten oder hört damit auf	26
27	Anfang oder Beendigung der Schulzeit	26
28	Veränderung der Lebensbedingungen	25
29	Veränderung der persönlichen Gewohnheiten	24
30	Schwierigkeiten mit dem Chef	23
31	Veränderung bei der Arbeitszeit oder den Arbeitsbedingungen	20
32	Veränderung des Wohnsitzes	20
33	Schulwechsel	20
34	Veränderung bei den Erholungsmöglichkeiten	19
35	Veränderung im Hinblick auf kirchliche Aktivitäten	19
36	Veränderung im Hinblick auf soziale Aktivitäten	18
37	Hypothek oder Darlehen über weniger als 10 000 Dollar	17
38	Veränderung im Hinblick auf die Schlafgewohnheiten	16
39	Veränderung im Hinblick auf die Anzahl der Familienzusammenkünfte	15
40	Veränderung der Essgewohnheiten	15
41	Urlaub	13
42	Weihnachten	12
43	Kleinere Verstöße gegen das Gesetz	11

Menschen dazu zwingen, von ihren Gewohnheiten abzuweichen, belastend sein würden, wurden sowohl angenehme als auch unangenehme Ereignisse in die Liste aufgenommen. Später fand man jedoch heraus, dass nur negative Ereignisse einen Zusammenhang mit einem schlechten Gesundheitszustand aufwiesen (Turner & Wheaton, 1995). Der kumulative Wert besteht entweder aus der Anzahl der Lebensereignisse, die man während eines speziellen Zeitraums erlebt hat, oder der gemäß der Schwere gewichteten Summe dieser Ereignisse. Überraschenderweise lässt sich die Vorhersage von gesundheitlichen Problemen durch die Verwendung von gewichteten Werten anstelle der reinen Häufigkeit nicht verbessern (Turner & Wheaton, 1995).

Weil es einfach war, diese Checklisten einzusetzen, wurde es praktikabel, Screening-Untersuchungen an einer großen Anzahl von Menschen zu machen. Dies versetzte die Wissenschaftler in die Lage, prospektive Studien durchzuführen, bei denen die Lebensereignisse *vor* dem Eintreten einer Krankheit erfasst wurden. Rahe (1968) z.B. setzte die Werte bezogen auf Lebensveränderungen von 2500 Marinesoldaten, die vor einer sechsmonatigen Schiffsreise erhoben wurden, mit den Krankenakten, die an Bord geführt wurden, in Beziehung. Während der ersten Monate der Reise hatten Personen mit einem hohen Risiko (mit Werten bezogen auf Lebensereignisse im Bereich der oberen 30%) fast 90% mehr erstmals auftretende Krankheiten als die Personengruppe mit einem niedrigen Risiko, deren Werte in den Bereich der unteren 30% fielen.

Nachdem der Checklisten-Ansatz anfänglich begeistert aufgenommen worden war, geriet er zunehmend methodologisch unter Kritik (zu einem Überblick vgl. Stroebe, 2000). Man argumentierte, dass die beobachtete Beziehung zwischen Stress im täglichen Leben und Gesundheit Ausdruck einer verzerrten Berichterstattung sein könnte. Personen, die jedes auch noch so kleine Ereignis als wichtig wahrnehmen, suchen wahrscheinlich auch eher ihren Arzt wegen kleinerer Krankheiten auf. Ausgehend von einer solchen Annahme argumentierten Watson und Pennebaker (1989), dass Untersuchungen, die Maße von Lebensereignissen zu Maßen der Selbsteinstufung in Beziehung setzen, möglicherweise eine stabile Persönlichkeitsdisposition widerspiegeln, einen negativen Affekt zu erleben. Während dieser Typus „negativer Affektivität" hoch mit der Tendenz korreliert, Symptome zu berichten, besteht kein Zusammenhang mit objektiven Gesundheitsindikatoren (z.B. Blutdruck, Funktionieren des Immunsystems). Schließlich wurde argumentiert, dass solche Checklisten Maße für Stress und Krankheit miteinander vermengten, da sie Items enthielten, die sich auf gesundheitliche Probleme bezogen (z.B. Verletzungen oder Erkrankungen, sexuelle Probleme).

Eine Strategie, um mit diesen Problemen fertig zu werden, bestand darin, auf Interviews beruhende Maße zu entwickeln; Interviews erlauben es, bei Berichten über ein Ereignis gründlich und ausführlich nachzufragen, um beurteilen zu können, ob das Ereignis wirklich einen schwerwiegenden emotionalen Einfluss hatte, und um Informationen über die Umstände im Zusammenhang mit dem Ereignis zu sammeln (Wethington, Brown & Kessler, 1995). Es wurde angenommen, dass diese zusätzlichen Informationen dazu beitragen würden, zu entscheiden, ob ein bestimmtes Ereignis „wirklich" schwerwiegend war oder vom Befragten nur als schwerwiegend „wahrgenommen" wurde. Dieser Vorgehensweise lag die fragwürdige Annahme zugrunde, dass die Wahrnehmung des Wissenschaftlers wirklicher sei als die Wahrnehmung der Person, die das Ereignis erlebt. Eine zweite Strategie bestand darin, objektivierbare Lebensereignisse (z.B. Tod eines Partners, Arbeitslosigkeit) zu objektiven Gesundheitsindikatoren (z.B. Behinderung, Mortalität) in Beziehung zu setzen. So verglichen z.B. Parkes, Benjamin und Fitzgerald (1969) die Sterbequoten bei einer Stichprobe aus Witwern für einen Zeitraum von neun

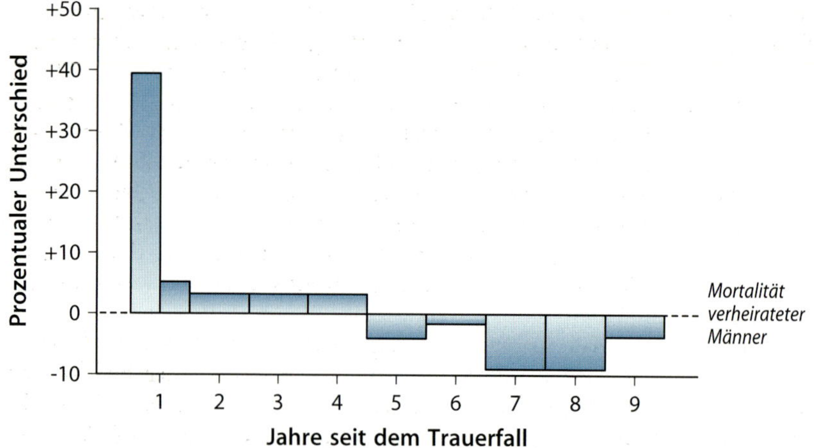

Abb. 16.9. Prozentuale Unterschiede zwischen den Mortalitätsraten bei Witwern über 54 und bei verheirateten Männern desselben Alters, aufgeschlüsselt nach der Anzahl der Jahre seit dem Trauerfall

Jahren nach dem Verlust des Partners mit einer vergleichbaren Stichprobe von Männern, die aber noch verheiratet waren. Wie Abb. 16.9 zeigt, waren diese Witwer während der ersten sechs Monate der Trauerphase einem 40-prozentigen Anstieg der Mortalität ausgesetzt. Diese Befunde sind seitdem in zahlreichen Studien repliziert worden (Stroebe & Stroebe, 1987).

16.3.2 Wodurch werden kritische Lebensereignisse belastend?

Welche Dimensionen der Bewältigung können voneinander unterschieden werden? Welche Rolle spielen die Bewältigungsressourcen für die Bestimmung der Stresserfahrung?

Kognitive Bewertung („cognitive appraisal"): Der evaluative Prozess, durch den festgelegt wird, warum und in welchem Maße eine bestimmte Situation als belastend wahrgenommen wird.

Bewältigung („coping"): Die kognitiven und verhaltensbezogenen Strategien, die Individuen einsetzen, um sowohl mit einer belastenden Situation als auch mit den negativen emotionalen Reaktionen, die durch dieses Ereignis ausgelöst werden, umzugehen.

Dadurch, dass das Auftreten von Krankheiten mit bestimmten belastenden Ereignissen in Beziehung gesetzt wurde, wich die Forschung über den gesundheitlichen Einfluss kritischer Lebensereignisse dem heiklen Problem aus, im Einzelnen angeben zu müssen, warum bestimmte psychische Erfahrungen belastend sind, wie der Organismus belastende Ereignisse erkennt und wie interindividuelle Unterschiede in den Reaktionen auf Stress erklärt werden können. Mit diesen Fragen haben sich jene psychologischen Ansätze der Stressforschung beschäftigt, die die kognitiven Vorgänge analysieren, welche als vermittelnde Bindeglieder zwischen Lebensereignissen und Stress auftreten (z.B. Lazarus & Folkman, 1984).

Nach der kognitiven Stresstheorie von Lazarus und Folkman (1984), die die Stressforschung seit Jahrzehnten dominiert, „ist psychologischer Stress eine besondere Beziehung zwischen der Person und der Umwelt, die vom Individuum als etwas bewertet wird, was seine Ressourcen beansprucht oder überfordert und sein Wohlbefinden gefährdet" (S. 19). Die beiden zentralen Prozesse, die über das Ausmaß des erlebten Stresses in einer bestimmten Situation bestimmen, sind die **kognitive Bewertung** und die **Bewältigung**. Lazarus und Folkman (1984) unterscheiden zwischen drei Formen der Bewertung, nämlich der primären Bewertung, der sekundären Bewertung und der Neubewertung. Während die primäre Bewertung die Funktion hat, zwischen belastenden Situationen und solchen zu unterscheiden, die harmlos sind, wird in der sekundären Bewertung die potenzielle Bedrohung den Bewältigungsressourcen gegenübergestellt und auch über die Bewältigungsmöglichkeiten entschieden. Neubewertung bezieht sich auf eine veränderte Bewertung auf Grundlage neuer Informationen aus der Umwelt. Eine Funktion der Neubewertung besteht darin, die Veränderungen in der Umwelt zu überwachen, die sich daraus ergeben haben können, dass das Individuum problemzentrierte Bewältigung an den Tag gelegt hat.

Bewältigung umfasst sowohl die kognitiven als auch die verhaltensbezogenen Strategien, die Personen einsetzen, um mit einer belastenden Situation und den negativen emotionalen Reaktionen umzugehen, die durch dieses Ereignis ausgelöst werden. Lazarus und Folkman (1984) unterscheiden zwei Formen von Bewältigung, nämlich die **problemzentrierte Bewältigung** und die **emotionzentrierte Bewältigung**. Problemzentrierte Bewältigung ist ein instrumentelles Verhalten, das darauf gerichtet ist, die Bedrohung zu verringern oder zu beseitigen. Es handelt sich um die Form von Verhalten, die von Theorien des Gesundheitsverhaltens vorhergesagt wird. Emotionzentrierte Bewältigung zielt darauf ab, die emotionale Belastung zu verringern. Individuen können zur Bewältigung ihrer Emotionen kognitive Strategien einsetzen wie etwa, dass sie die Situation neu als weniger bedrohlich bewerten oder sich dem Wunschdenken ergeben. Sie können aber auch versuchen, „ihre Nerven zu beruhigen", indem sie Beruhigungsmittel nehmen, Alkohol trinken oder sich eine Zigarette anzünden.

Problemzentrierte Bewältigung („problem-focused coping"): Bezieht sich auf instrumentelles Verhalten, das darauf abzielt, das Risiko schädlicher Konsequenzen, die das Ergebnis des belastenden Ereignisses sein könnten, zu verringern oder zu beseitigen.

Emotionzentrierte Bewältigung („emotion-focused coping"): Bewältigungsstrategien, die sich nicht auf das belastende Ereignis konzentrieren, sondern auf die Linderung der bedrückenden emotionalen Reaktionen auf das Ereignis.

Eine zweite Dimension der Bewältigung, die oft in der Forschung auftaucht, ist Annäherung vs. Vermeidung (Roth & Cohen, 1986). Eine Person kann sich ihren Emotionen stellen (z. B. indem sie die Situation neu bewertet oder sich einem Freund anvertraut); sie kann aber auch die Konfrontation mit Emotionen vermeiden, indem sie Strategien einsetzt wie Verleugnung, Ablenkung oder Wunschdenken. In ähnlicher Weise kann sich die Person einer gesundheitlichen Bedrohung stellen, indem sie sich einem diagnostischen Verfahren unterzieht; sie könnte aber auch die Entscheidung treffen, dass sie es besser vermeidet, sich der diagnostischen Prozedur auszusetzen. Aus diesen beiden Dimensionen ergibt sich somit ein einfaches Vier-Kategoriensystem für Bewältigungsstrategien, nämlich Annäherung an das Problem, Vermeidung des Problems, Annäherung an die Emotion und Vermeidung der Emotion.

Das Ausmaß, in dem eine Situation als belastend erlebt wird, aber auch der Erfolg der Person dabei, mit ihr fertig zu werden, wird von ihren **Bewältigungsressourcen** abhängen. Lazarus und Folkman (1984) unterscheiden zwischen Ressourcen, die hauptsächlich eine Eigenschaft der Person sind, und Ressourcen, die primär Bestandteil der Umwelt sind. Die intrapersonalen Ressourcen umfassen körperliche Ressourcen wie etwa eine gute Gesundheit und Energie, psychologische Ressourcen wie etwa Optimismus oder ein positives Selbstkonzept und Kompetenzen wie etwa Fähigkeiten zum Problemlösen und soziale Fähigkeiten. Beispiele für

Bewältigungsressourcen („coping resources"): Die außerhalb (z. B. soziale Unterstützung) und innerhalb einer Person (z. B. Optimismus) vorhandenen Ressourcen, die dem Individuum zur Verfügung stehen, um die Anforderungen bei einem kritischen Lebensereignis zu bewältigen.

extrapersonale oder Umweltressourcen sind finanzielle Ressourcen oder soziale Unterstützung, also die Verfügbarkeit von anderen Personen, die dem Individuum dabei helfen können, die Stresssituation zu bewältigen.

16.3.3 Wie beeinflusst Stress die Gesundheit?

Worin bestehen die Mechanismen, über die Stress die Gesundheit beeinflusst?

Endokrines System („endocrine system"): Das aus Drüsen und anderen Strukturen bestehende System, das Hormone hervorbringt und in die Blutbahn ausschüttet.

Katecholamine („catecholamines"): Sammelbegriff, mit dem die Hormone Adrenalin und Noradrenalin (und Dopamin) zusammengefasst werden.

Adrenalin („adrenaline"): Ein Hormon, das vom Nebennierenmark ausgeschüttet wird und das das sympathische Nervensystem stimuliert. Es regt die Herztätigkeit an und erhöht den Blutdruck, setzt Glukose frei und steigert deren Verbrauch, beschleunigt den Blutkreislauf in den Muskeln, entspannt die Luftwege und stimuliert die Atmung. Es bereitet den Körper auf eine physische Handlung vor und hemmt gleichzeitig Verdauung und Ausscheidung.

Noradrenalin („noradrenaline"): Ein Hormon, das vom Nebennierenmark und von den Nervenendigungen des sympathischen Nervensystems ausgeschüttet wird. Während Adrenalin den Körper auf eine physische Handlung vorbereitet, beschäftigt sich Noradrenalin mit routinemäßigen Aufgaben wie etwa der Aufrechterhaltung eines gleichmäßigen Blutdrucks.

Es gibt zwei Arten von Mechanismen, über die Stress die Gesundheit beeinflussen kann. Stress kann die Gesundheit direkt über Veränderungen der Körperphysiologie beeinflussen oder indirekt über Veränderungen im individuellen Verhalten. Ein großer Teil des direkten Einflusses von Stress auf die Gesundheit erfolgt über das **endokrine System**, ein System aus Drüsen und anderen Strukturen, die Hormone produzieren und in die Blutbahn absondern. Hormone sind Botenstoffe, die, wenn sie erst einmal in die Blutbahn freigesetzt worden sind, an entfernten Zielorten wirken. Die wichtigsten Stresshormone sind die **Katecholamine Adrenalin** und **Noradrenalin**, die vom Nebennierenmark und/oder den sympathischen Nervenendigungen ausgeschüttet werden, sowie das Corticosteroid **Cortisol**, das in der Nebennierenrinde ausgeschüttet wird (Cohen et al., 1995). Die Freisetzung der Katecholamine regt die Aktivität des Herz-Kreislaufsystems an und erhöht den Blutdruck. Cortisol ist wichtig für die Mobilisierung der Energie im Körper. Es fördert die Synthese von Glukose in der Leber. Cortisol mobilisiert auch die Fettspeicher in den Fettdepots und lässt den Lipidspiegel im Serum ansteigen. Lipide sind fettähnliche Substanzen im Blut wie etwa Triglyzeride und Cholesterin. Diese Hormone sind auch mit der Modulation des **Immunsystems** in Zusammenhang gebracht worden.

Die zweite Art, wie Stress sich auf die Gesundheit auswirken kann, erfolgt über gesundheitsschädliche Verhaltensweisen. Menschen neigen unter Stress dazu, diese Verhaltensmuster zu zeigen, um die Bedrohung zu verringern oder die Emotionen zu bewältigen, die durch die möglicherweise aversive Erfahrung angeregt werden. Wenn z. B. die Arbeitsbelastung so extrem wird, dass Menschen keine regelmäßigen Mahlzeiten mehr zu sich nehmen und nur in Momenten „auf den schnellen Bissen aus" sind, in denen gerade Zeit dafür ist, wenn sie bei Beruhigungsmitteln, bei Zigaretten oder Alkohol Zuflucht suchen, was dazu beitragen soll, dass sie ruhiger werden oder einschlafen, dann kann das Bewältigungsverhalten gesundheitsschädlich werden. In Übereinstimmung mit dieser Argumentation wurden in einer Umfrage, die von Cohen und Williamson (1988) berichtet wird, kleine, aber statistisch signifikante Korrelationen zwischen wahrgenommenem Stress und kürzeren Schlafperioden, seltener Einnahme eines Frühstücks, einer Erhöhung der Menge des Alkoholkonsums und einer größeren Häufigkeit des Missbrauchs illegaler Drogen gefunden. Marginal signifikante Zusammenhänge fand man auch zwischen Stress und Rauchen sowie zwischen Stress und einem Mangel an sportlicher Betätigung.

16.3.3.1 Stress und Krankheit

Der Einfluss von Stress auf Infektionskrankheiten wurde in experimentellen Studien demonstriert. So setzten Cohen, Tyrell und Smith (1993) Freiwillige entweder einem Schnupfenvirus oder einer Salzlösung aus (das war die **Placebo-Kontrollgruppe**). Vorher wurde psychologischer Stress durch Maße der Selbsteinstufung gemessen. Während keine der Personen in der Kontrollgruppe mit der Salzlösung eine Infektion bekam, gab es einen klaren Zusammenhang zwischen dem Stressniveau und dem gesundheitlichen Ergebnis bei denjenigen, die dem Virus ausgesetzt waren: Personen mit viel Stress hatten ein signifikant höheres Risiko für eine Infektion und dafür, einen Schnupfen zu bekommen, als Personen, die weniger unter Stress standen. Führt man als Kontrollvariable den Grad der gesunden bzw. ungesunden Lebensführung ein, so wird dadurch der Zusammenhang zwischen Stress und Anfälligkeit für eine Krankheit nicht verringert. Ähnliche Befunde wurden von Cohen und Kollegen (1998) berichtet.

Der Einfluss von Stress auf eine Erkrankung der Herzkranzgefäße wurde in Studien demonstriert, die prospektive Designs bei Personen einsetzten, die bereits ein hohes Risiko hatten. So erhoben Byrne, Whyte und Butler (1981) Stresserfahrungen in einer Kohorte von Menschen, die einen Herzinfarkt überlebt hatten; dies geschah in einem Interview, das ein bis zwei Wochen nach dem Infarkt durchgeführt wurde. Jene Personen, bei denen die Krankheit innerhalb der folgenden acht Monate mit oder ohne tödliche Folgen wieder auftrat, hatten im ersten Interview signifikant häufiger über Sorgen berichtet als Menschen, die keinen Rückfall erlitten hatten. Diese Befunde wurden in anderen prospektiven Studien an Gruppen mit einem hohen Risiko repliziert (z.B. Ruberman, Weinblatt, Goldberg & Chaudhary, 1984). Schließlich gibt es noch Belege, die Stress mit der Entwicklung einer Depression in Zusammenhang bringen (zu einem Überblick vgl. Kessler, 1997).

Cortisol („cortisol"):
Ein Hormon, das von der Nebennierenrinde ausgeschüttet wird, das die Synthese und Speicherung der Glukose fördert, Entzündungen unterdrückt und die Verteilung des Fetts im Körper reguliert.

Immunsystem („immune system"):
Die Organe und Strukturen, die den Organismus vor fremden Substanzen schützen. Seine Hauptfunktion besteht darin, infektiöse Mikroorganismen (Bakterien, Viren und Parasiten) zu bekämpfen. Dies erfolgt über die Bildung von Zellen und chemischen Stoffen, die die Infektion abwehren.

Placebo-Kontrollgruppe („placebo control group"):
Kontrollgruppen, die dazu verwendet werden, zu überprüfen, ob der Effekt einer Behandlung auf die aktiven Wirkstoffe der Behandlung oder einen anderen Effekt zurückgeht. Placebo-Kontrollgruppen erhalten scheinbar die gleiche Behandlung wie die Interventionsgruppe, mit der Ausnahme, dass in der Behandlung der aktive Wirkstoff fehlt.

16.3.4 Moderatorvariablen in der Beziehung zwischen Stress und Gesundheit

Welche Bewältigungsstrategien sind wirksam? Worin besteht der Unterschied zwischen der Hypothese der direkten Wirkung und der Puffer-Hypothese der sozialen Unterstützung?

Jeder, der Menschen interviewt hat, die einem kritischen Lebensereignis ausgesetzt waren, wird davon beeindruckt sein, wie groß die Unterschiede zwischen ihren Reaktionen sind. Daher überrascht es kaum, dass eine Vielzahl von Faktoren als Moderatorvariablen des Zusammenhangs zwischen Stress und Gesundheit vorgeschlagen worden sind. Wir werden kurz drei solcher Moderatorvariablen erörtern, nämlich Bewältigungsstrategien, die Disposition zum Optimismus und die soziale Unterstützung.

Die Rolle der sozialen Unterstützung soll am ausführlichsten behandelt werden, weil es sich hier um die Variable handelt, die für Sozialpsychologen von größter Relevanz ist (s. Kap. 12).

16.3.4.1 Bewältigungsstrategien

Die Forschung zur Wirksamkeit unterschiedlicher Bewältigungsstrategien zur Verringerung von Stress hat bisher noch nicht zu klaren Ergebnissen geführt (zu einem Überblick s. Stroebe, 2000; Terry & Hynes, 1998). Ein Hauptproblem bei einem Großteil der frühen Untersuchungen zur Bewältigung besteht darin, dass die Wirksamkeit der Bewältigung in Bezug auf eine ganze Streubreite *unterschiedlicher* belastender Ereignisse erfasst worden ist (z.B. Aldwin & Revenson, 1987; Folkman, Lazarus, Dunkel-Schetter, DeLongis & Gruen, 1986). Man entschied sich für ein Verfahren, bei dem im Wesentlichen die Maße für die Wirksamkeit der Bewältigung über unterschiedliche Belastungen hinweg gemittelt wurden und bei dem somit die *Eigenart* des belastenden Ereignisses außer Acht gelassen wurde. Dies steht nicht im Einklang mit dem allgemeinen Konsens in der Literatur, dass die Wirksamkeit einer bestimmten Bewältigungsstrategie von der Eigenart des belastetenden Ereignisses abhängt, das die Person zu bewältigen versucht.

Dieses Problem wurde in mehreren kürzlich durchgeführten Studien über die Wirksamkeit der Bewältigung erkannt; man identifizierte das Ausmaß, in dem Personen Kontrolle über eine Stresssituation ausüben, als den Faktor, von dem wahrscheinlich die Wirksamkeit ihrer Bewältigungsstrategien entscheidend abhängt. Im Einzelnen wurde vorhergesagt, dass problemzentrierte Bewältigungsstrategien am wirksamsten in Situationen sein würden, über die die Personen ein großes Maß an Kontrolle hätten, während emotionzentrierte Bewältigungsstrategien effektiver seien in Stresssituationen, über die die Personen nur sehr wenig Kontrolle hätten. Trotz der Plausibilität dieser Hypothese waren jedoch die empirischen Belege dafür nicht eindeutig (zu einem Überblick s. Terry & Hynes, 1998).

Wir können hier nur einen einzigen allgemeinen Leitsatz anbieten: Man hat zum chronischen Einsatz vermeidender Bewältigung herausgefunden, dass dies mit einer schlechteren Anpassung verbunden ist als beim Einsatz von emotionzentrierten Bewältigungsstrategien, bei denen sich die Personen ihren Emotionen stellen (z.B. Carver et al., 1993; Nolen-Hoeksema & Larson, 1999). In einer prospektiven Studie fand man sogar, dass Vermeidung, wenn sie zum Zeitpunkt der Diagnosestellung gemessen wird, mit einem Fortschreiten von Krebs ein Jahr später zusammenhing (Epping-Jordan, Compas & Howell, 1994). Befunde in der Richtung, dass die Konfrontation mit den eigenen Emotionen mit besserer Anpassung zusammenhängt als Vermeidung, stehen auch im Einklang mit den Forschungsergebnissen von Pennebaker, dass es einen positiven gesundheitlichen Einfluss hat, wenn man zuvor nicht offenbarte traumatische Ereignisse offen legt (d.h. über sie spricht oder schreibt). Pennebaker fand immer wieder heraus, dass Menschen, die im Rahmen eines Experiments angewiesen worden waren, über traumatische Ereignisse aus der Vergangenheit (z.B. Pennebaker, Kiecolt-Glaser & Glaser, 1988) oder über entsprechende Erfahrungen zu schreiben, die kürzlich stattgefunden hatten (Pennebaker, Colder & Sharp, 1990), im Anschluss an das Experiment über weniger Besuche in Gesundheitszentren berichteten als eine Kontrollgruppe, die über triviale Ereignisse geschrieben hatte (zum Überblick s. Pennebaker, 1989).

Doch obwohl die breite Gruppe der konfrontierenden emotionzentrierten Bewältigungsstrategien wirksamer zu sein scheint als die vermeidende Bewältigung, ist dieser Zusammenhang möglicherweise kurvilinear. Es gibt Belege dafür, dass Grübeln, also das zu starke Nachdenken über die eigenen Gefühle, ebenfalls eine schlechte Bewältigungsstrategie ist (z.B. Nolen-Hoeksema & Larson, 1999; Nolen-Hoeksema, McBride & Larson, 1997). Grübler neigen dazu, sich passiv auf ihre Belastungssymptome sowie auf die Bedeutung und die Folgen dieser Symptome zu konzentrieren, anstatt aktiv ihre Emotionen aufzuarbeiten. Der grüblerische Reaktionsstil verlängert die Depression deshalb, indem er die Wirkung einer negativen Stimmung auf die Kognition verstärkt und instrumentelles Verhalten behindert.

16.3.4.2 Disposition zum Optimismus

Es scheint plausibel zu sein, dass es Menschen hilft, mit schweren Lebensereignissen zurechtzukommen, wenn sie ein optimistisches Wesen haben (Scheier & Carver, 1985). Der entscheidende Faktor beim Optimismus besteht darin, dass Optimisten mit größerer Wahrscheinlichkeit als Pessimisten der Auffassung sind, erwünschte Ergebnisse seien für sie erreichbar. Weil Menschen, die erwünschte Ergebnisse als erreichbar ansehen, vermutlich ihre Anstrengungen fortsetzen, diese Ergebnisse zu erzielen, selbst wenn dies schwierig ist, würde man erwarten, dass Optimisten bei ihrer Bemühung, wünschbare Ergebnisse zu erzielen, beharrlicher sind als Pessimisten. Die Disposition zum Optimismus lässt sich mit Hilfe des *Life Orientation Test* messen. Dieser Test soll das Ausmaß erfassen, in dem Personen die allgemeine Erwartung haben, dass ihnen wahrscheinlich etwas Gutes widerfahren wird (typisches Item: „In unsicheren Zeiten erwarte ich gewöhnlich das Beste“; Scheier, Carver & Bridges, 1994).

Über Belege für Unterschiede bei der Bewältigung, die mit Optimismus zusammenhängen, wurde in zahlreichen Studien berichtet (z.B. Aspinwall & Taylor, 1992; Chang, 1998; Scheier, Weintraub & Carver, 1986). Optimismus, so fand man heraus, geht einher mit dem häufigeren Einsatz problemzentrierter Bewältigung, dem Suchen sozialer Unterstützung und der Betonung der positiven Aspekte einer belastenden Situation. Im Gegensatz dazu war Pessimismus mit Verleugnung und Distanzierung sowie mit der Konzentration auf das Ziel verbunden, das der Stressor behinderte (z.B. Scheier et al., 1986).

Es gibt auch Belege für die Hypothese, dass Optimisten belastende Lebensereignisse effektiver bewältigen können. Beispielsweise zeigten Untersuchungen an Bypass-Patienten und an Frauen, die sich einer Operation wegen Brustkrebs unterzogen, dass sich Optimisten schneller von einer großen Operation erholten (Scheier et al., 1989). Optimisten erholten sich schneller von den Auswirkungen einer Bypass-Operation und es gab einen positiven Zusammenhang zwischen Optimismus und der Lebensqualität sechs Monate nach der Operation; dabei ging es den Optimisten beträchtlich besser als den Pessimisten. Vergleichbare Befunde wurden von einer Längsschnittstudie bei Frauen mit Brustkrebs im Frühstadium berichtet.

Schließlich wurde auch gezeigt, dass die bessere Anpassung von Optimisten an belastende Lebensereignisse zumindest teilweise über die Unterschiede in den Bewältigungsstilen vermittelt ist (z.B. Aspinwall & Taylor, 1992; Chang, 1998). Beispielsweise fand man in einer Längsschnittstudie an Studenten, die zweimal interviewt worden waren, d.h. einmal kurz nach Beginn des Studiums und dann wieder drei Monate später, dass Optimisten seltener die vermeidende Bewältigung einsetzen (Aspinwall & Taylor, 1992). Aus einer vermeidenden Bewältigung ließ sich wiederum eine weniger erfolgreiche Anpassung an das Universitätsleben drei Monate später vorhersagen. Größerer Optimismus hing auch mit dem stärkeren Einsatz aktiver Bewältigung zusammen. Daraus wiederum ließ sich eine bessere Anpassung an die Hochschule voraussagen.

Soziale Unterstützung („social support"):
Bringt die Information vonseiten anderer zum Ausdruck, dass man geliebt wird und andere sich um die eigene Person sorgen, man geschätzt und geachtet wird sowie Bestandteil eines Netzes von Kommunikation und gegenseitiger Verpflichtung ist. Eine solche Information kann von einem Ehepartner, einem Liebhaber, von Kindern, Freunden oder aus sozialen oder Gemeinschaftszusammenhängen wie einer Kirche oder einer gesellschaftlichen Vereinigung stammen.

Strukturelle Maße sozialer Unterstützung („structural measures of social support"):
Spiegeln die soziale Integration bzw. soziale Verankerung von Personen wider, indem das Vorhandensein oder der Umfang ihrer sozialen Beziehungen erfasst wird.

Funktionale Maße der sozialen Unterstützung („functional measures of social support"):
Maße, die den Grad erfassen, in dem zwischenmenschliche Beziehungen bestimmten Unterstützungsfunktionen dienen (z.B. emotionale, instrumentelle, zugehörigkeits- und bewertungsbezogene Unterstützung).

16.3.4.3 Soziale Unterstützung

Soziale Unterstützung besteht in der Information seitens anderer, dass man geliebt und umsorgt wird, geschätzt und positiv bewertet wird sowie Teil eines Netzes von Kommunikation und gegenseitiger Verpflichtung ist (Cobb, 1976). In der Forschung wird zwischen strukturellen und funktionalen Maßen sozialer Unterstützung unterschieden. **Strukturelle Maße sozialer Unterstützung** erfassen das individuelle Netz sozialer Beziehungen (z.B. Familienstand, Anzahl der Freunde). Die Informationen sind relativ objektiv und leicht durch Selbsteinstufungen oder aus Akten erhältlich. **Funktionale Maße sozialer Unterstützung** erfassen, ob interpersonale Beziehungen eine bestimmte Funktion haben. Es sind diverse Typologien von Unterstützungsfunktionen vorgeschlagen worden (z.B. House, 1981). Die meisten unterscheiden zwischen *emotionaler Unterstützung* (Bereitstellung von Empathie, Fürsorge, Liebe; typisches Item: „Wenn ich mich deprimiert und einsam fühle, gibt es jemanden, mit dem ich sprechen kann und der mich versteht"); *instrumenteller Unterstützung* (greifbare Hilfe; typisches Item: „Wenn ich krank würde, gäbe es jemanden, den ich bitten könnte, sich um mich zu kümmern"); *Zugehörigkeitsunterstützung* (soziale Kontakte; typisches Item: „Wenn ich mich entschlösse, die Stadt für einen Tag zu verlassen, hätte ich jemanden, den ich bitten könnte, mit mir zu kommen") und *Bewertungsunterstützung* (Rückmeldung, die nützlich für die Selbstbewertung ist; typisches Item: „Wenn ich mir nicht sicher bin, ob ich richtig gehandelt habe, gibt es jemanden, auf dessen Meinung ich mich verlassen kann").

Ein Großteil des Engagements für die Beschäftigung mit sozialer Unterstützung und Gesundheit ging auf den Bereich der **Epidemiologie** zurück. In einer eindrucksvollen frühen Umfrage zeigten Berkman und Syme (1979) einen Zusammenhang zwischen sozialer Unterstützung und Mortalität auf (s. Kap. 12). Während sich jedoch Berkman und Syme (1979) auf die Selbsteinstufung körperlicher Gesundheit verlassen mussten, verwendeten einige der späteren Studien objektivere biomedizinische Gesundheitsmaße. House, Robbins und Metzner (1982) z. B. erfassten zu Beginn ihrer prospektiven Studie an 2754 Männern und Frauen im Jahre 1967 eine breite Vielfalt an Gesundheitsindikatoren (z. B. Blutdruck, Cholesterinspiegel, Atmungsfunktion, Elektrokardiogramm). Gleichzeitig wurden mehrere Typen sozialer Beziehungen und Aktivitäten erfasst. Ein Gesamtindex dieser sozialen Beziehungen korrelierte wiederum negativ mit der Mortalität innerhalb eines Zeitraums von 10–12 Jahren danach; dies war selbst dann der Fall, wenn man die Daten im Hinblick auf den Gesundheitszustand zu Beginn adjustierte. Personen mit einem niedrigen Niveau sozialer Beziehungen hatten in etwa ein zweimal so großes Mortalitätsrisiko wie Menschen mit einem hohen Niveau.

Epidemiologie („epidemiology"):
Die Untersuchung der Verbreitung und der Bestimmungsfaktoren gesundheitsbezogener Zustände und Ereignisse in bestimmten Populationen.

Diese Befunde wurden seitdem in mehreren Untersuchungen in unterschiedlichen Ländern repliziert (zu einem Überblick s. House, Landis & Umberson, 1988). Obwohl die Mortalitätsniveaus über die Studien hinweg stark variieren, sind die Muster des prospektiven Zusammenhangs zwischen sozialer Unterstützung und Mortalität bemerkenswert ähnlich. Dies ist Abb. 16.10 und 16.11 (S. 616) zu entnehmen, die die altersadjustierten Mortalitätsquoten jeweils für Männer und Frauen bei Untersuchungen zeigen, aus denen parallele Daten extrahiert werden konnten (House et al., 1988).

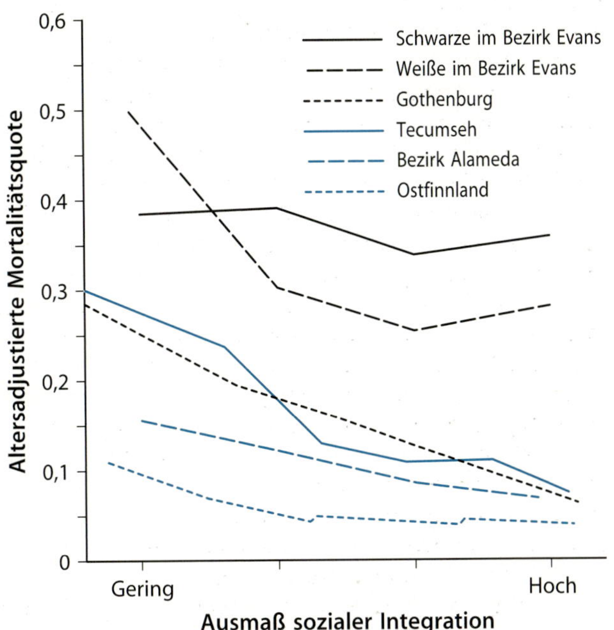

Abb. 16.10. Ausmaß an sozialer Integration und altersadjustierter Mortalität bei Männern in fünf prospektiven Studien. (Nach House et al., 1988)

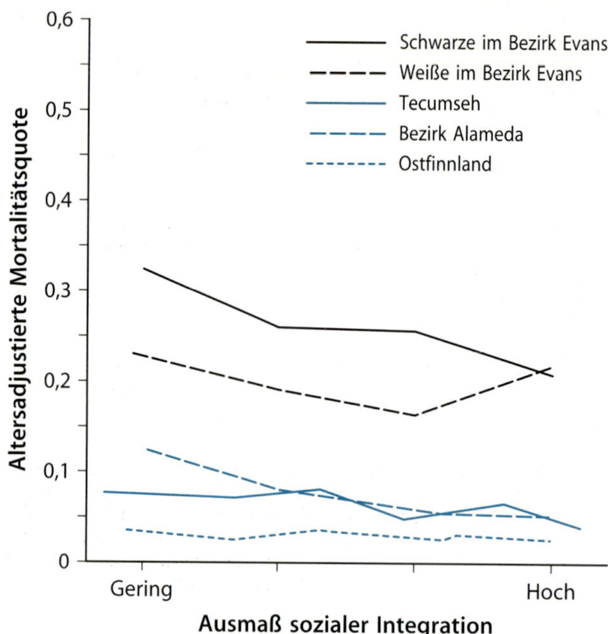

Abb. 16.11. Ausmaß an sozialer Integration und altersadjustierter Mortalität bei Frauen in vier prospektiven Studien. (Nach House et al., 1988)

Man fand aber auch weniger schlimme Folgen eines Mangels an sozialer Unterstützung. Es gibt nicht nur empirische Belege dafür, dass das Ausmaß, in dem jemand soziale Unterstützung erfährt, sein Risiko verringert, eine Erkrankung der Herzkranzgefäße zu entwickeln (z.B. Williams et al., 1980), sondern auch dafür, dass soziale Unterstützung die Erholung von einer Bypass-Operation fördert (einem Verfahren, bei dem der verengte Gefäßdurchgang mithilfe operativ entnommener Stücke einer Arterie überbrückt wird). So fanden King, Reis, Porter und Norsen (1993), die eine Kohorte von Patienten nach der Bypass-Operation ein Jahr lang begleiteten, Folgendes: Je stärker die Patienten vor der Operation berichteten, dass sie sich von ihrem Partner geschätzt fühlten, desto besser war ihr emotionales Wohlbefinden ein Jahr später und desto weniger wahrscheinlich war es, dass sie einen Rückfall in die Symptome der Angina pectoris erlitten (d.h. periodische Anfälle von Brustschmerzen, die durch kurze und unvollständige Blockaden der Blutversorgung am Herzen verursacht werden). Das Wiederauftreten der Symptome einer Angina pectoris wurde auch durch die wahrgenommene Verfügbarkeit von Zugehörigkeits- und instrumenteller Unterstützung reduziert.

Dass diese Befunde nicht untypisch sind, lässt sich aus einer Metaanalyse von mehr als 100 Untersuchungen über die Beziehung zwischen sozialer Unterstützung und Gesundheit ersehen, die zwischen 1976 und 1987 veröffentlicht worden waren (z.B. Schwarzer & Leppin, 1989). Schwarzer und Leppin fanden heraus, dass soziale Unterstützung nicht nur einen signifikanten Zusammenhang mit der Mortalität aufwies, sondern auch mit Selbsteinstufungsmaßen des Gesundheitszustands, der phy-

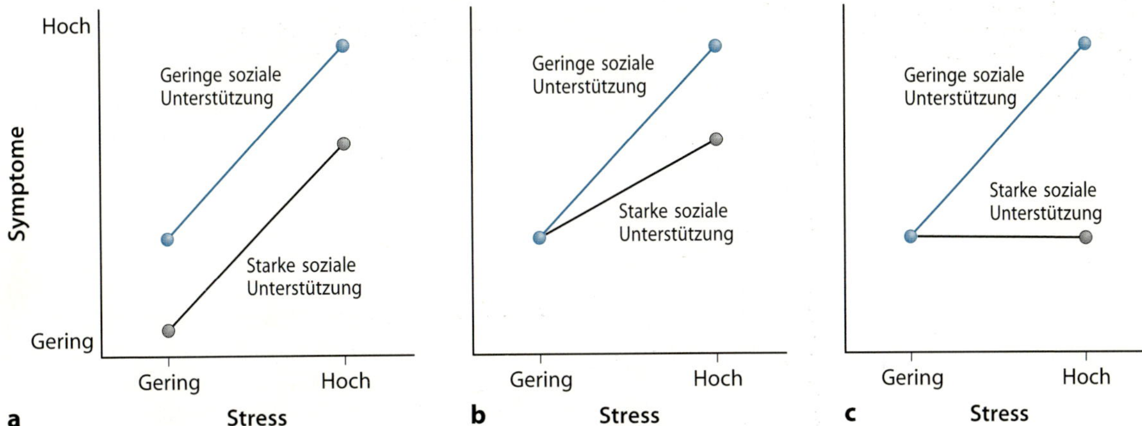

Abb. 16.12. Darstellung der beiden Arten, wie sich soziale Unterstützung der Annahme nach positiv auf die Gesundheit auswirken kann: **a** Bei der Hypothese des direkten Effekts wird behauptet, dass die gesundheitlichen Vorteile sozialer Unterstützung unabhängig vom Ausmaß des Stresses auftreten; bei der Hypothese vom Puffereffekt wird behauptet, dass soziale Unterstützung Individuen **b** in einem bestimmten Umfang oder **c** völlig vor dem negativen Einfluss von Stress auf die Gesundheit schützt

siologischen Reaktivität (d.h. Blutdruck, Herzfrequenz) und – am stärksten – mit Depression.

Weil in diesen Untersuchungen das Stressniveau nicht erfasst wurde, ist nicht klar, ob diese Befunde einen generalisierten günstigen Effekt der sozialen Unterstützung widerspiegeln, der unabhängig von Stress ist, oder ob soziale Unterstützung lediglich eine Moderatorvariable für den Einfluss von Stress darstellt (d.h. einen „Puffer", s. unten). Beide Effekte werden in der Literatur diskutiert. Abbildung 16.12 illustriert die beiden Möglichkeiten, wie die soziale Unterstützung Gesundheit und Wohlbefinden begünstigen kann. Ein *direkter Effekt* der sozialen Unterstützung auf Gesundheit könnte auftreten, weil große soziale Netze Menschen regelmäßig positive Erlebnisse und eine Reihe stabiler, sozial belohnter Rollen in der Gemeinschaft bieten (Cohen & Wills, 1985). Menschen mit einem hohen Niveau sozialer Unterstützung z.B. haben möglicherweise in stärkerem Maße das Gefühl, dass man sie mag und dass man sich um sie kümmert. Die positiven Aussichten, die sich dadurch bieten, könnten sich unabhängig von der Stresserfahrung günstig auf die Gesundheit auswirken. Ein hohes Maß an sozialer Unterstützung ermutigt Menschen eventuell dazu, ein gesünderes Leben zu führen.

Im Gegensatz dazu wird in der **Pufferhypothese** Folgendes behauptet: Soziale Unterstützung beeinflusst die Gesundheit dadurch, dass das Individuum vor dem negativen Einfluss hoher Stressniveaus geschützt wird. Dieser schützende Effekt lässt sich am ehesten durch die Analogie der Impfung verstehen. Ebenso wie ein Unterschied bezüglich der Gesundheit von Menschen, die geimpft sind oder nicht, nur auftreten sollte, wenn sie dem Erreger der Infektion ausgesetzt sind, ist die schützende Funktion der sozialen Unterstützung nur wirksam, wenn die Person einem starken Stressor ausgesetzt ist. Somit würde man unter Bedingungen von gerin-

Pufferhypothese der sozialen Unterstützung („buffering hypothesis of social support"):
Die Hypothese, dass soziale Unterstützung das Individuum vor dem negativen Einfluss eines hohen Stressniveaus auf die Gesundheit schützt.

gem Stress keine Unterschiede im Hinblick auf Gesundheit und Wohlbefinden bei Gruppen erwarten, die in unterschiedlichem Grad soziale Unterstützung erfahren.

Die Pufferung könnte über zwei Arten von Prozessen wirken. Erstens können Menschen, die ein hohes Maß sozialer Unterstützung bekommen, ein belastendes Ereignis als weniger belastend *bewerten* als Menschen ohne große soziale Unterstützung, weil sie wissen, dass es Personen gibt, an die sie sich zwecks Beratung wenden können oder die sogar bereit wären, sie finanziell zu unterstützen. Eine zweite Möglichkeit, wie der negative Einfluss von Stress durch soziale Unterstützung gepuffert werden könnte, ist die Verbesserung der *Fähigkeit* von Menschen, den Stressor *zu bewältigen*. Von daher könnte jemand, der eine Krise durchmacht, besser in der Lage sein, diese zu bewältigen, wenn er Personen kennt, die ihm einen Rat geben oder vielleicht sogar eine Lösung des Problems anbieten können.

Um zwischen dem direkten Effekt (also dem Haupteffekt sozialer Unterstützung auf Gesundheit) und dem Puffereffekt (also der Interaktion zwischen sozialer Unterstützung und Stress) der sozialen Unterstützung differenzieren zu können, müssen die Untersuchungen unter unterschiedlichen Stressniveaus den Einfluss unterschiedlicher Niveaus sozialer Unterstützung auf Gesundheit und Wohlbefinden erfassen. Das Bild, das sich aus dieser Art von Forschung ergeben hat, ist durchaus nicht klar umrissen. Einige Studien berichten nur über Haupteffekte, während in anderen Interaktionen zwischen Stress und sozialer Unterstützung gefunden wurden. In einem Überblick über die Literatur argumentieren Cohen und Wills (1985), dass diese Unterschiede in den Befunden mit der Art der Maße zusammenhängen, die in der jeweiligen Studie verwendet wurden. Damit ein Puffereffekt auftreten kann, so die Argumentation der Autoren, sollte die Art der verfügbaren sozialen Unterstützung eng auf die speziellen Bewältigungsbedürfnisse zugeschnitten sein, die durch ein belastendes Ereignis ausgelöst werden. Da unterschiedliche Arten sozialer Unterstützung nur mithilfe funktionaler Maße erfasst werden können, sollten lediglich Studien, die funktionale Maße verwenden, Hinweise auf Puffereffekte erzielen. Die Verwendung struktureller Maße, bei denen das Vorhandensein oder die Anzahl der Beziehungen erfasst wird, aber nicht die Funktionen, die tatsächlich durch jene Beziehungen bereitgestellt werden, sollte nur zu Haupteffekten führen. Der Überblicksartikel der Autoren bestätigte diese Hypothese.

Und schließlich muss der Einfluss sozialer und psychologischer Variablen auf die körperliche Gesundheit vermittelt über *biologische* Prozesse erfolgen. In einem kürzlich veröffentlichten Überblick über die Beziehung zwischen sozialer Unterstützung und physiologischen Prozessen konzentrierten sich Uchino, Cacioppo und Kiecolt-Glaser (1996) vor allem auf die Mechanismen, die dem Zusammenhang zwischen sozialer Unterstützung und körperlicher Gesundheit zugrunde liegen. Der Überblicksartikel förderte Befunde zum Zusammenhang zwischen sozialer Unterstützung und Aspekten der Funktion von Herz und Kreislauf, des endokrinen und des Immunsystems zutage. Interessanterweise wird die beobachtete Beziehung zwischen sozialer Unterstützung einerseits und den Funktionen von Herz und Kreislauf, von endokrinem und Immunsystem andererseits anscheinend auf keine irgendwie geartete Weise durch das Gesundheitsverhalten vermittelt. Während es also eine Bestätigung für die Annahme gibt, dass soziale Unterstützung die Gesundheit über biologische Vorgänge beeinflusst, gibt es nur wenig Hinweise darauf, dass sie durch Ermutigung zu gesünderen Verhaltensmustern wirkt. Dieser letzte Befund ist überraschend, weil es Belege dafür gibt, dass Personen, die sozial integriert sind (z. B. verheiratet statt allein stehend), eine gesündere Lebensweise übernehmen (Stroebe & Stroebe, 1987).

16.3.4.4 Schlussfolgerungen

Die Forschung zum Zusammenhang zwischen Stress und Gesundheit hat psychosozialen Stress mit der Zunahme von Risiken im Hinblick auf Tod und seelische und körperliche Krankheiten wie etwa Depression, Infektionskrankheiten oder Erkrankungen der Herzkranzgefäße in Verbindung gebracht. Man nimmt an, dass der Zusammenhang zwischen Stress und Gesundheit durch zwei Arten von Mechanismen vermittelt wird. Der erste besteht in einer direkten Wirkung von Stress auf Gesundheit, die vor allem über das endokrine System erfolgt. Der zweite bezieht sich auf die indirekten Effekte über die Veränderungen in Richtung auf gesundheitsbeeinträchtigende Verhaltensmuster. Es gibt empirische Belege für beide Arten von Mechanismen.

Wir haben auch Bewältigungsstrategien und Bewältigungsressourcen (Optimismus, soziale Unterstützung) als Moderatorvariablen für den Einfluss von Stress auf die Gesundheit erörtert. Die Forschung über die Wirksamkeit unterschiedlicher Bewältigungsstrategien zur Linderung von gesundheitsschädlichen Stressfolgen hat nur zu wenigen generalisierbaren Befunden geführt. Nur ein konsistentes Ergebnis scheint sich herauszuschälen: Obwohl vermeidende Bewältigungsstrategien wie etwa Verleugnung, Distanzierung oder Flucht vermutlich manchmal in den frühen Stadien der Bewältigung traumatischer Ereignisse wirksam sind, können sie ein Risikofaktor mit negativen gesundheitlichen Folgen sein, wenn sie ständig zum Einsatz kommen. Optimismus wurde als moderierende Persönlichkeitsvariable diskutiert, die beim Einfluss von Stress auf Gesundheit und Wohlbefinden wirkt. Es wurde die Annahme gemacht, dass die größere Widerstandskraft gegen Stress bei Optimisten durch die Unterschiede in den Bewältigungsstrategien erklärt werden kann. Es wurden Befunde dargestellt, die diese Annahme bestätigen. Am Ende wurde der positive Effekt von sozialer Unterstützung auf Gesundheit diskutiert. Die Befunde sind in der Hinsicht konsistent, dass Personen mit einem geringen Niveau sozialer Unterstützung ein höheres Risiko im Hinblick auf Morbidität und Mortalität haben. Es gibt auch empirische Hinweise darauf, dass die wahrgenommene Verfügbarkeit sozialer Unterstützung für den Einzelnen einen Puffer gegen den Einfluss belastender Lebensereignisse darstellt. Da der Einfluss der meisten dieser Faktoren auf die Gesundheit anscheinend entweder über kognitive Bewertungs- oder über Bewältigungsprozesse erfolgt, spricht diese Forschung zunehmend für die Möglichkeit, dass man die Folgen von

Stress mithilfe von Interventionen zur Modifikation des Bewertungs- bzw. Bewältigungsstils verringern könnte.

16.4 Zusammenfassung und Schlussfolgerungen

In der Forschung zum Einfluss von Risikofaktoren auf die Gesundheit gibt es drei voneinander unterscheidbare Phasen, nämlich die *Identifizierung* eines Faktors als Gesundheitsrisiko, die *Erklärung* des Mechanismus, über den der Risikofaktor die Gesundheit beeinflusst, und die Entwicklung von *Interventionen*, die darauf abzielen, dieses Risiko zu verringern oder es zu beseitigen. Der Beitrag, den Verhaltensfaktoren im Hinblick auf gesundheitliche Risiken für die Entwicklung von Herz-Kreislauferkrankungen leisten, wurde durch groß angelegte Studien aufgedeckt, die nach dem Zweiten Weltkrieg durchgeführt worden sind. Die Befunde dieser Studien waren für Regierungen in vielen Industriestaaten ein Motiv, Kampagnen zur Gesundheitserziehung entwickeln zu lassen, die darauf abzielten, die Menschen davon zu überzeugen, dass sie ihre Lebensweise ändern. Die meisten der Veränderungen im Risikoverhalten waren das Ergebnis der Verbreitung neuer Informationen, dass Verhalten, das man früher als harmlos beurteilt hatte, beträchtliche gesundheitliche Risiken barg. Obwohl diese Informationen einen starken Einfluss hatten, ging dies wahrscheinlich im Wesentlichen eher auf die Neuartigkeit der Informationen als auf die Raffiniertheit der Techniken zur Gesundheitserziehung zurück. Hatten die Menschen erst einmal erkannt, dass ihre Gesundheit durch Rauchen oder ungeschützten Geschlechtsverkehr gefährdet war, veränderten viele von ihnen ihre Lebensweise. Einige jedoch taten dies nicht. In einigen Fällen bestand das Problem darin, dass diese Personen durch die Kampagnen nicht erreicht worden waren; doch häufiger noch ließen sie sich durch diese Botschaften nicht überzeugen oder sie waren nicht in der Lage, sich zu ändern. Eine der wichtigsten Herausforderungen für Sozialpsychologen, die im Gesundheitsbereich arbeiten, besteht darin, Kampagnen zu entwickeln, mit denen man an Gruppen herankommt, die notorisch schwer zu erreichen sind (z. B. ethnische Minderheiten), sie zu überzeugen, dass sie ihr Verhalten ändern müssen, und sie mit den Fertigkeiten auszustatten, damit sie dies erfolgreich bewerkstelligen können.

Bei einem beträchtlichen Anteil der jedes Jahr auftretenden Todesfälle, die sich veränderbaren Faktoren der Lebensweise zuschreiben lassen, leisten Strategien, die sich bei der Veränderung des Gesundheitsverhaltens von Menschen als wirksam erweisen, einen wertvollen Beitrag zur Primärprävention. Während der letzten Jahrzehnte wurde ein großer Fortschritt dadurch erreicht, dass man die Vorgänge der Persuasion und der Einstellungsänderung sozialpsychologisch besser verstanden hat. Die Gesundheitspsychologie stellt ein lohnendes Anwendungsfeld für dieses Wissens dar. Sozialpsychologen können dazu beitragen, wirkungsvolle Kampagnen in den Massenmedien zu planen, um die Menschen über gesundheitliche Gefährdungen zu informieren, die mit den gesundheitsschädlichen Verhaltensmustern einhergehen.

Die Untersuchung des Einflusses von Stress auf die Gesundheit befindet sich in einer früheren Phase als die Forschung zu den verhaltensbezogenen Risikofaktoren. Obwohl Stress seit vielen Jahrzehnten im Verdacht steht, Ursache eines schlechten Gesundheitszustands zu sein, zeigt eine zunehmende Zahl empirischer Befunde, dass der Einfluss von Stress auf die Gesundheit sich eigentlich erst jetzt überzeugend belegen lässt. Wir machen auch Fortschritte bei unserem Verständnis der Vorgänge, durch die psychosozialer Stress die Gesundheit beeinflusst. Trotz dieser vorwärts weisenden Entwicklungen war der Fortschritt bei der Planung von Interventionen, die die gesundheitlichen Folgen von Stress lindern sollen, jedoch eher langsam. Da es schwer ist, sich weniger Stress auszusetzen, werden Interventionen auf Faktoren zielen müssen, die jene schützen, die einem hohen Risiko schädlicher Auswirkungen belastender Ereignisse ausgesetzt sind. Die Sozialpsychologie liefert viele der Theorien, von denen die Stressforschung geleitet ist und die uns helfen, unser Verständnis für diese Vorgänge zu verbessern.

FRAGEN ZUM TEXT

1. Warum lassen sich Menschen auf Verhaltensweisen ein, die ihre Gesundheit beeinträchtigen, auch wenn sie wissen, dass sie damit ihrer Gesundheit schaden?
2. In welchem Maße stellt die Theorie der Schutzmotivation eine Verbesserung gegenüber dem Health-Belief-Modell dar?
3. Wie unterscheiden sich die Phasenmodelle der gesundheitsbezogenen Verhaltensänderung von den traditionellen Verhaltensmodellen wie etwa dem Health-Belief-Modell oder der Theorie des geplanten Verhaltens (Kap. 8)?
4. Welche Schritte würden Sie ergreifen, wenn Sie eine wirkungsvolle Kampagne in den Massenmedien zu planen hätten, die darauf abzielt, Lebensweisen zu verändern, die die Gesundheit beeinträchtigen? Welche Rolle können Vorbilder für Verhalten bei der Planung einer Kampagne in den Massenmedien spielen?
5. Erörtern Sie die Gründe dafür, warum es neueren Interventionen auf regionaler Ebene nicht gelungen ist, größere Veränderungen in der Lebensweise zu erreichen.
6. Diskutieren Sie die methodologischen Schwächen von Studien, die auf Selbsteinstufungen kritischer Lebensereignisse basierende Stressmaße zu Selbsteinstufungen der Gesundheit in Beziehung setzen.
7. Unter welchen Bedingungen sind emotionzentrierte Bewältigungsstrategien wirksamer als die problemzentrierte Bewältigung und warum ist das der Fall?
8. Stellen Sie die Hypothese vom direkten Effekt sozialer Unterstützung der Pufferhypothese der sozialen Unterstützung gegenüber. Wie müsste man Untersuchungen planen, um Puffereffekte untersuchen zu können?

Empfohlene Literatur

Berkman, L.F. & Syme, S.L. (1979). Social networks, host resistance, and mortality: A nine-year follow-up of Alameda County residents. *American Journal of Epidemiology, 109,* 186–204. Die klassische epidemiologische Untersuchung, die erstmals den Zusammenhang zwischen sozialer Unterstützung und Langlebigkeit demonstrierte.

Boer, H. & Seydel, E.R. (1996). Protection motivation theory. In M. Conner & P. Norman (Eds.), *Predicting health behaviour* (pp. 95–120). Buckingham: Open University Press. Eine detaillierte Darstellung der Theorie der Schutzmotivation und ein ausführlicher Überblick über die Forschung, die durchgeführt wurde, um die Theorie zu überprüfen.

Cohen, S., Kessler, R.C. & Gordon, L.U. (Eds.) (1995). *Measuring stress.* New York: Oxford University Press. Dieses herausgegebene Buch enthält Kapitel von führenden Fachleuten auf dem Gebiet psychologischer Methoden der Erfassung von Stress beim Menschen. Es stellt auch einen guten Überblick über die Forschung zum Stress und zur Beziehung zwischen Stress und einer Vielzahl von Krankheiten dar.

Cohen, S., Tyrell, D. & Smith, A. (1993). Negative life events, perceived stress, negative affect, and susceptibility to the common cold. *Journal of Personality and Social Psychology, 64,* 131–140. Eine spannende experimentelle Untersuchung, bei der die Rolle des psychosozialen Stresses für die Zunahme des Risikos, einen Schnupfen zu bekommen, erfasst wird.

Cohen, S. & Wills, T.A. (1985). Stress, social support, and the buffering hypothesis. *Psychological Bulletin, 98,* 310–357. Der Text ist eine klassische Übersichtsarbeit und zugleich eine theoretische Analyse der Forschung zum Thema soziale Unterstützung und Gesundheit. Auf Grundlage ihrer Analyse und ihres Überblicks haben die Autoren festgestellt, dass man Puffereffekte der sozialen Unterstützung nur in Untersuchungen erwarten kann, die funktionale Maße für soziale Unterstützung verwenden.

Lazarus, R.S. & Folkman, S. (1984). *Stress, appraisal, and coping.* New York: Springer Publishing. Diese klassische Monografie von zwei der führenden Personen in der psychologischen Stressforschung gibt einen Überblick über die kognitive Stresstheorie von Lazarus und Folkman. Sie stellt eine integrative theoretische Analyse von zwei Jahrzehnten Forschung über psychologischen Stress dar.

Sheeran, P. & Abraham, C. (1996). The health belief model. In M. Conner & P. Norman (Eds.). *Predicting health behaviour* (pp. 23–61). Buckingham: Open University Press. Eine detaillierte Darstellung des Health-Belief-Modells und ein ausführlicher Überblick über die Forschung, die durchgeführt wurde, um dieses Modell zu überprüfen.

Stroebe, W. (2000). *Social psychology and health* (2. Aufl.). Buckingham: Open University Press. Das Buch gibt einen Überblick über die epidemiologische Forschung zum gesundheitlichen Einfluss riskanter Verhaltensweisen (z.B. Rauchen, exzessiver Alkoholkonsum, übermäßiges Essen, riskantes Sexualverhalten) und von psychosozialem Stress. Jedes dieser Themen wird im Licht sozialpsychologischer Theorien diskutiert, die bei der Untersuchung von Stress und bei der Beeinflussung des Gesundheitsverhaltens genutzt worden sind.

Schlüsseluntersuchungen

Cohen, S., Tyrell, D. & Smith, A. (1993). Negative life events, perceived stress, negative affect, and susceptibility to the common cold. *Journal of Personality and Social Psychology, 64,* 131–140.

Liberman, A. & Chaiken, S. (1992). Defensive processing of personally relevant health messages. *Personality and Social Psychology Bulletin, 18,* 669–679.

17 Sozialpsychologie in Organisationen

Nico W. VanYperen und Evert Van de Vliert

INHALT

Zum Nachweis, wie sich die Sozialpsychologie in der Organisationspsychologie anwenden lässt, werden drei sozialpsychologisch orientierte Prozesstheorien der Arbeitsmotivation eingeführt: die Theorie der Zielsetzung, die Theorie der sozialen Gerechtigkeit und die Theorie des produktiven Konflikts. Daran schließt sich eine kurze Übersicht über Führungstheorien an. Zunächst jedoch werden organisationale „Ergebnisse" erörtert (d.h. Arbeitszufriedenheit, Commitment, Fluktuation, gesundheitsrelevante Konsequenzen und berufliche Leistung). Dieses Kapitel schließt mit einer Auflistung der aus Theorien abgeleiteten Bedingungen, die Führungskräfte schaffen sollten, um ihre Mitarbeiter zu motivieren, in ihrem Beruf das Beste zu geben.

17.1 Einleitung

Wie können sozialpsychologische Theorien auf Organisationen angewandt werden?

Ein Polizeihauptkommissar sah sich schweren Problemen mit seinen Polizeimeistern ausgesetzt. Eine Reorganisation, die von der Regierung in die Wege geleitet worden war, zwang ihn, einen partizipativen Managementansatz umzusetzen, bei dem ein Großteil der Entscheidungen und der beruflichen Kontrolle in die neu gebildeten Arbeitsgruppen verlagert wurde. Er unterstützte die Reorganisation, aber gleichzeitig machte er sich Sorgen um die Folgen für seine Polizeimeister, die einen Großteil ihrer Führungsaufgaben und ihrer formalen Macht verloren. Die Gehälter wurden zwar nicht gekürzt, aber jeder einzelne Polizeimeister sollte als einfaches Mitglied eines Teams wirken und normale Polizeiarbeit leisten; er hatte lediglich einige zusätzliche Koordinierungsaufgaben. Obwohl die Reorganisation bei der Mehrheit der Polizeibeamten zu einem höheren Engagement führte, fühlten sich die Polizeimeister unfair behandelt und waren sehr unzufrieden mit ihrer neuen beruflichen Stellung. Ihre berufliche Motivation und Leistung nahmen ab, die Fehlzeiten verdoppelten sich beinahe und sie reagierten aggressiver auf einfache Beamte, Kollegen und die Öffentlichkeit.

Das Problem des Polizeihauptkommissars ist ziemlich typisch für Führungskräfte sowohl im privaten Sektor als auch im öffentlichen Dienst: Wie bekommt man – innerhalb der spezifischen Beschränkungen der Situation – motivierte Arbeitskräfte und wie bleiben sie motiviert, um insgesamt eine organisatorische Effektivität zu erreichen? Wenn der Polizeihauptkommissar lernen will, wie er seine Polizeimeister führen, motivieren und ihre Arbeitsmoral aufrechterhalten kann, muss er sich der relevanten organisationspsychologischen Antriebsfaktoren bewusst sein. Von der Organisationspsychologie könnte er etwas darüber lernen, was die Menschen zufrieden macht und sie motiviert, er könnte etwas erfahren über die Ursachen guter und schlechter beruflicher Leistung und über die Gründe, warum Menschen ihr Commitment (d.h. ihre Bindung an die Organisation) aufgeben, sich vor der Arbeit drücken oder ihre Aufgaben nicht angemessen erfüllen.

Die Organisationspsychologie definiert sich im Sinne ihres Anwendungsgebiets; das heißt, dass sie sich mit menschlichem Verhalten in Organisationen beschäftigt und in starkem Maße auf Theorien und Modellen aufbaut, die von den vier Teildisziplinen der Psychologie übernommen wurden: der Sozialpsychologie, der Persönlichkeitspsychologie, der Entwicklungspsychologie sowie der Kognitiven und Physiologischen Psychologie (s. Abb. 17.1). Bedenkt man jedoch, dass Organisationen von Menschen geschaffen wurden und aus Menschen bestehen, die sich gegenseitig beeinflussen, leistet die Sozialpsychologie den wesentlichen Beitrag für dieses interdisziplinäre Gebiet. Eine sozialpsychologische Perspektive verbessert unser Verständnis für eine Vielfalt von Themen, die sich mit den sozialen Bestimmungsfaktoren und Konsequenzen der individuellen be-

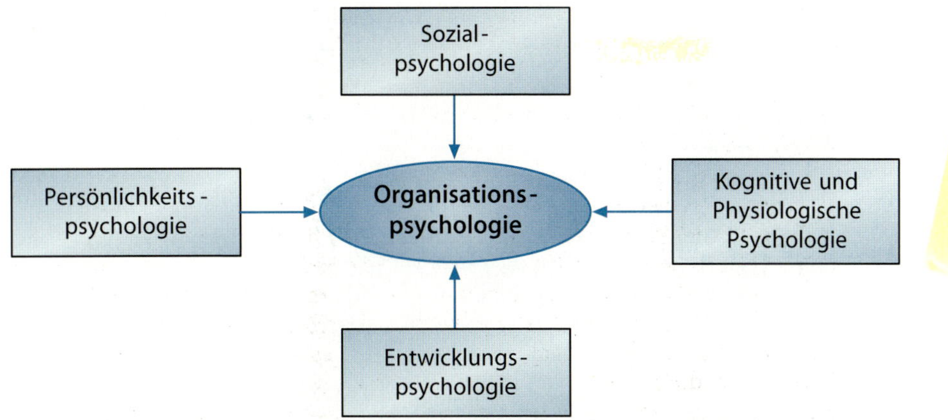

Abb. 17.1. Die Beziehung zwischen der Organisationspsychologie und den vier Grundlagenfächern der Psychologie: Sozialpsychologie, Persönlichkeitspsychologie, Entwicklungspsychologie sowie Kognitive und Physiologische Psychologie

ruflichen Erfahrung und des individuellen beruflichen Verhaltens (z.B. Einstellungen, Motivation, Stress, Leistung, Zufriedenheit), mit dem Funktionieren von Gruppen (z.B. Kommunikation, Führung, gemeinsame Entscheidungsfindung, Konflikt, Aufbau eines Teams) und mit organisatorischer Tragfähigkeit (z.B. strategische Mission, strukturelles Design, kulturelle Übereinstimmung, Techniken der Personalplanung, Veränderung von Organisationen) beschäftigt.

Dieses Kapitel konzentriert sich auf eines der wichtigsten Themen in der Organisationspsychologie; es geht um das Thema *Arbeitsmotivation*, das auch saliente Wurzeln in der Sozialpsychologie hat. Motivation stellt ein hoch komplexes Phänomen dar, das beeinflusst wird durch und Einfluss hat auf eine Vielzahl anderer organisatorischer Phänomene wie etwa Führungsstil, Ausgestaltung der Arbeit und Gehaltssysteme, aber auch auf Organisationsergebnisse wie etwa Arbeitszufriedenheit, organisationales Commitment und berufliche Leistung. Ein weiterer Grund, warum sowohl Praktiker als auch Wissenschaftler dem Thema Motivation beträchtliche und anhaltende Aufmerksamkeit gewidmet haben, besteht darin, dass jede Organisation motivierte und gut ausgebildete Menschen braucht, um ihre Effektivität und Effizienz zu verbessern oder sie zumindest aufrechtzuerhalten (Steers, Porter & Bigley, 1996).

Aus dem starken Interesse am Schlüsselkonzept der Arbeitsmotivation haben sich viele Theorien ergeben, die sich mit der Frage beschäftigen, wie die Arbeitsmotivation der Beschäftigten erhöht werden kann. Diese Theorien lassen sich in zwei allgemeine Klassen gruppieren: die Inhaltstheorien und die Prozesstheorien. Bei den *Inhaltstheorien* der Arbeitsmotivation wird angenommen, dass es Faktoren innerhalb des Individuums gibt (z.B. Instinkte und Bedürfnisse), die dem Verhalten Energie verleihen, es steuern und aufrechterhalten. Bei diesen Faktoren kann es sich entweder um angeborene psychologische Merkmale handeln, wie etwa physiologische Bedürfnisse und das Bedürfnis nach Sicherheit und Schutz

Abb. 17.2. Von einem Manager bzw. einer Managerin erwartet man, dass er oder sie informative Rollen, Entscheidungsträgerrollen und interpersonale Rollen ausfüllt

(z. B. Maslow, 1954), oder um sozial erworbene Eigenschaften, wie etwa das Bedürfnis nach Leistung und das Bedürfnis nach Macht (z. B. McClelland, 1961).

Im Gegensatz zu den Inhaltstheorien versuchen die *Prozesstheorien* der Arbeitsmotivation zu beschreiben, *wie* dem Verhalten Energie verliehen, *wie* es gesteuert und aufrechterhalten wird. Um zu zeigen, wie sich die Sozialpsychologie auf die Organisationspsychologie anwenden lässt, werden wir in diesem Kapitel drei sozialpsychologisch orientierte, sich wechselseitig ergänzende *Prozesstheorien* der Arbeitsmotivation und der daraus folgenden Effektivität darstellen. Diese drei Theorien sind die Theorie der Zielsetzung, die Theorie der sozialen Gerechtigkeit und die Theorie des produktiven Konflikts. Die Theorie der Zielsetzung postuliert, dass die Beschäftigten durch spezifische und schwierige Ziele, die sie auch selbst akzeptieren, motiviert werden, Zeit und Aufwand in ihren Beruf zu investieren. Die Theorie der sozialen Gerechtigkeit postuliert, dass die Wahrnehmung der Verteilungsgerechtigkeit und der prozeduralen Fairness unter diesem Blickwinkel besonders wichtig sind. Und schließlich wird in der Theorie des produktiven Konflikts die Auffassung vertreten, dass die Beschäftigten durch Konflikte mittlerer Intensität motiviert werden können, ihre berufliche Leistung zu verbessern, während Konflikte entweder zu geringer oder zu hoher Intensität den Beteiligten und ihrer Organi-

Abb. 17.3. Sind sie auch produktiv?

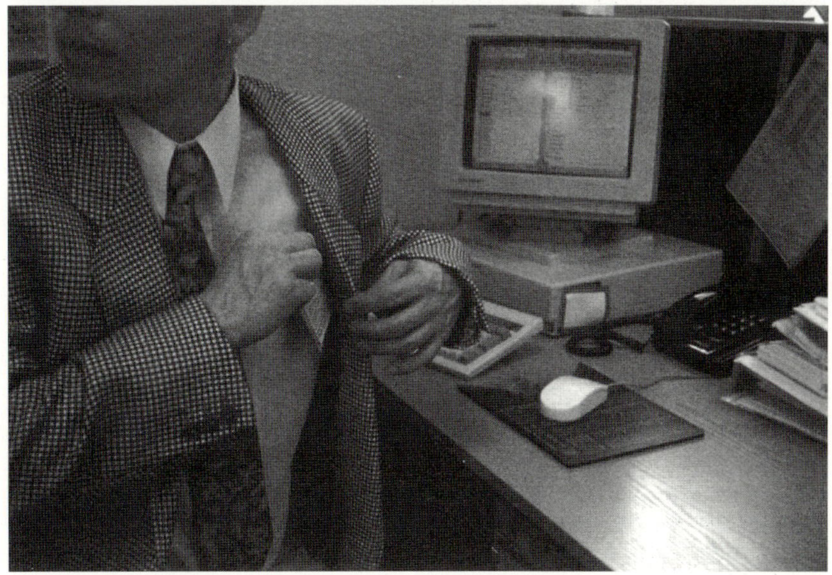

Abb. 17.4. Wie kann man dieses Verhalten verhindern?

sation wahrscheinlich eher schaden als ihnen nutzen werden. Die Effektivität von Beschäftigten, Gruppen und Organisationen lässt sich auf der Grundlage verschiedener Organisationsergebnisse beurteilen; dazu gehören Arbeitszufriedenheit, organisationales Commitment, Fluktuation, gesundheitsbezogene Ergebnisse (wie etwa Fehlzeiten) und berufliche Leistung. Entsprechend werden diese Organisationsergebnisse zunächst erörtert.

Ob Leistungsziele, soziale Gerechtigkeit und soziale Konflikte dem für günstige Organisationsergebnisse erforderlichen Verhalten der Beschäftigten Energie verleihen, es steuern und aufrechterhalten, hängt in hohem Maße von der Fähigkeit des Managements ab, eine Reihe angemessener Prinzipien am Arbeitsplatz umzusetzen. Wegen dieses untrennbaren Zusammenhangs zwischen der Arbeitsmotivation der Beschäftigten und dem Führungsverhalten werden wir im Anschluss an die drei Prozesstheorien der Arbeitsmotivation einige Führungstheorien behandeln. Dieses Kapitel schließt mit einer Auflistung der aus den Theorien abgeleiteten Bedingungen, die der Polizeihauptkommissar in unserem Beispiel schaffen sollte, um seine Polizeimeister dazu zu motivieren, dass sie in ihrem Beruf das Beste geben.

17.2 Organisationsergebnisse

Welches sind einige der wichtigsten „Ergebnisse", die in der Organisationspsychologie erforscht werden sollten?

17.2.1 Arbeitszufriedenheit, organisationales Commitment und Fluktuation

Bei bedeutsamen Ergebnissen wie Arbeitszufriedenheit und organisationalem Commitment handelt es sich um die am umfassendsten untersuchten *Einstellungen* in der Organisationspsychologie (s. Kap. 8). Es herrscht eine allgemeine Übereinstimmung darüber, dass *Arbeitszufriedenheit* „eine affektive, also emotionale Reaktion auf eine Arbeit ist, die sich beim Stelleninhaber aus dem Vergleich der tatsächlichen Handlungsergebnisse mit denen ergibt, die er sich wünscht (erwartet, verdient hat usw.)" (Cranny, Smith & Stone, 1992, S. 1). Diese Definition steht im Einklang mit dem Konzept der Zufriedenheit von Thibaut und Kelley (1959) in ihrer einflussreichen Theorie des sozialen Austauschs, aber auch mit der Equity-Theorie von Adams (1965; s. Kap. 12 im vorliegenden Buch). Es gibt recht überzeugende Hinweise darauf, dass eine stärkere Beteiligung von Mitarbeitern an Entscheidungen, eine Anreicherung der beruflichen Funktionen, das Setzen schwieriger und spezifischer Ziele, die Behandlung der Beschäftigten mit Würde und Respekt etc., dass all dies zu positiven Ergebnissen führt, einschließlich eines höheren Maßes an Arbeitszufriedenheit und beruflicher Leistung (zu einem Überblick s. Steers et al., 1996). Eine interessante Frage lautet, ob diese und ähnliche Interventionen zur Zufriedenheit der Beschäftigten beitragen und sie motivieren, mehr zu leisten, oder ob sie zu einem höheren Leistungsniveau führen, woraus sich wiederum eine höhere Arbeitszufriedenheit ergibt. Wir werden später auf diesen Punkt zurückkommen.

Organisationales Commitment wird allgemein definiert als „*die relative Stärke der Identifikation eines Individuums mit und das Engagement in einer bestimmten Organisation*“ (Mowday, Steers & Porter, 1979). Nach Meyer und Allen (1991) bezieht sich diese Definition jedoch nur auf eine Komponente des organisationalen Commitments, nämlich auf das affektive Commitment. Beschäftigte, die ein hohes affektives Commitment aufweisen, *wollen* weiterhin in der Organisation bleiben. Die zweite Komponente, die Meyer und Allen in ihrem Drei-Komponentenmodell des Commitments differenzieren, ist das normative Commitment. Beschäftigte, die ein hohes normatives Commitment aufweisen, sind der Auffassung, dass sie weiterhin in der Organisation bleiben *sollten*, weil sie glauben, dass dies richtig und moralisch gut ist. Beschäftigte schließlich mit einem hohen Maß an Kontinuitätscommitment setzen ihr Beschäftigungsverhältnis in der Organisation fort, weil sie es *müssen*. Sie haben zu ihrer momentanen Arbeitsstelle keine ausreichende Anzahl von Alternativen; und falls doch, würden sie auf unüberwindliche Barrieren stoßen, weil ihnen zu viele wertvolle Investitionen verloren gingen. Beispiele für Investitionen, die diese Personen aufgeben würden, sind Zeit und Aufwand, die sie in berufsbezogene Fertigkeiten und Wissen gesteckt haben, Freunde an der Arbeitsstelle, äußerliche Vorteile, die exklusiv mit der Arbeit einhergehen, gute Ruhestandsregelungen, Status und eine sichere Arbeitsstelle. Es versteht sich von selbst, dass die Länge der Beschäftigung positiv mit Kontinuitätscommitment korreliert. Je länger die Zeit ist, die die Beschäftigten für die Organisation gearbeitet haben, desto mehr Investitionen würden sie verlieren, wenn sie ihr Beschäftigungsverhältnis bei der Organisation beendeten.

Die Forschung zur Mitarbeiter**fluktuation** zeigte, dass die Unzufriedenheit mit der Arbeitsstelle nicht der einzige Prädiktor für Fluktuation aus eigenem Antrieb ist. In ihrem Überblicksartikel über den Prozess der Mitarbeiterfluktuation kommen Mobley und Mitarbeiter (Mobley, Griffeth, Hand & Meglino, 1979) zu der Schlussfolgerung, dass es nur eine schwache negative Korrelation zwischen Arbeitszufriedenheit und Fluktuation aus eigenem Antrieb gibt. Der Grund dafür, dass unzufriedene Mitarbeiter ihre Arbeitsstelle beibehalten, kann ein hohes Niveau an Kontinuitätscommitment sein: Sie haben keine Alternativen (z. B. aufgrund makroökonomischer Effekte) oder stoßen auf zu viele Barrieren, die sie davon abhalten zu kündigen (vgl. Hulin, 1991). Andererseits können zufriedene Mitarbeiter die Beziehung zu der Organisation beenden, weil sie Alternativen als sogar noch attraktiver empfinden und weil es keine Barrieren gibt, die sie davon abhalten zu kündigen (sie haben ein geringes Kontinuitätscommitment). Ähnliche Prädiktoren der Mitarbeiterfluktuation haben Farrell und Rusbult (1981) in ihrem Investitionsmodell vorgeschlagen (s. auch Kap. 12).

Fluktuation („turnover“): Kündigung von Mitarbeitern; Fluktuation ist schädlich für Organisationen, wenn sie von Personen mit guten Leistungen verlassen werden (dysfunktionale Fluktuation), jedoch von Vorteil, wenn Personen mit schlechten Leistungen die Organisation verlassen (funktionale Fluktuation).

17.2.2 Gesundheitsbezogene Organisationsergebnisse

Zu den gesundheitsbezogenen Organisationsergebnissen gehören **Burnout** (was später erörtert werden wird) und zeitweiliger Rückzug aus der Arbeit oder *Fehlzeiten* (z. B. Johns, 1997; Rhodes & Steers, 1990). Organisati-

Burnout („burnout“): Eine spezifische Folge beruflicher Stressoren, die durch drei Aspekte gekennzeichnet ist: emotionale Erschöpfung, Depersonalisation und verringerte persönliche Leistung.

onspsychologen haben ein besonderes Interesse an der Häufigkeit kurzer Fehlzeiten (gewöhnlich weniger als fünf Tage), also der Anzahl der Male, die sich ein Mitarbeiter innerhalb eines bestimmten Zeitintervalls krank meldet. Man nimmt an, dass die Häufigkeit kurzer Fehlzeiten absichtliche Fehlzeiten widerspiegelt. Gibt es z.B. im Betrieb Konflikte, eine hohe Arbeitsbelastung oder schwierige Arbeitsbedingungen, neigen die Mitarbeiter eventuell stärker dazu, sich krank zu melden; das gilt auch, wenn die Beschwerden nicht objektiv nachweisbar sind. Nichterscheinen am Arbeitsplatz kann als eine der adaptiven Reaktionen angesehen werden, die Mitarbeitern zur Verfügung stehen, um ihre Arbeitsumgebung zu bewältigen (Hagedoorn, VanYperen, Van de Vliert & Buunk, 1999; Hulin, 1991; Rosse & Miller, 1984). Wenn eine bestimmte Abteilung oder eine ganze Organisation damit konfrontiert ist, dass kurze Fehlzeiten sehr häufig vorkommen, sollte der Sache deshalb nachgegangen und über anschließende Interventionen nachgedacht werden.

17.2.3 Arbeitsleistung

Das Organisationsergebnis der *Arbeitsleistung* soll nun ausführlicher erörtert werden, weil die tatsächliche Arbeitsleistung vor allem für Praktiker wahrscheinlich das wichtigste Kriterium ist, um die Effektivität und Effizienz von Mitarbeitern, Gruppen und Organisationen zu beurteilen. Das Problem, das mit diesem Organisationsergebnis einhergeht, besteht jedoch darin, dass es oft recht schwierig ist, die Verhaltensweisen festzulegen, die für eine Arbeit erforderlich sind. Bei einem Versuch, beispielsweise die Verhaltensweisen zu beschreiben, die man formell von Managern erwartet, stellte Mintzberg (1973) drei globale Kategorien auf. Bei *informativen Rollen* geht es um den Erwerb von Informationen und die Weitergabe von Informationen an Mitarbeiter, andere Einheiten innerhalb der Organisation oder relevante Individuen bzw. Gruppen außerhalb der Organisation wie etwa an Kunden und Zulieferer. Zu *Entscheidungsträgerrollen* gehören die Initiierung, Planung und Umsetzung innovativer Veränderungen, der Umgang mit Störungen, die Zuweisung von Ressourcen und das Verhandeln. *Interpersonale Rollen* schließlich beziehen sich auf die Position der Führungskraft in der Gruppe und auf ihre Beziehung mit anderen Personen innerhalb und außerhalb der Gruppe. Wenn diese Rollen gut ausgefüllt werden, trägt der Manager zur Effektivität der Organisation im Sinne der gemeinsamen Zielerreichung, der Chancen für künftige Kooperation und positiver individueller Konsequenzen bei (z.B. Guzzo & Dickson, 1996; Hackman, 1990).

17.2.3.1 Rolleninternes und rollenexternes Verhalten

Rolleninternes Verhalten („in-role behavior"): Jene Aspekte der Arbeitsleistung, die explizit erwartet und belohnt werden.

Rolleninterne Verhaltensweisen werden definiert als jene Aspekte der Arbeitsleistung, die ausdrücklich erwartet und belohnt werden. Obwohl der Zusammenhang zwischen Rollenvorschrift und entsprechender Belohnung auf der Hand liegt und weithin bekannt ist, werden Mitarbeiter manchmal dafür bestraft, wenn sie das machen, was erwünscht ist (Kerr, 1995). Von Professoren wird beispielsweise erwartet, dass sie lehren und forschen (z. B. Artikel für wissenschaftliche Zeitschriften schreiben), und sie müssen sich in ihrer Zeitplanung oft zwischen diesen beiden Aktivitäten entscheiden. Professoren, die der Lehre mehr Zeit als den Forschungsaktivitäten widmen, werden in beruflicher Hinsicht dafür bestraft werden, dass sie nur diese Erwartungen an ihren Beruf erfüllen. An den Universitäten ist Lehre im Allgemeinen mit geringerem Prestige verbunden; Besoldungserhöhungen und Berufungen basieren oft auf dem Beitrag für die Forschung (d. h. der Anzahl der Publikationen in Zeitschriften hoher Qualität); dies hat auch damit zu tun, dass sich der Beitrag für die Forschung leichter dokumentieren und quantifizieren lässt als die Qualität der Lehre. In einem Belohnungssystem, bei dem nur die Forschung und Veröffentlichungen belohnt werden (und der mangelnde Erfolg dabei, Veröffentlichungen hervorzubringen, bestraft wird), auch wenn dies sogar zu Lasten der Lehre und auf Kosten der Studenten geht, hängt die Zeit und der Aufwand, den Professoren der Lehre widmen, sehr stark mit ihrer Gewissenhaftigkeit, aber auch mit ihrem Interesse an der Lehre zusammen.

Rollenexternes Verhalten („extra-role behavior"): Jene Aspekte der Arbeitsleistung, die nicht im Voraus durch Rollenvorschriften spezifiziert werden, die nicht direkt oder explizit durch das formale Belohnungssystem berücksichtigt werden und die keinen Anlass für Sanktionen darstellen, wenn Stelleninhaber sie nicht ausführen.

Rollenexterne Verhaltensweisen sind jene Aspekte der Arbeitsleistung, die nicht vorher durch Rollenvorschriften spezifiziert werden, die nicht direkt oder ausdrücklich durch das formale Belohnungssystem anerkannt werden und die nicht Anlass für Sanktionen sind (Van Dyne, Cummings & McLean Parks, 1995). Es versteht sich von selbst, dass Organisationen nicht die ganze Bandbreite der Verhaltensweisen formalisieren können, die erforderlich sind, um Effektivität in der Organisation zu erreichen. Beispiele für rollenexternes Verhalten sind, dass man andere bei einer schweren Arbeitsbelastung unterstützt, dass man konstruktive Vorschläge hinsichtlich der Veränderungen anbietet, die in der eigenen Abteilung oder im Unternehmen durchgeführt werden könnten, dass man Pausen auslässt und Schritte unternimmt, um Problemen mit Kollegen vorzubeugen. Rollenexternes Verhalten ist von Interesse, weil das Auftreten dieser Art von Aktivität viel stärker der Kontrolle des Individuums unterliegt als rolleninternes Verhalten; es wird deshalb stärker durch sozialpsychologische Variablen und individuelle Merkmale bestimmt.

17.2.3.2 Arbeitszufriedenheit und Arbeitsleistung

Es sind eine Reihe von Theorien und Modellen vorgeschlagen worden, denen zufolge zufriedene Mitarbeiter bei ihrer Arbeit gute Leistungen vollbringen und unzufriedene Mitarbeiter von der Natur der Sache her unproduktiv sind. Ihre grundlegende Annahme lautet, dass *die rolleninterne Arbeitsleistung eines Mitarbeiters, wenn er wirklich bessere Leistungen zeigen will, selbstverständlich besser werden wird* (Staw, 1986). Es gibt jedoch mehrere dispositionale und situative Faktoren, die sich einschränkend darauf auswirken können, ob zufriedene Mitarbeiter rolleninternes Verhalten zeigen; Beispiele dafür sind psychische und körperliche Fähigkeiten, Energie, Selbstvertrauen, rein formale Vorgehensweisen, Mangel an finanzieller Unterstützung und Abhängigkeit von Maschinen (z.B. Fließbandarbeit) oder von Kollegen (z.B. Verwaltungsarbeiten). Es kann in der Tat so sein, dass eine Sekretärin ihre Arbeit gerne macht, weil sie gut mit ihren Kolleginnen zurechtkommt, aber recht schlechte Leistungen zeigt, weil es ihr an den Fertigkeiten mangelt, die eine kompetente Sekretärin haben muss.

Die Forschung hat übereinstimmend gezeigt, dass es keinen großen Zusammenhang zwischen Arbeitszufriedenheit und rolleninterner Arbeitsleistung gibt. Mitte der Sechzigerjahre veröffentlichte Vroom (1964) einen Überblicksartikel, der zeigte, dass Zufriedenheit und rolleninterne Arbeitsleistung kaum etwas miteinander zu tun haben ($r = 0{,}14$), ein Resultat, das gut replizierbar zu sein scheint (Iaffaldano & Muchinsky, 1985). Ähnliche Korrelationen wurden zwischen Zufriedenheit und anderen spezifischen Organisationsergebnissen gefunden, einschließlich Fluktuation aus eigenem Antrieb und zeitweiligem Rückzug aus der Arbeit (wie etwa Zuspätkommen und absichtliche Fehlzeiten; z.B. Hackett, 1989; Tett & Meyer, 1993). Offensichtlich leisten zufriedene Mitarbeiter manchmal schlechte Arbeit oder ziehen sich auf Dauer bzw. zeitweilig aus der Arbeit zurück, während in einigen Fällen unzufriedene Mitarbeiter eng mit ihrer Aufgabe verbunden sind und sehr gute Leistungen zeigen.

Eine weitere Ursache für die niedrige Korrelation zwischen Arbeitszufriedenheit und spezifischen Verhaltensweisen, die mit der Arbeit zusammenhängen bzw. nicht zusammenhängen (z.B. rolleninterne Arbeitsleistung, Fluktuation und Fehlzeiten) besteht darin, dass es keinen Grund gibt, anzunehmen, dass unzufriedene Mitarbeiter unter allen Umständen das gleiche identifizierbare Verhalten zeigen. Einstellungstheoretiker (s. Kap. 8) haben gute Gründe dagegen angeführt, dass man erwarten könne, aus allgemeinen Einstellungen (wie etwa Arbeitszufriedenheit) spezifische Verhaltensweisen vorhersagen zu können. Es ist am wahrscheinlichsten, dass allgemeine Einstellungen eine Beziehung zu allgemeinen Verhaltensmaßen haben werden, wohingegen Einstellungen gegenüber spezifischen Handlungen mit spezifischen Verhaltensweisen zusammenhängen werden. Die Forschung hat tatsächlich gezeigt, dass die Absicht, die Arbeitsstelle zu verlassen, der beste Prädiktor für tatsächliche Fluktuation ist (z.B. Tett & Meyer, 1993). In einer kürzlich durchgeführten Studie von VanYperen (1998a) z.B. war die Absicht, die Arbeitsstelle zu verlassen, der einzige direkte Prädiktor für tatsächliche Fluktuation mehrere Monate später. Arbeitszufriedenheit als allgemeine Einstellung dagegen ist ein besserer Prädiktor für eine globale Kategorie von Aktivitäten wie etwa rollenexterne Verhaltensweisen, die einer viel stärkeren Kontrolle der Mitarbeiter unterliegen. In einem metaanalytischen Überblick über 55 Studien fanden Organ und Ryan (1995) heraus, dass Arbeitszufriedenheit und rollenexternes Verhalten stärker zusammenhängen als Arbeitszufriedenheit und rolleninterne Arbeitsleistung. Somit können wir zu der Schlussfolgerung kommen, dass die intuitiv einleuchtende Idee eines zufriedenen und produktiven Mitarbeiters einige empirische Unterstützung bekommen hat.

17.3 Wie man Organisationsergebnisse verstehen kann

Um zu zeigen, wie die Sozialpsychologie uns dabei helfen kann, Organisationsergebnisse zu begreifen, werden als Nächstes drei Prozesstheorien der Arbeitsmotivation erläutert (die Theorie der Zielsetzung, die Theorie der sozialen Gerechtigkeit und die Theorie des produktiven Konflikts). Ob die Prinzipien, die von den drei Theorien vorgeschlagen werden, wirklich dazu beitragen, positive Organisationsergebnisse zu erreichen, hängt in starkem Maße von der Qualität des Managers oder präziser von der Kontingenz zwischen den Eigenschaften des Managers und den Umgebungsbedingungen ab, einschließlich der Merkmale und Qualitäten seiner Mitarbeiter. Entsprechend werden im Anschluss an die drei Theorien der Arbeitsmotivation Führungstheorien behandelt, die dazu genutzt werden können, kompetente Manager herauszufinden und zu trainieren.

17.3.1 Theorie der Zielsetzung

Welche Art von Zielen sollte man Mitarbeitern setzen?

Um die enttäuschende Leistung der Vertreter seines Unternehmens zu verbessern, beschloss der Leitende Direktor einer Großhandelsfirma für Elektroartikel, eine neue Managementtechnik auszuprobieren: **Benchmarking**. In einer Pilotstudie sollte der Verkaufszuwachs in 31 Filialen des Unternehmens (die Treatment-Gruppe für das Benchmarking) mit dem Verkaufszuwachs von 35 anderen Filialen innerhalb des Unternehmens (die Kontrollgruppe) verglichen werden. In der Benchmarking-Treatment-Gruppe wurde allen Filialleitern das anspruchsvolle, aber erreichbare Ziel gesetzt, die Verkäufe bis zum Ende eines Zeitraums von vier Monaten verglichen mit demselben Zeitraum im Vorjahr um 10% zu verbessern. Vom zweiten Monat an schickte man zu Beginn eines jeden Monats jeder Filiale eine Rangliste, die für den vergangenen Monat anzeigte, um wie viel Prozent man sich verbessert hatte und welchen Rang man unter allen Filialen in dieser Gruppe einnahm. Zusätzlich bekamen die Filialleiter von den Managern der Filialen mit den besten Leistungen eine Liste mit Ideen und Vorschlägen über Techniken und Praktiken, die sie zur Verbesserung ihrer Leistungen einsetzen konnten. Zu diesen Tipps gehörten die folgenden: Bereitstellung von Telefonnummern auf Visitenkarten, unter denen man auch nach Büroschluss noch erreichbar war; eine „Rückholinitiative", um pro Monat mindestens zwei frühere Kunden zurückzugewinnen; ein individuelles Training von Vertretern zum Verständnis und zur Nutzung von Kundentrendberichten. Im Gegensatz zur Kontrollgruppe, die über

Benchmarking („benchmarking"): Ein Unternehmen führt ein Benchmarking durch, wenn es sich selbst mit Firmen mit besserem Geschäftserfolg vergleicht, um die Faktoren zu bestimmen, die es in die Lage versetzen werden, ebenso gute Leistungen zu erbringen oder besser zu sein als Wettbewerber.

den Zeitraum von vier Monaten nur ein vernachlässigbares Wachstum erreichte, erzielte die Benchmarking-Treatment-Gruppe bei den Verkäufen im Durchschnitt einen Zuwachs von 5,6%; dies führte zu einem großen finanziellen Gewinn gegenüber dem Vergleichszeitraum (Mann, Samson & Dow, 1998).

Der Geschäftsführer dieses Unternehmens war der Meinung, dass sich Arbeitsmotivation und Arbeitsleistung verbessern ließen, wenn man die Mitarbeiter mit klaren, erreichbaren Leistungszielen aus der Reserve lockte. In einem ähnlichen Sinne lautet die Grundannahme der Theorie der Zielsetzung, dass die bewussten Zielvorstellungen der Mitarbeiter ihr Arbeitsverhalten beeinflussen. Der wesentliche Befund der Forschung zur Zielsetzung besteht darin, dass spezifische und schwierige Ziele, die vom Individuum akzeptiert werden, zu einem höheren Leistungsniveau führen als spezifische, aber leichte Ziele oder als schwierige, aber verschwommene Ziele (Locke & Latham, 1990). Wie im Beispiel mit der Großhandelsfirma für Elektroartikel illustriert, verbesserte sich die Leistung der Vertreter, weil sie das spezifische und schwierige Ziel einer zehnprozentigen Erhöhung des Verkaufs akzeptierten, während die Kontrollgruppe nur marginal besser wurde, weil sie entweder das verschwommene Ziel, „ihr Bestes zu geben", oder sogar überhaupt kein Ziel hatte. Es sollte jedoch erwähnt werden, dass eine wichtige Bedingung, die den Zusammenhang zwischen Zielen und Leistung beeinflusst, die *Rückmeldung* ist. Die Kombination von Zielsetzung und Rückmeldung (z.B. eine Rangliste) ist effektiver als nur eines von beiden allein. Weiterhin zeigt das Beispiel, dass Ideen und Vorschläge, wie man es besser machen kann, entscheidend dafür sind, Wachstum zu erreichen.

Untersuchungen zur Zielsetzung im Bereich der Organisationspsychologie verwenden typischerweise Ziele in Bezug auf das Handlungsergebnis, also Ziele, einen bestimmten Leistungswert zu erreichen. Der logische Ausgangspunkt zum Setzen des eigenen Ziels bei einer Aufgabe ist die *vorherige Leistung*, also ein selbstreferenzielles Ziel in Bezug auf das Handlungsergebnis. Locke und Latham (1990) nehmen jedoch zusätzlich an, wenn auch nicht sehr explizit, dass Ziele im Hinblick auf das Handlungsergebnis auch im Sinne sozialer oder normativer Vergleiche formuliert werden können; das heißt, dass das Ziel darin bestehen kann, eine bessere Leistung als andere zu erzielen oder einen normativen Standard zu erreichen. Im oben angeführten Beispiel formulierte der Geschäftsführer ein Ziel in Bezug auf das Handlungsergebnis, das sowohl als selbstreferenzieller Standard (zehnprozentige Verbesserung der Verkäufe) als auch im Sinne eines sozialen Vergleichs (durch Einführung einer Rangliste) definiert ist.

17.3.1.1 Ich-Orientierung und Lernorientierung

Im Einklang mit dieser Differenzierung zwischen fremdreferenziellen und selbstreferenziellen Zielen unterscheidet man in der sozialpsychologischen Literatur zu Motivation und Leistung zwischen der Orientierung auf *fremdreferenzielle* Ziele bezüglich des Handlungsergebnisses (dies wird als **Ich-Orientierung**, als Wettbewerbsorientierung oder als Leistungszielorientierung bezeichnet) und der Orientierung auf *selbstreferenzielle* Lernziele (man nennt dies **Lernorientierung**, Aufgabenorientierung oder Kompetenzorientierung). Eine Ich-Orientierung spiegelt das Ziel des Individuums wider, seine Überlegenheit über andere herzustellen, während zu einer Lernorientierung gehört, Fertigkeiten zu erwerben und so viel zu leisten, wie man kann. Untersuchungen, die von dieser theoretischen Perspektive ausgehen, vertreten die Auffassung, dass eine ausschließliche Ich-Orientierung fehlangepasst ist. Speziell geht eine Ich-Orientierung verglichen mit einer Lernorientierung mit weniger Beharrlichkeit, weniger Zufriedenheit, weniger wahrgenommener Kompetenz, weniger intrinsischer Motivation und der Tendenz einher, subjektiv weniger schwierige Aufgaben auszuwählen. Eine Ich-Orientierung hat auch eine negative Auswirkung darauf, wie Mitarbeiter ihr Versagen erklären; die Folge sind Attributionen auf externe, unkontrollierbare Faktoren wie auf einen Mangel an Fähigkeit, angeborenem Talent und auf Pech (Duda, 1992; Farr, Hofmann & Ringenbach, 1993). Dieses Attributionsmuster kann einen negativen Einfluss auf Motivation, künftige Orientierung und Selbstwertgefühl haben (s. Kap. 7). Weil das Hauptziel ich-orientierter Individuen ferner darin besteht, andere zu übertreffen, haben sie außerdem ihrer Wahrnehmung nach weniger Kontrolle über ihren Erfolg, weil sie keine Kontrolle über die Leistungen ihrer Vergleichspersonen oder externer Bezugsstandards haben. Das heißt, dass sie ein schlechtes Gefühl gegenüber der eigenen Person haben, wenn andere eine bessere Leistung als sie aufweisen können. Wenn sie jedoch eine Leistung gezeigt haben, die ihrem Potenzial entspricht oder die sogar größer ist, sollten sie ein gutes Gefühl gegenüber ihrer eigenen Person haben und die bessere Leistung der anderen als Selbstverständlichkeit hinnehmen. Im Gegensatz zu Festingers (1954) Annahme in seiner Theorie des sozialen Vergleichs (s. Kap. 12) stellen ich-orientierte Personen *nicht* primär deshalb soziale Vergleiche an, weil sie sich selbst bewerten. Ihre Orientierung in Bezug auf andere wird vielmehr vor allem vom Motiv der Selbstwerterhöhung angeregt, also einem Bedürfnis, ein positives Selbstkonzept zu erreichen oder es zu bewahren. Wenn ich-orientierte Individuen sich recht sicher sind, dass ihre Leistung der Leistung anderer Personen unterlegen ist, verlieren sie ihr Interesse an Informationen zum sozialen Vergleich.

Ich-Orientierung („ego orientation"): Spiegelt das Ziel des Individuums wider, seine Überlegenheit gegenüber anderen herzustellen.

Lernorientierung („learning orientation"): Spiegelt das Engagement des Individuums wider, Fertigkeiten zu erwerben und sein Bestes zu geben.

Vor allem auf lange Sicht führt eine Lernorientierung zu einer besseren aufgabenbezogenen Leistung und zu einer stärkeren Verbesserung als eine Ich-Orientierung (z.B. VanYperen & Duda, 1999). Wie kann dieses Forschungsergebnis mit den konsistenten Befunden in der Literatur zur Zielsetzung in Einklang gebracht werden, die darauf verweisen, dass das Setzen von Zielen zu einer besseren aufgabenbezogenen Leistung führt, und dies unabhängig vom Inhalt des Ziels ist? Eine Metaanalyse von Utman (1997), die hauptsächlich auf experimentellen Untersuchungen an Kindern beruhte, deutet darauf hin, dass der Vorteil, lernorientiert zu sein, auf relativ komplexe Aufgaben begrenzt ist. Ähnliche Muster fand man in Erwachsenenstichproben. Winters und Latham (1996) z.B. zeigten, dass die Leistung bei einfachen Aufgaben vermittelt über einen direkten Effekt auf

Anstrengung und Beharrlichkeit durch eine Ich-Orientierung zunahm. Im Gegensatz dazu ließ eine Lernorientierung die Leistungen bei komplexen Aufgaben zunehmen, bei denen Lernen von zentraler Bedeutung war. In ähnlichem Sinne führten Kanfer und Ackerman (1989) eine Studie an Trainees der Luftwaffe durch, die eine komplexe Aufgabe lösen mussten (eine Flugsimulation). Ihre Ergebnisse deuten darauf hin, das in der ersten Lernphase eine Ich-Orientierung dysfunktional ist. Eine Ich-Orientierung verbessert die Leistung jedoch, wenn die Person die erforderliche Fertigkeit und das notwendige Wissen hat, um eine Aufgabe auszuführen. In der Lernphase müssen Individuen ihre Aufmerksamkeit stärker auf die Aufgabe selbst richten als auf die Sorge wegen der Konsequenzen, die damit verbunden wären, wenn sie es nicht schaffen sollten, die Aufgabe zu lösen. Eine Ich-Orientierung geht stärker noch als eine Lernorientierung mit ablenkenden Gedanken während der Ausführung einer Aufgabe einher (s. auch Kap. 14: Auswirkungen der Anwesenheit anderer Menschen auf die Ausführung einer Aufgabe).

17.3.1.2 Bestimmungsfaktoren für Zielorientierungen

In der wissenschaftlichen Literatur hat man sich vorwiegend mit der Zielorientierung eines Individuums als einem Persönlichkeitsmerkmal beschäftigt, das für individuelle Unterschiede verantwortlich ist. Man fand heraus, dass Ich-Orientierung und Lernorientierung zwei voneinander unabhängige Faktoren sind; es ist möglich, dass man auf beiden Dimensionen zugleich hohe bzw. niedrige Werte hat (z. B. Button, Mathieu & Zajac, 1996; Duda, 1992). Die Zielorientierung des Individuums wird aber auch von situativen und kulturellen Faktoren bestimmt; dies ist ein Hinweis darauf, dass Organisationen und andere Umgebungen, in denen sich Individuen an Lernaktivitäten, Fertigkeitsentwicklung und Leistungsbewertung beteiligen, eine wichtige Rolle bei der Entwicklung und Verstärkung von Zielorientierungen spielen. Wie durch den Fall der Großhandelsfirma für Elektroartikel illustriert, kann das Management ein Organisationsklima schaffen, bei dem beide Zieldimensionen stark ausgeprägt sind und die Oberhand über die dispositionale Zielorientierung gewinnen oder sie verstärken. In ähnlicher Weise entdeckte man, dass unter Angloamerikanern eine Ich-Orientierung vorherrschend war, während sich unter Chinesen eine Lernorientierung als der wirksamere Faktor herausstellte; dies kann als Hinweis darauf gelten, dass bei der Entwicklung von Zielorientierungen auch kulturelle Einflüsse eine Rolle spielen (Xiang, Lee & Solmon, 1997).

Die auf der Hand liegende Konsequenz für die Praxis im Management lautet, dass ein Lernklima bei den Mitarbeitern einen Einfluss auf folgende Variablen haben kann: ihr Niveau der intrinsischen Motivation, ihre Bereitschaft, an Trainingsprogrammen teilzunehmen, ihre Vorstellungen über die Erfolgsursachen und ihre Beharrlichkeit, eine Aufgabe erfolgreich zu Ende zu führen. Man sollte jedoch erkennen, dass das Leben in einer Organisation, aber auch in unseren westlichen Gesellschaften allgemein gewöhnlich durch Wettbewerb und normative Bewertungen bestimmt wird: Es gibt weitaus mehr potenzielle Führungskräfte als Positionen in Unternehmen; die Mitarbeiter werden mit Leistungskriterien konfrontiert und genügen den Standards von Tests zur Personalauswahl, die auf den Resultaten anderer beruhen, oder auch nicht. Dennoch zeigt das Beispiel der Großhandelsfirma für Elektroartikel deutlich, dass fehlangepasste Auswirkungen eines Ich-Klimas in einer Organisation wahrscheinlich nicht auftreten werden, wenn es ein entsprechendes Lernklima gibt, in dem die auf das Team bezogene und die individuelle Verbesserung gleichzeitig betont werden (Button et al., 1996).

17.3.2 Theorie der sozialen Gerechtigkeit

Was versteht man unter distributiver und prozeduraler Gerechtigkeit und wie beeinflussen sie die Motivation der Mitarbeiter?

Der Geschäftsführer eines amerikanischen Unternehmens war gezwungen, die Lohnkosten dadurch zu verringern, dass er die Gehälter zeitweilig um 15% kürzte. An einem Freitagnachmittag rief er seine Mitarbeiter zu einer Versammlung zusammen, die etwa 15 Minuten lang dauerte. Er sagte den Mitarbeitern, dass die Gehaltskürzung von der kommenden Woche an wirksam würde, seiner Erwartung nach für eine Zeit von zehn Wochen. Die einzige zusätzliche Information, die er lieferte, deutete darauf hin, dass verloren gegangene Verträge die Notwendigkeit einer Gehaltskürzung erforderlich gemacht hätten. Es wurde weder eine Entschuldigung noch ein Bedauern zum Ausdruck gebracht und die Entscheidungsgrundlage wurde nicht klar genug beschrieben. Innerhalb der folgenden zehn Wochen wurde er mit einer Verdreifachung der Diebstahlquote an Werkzeugen, Zubehör usw. durch die Beschäftigten konfrontiert (Greenberg, 1990).

Was hat der Geschäftsführer des Unternehmens falsch gemacht? Wie hätte er verhindern können, dass die Mitarbeiter in der momentanen Notsituation, in der eine Gehaltskürzung unvermeidlich war, Gegenstände stahlen? Nach der Theorie der sozialen Gerechtigkeit ist es nicht nur die Gehaltskürzung als solche, die zum Diebstahl durch Mitarbeiter führt, sondern vor allem die Art und Weise, wie die Entscheidung mitgeteilt wird. Um aus der Perspektive der Theorie der sozialen Gerechtigkeit eine gute oder schlechte Arbeitsleistung richtig zu begreifen, sollten zwei unterschiedliche Gerechtigkeitskonzepte in die Überlegung einbezogen werden: distributive und prozedurale Gerechtigkeit (Cropanzano & Folger, 1996).

17.3.2.1 Distributive Gerechtigkeit und Equity-Theorie

Es besteht distributive Gerechtigkeit, wenn die Beiträge und Ergebnisse einigermaßen gerecht unter den Teilnehmern verteilt sind. Es ist wichtig, anzumerken, dass die objektiven Merkmale der Situation weniger von Belang sind als die Art und Weise, wie das Individuum den Wert und die Relevanz der Beiträge und Ergebnisse der verschiedenen Teilnehmer bewertet. Mit anderen Worten ist Gerechtigkeit etwas, was im Auge des Betrachters entsteht (Walster, Berscheid & Walster, 1973). Außerdem kann es Unterschiede zwischen Individuen im Hinblick auf die Regel geben, die der Wahrnehmung distributiver Gerechtigkeit zugrunde liegt. Manche Menschen empfinden eine Verteilung von Ergebnissen als fair, wenn alle unabhängig von den Beiträgen ähnliche Ergebnisse erhalten (*Gleichheitsregel*), während andere die Meinung vertreten, dass Individuen mit größeren Bedürfnissen bessere Ergebnisse erhalten sollten (*Bedürfnisregel*) (Leventhal, 1980). Der größte Teil der Forschung zur distributiven Gerechtigkeit in Organisationskontexten wurde jedoch vom Standpunkt der *Equity-Theorie* aus durchgeführt (Adams, 1965; s. Kap. 12). Nach der *Equity-Regel* liegt Fairness vor, wenn das Verhältnis der Ergebnisse des Individuums (E) zu den Beiträgen (B) als gleich dem entsprechenden Verhältnis bei den Vergleichspersonen wahrgenommen wird: Individuen mit höheren Beiträgen (z. B. 14 Stunden vs. sieben Stunden) sollten bessere Ergebnisse erhalten (z. B. € 140,– vs. € 70,–):

$$\frac{E_{Person}}{B_{Person}} = \frac{E_{Vergleichsperson}}{B_{Vergleichsperson}}$$

Adams (1965) stellte eine Liste der Beiträge von Mitarbeitern auf, die relevant sein können; dazu gehören Intelligenz, Ausbildung, Erfahrung, Training, Fertigkeit, Dienstalter und Anstrengungsbereitschaft im Beruf. Er entwickelte auch eine Liste von Ergebnissen, die die Mitarbeiter von der Organisation erhalten können; dazu gehören Gehalt, intrinsische Belohnungen im Hinblick auf den Beruf und der berufliche Status. Nach der Equity-Theorie sind Personen mit ihrer Arbeit weniger zufrieden, wenn sie ihre Investitionen als nicht proportional zu ihren Ergebnissen wahrnehmen. Deshalb lautet eine Grundannahme der Equity-Theorie, dass es eine Ähnlichkeit zwischen den wirtschaftlichen Transaktionen auf dem Markt und dem Prozess gibt, mit dessen Hilfe Individuen ihre sozialen Beziehungen bewerten. Weitere Annahmen besagen, dass Individuen versuchen, ihre Ergebnisse zu maximieren, aber auch, dass langfristig nur äquitable Beziehungen überleben werden (Walster et al., 1973).

Nach der Equity-Theorie fühlen sich Individuen inäquitabel, also nicht beitragsgerecht behandelt, wenn ihr eigenes Verhältnis von Ergebnissen und Beiträgen und das entsprechende Verhältnis der Vergleichsperson ungleich sind. Statt ihre eigenen Ergebnisse zu maximieren, ziehen Individuen Equity vor, um für sich selbst langfristig vernünftige materielle und immaterielle Ergebnisse (wie etwa den Aufbau und die Aufrechterhaltung von Beziehungen) zu sichern. Es gibt zwei Arten von Gefühlen der Inequity: das Gefühl, benachteiligt zu sein, und das Gefühl, im Vorteil zu sein. Beide Situationen rufen leidvolle Gefühle hervor (vor allem Inequity bei Benachteiligung) und sie werden deshalb gemieden. Befinden sich Personen selbst in einer Situation der Inequity, haben sie mehrere Möglichkeiten, mit diesem Mangel an Reziprozität umzugehen; dazu gehören die Wiederherstellung der tatsächlichen oder psychologischen Equity, der Wechsel der Vergleichsperson und das Verlassen der Situation (z.B. VanYperen, Hagedoorn & Geurts, 1996).

Mowday (1996) gab einen Überblick über die Forschung zu Verhaltensreaktionen von Mitarbeitern, die wegen einer inäquitablen Entlohnung unzufrieden waren. Ein Zuviel vs. ein Zuwenig an Entlohnung wurde unter zwei Bedingungen zusammengefasst: Stundenlohn vs. Akkordlohn. Unterbezahlte Mitarbeiter neigen dazu, die Equity dadurch wiederherzustellen, dass sie ihre Beiträge verringern (z.B. die Anstrengung reduzieren), wenn ihr Ergebnis konstant ist (Stundenlohn). Ist die Entlohnung jedoch variabel und hängt sie von der Quantität ab (Akkord), stellen sie Equity wahrscheinlich dadurch wieder her, dass sie ihr Ergebnis erhöhen, indem sie in der gleichen Zeit mehr produzieren, was augenscheinlich zu schlechterer Qualität bei der Leistung führt. Im Falle einer Überbezahlung kommt es wahrscheinlich zum umgekehrten Muster. Überbezahlte Mitarbeiter werden ihre Arbeit mit größerer Anstrengung machen, wenn sie pro Stunde bezahlt werden, und werden weniger produzieren und Leistungen höherer Qualität erbringen, wenn sie nach einem Akkordsystem entlohnt werden.

Die Tendenz, Equity auf der Verhaltensebene wiederherzustellen, wird geringer ausgeprägt sein bei Mitarbeitern, die Equity psychologisch wiederhergestellt haben. Equity kann psychologisch dadurch wieder erreicht werden, dass man die Bedeutsamkeit und die Relevanz der eigenen Beiträge oder Handlungsergebnisse bzw. die der anderen ändert. Beispielsweise kann ein Mitarbeiter, der mehr Stunden als seine Kollegen arbeitet, der aber proportional nicht besser entlohnt wird, sich selbst überzeugen, dass es nur fair ist, wenn er mehr Zeit in der Firma verbringt, weil ihm mehr Zeit zur Verfügung steht als seinen Kollegen; dadurch wird der wahrgenommene Mangel an Equity ausgeglichen.

17.3.2.2 Langfristige Inequity und Burnout

Wenn die Beschäftigten das Gefühl haben, dass es unmöglich ist, die tatsächliche Equity wiederherzustellen, und dass nicht einmal die psychologische Equity wiederhergestellt werden kann, wenn eine Alternative attraktiver ist als die momentane Arbeitsstelle (z.B. eine andere berufliche Stellung oder die Betreuung der Kinder), werden sie kündigen. Stehen jedoch keine alternativen Arbeitsplätze zur Verfügung oder empfinden sie andere Aktivitäten als weniger attraktiv, wird es mit geringerer Wahrscheinlichkeit zur Kündigung kommen, auch wenn sie sich als inäquitabel behandelt sehen. Beschäftigte, die nicht auf lange Sicht erfolgreich Equity wiederherstellen, werden wahrscheinlich Burnout-Symptome entwickeln

(VanYperen, 1998b; VanYperen, Buunk & Schaufeli, 1992). Burnout ist eine spezifische Folge beruflicher Stressoren und lässt sich durch drei Aspekte kennzeichnen: emotionale Erschöpfung, Depersonalisation und verringerte persönliche Leistung (Maslach & Jackson, 1981). Emotionale Erschöpfung bezieht sich auf das Ausgehen der Energieressourcen als Folge der emotionalen Anforderungen einer Arbeit. Depersonalisation ist die Entwicklung negativer, zynischer Einstellungen und Gefühle gegenüber der eigenen Arbeit, während die verringerte persönliche Leistung definiert wird als die Tendenz, sich selbst im Hinblick auf die eigene Arbeit negativ zu bewerten. Ursprünglich wurde Burnout definiert im Sinne der eigenen Beziehung zu Hilfeempfängern (z.B. zynische Einstellungen und Gefühle gegenüber Hilfeempfängern); dies hat die Forschung zu diesem Phänomen jedoch auf die helfenden Berufe eingeschränkt, zu denen Krankenschwestern, Lehrer, Polizisten und Sozialarbeiter gehören.

Für die helfenden Berufe können zwei Equity-Aspekte unterschieden werden: die Beziehung zu der Organisation, für die man arbeitet, und die Beziehung zu den Hilfeempfängern, mit denen man zusammenarbeitet (VanYperen, 1996). Die Beziehung zwischen Arbeitgeber und Arbeitnehmer ist typischerweise eine **Austauschbeziehung**, also eine Beziehung, bei der es zwei Seiten gibt, die verstehen, dass ein Nutzen für einen anderen Nutzen zurückgegeben wird und dass jede beteiligte Seite in der Lage ist, Equity in der Beziehung aufrechtzuerhalten. Im Gegensatz dazu ist es bei der Beziehung zwischen dem Angehörigen eines helfenden Berufs und einem Hilfeempfänger praktisch nicht möglich, Equity aufrechtzuerhalten (s. Kap. 9 über die Beziehung zwischen Helfenden und Hilfeempfängern). Die subjektiv wahrgenommene eigene Benachteiligung in Beziehungen zu Hilfeempfängern ist ein grundlegendes Arbeitsmerkmal bei Berufen, in denen man sich für Menschen einsetzt: Von den Angehörigen helfender Berufe erwartet man, dass sie geben, während man von den Begünstigten erwartet, dass sie nehmen. Clark und Mills (1993) argumentierten deshalb, dass die Beziehung zwischen einem Angehörigen der helfenden Berufe und einem Hilfeempfänger ein Beispiel für eine einseitige **Gemeinschaftsbeziehung** ist. Bei Gemeinschaftsbeziehungen besteht die Norm darin, in Reaktion auf Bedürfnisse Vorteile zu verschaffen oder sich allgemein um andere Personen zu kümmern. Beispielsweise stellt die Austauschbeziehung zwischen der Krankenschwester und der Klinik die Grundlage für die einseitige Gemeinschaftsbeziehung zwischen der Krankenschwester und den Patienten dar. Dennoch können Angehörige der helfenden Berufe das Gefühl haben, dass sie zu viel in ihre Beziehungen zu den Hilfeempfängern investieren. VanYperen et al. (1992) fanden heraus, dass 37% der Krankenschwestern in ihrer Stichprobe ein Ungleichgewicht in ihrer Beziehung zu den Patienten empfanden. Anscheinend waren bei diesen Krankenschwestern die Belohnungen durch die Patienten (positive Rückmeldung und Wertschätzung, Verbesserung der Gesundheit des Patienten) nicht ausreichend, um die hohen Investitionen auszugleichen, die die Krankenschwestern tätigten.

Austauschbeziehung („exchange relationship"): Eine Beziehung, bei der es zwei beteiligte Seiten gibt, die davon ausgehen, dass eine Vergünstigung im Austausch für eine andere Vergünstigung gegeben wird und bei der beide Seiten in der Lage sind, Equity in der Beziehung aufrechtzuerhalten.

Gemeinschaftsbeziehung („communal relationship"): Eine Beziehung, bei der die Norm besteht, Vergünstigungen in Reaktion auf die Bedürfnisse einer anderen Person zu geben oder eine allgemeine Sorge um die andere Person zu zeigen.

Bei subjektiv empfundener Inequity in der Beziehung zwischen Angehörigen der helfenden Berufe und Hilfeempfängern werden die benachteiligten Angehörigen helfender Berufe nicht notwendigerweise Burnout-

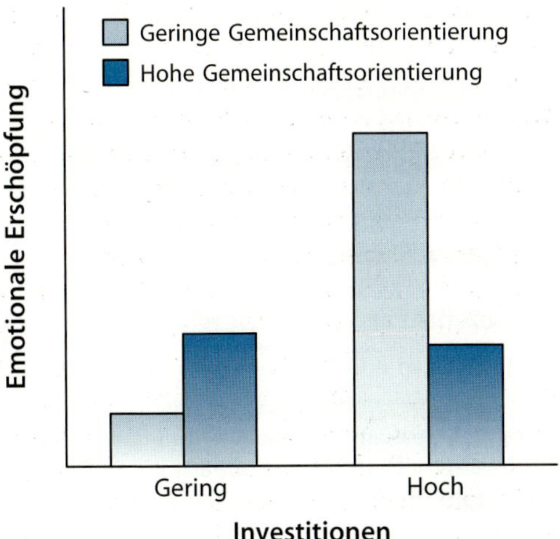

Abb. 17.5. Die Beziehung zwischen Investitionen, Gemeinschaftsorientierung und dem zentralen Symptom des Burnout, der emotionalen Erschöpfung (VanYperen et al., 1992).

Symptome erleben. Diese Erfahrung hängt von ihrer **Gemeinschaftsorientierung** ab; damit bezeichnet man den Wunsch, anderen in Reaktion auf ihre Bedürfnisse und aus Sorge um sie Vergünstigungen zu geben und zu bekommen. Personen mit einer starken Gemeinschaftsorientierung neigen stärker dazu, anderen Menschen zu helfen, als Personen mit einer geringen Gemeinschaftsorientierung (Clark & Mills, 1993). Betreuer mit einer ausgeprägten Gemeinschaftsorientierung scheinen weniger anfällig für Burnout-Symptome bei subjektiv empfundener Inequity in der Beziehung zu Hilfeempfängern zu sein (VanYperen et al., 1992). Wie in Abb. 17.5 dargestellt fielen die individuellen Unterschiede im Hinblick auf die Gemeinschaftsorientierung ganz anders aus, wenn die Krankenschwestern der Meinung waren, sie investierten viel in die Beziehung zu den Patienten: Krankenschwestern, die eine geringe Gemeinschaftsorientierung und hohe Investitionen hatten, fühlten sich am ehesten emotional erschöpft.

Gemeinschaftsorientierung („communal orientation"): Der Wunsch, Vergünstigungen in Reaktion auf die Bedürfnisse anderer bzw. aus Sorge um andere zu geben und zu bekommen.

17.3.2.3 Prozedurale Gerechtigkeit

Prozedurale Gerechtigkeit bezeichnet den Prozess, der zur Zuweisung von Belohnungen geführt hat. Leventhal (1980) hat sechs Kriterien oder Regeln vorgeschlagen, die ein Zuweisungsverfahren erfüllen sollte, um prozedurale Gerechtigkeit zu erreichen (s. Tabelle 17.1, S. 642), obwohl in manchen Situationen eine oder mehrere spezifische Regeln ein größeres Gewicht haben als andere (z.B. VanYperen, Van den Berg & Willering, 1999). Nach dem *Zwei-Komponentenmodell der Gerechtigkeit* (Cropanzano & Folger, 1996) verleihen negative oder unfaire Handlungsergebnisse wie etwa eine unfaire Gehaltskürzung oder eine subjektiv empfundene Inequity dem Verhalten lediglich Energie, aber keine bestimmte Richtung. Die wahrgenommene Fairness des Verfahrens bestimmt die positive oder nachteilige Richtung der Verhaltensreaktion. Tatsächlich weisen Ergebnis-

Tabelle 17.1. Die sechs prozeduralen Regeln zur Definition der Kriterien für Verfahrensgerechtigkeit. (Nach Leventhal, 1980)

Die Konsistenzregel: Zuweisungen sollten über Personen und über die Zeit hinweg konsistent sein.
Die Regel zur Vermeidung von Verzerrungen: Persönliches Eigeninteresse und blindes Festhalten an eng vorgefassten Meinungen sollten zu allen Zeitpunkten beim Zuweisungsprozess vermieden werden.
Die Genauigkeitsregel: Der Zuweisungsprozess sollte auf so vielen Informationen und sachkundigen Meinungen wie möglich beruhen.
Die Korrigierbarkeitsregel: Es sollte zu unterschiedlichen Zeitpunkten im Zuweisungsprozess Gelegenheiten geben, getroffene Entscheidungen zu modifizieren und umzukehren.
Die Repräsentativitätsregel: Alle Phasen des Zuweisungsprozesses müssen die grundlegenden Sorgen, Wertvorstellungen und Sichtweisen wichtiger Untergruppen in der Population der Individuen widerspiegeln, die vom Zuweisungsprozess betroffen sind.
Die Ethikregel: Die Zuweisungsprozeduren sollten mit den grundlegenden moralischen und ethischen Wertvorstellungen vereinbar sein, die das Individuum für sich akzeptiert.

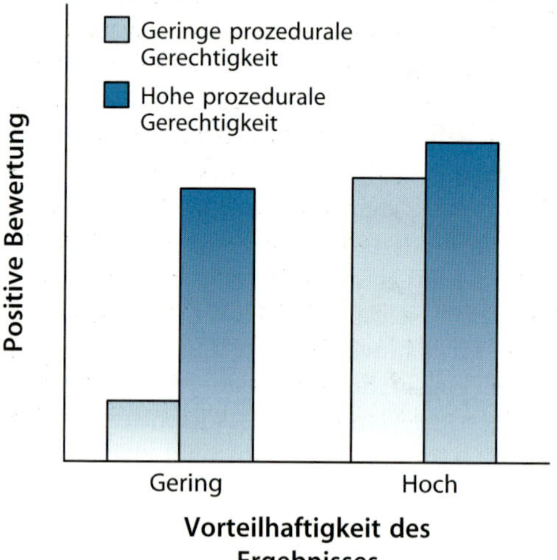

Abb. 17.6. Der interaktive Effekt der prozeduralen Gerechtigkeit und der Günstigkeit der Ergebnisse auf Reaktionen bezüglich Entscheidungen (vgl. Brockner & Wiesenfeld, 1995)

se aus 45 Stichproben darauf hin, dass Mitarbeiter weniger negativ oder sogar positiv reagieren, wenn die Verteilung unfair ist, solange sie die Vorgehensweise, die zu dem unerwünschten Handlungsergebnis geführt hat, als fair empfinden (Brockner & Wiesenfeld, 1996). Die Reaktionen von Mitarbeitern sind am positivsten, wenn sie entweder distributive Gerechtigkeit, prozedurale Gerechtigkeit oder beides wahrnehmen (s. Abb. 17.6).

Speziell Greenberg (1990) zeigte, dass bei einer fairen Vorgehensweise aggressive Reaktionen wie etwa Diebstahl bei Gehaltskürzungen zurückgehen. Bei einem Unternehmen (Unternehmen B) mit einer ähnlichen Struktur wie Unternehmen A, das zu Anfang dieses Abschnitts beschrieben wurde, beobachtete man an den Mitarbeitern keine Zunahme der

Diebstahlquote. Auch in Unternehmen B sah sich der Geschäftsführer gezwungen, die Lohnkosten durch zeitweilige Gehaltskürzungen um 15% zu reduzieren. Im Gegensatz zum Geschäftsführer von Unternehmen A hielt er sich an eine Vorgehensweise, bei der die Kriterien der prozeduralen Gerechtigkeit, wie sie in Tabelle 17.1 aufgelistet sind, erfüllt waren. Speziell berief der Geschäftsführer von Unternehmen B am Freitagnachmittag eine Versammlung ein, die etwa 90 Minuten (statt 15 Minuten) dauerte. Auch er sagte den Mitarbeitern, dass die Senkung des Gehalts in der folgenden Woche in Kraft treten und seiner Erwartung nach für einen Zeitraum von 10 Wochen gelten sollte. Der Unterschied im Vergleich zum Geschäftsführer von Unternehmen A bestand in den zusätzlichen Informationen, die er lieferte. Die Grundlage für die Entscheidung wurde eindeutig erklärt und dadurch gerechtfertigt, dass er Diagramme und Grafiken zeigte, die im Einzelnen die zeitweiligen Auswirkungen der verloren gegangenen Verträge auf die Liquidität zeigten. Hochrechnungen wiesen nach, dass das Liquiditätsproblem, das die Notwendigkeit von Gehaltskürzungen erforderlich machte, nur temporärer Natur war, und dies wurde verständlich erklärt. Der Ton im Vortrag war von großem Respekt gegenüber den Mitarbeitern geprägt, und mit Fingerspitzengefühl wurde auf alle Fragen eingegangen. Etwa eine Stunde wurde darauf verwendet, alle Fragen zu beantworten. Außerdem sagte man den Mitarbeitern, dass es das Management sehr bedaure, das Gehalt senken zu müssen, aber dass man damit der Notwendigkeit von Entlassungen zuvorkomme. Man sicherte außerdem zu, dass alle Mitarbeiter der Fabrik sich an den Gehaltskürzungen beteiligen müssten und dass niemand begünstigt würde (Greenberg, 1990). Obwohl man aufpassen muss, voreilige Schlussfolgerungen aus diesen beiden Fällen zu ziehen (es könnte viele andere Unterschiede zwischen den beiden Unternehmen geben), weist Greenbergs Studie darauf hin, dass durch eine faire Vorgehensweise die Wahrnehmung eines negativen Ergebnisses verändert werden kann und die Mitarbeiter dadurch davon abgehalten werden können, auf das negative Ergebnis aggressiv zu reagieren.

17.3.3 Theorie des produktiven Konflikts

Ist ein Konflikt gut oder schlecht für eine Organisation?

Zwei Manager, Erich P. und Diana R., bildeten einen Auswahlausschuss, um einen fähigen Kandidaten als ihren gemeinsamen Vorstandsassistenten einzustellen. Wegen einer Krankheit, die sich Erich P. bei einem Urlaubsaufenthalt im Ausland zugezogen hatte, war er drei Wochen lang nicht im Unternehmen. Als er an seinen Arbeitsplatz zurückkehrt, scheint es so zu sein, dass Diana R. das Auswahlverfahren weitergeführt hat und dass nur zwei Kandidaten übrig geblieben sind. Sowohl Erich P. als auch Diana R. sind unzufrieden und motiviert, etwas dagegen zu tun, weil die Dinge nicht zufrieden stellend gelaufen sind. Diana R. glaubt, dass Erich P. sie die ganze Arbeit allein machen ließ. Erich P. fühlt sich durch Diana übergangen, weil die beiden übrig gebliebenen Kandidaten nicht die Kriterien erfüllen, die für ihn am wichtigsten sind. Erich P. und Diana R. haben verabredet, alles noch einmal zu besprechen.

Diese Konfliktsituation veranschaulicht eine Welt des alltäglichen Organisationskonflikts zwischen Individuen oder Gruppen bzw. zwischen Individuen und Gruppen. Typische Konfliktthemen in Organisationen sind knappe Ressourcen (Geld, Ausstattung, Größe des Arbeitszimmers, Anzahl der Angestellten, Informationen, Aufmerksamkeit, Prestige, soziale Macht), Streitigkeiten über die gemeinsame Politik oder gemeinsame Vorgehensweisen oder über individuelles Rollenverhalten und sozio-emotionale Konflikte, bei denen die persönliche oder soziale Identität eines Gruppenmitglieds infrage gestellt wird (Van de Vliert, 1997a; Walton, 1969). Bei sexuellen Belästigungen z.B. steht stärker die persönliche Identität des Opfers als eine verfügbare Ressource oder eine berufliche Aktivität auf dem Spiel. Alle derartigen Situationen, bei denen sich die Mitglieder einer Organisation durch andere behindert oder gestört fühlen, haben einen Einfluss auf die Arbeitsmotivation und die spätere Arbeitsleistung der Beteiligten, und zwar aus folgendem Grund: Beinahe definitionsgemäß macht ein Konflikt ein Thema salienter und einige Ziele sowie die entsprechenden Handlungsverläufe wichtiger und realisierbarer als andere. Bedeutsamkeit verbunden mit Realisierbarkeit motiviert, während Bedeutsamkeit ohne Realisierbarkeit (aber auch Realisierbarkeit ohne Bedeutsamkeit) die am Konflikt Beteiligten nicht motiviert, einen bestimmten Handlungsverlauf einzuschlagen (Van de Vliert, 1997a). Es sei angemerkt, dass es sich bei dieser Aussage um eine Leerformel handelt, solange nicht genau angegeben wird, ob das Thema des Konflikts vermieden, ausgehandelt oder in einer kämpferischen Auseinandersetzung geklärt wird. Welches Konfliktverhalten folgt daraus? Und wie positiv oder nachteilig für die Organisation ist das jeweilige Konfliktverhalten im Hinblick auf seine inhaltlichen und beziehungsbezogenen Ergebnisse (einschließlich Arbeitszufriedenheit und -leistung sowie gesundheitsbezogene Folgen)? Waltons (1969) Theorie des produktiven Konflikts (für einen neueren Überblick s. De Dreu, 1997; Van de Vliert, 1997b) liefert einige klassische und immer noch gültige Antworten auf diese Fragen, indem das **Spannungsniveau** in die Erklärung einbezogen wird. In der interessanten zentralen Aussage wird argumentiert, dass ein Organisationskonflikt mit einem mittleren Spannungsniveau besser ist als überhaupt kein Konflikt.

Spannungsniveau („tension level"):
In der Theorie des produktiven Konflikts die Operationalisierung des Bedürfnisniveaus, das kurvilinear mit dem Schließen von Kompromissen bzw. mit der Konfliktlösung zusammenhängt.

Walton (1969) unterscheidet drei Spannungsniveaus bei einem Konflikt (gering, mittel, hoch) mit unterschiedlichen Auswirkungen auf die motivationale Fähigkeit, Informationen zu nutzen und aus dem Konflikt heraus günstige Ergebnisse für die Organisation zu erzielen (s. Abb. 17.7). Konflikte mit einem *geringen Spannungsniveau* führen zu einer Vernachlässigung von Informationen, Inaktivität und Vermeidung sowie zu geringer gemeinsamer Leistung, weil es nicht wichtig genug ist, sich mit dem Thema auseinander zu setzen. Bei einem *mittleren Spannungsniveau* werden die Beteiligten es für relativ wichtig und realisierbar halten, nach mehr Informationen und weiteren alternativen Handlungsverläufen zu suchen und sie zu integrieren; sie werden einen stärkeren Anreiz zur Ver-

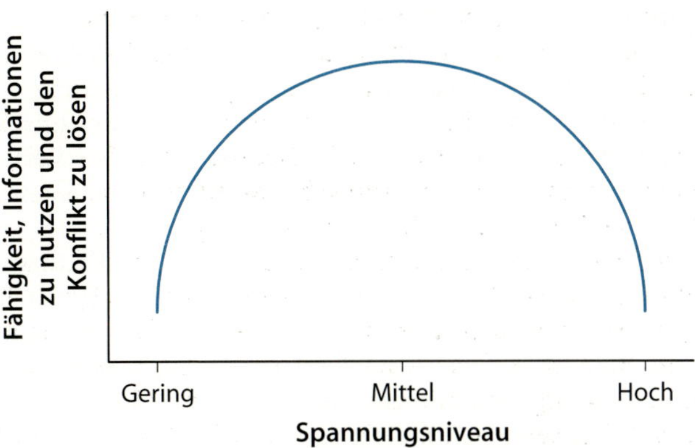

Abb. 17.7. Das Spannungsniveau als Bestimmungsfaktor für die Fähigkeit des Individuums, Informationen zu nutzen und einen Konflikt zu lösen. (Aus Van de Vliert 1996)

besserung der Situation empfinden. Konfliktmanagement in Form des **Problemlösens** und des Schließens von Kompromissen lässt die Zufriedenheit, das Commitment und die gemeinsame Leistung der Mitglieder einer Organisation zunehmen. Konflikte mit einem *hohen Spannungsniveau* verringern die motivationale Fähigkeit, Informationen wahrzunehmen, sie zu verarbeiten und zu bewerten; Einigung und Schlichtung werden als unerwünscht, nicht praktikabel oder beides zusammen angesehen. Dies bringt aggressive und abwehrende Interaktionen hervor, die zu weniger effektiven oder ausgesprochen destruktiven Konsequenzen für die Organisation führen, einschließlich einer schlechten Leistung und Gesundheitsproblemen.

Problemlösen („problem solving"): Eine Methode, mit einem Konflikt umzugehen, bei der man sich sehr um die Ziele aller Personen kümmert und bei der am Ende die völlige Zufriedenheit aller Beteiligten erreicht wird.

Zusammenfassend kann man sagen, dass Konflikte, die entweder zu klein oder zu groß sind, den Beteiligten und ihren Organisationen eher schaden können, als dass sie ihnen nutzen, während mittel-intensive Konflikte wahrscheinlich das Gegenteil bewirken. Demzufolge erfordert ein niedriges Spannungsniveau eine begrenzte Konflikteskalation zur Optimierung der Motivation, damit die Arbeitsleistung und das Wohlbefinden gesteigert wird. Möchte man produktive und zufrieden stellende Ergebnisse gewährleisten, ist es bei mäßig eskalierten Konflikten das Beste, eine Verhandlung oder eine Mediation in Gang zu setzen. Wenn schließlich das Spannungsniveau hoch ist, scheinen die zeitweilige Hemmung der Handlung und akkomodative Schritte zur Deeskalation des Konflikts am angemessensten, um eine optimale Motivation und eine inhaltliche, aber auch beziehungsbezogene Effektivität zu fördern. Deshalb ist der Konflikt gemäß der Theorie des produktiven Konflikts sowohl ein Feind als auch ein Freund auf dem ständigen Weg zur Effektivitätsverbesserung in einer Organisation.

Im Einklang mit Waltons (1969) Modell zeigt eine Organisationen übergreifende Studie, dass in Organisationen mit vielen kleinen Streitereien wenige größere Auseinandersetzungen und Fälle schwerwiegender Eskalation vorkommen (Corwin, 1969). Entsprechend zeigt die Forschung zum sozialen Einfluss wiederholt, dass zu wenig oder zu viel Streit zwischen Quelle und Ziel zu einer weniger systematischen und gründlichen Prüfung der themenrelevanten Informationen führt als eine mäßig konflikthafte Beziehung (De Dreu & De Vries, 1993; Nemeth & Staw, 1989; s. Kap. 13). Weil die Theorie des produktiven Konflikts bei der spezifischen Beziehung zwischen Verhalten und Leistung weniger eindeutig ist als bei der Gesamtbeziehung zwischen Spannungsniveau, leistungsbezogener Motivation und Leistung, begannen Van de Vliert, Nauta, Giebels und Janssen (1999) mit einer Reihe von Feldexperimenten, zu denen auch das folgende gehört.

Bei eintägigen Workshops zum Thema Konfliktmanagement wurde das oben erwähnte Rollenscript zu Erich P.s und Diana R.s Auswahlproblem in Szene gesetzt, indem aus Mitarbeitern einer Vielfalt von Industriezweigen, Beratungsfirmen und Regierungsinstitutionen Dyaden gebildet wurden. Jede einzelne Simulation wurde auf Video aufgenommen und dann für ein Training eingesetzt; später diente es der Forschung, indem das Konfliktverhalten und die Effektivität der Zusammenarbeit eingeschätzt wurde. Das Training auf der Grundlage des Videos deckte eine Vielfalt von Spannungsniveaus und damit in Zusammenhang stehende motivationale Orientierungen und Verhaltensweisen auf. Obwohl einige Mitglieder von Dyaden versuchten, die offene Konfrontation zu vermeiden, kämpften die meisten von ihnen, um zu gewinnen, oder versuchten, die Uneinigkeit zu beseitigen. In Übereinstimmung mit der Theorie des produktiven Konflikts gingen niedrige und hohe Spannungsniveaus hauptsächlich mit Nichtkonfrontation und entsprechenden aggressiven Reaktionen einher, während die Suche nach Kompromissen und das Problemlösen bei mittleren Spannungsniveaus ihren Höhepunkt erreichten. Die eigentliche Interaktion wurde dann als weniger effektiv angesehen, wenn sie zu einem Patt führte oder einen Gewinner und einen Verlierer hervorbrachte; sie wurde jedoch als effektiver angesehen, wenn sie für die Dyade zu besseren gemeinsamen Handlungsergebnissen, zu einer besseren wechselseitigen Beziehung zwischen ihren Mitgliedern oder zu beidem führte. Am interessantesten war, dass Mischungen aus Streit und Problemlösen sogar noch effektiver waren als das reine Problemlösen, vor allem wenn der Streit dem Problemlösen voranging. In der Tat zeigten diese Feldexperimente von Van de Vliert et al. (1999), dass eine Mischung aus Streit und Problemlösen die Leistung und die affektive Lebensfähigkeit einer Organisation am ehesten festigten (s. Abb. 17.7 der obere Teil der umgedrehten U-Kurve; S. 645).

17.4 Führungstheorien

In welchem Ausmaß wird das Verhalten von Führungskräften durch ihre Persönlichkeitseigenschaften, durch die Verhaltensweisen, die sie zeigen, oder durch die Situationen bestimmt, in denen sie sich befinden?

Alle drei Theorien zur Arbeitsmotivation, die in diesem Kapitel erörtert wurden, weisen darauf hin, dass die berufliche Leistung von Mitarbeitern durch die Führung in Organisationen beeinflusst wird. Manager setzen Ziele, sei es nun in Zusammenarbeit mit ihren Mitarbeitern oder nicht.

Zusätzlich besteht eine der Rollen, die ein Manager spielt, darin, dass er Ressourcen zuweist. In dieser Rolle fällt ein Manager Entscheidungen darüber, welche Mitarbeiter welche Ressourcen bekommen (distributive Gerechtigkeit). Ein Manager hat auch seinen Anteil an der Entwicklung von Abläufen in einer Organisation und an der Umsetzung dieser Abläufe (prozedurale Gerechtigkeit). Nicht zuletzt bewältigen Manager Konflikte mit Vorgesetzten, Kollegen der gleichen Ebene und Mitarbeitern auf mehr oder minder destruktive bzw. konstruktive Weise.

Führung wurde umfassend definiert als ein sozialer Einflussprozess, über den ein Individuum absichtlich Einfluss über andere ausübt, um die Verhaltensweisen und Beziehungen innerhalb einer Gruppe oder Organisation zu strukturieren (Yukl, 1994). Es gibt jedoch erhebliche Unterschiede zwischen den spezifischen Führungsdefinitionen der unterschiedlichen theoretischen Perspektiven. Herkömmlicherweise können diese Definitionen auf Grundlage der auf die *Eigenschaft*, das *Verhalten* und die *Situation* bezogenen Führungsperspektiven kategorisiert werden.

17.4.1 Eigenschaftsansatz der Führung

Zu Beginn des 20. Jahrhunderts behaupteten die so genannten „Great-man"-Führungstheorien, dass Führungsqualitäten etwas Angeborenes seien (es wurde anscheinend angenommen, dass das Y-Chromosom für „geborene Führer" unentbehrlich sei). Diese Theorien entwickelten sich zu Eigenschaftstheorien weiter, in denen keine Annahmen darüber gemacht wurden, ob Führungsmerkmale angeboren oder erworben sind. Die Grundannahme des Eigenschaftsansatzes zur Führung bestand darin, dass es eine endliche Menge von Persönlichkeitsmerkmalen gibt, die dazu verwendet werden können, erfolgreiche von nicht erfolgreichen Führungskräften zu unterscheiden. Endlos schien jedoch die Liste von potenziellen biographischen, Persönlichkeits-, emotionalen, körperlichen, geistigen und anderen persönlichen Merkmalen erfolgreicher Führungskräfte zu sein, obwohl der klassische Überblicksartikel von Stogdill (1948) darauf hinweist, dass Führungskräfte nur etwas größer und etwas intelligenter als Nicht-Führungskräfte sind. Auf der Grundlage seines Überblicksartikels kam Stogdill zu der Schlussfolgerung, dass auch situative Faktoren von Einfluss sind. Und tatsächlich haben Führungskräfte aus der Wirtschaft, der Politik, dem Militär und der Kirche nicht die gleichen Eigenschaften. Ein weiteres Problem beim Eigenschaftsansatz ist der geringe analytische und Vorhersagewert von Persönlichkeitseigenschaften. *Selbst wenn es möglich wäre,* die heutigen Führungskräfte im Hinblick auf ihre Eigenschaften zu beschreiben, dann wäre es doch schwierig, vorherzusagen, ob aus einer Person mit bestimmten Merkmalen eine erfolgreiche Führungskraft werden wird.

Trotz dieser allgemein anerkannten Probleme, die mit dem Eigenschaftsansatz verbunden sind, glauben viele Menschen immer noch daran, dass sich aus individuellen Merkmalen Führungsverhalten vorhersagen lässt, wie sich anhand der Beliebtheit der **Assessment-Center-Technik**

Assessment-Center-Technik („assessment center technique"):
Eine Technik zur Bewertung von Mitarbeitern, bei der mehrere Methoden verwendet werden, um die Fertigkeiten und Eigenschaften zu erfassen, von denen man weiß, dass sie mit Erfolg in einer bestimmten Funktion (z. B. als Vorgesetzter) zusammenhängen.

illustrieren lässt. Beim Assessment-Center handelt es sich um ein Verfahren zur Mitarbeiterbewertung, bei dem verschiedene Methoden eingesetzt werden, um die Fertigkeiten und Persönlichkeitszüge zu erfassen, von denen man weiß, dass sie mit Erfolg in einer bestimmten Funktion (z. B. als Vorgesetzter) zusammenhängen. Kirkpatrick und Locke (1991) erwähnen sechs zentrale Persönlichkeitszüge, bei denen sich Führungskräfte von Nicht-Führungskräften unterscheiden, nämlich beim Antrieb, dem Bedürfnis zu führen, Ehrlichkeit/Rechtschaffenheit, Selbstbewusstsein, kognitiver Fähigkeit und Wissen über den Geschäftsbereich. Die Autoren merken jedoch an, dass diese Persönlichkeitszüge allein für erfolgreiche Führung nicht ausreichen; sie sind nur *eine* Bedingung. Führungskräfte, die die notwendigen Persönlichkeitszüge besitzen, müssen, um erfolgreich zu werden, auf kompetente Weise bestimmte Handlungen ausführen.

Transformationaler Führer („transformational leader"): Eine Person, die von ihren Anhängern als eine Führungskraft angesehen wird, die mit außergewöhnlichen persönlichen Qualitäten ausgestattet ist und daran arbeitet, die Bedürfnisse ihrer Anhänger zu ändern bzw. zu transformieren und deren Denken neu auszurichten.

Ein zeitgenössischer Eigenschaftsansatz ist die Rahmenvorstellung der charismatischen oder transformationalen Führung. **Transformationale Führer** handeln, um die Bedürfnisse ihrer Anhänger zu ändern oder zu transformieren und deren Denken neu auszurichten (Bass, 1985). Anhänger eines transformationalen Führers meinen, dass ihr Führer mit außergewöhnlichen persönlichen Eigenschaften ausgestattet ist. Bass (1985) behauptet, dass transformationale Führer:

- starke Emotionen bei ihren Anhängern hervorrufen, was zur Identifikation der Anhänger mit ihrem Führer führt;
- ihre Anhänger dadurch inspirieren, dass sie eine attraktive Vision zum Ausdruck bringen, Symbole verwenden, um die Anstrengungen der Anhänger zu konzentrieren, und ein Modell für angemessenes Verhalten darstellen;
- dadurch geistig anregend sind, dass sie ihre Anhänger zu kreativem Problemlösen ermutigen;
- individualisieren, indem sie ihren Anhängern eine besondere Unterstützung bieten.

Deshalb wird angenommen, dass die Mitarbeiter transformationaler Führungskräfte in Organisationen um ihrer Arbeitsgruppe oder der Organisation willen über ihr kurzfristiges Eigeninteresse hinausgehen. Transformationale Führung wird als etwas angesehen, was der Arbeit dadurch einen Sinn verleiht, dass sie die Arbeit und die Organisation mit einem moralischen Ziel und einem Commitment durchdringt, statt die aufgabenbezogene Umwelt der Mitarbeiter zu beeinflussen oder ihnen materielle Anreize anzubieten und sie durch Sanktionen zu bedrohen (Shamir, House & Arthur, 1993). Die Befunde weisen darauf hin, dass die Mitarbeiter transformationaler Führungskräfte mit ihrer Arbeit und den Abläufen in der Organisation zufriedener sind und auch häufiger rollenexterne Verhaltensweisen in ihrem Beruf zeigen (Bass, 1985). Es sollte jedoch auch angemerkt werden, dass transformationale Führung nicht notwendigerweise etwas Gutes ist. Man kann sich im Gegenteil leicht vorstellen, dass diese Art von Führung zu blindem Fanatismus im Dienste von Größenwahnsinnigen und von gefährlichen Werten führt. Die Risiken, die damit verbunden sind, dass man charismatischen Führern folgt, sind mindestens so groß wie die damit verbundenen Aussichten (Conger, 1990; Shamir et al., 1993).

17.4.2 Verhaltensansatz der Führung

In den Fünfzigerjahren führte die Unzufriedenheit mit dem Eigenschaftsansatz dazu, dass die Forscher begannen, sich bei der Untersuchung der Führung auf das Verhalten zu konzentrieren. Die Hauptfrage lautete jetzt: Was tun Führungskräfte und in welchem Zusammenhang stehen diese Verhaltensweisen mit der Arbeitsleistung der Mitarbeiter? Durch diese Untersuchungen, die in den Fünfzigerjahren durchgeführt wurden (zu einem Überblick s. Steers et al., 1996), wurden zwei voneinander unabhängige Führungsstile ausgemacht; dies verweist darauf, dass Führungskräfte auf den zwei Dimensionen gleichzeitig hohe (bzw. niedrige) Werte haben können (Blake & Mouton, 1970). **Mitarbeiterorientiertes Verhalten** (auch als beziehungsorientiertes Verhalten oder Rücksichtnahme bezeichnet) bezieht sich auf Verhaltensweisen wie etwa, sich um Mitarbeiter zu kümmern, auf freundliche und unterstützende Weise zu handeln, Wertschätzung gegenüber den Beiträgen von Mitarbeitern zu zeigen und ihre Leistungen anzuerkennen. **Aufgabenbezogenes Verhalten** (oder Erzeugen von Struktur) umfasst die Planung und Einteilung der Arbeit, den Aufbau eines Kommunikationsnetzwerks, die Bereitstellung der notwendigen Arbeitsmittel, der Ausstattung und technischer Unterstützung sowie die Bewertung der Arbeitsleistung. Ein allgemeiner Befund ist, dass ein mitarbeiterorientierter Führungsstil mit höherer Zufriedenheit bei den Mitarbeitern einhergeht. Ähnlich wie bei den Führungseigenschaften jedoch hängt die Effektivität des Führungsstils vom Arbeitskontext ab. Bestimmte Persönlichkeitszüge oder Verhaltensweisen können in einigen Situationen hilfreich und wirksam sein. Die gleichen Persönlichkeitszüge und Verhaltensweisen können jedoch in anderen Situationen unbedeutend oder sogar von Nachteil sein. Aus diesem Grund entwickelten sich Kontingenztheorien der Führung, die das Augenmerk der Forscher auf situative Aspekte der Führung lenkten.

Mitarbeiterorientiertes Verhalten („employee-oriented behaviour"): Bezeichnet einen Führungsstil, zu dem Verhaltensweisen gehören wie, Sorge um die Mitarbeiter zu zeigen, auf freundliche und unterstützende Weise zu handeln, Wertschätzung für Beiträge von Mitarbeitern zum Ausdruck zu bringen und ihre Leistungen anzuerkennen.

Aufgabenbezogenes Verhalten („task-oriented behaviour"): Bezeichnet einen Führungsstil, zu dem die Planung und Einteilung der Arbeit, der Aufbau von Kommunikationsnetzwerken, die Bereitstellung der notwendigen Arbeitsmittel, der Ausstattung und technischer Unterstützung sowie die Bewertung der Arbeitsleistung gehört.

17.4.3 Kontingenztheorien der Führung

Die Perspektive, dass die wirkungsvollste Methode der Führung von der Situation abhängt, ist eindeutig eine sozialpsychologische. Sie impliziert, dass ein entscheidender Schritt für effektive Führungskräfte darin besteht, die Situation zu diagnostizieren und zu bewerten, bevor sie einen bestimmten Führungsstil anwenden. Der erste in sich stimmige und wahrscheinlich bekannteste situative Ansatz zur Führung wurde von Fiedler (1968) entwickelt. In seiner Kontingenztheorie postulierte er, dass die Gruppenleistung durch die Interaktion zwischen Führungsstil und drei Aspekten von Situationen bestimmt wird, in denen Gruppenmitglieder interdependent in Richtung auf ein gemeinsames Ziel hinarbeiten. Diese drei Aspekte sind:

1. *Beziehung zwischen Führungskraft und Mitgliedern.* Dies bezieht sich auf das Maß des Vertrauens und des Respekts, das die Mitarbeiter der

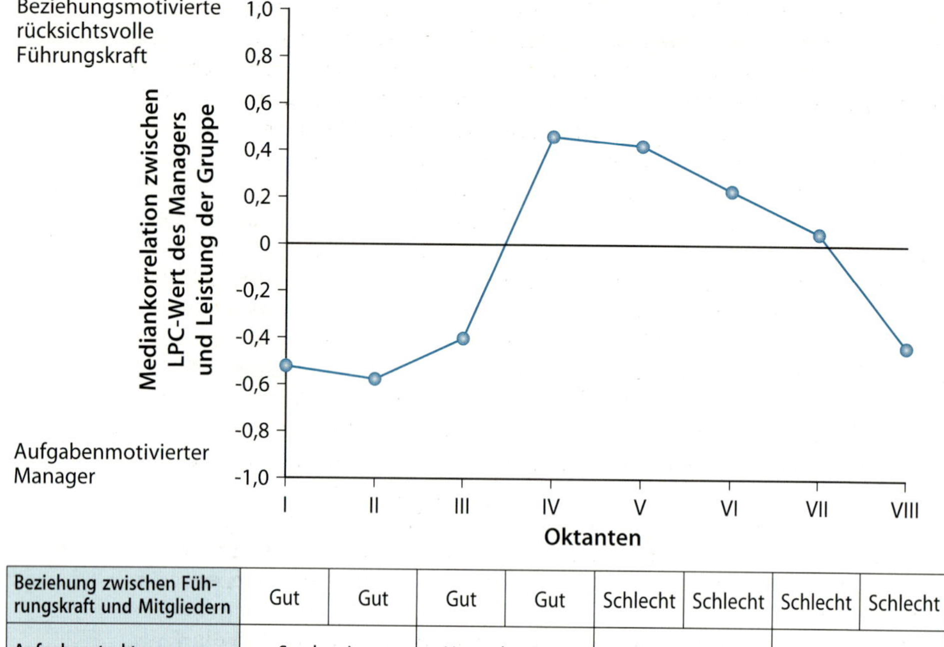

Beziehung zwischen Führungskraft und Mitgliedern	Gut	Gut	Gut	Gut	Schlecht	Schlecht	Schlecht	Schlecht
Aufgabenstruktur	Strukturiert		Unstrukturiert		Strukturiert		Unstrukturiert	
Positionsmacht	Stark	Schwach	Stark	Schwach	Stark	Schwach	Stark	Schwach

Abb. 17.8. Korrelationen zwischen LPC-Werten der Führungskraft und der Gruppenleistung. (Nach Fiedler 1968)

Führungskraft entgegenbringen. Die Gruppenatmosphäre wird als entweder gut oder schlecht klassifiziert.

2. *Aufgabenstruktur.* Eine strukturierte Aufgabe hat ein klares, genau festgelegtes Ziel und kann leicht bewertet werden (z. B. eine Tür anstreichen), während eine unstrukturierte Aufgabe komplex ist und nicht nur *eine* einzige richtige Lösung hat (z. B. einen Aufsatz schreiben).
3. *Positionsmacht.* Hier handelt es sich um die Macht, die mit der Führungsposition einhergeht; sie umfasst auch die Belohnungen und Bestrafungen, die der Führungskraft offiziell oder traditionell zur Verfügung stehen. Die Positionsmacht wird entweder als gering oder als hoch eingestuft.

Am wenigsten bevorzugter Mitarbeiter („least-preferred co-worker"):
In Fiedlers Führungstheorie die Einstellung gegenüber der Person, mit der die Führungskraft bisher am schlechtesten bei der Ausführung einer bestimmten Aufgabe zusammengearbeitet hat.

Gruppen können nun in einem dreidimensionalen Raum dargestellt werden und innerhalb jedes einzelnen der acht Oktanten (s. Abb. 17.8) berechnete Fiedler Korrelationen zwischen den Einstellungen der Führungskraft gegenüber ihrem **am wenigsten bevorzugten Mitarbeiter** (engl. least-preferred co-worker, abgekürzt LPC) und der Gruppenleistung. Diese Einstellung wurde so erfasst, dass man die Führungskraft bat, die Person, mit der sie bisher am schlechtesten bei der Lösung einer bestimmten Aufgabe zusammengearbeitet hatte, auf einem 20 Items umfassenden semantischen Differenzial (angenehm vs. unangenehm, freundlich vs. unfreundlich etc.) zu beschreiben. Eine Führungskraft mit einem hohen LPC-Wert tendiert dazu, selbst einen schlechten Mitarbeiter in relativ positivem Licht zu sehen, und wird deshalb als beziehungsmotivierte rücksichtsvolle Führungskraft gekennzeichnet. Dagegen betrachtet man eine Führungskraft mit niedrigem LPC als aufgabenmotivierten Manager; das heißt, dass sie sich eher um die Produktivität kümmert als um die interpersonalen Beziehungen. Fiedlers Auswertungen erbrachten eine negative Korrelation (etwa –0,45) zwischen Führungsstil (niedrigem LPC) und Gruppenleistung beispielsweise in einer Situation, in der die Qualität der Beziehungen zwischen Führungskraft und Mitgliedern schlecht, die Aufgabe unstrukturiert und die Machtposition des Vorgesetzten schwach ist (s. Abb. 17.8: Oktant VIII; S. 650). Es sollte darauf hingewiesen werden, dass, wenn sich die Qualität der Beziehungen zwischen der Führungskraft und den Mitgliedern der Gruppe verbessert und alles andere gleich bleibt (unstrukturierte Aufgabe und schwache Positionsmacht: Oktant IV), ein mitarbeiterorientierter Führungsstil (hoher LPC) am effektivsten wird (die Korrelation zwischen Führungsstil und Gruppenleistung beträgt etwa 0,45). Dieses Beispiel zeigt, dass eine falsche Diagnose im Hinblick auf die Qualität der Beziehung zu den Mitarbeitern Ineffektivität der Gruppe zur Folge haben kann, weil der Manager einen unangemessenen Führungsstil zeigt.

Obwohl Fiedlers Kontingenzmodell der Führung durch die Forschung nur schwach gestützt wird, hat man den Grundgedanken beibehalten, dass der Einfluss des Führungsstils auf die Gruppeneffektivität von einer Reihe situativer Faktoren abhängt. Situative Führungstheorien sind intuitiv plausibel; es liegt auf der Hand, dass eine wirkungsvolle Führung von der Interaktion eigenschaftsähnlicher und situativer Faktoren abhängt. Das Problem besteht jedoch darin, dass die Liste potenzieller Eigenschaften, aber auch die relevanter situativer Faktoren endlos ist. Ähnlich wie bei den Eigenschaftsansätzen, die sich hinsichtlich der Eigenschaften unterscheiden, mit denen sie sich beschäftigen, unterscheiden sich die Kontingenztheorien hinsichtlich der situativen Faktoren, auf die sie sich konzentrieren. Beispielsweise betont die Führungstheorie von Hersey und Blanchard (1982), der es ebenfalls an empirischer Unterstützung mangelt, die aber unter Praktikern beliebt ist, die **Reife der Mitarbeiter**. Während des Entwicklungsprozesses einer Gruppe von Unreife zu Reife verändert sich der Führungsstil von völlig aufgabenorientiert (der Vorgesetzte sagt den Mitarbeitern, was sie tun sollen) zu völlig beziehungsorientiert (Selbstbestimmung der Mitarbeiter und Selbstkontrolle oder Delegierung).

Reife der Mitarbeiter („maturity of subordinates"): In Hersey und Blanchards Führungstheorie die Entwicklungsphase einer Gruppe, die darüber bestimmt, welchen Führungsstil die Führungskraft ausüben sollte.

Weitere Kontingenzmodelle der Führung sind raffinierter: Es werden mehr Faktoren einbezogen wie etwa Merkmale des Mitarbeiters, Verhalten der Führungskraft, Zielkongruenz, Information der Führungskraft, Erwartungen von Mitarbeitern und Führungskraft etc. Doch die weiteren Faktoren machen es nur noch schwieriger, die Theorie angemessen zu überprüfen. Bestenfalls betrachtet die Theorie die Effekte der unterschiedlichen Faktoren getrennt voneinander, obwohl die betreffenden Faktoren interagieren können. Die Stärke der Kontingenztheorien der Führung besteht darin, dass wichtige Persönlichkeitszüge, Verhaltensweisen und situative Variablen spezifiziert werden, die in fast jedem Organisationskontext in die Überlegung einbezogen werden sollten. Deshalb können diese Theorien von Führungskräften genutzt werden, um sich davon in einer bestimmten Situation bei der Suche nach zufrieden stellenden Lösungen leiten zu lassen.

17.4.4 Die Romantisierung der Führung

Wenn man sich überlegt, wie viele dispositionale, gruppenbezogene, organisatorische und kulturelle Faktoren es gibt, die einen Einfluss auf das Führungsverhalten haben, könnte man auch ebenso gut die Tragfähigkeit des Führungskonzepts infrage stellen. Es könnte sein, dass in der herkömmlichen Forschung zum Thema Führung das Ausmaß an Kontrolle, das Führungskräfte ausüben, überschätzt wird. Eine alternative, provokative Formulierung gegenüber dieser romantisierenden Konzeption von Führung besteht darin, dass Führung eine Wahrnehmung ist, die eine Rolle spielt, wenn Menschen versuchen, organisatorisch relevanten Phänomenen einen Sinn zu verleihen. Meindl, Ehrlich und Dukerich (1985) beobachteten, dass Führungskräfte wegen schlechter Leistungen der Organisation zum Sündenbock gemacht und wegen hervorragender Leistungen der Organisation gepriesen werden. Daher kamen sie zu der Hypothese, dass es eine immer stärker werdende Vorliebe dafür gibt, Führung als Attributionskategorie zu verwenden (s. auch Kap. 7), um Organisationsergebnisse zu verstehen, und dass diese Vorliebe zunimmt, je extremer diese Ergebnisse sind. In einer ihrer experimentellen Untersuchungen konfrontierten sie Vordiplomstudenten der Wirtschaftswissenschaften mit einer von sechs unterschiedlichen Versionen eines kurzen organisationalen, leistungsbezogenen Szenarios. Die Szenarios unterschieden sich nur im Hinblick auf die Informationen, die sie zu den leistungsbezogenen Ergebnissen anboten; und diese Informationen waren entweder im Hinblick auf eine Zunahme der Verkaufsergebnisse (2%/10%/25%) oder auf eine Abnahme der Verkaufsergebnisse (2%/10%/ 25%) definiert. Wie vorhergesagt deuteten die Resultate der Untersuchung darauf hin, dass extreme Leistungen zu einem proportionalen Anstieg bei der Attribuierung des Handlungsergebnisses auf die Führungskraft führen. Meindl et al. (1985) schlossen daraus, dass Führung vielleicht gar nicht so wichtig ist, wie wir normalerweise meinen, und dass *der Zauber und das Geheimnis, die Führungskonzepte umgeben, entscheidend für die Aufrechterhaltung der Gefolgschaft sind und dass sie bedeutsam zur Sensibilität der Individuen für die Bedürfnisse und Ziele der gemeinsamen Organisation beitragen* (S. 100).

17.5 Zusammenfassung und Schlussfolgerungen

In diesem Kapitel haben wir uns mit zwei der grundlegendsten und entscheidendsten verhaltensbezogenen Themen beschäftigt, mit denen wir bei der Arbeit in Organisationen heute konfrontiert sind: Arbeitsmotivation und Führung. Beide Themen stellen hoch komplexe Phänomene dar, die einen Einfluss auf andere organisationale Faktoren haben bzw. von ihnen beeinflusst werden, einschließlich der Organisationsergebnisse. Weil jede Organisation motivierte Mitarbeiter und kompetente Führungskräfte benötigt, um ihre Ziele zu erreichen, sollten sich außerdem sowohl die Praktiker als auch die Organisationsforscher intensiv und anhaltend mit beiden Themen beschäftigten.

Es wurde gezeigt, wie die Organisationspsychologie von sozialpsychologischen Theorien wie etwa der Theorie der Zielsetzung, der Theorie der sozialen Gerechtigkeit, der Theorie des produktiven Konflikts und von Führungstheorien profitiert. Speziell der Polizeihauptkommissar, den wir zu Beginn dieses Kapitels einführten, kann von dem hier Gesagten lernen, dass er die folgenden Bedingungen schaffen oder wiederherstellen sollte, um seine Polizeimeister zu motivieren, ihre Arbeit gut zu machen:

- Setzen Sie allseitig akzeptierte Ziele, die spezifisch und schwierig sind.
- Schaffen Sie ein Organisationsklima, bei dem eine Entwicklung und Verbesserung des Individuums und des Teams betont wird.
- Verteilen Sie die Ergebnisse fair unter den Mitarbeitern.
- Verschaffen Sie den Mitarbeitern das Gefühl, fair behandelt zu werden, indem Sie die sechs Kriterien der prozeduralen Gerechtigkeit beachten.
- Deeskalieren Sie einen Konflikt hoher Intensität und eskalieren Sie einen Konflikt geringer Intensität.
- Verfahren Sie bei der Bewältigung eines Konflikts mit einer Mischung aus Streiten und Problemlösen.
- Regen Sie Ihre Mitarbeiter dazu an, um der Gemeinschaft willen über ihr kurzfristiges Eigeninteresse hinauszugehen.
- Variieren Sie den Managementstil je nach den situativen Anforderungen.

FRAGEN ZUM TEXT

1. Haben Sie eine Erklärung dafür, warum einige Professoren der Lehre nicht sehr viel Zeit widmen?
2. Warum liegt die mittlere Korrelation zwischen Arbeitszufriedenheit und Arbeitsleistung fast bei null? Sind Ihnen vom Standpunkt der organisationalen Effektivität zufriedene oder unzufriedene Mitarbeiter lieber? Warum?
3. Was sollten Führungskräfte jeweils tun, wenn sie ein ich-orientiertes bzw. lernorientiertes Klima schaffen wollen?
4. Wie reagieren die folgenden Mitarbeiter möglicherweise auf distributive Ungerechtigkeit?
   - Der Polizeimeister, der die Vorgehensweise, die zu dem unerwünschten Ergebnis geführt hat, als unfair empfindet.
   - Die gemeinschaftsorientierte Krankenschwester, die das Gefühl hat, sie investiere mehr in die Beziehungen zu den Patienten, als sie zurückbekomme.
5. Unter welchen Bedingungen stärkt ein Konflikt die Effektivität einer Organisation?
6. Warum wird Fiedlers Theorie als situativer Ansatz zum Thema Führung betrachtet? Beschreiben Sie eine Situation, in der (nach Fiedlers Kontingenztheorie) ein aufgabenorientierter Führungsstil am effektivsten ist.
7. Glauben Sie, dass Führung wichtig für die Effektivität einer Organisation ist? Oder handelt es sich bei Führung um ein romantisierendes Konzept? Warum?

Empfohlene Literatur

Brockner, J. & Wiesenfeld, B.M. (1996). An integrative framework for explaining reactions to decisions: Interactive effects of outcomes and procedures. *Psychological Bulletin, 120,* 189–208. Ein Überblick über Untersuchungen zu den interaktiven Effekten distributiver und prozeduraler Gerechtigkeit auf die Reaktionen von Personen auf Entscheidungen.

Farr, J.L., Hofmann, D. A. & Ringenbach, K.L. (1993). Goal orientation and action control theory: Implications for industrial and organizational psychology. In C.L. Cooper & I.T. Robertson (Eds.), *International Review of Industrial and Organizational Psychology, 8,* 193–232. Dieses Kapitel beschreibt die Schlussfolgerungen des Ansatzes der Zielorientierung für einige ausgewählte Themen, die für Sozial- und Organisationspsychologen von Interesse sind.

Locke, E.A. & Latham, G.P. (1990). *A theory of goal setting and task performance.* Englewood Cliffs, NJ: Prentice Hall. Dieses Buch stellt den Stand einer 25-jährigen intensiven Forschung zur Theorie der Zielsetzung dar. Es werden Forschungsergebnisse, die aus nahezu 500 Untersuchungen zusammengetragen wurden, überblicksartig beschrieben und erörtert.

Steers, R.M., Porter L.W. & Bigley, G.A. (1996). *Motivation and leadership at work.* New York: McGraw-Hill. Dieses Buch ist eine ausgezeichnete Zusammenschau von Beiträgen zu Motivation und Führung, die von herausragenden Forschern geschrieben wurden.

Van de Vliert, E. (1997). *Complex interpersonal conflict behaviour: Theoretical frontiers.* Hove, GB: Psychology Press. Bei dieser Monographie geht es um die Reaktionen auf einen interpersonalen Konflikt, die als Komponenten eines komplexen Konfliktverhaltens gesehen werden, die gegenseitig ihren Einfluss auf die inhaltlichen und beziehungsbezogenen Ergebnisse modifizieren.

Van Dyne, L., Cummings, L.L. & McLean Parks, J. (1995). Extra-role behaviors: In pursuit of construct and definitional clarity (A bridge over muddied waters). In L.L. Cummings & B.M. Staw (Eds.), *Research in Organizational Behavior, 17,* 215–285. Dieses Kapitel klärt die Ähnlichkeiten und Unterschiede zwischen vier spezifischen rollenexternen Verhaltensweisen: organisationsbezogenem Bürgerverhalten, prosozialem organisationsbezogenem Bürgerverhalten, jemanden Anschwärzen und prinzipiellem Streit in der Organisation.

Schlüsseluntersuchungen

Greenberg, J. (1990). Employee theft as a reaction to underpayment inequity. The hidden costs of pay cuts. *Journal of Applied Psychology, 75,* 561–568.

Mann, L., Samson, D. & Dow, D. (1998). A field experiment on the effects of benchmarking and goal setting on company sales performance. *Journal of Management, 24,* 73–96.

Glossar

Abhängige Variable („dependent variable"):
Variable, von der man erwartet, dass sie sich in Abhängigkeit von den Veränderungen der unabhängigen Variable verändert. Gemessene Veränderungen der abhängigen Variable werden als abhängig von den manipulierten Veränderungen der unabhängigen Variable angesehen.

Abwertungsprinzip („discounting principle"):
Das Abwertungsprinzip (ursprünglich im Rahmen kausaler Schemata thematisiert) geht davon aus, dass die Rolle, die eine bestimmte Ursache dabei spielt, einen Effekt hervorzurufen, an Bedeutung verliert, wenn andere plausible Ursachen vorhanden sind.

Additive Aufgaben („additive task"):
Eine Gruppenaufgabe, die gelöst werden kann, indem die Beiträge aller individuellen Mitglieder additiv zusammengeführt werden.

Adrenalin („adrenaline"):
Ein Hormon, das vom Nebennierenmark ausgeschüttet wird und das sympathische Nervensystem stimuliert. Es regt die Herztätigkeit an und erhöht den Blutdruck, setzt Glukose frei und steigert deren Verbrauch, beschleunigt den Blutkreislauf in den Muskeln, entspannt die Luftwege und stimuliert die Atmung. Es bereitet den Körper auf eine physische Handlung vor und hemmt gleichzeitig Verdauung und Ausscheidung.

Affekt („affect"):
Oft synonym zu **Emotion** verwendet. Einige Sozialpsychologen beschränken den Gebrauch auf den Valenzaspekt von Gefühlen (angenehm vs. unangenehm bzw. positiv vs. negativ).

Affiliation („affiliation"):
Die Tendenz, unabhängig von den Gefühlen gegenüber anderen Personen die Gesellschaft anderer zu suchen.

Aggregationsprinzip („aggregation principle"):
Dieses Prinzip besagt, dass sich globale Verhaltensmaße, die eine Vielfalt von Situationen und Zeitpunkten in sich vereinigen, mithilfe globaler Einstellungsmaße besser vorhersagen lassen als einzelne Verhaltensweisen.

Aktivierung („activation"):
Ein Zustand erhöhter Erregung des zentralen und insbesondere des autonomen Nervensystems. Einige Autoren benutzen diesen Begriff speziell zur Bezeichnung des sympathischen Teils des autonomen Nervensystems.

Altruistisches Verhalten („altruistic behaviour"):
In der Evolutionstheorie definiert als ein Verhalten, das trotz der Kosten für die Fitness des Helfenden zur Fitness eines anderen Individuums beiträgt. In der Sozialpsychologie bezieht sich dieser Begriff auf Verhalten, das durch Übernahme der Sichtweise eines anderen und Empathie gekennzeichnet ist; dies geschieht in der Absicht, einer anderen Person zu nützen, wenn der Helfende auch die Möglichkeit hätte, dies nicht zu tun.

Am wenigsten bevorzugter Mitarbeiter („least-preferred co-worker"):
In Fiedlers Führungstheorie die Einstellung gegenüber der Person, mit der die Führungskraft bisher am schlechtesten bei der Ausführung einer bestimmten Aufgabe zusammengearbeitet hat.

Anpassung („adaptation“):
Der Besitz von Eigenschaften, die Lebewesen besser befähigen, zu überleben und sich fortzupflanzen, als dies bei Lebewesen mit anderen Eigenschaften der Fall ist. Dabei wird angenommen, dass diese Eigenschaften besser als andere auf die jeweilige Umwelt zugeschnitten sind.

Anziehung („attraction“):
Positive Gefühle gegenüber einer anderen Person, einschließlich einer Tendenz, die Gegenwart des anderen zu suchen.

Ansatz der kognitiven Reaktionen („cognitive response approach“):
Ein theoretischer Ansatz, in dem angenommen wird, dass eine Einstellungsänderung vermittelt wird über die Valenz der Gedanken bzw. „kognitive Reaktionen“, die Individuen erzeugen, während sie persuasiven Botschaften ausgesetzt sind.

Assessment-Center-Technik („assessment center technique“):
Eine Technik zur Bewertung von Mitarbeitern, bei der mehrere Methoden verwendet werden, um die Fertigkeiten und Eigenschaften zu erfassen, von denen man weiß, dass sie mit Erfolg in einer bestimmten Funktion (z. B. als Vorgesetzter) zusammenhängen.

Assimilation („assimilation“):
Ein Kontextstimulus verursacht eine Verschiebung im Bezugsrahmen dahingehend, dass Beurteilungen anderer Stimuli in Richtung auf den Kontextstimulus hin verzerrt werden (z. B. im Kontext von Humor mögen andere Äußerungen als humorvoller erscheinen).

Attributionsstil („attributional style“):
Bezeichnet eine individuelle Tendenz, über verschiedene Situationen und über die Zeitpunkte hinweg eine bestimmte Art kausaler Schlussfolgerungen zu ziehen.

Attributionstheorie („attribution theory“):
Der konzeptuelle Rahmen, innerhalb dessen sich die Sozialpsychologie mit Erklärungen für Verhalten beschäftigt, wie sie von Laien bzw. „mit dem gesunden Menschenverstand“ vorgenommen werden.

Attributionsunterschied zwischen Handelndem und Beobachter („actor-observer difference“):
Die Behauptung, dass Handelnde ihre Handlungen auf situative Faktoren attribuieren, wohingegen Beobachter dazu tendieren, dasselbe Verhalten auf stabile Persönlichkeitsmerkmale zu attribuieren. Dieser Effekt ist auf einen Unterschied bei der situativen Attribution beschränkt und scheint auf Unterschiede bezüglich der Informationen, des Fokus der Aufmerksamkeit und linguistischer Faktoren zurückzugehen.

Attributionsverzerrungen („attributional biases“):
Eine Attributionsverzerrung liegt vor, wenn der Wahrnehmende ein ansonsten korrektes attributionales Verfahren systematisch verzerrt (z. B. zu starke oder zu geringe Verwendung) oder wenn das Ergebnis an sich verzerrt ist.

Aufgabenbezogenes Verhalten („task-oriented behaviour“):
Bezeichnet einen Führungsstil, zu dem die Planung und Einteilung der Arbeit, der Aufbau von Kommunikationsnetzwerken, die Bereitstellung der notwendigen Arbeitsmittel, der Ausstattung und technischer Unterstützung sowie die Bewertung der Arbeitsleistung gehört.

Aufwertungsprinzip („augmentation principle“):
Das Aufwertungsprinzip (ursprünglich im Zusammenhang mit Kausalschemata thematisiert) geht davon aus, dass die Rolle einer bestimmten Ursache an Bedeutung zunimmt, wenn ein Effekt bei Vorhandensein einer hemmenden Ursache auftritt. Dieser Gedanke ist auch zur Erklärung des sozialen Einflusses herangezogen worden, den Minderheiten ausüben.

Ausdruck („expression“):
Durch Muskelinnervationen hervorgerufene Veränderungen im Gesicht, in den Stimmorganen, den Armen und Händen sowie der Skelettmuskulatur im Allgemeinen, die mit dem inneren Zustand des Organismus in Verbindung stehen, somit Hinweise auf den jeweiligen Zustand darstellen und daher kommunikativen Zwecken dienen können. Infolgedessen wird der Ausdruck oft manipuliert, um die angemessenen Signale bei einer sozialen Interaktion hervorzurufen.

Austauschbeziehung („exchange relationship"): Eine Beziehung, bei der es zwei beteiligte Seiten gibt, die davon ausgehen, dass eine Vergünstigung im Austausch für eine andere Vergünstigung gegeben wird und bei der beide Seiten in der Lage sind, Equity in der Beziehung aufrechtzuerhalten.

Autokinetischer Effekt („autokinetic effect"): Die Bewegungstäuschung bei einem stationären Lichtpunkt, den man in einer völlig abgedunkelten Umgebung betrachtet.

Autoritäre Persönlichkeit („authoritarian personality"): Ein besonderer Persönlichkeitstyp – mit einer übertriebenen Unterwürfigkeit Autoritätspersonen gegenüber –, der als besonders anfällig für Vorurteile gilt.

Balance-Theorie („balance theory"): Eine von Heider aufgestellte Theorie der kognitiven Konsistenz, die auf die Einstellungsänderung angewandt worden ist und zur Erklärung des Zusammenhangs zwischen der Einstellungsähnlichkeit und der interpersonalen Zuneigung herangezogen wurde. Sie nimmt an, dass Individuen bestrebt sind, einen Gleichgewichtszustand zwischen ihren Kognitionen aufrechtzuerhalten bzw. wiederherzustellen.

Beispielbasierte Repräsentation („exemplar-based representation"): Die Repräsentation eines Begriffs (Gruppe, Kategorie) im Gedächtnis, die eher im Sinne konkreter Beispiele als abstrakter Merkmale erfolgt.

Benchmarking („benchmarking"): Ein Unternehmen führt ein Benchmarking durch, wenn es sich selbst mit Firmen mit besserem Geschäftserfolg vergleicht, um die Faktoren zu bestimmen, die es in die Lage versetzen werden, ebenso gute Leistungen zu erbringen oder besser zu sein als Wettbewerber.

Bewältigung („coping"): Die kognitiven und verhaltensbezogenen Strategien, die Individuen einsetzen, um sowohl mit einer belastenden Situation als auch mit den negativen emotionalen Reaktionen, die durch dieses Ereignis ausgelöst werden, umzugehen.

Bewältigungsressourcen („coping resources"): Die außerhalb (z.B. soziale Unterstützung) und innerhalb einer Person (z.B. Optimismus) vorhandenen Ressourcen, die dem Individuum zur Verfügung stehen, um die Anforderungen bei einem kritischen Lebensereignis zu bewältigen.

Bewertung („appraisal"): Beurteilung der Bedeutung eines Objekts, Ereignisses oder einer Handlung für eine Person, einschließlich der Abschätzung der eigenen Möglichkeiten zur Bewältigung. Dies kann auf verschiedenen Ebenen des Zentralnervensystems erfolgen und muss nicht unbedingt bewusst sein.

Bewertungsangst („evaluation apprehension"): Die belastende Erfahrung einer Person, die von anderen beobachtet wird. Diese Erfahrung kann Angst auslösen und abhängig von der Vertrautheit mit der Aufgabe und von vorheriger Übung zu einer Verschlechterung der Leistung oder zu einem höheren Leistungsniveau führen.

Bewertungserwartung („evaluation apprehension"): Siehe Bewertungsangst.

Bindung („attachment"): Ein dauerhaftes emotionales Band zwischen einer Person und einer anderen.

Bindungstheorie („attachment theory"): Eine Theorie, die annimmt, dass die Entwicklung einer sicheren Bindung zwischen Kleinkind und Betreuungsperson in der Kindheit die Grundlage für die Fähigkeit ist, stabile und intime Beziehungen im Erwachsenenalter aufrechtzuerhalten.

Bloßes Nachdenken („mere thought"): Wenn man in Abwesenheit externer Informationen über ein Einstellungsobkjekt nachdenkt, führt dies dazu, dass die Einstellung extremer wird.

Botschafts-Lernen-Ansatz („message-learning approach"): Ein eklektischer Ansatz im Bereich der Persuasion, für den die Annahme charakteristisch ist, dass eine Einstellungsänderung eine Funktion des Lernens und des Behaltens eines Botschaftsinhalts ist; als Variablen im Persuasionsprozess werden die

Quelle, die Botschaft, der Kanal und die Rezipientenmerkmale untersucht.

Bottom-up-Verarbeitung (auch datengesteuerte Verarbeitung; „bottom-up processing"):
Informationsverarbeitung, die stärker von neu eintreffenden Stimulusinformationen als von abstrakten Wissensstrukturen im Gedächtnis gesteuert wird.

Brainstorming („brainstorming"):
Eine Gruppentechnik, die darauf abzielt, die Kreativität in Gruppen zu erhöhen, Selbstkritik sowie Kritik der Ideen anderer während der Phase der Ideengenerierung zu unterbinden, um die Mitglieder zu einem spezifischen Thema ungehemmt so viele Ideen wie möglich generieren zu lassen.

Burnout („burnout"):
Eine spezifische Folge beruflicher Stressoren, die durch drei Aspekte gekennzeichnet ist: emotionale Erschöpfung, Depersonalisation und verringerte persönliche Leistung.

Compliance („compliance"):
Eine Änderung des offenen (öffentlichen) Verhaltens, nachdem man mit der Meinung anderer Menschen konfrontiert wurde.

Cortisol („cortisol"):
Ein Hormon, das von der Nebennierenrinde ausgeschüttet wird, das die Synthese und Speicherung der Glukose fördert, Entzündungen unterdrückt und die Verteilung des Fetts im Körper reguliert.

Coverstory („cover story"):
Eine falsche, aber vermutlich plausible Erklärung für den Zweck eines Experiments. Dahinter steckt die Absicht, den Einfluss von Hinweisen aus der experimentellen Situation einzuschränken.

Darbietungsregeln („display rules"):
Ein moderner Ausdruck für die alte Erkenntnis, dass soziokulturelle Normen den in spezifischen Situationen akzeptablen emotionalen Ausdruck bestimmen.

Deindividuation („deindividuation"):
Ein Zustand einer Person, in dem die rationale Kontrolle und normative Orientierung geschwächt sind und dadurch die Bereitschaft der Person erhöht wird, auf extreme Weise und im Widerspruch zu Normen zu reagieren.

Dezentrierung („decentration"):
Die Fähigkeit, gleichzeitig unterschiedliche Aspekte einer Aufgabe einzubeziehen, statt sich ausschließlich auf einen Aspekt zu konzentrieren.

Diffuse Statusmerkmale („diffuse status characteristic"):
Informationen über die Fähigkeiten einer Person, die nur indirekt für die Aufgabe der Gruppe von Belang sind, die sich aber pauschal aus der Zugehörigkeit zu bestimmten Kategorien (Alter, ethnische Gruppe, Geschlecht), die nichts mit der aufgabenbezogenen Gruppe zu tun haben, ableiten.

Disjunktive Aufgabe („disjunctive task"):
Eine Entweder-oder-Aufgabe für Gruppen, die gelöst werden kann, wenn man den Beitrag eines einzelnen Gruppenmitglieds zum Gruppenprodukt erhebt.

Diskrete Emotionen („discrete emotions"):
Die theoretische Auffassung, dass es eine begrenzte Anzahl hoch differenzierter grundlegender oder fundamentaler Emotionsausdrücke gibt, die unterschiedlichen Arten und Kulturen gemeinsam sind.

Dominante Reaktionen („dominant responses"):
Reaktionen, die im Verhaltensrepertoire einer Person Vorrang haben (d.h. die höchste Wahrscheinlichkeit in einer Hierarchie konkurrierender Reaktionen), wie etwa gut gelernte oder instinktive Reaktionen.

Dreikomponentenmodell der Einstellung („three-component model of attitude"):
Dieses Modell definiert Einstellungen als eine Kombination dreier konzeptionell unterschiedlicher Arten der Erfahrung und Reaktionen auf ein bestimmtes Objekt, nämlich affektiver, kognitiver und konativer bzw. Verhaltensreaktionen.

Dual-concern-Modell („dual-concern model"):
Zweidimensionales Modell, das mehrere Handlungen im Hinblick auf die Sorge um das Selbst und die Sorge um den anderen spezifiziert.

Echtes Experiment mit Zufallszuweisung („true randomized experiment"):
Ein Experiment, bei dem die Versuchspersonen zufällig den unterschiedlichen Experimentalbedingungen zugewiesen werden.

Effekt des gemeinsamen Wissens („common knowledge effect"):
Die Tendenz von Gruppenmitgliedern, sich lediglich auf gemeinsam geteilte (statt auch auf die lediglich ihnen selbst zugänglichen) Informationen zu konzentrieren.

Eigengruppe („ingroup"):
Gruppe, der eine Person angehört oder anzugehören glaubt.

Einfache Zufallsstichprobe („simple random sample"):
Eine Stichprobe, in der jedes Mitglied der Population die gleiche Chance hat, ausgewählt zu werden und in der jede mögliche Kombination der gewünschten Anzahl von Mitgliedern gleich wahrscheinlich ist.

Einsamkeit („loneliness"):
Eine komplexe affektive Reaktion, die auf den subjektiv empfundenen Defiziten im Hinblick auf die Anzahl und die Art der eigenen sozialen Beziehungen beruht.

Einstellung („attitude"):
Eine psychologische Tendenz, die dadurch zum Ausdruck kommt, dass man einen bestimmten Gegenstand mit einem gewissen Grad an Zustimmung oder Ablehnung bewertet.

Einstellungsbedingte Selektivität („attitudinal selectivity"):
Die Tendenz, selektiv Informationen zu beachten, die in Übereinstimmung mit der eigenen Einstellung stehen, sie selektiv zu verarbeiten oder zu erinnern.

Elterliche Investition („parental investment"):
Der Beitrag zur Ernährung, zum Austragen und zum Schutz des sich entwickelnden Nachwuchses im Hinblick auf Zeit und Energie.

Emotion („emotion"):
Vormals oft synonym zu Gefühl oder Affekt verwendet. Der moderne Sprachgebrauch geht davon aus, dass Emotion ein hypothetisches Konstrukt ist, das den Vorgang der Reaktion eines Organismus auf bedeutsame Ereignisse bezeichnet. Emotion wird generell als aus mehreren Komponenten bestehend angenommen: physiologische Erregung, motorischer Ausdruck, Handlungstendenzen und subjektives Gefühl.

Emotionale Ansteckung („emotional contagion"):
Das unbewusste Nachahmen des Gesichtsausdrucks und der Gefühle eines anderen Menschen.

Emotionzentrierte Bewältigung („emotion-focused coping"):
Bewältigungsstrategien, die sich nicht auf das belastende Ereignis konzentrieren, sondern auf die Linderung der bedrückenden emotionalen Reaktionen auf das Ereignis.

Empathie („empathy"):
Affektiver Zustand, der ausgelöst wird, wenn eine Person den emotionalen Zustand einer anderen Person beobachtet. Dieser Gefühlszustand resultiert daraus, dass die Sicht der anderen Person eingenommen wird und ihre Gefühle verstanden werden.

Endokrines System („endocrine system"):
Das aus Drüsen und anderen Strukturen bestehende System, das Hormone hervorbringt und in die Blutbahn ausschüttet.

Epidemiologie („epidemiology"):
Die Untersuchung der Verbreitung und der Bestimmungsfaktoren gesundheitsbezogener Zustände und Ereignisse in bestimmten Populationen.

Equity-Theorie („equity theory"):
Die Theorie nimmt an, dass die Zufriedenheit einer Person davon abhängt, ob das Verhältnis ihrer Handlungsergebnisse („outcomes") und Beiträge

(„inputs“) proportional zu dem entsprechenden Verhältnis bei einer Vergleichsperson ist. Außerdem wird angenommen, dass Personen versuchen werden, ein gerechtes Beitrags-Ergebnis-Verhältnis („equity“) (wieder-)herzustellen, wenn sie sich in einer unäquitablen Situation befinden, d.h. in einer Situation, in der ihr eigenes Verhältnis von Beiträgen und Handlungsergebnissen von dem der Vergleichsperson abweicht.

Erlernte Hilflosigkeit („learned helplessness“):
Ein Zustand, der durch Lerndefizite, negative Emotionen und passives Verhalten gekennzeichnet ist, wenn Lebewesen lernen, dass ihre Reaktionen und die erwünschten Handlungsergebnisse voneinander unabhängig sind.

Erregungs-Übertragungs-Theorie („excitation-transfer theory“):
Erregungsquellen, die nicht in direktem Zusammenhang mit Aggression stehen, können zu aggressionsspezifischer Erregung beitragen und dadurch aggressive Reaktionen intensivieren.

Erwartung-mal-Wert-Modelle („expectancy-value models“):
Diese Modelle nehmen an, dass Entscheidungen zwischen verschiedenen Handlungsalternativen auf zwei Arten von Kognitionen basieren: (1) auf subjektiven Wahrscheinlichkeiten dafür, dass eine bestimmte Handlung zu bestimmten, erwarteten Ereignissen führt, und (2) auf der Valenz dieser Handlungsergebnisse. Nach diesem Ansatz wählen Individuen unter verschiedenen Handlungsalternativen diejenige aus, die die Wahrscheinlichkeit positiver Konsequenzen maximiert und/oder die Wahrscheinlichkeit negativer Konsequenzen minimiert.

Erweiterte Identität („extended identity“):
Das Bewusstsein, dass soziale Urteile über uns unsere Verbindungen zu anderen Menschen widerspiegeln.

Evaluatives Priming („evaluative priming“):
Die Darbietung eines positiven vs. negativen Stimulus fördert die anschließende Wahrnehmung und Verarbeitung eines anderen Stimulus der gleichen positiven bzw. negativen Valenz.

Evolutionspsychologie („evolutionary psychology“):
Ein Ansatz in der Psychologie, der auf dem Prinzip der natürlichen Selektion basiert und im Vergleich zur Soziobiologie stärker die psychologischen Mechanismen und die Flexibilität betont.

Evolutionstheorie („evolutionary theory“):
Eine Theorie, die menschliches Verhalten, einschließlich der Geschlechtsunterschiede bei den Vorlieben für bestimmte Partner, durch seinen Wert für die Fortpflanzung erklärt, d.h. durch seinen Wert für das Hervorbringen von Nachkommen in unserer evolutionären Vergangenheit.

Experiment („experiment“):
Methode, bei der der Forscher in ein bestimmtes Setting absichtlich eine Veränderung einführt, um die Konsequenzen dieser Veränderung zu untersuchen.

Experimentalgruppe („experimental group“):
Gruppe von Versuchspersonen, die der „Experimentalbedingung“ im Gegensatz zur „Kontrollbedingung“ eines Experiments zugewiesen werden; d.h. die Bedingung, in der die Versuchspersonen derjenigen Ausprägung der unabhängigen Variable ausgesetzt werden, von der man annehmen kann, dass sie ihre Gedanken, ihre Gefühle oder ihr Verhalten beeinflusst.

Experimentelle Spiele („experimental games“):
Ein wissenschaftliches Instrument zur Untersuchung sozialer Interaktionen, das auf die Spieltheorie zurückgeht.

Experimentelles Szenario („experimental scenario“):
„Verpackung“, in der ein Experiment den Versuchspersonen dargeboten wird; in Feldexperimenten handelt es sich idealerweise um etwas, was auf natürliche Weise vor sich geht. Im Laborexperiment ist es wichtig, den Versuchspersonen ein realistisches und interessantes Szenario zu bieten.

Externe Validität („external validity“):
Betrifft die Generalisierbarkeit von Befunden auf andere als die untersuchten Situationen und Populationen.

Faktorielles Experiment („factorial experiment"):
Ein Experiment, in dem zwei oder mehr unabhängige Variablen innerhalb des gleichen Designs manipuliert werden.

Feldexperiment („field experiment"):
Ein echtes Experiment mit Zufallszuweisung in einem natürlichen Setting.

Festlegung („commitment"):
Die Tendenz einer Person, eine Beziehung aufrechtzuerhalten und sich psychologisch an sie gebunden zu fühlen.

Fitness („fitness"):
Die Fähigkeit eines Lebewesens, einen größeren Anteil seiner Erbanlagen an nachfolgende Generationen weiterzugeben als andere Individuen (s. auch **Gesamtfitness**).

Fluktuation („turnover"):
Kündigung von Mitarbeitern; Fluktuation ist schädlich für Organisationen, wenn sie von Personen mit guten Leistungen verlassen werden (dysfunktionale Fluktuation), jedoch von Vorteil, wenn Personen mit schlechten Leistungen die Organisation verlassen (funktionale Fluktuation).

Fluktuierende Asymmetrie („fluctuating asymmetry"):
Das Ausmaß, in dem ein Individuum von der perfekten bilateralen Symmetrie abweicht.

Fortpflanzungsstrategien („reproductive strategies"):
Konsistente Muster sexuellen und elterlichen Verhaltens, die typischerweise zur Erzeugung lebensfähigen Nachwuchses führen.

Fremde Situation („strange situation"):
Ein standardisiertes Verfahren, das in der Bindungsforschung verwendet wird, um die Reaktionen von Säuglingen auf die Trennung von ihrer Betreuungsperson und ihre Reaktionen auf Fremde zu testen.

Fremdgruppe („outgroup"):
Gruppe, zu der eine Person nicht gehört oder nicht zu gehören glaubt.

Frustrations-Aggressions-Hypothese („frustration-aggression hypothesis"):
Besagt, dass Aggression stets ein Resultat von Frustration ist.

Fundamentaler Attributionsfehler („fundamental attribution error"):
Beschreibt die allgemeine Tendenz, den Einfluss situativer Faktoren zu unter- und den Einfluss dispositionaler Faktoren hinsichtlich der Verhaltenskontrolle zu überschätzen. Diese Verzerrung kann auf der Basis kognitiver, kultureller und linguistischer Faktoren erklärt werden (s. **Korrespondenzverzerrung**).

Funktion der Aufrechterhaltung des Selbstwertgefühls („self-esteem maintenance function"):
Die Funktion einer Einstellung, das Selbst gegenüber negativen Objekten auf Distanz und in Übereinstimmung mit positiven Objekten zu bringen.

Funktion für die soziale Identität („social identity function"):
Die Funktion einer Einstellung, die darin besteht, dass die Wertvorstellungen einer Person zum Ausdruck gebracht werden und die Identifikation mit bestimmten Bezugsgruppen begründet wird.

Funktionale Maße der sozialen Unterstützung („functional measures of social support"):
Maße, die den Grad erfassen, in dem zwischenmenschliche Beziehungen bestimmten Unterstützungsfunktionen dienen (z. B. emotionale, instrumentelle, zugehörigkeits- und bewertungsbezogene Unterstützung).

Furcht erregende Kommunikation („fear-arousing communication"):
Persuasive Kommunikationen, die versuchen, den Empfänger zur Änderung eines Verhaltens zu motivieren, das schädlich für seine Gesundheit ist, indem Furcht vor potenziellen Gefährdungen der Gesundheit hervorgerufen und eine Empfehlung für eine Handlung gegeben wird, die die Bedrohung verringern oder beseitigen würde.

Gedächtnisbasiertes Urteil („memory-based judgement"):
Urteile über eine soziale Situation, die nicht in der Situation, sondern zu einem späteren Zeitpunkt gebildet werden. Dies sind meist unerwartete Urteile, die zum späteren Zeitpunkt auf dem basieren müssen, was gerade an relevanter Information aus dem Gedächtnis abgerufen werden kann.

Gefühl („feeling"):
Früher synonym zu **Emotion** verwendet. Der moderne Sprachgebrauch schränkt die Bezeichnung auf die Komponente der subjektiven Erfahrung emotionaler Erregung ein, die oftmals bewusst abläuft und mit Emotionswörtern und Emotionsausdrücken bezeichnet werden kann.

Gehorsam („obedience"):
Befolgung der Befehle, die von einer mit Autorität ausgestatteten Person gegeben werden.

Gemeinschaftsbeziehung („communal relationship"):
Eine Beziehung, bei der die Norm besteht, Vergünstigungen in Reaktion auf die Bedürfnisse einer anderen Person zu geben oder eine allgemeine Sorge um die andere Person zu zeigen.

Gemeinschaftsorientierung („communal orientation"):
Der Wunsch, Vergünstigungen in Reaktion auf die Bedürfnisse anderer bzw. aus Sorge um andere zu geben und zu bekommen.

Gesamtfitness („inclusive fitness"):
Dieser Begriff bezieht sich auf die Weitergabe der Gene eines Individuums an nachfolgende Generationen; dabei wird berücksichtigt, dass auch Hilfe gegenüber Verwandten zur Erreichung dieses Ziels beiträgt.

Gesellschaftszentrierter Ansatz („socio-centred approach"):
Jeder Ansatz zur Untersuchung individuellen und sozialen Verhaltens, der die bedingenden Funktionen des sozialen bzw. gesellschaftlichen strukturellen Kontexts unterstreicht.

Gesichtsrückmeldungshypothese („facial feedback hypothesis"):
Siehe **propriozeptive Rückmeldung**; insbesondere die Auffassung, dass Verstärkung oder Hemmung des Gesichtsausdrucks einer Emotion die Intensität und möglicherweise die Beschaffenheit des subjektiven Gefühls verändert.

Gesundheitserziehung („health education"):
Die Bereitstellung von Wissen und/oder eines Trainings von Fertigkeiten, die die willentliche Übernahme eines der Gesundheit förderlichen Verhaltens erleichtern.

Gewalt in der Familie („family aggression"):
Nach der „APA Task Force on Violence and the Family" (APA, 1996) handelt es sich hier um ein Muster gewaltsamen und erniedrigenden Verhaltens; es umfasst eine breite Vielfalt körperlichen, sexuellen und psychischen Missbrauchs, die von einer Person in einer intimen Beziehung gegenüber einer anderen ausgeübt wird, um auf unfaire Weise Macht über sie zu erlangen oder den Missbrauch von Macht, Kontrolle oder Autorität aufrechtzuerhalten.

Glaube an eine gerechte Welt („just-world belief"):
Generalisierte Erwartung, dass Menschen bekommen, was sie verdienen. Wenn andere, ohne dass sie es verdienen, leiden, wird damit der Glaube an eine gerechte Welt infrage gestellt; dies führt zu Versuchen, diesen Glauben wiederherzustellen, sei es dadurch, dass das Leiden der Opfer durch Hilfe verringert wird oder sei es durch Abwertung der Opfer.

Gruppendenken („groupthink"):
Unter Menschen mit ähnlichen Auffassungen und einem starken Zusammengehörigkeitsgefühl ist dies ein Entscheidungsprozess in der Gruppe, der sich sehr am Konsens orientiert und der zu einseitigen und inkorrekten Schlussfolgerungen führt.

Gruppengeist („group mind"):
Massenpsychologisches Konzept der überindividuellen Natur und der Unabhängigkeit des „kollektiven Geistes" sozialer Gruppen.

Gruppenpolarisation („group polarisation"):
Eine im Anschluss an eine Gruppendiskussion auftretende Änderung der durchschnittlichen Position einer Gruppe in Richtung auf den ursprünglich dominanten Pol.

(Zum) Hahnrei (machen) („cuckoldry"):
Wenn ein Mann für den Nachwuchs einer Partnerin sorgt, der nicht sein eigener Nachwuchs ist.

Haupteffekt („main effect"):
Begriff für die separaten Effekte jeder unabhängigen Variable in einem faktoriellen Experiment.

Hawthorne-Effekt („Hawthorne effect"):
Begriff für den Effekt, der entsteht, wenn sich Menschen der Tatsache bewusst sind, dass ihr Verhalten beobachtet wird.

Health-Belief-Modell („health belief model"):
Das Modell, das davon ausgeht, dass das Gesundheitsverhalten der Menschen durch die wahrgenommene Bedrohung durch eine Krankheit oder eine Verletzung sowie durch die Vor- und Nachteile einer dagegen gerichteten Handlung bestimmt wird.

Hedonismus („hedonism"):
Die Lehre, dass jede Aktivität durch das Verlangen nach Lust und durch die Vermeidung von Schmerz motiviert ist.

Heureka-Aufgabe („eureka task"):
Eine Aufgabe mit einer Lösung, die allen Gruppenmitgliedern, sobald sie vorgeschlagen worden ist, als offensichtlich richtig erscheint.

Heuristische Verarbeitung („heuristic processing"):
Abschätzung der Gültigkeit einer Kommunikation oder der Vorzüge eines Einstellungsobjekts, indem man sich auf Heuristiken verlässt, d. h. auf einfache Regeln wie „Die Mehrheit hat Recht" oder „Expertenaussagen stimmen".

Heuristischer Hinweisreiz („heuristic cue"):
Eine in einer Persuasionssituation vorhandene Information (z.B. ein weißer Laborkittel des Kommunikators), die als Signal für die Anwendbarkeit einer Heuristik (z.B. „Expertenaussagen stimmen") dient.

Heuristisch-systematisches Modell („heuristic-systematic model", HSM):
Das heuristisch-systematische Modell von Chaiken und anderen geht davon aus, dass Einstellungsänderungen vermittelt über zwei Arten der Informationsverarbeitung auftreten können: über heuristische und systematische Verarbeitung (s. **Zwei-Prozess-Modelle der Persuasion**). Sind Personen unmotiviert oder nicht in der Lage, ein hohes Maß an kognitiver Anstrengung zu investieren, über die in einer Botschaft enthaltenen Argumente nachzudenken, verlassen sie sich bei der Bildung eines Einstellungsurteils eher auf heuristische Hinweisreize. Wenn Motivation und Fähigkeit jedoch hoch sind, überprüfen sie die Argumente einer Botschaft und alle anderen potenziell relevanten Informationen, um zu einem Urteil zu gelangen.

Hilfeverhalten („helping behaviour"):
In der Biologie gleichbedeutend mit altruistischem Verhalten im allgemeinsten Sinne.

Hinweise aus der experimentellen Situation („demand characteristics"):
Hinweisreize aus dem Experiment, die der Versuchsperson als Anhaltspunkt dafür dienen, welche Verhaltensweisen oder Reaktionen in einer experimentellen Situation von ihr erwartet werden, d.h. Hinweisreize, die zu einer bestimmten Art von Reaktion „auffordern".

Hypothese („hypothesis"):
Eine vorgeschlagene Erklärung für eine beobachtete Beziehung zwischen Ereignissen.

Hypothese der Stimmung als Informationsquelle („mood-as-information hypothesis"):
Die Annahme, dass Personen ihre Stimmung als Informationsquelle für bewertende Urteile über ein Einstellungsobjekt nutzen.

Ich-Orientierung („ego orientation"):
Spiegelt das Ziel des Individuums wider, seine Überlegenheit gegenüber anderen herzustellen.

Illusorische Korrelation („illusory correlation"):
Eine Überschätzung der Stärke eines Zusammenhangs zwischen zwei gewöhnlich voneinander unterschiedenen Variablen (z. B. „Verbrechen" und „Einwanderer"); eine mögliche kognitive Basis für die Bildung von Stereotypen.

Implizite Einstellungen („implicit attitudes"):
Bewertungstendenzen, die Urteile oder Verhaltensweisen beeinflussen können, ohne dass sich die Person ihres Einflusses bewusst ist.

Implizite Maße („implicit measures"):
Es handelt sich um Messungen von Konstrukten wie Einstellungen und Stereotypen, die aus der Art und Weise abgeleitet werden, wie sich Befragte verhalten (z. B. wie lange es dauert, bis sie eine Entscheidung fällen oder eine Frage beantworten), und nicht so sehr aus dem Inhalt ihrer Antworten auf explizite Fragen über diese Konstrukte. Sie gehören zur Gruppe der **nichtreaktiven Methoden.**

Implizite Verbkausalität („implicit verb causality"):
Die Tendenz, im Fall von Handlungsverben die Ursachen im Subjekt des Satzes begründet zu sehen und im Fall von Zustandsverben die Ursachen auf das Objekt des Satzes zurückzuführen.

Immunsystem („immune system"):
Die Organe und Strukturen, die den Organismus vor fremden Substanzen schützen. Seine Hauptfunktion besteht darin, infektiöse Mikroorganismen (Bakterien, Viren und Parasiten) zu bekämpfen. Dies erfolgt über die Bildung von Zellen und chemischen Stoffen, die die Infektion abwehren.

Individualismus („individualism"):
Die Lehre, die die Rechte, Wertvorstellungen und Interessen des Individuums betont, von denen die Rechte und Wertvorstellungen der Gesellschaft abgeleitet und über die sie gerechtfertigt werden müssen (ethischer und politischer Individualismus). Als methodologischer Individualismus die Annahme, dass alle Erklärungen für das Individuum oder für soziale Sachverhalte abzulehnen seien, wenn sie nicht vollständig aus individuellen, d. h. am Individuum gewonnenen Daten zu erklären sind.

Individuumszentrierter Ansatz („individuo-centred approach"):
Jeder Ansatz bei der Erforschung des Sozialverhaltens und der sozialen Funktionen, der ausschließlich oder weitgehend auf dem Studium individuellen Erlebens und Verhaltens beruht (s. **gesellschaftszentrierter Ansatz**).

Informativer Einfluss („informational influence"):
Einfluss, der auf dem Informationswert der von anderen Menschen zum Ausdruck gebrachten Meinungen beruht, d. h. darauf, was sie einer Person über einen Aspekt der Realität sagen.

Innere Struktur einer Einstellung („intra-attitudinal structure"):
Umfasst Aspekte der Repräsentation einer Einstellung im Gedächtnis wie etwa ihre Polarität, ihre Dimensionalität und den Grad der Konsistenz unter den Komponenten einer Einstellung (s. **Drei-Komponenten-Modell der Einstellung**).

Innovation („innovation"):
Siehe **Minderheitseinfluss.**

Instabilität in der Entwicklung („developmental instability"):
Das Ausmaß, in dem die Entwicklung durch genetische Anomalien und umweltbedingte Unterbrechungen wie Gifte oder Parasiten in eine andere Richtung als zur bilateralen Symmetrie hin beeinflusst wird.

Instrumentelle Funktion („utilitarian function"):
Die Funktion einer Einstellung, bei der Steuerung des Verhaltens Belohnungen zu maximieren und Bestrafungen zu minimieren.

Interaktionseffekt („interaction effect"):
Begriff für einen kombinierten Effekt von zwei (oder mehreren) unabhängigen Variablen in einem faktoriellen Experiment, dessen Ergebnismuster von der Summe der Haupteffekte abweicht.

Interaktionsprozessanalyse, IPA („interaction process analysis"):
Von Bales entwickeltes formales System zur Messung von Beobachtungen durch Kodierung der Interaktionen von Mitgliedern kleiner Gruppen. Die

Methode beinhaltet Kategorien und Verfahren zur Kodierung von Interaktionen im Hinblick auf diese Kategorien.

Interdependenz mit gemischten Motiven („mixed-motive interdependence"):
Eine Aufgabensituation, bei der die Gruppenmitglieder sowohl kooperativ als auch wettbewerbsorientiert interdependent sind.

Interdependenzstruktur („interdependence structure"):
Situationen, in denen die persönlichen Handlungsergebnisse teilweise oder vollständig durch die Handlungen eines anderen oder mehrerer anderer Personen determiniert sind.

Intergruppenverhalten („intergroup behaviour"):
Handlungen der Mitglieder einer Gruppe gegenüber denen einer anderen.

Interne Validität („internal validity"):
Bezieht sich auf die Gültigkeit der Schlussfolgerung, dass Veränderungen der unabhängigen Variablen zu Veränderungen der abhängigen Variable führen.

Intervention durch einen Dritten („third-party intervention"):
Die Intervention eines Dritten, die dazu beitragen soll, einen Interessenkonflikt zwischen zwei oder mehreren Personen (oder Gruppen von Menschen) zu lösen.

Intragruppenhomogenität („intragroup homogeneity"):
Das Ausmaß, mit dem die Mitglieder einer Gruppe bezogen auf verschiedene Merkmale als untereinander ähnlich angesehen werden.

Investitionsmodell („investment model"):
Eine Theorie, die annimmt, dass die Festlegung auf eine Beziehung auf einer hohen Zufriedenheit, einer geringen Qualität der Alternativen und einem hohen Maß an Investitionen beruht.

Katecholamine („catecholamines"):
Sammelbegriff, mit dem die Hormone Adrenalin und Noradrenalin (und Dopamin) zusammengefasst werden.

Kategoriale Differenzierung („categorical differentiation"):
Überschätzung der tatsächlichen Unterschiede zwischen zwei Kategorien.

Kategorie („category"):
Gruppierung von zwei oder mehr unterscheidbaren Objekten, die ähnlich behandelt werden. Klasse von in der Welt vorhandenen Objekten.

Katharsis („catharsis"):
Abfluss oder Abbau aggressiver Energie durch die Äußerung aggressiver Reaktionen oder alternativer Verhaltensformen.

Kausalattribution („causal attribution"):
Beschreibt den Schlussfolgerungsprozess, durch den Beobachter einen Effekt auf eine oder mehrere Ursachen zurückführen.

Kausalschemata („causal schemata"):
Der Begriff bezeichnet abstrakte und inhaltsfreie Konzeptionen, wie bestimmte Arten von Ursachen miteinander interagieren und einen Effekt hervorrufen (z.B. Schema der multiplen notwendigen Ursachen; Schema der multiplen hinreichenden Ursachen).

Klassisches Konditionieren („classical conditioning"):
Der Vorgang, durch den ein neutraler Reiz, der ursprünglich keine bestimmte Reaktion hervorrief, durch wiederholte Verbindung mit einem Reiz, der bereits diese Reaktion auslöst, allmählich auch diese Fähigkeit erwirbt.

Kognitionsbedürfnis („need for cognition"):
Ein Persönlichkeitsmerkmal, nach dem man Individuen im Hinblick darauf differenzieren kann, wie viel und wie gern sie über Themen und Probleme nachdenken. Bei der Konfrontation mit persuasiven Botschaften neigen Personen mit einem hohen Kognitionsbedürfnis eher zu inhaltsrelevantem Nachdenken als Personen mit einem niedrigen Kognitionsbedürfnis.

Kognitive Bewertung („cognitive appraisal"):
Der evaluative Prozess, durch den festgelegt wird, warum und in welchem Maße eine bestimmte Situation als belastend wahrgenommen wird.

Kognitive Dissonanz („cognitive dissonance"):
Zentraler Begriff in Festingers Theorie der kognitiven Dissonanz. Ein aversiver Erregungszustand, der durch Kognitionen (d. h. Meinungen, Einstellungen, Erwartungen) verursacht wird, die untereinander inkonsistent sind und die die Person dazu motivieren, die Dissonanz dadurch zu reduzieren, dass sie Kognitionen hinzufügt, eliminiert oder ersetzt, um die Konsistenz zu erhöhen.

Kognitiv-neoassoziationistischer Ansatz („cognitive neoassociationism"):
Eine von L. Berkowitz entwickelte Theorie, die eine direkte Verbindung annimmt zwischen aversiven Ereignissen oder negativem Affekt und der Erregung von Flucht- oder Kampfverhalten. Kognitive Mediatoren für das Auftreten von (emotionaler) Aggression werden als nicht notwendig angesehen.

Kollektive Aggression („collective aggression"):
Aggression, die gleichzeitig von einer großen Anzahl von Personen, Gruppen oder Massen entweder spontan, wie bei Aufständen, oder geplant, wie in Kriegen, ausgeübt wird.

Kollektive Repräsentationen („représentations collectives, collective representations"):
Da laut Emile Durkheim (1898/1967) „soziale Tatsachen" außerhalb des individuellen Bewusstseins und in relativer Unabhängigkeit von ihm existieren, kommt auch den ihnen zugehörigen „kollektiven Repräsentationen" eine Eigenständigkeit zu. Auch wenn sie aus dem Zusammenhang und der Interaktion von Individuen entstanden sind, weisen sie eigene Merkmale auf, die von denjenigen individueller Repräsentationen verschieden sind. Gegenüber diesem rein soziologischen Konstrukt hat Serge Moscovici (Farr & Moscovici, 1984) die „soziale Repräsentation" zu einem sozialpsychologischen Begriff gemacht (vgl. Flick, 1998).

Konfident oder **Strohmann („confederate"** oder **„stooge"):**
Komplize oder Mitarbeiter des Versuchsleiters, der scheinbar eine weitere Versuchsperson ist, in Wirklichkeit jedoch eine genau vorgeschriebene Rolle im Experiment spielt.

Konformität („conformity"):
s. **Mehrheitseinfluss.**

Konfundierung („confounding"):
Eine Variable, die aus zwei oder mehr potenziell trennbaren Komponenten besteht, ist konfundiert. Ist die unabhängige Variable konfundiert, hat der Forscher nur sehr wenig Möglichkeiten, eindeutige kausale Schlussfolgerungen zu ziehen.

Konjunktive Aufgabe („conjunctive task"):
Eine Gruppenaufgabe, die es erfordert, dass sie von allen Mitgliedern erfolgreich ausgeführt wird.

Konkurrenz („competition"):
In der Evolutionsbiologie der Prozess, durch den ein Tier im Vergleich zu einem anderen mehr oder weniger Ressourcen bekommt, die zum Überleben und zur Fortpflanzung notwendig sind. In der Begrifflichkeit der Interdependenztheorie handelt es sich um ein Verhalten, das den relativen Vorteil gegenüber anderen maximiert.

Konsistenz („consistency"):
Ein Verhaltensstil, der darauf hindeutet, dass man seine Position beibehält. **Diachron:** Konsistenz über die Zeit hinweg; **synchron:** Konsistenz über Individuen hinweg.

Konstrukt („construct"):
Ein abstrakter theoretischer Begriff (z. B. sozialer Einfluss).

Konstruktvalidität („construct validity"):
Gültigkeit der Annahme, dass unabhängige und abhängige Variablen die theoretischen Konstrukte, die sie repräsentieren sollen, angemessen operationalisieren.

Kontakthypothese („contact hypothesis"):
Vorstellung, dass der Kontakt zwischen Mitgliedern unterschiedlicher Gruppen unter gewissen Bedingungen die Vorurteile und die Feindseligkeit zwischen den Gruppen abschwächt.

Kontinuum von interpersonal bis (inter)gruppal („interpersonal – [inter]group continuum"):
Kontinuierliche Dimension sozialen Verhaltens, die zwischen Handlungen unterscheidet, die man als Individuum bzw. als Mitglied einer Gruppe ausführt.

Kontrast („contrast"):
Ein Kontextstimulus ruft eine Verschiebung des Bezugsrahmens mit dem Effekt hervor, dass die Beurteilung anderer Stimuli in eine dem Kontextstimulus entgegengesetzte Richtung erfolgt (z.B. andere Menschen erscheinen im Vergleich zu einer extrem reichen Person eher arm).

Kontrollgruppe („control group"):
Gruppe von Versuchspersonen, die typischerweise nicht der/den in einem Experiment eingesetzten unabhängigen Variable(n) ausgesetzt werden. Messungen der abhängigen Variablen bei diesen Versuchspersonen werden mit denen der experimentellen Bedingung verglichen, die der unabhängigen Variable ausgesetzt waren (also mit der Experimentalgruppe). Dies stellt eine Grundlage für Schlussfolgerungen darüber dar, ob die unabhängige Variable einen bestimmenden Einfluss auf die Werte der abhängigen Variable hat.

Konversion („conversion"):
Eine Änderung des verdeckten (privaten) Verhaltens, nachdem man mit der Meinung anderer Menschen konfrontiert wurde; internalisierte Änderung; eine Veränderung der Art und Weise, wie man einen Aspekt der Realität strukturiert.

Kooperation („cooperation"):
Verhalten, das die Handlungsergebnisse (oder das Wohl) eines Kollektivs (bzw. einer Gruppe) maximiert. Der Begriff beschreibt in der Evolutionsbiologie eine Situation, in der zwei Tiere eine Handlung ausführen, die sie in die Lage versetzt, Ressourcen zu bekommen, die beiden nützen.

Kooperative Interdependenz („cooperative interdependence"):
Eine Aufgabensituation, bei der der Erfolg jedes Mitglieds der Gruppe die Chancen für einen Erfolg der anderen Mitglieder verbessert.

Koordinierungsverluste („coordination losses"):
Abnahme der Gruppenproduktivität im Vergleich zur individuellen Produktivität aufgrund der Unfähigkeit der Gruppenmitglieder, ihre Ressourcen auf optimale Weise zusammenzuführen.

Korrespondenzprinzip, auch **Vereinbarkeitsprinzip („correspondence principle, compatibility principle"):**
Dieses Prinzip besagt, dass es nur dann einen engen Zusammenhang zwischen Einstellung und Verhalten geben wird, wenn beide Maße im Grad der Spezifikation übereinstimmen.

Korrespondenzverzerrung („correspondence bias"):
Die Tendenz, aus beobachtetem Verhalten eines/einer Handelnden auf dessen/deren Persönlichkeitseigenschaften zu schließen, auch wenn die Schlussfolgerung nicht gerechtfertigt ist, da andere mögliche Ursachen für das Verhalten vorhanden sind (s. **fundamentaler Attributionsfehler**).

Kovariationsprinzip („covariation principle"):
Nach Kelleys Theorie der Kausalattribution kann ein Beobachter mit ausreichender Zeit und Motivation Attributionen auf der Basis der wahrgenommenen Kovariation zwischen dem beobachteten Effekt und seinen möglichen Ursachen vornehmen. Ein Effekt wird auf eine Bedingung attribuiert, die vorhanden ist, wenn auch der Effekt vorhanden ist, und die ausbleibt, wenn auch der Effekt ausbleibt.

Kritische Lebensereignisse („critical life events"):
Ereignisse, die wesentliche Veränderungen im Leben einer Person darstellen, die von kurzfristig bis bleibend variieren und potenziell bedrohlich sind.

Leichtigkeit des Abrufs („ease of recall"):
Das subjektive Gefühl, dass Informationen über ein bestimmtes Thema leicht aufgefunden und aus dem Gedächtnis abgerufen werden können; der Begriff sollte nicht mit dem objektiven Erfolg beim Abruf verwechselt werden.

Leidenschaftliche Liebe („passionate love"):
Ein Zustand intensiven Sehnens nach Einssein mit einer anderen Person, gewöhnlich gekennzeichnet durch häufiges Denken an den Partner und starke gedankliche Beschäftigung mit ihm, Idealisierung des anderen und durch den Wunsch, den anderen genauer zu kennen, wie auch den Wunsch, vom anderen genauer gekannt zu werden.

Lernen am Modell („modeling"):
Die Tendenz von Individuen, sich neue (und komplexere) Verhaltensweisen anzueignen, indem sie dieses Verhalten und dessen Konsequenzen im realen Leben oder an symbolischen Vorbildern beobachten.

Lernorientierung („learning orientation"):
Spiegelt das Engagement des Individuums wider, Fertigkeiten zu erwerben und sein Bestes zu geben.

Likert-Skala („Likert scale"):
Eine von Rensis Likert entwickelte Technik zur Messung von Einstellungen. Das Schlüsselmerkmal dieser Methode besteht darin, dass die Befragten gebeten werden, das Ausmaß ihrer Zustimmung oder Ablehnung zu einer Reihe von Aussagen über den Einstellungsgegenstand einzustufen.

Linguistische Intergruppenverzerrung („linguistic intergroup bias"):
Die Tendenz, eher abstrakte linguistische Kategorien zu verwenden, wenn man positives Eigengruppenverhalten und negatives Fremdgruppenverhalten beschreibt, als wenn man negatives Eigengruppenverhalten und positives Fremdgruppenverhalten beschreibt.

Linguistische Kategorien („linguistic categories"):
Unterschiedliche Arten von Verben und Adjektiven, die die Rolle von Prädikaten in Verhaltensbeschreibungen annehmen können.

Macht („power"):
Als sozialpsychologisches Konstrukt bezeichnet Macht die tatsächliche oder auch nur angenommene Möglichkeit, das Verhalten anderer – auch gegen deren Willen – zu beeinflussen.

Macht durch Zwang („coercive power"):
Die Anwendung von Drohungen und Bestrafung zum Erreichen sozialer Macht.

Manipulationsüberprüfung („manipulation check"):
Ein Maß für die Effektivität der unabhängigen Variable.

Mannschaftsspiele („team games"):
Spiele, in denen interdependente Beziehungen zwischen dem Individuum, der eigenen Gruppe und einer anderen Gruppe bestehen.

Massenpsychologie („mass psychology"):
Die Untersuchung des Bewusstseins (s. auch **Gruppengeist**) und Verhaltens von Massen, vor allem des Erlebens von Individuen unter Massenbedingungen.

Mediation („mediation"):
Unterstützung von dritter Seite, die oft durch Kommunikation mit beiden Seiten dabei hilft, einen Interessenkonflikt zu lösen.

Mehrheitseinfluss, Konformität („majority influence, conformity"):
Sozialer Einfluss, der sich aus der Konfrontation mit den Meinungen einer Mehrheit oder der Mehrheit der eigenen Gruppe ergibt.

Metaanalyse („meta-analysis"):
Eine Reihe von statistischen Techniken, um Ergebnisse von unabhängigen Studien zu einem bestimmten Phänomen statistisch zu einem Gesamtergebnis zu integrieren. Ziel ist es, herauszufinden, ob sich aus den Befunden über alle Studien hinweg ein zuverlässiges Muster ergibt.

Minderheitseinfluss, Innovation („minority influence, innovation"):
Sozialer Einfluss, der sich aus der Konfrontation mit den Meinungen einer Minderheit oder der Minderheit in der eigenen Gruppe ergibt.

Mitarbeiterorientiertes Verhalten („employee-oriented behaviour"):
Bezeichnet einen Führungsstil, zu dem Verhaltensweisen gehören wie, Sorge um die Mitarbeiter zu zeigen, auf freundliche und unterstützende Weise zu handeln, Wertschätzung für Beiträge von Mitarbeitern zum Ausdruck zu bringen und ihre Leistungen anzuerkennen.

Modell der Elaborationswahrscheinlichkeit („elaboration likelihood model", ELM):
Beim Modell der Elaborationswahrscheinlichkeit von Petty und seinen Kollegen wird davon aus-

gegangen, dass eine Einstellungsänderung als Reaktion auf persuasive Botschaften vermittelt über zwei Arten der Informationsverarbeitung zustande kommen kann (s. **Zwei-Prozess-Modelle der Persuasion**). Mit Elaboration ist das Ausmaß gemeint, in dem eine Person die in einer Botschaft enthaltenen themenrelevanten Argumente auf der zentralen Route verarbeitet, statt durch Prozesse beeinflusst zu werden, die für die periphere Route der Persuasion typisch sind (z. B. klassische Konditionierung, heuristische Verarbeitung). Die Elaborationswahrscheinlichkeit wird sowohl von der Verarbeitungsmotivation als auch von der Fähigkeit zur Verarbeitung bestimmt.

Modell des Prozesses der Übernahme von Vorsichtsmaßnahmen („precaution adoption process model"):
Ein Phasenmodell der Veränderung des Gesundheitsverhaltens, in dem die Phasen beschrieben werden, die Personen der Annahme nach durchlaufen, wenn sie eine bestimmte Maßnahme zum Schutz ihrer Gesundheit ergreifen. Das Modell wurde ursprünglich als dynamische Version des Health-Belief-Modells entwickelt.

MODE-Modell („*m*otivation and *o*pportunity as *de*terminants of how attitudes influence behavior"; Motivation und Gelegenheit als Bestimmungsfaktoren dafür, wie Einstellungen das Verhalten beeinflussen):
Das MODE-Modell geht davon aus, dass Einstellungen Verhalten entweder durch bewusstes Verarbeiten der Implikationen der Einstellung für das Verhalten oder durch automatisch-selektives Verarbeiten einstellungsrelevanter Informationen beeinflussen können.

Modifikation der Anreizstruktur („modification of the incentive structure"):
Bezieht sich auf Verhaltensstrategien, die das Verhalten dadurch beeinflussen, dass sie die Kosten unerwünschten (z. B. gesundheitsschädlichen) Verhaltens erhöhen und die Kosten erwünschten (z. B. gesundheitsfördernden) Verhaltens senken. Regierungen greifen oft zu steuerlichen (z. B. Erhöhung der Steuer auf Alkohol und Zigaretten) oder gesetzlichen (z. B. Gesetze, die die Verwendung von Sicherheitsgurten oder Schutzhelmen vorschreiben) Maßnahmen, um das Verhalten zu beeinflussen.

Monogamie („monogamy"):
Ein Paarungssystem mit einem Weibchen und einem Männchen. Der Begriff kann sich auch auf eine Form der Ehe beim Menschen beziehen.

Motivationsverluste („motivation losses"):
Ineffizienz, die das Ergebnis mehr oder weniger bewusster Reduzierung der Motivation darstellt, sein Bestes für die Gruppe zu geben.

Nachbild („after-image"):
Die Farbe, die man auf einer weißen Fläche sieht, nachdem man einer anderen Farbe ausgesetzt war; es handelt sich um die Komplementärfarbe der ursprünglichen Farbe.

Natürliche Selektion („natural selection"):
Der Prozess, der Individuen mit bestimmten Merkmalen dazu verhilft, stärker in nachfolgenden Generationen repräsentiert zu sein, weil diese Merkmale besser an die jeweilige Umwelt angepasst sind.

Nichtdominante Reaktionen („nondominant responses"):
Neuartige, komplizierte oder zuvor nicht probierte Reaktionen, die das Individuum bisher nie (oder nur selten) ausgeführt hat.

Nicht hinreichende Rechtfertigung („insufficient justification"):
Der Zustand, bei dem man ein einstellungsdiskrepantes Verhalten gezeigt hat, ohne einen äußeren Grund für diese Handlung wahrgenommen zu haben; ein Spezialfall der Bedingungen, die zu kognitiver Dissonanz führen.

Nichtreaktive Methoden („unobtrusive measures", „non-reactive measures"):
Messmethoden, deren Anwendung die Versuchspersonen nicht bemerken und die daher ihr Verhalten nicht beeinflussen können.

Nominale Gruppen („nominal groups"):
Kontrollgruppen, die es ermöglichen, die potenzielle Produktivität von Gruppen zu bestimmen. Das Produkt einer nominalen Gruppe wird aus den Produkten von allein arbeitenden Personen nach denselben Regeln (d. h. additiv, disjunktiv, konjunktiv) gebildet, die auch die Zusammenführung der indi-

viduellen Leistungen in der Gruppe bestimmen. Die Produktivität der nominalen Gruppen repräsentiert das Leistungsniveau, das von Gruppenmitgliedern erreicht werden kann, wenn die Interaktion in der Gruppe die Leistung weder fördert noch behindert.

Nominalgruppentechnik („nominal group technique"):
Eine Alternative zum interaktiven Brainstorming, die darin besteht, die individuellen (in Isolation entwickelten) Beiträge anschließend zu einem Gruppenprodukt zusammenzufügen.

Noradrenalin („noradrenaline"):
Ein Hormon, das vom Nebennierenmark und von den Nervenendigungen des sympathischen Nervensystems ausgeschüttet wird. Während Adrenalin den Körper auf eine physische Handlung vorbereitet, beschäftigt sich Noradrenalin mit routinemäßigen Aufgaben wie etwa der Aufrechterhaltung eines gleichmäßigen Blutdrucks.

(Norm der) soziale(n) Verantwortung („norm of social responsibility"):
Die Norm der sozialen Verantwortung besagt, dass Menschen anderen Menschen, die von ihrer Hilfe abhängig sind, helfen sollten. Dies steht im Gegensatz zur Norm der Selbstgenügsamkeit, die impliziert, dass Menschen vorrangig auf sich selbst aufpassen sollten.

Normativer Einfluss („normative influence"):
Einfluss, der auf dem Bedürfnis beruht, von anderen Menschen akzeptiert und bestätigt zu werden.

Normatives Modell („normative model"):
Standard, optimal richtige Art und Weise, zu einer Schlussfolgerung oder zu einem Urteil zu kommen (z.B. Kelleys ANOVA-Modell).

Null-Summen-Situation („zero-sum situation"):
Eine Situation, in der das Interesse eines Individuums vollständig mit dem Interesse eines Partners in Konflikt steht.

Nur-Nachtest-Kontrollgruppendesign („post-test only control group design"):
Minimaldesign eines echten Experiments. Die Versuchspersonen werden zufällig einer von zwei Gruppen zugeteilt. Eine Gruppe wird der unabhängigen Variable ausgesetzt, die zweite (Kontroll-) Gruppe nicht. Beide Gruppen werden hinsichtlich der abhängigen Variable untersucht, und der Vergleich der beiden Gruppen zeigt, ob die unabhängige Variable einen Effekt hatte oder nicht.

One-shot-Fallstudie („one-shot case study"):
Forschungsdesign, bei dem Beobachtungen an einer Gruppe gemacht werden, nachdem ein Ereignis vorgefallen ist oder eine Manipulation durchgeführt wurde. Problematisch ist dabei, dass diese Beobachtungen mit nichts verglichen werden können, sodass das Design keinen Aufschluss darüber gibt, ob das Ereignis bzw. die Manipulation auch wirklich einen Effekt hatte.

„Online" abgegebene Urteile („on-line judgements"):
Urteile, die unmittelbar nach der Darbietung eines Stimulus gebildet werden.

Operantes Konditionieren („operant conditioning"):
Vorgang des Lernens durch Verstärkung (d.h., Reaktionen nehmen in der Häufigkeit zu, weil sie positive Konsequenzen haben) oder durch Bestrafung (d.h., Reaktionen nehmen in der Häufigkeit ab, weil sie negative Konsequenzen haben).

Operationalisierung („operationalization"):
Die Art und Weise, in der in einer bestimmten Studie ein theoretisches Konstrukt in eine messbare abhängige Variable oder eine manipulierbare unabhängige Variable überführt wird.

Paradigma der minimalen Gruppen („minimal group paradigm"):
Experimentelle Verfahren zur Zusammenstellung von Ad-hoc-Gruppen auf der Basis willkürlicher Kriterien ohne Interaktion innerhalb und zwischen den Gruppen und ohne Kenntnis der anderen Mitglieder der Eigengruppe oder der Fremdgruppe. Ist eine solche Situation geschaffen, kann erfasst werden, wie die Versuchspersonen die Gruppen wahrnehmen bzw. wie sie Belohnungen zwischen Eigen- und Fremdgruppe aufteilen.

Periphere Route zur Persuasion („peripheral route to persuasion"):
Umfasst diejenigen Persuasionsprozesse, die nicht auf aufwändigem themenrelevanten Denken beru-

hen (z. B. klassische Konditionierung, heuristische Informationsverarbeitung).

Persuasion („persuasion"):
Einstellungsbildung oder -änderung, gewöhnlich in Reaktion auf Argumente und/oder andere Informationen über das Einstellungsobjekt.

Phasenmodelle der Veränderung des Gesundheitsverhaltens („stage models of health behaviour change"):
Theorien (z. B. transtheoretisches Modell, Modell des Prozesses der Übernahme von Vorsichtsmaßnahmen), die annehmen, es gehöre zur Änderung eines Gesundheitsverhaltens, dass man eine voneinander unterscheidbare Anzahl von Phasen durchläuft, die von der Unkenntnis einer gesundheitlichen Bedrohung bis zu einer abgeschlossenen präventiven Handlung reichen können.

Placebo-Kontrollgruppe („placebo control group"):
Kontrollgruppen, die dazu verwendet werden, zu überprüfen, ob der Effekt einer Behandlung auf die aktiven Wirkstoffe der Behandlung oder einen anderen Effekt zurückgeht. Placebo-Kontrollgruppen erhalten scheinbar die gleiche Behandlung wie die Interventionsgruppe, mit der Ausnahme, dass in der Behandlung der aktive Wirkstoff fehlt.

Pluralistische Ignoranz („pluralistic ignorance"):
Die Meinung, dass sich die eigenen Wahrnehmungen und Gefühle von jenen anderer unterscheiden, während gleichzeitig das eigene beobachtbare Verhalten mit dem der anderen identisch ist. In Gruppen von Zuschauern eines Notfalls die irrtümliche Schlussfolgerung jedes Zuschauers, dass die anderen Zuschauer den Vorfall als harmlos einschätzen.

Polyandrie („polyandry"):
Ein Paarungssystem mit einem Weibchen und mehreren Männchen. Der Begriff kann sich auch auf eine Form der Ehe beim Menschen beziehen.

Polygynie („polygyny"):
Ein Paarungssystem mit einem Männchen und mehreren Weibchen. Der Begriff kann sich auch auf eine Form der Ehe beim Menschen beziehen.

Positivismus („positivism"):
Ursprünglich eine wissenschaftliche Anschauung, nach der nur das (in der wissenschaftlichen Beobachtung) Gegebene als Grundlage der Wissenschaft akzeptiert wurde. Durch die Weiterentwicklung des klassischen Positivismus von Comte zum logischen Positivismus ist der Begriff heute mehrdeutig geworden. Er wird gerne kritisch gegenüber einer an der naturwissenschaftlichen Methodologie orientierten Sozialwissenschaft verwendet.

Postexperimentelle Aufklärung („debriefing"):
Verfahren, bei dem den Versuchspersonen der Zweck des Experiments, an dem sie gerade teilgenommen haben, erklärt wird und bei dem alle Fragen beantwortet werden, die eine Versuchsperson haben könnte. Es ist besonders wichtig, die Versuchspersonen aufzuklären, wenn bei der experimentellen Vorgehensweise mit Täuschung gearbeitet wurde – in diesem Fall sollte bei der postexperimentellen Aufklärung auch erklärt werden, warum die Täuschung für notwendig gehalten wurde.

Postexperimentelle Befragung („post-experimental enquiry"):
Von Orne vorgeschlagene Technik zur Aufdeckung der Wirkung von Hinweisen aus der experimentellen Situation. Die Versuchsperson wird nach der Teilnahme an einem Experiment sorgfältig befragt, um Aufschluss über ihre Wahrnehmungen im Hinblick auf den Zweck des Experiments zu erhalten.

Potenzielle Gruppenleistung („potential productivity"):
Die Leistung, die eine Gruppe erbringen kann, wenn sie die ihr zur Verfügung stehenden Ressourcen – wie etwa relevantes Wissen, Fähigkeiten, Fertigkeiten, Werkzeuge, Zeit und Geld – optimal (d. h. ohne Prozessverluste) einsetzt, um den Anforderungen der Aufgabe gerecht zu werden.

Primacy-Effekt („primacy effect"):
Die Tendenz, dass früher eingehende Informationen einen stärkeren Einfluss auf die eigenen Urteile oder die Erinnerungen an Personen, Objekte oder Themen haben als später eingehende Informationen.

Priming-Effekt („priming effect"):
Der Befund, dass ein Schema mit größerer Wahrscheinlichkeit aktiviert wird, wenn es vor kurzem präsentiert oder in der Vergangenheit verwendet wurde.

Problemlösen („problem solving"):
Eine Methode, mit einem Konflikt umzugehen, bei der man sich sehr um die Ziele aller Personen kümmert und bei der am Ende die völlige Zufriedenheit aller Beteiligten erreicht wird.

Problemzentrierte Bewältigung („problem-focused coping"):
Bezieht sich auf instrumentelles Verhalten, das darauf abzielt, das Risiko schädlicher Konsequenzen, die das Ergebnis des belastenden Ereignisses sein könnten, zu verringern oder zu beseitigen.

Produktionsblockierung („production blocking"):
Verringerung der individuellen Produktivität und Kreativität beim Hervorbringen von Ideen; dies ist darauf zurückzuführen, dass sich Personen in interaktiven Brainstormingsitzungen gegenseitig unterbrechen und sich beim Reden abwechseln.

Propriozeptive Rückmeldung („proprioceptive feedback"):
Propriozeption bezeichnet die Fähigkeit innerer Organe, sensorische Informationen über körperliche Veränderungen zu liefern. Propriozeptive Rückmeldung bezeichnet Veränderungen in einem organismischen System, die durch rückgemeldete Veränderungen in einem anderen System hervorgerufen werden.

Prosoziales Verhalten („prosocial behaviour"):
In der Biologie gleichbedeutend mit altruistischem Verhalten. In der Sozialpsychologie enger definiert als Hilfeverhalten in dem Sinne, dass durch die Handlung beabsichtigt ist, die Situation des Rezipienten zu verbessern, und der Handelnde nicht verpflichtet ist, der Person, der geholfen wird, zu helfen.

Prospektive Studie („prospective study"):
Längsschnittuntersuchung, bei der zunächst die mutmaßlichen kausalen Faktoren (z.B. belastende Lebensereignisse), aus denen ein bestimmtes Ergebnis (z.B. Depression oder Herzerkrankung) für die Zukunft vorhergesagt wird, und dann zu irgendeinem künftigen Zeitpunkt die Ergebnisvariablen erfasst werden.

Prototyp („prototype"):
Das beste Exemplar einer gegebenen Kategorie. Eine abstrakte Repräsentation der Merkmale, die mit einer Kategorie assoziiert werden, die im Gedächtnis gespeichert ist und zur Organisation von Informationen dient.

Prozedurale Gerechtigkeit („procedural justice"):
Gerechtigkeitskriterien, die eingesetzt werden, um die Qualität eines Entscheidungsbildungsprozesses zur Verteilung von Handlungsergebnissen zwischen Personen zu bewerten.

Prozessverluste („process losses"):
Gruppenprozesse, die verhindern, dass eine Gruppe ihre potenzielle Produktivität erreicht. Zu derartigen Verlusten gehören Koordinierungs- und Motivationsverluste.

Psychische Ansteckung („mental contagion"):
Hypothetischer Mechanismus der Ausbreitung von Affekten und Vorstellungen in Massen.

Psychologische Reaktanz („psychological reactance"):
Ein aversiver Zustand, der durch Beschränkungen der Freiheit einer Person zustande kommt, zwischen wichtigen Verhaltensalternativen auswählen zu können; dies führt wiederum zu einer Motivationstendenz, die eingeschränkte Freiheit wiederherzustellen.

Puffereffekt der sozialen Unterstützung („buffer effect of social support"):
Der Effekt, dass diejenigen, die ihrer subjektiven Wahrnehmung nach unterstützt werden, weniger von stressreichen Ereignissen und Bedingungen in Mitleidenschaft gezogen werden als jene, die sich nicht unterstützt fühlen.

Pufferhypothese der sozialen Unterstützung („buffering hypothesis of social support"):
Die Hypothese, dass soziale Unterstützung das Individuum vor dem negativen Einfluss eines hohen Stressniveaus auf die Gesundheit schützt.

Quasiexperiment („quasi-experiment"):
Ein Experiment, bei dem die Versuchspersonen nicht zufällig auf die verschiedenen Experimentalbedingungen verteilt werden (in aller Regel aufgrund von Faktoren, die nicht der Kontrolle des Forschers unterliegen).

Quotenstichprobe („quota sample"):
Eine Stichprobe, die bestimmten im Vorhinein festgelegten Quoten entspricht und damit bestimmte Merkmale der Population (wie Alter oder Geschlecht) wiedergibt, die als für die Forschungsfrage relevant angesehen werden.

Reaktionstriade der Emotion („emotional reaction triad"):
s. **Emotion**; die drei Reaktionskomponenten: physiologische Erregung, motorischer Ausdruck und subjektives Gefühl.

Reaktivität („reactivity"):
Ein Messvorgang ist reaktiv, wenn er die Eigenart dessen, was gemessen werden soll, verändert (d.h., wenn das beobachtete Verhalten oder die verbalen Äußerungen ganz oder teilweise dadurch determiniert sind, dass sich die Versuchsperson bewusst ist, dass Aspekte ihres Verhaltens beobachtet werden).

Reife der Mitarbeiter („maturity of subordinates"):
In Hersey und Blanchards Führungstheorie die Entwicklungsphase einer Gruppe, die darüber bestimmt, welchen Führungsstil die Führungskraft ausüben sollte.

Reliabiltät („reliability"):
Eine Messung ist reliabel, wenn sie bei mehrfacher Durchführung zum gleichen Resultat führt (d.h. zu unterschiedlichen Zeitpunkten oder bei Erhebung durch verschiedene Individuen).

Repräsentative Befragung („sample survey"):
Eine Forschungsstrategie, bei der eine Stichprobe von Befragten interviewt wird (oder einen Fragebogen erhält), von der man annimmt, dass sie repräsentativ für die Population ist, aus der sie ausgewählt wurde.

Repräsentativität („representativity"):
Urteilsheuristik, die herangezogen wird, um Ereigniswahrscheinlichkeiten auf der Basis grober Ähnlichkeitsprinzipien zu schätzen. Ein Symptom wird z.B. als Beweis für eine bedrohliche Krankheit herangezogen, obwohl die objektive Basisrate für diese Krankheit extrem niedrig ist.

Reziproker Altruismus („reciprocal altruism"):
Altruistisches Verhalten, das von einem Tier oder einer Person gezeigt wird, wenn sich der Hilfeempfänger wahrscheinlich künftig gegenüber dem Helfenden altruistisch verhalten wird.

Reziprozität („reciprocity"):
Die Grundregel bei zwischenmenschlichen Beziehungen, dass man nur in dem Maße erwarten kann, Aktivposten wie etwa Status, Attraktivität, Unterstützung und Liebe zu bekommen, wie man sie selbst bereitstellt.

Reziprozitätsnorm („norm of reciprocity"):
Die Norm, nach der wir anderen gegenüber so handeln sollten, wie sie sich uns gegenüber verhalten haben. Reziprozität fordert positive Reaktionen auf gute Behandlung, aber auch negative Reaktionen auf schlechte Behandlung. Prosoziale Reziprozität tritt auf, wenn Menschen zum Ausgleich dafür, dass ihnen geholfen wurde, selber helfen.

Rollenexternes Verhalten („extra-role behaviour"):
Jene Aspekte der Arbeitsleistung, die nicht im Voraus durch Rollenvorschriften spezifiziert werden, die nicht direkt oder explizit durch das formale Belohnungssystem berücksichtigt werden und die keinen Anlass für Sanktionen darstellen, wenn Stelleninhaber sie nicht ausführen.

Rolleninternes Verhalten („in-role behaviour"):
Jene Aspekte der Arbeitsleistung, die explizit erwartet und belohnt werden.

Salienz („salience"):
Die Unterschiedlichkeit eines Stimulus in Relation zum Kontext (z.B. ein Mann in einer Gruppe von Frauen; eine Gruppe von Leuten, einer davon steht im Mittelpunkt).

Script („script"):
Wissensstruktur, die routineartige Handlungsepisoden in bestimmten Gegenstandsbereichen repräsentiert.

Selbstbehinderung („self-handicapping"):
Eine subtile Form der selbstwertdienlichen Verzerrung, bei der jemand die Ursachen seines Versagens künstlich manipuliert, bevor das Versagen eintritt, um den Zusammenhang zwischen der Leistung und der Bewertung zu „vernebeln".

Selbstkategorisierungstheorie („self-categorisation theory"):
Eine allgemeine Theorie zum Gruppenverhalten; sie betont den Einfluss, der sich aus den Selbstdefinitionen auf unterschiedlichen Abstraktionsniveaus (Individuum, Gruppe, Menschheit) für Urteile und Verhalten ergibt.

Selbstüberwachung („self-monitoring"):
Ein Persönlichkeitsmerkmal. Personen, die sich in starkem Maße selbst überwachen, richten ihr Verhalten darauf aus, dass es zu situativen Hinweisreizen und zu den Reaktionen anderer passt, während Personen, die sich nicht so sehr selbst überwachen, eher in Übereinstimmung mit ihren internen Zuständen und Dispositionen handeln.

Selbstwertdienliche Verzerrung („self-serving bias"):
Menschen neigen eher dazu, ihre Erfolge auf interne Ursachen wie z.B. eine Fähigkeit zu attribuieren, während sie dazu tendieren, Versagen auf externe Ursachen wie etwa auf die Schwierigkeit einer Aufgabe zu attribuieren. Diese Verzerrung scheint auf kognitive und motivationale Faktoren zurückzugehen und je nachdem, ob es sich um eine öffentliche oder um eine private Situation handelt, anders auszufallen.

Selbstwirksamkeit („self-efficacy"):
Bezieht sich auf die Überzeugungen zur eigenen Fähigkeit, bestimmte Handlungen auszuführen, die notwendig sind, um ein spezielles Ziel zu erreichen. Beispielsweise die Überzeugung, dass man in der Lage ist, das Rauchen aufzugeben oder eine Schlankheitskur zu machen.

Selektive Informationsaufnahme („selective exposure"):
Nach der Dissonanztheorie sind Menschen motiviert, selektiv nach Informationen zu suchen, die vormals getroffene Entscheidungen oder bestehende Einstellungen unterstützen, und dadurch dem widersprechende Informationen aktiv zu vermeiden.

Semantisches Differenzial („semantic differential"):
Eine von Charles Osgood und seinen Kollegen entwickelte Technik u.a. zur Messung von Einstellungen. Das Schlüsselmerkmal dieser Methode besteht darin, dass die Befragten gebeten werden, den Einstellungsgegenstand auf mehreren bipolaren Adjektivskalen einzustufen.

Sexuelle Selektion („sexual selection"):
Eine Form der natürlichen Selektion, zu der Selektion von und Zugang zu Sexualpartnern gehört.

Sich selbst erfüllende Prophezeiung („self-fulfilling prophecy"):
Wenn eine ursprünglich falsche soziale Überzeugung dazu führt, dass sie sich selbst erfüllt. Soziale Überzeugungen beziehen sich auf die Erwartungen von Menschen bezüglich einer anderen Gruppe von Menschen. Tritt eine sich selbst erfüllende Prophezeiung auf, bringen die ursprünglich falschen Überzeugungen des Wahrnehmenden Zielpersonen dazu, jene Überzeugungen objektiv zu bestätigen.

Sichere Basis („secure base"):
Das Gefühl der Sicherheit und des Vertrauens, das mit einer bestimmten Person oder einem bestimmten Ort verbunden wird, wie z.B. die Orientierung eines Kindes an seiner primären Betreuungsperson.

Simulationsheuristik („simulation heuristic"):
Ergebnisse oder Ereignisse werden in dem Maß als wahrscheinlich beurteilt, in dem sie mental simuliert oder vorgestellt werden können.

Situationen mit gemischten Motiven („mixed-motive situations"):
Situationen, die durch einen Konflikt zwischen persönlichen Zielen und kollektiven Zielen gekennzeichnet sind.

Soziale Erleichterung („social facilitation"):
Zunahme dominanter Reaktionen aufgrund der Anwesenheit anderer Personen.

Soziale Erwünschtheit („social desirability"):
Ein Begriff, der dazu verwendet wird, die Tatsache zu umschreiben, dass Versuchspersonen gewöhnlich darauf aus sind, in einem positiven Licht gesehen zu werden und deshalb nur widerstrebend bereit sind, über negative Eigenschaften der eigenen Person zu berichten.

Soziale Hemmung („social inhibition"):
Abnahme nichtdominanter Reaktionen infolge der Anwesenheit anderer Personen.

Soziale Identität („social identity"):
Die aus der Gruppenzugehörigkeit resultierende Vorstellung einer Person darüber, wer oder was sie ist.

Soziale Kompensation („social compensation"):
Stärkere Anstrengung bei einer Gruppenaufgabe, um den tatsächlichen, wahrgenommenen oder vorweggenommenen Mangel an Anstrengung oder Fähigkeit aufseiten eines anderen Gruppenmitglieds auszugleichen.

Soziale Normen („social norms"):
Allgemein verbreitete Richtlinien für angemessenes Verhalten in sozialen Kontexten.

Soziale Repräsentation („social representation"):
Eine kollektive Überzeugung, die von vielen Mitgliedern der Gesellschaft geteilt wird (z.B. im Hinblick auf Wissenschaft, Religion, Individualismus) und die sowohl die Repräsentation als auch die Transformation von Wissen beinhaltet.

Soziale Unterstützung („social support"):
Das Gefühl, von anderen unterstützt zu werden, das gewöhnlich in vier Komponenten gegliedert wird; dies sind emotionale Unterstützung, Einschätzungsunterstützung, informative Unterstützung und instrumentelle Unterstützung.

Soziale Wertorientierung („social value orientation"):
Vorlieben für bestimmte Muster von Handlungsergebnissen für die eigene Person und andere Personen.

Sozialer Austausch („social exchange"):
Nach sogenannten Austauschtheorien lerntheoretisch und ökonomisch beschreibbare, an Ertragsmaximierung bzw. -optimierung orientierte Interaktionsfunktionen und -strukturen.

Sozialer Einfluss („social influence"):
Eine Veränderung der Urteile, Meinungen und Einstellungen einer Person infolge der Konfrontation mit den Auffassungen anderer Menschen.

Sozialer Konstruktivismus („social constructivism"):
Die Auffassung, dass soziale und kulturelle Faktoren die Wirklichkeit für das Individuum darstellen, unabhängig von biologischen Vorgängen, indem sie ein Interpretationssystem zur Definition des Selbst und der Erfahrung der äußeren Welt zur Verfügung stellen.

Sozialer Vergleich („social comparison"):
Der Vorgang, bei dem das eigene Verhalten mit dem anderer Menschen verglichen wird, um die Richtigkeit und Angemessenheit des eigenen Verhaltens zu bewerten.

Soziales Dilemma („social dilemma"):
Situation, in der Eigeninteresse und Fremdinteresse miteinander in Konflikt stehen.

Soziales Entscheidungsschema („social decision scheme"):
Ein probabilistisches Modell, das den Prozess spezifiziert, durch den die individuellen Beiträge zu einer Gruppenentscheidung zusammengeführt werden.

Soziales Faulenzen („social loafing"):
Verringerte Anstrengung (Motivationsverlust) in großen Gruppen, hauptsächlich aufgrund der Tatsache, dass der eigene Beitrag nicht identifizierbar ist und nicht bewertet werden kann.

Sozial-interaktionistische Theorie des Zwangs („social interactionist theory of coercive action"):
Eine Theorie zur Beschreibung und Erklärung von Aggression, die zwischen bewertenden und Verhaltenskomponenten unterscheidet. In Begriffen des Verhaltens wird Aggression als eine Form von „Macht durch Zwang" definiert. Ob eine

Handlung als aggressiv wahrgenommen wird, hängt von den bewertenden Urteilen der jeweiligen Gegner oder Beobachter ab.

Sozialisation („socialisation"):
Der Prozess, über den sich Menschen die Verhaltensregeln und die Überzeugungs- und Einstellungssysteme aneignen, die eine Person dazu befähigen, effektiv als Mitglied einer Gesellschaft zu funktionieren.

Sozial-kognitiver Konflikt („socio-cognitive conflict"):
Die Mitteilung von Diskrepanzen zwischen den Perspektiven zweier oder mehrerer Teilnehmer bei einer Aufgabe, die im individuellen Verständnis der Teilnehmer Möglichkeiten schafft, sich der Defizite bewusster zu werden.

Soziobiologie („sociobiology"):
Die Anwendung der Darwin'schen Theorie der natürlichen Selektion auf die Erklärung der Ursprünge und Aufrechterhaltung des Sozialverhaltens.

Soziologie („sociology"):
Sozialwissenschaft, die sich mit Strukturen und Systemen, wie sozialen Beziehungen, sozialen Institutionen sowie ganzen Gesellschaften, beschäftigt.

Spannungsniveau („tension level"):
In der Theorie des produktiven Konflikts die Operationalisierung des Bedürfnisniveaus, das kurvilinear mit dem Schließen von Kompromissen bzw. mit der Konfliktlösung zusammenhängt.

Spezifische Statusmerkmale („specific status characteristics"):
Informationen über die Fähigkeiten einer Person, die direkt für die Gruppenaufgabe von Belang sind.

Stereotyp („stereotype"):
Sozial geteilte Meinungen über Persönlichkeitsmerkmale und Verhaltensweisen von Mitgliedern einer sozialen Kategorie. Durch die Bildung von Stereotypen lässt man Individualität außer Acht.

Stichprobenziehung („sampling"):
Vorgang der Auswahl einer Untergruppe von Personen aus einer Population mit der Absicht, die Population zu beschreiben, aus der sie gezogen wurde.

Stimmung („mood"):
Die Hauptunterschiede zu **Emotion** bestehen in unklarer Ursache (anstelle eines spezifischen auslösenden Ereignisses), längerer Dauer und im Allgemeinen niedrigerer Intensität.

Stimmungskongruenz („mood congruency"):
Die Tendenz, Informationen effizienter wahrzunehmen, zu enkodieren, zu speichern und abzurufen, wenn sie mit der eigenen Stimmungslage affektiv übereinstimmen. Bezieht sich auch auf die Tendenz, positivere (negativere) Beurteilungen in positiven (negativen) Stimmungszuständen abzugeben.

Stress („stress"):
Der Zustand, zu dem es kommt, wenn Personen die Anforderungen einer Situation als schwierig bzw. als Überlastung ihrer Ressourcen und als Bedrohung ihres Wohlbefindens wahrnehmen.

Struktur der Beziehung zwischen Einstellungen („inter-attitudinal structure"):
Die Art und Weise, wie Einstellungen zu unterschiedlichen Einstellungsobjekten im Gedächtnis einer Person organisiert sind.

Strukturelle Lösungen („structural solutions"):
Lösungen, die darauf abzielen, kollektiv wünschenswertes Verhalten durch Veränderung von Aspekten der Interdependenzstruktur, die Beziehungen zwischen Menschen zugrunde liegt, zu fördern.

Strukturelle Maße sozialer Unterstützung („structural measures of social support"):
Spiegeln die soziale Integration bzw. soziale Verankerung von Personen wider, indem das Vorhandensein oder der Umfang ihrer sozialen Beziehungen erfasst wird.

Subtypisierung („subtyping"):
Stereotype können dadurch aufrechterhalten werden, dass man widersprechende Beobachtungen einem Subtyp von Menschen zuordnet, die von

der mit einem Stereotyp belegten Gruppe unterschieden werden.

Suffizienzprinzip („sufficiency principle"):
Die Annahme im heuristisch-systematischen Modell, derzufolge Menschen nach einer hinreichenden Sicherheit im Hinblick auf ihre Einstellungsurteile streben. Wenn die tatsächliche Sicherheit geringer ist als die erwünschte Sicherheit, d.h. als die Suffizienzsschwelle, wird die Person Informationen verarbeiten, um diese Kluft zu überbrücken.

Suggestion („suggestion"):
Die Technik und/oder der Prozess, durch den eine andere Person dazu verleitet wird, etwas zu erleben und sich auf eine bestimmte Weise zu verhalten, d.h. so, wie es der suggerierend Handelnde, z.B. der Hypnotiseur, festgelegt hat.

Sympathische Erregung („sympathetic arousal"):
Siehe **Aktivierung.**

Systematische Verarbeitung („systematic processing"):
Gründliche und detaillierte Informationsverarbeitung (z.B. Aufmerksamkeit gegenüber den in einer persuasiven Botschaft enthaltenen Argumenten und deren Elaboration); diese Art der Informationsverarbeitung erfordert ein hinreichendes Maß an Fähigkeit und Motivation.

Technik der Gedankenauflistung („thought-listing technique"):
Methode, die in der Persuasionsforschung eingesetzt wird und zu deren Verbreitung die Vertreter des Ansatzes der kognitiven Reaktionen beigetragen haben. Versuchspersonen werden gebeten, alle Gedanken aufzulisten, die ihnen durch den Kopf gingen, als sie mit einer persuasiven Botschaft konfrontiert wurden. Diese Gedanken werden später nach dem Grad der Zustimmung oder anderen Aspekten kodiert und bei der Auswertung als Vermittlungsfaktoren der Einstellungsänderung untersucht.

Teilnehmende Beobachtung („participant observation"):
Beobachtungsmethode, bei der der Wissenschaftler die Zielgruppe oder -gemeinschaft als Teilnehmer am Gruppengeschehen beobachtet und seine Beobachtungen sorgfältig aufzeichnet.

Tendenz zur feindseligen Attribution („hostile-attribution bias"):
Ein entscheidendes Kriterium, um eine Handlung als aggressiv wahrzunehmen, besteht darin, dass man auf feindselige Absichten des Handelnden schließt. Nach der Reziprozitätsnorm revanchiert sich das Opfer selbst mit aggressiven Handlungen. In Gegensatz zu nicht aggressiven Personen neigen stark aggressive Menschen dazu, aggressiver zu reagieren, wenn die Informationen über die Absicht des Handelnden nicht eindeutig sind. Diese Reaktion geht mit der Tendenz einher, dem Frustrator feindselige Motive zu unterstellen, wenn keine klaren Informationen über die Absicht des Handelnden vorliegen.

Testen sozialer Hypothesen („social hypothesis testing"):
Bestätigen oder Widerlegen von Annahmen durch sozial motivierte Vorgänge wie Aufmerksamkeit, Informationssuche, logisches Denken und (oftmals selektives) Erinnern.

Theorie („theory"):
Eine Gruppe abstrakter Begriffe (d.h. Konstrukte) und Aussagen darüber, wie diese Konstrukte miteinander zusammenhängen.

Theorie aggressiver Hinweisreize („cue-arousal theory"):
Frustration führt nur zur Aggression bei Vorhandensein von Hinweisreizen, die durch klassisches Konditionieren mit Aggression verbunden wurden (z.B. Waffen) und die andeuten, dass aggressives Verhalten für die jeweilige Situation angemessen ist.

Theorie der Schutzmotivation („protection motivation theory"):
Ursprünglich ein Versuch, die algebraische Beziehung zwischen den Komponenten des Health-Belief-Modells zu spezifizieren. In seiner neuesten Version wird im Modell angenommen, dass die Motivation, sich vor Gefahr zu schützen, eine Funktion von vier Meinungen ist: Die Bedrohung ist schwerwiegend; man ist persönlich verletzlich;

man besitzt die Fähigkeit, die Bewältigungsreaktion auszuführen; und die Bewältigungsreaktion ist effektiv für die Verringerung der Bedrohung. Von zwei weiteren Meinungen wird angenommen, dass sie die Schutzmotivation reduzieren: die Meinung, dass die Belohnungen für das fehlangepasste Verhalten hoch sind, und die Meinung, dass die Kosten für die Ausführung des Bewältigungsverhaltens hoch sind.

Theorie der Selbstwahrnehmung („self-perception theory"):
Eine von Bem aufgestellte Alternativtheorie zur Theorie der kognitiven Dissonanz. Ihre Hauptannahme besteht darin, dass Personen wie eine außenstehende Beobachterin ihre Einstellungen durch Attributionsprozesse erschließen.

Theorie des geplanten Verhaltens („theory of planned behaviour):
Eine Erweiterung der Theorie des überlegten Handelns. Neben Einstellung und subjektiver Norm wird die wahrgenommene Verhaltenskontrolle als dritter Prädiktor von Verhaltensabsicht und Verhalten eingeführt.

Theorie des sozialen Vergleichs („social comparison theory"):
Eine Theorie, bei der betont wird, dass Menschen ihre Einstellungen, Fähigkeiten und Emotionen einschätzen, indem sie sich mit anderen Menschen vergleichen, die ihnen ähnlich sind, und dass sie dies vor allem tun, wenn sie sich unsicher im Hinblick auf die eigene Person sind.

Theorie des überlegten Handelns („theory of reasoned action"):
Die wichtigste klassische Theorie über die Beziehung zwischen Einstellung und Verhalten. Sie nimmt an, dass sich Verhaltensabsichten und damit das Verhalten durch die Kombination aus Einstellungen und subjektiven Normen vorhersagen lassen.

Top-down-Verarbeitung (auch zielgesteuerte Verarbeitung; „top-down processing"):
Informationsverarbeitung, die durch abstrakte, übergeordnete Wissensstrukturen im Gedächtnis (z. B. Schema, Erwartung) gesteuert wird, die die Wahrnehmung und Interpretation neuer Stimuli beeinflussen.

Transformation („transformation"):
Eine Abkehr von Präferenzen des direkten Eigeninteresses dadurch, dass man längerfristigen Handlungsergebnissen oder Handlungsergebnissen einer anderen Person (anderer Personen oder Gruppen) mehr Bedeutung beimisst.

Transformationaler Führer („transformational leader"):
Eine Person, die von ihren Anhängern als eine Führungskraft angesehen wird, die mit außergewöhnlichen persönlichen Qualitäten ausgestattet ist und daran arbeitet, die Bedürfnisse ihrer Anhänger zu ändern bzw. zu transformieren und deren Denken neu auszurichten.

Transtheoretisches Modell („transtheoretical model"):
Ein Phasenmodell der Verhaltensänderung, das entwickelt wurde, um zu verstehen, wie Menschen absichtlich ihr Verhalten ändern. Das Modell wird als transtheoretisch bezeichnet, weil es auf einem integrierten theoretischen Ansatz beruht, bei dem theoretische Konstrukte aus unterschiedlichen psychotherapeutischen Theorien zusammengeführt werden.

Trittbrettfahren („free-riding"):
Strategie, bei der die Person es anderen Gruppenmitgliedern überlässt, etwas zum Gruppenprodukt beizutragen, weil das Individuum seinen eigenen Beitrag für entbehrlich hält.

Trotteleffekt („sucker effect"):
Eine Verringerung der Motivation, sein Bestes für die Gruppe zu geben, wenn man erfährt, dass andere Gruppenmitglieder ihre Beiträge zurückhalten.

Übergeordnetes Ziel („superordinate goal"):
Von zwei oder mehr Gruppen angestrebtes Ziel, das nicht von einer einzelnen Gruppe erreicht werden kann, sondern nur, indem die Gruppen zusammenarbeiten.

Übermäßige Rechtfertigung („over-justification hypothesis"):
Individuen werden für die Durchführung einer Aufgabe belohnt, die sie ursprünglich ohnehin

schon attraktiv gefunden hatten („overjustification"). Dieses Vorgehen lässt die Attraktivität der Aufgabe abnehmen.

Unabhängige Variable („independent variable"):
Variable, die ein Wissenschaftler systematisch verändert (manipuliert), um ihren Einfluss auf eine oder mehrere abhängige Variablen zu untersuchen.

Universalität („universality"):
Psychobiologische Auffassung, dass durch die Evolution bestimmte Verhaltensmechanismen unabhängig von der Kultur überall auf der Welt anzutreffen sind (obwohl kulturell determinierte Modifikationen immer als möglich angesehen werden).

Urteilsheuristiken („judgmental heuristics"):
Faustregeln, die auch unter großer Unsicherheit schnelle und ökonomische Urteile ermöglichen.

Utilitarismus („utilitarianism"):
Die Lehre, dass die determinierende Bedingung einer individuellen und sozialen Handlung die (Erwartung der) Nützlichkeit ihrer Konsequenzen ist (psychologischer Utilitarismus). Die Lehre, dass das Ziel jeder sozialen Handlung das größte Glück der größten Zahl sein sollte (ethischer Utilitarismus).

Validität („validity"):
Eine Messung ist valide, wenn sie genau das misst, was sie messen soll.

Variable („variable"):
Bezieht sich auf die messbare Repräsentation eines Konstrukts (s. auch **unabhängige Variable** und **abhängige Variable**).

Verankerung und Anpassung („anchoring and adjustment"):
Eine Urteilsheuristik, die zu charakteristischen Verzerrungen führt: Eine quantitative Tendenz wird in Richtung auf den Anfangswert oder Anker hin verzerrt; der daran anschließende Anpassungsprozess ist typischerweise unvollständig.

Verantwortungsdiffusion („diffusion of responsibility"):
Kognitive Uminterpretation, durch die die Verantwortung unter verschiedenen Personen aufgeteilt wird, mit dem Ergebnis, dass sich jede einzelne Person weniger verantwortlich fühlt. Infolgedessen fühlt sich jedes individuelle Gruppenmitglied weniger verantwortlich als in einer Situation, in der es allein ist. In Zuschauergruppen bei Notfällen kann die soziale Hemmung des Hilfeverhaltens durch ein vermindertes Verantwortungsgefühl unter den Zuschauern hervorgerufen werden.

Verfügbarkeit („availability"):
Urteilsheuristik, mit der die Häufigkeit oder Wahrscheinlichkeit von Ereignissen beurteilt wird. Dies geschieht auf der Basis der jeweiligen Leichtigkeit, mit der relevante Erinnerungen aus dem Gedächtnis abgerufen werden können.

Vergleichsmaßstab („standard of comparison"):
Position eines Ankers oder Vergleichsreizes auf einer Urteilsskala.

Verhandlung („negotiation"):
Diskussion zwischen zwei oder mehreren Seiten mit dem offensichtlichen Ziel, auseinander strebende Interessen zusammenzubringen.

Vermittelnde Variable („mediating variable"):
Eine Variable, die den Zusammenhang zwischen zwei anderen Variablen vermittelt. Nehmen wir an, dass eine unabhängige Variable X und eine abhängige Variable O zusammenhängen. Hängt eine dritte Variable Z sowohl mit X als auch mit O zusammen und verschwindet der Zusammenhang zwischen X und O, wenn wir die Rolle von Z berücksichtigen, dann sagt man, Z vermittle den Zusammenhang zwischen X und O.

Verstecktes Profil („hidden profile"):
Problem, bei dem die beste Lösung unerkannt bleibt, weil relevante Informationen, die über die Gruppenmitglieder verteilt sind, nicht genügend Aufmerksamkeit bekommen.

Versuchsleitereffekt, Effekt der Versuchsleiter-erwartung („experimenter effect", „experimenter expectancy effect"):
Effekt, der vom Versuchsleiter im Verlauf seiner Interaktion mit der Versuchsperson unbeabsichtigt hervorgerufen wird. Dieser Effekt entwickelt sich aus dem Wissen des Versuchsleiters über die Hypothese, die überprüft werden soll, und lässt die Wahrscheinlichkeit dafür ansteigen, dass sich die Versuchspersonen so verhalten, wie es der Hypothese des Versuchsleiters entspricht.

Verteidigungsmotivation („defence motivation"):
Das Bedürfnis, bestimmte Meinungen oder Standpunkte, die mit vorhandenen zentralen Einstellungen und Wertvorstellungen konsistent sind, zu verteidigen und aufrechtzuerhalten.

Verteilungsgerechtigkeit („distributive justice"):
Fairnesskriterien, die verwendet werden, um die Qualität der eigenen Handlungsergebnisse zu bewerten, indem sie mit der Qualität der Handlungsergebnisse der anderen Personen verglichen wird.

Vertrauen („trust"):
Der allgemeine Glaube an die Ehrlichkeit und die kooperativen Absichten von anderen.

Vertrautheit („intimacy"):
Ein Zustand in interpersonalen Beziehungen, der dadurch gekennzeichnet ist, dass man seine Gefühle gegenseitig teilt, und der auf Sorge um den anderen, Verständnis und Validierung beruht.

Verwandtschaftskoeffizient („coefficient of relatedness"):
Der Anteil der gemeinsamen Gene, abgesehen von jenen, die man mit nicht verwandten Individuen gemeinsam hat.

Viktimisierung, auch Drangsalieren oder Mobbing („victimization, bullying, mobbing"):
In sozialen Kontexten wie beispielsweise in der Schule oder an der Arbeitsstelle werden manchmal bestimmte Personen ausgewählt, um sie häufig zu attackieren oder schlecht zu behandeln. Besondere Merkmale dieses Phänomens sind die wiederholte oder andauernde Zufügung absichtlicher Verletzungen mittels direkter bzw. indirekter aggressiver Maßnahmen, meist durch mehr als einen körperlich starken und/oder statushöheren Täter gegen ein körperlich schwaches und/oder statusniedrigeres Opfer, das oft von den Normen der Gruppe abweicht.

Völkerpsychologie („Völkerpsychologie"):
Eine frühe (19. bis 20. Jahrhundert) Form einer historischen und vergleichenden soziokulturellen Psychologie, die sich mit den aus der sozialen Interaktion resultierenden kulturellen Produkten befasste (wie Sprache, Mythos, Sitten usw.).

Vorurteil („prejudice"):
Negative Einstellung(en) gegenüber allen oder den meisten Mitgliedern einer Gruppe.

Wechselseitigkeitsmodell („mutuality model"):
Ein Sozialisationsmodell, in dem angenommen wird, dass die Betreuungsperson und das Kind wechselseitige Wirkungen auf das Verhalten der jeweils anderen Person haben.

Wettbewerb („competition"):
Verhalten, das den relativen Vorteil gegenüber anderen maximiert.

Wettbewerbsorientierte Interdependenz („competitive interdependence"):
Eine Aufgabensituation, in der jedes Mitglied der Gruppe nur erfolgreich sein wird, wenn (ein) andere(s) Mitglied(er) der Gruppe versagen(-t).

Wissensfunktion („knowledge function"):
Die Funktion einer Einstellung bei der Steuerung, Organisation und Vereinfachung der Informationsverarbeitung.

Zentrale Route zur Persuasion („central route to persuasion"):
Sorgfältiges und kritisches Abwägen der Argumente, die zur Unterstützung einer bestimmten Position vorgebracht werden.

Zone der proximalen Entwicklung („zone of proximal development"):
Der Abstand zwischen dem, was ein Kind ohne Hilfe leisten kann, und dem, was es in Zusam-

menarbeit mit anderen oder unter ihrer Anleitung leisten kann.

Zugänglichkeit („accessibility"):
Die Leichtigkeit und Geschwindigkeit, mit der Informationen im Gedächtnis aufgefunden und abgerufen werden können.

Zwei-Prozess-Modelle der Persuasion („dual process models of persuasion"):
Persuasionstheorien (z.B. das Modell der Elaborationswahrscheinlichkeit, das heuristisch-systematische Modell), die zwei Arten der Informationsverarbeitung postulieren. Diese unterscheiden sich in den Annahmen über das Ausmaß, mit dem sich Individuen intensiv gedanklich mit den Argumenten einer Botschaft und mit anderen Detailinformationen zu einem Einstellungsobjekt auseinander setzen. Es wird angenommen, dass der Mechanismus der Informationsverarbeitung von der Motivation und Fähigkeit zur Verarbeitung abhängt.

Zwischenmenschliche Schuldgefühle („interpersonal guilt"):
Negative Gefühle gegenüber der eigenen Person, die durch das Wissen hervorgerufen werden, dass man für das Leid anderer oder für den Schaden, der ihnen zugefügt wurde, verantwortlich ist.

Literatur

Abelson, R. P. (1981). The psychological status of the script concept. *American Psychologist, 36,* 715–729.

Abelson, R. P. (1995). Attitude extremity. In R. E. Petty & J. A. Krosnick (Eds.), *Attitude strength: Antecedents and consequences* (pp. 25–41). Mahwah, NJ: Erlbaum.

Abelson, R. P., Aronson, E., McGuire, W. J., Newcomb, T. M., Rosenberg, M. J. & Tannenbaum, P. H. (Eds.). (1968). *Theories of cognitive consistency: A sourcebook.* Chicago: Rand-McNally.

Aboud, F. (1988). *Children and prejudice.* Oxford: Blackwell.

Abrams, D. & Hogg, M. (1988). Comments on the motivational status of self-esteem in social identity and intergroup discrimination. *European Journal of Social Psychology, 18,* 317–334.

Abramson, L. Y., Metalsky, G. I. & Alloy, L. B. (1989). Hopelessness depression: A theory-based subtype of depression. *Psychological Review, 96,* 358–372.

Abramson, L. Y., Seligman, M. E. P. & Teasdale, J. (1978). Learned helplessness in humans: Critique and reformulation. *Journal of Abnormal Psychology, 87,* 49–74.

Adams, J. S. (1965). Inequity in social exchange. In L. Berkowitz (Ed.), *Advances in experimental social psychology* (Vol. 1, pp. 267–299). New York: Academic Press.

Adorno, T. W., Frenkel-Brunswick, E., Levinson, D. J. & Sanford, R. N. (1950). *The authoritarian personality.* New York: Harper.

Ainsworth, M. D. S. & Bell, S. M. (1970). Attachment, exploration and separation: Illustrated by the behaviour of one-year-olds in a strange situation. *Child Development, 41,* 49–67.

Ainsworth, M. D. S., Blehar, M., Waters, E. & Wall, E. (1978). *Patterns of attachment.* Hillsdale, NJ: Erlbaum.

Ajzen, I. (1988). *Attitudes, personality and behaviour.* Buckingham: Open University Press.

Ajzen, I. (1991). The theory of planned behavior. *Organizational behavior and human decision processes, 50,* 179–211.

Ajzen, I. & Fishbein, M. (1977). Attitude-behavior relations: A theoretical analysis and review of empirical research. *Psychological Bulletin, 84,* 888–918.

Ajzen, I. & Fishbein, M. (1980). *Understanding attitude and predicting social behavior.* Englewood Cliffs, NJ: Prentice-Hall.

Ajzen, I. & Madden, T. J. (1986). Prediction of goal-directed behavior: Attitudes, intentions, and perceived behavioral control. *Journal of Experimental Social Psychology, 22,* 453–474.

Akhtar, N., Dunham, F. & Dunham, P. J. (1991). Directive interactions and early vocabulary development: The role of joint attentional focus. *Journal of Child Language, 18,* 41–49.

Aldag, R. J. & Fuller, S. R. (1993). Beyond fiasco: A reappraisal of the groupthink phenomenon and a new model of group decision making processes. *Psychological Bulletin, 113,* 533–552.

Aldwin, C. M. & Revenson, T. A. (1987). Does coping help? A reexamination of the relation between coping and mental health. *Journal of Personality and Social Psychology, 53,* 337–348.

Allen, M. J. & Rushton, J. P. (1983). Personality characteristics of community health volunteers: A review. *Journal of Voluntary Action Research, 12,* 36–49.

Allen, V. L. (1965). Situational factors in conformity. In L. Berkowitz (Ed.), *Advances in experimental social psychology* (Vol. 2, pp. 133–175). New York: Academic Press.

Allen, V. L. (1975). Social support for nonconformity. In L. Berkowitz (Ed.), *Advances in experimental social psychology* (Vol. 8, pp. 1–43). New York: Academic Press.

Allen, V. L. & Bragg, B. W. E. (1965). *The generalization of nonconformity within a homogeneous content dimension.* Unveröffentlichtes Manuskript (zitiert in Allen, 1975).

Allen, V. L. & Levine, J. M. (1968). Social support, dissent and conformity. *Sociometry, 31,* 138–149.

Allen, V. L. & Levine, J. M. (1969). Consensus and conformity. *Journal of Experimental Social Psychology, 4,* 389–399.

Allen, V. L. & Levine, J. M. (1971). Social support and conformity: The role of independent assessment of reality. *Journal of Experimental Social Psychology, 7,* 48–58.

Allen, V. L. & Wilder, D. A. (1972). *Social support in absentia: Effect of an absentee partner on conformity.* Unveröffentlichtes Manuskript (zitiert in Allen, 1975).

Allison, S. T., McQueen, L. R. & Schaerfl, L. M. (1992). Social decision making processes and the equal partitionment of shared resources. *Journal of Experimental Social Psychology, 28,* 23–42.

Alloy, L. B. (1982). The role of perceptions and attributions for response-outcome noncontingency in learned helplessness. A commentary and discussion. *Journal of Personality, 50,* 443–479.

Alloy, L. B. & Tabachnik, N. (1984). Assessment of covariation by humans and animals: The joint influence of prior expectations and current situational information. *Psychological Review, 91,* 112–149.

Allport, F. H. (1924). *Social psychology.* Boston: Houghton Mifflin.

Allport, G. W. (1935). Attitudes. In C. Murchison (Ed.), *Handbook of social psychology* (Vol. 2). Worcester, MA: Clark University Press.

Allport, G. W. (1954). *The nature of prejudice.* Reading, MA: Addison-Wesley.

Altemeyer, B. (1988). *Enemies of freedom: Understanding right-wing authoritarianism.* San Francisco: Jossey-Bass.

Amir, Y. (1976). The role of intergroup contact in change of prejudice and ethnic relations. In P. A. Katz (Ed.), *Towards the elimination of racism* (pp. 245–308). New York: Pergamon.

Amirkhan, J. H. (1998). Attributions as predictors of coping and distress. *Personality and Social Psychology Bulletin, 24,* 1006–1018.

Amoroso, D. M. & Walters, R. H. (1969). Effects of anxiety and socially mediated anxiety reduction on paired-associate learning. *Journal of Personality and Social Psychology, 11,* 4, 388–396.

Anderson, C. A. (1983). The causal structure of situations: The generation of plausible causal attributions as a function of the type of event situation. *Journal of Experimental Social Psychology, 19,* 185–203.

Anderson, C. A. (1991). Attributions as decisions: A two stage information processing model. In S. L. Zelen (Ed.), *New models – new extensions of attribution theory* (pp. 12–54). New York: Springer.

Anderson, J. R. (1976). *Language, memory, and thought.* Hillsdale, NJ: Erlbaum.

Andinson, F. S. (1977). TV violence and viewer aggression: A cumulation of study results 1956–1976. *Public Opinion Quarterly, 41,* 314–331.

Anolli, L. & Ciceri, R. (1997). The voice of deception: Vocal strategies of naive and able liars. *Journal of Nonverbal Behavior, 21(4),* 259–284.

APA Public Communications (1996). *Raising children to resist violence: What can you do.* Washington, DC: American Psychological Association.

Archer, J. (1996). Sex differences in social behavior: Are the social role and evolutionary explanations compatible? *American Psychologist, 51,* 909–917.

Argyle, M. & Henderson, M. (1985). *The anatomy of relationships.* Harmondsworth, GB: Penguin Books.

Aristoteles (1991). *Die Nikomachische Ethik.* München: DTV.

Arnold, M. B. (1960). *Emotion and personality.* Vol. 1: Psychological aspects. New York: Columbia University Press.

Aron, A., Aron, E. N. & Smollan, D. (1992). Inclusion of the other in the self scale and the structure of interpersonal closeness. *Journal of Personality and Social Psychology, 63,* 596–612.

Aron, A., Aron, E. N., Tudor, M. & Nelson, G. (1991). Close relationships as including the other in the self. *Journal of Personality and Social Psychology, 60,* 241–253.

Aronson, E., Ellsworth, P.C., Carlsmith, J.M. & Gonzales, M.H. (1990). *Methods of research in social psychology* (2. Aufl.). New York: McGraw-Hill.

Aronson, E. & Mills, J. (1959). The effects of severity of initiation on liking for a group. *Journal of Abnormal and Social Psychology, 59,* 177–181.

Aronson, E., Wilson, T. D. & Brewer, M.B. (1998). Experimentation in social psychology. In D. T. Gilbert, S. T. Fiske & G. Lindzey (Eds.), *Handbook of social psychology,* (4. Aufl., Vol. 1, pp. 99–142). New York: McGraw-Hill.

Asch, S. E. (1946). Forming impressions of personality. *Journal of Abnormal and Social Psychology, 41,* 258–290.

Asch, S. E. (1951). Effects of group pressure on the modification and distortion of judgements. In H. Guetzkow (Ed.), *Groups, leadership and men.* Pittsburgh: Carnegie.

Asch, S. E. (1952). *Social Psychology.* New York: Prentice Hall.

Asch, S. E. (1955). Opinions and social pressure. *Scientific American, 193,* 31–35.

Asch, S. E. (1956). Studies of independence and conformity: A minority of one against a unanimous majority. *Psychological Monographs, 70* (9, gesamte Ausgabe Nr. 416).

Ash, M. G. (1985). *Gestalt Psychology: origins in Germany and reception in the United States.* In C. Buxton (Ed.), *Points of view in the modern history of psychology* (pp. 293–344). New York: Academic Press.

Ashforth, B. E. & Humphrey, R. H. (1995). Emotion in the workplace: A reappraisal. *Human Relations, 48(2),* 97–125.

Aspinwall, L. G. & Taylor, S. E. (1992). Modeling cognitive adaptation: A longitudinal investigation of the impact of individual differences and coping on college adjustment and performance. *Journal of Personality and Social Psychology, 63,* 989–1003.

Athanasiou, R. & Yoshioka, G. A. (1973). The spatial character of friendship formation. *Environment and Behavior,* 43–65.

Averill, J. R. (1980). A constructivist view of emotion. In R. Plutchik & H. Kellerman (Eds.), *Emotion. Theory, research, and experience* (pp. 305–340). New York: Academic Press.

Averill, J. R. (1982). *Anger and aggression: An essay on emotion.* New York: Springer.

Axelrod, R. (1984). *The evolution of cooperation.* New York: Basic Books.

Azmitia, M. (1996). Peer interactive minds: Developmental, theoretical, and methodological issues. In P. B. Baltes & U. M. Staudinger (Eds.). *Interactive minds: Life-span perspectives on the social foundation of cognition* (pp. 133–162). New York: Cambridge University Press.

Bakker, A. B., Buunk, B. P. & Siero, F. (1993). Condoomgebruik door heteroseksuelen: Een vegelijking van de theorie van gepland gedrag, het health belief model en de protectie-motivatie theorie [Verwendung von Kondomen unter Heterosexuellen: ein Vergleich der Theorie des geplanten Verhaltens, des Health-Belief-Modells und der Theorie der Schutzmotivation]. *Gedrag & Gezondheid, 21,* 238–255.

Bales, R. F. (1950). *Interaction process analysis: A method for the study of small groups.* Chicago: Chicago University Press.

Bales, R. F. & Slater, P. E. (1955). Role differentiation in small decision-making groups. In T. Parson & R.F. Baltes (Eds.), *Family, socialization and interaction process.* New York: Cambridge University Press.

Baltes, P. B. & Staudinger, U. M. (Eds.). (1996). *Interactive minds: Life-span perspectives on the social foundation of cognition.* New York: Cambridge University Press.

Bandura, A. (1977a). Self-efficacy: Toward a unifying theory of behavioral change. *Psychological Review, 84,* 191–215.

Bandura, A. (1977b). *Social learning theory.* Englewood Cliffs, NJ: Prentice Hall.

Bandura, A. (1979). *Aggression: Eine sozial-lerntheoretische Analyse.* Stuttgart: Klett-Cotta. (Original erschienen 1973: Aggression – A social learning analysis. Englewood Cliffs, NJ: Prentice Hall)

Bandura, A. (1997). *Self-efficacy: The exercise of control.* New York: Freeman.

Bandura, A. (1999). Moral disengagement in the perpetration of inhumanities. *Personality and Social Psychology Review, 3,* 193–209.

Bandura, A., Ross, D. & Ross, S. A. (1961). Transmission of aggression through imitation of aggressive models. *Journal of Abnormal and Social Psychology, 63,* 575–582.

Bandura, A., Ross, D. & Ross, S. A. (1963). Imitation of film-mediated aggressive models. *Journal of Abnormal and Social Psychology, 66,* 3–11.

Banse, R. & Scherer, K. R. (1996). Acoustic profiles in vocal emotion expression. *Journal of Personality and Social Psychology, 70(3),* 614–636.

Bargh, J. A. (1989). Conditional automaticity: Varieties of automatic influence in social perception and cognition. In J. S. Uleman & J. A. Bargh (Eds.), *Unintended thought* (pp. 3–51). New York: Guilford.

Bargh, J. A. (1996). Automaticity in social psychology. In E. T. Higgins & A. W. Kruglanski (Eds.), *Social psychology: Handbook of basic principles* (pp. 169–183). New York: Guilford.

Bargh, J. A. (1997). The automaticity of everyday life. In R. S. Wyer & T. K. Srull (Eds.), *Advances in social cognition* (Vol. 10, pp. 1–61). Mahwah, NJ: Erlbaum.

Bargh, J. A., Chaiken, S., Govender, R. & Pratto, F. (1992). The generality of the automatic attitude activation effect. *Journal of Personality and Social Psychology, 62,* 893–912.

Bargh, J. A. & Chartrand, T. L. (im Druck). Studying the mind in the middle: A practical guide to priming and automaticity research. In H. T. Reis & C. M. Judd (Eds.), *Handbook of research methods in social psychology.* New York: Cambridge University Press.

Bargh, J. A. & Chen, M. & Burrows, L. (1996). Automaticity of social behavior: Direct effects of trait construct and stereotype activation on action. *Journal of Personality and Social Psychology, 71,* 230–244.

Bargh, J. A. & Pietromonaco, P. (1982). Automatic information processing and social perception: The influence of trait information presented outside of conscious awareness on impression formation. *Journal of Personality and Social Psychology, 43,* 437–449.

Bargh, J. A. & Pratto, F. (1986). Individual construct accessibility and perceptual selection. *Journal of Personality and Social Psychology, 71,* 230–244.

Bargh, J. A. & Thein, R. D. (1985). Individual construct accessibility, person memory, and the recall-judgment link: The case of information overload. *Journal of Personality and Social Psychology, 49,* 1129–1146.

Barkow, J. H., Cosmides, L. & Tooby, J. (1992). *The adapted mind.* New York, Oxford: Oxford University Press.

Baron, R. A. (1970). *Anonymity, de-individuation and aggression.* Unveröff. Dissertation, University of Minnesota.

Baron, R. A. (1971). Exposure to an aggressive model and apparent probability of retaliation as determinants of adult aggressive behavior. *Journal of Experimental Social Psychology, 7,* 343–355.

Baron, R. A. (1977). *Human aggression.* New York: Plenum Press.

Baron, R. A. & Richardson, D. R. (1994). *Human Aggression* (2nd ed.). New York: Plenum.

Baron, R. M. & Kenny, D. A. (1986). The mediator-moderator variable distinction in social psychological research: Conceptual, strategic, and statistical considerations. *Journal of Personality and Social Psychology, 50,* 869–878.

Baron, R. S., Vandello, J. A. & Brunsman, B. (1996). The forgotten variable in conformity research: Impact of task importance on social influence. *Journal of Personality and Social Psychology, 71,* 915–927.

Baron, S., Kerr, N.L. & Miller, N. (1992). *Group process, group decision, group action.* Buckingham: Open University Press.

Baroni, M. R. & Axia, G. (1989). Children's meta-pragmatic abilities and the identification of polite and impolite requests. *First Language, 9,* 285–297.

Barrows, S. (1981). *Distorting mirrors: visions of the crowd in late nineteenth century France.* New Haven: Yale University Press.

Barsade, S. G. & Gibson, D. E. (1998). Group emotion: A view from top and bottom. In D. H. Gruenfeld (Ed.), *Composition. Research on managing groups and teams* (Vol. 1, pp. 81–102). Stamford, CT: Jai Press.

Barsalou, L. W. (1985). Ideals, central tendency, and frequency of instantiation as determinants of graded structure in categories. *Journal of Experimental Psychology: Learning, Memory, and Cognition, 11,* 629–654.

Barsalou, L. W. (1990). On the indistinguishability of exemplar memory and abstraction in category representation. In T. K. Srull & R. S. Wyer, Jr. (Eds.), *Advances in social cognition,* Vol. 3. Content and process specificity in the effects of prior experiences (pp. 61–88). Hillsdale, NJ: Erlbaum.

Bartlett, F. (1932). *Remembering – a study in experimental social psychology.* Cambridge: Cambridge University Press.

Bartlett, F. C. (1995). *Remembering: A study in experimental and social psychology.* Cambridge, UK: Cambridge University Press. [Das Original wurde 1932 veröffentlicht.]

Bass, B. M. (1985). *Leadership and performance beyond expectations.* New York: Free Press.

Batson, C. D. (1991). *The altruism question.* Hillsdale, NJ: Lawrence Erlbaum.

Batson, C. D. (1995). Prosocial motivation: Why do we help others? In A. Tesser (Ed.), *Advanced social psychology* (pp. 333–381). New York.

Batson, C. D. (1998). Altruism and prosocial behavior. In D.T. Gilbert, S.T. Fiske & G. Lindzey (Eds.), *The handbook of social psychology* (Vol. 2, pp. 282–316). Boston, MA: McGraw-Hill.

Batson, C. D., Bolen, M. H., Cross, J. A. & Neuringer-Benefiel, H. E. (1986). Where is the altruism in the prosocial personality? *Journal of Personality and Social Psychology, 50,* 212–220.

Batson, C. D., Duncan, B. D., Ackerman, P., Buckley, T. & Birch, K. (1981). Is empathic emotion a source of altruistic motivation? *Journal of Personality and Social Psychology, 40,* 290–302.

Batson, C. D., Fultz, J. & Schoenrade, P. A. (1987). Distress and empathy: Two qualitatively distinct vicarious emotions with different motivational consequences. *Journal of Personality, 55,* 21–39.

Batson, C. D., O'Quinn, K., Fultz, J., Vanderplas, M. & Isen, A. (1983). Self-reported distress and empathy and egoistic versus altruistic motivation for helping. *Journal of Personality and Social Psychology, 45,* 706–718.

Batson, C. D., Sager, K., Garst, E., Kang, M., Rubchinsky, K. & Dawson, K. (1997). Is empathy-induced helping due to self-other merging? *Journal of Personality and Social Psychology, 73,* 495–509.

Baucom, D. H., Sayers, S. L. & Duhe, A. (1989). Attributional style and attributional patterns among married couples. *Journal of Personality and Social Psychology, 56,* 596–607.

Baumeister, R. F. & Campbell, W. K. (1999). Sadism, sensational thrills and threatened egotism. *Personality and Social Psychology Review, 3,* 210–221.

Baumrind, D. (1964). Some thoughts on the ethics of research after reading Milgram's ‚Behavioral Study of Obedience'. *American Psychologist, 19,* 421–423.

Becker, J. A. (1994). Pragmatic socialization: Parental input to preschoolers. *Discourse Processes, 17,* 131-148.

Becker, M. H. & Maiman, L. A. (1975). Sociobehavioral determinants of compliance with health and medical care recommendations. *Medical Care, 8,* 10–24.

Bell, P. A. (1992). In defense of the negative affect escape model of heat and aggression. *Psychological Bulletin, 111,* 342–346.

Bellezza, F. S. & Bower, G. H. (1981). Person stereotypes and memory for people. *Journal of Personality and Social Psychology, 41,* 856–865.

Belli, R. F. (1989). Influences of misleading postevent information: Misinformation interference and acceptance. *Journal of Experimental Psychology: General, 118,* 72–85.

Bellis, M. A. & Baker, R. R. (1990). Do females promote sperm competition? Data for humans. *Animal Behaviour, 40,* 997–999.

Bem, D. J. (1965). An experimental analysis of self-persuasion. *Journal of Experimental Social Psychology, 1,* 199–218.

Bem, D. J. (1972). Self-perception theory. *Advances in Experimental Social Psychology, 6,* 1- 62.

Bennett, M. (1985/86). Developmental changes in the attribution of dispositional features. *Current Psychological Research and Reviews, 4,* 323–329.

Bennett, M. (1993). Introduction. In M. Bennett (Ed.), *The child as psychologist. An introduction to the development of social cognition* (pp. 1–25). New York: Harvester Wheatsheaf.

Bennett, M., Yuill, N., Banerjee, R. & Thomson, S. (1998). Children's understanding of extended identity. *Developmental Psychology, 34,* 322–331.

Bentler, P. M. & Speckart, G. (1979). Models of attitude-behavior relations. *Psychological Review, 86,* 452–464.

Berger, J. & Zelditch, J. (1993). *Theoretical research programs.* Stanford, CA: Stanford University Press.

Berger, J., Rosenholtz, S. J. & Zelditch, J. (1980). Status organizing processes. *Annual Review of Sociology, 6,* 479–508.

Berkman, L. F. & Syme, S. L. (1979). Social networks, host resistance, and mortality: A nine year follow-up study of Alameda County residents. *American Journal of Epidemiology, 109,* 186–204.

Berkowitz, L. (1962). *Aggression: A social psychological analysis.* New York: McGraw-Hill.

Berkowitz, L. (1964). Aggressive cues in aggressive behavior and hostility catharsis. *Psychological Review, 71,* 104–122.

Berkowitz, L. (1969). The frustration-aggression hypothesis revisited. In L. Berkowitz (Ed.), *Roots of aggression* (pp. 1–28). New York: Atherton Press.

Berkowitz, L. (1974). Some determinants of impulsive aggression: The role of mediated associations with reinforcements of aggression. *Psychological Review, 81,* 165–176.

Berkowitz, L. (1978). Decreased helpfulness with increased group size through lessening the effects of the needy individual's dependency. *Journal of Personality, 46,* 299–310.

Berkowitz, L. (1983). The experience of anger as a parallel process in the display of impulsive, „angry" aggression. In R. G. Geen & E. I. Donnerstein (Eds.), *Aggression. Theoretical and empirical reviews* (Vol. 1). New York: Academic Press.

Berkowitz, L. (1989). The frustration-aggression hypothesis: An examination and reformulation. *Psychological Bulletin, 106,* 59–73.

Berkowitz, L. (1990). On the formation and regulation of anger and aggression – A cognitive-neoassociationistic analysis. *American Psychologist, 45,* 4, 494–503.

Berkowitz, L. (1993). *Aggression: Its causes, consequences, and control.* New York: McGraw-Hill.

Berkowitz, L. (1999). Evil is more than banal: Situationism and the concept of evil. *Personality and Social Psychology Review, 3,* 246–253.

Berkowitz, L., Cochran, S. & Embree, M. (1981). Physical pain and the goal of aversively stimulated aggression. *Journal of Personality and Social Psychology, 40,* 687–700.

Berkowitz, L. & Cottingham, D. R. (1960). The interest value and relevance of fear-arousing communications. *Journal of Abnormal and Social Psychology, 60,* 37–43.

Berkowitz, L. & Daniels, L. R. (1964). Affecting the salience of the social responsibility norm: Effects of past help on the response to dependency relationships. *Journal of Abnormal and Social Psychology, 68,* 275–281.

Berkowitz, L. & Heimer, K. (1989). On the construction of the anger experience: Aversive events and negative priming in the formation of feelings. In L. Berkowitz (Ed.), *Advances in experimental social psychology* (Vol. 22, pp. 1–37). San Diego: Academic Press.

Berkowitz, L. & Knurek, D. A. (1969). Label-mediated hostility generalization. *Journal of Personality and Social Psychology, 13,* 200–206.

Berkowitz, L. & LePage, A. (1967). Weapons as aggression-eliciting stimuli. *Journal of Personality and Social Psychology, 7,* 202–207.

Berlin, L. J. & Cassidy, J. (1999). Relations among relationships: Contributions from attachment theory and research. In J. Cassidy und P. Shaver (Eds.), *Handbook of attachment: Theory, research, and clinical applications* (pp. 688–712) New York: Guilford Press.

Berscheid, E. (1985). Interpersonal attraction. In: G. Lindzey & E. Aronson (Eds.), *Handbook of social psychology: Vol. II* (pp. 413–484). New York: Random House.

Berscheid, E. & Walster, E. (1974). A little bit about love. In T. Huston (Ed.), *Foundations of interpersonal attraction* (pp. 356–382). New York: Academic Press.

Berscheid, E. (1991). The emotion-in-relationships model: Reflections and update. In A. Ortony, W. Kessen & F. I. M. Craik (Eds.), *Memories, thoughts, and emotions: Essays in honor of George Mandler* (pp. 323–335). Hillsdale, NJ: Erlbaum.

Berscheid, E. (1992). A glance back at a quarter century of social psychology. *Journal of Personality and Social Psychology, 63,* 525–533.

Bettencourt, B. A., Brewer, M. B., Croak, M. R. & Miller, N. (1992). Cooperation and the reduction of intergroup bias: The role of reward structure and social orientation. *Journal of Experimental Social Psychology, 28,* 301–309.

Betzig, L. (1992). Roman polygyny. *Ethology and Sociobiology, 13*, 309–349.

Bickman, L. & Henchy, T. (Eds.). (1972). *Beyond the laboratory: Field research in social psychology.* New York: McGraw-Hill.

Bierbrauer, G. (1979). Why did he do it? Attribution of obedience and the phenomenon of dispositional bias. *European Journal of Social Psychology, 9*, 67–84.

Bierhoff, H. W. (1994). On the interface between social support and prosocial behavior: Methodological and theoretical implications. In F. Nestmann & K. Hurrelmann (Eds.), *Social networks and social support in childhood and adolescence* (pp. 159–167). Berlin: de Gruyter.

Bierhoff, H. W. (2000). Skala der sozialen Verantwortung nach Berkowitz und Daniels. *Diagnostica, 46, 18-28.*

Bierhoff, H. W., Buck, E. & Klein, R. (1986). Social context and perceived justice. In H. W. Bierhoff, R. L. Cohen & J. Greenberg (Eds.), *Justice in social relations* (pp. 165–185). New York: Plenum.

Bierhoff, H. W., Klein, R. & Kramp, P. (1991). Evidence for the altruistic personality from data on accident research. *Journal of Personality, 59*, 263–280.

Bierhoff, H. W., Lensing, L. & Kloft, A. (1988). Hilfreiches Verhalten in Abhängigkeit von Vergehen und positiver Verstärkung. In H. W. Bierhoff & L. Montada (Eds.), *Altruismus* (pp. 154–178). Göttingen: Hogrefe.

Billig, M. (1976). *Social psychology and intergroup relations.* London: Academic Press.

Binet, A. & Henri, V. (1894). De la suggestibilité naturelle chez les enfants. *Revue Philosophique, 38*, 337–347.

Birns, B. and Hay, D. F. (Eds.). (1988). *The different faces of motherhood.* New York: Plenum.

Bischof-Köhler, D. (1994). Selbstobjektivierung und fremdbezogene Emotion. Identifikation des eigenen Spiegelbildes, Empathie und prosoziales Verhalten im 2. Lebensjahr. *Zeitschrift für Psychologie, 202*, 349–377.

Black, S. L. & Bevan, S. (1992). At the movies with Buss and Durkee: A natural experiment on film violence. *Aggressive Behavior, 18*, 37–45.

Blake, R. R. & Mouton, J. S. (1970). The fifth achievement. *Journal of Applied Behavioral Science, 6*, 413–426.

Blalock, S., DeVellis, R. F., Giorgino, K. B., Gold, D. T., Dooley, M. A., Anderson, J. J. B. & Smith, S. L. (1996). Osteoporosis prevention in premenopausal women: Using a stage model approach to examine the predictors of behavior. *Health Psychology, 15*, 84–93.

Blank, T. O. (1982). *A social psychology of developing adults.* New York: Wiley.

Blau, P. M. (1964). *Exchange and power in social life.* New York: Wiley.

Blaye, A., Light, P., Joiner, R. & Sheldon, S. (1991). Collaboration as a facilitator of planning and problem solving on a computer-based task. *British Journal of Developmental Psychology, 9*, 471–483.

Blaye, A., Light, P. & Rubtsov, V. (1992). Collaborative learning at the computer; how social processes ‚interface' with human-computer interaction. *European Journal of Psychology of Education, 7*, 257–267.

Blazer, D. (1982). Social support and mortality in an elderly community population. *American Journal of Epidemiology, 115*, 684–694.

Bless, H., Bohner, G., Schwarz, N. & Strack, F. (1990). Mood and persuasion: A cognitive response analysis. *Personality and Social Psychology Bulletin, 16*, 331–345.

Bless, H. & Schwarz, N. (1998). Context effects in political judgment: Assimilation and contrast as a function of categorization processes. *European Journal of Social Psychology, 28*, 159–172.

Blumenthal, M., Kahn, R. L., Andrews, F. M. & Head, K. B. (1972). *Justifying violence: The attitudes of American men.* Ann Arbor: Institute for Social Research.

Blumer, H. (1946). Collective behavior. In A. M. Lee (Ed.), *New outlines of the principles of sociology* (pp. 165–220). New York: Barnes & Noble.

Bodenhausen, G. V. (1990). Stereotypes as judgmental heuristics. Evidence of circadian variations in discrimination. *Psychological Science, 1*, 319–322.

Bodenhausen G. V. & Lichtenstein, M. (1987). Social stereotypes and information-processing strategies: The impact of task complexity. *Journal of Personality and Social Psychology, 48*, 267–282.

Boer, H. & Seydel, E. R. (1996). Protection motivation theory. In M.Conner & P. Norman, *Predicting health behaviour* (pp. 121–162). Buckingham: Open University Press.

Bohner, G., Moskowitz, G. & Chaiken, S. (1995). The interplay of heuristic and systematic processing of social information. *European Review of Social Psychology, 6*, 33–68.

Bohner, G., Rank, S., Reinhard, M.-A., Einwiller, S. & Erb, H.-P. (1998). Motivational determinants of systematic processing: Expectancy moderates effects of desired confidence on processing effort. *European Journal of Social Psychology, 28*, 185–206.

Bohner, G., Reinhard, M.-A., Rutz, S., Sturm, S., Kerschbaum, B. & Effler, D. (1998). Rape myths as neutralizing cognitions: Evidence for a causal impact of anti-victim attitudes on men's self-reported likelihood of raping. *European Journal of Social Psychology, 28*, 257–268.

Boiten, F. (1996). Autonomic response patterns during voluntary facial action. *Psychophysiology, 33(2)*, 123–131.

Bonanno, G. A. & Keltner, D. (1997). Facial expressions of emotion and the course of conjugal bereavement. *Journal of Abnormal Psychology, 106(1)*, 126–137.

Bond, C. F. & Titus, L. J. (1983). Social facilitation: A meta-analysis of 241 studies. *Psychological Bulletin, 94*, 265–292.

Bond, C. F. & Van Leeuwen, M. D. (1991). Can a part be greater than a whole? On the relationship between primary and meta-analytic evidence. *Basic and Applied Social Psychology, 12*, 33–40.

Bond, R. & Smith, P. B. (1996). Culture and conformity: A meta-analysis of studies using Asch's (1952b, 1956) line judgment task. *Psychological Bulletin, 119*, 111–137.

Bornstein, G. (1992). The free-rider problem in intergroup conflicts over step-level and continuous public goods. *Journal of Personality and Social Psychology, 62*, 597–606.

Boster, F. J. & Mongeau, P. (1984). Fear-arousing persuasive messages. In R. N. Bostrom (Ed.), *Communication yearbook* (Vol. 8, pp. 330–375). Beverly Hills, CA: Sage.

Bourhis, R. Y., Turner, J. C. & Gagnon, A. (1997). Interdependence, social identity and discrimination: Some empirical considerations. In R. Speers, P. J. Oakes, N. Ellemers & S. A. Haslam (Eds.), *The social psychology of stereotyping and group life* (pp. 273–295). Oxford: Blackwell.

Bower, G. H. (1981). Mood and memory. *American Psychologist, 36*, 129–148.

Bowlby, J. (1975). Bindung: Eine Analyse der Mutter-Kind-Beziehung. München: Kindler (Original erschienen 1969: Attachment and loss, Vol 1.: Attachment. London: Hogarth).

Bowlby, J. (1988). *A secure base. Parent-child attachment and healthy human development.* New York: Basic.

Bradbury, T. N., Beach, S. R. H., Fincham, F. D. & Nelson, G. M. (1996). Attributions and behavior in functional and dysfunctional marriages. *Journal of Consulting and Clinical Psychology, 64,* 569–576.

Bradbury, T. N. & Fincham, F. D. (1990). Attributions in marriage: Review and critique. *Psychological Bulletin, 107,* 3–33.

Bradbury, T. N. & Fincham, F. D. (1992). Attributions and behavior in marital interaction. *Journal of Personality and Social Psychology, 63,* 613–628.

Brandstädter, J. (1990). Development as a personal and cultural construction. In G. R. Semin & K. J. Gergen (Eds.), *Everyday understanding: Social and scientific implications* (pp. 83–107). Newbury Park, CA: Sage.

Branthwaite, A., Doyle, S. & Lightbown, N. (1979). The balance between fairness and discrimination. *European Journal of Social Psychology,* 9, 149–163.

Brauer, M. & Judd, C. M. (1996). Group polarization and repeated attitude expressions: A new take on an old topic. In W. Stroebe & M. Hewstone (Eds.), *European Review of Social Psychology* (Vol. 7, pp. 173–207). Chichester: Wiley.

Brauer, M., Judd, C. M. & Gliner, M. D. (1995). The effects of repeated attitude expressions on attitude polarization during group discussions. *Journal of Personality and Social Psychology, 68,* 1014–1029.

Breckler, S. J. (1984). Empirical validation of affect, behavior, and cognition as distinct components of attitude. *Journal of Personality and Social Psychology, 47,* 1191–1205.

Breckler, S. J. (1993). Emotion and attitude change. In M. Lewis & J. M. Haviland (Eds.), *Handbook of emotions* (pp. 461–474). New York: Guilford Press.

Brehm, J. W. (1972). *Responses to loss of freedom: A theory of psychological reactance.* Morristown, NJ: General Learning Press.

Bremner, J. G. (1994). *Infancy* (2. Aufl.). Oxford: Blackwell.

Breslow, L. & Enstrom, J. E. (1980). Persistence of health habits and their relationship to mortality. *Preventive Medicine, 9,* 469–483.

Bretherton, I. (1992). The origins of attachment theory: John Bowlby and Mary Ainsworth. *Developmental Psychology, 28,* 759–775.

Brewer, M. B. (1979). Ingroup bias in the minimal intergroup situation: A cognitive motivational analysis. *Psychological Bulletin, 86,* 307–324.

Brewer, M. B. & Kramer, R. M. (1986). Choice behavior in social dilemmas: Effects of social identity, group size, and decision framing. *Journal of Personality and Social Psychology, 50,* 543–549.

Brewer, M. B. & Miller, N. (1984). Beyond the contact hypothesis: Theoretical perspectives on desegregation. In N. Miller & M. B. Brewer (Eds.), *Groups in contact: The psychology of desegregation* (pp. 281–302). New York: Academic Press.

Brickner, M. A., Harkins, S. G. & Ostrom, T. M. (1986). Effects of personal involvement: Thought provoking implications for social loafing. *Journal of Personality and Social Psychology, 51,* 763–770.

Broadbent, D. E. (1958). *Perception and communication.* New York: Pergamon.

Brockner, J. & Wiesenfeld, B. M. (1996). An integrative framework for explaining reactions to decisions: Interactive effects of outcomes and procedures. *Psychological Bulletin, 120,* 189–208.

Brown, J. D. & Dutton, K. A. (1995). The thrill of victory, the complexity of defeat: Self-esteem and people's emotional reactions to success and failure. *Journal of Personality and Social Psychology, 68(4),* 712–722.

Brown, R. (1965). *Social psychology.* New York: MacMillan.

Brown, R. (1973). *A first language.* Cambridge, MA: Harvard University Press.

Brown, R. (1980). The maintenance of conversation. In D. R. Olson (Ed.), *The social foundations of language and thought.* New York: Norton.

Brown, R. & Fish, D. (1983). The psychological causality implicit in language. *Cognition, 14,* 233–274.

Brown, R. C. & Tedeschi, J. T. (1976). Determinants of perceived aggression. *Journal of Social Psychology, 100,* 77–87.

Brown, R. J. (1978). Divided we fall: An analysis of relations between sections of a factory work-force. In H. Tajfel (Ed.), *Differentiation between social groups: Studies in the social psychology of intergroup relations.* London: Academic Press.

Brown, R. J. (1984a). The role of similarity in intergroup relations. In H. Tajfel (Ed.), *The social dimension* (Vol. 2, pp. 603–623). Cambridge: Cambridge University Press.

Brown, R. J. (1984b). (Ed.). Intergroup processes. *British Journal of Social Psychology, 23,* das ganze Heft Nr. 4.

Brown, R. (1995). *Prejudice: Its social psychology.* Oxford: Blackwell.

Brown, R. J. (2000). *Group processes: Dynamics within and between groups.* Oxford: Blackwell.

Brown, R. J., Condor, S., Matthews, A., Wade, G. & Williams, J. A. (1986). Explaining intergroup differentiation in an industrial organization. *Journal of Occupational Psychology, 59,* 273–286.

Brown, R. J. & Deschamps, J.-C. (1980-1). Discrimination entre individus et entre groupes. *Bulletin de Psychologie, 34,* 185–195.

Brown, R., Hinkle, S., Ely, P. G., Fox-Cardamore, L., Maras, P. & Taylor, L. A. (1992). Recognising groups' diversity: Individualist-collectivist and autonomous-relational social orientations and their implications for intergroup processes. *British Journal of Social Psychology, 31,* 327–342.

Brown, R. J. & Ross, G. R. (1982). The battle for acceptance: An exploration into the dynamics of intergroup behaviour. In H. Tajfel (Ed.), *Social identity and intergroup relations* (pp. 155–178). Cambridge: Cambridge University Press.

Brown, R. & Smith, A. (1989). Perceptions of and by minority groups: The case of women in academia. *European Journal of Social Psychology, 19,* 61–75.

Brown, R. J., Tajfel, H. & Turner, J. C. (1980). Minimal group situations and inter-group discrimination: Comments on the paper by Aschenbrenner & Schaefer. *European Journal of Social Psychology, 10,* 399–414.

Brown, R. J. & Turner, J. C. (1981). Interpersonal and intergroup behaviour. In J. C. Turner & H. Giles (Eds.), *Intergroup behaviour* (pp. 33–65). Oxford: Basil Blackwell.

Brown, R. J., Vivian, T. & Hewstone, M. (1999). Changing attitudes through intergroup contact: The effects of

group membership salience. *European Journal of Social Psychology, 29,* 741–764.
Brown, R. J. & Wade, G. S. (1987). Superordinate goals and intergroup behaviour: The effects of role ambiguity and status on intergroup attitudes and task performance. *European Journal of Social Psychology, 17,* 131–142.
Brown, R. J. & Williams, J. A. (1984). Group identification: The same thing to all people? *Human Relations, 37,* 547–564.
Brown, R. & Wootton-Millward, L. (1993). Perceptions of group homogeneity during group formation and change. *Social Cognition, 11,* 126–149.
Bruner, J. S. (1957). On perceptual readiness. *Psychological Review, 64,* 123–152.
Bruner, J. S. & Goodman, C. D. (1947). Value and need as organizing factors in perception. *Journal of Abnormal and Social Psychology, 42,* 33–44.
Buchanan, G. & Seligman, M. E. P. (Eds.). (1995). *Explanatory style.* Hillsdale, NJ: Erlbaum.
Buck, R. (1985). Prime theory: An integrated view of motivation and emotion. *Psychological Review, 92,* 389–413.
Buehler, R., Griffin, D. & Ross, M. (1995). It's about time: Optimistic predictions in work and love. In W. Stroebe & M. Hewstone (Eds.), *European Review of Social Psychology* (Vol. 6, pp. 1–32). Chichester: Wiley.
Burger, J. M. (1991). Changes in attributions over time: The ephemeral fundamental attribution error. *Social Cognition, 9,* 182–193.
Burnstein, E., Crandall, C. & Kitayama, S. (1994). Some Neo-Darwinian decision rules for altruism: Weighing cues for inclusive fitness as a function of the biological importance of the decision. *Journal of Personality and Social Psychology, 67,* 773–789.
Burnstein, E. & McRae, A. V. (1962). Some effects of shared threat and prejudice in racially mixed groups. *Journal of Abnormal and Social Psychology, 64,* 257–263.
Bushman, B. J. (1998). Priming effects of media violence on the accessibility of aggressive constructs in memory. *Personality and Social Psychology Bulletin, 24,* 537–545.
Buss, A. H. (1961) *The psychology of aggression.* New York: Wiley
Buss, A. H. (1971) Aggression pays. In J. L. Singer (Ed.), *The control of aggression and violence* (pp. 112–130). New York: Academic Press.
Buss, A. R. (Ed.). (1979). *Psychology in social context.* New York: Irvington.
Buss, D. M. (1988). The evolution of human intrasexual competition: Tactics of mate attraction. *Journal of Personality and Social Psychology, 54,* 616–628.
Buss, D. M. (1989). Sex differences in human mate preferences: Evolutionary hypotheses tested in 37 cultures. *Behavioral and Brain Sciences, 12,* 1–49.
Buss, D. M. (1994). *The evolution of desire: Strategies of human mating.* New York: Basic Books.
Buss, D. M. (1995). Evolutionary psychology: a new paradigm for psychological science. *Psychological Inquiry,* 6, 1–30.
Buss, D. M. (1996). The evolutionary psychology of human social strategies. In E. T. Higgins & A. W. Kruglanski (Eds.), *Social psychology – handbook of basic principles* (pp. 3–38). New York: Guilford Press.
Buss, D. M. & Bedden, L. A. (1990). Derogation of competitors. *Journal of Social and Personal Relationships, 7,* 395–422.
Buss, D. M. & Kenrick, D. (1998). Evolutionary social psychology. In D. T. Gilbert, S. T. Fiske & G. Lindzey (Eds.), *The handbook of social psychology* (4th ed., Vol. 2, pp. 982–1026). New York: McGraw-Hill.
Buss, D. M., Larsen, R. J., Westen, D. & Semmelroth, J. (1992). Sex differences in jealousy: Evolution, physiology, and psychology. *Psychological Science, 3,* 251–255.
Buss, D. M. & Schmitt, D. P. (1993). Sexual strategies theory: An evolutionary perspective of human mating. *Psychological Review, 100,* 204–232.
Butler, R. & Neuman, O. (1995). Effects of task and ego achievement goals on help-seeking behaviors and attitudes. *Journal of Educational Psychology, 87,* 261–271.
Button, S. B., Mathieu, J. E. & Zajac, D. M. (1996). Goal orientation in organizational research: A conceptual and empirical foundation. *Organizational Behavior and Human Decision Processes, 67* (1), 26–48.
Buunk, B. P. (1987). Conditions that promote break-ups as a consequence of extradyadic involvements. *Journal of Social and Clinical Psychology, 5,* 237–250.
Buunk, B. P. (1994). Social comparison processes under stress: Towards an integration of classic and recent perspectives. In W. Stroebe & M. Hewstone (Eds.), *European review of social psychology* (Vol. 5, pp. 211–241). Chichester: Wiley.
Buunk, B. P. (1995). Comparison direction and comparison dimension among disabled individuals: Towards a refined conceptualization of social comparison under stress. *Personality and Social Psychology Bulletin, 21,* 316–330.
Buunk, B. P. & Bakker, A. B. (1997). Commitment to the relationship, extradyadic sex, and AIDS-preventive behavior. *Journal of Applied Social Psycholoy, 27* (14), 1241–1257.
Buunk, B. P., Angleitner, A., Oubaid, V. & Buss, D. M. (1996). Sex differences in jealousy in evolutionary and cultural perspective. *Psychological Science, 7,* 359–363.
Buunk, B. P., Collins, R., VanYperen, N. W., Taylor, S. E. & Dakoff, G. (1990). Upward and downward comparisons: either direction has its up and downs. *Journal of Personality and Social Psychology, 59,* 1238–1249.
Buunk, B. P. & Prins, K. S. (1998). Loneliness, exchange orientation and reciprocity in friendships. *Personal Relationships, 5,* 1–14.
Buunk, B. P. & Schaufeli, W. B. (1999). Reciprocity in interpersonal relationships: An evolutionary perspective on its importance for health and well-being. In W. Stroebe & M. Hewstone (Eds.), *European Review of Social Psychology* (Vol. 10, 259–291). Chichester: Wiley.
Buunk, B. P. & Schaufeli, W. B. (im Druck). Reciprocity in interpersonal relationships: An evolutionary perspective on its importance for health and well-being. In W. Stroebe & M. Hewstone (Eds.), *European Review of Social Psychology,* Vol. 10. Chichester: Wiley.
Buunk, B. P. & Van den Eijnden, R. J. J. M. (1997). Perceived prevalence, perceived superiority, and relationship satisfaction: Most relationships are good, but ours is the best. *Personality and Social Psychology Bulletin, 23* (3), 219–228.
Buunk, B. P. & Van Driel (1989). *Variant lifestyles and relationships.* Newbury Park, CA: Sage.
Buunk, B. P. & VanYperen, N. W. (1991). Referential comparisons, relational comparison and exchange orientation: Their relation to marital satisfaction. *Personality and Social Psychology Bulletin, 17,* 710–718.

Byrne, D. (1971). *The attraction paradigm.* New York: Academic Press.

Byrne, D., Ervin, C. R. & Lamberth, J. (1970). Continuity between the experimental study of attraction and real life computer dating. *Journal of Personality and Social Psychology, 16,* 157–165.

Byrne, D., London, O. & Griffitt, W. (1968). The effect of topic importance and attitude similarity-dissimilarity on attraction in an intrastranger design. *Psychonomic Science, 11,* 303–303.

Byrne, D. G., Whyte, H. M. & Butler, K. L. (1981). Illness behavior and outcome following survived myocardial infarction: A prospective study. *Journal of Psychosomatic Research, 25,* 97–107.

Cacioppo, J. T. & Gardner, W. L. (1993). What underlies medical donor attitudes and behaviour? *Health Psychology, 12,* 269–271.

Cacioppo, J. T., Harkins, S. G. & Petty, R. E. (1981). The nature of attitudes and cognitive responses and their relationships to behavior. In R. Petty, T. Ostrom & T. Brock (Eds.), *Cognitive responses in persuasion.* Hillsdale, NJ: Erlbaum.

Cacioppo, J. T., Klein, D. J., Berntson, G. C. & Hatfield, E. (1993). The psychophysiology of emotion. In M. Lewis & J. M. Haviland (Eds.), *Handbook of emotions* (pp. 119–142). New York: Guilford Press.

Cacioppo, J. T. & Petty, R. E. (1979). Effects of message repetition and position on cognitive response, recall, and persuasion. *Journal of Personality and Social Psychology, 37,* 97–109.

Cacioppo, J. T. & Petty, R. E. (1982). The need for cognition. *Journal of Personality and Social Psychology, 42,* 116–131.

Cacioppo, J. T., Petty, R. E., Feinstein, J. A. & Jarvis, W. B. G. (1996). Dispositional differences in cognitive motivation: The life and times of individuals varying in need for cognition. *Psychological Bulletin, 119,* 197–253.

Cacioppo, J. T., Petty, R. E., Kao, C. F. & Rodriguez, R. (1986). Central and peripheral routes to persuasion: An individual difference perspective. *Journal of Personality and Social Psychology, 51,* 1032–1043.

Caddick, B. (1982). Perceived illegitimacy and intergroup relations. In H. Tajfel (Ed.), *Social identity and intergroup relations* (pp. 137–154). Cambridge: Cambridge University Press.

Campbell, A. (1995). A few good men: Evolutionary psychology and female adolescent aggression. *Ethology and Sociobiology, 16,* 99–123.

Campbell, D. T. (1950) The indirect assessment of attitudes. *Psychological Bulletin, 47,* 15–38.

Campbell, D. T. & McCandless, B. R. (1951). Ethnocentrism, xenophobia, and personality. *Human Relations, 4,* 185–192.

Cannon, W. B. (1929). *Bodily changes in pain, hunger, fear and rage* (2. Aufl.). New York: Appleton.

Carey, M. (1978). Does civil inattention exist in pedestrian passing? *Journal of Personality and Social Psychology, 36,* 1185–1193.

Carleton, R. A., Lasater, T. M., Assaf, A. R., Feldman, H. A., McKinlay, S. & the Pawtucket Heart Health Program Writing Group (1995). The Pawtucket Heart Health Program: Community changes in cardiovascular risk factors and projected disease risk. *American Journal of Public Health, 85,* 777–785.

Carlson, M., Charlin, V. & Miller, N. (1988). Positive mood and helping behavior: A test of six hypotheses. *Journal of Personality and Social Psychology, 55,* 211–229.

Carlson, M., Marcus-Newhall, A. & Miller, N. (1990). Effects of situational aggression cues: A quantitative review. *Journal of Personality and Social Psychology, 58,* 622–633.

Carlson, M. & Miller, N. (1987). Explanation of the relation between negative mood and helping. *Psychological Bulletin, 102,* 91–108.

Carnevale, P. J. (1986). Mediating disputes and decisions in organizations. In R. J. Lewicki, B. H. Sheppard, and M. H. Bazerman (Eds.), *Research on Negotiation in Organizations* (Vol. 1, pp. 251–270). Greenwich, CT: JAI Press.

Carnevale, P. J. & Pruitt, D. G. (1992). Negotiation and mediation. *Annual Review of Psychology, 43,* 531–582.

Carpenter, E. M. & Kirkpatrick, L. A. (1996). Attachment style and presence of a romantic partner as moderators of psychophysiological responses to a stressful laboratory situation. *Personal Relationships, 3* (4), 351–367.

Carroll, J. M. & Russell, J. A. (1997). Facial expressions in Hollywood's protrayal of emotion. *Journal of Personality and Social Psychology, 72(1),* 164–176.

Cartwright, D. (1979). Contemporary social psychology in social perspective. *Social Psychology Quarterly, 42,* 82–93.

Carver, C. S., Pozo, C., Harris, S. D., Noriega, V., Scheier, M. F., Robinson, D. S., Ketcham, A. S., Moffat, Jr., L. & Clark, K. C. (1993). How coping mediates the effects of optimism on distress: A study of women with early stages breast cancer. *Journal of Personality and Social Psychology, 65,* 375–390.

Cate, R. M., Lloyd, S. A., Long, E. (1988). The role of rewards and fairness in developing premarital relationships. *Journal of Marriage and the Family, 50,* 443–452.

Chaiken, S., Giner-Sorolla, R. & Chen, S. (1996). Beyond accuracy: Defense and impression motives in heuristic and systematic information processing. In P. M. Gollwitzer & J. A. Bargh (Eds.), *The psychology of action: Linking motivation and cognition to behavior* (pp. 551–578). New York: Guilford.

Chaiken, S., Liberman, A. & Eagly, A. H. (1989). Heuristic and systematic information processing within and beyond the persuasion context. In J. S. Uleman & J. A. Bargh (Eds.), *Unintended thought* (pp. 212–252). New York: Guilford.

Chaiken, S. & Maheswaran, D. (1994). Heuristic processing can bias systematic processing: Effects of source credibility, argument ambiguity, and task importance on attitude judgment. *Journal of Personality and Social Psychology, 66,* 460–473.

Chaiken, S., Pomerantz, E. M. & Giner-Sorolla, R. (1995). Structural consistency and attitude strength. In R. E. Petty & J. A. Krosnick (Eds.), *Attitude strength: Antecedents and consequences* (pp. 387–412). Mahwah, NJ: Erlbaum.

Chaiken, S. & Stangor, C. (1987). Attitudes and attitude change. *Annual Review of Psychology, 38,* 575–630.

Chaiken, S., Wood, W. & Eagly, A. H. (1996). Principles of persuasion. In E. T. Higgins & A. W. Kruglanski (Eds.), *Social psychology: Handbook of basic principles* (pp. 702–742). New York: Guilford.

Chang, E. C. (1998). Dispositional optimism and primary and secondary appraisal of a stressor: Controlling for confounding influences and relations to coping and psy-

chological adjustment. *Journal of Personality and Social Psychology, 74,* 1109–1120.
Chen, S. & Chaiken, S. (1999). The heuristic-systematic model in its broader context. In S. Chaiken & Y. Trope (Eds.), *Dual-process theories in social psychology* (pp. 73-96). New York: Guilford.
Cheng, P. W. (1997). From covariation to causation: A causal power theory. *Psychological Review, 104,* 367–405.
Cheng, P. W. & Novick, L. R. (1992). Covariation in natural causal induction. *Psychological Review, 99,* 365–382.
Chevalier-Skolnikoff, S. (1973). Facial expression of emotion in nonhuman primates. In P. Ekman (Ed.), *Darwin and facial expression* (pp. 11–89). NewYork: Academic Press.
Chiva, M. (1985). *Le doux et l'amer: Sensation gustative, émotion et communication chez le jeune enfant.* Paris: PUF.
Choi, I. & Nisbett, R. E. (1998). Situational salience and cultural differences in the correspondence bias and actor-observer bias. *Personality and Social Psychology Bulletin, 24,* 49–60.
Choi, I., Nisbett, R. E. & Norenzayan, A. (1999). Causal attributions across cultures: Variation and universality. *Psychological Bulletin, 125,* 47–63.
Cialdini, R. B., Borden, R. J., Thorne, A., Walker, M. R., Freeman, S. & Sloan, L. R. (1976). Basking in reflected glory: Three (football) field studies. *Journal of Personality and Social Psychology, 34,* 366–375.
Cialdini, R. B., Brown, S. L., Lewis, B. P., Luce, C. & Neuberg, S. L. (1997). Reinterpreting the empathy-altruism relationship: When one into one equals oneness. *Journal of Personality and Social Psychology, 73,* 481–494.
Cialdini, R. B. & Trost, M. R. (1998). Influence, social norms, conformity and compliance. In D. T. Gilbert, S. T. Fiske & G. Lindzey (Eds.), *The handbook of social psychology* (4th ed., Vol. 2, pp. 151–192). New York: McGraw-Hill.
Cialdini, R. B., Trost, M. R. & Newsom, J. T. (1995). Preference for consistency: The development of a valid measure and the discovery of surprising behavioral implications. *Journal of Personality and Social Psychology, 69,* 318–328.
Chomsky, N. (1959). Review of Skinner (1957). *Language, 35,* 26–58.
Chomsky, N. (1965). *Aspects of the theory of syntax.* Cambridge, MA: MIT Press.
Christie, R. & Jahoda, M. (1954). (Eds.). *Studies in the scope and method of the authoritarian personality.* New York: Free Press.
Clark, K. B. & Clark, M. P. (1947). Racial identification and preference in Negro children. In E. E. Maccoby, T.M. Newcomb & E. L. Hartley (Eds.), *Readings in social psychology.* London: Methuen.
Clark, M. S. (1984). Record keeping in two types of relationships. *Journal of Personality and Social Psychology, 47,* 549–557.
Clark, M. S. & Mills, J. (1993). The difference between communal and exchange relationships: What it is and is not. *Personality and Social Psychology Bulletin, 19,* 684–691.
Clark, M. S., Mills, J. & Powell, M. C. (1986). Keeping track of needs in communal and exchange relationships. *Journal of Personality and Social Psychology, 51,* 233–238.
Clark, M. S., Ouellette, R., Powell, M. C. & Milberg, S. (1987). Recipient's mood, relationship type, and helping. *Journal of Personality and Social Psychology, 53,* 94–103.
Clark, R. D. III & Hatfield, E. (1989). Gender differences in reciptivity to sexual offers. *Journal of Psychology and Human Sexuality,* 2, 39–55.
Clary, E. G. & Snyder, M. (1991). A functional analysis of altruism and prosocial behavior: The case of volunteerism. In M. S. Clark (Ed.), *Prosocial behavior* (pp. 119–148). Newbury Park, CA: Sage.
Clayton, D. A. (1978). Socially facilitated behavior. *The Quarterly Review of Biology, 53,* 373–392.
Clore, G. L., Schwarz, N. & Conway, M. (1994). Cognitive causes and consequences of emotion. In R. S. Wyer & T. K. Srull (Eds.), *Handbook of social cognition* (2. Aufl.). Hillsdale, NJ: Erlbaum.
Cobb, S. (1976). Social support as a moderator of life stress. *Psychosomatic Medicine, 38,* 300–314.
Cochrane, R. (1988). Marriage, separation and divorce. In S. Fisher & J. Reason (Eds.), *Handbook of life stress, cognition and health* (pp. 137–160). Chichester: Wiley.
Codol, J. P. (1975). On the so-called 'superior conformity of the self' behaviour: Twenty experimental investigations. *European Journal of Social Psychology, 5,* 457–501.
Cohen, D. (1996). Law, social policy and violence: the impact of regional cultures. *Journal of Personality and Social Psychology, 70,* 761–778.
Cohen, D. & Nisbett, R. E. (1994). Self-protection and the culture of honor: Explaining southern violence. *Personality and Social Psychology Bulletin, 20,* 551–567.
Cohen, S., Frank, E., Doyle, W. J., Skoner, D. P., Rabin, B. S. & Gwaltney, J. M. Jr. (1998). Types of stressors that increase susceptibility to the common cold in healthy adults. *Health Psychology, 17,* 214–223.
Cohen, S. & Hoberman, H. M. (1983). Positive events and social supports as buffers of life change stress. *Journal of Applied Social Psychology, 13* (2), 99–125.
Cohen, S., Kessler, R. C. & Gordon, L. U. (1995). Strategies for measuring stress in studies of psychiatric and physical disorders. In S. Cohen, R. C. Kessler & L. U. Gordon (Eds.), *Measuring stress* (pp. 1–26). New York: Oxford University Press.
Cohen, S., Tyrell, D. & Smith, A. (1993). Negative life events, perceived stress, negative affect, and susceptibility to the common cold. *Journal of Personality and Social Psychology, 64,* 131–140.
Cohen, S. & Williamson, G. M. (1988). Perceived stress in a probability sample of the United States. In S. Spacapan & S. Oskamp (Eds.), *The social psychology of health* (pp. 17–67). Newbury Park, CA: Sage.
Cohen, S. & Wills, T. A. (1985). Stress, social support, and the buffering hypothesis. *Psychological Bulletin, 98,* 310–357.
Combs, B. & Slovic, P. (1979). Newspaper coverage of causes of death. *Public Opinion Quarterly, 56,* 837–843.
Comstock, G. & Paik, H. (1991). *Television and the American child.* San Diego: Academic Press.
Comte, A. (1974). *Soziologie - die positive Philosophie im Auszug.* Stuttgart: Kröner. (Original in 6 Bänden erschienen 1830–1842: Cour de philosophie positive. Paris: Schleicher)
Conger, J. A. (1990). The dark side of leadership. *Organizational Dynamics, 19,* 44–55.
Converse, P. E. (1964). The nature of belief systems in mass publics. In D. E. Apter (Ed.), *Ideology and discontent* (pp. 206–261). New York: Free Press.
Cook, S. W. (1962). The systematic analysis of socially significant events. *Journal of Social Issues, 18,* 66–84.

Cook, T. D. & Campbell, D. T. (1979). *Quasi-experimentation: Design and analysis issues for field settings.* Chicago, IL: Rand McNally.

Cooper, H. (1990). Meta-analysis and the integrative research review. In C. Hendrick & M.S. Clark (Eds.), *Research methods in personality and social psychology* (*Review of Personality and Social Psychology,* Vol. 11, pp. 142–163). Newbury Park, CA: Sage.

Cooper, J. & Brehm, J. W. (1971). Prechoice awareness of relative deprivation as a determinant of cognitive dissonance. *Journal of Experimental Social Psychology, 7,* 571–581.

Cooper, J. & Fazio, R. H. (1984). A new look at dissonance theory. *Advances in experimental social psychology, 17,* 229–266.

Corwin, R. G. (1969). Patterns of organizational conflict. *Administrative Science Quarterly, 14,* 507–520.

Cosmides, L. (1989). The logic of social exchange: Has natural selection shaped how humans reason? Studies with the Wason selection task. *Cognition, 31,* 187–276.

Cosmides, L. & Tooby, J. (1992). Cognitive adaptations for social exchange. In J. H. Barkow, L. Cosmides & J. Tooby (Eds.), *The adapted mind* (pp. 163–228). New York, Oxford: Oxford University Press.

Costanza, R. S., Derlega, V. J. & Winstead, B. A. (1988). Positive and negative forms of social support: Effects of conversational topics on coping with stress among same sex friends. *Journal of Experimental Social Psychology, 24,* 182–193.

Cotton, J. L. & Baron, R. S. (1980). Anonymity, persuasive arguments and choice shifts. *Social Psychology Quarterly, 43,* 391–404.

Cottrell, N. B. (1968). Performance in the presence of other human beings: Mere presence, audience and affiliation effects. In E. C. Simmel, R. A. Hoppe & G. A. Milton (Eds.), *Social facilitation and imitative behavior* (pp. 245–250). Boston: Allyn & Bacon.

Cottrell, N. B. (1972). Social facilitation. In C. G. McClintock (Ed.), *Experimental social psychology* (pp. 185 – 236). New York: Holt, Rinehart & Winston.

Coupland, N. & Coupland, J. (1995). Discourse, identity, and aging. In J. Nussbaum & J. Coupland (Eds.). *Handbook of communication and aging research* (pp. 79–103). Mahwah, NJ: Lawrence Erlbaum Associates.

Cowles, M. & Davis, C. (1987). The subject matter of psychology: Volunteers. *British Journal of Social Psychology, 26,* 289–294.

Cranny, C. J., Smith P. C. & Stone, E. F. (1992). *Job satisfaction: How people feel about their jobs and how it affects their performance.* New York: Lexington Books.

Crawford, C. & Krebs, D. L. (1998). *Handbook of evolutionary psychology.* Mahwah, NJ: Earlbaum.

Crick, N. R. & Dodge, K. A. (1994). A review and reformulation of social information-processing mechanisms in children's adjustment. *Psychological Bulletin, 115,* 74–101.

Crocker, J. & Luhtanen, R. (1990). Collective self-esteem and ingroup bias. *Journal of Personality and Social Psychology, 58,* 60–67.

Crocker, J., Thompson, L. J., McGraw, K. M. & Ingermann, C. (1987). Downward comparison, prejudice, and evaluations of others: Effects of self-esteem and threat. *Journal of Personality and Social Psychology, 52,* 907–916.

Cromer, R. F. (1991). *Language and thought in normal and handicapped children.* Oxford: Blackwell.

Cronbach, L. J. (1951). Coefficient alpha and the internal structure of tests. *Psychometrika, 16,* 297–334.

Cronin, H. (1991). *The Ant and the Peacock.* Cambridge, New York: Cambridge University Press.

Cropanzano, R. & Folger, R. (1996). Procedural justice and worker motivation. In R. M. Steers, L. W. Porter & G. A. Bigley (Eds.), *Motivation and leadership at work* (pp. 72–83). McGraw-Hill.

Crosby, F. (1976). A model of egotistical relative deprivation. *Psychological Review, 83,* 85–113.

Crutchfield, R. A. (1955). Conformity and character. *American Psychologist, 10,* 191–198.

Cunningham, J. D. & Kelley, H. H. (1975). Causal attributions for interpersonal events of varying magnitude. *Journal of Personality, 43,* 74–93.

Cunningham, M. R. (1986). Measuring the physical in physical attractiveness: Quasi experiments on the sociobiology of female facial beauty. *Journal of Personality and Social Psychology, 50,* 925–935.

Cunningham, M. R., Barbee, A. P. & Pike, C. L. (1990). What do women want? Facial metric assessment of multiple motives in the perception of male physical attractiveness. *Journal of Personality and Social Psychology, 59,* 61–72.

Cunningham, M. R., Roberts, A. R., Barbee, A. P., Druen, P. B. & Wu, C. (1995). „Their ideas of beauty are, on the whole, the same as ours": Consistency and variability in the cross-cultural perception of female physical attractiveness. *Journal of Personality and Social Psychology, 68,* 261–279.

Daly, M., Salmon, C. & Wilson, M. (1997). Kinship: The conceptual hole in psychological studies of social cognition and close relationships. In J. A. Simpson & D. T. Kenrick (Eds.), *Evolutionary social psychology* (pp. 265–296). Mahwah, NJ: Erlbaum.

Daly, M. & Wilson, M. (1982). Whom are newborn babies said to resemble? *Ethology and Sociobiology, 3,* 69–78.

Daly, M. & Wilson, M. (1985). Child abuse and other risks of not living with both parents. *Ethology and Sociobiology, 6,* 197–210.

Daly, M. & Wilson, M. (1988). *Homicide.* New York: Aldine de Gruyter.

Danis, A. (1997). Effects of familiar and unfamiliar objects on mother-infant interaction. *European Journal of Psychology of Education, 12,* 261–272.

Danziger, K. (1983). Origins and basic principles of Wundt's Völkerpsychologie. *British Journal of Social Psychology, 22,* 303–313.

Danziger, K. (1992). The project of an experimental social psychology: Historical perspectives. *Science in Context, 5,* 309–328.

Danziger, K. (1997). *Naming the mind – how psychology found its language.* London: Sage.

Darley, J. M. (1992). Social categorization for the production of evil. *Psychological Inquiry, 3,* 199–218.

Darley, J. M. & Batson, C. D. (1973). From Jerusalem to Jericho: A study of situational and dispositional variables in helping behavior. *Journal of Personality and Social Psychology, 27,* 100–108.

Darwin, C. (1871). *The descent of man and selection in relation to sex.* London: Murray.

Darwin, C. (1872). *The expression of emotions in man and animal.* London: John Murray (deutsche Ausgabe erschienen 1872: Der Ausdruck der Gemüthsbewegungen bei den Menschen und den Thieren. Stuttgart: Schweizerbart).

Darwin, C. (1875). *Die Abstammung des Menschen.* Stuttgart: Schweizerbart. (Original erschienen 1871: The descent of man, and selection in relation to sex. London: John Murray)

Darwin, C. (1877). *Der Ausdruck der Gemüthsbewegung bei den Menschen und den Thieren.* Stuttgart: Schweizerbart. (Original erschienen 1872: *The expression of the emotion in man and animals.* London: John Murray)

Davey, A. (1983). *Learning to be prejudiced.* London: Edward Arnold

Davidson, A. R. & Jaccard, J. J. (1979). Variables that moderate the attitude-behavior relation: results of a longitudinal survey. *Journal of Personality and Social Psychology, 37,* 1364–1376.

Davies, J. C. (1969). The J-curve of rising and declining satisfactions as a cause of some great revolutions and a contained rebellion. In H. D. Graham & T. R. Gurr (Eds.), *The history of violence in America: Historical and comparative perspectives.* New York: Praeger.

Davis, J. H. (1969). *Group performance.* Reading, MA: Addison-Wesley.

Davis, J. H. (1973). Group decision and social interaction: A theory of social decision schemes. *Psychological Review, 80,* 97–125.

Davis, J. H. (1996). Group decision making and quantitative judgements: A consensus model. In E. Witte & J. H. Davis (Eds.), *Understanding group behavior: Consensual action by small groups* (Vol. 1, pp. 35–60). Mahwah, NJ: Lawrence Erlbaum.

Davis, M. H. (1983). Measuring individual differences in empathy: Evidence for a multidimensional approach. *Journal of Personality and Social Psychology, 44,* 113–126.

Davis, M. H. (1994). *Empathy: A social psychological approach.* Madison, WI: Brown & Benchmark.

Davitz, J. R. (1964). *The communication of emotional meaning.* New York: McGraw-Hill.

Dawber, T. R. (1980). *The Framingham Study.* Cambridge, MA: Harvard University Press.

Dawes, R. M. (1980). Social dilemmas. *Annual Review of Psychology, 31,* 169–193.

Dawes, R. M., McTavish, J. & Shaklee, H. (1977). Behavior, communication, and assumptions about other people's behavior in a commons dilemma situation. *Journal of Personality and Social Psychology, 35,* 1–11.

Dawkins, R. (1978). *Das egoistische Gen.* Berlin: Springer (Original erschienen 1976: *The selfish gene.* Oxford: Oxford University Press).

Dawkins, R. (1979). Twelve misunderstandings of kin selection. *Zeitschrift für Tierpsychologie, 51,* 184–200.

Dawkins, R. (1986). *The blind watchmaker.* London: Longman.

Dawkins, R. (1989). *The selfish gene* (2nd ed.). New York: Oxford University Press.

De Dreu, C. K. W. (1997). Productive conflict: The importance of conflict management and conflict issue. In C. K. W. De Dreu & E. Van de Vliert (Eds.), *Using conflict in organizations* (pp. 9–22). Thousand Oaks, CA: Sage.

De Dreu, C. K. W. & De Vries, N. K. (1993). Numerical support, information processing and attitude change. *European Journal of Social Psychology, 23,* 647–663.

De Dreu, C. K. W., Giebels, E. & Van de Vliert, E. (1998). Social motives and trust in integrative negotiation: The disruptive effects of punitive capability. *Journal of Applied Psychology, 83,* 408–422.

De Dreu, C. K. W. & McCusker, C. (1997). Gain-loss frames and cooperation in two-person social dilemmas: A transformational analysis. *Journal of Personality and Social Psychology, 72,* 1093–1106.

De Dreu, C. K. W. & Van Lange, P. A. M. (1995). The impact of social value orientation on negotiator behavior and cognition. *Personality and Social Psychology Bulletin, 21,* 1178–1188.

De Dreu, C. K. W., Weingart, L. R. & Kwon, S. (im Druck). Social motives in integrative negotiation: A meta-analytic review and test of two theories. *Journal of Personality and Social Psychology.*

De Dreu, C. K. W., Yzerbyt, V. Y. & Leyens, J.-Ph. (1995). The dilution of stereotype-based cooperation in mixed-motive interdependence. *Journal of Experimental Social Psychology, 21,* 575–593.

Deci, E. L. (1971). Effects of externally mediated rewards on intrinsic motivation. *Journal of Personality and Social Psychology, 18,* 105–115.

De Gilder, D. & Wilke, H. A. M. (1994). Expectation states theory and the motivational determinants of social influence. In W. Stroebe & M. Hewstone (Eds.), *European review of social psychology* (Vol. 5, pp. 243–269). London: Wiley.

Delbecq, A. L., Van de Ven, A. H. & Gustafson, D. H. (1975). *Group technique from program planning.* Glenview, IL: Scott, Foresman.

de Montmollin, G. (1977). *L'influence sociale. Phénomènes, facteurs et théories.* Paris: Presses Universitaires de France.

Denmark, F. L. (1994). Engendering psychology. *American Psychologist, 49,* 329–334.

DePaulo, B. M., Brown, P. L., Ishii, S. & Fisher, J. D. (1981). Help that works: The effects of aid on subsequent task performance. *Journal of Personality and Social Psychology, 41,* 478–487.

DePaulo, B. M. & Friedman, H. S. (1998). Nonverbal communication. In D. T. Gilbert & S. T. Fiske (Eds.), *The handbook of social psychology* (Vol. 2, pp. 3–40). Boston, MA: McGraw-Hill.

DeRubeis, R. J. & Hollon, S. D. (1995). Explanatory style in the treatment of depression. In G. Buchanan & M. E. P. Seligman (Eds.), *Explanatory style* (pp. 99–112). Hillsdale, NJ: Erlbaum.

Deschamps, J.-C. (1977). Effect of crossing category memberships on quantitative judgements. *European Journal of Social Psychology, 7,* 517–521.

Deschamps, J.-C. & Brown, R. J. (1983). Superordinate goals and intergroup conflict. *British Journal of Social Psychology, 22,* 189–195.

Deschamps, J.-C. & Doise, W. (1978). Crossed category memberships in intergroup relations. In H. Tajfel (Ed.), *Differentiation between Social Groups* (pp. 141–158). London: Academic Press.

DesForges, D. M., Lord, C. G., Ramsey, S. L., Mason, J. A., van Leeuwen, M. D., West, S. C. & Lepper, M. R. (1991). Effects of structured cooperative contact on changing negative attitudes towards stigmatized groups. *Journal of Personality and Social Psychology, 60,* 531–544.

Deutsch, M. (1949a). An experimental study of the effect of cooperation and competition upon group process. *Human Relations, 2,* 199–231.

Deutsch, M. (1949b). A theory of cooperation and competition. *Human Relations, 2,* 129–152.

Deutsch, M. (1975). Equity, equality, and need: What determines which value will be used as the basis of distributive justice? *Journal of Social Issues, 31*, 137–149.

Deutsch, M. & Gerard, H. B. (1955). A study of normative and informational social influences upon individual judgement. *Journal of Abnormal and Social Psychology, 51*, 629–636.

Devine, P. G. (1989). Stereotypes and prejudice: Their automatic and controlled components. *Journal of Personality and Social Psychology, 56*, 5–18.

Devine, P. G. (1995). Prejudice and out-group perception. In A. Tesser (Ed.), *Advanced social psychology* (pp. 467–524). New York: McGraw-Hill.

Devos, T., Cornby, L. & Deschamps, J. C. (1996). Asymmetries in judgements of ingroup and outgroup variability. In W. Stroebe & M. Hewstone (Eds.), *European review of social psychology* (Vol. 7, pp. 95–144). Chichester: Wiley.

De Vries, N. K., De Dreu, C. K. W., Gordijn, E. & Schuurman, M. (1996). Majority and minority influence: A dual role interpretation. In. W. Stroebe & M. Hewstone (Eds.), *European Review of Social Psychology* (Vol. 7, pp. 145–172). Chichester: Wiley.

De Waal, F. (1983). *Chimpansee politics: Power and sex among apes*. New York: Harper and Row.

De Waal, F. B. M. (1996). *Good natured: The origins of right and wrong in humans and other animals*. Cambridge, MA: Harvard University Press.

Diamond, J. (1991). *The rise and fall of the third chimpanzee*. London: Radius Books.

Diehl, M. (1988). Social identity and minimal groups: The effects of interpersonal and intergroup attitudinal similarity on intergroup discrimination. *British Journal of Social Psychology, 27*, 289–300.

Diehl, M. (1989). Justice and discrimination in minimal groups: The limits of equity. *British Journal of Social Psychology, 28*, 227–338.

Diehl, M. & Stroebe, W. (1987). Productivity loss in brainstorming groups: Toward the solution of a riddle. *Journal of Personality and Social Psychology, 53*, 497–509.

Diener, E. (1980). Deindividuation: The absence of self-awareness and self-regulation in group members. In P. Paulus (Ed.), *The psychology of group influence* (pp. 209–242). Hillsdale, NJ: Erlbaum.

Dijkstra, A., de Vries, H., Roijackers, J. & van Breukelen, G, (1998). Tailored interventions to communicate stage-matched information to smokers in different motivational stages. *Journal of Consulting and Clinical Psychology, 66*, 549–557.

Di Vesta, F. J. (1959). Effects of confidence and motivation on susceptibility to informational social influence. *Journal of Abnormal and Social Psychology, 59*, 204–209.

Dodge, K. A. (1980). Social cognition and children's aggressive behavior. *Child Development, 54*, 1386–1399.

Dodge, K. A. (1986). A social information processing model of social competence in children. In M. Perlmutter (Ed.), *Eighteenth Annual Minnesota Symposium on Child Psychology* (pp. 77–125). Hillsdale, NJ: Erlbaum.

Dodge, K. A. & Somberg, D. R. (1987). Hostile attributional biases among aggressive boys are exacerbated under conditions of threat to the self. *Child Development, 58*, 213–224.

Doise, W. (1976). *L'articulation psychosociologique et les relations entre groupes*. Brüssel: de Boeck. (Ins Englische übersetzt unter dem Titel *Groups and individuals: Explanations in social psychology*. Cambridge: Cambridge University Press, 1978.)

Doise, W. (1996). The origins of developmental social psychology: Baldwin, Cattaneo, Piaget and Vygotsky. *Schweizerische Zeitschrift für Psychologie, 55*, 139–149.

Doise, W. & Hanselmann, C. (1990). Interaction social et acquisition de la conservation du volume. *European Journal of Psychology of Education, 5*, 21–31.

Doise, W. & Mugny, G. (1984). *The social development of the intellect*. Oxford: Pergamon.

Doise, W., Mugny, G. & Perret-Clermont, A.-N. (1975). Social interaction and the development of cognitive operations. *European Journal of Social Psychology, 5*, 367–383.

Doise, W. & Palmonari, A. (1984). Introducation: The socio-psychological study of individual development. In W. Doise & A. Palmonari (Eds.), *Social interaction in individual development* (pp. 1–16). Cambridge: Cambridge University Press.

Doise, W., Rijsman, J. B., Van Meel, J., Bressers, I. & Pinxten, L. (1981). Sociale markering en cognitieve ontwikkeling. *Pädagogische Studien, 58*, 241–248.

Doll, J. & Ajzen, I. (1992). Accessibility and stability of predictors in the theory of planned behavior. *Journal of Personality and Social Psychology, 63*, 754–765.

Dollard, J. Doob, L. W., Miller, N. E., Mowrer, O. K. & Sears, R. R. (1939). *Frustration and aggression*. New Haven: Yale University Press.

Doms, M. & Van Avermaet, E. (1980). Majority influence, minority influence and conversion behaviour: A replication. *Journal of Experimental Social Psychology, 16*, 283–292.

Donnerstein, E., Donnerstein, M., Simons, S. & Dittrichs, R. (1972). Variables in interracial aggression. *Journal of Personality and Social Psychology, 22*, 236–245.

Donnerstein, E. & Wilson, D. W. (1976). The effects of noise and perceived control upon ongoing and subsequent aggressive behavior. *Journal of Personality and Social Psychology, 34*, 774–781.

Doob, L. W. (1947). The behavior of attitudes. *Psychological Review, 54*, 135–156.

Doty, R. M., Peterson, B. E. A. & Winter, D. G. (1991). Threat and authoritarianism in the United States, 1978–1987. *Journal of Personality and Social Psychology, 61*, 629–640.

Dovidio, J. F., Evans, N. E. & Tyler, R. B. (1986). Racial stereotypes: The contents of their cognitive representations. *Journal of Experimental Social Psychology, 22*, 22–37.

Dovidio, J. F., Gaertner, S. L. & Validzic, A. (1998). Intergroup bias: Status, differentiation and a common ingroup identity. *Journal of Personality and Social Psychology, 75*, 109–120.

Dovidio, J. F., Gaertner, S. L., Validzic, A., Matoka, K., Johnson, B. & Frazier, S. (1997). Extending the benefits of recategorization: Evaluations, self-disclosure and helping. *Journal of Experimental Social Psychology, 33*, 401–420.

Doyle, A.-B., Beaudet, J. & Aboud, F. (1988). Developmental patterns in the flexibility of children's ethnic attitudes. *Journal of Cross-Cultural Psychology, 19*, 3–18.

Dryer, D. C. & Horowitz, L. M. (1997). When do opposites attract? Interpersonal complementarity versus similarity. *Journal of Personality and Social Psychology, 72* (3), 592–603.

Duck, S. (1998). *Human relationships* (3. Aufl.). London: Sage.

Duda, J. L. (1992). Motivation in sport settings: A goal perspective approach. In G. C. Roberts (Ed.), *Motivation in sport and exercise* (pp. 57–91). Champaign, IL: Human Kinetic Books.

Dunkel-Schetter, C., Blasband, D. E., Feinstein, L. G. & Bennett H. T. (1992). Elements of supportive interactions: When are attempts to help effective? In S. Spacapan & S. Oskamp (Eds.), *Helping and being helped. Naturalistic studies* (pp. 83–114). Newbury Park, CA: Sage.

Dunn, J. (1988). *The beginnings of social understanding.* Oxford: Blackwell.

Dunn, J. (1999). Mindreading and social relationships. In M. Bennett (Ed.), *Developmental psychology: Achievements and prospects.* London: Psychology Press.

Durkheim, E. (1967). Individuelle und kollektive Vorstellungen. In E. Durkheim, *Soziologie und Philosophie.* Frankfurt/M.: Suhrkamp. (Original erschienen 1898: Représentations individuelles et représentations collectives. Revue de Métaphysique et de Morale, 6, 273–302)

Durkin, K. (1995). *Developmental social psychology: From infancy to old age.* Oxford: Blackwell.

Dutton, D. G. & Aron, A. P. (1974). Some evidence for heightened sexual attraction under conditions of high anxiety. *Journal of Personality and Social Psychology, 28,* 510–517.

Dweck, C. S. (1975). The role of expectations and attributions in the alleviation of learned helplessness. *Journal of Personality and Social Psychology, 36,* 951–962.

Dweck, C. S. & Leggett, E. T. (1988). A social-cognitive approach to motivation and personality. *Psychological Review, 95,* 256 – 273.

Eagly, A. H. (1998). Attitudes and the processing of attitude-relevant information. In J. G. Adair & D. Belanger (Eds.), *Advances in psychological science, Vol. 1: Social, personal, and cultural aspects* (pp. 185–201). Hove, UK: Psychology Press.

Eagly, A. H. & Chaiken, S. (1993). *The psychology of attitudes.* Fort Worth, TX: Harcourt Brace Jovanovich.

Eagly, A. H. & Chaiken, S. (1998). Attitude structure and function. In D. Gilbert, S. T. Fiske & G. Lindzey (Eds.), *Handbook of social psychology* (4th ed., pp. 269–322). New York: McGraw-Hill.

Eagly, A. H., Chen, S., Chaiken, S. & Shaw-Barnes, K. (1999). The impact of attitudes on memory: An affair to remember, dissonance, and attitude change: Evidence for a dissonance arousal link and a „don't remind me" effect. *Psychological Bulletin, 125,* 64–89.

Ebbesen, E. B. & Bowers, R. (1974). Proportion of risky to conservative arguments in a group discussion and choice shift. *Journal of Personality and Social Psychology, 29,* 316–327.

Ebbesen, E. B., Kjos, G. L. & Konecni, V. J. (1976). Spatial ecology: Its effects on the choice of friends and enemies. *Journal of Experimental Social Psychology, 12,* 505–518.

Eckardt, G. (1971). Problemgeschichtliche Untersuchungen zur Völkerpsychologie der zweiten Hälfte des 19. Jahrhunderts. *Wissenschaftliche Zeitschrift der Friedrich-Schiller-Universität, Gesellschafts- und sprachwissenschaftliche Reihe, 20,* 4, 7–133.

Edwards, W. (1954). The theory of decision-making. *Psychological Bulletin, 51,* 380–417.

Eibl-Eibesfeld, I. (1984). *Die Biologie des menschlichen Verhaltens: Grundriss der Humanethologie* (3. Aufl., 1995). München: Piper.

Eisenberg, N. & Fabes, R. A. (1990). Empathy: Conceptualization, assessment, and relation to prosocial behavior. *Motivation and Emotion, 14,* 131–149.

Eisenberg, N. & Fabes, R. A. (1991). Prosocial behavior and empathy: A multimethod developmental perspective. In M.S. Clark (Ed.), *Prosocial behavior* (pp. 34–61). Newbury Park, CA: Sage.

Eisenberg, N., Fabes, R. A., Carlo, G., Speer, A. L., Switzer, G., Karbon, M. & Troyer, D. (1993). The relations of empathy-related emotions and maternal practices to children's comforting behavior. *Journal of Experimental Child Psychology, 55,* 131–150.

Ekman, P. (1972). Universals and cultural differences in facial expression of emotion. In J. R. Cole (Eds.), *Nebraska symposium on motivation* (pp. 207–283). Lincoln: University of Nebraska Press.

Ekman, P. (1979). About brows: Emotional and conversational signals. In M. v. Cranach, K. Foppa, W. Lepenies & D. Ploog (Eds.), *Human ethology* (pp. 169–202). Cambridge: Cambridge University Press.

Ekman, P. (Ed.). (1982). *Emotion in the human face* (2. Aufl.). Cambridge: Cambridge University Press.

Ekman, P. (1984). Expression and the nature of emotion. In K.R. Scherer & P. Ekman (Eds.), *Approaches to emotion* (pp. 319–344). Hillsdale, NJ: Erlbaum.

Ekman, P. (1989). The argument and evidence about universals in facial expressions of emotion. In A. Manstead & H. Wagner (Eds.), *Handbook of social psychophysiology. Wiley handbooks of psychophysiology* (pp. 143–164). Chichester: Wiley.

Ekman, P. (1992). An argument for basic emotions. *Cognition and Emotion, 6,* 169–200.

Ekman, P. (1998). *Afterword.* In Darwin, C. (1872/1998). The expression of emotions in man and animals. Definitive edition (pp. 396–393), P. Ekman (Ed.). London: Harper Collins, 1998

Ekman, P. & Friesen, W. V. (1969). The repertoire of nonverbal behaviour: Categories, origins, usage, and coding. *Semiotica, 1,* 49–98.

Ekman, P. & Friesen, W. V. (1986). A new pan-cultural facial expression of emotion. *Motivation and Emotion, 10,* 159–168.

Ekman, P., Levenson, R. W. & Friesen, W. (1983). Autonomic nervous system activity distinguishes among emotions. *Science, 221,* 1208–1210.

Ekman, P. & Rosenberg, E. L. (Eds.). (1997). *What the face reveals: Basic and applied studies of spontaneous expression using the Facial Action Coding System (FACS).* New York: Oxford University Press.

Ekman, P., Sorenson, E. R. & Friesen, W. V. (1969). Pan-cultural elements in facial displays of emotion. *Science, 164,* 86–88.

Elig, T. W. & Frieze, I. H. (1979). Measuring causal attributions for success and failure. *Journal of Personality and Social Psychology, 37,* 621–634.

Elkin, R. A. & Leippe, M. R. (1986). Physiological arousal. *Journal of Personality and Social Psychology, 51,* 55–65.

Ellemers, N., Van Knippenberg, A., de Vries, N. & Wilke, H. (1988). Social identification and permeability of group boundaries. *European Journal of Social Psychology, 18,* 497–513.

Ellemers, N., Wilke, H. & Van Knippenberg, A. (1993). Effects of the legitimacy of low group or individual status as individual and collective status-enhancement strategies. *Journal of Personality and Social Psychology, 64*, 766–778.

Ellis, H. C. & Ashbrook, P. W. (1988). Resource allocation model of the effects of depressed mood states on memory. In K. Fiedler & J. P. Forgas (Eds.), *Affect, cognition, and social behavior* (pp. 25-43). Toronto: Hogrefe.

Emlen, S. T. (1997). The evolutionary study of human family systems. *Social Science Information, 36*, 563–589.

Emler, N. & Reicher, S. (1995). *Adolescence and delinquency.* Oxford: Blackwell.

Emler, N. & Valiant, G. L. (1982). Social interaction and cognitive conflict in the development of spatial coordination skills. *British Journal of Psychology, 73*, 295–303.

Endler, N. (1965). The effects of verbal reinforcement on conformity and deviant behaviour. *Journal of Social Psychology, 66*, 147–154.

Epping-Jordan, J. E., Compas, B. E. & Howell, D. C. (1994). Predictors of cancer progression in young adult men and women: Avoidance, intrusive thoughts, and psychological symptoms. *Health Psychology, 13*, 539–547.

Epstein, S. (1966). Aggression toward outgroups as a function of authoritarianism and imitation of aggression models. *Journal of Personality and Social Psychology, 3*, 574–579.

Eron, L. D. & Huesmann, L. R. (1980). Adolescent aggression and television. *Annals of the New York Academy of Science, 347*, 319–331.

Eron, L. D., Huesmann, L. R., Lefkowitz, M. M. & Walder, L. O. (1972). Does television violence cause aggression? *American Psychologist, 27*, 253–263.

Eron, L. D., Walder, L. O. & Lefkowitz, M. M. (1971). *The learning of aggression in children.* Boston: Little, Brown.

Erwin, P. (1993). *Friendship and peer relations in children.* Chichester: Wiley.

Esser, J. K. & Lindoerfer, J. S. (1989). Groupthink and the space shuttle Challenger accident: Toward a quantitative case analysis. *Journal of Behavioral Decision Making, 2*, 167–177.

Estrada-Hollenbeck, M. & Heatherton, T. F. (1998). Avoiding and alleviating guilt through prosocial behavior. In J. Bybee (Ed.), *Guilt in children* (pp. 215–231). San Diego, CA: Academic Press.

Fabes, R. A., Eisenberg, N., Karbon, M., Troyer, D. & Switzer, G. (1994). The relations of children's emotion regulation to their vicarious emotional responses and comforting behaviors. *Child Development, 65*, 1678–1693.

Farquhar, J. W., Fortman, S. P., Flora, J. A., Taylor, B., Haskell, W. L., Williams, P. T., Maccoby, N. & Woods, P. D. (1990). Effects of a communitywide education on cardiovascular disease risk factors: The Stanford Five-City Project. *Journal of the American Medical Association, 264*, 359–365.

Farquhar, J. W., Maccoby, N., Wood, P. D., Alexander, J. K., Breitrose, H., Brown, B. W., Jr., Haskell, W. L., McAlister, A. L., Meyer, A. J., Nash, J. D. & Stern, M. P. (1977). Community education for cardiovascular health. *Lancet, 4*, 1191–1195.

Farr, J. L., Hofmann, D. A. & Ringenbach, K. L. (1993). Goal orientation and action control theory: Implications for industrial and organizational psychology. In C. L. Cooper & I. T. Robertson (Eds.). *International review of industrial and organizational psychology, 8*, 193–232.

Farr, R. M. (1980). On reading Darwin and discovering social psychology. In R. Gilmour & R. Duck (Eds.), *The development of social psychology* (pp. 111–136). London: Academic Press.

Farr, R. M. (1996). *The roots of modern social psychology 1872–1954.* Oxford: Blackwell.

Farr, R. M. & Moscovici, S. (Eds.) (1984) *Social Representations.* Cambridge: Cambridge University Press.

Farrell, D. & Rusbult, C. E. (1981). Exchange variables as predictors of job satisfaction, job commitment, and turnover: The impact of rewards, costs, alternatives and investments. *Organizational Behavior and Human Performance, 27*, 78–95.

Farrington, D. P. (1994). Childhood, adolescent, and adult features of violent males. In: L. R. Huesmann (Ed.), *Aggressive behavior: Current perspectives* (pp. 215–240). New York: Plenum.

Fazio, R. H. (1990). Multiple processes by which attitudes guide behavior: The MODE model as an integrative framework. In M. P. Zanna (Ed.), *Advances in Experimental Social Psychology* (Vol. 23, pp. 75–109). New York: Academic Press.

Fazio, R. H. (1995). Attitudes as object-evaluation associations: Determinants, consequences, and correlates of attitude accessibility. In R. E. Petty & J. A. Krosnick (Eds.), *Attitude strength: Antecedents and consequences* (pp. 247–282). Mahwah, NJ: Erlbaum.

Fazio, R. H., Chen, J., McDonel, E. C. & Sherman, S. J. (1982). Attitude accessibility, attitude-behavior consistency, and the strength of the object-evaluation association. *Journal of Experimental Social Psychology, 18*, 339–357.

Fazio, R. H. & Williams, C. J. (1986). Attitude accessibility as a moderator of the attitude-perception and attitude-behavior relations: An investigation of the 1984 presidential election. *Journal of Personality and Social Psychology, 51*, 505–514.

Fazio, R. H. & Zanna, M. P. (1981). Direct experience and attitude-behavior consistency. *Advances in experimental social psychology, 14*, 161–202.

Fazio, R. H., Zanna, M. P. & Cooper, J. (1977). Dissonance versus self-perception: An integrative view of each theory's proper domain of application. *Journal of Experimental Social Psychology, 13*, 464–479.

Feather, N. T. (Ed.). (1982). *Expectations and actions: Expectancy-value models in psychology.* Hillsdale, NJ: Erlbaum.

Feather, N. T. (1995). Values, valences, and choice: The influence of values on the perceived attractiveness and choice of alternatives. *Journal of Personality and Social Psychology, 68*, 1135–1151.

Feeney, J. A. (1994). Attachment style, communication patterns, and satisfaction across the life cycle of marriage. *Personal Relationships, 1*, 333–348.

Feeney, J. A., Noller, P. & Patty, J. (1993). Adolescents' interactions with the opposite sex: Influence of attachment style and gender. *Journal of Adolescence, 16*, 169–189.

Feingold, A. (1992). Good-looking people are not what we think. *Psychological Bulletin, 111*, 304–341.

Feldman, R. S. & Rimé, B. (Eds.). (1991). *Fundamentals of nonverbal behaviour.* Cambridge: Cambridge University Press.

Felson, R. B. (1984). Patterns of aggressive interactions. In A. Mummendey (Ed.), *Social psychology of aggression. From individual behavior to social interaction.* New York: Springer.

Ferguson, T. J. & Rule, B. G. (1983). An attributional perspective on anger and aggression. In R. Geen & E. Donnerstein (Eds.), *Aggression: Theoretical and empirical reviews* (Vol. 1, Method and theory, pp. 41–74). New York: Academic Press.

Fernald, A. (1989). Intonation and communicative intent in mothers' speech to infants: Is the melody the message? *Child Development, 60,* 1497–1510.

Festinger, L. (1950). Informal social communication. *Psychological Review, 57,* 271–282.

Festinger, L. (1954). A theory of social comparison processes. *Human Relations, 7,* 117–140.

Festinger, L. (1957). *A theory of cognitive dissonance.* Stanford: Stanford University Press.

Festinger, L. (1964). *Conflict, decision, and dissonance.* Stanford, CA: Stanford University Press.

Festinger, L. (1980). Looking backward. In L. Festinger (Ed.), *Retrospection on social psychology* (pp. 236–54). New York: Oxford University Press.

Festinger, L. & Carlsmith, J. M. (1959). Cognitive consequences of forced compliance. *Journal of Abnormal and Social Psychology, 58,* 203–210.

Festinger, L., Riecken, H. W. & Schachter, S. (1956). *When prophecy fails.* Minneapolis, MN: University of Minnesota Press.

Festinger, L., Schachter, S. & Back, K. (1950). *Social pressures in informal groups: A study of human factors in housing.* New York: Harper.

Fhanér, G. & Hane, M. (1979). Seat belts: Opinion effects of law-induced use. *Journal of Applied Psychology, 64,* 205–212.

Fiedler, F. E. (1968). Personality and situational determinants of leadership effectiveness. In: D. Cartwright & A. Zander (Eds.), *Group dynamics* (pp. 362–380). New York: Harper & Row.

Fiedler, K. (1982). Causal schemata: Review and criticism of research on a popular construct. *Journal of Personality and Social Psychology, 42,* 1001-1013.

Fiedler, K. (1986). Person memory and person judgments based on categorically organized information. *Acta Psychologica, 61,* 117–135.

Fiedler, K. (1991). The tricky nature of skewed frequency tables: An information loss account of distinctiveness-based illusory correlations. *Journal of Personality and Social Psychology, 60,* 24–36.

Fiedler, K., Hemmeter, U. & Hofmann, C. (1984). On the origin of illusory correlations. *European Journal of Social Psychology, 14,* 191–201.

Fiedler, K. & Semin, G. R. (1988). On the causal information conveyed by different interpersonal verbs: The role of implicit sentence context. *Social Cognition, 6,* 12–39.

Fincham, F. D. (1983). Clinical applications of attribution theory: Problems and prospects. In M. Hewstone (Ed.), *Attribution theory: Social and functional extensions* (pp. 187–203). Oxford: Blackwell.

Fincham, F. D. (1985). Attributions in close relationships. In J. H. Harvey & G. Weary (Eds.), *Attribution: Basic issues and applications* (pp. 203–234). Orlando, FL: Academic Press.

Fincham, F. D. (1998). Child development and mental relations. *Child Development, 69,* 543–574.

Fincham, F. D., Beach, S. R. H., Arias, I. & Brody, G. (im Druck). Children's attributions in the family: The Children's Relationship Attribution Measure. *Journal of Family Psychology.*

Fincham, F. D. & Bradbury, T. N. (1987). The impact of attributions in marriage: A longitudinal analysis. *Journal of Personality and Social Psychology, 53,* 481-489.

Fincham, F. D. & Bradbury, T. N. (1988). The impact of attributions in marriage: An experimental analysis. *Journal of Social and Clinical Psychology, 7,* 147–162.

Fincham, F. D. & Bradbury, T. N. (1990). Social support in marriage: The role of social cognition. *Journal of Social and Clinical Psychology, 9,* 31–42.

Fincham, F. D. & Bradbury, T. N. (1991). Cognition in marriage: A program of research in attributions. In W. H. Jones & D. Perlman (Eds.), *Advances in personal relationships,* (Vol. 2, pp. 159–204). London: Jessica Kingsley.

Fincham, F. D. & Bradbury, T. N. (1992). Assessing attributions in marriage: The Relationship Attribution Measure. *Journal of Personality and Social Psychology, 62,* 457–468.

Fincham, F. D. & Bradbury, T. N. (1993). Marital satisfaction, depression, and attributions: A longitudinal analysis. *Journal of Personality and Social Psychology, 64,* 442–452.

Fincham, F. D., Bradbury, T. N., Byrne, C. A. & Karney, B. R. (1997). Marital violence, marital distress and attributions. *Journal of Family Psychology, 11,* 367–372.

Fincham, F. D. & Jaspars, J. M. F. (1980). Attribution of responsibility from man the scientist to man as lawyer. In L. Berkowitz (Ed.), *Advances in experimental social psychology* (Vol. 13, pp. 82–139). London: Academic Press.

Fincham, F. D. & O'Leary, K. D. (1983). Causal inferences for spouse behavior in maritally distressed and nondistressed couples. *Journal of Social and Clinical Psychology, 1,* 42 57.

Fishbein, M. (1967a). A behavior theory approach to the relations between beliefs about an object and the attitude toward the object. In M. Fishbein (Ed.), *Readings in attitude theory and measurement* (pp. 389–400). New York: Wiley.

Fishbein, M. (1967b). A consideration of beliefs, and their role in attitude measurement. In M. Fishbein (Ed.), *Readings in attitude theory and measurement* (pp. 257–266). New York: Wiley.

Fishbein, M. & Ajzen, I. (1974). Attitudes toward objects as predictors of single and multiple behavioral criteria. *Psychological Review, 81,* 59–74.

Fishbein, M. & Ajzen, I. (1975). *Belief, attitude, intention, and behavior.* Reading, MA: Addison-Wesley.

Fishbein, M. & Coombs, F. S. (1974). Basis for decision: An attitudinal analysis of voting behavior. *Journal of Applied Social Psychology, 4,* 95–124.

Fisher, J. D., DePaulo, M. & Nadler, A. (1981). Extending altruism beyond the altruistic act: The mixed effects of aid on the self-recipient. In J. P. Rushton & R. M. Sorrentino (Eds.), *Altruism and helping behavior* (pp. 367–422). Hillsdale, NJ: Lawrence Erlbaum.

Fiske, A. P., Kitayama, S., Markus, H. R. & Nisbett, R. E. (1998). The cultural matrix of social psychology. In D. T. Gilbert, S. T. Fiske & G. Lindzey (Eds.), *The handbook of social psychology* (4. Aufl., Vol. 2, pp. 915–981). Boston: McGraw-Hill.

Fiske, S. T. (1993). Controlling other people: The impact of power on stereotyping. *American Psychologist, 48,* 621–628.

Fiske, S. T. & Neuberg, S. L. (1990). A continuum of impression formation from category-based to individuating processing: Influences of information and motivation on attention and interpretation. In M.P. Zanna (Ed.), *Advances in experimental social psychology*, (Vol. 23, pp. 1–74). Orlando, Fl: Academic Press.

Fiske, S. T. & Taylor, S. E. (1991). *Social cognition* (2. Aufl.). New York: McGraw-Hill.

Fitness, J. (1996). Emotion knowledge structures in close relationships. In G. J. O. Fletcher & J. Fitness (Eds.), *Knowledge structures in close relationships: A social psychological approach* (pp. 195–217). Mahwah, NJ: Erlbaum.

Flavell, J. H. (1999) Cognitive development: Children's knowledge about the mind. *Annual Review of Psychology, 50,* 21-45.

Fletcher, G. J. O., Danilovics, P., Fernandez, G., Peterson, D. & Reeder, G. D. (1986). Attributional complexity: An individual differences measure. *Journal of Personality and Social Psychology, 51,* 875–884.

Fletcher, G. J. O. & Fincham, F. D. (Eds.), (1991). *Cognition in close relationships.* Hillsdale, NJ: Erlbaum.

Flick, U. (Ed.). (1998). *The psychology of the social.* Cambridge: Cambridge University Press.

Flowers, M. L. (1977). A laboratory test of some implications of Janis's groupthink hypothesis. *Journal of Personality and Social Psychology, 35,* 888–896.

Folger, R. & Baron, R. A. (1996). Violence and hostility at work: A model of reactions to perceived injustice. In: G. R. VandenBos & E. Q. Bulatao (Eds.), *Violence on the job: Identifying risks and developing solutions* (pp. 51–85). Washington, DC: American Psychological Association.

Folkman, S. & Lazarus, R. S. (1985). If it changes it must be a process: Study of emotion and coping during three stages of a college examination. *Journal of Personality and Social Psychology, 48,* 150–170.

Folkman, S., Lazarus, R. S., Dunkel-Schetter, C., DeLongis, A. & Gruen, R. (1986). The dynamics of a stressful encounter. *Journal of Personality and Social Psychology, 50,* 991–1003.

Forgas, J. P. (1991). *Emotion and social judgments.* Oxford: Pergamon Press.

Forgas, J. P. (1992). Affect in social judgments and decisions: A multiprocess model. In M. P. Zanna (Ed.), *Advances in experimental social psychology* (Vol. 25, pp. 227–275). San Diego, CA: Academic Press.

Forgas, J. P. (1998). On being happy and mistaken: Mood effects on the fundamental attribution error. *Journal of Personality and Social Psychology, 75,* 318–331.

Forgas, J. P. & Bower, G. H. (1987). Mood effects in person perception judgments. *Journal of Personality and Social Psychology, 53,* 53–60.

Försterling, F. (1988). *Attribution theory in clinical psychology.* Chichester: Wiley.

Försterling, F. (1989). Models of covariation and causal attribution: How do they relate to the analysis of variance? *Journal of Personality and Social Psychology, 57,* 615–625.

Försterling, F. (1995). The functional value of realistic attributions. In W. Stroebe & M. Hewstone (Eds.), *European Review of Social Psychology* (Vol. 5, pp. 151–180). Chichester: Wiley.

Foster, C. A., Witcher, B. S., Campbell, W. K. & Green, J. D. (1998). Arousal and attraction: Evidence for automatic and controlled processes. *Journal of Personality and Social Psychology, 74,* 86–101.

Fox, S. (1980) Situational determinants in affiliation. *European Journal of Social Psychology, 10,* 303–307.

Fox, J. & Guyer, M. (1977). Group size and others' strategy in an N-person game. *Journal of Conflict Resolution, 21,* 323-338.

Frazier, P. A., Byer, A. L., Fischer, A. R., Wright, D. M. & DeBord, K. A. (1996). Adult attachment style and partner choice: Correlational and experimental findings. *Personal Relationships, 3,* 117–136.

Freeze, L. & Cohen, B. P. (1973). Eliminating status generalization. *Sociometry, 36,* 177–193.

French, J. R. P. & Raven, B. H. (1959). The bases of social power. In D. Cartwright (Ed.), *Studies in social power* (pp. 118–149). Ann Arbor: Institute of Social Research.

Freud, S. (1966). Massenpsychologie und Ich-Analyse. In S. Freud, *Gesammelte Werke* (Bd. 13, S. 71–161). Frankfurt: S. Fischer. (Original erschienen 1921)

Freud, S. (1933/1991) *Neue Folge der Vorlesungen zur Einführung in die Psychoanalyse.* Frankfurt/M.: Fischer Taschenbuch Verlag. (Original erschienen 1916–1917)

Frey, D. (1986). Recent research on selective exposure to information. In L. Berkowitz (Ed.), *Advances in experimental social psychology* (Vol. 19, pp. 41–80). New York: Academic Press.

Frey, D. & Rosch, M. (1984). Information seeking after decisions: The roles of novelty of information and decision reversibility. *Personality and Social Psychology Bulletin, 10,* 91–98.

Frick, R. W. (1985). Communicating emotion: The role of prosodic features. *Psychological Bulletin, 97,* 412–429.

Fridlund, A. J. (1994). *Human facial expression: An evolutionary view.* San Diego: Academic Press.

Frijda, N. H. (1986). *The emotions.* Cambridge, New York: Cambridge University Press.

Frijda, N. H. (1987). Emotion, cognitive structure, and action tendency. *Cognition and Emotion, 1,* 115–143.

Frijda, N. H. & Tcherkassof, A. (1997). Facial expressions as modes of action readiness. In J. A. Russell & J. M. Fernandez-Dols (Eds.), *The psychology of facial expression. Studies in emotion and social interaction* (pp. 78–102). New York: Cambridge University Press.

Fruin, D. J., Pratt, C. & Owen, N. (1991). Protection motivation theory and adolescents' perceptions of exercise. *Journal of Applied Social Psychology, 22,* 55–69.

Funder, D. C. (1982). On the accuracy of dispositional vs. situational attributions. *Social Cognition, 1,* 205–222.

Funder, D. C. (1987). Errors and mistakes: Evaluating the accuracy of social judgment. *Psychological Bulletin, 101,* 75–90.

Gaertner, S. L., Dovidio, J. F., Anastasio, P. A., Bachman, B. A. & Rust, M. C. (1993). The common ingroup identity model: Recategorization and the reduction of intergroup bias. In W. Stroebe & M. Hewstone (Eds.), *European review of social psychology* (Vol. 4, pp. 1–26). Chichester: Wiley.

Gaertner, S. L. & McLaughlin, J. P. (1983). Racial stereotypes: Associations and ascriptions of positive and negative characteristics. *Social Psychology Quarterly, 46,* 23–30.

Gaertner, S. L., Rust, M. C., Dovidio, J. F., Bachman, B. A. & Anastasio, P. A. (1994). The contact hypothesis: The role of a common ingroup identity on reducing intergroup bias. *Small Group Research, 25,* 224–249.

Gaes, G. G., Kalle, R. J. & Tedeschi, J. T. (1978). Impression management in the forced compliance situation: Two studies using the bogus pipeline. *Journal of Experimental Social Psychology, 14,* 493–510.

Gaines, S. O., Reis, H. T., Summers, S., Rusbult, C. E., Cox, C. L., Wexler, M. O., Marelich, W. D. & Kurland, G. J. (1997). Impact of attachment style on reactions to accomodative dilemmas in close relationships. *Personal Relationships, 4,* 93–113.

Galati, D., Scherer, K. R. & Ricci-Bitti, P. (1997). Voluntary facial expression of emotion: Comparing congenitally blind to normal sighted encoders. *Journal of Personality and Social Psychology, 73,* 1363–1380.

Gangestad, S. W. & Buss, D. (1993). Pathogen prevalence and human mate preferences. *Ethology and Sociobiology, 14,* 89–96.

Gangestad, S. W. & Thornhill, R. (1997a). Human sexual selection and developmental stability. In J. A. Simpson & D. T. Kenrick (Eds.), *Evolutionary social psychology* (pp. 169–195). Mahwah, NJ: Erlbaum.

Gangestad, S. W. & Thornhill, R. (1997b). The evolutionary psychology of extrapair sex: The role of fluctuating asymmetry. *Evolution and Human Behavior, 18,* 69–88.

Garland, H., Hardy, A. & Stephenson, L. (1975). Information search as affected by attribution type and response category. *Personality and Social Psychology Bulletin,* 4, 612–615.

Geen, R. G. (1998). Aggression and antisocial behavior. In: D. T. Gilbert, S. T. Fiske & G. Lindzey (Eds.), *The handbook of social psychology.* Vol. II (pp. 317–356). Boston: McGraw-Hill.

Geen, R. G. & Stonner, D. (1971). Effects of aggressiveness habit strength on behavior in the presence of aggression-related stimuli. *Journal of Personality and Social Psychology, 17,* 149–153.

Geen, R. G. & Thomas, S. L. (1986). The immediate effects of media violence on behavior. *Journal of Social Issues, 42,* 7–28.

Gelles, R. J. (1997). *Intimate violence in families.* Thousand Oaks: Sage.

Gelles, R. J. & Straus, M. A. (1979). Determinants of violence in the family: Towards a theoretical integration. In: W. Burr, R. Hill, F. I. Nye & I. L. Reiss (Eds.), *Contemporary theories about the family* (Vol. 1, pp. 549–581). New York: Free Press.

Gerard, H. B. (1963). Emotional uncertainty and social comparison. *Journal of Abnormal and Social Psychology, 66,* 6, 568–573.

Gerard, H. B. & Mathewson, G. C. (1966). The effects of severity of initiation on liking for a group: A replication. *Journal of Experimental Social Psychology, 2,* 278–287.

Gerard, H. B., Wilhelmy, R. A. & Connolley, E. S. (1968). Conformity and group size. *Journal of Personality and Social Psychology, 8,* 79–82.

Gerbner, G., Cross, L., Morgan, M. & Signorelli, N. (1982). Charity and mainstream: Television contributions to political orientations. *Journal of Communication, 32,* 100–127.

Gergen, K. J. (1973). Social psychology as history. *Journal of Personality and Social Psychology, 26,* 309–320.

Gergen, K. J. (1978). Experimentation in social psychology: A reappraisal. *European Journal of Social Psychology, 8,* 507–527.

Gergen, K. J. & Gergen, M. M. (1983). The social construction of helping relationships. In J. D. Fisher, A. Nadler & B. M. DePaulo (Eds.), *New directions in helping* (Vol. 1, pp. 143–163). New York: Academic Press.

Gibson, J. J. (1979). *The ecological approach to visual perception.* Boston: Houghton Mifflin.

Giddens, A. (1982). *Profiles and critiques in social theory.* London: Macmillan.

Gigerenzer, G. & Hug, K. (1991). Domain-specific reasoning: Social contracts, cheating, and perspective change. *Cognition, 43,* 127–171.

Gigone, D. & Hastie, R. (1993). The common knowledge effect: Information sharing and group judgement. *Journal of Personality and Social Psychology, 65,* 959–974.

Gigone, D. & Hastie, R. (1997). The impact of information on small group choice. *Journal of Personality and Social Psychology, 72,* 132–140.

Gilbert, D. T. (1995). Attribution and interpersonal perception. In A. Tesser (Ed.), *Advanced social psychology* (pp. 99–147). New York: McGraw-Hill.

Gilbert, D. T. (1998). Ordinary personology. In D. T. Gilbert, S. T. Fiske & G. Lindzey (Eds.), *The handbook of social psychology* (4. Aufl., Vol. 2, pp. 89–150). Boston: McGraw-Hill.

Gilbert, D. T., Fiske, S. T. & Lindzey, G. (Eds.). (1998). *The handbook of social psychology* (4th ed., 2 vols.). New York: McGraw-Hill.

Gilbert, D. T. & Malone, P. S. (1995). The correspondence bias. *Psychological Bulletin, 117,* 21–38.

Gilbert, D. T., Pelham, B. W. & Krull, D. S. (1988). On cognitive business: When person perceivers meet persons perceived. *Journal of Personality and Social Psychology, 54,* 733–740.

Giles, H. & Coupland, N. (1991). *Language: Contexts and consequences.* Pacific Groive, CA: Brooks Cole.

Giles, H. & Powesland, P. (1975). *Speech style and social evaluation.* London: Academic Press.

Giles, H. & Robinson, W. P. (Eds.). (1990). *Handbook of language and social psychology.* Chichester: Wiley.

Gilmore, D. D. (1990). *Manhood in the making: Cultural concepts of masculinity.* New Haven, London: Yale University Press.

Gilovich, T. (1981). Seeing the past in the present: The effect of associations to familiar events on judgments and decisions. *Journal of Personality and Social Psychology, 40,* 797–808.

Gleicher, F. & Petty, R. E. (1992). Expectations of reassurance influence the nature of fear-stimulated attitude change. *Journal of Experimental Social Psychology, 28,* 86–100.

Goffman, E. (1959). *The presentation of self in everyday life.* Garden City, NY: Doubleday Anchor.

Goffman, E. (1963). *Behavior in public places.* New York: Free Press.

Goffman, E. (1971). *Relations in public: Microstudies in the public order.* New York: Basic Books.

Goldstein, A. P. (1994). *The Ecology of Aggression.* New York: Plenum.

Golinkoff, R. M. (Ed.). (1983). *The transition from prelinguistic to linguistic communication.* Hillsdale, NJ: Erlbaum.

Gonzales, M. H. & Meyers, S. A. (1993). „Your mother would like me": Self-presentation in the personal ads of heterosexual and homosexual men and women. *Personality and Social Psychology Bulletin, 19,* 131–142.

Gonzalez, R. & Brown, R. (1999). *Reducing intergroup conflict by varying the salience of subgroup and superordinate group identifications.* Vortrag gehalten auf dem General Meeting of European Association of Experimental Social Psychology. Oxford, Juli 1999.

Gordon, R. M. (1987). *The structure of emotions: Investigations in cognitive philosophy.* New York, NY: Cambridge University Press

Gosselin, P., Kirouac, G. & Dore, F. Y. (1995). Components and recognition of facial expression in the communication of emotion by actors. *Journal of Personality and Social Psychology, 68(1),* 83–96.

Gottman, J. M. (1993). Studying emotion in social interaction. In M. Lewis & J. M. Haviland (Eds.), *Handbook of emotions* (pp. 475–488). New York: Guilford Press.

Gouldner, A. W. (1960). The norm of reciprocity: A preliminary statement. *American Sociological Review, 25,* 161–178.

Grafen, A. (1982). How not to measure inclusive fitness. *Nature, 298,* 425–426.

Graham, S. & Folkes, V. (Eds.). (1990). *Attribution theory: Applications to achievement, mental health, and interpersonal conflict.* Hillsdale, NJ: Erlbaum.

Grant, P. R. & Brown, R. (1995). From ethnocentrism to collective protect: Responses to relative deprivation and threats to social identity. *Social Psychology Quarterly, 58,* 195–211.

Graumann, C. F. (1976). Modification by migration: Vicissitudes of cross-national communication. *Social Research, 43,* 367–385.

Graumann, C. F. (1986). The individualization of the social and the desocialization of the individual: Floyd H. Allport's contribution to social psychology. In C. F. Graumann & S. Moscovici (Eds.), *Changing conceptions of crowd mind and behavior* (pp. 97–116). New York: Springer.

Graumann, C. F. (1989). The origin of social psychology in German-speaking countries. In J. A. Keats, R. Taft, R. A. Heath & S. H. Lovibond (Eds.), *Mathematical and theoretical systems* (pp. 333–343). Amsterdam: Elsevier.

Graumann, C. F. (1996). Psyche and her descendants. In C. F. Graumann & K. J. Gergen (Eds.), *Historical dimensions of psychological discourse* (pp. 83–100). New York: Cambridge University Press.

Graumann, C. F. (1999). Continuities, ruptures and options: Construing history of psychology in Germany. In W. Maiers, B. Baier, B. D. Esgalhado, R. Jorna & E. Schraube (Eds.), *Challenges to theoretical psychology.* (pp. 1–18). North York (Canada): Captus University Publications.

Graumann, C. F. & Moscovici, S. (Eds.). (1986a). *Changing conceptions of leadership.* New York: Springer.

Graumann, C. F. & Moscovici, S. (Eds.). (1986b). *Changing conceptions of crowd mind and behavior.* New York: Springer.

Graumann, C. F. & Moscovici, S. (Eds.). (1987). *Changing conceptions of conspiracy.* New York: Springer.

Graziano, W. G. & Eisenberg, N. (1997). Agreeableness: A dimension of personality. In R. Hogan, J. Johnson & S. Briggs (Eds.), *Handbook of personality psychology* (pp. 795–824). San Diego, CA: Academic Press.

Greenberg, J. (1990). Employee theft as a reaction to underpayment inequity. The hidden costs of pay cuts. *Journal of Applied Psychology, 75,* 561–568.

Greenstein, T. N. & Knottnerus, J. D. (1980). The effects of differential evaluations on status generalization. *Social Psychology Quarterly, 43,* 147–154.

Greenwald, A. G. (1968). Cognitive learning, cognitive response to persuasion, and attitude change. In A. Greenwald, T. Brock & T. Ostrom (Eds.), *Psychological foundations of attitudes* (pp. 148–170). New York: Academic Press.

Greenwald, A. G. (1975). On the inconclusiveness of „crucial" tests of dissonance versus self-perception theories. *Journal of Experimental Social Psychology, 11,* 490–499.

Greenwald, A. G. & Banaji, M. R. (1995). Implicit social cognition: Attitudes, self-esteem, and stereotypes. *Psychological Bulletin, 102,* 4–27.

Greenwald, A. J. (1975). Does the Good Samaritan parable increase helping? A comment on Darley and Batson's no-effect conclusion. *Journal of Personality and Social Psychology, 32,* 578–583.

Grice, H. P. (1975). Logic in conversation. In P. Cole & J. L. Morgan (Eds.), *Syntax and semantics* (Vol. 3, pp. 41–58). New York: Academic Press.

Griesinger, D. W. & Livingston, J. W., Jr. (1973). Toward a model of interpersonal motivation in experimental games. *Behavioral Science, 18,* 173–188.

Griffitt, W. & Veitch, R. (1974). Preacquaintance attitude similarity and attraction revisited: Ten days in a fall-out shelter. *Sociometry, 37,* 163–173.

Groebel, J. & Krebs, D. (1983). A study of the effects of television on anxiety. In C. D. Spielberger & R. Diaz-Guerrero (Eds.), *Cross Cultural Anxiety* (Vol. 2, pp. 89–98). Washington, DC: Hemisphere.

Gross, J. J. (1998). The emerging field of emotion regulation: An integrative review. *Review of General Psychology, 2(3),* 271–299.

Grossman, M. & Wood, W. (1993). Sex differences in intensity of emotional experience: A social role interpretation. *Journal of Personality and Social Psychology, 65(5),* 1010–1022.

Gruder, C. L., Romer, D. & Korth, B. (1978). Dependency and fault as determinants of helping. *Journal of Experimental Social Psychology, 14,* 227–235.

Guerin, B. (1993). *Social facilitation.* Cambridge: Cambridge University Press.

Guimond, S. & Dubé-Simard, L. (1983). Relative deprivation theory and the Quebec nationalist movement: The cognition-emotion distinction and the personal-group deprivation issue. *Journal of Personality and Social Psychology, 44,* 526–535.

Gump, B. B. & Kulik, J. A. (1997). Stress, affiliation, and emotional contagion. *Journal of Personality and Social Psychology, 72,* 305–319.

Gunter, B. (1985). *Dimensions of television violence.* Aldershots, England: Gower.

Gunter, B. (1994). The question of media violence. In J. Bryant & Zillmann, D. (Eds.), *Media Effects – Advances in Theory and Research* (pp. 163–211). Hillsdale: Lawrence Erlbaum.

Gurr, T. R. (1970). *Why men rebel.* Princeton, NJ: Princeton University Press.

Gusella, J. L., Muir, D. & Tronick, E. Z. (1988). The effect of manipulating maternal behavior during an interaction on three- and six-month-olds' affect and attention. *Child Development, 59,* 1111–1124.

Gustafson, R. (1986). Human physical aggression as a function of frustration: Role of aggression cues. *Psychological Reports, 58,* 103–110.

Gustafson, R. (1989). Frustration and successful vs. unsuccessful aggression: A test of Berkowitz' completion hypothesis. *Aggressive Behavior, 15,* 5–12.

Guzzo, R. A. & M. W. Dickson (1996). Teams in organizations: Recent research on performance and effectiveness. *Annual Review of Psychology, 47,* 307–338.

Hackett, R. D. (1989). Work attitudes and employee absenteeism: A synthesis of the literature. *Journal of Occupational Psychology, 62,* 235–248.

Hackman, J. R. (1990). Work teams in organizations: An orienting framework. In J. R. Hackman (Ed.), *Groups that work (and those that don't): Creating conditions for effective teamwork* (pp. 1–14). San Francisco: Jossey-Bass.

Hackman, J. R. & Morris, C. G. (1975). Group tasks, group interaction process and group performance effectiveness: A review and proposed integration. In L. Berkowitz (Ed.), *Advances in experimental social psychology* (Vol. 8, pp. 47–99). New York: Academic Press.

Hagedoorn, M., VanYperen, N. W., Van de Vliert, E. & Buunk, B. P. (1999). Employees' reactions to problematic events: A circumplex structure of five categories of responses, and the role of job satisfaction. *Journal of Organizational Behavior, 20, 309*–321.

Hagendoorn, L. & Henke, R. (1991). The effect of multiple category membership on intergroup evaluations in a North-Indian context: Class, caste, and religion. *British Journal of Social Psychology, 30,* 247–260.

Haines, H. & Vaughan, G. M. (1979). Was 1898 a ‚great date' in the history of experimental social psychology? *Journal of the History of the Behavioral Sciences, 15,* 323–332.

Hall, J. A. (1998). How big are nonverbal sex differences? The case of smiling and sensitivity to nonverbal cues. In D. J. Canary & K. Dindia (Eds.), *Sex differences and similarities in communication: Critical essays and empirical investigations of sex and gender in interaction* (pp. 155–177). Mahwah, NJ: Erlbaum.

Hamilton, D. L. (1981). Illusory correlations as a basis for stereotyping. In D. L. Hamilton (Ed.), *Cognitive processes in stereotyping and interproup behavior* (pp. 115–144). Hillsdale, NJ: Erlbaum.

Hamilton, D. L. & Gifford, R. K. (1976). Illusory correlation in interpersonal perception: A cognitive basis of stereotypic judgments. *Journal of Experimental Social Psychology, 12,* 392–407.

Hamilton, D. L., Katz, L. B. & Leirer, V. O. (1980). Cognitive representation of personality impressions: Organizational processes in the first impression formation. *Journal of Personality and Social Psychology, 39,* 1050–1063.

Hamilton, D. L. & Rose, R. L. (1980). Illusory correlation and the maintenance of stereotypic beliefs. *Journal of Personality and Social Psychology, 39,* 832–845.

Hamilton, D. L. & Sherman, J. W. (1994) Stereotypes. In R. S. Wyer & T. K. Srull (Eds.), *Handbook of Social Cognition* (2. Aufl., Bd. 1, pp. 1–68). Hillsdale, NJ: Erlbaum.

Hamilton, W. D. (1964) The genetical evolution of social behavior, part I and II. *Journal of Theoretical Biology, 7,* 1–52.

Hamilton, W. D. & Zuk, M. (1982). Heritable true fitness and bright birds: A role for parasites. *Science, 218,* 384–387.

Hanson, D. J. & Blohm, E. R. (1974). Authoritarianism and attitudes towards mental patients. *International Behavioural Scientist, 6,* 57–60.

Hardin, C. D. & Higgins, E. T. (1996). Shared reality – how social verification makes the subjective objective. In R. M. Sorrentino & E. T. Higgins (Eds.), *Handbook of motivation and cognition. Vol. 3: The interpersonal context.* (pp. 28–84). New York: Guilford Press.

Hardin, R. G. (1968). The tragedy of the commons. *Science, 162,* 1243–1248.

Harkins, S. (1987). Social loafing and social facilitation. *Journal of Experimental Social Psychology, 23,* 1–18.

Harkins, S. & Jackson, J. (1985). The role of evaluation in eliminating social loafing. *Personality and Social Psychology Bulletin, 11,* 457–465.

Harkins, S. & Petty, R. E. (1982). Effects of task difficulty and task uniqueness on social loafing. *Journal of Personality and Social Psychology, 43,* 1214–1229.

Harkins, S. & Szymanski, K. (1989). Social loafing and group evaluation. *Journal of Personality and Social Psychology, 56,* 934–941.

Harkness, S. & Super, C. M. (1985). The cultural context of gender segregation in children's peer groups. *Child Development, 56,* 219–224.

Harper, N. L. & Askling, L. R. (1980). Group communication and quality of task solution in a media production organization. *Communication Monographs, 47,* 77–100.

Harré, R. M. (1986). *The social construction of emotions.* Oxford: Blackwell.

Harris, R. J. (1994). The impact of sexually explicit media. In J. Bryant & D. Zillmann (Eds.), *Media effects – Advances in theory and research* (pp. 247–272). Hillsdale: Lawrence Erlbaum.

Harrison, J. A., Mullen, P. D. & Green, L. W. (1992). A meta-analysis of studies of the health belief model with adults. *Health Education Research, 7,* 107–116.

Hart, C. H., Nelson, D. A., Robinson, C. C., Olsen, S. F. & McNeilly-Choque, M. K. (1998). Overt and relational aggression in Russian nursery school-age children: Parenting style and marital linkages. *Developmental Psychology, 34,* 687–697.

Hartup, W. W. (1991). Social development and social psychology: Perspectives on interpersonal relationships. In J. H. Cantor, C. C. Spiker & L. Lipsitt (Eds.), *Child behavior and development: Training for diversity* (pp. 1–33). Norwood, NJ: Ablex.

Hartup, W. W. & Stevens, N. (1997). Friendships and adaptation in the life course. *Psychological Bulletin, 121* (3), 355–370.

Hastie, R. (1980). Memory for information that confirms or contradicts a general impression. In R. Hastie, T. M. Ostrom, E. B. Ebbesen, R. S. Wyer, D. L. Hamilton & D. E. Carlston (Eds.), *Person memory: The cognitive basis of social perception* (pp. 155–177). Hillsdale, NJ: Erlbaum.

Hastie, R. (1986). Review essay: Experimental evidence on group accuracy. In G. Owen & B. Grofman (Eds.), *Information pooling and group decision making* (pp. 129–157). Westport, CT: JAI.

Hastie, R. & Park, B. (1986). The relationship between memory and judgment depends on whether the judgment task is memory-based or on-line. *Psychological Review, 93,* 258–268.

Hastie, R., Penrod, S. D. & Pennington, N. (1983). *Inside the jury.* Cambridge, MA: Harvard University Press.

Hatala, M. N. & Prehodka, J. (1996). Content analysis of gay male and lesbian personal advertisements. *Psychological Reports, 78,* 371–374.

Hatfield, E. (1988). Passionate and companionate love. In R. J. Sternberg & M. L. Barnes (Eds.), *The psychology of love* (pp. 191–217). New Haven: Yale University Press.

Hatfield, E., Cacioppo, J. T. & Rapson, R. L. (1994). *Emotional contagion.* Cambridge, New York: Cambridge University Press.

Hatfield, E. & Sprecher, S. (1986). *Mirror, mirror ... The importance of looks in everyday life.* New York: SUNY Press.

Haugtvedt, C. P. & Priester, J. R. (1997). Conceptual and methodological issues in advertising effectiveness: An attitude strength perspective. In Wells, W. D. et al. (Eds.), *Measuring advertising effectiveness. Advertising and consumer psychology* (pp. 79–93). Mahwah, NJ, USA: Lawrence Erlbaum Associates.

Hay, D., Vespo, J. E. & Zahn-Waxler, C. (1998). Young children's quarrels with their siblings and mothers: Links with maternal depression and bipolar illness. *British Journal of Developmental Psychology, 16,* 519–538.

Hayden-Thompson, L., Rubin, K. H. & Hymel, S. (1987). Sex preferences in sociometric choices. *Developmental Psychology, 23,* 558–562.

Hays, R. B. (1988). Friendship. In S. Duck (Ed.), *Handbook of Personal Relationships.* Chichester: Wiley.

Hazan, C. & Shaver, P. (1987). Romantic love conceptualized as an attachment process. *Journal of Personality and Social Psychology, 52,* 511–524.

Hearold, S. (1986). A synthesis of 1043 effects of television on social behavior. In G. Comstock (Ed.), *Public communication and behavior* (Vol. 1, pp. 65–133). New York: Academic Press.

Hebb, D. O. & Thompson, W. R. (1968). The social significance of animal studies. In G. Lindzey & E. Aronson (Eds.), *Handbook of Social Psychology,* (2nd ed., pp. 729–774). Reading, MA: Addison-Wesley.

Heckhausen, H. (1989). *Motivation und Handeln.* Berlin: Springer.

Hedges, L. V. & Olkin, I. (1985). *Statistical methods for meta-analysis.* New York: Academic Press.

Heider, F. (1944). Social perception and phenomenal causality. *Psychological Review, 51,* 358–374.

Heider, F. (1946). Attitudes and cognitive organization. *Journal of Psychology, 21,* 107–112.

Heider, F. (1958). *The psychology of interpersonal relations.* New York: Wiley. (Deutsche Ausgabe: die Psychologie der interpersonalen Beziehungen. Stuttgart: Klett, 1977)

Heise, D. R. & O'Brien, J. (1993). Emotion expression in groups. In M. Lewis & J. M. Haviland (Eds.), *Handbook of emotions* (pp. 489–498). New York: Guilford Press.

Hellpach, W. (1933). *Elementares Lehrbuch der Sozialpsychologie.* Berlin: Springer.

Henchy, T. & Glass, D. C. (1968). Evaluation apprehension and the social facilitation of dominant and subordinate responses. *Journal of Personality and Social Psychology, 10,* 446–454.

Hensley, T. R. & Griffin, G. W. (1986). Victims of groupthink: The Kent State University Board of Trustees and the 1977 gymnasium controversy. *Journal of Conflict Resolution, 30,* 497–531.

Hepworth, J. T. & West, S. G. (1988). Lynchings and the economy: A time series analysis of Hovland and Sears (1940). *Journal of Personality and Social Psychology, 55,* 239–247.

Herbert, T. T. & Estes, R. W. (1977). Improving executive decisions by formalizing dissent: The corporate devil's advocate. *Academy of Management Review, 2,* 662–667.

Herr, P. M., Sherman, S. J. & Fazio, R. H. (1983). On the consequences of priming: Assimilation and contrast effects. *Journal of Experimental Social Psychology, 19,* 323–340.

Hersey, P. & Blanchard, K. (1982). *Management of Organizational Behavior.* New York: Prentice-Hall.

Herzog, T., Abrams, D. B., Emmons, K. M., Linnan, L. & Shadel, W. G. (1999). Do processes of change predict smoking stage movements? A prospective analysis of the transtheoretical model. *Health Psychology, 18,* 369–375.

Hewstone, M. (1989). *Causal attribution: From cognitive processes to collective beliefs.* Cambridge, MA: Blackwell.

Hewstone, M. (1990). The „ultimate attribution error“: A review of the literature on intergroup causal attribution. *European Journal of Social Psychology, 20,* 311–335.

Hewstone, M. & Augoustinos, M. (1998). Social attributions and social representations. In U. Flick (Ed.), *The psychology of the social* (pp. 60–76). Cambridge, GB: Cambridge University Press.

Hewstone, M. & Brown, R. J. (1986). Contact is not enough: An intergroup perspective on the contact hypothesis. In M. Hewstone & R. Brown (Eds.), *Contact and conflict in intergroup encounters* (pp. 1–44). Oxford: Basil Blackwell.

Hewstone, M., Fincham, F. & Jaspars, J. (1981). Social categorization and similarity in intergroup behaviour: A replication with penalties. *European Journal of Social Psychology, 11,* 101–107.

Hewstone, M., Islam, M. R. & Judd, C. M. (1993). Models of crossed categorization and intergroup relations. *Journal of Personality and Social Psychology, 64,* 779–793.

Hewstone, M. & Jaspars, J. M. F. (1987). Covariation and causal attribution: A logical model of the intuitive analysis of variance. *Journal of Personality and Social Psychology, 53,* 663–672.

Hewstone, M. & Ward, C. (1985). Ethnocentrism and causal attribution in Southeast Asia. *Journal of Personality and Social Psychology, 48,* 614–623.

Higgins, E. T. (1996). Knowledge activation: Accessibility, applicability, and salience. In E. T. Higgins & A. W. Kruglanski (Eds.), *Social psychology: Handbook of basic principles* (pp. 133-168), New York: Guilford Press.

Higgins, E. T., Bargh, J. A. & Lombardi, W. (1985). The nature of priming effects on categorization. *Journal of Experimental Psychology: Learning, Memory, and Cognition, 11,* 59–69.

Higgins, E. T., King, G. A. & Mavin, G. H. (1982). Individual construct accessibility and subjective impressions and recall. *Journal of Personality and Social Psychology, 43,* 35–47.

Higgins, E. T. & Kruglanski, A. W. (Eds.). (1996). *Social psychology: Handbook of basic principles.* New York: Guilford Press.

Higgins, E. T., Rholes, W. S. & Jones, C. R. (1977). Category accessibility and impression formation. *Journal of Experimental Social Psychology, 13,* 141–154.

Hildum, D. C. & Brown, R. W. (1956). Verbal reinforcement and interviewer bias. *Journal of Abnormal and Social Psychology, 53,* 108–111.

Hilton, D. J. (1990). Conversational processes and causal explanation. *Psychological Bulletin, 107,* 65–81.

Hilton, D. J. (1991). A conversational model of causal attribution. In W. Stroebe & M. Hewstone (Eds.), *European Review of Social Psychology* (Vol. 2, pp. 51–82). Chichester: Wiley.

Hilton, D. J. & Slugoski, B. R. (1986). Knowledge-based causal attribution: The Abnormal Conditions Focus model. *Psychological Review, 93,* 75–88.

Hilton, J. L., Fein, S. & Miller, D. T. (1993). Suspicion and dispositional inference. *Journal of Personality and Social Psychology, 19,* 961–978.

Himmelfarb, S. (1993). The measurement of attitudes. In A. H. Eagly & S. Chaiken, *The psychology of attitudes* (pp. 23–87). Fort Worth, TX: Harcourt Brace Jovanovich.

Hinde, R. A. (1974). *Biological bases of human social behavior.* New York: McGraw-Hill.

Hinde, R. A. & Tamplin, A. (1983). Relations between mother-child interactions and behaviour in preschool. *British Journal of Developmental Psychology, 1,* 231–257.

Hinkle, S. & Brown, R. (1990). Intergroup comparisons and social identity: Some links and lacunae. In D. Abrams & M. Hogg (Eds.), *Social identity theory: Constructive and critical advances* (pp. 48–70). Hemel Hempstead: Harvester Wheatsheaf.

Hobbes, Th. (1651). *Leviathan.* London: Dent (Reprint 1949; deutsche Übersetzung erschienen 1984: Leviathan. Frankfurt/M.: Suhrkamp).

Hobbes, T. (1984). *Leviathan.* Frankfurt/M.: Suhrkamp (Original erschienen 1651)

Hochschild, A. R. (1983). *The managed heart: The commercialization of human feeling.* Berkeley: University of California Press.

Hoeksema, C. Y. D., Gaillard, A. W. K. & Buunk, B. P. (1998). Social loafing under fatigue. *Journal of Personality and Social Psychology, 75,* 1179–1190.

Hoffman, M. L. (1990). Empathy and justice motivation. *Motivation and Emotion, 14,* 151–172.

Hogg, M. & Abrams, D. (1990). Social motivation, self-esteem and social identity. In D. Abrams & M. Hogg (Eds.), *Social identity theory: Constructive and critical advances* (pp. 28–47). Hemel Hemstead: Harvester Wheatsheaf.

Hogg, M. A. & Sunderland, J. (1991). Self-esteem and intergroup discrimination in the minimal group paradigm. *British Journal of Social Psychology, 30,* 51–62.

Hogg, M. A. & Turner, C. (1987). Intergroup behaviour, self stereotyping and the salience of social categories. *British Journal of Social Psychology, 26,* 325–340.

Hogg, M. A., Turner, J. C. & Davidson, B. (1990). Polarized norms and social frames of reference: A test of the self-categorization theory of group polarization. *Basic and Applied Social Psychology, 11,* 77–100.

Hogg, M. A. & Vaughan, G. M. (1998). *Social psychology.* London: Prentice Hall.

Hollon, S. D., Shelton, R. C. & Loosen, P. T. (1991). Cognitive Therapy and pharmacotherapy for depression. *Journal of Consulting and Clinical Psychology, 58,* 88–99.

Holmes, J. G. & Rempel, J. K. (1989). Trust in close relationships. In C. Hendrick (Ed.), *Review of Personality and Social Psychology* (Vol. 10, pp. 187–220). London: Sage.

Holmes, T. H. & Rahe, R. H. (1967). The social readjustment rating-scale. *Journal of Psychosomatic Research, 11,* 211–218.

Holtzworth-Munroe, A. & Jacobson, N. S. (1988). Toward a methodology for coding spontaneous causal attributions: Preliminary results with married couples. *Journal of Social and Clinical Psychology, 7,* 101–112.

Homans, G. C. (1961). *Social behavior: Its elementary forms.* New York: Harcourt Brace & World.

Hoover, R. & Fishbein, H. D. (1999). The development of prejudice and sex role stereotyping in white adolescents and white young adults. *Journal of Applied Developmental Psychology, 20,* 431–448.

Horneffer, K. J. & Fincham, F. D. (1995). The construct of attributional style in depression and marital stress. *Journal of Family Psychology, 9,* 186–195.

Horowitz, I. A. (1969). Effects of volunteering, fear, arousal, and number of communications on attitude change. *Journal of Personality and Social Psychology, 11,* 34–37.

Horwitz, M. & Rabbie, J. M. (1982). Individuality and membership in the intergroup system. In H. Tajfel (Ed.), *Social identity and intergroup relations* (pp. 241–274). Cambridge: Cambridge University Press.

House, J. S. (1981). *Work stress and social support.* Reading, MA: Addison Wesley.

House, J. S., Landis, K. R. & Umberson, D. (1988). Social relationships and health. *Science, 241,* 540–545.

House, J. S., Robbins, C. & Metzner, H. L. (1982). The association of social relationships and activities with mortality: Prospective evidence from the Tecumseh Community Health Study. *American Journal of Epidemiology, 116,* 121–140.

Houston, D. A. & Fazio, R. H. (1989). Biased processing as a function of attitude accessibility: Making objective judgments subjectively. *Social Cognition, 7,* 51–66.

Hovland, C. I., Janis, I. L. & Kelley, J. J. (1953). *Communication and persuasion.* New Haven, CT: Yale University Press.

Hovland, C. I., Janis, I. L. & Kelley, H. H. (1953). *Communication and persuasion: Psychological studies of opinion change.* New Haven, CT: Yale University Press.

Hovland, C. & Sears, R. R. (1940). Minor studies in aggression: Correlation of lynchings with economic indices. *Journal of Psychology, 9,* 301–310.

Howard, D. J. (1997). Familiar phrases as peripheral persuasion cues. *Journal of Experimental Social Psychology, 33,* 231–243.

Howe, C. J., Rogers, C. & Tolmie, A. (1990). Physics in the primary school: Peer interaction and the understanding of floating and sinking. *European Journal of Psychology and Education, 5,* 459–475.

Howe, C. J., Tolmie, A. & Rodgers, C. (1992). The acquisition of conceptual knowledge in science by primary school children: Group interaction and the understanding of motion down an incline. *British Journal of Developmental Psychology, 10,* 113–130.

Hraba, J. & Grant, G. (1970). Black is beautiful: A re-examination of racial preference and identification. *Journal of Personality and Social Psychology, 16,* 398–402.

Hrdy, S. B. (1979). Infanticide among animals: A review, classification and examination of the implications for reproductive strategies of females. *Ethology and Sociobiology, 1,* 3–40.

Huesmann, L. R., Lagerspetz, K. & Eron, L. D. (1984). Intervening variables in the TV violence-aggression relation: Evidence from two countries. *Developmental Psychology, 20,* 746–775.

Hulin, C. (1991). Adaptation, persistence, and commitment in organizations. In M. D. Dunette & L. M. Hough (Eds.), *Handbook of industrial and organizational psychology* (Vol. II, 2. edn., pp. 445–505). Palo Alto, CA: Consulting Psychologists Press.

Iaffaldano, M. T. & Muchinsky, P. M. (1985), Job satisfaction and job performance: a meta-analysis. *Psychological Bulletin, 97,* 251–273.

Ickes, W. & Gonzalez, R. (1996). „Social" cognition and *social* cognition. In J. L. Nye & A. M. Brown (Eds.), *What's* **social** about social cognition? (pp. 285–308). London: Sage.

Ingham, A. G., Levinger, G., Graves, J. & Peckham, V. (1974). The Ringelmann effect: Studies of group size and group performance. *Journal of Personality and Social Psychology, 10,* 371–384.

Insko, C. A., Schopler, J., Pemberton, M. B., Wieselquist, J., Mcllraith, S. A., Currey, D. P. & Geartner, L. (1998). Long-term outcome maximization and the reduction of interindividual-intergroup discontinuity. *Journal of Personality and Social Psychology, 75,* 695–710.

Isen, A. M. (1984). Toward understanding the role of affect in cognition. In R. S. Wyer & T. K. Srull (Eds.), *Handbook of social cognition* (Vol. 3, pp. 179–236). Hillsdale, NJ: Erlbaum.

Isen, A. M. (1993). Positive affect and decision making. In M. Lewis & J. M. Haviland (Eds.), *Handbook of emotions* (pp. 261 – 277, 1. Aufl.). New York: Guilford Press.

Isen, A. M., Clark, M. & Schwartz, M. F. (1976). Duration of the effect of good mood on helping: „Footprints on the sands of time". *Journal of Personality and Social Psychology, 34,* 385–393.

Isen, A. M., Daubman, K. A. & Nowicki, G. P. (1987). Positive affect facilitates creative problem solving. *Journal of Personality and Social Psychology, 52,* 1122–1131.

Isen, A. M., Horn, N. & Rosenhan, D. L. (1973). Effects of success and failure on children's generosity. *Journal of Personality and Social Psychology, 27,* 384–388.

Isen. A. M. Johnson. M. M. S., Hertz. E. & Robinson, G. F. (1985). The effects of positive affect on the unusualness of word associations. *Journal of Personality and Social Psychology, 48,* 1413–1414.

Isen, A. M, Means, B., Patrick, R. & Nowicki, G. P. (1982). Some factors influencing decision-making and risk taking. In M. S. Clark & S. T. Fiske (Eds.), *Affect and cognition* (pp. 243–261). Hillsdale, NJ: Erlbaum.

Isen, A. M., Shalkner, T. W., Clark, M. & Karp, L. (1978). Positive affect, accessibility of material in memory, and behavior: A cognitive loop? *Journal of Personality and Social Psychology, 36,* 1–12.

Isenberg, D. J. (1986). Group polarization: A critical review and meta-analysis. *Journal of Personality and Social Psychology, 50,* 1141–1151.

Islam, M. & Hewstone, M. (1993a) Dimensions of contact as predictors of intergroup anxiety, perceived outgroup variability, and outgroup attitude: An interactive model. *Personality and Social Psychology Bulletin, 19,* 700–710.

Islam, M. R. & Hewstone, M. (1993b). Intergroup attributions and affective consequences in majority and minority groups. *Journal of Personality and Social Psychology, 65,* 936–950.

Israel, J. & Tajfel, H. (Eds.). (1972). *The context of social psychology: a critical assessment.* London: Academic Press.

Izard, C. E. (1971). *The face of emotion.* New York: Appleton-Century-Crofts.

Izard, C. E. (1990). Facial expression and the regulation of emotions. *Journal of Personality and Social Psychology, 58,* 487–498.

Izard, C. E. (1991). *The psychology of emotions.* New York, NY: Plenum Press.

Izard, C. E. (1992). Basic emotions, relations among emotions, and emotion-cognition relations. *Psychological Review, 99,* 561–565.

Jackson, J. M. & Harkins, J. M. (1985). Equity in effort: An explanation of the social loafing effect. *Journal of Personality and Social Psychology, 49,* 1199–1206.

Jackson, J. M. & Williams, K. D. (1985). Social loafing on difficult tasks. *Journal of Personality and Social Psychology, 49,* 937–942.

Jacobs, K. C. & Campbell, D. T. (1961). The perpetuation of an arbitrary tradition through several generations of a laboratory microculture. *Journal of Abnormal and Social Psychology, 62,* 649–658.

Jaffe, P. G., Wolfe, D. A. & Wilson, S. K. (1990). *Children of battered women.* Newbury Park, CA: Sage.

Jaffe, Y. & Yinon, Y. (1983). Collective Aggression: The group individual paradigm in the study of collective antisocial behavior. In H. H. Blumberg, A. P. Hare, V. Kent & M. Davies (Eds.), *Small groups and social interaction* (Vol. 1). New York: Wiley.

James, W. (1884). What is an emotion? *Mind, 9,* 188-205 [nachgedruckt in M. B. Arnold (Ed.) (1968), *The nature of emotion: Selected readings* (pp. 17–36). Harmondsworth: Penguin].

James, W. (1894). The physical basis of emotion. *Psychological Review, 1,* 516–529.

Janis, I. L. (1972). *Victims of groupthink.* Boston: Houghton Mifflin.

Janis, I. L. (1982). *Victims of group think* (2. Aufl.). Boston: Houghton-Mifflin.

Janz, N. & Becker, M. H. (1984). The health belief model: A decade later. *Health Education Quarterly, 11,* 1–47.

Jaspars, J. (1983). The task of social psychology. *British Journal of Social Psychology, 22,* 277–288.

Jaspars, J. (1986). Forum and focus: A personal view of European social psychology. *European Journal of Social Psychology, 16,* 3–15.

Jellison, J. M. & Davis, D. (1973). Relationships between perceived ability and attitude extremity. *Journal of Personality and Social Psychology, 27,* 430–436.

Jenni, D. A. (1974). Evolution of polyandry in birds. *American Zoologist, 14,* 129–144.

Jepson, C. & Chaiken, S. (1990). Chronic issue-specific fear inhibits systematic processing of persuasive communications. *Journal of Social Behavior and Personality, 5,* 61–84.

Johns, G. (1997). Contemporary research on absence from work: Correlates, causes and consequences. In C. L. Cooper & I. T. Robertson (Eds.), *International review of industrial and organizational psychology* (Vol. 12, pp. 115–173). Chichester: Wiley.

Johnson, D. J. & Rusbult, C. E. (1989). Resisting temptation: Devaluation of alternative partners as a means of maintaining commitment. *Journal of Personality and Social Psychology, 57,* 967–980.

Johnson, E. J. & Tversky, A. (1983). Affect, generalization, and the perception of risk. *Journal of Personality and Social Psychology, 45,* 20–31.

Johnson, M. H. & Morton, J. (1991). *Biology and cognitive development: The case of face recognition.* Oxford: Blackwell.

Johnson, M. K. & Raye, C. L. (1981). Reality monitoring. *Psychological Review, 88,* 67–85.

Johnson, R. C. et al. (1989). Cross-cultural assessment of altruism and its correlates. *Personality and Individual Differences,* 10, 855–68.

Johnson, T. E. & Rule, B. G. (1986). Mitigating circumstances information, censure, and aggression. *Journal of Personality and Social Psychology, 50,* 537–542.

Johnson, W. G., Ross, J. M. & Mastria, M. A. (1977). Delusional behavior: An attribution analysis of development and modification. *Journal of Abnormal Psychology, 86,* 421–426.

Johnston, J. J., Hendricks, S. A. & Fike, J. M. (1994). The effectiveness of behavioral safety belt interventions. *Accident Analysis and Prevention, 26,* 315–323.

Johnston, L. & Hewstone, M. (1992). Cognitive models of stereotype change (2): Typicality and prototype-exemplar relations. *Journal of Experimental Social Psychology, 28,* 360–386.

Johnstone, T. & Scherer, K. R. (2000). Vocal expression and communication of emotion. In M. Lewis & J. Haviland (Eds.), *The handbook of emotions* (2nd ed., pp. 220–235). New York: Guilford.

Jonas, K. (1993). Expectancy-value models of health behaviour: An analysis by conjoint measurement. *European Journal of Social Psychology, 31,* 295–306.

Jones, E. E. (1985). Major developments in social psychology during the past four decades. In G. Lindzey & E. Aronson (Eds.), *The handbook of social psychology* (3rd ed., Vol. 1, pp. 47–107). New York: Random House.

Jones, E. E. (1990). *Interpersonal perception.* New York: Macmillan.

Jones, E. E. & Davis, K. E. (1965). From acts to dispositions: The attribution process in person perception. In L. Berkowitz (Ed.), *Advances in experimental social psychology* (Vol. 2, pp. 219–266). New York: Academic Press.

Jones, E. E. & Gerard, H. B. (1967). *Foundations of social psychology.* New York: Wiley.

Jones, E. E & Harris, V. A. (1967). The attribution of attitudes. *Journal of Experimental Social Psychology, 3,* 1–24.

Jones, E. E. & Nisbett, R. E. (1972). The actor and the observer: Divergent perceptions of the causes of behaviour. In E. E. Jones, D. E. Kanouse, H. H. Kelley, R. E. Nisbett, S. Valins & B. Weiner (Eds.), *Attribution: Perceiving the causes of behaviour* (pp. 79–94). Morristown, NJ: General Learning Press.

Jones, E. E., Wood, G. C. & Quattrone, G. A. (1981). Perceived variability of personal characteristics in ingroups and outgroups: The role of knowledge and evaluation. *Journal of Personality and Social Psychology, 7,* 523–528.

Jordan, N. (1953). Behavioral forces that are a function of attitudes and of cognitive organization. *Human Relations, 6,* 273–287.

Joule, R.-V. & Beauvois, J.-L. (1998). Cognitive dissonance theory: A radical view. *European Review of Social Psychology, 8,* 1–32.

Judd, C. M. & Kenny, D. A. (1981a). *Estimating the effects of social interventions.* New York: Cambridge University Press.

Judd, C. M. & Kenny, D. A. (1981b). Process analysis: Estimating mediation in treatment evaluations. *Evaluation Review, 5,* 602–619.

Judd, C. M. & Kulik, J. A. (1980). Schematic effects of social attitudes on information processing and recall. *Journal of Personality and Social Psychology, 38,* 569–578.

Kahneman, D., Slovic, P. & Tversky, A. (Eds.) (1982). *Judgment under uncertainty: Heuristics and biases.* Cambridge: Cambridge University Press.

Kahneman, D. & Tversky, A. (1972). A judgment of representativeness. *Cognitive Psychology, 3,* 430–454.

Kanazawa, S. (1992). Outcome or expectancy? Antecedent of spontaneous causal attribution. *Personality and Social Psychology Bulletin, 18,* 659–668.

Kanfer, R. & Ackerman, P. L. (1989). Motivation and cognitive abilities: An integrative/aptitude-treatment interaction approach to skill acquisition. *Journal of Applied Psychology, 74,* 657–690.

Kaplan, K. J. (1972). On the ambivalence-indifference problem in attitude theory and measurement: A suggested modification of the semantic differential technique. *Psychological Bulletin, 77,* 361–372.

Kaplan, M. F. & Miller, C. E. (1987). Group decision making and normative versus informational influence: Effects of type of issue and assigned decision rule. *Journal of Personality and Social Psychology, 53* (2), 306–313.

Karambaya, R. & Brett, J. M. (1989). Managers handling disputes: Third-party roles and perceptions of fairness. *Academy of Management Journal, 32,* 687–704.

Karney, B. R., Bradbury, T. N., Fincham, F. D. & Sullivan, K. T. (1994). The role of negative affectivity in the association between attributions and marital satisfaction. *Journal of Personality and Social Psychology, 66,* 413–424.

Karpf, F. B. (1932). *American social psychology – its origins, development and European background.* New York: MacMillan.

Katz, D. (1960). The functional approach to the study of attitudes. *Public Opinion Quarterly, 24,* 163–204.

Katz, D. (1978). Social psychology in relation to the social sciences. *American Behavioral Scientist, 5,* 779–792.

Katz, D., Sarnoff, I. & McClintock, C. (1956). Ego-defence and attitude change. *Human Relations, 9,* 27–46.

Kaye, K. (1982). *The mental and social life of babies.* Chicago: Chicago University Press.

Kelley, H. H. (1967). Attribution theory in social psychology. In D. Levine (Ed.), *Nebraska symposium on motivation* (Vol. 15, pp. 192–238). Lincoln: University of Nebraska Press.

Kelley, H. H. (1972). Causal schemata and the attribution process. In E. E. Jones, D. E. Kanouse, H. H. Kelley, R. E. Nisbett, S. Valins & B. Weiner (Eds.), *Attribution: Perceiving the causes of behaviour* (pp. 151–174). Morristown, NJ: General Learning Press.

Kelley, H. H. (1973). The processes of causal attribution. *American Psychologist, 28,* 107–128.

Kelley, H. H. & Grzelak, J. L. (1972). Conflict between individual and common interests in an n-person relationship. *Journal of Personality and Social Psychology, 21,* 190–197.

Kelley, H. H. & Stahelski, A. J. (1970). Social interaction basis of cooperators' and competitors' beliefs about others. *Journal of Personality and Social Psychology, 16,* 66–91.

Kelley, H. H. & Thibaut, J. W. (1978). *Interpersonal relations: A theory of interdependence.* New York: Wiley.

Kelly, C. (1989). Political identity and perceived intragroup homogeneity. *British Journal of Social Psychology, 28,* 239–250.

Kelly, C. & Breinlinger, S. (1995). Attitudes, intentions, and behavior: A study of women's participation in collective action. *Journal of Applied Social Psychology, 25,* 1430–1445.

Kelly, C. & Breinlinger, S. (1996) *The social psychology of collective action – identity, injustice, and gender.* London: Taylor & Francis.

Kelman, H. C. & Hamilton, V. L. (1989). *Crimes of obedience: Toward a social psychology of authority and responsibility.* New Haven, CT: Yale University Press.

Keltner, D., Ellsworth, P. C. & Edwards, K. (1993). Beyond simple pessimism: Effects of sadness and anger on social perception. *Journal of Personality and Social psychology, 64,* 740–752.

Kemper, S. (1996). Elderspeak: Speech accommodation to older adults. *Aging Neuropsychology and Cognition, 1,* 17–28.

Kemper, S., Ferrell, P., Harden, T., Finter-Urczyk, A. & Billington, C. (1998). Use of elderspeak by young and older adults to impaired and unimpaired listeners. *Aging Neuropsychology & Cognition, 5,* 43–55.

Kenny, D. A., Kashy, D. A. & Bolger, N. (1998). Data analysis in social psychology. In D. T. Gilbert, S. T. Fiske & G. Lindzey (Eds.), *Handbook of social psychology* (Vol. 1, pp. 233–265). New York: McGraw-Hill.

Kenrick, D. T. & Trost, M. R. (1989). A reproductive exchange model of heterosexual relationships: Putting proximate economics in ultimate perspective. In C. Hendrick (Ed.), *Close relationships.* Newbury Park, CA: Sage.

Kerr, N. L. (1983). Motivation losses in small groups: A social dilemma analysis. *Journal of Personality and Social Psychology, 45,* 819–828.

Kerr, N. L. (1992). Issue importance and group decision making. In S. Worchel, W. Wood & J. A. Simpson (Eds.), *Group process and productivity* (pp. 68–88). London: Sage.

Kerr, N. L. (1996). „Does my contribution really matter?“: Efficacy in social dilemmas. In W. Stroebe & M. Hewstone (Eds.), *European Review of Social Psychology* (Vol. 7, pp. 209–240). Chichester, England: Wiley.

Kerr, N. L. & Bruun, S. E. (1981). Ringelmann revisited: Alternative explanations for the social loafing effect. *Personality and Social Psychology Bulletin, 7,* 224–231.

Kerr, N. L. & Bruun, S. E. (1983). Dispensability of member effort and group motivation losses: Free-rider effects. *Journal of Personality and Social Psychology, 44,* 78–94.

Kerr, S. (1995). On the folly of rewarding A, while hoping for B. *Academy of Management Executive, 9* (1), 7–14.

Kessler, R.C. (1997). The effects of stressful life events on depression. *Annual Review of Psychology, 48,* 191–214.

Kinder, D. R. & Sears, D. O. (1985). Public opinion and political action. In G. Lindzey & E. Aronson (Eds.), *Handbook of social psychology* (3rd ed., Vol. 2, pp. 659–741). New York: Random House.

King, B. T. & Janis, I. L. (1956). Comparison of the effectiveness of improvised versus non-improvised role-playing in producing opinion change. *Human Relations, 9,* 177–186.

King, K. B., Reis, H. T., Porter, L. A. & Norsen, L. H. (1993). Social support and long-term recovery from coronary artery surgery: Effects on patients and spouses. *Health Psychology, 12,* 56–63.

Kingdon, J. W. (1967). Politicians' beliefs about voters. *The American Political Science Review, 61,* 137–145.

Kirchler, E. & Davis, J. H. (1986). The influence of member status differences and task type on group consensus and member position change. *Journal of Personality and Social Psychology, 51,* 83–91.

Kirkpatrick, S. A. & Locke, E. A. (1991). Leadership: Do traits matter? *Academy of Management Executive, 5,* 48–60.

Kirsh, S. J. & Cassidy, J. (1997). Preschoolers' attention to and memory for attachment-relevant information. *Child Development, 68,* 1143–1153.

Kitson, G. C. (1982). Attachment to the spouse in divorce: A scale and its applications. *Journal of Marriage and the Family, 44,* 379–393.

Klauer, K. C. & Meiser, T. (2000). A source-monitoring analysis of illusory correlations. *Personality and Social Psychology Bulletin, 26,* 1074–1093.

Kleinginna, P. R. & Kleinginna, A. M. (1981). A categorized list of emotion definitions, with suggestions for a consensual definition. *Motivation and Emotion, 5,* 345–379.

Kleinke, C. L., Peterson, T. R. & Rutledge, T. R. (1998). Effects of self-generated facial expressions on mood. *Journal of Personality and Social Psychology, 74(1),* 272–279.

Kleinot, M. C. & Rogers, R. W. (1982). Identifying effective components of alcohol misuse prevention programs. *Journal of Studies on Alcohol, 43,* 801–811.

Knight, J. A. & Vallacher, R. R. (1981). Interpersonal engagement in social perception: The consequences of getting into the action. *Journal of Personality and Social Psychology, 40,* 990–999.

Koch, S. (1985). Forward: Wundt's creature at age zero – and as centenarian. Some aspects of the institutionalization of the new „psychology“. In S. Koch & D. E. Leary (Eds.), *A century of psychology as a science* (pp. 7–35). New York: McGraw-Hill.

Kochanska, G. (1997). Mutually responsive orientation between mothers and their young children: Implications for early socialization. *Child Development, 68,* 94–112.

Koffka, K. (1935). *The principles of gestalt psychology.* London: Kegan Paul.

Kokkinaki, F. & Lunt, P. (1997). The relationship between involvement, attitude accessibility and attitude-behaviour consistency. *British Journal of Social Psychology, 36,* 497–509.

Komorita, S. S. & Parks, C. D. (1995). Interpersonal relations: Mixed-motive interaction. *Annual Review of Psychology, 46,* 183–207.

Kramer, R. M. & Tyler, T. R. (1995). *Trust in organizations.* Thousand Oaks, CA: Sage.

Krantz, S. E. & Rude, S. (1984). Depressive attributions: Selection of different causes or assignment of different meanings? *Journal of Personality and Social psychology, 47,* 193–203.

Kraus, S. (1995). Attitudes and the prediction of behavior: A meta-analysis of the empirical literature. *Personality and Social Psychology Bulletin, 21,* 58–75.

Krauss, R. M. & Fussell, S. R. (1996). Social psychological models of interpersonal communication. In E. T. Higgins & A. W. Kruglanski (Eds.), *Social psychology: Handbook of basic principles* (pp. 655–701). New York: Guilford Press.

Kraut, R. E. & Johnston, R. (1979). Social and emotional messages of smiling: An ethological approach. *Journal of Personality and Social Psychology, 37,* 1539–1553.

Kravitz, D. A. & Martin, B. (1986). Ringelmann rediscovered: The original article. *Journal of Personality and Social Psychology, 50,* 936–941.

Krebs, D. (1975). Empathy and altruism. *Journal of Personality and Social Psychology, 32,* 1134–1146.

Kring, A. M. & Gordon, A. H. (1998). Sex differences in emotion: Expression, experience, and physiology. *Journal of Personality and Social Psychology, 74(3),* 686–703.

Krosnick, J. A., Boninger, D. S., Chuang, Y. C., Berent, M. K. & Carnot, C. G. (1993). Attitude strength: One construct or many related constructs? *Journal of Personality and Social Psychology, 65,* 1132–1151.

Kruglanski, A. W. (1975). The endogenous-exogenous partition in attribution theory. *Psychological Review, 82,* 387–406.

Kruglanski, A. W. (1989). *Lay epistemics and human knowledge.* New York: Plenum.

Kruglanski, A. W. & Ajzen, I. (1983). Bias and error in human judgment. *European Journal of Social Psychology, 13*, 1–44.

Kruglanski, A. W. & Freund, T. (1983). The freezing and unfreezing of lay-inferences: Effects on impressional primacy, ethnic stereotyping, and numerical anchoring. *Journal of Experimental Social Psychology, 19*, 448–468.

Kruglanski, A. W. & Mackie, D. M. (1990). Majority and minority influence: A judgemental process analysis. In W. Stroebe & M. Hewstone (Eds.), *European Review of Social Psychology* (Vol. 1, pp. 229–261). Chichester: Wiley.

Krull, D. S. & Erickson, D. J. (1995). On judging situations. The effortful process of taking dispositional information into account. *Social Cognition, 13*, 417–438.

Kuhlman, D. M. & Marshello, A. (1975). Individual differences in game motivation as moderators of preprogrammed strategic effects in prisoner's dilemma. *Journal of Personality and Social Psychology, 32*, 922–931.

Kuhn, M. H. & McPartland, T. S. (1954). An empirical investigation of self-attitudes. *American Sociological Review, 19*, 68–76.

Kulik, J. A. (1983). Confirmatory attribution and the perpetuation of social beliefs. *Journal of Personality and Social Psychology, 44*, 1171–1181.

Kulik, J.A. & Mahler, H.I.M. (1989). Stress and affiliation in a hospital setting: Preoperative roommate preferences. *Personality and Social Psychology Bulletin, 15*, 183–193.

Kunda, Z. & Oleson, K.C. (1995). Maintaining stereotypes in the face of disconfirmation: Constructing grounds for subtyping. *Journal of Personality and Social Psychology, 68*, 565–579.

Kunda, Z. & Oleson, K.C. (1997). When exceptions prove the rule: How extremity of deviance determines the impact of deviant examples on stereotypes. *Journal of Personality and Social Psychology, 72*, 965–979.

Kuppens, M., De Wit, J. & Stroebe, W. (1996). Angstaanjagendheid in gezondheidsvoorlichting: Een dual process analyse [Erregung von Angst in der Gesundheitserziehung: Eine Zwei-Prozess-Analyse]. *Gedrag en Gezondheid, 24*, 241–248.

La Freniere, P., Strayer, F. F. & Gauthier, R. (1984). The emergence of same-sex affiliative preferences among pre-school peers: A developmental/ethological perspective. *Child Development, 505*, 1958–1965.

Laird, J. D. (1974). Self-attribution of emotion: The effect of expressive behaviour on the quality of emotional experience. *Journal of Personality and Social Psychology, 29*, 475–486.

Lalljee, M. (1981). Attribution theory and the analysis of explanations. In C. Antaki (Ed.), *The psychology of ordinary explanations of social behaviour* (pp. 119–138). London: Academic Press.

Lamb, M. E. & Nash, A. (1989). Infant-mother attachment, sociability, and peer competence. In T. J. Berndt & G. W. Ladd (Eds.), *Peer-relationships in child development* (pp. 219–245). New York: Wiley.

Lamm, H. & Myers, D. G. (1978). Group-induced polarization of attitudes and behaviour. In L. Berkowitz (Ed.) *Advances in experimental social psychology* (Vol. 11, pp. 145–195). New York: Academic Press.

Lange, C. (1885). *Om Sinsbevaegelser: Et psyko-fysiologiske Studie.* Kopenhagen: Rasmussen.

Lange, F. (1971). Frustration – aggression. A reconsideration. *European Journal of Social Psychology, 1*, 59–84.

Langer, E. J. (1978). Rethinking the role of thought in social interaction. In J. H. Harvey, W. J. Ickes & R. F. Kidd (Eds.), *New directions in attribution research* (Vol. 2, pp. 33-58). Hillsdale, NJ: Erlbaum.

Lanzetta, J. T., Cartwright-Smith, J. & Kleck, R. E. (1976). Effects of nonverbal dissimulation on emotional experience and autonomic arousal. *Journal of Personality and Social Psychology, 33*, 354–370.

LaPiere, R. (1934). Attitudes versus actions. *Social Forces, 13*, 230–237.

Larson, J. R., Jr., Christensen, C., Abbott, A. S. & Franz, T. M. (1996). Diagnosing groups: Charting the flow of information in medical decision-making teams. *Journal of Personality and Social Psychology, 71* (2), 315–330.

Larson, J. R., Jr., Foster-Fishman, P. G. & Keys, C. B. (1994). Discussion of shared and unshared information in decision-making groups. *Journal of Personality and Social Psychology, 67* (3), 446–461.

Latané, B. (1981). The psychology of social impact. *American Psychologist, 36*, 343–356.

Latané, B. (1986). Responsibility and effort in organizations. In P. S. Goodman (Ed.), *Designing effective work groups* (pp. 277–304). San Fransisco: Jossey-Bass.

Latané, B. & Darley, J. M. (1969). Bystander 'apathy'. *American Scientist, 57*, 244–268.

Latané, B. & Darley, J. M. (1970). *The unresponsive bystander: Why doesn't he help?* New York: Appleton-Century-Crofts.

Latané, B. & Darley, J. M. (1976). *Help in a crisis: Bystander response to an emergency.* Morristown, NJ: General Learning Press.

Latané, B. & Nida, S. (1981). Ten years of research on group size and helping. *Psychological Bulletin, 89*, 308–324.

Latané, B. & Rodin, J. (1969). A lady in distress: Inhibiting effects of friends and strangers on bystander intervention. *Journal of Experimental Social Psychology, 5*, 189–202.

Latané, B., Williams, K. & Harkins, S. (1979). Many hands make light the work: The causes and consequences of social loafing. *Journal of Personality and Social Psychology, 37*, 822–832.

Latané, B. & Wolf, S. (1981). The social impact of majorities and minorities. *Psychological Review, 88*, 438–453.

Lau, R. R. & Russell, D. (1980). Attributions in the sports pages. *Journal of Personality and Social Psychology, 39*, 29–38.

Laughlin, P. R. (1980). Social combination processes of cooperative problem-solving groups on verbal intellective tasks. In M. Fishbein (Ed.), *Progress in social psychology* (Vol. 1). Hillsdale, NJ: Erlbaum.

Laughlin, P. R. & Ellis, A. L. (1986). Demonstrability and social combination processes on mathematical intellective tasks. *Journal of Experimental Social Psychology, 22*, 177–189.

Lazarus, J. (1990). The logic of mate desertion. *Animal Behaviour, 39*, 672–684.

Lazarus, R. S. (1966). *Psychological stress and the coping process.* New York: McGraw Hill.

Lazarus, R. S. (1968). Emotions and adaptation: Conceptual and empirical relations. In W. J. Arnold (Eds.), *Nebraska symposium on motivation* (pp. 175–270). Lincoln, NE: University of Nebraska Press.

Lazarus, R. S. (1991). *Emotion and adaptation.* New York: Oxford University Press.

Lazarus, R. S. & Folkman, S. (1984). *Stress, appraisal, and coping.* New York: Springer.

Lazarus, R. S., Speisman, J. C., Mordkoff, A. M. & Davison, L. A. (1962). A laboratory study of psychological stress produced by a motion picture film. *Psychological Monographs: General and Applied, 76,* 1–35.

Leary, M. R. & Forsyth, D. R. (1987). Attributions of responsibility for collective endeavors. In C. Hendrick (Ed.), *Review of personality and social psychology: Group processes* (Vol. 8, pp. 167–188). Newbury Park, CA: Sage.

Leavitt, H. J. (1951). Some effects of certain communication patterns on group performance. *Journal of Abnormal and Social Psychology, 46,* 38–50.

Le Bon, G. (1953). *Psychologie der Massen.* Stuttgart: Kröner (Original erschienen 1895: Psychologie des foules. Paris: Alcan).

Lee, M. T. & Ofshe, R. (1981). The impact of behavioral style and status characteristics on social influence: A test of two competing theories. *Social Psychology Quarterly, 44,* 73–82.

Legerstee, M. (1991). Changes in the quality of infant sounds as a function of social and nonsocial stimulation. *First Language, 11,* 327–343.

Lehman, D. R., Ellard, J. H. & Wortman, C. B. (1986). Social support for the bereaved: Recipients' and providers' perspectives on what is helpful. *Journal of Consulting and Clinical Psychology, 54,* 438–446.

Lemaine, G. (1966). Inegalité, comparaison et incomparabilité: Esquisse d'une théorie de l'originalité sociale. *Bulletin de Psychologie, 20,* 1–9.

Lemyre, L. & Smith, P. M. (1985). Intergroup discrimination and self-esteem in the minimal group paradigm. *Journal of Personality and Social Psychology, 49,* 660–670.

Lepper, M. R. & Greene, D. (1978). *The hidden cost of reward.* New York: Wiley.

Lepper, M. R., Greene, D. & Nisbett, R. E. (1973). Undermining children's intrinsic interest with extrinsic reward: A test of the „overjustification" hypothesis. *Journal of Personality and Social Psychology, 28,* 129–137.

Lerner, M. J. (1980). *The belief in a just world: A fundamental delusion.* New York: Plenum.

Levenson, R. W., Ekman, P. & Friesen, W. V. (1990). Voluntary facial action generates emotion-specific autonomic nervous system activity. *Psychophysiology, 27,* 363–384.

Levenson, R. W., Ekman, P., Heider, K. & Friesen, W. V. (1992). Emotion and autonomic nervous system activity in the Minangkabau of West Sumatra. *Journal of Personality and Social Psychology, 62,* 972-988.

Levenson, R. W. & Ruef, A. M. (1997). Physiological aspects of emotional knowledge and rapport. In W. J. Ickes (Ed.), *Empathic accuracy* (pp. 44–72). New York: Guilford Press.

Leventhal, G. S. (1980). What should be done with equity theory? New approaches to the study of fairness in social relationships. In K. J. Gergen, M. S. Greenberg & R. H. Willis (Eds.). *Social exchange: Advances in theory and research* (pp. 27–55). New York: Plenum Press.

Leventhal, H. (1970). Findings and theory in the study of fear communication. In L. Berkowitz (Ed.), *Advances in experimental social psychology* (Vol. 5, pp. 120–186). New York: Academic Press.

Leventhal, H. & Cleary, P. D. (1980). The smoking problem: A review of the research and theory in behavioral risk modification. *Psychological Bulletin, 88,* 370–405.

Levine, J. M. & Murphy, G. (1943). The learning and forgetting of controversial material. *Journal of Abnormal and Social Psychology, 38,* 507–517.

Levy, R. I. (1984). The emotions in comparative perspective. In K. R. Scherer & P. Ekman (Eds.), *Approaches to emotion* (pp. 397–410). Hillsdale, NJ: Erlbaum.

Lewicki, R. J. & Sheppard, B. H. (1985). Choosing how to intervene: Factors affecting the use of process and outcome control in third party dispute resolution. *Journal of Occupational Behavior, 6,* 49–64.

Lewin, K. (1948). *Resolving social conflicts: Selected papers on group dynamics.* New York: Harper & Row.

Lewin, K. (1953). *Die Lösung sozialer Konflikte.* Bad Nauheim: Christian. (Original erschienen 1948: Resolving social conflicts. New York: Harper)

Lewin, K. (1963). *Feldtheorie.* (hg. V. C. F. Graumann). Kurt Lewin Werkaussgabe, Bd. 4. Bern: Huber. Stuttgart: Klett-Cotta (Original erschienen 1951: Field theory in social science. New York: Harper).

Lewit, E. M. & Coate, D. (1982). The potential for using excise taxes to reduce smoking. *Journal of Health Economics, 1,* 121–145.

Leyens, J.-P. Yzerbyt, V. & Schadron, G. (1994). *Stereotypes and social cognition.* London: Sage.

Leymann, H. (1993). *Mobbing: Psychoterror am Arbeitsplatz und wie man sich dagegen wehren kann.* Reinbek: Rowohlt.

Liberman, A. & Chaiken, S. (1992). Defensive processing of personally relevant health messages. *Personality and Social Psychology Bulletin, 18,* 669–679.

Liebert, R. N. & Baron, R. A. (1972). Some immediate effects of televised violence on children's behavior. *Developmental Psychology, 6,* 469–478.

Liebkind, K. & McAlister, A. L. (1999). *Extended contact through peer modeling to promote tolerance in Finland.* Unveröffentlichtes Manuskript, Universität Helsinki.

Liebrand, W. B. G. & Van Run, G. (1985). The effects of social motives across two cultures on behavior in social dilemmas. *Journal of Experimental Social Psychology, 21,* 86–102.

Light, P., Littleton, K., Messer, D. & Joiner, R. (1994). Social and communicative processes in computer-based problem solving. *European Journal of Psychology of Education, 9,* 93-109.

Lightfoot, D. (1998). *The development of language: Acquisition, change and evolution.* Oxford: Blackwell.

Likert, R. (1932). A technique for the measurement of attitudes. *Archives of Psychology, 140,* 5–53.

Lind, E. A. & Tyler, T. R. (1988). *The social psychology of procedural justice.* New York: Plenum.

Linder, D. E., Cooper, J. & Jones, E. E. (1967). Decision freedom as a determinant of the role of incentive magnitude in attitude change. *Journal of Personality and Social Psychology, 6,* 245–254.

Lindner, G. A. (1871). *Ideen zur Psychologie der Gesellschaft als Grundlage der Sozialwissenschaft.* Wien: Gerold.

Linville, P. W., Fischer, F. W. & Salovey, P. (1989). Perceived distributions of characteristics of ingroup and outgroup members: Empirical evidence and a computer simulation. *Journal of Personality and Social Psychology, 42,* 193–211.

Linz, D., Donnerstein, E. & Adams, S. M. (1989). Physiological desensitization and judgments about female victims of violence. *Human Communication Research, 15,* 509–522.

Liu, J. L. & Steele, C. M. (1986). Attributional analysis as self-affirmation. *Journal of Personality and Social Psychology, 51,* 531–540.

Lloyd, P., Camaioni, L. & Ercolani, P. (1995). Assessing referential communication skills in the primary school years: A comparative study. *British Journal of Developmental Psychology, 13,* 13–29.

Lloyd, P. & Fernyhough, C. (Eds.). (1999). *Lev Vygotsky: Critical assessments: Vygotsky's theory, Vol. I.* New York: Routledge.

Locke, E. A. & Latham, G. P. (1990). *A theory of goal setting & task performance.* Englewood Cliffs, NJ: Prentice Hall.

Locksley, A., Ortiz, V. & Hepburn, C. (1980). Social categorization and discriminatory behaviour: Extinguishing the minimal intergroup discrimination effect. *Journal of Personality and Social Psychology, 39,* 773–783.

Loftus, E. F. (1979). *Eyewitness testimony.* Cambridge, MA: Harvard University Press.

Lombardi, W. J., Higgins, E. T. & Bargh, J. A. (1987). The role of consciousness in priming effects on categorization: Assimilation versus contrast as a function of awareness of the priming task. *Personality and Social Psychology Bulletin, 13,* 411–429.

Lord, C. G., Ross, L. & Lepper, M. R. (1979). Biased assimilation and attitude polarization: The effects of prior theories on subsequently considered evidence. *Journal of Personality and Social Psychology, 37,* 2098–2109.

Lorenz, K. (1963). *Das sogenannte Böse.* Wien: Borotha-Schoeler.

Löschper, G., Mummendey, A., Linneweber, V. & Bornewasser, M. (1984). The judgement of behaviour as aggressive and sanctionable. *European Journal of Social Psychology, 14,* 391–404.

Lösel, F., Averbeck, M. & Bliesener, T. (1997). Gewalt zwischen Schülern der Sekundarstufe: Eine Untersuchung zur Prävalenz und Beziehung zu allgemeiner Aggressivität und Delinquenz. *Empirische Pädagogik, 11,* 327–349.

Luce, R. D. & Raiffa, H. (1957). *Games and decisions: Introduction and critical survey.* London: Wiley.

Lück, H. E. (1987). A historical perspective on social psychological theories. In G. Semin & B. Krahé (Eds.), *Issues in contemporary German social psychology.* London: Sage.

Luepker, R. V., Murray, D. M., Jacobs, D. R., Mittelmark, M. B., Bracht, N., Carlaw, R., Crow, R., Elmer, P., Finnegan, J., Folsom, A., Grimm, R., Hannan, P. J., Jeffrey, R., Lando, H., McGovern, P., Mullis, R., Perry, C. L., Pechacek, T., Pirie, P., Sprafka, M., Weibrod, R. & Blackburn, H. (1994). Community education for cardiovascular disease prevention: Risk factor changes in the Minnesota Heart Health Program. *American Journal of Public Health, 84,* 1381–1393.

Lujansky, H. & Mikula, G. (1983). Can equity theory explain the quality and the stability of romantic relationships? *British Journal of Social Psychology, 22,* 101–112.

Lukes, S. (1973a). *Individualism.* Oxford: Blackwell.

Lukes, S. (1973b). *Emile Durkheim. His life and work. a historical and critical study.* London: Allen Lane.

Lutz, C. & White, G. M. L. (1986). The anthropology of emotions. *Annual Review of Anthropology, 15,* 405–436.

Maass, A. & Clark, R. D. III (1983). Internationalization versus compliance: Differential processes underlying minority influence and conformity. *European Journal of Social Psychology, 13,* 197–215.

Maass, A. & Clark, R. D. III (1984). Hidden impact of minorities: Fifteen years of minority influence research. *Psychological Bulletin, 95,* 428–450.

Maass, A., Corvino, P. & Arcuri, L. (1994). Linguistic intergroup bias and the mass media. *Revue de Psychologie Sociale, 1,* 31–43.

Maass, A., Salvi, D., Arcuri, L. & Semin, G. R. (1989). Language use in intergroup contexts: The linguistic intergroup bias. *Journal of Personality and Social Psychology, 57,* 981–993.

Maccoby, E. & Jacklin, C. (1987). Gender segregation in childhood. *Advances in Child Development and Behaviour, 20,* 239–287.

Machiavelli, N. (1955). *Der Fürst.* Stuttgart: Kröner. (Original erschienen 1532: Il principe, dedicato a Lorenzo duca d'Urbino)

Mackenzie, K. D. (1976). *A theory of group structures.* New York: Gordon & Breach.

Mackie, D. M. (1987). Systematic and nonsystematic processing of majority and minority persuasive communication. *Journal of Personality and Social Psychology, 53,* 41–52.

Mackie, D. M. & Worth, L. T. (1989). Cognitive deficits and the mediation of positive affect in persuasion. *Journal of Personality and Social Psychology, 57,* 27–40.

Macrae, C. N., Hewstone, M., Griffith, R. J. (1993). Processing load and memory for stereotype-based information. *European Journal of Social Psychology, 23,* 77–87.

Macrae, C. N., Milne, A. B. & Bodenhausen, G. V. (1994). Stereotypes as energy-saving devices: A peek inside the cognitive toolbox. *Journal of Personality and Social Psychology, 66,* 37–47.

Maddux, J. E. & Rogers, R. W. (1983). Protection motivation and self-efficacy: A revised theory of fear appeals and attitude change. *Journal of Experimental Social Psychology, 19,* 469–479.

Madsen, D. B. (1978). Issue importance and choice shifts: A persuasive arguments approach. *Journal of Personality and Social Psychology, 36,* 1118–1127.

Maheswaran, D. & Chaiken, S. (1991). Promoting systematic processing in low motivation settings: The effect of incongruent information on processing and judgment. *Journal of Personality and Social Psychology, 61,* 13–25.

Manis, J. G. & Meltzer, B. N. (1980). *Symbolic interaction.* Boston, MA: Allyn & Bacon.

Mann, L., Newton, J. W. & Innes, J. M. (1982). A test between deindividuation and emergent norm theories of crowd aggression. *Journal of Personality and Social Psychology, 42,* 260–272.

Mann, L., Samson, D. & Dow, D. (1998). A field experiment on the effects of benchmarking and goal setting on company sales performance. *Journal of Management, 24,* 73–96.

Manstead, A. S. (1991). Expressiveness as an individual difference. In R. S. Feldman & B. Rimé (Eds.), *Fundamentals of nonverbal behaviour* (pp. 285-328). Cambridge: Cambridge University Press.

Manstead, A. S. R. & Semin, G. R. (1980). Social facilitation effects: Mere enhancement of dominant responses? *British Journal of Social and Clinical Psychology, 19,* 119–136.

Mantell, D. M. (1971). The potential for violence in Germany. *Journal of Social Issues, 27,* 101–112.

Maras, P. & Brown, R. J. (1996). Effects of contact on children's attitudes to disability: A longitudinal study. *Journal of Applied Social Psychology, 26,* 2113–2134.

Marcus-Newhall, A., Miller, N., Holtz, R. & Brewer, M. B. (1993). Cross-cutting category membership with role assignment: A means of reducing intergroup bias. *British Journal of Social Psychology, 32*, 125–146.

Markova, I. (1982). *Paradigm, thought, and language.* Chichester: Wiley.

Markova, I. (1983). The origin of the social psychology of language in German expressivism. *British Journal of Social Psychology, 22*, 315–325.

Markus, H. (1977). Self-schemata and processing information about the self. *Journal of Personality and Social Psychology, 35*, 63–78.

Markus, H. (1978). The effect of mere presence on social facilitation: An unobtrusive test. *Journal of Experimental Social Psychology, 14*, 389–397.

Markus, H. R. & Kitayama, S. (1994). The cultural construction of self and emotion: Implications for social behavior. In S. Kitayama & H. R. Markus (Eds.), *Emotion and culture: Empirical studies of mutual influence* (pp. 89–130). Washington, DC: American Psychological Association.

Marrow, A. J. (1968). *The practical theorist: The life and work of Kurt Lewin.* New York: Basic Books.

Martin, L. L., Ward, D. W., Achee, J. W. & Wyer, R. S., Jr. (1993). Mood as input: People have to interpret the motivational implications of their moods. *Journal of Personality and Social Psychology, 64*, 317–326.

Martin, M. W. & Sell, J. (1985). The effect of equating status characteristics on the generalization process. *Social Psychology Quarterly, 48*, 178–182.

Martin, R. (1998). Majority and minority influence using the after-image paradigm: A series of attempted replications. *Journal of Experimental Social Psychology, 34*, 1–26.

Marx, M. H. & Hillix, W. A. (1979). *Systems and theories in psychology* (3rd ed.). New York: McGraw-Hill.

Masataka, N. (1992). Pitch characteristics of Japanese maternal speech to infants. *Journal of Child Language, 19*, 213–223.

Maslach, C. & Jackson, S. E. (1981). The measurement of experienced burnout. *Journal of Occupational Behaviour, 2*, 99–113.

Maslow, A. H. (1954). *Motivation and personality.* New York: Harper & Row.

Matsumoto, D. (1989). Cultural influences on the perception of emotion. *Journal of Cross-cultural Psychology, 20*, 92–105.

Mausner, B. (1954). Prestige and social interaction. The effect of one partner's success in a relevant task on the interaction of observer pairs. *Journal of Abnormal and Social Psychology, 49*, 557–560.

Mayer, J. D. & Salovey, P. (1988). Personality moderates the interaction of mood and cognition. In K. Fiedler & J.P. Forgas (Eds.), *Affect, cognition and social behavior* (pp. 87–99). Toronto: Hogrefe.

Maynard Smith, J. (1977). Parental investment: A prospective analysis. *Animal Behaviour, 29*, 1–9.

Mazur, A. (1983). Hormones, aggression, and dominance in humans. In B. Svare (Ed.) *Hormones and aggressive behavior.* New York: Plenum.

Mazur, A., Halpern, C. & Udry, J. R. (1994). Dominant looking male teenagers copulate earlier. *Ethology and Sociobiology, 15*, 87–94.

McArthur, L. A. (1972). The how and what of why: Some determinants and consequences of causal attributions. *Journal of Personality and Social Psychology, 22*, 171–193.

McArthur, L. Z. (1981). What grabs you? The role of attention in impression formation and causal attribution. In E. T. Higgins, C. P. Herman & M. P. Zanna (Eds.), *Social Cognition: The Ontario Symposium* (Vol. 1, pp. 201–246). Hillsdale, NJ: Erlbaum.

McArthur, L. Z. & Post, D. L. (1977). Figural emphasis and person perception. *Journal of Experimental Social Psychology, 13*, 520–535.

McCauley, C. (1989). The nature of social influence in groupthink: Compliance and internalization. *Journal of Personality and Social Psychology, 57*, 250–260.

McClelland, D. C. (1961). *The achieving society.* Princeton, NJ: Van Nostrand.

McClintock, C. G. (1972). Social motivation – a set of propositions. *Behavioral Science, 17*, 438–454.

McClintock, C. G. & Liebrand, W. B. G. (1988). The role of interdependence structure, individual value orientation and other's strategy in social decision making: A transformational analysis. *Journal of Personality and Social Psychology, 55*, 396–409.

McClure, J. L. (1998). Discounting causes of behaviour: Are two reasons better than one? *Journal of Personality and Social Psychology, 74*, 747-820.

McDougall, W. (1908). *Introduction to social psychology.* London: Methuen.

McDougall, W. (1920). *The group mind.* Cambridge: Cambridge University Press.

McGarty, C. & Penny, R. E. C. (1988). Categorization, accentuation and social judgement. *British Journal of Social Psychology, 27*, 147–157.

McGinnis, J. M. & Foege, W. H. (1993). Actual causes of death in the United States. *Journal of the American Medical Association, 270*, 2207–2212.

McGrath, J. E. (1984). *Groups: Interaction and performance.* Englewood Cliffs, NJ: Prentice Hall.

McGuire, W. J. & Papageorgis, D. (1962). Effectiveness of forewarning in developing resistance to persuasion. *Public Opinion Quarterly, 26*, 24–34.

McIntosh, D. N. (1996). Facial feedback hypotheses: Evidence, implications, and directions. *Motivation and Emotion, 20(2)*, 121–147.

McKeon, R. (Ed.). (1941). *The basic works of Aristotle.* New York: Random House.

McNeill, D. (1970). *The acquisition of language. The study of developmental psycholinguistics.* New York: Harper & Row.

McPhail, C. (1991). *The myth of the madding crowd.* New York: Aldine de Gruyter.

McTear, M. (1985). *Children's conversation.* Oxford: Blackwell.

Mead, G. H. (1934/1977) *On social psychology* (hg. v. A. Strauss). Chicago: University of Chicago Press.

Mead, G. H. (1968). *Geist, Identität und Gesellschaft aus der Sicht des Sozialbehaviorismus.* Frankfurt: Suhrkamp. (Original erschienen 1934: Mind, Self and Society from the Standpoint of a Social Behaviorist. Chicago: University of Chicago Press)

Meeus, W. H. J. & Raaijmakers, Q. A. W. (1986). Administrative obedience: Carrying out orders to use psychological-administrative violence. *European Journal of Social Psychology, 16*, 311–324.

Meindl, J. R., Ehrlich, S. B., & Dukerich, J. M. (1985). The romance of leadership. *Administrative Science Quarterly, 30*, 78–102.

Meins, E. (1997). *Security of attachment and the social development of cognition.* Hove: Psychology Press/ Erlbaum.

Meloen, J. D., Hagendoorn, L., Raaijmakers, Q. & Visser, L. (1988). Authoritarianism and the revival of political racism: Reassessments in the Netherlands of the reliability and validity of the concept of authoritarianism by Adorno et al. *Political Psychology, 9*, 413–429.

Mesquita, B., Frijda, N. H. & Scherer, K. R. (1997). Culture and emotion. In J. E. Berry, P. B. Dasen & T. S. Saraswathi (Eds.) *Handbook of cross-cultural psychology.* Vol. 2. Basic processes and developmental psychology (pp. 255–297). Boston: Allyn & Bacon.

Messé, L. A. & Sivacek, J. M. (1979). Predictions of others' responses in a mixed-motive game: Self-justification or false consensus. *Journal of Personality and Social Psychology, 37*, 602–607.

Messer, D. & Collis, G. (1996). Early interaction and cognitive skills: Implications for the acquisition of culture. In A. Lock & C. R. Peters (Eds.) *Handbook of human symbolic evolution* (pp. 432-468). Oxford: Clarendon Press/ Oxford University Press.

Messick, D. & Brewer, M. B. (1983). Solving social dilemmas: A review. In L. Wheeler & P. Shaver (Eds.), *Review of personality and social psychology* (Vol. 4, pp. 11–44). Beverly Hills: Sage.

Messick, D. M. & Sentis, K. P. (1985). Estimating social and non-social utility functions from ordinal data. *European Journal of Social Psychology, 15*, 389–399.

Metalsky, G. I., Halberstadt, L. J. & Abramson, L. Y. (1987). Vulnerability to depressive mood reactions: Toward a more powerful test of the diathesis-stress and causal mediation components of the reformulated theory of depression. *Journal of Personality and Social Psychology, 52*, 386–393.

Meyer, J. P. & Allen, N. J. (1991). A three-component conceptualization of organizational commitment. *Human Resource Management Review, 1*, 61–98.

Miceli, M. P. & Near, J. P. (1992). *Blowing the whistle: The organizational and legal implications for companies and employees.* New York: Lexington Books.

Michotte, A. (1963). *The perception of causality.* New York: Basic Books.

Migdal, M. J., Hewstone, M. & Mullen, B. (1998). The effects of crossed categorization on intergroup evaluations: A meta-analysis. *British Journal of Social Psychology, 37*, 303–324.

Mikelson, K. D., Kessler, R. C. & Shaver, P. R. (1997). Adult attachment in a nationally representative sample. *Journal of Personality and Social Psychology, 73*, 1092–1106.

Mikula, G. (1994). Perspective-related differences in interpretation of injustice by victims and victimizers: A test with close relationships. In M. J. Lerner & G. Mikula (Eds.), *Injustice in close relationships: Entitlement and the affectional bond* (pp. 175–203). New York: Plenum

Mikulincer, M., Florian, V. & Weller, A. (1993). Attachment styles, coping strategies, and posttraumatic psychological distress: the impact of the Gulf War in Israel. *Journal of Personality and Social Psychology, 64*, 817–826.

Milgram, S. (1963). Behavioral study of obedience. *Journal of Abnormal and Social Psychology, 67*, 371–378.

Milgram, S. (1965). Some conditions of obedience and disobedience to authority. *Human Relations, 18*, 57–76.

Milgram, S. (1974). *Obedience to authority.* New York: Harper & Row.

Milgram, S. & Toch, H. (1969). Collective behavior: Crowds and social movements. In G. Lindzey & E. Aronson (Eds.), *The handbook of social psychology* (2nd ed., Vol. 4, pp. 507–610). Reading, MA: Addison-Wesley.

Millar, M. G. & Tesser, A. (1986). Effects of affective and cognitive focus on the attitude-behavior relation. *Journal of Personality and Social Psychology, 51*, 270–276.

Miller, A. G., Collins, B. E. & Brief, D. E. (1995). Perspectives on obedience to authorities: The legacy of the Milgram experiments. *Journal of Social Issues, 51*, 1–20.

Miller, A. G., Gordon, A. K. & Buddie, A. M. (1999). Accounting for evil and cruelty: Is to explain to condone? *Personality and Social Psychology Review, 3*, 25–268.

Miller, D. T. (1977a). Altruism and threat to a belief in a just world. *Journal of Experimental Social Psychology, 13*, 113–124.

Miller, D. T. (1977b). Personal deserving versus justice for others: An exploration of the justice motive. *Journal of Experimental Social Psychology, 13*, 1–13.

Miller, D. T. & McFarland, C. (1991). When social comparison goes away: The case of pluralistic ignorance. In J. Suls & T. Wills (Eds.), *Social comparison: Contemporary theory and research* (pp. 287–313). Hillsdale, NJ: Lawrence Erlbaum.

Miller, D. T., Norman, S. A. & Wright, E. (1978). Distortion in person perception as a consequence of the need for effective control. *Journal of Personality and Social Psychology, 36*, 598–607.

Miller, D. T. & Porter, C. A. (1980). Effects of temporal perspective on the attribution process. *Journal of Personality and Social Psychology, 39*, 532–541.

Miller, D. T. & Ross, M. (1975). Self-serving biases in the attribution of causality: Fact or fiction? *Psychological Bulletin, 82*, 213–225.

Miller, F. D., Smith, E. R. & Uleman, J. (1981). Measurement and interpretation of situational and dispositional attributions. *Journal of Experimental Social Psychology, 17*, 80–95.

Miller, G. E. & Bradbury, T. N. (1995). Refining the association between attributions and behavior in marital interaction. *Journal of Family Psychology, 9*, 196–208.

Miller, J. G. (1984). Culture and the development of everyday social explanation. *Journal of Personality and Social Psychology, 46*, 961–978.

Miller, N., Brewer, M. B. & Edwards, K. (1985). Cooperative interaction in desegregated settings: A laboratory analogue. *Journal of Social Issues, 41*, 63–79.

Miller, N. & Carlson, M. (1990). Valid theory-testing meta-analyses further question the negative state relief model of helping. *Psychological Bulletin, 107*, 215–225.

Miller, N. E. & Bugelski, R. (1948). Minor studies in aggression: The influence of frustrations imposed by the in-group on attitudes toward outgroups. *Journal of Psychology, 25*, 437–442.

Miller, N. E., Sears, R. R., Mowrer, O. H., Doob, L. W. & Dollard, I. (1941). The frustration-aggression hypothesis. *Psychological Review, 48*, 337–342.

Mills, J. & Clark, M.S. (1982). Communal and exchange relationships. In L. Wheeler (Ed.), *Review of Personality and Social Psychology* (Vol. 3, pp. 121–144). Beverly Hills, CA: Sage.

Milne, S., Sheeran, P. & Orbell, S. (2000). Prediction and intervention in health-related behavior: A meta-analytic review of protection motivation theory. *Journal of Applied Social Psychology, 30*, 106–143.

Mintzberg, H. (1973). *The nature of managerial work.* New York: Harper & Row.

Mitchell, P. (1997). *Introduction to theory of mind. Children, autism and apes.* London: Arnold.

Mobley, W. H., Griffeth, R. W., Hand, H. H. & Meglino, B. M. (1979). Review and conceptual analysis of the employee turnover process. *Psychological Bulletin, 86,* 493–522.

Mock, D. W. & Fujioka, M. (1990). Monogamy and long-term pair bonding in vertebrates. *Trends in Ecology and Evolution, 5,* 39–43.

Modigliani, A. & Rochat, F. (1995). The role of interaction sequences and the timing of resistance in shaping obedience and defiance to authority. *Journal of Social Issues, 51,* 107–123.

Moede, W. (1920). *Experimentelle Massenpsychologie.* Leipzig: Hirtzel.

Moerk, E. L. (1992). *A first language taught and learned.* Baltimore: Bookes.

Molleman, E., Pruyn, J. & van Knippenberg, A. (1986). Social comparison processes among cancer patients. *British Journal of Social Psychology, 25,* 1–13.

Montada, L. (2001). Denial of responsibility. In A. E. Auhagen & H. W. Bierhoff (Eds.), *Responsibility: The many faces of a social phenomenon* (pp. 79-92). London: Routledge.

Montada, L. & Bierhoff, H. W. (1991). Studying prosocial behavior in social systems. In L. Montada & H. W. Bierhoff (Eds.), *Altruism in social systems* (pp. 1–26). Lewiston, NY: Hogrefe.

Montagner, H., Restoin, A., Ullmann, V., Rodriguez, D., Godard, D. & Viala, M. (1984). Development of early peer interaction. In W. Doise & A. Palmonari (Eds.), *Social interaction in individual development* (pp. 34–60). Cambridge: Cambridge University Press.

Moore, B. S., Sherrod, D. R., Liu, T. J. & Underwood, B. (1979). The dispositional shift in attribution over time. *Journal of Experimental Social Psychology, 15,* 553–569.

Moore, M. J. (1996). Death and tobacco taxes. *Rand Journal of Economics, 27,* 415–428.

Morgan, D. L. (1990). Combining the strengths of social networks, social support, and personal relationships. In S. Duck & R. C. Silver (Eds.), *Personal relationships and social support* (pp. 190–215). London: Sage.

Morris, D. (1977). *Manwatching: A field guide to human behavior.* New York: Harry N. Abrams.

Morris, J. A. & Feldman, D. C. (1996). The dimensions, antecedents, and consequences of emotional labor. *Academy of Management Review, 21(4),* 986–1010.

Morris, M. W. & Larrick, R. P. (1995). When one cause casts doubt on another: A normative analysis of discounting in causal attribution. *Psychological Review, 102,* 331–355.

Morris, M. W., Nisbett, R. E. & Peng, K. (1995). Causal understanding across domains and cultures. In D. Sperber, D. Premack & A. J. Premack (Eds.), *Causal cognition: A multidisciplinary debate* (pp. 57–612). Oxford: Oxford University Press.

Morris, M. W. & Peng, K. (1994). Culture and cause: American and Chinese attributions for social and physical events. *Journal of Personality and Social Psychology, 67,* 949–971.

Moscovici, S. (1972). Society and theory in social psychology. In J. Israel & H. Tajfel (Eds.), *The context of social psychology* (pp. 17–68). London: Academic Press.

Moscovici, S. (1976). *Social influence and social change.* London: Academic Press.

Moscovici, S. (1980). Toward a theory of conversion behaviour. In L. Berkowitz (Ed.), *Advances in experimental social psychology* (Vol. 13, pp. 208–239). New York: Academic Press.

Moscovici, S. (1981a). *L'âge des foules.* Paris: Fayard.

Moscovici, S. (1981b). On social representations. In J. P. Forgas (Ed.), *Social cognition: Perspectives on everyday understanding.* London: Academic Press.

Moscovici, S. (Ed.). (1984). *Psychologie sociale.* Paris: Presses Universitaires de France.

Moscovici, S. (1985). Social influence and conformity. In G. Lindzey & E. Aronson (Eds.), *Handbook of social psychology* (3rd ed., Vol. 2, pp. 347–412). New York: Random House.

Moscovici, S. & Lage, E. (1976). Studies in social influence III: Majority versus minority influence in a group. *European Journal of Social Psychology, 6,* 149–174.

Moscovici, S., Lage, E. & Naffrechoux, M. (1969). Influence of a consistent minority on the responses of a majority in a colour perception task. *Sociometry, 32,* 365–380.

Moscovici, S. & Personnaz, B. (1980). Studies in social influence V: Minority influence and conversion behaviour in a perceptual task. *Journal of Experimental Social Psychology, 16,* 270–282.

Moscovici, S. & Zavalloni, M. (1969). The group as a polarizer of attitudes. *Journal of Personality and Social Psychology, 12,* 125–135.

Mowday, R. T. (1996). Equity theory predictions of behavior in organizations. In R. M. Steers, L. W. Porter & G. A. Bigley (Eds.) *Motivation and leadership at work* (pp. 53–71). New York: McGraw-Hill.

Mowday, R. T., Steers, R. M. & Porter, L. W. (1979). The measurement of organizational commitment. *Journal of Vocational Behavior, 14,* 224–247.

Mugny, G. (1982). *The power of minorities.* New York: Academic Press.

Mugny, G., Levy, M. & Doise, W. (1978). Conflit sociocognitif et développement cognitif. *Revue Swisse de Psychologie Pure et Appliquée, 37,* 22–43.

Mulilis, J. P. & Lippa, R. (1990). Behavioral change in earthquake preparedness due to negative threat appeals: A test of protection motivation theory. *Journal of Applied Social Psychology, 20,* 619–638.

Mullen, B. (1986). Atrocity as a function of lynch mob composition: A self-attention perspective. *Personality and Social Psychology Bulletin, 12,* 187–197.

Mullen, B. & Johnson, C. (1990). Distinctiveness-based illusory correlations and stereotyping: A meta-analytic integration. *British Journal of Social Psychology, 29,* 11–28.

Mullen, B., Johnson, C. & Salas, E. (1991). Productivity loss in brainstorming groups: A meta-analytic integration. *Basic and Applied Social Psychology, 12,* 3–24.

Mummendey, A., Linneweber, V. & Löschper, G. (1984a). Actor or victim of aggression: Divergent perspectives – divergent evaluations. *European Journal of Social Psychology, 14,* 297–311.

Mummendey, A., Linneweber, V. & Löschper, G. (1984b). Aggression: From act to interaction. In A. Mummendey (Ed.), *Social psychology of aggression: From individual behavior to social interaction* (pp. 69–106). New York: Springer

Mummendey, A. & Otten, S. (1989). Perspective specific differences in the segmentation and evaluation of aggressive interaction sequences. *European Journal of Social Psychology, 19*, 23–40.

Mummendey, A. & Otten, S. (1993). Aggression: Interaction between individuals and social groups. In R. B. Felson & J. T. Tedeschi (Eds.), *Aggression and violence. Social interactionist perspectives* (pp. 145-167). Washington, DC: American Psychological Association.

Mummendey, A. & Otten, S. (1998). Positive-negative asymmetry in social discrimination. In W. Stroebe & M. Hewstone (Eds.), *European Review of Social Psychology* (Vol. 9, pp. 107–143). Chichester: Wiley.

Mummendey, A., Simon, B., Dietze, C., Grünert, M., Haeger, G., Kessler, S., Lettgen, S. & Schäferhoff, S. (1992). Categorization is not enough: Intergroup discrimination in negative outcome allocations. *Journal of Experimental Social Psychology, 28*, 125–144.

Murray, N., Surjan, H., Hirt, E. R. & Surjan, M. (1990). The influence of mood on categorization: A cognitive flexibility interpretation. *Journal of Personality and Social Psychology, 59*, 411–425.

Murray, S. L. & Holmes, J. G. (1997). A leap of faith? Positive illusions in romantic relationships. *Personality and Social Psychology, 23*, 586–604.

Murray, S. L., Holmes, J. G. & Griffin, D. W. (1996). The benefits of positive illusions: Idealization and the construction of satisfaction in close relationships. *Journal of Personality and Social Psychology, 70* (1), 79–98.

Myers, D. G. (1978). Polarizing effects of social comparison. *Journal of Experimental Social Psychology, 14*, 554–563.

Myers, D. G. (1982). Polarizing effects of social interaction. In H. Brandstätter, J. H. Davis & G. Stocker-Kreichgauer (Eds.), *Group decision making* (pp. 125-161). New York: Academic Press.

Myers, D. G. & Kaplan, M. F. (1976). Group-induced polarization in simulated juries. *Personality and Social Psychology Bulletin, 2*, 63–66.

Nadler, A. (1987). Determinants of help seeking behaviour: The effects of helper's similarity, task centrality and recipient's self esteem. *European Journal of Social Psychology, 17*, 57–67.

Nadler, A. (1991). Help-seeking behavior. Psychological costs and instrumental benefits. In M. S. Clark (Ed.), *Prosocial behavior* (pp. 290–311). Newbury Park, CA: Sage.

Nadler, A. & Fisher, J. D. (1986). The role of threat to self-esteem and perceived control in recipient reaction to help: Theory development and empirical validation. In L. Berkowitz (Ed.), *Advances in experimental social psychology* (Vol. 19, pp. 81–122). Orlando, FL: Academic Press.

Nemeth, C. (1977). Interactions between jurors as a function of majority versus unanimity decision rules. *Journal of Applied Social Psychology, 7*, 38–56.

Nemeth, C. (1982). Stability of fact position and influence. In H. Brandstatter, J.H. Davis & G. Stocker-Kreichgauer (Eds.), *Group decision making* (pp. 185–200). New York: Academic Press.

Nemeth, C. (1986). Differential contributions of majority and minority influence. *Psychological Review, 93*, 23–32.

Nemeth, C. J. (1994). The value of minority dissent. In S. Moscovici, A. Mucchi-Faina & A. Maas (Eds.), *Minority influence* (pp. 3–15). Chicago: Nelson-Hall.

Nemeth, C. (1995). Dissent as driving cognition, attitudes and judgments. *Social Cognition, 13*, 273–291.

Nemeth, C. & Kwan, J. (1987). Minority influence, divergent thinking, and the detection of correct solutions. *Journal of Applied Social Psychology, 17*, 788–799.

Nemeth, C. J. & Staw, B. M. (1989). The tradeoffs of social control and innovation in groups and organizations. In L. Berkowitz (Ed.), *Advances in experimental social psychology* (Vol. 22, pp. 175–210). New York: Academic Press.

Nemeth, C., Swedlund, M. & Kanki, G. (1974). Patterning of the minority's responses and their influence on the majority. *European Journal of Social Psychology, 4*, 53–64.

Nemeth, C. & Wachtler, J. (1983). Creative problem solving as a result of majority versus minority influence. *European Journal of Social Psychology, 13*, 45–55.

Nesdale, D. (im Druck). The development of prejudice in children. To appear in M. Augoustinos & K. Reynolds (Eds.), *The psychology of prejudice and racism*. Newbury Park: Sage.

Neuberg, S. L., Cialdini, R. B., Brown, S. L., Luce, C., Sagarin, B. J. & Lewis, B. P. (1997). Does empathy lead to anything more than superficial helping? Comment on Batson et al. (1997). *Journal of Personality and Social Psychology, 73*, 510–516.

Neuberg, S. L. & Fiske, S. T. (1987). Motivational influences on impression formation: Outcome dependency, accuracy-driven attention, and individuating processes. *Journal of Personality and Social Psychology, 53*, 431–444.

Newman, L. S. (1991). Why are traits inferred spontaneously? A developmental approach. *Social Cognition, 9*, 221–253.

Newcomb, T. M. (1961). *The acquaintance process.* New York: Holt, Rinehart & Winston.

Newman, R. S. & Goldin, L. (1990). Children's reluctance to seek help with schoolwork. *Journal of Educational Psychology, 82*, 92–100.

Newton, P., Reddy, V. & Bull, R. (2000). Children's everyday deception and performance on false-belief tasks. *British Journal of Developmental Psychology, 18*, 297–317.

Ng, S. H. (1980). *The social psychology of power.* London: Academic Press.

Ng, S. H. & Bradac, J. J. (1993). *Power in language.* Thousand Oaks, CA: Sage.

Niedl, K. (1995). *Mobbing/Bullying am Arbeitsplatz. Eine empirische Analyse zum Phänomen sowie zu personalwirtschaftlich relevanten Effekten von systematischen Feindseligkeiten.* München: Hampp.

Nietzsche, F. (1959). *Der Wille zur Macht.* Stuttgart: Kröner. (Original erschienen 1901)

Ninio, A. & Snow, C. E. (1999). The development of pragmatics: Learning to use language appropriately. In W. C. Ritchie, C. William & T. K. Bhatia (Eds.), *Handbook of child language acquisition* (pp. 347–383). San Diego, CA: Academic Press.

Nisbett, R. E., Caputo, C., Legant, P. & Maracek, J. (1973). Behaviour as seen by the actor and as seen by the observer. *Journal of Personality and Social Psychology, 27*, 154–164.

Nisbett, R. E. & Cohen, D. (1996). *Culture of honor: The psychology of violence in the south.* Boulder, CO: Westview Press.

Nolen-Hoeksema, S., Girgus, J. S. & Seligman, M. E. P. (1992). Predictors and consequences of childhood depressive symptoms: Five-year longitudinal study. *Journal of Abnormal Psychology, 101*, 405–422.

Nolen-Hoeksema, S. & Larson, J. (1999). *Coping with loss.* Mahwah, NJ: Erlbaum.

Nolen-Hoeksema, S., McBride, A. & Larson, J. (1997). Rumination and psychological distress among bereaved partners. *Journal of Personality and Social Psychology, 72,* 855–862.

Noller, P. & Fitzpatrick, M. A. (1990). Marital communication in the eighties. *Journal of Marriage and the Family, 52,* 832–843.

Norman, R. (1975). Affective-cognitive consistency, attitudes, conformity, and behavior. *Journal of Personality and Social Psychology, 32,* 83–91.

Nuttin, J. M. (1985). Narcissism beyond Gestalt and awareness: The name letter effect. *European Journal of Social Psychology, 15,* 353–361.

Nye, J. L. & Brown, A. M. (Eds.). (1996). *What's social about social cognition?* London: Sage.

Nye, R. (1975). *The origins of crowd psychology.* London: Sage.

Oakes, P. J. & Turner, J. C. (1980). Social categorization and intergroup behaviour: Does minimal intergroup discrimination make social identity more positive? *European Journal of Social Psychology, 10,* 295–302.

Oatley, K. (1993). Social construction in emotions. In M. Lewis & J.M. Haviland (Eds.), *Handbook of emotions* (pp. 341–352, 1. Aufl.). New York: Guilford Press.

Oatley, K. & Johnson-Laird, P. N. (1987). Towards a cognitive theory of emotions. *Cognition and Emotion, 1,* 29–50.

O'Connor, S. C. & Rosenblood, L. K. (1996). Affiliation motivation in everyday experience: A theoretical comparison. *Journal of Personality and Social Psychology, 70,* 513–522.

Ohbuchi, K. & Kambara, T. (1985). Attacker's intent and awareness of outcome, impression management and retaliation. *Journal of Experimental Social Psychology, 21,* 321–330.

Ohbuchi, K., Kameda, M. & Agarie, N. (1989). Apology as aggression control: Its role in mediating appraisal of and response to harm. *Journal of Personality and Social Psychology, 56,* 219–227.

Oliner, S. P. & Oliner, P. M. (1988). *The altruistic personality: Rescuers of Jews in Nazi Europe.* New York: Free Press.

Olweus, D. (1973). *Hackkycklingar och översittare. Forskning on skolmobbning.* Stockholm: Almqvist & Wicksell.

Olweus, D. (1994). Bullying at school: Long-term outcomes for the victims and an effective school-based intervention program. In: L. R. Huesmann (Ed.), *Aggressive Behavior: Current Perspectives* (pp. 97–130). New York: Plenum.

Omoto, A. M. & Snyder, M. (1995). Sustained helping without obligation: Motivation, longevity of service, and perceived attitude change. *Journal of Personality and Social Psychology, 68,* 671–686.

Oppenheim, A. N. (1992). *Questionnaire design, interviewing and attitude measurement.* London: Pinter Publishers.

Orbell, J. M., Van der Kragt, A. J. & Dawes, R. M. (1988). Explaining discussion-induced cooperation. *Journal of Personality and Social Psychology, 54,* 811–819.

Organ, D. W. & Ryan, K. (1995). A meta-analytic review of attitudinal and dispositional predictors of organizational citizenship behavior. *Personnel Psychology, 48,* 775–802.

Orne, M. T. (1962). On the social psychology of the psychological experiment: With particular reference to demand characteristics and their implications. *American Psychologist, 17,* 776–783.

Orne, M. T. (1969). Demand characteristics and the concept of quasi-controls. In R. Rosenthal & R. L. Rosnow (Eds.), *Artifact in behavioral research* (pp. 143–179). New York: Academic Press.

Ortega y Gasset, J. (1984). *Der Aufstand der Massen.* Reinbek: Rowohlt. (Original erschienen 1930: La rebelión de masas. Madrid: Espasa-Calpe, 1972)

Osborn, A. F. (1957). *Applied imaginations.* New York: Scribner's.

Osgood, C. E., May, W. H. & Miron, M. S. (1975). *Cross-cultural universals of affective meaning.* Urbana, IL: University of Illinois Press.

Osgood, C. E., Suci, G. J. & Tannenbaum, P. H. (1957). *The measurement of meaning.* Urbana, IL: University of Illinois Press.

Ostrom, T. M. (1977). Between-theory and within-theory conflict in explaining contrast effects in impression formation. *Journal of Experimental Social Psychology, 13,* 492–503.

Otten, S., Mummendey, A. & Blanz, M. (1996). Intergroup discrimination in positive and negative outcome allocations: Impact of stimulus valence, relative group status and relative group size. *Personality and Social Psychology Bulletin, 22,* 568–581.

Ouellette, J. A. & Wood, W. (1998). Habit and intention in everyday life: The multiple processes by which past behavior predicts future behavior. *Psychological Bulletin, 124,* 54–74.

Paicheler, G. (1985). *Psychologie des influences sociales.* Paris: Delachaux & Niestlé.

Papousek, M. & Papousek, H. (1989). Forms and function of vocal matching in interactions between mothers and their precanonical infants. *First Language, 9,* 137–158.

Park, B., Judd, C. M. & Ryan, C. S. (1991). Social categorization and the representation of variability information. In W. Stroebe & M. Hewstone (Eds.), *European Review of Social Psychology* (Vol. 2, pp. 211–245). Chichester: Wiley.

Park, B., Ryan, C. S. & Judd, C. M. (1992). Role of meaningful subgroups in explaining differences in perceived variability for ingroups and outgroups. *Journal of Personality and Social Psychology, 63,* 533–567.

Park, R. E. (1972). *The crowd and the public.* Chicago: University of Chicago Press. (Original erschienen: *Masse und Publikum,* Bern 1904).

Parker, G. A. (1974). Courtship persistence and female-guarding as male time investment strategies. *Behaviour, 48,* 157–184.

Parkes, C. M., Benjamin, B. & Fitzgerald, R. G. (1969). Broken heart: A statistical study of increased mortality among widowers. *British Medical Journal, 1,* 740–743.

Parkinson, B. (1997). Untangling the appraisal-emotion connection. *Personality and Social Psychology Review, 1,* 62–79.

Parkinson, B. & Manstead, A. S. R. (1993). Making sense of emotions in stories and social life. *Cognition and Emotion, 7,* 295–323.

Passer, M. W., Kelley, H. H. & Michela, J. L. (1978). Multidimensional scaling of the causes for negative interpersonal behavior. *Journal of Personality and Social Psychology, 36,* 951–962.

Patnoe, S. (1988). *A narrative history of experimental social psychology.* New York: Springer.

Patterson, G. R., Littman, R. A. & Bricker, W. (1967). Assertive behavior in children: A step toward a theory of aggression. *Monographs of the Society for Research in Child Development, 32,* 5 (Serial No. 113).

Pemberton, M. J., Insko, C. A. & Schopler, J. (1996). Memory for and experience of differential distrust of individuals and groups. *Journal of Personality and Social Psychology, 71,* 953–966.

Pennebaker, J. W. (1989). Confession, inhibition, and disease. In L. Berkowitz (Ed.), *Advances in experimental social psychology* (Vol. 22, pp. 211–244). New York: Academic Press.

Pennebaker, J. W., Colder, M. & Sharp, L. K. (1990). Accelerating the coping process. *Journal of Personality and Social Psychology, 58,* 528–537.

Pennebaker, J. W., Kiecolt-Glaser, J. & Glaser, R. (1988). Disclosure of traumas and immune function: Health implications for psychotherapy. *Journal of Consulting and Clinical Psychology, 56,* 239–245.

Penner, L. A. & Finkelstein, M. A. (1998). Dispositional and structural determinants of volunteerism. *Journal of Personality and Social Psychology, 74,* 525–537.

Penner, L. A., Fritzsche, B. A., Craiger, J. P. & Freifeld, T. S. (1995). Measuring the prosocial personality. In J. Butcher & C. D. Spielberger (Eds.), *Advances in personality assessment* (Vol. 10, pp. 147–163). Hillsdale, NJ: Lawrence Erlbaum.

Pepitone, A. (1981). Lessons from the history of social psychology. *American Psychologist, 36,* 972–985.

Perret-Clermont, A.-N. (1980). *Social interaction and cognitive development in children.* London: Academic Press.

Personnaz, B. (1981). Study in social influence using the spectrometer method: Dynamics of the phenomena of conversion and covertness in perceptual responses. *European Journal of Social Psychology, 11,* 431–438.

Pessin, J. (1933). The comparative effects of social and mechanical stimulation on memorizing. *American Journal of Psychology, 45,* 263–270.

Peterson, C. (1980). Memory and the „dispositional shift". *Social Psychology Quarterly, 43,* 372–380.

Peterson, C., Maier, S. F. & Seligman, M. E. P. (1993). *Learned helplessness: A theory for the age of personal control.* Oxford: Oxford University Press.

Pettigrew, T. F. (1958). Personality and sociocultural factors in intergroup attitudes: A cross-national comparison. *Journal of Conflict Resolution, 2,* 29–42.

Pettigrew, T. F. (1971). *Racially separate or together?* New York: McGraw-Hill.

Pettigrew, T. F. (1986). The intergroup contact hypothesis reconsidered. In M. Hewstone & R. Brown (Eds.), *Contact and conflict in intergroup encounters* (pp. 169-195). Oxford: Basil Blackwell.

Petty, R. E. & Brock, T. C. (1981). Thought disruption and persuasion: Assessing the validity of attitude change experiments. In R. E. Petty, T. M. Ostrom & T. C. Brock (Eds.), *Cognitive Responses in Persuasion* (pp. 55–79). Hillsdale, NJ: Erlbaum.

Petty, R. E. & Cacioppo, J. T. (1981). *Attitudes and persuasion: Classic and contemporary approaches.* Dubuque, Iowa: Brown.

Petty, R. E. & Cacioppo, J. T. (1986a). *Communication and persuasion: Central and peripheral routes to attitude change.* New York: Springer.

Petty, R. E. & Cacioppo, J. T. (1986b). The elaboration likelihood model of persuasion. In L. Berkowitz (Ed.), *Advances in experimental social psychology* (Vol. 19, pp. 123–205). New York: Academic Press.

Petty, R. E., Cacioppo, J. T. & Goldman, R. (1981). Personal involvement as a determinant of argument-based persuasion. *Journal of Personality and Social Psychology, 41,* 847–855.

Petty, R. E., Haugtvedt, C. P. & Smith, S. M. (1995). Elaboration as a determinant of attitude strength: Creating attitudes that are persistent, resistant, and predictive of behavior. In R. E. Petty & J. A. Krosnick (Eds.), *Attitude strength: Antecedents and consequences.* Mahwah, NJ: Erlbaum.

Petty, R. E. & Krosnick, J. A. (Eds.). (1995). *Attitude strength: Antecedents and consequences.* Mahwah, NJ: Erlbaum.

Petty, R. E., Ostrom, T. M. & Brock, T. C. (Eds.). (1981). *Cognitive responses in persuasion.* Hillsdale, NJ: Erlbaum.

Petty, R. E., Priester, J. R. & Wegener, D. T. (1994). Cognitive processes in attitude change. In R. S. Wyer, Jr. & T. K. Srull (Eds.), *Handbook of social cognition* (2nd ed., Vol. 2: Applications, pp. 69–142). Hillsdale NJ: Erlbaum.

Petty, R. E. & Wegener, D. T. (1998a). Attitude change: Multiple roles for persuasion variables. In D. T. Gilbert, S. T. Fiske & G. Lindzey (Eds.), *The handbook of social psychology* (4th ed., Vol. 2, pp. 323–390). New York: McGraw-Hill.

Petty, R. E. & Wegener, D. T. (1998b). Matching versus mismatching attitude functions: Implications for scrutiny of persuasive messages. *Personality and Social Psychology Bulletin, 24,* 227–240.

Petty, R. E. & Wegener, D. T. (1999). The elaboration likelihood model: Current status and controversies. In S. Chaiken & Y. Trope (Eds.), *Dual process theories in social psychology* (pp. 41–72). New York: Guilford Press.

Petty, R. E., Wells, G. L. & Brock, T. C. (1976). Distraction can enhance or reduce yielding to propaganda: Thought disruption versus effort justification. *Journal of Personality and Social Psychology, 34,* 874–884.

Piaget, J. (1948). *Urteil und Denkprozeß des Kindes.* Düsseldorf: Schwann (Original erschienen 1947: Le jugement et raisonnement chez l'enfant. Neuchatel: Delachaux & Niestlé).

Piaget, J. (1969). *Das Erwachen der Intelligenz beim Kinde.* Stuttgart: Klett. (Original erschienen 1936: La naissance de la intelligence chez l'enfant. Neuchatel: Delacheaux et Niestlé)

Piaget, J. (1973a). *Das moralische Urteil beim Kinde.* Frankfurt/M.: Suhrkamp.

Piaget, J. (1973b). *Main trends in psychology.* London: George Allen & Unwin.

Piaget, J. & Weil, A. (1951). The development in children of the idea of the homeland and of relations with other countries. *International Social Science Bulletin, 3,* 561–576.

Pierce, G. R., Sarason, B. R. & Sarason, I. G. (1990). Integrating social support perspectives: Working models, personal relationships, and situational factors. In S. Duck & R. C. Silver (Eds.), *Personal relationships and social support* (pp. 173–189). London: Sage.

Piliavin, J. A. & Callero, P. (1991). *Giving blood: The development of an altruistic identity.* Baltimore: Johns Hopkins University Press.

Pinker, S. (1997). *How the mind works*. New York, London: Allen Lane.

Plutchik, P. (1980). *Emotion: A psychobioevolutionary synthesis*. New York: Harper & Row.

Postmes, T. & Spears, R. (1998). Deindividuation and antinormative behavior: A meta-analysis. *Psychological Bulletin, 123,* 1–21.

Pratkanis, A. R. (1989). The cognitive representation of attitudes. In A. R. Pratkanis, S. J. Breckler & A. G. Greenwald (Eds.), *Attitude structure and function* (pp. 71–98). Hillsdale, NJ: Erlbaum.

Prentice-Dunn, S. & Rogers, R. W. (1983). Deindividuation in aggression. In R. G. Geen & E. I. Donnerstein (Eds.), *Aggression, theoretical and empirical reviews* (Vol. 2, pp. 155–171). New York: Academic Press.

Prentice-Dunn, S. & Rogers, R. W. (1989). Deindividuation and the self-regulation of behavior. In P. B. Paulus (Ed.), *Psychology of group influence* (2nd ed., pp. 87–109). New York: Academic Press.

Price-Bonham, S., Wright, D. W. & Pittman, J. F. (1983). A frequent ‚alternative' in the 1970s. In E. Macklin & R.H. Rubin (Eds.), *Contemporary families and alternative lifestyles* (pp. 125–146). Beverly Hills, CA: Sage.

Prins, K. S., Buunk, A. P. & van Yperen, N. W. (1992). Equity, normative disapproval and extramarital sex. *Journal of Social and Personal Relationships, 10,* 39–53.

Prislin, R. (1996). Attitude stability and attitude strength: One is enough to make it stable. *European Journal of Social Psychology, 26,* 447–477.

Prochaska, J. O., DiClemente, C. C. & Norcross, J. C. (1992). In search of how people change: Applications to addictive behaviors. *American Psychologist, 47,* 1101–1114.

Prochaska, J. O., Velicer, W. F., Guadagnoli, E., Rossi, J. S. & DiClemente, C. C. (1991). Patterns of change: Dynamic typology applied to smoking cessation. *Multivariate Behavioral Research, 26,* 81–107.

Pruitt, D. G. (1981). *Negotiation behavior*. New York: Academic Press.

Pruitt, D. G. & Carnevale, P. J. (1993). *Negotiation in social conflict*. London: Open University Press.

Pruitt, D. G. & Kimmel, M. J. (1977). Twenty years of experimental gaming: Critique, synthesis, and suggestions for the future. *Annual Review of Psychology, 28,* 363–392.

Pruitt, D. G. & Rubin, J. Z. (1986). *Social conflict: Escalation, stalemate, and settlement*. New York: Random House.

Pugh, M. D. & Wahrman, R. (1983). Neutralizing sexism in mixed-sex groups: Do women have to be better than men? *American Journal of Sociology, 88,* 746–762.

Puska, P., Nissinen, A., Tuomilehto, J., Salonen, J. T., Koskela, K., McAlister, A., Kottke, T. E., Maccoby, N. & Farquhar, J. W. (1985). The community-based strategy to prevent coronary heart disease: Conclusions from ten years of the North Karelia Project. *Annual Review of Public Health* (Vol. 6, pp. 147–194). Palo Alto, CA: Annual Reviews Inc.

Quattrone, G. A. (1982). Overattribution and unit formation: When behavior engulfs the person. *Journal of Personality and Social Psychology, 42,* 593–607.

Quattrone, G. A. & Jones, E. E. (1980). The perception of variability within ingroups and outgroups. *Journal of Personality and Social Psychology, 38,* 141–152.

Rabbie, J. M. (1963). Differential preference for companionship under threat. *Journal of Abnormal and Social Psychology, 67,* 643–648.

Rabbie, J. M. (1982). *Are groups more aggressive than individuals?* „Henri Tajfel lecture", gehalten auf der Annual Conference 1982 of the Social Psychology Section of the British Psychological Society, 24.–26. September 1982.

Rabbie, J. M. & Horwitz, M. (1969). Arousal of ingroup-outgroup bias by a chance win or loss. *Journal of Personality and Social Psychology, 13,* 269–277.

Rabbie, J. M. & Horwitz, M. (1982). Conflict and aggression between individuals and groups. In H. Hiebsch, H. Brandstätter & H. H. Kelley (Eds.), *Social psychology*. Überarb. Version ausgewählter Vorträge, gehalten auf dem XXII. International Congress of Psychology, Leipzig (DDR), Nr. 8.

Rabbie, J. M. & Horwitz, M. (1988). Categories versus groups as explanatory concepts in intergroup relations. *European Journal of Social Psychology, 18,* 117–123.

Rabbie, J. M. & Lodewijkx, H. (1983). *Aggression toward groups and individuals*. Vortrag, gehalten auf dem East-West Meeting of the European Association of Experimental Social Psychology. Varna (Bulgarien), 17.–20. Mai 1983.

Rabbie, J. M., Schot, J. C. & Visser, L. (1989). Social identity theory: A conceptual and empirical critique from the perspective of a behavioural interaction model. *European Journal of Social Psychology, 19,* 171–202.

Rafaeli, A. & Sutton, R. I. (1987). Expression of emotion as part of the work role. *Academy of Management Review, 12(1),* 23–37.

Rahe, R. H. (1968). Life change measurement as a predictor of illness. *Proceedings of the Royal Society of Medicine, 61(1),* 124–126.

Reber, R., Winkielman, P. & Schwarz, N. (1998). Effects of perceptual fluency on affective judgments. *Psychological Science, 9,* 45–48.

Redican, W. K. (1982). An evolutionary perspective on human facial displays. In P. Ekman (Eds.), *Emotion in the human face* (2. Aufl.). New York: Cambridge University Press.

Reeder, G. & Brewer, M. (1979). A schematic model of dispositional attribution in interpersonal perception. *Psychological Review, 86,* 61–79.

Regalski, J. M. & Gaulin, S. J. C. (1993). Whom are Mexican infants said to resemble? Monitoring and fostering paternal confidence in the Yucatan. *Ethology and Sociobiology, 14,* 97–113.

Regan, D. T. & Fazio, R. H. (1977). On the consistency between attitudes and behavior: Look to the method of attitude formation. *Journal of Experimental Social Psychology, 13,* 28–45.

Regan, D. T., Straus, E. & Fazio, R. (1974). Liking and the attribution process. *Journal of Experimental Social Psychology, 10,* 385–397.

Reicher, S. D., Spears, R. & Postmes, T. (1995). A social identity model of deindividuation phenomena. In W. Stroebe & M. Hewstone (Eds.), *European Review of Social Psychology* (Vol. 6, pp. 161–198). Chichester: Wiley.

Reis, H. T. & Patrick, B. C. (1996). Attachment and intimacy: Component processes. In E. T. Higgins & A. W. Kruglanski (Eds.), *Social psychology: Handbook of basic principles* (pp. 523–563). New York, NY: Guilford Press.

Reis, H. T., Senchak, M. & Solomon, B. (1985). Sex differences in the intimacy of social interaction: Further examination of potential explanations. *Journal of Social and Personality Psychology, 48,* 1204–1217.

Reisenzein, R. (1983). The Schachter theory of emotion: Two decades later. *Psychological Bulletin, 94,* 239–264.

Reisenzein, R. & Hofmann, T. (1993). Discriminating emotions from appraisal-relevant situational information: Baseline data for structural models of cognitive appraisals. *Cognition and Emotion, 7,* 271–294.

Resnick, L. B., Levine, J. M. & Teasley, S. D. (Eds.). (1991). *Perspectives on socially shared cognition.* Washington, DC: American Psychological Association.

Reyes, R. M., Thompson, W. C. & Bower, G. H. (1980). Judgmental biases resulting from differing availabilities of arguments. *Journal of Personality and Social Psychology, 39,* 2–12.

Rhodes, S. R. & Steers, R. M. (1990). *Managing employee absenteeism.* Reading, MA: Addison-Wesley.

Rholes, W. S. & Pryor, J. B. (1982). Cognitive accessibility and causal attributions. *Personality and Social Psychology Bulletin, 8,* 719–727.

Ricci-Bitti, P., Brighetti, G., Garotti, P. L. & Boggi Cavallo, P. (1989). Is contempt expressed by pan-cultural facial movements? In J. P. Forgas & J. M. Innes (Eds.), *Recent advances in social psychology: An international perspective.* Amsterdam: Elsevier.

Ridgeway, C. L. (1978). Conformity, group-oriented motivation, and status attainment in small groups. *Social Psychology, 41,* 175–188.

Ridley, M. (1994). *The red queen: Sex and the evolution of human nature.* Harmondsworth: Penguin.

Rijsman, J. B., Zoetebier, J. H. T., Ginther, A. J. F. & Doise, W. (1980). Sociocognitief conflict en cognitieve ontwikkeling. *Pedagogische Studien, 57,* 125–133.

Rijt-Plooj, H. H. C. van de & Plooj, F. X. (1993). Distinct periods of mother-infant conflict in normal development: Sources of progress and germs of pathology. *Journal of Child Psychology and Psychiatry, 34,* 229–245.

Rimé, B., Finkenauer, C., Luminet, O., Zech, E. & Philippot, P. (1998). Social Sharing of Emotion: New Evidence and New Questions. In W. Stroebe and M. Hewstone (Eds.), *European Review of Social Psychology,* Vol. 9 (pp. 145–189). Chichester: Wiley

Rippetoe, P. A. & Rogers, R. W. (1987). Effects of components of protection-motivation theory on adaptive and maladaptive coping with a health threat. *Journal of Personality and Social Psychology, 52,* 596–604.

Robins, R. W., Spranca, M. D. & Mendelsohn, G. A. (1996). The actor-observer effect revisited: Effects of individual differences and repeated social interactions on actor and observer attributions. *Journal of Personality and Social Psychology, 71,* 375–389.

Robinson, E. J. & Whittaker, S. J. (1986). Learning about verbal referential communication in the early school years. In K. Durkin (Ed.), *Language development in the school years* (pp. 155–171). London: Croom Helm.

Robinson, J. P., Shaver, P. R. & Wrightsman, L. S. (Eds.). (1991). *Measures of personality and social psychological attitudes.* San Diego, CA: Academic Press.

Rochat, F. & Modigliani, A. (1995). The ordinary quality of resistance: From Milgram's laboratory to the village of Le Chambon. *Journal of Social Issues, 51,* 195–210.

Roethlisberger, F. J. & Dickson, J. (1939). *Management and the worker.* Cambridge, MA: Harvard University Press.

Rogers, R. W. (1975). A protection motivation theory of fear appeals and attitude change. *Journal of Psychology, 91,* 91–114.

Rogers, R. W. (1983). Cognitive and physiological processes in fear appeals and attitude change: A revised theory of protection motivation. In J. T. Cacioppo & R. E. Petty (Eds.), *Social psychophysiology: A source-book* (pp. 151–176). New York: Guilford.

Rogers, R. W. (1985). Attitude change and information integration in fear appeals. *Psychological Reports, 56,* 179–182.

Rogers, R. W. & Mewborn, C. R. (1976). Fear appeals and attitude change: Effects of a threat's noxiousness, probability of occurrence, and the efficacy of coping responses. *Journal of Personality and Social Psychology, 34,* 54–61.

Rogoff, B. (1990). *Apprenticeship in thinking: Cognitive development in a social context.* New York: Oxford University Press.

Rosch, E. H. (1978). Principles of categorization. In E. H. Rosch & B. B. Lloyd (Eds.), *Cognition and categorization* (pp. 27–48). Hillsdale, NJ: Erlbaum.

Roseman, I. J., Antoniou, A. A. & Jose, P. E. (1996). Appraisal determinants of emotions: Constructing a more accurate and comprehensive theory. *Cognition and Emotion, 10,* 241–277.

Roseman, I. J., Spindel, M. S. & Jose, P. E. (1990). Appraisals of emotion-eliciting events: Testing a theory of discrete emotions. *Journal of Personality and Social Psychology, 59,* 899–915.

Rosenbaum, M. E. (1986). The repulsion hypothesis: On the nondevelopment of relationships. *Journal of Personality and Social Psychology, 51,* 1156–1166.

Rosenberg, M. J. (1960). An analysis of affective-cognitive consistency. In M. J. Rosenberg, C. I. Hovland, W. J. McGuire, R. P. Abelson & J. W. Brehm (Eds.), *Attitude organization and change* (pp. 15–64). New Haven, CT: Yale University Press.

Rosenberg, M. J. (1968). Hedonism, inauthenticity, and other goads toward expansion of a consistency theory. In R. P. Abelson, E. Aronson, W. J. McGuire, T. M. Newcomb, M. J. Rosenberg & P. H. Tannenbaum (Eds.), *Theories of cognitive consistency: A sourcebook* (pp. 73–111). Chicago: Rand-McNally.

Rosenberg, M. J. & Hovland, C. I. (1960). Cognitive, affective, and behavioral components of attitudes. In M. J. Rosenberg, C. I. Hovland, W. J. McGuire, R. P. Abelson & J. W. Brehm (Eds.), *Attitude organization and change* (pp. 1–14). New Haven, CT: Yale University Press.

Rosenberg, M. & Simmons, R. G. (1972). *Black and white self-esteem: The urban school child.* Washington, DC: American Sociological Association.

Rosenhan, D. L., Underwood, B. & Moore, B. (1974). Affect moderates self-gratification and altruism. *Journal of Personality and Social Psychology, 30,* 546–552.

Rosenstock, I. M., Strecher, V. J. & Becker, M. H. (1988). Social learning theory and the Health Belief Model. *Health Education Quarterly, 15,* 175–183.

Rosenthal, R. (1966). *Experimenter effects in behavioral research.* New York: Appleton-Century-Crofts.

Rosenthal, R. & Rosnow, R. L. (1975). *The volunteer subject.* New York: Wiley.

Ross, E. A. (1908). *Social psychology.* New York: Macmillan.

Ross, L. (1977). The intuitive psychologist and his shortcomings: Distortions in the attribution process. In L. Berkowitz (Ed.), *Advances in experimental social psychology* (Vol. 10, pp. 173–220). New York: Academic Press.

Ross, L., Amabile, T. M. & Steinmetz, J. L. (1977). Social roles, social control and biases in social-perception processes. *Journal of Personality and Social Psychology, 35*, 485–494.

Ross, M. & Fletcher, G. J. O. (1985). Attribution and social perception. In G. Lindzey & E. Aronson (Eds.), *Handbook of social psychology* (3. Aufl., Vol. 2, pp. 73–122). New York: Random House.

Rosse, J. G. & Miller, H. E. (1984). Relationship between absenteeism and other employee behaviors. In P. S. Goodman & R. S. Atkin (Eds.), *Absenteeism* (pp. 194–228). San Francisco: Jossey-Bass.

Roth, S. & Cohen, L. J. (1986). Approach, avoidance, and coping with stress. *American Psychologist, 41*, 811–819.

Rothbart, M. & Lewis, S. (1988). Inferring category attributes from exemplar attributes: Geometric shapes and social categories. *Journal of Personality and Social Psychology, 55*, 861–872.

Rothbart, M. & Park, B. (1986). On the confirmability and disconfirmability of trait concepts. *Journal of Personality and Social Psychology, 50*, 131–142.

Rotter, J. B. (1966). Generalized expectancies of internal versus external control of reinforcement. *Psychological Monographs, 80*, die gesamte Ausgabe Nr. 609.

Ruberman, W., Weinblatt, E., Goldberg, J. D. & Chaudhary, B. S. (1984). Psychosocial influences on mortality after myocardial infarction. *New England Journal of Medicine, 311*, 551–559.

Rubin, M. & Hewstone, M. (1998). Social identity theory's self-esteem hypothesis: A review and suggestions for clarification. *Personality and Social Psychology Review, 2*, 40–62.

Ruble, D. N., Fleming, A. S., Hackel, L. S. & Stangor, C. (1988). Changes in the marital relationship during the transition to first time motherhood: Effects of violated expectations concerning division of household labor. *Journal of Personality and Social Psychology, 55*, 78–87.

Rule, B. G., Dyck, R. J. & Nesdale, A. R. (1978). Arbitrariness of frustration: Inhibition or instigation effects in aggression. *European Journal of Social Psychology, 8*, 237–244.

Rule, B. G., Ferguson, T. J. (1984). The relation among attribution, moral evaluation, anger, and aggression in children and adults. In A. Mummendey (Ed.), *Social psychology of aggression: From individual behavior to social interaction* (pp. 143–155). New York: Springer.

Rule, B. G. & Nesdale, A. R. (1976). Emotional arousal and aggressive behavior. *Psychological Bulletin, 83*, 851–863.

Runciman, W. G. (1966). *Relative deprivation and social justice*. London: Routledge & Kegan Paul.

Rusbult, C. E. (1983). A longitudinal test of the investment model: The development (and deterioration) of satisfaction and commitment in heterosexual involvements. *Journal of Personality and Social Psychology, 45*, 101–117.

Rusbult, C. E. & Buunk, A. P. (1993). Commitment processes in close relationships: An interdependence analysis. *Journal of Social and Personal Relationships, 10*, 175–204.

Rusbult, C. E. & Farrell, D. (1983). A longitudinal test of the investment model: The impact on job satisfaction, job commitment, and turnover of variations in rewards, costs, alternatives, and investments. *Journal of Applied Psychology, 68*, 429–438.

Rusbult, C. E. & Martz, J. M. (1995). Remaining in an abusive relationship: An investment model analysis of nonvoluntary dependence. *Personality and Social Psychology Bulletin, 21*, 558–571.

Rusbult, C. E. & Van Lange, P. A. M. (1996). Interdependence processes. In E. T. Higgins & A. W. Kruglanski (Eds.), *Social psychology: Handbook of basic principles* (pp. 564–596). New York: Guilford Press.

Rusbult, C. E., Verette, J., Whitney, G. A., Slovik, L. F. & Lipkus, I. (1991). Accommodation processes in close relationships: Theory and preliminary empirical evidence. *Journal of Personality and Social Psychology, 60*, 53–78.

Rushton, J. P. (1980). *Altruism, socialization and society*. Englewood Cliffs, NJ: Prentice-Hall.

Russell, J. A. (1983). Pancultural aspects of the human conceptual organization of emotions. *Journal of Personality and Social Psychology, 45*, 1281–1288.

Rutland, A. (1999). The development of national prejudice, in-group favouritism and self-stereotypes in British children. *British Journal of Social Psychology, 38*, 55-70.

Ryan, A. M., Gheen, M. H. & Midgley, C. (1998). Why do some students avoid asking for help? *Journal of Educational Psychology, 90*, 528–535.

Ryan, A. M. & Pintrich, P. R. (1997). Should I ask for help? The role of motivation and attitudes in adolescents' help seeking in math class. *Journal of Educational Psychology, 89*, 329–341.

Ryen, A. H. & Kahn, A. (1975). Effects of intergroup orientation on group attitudes and proxemic behaviour. *Journal of Personality and Social Psychology, 31*, 302–310.

Sachdev, I. & Bourhis, R. (1985). Social categorization and power differentials in group relations. *European Journal of Social Psychology, 15*, 415–434.

Sachdev, I. & Bourhis, R. (1987). Status differentials and intergroup behaviour. *European Journal of Social Psychology, 17*, 277–293.

Sadalla, E. K., Kenrick, D. T. & Vershure, B. (1987). Dominance and interpersonal attraction. *Journal of Personality and Social Psychology, 52*, 730–738.

Sadler, O. & Tesser, A. (1973). Some effects of salience and time upon interpersonal hostility and attraction during social isolation. *Sociometry, 36*, 99–112.

Saegert, S., Swap, W. & Zajonc, R. (1973). Exposure, context and interpersonal attraction. *Journal of Personality and Social Psychology, 25*, 234–242.

Salovey, P. & Mayer, J. D. (1990). Emotional intelligence. *Imagination, cognition, and personality, 9*, 185–211.

Salovey, P., Rothman, A. J. & Rodin, J. (1998). Health behavior. In D. T. Gilbert, S. T. Fiske & G. Lindzey (Eds.), *Handbook of social psychology* (Vol. 2, pp. 631–683). Boston: McGraw-Hill.

Sampson, E. E. (1977). Psychology and the American ideal. *Journal of Personality and Social Psychology, 35*, 767–782.

Sampson, E. E. (1993). *Celebrating the other: A dialogic account of human nature*. New York: Harvester/Wheatsheaf.

Samuelson, C. D. (1993). A multiattribute evaluation approach to structural change in resource dilemmas. *Organizational Behavior and Human Decision Processes, 55*, 298–324.

Samuelson, C. D., Messick, D. M., Rutte, C. G. & Wilke, H. A. M. (1984). Individual and structural solutions to resource dilemmas in two countries. *Journal of Personality and Social Psychology, 47*, 94–104.

Sanders, G. S. (1981). Driven by distraction: An integrative review of social facilitation theory and research. *Journal of Experimental Social Psychology, 13*, 303–314.

Sanders, G. S. & Baron, R. S. (1977). Is social comparison irrelevant for producing choice shifts? *Journal of Experimental Social Psychology, 13,* 303–314.

Sanders, G. S., Baron, R. S. & Moore, D. L. (1978). Distraction and social comparison as mediators of social facilitation effects. *Journal of Experimental Social Psychology, 14,* 291–303.

Sanna, L. J. (1992). Self-efficacy theory: Implications for social facilitation and social loafing. *Journal of Personality and Social Psychology, 62,* 774–786.

Sanna, L. J. & Shotland, R. L. (1990). Valence of anticipated evaluation and social facilitation. *Journal of Experimental Social Psychology, 26,* 82–92.

Sarason, I. G. & Sarason, B. R. (1986). Experimentally provided social support. *Journal of Personality and Social Psychology, 50,* 1222–1225.

Sasfy, J. & Okun, M. (1974). Form of evaluation and audience expertness as joint determinants of audience effects. *Journal of Experimental Social Psychology, 10,* 461–467.

Saxon, T. F. (1997). A longitudinal study of early mother-infant interaction and later language competence. *First Language, 17,* 271–281.

Schaap, C., Buunk, B. & Kerkstra, A. (1988). Marital conflict resolution. In P. Noller & M. A. Fitzpatrick (Eds.), *Perspectives on marital interaction* (pp. 203–244). Clevedon, Philadelphia: Multilingual Matters.

Schachter, S. (1951). Deviation, rejection and communication. *Journal of Abnormal and Social Psychology, 46,* 190–207.

Schachter, S. (1959). *The psychology of affiliation.* Palo Alto, CA: Stanford University Press.

Schachter, S. (1964). The interaction of cognitive and physiological determinants of emotional state. In L. Berkowitz (Ed.), *Advances in experimental social psychology* (Vol. 1, 49–80). New York: Academic Press.

Schachter, S. (1970). The assumption of identity and peripheralist-centralist controversies in motivation and emotion. In M. B. Arnold (Eds.), *Feelings and emotions: The Loyola symposium* (pp. 111–121). New York: Academic Press.

Schachter, S., Nuttin, J., De Monchaux, C., Maucorps, P. H., Osmer, D., Duijker, H., Rommetveit, R. & Israel, J. (1954). Cross-cultural experiments on threat and rejection. *Human Relations, 7,* 403–439.

Schachter, S. & Singer, J. E. (1962). Cognitive, social and physiological determinants of emotional states. *Psychological Review, 69,* 379–399.

Schäfer, M. (1997). Verschiedenartige Perspektiven von Bullying, *Empirische Pädagogik, 11,* 369–383.

Schaffer, H. R. (1996). *Social development.* Oxford: Blackwell.

Schaller, M., (1992). In-group favoritism andf statistical reasoning in social inference: Implications for formation and maintenance of group stereotypes. *Journal of Personality and Social Psychology, 63,* 61–74.

Scheier, M. F. & Carver, C. S. (1985). Optimism, coping, and health: assessment and implications of generalized outcome expectancies. *Health Psychology, 4,* 219–247.

Scheier, M. F., Carver, C. S. & Bridges, M. W. (1994). Distinguishing optimism from neuroticism (and trait anxiety, self-mastery, and self-esteem): A reevaluation of the life orientation test. *Journal of Personality and Social Psychology, 67,* 1061–1078.

Scheier, M. F., Matthews, K. A., Owens, J., Magovern, G. J., Sr., Lefebvre, R. C., Abbott, R. A. & Carver, C. S. (1989). Dispositional optimism and recovery from coronary artery bypass surgery: The beneficial effects on physical and psychological well-being. *Journal of Personality and Social Psychology, 57,* 1024–1040.

Scheier, M. F., Weintraub, J. K. & Carver, C. S. (1986). Coping with stress: Divergent strategies of optimists and pessimists. *Journal of Personality and Social Psychology, 51,* 1257–1264.

Schelling, T. C. (1960). *The strategy of conflict.* Cambridge, MA: Harvard University Press.

Scherer, K. R. (1984a). On the nature and function of emotion: A component process approach. In K. R. Scherer & P. Ekman (Eds.), *Approaches to emotion* (pp. 293–318). Hillsdale, NJ: Erlbaum.

Scherer, K. R. (1984b). Emotion as a multicomponent process: A model and some cross-cultural data. In P. Shaver (Ed.), *Review of Personality and Social Psychology,* Vol. 5. (pp. 37–63). Beverly Hills, CA: Sage.

Scherer, K. R. (1985). Vocal affect signalling: A comparative approach. In J. Rosenblatt, C. Beer, M. Busnel & P. J. B. Slater (Eds.), *Advances in the study of behaviour* (pp. 189–244). New York: Academic Press.

Scherer, K. R. (1986). Vocal affect expression: A review and a model for future research. *Psychological Bulletin, 99,* 143–165.

Scherer, K. R. (1992a). Social psychology evolving. A progress report. In M. Dierkes & B. Bievert (Eds.), *European social science in transition: Assessment and outlook* (pp. 178–243). Frankfurt: Campus.

Scherer, K. R. (1992b). What does facial expression express? In K. Strongman (Ed.), *International review of studies on emotion* (pp. 139–165, Vol. 2). Chichester: Wiley.

Scherer, K. R. (1993a). Neuroscience projections to current debates in emotion psychology. *Cognition and Emotion, 7,* 1–41.

Scherer, K. R. (1993b). Studying the emotion-antecedent appraisal process: An expert system approach. *Cognition and Emotion, 7,* 325–355.

Scherer, K. R. (1993c). Two faces of social psychology: European and North-American perspectives. *Social Science Information, 32,* 515–552.

Scherer, K. R. (1994). Affect bursts. In S. van Goozen, N. E. van de Poll & J. A. Sergeant (Eds.), *Emotions: Essays on emotion theory* (pp. 161–196). Hillsdale, NJ: Erlbaum.

Scherer, K. R. (1997a). Profiles of emotion-antecedent appraisal: Testing theoretical predictions across cultures. *Cognition and Emotion, 11,* 113–150.

Scherer, K. R. (1997b). The role of culture in emotion-antecedent appraisal. *Journal of Personality and Social Psychology, 73,* 902–922.

Scherer, K. R. (1999). Appraisal theories. In T. Dalgleish & M. Power (Eds.). *Handbook of Cognition and Emotion* (pp. 637–663). Chichester: Wiley.

Scherer, K. R., Banse, R. & Wallbott, H. G. (2001). Emotion inferences from vocal expression correlate across languages and cultures. *Journal of Cross-Cultural Psychology, 32*(1), 76–92.

Scherer, K. R. & Ceschi, G. (1997). Lost luggage emotion: A field study of emotion-antecedent appraisal. *Motivation and Emotion, 21,* 211–235.

Scherer, K. R., Schorr, A. & Johnstone, I. T. (2001). *Appraisal processes in emotion: Theory, research, application.* New York: Oxford University Press.

Scherer, K. R. & Wallbott, H. G. (1994). Evidence for universality and cultural variation of differential emotion response patterning. *Journal of Personality and Social Psychology, 66,* 310–328.

Scherer, K. R., Wallbott, H. G. & Summerfield, A. B. (Eds.). (1986). *Experiencing emotion: A crosscultural study.* Cambridge, New York: Cambridge University Press.

Schlenker, B. R. (1974). Social psychology and science. *Journal of Personality and Social Psychology, 29,* 1–15.

Schlosberg, H. A. (1954). Three dimensions of emotion. *Psychological Review, 61,* 81–88.

Schopler, J. & Bateson, N. (1965). The power of dependence. *Journal of Personality and Social Psychology, 2,* 247–254.

Schopler, J. & Insko, C. A. (1992). The discontinuity effect in interpersonal and intergroup relations: Generality and mediation. In W. Stroebe & M. Hewstone (Eds.), *European Review of Social Psychology* (Vol. 3, pp. 121–151). Chichester, England: Wiley.

Schreurs, K. S. & Buunk, B. P. (1996). Closeness, autonomy, equity, and relationship satisfaction in Dutch lesbian couples. *Psychology of Women Quarterly, 20,* 577–592.

Schuster, B. (1996). Rejection, exclusion, and harassment at work and in schools. *European Psychologist, 1,* 278–292.

Schuster, B., Rudolph, U. & Foersterling, F. (1998). Attributions or covariation information: What determines behavioural reaction decisions? *Personality and Social Psychology Bulletin, 24,* 838–854.

Schwartz, S. H. (1977). Normative influences on altruism. In L. Berkowitz (Ed.). *Advances in experimental social psychology* (Vol. 10, pp. 221–279). New York: Academic Press.

Schwartz, S. H. (1992). Universals in the content and structure of values: Theoretical advances and empirical tests in 20 countries. In M. P. Zanna (Ed.), *Advances in experimental social psychology* (Vol. 25, pp. 1–65). San Diego, CA: Academic Press.

Schwartz, S. H. (1994). Are there universal aspects in the structure and contents of human values? *Journal of Social Issues, 50(4),* 19–45.

Schwartz, S. H. & Gottlieb, A. (1976). Bystander reactions to a violent theft: Crime in Jerusalem. *Journal of Personality and Social Psychology, 34,* 1188–1199.

Schwartz, S. H. & Howard, J. A. (1981). A normative decision-making model of altruism. In J. P. Rushton & R. M. Sorrentino (Eds.), *Altruism and helping behavior* (pp. 189–211). Hillsdale, NJ: Lawrence Erlbaum.

Schwarz, N. (1990a). Assessing frequency reports of mundane behaviors: Contributions of cognitive psychology to questionnaire construction. In C. Hendrick & M. S. Clark (Eds.), *Research methods in personality and social psychology* (*Review of Personality and Social Psychology,* Vol. 11, pp. 98–119). Newbury Park, CA: Sage.

Schwarz, N. (1990b). Feelings as information. Informational and motivational functions of affective states. In E. T. Higgins & R. M. Sorrentino (Eds.), *Handbook of motivation and cognition* (Vol. 2, pp. 527–561). New York: Guilford Press.

Schwarz, N. & Bless, H. (1992). Constructing reality and its alternatives: An inclusion-exclusion model of assimilation and contrast effects in social judgment. In L.L. Martin & A. Tesser (Eds.), *The construction of social judgment* (pp. 217–245). Hillsdale, NJ: Erlbaum.

Schwarz, N., Bless, H. & Bohner, G. (1991). Mood and persuasion: Affective states influence the processing of persuasive communications. In M. Zanna (Ed.), *Advances in experimental social psychology* (Vol. 24, pp. 161–197). New York: Academic Press

Schwarz, N., Bless, H., Strack, F., Klumpp, G., Rittenauer-Schatka, H. & Simons, A. (1991). Ease of retrieval as information: Another look at the availability heuristic. *Journal of Personality and Social Psychology, 61,* 195–202.

Schwarz, N. & Bohner, G. (im Druck). The construction of attitudes. In A. Tesser & N. Schwarz (Eds.), *Blackwell handbook of social psychology: Intrapersonal processes* (pp. 000–000). Oxford, UK: Blackwell.

Schwarz, N. & Clore, G. L. (1983). Mood, misattribution and judgments of well-being: Informative and directive functions of affective states. *Journal of Personality and Social Psychology, 45,* 513–523.

Schwarz, N. & Clore, G. L. (1988). How do I feel about it? The informative function of affective states. In K. Fiedler & J. P. Forgas (Eds.), *Affect, cognition, and social behavior* (pp. 44–62). Toronto: Hogrefe.

Schwarz, N., Groves, R. M. & Schuman, H. (1998). Survey methods. In D. T. Gilbert, S. T. Fiske & G. Lindzey (Eds.), *Handbook of social psychology,* (4. Aufl., Vol. 1, pp. 143–179). New York: McGraw-Hill.

Schwarzer, R. (1992). Self-efficacy in the adoption and maintenance of health behaviors: Theoretical approaches and a new model. In R. Schwarzer (Ed.), *Self-efficacy: Thought control of action* (pp. 217–242). Washington, DC: Hemisphere.

Schwarzer, R. & Leppin, A. (1989). Social support and health: A meta-analysis. *Psychology and Health, 3,* 1–15.

Schwarzer, R. & Leppin, A. (1992). Social support and mental health: A conceptual and empirical overview. In L. Montada, S. H. Filipp & M. J. Lerner (Eds.), *Life crises and experiences of loss in adulthood* (pp. 435–458). Hillsdale, NJ: Lawrence Erlbaum.

Secord, P. F. (1959). Stereotyping and favorableness in the perception of Negro faces. *Journal of Abnormal and Social Psychology, 59,* 309–315.

Sedikides, C. & Ostrom, T. M. (1988). Are person categories used when organizing information about unfamiliar sets of persons? *Social Cognition, 6,* 252–267.

Self, C. A. & Rogers, R. W. (1990). Coping with threats to health. Effects of persuasive appeals on depressed, normal, and antisocial personalities. *Journal of Behavioral Medicine, 13,* 341–357.

Selye, H. (1956). *The stress of life.* New York: McGraw Hill.

Semin, G. R. (1986). On the relationship between representations of theories in psychology and ordinary language. In W. Doise & S. Moscovici (Eds.), *Current issues in European social psychology* (Vol. 2, pp. 307–348). Cambridge: Cambridge University Press.

Semin, G. R. & Fiedler, K. (1988). The cognitive functions of linguistic categories in describing persons: Social cognition and language. *Journal of Personality and Social Psychology, 54,* 558–567.

Semin, G. R. & Fiedler, K. (1991). The linguistic category model, its bases, applications, and range. *European Review of Social Psychology, 2,* 1–30.

Semin, G. R. & Fiedler, K. (Eds.). (1992). *Language, interaction and social cognition.* Newbury Park, CA: Sage.

Semin, G. R. & Manstead, A. S. R. (1979). Social psychology: Social or psychological? *British Journal of Social and Clinical Psychology, 18,* 191–202.

Semin, G. R. & Manstead, A. S. R. (1983). *The accountability of conduct: A social psychological analysis.* London: Academic Press.

Semin, G. R. & Papadopoulou, K. (1990). The acquisition of reflexive social emotions: the transmission and reproduction of social control through joint action. In G. Duveen and B. Lloyd (Eds.), *Social representations and the development of knowledge* (pp. 107–125). Cambridge: Cambridge University Press.

Semin, G. R. & Strack, F. (1980). The plausibility of the implausible: A critique of Snyder and Swann (1978). *European Journal of Social Psychology, 10,* 379–388.

Senchak, M. & Leonard, K. E. (1993). The role of spouses' depression and anger in the attribution-marital satisfaction relation. *Cognitive Therapy and Research, 17,* 397–409.

Sergios, P. & Cody, J. (1985/86). Importance of physical attractiveness and social assertiveness skills in male homosexual dating behavior and partner selection. *Journal of Homosexuality, 12,* 71–84.

Shadish, W. R. & Fuller, S. (Eds.). (1994). *The social psychology of science.* New York: Guilford Press.

Shamir, B., House, R. J. & Arthur, M. B. (1993). The motivational effects of charismatic leadership: A self-concept based theory. *Organization Science, 4,* 577–594.

Shanab, M.E. & Yahya, K.A. (1978). A cross-cultural study of obedience. *Bulletin of the Psychonomic Society, 11,* 267–269.

Shaver, K. G. (1985). *The attribution of blame: Causality, responsibility, and blameworthiness.* New York: Springer.

Shaver, P., Hazan, C. & Bradshaw, D. (1988). Love as attachment: the integration of three behavioral systems. In R. J. Sternberg and M. Barnes (Eds.), *The anatomy of love* (pp. 68–99). New Haven, Connecticut: Yale University Press.

Shaver, P. & Klinnert, M. (1982). Schachter's theories of affiliation and emotion: Implications of developmental research. In L. Wheeler (Ed.), *Review of Personality and Social Psychology,* Vol. 3 (pp. 37–72). Beverly Hills, CA: Sage.

Shaver, P. & Rubinstein, C. (1980). Childhood attachment experience and adult loneliness. *Review of Personality and Social Psychology, 1,* 42–73.

Shavitt, S. (1989). Operationalizing functional theories of attitude. In A. R. Pratkanis, S. J. Breckler & A. G. Greenwald (Eds.), *Attitude structure and function* (pp. 311–337). Hillsdale, NJ: Erlbaum.

Shavitt, S. & Fazio, R. H. (1991). Effects of attribute salience on the consistency between attitudes and behavior predictions. *Personality and Social Psychology Bulletin, 17,* 507–516.

Shaw, M. E. (1964). Communication networks. In: L. Berkowitz (Ed.), *Advances in experimental social psychology* (Vol. 1, pp. 111–147). New York: Academic Press.

Sheeran, P. & Abraham, C. (1996). The health belief model. In M. Conner & P. Norman. *Predicting health behaviour* (pp. 21–61). Buckingham: Open University Press.

Sheeran, P., Abraham, C. & Orbell, S. (1999). Psychosocial correlates of heterosexual condom use: A meta-analysis. *Psychological Bulletin, 125,* 90–132.

Sheppard, B. H. (1984). Third party conflict intervention: A procedural framework. In B. Staw and L. Cummings (Eds.), *Research in Organizational Behavior* (Vol. 6, pp. 141–190). Greenwich, CT: JAI Press.

Sheppard, B. H., Hartwick, J. & Warshaw, P. R. (1988). The theory of reasoned action: A meta-analysis of past research with recommendations for modifications and future research. *Journal of Consumer Research, 15,* 325–343.

Sherif, M. (1935). A study of some social factors in perception. *Archives of Psychology, 187.*

Sherif, M. (1936). *The psychology of social norms.* New York: Harper.

Sherif, M. (1948). *An outline of social psychology.* New York: Harper & Brothers.

Sherif, M. (1966). *Group conflict and co-operation: Their social psychology.* London: Routledge & Kegan Paul.

Sherif, M. Harvey, O. J., White, B. J., Hood, W. R. & Sherif, C.W. (1961). *Intergroup conflict and cooperation: The robber's cave experiment.* Norman, OK: University of Oklahoma.

Sherif, M. & Hovland, C. I. (1961). *Assimilation and contrast effects in communication and attitude change.* New Haven: Yale University Press.

Sherif, M. & Sherif, C. W. (1953). *Groups in harmony and tension: An integration of studies on intergroup relations.* New York: Octagon.

Sherif, M., White, B.J. & Harvey, O.J. (1955). Status in experimentally produced groups. *American Journal of Sociology, 60,* 370–379.

Sherrod, D. (1989). The influence of gender on same-sex friendships. In: C. Hendrick (Ed.), *Review of personality and social psychology: Close relationships* (pp. 164–186). Newbury Park, CA.: Sage Publications.

Shiffrin, R. M. & Schneider, W. (1977). Controlled and automatic human information processing. II: Perceptual learning, automatic attending, and a general theory. *Psychological Review, 84,* 127–190.

Shiffrin, R. M. & Schneider, W. (1984). Automatic and controlled processing revisited. *Psychological Review, 91,* 269–276.

Shornstein, S. L. (1997) *Domestic violence and health care.* Thousand Oaks: Sage.

Shultz, T. R. & Schleifer, M. (1983). Towards a refinement of attribution concepts. In J. Jaspars, F. D. Fincham & M. Hewstone (Eds.), *Attribution theory and research: Conceptual, development, and social dimensions* (pp. 37–62). New York: Academic Press.

Shweder, R. A. (1975). How relevant is an individual difference theory of personality. *Journal of Personality, 43,* 455–484.

Shweder, R. A. (1993). The cultural psychology of emotions. In M. Lewis & J. M. Haviland (Eds.), *Handbook of emotions* (pp. 417–433). New York: Guilford Press.

Siegel, A. E. & Siegel, S. (1957). Reference groups, membership groups, and attitude change. *Journal of Abnormal and Social Psychology, 55,* 360–364.

Sighele, S. (1891). *La folla delinquente.* Torino: Fratelli Bocca.

Silverberg, S. B., Vazsonyi, A. T., Schlegel, A. E. & Schmidt, S. (1998). Adolescent apprentices in Germany: Adult attachment, job expectations, and delinquency attitudes. *Journal of Adolescent Research, 13,* 254–271.

Simmel, G. (1908). *Soziologie – Untersuchungen über die Formen der Vergesellschaftung.* Leipzig: Duncker & Humblot.

Simon, B. (1992a). The perception of ingroup and outgroup homogeneity: Re-introducing the intergroup context. In W. Stroebe & M. Hewstone (Eds.), *European review of social psychology* (Vol. 3, pp. 1–30). Chichester: Wiley.

Simon, B. (1992b). Intragroup differentiation in terms of ingroup and outgroup attributes. *European Journal of Social Psychology, 22,* 407–413.

Simon, B. & Brown, R. J. (1987). Perceived intragroup homogeneity in minority-majority contexts. *Journal of Personality and Social Psychology, 53,* 703–711.

Simpson, J. A. & Kenrick, D. T. (1997). *Evolutionary social psychology.* Mahwah, NJ: Erlbaum.

Simpson, J. A., Rholes, W. S. & Nelligan, J. S. (1992). Support seeking and support giving within couples in an anxiety-provoking situation: The role of attachment styles. *Journal of Personality and Social Psychology, 62,* 434–446.

Sinclair, R. C. & Mark, M. M. (1992). The influence of mood state on judgment and action: Effects on persuasion, categorization, social justice, person perception, and judgmental accuracy. In L. L. Martin & A. Tesser (Eds.), *The construction of social judgments* (pp. 165–193). Hillsdale, NJ: Erlbaum.

Sinclair-de-Zwart, H. (1967). *Acquisition du langage et developpement de la pensee.* Paris: Dunod.

Singh, D. (1993). Adaptive significance of female physical attractiveness: Role of waist-to-hip ratio. *Journal of Personality and Social Psychology, 65,* 293–307.

Singh, D. (1995). Female judgements of male attractiveness and desirability for relationships: Role of waist-to-hip ratio and financial status. *Journal of Personality and Social Psychology, 69,* 1089–1101.

Singh, D. & Bronstad, P. M. (1997). Sex differences in the anatomical locations of human body scarification and tatooing as a function of pathogen prevalence. *Evolution and Human Behavior, 18,* 403–416.

Singh, D. & Luis, S. (1995). Ethnic and gender consensus for the effect of waist-to-hip ratio on judgement of women's attractiveness. *Human Nature, 6,* 51–65.

Sinha, R. R. & Hassan, M. K. (1975). Some personality correlates of social prejudice. *Journal of Social and Economic Studies, 3,* 225–231.

Skinner, B. F. (1938). *The behavior of organisms.* New York: Appleton-Century-Crofts.

Skinner, B. F. (1957). *Verbal behavior.* New York: Appleton-Century-Crofts.

Skowronski, N. J. & Carlston, D. E. (1989). Negativity and extremity biases in impression formation: A review of explanations. *Psychological Bulletin, 105,* 131–142.

Slavin, R. E. (1983). *Cooperative learning.* New York: Longman.

Smedslund, J. (1985). Necessarily true cultural psychologies. In K. J. Gergen & K. E. Davis (Eds.), *The social construction of the person* (pp. 73–88). New York: Springer.

Smith, B. L., Lasswell, H. D. & Casey, R. D. (1946). *Propaganda, communication, and public opinion.* Princeton, NJ: Princeton University Press.

Smith, C. A. (1989). Dimensions of appraisal and physiological response in emotion. *Journal of Personality and Social Psychology, 56,* 339–353.

Smith, C. A. & Ellsworth, P. C. (1985). Patterns of cognitive appraisal in emotion. *Journal of Personality and Social Psychology, 48,* 813–838.

Smith, C. A. & Ellsworth, P. C. (1987). Patterns of appraisal and emotion related to taking an exam. *Journal of Personality and Social Psychology, 52,* 475–488.

Smith, C. A. & Lazarus, R. S. (1993). Appraisal components, core relational themes, and the emotions. *Cognition and Emotion, 7,* 233–269.

Smith, C. A. & Scott, H. S. (1997). A componential approach to the meaning of facial expressions. In J. A. Russell & J. M. Fernández-Dols (Eds.), *The psychology of facial expression* (pp. 229–254). New York: Cambridge University Press.

Smith, E. R. (1991). Illusory correlation in a simulated exemplar-based memory. *Journal of Experimental Social Psychology, 27,* 107–123.

Smith, E. R. (1994). Social cognition contributions to attribution theory and research. In P. G. Devine, D. L. Hamilton & T. M. Ostrom (Eds.), *Social cognition: Contributions to classic issues in social psychology* (pp. 77–108). New York: Springer.

Smith, E. R. & Miller, F. D. (1983). Mediation among attributional inferences and comprehension processes: Initial findings and a general method. *Journal of Personality and Social Psychology, 44,* 492–505.

Smith, E. R., Murphy, J. & Coats, S. (1999). Attachment to groups: Theory and management. *Journal of Personality and Social Psychology, 77,* 94–110.

Smith, E. R. & Zaraté, M. A. (1992). Exemplar-based model of social judgment. *Psychological Review, 99,* 3–21.

Smith, J. (1996). Planning about life: Toward a social-interactive perspective. In P. B. Baltes & U. M. Staudinger (Eds.), *Interactive minds: Life-span perspectives on the social foundation of cognition* (pp. 242–275). New York: Cambridge University Press.

Smith, M. B., Bruner, J. S. & White, R. W. (1956). *Opinions and personality.* New York: Wiley.

Smith, P. K. & Sharp, S. (Eds.) (1994). *School bullying. Insights and perspectives.* London: Routledge.

Smithson, M., Amato, P. R. & Pearce, P. (1983). *Dimensions of helping behaviour.* Oxford: Pergamon Press.

Snow, C. E. (1986). Conversations with children. In P. Fletcher & M. Garman (Eds.), *Language acquisition* (2. Aufl., pp. 69–89). Cambridge: Cambridge University Press.

Snow, C. E. (1999). Social perspectives on the emergence of language. In B. MacWhinney (Ed.), *The emergence of language* (pp. 257–276). Mahwah, NJ: Lawrence Erlbaum Associates.

Snyder, C. R. & Forsyth, D. (1991). In C. R. Snyder & D. Forsyth (Eds). *Handbook of social and clinical psychology* (pp. 3–17). New York: Pergamon Press.

Snyder, C. R., Lassegard, M. A. & Ford, C. E. (1986). Distancing after group success and failure: Basking in reflected glory and cutting off reflected failure. *Journal of Personality and Social Psychology, 51,* 382–388.

Snyder, M. (1974). Self-monitoring of expressive behavior. *Journal of Personality and Social Psychology, 30,* 526–537.

Snyder, M. (1984). When belief creates reality. In L. Berkowitz (Ed.), *Advances in experimental social psychology* (Vol. 18, pp. 247–305). New York: Academic Press.

Snyder, M. & DeBono, K. G. (1987). A functional approach to attitudes and persuasion. In M. P. Zanna, J. M. Olson & C. P. Herman (Eds.), *Social influence: The Ontario Symposium* (Vol. 5, pp. 107–125). Hillsdale, NJ: Erlbaum.

Snyder, M. & Kendzierski, D. (1982). Acting on one's attitudes: Procedures for linking attitude and behavior. *Journal of Experimental Social Psychology, 18,* 165–183.

Snyder, M. & Swann, W. B. (1976). When actions reflect attitudes: The politics of impression management. *Journal of Personality and Social Psychology, 34,* 1034–1042.

Snyder, M. & Swann, W. B., Jr. (1978). Hypothesis-testing processes in social interaction. *Journal of Personality and Social Psychology, 36,* 1202–1212.

Snyder, M., Tanke, E. D. & Berscheid, E. (1977). Social perception and interpersonal behavior: On the self-fulfilling nature of the social stereotype. *Journal of Personality and Social Psychology, 35,* 656–666.

Snyder, M. & Uranowitz, S. W. (1978). Reconstructing the past: Some cognitive consequences of person perception. *Journal of Personality and Social Psychology, 36,* 941–950.

Sorensen, G., Emmons, K., Hunt, M. K. & Johnston, D. (1998). Implications of the results of community intervention trials. *Annual Review of Public Health, 19,* 379–416.

Sorrentino, R. M., King, G. & Leo, G. (1980). The influence of the minority on perception: A note on a possible alternative explanation. *Journal of Experimental Social Psychology, 16,* 293–301.

Spence, K. W. (1956). *Behavior theory and conditioning.* New Haven, CT: Yale University Press.

Spivey, E. B. & Prentice-Dunn, S. (1990). Assessing the directionality of deindividuated behavior: Effects of deindividuation, modelling, and private self-consciousness on aggressive and prosocial responses. *Basic and Applied Science Psychology, 11,* 387–403.

Sprecher, S. & Schwartz, P. (1994). Equity and balance in the exchange of contributions in close relationships. In M. J. Lerner, G. Mikula, et al. (Eds.), *Entitlement and the affectional bond: Justice in close relationships. Critical issues in social justice* (pp. 11–41). New York, NY: Plenum Press.

Srull, T. K. (1981). Person memory: Some tests of associative storage and retrieval models. *Journal of Experimental Psychology: Human Learning and Memory, 7,* 440–463.

Srull, T. K. & Wyer, R. S. (1980). Category accessibility and social perception: Some implications for the study of person memory and interpersonal judgments. *Journal of Personality and Social Psychology, 38,* 841–856.

Staats, A. W. & Staats, C. K. (1958). Attitudes established by classical conditioning. *Journal of Abnormal and Social Psychology, 57,* 37–40.

Stagner, R. & Congdon, C. S. (1955). Another failure to demonstrate displacement of aggression. *Journal of Abnormal and Social Psychology, 51,* 695–666.

Stangor, C. & McMillan, D. (1992). Memory for expectancy-congruent and expectancy-incongruent information: A review of the social and social developmental literatures. *Psychological Bulletin, 111,* 42–61.

Stasser, G., Kerr, N. L. & Davis, J. H. (1989). Influence processes and consensus models in decision-making groups. In P. B. Paulus (Ed.), *Psychology of group influence* (2. Aufl.). Hillsdale, NJ: Erlbaum.

Stasser, G. & Stewart, D. (1992). Discovery of hidden profiles by decision-making groups: Solving a problem versus making a judgement. *Journal of Personality and Social Psychology, 63,* 426–434.

Stasser, G., Stewart, D. D. & Wittenbaum, G. M. (1995). Expert roles and information exchange during discussion: The importance of knowing who knows what. *Journal of Experimental Social Psychology, 31,* 244–265.

Stasser, G., Taylor, L. A. & Hanna, C. (1989). Information sampling in structured and unstructured discussions of three- and six-person groups. *Journal of Personality and Social Psychology, 57,* 67–78.

Stasser, G. & Titus, W. (1985). Pooling of unshared information in group decision making: Biased information sampling during group discussion. *Journal of Personality and Social Psychology, 48,* 1467–1478.

Stasser, G. & Titus, W. (1987). Effects of information load and percentage of shared information of the dissemination of unshared information during group discussion. *Journal of Personality and Social Psychology, 53,* 81–93.

Staub, E. (1974). Helping a distressed person: Social, personality, and stimulus determinants. In L. Berkowitz (Ed.), *Advances in experimental social psychology* (Vol. 7, pp. 293–341). New York: Academic Press.

Staub, E. (1989). *The roots of evil: The origins of genocide and other group violence.* Cambridge: Cambridge University Press.

Staw, B. M. (1986). Organizational psychology and the pursuit of the happy/productive worker. *California Management Review, 28,* 40–53.

Staw, B. M., Sutton, R. I. & Pelled, L. H. (1994). Employee positive emotion and favorable outcomes at the workplace. *Organisation Science, 5(1),* 51–71.

Steers, R. M., Porter L. W. & Bigley, G. A. (1996). *Motivation and leadership at work.* New York: McGraw-Hill.

Steiner, I. D. (1972). *Group processes and productivity.* New York: Academic Press.

Steiner, I. D. (1976). Task-performing groups. In J. W. Thibaut, J. T. Spence & R. C. Carson (Eds.), *Contemporary topics in social psychology.* Morristown, NJ: General Learning Press.

Steiner, J. E. (1979). Human facial expressions in response to taste and smell stimulation. In L. P. Lipsitt & H. W. Reese (Eds.), *Advances in child development and behaviour* (Vol. 13, pp. 257–295). New York: Academic Press.

Stemmler, G., Heldmann, M., Pauls, C. A. & Scherer, Th. (im Druck). Constraints for emotion specificity in fear and anger: The context counts. *Psychophysiology.*

Stephan, C. W. & Stephan, W. G. (1990). *Two social psychologies* (2nd ed.). Belmont, CA: Wadsworth.

Stephan, C. W., Stephan, W. G. & Pettigrew, T. F. (Eds.). (1991). *The future of social psychology: defining the relationship between sociology and psychology.* New York: Springer.

Stephan, W. G. & Stephan, C. W. (1985). Intergroup anxiety. *Journal of Social Issues, 41,* 157–175.

Stephenson, G. M. (1978). Interparty and interpersonal exchange in negotiation groups. In H. Brandstätter, J. H. Davis & H. Schuler (Eds.), *Dynamics of group decisions* (pp. 207–228). London: Sage.

Stern, D. N. (1992). Die Lebenserfahrung des Säuglings. Stuttgart: Klett-Cotta (Original erschienen 1985: *The interpersonal world of the infant. A view from psychoanalysis and developmental psychology.* New York: Basic Books).

Stern, L. D., Marrs, S., Millar, M. G. & Cole, E. (1984). Processing time and the recall of inconsistent and consistent behaviors of individuals and groups. *Journal of Personality and Social Psychology, 47,* 253–262.

Stewart, D. & Stasser, G. (1995). Expert role assignment and information sampling during collective recall and decision making. *Journal of Personality and Social Psychology, 69,* 619–628.

Stewart, D. & Stasser, G. (1998). The sampling of critical, unshared information in decision-making groups: The role of an informed minority. *European Journal of Social Psychology, 28,* 95–113.

Stogdill, R. M. (1948). Personal factors associated with leadership: A survey of the literature. *Journal of Psychology, 25,* 35–71.

Storms, M. D. (1973). Videotape and the attribution process: Reversing actors' and observers' points of view. *Journal of Personality and Social Psychology, 27*, 165–175.

Storms, M. D. & Nisbett, R. E. (1970). Insomnia and the attribution process. *Journal of Personality and Social Psychology, 16*, 319–328.

Strack, F. & Mussweiler, T. (1997). Explaining the enigmatic anchoring effect: Mechanisms of selective accessibility. *Journal of Personality and Social Psychology, 73*, 437–446.

Strack, F., Schwarz, N., Bless, H., Kübler, A. & Wänke, M. (1993). Awareness of the influence as a determinant of assimilation vs. contrast. *European Journal of Social Psychology, 23*, 53–62.

Strack, F., Schwarz, N. & Gschneidinger, E. (1985). Happiness and reminiscing: The role of time perspective, mood, and mode of thinking. *Journal of Personality and Social Psychology, 49*, 1460–1469.

Strack, F., Stepper, L. L. & Martin, S. (1988). Inhibiting and facilitating conditions of the human smile: A non-obtrusive test of the facial-feedback hypothesis. *Journal of Personality and Social Psychology, 54*, 768–777.

Strathman, A., Gleicher, F., Boninger, D. S. & Edwards, C. S. (1994). The consideration of future consequences: Weighing immediate and distant outcomes of behavior. *Journal of Personality and Social Psychology, 66*, 742–752.

Stratton, P., Heard, D., Hanks, H. G. I., Munton, A. G., Brewin, C. R. & Davidson, C. (1986). Coding causal beliefs in natural discourse. *British Journal of Social Psychology, 25*, 299–231.

Straus, M. A. (1993). Physical assaults by wives: A major social problem. In: R. J. Gelles & D. R. Loeske (Eds.), *Current controversies on family violence* (pp. 67–87). Newbury Park, CA: Sage.

Stroebe, M., Schut, H. & Stroebe, W. (1998). Trauma and grief: A comparative analysis. In J. H. Harvey (Ed.), *Perspectives on loss: A sourcebook. Death, dying, and bereavement* (pp. 81–96). Philadelphia, PA: Brunner/Mazel.

Stroebe, W. (2000). *Social Psychology and Health.* Buckingham: Open University Press.

Stroebe, W. & Diehl, M. (1994). Why groups are less effective than their members: On productivity loss in idea-generating groups. In W. Stroebe & M. Hewstone (Eds.), *European Review of Social Psychology* (Vol. 5, pp. 271–304). London: Wiley.

Stroebe, W., Diehl, M. & Abakoumkin, G. (1992). The illusion of group effectivity. *Personality and Social Psychology Bulletin, 18*, 643–650.

Stroebe, W. & Frey, B. S. (1982). Self-interest and collective action: The economics and psychology of public goods. *British Journal of Social Psychology, 21*, 121–137.

Stroebe, W., Insko, C. A., Thompson, V. D. & Layton, B. D. (1971). Effects of physical attractiveness, attitude similarity, and sex on various aspects of interpersonal attraction. *Journal of Personality and Social Psychology, 18*, 79–91.

Stroebe, W. & Stroebe, M. S. (1986). Beyond marriage: The impact of partner loss on health. In R. Gilmour & S. Duck (Eds.), *The emerging field of personal relationships.* Hillsdale, NJ: Erlbaum.

Stroebe, W. & Stroebe, M. (1987). *Bereavement and health: The psychological and physical consequences of partner loss.* Cambridge: Cambridge University Press.

Stroebe, W. & Stroebe, M. (1996). The social psychology of social support. In E. T. Higgins & Arie W. Kruglanski (Eds.), *Social psychology. Handbook of basic principles* (pp. 597–621). New York: Guilford.

Stroebe, W., Stroebe, M., Abakoumin, G. & Schut, H. (1996). The role of loneliness and social support in adjustment to loss: A test of attachment versus stress theory. *Journal of Personality and Social Psychology, 70*, 1241–1249.

Stroebe, W., Stroebe, M. S. & Domittner, G. (1988). Individual and situational differences in recovery from bereavement: A risk group identified. *Journal of Social Issues, 44*, 143–158.

Struch, N. & Schwartz, S. H. (1989). Intergroup aggression: Its predictors and distinctness from in-group bias. *Journal of Personality and Social Psychology, 56*, 364–373.

Stryker, S. (1995). Symbolic interactionism. In A. S. R. Mansfield & M. Hewstone (Eds.), *The Blackwell encyclopedia of social psychology* (pp. 647–651). Oxford: Blackwell.

Stults, D. M., Messé, L. A. & Kerr, N. L. (1984). Belief-discrepant behavior and the bogus pipeline: Impression management or arousal attribution. *Journal of Experimental Social Psychology, 20*, 47–54.

Suess, G. J., Grossmann, K. E. & Sroufe, L. A. (1992). Effects of attachment to mother and father on quality of adaptation in preschool: From dyadic to individual organisation of self. *International Journal of Behavioral Development, 15*, 43–65.

Super, C. M. & Harkness, S. (1999). The environment as culture in developmental research. In S. L. Friedman & T. D. Wachs. (Eds), *Measuring environment across the life span: Emerging methods and concepts* (pp. 279–323). Washington, DC: American Psychological Association.

Sutton, S. (1998). Predicting and explaining intentions and behavior: How well are we doing? *Journal of Applied Social Psychology, 28*, 1317–1338.

Swann, W. B., de la Ronde, C. & Hixon, J. G. (1994). Authenticity and positivity strivings in marriage and courtship. *Journal of Personality and Social Psychology, 66*, 857–869.

Swann, W. B., Giuliano, T. & Wegner, D. M. (1982). Where leading questions can lead: The power of conjecture in social interaction. *Journal of Personality and Social Psychology, 42*, 1025–1035.

Sweeney, P. D., Anderson, K. & Bailey, S. (1986). Attributional style in depression: A meta-analytic review. *Journal of Persolalityand Social Psychology, 50*, 974–991.

Symons, D. (1979). *The evolution of human sexuality.* New York: Oxford University Press.

Symons, D. (1992). On the use and misuse of Darwinism in the study of human behavior. In J. H. Barkow, L. Cosmides & J. Tooby (Eds.), *The adapted mind* (pp. 137–159). New York, Oxford: Oxford University Press.

Symons, D. (1995). Beauty is in the adaptations of the beholder: The evolutionary psychology of female sexual attractiveness. In P. R. Abramson & S. D. Pinkerton (Eds.), *Sexual nature, sexual culture* (pp. 80–118). Chicago, London: University of Chicago Press.

Symons, D. & Ellis, B. (1989). Human male-female differences in sexual: Desire. In A. S. Rasa, C. Vogel & E. Voland (Eds.), *The sociobiology of sexual and reproductive strategies* (pp. 131–146). London: Chapman and Hall.

Symons, D. K. & Clark, S. E. (2000). A longitudinal study of mother-child relationships and theory of mind in the preschool period. *Social Development, 9*, 3–23.

't Hart, P. (1990). *Groupthink in government: A study of small groups and policy failure.* Amsterdam: Swets and Zeitlinger.

Tajfel, H. (1969). Cognitive aspects of prejudice. *Journal of Social Issues, 225,* 79–97.

Tajfel, H. (Ed.). (1978). *Differentiation between social groups: Studies in the social psychology of intergroup relations.* London: Academic Press.

Tajfel, H. (1981). *Human groups and social categories: Studies in social psychology.* Cambridge: Cambridge University Press.

Tajfel, H. (1982). Social psychology of intergroup relations. *Annual Review of Psychology, 33,* 1–30.

Tajfel, H. (Ed.). (1984). *The social dimension: European developments in social psychology* (2 vols.). Cambridge: Cambridge University Press.

Tajfel, H., Flament, C., Billig, M. G. & Bundy, R. P. (1971). Social categorization and intergroup behaviour. *European Journal of Social Psychology, 1,* 149–178.

Tajfel, H. & Jahoda, G. (1966). Development in children of concepts and attitudes about their own and other nations: A cross-national study. *Proceedings of the XVIIIth International Congress of Psychology, 36,* 17–33.

Tajfel, H., Nemeth, C., Jahoda, G. Campbell, J. D., & Johnson, N. B. (1970). The development of children's preference for their own country: A cross-national study. *International Journal of Psychology, 6,* 245–253.

Tajfel, H. & Turner, J. (1986). The social identity theory of intergroup behaviour. In S. Worchel & W. G. Austin (Eds.), *Psychology of intergroup relations* (pp. 7–24). Chicago: Nelson.

Tajfel, H. & Wilkes, A. L. (1963). Classification and quantitative judgment. *British Journal of Psychology, 54,* 101–114.

Tanford, S. & Penrod, S. (1984). Social influence model: A formal integration of research on majority and minority influence processes. *Psychological Bulletin, 95,* 189–225.

Tannenbaum, P. H. & Zillmann, D. (1975). Emotional arousal in the facilitation of aggression through communication. In L. Berkowitz (Ed.), *Advances in experimental social psychology* (Vol. 8). New York: Academic Press.

Tarde, G. (1901). *L' opinion et la foule.* Paris: Alcan.

Tavecchio, L. W. C. & Thomeer, M. A. E. (1999). Attachment, social network, and homelessness in young people. *Social Behavior and Personality, 27,* 247–262.

Taylor, S. E., Crocker, J., Fiske, S. T., Sprinzen, M. & Winkler, J. D. (1979). The generalizability of salience effects. *Journal of Personality and Social Psychology, 37,* 357–368.

Taylor, S. E. & Fiske, S. T. (1981). Getting inside the head: Methodologies for process analysis in attribution and social cognition. In J. H. Harvey, W. J. Ickes & R. F. Kidd (Eds.), *New directions in attribution research* (Vol. 3, pp. 459–524). Hillsdale, NJ: Erlbaum.

Taylor, S. E. & Koivumaki, J. H. (1976). The perception of self and others: Acquaintanceship, affect and actor-observer differences. *Journal of Personality and Social Psychology, 33,* 403–408.

Tedeschi, J. T. (Ed.). (1974). *Perspectives on social power.* Chicago: Aldine.

Tedeschi, J. T. (1981). *Impression management.* New York: Academic Press.

Tedeschi, J. T. & Felson, R. B. (1994). *Aggression and coercive actions: A social interactionist perspective.* Washington, DC: American Psychological Association.

Tedeschi, J. T., Lindskold, S. & Rosenfeld, P. (1985). *Introduction to social psychology.* St. Paul: West.

Terry, D. J. & Hynes, G. J. (1998). Adjustment to a low-control situation: Reexamining the role of coping responses. *Journal of Personality and Social Psychology, 74,* 1078–1092.

Tesser, A. (1978). Self-generated attitude change. In L. Berkowitz (Ed.), *Advances in experimental social psychology* (Vol. 11, pp. 289–338). New York: Academic Press.

Tesser, A. & Martin, L. L. (1996). The psychology of evaluation. In E. T. Higgins & A. W. Kruglanski (Eds.), *Social psychology: Handbook of basic principles* (pp. 400–432). New York: Guilford.

Tesser, A. & Shaffer, D. R. (1990). Attitudes and attitude change. In M. R. Rosenzweig & L. W. Porter (Eds.), *Annual review of psychology* (Vol. 41, pp. 479–523). Palo Alto, CA: Annual Reviews.

Tetlock, P. E. & Levi, A. (1982). Attribution bias: On the inconclusiveness of the cognition-motivation debate. *Journal of Experimental Social Psychology, 18,* 68–88.

Tetlock, P. E. & Manstead, A. S. R. (1985). Impression management versus intrapsychic explanations in social psychology: A useful dichotomy? *Psychological Review, 92,* 59–77.

Tett, R. P. & Meyer, J. P. (1993). Job satisfaction, organizational commitment, turnover: Path analyses based on meta-analytic findings. *Personnel Psychology, 46,* 252–293.

Thibaut, J. & Faucheux, C. (1965). The development of contractual norms in a bargaining situation under two types of stress. *Journal of Experimental Social Psychology, 1,* 89–102.

Thibaut, J. W. & Kelley, H. H. (1959). *The social psychology of groups.* New York: Wiley.

Thibaut, J. W. & Strickland, L. H. (1956). Psychological set and social conformity. *Journal of Personality, 25,* 115–129.

Thibaut, J. W. & Walker, L. (1975). *Procedural justice: A psychological analysis.* New York: Wiley.

Thomas, E. J. & Fink, C. F. (1961). Models of group problem solving. *Journal of Abnormal and Social Psychology, 63,* 53–63.

Thompson, M. M., Zanna, M. P. & Griffin, D. W. (1995). Let's not be indifferent about (attitudinal) ambivalence. In R. E. Petty & J. A. Krosnick (Eds.), *Attitude strength: Antecedents and consequences* (pp. 361–386). Mahwah, NJ: Erlbaum.

Thompson, P. R. (1980). And who is my neighbour? An answer from evolutionary genetics. *Social Science Information, 19,* 341–384.

Thompson, S. C. & Kelley, H. H. (1981). Judgments of responsibility in close relationships. *Journal of Personality and Social Psychology, 41,* 469–477.

Thornhill, R., Gangestad, S. W. & Comer, R. (1995). Human female orgasm and mate fluctuating asymmetry. *Animal Behaviour, 50,* 1601–1615.

Thurstone, L. L. (1928). Attitudes can be measured. *American Journal of Sociology, 33,* 529–554.

Toi, M. & Batson, C. D. (1982). More evidence that empathy is a source of altruistic motivation. *Journal of Personality and Social Psychology, 43,* 281–293.

Tomasello, M. (1992). The social bases of language acquisition. *Social Development, 1,* 67–87.

Tomkins, S. S. (1984). Affect theory. In K. R. Scherer & P. Ekman (Eds.), *Approaches to emotion* (pp. 163–196). Hillsdale, NJ: Erlbaum.

Torestad, B. (1990). What is anger provoking? A psychophysical study of perceived causes of anger. *Aggressive Behavior, 16,* 9–26.

Torrance, E. P. (1954). The behavior of small groups under the stress of conditions of survival. *American Sociological Review, 19,* 751–755.

Travis, L. E. (1925). The effect of a small audience upon eye-hand coordination. *Journal of Abnormal and Social Psychology, 20,* 142–146.

Trevarthen, C. (1982). The primary motives for cooperative understanding. In G. Butterworth & P. Light (Eds.), *Social cognition. Studies of the development of understanding* (pp. 201–223). Chicago: The University of Chicago Press.

Triandis, H. C. (1994). *Culture and social behavior.* New York: McGraw-Hill.

Triandis, K. Bontempo, R., Villareal, M. J., Asai, M. & Lucca, N. (1988). Individualism and collectivism: Cross cultural perspectives on self-ingroup relationships. *Journal of Personality and Social Psychology, 54,* 323–338.

Triplett, N. D. (1898). The dynamogenic factor in pacemaking and competition. *American Journal of Psychology, 9,* 507–533.

Trivers, R. L. (1971). The evolution of reciprocal altruism. *Quarterly Review of Biology, 46,* 35–57.

Trivers, R. (1972). Parental investment and sexual selection. In B. B. Campbell (Ed.), *Sexual selection and the descent of man* (pp. 136–179). Chicago: Aldine.

Trope, Y. (1986). Identification and inferential processes in dispositional attribution. *Psychological Review, 93,* 239–257.

Tschan, F. (1995). Communication enhances small group performance if it conforms to task requirements: The concept of ideal communication cycles. *Basic and Applied Social Psychology, 17,* 371–393.

Tudge, J. R. H. (1999). Processes and consequences of peer collaboration: A Vygotskian analysis: In P. Lloyd & C. Fernyhough (Eds.), *Lev Vygotsky: Critical assessments. The zone of proximal development.* (Vol. 3. pp. 195–221). New York: Routledge.

Tulving, E. & Thomson, D. M. (1973). Encoding specificity and retrieval processes in episodic memory. *Psychological Review, 80,* 352–373.

Turnbull, W. & Slugoski, B. (1988). Conversational and linguistic processes in causal attribution. In D. Hilton (Ed.), *Contemporary science and natural explanation: Commonsense conceptions of causality* (pp. 66–93). Brighton: Harvester Press.

Turner, J. C. (1980). Fairness or discrimination in intergroup behaviour? A reply to Braithwaite, Doyle and Lightbown. *European Journal of Social Psychology, 10,* 131–147.

Turner, J. C. (1981). The experimental social psychology of intergroup behaviour. In J. C. Turner & H. Giles (Eds.), *Intergroup behaviour* (pp. 66–101). Oxford: Basil Blackwell.

Turner, J. C. (1982). Towards a cognitive redefinition of the social group. In H. Tajfel (Ed.), *Social Identity and Intergroup Relations* (pp. 15–40). Cambridge: Cambridge University Press.

Turner, J. C. (1991). *Social influence.* Buckingham: Open University Press.

Turner, J. C., Hogg, M. A., Oakes, P. J., Reicher, S. D. & Wetherell, M. S. (1987). *Rediscovering the social group. A self-categorization theory.* Oxford: Blackwell.

Turner, J. & Wheaton, B. (1995). Checklist measurement of stressful life events. In S. Cohen, R. C. Kessler, L. Underwood Gordon (Eds.), *Measuring stress* (pp. 29–58). New York: Oxford University Press.

Turner, P. J. (1993). Attachment to mother and behaviour with adults in preschool. *British Journal of Developmental Psychology, 11,* 75–89.

Turner, R. H. & Killian, L. M. (1972). *Collective behavior* (2nd ed.). Englewood Cliffs, NJ: Prentice Hall.

Tversky, A. & Kahneman, D. (1973). Availability: A heuristic for judging frequency and probability. *Cognitive Psychology, 5,* 207–232.

Tversky, A. & Kahneman, D. (1974). Judgment under uncertainty: Heuristics and biases. *Science, 185,* 1124–1131.

Tversky, B. & Tuchin, M. (1989). A reconciliation of the evidence on eyewitness testimony: Comments on McCloskey and Zaragoza. *Journal of Experimental Psychology: General, 118,* 86–91.

Uchino, B. N., Caccioppo, J. T. & Kiecolt-Glaser, J. K. (1996). The relationship between social support and physiological processes: A review with emphasis on underlying mechanisms and implication for health. *Psychological Bulletin, 119,* 488–531.

Uleman, J. S., Newman, L. S. & Moskowitz, G. B. (1996). People as flexible interpreters: Evidence and issues from spontaneous trait inference. In M. P. Zanna (Ed.), *Advances in experimental social psychology* (Vol. 29, pp. 211–279). San Diego: Academic Press.

Underwood, B., Froming, W. J. & Moore, B. S. (1977). Mood, attention, and altruism: A search for mediating variables. *Developmental Psychology, 13,* 541–542.

Urban, L. M. & Miller, N. (1998). A theoretical analysis of crossed categorization effects: A meta-analysis. *Journal of Personality and Social Psychology, 74,* 894–908.

Utman, C. H. (1997). Performance effects of motivational state: A meta-analysis. *Personality and Social Psychology Review, 1,* 170–182.

Valachich, J. S., Dennis, A. R. & Connolly, T. (1994). Idea generation in computer-based groups: A new ending to an old story. *Organizational Behavior and Human Decision Processes, 57,* 448–476.

Valiant, G., Glachan, M. & Emler, N. (1982). The stimulation of cognitive development through co-operative task performance. *British Journal of Educational Psychology, 52,* 281–288.

Valsiner, J. & Lawrence, J. A. (1997). Human development in culture across the life span. In J. W. Berry & P. R. Dasen (Eds.), *Handbook of cross-cultural psychology. Vol. 2. Basic processes and human development* (2. Aufl., pp. 69–106). Boston: Allyn & Bacon.

Vanbeselaere, N. (1991). The different effects of simple and crossed categorizations: A result of the category differentiation process or differential category salience. In W. Stroebe & M. Hewstone (Eds.), *European Review of Social Psychology* (Vol. 2, pp. 247–278). Chichester: Wiley.

Van de Ven, A. H. & Delbecq, A. L. (1974). The effectiveness of nominal, delphi and interacting group decision-making processes. *Academy of Management Journal, 17,* 605–621.

Van de Vliert, E. (1992). Questions about the strategic choice model of negotiation. *Negotiation Journal, 8,* 379–386.

Van de Vliert, E. (1997a). *Complex interpersonal conflict behaviour: Theoretical frontiers.* Hove, GB: Psychology Press.

Van de Vliert, E. (1997b). Enhancing performance by conflict-stimulating intervention. In C. K. W. De Dreu & E. Van de Vliert (Eds.), *Using conflict in organizations* (pp. 208–222). Thousand Oaks, CA: Sage.

Van de Vliert, E., Nauta, A., Giebels, E., & Janssen, O. (1999). Constructive conflict at work. *Journal of Organizational Behavior, 20,* 475–491.

Van den Bos, K., Lind, E. A., Vermunt, R. & Wilke, H. A. M. (1997). How do I judge my outcome when I do not know the outcome of others? The psychology of the fair process effect. *Journal of Personality and Social Psychology, 72,* 1034–1046.

van der Velde, F. W. & van der Pligt, J. (1991). AIDS-related health behavior: Coping, protection motivation, and previous behavior. *Journal of Behavioral Medicine, 14,* 429–451.

Van Dyne, L., Cummings, L. L., & McLean Parks, J. (1995). Extra-role behaviors: In pursuit of construct and definitional clarity (A bridge over muddied waters). In L. L. Cummings & B. M. Staw (Eds.), *Research in organizational behavior, 17,* 215–285.

Van Ginneken, J. (1992) *Crowds, psychology, and politics 1871–1899.* New York: Cambridge University Press.

van Hooff, J. A. (1972). A comparative approach to the phylogeny of laughter and smiling. In R. Hinde (Eds.), *Nonverbal communication* (pp. 209–241). Cambridge: Cambridge University Press.

van Ijzendoorn, M. H. (1990). Developments in cross-cultural research on attachment: Some methodological notes. *Human Development, 33,* 3–9.

Van Lange, P. A. M. (1999). The pursuit of joint outcomes and equality in outcomes: An integrative model of social value orientation. *Journal of Personality and Social Psychology, 77,* 337–349.

Van Lange, P. A. M., Agnew, C. R., Harinck, F. & Steemers, G. E. M. (1997). From game theory to real life: How social value orientation affects willingness to sacrifice in ongoing close relationships. *Journal of Personality and Social Psychology, 73,* 1330–1344.

Van Lange, P. A. M. & Kuhlman, D. M. (1994). Social value orientations and impressions of honesty and intelligence: A test of the might versus morality effect. *Journal of Personality and Social Psychology, 67,* 126–141.

Van Lange, P. A. M., Otten, W., De Bruin, E. M. N. & Joireman, J. A. (1997). Development of prosocial, individualistic, and competitive orientations: Theory and preliminary evidence. *Journal of Personality and Social Psychology, 73,* 733–746.

Van Lange, P. A. M., Rusbult, C. E., Drigotas, S. M., Arriaga, X. B., Witcher, B. S. & Cox, C. L. (1997). Willingness to sacrifice in close relationships. *Journal of Personality and Social Psychology, 72,* 1373–1395.

Van Lange, P. A. M. & Visser, K. (1999). Locomotion in social dilemmas: How people adapt to cooperative, Tit-For-Tat, and noncooperative partners. *Journal of Personality and Social Psychology, 77,* 762–773.

Vanneman, R. D. & Pettigrew, T. F. (1972). Race and relative deprivation in the urban United States. *Race, 13,* 461–486.

Van Oudenhouven, J. P., Groenewond, J. T. & Hewstone, M. (1996). Co-operation, ethnic salience and generalization of interethnic attitudes. *European Journal of Social Psychology, 26,* 649–662.

van Overvalle, F. (1998). Causal explanation as constraint satisfaction: A critique and a feedforward connectionist alternative. *Journal of Personality and Social Psychology, 74,* 312–328.

van Reekum, C. M. & Scherer, K. R. (1997). Levels of processing for emotion-antecedent appraisal. In: G. Matthews (Ed.), *Cognitive science perspectives on personality and emotion* (pp. 259–300). Amsterdam: Elsevier Science.

Van Strien, P. J. (1997). The American „colonization" of Northwest European social psychology after World War II. *Journal of the History of the Behavioral Sciences, 33,* 349–363.

Van Vugt, M., Van Lange, P. A. M. & Meertens, R. M. & Joireman, J. A. (1996). How a structural solution to a real-world social dilemma failed: A field experiment on the first carpool lane in Europe. *Social Psychology Quarterly, 59,* 364–374.

VanYperen, N. W. (1996). Communal orientation and the burnout syndrome among nurses: A replication and extension. *Journal of Applied Social Psychology, 26,* 338–354.

VanYperen, N. W. (1998a). Predicting stay/leave behavior among volleyball referees. *The Sport Psychologist, 12,* 427–439.

VanYperen, N. W. (1998b). Informational support, equity, and burnout: The moderating effect of self-efficacy. *Journal of Occupational and Organizational Psychology, 71,* 29–33.

Van Yperen, N. W. & Buunk, A. P. (1990). A longitudinal study of equity in intimate relationships. *European Journal of Social Psychology, 20,* 287–309.

Van Yperen, N. W. & Buunk, B. P. (1991). Sex-role attitudes, social comparison, and satisfaction with relationships. *Social Psychology Quarterly, 54* (2), 169–180.

VanYperen, N. W., Buunk, B. P. & Schaufeli, W. B. (1992). Communal orientation and the burnout syndrome among nurses. *Journal of Applied Social Psychology, 22,* 173–189.

VanYperen, N. W. & Duda, J. L. (1999). Goal orientations, beliefs about success, and performance improvement among young elite Dutch soccer players. *Scandinavian Journal of Medicine and Science in Sports, 9,* 358–364.

VanYperen, N. W., Hagedoorn, M., & Geurts, S. A. (1996). Intent to leave and absenteeism as reactions to perceived inequity: The role of psychological and social constraints. *Journal of Occupational and Organizational Psychology, 69,* 367–372.

VanYperen, N. W., Van den Berg, A. E. & Willering M. C. (1999). Toward a better understanding of the link between participation in decision-making and organizational citizenship behavior: A multilevel analysis. *Journal of Occupational and Organizational Psychology, 72,* 377–392.

Vaughan, G. M. (1978). Social change and intergroup preferences in New Zealand. *European Journal of Social Psychology, 8,* 297–314.

Verplanken, B. & Aarts, H. (1999). Habit, attitude, planned behavior: Is habit an empty construct or an interesting case of goal directed automaticity? In W. Stroebe & M. Hewstone (Eds.), *European Review of Social Psychology* (Vol. 10, pp. 100–134). Chichester: Wiley.

Vinokur, A., Burnstein, E. (1978). Novel argumentation and attitude change: The case of polarization following group discussion. *European Journal of Social Psychology, 8,* 335–348.

Voland, E. (1993). *Grundriß der Soziobiologie.* Stuttgart: G. Fischer.

Von Winterfeld, D. & Edwards, W. (1986). *Decision analysis and behavioral research.* Cambridge: Cambridge University Press.

Vroom, V. H. (1964). *Work and motivation.* New York: Wiley.

Vygotsky, L. S. (1978). *Mind in society. The development of higher psychological processes.* Cambridge, MA: Harvard University Press. [siehe auch Wygotski]

Wagner, M., Schütze, Y. & Lang, F. R. (1999). Social relationships in old age. In P. B. Baltes & K. U. Mayer (Eds.), *The Berlin Aging Study. Aging from 70 to 100* (pp. 282–303). Cambridge: Cambridge University Press.

Walker, I. & Mann, L. (1987). Unemployment, relative deprivation and social protest. *Personality and Social Psychology Bulletin, 13,* 275–283.

Walker, I. & Pettigrew, T. F. (1984). Relative deprivation theory: An overview and conceptual critique. *British Journal of Social Psychology, 23,* 301–310.

Walker, K. (1995). „Always there for me": Friendship patterns and expectations among middle- and working-class men and women. *Sociological Forum, 10,* 273–296.

Walker, L. E. (1999). Psychology and domestic violence around the world. *American Psychologist, 54,* 21–29.

Walker, W. D., Rowe, R. C. & Quinsey, V. L. (1993). Authoritarianism and sexual aggression. *Journal of Personality and Social Psychology, 65,* 1036–1045.

Wallbott, H. G. & Ricci-Bitti, P. (1993). Decoders' processing of emotional facial expression: A top-down or bottom-up mechanism? *European Journal of Social Psychology, 23(4),* 427–443.

Wallbott, H. G. & Scherer, K. R. (1986). Cues and channels in emotion recognition. *Journal of Personality and Social Psychology, 51,* 690–699.

Wallbott, H. G. & Scherer, K. R. (1995). Cultural determinants in experiencing shame and guilt. In J. P. Tangney & K. W. Fischer (Eds.), *Self-conscious emotions: The psychology of shame, guilt, embarrassment, and pride* (pp. 465–487). New York: Guilford Press.

Walster, E., Aronson, V., Abrahams, D. & Rottman, L. (1966). The importance of physical attractiveness in dating behavior. *Journal of Personality and Social Psychology, 4,* 508–516.

Walster, E., Berscheid, E. & Walster, G. W. (1973). New directions in equity research. *Journal of Personality and Social Psychology, 25,* 151–176.

Walster, E., Walster, G. W. & Berscheid, E. (1978). *Equity: Theory and research.* Boston: Allyn and Bacon.

Walters, R. H. & Brown, M. (1963). Studies of reinforcement of aggression: III. Transfer of responses to an interpersonal situation. *Child Development, 34,* 536–571.

Walton, R. E. (1969). *Interpersonal peacemaking: Confrontations and third party consultation.* Reading, MA: Addison-Wesley.

Wänke, M., Bohner, G. & Jurkowitsch, A. (1997). There are many reasons to drive a BMW: Does imagined ease of argument generation influence attitudes? *Journal of Consumer Research, 24,* 170–177.

Wason, P. C. (1966). Reasoning. In B. Foss (Ed.), *New Horizons in Psychology* (pp. 135–151). London: Penguin.

Watson, D. (1982). The actor and the observer: How are their perceptions of causality divergent? *Psychological Bulletin, 92,* 682–700.

Watson, D. & Pennebaker, J. W. (1989). Health complaints, stress, and distress: Exploring the central role of negative affectivity. *Psychological Review, 96,* 234–254.

Watson, J. B. (1928). *Psychological care of infant and child.* New York: Norton.

Weary, G. (1980). Examination of affect and egotism as mediators of bias in causal attributions. *Journal of Personality and Social Psychology, 38,* 348–357.

Weary, G., Harvey, J. H., Schwieger, P., Olson, C. T., Perloff, R. & Pritchard, S. (1982). Self-presentation and the moderation of self-serving attributional biases. *Social Cognition, 1,* 140–159.

Webb, E. J., Campbell, D. T., Schwartz, R. F., Sechrest, L. & Grove, J. B. (1981). *Nonreactive measures in the social sciences.* Boston: Houghton Mifflin.

Weber, R. & Crocker, J. (1983). Cognitive processes in the revision of stereotypic beliefs. *Journal of Personality and Social Psychology, 45,* 961–977.

Webster, D. M. (1993). Motivated augmentation and reduction of the overattribution bias. *Journal of Personality and Social Psychology, 65,* 261–271.

Wegner, D. M., Wenzlaff, R., Kerker, R. M. & Beattie, A. E. (1981). Incrimination through innuendo: Can media questions become public answers? *Journal of Personality and Social Psychology, 40,* 822–832.

Weick, K. E. (1985). Systematic observational methods. In G. Lindzey & E. Aronson (Eds.), *Handbook of social psychology,* (3. Aufl., Vol. 1, pp. 567–634). New York: Random House.

Weigel, R. H. & Newman, L. S. (1976). Increasing attitude-behavior correspondence by broadening the scope of the behavioral measure. *Journal of Personality and Social Psychology, 33,* 793–802.

Weiner, B. (1979). A theory of motivation for some classroom experiences. *Journal of Educational Psychology, 71,* 3–25.

Weiner, B. (1985). „Spontaneous" causal thinking. *Psychological Bulletin, 97,* 74–84.

Weiner, B. (1986). *An attributional theory of motivation and emotion.* New York: Springer.

Weiner, B. (1990). Searching for the roots of applied attribution theory. In S. Graham & V. Folkes (Eds.), *Attribution theory: Applications to achievement, mental health, and interpersonal conflict* (pp. 1–13). Hillsdale, NJ: Erlbaum.

Weiner, B. (1995). *Judgments of responsibility: A foundation for a theory of social conduct.* New York und London: Guilford.

Weiner, B., Frieze, I., Kukla, A., Reed, L., Rest, S., & Rosenbaum, R. M. (1971). Perceiving the causes of success and failure. In E. E. Jones, D. E. Kanouse, H. H. Kelley, R. E. Nisbett, S., Valins & B. Weiner (Eds.). Attribution: Perceiving the causes of behavior. Morristown, NJ. General Learning Press.

Weiner, B. & Kukla, A. (1970). An attributional analysis of achievement motivation. *Journal of Personality and Social Psychology, 15,* 1–20.

Weinstein, N. D. & Sandman, P. M. (1992). A model of the precaution adoption process: Evidence from home radon testing. *Health Psychology, 10,* 25–33.

Weiss, R. S. (1975). *Marital separation.* New York: Basic Books.

Werner, C. & Parmelee, P. (1979). Similarity of activity preferences among friends: Those who play together stay together. *Social Psychology Quarterly, 42,* 62–66.

Wertheimer, M. (1957). *Produktives Denken.* Frankfurt: Kramer (Original erschienen 1945: *Productive thinking.* New York: Harper & Row).

Wertsch, J. V. & Tulviste, P. (1992). L. S. Vygotsky and contemporary developmental psychology. *Developmental Psychology, 28,* 548–557.

Wetherell, M. (1982). Cross-cultural studies of minimal groups: Implications for the social identity theory of intergroup relations. In H. Tajfel (Ed.), *Social identity and intergroup relations* (pp. 207–240). Cambridge: Cambridge University Press.

Wetherell, M. (1987). Social identity and group polarization. In J. C. Turner (Ed.), *Rediscovering the social group. A self-categorization theory* (pp. 142–170). Oxford: Blackwell.

Wethington, E., Brown, G. W. & Kessler, R. C. (1995). Interview measures of stressful life events. In S. Cohen, R. C. Kessler & L. Underwood Gordon (Eds.). *Measuring stress* (pp. 59–79). New York: Oxford University Press.

Wheeler, L. & Janis, I. L. (1980). *A practical guide for making decisions.* New York: Free Press.

White, G. L., Fishbein, S. & Rutstein, J. (1981). Passionate love and the misattribution of arousal. *Journal of Personality and Social Psychology, 41,* 56–62.

Wicker, A. W. (1969). Attitude versus action: The relationship of verbal and overt behavioral responses to attitude objects. *Journal of Social Issues, 25(4),* 41–78.

Wigboldus, D. H. J., Semin, G. R. & Spears, R. (2000). How do we communicate stereotypes? Linguistic bases and inferential consequences. *Journal of Personality and Social Psychology, 78,* 5-18.

Wilder, D. A. (1977). Perceptions of groups, size of opposition, and influence. *Journal of Experimental Social Psychology, 13,* 253–268.

Wilder, D. A. (1984). Intergroup contact: The typical member and the exception to the rule. *Journal of Experimental Social Psychology, 20,* 177–194.

Wilke, H. A. M. (1991). Greed, efficiency, and fairness in resource management situations. In W. Stroebe & M. Hewstone (Eds), *European Review of Social Psychology* (Vol. 2, pp. 165–187). London: Wiley.

Wilkinson, G. S. (1988). Reciprocal altruism in bats and other animals. *Ethology and Sociobiology, 9,* 85–100.

Williams, J. K. (1966). *Adaptation and natural selection.* Chicago, IL: Aldine-Atherton.

Williams, K. D., Harkins, S. G & Latané, B. (1981). Identifiability as a deterrent to social loafing: Two cheering experiments. *Journal of Personality and Social Psychology, 40,* 303–311.

Williams, K. D., Karau, S. J. & Bourgeois, M. (1993). Working on collective tasks: Social loafing and social compensation. In M.A. Hogg & D.M. Abrams (Eds.), *Group motivation: Social psychological perspectives* (pp. 130–148). London: Harvester Wheatsheaf.

Williams, R. B., Jr., Haney, T. L., Lee, K. L., Kong, Y., Blumenthal, J. & Whalen, R. (1980). Type A behavior, hostility, and coronary atherosclerosis. *Psychosomatic Medicine, 42,* 539–549.

Wills, T. A. (1991). Social support and interpersonal relationships. In M. S. Clark (Ed.), *Prosocial behavior* (pp. 265–289). Newbury Park, CA: Sage.

Wills, T. A. (1992). The helping process in the context of personal relationships. In S. Spacapan & S. Oskamp (Eds.), *Helping and being helped. Naturalistic studies* (pp. 17–48). Newbury Park, CA: Sage.

Wilson, D. W. & Schafer, R. B. (1978) Is social psychology interdisciplinary? *Personality and Social Psychology Bulletin, 4,* 548–552.

Wilson, E. O. (1975). *Sociobiology: The new synthesis.* Cambridge, MA: Harvard University Press.

Wilson, M. & Daly, M. (1992). The man who mistook his wife for a chattel. In J. H. Barkow, L. Cosmides & J. Tooby (Eds.), *The adapted mind* (pp. 289–321). New York, Oxford: Oxford University Press.

Wilson, T. D., Dunn, D. S., Kraft, D. & Lisle, D. J. (1989). Introspection, attitude change, and attitude-behavior consistency: The disruptive effects of explaining why we feel the way we do. *Advances in experimental social psychology, 22,* 287–343.

Wilson, T. D. & Hodges, S. D. (1992). Attitudes as temporary constructions. In L. L. Martin & A. Tesser (Eds.), *The construction of social judgments* (pp. 37–65). Hillsdale, NJ: Erlbaum.

Wilson, T. D., Laser, P. S. & Stone, J. I. (1982). Judging the predictors of one's own mood: Accuracy and the use of shared theories. *Journal of Experimental Social Psychology, 18,* 537–556.

Wilson, T. D. & Schooler, J. W. (1991). Thinking too much: Introspection can reduce the quality of preferences and decisions. *Journal of Personality and Social Psychology, 60,* 181–192.

Winter, L., Uleman, J. S. & Cunniff, C. (1985). How automatic are social judgments? *Journal of Personality and Social Psychology, 49,* 904–917.

Winters, D. & Latham, G. (1996). The effects of learning versus outcome goals on a simple versus a complex task. *Group & Organization Management, 21,* 236–250.

Wood, W., Lundgren, S., Ouellette, J. A., Busceme, S. & Blackstone, T. (1994). Minority influence: A meta-analytic review of social influence processes. *Psychological Bulletin, 115,* 323–345.

Wood, W., Wong, F. Y. & Cachere, J. G. (1991). Effects of media violence on viewers' aggression in unconstrained social situations: Effects of an aggressive model on the behavior of college student and prisoner observers. *Psychonomic Science, 24,* 193–194.

Worchel, S., Andreoli, V. A. & Folger, R. (1977). Intergroup cooperation and intergroup attraction: The effect of previous interaction and outcome of combined effort. *Journal of Experimental Social Psychology, 13,* 131–140.

Wortman, C. B. & Conway, T. L. (1985). The role of social support in adaptation and recovery from physical illness. In S. Cohen & S.L. Syme (Eds.), *Social support and health* (pp. 281–302). Orlando, FL: Academic Press.

Wright, J. C., Giammarino, M. & Parat, H. W. (1986). Social status in small groups: Individual-group similarity and the social „misfit". *Journal of Personality and Social Psychology, 50,* 523–536.

Wright, R. (1994). *The moral animal: Evolutionary psychology and everyday life.* New York: Pantheon.

Wright, S. (1922). Coefficients of inbreeding and relationship. *American Naturalist, 56,* 330–338.

Wright, S. C., Aron, A., McLoughlin-Volpe, T. & Ropp, S. A. (1997). The extended contact effect: Knowledge of cross-group friendships and prejudice. *Journal of Personality and Social Psychology, 73,* 73–90.

Wright, S. C., Taylor, D. M. & Moghadam, F. M. (1990). Responding to membership in a disadvantaged group: From acceptance to collective protest. *Journal of Personality and Social Psychology, 58,* 994–1003.

Wundt, W. (1874). *Grundzüge der physiologischen Psychologie.* Leipzig: Engelmann.

Wundt, W. (1900–1920). *Völkerpsychologie* (10 Bde.). Leipzig: Engelmann.

Wundt, W. (1900). *Völkerpsychologie. Eine Untersuchung der Entwicklungsgesetze von Sprache, Mythos und Sitte.* Band I. Die Sprache. Leipzig: Kröner.

Wurtele, S. K. (1988). Increasing women's calcium intake: The role of health beliefs, intentions, and health value. *Journal of Applied Social Psychology, 18*, 627–639.

Wurtele, S. K. & Maddux, J. E. (1987). Relative contributions of protection motivation theory components in predicting exercise intentions and behavior. *Health Psychology, 6*, 451–466.

Wurtele, S. K., Roberts, M. C. & Leeper, J. D. (1982). Health beliefs and intentions: Predictors of return compliance in a tuberculosis detection drive. *Journal of Applied Social Psychology, 12*, 128–136.

Wyer, R. S. & Gordon, S. E. (1982). The recall of information about persons and groups. *Journal of Experimental Social Psychology, 18*, 128–164.

Wyer, R. S., Jr. & Srull, T. K. (Eds.). (1993). *Perspectives on anger and emotion.* Hillsdale, NJ: Erlbaum.

Wyer, R. S. & Srull, T. K. (Eds.) (1994). *Handbook of social cognition* (2. Aufl., Bd. 1). Hillsdale, NJ: Erlbaum.

Wygotski, L. S. (1934). *Denken und Sprechen.* Berlin: Akademie Verlag. [siehe auch Vygotsky]

Xiang, P., Lee, A. M., & Solmon, M. A. (1997). Achievement goals and their correlates among American and Chinese students in physical education: A cross-cultural analysis. *Journal of Cross-Cultural Psychology, 28*, 645–660.

Yamagishi, T. (1986). The provision of a sanctioning system as a public good. *Journal of Personality and Social Psychology, 51*, 110–116.

Yamagishi, T. (1988). The provision of a sanctioning system in the United States and Japan. *Social Psychology Quarterly, 51*, 264–270.

Yee, M. D. & Brown, R. (1994). The development of gender differentiation in young children. *British Journal of Social Psychology, 33*, 183–196.

Yinon, Y., Goldenberg, J. & Neeman, R. (1977). On the relationship between structure of residence and formation of friendships. *Psychological Reports, 40*, 761–762.

Youngblade, L. M. & Belsky, J. (1992). Parent-child antecedents of 5-year-olds' close friendships: A longitudinal study. *Developmental Psychology, 28*, 700–713.

Yuill, N. (1992). Children's production and comprehension of trait terms. *British Journal of Developmental Psychology, 10*, 131–142.

Yuill, N. (1993). Understanding of personality and dispositions. In M. Bennett (Ed.), *The child as psychologist: An introduction to the development of social cognition* (pp. 87–110). New York: Harvester Wheatsheaf.

Yukl, G. (1994). *Leadership in Organizations* (3. Aufl.). Englewood Cliffs, NJ: Prentice-Hall.

Zacarro, S. J. (1984). Social loafing: The role of task attractiveness. *Personality and Social Psychology Bulletin, 10*, 99–106.

Zahn-Waxler, C., Radke-Yarrow, M., Wagner, E. & Chapman, M. (1992). Development of concern for others. *Developmental Psychology, 28*, 126–136.

Zahn-Waxler, C. & Smith, K. D. (1992). The development of prosocial behavior. In V. B. Van Hasselt & M. Hersen (Eds.), *Handbook of social development: A lifespan perspective* (pp. 229–256). New York: Plenum.

Zajonc, R. B. (1965). Social facilitation. *Science, 149*, 269–274.

Zajonc, R. B. (1968). Cognitive theories in social psychology. In G. Lindzey & E. Aronson (Eds.), *Handbook of social psychology* (2nd ed., Vol. 1, pp. 320–411). Reading, MA: Addison-Wesley.

Zajonc, R. B. (1980). Compresence. In P. B. Paulus (Ed.), *Psychology of group influence* (pp. 35–60). Hillsdale, NJ: Erlbaum.

Zajonc, R. B. & Burnstein, E. (1965). The learning of balanced and unbalanced social structures. *Journal of Personality, 33*, 153–163.

Zajonc, R. B., Heingartner, A. & Herman, E. M. (1969). Social enhancement and impairment of performance in the cockroach. *Journal of Personality and Social Psychology, 13*, 83–92.

Zanna, M. P. & Cooper, J. (1974). Dissonance and the pill: An attribution approach to studying the arousal properties of dissonance. *Journal of Personality and Social Psychology, 29*, 703–709.

Zanna, M. P. & Fazio, R. H. (1982). The attitude-behavior relation: Moving toward a third generation of research. In M. P. Zanna, E. T. Higgins & C. P. Herman (Eds.), *Consistency in social behavior: The Ontario Symposium* (Vol. 2, pp. 283–301). Hillsdale, NJ: Erlbaum.

Zapf, D. (1999). Mobbing in Organisationen – Überblick zum Stand der Forschung. *Zeitschrift für Organisationspsychologie, 43*, 1–15.

Zebrowitz McArthur, L. & Baron, R.M. (1983). Toward an ecological theory of social perception. *Psychological Review, 90*, 215–238.

Zillmann, D. (1971). Excitation transfer in communication-mediated aggressive behavior. *Journal of Experimental Social Psychology, 7*, 419–434.

Zillmann, D. (1979). *Hostility and aggression.* Hillsdale, NJ: Erlbaum.

Zillmann, D. (1988). Cognitive-excitation interdependencies in aggressive behavior. *Aggressive Behavior, 14*, 51–64.

Zillmann, D., Johnson, R. C. & Day, K. D. (1974). Attribution of apparent arousal and proficiency of recovery from sympathetic activation affecting excitation transfer to aggressive behavior. *Journal of Experimental Social Psychology, 10*, 503–515.

Zillmann, D., Katcher, A.H. & Milavsky, B. (1972). Excitation transfer from physical exercise to subsequent aggressive behavior. *Journal of Experimental Social Psychology, 8*, 247–259.

Zimbardo, P.G. (1969). The human choice. Individuation, reason, and order versus deindividuation, impulse, and chaos. In D. Levine (Ed.), *Nebraska Symposium on Motivation* (pp. 237–307). Lincoln: University of Nebraska Press.

Zuckerman, M. (1979). Attribution of success and failure revisited, or: The motivational bias is alive and well in attribution theory. *Journal of Personality, 47*, 245–287.

Zuckerman, M., Koestner, R., Colella, M.J. & Alton, A.O. (1984). Anchoring in the detection of deception and leakage. *Journal of Personality and Social Psychology, 47*, 301–311.

Zumkley, H. (1981). Der Einfluß unterschiedlicher Absichtsattributionen auf das Aggressionsverhalten und die Aktivierung. *Psychologische Beiträge, 23*, 115–128.

Sachverzeichnis